湘綺樓日記

（一）

出版前記

編輯叢書以保存及流傳資料，在中國已有七百六十餘年的歷史。

在這悠長的歲月中，歷代刊行的各種叢書號稱數千部，其中個人詩文集約占半數，內容割裂實際不合叢書體例的又居其餘之半，其名實相符者仍有數百部，即經過商務印書舘再三精選後刊行的「叢書集成」，內含各種叢書也有一百部之多。這在中國出版界眞可說是洋洋大觀，對於促進歷史文化的研究與發展實在有難以形容的價值。

但在這樣龐大的數量中，使用「史學叢書」名稱的却只有清光緒年間廣東廣雅書局的一部。

事實上：歷史學在中國是發達最早的一門學問，二千餘年來連綿不斷地繼續發展，並且隨著時代演變更新進步。在世界文化史上，中國史學眞可說是一枝獨秀。近年以來，中國歷史文化的研究成爲世界各國學術界一時風尙，中國史學先哲前賢的珍貴而豐厚遺產，更受到舉世的重視和尊敬。惟其如此，我們自然可以堂堂正正高舉中國史學的大旗，這就是本叢書命名的由來。

中國史學的範圍非常廣泛，要想在這一部叢書中包羅萬象，是事實所不許；今惟有在適應當前中外學人的普遍興趣以及編者個人學識能力的原則下，決定一個方向，就是以明清史料作本叢書選輯的優先對象。

至於史料的選擇取用，主要原則在「實用」與「罕見」，由編者綜合若干有關專家學者的意見而後決定；是這樣地集思廣益，應該可以適應一般需要。

對於史料的形式，也就是版本，儘可能選用初刻或精刻的善本，在「罕見」的原則下自然更注意搜求手寫稿本。

印刷方法是完全按原版影印，不加描摹，因爲此時此地印刷廠沒有描摹的人才；並且爲適合國內多數學人的購買能力，對於許多卷帙浩繁的書籍是採用縮小影印方式，以減少篇幅降低成本。在技術上也無法描摹。至於罕見的手寫稿本則儘可能地按原書大小影印，以便閱讀。

選印在本叢書內的每一史料也就是每一部書，編者都儘可能地約請專家學者撰寫序跋，指陳其價值或版本異同，中外學人當可一目瞭然其書內容大要。

儘管在編印體例上有若干與衆不同的改進，但一定還有許多疏漏的地方，希望海內外方家多加督責，以便隨時更新。

吳相湘

中華民國五十三年十一月十二日於臺北市

湘綺樓日記

丁卯十月歐陽署耑

湘綺樓日記目錄

湘綺樓日記

同治八年己巳

初四日大雨讀漢書一卷得張東墅先生書言湑泉志列女事程商霖薦才書言刻桂陽志事均二十五日發天雨向暮無聊假寐遂至戌正起旋就寢

初五日晴午後渡蒸水至對屋王宅旋歸與兒女攤錢至亥罷覽漢書三卷未點班氏以充與蒯通同傳貶通大過江充自請使匈奴而以黠猾敗余請使英吉利得無過乎

初六日早晴日昃微雨早飯與十子論論語聖人所無可如何者有四一飽食終日二羣居終日三不曰如之何四法語不從巽語不繹因及周公遷殷頑民此數者皆無顯過可擿然聖人無如何足以困聖人者此類人也易笏山每作日記輒記過自責日日有過日日自責亦近頑矣

覽漢書二本未點心頗憚勞也論周仁溺袴事頗合訓義夜至戌寢（溺袴今圍襠袴也古袴開襠）

初七日寒雨讀賈誼傳誼王佐之才也直以庸臣見譏用其言而棄其身班氏以誼未爲不遇發憤之詞耳至以五餌之術爲疏謬矣又誼陳政事在見譏之後而今世論者譏其躁進尤爲巨謬也是日點漢書半卷

鬀髮

初八日雨水晴寒點漢書半卷梁孝王欲得容車之道自梁屬長樂宮以朝太后此英吉利火輪車道始見於史傳者也午間常儀菴來因肩輿出拜常文節墓歸留儀菴及其弟晴生從子漢桃午飯觀衡陽諸生揭告程春甫擅主志事其詞頗條鬯蕭圓橋筆也申刻儀菴去戌正寢

初九日晴暮雨點漢書半卷論董仲舒不及賈生其三對汗漫而無實徒儒而已午至石門觀上水船上瀨觸破一船晚歸放馬遇雨幾濕衣至亥寢

初十日雨點漢書兩卷論戾太子真叛逆昌邑王非大無道趙充國屯田乃奪羌人業及諸葛鄧艾皆屯敵人田平世無屯法又考證訓義數處

甲夜常元卿來送其家集二卷留宿東齋至亥罷寢

十一日陰晨至常氏塋觀李子葬處還書與儀安告之使往詰問盜葬之故點漢書一卷魏相表陰陽月令言高帝述書繼天子春夏秋冬所服孝文帝時以二月施恩惠於天下賜孝弟力田及罷軍卒祠死事者頗非時節朝錯奏言其狀願選明經通知陰陽者四人各主一時以和陰陽李尋奏哀帝言朝廷忽於時月之令諸侍中尚書近臣宜皆令通知月令之意設羣下請事若陛下出令有謬於時者當知爭之以順時氣此漢人月令之政未廢之驗也王莽春夏斬人而論者知其將亡魯恭傳亦詳載恭疏以盛夏斷獄爲非行所當行宜不順時猶足致災況今

世以來月令久廢政事隨心日食頻數不亦宜乎魏丙賢相魏主安靜丙持寬大丙似勝也考工戈矛爲盧事漢少府有若盧令漢舊儀以爲主治庫兵卽此盧也晚觀非女作詞至子寢

十二日陰晴點漢書一卷王尊傳翦張禁酒趙放晉灼云作翦作酒之家食貨傳又云箭張湖三老公乘輿訟尊以爲長安大猾賈禹有田百三十畝而云無萬錢之產匡衡取穀千餘石廷尉奏直十金以上一金萬錢千錢十石百錢一石其大數也然衡多取田四百頃而止收穀千餘石則一頃不過數十石租賦輕矣班氏書少所刺譏而獨張禹傳傲文可尋至謂其少好立卜相旁爲相聞天子疾輒露蓍筮其吉凶云云禹之鄙陋如見頃者胡文忠用邢星槎周笠西文咏吾世或譏爲皆賣卜測字之人如禹者其流耶夜擲骰至亥寢

十三日大晴出游山中還點漢書一卷（二十八）朱博傳復有闕字未補杜鄴

張敞外孫從舅吉學得其書吉子竦鄴外弟也又從鄴學鄴子林亦有雅材楊季官盧江太守至雄五世而傳一子故無他楊於蜀雄死而無子蜀楊氏絕矣後人以草書楊作揚遂以爲非楊姓又改左氏傳靈楊韓魏之字作揚以其獨一家也晉灼注漢書引張衡云雄爲楊食我之後反以雄自敘范中行氏偪楊侯爲誤因謂其譜諜疏謬後世儒者與人子孫爭言其父祖之事反云其子孫不知而爲駁正焉往往如此不足聽也雄之爲文艱深屈奇自喜耳猶在王褒之下而世以好奇竟久得名至今傳之朱熹尙以爲儒宗而攻擊焉何作僞之易讎也日側與妻共和匀藥泥昏時假寐至三鼓時起大月濯足

十四日雨點漢書一卷黃霸入錢賞官後免復入穀補吏此捐班捐復之祖也然稱循吏爲宰相捐班中大有人貨殖傳歲萬息二千二分利自秦始戶租二百一畝收一鍾六斛四斗今畝收毛穀五石明矣古量一

斗爲斛今一石也漢畝大於今畝之驗百二十錢也今豐年穀或二百許錢亦相近矣荅布千石今搭連布也淡乾魚爲鯫許員外孫有郭解

午後鄉人儺燈來三十餘人迎布龍留飯而去剃髮

十五日陰感寒至午後起鄉人儺凡三輩來其一輩侏儒獶雜未令入門

晚祠　羣神至子丑時月出其夜壯熱

十六日陰疾倦至申方起一食猶二盌點漢書半卷匈奴傳論和戰二端既謂夷狄獸心不可以理義法度論而又欲使曲在彼譬如與犬羊鬬而使犬羊負曲名欲其不我觝噬不可得也郭筠仙最好班氏此論以爲得制夷之要謬矣嚴本注注 尤諂事王莽何知大計謬言三策棄內役外今猶踵之自漢以來爭以治夷爲患何其闇治體耶戌刻啗包子三枚月出復眠

十七日晴點漢書一卷王章上書攻王鳳而欲立定陶王逢帝一時終犯其忌其死非不幸趙合德自殺不對狀後乃誣成其殺子非信史也王船山以耿育所奏爲非謬矣船山論史徒欲好人所惡惡人所好自詭特識而蔽於宋元明來鄙陋之學以爲中庸聖道適足爲時文中巨手而非著述之才矣夜亥歸寢

十八日晴點漢書二卷凡廿六卷皆點畢王莽捕翟義黨王孫慶使太醫尙方與巧屠共刳剝之量度五藏以竹筵導其脈知所終始云可以治病此英吉利剖視人之法所始見於史傳者也午間常耕臣來留東齋

十九日陰陪耕臣出游至夏家彎見王蔭棠茂才葆澄之父也留酒出至塘彎見賀赤軒茂才及其弟留酒頃之赤軒父金灘歸留飯暮歸至亥寢王莽傳事怪譎至多尤奇者地皇元年閏月丙辰詔書赦天下並除民喪服是歲莽妻喪天下大服除之因除民父母喪服古今赦令所無也

二十日陰王莽傳嚴尤陳茂敗昆陽下書至沛郡譙自稱漢將聞故漢鍾武侯劉望聚聚汝南稱尊號 地皇四年更始元年八月 尤茂降之十餘日敗 十月更始定威大將軍劉信擊殺望於汝南 是日蒸煖至夜微雨旋止至戌寢功兒讀士喪畢

二十一日陰曉雨午晴耕岑去讀後漢書二卷班固爲漢報使匈奴 王私[illegible] 未入其國 宜有文采賦詠而今無聞焉殤帝以十二月立方生百餘日明年八月崩計正滿歲而史云二歲則古不作周晬也鄧后策命安帝初稱侯末乃稱皇帝册帝文始見於此可以爲式湖南僻遠而東漢官位最盛臨湘祝良字邵卿劉壽字伯長當順帝時同時達官良以選爲九真大守史爲數語記其事壽由光祿勛爲司徒五年乃罷 長沙耆舊傳壽書[illegible]見隋書 [illegible] 遂無聞焉靈帝初長沙劉囂爲司空囂字重寧蓋壽子姓在位年餘罷前書令昭后受經後鄧后臨朝亦詔劉珍等五十餘人校傳記奏御身從曹大家受經書鄧后作僞以終其身而竊賢名范史傳之有徵

旨矣是日兩兒倍書三篇計十子鈔書五日得十五葉比去年日少一
葉也夜又讀漢書二卷鈔莊子一葉
二十二日雨寒讀漢書二卷隗囂儒生負貴欲傾擾於兵間然名望久著
漢終不能禽也子元請丸泥封關而降爲縣令遷國相坐死何昔今之
殊勢乎世祖亦儒生標置于失於邯鄲杜威再失於彭寵又譎謝躬而
乘其敗故石勒輕之開國御雄宜有大略寇榮亡命上書其詞切直佳
文也桓帝庸主何能相容是日十子鈔書四葉夾女桂窊入學仞字二
十三孝輿讀禮記六十字鈔莊子一葉吉來讀禮經鄉射篇不熟遂至
一日夜慶來地官亦生非讀長門賦二百字至戌寢
二十三日驚蟄申雨雷讀漢書二卷岑彭吳漢攻荊門留東陵裝露橈船
蓋今三板船也清野之說始於陳俊俊攻五校賊於漁陽將輕騎出賊
前掠民放散在野者民乃堅守賊無所得此身自爲賊耳竇憲弟瓌徙

封羅侯梁棠兄弟過長沙迫令自殺馬援始從隗恂爲質而留上林中
不得試用於後屢請自效乃卒以進壺頭被讒言帝之輕援以其二心
耳朱勃上書獨明其冤言詞伉直深厚其所學殆十倍於援而史稱馬
況言勃小器援貴乃卑侮之嗟夫援一熱中好事之人烏能與勃比哉
是日諸子工課粗畢兩兒書不熟夜鈔莊子一葉大雷雨戌初止亥初
乃寢
二十四日晴寒讀漢書三卷杜詩請罷郡以讓功臣知今事平而奪軍功
督撫者不可以勸光武之起諸將皆盜賊餘習以劫掠爲事帝非惟不
禁且頗縱之不讀桓譚疏不知其弊也譚以賢薦而用新聲娛主故帝
輕之不用其言然可謂直臣矣彈琴小節無累倜儻之士馮衍好亂阻
兵勢窮乃降亦廢棄終身比譚爲幸矣是日兩兒課稍早畢非女作水
仙祠作書與水師廖副將請其買鷫鈔莊子一葉

二十五日陰晴讀漢書二卷胡伯始引證大體甚有相度以中庸見譏亦
爲苛矣若容身保位之臣未能有其通識也張敏徐防亦無顯過范史
以刺鄧后錄爲庸臣以勸風節孔子所謂爲法受惡者歟袁安正議侃
侃累折竇氏可謂大臣矣張酺孟侯韓稜師並觸權貴然卒申其志後
歷公卿東漢節義斯乃效矣彼鉤黨朋狂何足重乎西漢論政學者皆
對策上書足以裨治東漢王符崔寔仲長統諸儒動作數萬言以誘民
俗則著書自任其文必緐范史載之未爲通識矣申屠子龍外黃人爲
漆工七辟不就挂書樹上初不顧盼先見黨禍絕迹梁碭因樹爲屋自
同傭人閭運無斯人確然之操而好立名譽讀其傳庶幾高山仰止之
思云林宗康成迹易幾耳是日兩兒課不如程王蔭堂來少坐去夜眠
至旦乃復寢非女始鈔公羊成公
二十六日陰夜雨午間出放馬僕言客至歸則常吉人在焉竟日談言道

光中監司之貴州縣傾動所以召亂也然州縣令輕大吏亦非治徵晚
與吉人談忽發寒噤歸寢頃之愈諸兒罷學一日
二十七日陰午初吉人去讀漢書四卷馬融以飢寒附鄧氏得官仍申伉
直及忤鄧忤梁再廢幾死然後改節以終富貴女樂紗帳年至耄期天
之勸惡沮善如此邪左伯豪限年以舉孝廉至陋之議也然陳蕃李膺
陳球均以此選永熹蒙法絭選清平又奏十二歲通經者謝廉趙建爲
童子郎而博士向學觀雄之舉措分學與政爲二以收一時之效耳然
限年舉人不足以示天下又用巧辭以詰徐淑雄爲失識矣陳寔稱賢
久矣觀其受污殺人而託召揚吏人姓名外署閹黨而事君以諂獨弔張
讓身爲媚首矯性欺人誠無取焉聖人惡鄉原誅聞人其在寔乎不然
何以致三公之屢讓三萬人之赴弔耶李固治郡頗聞方略前後所陳
亦見政體然立帝遇弒不能推問便可知難而止何頗復爲三公與梁

氏豎子同皁平身死家破賢女所爲歎太公也郭亮汝南童子夏門亭長誠賢士乎吳季英史公諱不畏彊禦季英遂終壽考九十八彌乃受誣以免祐爲優矣涼州三明皇甫求試輒效其亦遇時成其功名耳陳蕃王允同傳范氏之見也楊政劫見馬武足悏貧生之意然列於儒林不亦忝乎昏登後園悽然有懷諸兒課粗畢至戌寢夜雨

二十八日陰晴得儀安及葉麓山書閱漢書三卷皆方技四夷略載其迹不及前書精密范論方技有譏詞又言西域當奉佛則習氣所爲也鈔莊子一葉

後漢書郡國志零陵郡重安侯國故鍾武永建三年更名烝陽侯國故屬長沙長沙郡雒陽南三千八百里三當作二以江夏郡在洛南千五百里長沙去江夏九百一十里得二千四百里耳或以湖險加之或計長沙邊鄙茶陵等地耶或者八百里八字亦誤當作五也長沙郡酃湘

東記曰縣西南毋山周回四百里荊州記曰酃湖周回三里取湖水爲酒酒極甘美是夜繙後漢志四卷

二十九日雨鈔莊子一葉改鈔一葉第五篇注成閱三國志魏本紀二本武王奉帝許昌而已都鄴畜襲桓文之迹耳不朝會而執國權無所不可惟以殺伏后爲謬以孟德之明智乃快意於婦人以恣其惡而犯天下後世之譏亦何心哉荀彧諫其受九錫正爲此也大勢已成雄心自驕宜其受趙宋以後數百年之辱詆矣朱晦翁者殆荀文若之轉世邪子桓雅人受禪而愧見舊主設壇而自匿封後以篤終死謚生事綽乎有禮篡臣之僅見也直以不幸遇趙宋學究乃父子蒙惡如此人言亦可畏至今儒生羞稱焉晚坐觀船山雜說及其所作北曲書謝小娥事悽愴悲懷獨至子正乃寢是日鬄髮

三十日雨讀三國志一卷田豫克敵而程喜誣以放散珠金以明帝愛珠故也江寧之克朝廷未求金帛而曾氏上言一無所有豈藏珠而有愧心乎是立言之謬也牽招繼豫田豫守西邊亦有時名曹肆以白衣登江上與書孫權以通京師魏文詠之偉之求路可謂異矣王昶坦之高祖也晉陽人渾之父後爲名族昶字文舒論考課以爲當責達官比京氏遠矣彥雲甥舅並典兵淮南鍾士季毋張昌蒲以姜擅寵至出其嫡死爲命婦亦侈矣然其才德蓋有可稱士季以密謀帷幄一出而滅蜀遂驕矜狂愚亦可怪也觀其起事而盡阬諸將寧有濟乎姜維從之鄧士載謂爲雄兒亦有愧矣夜雷非女讀士喪畢

二月初一日癸卯陰未後晴點魏蜀志各一卷觀陳氏敍次誠非佳史而後頗推之以其所采詞采猶近古耳史才不易亦何容濫予人名若以鄙人秉筆爲之當不在范班之下因慨歎久之又作大宗師序一篇夜與廳緹坐至亥乃寢

初二日早霧辰刻大晴點吳志半卷衡陽之名始於吳孫亮太平二年即位六年改元三春二月以長沙西部爲衡陽郡東部爲湘東郡孫皓天璽元年立十五年二改元湘東太守張詠不出算緡就斬之徇首諸郡夜點吳志一卷食包子二枚至亥寢十子鈔修書畢

初三日大雨雷點吳志一卷淩統傳見本縣長吏懷三版恭敬盡禮則今見尊長用三帖自漢始矣作重安長舒燮傳吳諸將以領兵爲世祿領兵之致富也久矣僞古文尚書起於東晉而陳壽蜀志先主上言用惡直醜正實繁有徒吳志駱統上疏引衆非后無能胥以寧后非衆無以辟四方又陸抗疏引與其殺不辜寧失不經知當時儒生潛用王肅僞文竄易吳臣章疏以求讎其技也本朝諸儒未見論及此者當以問諸老生夜觀律歷志仍不能解方將從師學之鈔莊子一葉功兒課不如程

初四日雷大雨點吳志一傳三國志畢點諸葛恪別傳母之於女穿耳附珠何傷於仁魏都賦鑲耳之傑注引山海經曰靑要之山魁武羅司之穿耳以鐻郭璞曰鐻金銀之器蓋外夷始穿耳而山海經所見神已穿耳也莊子曰爲天子之諸御不穿耳又陸允傳華覈稱允內無粉黛附珠之妾則周末猶以穿耳爲恥漢末乃以穿耳爲美矣初二日曾女穿耳云龍擡頭日宜穿耳因爲考之桓彝桓階之弟孫綝廢其主亮彝爲尙書不肯署名綝怒殺之階祖父超歷典州郡父勝復入爲尙書著名南方階四子皆關內侯長子祐早卒弟嘉嗣尙公主封高鄉亭侯子翊階弟纂散騎侍郎階孫陵字元徵有名於晉至滎陽太守呂蒙爭南三郡過酃載南陽鄧元之元之零陵太守郝普之舊也蒙言破樊本屯救酃逆爲孫規所破破樊蓋蜀將督之號是夜欲鈔莊子未成卽寢

初五日陰雨鈔莊子一葉檢王船山遺書校其目錄舛誤者數處沅浦請

諸名人校書而開卷繆誤故知著述非名士之事也船山學在毛西河伯仲之間尙不及閻伯詩顧亭林也於湖南爲得風氣之先耳明學至陋故至兵起八股廢而後學人稍出至康乾時經學大盛人人通博而其所得者或未能沈至也至今道將明矣然天下不嚮學滋甚恐未能如明季可不勉哉夫道不可談談道自戰國始至五代極亂而宋儒失師傳乃始推佛經中六朝文士之戲言以求於周孔以爲聖人之道不可淺近故趙宋元明諸人狂驚焉至國朝而始厭之乃求漢人訓詁而猶未悟道學之非道也余尋佛老之言見僧祇律而後知佛經之所言微妙不可思議之法皆非其本因而求之莊子內篇而後知佛經之枝流乃莊子之波及又求諸莊子之本而後始知道之不可談談則必非道也於是始悟宋儒之所以深求聖人者誤於佛經佛經之所以虛無者誤於不善讀莊子故作莊子七篇解以明聖人不言性與天道之意而千古儒墨之是非定矣嗟夫人苦不思耳思之則諸疑早釋不待智者而宋人之蔽塞聰明自陷異端獨何爲哉師法廢而以訓詁爲淺近實功廢而以虛無相崇高與戰國之簧鼓等弊也然而天下之治亂初不以此等輩千百儒生而有所異同者則道本非談所能明亦非談所能晦也而孟子乃曰能距楊墨聖人之徒蓋亦非孔子之意矣

初六日社日陰重閱晉書帝紀兩卷作五贊晉武以荒淫而延祚元帝寬大之報也衡陽內史滕育死寇難簡文帝咸安元帝放新蔡王晃於衡陽十一月丙辰初薦酃縣淥酒於太廟十二月辛卯宣夜之書記自漢祕書郎郗萌云先師相傳天了無質日月衆星自然浮生虛空之中其行其止皆須氣焉七曜無所根繫故伏見順逆無常也此今日西法自謂祕妙確測者不知其爲宣夜也虞喜作安天論謬附宣夜而以爲天確乎在上地魄焉在下葛洪又以無天譏之虞既不通宣夜洪又不知本無天皆

謬矣鈔莊子一葉食包子三枚疑砦昔研爲豐所破

初七日晴陰閱晉志二卷出游攜孝輿三女兩兒泛舟歸有詩衡陽郡統縣九戶二萬一千重安烝陽湘東郡縣七戶一萬九千五百酃臨烝四縣皆衡淸地也鈔莊子一葉又補初四日一葉

初八日春分中陰晴出游攜曾茬兩女豐兒曾不能行呼六雲迎之歸嬲緹不喜也閱晉志三卷律歷不能明也王船山譏陳臥子三月而畢二十四史以爲置諸志不觀宜其迅疾雖然不明占候推步則觀之三年亦猶一覽耳誠早通之何不可一日而了故知船山語似精而粗昨多寫莊子一葉今午倦小眠醒讀晉志畢已暮酉正寢

初九日陰雨寒鈔莊子二葉讀晉志二卷魏明制天子服刺繡文公卿服織成文織成今刻絲也今刻絲貴於刺繡又過江冕珠無美玉顧和奏用白璇珠蓋今燒料前冕飾有翡翠珊瑚雜珠則因魏明婦人之飾可

怪甚矣五百者卿行本應五百人從以數人代之名曰五百耳是日鬅
髮夜大雷雨甚寒亥正寢
初十日寒陰白桃花落一朵僅存五朵矣鈔莊子二葉晉后羊氏五廢而
配二主曜勝於惠不虛也褚蒜子經六帝四臨朝年六十一耳何法倪
哭太廟羊氏何可同日語乎孝武太后李陵容以崑崙而召幸由相法
貴相之可憑如此謝安選王蘊女而適得嗜酒驕妒之后以配孝武王
肅女配昭而有名德後爲太后楊芷上表子婦稽顙稱妾卒絕食而死
作晉書四贊閱一卷
十一日雨寒常季鴻來聞李少荃已至鄂督任矣鄂中流之重鎮若得雅
望鎮之從容持威其地絕勝鈔莊子一葉閱晉書一卷新蔡王司馬騰
以惠帝時迎駕於鄴封子確嗣無子以汝南王祐子邈嗣邈子晃拜散
騎侍郎桓溫廢武陵王遣其弟逼晃自列與武陵謀反免晃爲庶人徙

衡陽死孝武帝立晃弟崇嗣爵衡陽太守淮陵劉翼斬湘東太守鄭憺
應譙平承李重江夏鍾武人孫冠爲本國中正計當晉初地理志江夏
無鍾武蓋漢時改鍾武入江夏以鍾武爲重安是夜雷電
十二日陰寒閱晉書一卷非問易傳曰易之興也其於中古乎作易者其
有憂患乎文王演易孔子不容不知云云者何答曰此言易之用盛於
中古太古以前民氣樸質人少憂患無所用防變慮禍之道也文王聖
人親遭大變故爲民示法作象彖之文以德爲本然後民知險阻耳危
者使平易者使傾明天道自然福謙禍盈也爾雅雞未成曰健國策六
國之不可合猶健雞之不可俱止於棲喩小弱也鈔莊子一葉至戌寢
十三日陰寒得儀菴昆仲書長工周敬本來鄉人來言渡船事允捐十千
鈔莊子一葉纏緹以怒撻妾妾橫不服欲反鬭余視之不可呵止遂不
問也然室中聲震天食頃止閱晉書一卷見新燕

十四日雨陰寒閱晉書一卷吾彥領交州重餉陸機兄弟此送同鄉官別
敬之始也馬隆以三千人平涼州此今日攻雲貴陝甘之所宜諸兒課
粗畢鈔莊子一葉啗包子一枚至亥寢
十五日陰晴寒閱晉書半卷前所作晉書傳贊昨檢失之殊快快也若早
知失去必不作前贊矣鈔莊子一葉喫酥餅亥寢六雲二日未見女君
亦徐聽之午出試馬
十六日晴
先考忌日素食鈔莊子二葉第六篇注成慶來作賭具與其兄受笞十陷
孝輿以濺爲漉孝輿受笞同學皆不直十也至午又私出欲撻之以無
益而止海棠始開夜獨坐至三鼓出看月二鼓時有盜撬門入及余出
時門已虛掩余見其未扃爲扃之及寢盜從窗入登余牀旁椅子開箱
未得佳物復至側室余是夜宿焉乃開箱取八衣而去遺一羊裘未及

收也六雲醒乃知之天已明蓋十所勾引也
十七日大晴早遣人詢盜蹤迹仍少睡至辰正起作詩贈盜云　犬吠花
村月正明勞君久聽讀書聲貂狐不稱山人服從此蓑衣便耦耕　囊
橐曾行萬里來海波烽火不能災多應錯認長源宅便欲催登宰相臺
罷舞霓裳越七春空箱閒疊縷金裙世間嫫母皆衣錦何必西施不
負薪六雲纏裙皆失去　羊裘珍重與嚴光好去持竿大澤旁見說金環須鬋
髮不妨留壓嫁時箱膠縫衣飾無所失也一辰刻王蔭棠來午間作書與春甫遣
在和去未間書與儀菴遣敬本去申刻騎至查泥塘待蔭棠入徐店見
一鄧姓言語容貌無非盜也與之約宜送來還我遂縱之去初夜歸至
亥寢
十八日晴陰閱晉書一卷著作郎陸機上疏曰前蒸陽令郭訥風度簡曠
器識朗拔通濟敏悟才足幹事訥歸家巷棲遲有年可太子洗馬舍人

云云蓋吳時令也陶侃都督江州領刺史以范逵子珧爲湘東太守逵
爲孝廉過侃侃母翦髮易酒肴者也周顗子閔方直有父風歷衡陽太
守莊子方送城裝訂故未鈔書
十九日晴閱晉書一卷周傭回得儀安兄弟書王葆澄來徐店婦服毒死
遣十視之此婦以異鄉孤居見其夫匪人憤懟而死余不能料也一出
而殺一人其子又甫三月可哀也已因命徐甲善養其子每月予以乳
資鈔穀梁三葉至酉寢
二十日大晴閱晉書一卷韓伯子珍爲衡陽太守伯字康伯潁川長社人
母殷氏高明有行王敦頤處潭爲湘東太守以禦杜弢潭以疾辭王彪
之傳簡文命殿中侍御史奚朗補湘東郡彪之曰湘東雖復遠小所用
未有朗比皷者謂頗兼卜術得進未足充此選孔愉父恬爲吳湘東太
守有名江左會稽山陰人鈔穀梁三葉齊責楚曰苞茅不至周室不祭言楚

不服則未至太平不能封禪管子言江淮之間一茅三脊以爲藉足封
禪之禮物也若宗廟之中不用苞茅又何至以無茅而不祭乎夜啖餅
二枚
二十一日陰晴連日晨霧鈔穀梁三葉閱晉書半卷徐德茂來與錢四百
使葬其妻問其情終不肯服晚觀洗馬是夜瑲女免乳寢未酣瑲遂安
眠竟夜
二十二日陰晴夜大雨鈔穀梁三葉閱晉書半卷小疾至亥寢食鼠耳糦
鼠耳或云水苨余家舊采和稉上冢時食之
二十三日陰雨疾發體小熱至午方起鄧傭歸庀祭器鈔莊子二葉閱晉
書半卷遣人求鴨不得至申乃得之夜齋宿外寢淑氣回青甸傾筐采綠茸年年修丘隴惻愴懷
見寶晴闌新春色淡傳故土風紛弦切鳳廟還與調蘊同水艾余家舊以清明上冢采歸和稉爲糦或
相贈遺王船山謂之鼠耳云詩卷耳也鼠耳又曰鼠茸與水艾聲相近

然古人未宜采此至弱小之草今仍鄉人名之
二十四日清明節祠祭
三廟禮畢雨儀安昆弟來留宿東齋談至丑正寢子夜飲胡麻漿咱包子
三枚
二十五日晴巳刻王蔭棠來留飯午初儀安昆弟去還小睡不著賀金灘
來午未飯出游八里歸鈔莊子一葉閱晉書半卷
二十六日陰遣丁福往爐江捕役三人來見得陳俊臣程春浦書作書復
春浦與李申夫郭筠仙通問鈔莊子一葉閱晉書半卷晉書蕪雜在次
序失位如外戚傳全不述外戚事但載后母家人何必別出夜作書與
唐義渠
二十七日雨閱晉書半卷午睡一時許得儀安書云獲鄧三郎前所縱盜
也復書謝之鈔莊子一葉注莊者隋藝文志晉散騎常侍向秀二十卷

東晉議郎崔譔注十卷梁著錄隋亡司馬彪二十一卷隋存十六卷郭
象三十卷李頤集注三十卷隋存六卷孟氏注十八卷徐邈又集音一
卷李軌莊子音一卷又司馬彪注音一卷向郭音各一卷講疏十卷梁簡
文張宋李敬之義疏三卷周弘正內篇講疏八卷戴記義疏八卷梁曠南
華論二十五卷音三卷王元古二十卷李充釋論二卷馮廓正義十卷
陸德明文句義二十卷楊上善注十卷盧藏用注十二卷道士李含光
成元英注三十卷疏十二卷張游朝南華象㒺說十卷孫思邈縱梛尹
知章甘暉魏包陳庭玉并亡元戴南華通微張九垓指要三十三篇今
四庫惟存郭注耳夜至亥寢
二十八日雨鈔莊子三葉作序一篇內篇注成閱晉書半卷桓元傳元旣
受九錫殷仲堪黨新野人庾仄起義兵於襄陽江陵震動桓亮於羅縣
起兵以討仄爲名自號平南將軍湘州刺史長沙相陶延壽以亮乘亂

起兵遣收之元徙亮於衡陽誅其同謀桓輿等及元敗亮自號江州刺史侵豫章又自號鎭南將軍湘州刺史元興中衡陽有雌雞化爲雄八十日而寇婪具元自號大楚自篡至敗八旬也亮與元將苻宏寇安成廬陵劉敬宣討之走入湘中又與桓振襲破江陵劉懷肅唐興破之亮宏復出寇湘中害郡守檀祇討宏於湘東斬之郭彌斬亮於益陽諸桓皆平惠帝張昌作亂江沔遣其將陳貞陳蘭張甫等攻湘東長沙零陵諸郡樹立牧守領南帝校尉劉弘遣司馬陶侃等討平之又杜弢爲醴陵令在湘中蜀流人奉以爲主南破零陵東侵武昌王敦陶侃等討平之夜命豐兒鈔莊子半葉喫蝦仁麪過飽

二十九日雨閱晉書半卷得舊作晉書贊觀之不愜意聽豐兒讀相見禮大夫士則曰寡君之老取注疏觀之譌落不可讀因爲申其義士當作仕或作致仕也鈔穀梁二葉至亥寢

三十日雨寒得春甫書言申夫竟爲少荃所劾捕其私人矣少荃一至而報怨猶賢於近世大吏暗擠而外容者夫鈔穀梁三葉是日總閱晉書檢點所作詩贊成一卷載記一函已失去約略爲作數語

三月癸酉朔寒雨點宋書一卷元嘉元年秋八月甲辰立第七皇弟義季爲衡陽王八年以王師阮萬齡爲湘州刺史鈔穀梁三葉作春雨詩後廢帝元徽元年立衡陽王嶷子伯玉爲南平王

二日陰雨點宋書一卷元嘉二十九年秋七月壬辰改封第十一子淮陰王彧爲湘東王宋廢帝年十七多行無道小兒不知人情耳而史臣乃擬之商紂昌邑昌邑猶可紂非其比明矣七律始見宋書律志荀勖令太平令劉秀鄧昊依律作大呂笛以示列和吹七律一孔一校聲皆相應鈔穀梁三葉欲作春秋事比始爲卽位表未善夜寐至丑起始解帶就寢

三日陰晴點宋書一卷鈔穀梁三葉皆夜補作其日騎出從夏家灣王宅至紅彎賀宅過市竝水行五六里至南頭坳更下行里許渡水還

四日晴煖點宋書一卷鈔穀梁三葉瑞女請登前山坐林中食頃乃歸薄暮子重弟來叔父有書夜至亥寢

五日陰暄點宋書一卷舊說三月上巳宜云上已（凡干則有上中下支不能備三也）蓋以古有事惟旌日枝如上丁上辛上戊之類也案宋書禮志引舊說後漢郭虞以三月上辰產二女上巳產一女明是日幹非用枝也上巳說始韓詩云鄭國之俗亦無確據然不言巳已異字明當作上巳矣孝建元年六月湘東國刺稱議太妃忌日禮云云夜鈔穀梁三葉至子寢

六日陰點宋書一卷魏明帝奏章斌之樂奏云文武爲斌則斌字起於漢末文武爲斌蓋馬頭人爲長之類也午間常笛漁來申去又遣子重弟至查泥塘夜鈔穀梁三葉

七日晴風點宋書一卷至山移紅躑躅二本黃杜鵑一本歸鈔穀梁三葉作登山詩是日與夢緹論其母家事不合夢緹以爲我累之也余不能諧世人至使妻有儲胥之憎誠有過矣然夢緹處家庭而不能使余受屋烏之愛獨奈之何哉夜大雨

八日大雨午後晴鈔穀梁三葉點宋書一卷沈約作符瑞志文意深曲有良史之風而今人多訾之凡古人始𠜂一事必有意義如史記封禪書班古今人表范皇后紀宋符瑞志唐世系表趙宋道學傳皆深眇之旨也若五代史名目詭異則吾不知矣宋孝武大明八年六月甲子白鹿見衡陽郡湘州刺史江夏王世子伯禽以獻又作公羊戰泓解十鈔三都賦畢夜至亥寢

九日晴穀雨鈔穀梁三葉點宋書一卷吳孫權時長沙東部鄙得寶鼎論請禮樂征伐自諸侯出云十世五世三世馬注云自隱至昭十世云云

非也十室謂天子自寫至定十世也五世謂伯主自晉平至出公五世
也三世則謂三桓下云政逮四世而子孫微是也陪臣執國命惟有魯
耳陽虎先世子不見於左氏何云三世執命乎又陪臣執命勢不可終
日日昃出試馬銜脫而歸有數人來言牛醫藏盜事縱之去
十日晴辰刻賀王二團總又捉一狗盜至云當送官余意不然因往告儀
安騎而去始聞布穀投暮至談至子宿其客舍夜大雨
十一日雨留常宅早游潭印閣摘青梅飯罷家信至言盜至竊金玉玩器
去知在內爲軌也因遣在和縱昨盜還夜談至亥宿常宅
十二日陰雨常宅早飯畢騎而行二十餘里至龍骨塘常吉人家留食麪
大雨與談異夢平旦時夢騎至一市鎭有數傖人扣馬相問因下至一
宅見湘潭郭四坐案遶陳設賭具將攤錢者見余至恐余入局余去出
與數人坐談舉二事令余作聯語四句醒忘其一文字不可解其出語

云叢菊兩開□□□□對云毋雞一去始覺街寬甚以爲工切未知何
取也午後歸以十子欺罔逐令去
曾祖妣生辰設薦畢遣人追十子治盜金器事待至四更遣六雲就縛緹
寢
十三日晴王葆澄來十子自言鍾弟遣盜諸物欲往貴州軍中鍾抵讕曲
誘不吐實午後睡久乃起並逐鍾令去夜至亥寢
十四日晴再誘鍾令實言其色愈慘惡杖之數十因悲哭甚哀飯後十鍾
並下缺之點宋書半卷五行下缺四年四月湘東鄮黑石下缺至亥寢
十五日雨晴點宋書半卷沈書州郡志用司馬續志太原地志王隱晉書
永初郡國何承天志徐志相校於僑立最詳僑立郡縣所以息土著客
民之爭也土斷所以隱括客民之賦役也古人處之有精心而今廣東
土客案歷歲不定由未知僑郡之法耳是日在和歸鍾復游詞作書來

封呈叔父並勸囚之鈔穀梁三葉
十六日至六月十八日闕
六月十九日晴熱鈔穀梁三葉襄公成爲諸兒倍書各百葉點魏書一卷
夜聽兒女講酒誥
二十日晴中伏鈔穀梁三葉補作魏書贊數首聽講杍材又倍離騷三四
過屈子之逃仙游真有陵到景驅浮雲之概史公贊其爭光日月知言
也夜呼六雲出看月納涼
二十一日晴申後陰鈔穀梁三葉作魏書贊聽講召誥問無非澶淵之會
晉趙武楚屈建之力也此會屈建不會而云云者何功對曰屈建爲宋
之會趙武爲此會以俱在宋故終言之非女倍六朝賦數篇夜眠庭中
風涼遂瘵經時許起食粥二盂卽寢
二十二日晴鈔穀梁三葉聽講洛誥夜至子寢

二十三日晴早陰欲雨未成點魏書一卷爲非女點史記見武王言未定
天保事乃悟頑民卽王所云名民也此篇開卷卽見而說經者不知引
用知看書與讀書功力不同如此人不可不熟讀羣書也孫淵如博引
史籍以說書而舍此不取尤爲疏矣余非與非女講授亦不明也爲之
甚喜鈔穀梁三葉夜聽講多士未終已倦睡矣夢至一官署入空屋三
重房室甚麗無人承候余乃厲聲呼僕從俄焉右扉啓一婦人迎余覩
其頭被冠帔若泥塑蓮巾也余將解衣此婦來近意甚狎余怪之心念
此洪秋帆明府爲余供帳招伎侍余耳未及問而寤蓋入古廟也是日
涼適
二十四日晴有風點魏書半卷鈔穀梁三葉功兒大射篇生答捶數十終
不能熟聽講毋佚
二十五日晴點魏書半卷鈔穀梁三葉論五伯者荀子王霸篇云齊桓晉

文楚莊吳闔閭越句踐趙岐注孟子無吳越而有宋襄秦穆杜預注左
傳云夏昆吾商大彭豕韋顏師古注漢書諸侯王表用荀子說而改闔
閭爲夫差去句踐入秦穆余以公羊定之蓋齊桓晉文宋襄楚莊吳夫
差也傳文各有霸詞故知其審然古稱五伯始於左氏齊賓媚人厶氏
好改易人詞語未必媚人時已數桓文爲五也三王者三統之王五伯
者五行之伯本不必數人以當之聽講君奭陸德明經典釋文釋樂記
封黃帝之後於薊云黃帝姬姓疑召公是其後春秋傳以燕爲周之介
子蓋疏族耳夜至亥寢
二十六日點魏書一卷晴熱夜涼鈔穀梁三葉聽講多方命兒女作頑民
說以蟲未成亥初寢
二十七日陰涼出放馬鄰女出嫁遣非女覩貧家物力之難也鈔穀梁一
葉倦甚睡少時起鈔二葉魏書未點夜聽講多方亥正寢涼

二十八日陰涼鈔穀梁三葉點魏書一卷儒林傳云學制悉日直監廚刀
沖雖有僕隸身自炊爨今朋館日供其由久矣夜罷講戌初寢
二十九日晴涼風爲兒女倍禮記至玉藻乃得士相見禮非以君命使則
不稱寡大夫士則曰寡君之老三句之誼解說於篇首鈔穀梁三葉作
書與春甫岣嶁俊臣張東丈各送物專遣在和入城夜聽講顧命爲非
功改論戌眠至寅初就寢微雨
三十日雨涼是日庚午立秋又末伏日也辰初起攜官女看牽牛花葉密
僅見三朵點魏書一卷與鬱緹及諸女後池看雨鈔穀梁二葉晚命兒
女作平苗策罷講
七月辛未朔陰雨點魏書一卷鈔穀梁二葉以紙盡故不滿程也聽講費
誓及呂刑半篇至亥寢點書未盡且止
二日晴陰錄贈申夫詩改定四句末二句云新人顯達故人隱去日悤悤

來日同自謂如李東川泲水二句也又因長沙潸明游湘西寺而誤記
十日賽城隍亦長沙之事緬杜集求之乃江寧事耳杜送許八拾遺歸
江寧省觀中云賜書誇父老壽酒樂城隍卽閭里之謂不知何人改
作此二句以爲城隍神而余又誤記以爲長沙城隍也所謂杜十姨矣
持詩與鬱緹觀之鬱緹午睡未便驚之乃與非女讀之閱宋史一卷太
祖紀趙敬夜呼開清流關匡允曰父子固親啓閉王事也詰且乃得入
杜太后喪九日而釋服建隆三年十二月甲辰衡州刺史張文表叛明
年慕容延昭討之三月壬申湖南平得州十四賜南唐建隆四年歷而
明年十一月竟改元宋史無建隆四年也宋史本紀龐雜無法了莫尋
其事實夜蟲多罷講
三日晴卯起鈔書至午得十二葉昭公畢穀梁成軒七本計自入承上凡
鈔易書春秋周官幾十餘萬文矣今將專意撰述且以此付非女也閱

宋書一卷真宗始求隱逸之士而賢相繼踵若李沆張齊賢寇準王旦
呂蒙正（呂端乃太宗舊臣故不數之）皆非二太朝所有其孝敬慈儉之美不一末年
惑於天書亦以澶淵破膽而歸功福祐耳人主崇信符瑞但不害治亦
非大過乃後人深譏之史臣乃又曲爲之說以遂人好神宋臣欲以誇
之則陋儒之言其謬甚矣仁宗以天書殉父非所宜殉又贊爲賢豈盧
仁宗讀其父書而亦好天書邪仁宗時韓范用事朝廷議論始興邊事
大棘洞徭亦熾觀其措置未爲賢君論者揚禎而抑恆殊不知其所由
也作宋史贊四觀功兒平苗策頗有文理聽講呂刑今爾罔不由慰曰
勤爾罔或戒不勤戒不勤者有戒是欲人不戒不勤也僞孔傳云女罔
徒念戒而不勤既念戒矣自當曰勤其說非也因讀勤爲瘽以戒在民
言君人者無有徒戒飭民以法而不瘽憂之也亥初在和歸得岣雲春
甫俊臣黃叔琳周南坡李桂林兒書

四日晴熱閱宋史一卷神宗之立裁恩幸節冗費市馬務農慨然有平治之想專任安石亦其美德安石負之耳神宗非闇主也點魏書一卷高句麗人頭著折風其形如弁旁插鳥羽貴賤有差蓋今涼帽花翎之制百濟王餘慶魏延興二年上表文辭甚美疑非其國所有勿吉國鹽生樹上今長白山在其國南是滿洲之地而其俗與今絕殊波斯王卽位之後密書其子賢者之名封之於庫王死發書視名立之此世宗立嗣之法未知爲見史而效之爲暗與之合也聽講文侯命秦誓二篇續誦離騷

五日晴熱閱宋史一卷點魏書一卷夜講詩序非女引史記爲詁甚有證據比夜皆至子正始眠卯正起

六日晴熱閱宋史一卷未瞭宋史本紀蕪薉闇略意欲改爲之未暇也點魏書半卷聽講堯典半篇

七日晴熱閱宋史一卷點魏書半卷又一卷夜雲陰不見天漢初月甚明膠緹作餅令六雲作熱歠遂待之至丑始寢

八日晴熱甚點魏書一卷未正大雨旋止聽講堯典亥初重閱宋史一卷宋代時以從子續緒者英孝理度四君以弟及者太徽二主傳子之法不爲典要矣而明代獨以大禮起大爭何哉

九日陰晴點魏書半卷閱宋書二卷帝紀畢魏天賜二年諸州刺史置三人一宗室二異姓此元之所本亦滿漢並用之始又尙書尙左亦外國之制比日功兒寫包非女作庀均未講書戌正寢酉初大雨至夜仍作

十日陰不涼點魏書半卷又一卷凡九十二日二十六本百卅卷始畢閱宋史律歷志二卷功兒講堯典

十一日陰晴熱卯起作書與彌之俊臣春甫若愚妹夫陳芳畹黃叔琳唐蓺農劉竹汀午睡二刻夜出田隴上看月風來甚熱歸講皐陶謨半篇亥初寢

十二日晴熱閱宋書律數志宋歷十六改而不能合太祖時王處訥造者曰應天太宗時吳昭素獻者爲乾元皆御序真宗時史序等編爲儀天鄭昭晏議其失真宗時又用張奎造新者曰崇天晏殊序英宗時周琮改者曰明天王珪序神宗時熙寧有奉元哲宗元祐有觀天崇寧有紀元皆官歷紹興時常州布衣陳得一造曰統元孫近序光州士人劉孝榮作七曜細行歷孝宗賜名乾道李繼宗造者曰淳熙紹熙中黃艾造者曰會元慶元中楊忠輔造統天理宗時曾　造開熙又改會天度宗時用臧元震言造成天馮夢得序德祐在海上尙造本天歷宋人皆以劉羲叟爲知律羲叟之言謂歷不必求合則歷可不修何爲乎其知之邪權度量衡用和峴歷爲尺劉承珪始制法馬等子各縣三豪以星準之錘重六分盤重五分爲一錢半之稱仁宗著樂髓新經以西域聲音

合樂丁度以古錢較尺寸定尺十五種一周尺二晉田文玉尺三梁表尺四漢官尺五魏尺六晉後尺七魏前尺八中尺九後尺十東魏後尺十一蔡邕銅龠尺十二宋氏尺十三太府尺十四劉曜土圭尺十五梁俗尺其後房庶爲漢志脫文之說范鎭主之後胡鍾蔡元定程迥歐陽之秀李如篪皆論樂律呂然莫能明也鈔左傳半葉夜齋宿

十三日陰嘗祭

三廟卯起庀飭未時行禮五刻畢始嘗新稻宋分天下二十三路京東東路京東西路京西南路京西北路河北東路河北西路永興路秦鳳路河東路淮南東路淮南西路兩浙路江南東路江南西路荊湖南路荊湖北路成都路潼州路梓利州路夔西蜀州路福建路廣南東路廣南西路後又置京畿路宣和四年金分與以燕山路山前七州曰涿檀平易營順薊又有景州契丹置也平易營三州契丹所自取也雲中路曰

山後九州武應朔蔚新毅儒媯合雲州爲九也於禹貢無冀雍之地是日觀宋史地理志河渠志二卷亥寢夢左壬㝉問余八社余臆對以五方之社及太王亳三社爲八五方無中社中卽太也古今亦無八社之名㝉問㝉對疑別有應八者壬㝉父景喬丈之弟行社者土示景丈其不久矣

十四日晴熱甚閱宋書禮志二卷因觀其合祭天地之義遂閱文獻通考見蘇軾請合祭而劉安世駮之或以告軾曰劉待制議若上恐必不合矣時轍爲門下侍郎遂令罷議安世議竟不上議禮爭勝其可笑如此天地合祭瀆禮之大惟方澤爲祭地與圜丘配則恐不然郊社相配經有其證方澤爲地一見周官自是別禮非社祭也郊社並以稷配圜方則無所配明二丘之非郊社矣後有王者郊祭天而社祭地罷二丘之祀可也宋王儉云中朝書二丘以并二郊別立二丘之祀而不入郊社之中亦可也通

而一之其礙多矣至後人疑夏至不可服大裘此妄疑也大裘但冬郊不祭圜方郊必以二徵月唯可裘也圜方宜異服則未知大裘之名冬夏可通如今言袍有貂有沙而以兒戲之言爲合祭之正是烏足據乎蔡邕獨斷祠南郊事畢次北郊則漢武南北二郊不合祭亦不分在二至賈得周禮宋蔡邕以爲出東京禮儀志亂引之夜聽講皋陶謨鈔左傳一葉

十五日陰晴熱甚鈔左傳一葉點齊書一卷得常耕臣書及采訪簿旋作書復之去得春甫書及新刻桂陽州志樣式尚可用當定艾梓人刊之夜令三兒各倍詞賦一篇至亥寢

十六日丙戌處暑陰晴鈔左傳一葉閱宋史禮志二卷點齊書一卷明帝建武二年改封廣漢王子峻爲衡陽王立三年永泰元年春誅之及湘東王子建四月己未立武陵王子坦爲衡陽王和帝二年誅湘東王寶晊夜獨坐至亥微雨間作

十七日陰晴鈔左傳一葉點齊書一本州郡志衡陽郡湘西益陽湘鄉新康衡山湘東郡茶陵新寧攸臨蒸重安陸山百官志衛尉條下云諸樓本施鼓持夜者以應更唱太祖以鼓多驚眠改以鐵磬此今更點之始也宋太宗制立夏日祀南嶽衡山於衡州大中祥符加帝號奏嘉安之樂曰作鎮炎夏畜茲靈光敷與萬物旣阜旣昌爰刻溫玉式薦徽章昭格神意福熙穰穰紹與祀用成之樂曰神曰司天居南之衡位焉則帝于以奠方南訛秩事望禮有常庶幾嘉虞介福無疆夜講禹貢宋英宗御容赴景靈宮奉安導引曲云鼎湖龍去仙仗隔蓬萊輦路已蒼苔漢家原廟臨淸渭還泣玉衣來鳳簫鸞扇更裴回帳殿倚雲開春風不向天袍動空繞翠輿回樂志所載歌曲四言則陳腐無生色曲子則以經語入俳優皆無足采此篇結二句可謂情文相副也是日得儀安書張東文書全明府廷珍書儀安送鵝一雙

十八日晴鈔左傳一葉閱宋史二卷點齊書一卷太祖庶兒衡陽元王道度王敬則封重安子五本呂安國封鍾武男恐非此地蕭齊書抑揚側伏有良史之識惜筆弱不足振之今蕪沒與晉宋諸史等列耳有暇亦欲刪削之令兩兒過鄰家飲夜聽講禹貢甘誓至亥寢

十九日陰早過六雲眠遂起時方卯初也閱宋史選舉志昏倦睡片時起點齊書一卷游後園見豆花欲作詞不成夜至亥寢

二十日陰涼補作魏書贊四篇鈔左傳半葉點齊書半卷白桃一實熟墮甘香似奉宸苑銀桃家人分食之閱宋史職官志半卷出壓馬行二里無平地馳騁掉鞅而還功兒講湯誓

二十一日陰晴點齊書半卷閱宋史一卷楊億論員外置官之弊及州郡之制其文甚切宋制以不滿三百戶爲下縣案南齊書顧憲之云山陰戶二萬貲不滿三千者殆將居半是古制以貲較戶也因命功兒作唐虞以來戶口考淳熙六年十一月臣寮奏湖南一路唯衡永等數郡宜

麥(兩稅五賦)嘉祐四年命轉運司裁定衡陽所輸丁米及錢絹雜物無業者
弛之建炎四年令諸州租籍不得稱分豪銖蠶絲忽(金銀成錢)調絹布之制
衡永市平絁劉摯監衡州鹽倉以論免役事助知東明縣賈蕃也蕃爲
令不受訴而使數百民詣開封府訴突入王安石私第又至御史臺乃
散去果民不便不至便散此必蕃募人至京以困執政耳摯乃右之則
摯亦與謀可知不然旣至御史台摯何不受而聽之以奏上乃令其散
邪此東明人疑亦京師人僞爲之聽講盤庚補注一條復全知縣書
二十二日晴熱點齊書一卷閱宋史食貨志宋志惟此篇清晰蓋名手所
作也民生當令自阜上不可代謀宋明已來經濟學盛君言惠愛臣務
建樹大擾閭閻詭設法度害民之政實原於此有國家者宜念烹爲鈔
左傳一葉聽講盤庚書與暤臣儀安
二十三日辰微雨旋晴熱閱宋史一卷青苗法卽令放生穀之法安石見

富人籠利效之以益國耳平世加賦亦未至巨亂宋人好議喜事見此
法病民人人攘臂欲爲名臣奏議惟恐其無缺故乘而攻之遂使清流
聞風而格詔小人因緣而並進皆此號爲君子者使國速亂也若上下
一法直告民以加稅助邊之意不設名目何至擾攘民窮爲盜乃姦人
恐嚇之詞損益上下互有其時何至爲掩耳盜鈴之小術乎令人慨然
自恨不乘權秉鈞一使俗人驚也(此以安石自命士各有志此繼經濟之見)點齊書一卷午
倦睡十二刻夜亥初寢少兒講高宗肜日西伯戡黎
二十四日陰點齊書一卷凡十日齊書點畢孝義傳建武三年大使巡行
天下表衡陽何弘疏從四世同居並共衣食詔表門閭蠲租稅酉刻攜
六雲宿瑞至夕陽徑矚眺六雲半途還宿瑞摘秋花數種歸秋色殊勝
命兒女作蓼花賦講微子
二十五日陰晴作穀梁申義凡七條是日始涼再講微子毋暫至亥寢蕭

暢爲衡陽郡王梁天監六年夏四月分湘廣二州置衡州十三年立皇
子繹爲湘東郡王普通六年以魏元景隆爲衡州刺史韋粲爲衡州刺
史
二十六日晴點梁書一卷鈔詩經五葉閱宋史刑法志一卷宋制始禁州
郡殺人小儒以爲仁政不知一命之微必待帝決不唯天子不能縣斷
終爲文案所蒙且付以民社而不信其無枉殺之事是牧令固不免爲
暴人而監司亦不能察酷濫矣任人求賢方將望之以聖賢材智而乃
視之爲昏暴無行之尤則天下幾何而不傾哉立法之密莫甚於趙宋
以後然其效可覩他日有達治者必以吾言爲知治也聊記其意以待
知音是日早罷出放鷂夜爲兒女改賦爲常生改文二篇至亥寢
二十七日晴夜雨點梁書一卷鈔詩三葉閱宋史藝文志二卷宋版爲歷
代所無作志者不能徵其源流但略敍一二語倘係闕時刻版事豈祕

閣所藏仍非刻本邪作史者漏略遂至元明因之鈔刻不分亦何取乎
爲志也瑫女發熱講洪範至亥寢
二十八日陰點梁書一卷鈔詩三葉閱宋史世系表太祖二房(燕秦)傳十三
世(德惟從世令子伯師希與孟由宜)太宗七房(漢元佐商元份鎮元偓楚元偁元係許元僖越元傑周元儼)傳十二世太祖字系曰
太宗字系曰(元允宗仲士不善汝崇必良友)英宗傳六世而迄諸帝皆無
開房者魏王廷美八房字系曰(德承克叔之公彥夫時若闕次)亦傳十二世殆二三萬
人皆三匡旁支子孫也其正宗則時絕時續續者又不能昌亦傳十二
世宋人始講墓穴吉凶若此者所謂不利長房者與
二十九日陰昨夜雨點梁書一卷鈔詩五葉閱宋史后妃列傳宋初兄弟
從子相戮之禍始於杜太后杜以婦人淺識妄論大計太祖從而信之
雖免匡義篡弑及匡允誅戮之事而廷美德昭諸人俱由此死又況無
杜氏之言匡義或不致生心乎至亥寢

八月庚子朔陰點梁書一卷鈔詩三葉閱宋史宗室傳敍次總雜不可讀
又不及魏收敍人名官位之了了也是夜始講詩經功兒作夷羿考不
能成改作蟋蟀詞至子初寢
二日陰鈔詩五葉點梁書半卷鄰人送鯉魚是日白露節
縣學府君生日設薦蘭欽督衡州三郡兵討桂陽陽山始興蠻破平之衡
州刺史元慶和爲桂陽人嚴容所圍欽往援破容羅溪授欽衡州刺史
在州有惠政其年日當以本紀考之羊侃爲衡州刺史（中大通九年）於兩艖
艕起三間通梁水齋觀者塡咽子正寢講詩及杜詩
三日點梁書半卷鈔詩三葉大和坤陳新堂貢生來論原隰裒矣兄弟求
矣二句之義因命兒女作解至亥寢
四日點梁書半卷鈔詩三葉重閱宋史宗室傳及公主傳獨坐至丑寢二
日皆陰

五日雨遣在和送蓮子藕粉至湘潭十六族舟家因作書寄四叔父卯初
去雨未甚也辰乃大雨點梁書半卷婆利國偏坐金高坐以銀蹬支足
今獨炕也中天竺國出火齊狀如雲母色如紫金別之則薄如蟬翼積
之則如紗縠重沓蓋今碧霞犀也是日豐兒生日罷課于闐國相見則
跪跪則一膝至地旂人請安也齊世顧憲之著衡陽郡記鈔詩三葉
六日晴豐兒小疾因命功兒並停點書點梁書畢馬岱青（振湘）及其高足
弟子夏漣春（青）來留宿東齋岱青言左氏記事神妙呼功兒聽之不解
其語也夜談至亥刻感寒不能支客興未闌乃入睡片刻起至子正還
室周桂自省來
七日晴與客至夕陽徑還至常氏墓下論碑字岱青言何貞老書唐以前
妙品也在顏真卿之上余以李北海書在近傳王右軍之上皆掀論也
晚要鄧六姿（在和父也）來小酌至亥散與客談至丑寢

八日晴桂始華客去點陳書半卷閱宋史半卷鈔詩七葉酉正倦眠至亥
正起喫包子四枚
九日晴命六雲至園中折桂鈔詩五葉孱緹暴怒非女喻勸不止六雲又
怨余不宜激怒其女君也余告以三尸神專言人有過失汝等乃三尸
教汝多事耳六雲無言遂睡去已而傭工與周桂爭於竈下余笑曰三
尸神出生事矣亦喻止之
十日晴點陳書半卷鈔詩五葉閱宋史一卷趙普幾不免於太祖之忌而
史臣以爲君臣之際無間其矛盾如此普以告廷美陰謀固寵太宗於
其死猶言與之有間則初亦爲普所間也斧聲燭影之事疑實有之然
爲普所挾持者普蓋別有術結主亦當時不敢輕殺大臣之風氣未漓
故得免耳夜至亥寢
十一日晴非女與六雲生日食湯餅甚飽申初在和自湘回得族兄得一
書知

高祖祠堂已卜地城中又聞流民過白杲蓋轉入江西矣鈔詩五葉點陳
書一卷
十二日晴鈔詩大雅成計十七日得六十五葉非女亦鈔得三十篇鈔書
以此爲最勤也連日理諸兒溫書幷不能熟教非女作賦講詩伐木篇
論天下友有三道一曰親親父子兄弟夫婦君臣雖分各有在至其投
契皆朋友之義也有父子異同君臣道不合者若兼友道卽天倫之至
樂矣二曰友賢取益於人友之正也三曰故舊不必皆賢但與我周旋
患難契闊歲時卽有友道亦不可棄也序以三者該友道旨微而誼宏
矣
十三日晴熱點陳書一卷遣在和至衡爲馬岱老送信爲功兒倍禮經畢
陳氏自廢後二君不爲正主其纘統者皆支子也世祖以從子而父高

高宗以母弟而繼世皆別立後奉其所生則當時無異議敢生也且兩
君皆㝡猶顧大義明人大禮之紛紛實原於濮議乃宋人不學陋見耳
學者自可以一笑置之石守信聞太祖黃袍之言遂乞病以散官就第
爲諸將謀誠善矣然太祖餂之以歌舞拒武行德等以論功汲汲爲恐
其不罷兵也豈大度所爲邪愛州防禦使石保吉以竹木渡關罰一季
俸蓋罰俸所自始王承衍亦然王審琦爲中正軍節度部內令斥黠吏
不言府仲寶容之知大體矣祝天飲酒殆非誠語史臣采之失於限裁
子承衍知潭州從孫克臣監潭州稅高懷德爲岳州防禦使善度曲韓
重贇私取親兵趙普論不宜誅之苻彥卿管軍又沮之二說相反實同
一忌也苻昭序拒父守徐州賊不能挾質攻城史臣書於彥卿傳豈彥
卿所教邪不然敍次無法彥卿名聞遼中至唖馬咒之兩朝賜詔不名
然未見奇功是日點陳書畢以節近散學

十四日晴夜月如晝瑶女戲月下至子始眠爲兒女講天保子正寢

十五日晴熱紵衣過中秋余三十八年未見此熱至酉雲起東風起南須
臾天陰而熱不減以昨夜觀之中秋夜月必佳乃出意外竟終夜昏暗
幸余與妻子設宴庭中不必賞月而自歡也月餅菱角自入鄉五年無
此味今皆得之茗話甚歡命六雲歌一曲但歌也亥正余倦先寢

十六日陰功兒作桂賦甚佳未知能常如此否因觀余少時所作及今年
諸詩少時專力致工今不及也凡謂文章老成者格局或老才思定減
杜子美則不然子美本無才思故也學問則老定勝少少時可笑處殊
多是日鈔詩三葉至子寢

十七日陰有雨鈔詩三葉點周書半卷宇文泰與高歡終身不敢謀帝位
又皆不居京師此曹公之故事北人俗樸於南劉裕諸人不能也開基
之主而遇幽殺者惟宇文覺護手立三君橫恣被禍而無叛篡之志其

所以敗者一出征齊而失師故衆心不畏又有不忠之迹要之護可謂
無學之伊周故邕亦卒復其封嗣也

十八日丁巳秋分陰鈔詩三葉點周書半卷
祖妣生日設薦非女讀兩京賦功兒讀詩豐兒談書皆起是日奉新有尹
姓者說詩纘女維莘謂太姒爲繼室吾友曹鏡初亟稱之曰文王初聘
乃俔天氏之妹也既死而天又命文王于周京纘有莘之女則長子維
行而生武王故關雎左右淑女思得賢妃以主祭祀而至於寤寐反側
以內主不可曠耳文已備嬪御而太姒後至故以不妒爲至難余喜其
巧而畏其無據也今得二證以助之其一曰序稱太姒皆曰后妃夫后
妃不竝稱且太姒何以爲后妃之專稱后者後也文王後娶之妃宮中
相呼爲后妃故因傳於後世此與纘女文同也其二曰海外西經形天
與帝爭神帝斷其首葬常羊之山宋書符瑞志有神龍首感女登於常
羊山生炎帝則形天國在神農之前在西海疑是西戎之國故與邠爲
昏姻也古人謂妹皆男子謂女子後生者若譬妃爲妹其詞未雅比后
於天其言已僭俔形音近又同在西明俔天即形天也鄉緹聞之曰君
爲太姒爭娘家而得一以乳爲目臍爲口之國舅恐文王太姒均不願
也又假使設結髮爲塡房則官亦方起不如不作干證以免拖累耳因
大笑而罷閱桂求書薦衡州作書與張衡州亥初寢至寅夢獨宿一處
空房甚多起小便見一鬼行階上聞余起驚避余大懼反避之鬼遂尋
聲至出其面一十六七女子膚色瑩白端麗而衣甚故敝似人家虛使
之婢也驚而醒起視時正寅正也小坐一刻還寢

十九日陰點周書半卷宣帝宣政元年九月詔諸應拜者皆以三拜成禮
今禮三叩所自始也古三拜爲簡周與今三拜爲敬今通行於尊長達
官矣又帝召京師少年爲婦女裝入宮歌舞是天子狎優之始也鈔詩

十葉閱宋史半卷騎馬
二十日陰鈔詩五葉至亥寢丑起與六雲閒話遂睡至辰起
二十一日陰鈔詩二葉紙盡閱宋史一卷宋史繁而無事宜刪削其大半
乃可觀去其十分之九乃可傳也宋代大約無真人材爲歷代最劣之
朝元明次之所以然者元明尙無虛負盛名如趙普韓琦歐陽修諸人
是非未盡案也夜點周書半卷至戌寢
二十二日陰出率瑠女及兩兒騎至石原拾梧子盈升歸鈔詩一葉得岣
雲書索書抵長樂初夜作書稍倦遂假寐至丑方起解衣
二十三日陰巳午時有濃雲起似將甚雨俄晴秋氣也爲楊雲帆副使書
橫幅千餘字遣岣雲信騎去俄獲馬盜二馬二復加遣在和送府夜鈔
詩五葉
二十四日陰辰雨閱宋史一卷陳承昭習知水利而建壅汾之策李瓊信

佛年七十三四月八日詣佛寺遇疾卒此與北魏胡國珍事同天下事
無獨必有耦往往如此王仁鎬陳思讓李瓊周人郭瓊李萬超漢人陳思讓
子若拙傳云幼嗜學寡學術二文不相照以太平興國進士第二人及
第當時謂之瞎牓長於理財鈔詩三葉夜點周書半卷至戌寢始寒
二十五日雨鈔詩三葉邶風成計二十九日鈔書六卷共七十五篇點周
書半卷至戌寢
二十六日雨點周書半卷鈔詩三葉非女周頌成
二十七日霽陰鈔詩八葉鄘風成桑中詩不似刺奔之詞江文通云桑中
衛女上宮陳娥是用莊姜送戴嬀之說蓋爲優也詩序子夏所傳未知
何緣指爲竊妻之作疑毛公所加取左傳巫臣事附會之耳得周南坿
玉生表兄春浦書至子寢與艤緹話久之至寅乃寐
二十八日晴點周書半卷常吉人來

二十九日晴小疾鈔詩三葉常寄鴻來采訪四本皆明晰雅飭留宿東齋
談至子寢
九月己巳朔晴鈔詩三葉常宅取宋明四史及四庫書目去並還通志略
二十本眼生小瘍不能多看書字
二日晴連日甚燥鈔詩四葉桂再華騎至將軍山覓橡栗樹高二三丈子
未熟
三日晴鈔王風二葉點周書半卷
四日壬申寒露節晴
曾祖考忌日素食設奠寄鴻去
五日晴騎至咸欣寺會諸鄉人議振荒事會者十七人出米八石餘衆以
爲多余照例出五升亦爲多矣非女作律詩尙佳至亥寢
六日晴鈔詩六葉王風成蚡女周晬以頸瘍不能拜無所陳設也連日料

理前所閱齊梁諸史命功兒鈔集其贊暫罷周書未閱改作穀梁申義
常吉人來
七日晴鈔詩三葉吉人送其父惜心翁集來閱其詩亦時有奇氣內記黃
頤齋以淸濬忤縣令周某以賭案陷之下獄常石潭爲之周旋常亦忤
周事發幾不免常毅然不顧也捕黃者爲福道臺嘉慶丁卯年事戊辰
惜心赴鄉試與劉念璋同寓劉夢題告同寓並作之入闈果然放牓前
夕惜心夢報單來已名首列再視則姓朱再視則姓楊矣是科省元爲
楊培之父黃卜洛未鬻宅時惜心夢至其宅聞哭聲視之其宅已改造
匾縣四金字燦然明年果鬻宅改造匾字宛然夢也其中鄉山行詩云
爭路亂雲隨腳起埽空修竹蓋頭來頗有別趣至亥寢
八日晴艤緹生日作湯餅受賀畢至午少睡申刻賀金灘來酉刻設宴於
房頃之艤緹起退鈔穀梁申義四五條遣六雲侍女君寢

九日陰丁丑寅初初刻第五女生嫡出也家人盡起遣在和問方和藥產
母時暈去六雲甚驚懼至巳稍愈鈔詩二葉倦睡時起時眠六雲仍侍
女君寢
十日晴滕緹益愈騎至紅鸞廟問振荒事有流人三四輩至寓視之皆猾
巧無藉之人因論流民爲荒政最下策凡能流者必非良弱即良弱亦
不足深哀以其能自存也荒政以民無流亡爲上使假事以州縣能辦
此矣在紅鸞廟又遇流民首領二人因尋陳作舟議合邑公振事陳欲
余出傳單也歸鈔詩三葉非女鈔三葉晚作流民詩
十一日晴五女洗盆畢告
三廟命名曰幃小名曰勝萸茱萸九日之佩也離騷曰樧又欲充其佩幃
萸非嘉佩故欲勝之鈔詩六葉鄭風成
十二日晴足疥不能行申刻與循來談至丑留宿西齋

十三日晴無事至丑寢
十四日晴申刻得文心書峋雲專人來約出城議與與循同行夜擲骰至
子
十五日晴足腫甚作書復文峋約之來並書與王選三經歷又作書復陳
芳畹達日未作一事滕緹云黃子湘作一書半日不成一牋今此四書
抵四日課爲多矣夜教兒女作詩坐至丑
十六日陰遣僕馬送與循去巳初行時黯陰方合涼風乍起扶杖望塵頗
生別愁與循與鏡初意趣不合在此頗言鏡初之短余未敢信也及去
得鏡初書亦言與循借未得證質之鏡初書二月二十八日發今日始
到近七月矣又言兩著到京余前寄書未達當再補寄也分芍藥下土
移梅於盆
十七日雨寒鈔詩三葉睡竟日方起鈔詩非女云嬾而能勤也鄉人求書

扇
十八日雨霽鈔詩六葉齊風成作穀梁申義三條常吉人來云將入城度
滕緹發寒三被蒙頭一時許熱得汗而解酉刻即寢
十九日晴鈔詩七葉魏風成作穀梁申義是日丁亥霜降戌刻寢
二十日晴始袍
曾祖國子府君及
顯妣生日設薦午始朝食作穀梁申義點周書十餘葉夢乘白鳳自廣
州夜還宜章炊黍頃達湖南界聞人言而寤鳳能人言也夜月甚皎起
看月
二十一日晴鈔詩二葉作穀梁申義
二十二日晴鈔詩九葉唐風成點周書半卷連夜早寢此夜腳痛少眠
二十三日晴因腳痛晏起至午時復發熱不思食強起點周書十葉送與

循人夫回致牡丹一本夕命栽之梔子生蟲下之圃中得常耕臣片送
來訪册二本得黃叔琳書求作壽文余初學爲文力戒不作壽序在京
師爲兩座師作兩篇耳及至衡州此風遂開幾於無月不作亦可厭也
明人陋習流毒無疆然其本自退之諛墓來故曰八家不滅壽文不絕
然由於名未高耳若作尙侍年九十庶可以免非女嗌痛甚劇
二十四日晴非女生朝無錢惟買一斤肉與之食之至午飯猶有七品是
日鄉人設傀儡兒女均出觀鈔詩一葉鄧八回得與循書點周書半卷
二十五日晴鈔詩二葉爲黃曉岱御史作疏稿請立博士此亦救時之策
耳流弊終趨文而畏學也然鼓舞得宜實可爲百年之盛若此疏果上
寘一時風動也夜坐點周書一卷至亥未寢非女豐兒盼女均滕寢驚
怖滕緹睡如泥余爲調護殊勞又滕緹在月家俗夫不入房而余以兒
女盡病妾不得力遂躬自營視寄榻而寢亦非禮也非女驚甚遣六雲

件之

二十六日晴早起洗腳視其瘍無一指大痛劇如此遂至半月可怪甚矣是日點周書畢若釋重負李遷哲父爲衡州刺史襄陽土豪也作書復鏡初鏡初分刑部書中仍申論人命太重之弊使丁伊甫學士一輩人咋舌驚絕也作書與春甫借錢過側室眠

二十七日陰足痛甚功兒又喉痛余坐牀上至酉方下鈔詩三葉點隋書一葉作梁書贊三篇

二十八日晨小雨已晁日鈔詩二葉秦風成初計功此日可畢豳風今乃止此可惜可歎渭陽序云贈送文公贈字衍入此詩乃康公即位修好於晉之詞溯前送舅之恩爲弔襄通好之本贈車馬瓊瑰贈死之贈也送舅氏送生之時也序乃合云贈送則康公以太子而擅贈舅氏以諸侯之禮𢹂其父物而曰我贈失禮甚矣自研經以來疑義浸廣皆以己

意通之人病不思耳隋書食貨志云晉自過江凡買奴婢馬牛田宅文券萬錢輸四百名曰散估此稅契之始但彼稅賣者三百買者一百今則不分買賣耳若收人物稅契猶當有益軍儲惜郭筠仙未聞之也點隋書二十葉又作梁書三贊鈔陳風三葉說文媄字引詩桃之芺芺以證媄爲女笑皃明芺即笑字隸書竹艹互用今遂不知笑即芺字而妄附笑於竹部或又欲依哭字附犬部真可芺也宋刻本改桃之芺芺作桃之媄媄尤誤媄乃女芺豈可引桃以證女邪

二十九日陰鈔詩七葉陳鄶風成點隋書二十葉

三十日晴鈔曹風四葉點隋書四十葉爲唐秇渠作壽文

十月己亥朔早起寫唐序未畢在和回得唐王程張各書春浦送蟹四臍馮姨子來言在正陽鎮鹽局新歸李少泉已往貴州督軍云云留宿東齋鈔豳風一葉點隋書四十葉

二日陰大風鈔豳風五葉分鈔詩畢工計六十八日鈔詩十八卷餘付非女使終之點隋書二十葉

三日晴風馮弟去贈錢四千點隋書畢二本瑫女又病頭癰既暮未食而馬岱青及其從兄小濤來訪內則兒女飢啼外則人夫喧擾踰時乃得飯殊餓甚也二客宿東齋

四日晴始霜食蟹客去睡竟日起點隋書三十葉非女始學女工令未時寫字戌時讀書餘悉隨母起居是日壬寅酉初立冬

五日晴點隋書十葉始敘次衡陽志考其沿革

六日晴點隋書十葉經籍志部數與書目均不相合算良久未知其致誤之由也

七日晴點隋書二十葉作衡陽古今事紀夜作穀梁申義

八日晴點隋書三十葉夜出池邊看月

九日晴繆緹出月點隋書三十葉夜看文獻通考輿地考未爲佳作也凡作地理當明其沿革改易之本歷代郡縣省併爲最要而但舉州郡大綱不過供對策之用耳惟敘五代得州多少甚明晰有益五代史爲歐九所亂全無考據余屢欲補三國梁陳五代地理志未遑作耳是夜復寢子丑之交瑫女醒啼而下牀遣繆緹捉之因與論教子女之法及其近年頗傷暴急之故語良久繆緹頗解余意不以爲忤也凡人貴切磋念古今箴規訓諫之無益者由其無術耳若余於夫婦之間過於父母之訓而遂能深識恩義莫逆（其逆則未必終不省捲義之說由恩媽則怨也）於心誠平生之一快也

十日晴廖老人來送藕欲要余過其家辭以明年留之飯食蟹亥初寢

十一日晴點隋書作書與與循戌正寢

十二日晴功兒口痛又生頸瘍困甚余亦小疾甚懶點隋書四十葉作穀梁申義戌正寢隋書周羅睺父法嵩仕梁爲臨蒸縣侯周法尚安集嶺南西衡州刺史鄧嵩降桂州人李光仕舉兵王世積與法尚討之法尚發嶺南兵世積徵嶺北軍俱會尹州世積所部多遇瘴不能進頓於衡州法尚獨討光仕斬之

十三日晴辰初早飯騎行六十里飯於杉橋中正到淸泉學舍晤章鳳衢入城宿程春浦宅得唐萩農書寄陳芳畹書

十四日晴常寄鴻來飯後與春浦訪張東丈見東撫殺安太監鈔報遇楊耕雲歸程宅何莼亭來得俊臣書卽復一函寄志稿五本得孟辛書飯後訪吳樸翁留飲至戌宿程宅

十五日晴楊子春唐崑山來吳樸翁張蔗泉繼至張衡州於東丈處遣人相聞因過談至申騎訪賀寅臣同年出城宿章齋夜大風寒書與張力

臣

十六日風寒寅臣來早飯步出訪李竹屋王岣雲楊子春至程宅少睡詣張衡州遇苻介臣夜歸章齋得果臣四月書

十七日陰有霰岣雲王選三來張衡州來選三避去春浦來同飯入城宿程宅

十八日陰有雨與春浦過沈曦亭出城買皮衣三領去錢八十千假之程也渡湘赴楊氏飲岣雲同坐歸宿程宅

十九日小雪中晴張衡州攜酒過章齋同飲午集申散岣春鳳三君同坐酒罷入城赴賀氏招耕雲及其子師同坐戌散出宿章齋

二十日晴入城訪張蔗泉過春浦處聞顔接三當至留待至未與接三對榻宿程宅

二十一日晴送接三往長沙旋出城治裝鳳衢贈櫾唐崑山來言羅衡陽無錢夜宿章齋得劉竹庭書

二十二日晴辰飯章齋騎行九十里至家日未落也放馬作飯繆緹告余以病寅初始就寢

二十三日晴書與果臣託鳳衢寄去午後睡至申起出書室少坐旋寢

二十四日晴爲兒女倍書點隋書半卷至亥寢

二十五日晴梅蕊欲綻點隋書半卷始記月日繆緹疾甚多怒恐成重證也隋書禮儀志儀曹郎朱异云舊儀祀五帝先酌鬱鬯初獻清酒次酇終醴夜至戌寢

二十六日晴騎至鬱坤議修石路點隋書半卷檢晉宋地志考衡陽湘東郡沿所在未能詳也晉省酃而宋仍有酃又云湘東去州水陸七百與衡陽郡相隔三百餘里尤爲未詳齊時湘東治茶陵則有七百里也亥寢

二十七日晴點隋書半卷檢齊書衡陽事至子寢

二十八日晴廖生父兄要余過飲午去申還酒饌甚豐陪者王陳二姓一農一士到家玉生表兄待於門外相見甚歡得王霞軒何鏡海陳芳畹及叔父書談至子寢

二十九日晴暖睡半日隋制軍旅之間士卒著黃袍今猶用之點隋書半卷

十有一月戊辰朔雨竟日點隋書一卷兒女課懈悉宜之寄王淸泉席研香鳳衢及淦亭書玉兄有隨丁唐憲章都司也從玉兄欲入營中因薦與研公初未見面自云天耳通也鍾弟凶頑勸叔父收之並令唐都司走送

二日雨竟日夜檢衡陽沿革表論新唐書誤云臨蒸併重安爲未讀隋書又論班固健子嬰爲非又考穀梁有孤不爵大夫之義列尹氏等十條

俱有心得至子寢
三日陰寒點隋書一卷左傳秦醫和云是謂近女室疾如蠱近讀者皆以女蠱爲韻是也室疾今言房勞也又女陽物而晦時杜云女常隨男蓋仍舊解之誤陽物猶陽事也男女之交命門陽動故云陽物晦時故爲晦疾也㝱緹疾發服逍遙散至亥寢
四日雨㝱緹發疾足痛甚劇蓋血證所變危證也竟日陪坐未出室戶至子寢㝱緹服桂枝湯併二劑爲一劑
五日雨寒欲雪㝱緹未愈夜發腫尤苦因與論死生之理勸以學道爲解莊子及佛經聖賢處生死之方大有所悟疾日增神日勝也至丑寢是日大雪節
六日陰霽欲出書齋因瑎女病非女寫字留內齋未出夜點隋書半卷子正寢㝱緹少愈

七日陰見日見雪皆俄頃而止
先孺人忌日素食設奠玉兄來行禮距助殯時九年周矣夜談至亥正寢夜霰
八日陰始裘點隋書天文志因繙史記天官書及李播大象賦考訂數處夜與玉兄談至子寢雨霰
九日陰晨瓦縫有雪點隋書一卷夜閱梁書
十日晴暖點隋書一卷作書與王霞軒並寄一詩又書與叔父外舅洪明府程春浦送玉兄錢六千餞別食炒銀魚甚佳
十一日雨玉兄去遣僕二人送之騎送至茱花橋天霽點隋書一卷自酉睡至子正始起旋就寢
十二日陰點隋書一卷夜檢陳書至子寢
十三日陰點隋書一卷㝱緹小愈

十四日晴暖點隋書一卷史成點畢餘北史未閱也夜得儀安芳畹正齋弟及俊臣書儀安報孟辛凶問云九月死不得其日震悼久之死生由自然然孟辛志大材高在交友中常與子春伯元頡頏此外殊難其比均遘天閼使人氣盡因與㝱緹數平生交好感愴久之子初寢
十五日大晴補作隋書贊復儀安書得春浦峋雲書春浦借書峋雲贈蟹並報孟辛死問在和歸言玉兄樂近市井無賴人蓋晚年改節將無祿矣牡丹新移竟芽
十六日晴作隋書贊畢秦本紀昭襄王二十七年因蜀攻黔中拔之三十年蜀守若伐取巫郡及江南爲黔中郡江南桂陽零陵郡地三十一年楚人反我江南江南復反爲楚也始皇二十五年王翦定荆江南地始爲秦矣
十七日晴暖檢諸友往來事迹作王氏交友傳尋祁門水名繙圖經念孟

辛桂陽之游淒然罷去㝱緹出鄢太愚往席軍因言子春死而曾蘭生代之正齋死而龔湘浦得拔貢孟辛死而鄢友石往三事相類也余因戲言程氏不諧而鄢代之豈亦似此邪余弔受菴詩云應須留用與鉛刀蓋古今名言也
十八日陰點唐書一卷高宗溺情哲婦然治績可觀蓋亦內助之力武氏以婦人而賦雄才非易唐爲周不足申其氣其害止於縉紳及浮動子弟稱兵者耳唐書遽以起兵與李敬業琅邪王沖越王貞未可爲允當武氏之朝唐子孫有力能討亂者宜審而後動動而必勝則廬陵亦無復立之望矣若異姓之臣非復子明辟不足動衆則五王之爲是也若敬業貞沖之爲謂之好亂可也
十九日陰晨飯騎往儀安家探晴生母病行七里至洪落街馬蹶墮地市人無芺者若在城市必哄然矣午初到遇孫恭珊常吉人談不忍別比

行已未正矣渡烝已暮馳十六里還寓尚未上鐙也縣長書來命修縣
志加以七叔父及與循書外列十餘公名字皆前輩老生萬不敢當其
命然不可不往也夜暖不寐
二十日丁亥冬至陰午後雨
二祀
三廟行禮畢食燜蟹蒸羊薄餅甚美夜至亥寢酉初吉人子元卿來
二十一日陰雨遣縣信先發作書復七叔父退關書約天晴即到以弔孟
辛之便也點唐書半卷宋歐作唐書本紀茫然不知其事迹惟見封官
殺人而已是斷爛朝報之不如不知何所取也總爲孔子春秋所誤耳
閱之恨恨膠緹率六雲酣睡自酉至亥不起余獨坐飢甚求食不得遂
亦就寢
二十二日陰昨暮得馬岱卿書送采訪十三卷內有臨生彭植棠字召亭

解人也歐陽牧雲則書手尙佳若開志館求寫手宜問之作書復岱青
幷論傳體
二十三日陰點唐書半卷午食薄餅甚美作風門成躬自餬紙又戲作狀
元籌經文甚似秦漢人作大手筆則不能佳可怪也
二十四日陰睡竟日治裝往湘
二十五日陰騎行十餘里微雨旋止恭宿黃梅塘行六十里
二十六日晴早行十餘里至湘鄉南鄉要里遇曾澄侯彼此不相顧也三
里至大坪沅浦新宅有城市之氣雜客五六人及南嶽僧同飯出至花
橋宿凡行四十里
二十七日大晴騎過童稂山有詩遵路行至蓮花橋取間道至孟辛家凡
行八十五里孟辛子圭生女環珠皆出拜飯罷孟辛夫人出拜始聞孟
辛死狀夜與孟辛姑子二彭君及其子師曾秀才談至亥宿其書室

二十八日大晴晨謁孟辛季父老病甚矣見左母談家事已哭孟辛遂行
至湘鄉城過龍星伯留飯未食出至昭忠祠訪孟辛友人成隱吾名傳
道談二刻昏暮矣宿銅泉渡計行二十二里成君贈先集燈下盡讀之
二十九日晴余生日也自隱山中惟第一年與妻子同宴比四年皆在外
作客隱者固如此乎未初至婦家計行七十五里
三十日晴飯後行二十五里至縣城入志館見七叔父及諸先生少頃洪
明府來談夜與譚心蘭讌談算法
與心蘭談經
十二月戊戌朔晴答拜洪公至兩學兒陳可齋談武陵事晚間鄒諸山來
從孫名鏳來見字韻秋膠緹所最不賞者也問鄉中事夜擬修志章程
二日陰借唐友石丈湘潭賦役案稿閱之得衡陽一事夜訪玉生勸其播
遷玉兄妻必欲從夫執誼明介不能强也然郭氏殆矣至長壽亭謁源

遠祠
高祖廟也新建於城旁自此王氏始有城祠
三日早起欲歸風雨大作七父及唐丈堅留遂遣丁福先歸是日遇郭春
元昨遇王輔臣均二十年前舊親識也
四日陰大風往十六從母家詢諸族人近歲漸興旺午後還讀周星郭金
臺集均非作手族子代紳來見是日小寒
五日陰寒風與循來志館從子代懿來兒作書與席按察
六日陰翁佩琳來志館代紳言祠旁有田舊屬其家今欲變產而無敢買
者鄉人負債田不得賣則大困余因勸與循爲其姊買之向洪明府假
二百金作書告妻父夜妻姪蔡子耕來見佳子弟也
七日陰萬星楡歸志館會議已定
八日早飲臘八粥飯後與與循同訪佩翁鄉居三人偕出余先至主人後

歸其居有水竹幽勝之致在古塘橋旁三里曰青石坤文氏屋也夜宿
其西齋計行四十八里
九日晴曖佩琳治饌相款早飯後行已過午矣與循歸余取大路急行四
十五里至鹽步訪樊誨卿同年於紅綾衝夜宿樊齋小酌甚適
十日風雨取山路出花石行七十里至灌底宿逆旅夜雪撲被
十一日風雪行七十里到家馬行甚穩揚鞭甚樂因憶山東道中遇雪二
詩自和二首 乙丑十一月二十八日河北大雪馬上作　六月炎洲火作山冬來齊趙雪孤鞍冰天熱海皆經過不覺人間萬事難六化偏傍錯迭飛湿迅霜微火力微　湘綺樓中仙夜雪好將霞式岸油衣　已巳十二月十一日冒雪過山作　鄉抹煙橫千嶺山玉驄歸路不辭雖皓家渺雲帶常意紅帕盤金鐙馬一鞍　總尾鐙冰雪　未開漸杵泆瓦肥妝點炭醉笑絕燈前出十七年中第一回　馬提和作　開鐙紅桃向北撈霜霜添火白朝朝祇臨夜雪倘鴛瓦飛近瓊樓逐旋消（下闕）
十二日至十七日凡六日闕
十八日陰得唐萩渠張文心書文心送繡佩六件謝媒禮也白梅始開甚

豔夜點唐書一卷唐之亡與周同非庸主所任咎
十九日大寒陰得殷竹伍張力臣書言鵠懷亭於席軍未知來否始食臘
肉臘今作腊古字也但以爲臘日之名則非其義臘日自從獵取義腊
月宜作蜡月從蜡祭取義腊肉取腊乾之義而俗則以臘月熏肉爲義
耳夜校儀禮禮記用王蘭泉所校石經訂之
二十日陰作書與張東丈張衡州楊耕雲程春浦寄東丈法曲仙音詞云 回雁霜邊湘東梅雪遊宦未　姑獨旅遊何挑燈清寒添酒舉杯推共響組奈冰雪劉又去無緣問聯句　湘州路記何舟犯寒山下早孤負官閣聚酬紅舞管瓦不留人又吟鞭敲響何處粥嚴餘　酬好年光正在歲暮傾翦盡典瓷盞勝貴袖衝破 寄張衡州一萼紅詞
云 轉雲深正霜輕日嫩梅尋破疏林隨背行佳羣翁眠好去作還畏沈吟料何堪風流來老想白髮鬢臍正垂響紫印泥封擁衣紹暖使貧須尋臥雪撥雪世外倚邦君政美閒與登臨隴鼓占數盛顯醉催聞盛日和音嘆側惜年華去也只應爲討酒惜光陰寒盤山中功春願聽瑤
琴 初東丈以仲冬下湘値霜風戒寒衡州以詩戲之有尹邢避面及珍
重嫦娥之語尹邢謂東丈去而余適至也余又以雪中自湘還故詞中

均及之鴛瓦句卽自用鴛瓦油衣語也時與衡州索蜜書故有末句又
寄耕雲索金橘龍井茶五代史詩云 湘上閒林雪來後開垂虛橋送香山舍家僧篋米食帖夏乞明珠三百枚龍井茶香見許分不須拆上將軍五川老峰龍旗鏡胡菁蒼生儻使君　歐九字修五代書非文建國稱雄武君家　殿水傳新寶詩遣伴雙姝度歲除 雙姝卽茶橘二品也余初欲與雪琴索茶而耕雲許分故言不
須將軍耳春甫書則送湘平銀還志款無他事云遣丁福鄧八同去
二十一日晴爲非豐倍書畢檢唐書紺表凡本唐宰相本不皆名族宋子
京爲作世系表者陰仿蕭曹世家以重宰相耳然甚無謂大概新唐書
新五代皆文人志傳之書不諳史體文筆較健耳新唐書人知嘗之而
不敢議五代史可怪也
二十二日晴得馬岱青書
二十三日雨復岱青書夜遣六雲侍縭緹兩筵六雲佯睡起已不及事矣
作送竈詞視英臺近云 玉爐香紅燭點良夜永清漏警竹聲催新泉馥芳附年年三六酺康厭粉粗窗迎吟把巳華風帳

一年又過聞壤醫除羊人間幾許浴不堪爬人間仙度醉村酒殷他土饑餓空寒寶鈞腦原不用脩人僻做 三六益虛者小除
之輿乃以期三百六旬六日之說故除六日爲除夕又以小除第一夜
爲送竈之夕其實卽除夕送竈之說也吾湘諺云小除夕送除夕又迎
故作此正之
二十四日陰雨兒雪埽舍宇非女作送竈詞云 煙燈簿梅學祉鏈開香盧紡蛋鳥匠剩孫孟的芳者但數除氏長祠復於暫聯幽县憶良賦鬪　玉籟冷花陸殘雪初一縷枝努破影瑤散靜信木壹瀟靜永明年露食淨鍋飛刀新火又添了一香
請錄 非女詞筆秀潤但思遲耳是夜書與儀莽兒女放學
二十五日陰與豐兒游山水間兒天陰將雨卽歸丁福等回得春甫耕雲
書耕雲送蟹茶金橘並借五代史江西版也甚不足觀
二十六日晴春粉作年餻校改歐梁紀一卷歐宋尤不善作本紀均爲春
秋書法所誤真千古不瘤之愚也夜至亥寢
二十七日晴儀安遣人來饋歲作書復之遣周滿送風肉二甕冬筍年餻

及錢十千與馬岱青明早去夜至亥寢
二十八日晴命非女書漢樂府青陽詞又作門聯一副用唐人詩句云人情已覺春長在溪戶仍將水共閒自然好桃符句也非女書遒麗可喜又檢書籍挂字畫夜至亥寢
二十九日歲除晴風景甚豔梅花香發蕊甚閒適辰初祀文昌望祀善化城隍刲用雞牲祀中霤皆舊儀也得岱青書申正閱年飯戌初瘞緹祀竈亥初拜
三廟畢家人辭歲祭詩飲屠蘇殽果精美爲加飯二盌亥正祀門子初寢

湘綺樓日記

同治九年庚午

九年正月五日晴辛未卯正立春卯初起兒女皆起迎春行禮畢食糕蚤騎至查江訪彭雪琴於何隆老屋舊宅三間其未達時所居也父母弟婦皆歿於此今富貴復居之兩親既亡一妻被出旁無侍者子弟又已遠析雖歸心空門識諸假合然人情戀本物態變遷一想今昔但有愴恨雪琴殊自偃仰不以爲懷宜其脫屣軒冕捐棄聲色也坐談久之覩其祠樹花藥皆萌芽甲拆矣飯罷歸遇常吉人於途約明日見過到家餅正熟食十六枚未飽復添飯一盌夜擲骰至戌倦眠
六日陰天氣清冷欲雨欲雪三豬誤食蔗菔蠓一刻許皆死斂血聚盡故也昏黑時馬岱卿來飲酒大醉留宿西齋至子寢
七日陰小雪賀赤軒秀才來岱青去賀亦旋去閱五代史一本盧多遜等

以七言絕句入史其理萬不可駁而其體謬醜可笑世之言文者必欲紀實大要如此故歐陽起而改之乃至全無事實弊又均也夜雪簌簌至子寢
八日小霰常吉人來一飯去夜擲錢負進八千至丑寢
九日卯正兩兒入學釋菜先師豐兒始讀春秋爲功兒說七月一篇七月皆勸女工之業周人始重女教故以關雎首風以文母爲亂此農家興富之本而推以治國則近於繁碎故周末文勝矣然士農欲興其家非女助無由至大族貴人則不事此周道農業始重婦功也校五代史一卷昨夜冰頗寒是日以家人早睡各加詰責瘞緹伏枕假寐喚起已子夜矣
十日晴雪銷校五代史二卷乾祐三年十一月朗州馬希萼破潭州十二月十八日縊希廣明日希萼自立湖南枕子茶乳舖白沙舖橄欖子周

廣順元年己卯詔免減諸貢廣順元年冬十月辛丑陸孟俊執希蕚遷
於衡州立希崇爲留後十一月己未朔淮南邊鎬入潭州希崇降二年
十月三日大將劉言自朗州趨長沙十五日至潭州鎬遁十二月言遣
牙將張崇入奏十月十三日收湖南王進逵何敬貞周行逢等十指揮
入潭州盡復湖外三年正月乙卯升朗州在潭州之上閏月劉言奏遣
敬貞擊廣賊己巳奏敬貞衆潰失律爲進逵所斬三日賜言絹三百疋
八月進逵奏言通淮賊爲諸軍所廢己巳至朗州詔言勒歸私第顯德
元年正月詔潭州依舊爲大都督王進逵加特進侍中七年世宗卽位
加中書令進逵仍爲朗州節度使世宗二年領兵入淮南界鄂州九國
志進逵領衆逼宜春出長沙爛兵金波亭有蜜蜂集繖蓋遂令毛玄領
兵南下以潘叔嗣張文表爲前鋒至醴陵擁衆叛進逵走叔嗣追殺之
於朗州城下行逢斬叔嗣於市七月辛卯朔以行逢爲朗州大都督武

平軍節度使十月壬申以宇文瓊爲武清軍節度使知潭州軍府事是
日聞常晴生生母之喪王蔭棠秀才及夏秀才同來二龍來
十一日晴唐崑山大令自城入鄉由常宅來聞少荃有督黔軍之命小荃
來督吾楚國家漸有畏忌藩臣之意故周旋慰撫如此崑山來晚設飯
已冷夜觀滕緹作湯圓至丑始寢
十二日晴卯起送崑山遂早飯午後騎行至王賀李三家答拜至吉人家
見天將雨因留止宿吉人款待殷使人不安夜爲定其先集又觀葉
向高集二本乾隆時館林館賦四本子初就榻家中一龍來
十三日雨吉人將同往儀安家余襆被巾箱皆無雨備遂騎而還雨漫空
如雪其細不可見油衣不能禦袿袍霑潤泥濺於襟揚鞭直歸渡頭灘
淺不及馬腹故不下馬而過蒸也此朱晦菴九江之一今日真不減宋
康王泥馬渡江矣歸家一龍來

十四日陰巳起午飯滕緹病一日不食五龍來燈火甚盛以妻病未之賞
也戌正卽寢
十五日雨卯初滕緹渴欲飲呼婢進茗卽起盥絜祠
三祀吉人來送陳酒云四十年家釀也頃之自來留飲宿西齋亥正拜
三廟禮畢受賀滕緹病臥三四五女皆早眠食湯圓十枚二龍一師來夜
至丑寢
十六日晨雪未晴吉人午時去校五代史二卷觀其將富兵橫矛戟森森
與今時無異恐中原復有五季之勢爲之臲杌余去年過湘鄉城如行
芒刺中知亂不久矣滕緹稍愈夜月
十七日陰冷兒女倍書各三本功兒詩經未熟校五代史二卷遣傭工周
滿去有言其私鄰婦也
十八日晴倍書各三本校五代史三卷種竹五竿視插柳已芽芍藥苗

白桃爲雀所啄命捕之
十九日早雨午刻賀金灘來言入命事與功兒說詩鄶風狐裘以朝知錦
衣狐裘諸侯朝服因言秦風錦衣狐裘爲朝服黻衣繡裳爲祭服又說
丰及東門之楊爲親迎女有不至者諸侯因此不親迎云云夜滕伯元
笑語如平生余因問君死已久何以仍無恙伯元云余未死而人殯我
至咸豐九年修墓乃得出變姓名在左季高軍中今始復位耳又言冥
中有鬼惟鬼客舍主人曰烏買賣甚刁詐云云索余贈衣余以鼲裘贈
之且言此裘窄袖君子之服也曩年客樂平時衣今以還君廿年矣其
語甚了了醒時爲怊悵久之
廿日丙戌丑正雨水巳刻王賀二姓遣信要余往元功塘公議息訟戌正
始歸早雨夜霰
廿一日陰晴王賀諸人來言訟已息請書與程春甫託羅衡陽了之校五

代史倍書各三本晚擱六雲登山

廿二日晴將種竹織籬農人言二戊不可校五代史二卷倍書各三本

廿三日晴校五代史二卷第四本畢晚過鄰農王氏新宅屋舍甚整令人有躬耕之想倍書兩兒各三本

廿四日晴校五代史五卷第五本畢

廿五日晴校五代史三卷晚渡蒸視石泉渫不可食且生鮒矣兩兒倍書三本非女書皆生不可理夜至子寢

廿六日晴校五代史畢補五行志於歐書補禮志未成賀氏來送錢卻之

廿七日陰晴改五代史本紀未畢夜與繆緹議爲非女辦裝

廿八日晴水仙盡開芍藥芽發二十餘枝矣課工穿籬擬爲花架

廿九日晴早起繆緹尙睡因復寢至巳起騎行四十里至杜家臺訪馬岱卿留宿客房是夜風

三十日晴晨起與岱青詣夏滌春家中途逢夏來還敍一日同坐七人皆夏氏也夜仍宿馬宅

二月初一日丁酉朔陰晴夏秀才招飲堅留停宿力辭而行騎六十里至城宿春浦宅得曹孜軒書左氏赴文孟辛於去年十二月十五歸骨矣

二日晨雨在和送雨衣至城知章鳳渠已於寅時病故駭歎久之要春浦同臨其喪子妾殊無章程因留料理至夜入城是日見李竹屋朱叜龍乙夜與春浦同訪蕭綺笙章京卽送其度嶺之行

三日雨巳刻至淸泉學舍視鳳渠大斂同官惟李朱至王淸泉竟不來因經歷與竹丈言昨夜遣信告王知縣非欲其來欲其知世間有視斂之義耳若人人告之至再至三至百至千彼必知天下尙有恩誼之說蓋淸議不可少如此李朱旋去廖都司張蕉老皆來唁未初余亦歸城訪張東丈陳培之少尉及羅立莽來談

四日陰早飯竹丈來與春浦同詣淸泉學舍觀鳳衡家人成服至則朱廣文先在四秀才來助喪申刻出訪岣雲及段培元糧儲培元文雅彬彬湖南軍功中最有學子氣象者夜歸程宅

五日陰雨不出作章常二挽聯薄綾如竹紙自書之鳳衡聯云湖南舊友數如烟燼與君廿載數相逢最難忘夏口艤船洲邊還酒新曲邀頭幾滿月駕此日重來成永訣獨看圖中袖折燭上淚枯常晴生挽聯云以不死酬忠臣烈婦之恩虎口春餘孤攀戟許國今誰勝當中年見家國興衰者再驚嘆參六龍老生病苦不妨心是日培元岣雲立菴來驚蟄聞雷

六日陰晴校五代史一卷午後與春甫出買皮衣篋盝訪沈老曦唐崑山晚歸作書與殷竹伍楊雲帆程花樓陳芳畹黃再一徐子雲是日陳泗來見

七日雨校五代史一卷倦眠晚赴釐局飲二客三主童春海知州恩前未

相識也連日欲疾欲愈此夜始安

八日雨午後陰校五代史一卷觀演西游記申歸

九日晴辰正張蕉老來同至柴步門與東丈汎舟耒口顧少尉設宴舟中暮還城是日雪琴來不晤

十日雨遣在和往湘陰迎竹伍午後行校五代史一卷申刻春甫邀飲同坐者張衡州賓戚四人李敬軒職方歎劇霞仙撫陝事霞仙定可人耶

十一日雨校五代史二卷總校補畢春浦招飲同坐者東丈蕉老童春海治中張鶴帆同年童君談穆武英事言當時權相不取府道金銀也夜雷雨丑寅時醒聞雨聲潺潺至曙

十二日晴渡湘答拜雪琴看鶴歸訪立菴儀仲王淸泉童治中不晤晤寅臣竹屋丈朱仙舟訓導晚至沈曦老處晚飯同坐者岣雲春浦許秀才沈弟禮堂食醬兔脯風肉魚肚煨鯽香稻飯是日春浦長子商鏴秀才

始歸張都轉李朱兩學官來訪不遇作小詩二首歸示六雲（十日春雲壓屋山早眠應不許宵寒無端紅燭催遲思一夜新黃滿玉闌點曲新聲偶憶雲紋惕風溜谷花取紫前躁月留前兩迸作春光四五分）

十三日晴北風頗寒飯罷訪張蕪老同春浦渡湘至雪琴處談竟日留飯食糟蟹甚佳同坐者儀仲子春耕雲晚與儀仲春浦同渡是日王清泉答拜不遇

十四日晴始更小毛午觀技演鐵冠圖及楊家將人如堵牆囂塵溷褻乃出赴竹丈飲同坐者蕪老峋雲寅臣兄弟春浦七人主客談不𢗰有一永順人自稱爲顧工謀害及蕪母謀毒令啞不受錢帛惟問路程予與東丈求之數日矣今日又至峋雲處因呼之來自稱前年在學館余審其字乃始把筆所爲因送之東丈東丈與之公文不敢受始信其真騙子也當其來時應對無方而情詞終不符故予知之晚歸程宅程委員殿英自席營送孟辛柩歸云仲敏不能事其母云云及席營惡習甚詳

是日童治中答拜不晤雪琴贈予遠物八種及梅花四幅漫作詩謝之云姍佩遲來山自春瓊枝令鬭百花新逋仙未了梅花債猶欠江南兩玉人（雪琴始下第時予勸以克江南時爲我致如張孔者兩人）虎僕驚牋烟墨飛與君年少吐困奇如今各有閒身在留寫裴劉唱和詩糟蟹雙螯酒面香鱸魚纖尾壓熬霜尚書枉憶江湖味夜雪圍鑪割子羊（湘鄉相公屯河南時走騎索蟹於雪琴今更遠不能致而贈予蟹對鱸魚故云）修心元是不看經娑轉華嚴作水瓶龍井香芽天目筍一燈閒似在西泠（吳竹莊刻十三種釋經皆取最近於俗者）舊踏蘇隄過虎丘轉攜笠扇作山游（善游者四時必具一笠一扇）餘杭便面勞垂贈欲逐春風渡越州清供珍奇手自分送來猶似帶烟雲分明八詠親題句卻是華陽九賚文（雪琴自署八種數之乃九種也）懶和還山十二章小詩投報不須償貪泉廉水憑君酌寡欲多情兩未妨（雪琴嫌予所求太貪今和詩則廉也）歸路全開躑躅花小桃春色早天斜重三節近休爲客湊八詩成喜到家湊八詩者余詩本七首而以歸途二句湊一詩成八以答雪琴來書湊八色之語也

十五日晴晨起拜程母生日食麵五盌耕雲雪琴許君俱來會張小華丈遣其從子來約午飯客散睡兩覺賀儀仲命改其文點畢峋雲來談申入府赴張丈招同坐者李敬軒職方魏乃農秀才魏言土匪結大成會余言拜會不足爲亂張丈因言昔禽二匪渠一稱幼主一稱丞相云後年逆至當卽位既將就戮乃君臣大笑云當作平肩一字王也如此癡騃何足稱亂二鼓騎馬踏月歸誤轉一灣至正街蓋馬性疑妄行耳老馬識途殊未然夜與立菴花樓對榻聽其言淫事房術皆不知而妄說者

十六日陰晨起以先考忌日素食辰騎五十里秣於土地廟馳行申正到家設薦始畢家人方飯食芥根菜莖夜丁福歸月甚明至戌寢

十七日早晴午後雨功兒作詩文甚佳賞以一橙二筆觀妻妾女工均秩秩有度不負春日也芍藥苗長五寸餘白桃祇三花老樹將萎爲之惘然海棠花蘂亦不多惟杜鵑白者最盛也夜假寐遂眠

十八日雨繙通鑑三本觀左氏論刑書刑鼎二篇命功兒論之

十九日雨寒兒女倍書各一本繙通鑑六本夜至亥寢丑正春分氣至大雨寤緹眠不醒過六雲談一時許始寐比覺向辰矣通鑑乃胡克家嘉慶末依元本刻者假自常氏

廿日丙辰春分晴繙通鑑七本司馬結銜胡本自九卷已下漢紀起與前八卷殊異未知當日進書竟用何銜豈前八卷先進故未之改乎後來刻者何以不改歸畫一令人目迷也夜作十二詩和皞臣余居城中十五日出城門則萬蛙鳴噪如又入一世界欲寫此景而不能也三改乃得句云（十日城中雨陂塘一夜蛙和風吹柳帶顆水飄棠花歷路晴光散依田烏舍斜桃源非世外祇隔俗人家）又改第九

首結句云饒君增勝事終是在天涯餘依原稿入集中不錄於此也夜
至子寢
廿一日晴繙通鑑五本點遺教八覺四十二章經三卷夜雷雨
廿二日晴繙通鑑五本馬氏據潭州州城門有清泰門吳容出禦希蕚今北門也楊滌出長樂門蓋草潮門也希廣葬瀏陽門東門也邊鎬出醴陵門橋折注云城東門今南門之東有醴陵坡則南門也顯德三年周行逢以衡州刺史莫弘萬權知潭州衡州刺史又有張文表楊昭惲昭惲父謚女爲希廣妃昭惲女爲周將韓令坤所虜然報家讎殺陸孟俊亦一奇也通鑑注引薛史云昭惲長沙人云今薛史無之擬室思詩一篇代六雲作詩曰朝雨周四除空房寂無嚐音別未永久榮華始欲蓄期近思逾促感成不暫寬沈陰蔽所適將食廢晨餐庭戶無彷彿何時照光顏其一青青園桑枝颯爛飛蛺翼出門日有程思君復至夕頁綠百年中飄若空中塵思私貝已周佳朔何由積憂來不自保偎偵自荒惱其二衝風入扉帷颯颯援余思思心不盡寄嚴阻其何之吾分永睽絕今爲五日期自君之出矣芳草成摩滋思君如春水流浸何雖

能持其三躰盤影復光夜短何時明惧然思君子訴我故時情華枕猶在御獨寐長悠悠閣門下重關但見明星流自無翻飛願息遠運衾裯其四長與臨明鏡見我昔歡愛人顏還復親冀與我君會從來向七載誠願永不盛賤區恃過恩豈覺已怨害自願棄捐妻非君孰覆蓋其五無親欲何俟黃葵頹念之不盛年時晚悔爲中道遣進退亦禮高義君所知雖慚金玉質承問飯有時君子念讐顯盡人來垂惠施其六
廿三日晴煖海棠山茶並開兩兒倍書繙通鑑三本食餅改作時文二篇爲人應科舉式也
廿四日晴煖甚可御衫作書與皞臣大兒驗仙教匠穿籬繙通鑑四本通鑑編卷或分上中下各爲上下二等或云一二或云甲乙亦非一手蓋繕校分人而君實殊不自檢亦可怪也君實看書以版承端坐讀之宜其不能校改畫一蓋必寫成自校不敢用筆塗乙耳是日功兒少倍書一本非女一日不讀書
廿五日晴仍煖申後風點唐書九葉繙通鑑三本爲賀儀仲作其外姑墓銘丈母之稱始見通鑑唐德宗紀卽今稱友母爲伯母耳是日六雲小疾兩兒倍書非女作海棠詞夜假寐夢入深山中大雪入一房中有人熟寐不知何人也外山谷中有誦佛諷經之聲又聞二人喧笑云彭雪琴與其友也余在室倚卓子視案上有一詩題曰詠童修撰詩五言古體一先韻大意言童先世河南人當崇禎時有高第者童以狀元來湖南文采風流照映湘上其妻亦有才貌盛宴游已而童忤巡撫李某歸爲人冒名應學使試爲武弁所挾自認送考傳遞夾帶褫官居頃之死詩句豔逸余高詠之而彭友並無聲聞詠未畢外呼有盜至遂出而醒正子時也夢緹尙未眠旋就寢一時許復往六雲所又一時許聞雨雷大作
廿六日寅雨卯晴起視海棠盡落矣猛雨頃刻不足滋潤適足摧花耳然雨亦無心爲氣所使花開乘煖煖極而雨又何怨焉因指示六雲六雲又言春雨愁人富貴離別者甚秋雨愁人貧賤離別者深余曰然余正

居富貴貧賤之間所謂出入苦愁者矣辰後陰涼點唐書十一葉申刻攜子女六雲將登前山大風不果至後園觀春耕農人送躑躅一窠高八尺餘平生未之見也植之後池未知得性否夜作看耕詩欲擬陶令而不能似至子乃眠是日兒女未作字
廿七日陰涼比前日可加綿二重點唐書廿五葉獨登前山躑躅滿巖覺足力不及三年前者十五六蓋由習懶非盡衰也出輿入輦爲痿厥之機聖人所以不尙隱遯亦爲耽安燊也余將擇日而行腳矣繙通鑑八本兒女倍書夜假寐比覺已丑初矣夢緹凡三呼余余始起就寢俄起聽雨雷電交至
廿八日寅雨卯止陰寒竟日可裘繙通鑑三本兒女倍書苻堅以縱寇赦叛自亡其國蓋小人不可以禮化莊釋之不爭不殺專論聖道耳仁而無斷其弊與暴虐同故佛氏之說不可爲後世薄俗道也聖經六藝之

言無專尙仁慈者余近頗溺於寛恕當亟戒之點唐書九葉

廿九日夢雨彌日寒甚繙通鑑三本新移鄭蜀有生意下金橘於池邊作書與保之兼封發皞臣雪琴寅臣春甫書遣鄧九明日去夜雷擬作陳苗事疏子寢

三十日大雨試書摺子字皆生毛蓋久不作楷也手冷筆凍繙通鑑五本至子正寢是日豐兒書熟非女功兒補昨日書

三月丁卯朔雨寒起甚晏點唐書十七葉兒女倍書六雲怒紛女推之於地責撻之新燕來通鑑注宋人以蜜漬物曰粽玉篇粽俗糭字蘆葉裹米也廣韻同無蜜漬之誼宋永光挑劉義恭眼睛謂之鬼目粽盧循遺劉裕益智粽皆以蜜漬爲長且嶺南出蜜煎今猶然也胡注乂識義恭不宜名子以伯禽則似不讀宋書蓋著書之難如此夜至子寢

二日雨繙通鑑三本兩兒倍書豐兒書熟作春懷詩十二首夜至子寢

三日陰正逢上巳惜寒氣方盛未能出游在和歸得竹五陳芳畹七叔父書云湘鄉蠢動省城戒嚴可謂無事自擾也申刻鄧九歸得李桂老沈老羲寅臣春甫書並豫豐撥錢備祭品命家人治具兒女散學

四日陰有雨致齋外寢覽馬氏通攷所引宋人禘祫之說命功兒作禘祫攷夜視饌至子正宿於外廂緹至丑正方寢六雲丑初先眠云

五日晴祠祭三廟巳正行事未初而饗飲杏酪應淸明節候也吉人遣送陳酒一缾戌初卽寢是日食蒸鯉甚美

六日晴稍煖兩兒倍書功兒聘禮不熟繙通鑑四本賀秀才來晚行水邊樹盡綠矣夜食麪條作詩十二首

七日晴陰豐兒倍書功非並無課晚騎至太和洲踰山而還作詩十一首自乙丑至今春始得百首爲一卷

八日陰書孟辛挽聯云奇氣鬱風雲憶倒五陵秋雨夜靈文留爪跡流傳萬本桂陽圖孟辛平生盡之矣午刻族子揩生來自龍口徒步及此近二百里矣申刻儀安來偕二地師同至地師居其莊屋儀安留宿南齋夜談至丑寢

九日陰涼遣兩兒陪揩生出游因觀技而還午睡夢與裕時卿食湯餅因廣論和麪起麵之法未得食而寤與儀安泛談至丑初寢

十日雨陰早要儀安熊地師揩生便酌飲饌不甚精惟燒葱可噉耳午初儀安去周宇文護賓壽餹䭔以進世宗胡注陸法和具大餹薄餅梁人入魏果見此物蓋北食也今城市間元宵所賣焦餹卽其物但較小耳䭔丸餅也蓋今湯丸云焦者爓食之耳近十餘年士人多相呼以尊兄初起於曾武英爲侍郎時與州縣書輒云尊兄余謂之曰法孝直稱諸葛爲尊兄高儼呼高緯爲尊兄皆至敬之詞今何爲尊之侍郎云猶尊駕尊姓耳京師輕薄人相呼輒云尊尊余故不用此二字也比三日兩

兒未點書倍書

十一日陰微雨繙通鑑七本點唐書一本儀衞志皇太后至妃嬪皆有六柱未知何物也舊僕陳四來夜至丑歸寢是日聞皞臣父喪

十二日陰晴點唐書十餘葉繙通鑑四本作家書二封又薦書與張衡州及其從子心泉是日曾祖妣生辰無麪子初寢夜雨

十三日晴甲夜雨乙夜大月點唐書半本繙通鑑四本觀諸臣立高中之朝亦有忠佞姦良之分爲之歎息惟朱敬則一疏論妙策芻狗差爲耆諕耳婁師德教子弟以諂而失聲於去官乃鄙夫之尤狄張亦富貴中人不足尙也安樂公主有織成幂正視旁視日中影中各爲一色今閃色也直錢一億君實改宋璟譏蕭至忠之言以蕭傅爲蕭君此何異改金根爲金銀乎鈔詩序二葉食包子甚佳遣功兒騎出賀李姓生日

十四日晴陰揞生陳僕並去騎至夕陽徑新雨綠陰舟漾東日雜花時鳥白袷青驄亦春游之最樂也繙通鑑九本十函畢繙一過矣通鑑當昔未點羣史時訝其浩博今日重繙知君實特專補宋人唐五代二史之略自唐以下采稗史爲證有裨歐九等闕誤不少自唐以上尙有可增刪也凡一代奉敕書出必有人陰糾之通鑑其最也申後至後圃薔薇落盡矣半月未來竟不及見其一花歸點唐書一卷鈔詩序二葉

十五日大晴夜大月曩衣點唐書一卷暴書申後眠至酉正方起鈔詩序一葉呼六雲出看月

十六日晴至午雨旋止至酉大風雨點唐書半本鈔詩序一葉中庭白杜鵑盛開六雲數之得二百四十三朵之罘刻石稱仲春陽和方起知秦亦用夏時特正朔不同耳

十七日雨作穀梁申義得五千餘言未治他事新秧已綠

十八日晴雨不定作穀梁申義凡四千餘言未治他事食包子三枚子正罷穀梁申義成書其義精而辭辨恐有過求附會之失耳欲坐重席不得不如此比三日陰寒

十九日陰午攜瑞女循水登前山行六刻乃歸桐花盛開刺花亦滿野山上黃杜鵑殆千萬本草花黃紫徧地張季鷹暮春詩靑條黃花對舉得體物之精余因推之春花紅先白次之黃最後黃土氣也桑花冬末開葵夏末開菊秋末開皆土氣也家花則不然人力勝也𦗟緹言家花有規矩野者不堪玩余因戲卿夫人宜爲此論耳彭雪琴必不爲此言孫月坡詠野花云折歸持鏡照不及道旁看亦自謂得其旨余論野花正以橫斜疏放雜於榛梗爲貴家花正以羞澀拘束婉弱嬌貴爲美必不可植家於野也家野皆宜者惟梅桂耳皆非麗種若牡丹臨澗桃樹當窗非不芳鮮殊乖物性點唐書半卷鈔詩序二葉夜至子眠爲鼠所驚復寢至寅始寐

廿日晴鈔詩序六葉小雅序畢點唐書半卷夕攜三小女循水至山下采野草諸花將昏六雲來迎同歸是日丙戌穀雨

廿一日晴作衡陽傳二篇夕與兩小女登山夜爲功兒改誦祫攷未畢點唐書半卷熊弁來見言陝西賊起

廿二日晴早起功兒出門爲猘犬所齧招楊姓來治之出白樹根節一包似松根而色殊云名去風樹煮糯米爲粥食之三七而愈楊姓言狗瘈狗疫證也故傳染發則動風又云狗瘈亦不妄噬人人有災星則逢之余喜其言中理留之飯點唐書一本唐州縣名詭異者有鐵杷(屬瀘)合零綠(羅州)香珠(柘州)松州以產甘松名當州以產當歸名其土貢蘇州有飯鮨郢州節米通州白藥實瓜甘諸州胡相律北庭截根交河煎皴乾伊州陰牙角未知何物也向夕子規聲甚厲蒸燰

廿三日晴早飯後卽困倦睡至未正方起不成一事申後作書與席研香文麗峰曹鏡軒始聞布穀

廿四日晴大風煊甚作衡陽志傳二篇點唐書半本熊弁去

廿五日陰涼作衡陽志傳一篇閱明史本紀二本作贊九首

廿六日陰閱明史二本顯帝紀記六歲諫穆宗騎馬事知衡概故事而十餘歲初讀論語不識字音史臣粉飾之詞也作傳二篇夜𦗟緹過書齋坐半刻去

廿七日雨閱明史四本作贊四首明定禮每月朔望祭火雷神至今沿之未知其特祭二祀何意也櫺星門禮志作靈星門上帝用龍椅錦褥蓋自古以來祀天莫侈於明世宗分祀天地與太祖合祀天地均以意爲禮耳然世宗意是至罷父子並配之禮則尤偉也嚴父配天而至孫卽罷亦立說之未思也湖廣祀獨李芾載祀典又明諸帝皆不諱至熹宗

由校始避御名作傳二篇
廿八日陰李福隆招飲觀技酉正歸馬行甚樂作詩云碧草春泉惡北溪玉驄飲罷欲嘶斷羅衣葉葉東風裏未許輕塵涴馬蹄芳甸餘春豔夕暉管弦催送酒人歸垂楊細路頻來往只恐青山翠溼衣作傳二篇
廿九日陰閱明史二本明樂章鄙俚庸淺殆不可耐亦云一代之制是皇帝所不料也冷謙道士張鶚妄人而爲制作之師何數百年之無人其朝賀則全用優人典牌儼然一戲臺也郊祀樂章自稱螻蟻宗廟自稱小孫尤爲謬陋轎中福壽板今曰扶手板八人轎始於明宏治中文武官概用四人嘉靖中霍韜言定制京官三品乘轎紫禁城乘轎始於黃淮高禁釘韡武造靛爾嘉靖貴蟒一品得服之初貴斗牛三品乃蟒耳湖廣衡永郴學政屬上湖南道凡考教官以舉人多少爲殿最明世宗辛丑考庶吉士詩題曰讀大明律後有洪秀全尊天父爲天王所謂無獨有偶也是日微雨閒作夜作傳一篇

三十日晦陰作傳一篇閱明史二本作贊五首又傳一篇
四月丁酉朔閱明史八本皆諸志表也作贊十首連日陰而不雨夜將作傳殷竹老至爲畫圖來也縣志非圖不能起手相見喜甚
二日陰有雨客來停課
三日卯初大風驚而起頃之雨至午晴陪竹老登道山測量四五處
四日陰晴作傳一篇爲功兒改禘祫攷
五日晴陪竹老登廟山見七十老人曾淩雲健步過我也陰霧不能望㘭
九日雨詣春甫處早飯旋移寓西禪寺普公往南嶽留一沙彌守菴徑入據之儀安遣一醫曰聶大年來丁福送之至城昨宿飯店今遣迎之
十日雨竹老遣呼銅木匠來議制地平儀記里車作傳一篇校穀梁申義訖裝訂之
十一日雨送穀梁申義與李竹丈作傳一篇楊耕雲來訪
十二日雨遣聶醫還丁福送之作志傳一篇常寄鴻來訪余昨函請入局總理圖表兼代余采訪寄鴻許諾
十三日陰晴入城至春甫處馮表弟處與竹老春兄渡湘赴子春招飲因先訪雪琴旋至楊宅同坐者又有唐葆吾左秀才晚借三版船歸觸估舟幾破踏月歸
十四日大晴李竹丈張燕翁唐葆吾馬岱青夏南琴先後來談幾竟日作志傳一篇校清泉志二卷
十五日雨旋晴入城回看唐葆吾春甫訪沈老義常寄鴻還寺作志傳一篇
祖妣忌辰素食李竹丈書來欲招客
十六日晴雨無準入城謁張兵備東𤐫二老李朱兩學師尋馬岱青不遇雪琴來訪並贈筆七枝菜四籃儀安來留飯是日始訪岣雲遇沈老曦

談天雨花五虎平西不見此等將廿年矣
十七日晴作篆字不成凡三易紙余舍此未一年而全失故步矣
十八日晨雨旋晴以家中無人暫歸祝之辰初行凡三遇雨步行卅里未至一里而昏黑輿夫大懼乃然炬而行至家雨益甚至戌寢
十九日陰雨繙王船山永歷實記及蓮峰志文集欲作傳頗倦而罷是日瑠女生日食包子
廿日大晴作船山傳及廖孟津傳夜未戌而罷至亥寢
廿一日丁巳小滿午晴未陰申雨作志傳閱船山黃書其見未卓夜大雨
廿二日大雨有雷作志傳閱張子厚正蒙十八篇昏暮與𡢃緹坐池邊看螢因憶八年前湘漣舟中夏夜望隄上燈螢影曾有詩今忘之矣夜至亥寢夢咢而寤丑初復寢
廿三日大雨早起六雲拘帉女於房命放出不肯語使我怒而箠之廿凡

女子性柔其發也至很有非刑所可服德所可捎者孔子慨女子之難養而竟出其妻余少時殊不知婦德之難馴如此蓋惟嚴乃可治家近日殊無威儀耳當振厲以莊涖之名士風流一豪用不得易所以明家人之義乎是日檢舊衡陽志有傳者並留其名咸已著錄申初常秀才新進來謁儀安第三子也名國璘字素巖同至者其二從兄一族父字海平者均宿南齋夜夢八友爲我作生日皆夏服設宴園亭砌路燒瓦玲瓏方修未畢宴處小屋三間當門兩陂陀小屋在陂下甚精潔圓桌九人推余首坐而闕一位余憶園主甚熟而忘其姓字問坐客園主何不來客問爲誰余不能答一客言是李伯元邪余言非也然心怪伯元知余生日何不來俄見一嫗抱一小兒頂髮作雙桃見客遽入聞其語聲在耳則瘳緹呼婢語也設席甚精殽果始陳而寤惜不見其俎實耳起語瘳緹君前生定園中嫗幕上客而謫人間也

廿四日陰雨如絲閱明史一本周王房睦㰂好漢學慶王房寘鐇寧王宸濠漢王高煦皆反寧王房謀㙔（旗偉曾孫）著書谷王以上各得名鄭王房載堉善歷弘治十二年雍王祐橒（憲宗子）之藩衡州乞移山東不果正德二年地裂宮室壞王巍福恭王常洵最驕王之明爲五日天子皇子共七十七王寧國公主梅殷妻慶陽議和武昌黃寶妻長平婚於異代蓋已改服矣夜至亥寢

廿五日陰閱明史一本明開國功名殊無可觀薄暮假寐至子方寤旋解衣酣眠

廿六日陰晴閱明史一卷元史一卷世祖至元二十五年調德安萬戶府軍士一千四百六十七人分置衡州清化永州烏符武岡白倉立屯田二十七年募衡陽縣無土產居民得九戶增入清化屯軍民五百九戶田百廿項十九畝湖南盜詹一仔誘衡永寶慶武岡人嘯聚四望山湖

廣左丞劉國傑破之斬首盜餘衆悉降將校請盡阬之國傑曰多殺不可况殺降耶乃相要地爲三屯每屯五百戶降者撫田宅使雜耕屯中皆爲良民十四年衡永等郡寇發賈文備以昭武大將軍守潭州悉討平之文備字仲武蒲臨人後官湖廣行省參知政事張康字汝安號明遠潭州湘潭人祖厚安父世英康早孤力學旁通術數宋呂文德江萬里留夢炎皆推重之辟置幕下宋亡隱衡山至元十四年世祖遣中丞崔彧祀南岳就訪隱逸彧兄湖南行省參政崔斌言康隱衡山學通天文地理彧還具以聞遣使召康與斌偕至京師十五年夏至上都見帝親試所學大驗授著作佐郎仍以內嬪松夫人妻之凡召對禮遇殊厚呼以明遠而不名嘗面諭凡有所問使極言之十八年康上奏歲壬午太一理艮宮主大將客參將囚直符治事正屬燕分明年春京城當有盜兵事干將相十九年三月盜果起京師殺阿合馬等帝欲征日本命康以太一推之康奏曰南國甫定民力未蘇且今年太一無算舉兵不利從之嘗賜太史院錢分千貫以與康不受衆服其廉久之乞歸田里優詔不許遷奉直大夫祕書監丞年六十五卒子天祐衡州淨居寺碑文近千言許有壬（曾隨父至衡）未至衡見搨本耳至元廿五年振桂陽路饑民廿六年寶慶路饑下其估糶米萬一千石桂陽路水旱寇亂下其估糶米八千七百二十石振之至元廿八年二月常德路水二十九年六月華容縣水元貞元年五月常德沅江澧州安鄉等縣水二年五月醴陵州水一爲岳澧水大德元年五月澧州水七月耒陽縣酃縣大水溺死三百餘人十一月武陵大水至大四年七月桂陽臨武水皇慶二年五月沅陵水延祐元年五月武陵水壞廬舍溺死五百人七月沅陵瀘溪水二年永州江水溢害稼泰定元年七月辰溪縣火大德元年桂陽路旱泰定二年五月茶陵州旱大德七年七月常

德路饑九年三月常寧州饑十年四月道州饑七月沅州永州饑十一
月辰州饑延祐元年六月衡州饑三年五月寶桂澧潭永道饑至治三
年十一月沅州饑十二月澧州饑泰定元年正月臨湘華容等縣饑八
月常德桂陽辰州饑二年四月潭州饑天歷二年十月常澧饑三年正
月衡州路饑至順三年五月常寧州饑大德九年桂陽郡蝝元貞十一
年營道縣暴雨山裂百三十餘處至元四年桂陽旱十三年永州桂陽
大旱十四年永寶大旱至元元年沅道州饑二年沅州饑五年衡州饑
湖南道宣慰司廉訪司天臨路湘潭州元貞元年升衡州路至元十三
年置安撫司十四年改衡州路總管府十五年置湖南宣慰司以衡州
爲治所十八年移司於潭衡州隸焉戶十一萬三千三百七十三口廿
萬七千五百廿三宋立兵馬司分在城民戶爲五廂元至元十三年改
立錄事司縣三衡陽安仁酃

廿七日晴繙元史二函至元二十一年二月邕州賓州民黃大成叛梧韶
衡州相挺而起湖南宣慰司使撒里□（是年入爲翰林承旨）討之以征日本造船
勞擾故也二十八年立湖廣行樞密院治岳州（四月徙治鄂江）常德水免田租
二萬三千九百石六月發江淮行院兵二萬擊郴州桂陽寶慶武岡四
路盜賊十二月改辰沅靖轉運司爲湖南道轉運司二十九年三月庚
申免寶慶路邵陽田租萬三千九百七十三斛元貞元年七月衡州蠻
寇竊發以軍民官備禦不嚴撫字不至責降有差六年十二月甲子衡
州袁舜一等誘集二千餘人侵掠郴州湖南宣慰司發兵討之獲舜一
及其餘黨命誅其首謀者三人餘者配洪澤等陂屯田其脅從者振諭
復業五年湖廣行省發兵征雲南諸蠻八年十月蠻平十二月免潭衡
等路稅糧一年以轉輸軍餉勞也九年潭衡郴諸郡饑減直糶糧仁宗
延祐元年六月衡州饑發廩減糶五年流衛士朶帶於衡州以諸王不
里牙敎叛持兩端也泰定帝閏正月衡陽縣民饑振粟有差二月衡州
潭州諸路饑再振之文宗至順元年正月壬申衡陽猺爲寇刼掠湘鄉
州丙午衡州路饑總管王伯恭以所受制命質官糧萬石振之七月衡
永諸處田生青蟲食禾稼二年四月衡州路比歲旱蝗仍大水民食草
木殆盡又疫癘死者十九湖南宣慰司請振糧米萬石從之順帝至元
二年正月庚子分衡州路衡陽縣立新城縣

廿八日中後雨鈔左傳二葉已不能成字繙元史一函元史再繙畢繙明
史列傳韓文爲湖廣參議升巡撫以一疏忤劉瑾得名子士奇湖廣參
政張敷華湖廣布政使楊守隨知餘鹽非大事而獨論八虎許進子誥
建敬一亭詰弟讃論俱大官雍泰陳壽清節撫秦有聲熊繡道州人潘
蕃胡富張泰張鼒王環朱欽（左布政）右十四人可删十一而附三人於別
傳何鑑爲兵部有方略馬中錫僨事而與同傳陸完亦平劉七而通宸

濠洪鍾陳金俞諫平江西盜周南馬昊果銳此數人皆可不傳

廿九日早微雨俄止騎五十里至上杉橋遇陳芳畹專信來借錢並言二
舅母死黃觀臣等醵錢葬之因令來人同行至下杉橋雨至行二里復
霽復前至松亭渡雨大作油衣不能禦左足盡溼少避雨仍不止恐暮
不能進因急行至西禪寺普明和尚已歸與竹老同話

五月丙寅朔雨寒午少寐一日無事

二日雨作書與與循黃觀臣陳芳畹及叔父並借席研香銀百兩

三日雨少霽夜復雨作常文節傳未成遣陳四往長沙並送陳母銀廿兩
還黃少昆捐項百兩還舅母葬費十二兩又與陳四盤費錢九千

四日雨將看經春甫來談半日爲普明和尚寫經籤數函

五日晴和尚設糉午間常耕岑程商霖來留飯未喫同至花藥寺夕歸夜
看小乘經十部

六日晴李竹老攜孫來坐久之去得研香花樓書屬迎孟辛母夫人來作書與仲茗別與孟辛妻一函商之吳少村巡撫從祖弟穎函與岣雲來訪云與碧湄文卿俱友善大論鏡海之謬穎函自江西來游湘入蜀蓋張羅也少村巨富其弟殊貧不似阿兄

七日晴遣功兒歸在和送之卽往孟辛家探問午後騎詣春甫又答拜吳穎函要段培元出談一時許還寺下馬大雨遲一刻卽霑衣矣是日衡陽賀子泌洪來訪談文

八日癸酉芒種陰雨晴晏變夜月又雨連日檢閱寺中經見未見者十餘種此日繙畢賀子泌送文來

九日陰雨儀安薦匠人曾昭質來爲吳穎函題獨坐圖二律又題四蓺圖四蓺開封倡女也以情死作睡鶴仙記之云汴宮流水咽斜秋花無人更與攀折幽情自繫結只紫霜弔脈晴香蘸蛛輕憐重別淚娟娟風衣駭禍恨渚尋晶娟隔山一去愁煙飄疊淒絕繖根地溺殘夢天涯燃時消歇人間一霎生共死爲誰既待看花人間孤芳尋斷正是銷魂時節替西風補入圖中伴他明月岣雲送時魚蒸食甚美夜閱僧科儀

十日晴夜大雨爲雪琴作山房記未成是日蒸暖

十一日雨淸采訪册羅少庚秀才來芝龕從子也羅氏與吾家不相聞廿三年今始略詢之芝龕長子最無似而其子竟成立亦可喜也少庚居柑子園自吾當門戶未嘗往其家矣夜作山房記成索茶未得

十二日陰見日丁福來入城至岣雲處入南門訪張東丈答拜羅少庚東丈要李同知瑞瀾便飯因約同坐遣馬還步回張館坐客有童春海張蔗泉王選三步月歸是日張兵備贈蠹扇

十三日晴熱遣信與雪琴耕雲送文字春甫唐崑山姚西甫賀子泌程商霖姚子先後來家忌素食和尙設齋在和歸得左母書云孟辛兄弟已分

十四日晴旱騎往訪常耕臣賀同年段培元來訪不遇午後李竹丈吳穎函羅立菴耕臣商霖同來留吳羅諸君午飯商霖對閱節女名氏日落始去

十五日晴旱飯後眠至午方起渡湘訪雪琴看字畫十餘種耕雲來同飯常生來借馬歸寺遣送與之耕岑送題來已暮不能執筆

十六日晨起爲耕臣作文一詩一惡劣之作也又作石鼓山閒眺詩云二水空明一嶼圍遙樹影接城煙蒼崖落鷹東西郡鷗隔空匪淡晉年六尺鼓鳴孫亮醉千艘檣運武侯船於今故跡留佳處還士應逢宋子淵午後入城訪李竹丈張兵備程春兄竹丈言湖湘老輩皆有名法又言賀耦庚尙書撫貴州疏陳百年來銀價穩相以爲笑談蔗農御史三疏劾琦靜菴於廣東事若燭照數計以留中遂乞病歸逢人但問何處可避兵而鄉人以爲其妾死失志皆深負老臣心也張兵備言省城官士浮冗一年不如一年米貴至六百一斗諸縣岌岌然又言耒陽遊兵刼

殺事過春甫不遇見其子寓書鄭秀才催采訪將訪羅立菴待月不出乘星光還寺夜月甚皎得鏡初二月十二日書

十七日晴熱酣睡無事夜校節烈表稿

十八日晴旱起吳穎函來留飯耕岑及賀赤軒來常生送馬還往耕雲家要同雪琴遊鄺湖正午騎轎同發不甚熱未正至湖邊田家農人云有一室夏涼冬溫出氣如煙一縷直上數十年矣予疑是龍穴而曾氏以爲吉地百計謀之又聞宋總兵國永自蕪湖回湖東寺遣招之來泥飲三十餘杯又加三大鐘耕雪皆醉宋尤沈湎將行耕雲拉宋墮田泥中耕雲起溼一股而已宋臥泥中三四轉出拉雪琴雪琴持之宋不能動乃送之還田家更衣而急登輿馬余意欲急還雪琴欲便訪宋遂行至湖東寺入寺瞻銅佛寺僧送茗立飲之出過宋莊宋堅留余要雪急馳還城耕雲爲宋拉不相顧也行五里少待不至遂行從太史渡渡湘誤

泊其上流入新城行里許至岣雲處待月還寺夜課畢矣
十九日晴晨起蔗老及芮間渠郭餘翁來留飯芮君孤身爲客持正不諂但好洋藥耳午間作書與席研香程明府爲賀君定文二篇日暮陪竹老入城答芮郭蔗老留麵遇章素存狂談一時許過春甫少坐還寺
廿日晴食時雪琴春浦耕雲先後來耕春留午飯談竟日暮要竹老俱入城送韻函遇培元談少頃與韻函同過岣雲茶罷卽行還寺已昏黑
廿一日東丈來送莊注就正之通校朵訪新節婦已畢包送商霖稅局張呂二君來早飯已去後申出試記里車銅薄輪敗
廿二日送扇求東丈書將遣丁福歸福事不了改命在和同行余亦假歸期明日發酉正鄉人來告糴余大驚以爲眞荒也夜思之乃欲得減糴耳減糴殊亦非善政是日城中無賴子圍道府縣署索穀
廿三日晴入城乞糴春甫得石米鄉人辭不擔知非乏米也午間又聞謠

言云城中募勇入城至公所詭之已樹旗矣是日與培元春甫耕雲論荒政各有所見而俱未安余不敢言也黃昏騎訪賀子泌鄭嘯樵俱未遇是日戊子寅正夏至夜丑正騎行十里曙
廿四日晴騎且行且秣未正還山人馬不傷家中久無工力處處塵積始命汎掃之以起早未夕而寢至子乃起乘涼旋就寢
廿五日晴有雨爲兒女理書俱生不成誦矣澂明五男不好紙筆竟無聞於當世余獨何人哉
廿六日陰始作衡陽事記以考證爲注近代陋習所謂未能免俗者也遣在和至曾昭吉家送錢三挂與之
廿七日晴爲兒女倍書畢作志稿午與繆緹論家道由婦人而隆雖無夫無子不妨爲淸門也夜食粥
廿八日晴倍書作志稿在和回

廿九日晴熱倍書作志稿午睡甚沈醒食餅粥
六月丙申朔晴午後陰涼作志傳倍書夜講
二日晴陰農人送綠豆繙唐書四五本倍書未如程夜講書易慶來始講喻以六爻妃六人乾初若伯夷叔齊二若皋陶稷契三若伊尹周公四若孔子五若三皇五帝七若箕子比干用九若舜也因言古有不知退亡喪之聖人蓋其性高亢與世不宜若屈原焦先亦近之也慶來講書似有悟入余兒女皆小時了了者慶來尤好新也
三日晴未刻雨作志稿倍書講書易夜月始見
四日晴陰治涼棚挂階簾作志稿倍書申刻丁福送舅子蔡連生來得兩叔父皡臣覲臣芳畹與循竹老書聞七從祖母之喪及仲一夫妻死問仲一客死藍田驛彼方唐代殂貴人多矣七母爲諸從父中最老姒婦事從祖祖母幾七十年姑歿除喪而殂其於子姓亦有恩禮誠賢婦也

當作銘傳之亦以爲報又聞二妹得一子又聞唐母殂而親家夫人欲於期服內取婦因命兒女議之夜講書易至亥疑
五日晴倍書講書易坤六二不習無不利荀爽以爲陰不敢先有所習則無不利于王皆以爲雖所不習無所不利非也能不我甲詩人所刺學而時習孔子所傳何不習而利乎習與性對凡陰柔性狃于習故戒以積習之弊耳先迷者不爲天下先以先則易迷也西南得朋陰氣之始東北喪朋陽氣之始皆各有利也得朋則與類行義之和也喪朋而終有慶事之幹也喪朋卽不習也夜有雨
六日晴有雲而熱作志稿未一葉而罷因問家人吾初讀書三伏燈下未嘗少休亦無蟲苦今乃不能起於何年不亟出門則不可醫矣神仙家變形游市井蓋亦此意弛而不張不可爲也故隱者必躬耕未有求享福而隱者享福而隱與俗人何異余不能耕聊以出游爲習勞之業孔

子棲棲蓋亦此意樊遲請學農圃欲止其游邪夜設涼棚食粥
七日陰午晴風涼而氣熱亦未能久坐爲兩兒倍書俱不熟夜講立政屯卦宜建侯而不寧鄭作能不寧如柔遠能進之能其義爲長屯難之寇皆非奸亂故建侯以能之郎求昏媾之義昏媾者和合之也小貞吉大貞凶者屯難之君膏澤不廣或能撫其一國必不能臨天下故小則當吉大則當凶也夫治草昧之天下宜求賢以自輔徒恃恩澤何能遍及大人貞固不爲私惠博施濟衆堯舜病諸故曰未光也上六云不可長亦謂宜奮起濟難不宜徒憂勞也而彖言勿用有攸往者正謂不宜獨往耳初九居貞居讀若居積之居言積材以待用也點燈後試入室中坐片時書字數行亦尚能耐以食餅而出
八日晴檢書將往城中作書與皞臣鏡初夜爲功兒改禱雨文凡作上湖南大必五日一雨六日則旱矣十日未有不禱雨者然爲文頗難措詞

余因改四句云皇大哀此窮黎心惔焚而俾遯雖雩時其未可嗟人力之已盡其末云陰溥兮陽施山出雲兮水增波歌華黍兮報景福十日一雨兮萬民和此衡陽已上雩詞他處不可用也夜大風少雨食頃止遂罷行作詩寄鏡初
九日甲辰酉初小暑晴豐兒倍儀禮畢書易周官先畢功兒倍禮記畢餘俱不倍非女倍書易禮記畢餘諸不讀午後騎行至大勝遇孟辛家使人來告遷析作書復之又得皞臣及竹老書未至臺源寺雨作少停市中尋夏滌春要同訪蕭圜橋比發已二更矣乘微月崎嶇五六里迷道又繞行三四里至蕭宅圜橋在城見其二子二從子雞再鳴主人設食比寢已曉
十日晴陰早飯後滌春去閱十國春秋十卷光化元年五月馬殷將姚彥章請取衡永五州以李瓊秦彥暉爲嶺北七州游弈使張圖英李唐副之將兵攻衡州斬楊思遠荆南成汭岳州刺史鄧進忠降改衡州刺史開平四年冬辰州蠻寇湘鄉溆州蠻寇武岡命臨州刺史呂師周將衡州兵五千討之乾化二年蠻降舊唐書地理志湘潭後漢湘南縣地屬長沙郡吳分湘南立衡陽縣屬衡陽郡隋廢郡屬潭州天寶八年移治于洛口因改爲湘潭縣湘鄉漢鍾武縣屬零陵郡後漢改爲重安永建三年更名湘鄉屬長沙郡衡州中隋衡山郡武德四年平蕭銑置衡州領臨蒸湘潭耒陽新寧重安新城六縣七年省重安新城二縣貞觀元年以廢南雲州之攸縣來屬天寶元年改爲衡陽郡乾元元年復爲衡州舊領縣五天寶領縣六增衡山也在京師東南二千四百三里至東都二千七百六十里衡陽漢承陽縣屬長沙國吳分烝陽立臨蒸縣吳末分長沙東界立湘東郡宋齊梁不改隋罷湘東郡爲衡州改臨蒸爲衡陽縣武德四年復爲臨蒸開元廿年復爲衡陽衡山吳分湘南縣置舊屬

潭州後割屬衡州周羽沖三楚新錄云希崇禽希蕚囚於衡陽既而悔焉遽命舟檝追之路經衡山廖光圖等刼而立之午後借書五本辭去馬上閱鄭志三卷至杉橋已夕禾氣甚熱三鼓至寺竹老邀耕岑在此共談少頃各寢余繙諸聯小說至將曉始滅燈
十一日晴申雨涼感暑作寒熱竟夜沈沈睡不省事是早李菊坡來江南秀才也
十二日晨雨竟日陰晴午後始起竹老與耕岑出畫城圖余後往闔閉不得上至春甫處見唐崑山旋與春甫至萬豐看戲還程宅遣人尋竹老已還寺追之問故則車鐵斷矣蕭圜橋夏滌春來談
十三日巳刻大雨半時止竟日陰涼作書復皞臣又憑李藝坡帶江南書二函一與眉生碧梅一致莫五丈并詩寄莫云山居易徂歲寒盡羅爲年江東與君別餘月二七圓久客佪所寓憔悴山川阮濇日夜流曠望秋風前雖戲琴書樂登臨昔所歎華髮對蘋林斂衣感洛邁旋逝既殊趣風波誰與晉驚歎

影山句枉勒疑逵歷臨有松柱與暫來宅湘風 傍晚與竹老同訪蓺坡託致三書未晤至釐局
訪鶴帆同年見蔗老張呂二公
十四日晴熱鶴帆來談竟日問同年半已死亡餘略受官矣日暮耕岑辭
與鶴帆俱去夏滌春來
十五日庚戌初伏日卯初起送竹老入鄉聞喧鐘救月食二刻止辰初竹
老始成行寺中人盡出與老僧對眠起書扇書上七父唁叔母喪并還
湘局銀二百託春甫寄去午飯後與悅衆師入城至程宅見商霖知乃
翁出弔與談圖表事過張東丈談官事文體取士法還程宅春兄已回
知天津夷務甚棘還寺雨至一夜未已
十六日陰出訪蕭圜橋逢耕岑至因留寫課卷至暮詣蕭歸寺已昏黑謝
金卿來談
十七日陰涼過釐局見吳朴農同知及局中諸公廖青亭副將在焉至春

甫處算帳遇耕岑同午飯與春甫至山陝館訪耕雲雨至借轎歸送竹
老夫回至戌雨大至普明言南鄉穀貴以公田多蓮子蒐芘田奪禾利
也張詠拔茶蓋有所見矣是日雨中望雲霞甚奇麗作詩紀之云 夕觚清陂
塘天吞絢林舩丹霞映元香金暈相鮮灼燒陽明遠甸棠雨皆幾添丹赤燈四雲你蒼孔南巖驚漲翻千荷搖香滿郊郭蕭蕭同一擊情悄觸
妙覺孫近望仍空光浮衆惟漠對影如可陵超塵觀靈廓
十八日晨陰午晴溽暑甚悶曾昭吉來得儀安書午間耕雲遣送遠鏡春
甫來談申雨
十九日陰騎行十里至松亭橋日出甚熱車敗不可進命鄧八從船行獨
騎前進晚飯於臺源寺遇常氏信力同行至家日將落矣甫昏假寐子
初起食粥二盌旋寢 復儀安書
廿日陰涼竟日睡無事曾昭吉回
廿一日晴涼爲兒女倍書與書隷臣春甫夜至子寢

廿二日陰涼晚與竹老至石門禾風甚熱是日倍書夜倍詞賦作龍襄翁
行狀
廿三日晴熱族兄惕吾走書來竝送小菜六雲見之喜曰此湘潭味也余
云汝何能知鄉味而意固可取因諭以成家之道作書與隷臣及復惕
吾論族子搢生錄科事錄科無名監生所畏故遠來求書也
廿四日晴是日出行蒸水待月出即起行十里至洪羅廟小憩壽佛寺已
正行十里至大塘堰車敗重治之入李姓舍中久坐乃行八里飯於馬
溺河十二里至常宅已昏矣車銅復損至亥乃來
廿五日庚申大暑中伏晴熱移榻潭印閣晴生屬作其生母墓志送行略
來
廿六日晴熱觀常氏藏書取說郛銷夏閱廿本儀安託請封誥
廿七日晴熱稍減繙會典則例十本閱舊唐書本紀二 淵起太原挾倚據秦豈樂推戴望不

孚人姑援召寇疑子危身徒嘗開國未足稱君 高祖一 孝虔乘運十八英英雖矜己伐善任股貽授受無紀作法其涼刑慙晉婁治擬
成康 太宗二 治承考基坐收高麗有猜無相魍俩內移 高宗三 服矜衆悍艮史稱懦夫昏子闇遂擅天坐凡百奔走如沸如火
窮妖白首蓋亦冥禍 武后四是日儀安招陪竹老早飯
廿八日晴辰起繙孫淵如盧州志鄭子尹遵義志皆近代詳覈之作也又
觀明王行黃宗羲墓名舉例四卷淺陋無足取閱舊唐書本紀 孝和元眞昔有
先人卑情術禮取樂於身爽塗不履彊繼收遵扶持數祠頓有賢臣 中睿五 孝明幼嬪七齡叱武番不知數再作高祖姚宋經營乃敗
一女门內幽憂事憺元武 元宗六劉氏盛推明皇過於太宗又盛稱代宗皆別立一
論者 宜淑文武陵謀波潤假號紛來亦克主器勸婁導荒父子弗比閹豎縱傷未曰諧乂 肅宗七 武始誅張義正誓元優容委政
亦足容奸僕田旣叛程魚始選紛歸厚饋旣飾衣鄒 代宗八大歷二年八月辛卯潭衡水災四年
二月辛酉以觀察使衡州刺史韋之晉爲潭州刺史因是徙湖南軍于
潭州秋七月己丑以澧州刺史崔瓘爲潭州刺史湖南都團練觀察使
五年夏四月庚子爲兵馬使臧玠所殺五月癸未以羽林大將軍辛京

臯爲使十二年五月辛亥罷團練使名孝文德宗建中元年四月壬戌以衡州刺史嗣曹王臯爲潭州刺史湖南團練觀察使三年十一月李丞爲使臯移□州節度四年（八月丞卒）十二月甲子以留後趙憬爲使三月十一日丁丑憬爲給事中貞元二年四月戊辰以元全柔爲使三年五月丁酉以左丞暢悅爲使四十月乙卯以司業裴胄爲使七年正月胄移洪州常州李衡爲使十二年五月衡州刺史齊映爲桂管觀察使八年正月衡移洪州蘇州齊抗爲使十二月李巽爲使十一年十一月己酉潭州獻赤烏十六年七月渭卒八月河中尹王□爲使十八年太常少卿楊憑爲使德宗九

廿九日陰微雨閒作繙吳鎬漢魏碑銘例二卷補王行而作也繙元和郡縣圖志岱南閣本勝于殿本湘潭縣緊（東北至州百四里陸路百廿里）本漢湘南縣地吳分立衡陽縣晉惠帝更名衡山歷代並屬衡陽郡隋改屬潭州天寶

八年更名湘潭涓湖溉良田二百餘頃縣西七十里衡州秦屬長沙郡漢爲酃縣地吳分長沙之東部爲湘東郡晉以郡屬湘州隋開皇九年置罷郡太和元年十二月丁酉右金吾衛大將軍□公亮爲使三年韋詞代之中書舍人四年十二月癸丑詞卒同州高重爲刺史兼御史中丞充使湖南大水五年六月湖南水害稼六年後李翱自桂管來爲使八年宗正卿李仍叔爲使開成元年湖南觀察使盧周仁進羨餘二萬貫雜物八萬段不受七月丙申進十萬貫於河陰收貯二年六月給事中李翊爲使李宗陶貶衡州司馬三年二月起爲杭州刺史（昭獻統天洪惟令德）（心懷疑貳志陰凶慝未聆變亂又生鬼蜮天未好治亂何由息）懿宗十五咸通二年康承訓（神策將軍）率禁軍及江西湖南兵赴援安南林邑蠻爲寇（下闕）

七月八日晴繙全唐文九十六本內少十六本三百廿本一千卷畢覽內奇文有岑文本擬劇秦美新及陳子昂郭姬文殊爲獨出心眼耳待晚

辭竹老歸理家事從儀安言取山道還渡橋迷道誤行田中十餘里月斜懼迷乃還渡馬溺河丁福前道多誤行塍埒間投莊乃至家遽寢天已曙矣

九日晴午睡少時倍書三本

十日晴昨夜熱甚濃睡不覺也曉起殊不涼適改文一篇夜倍書講易蒙之蠱見金夫虞氏以爲姤夫王注以爲剛夫金性雖剛淫然金夫二字相連必當時共知之稱非文王可杜撰爲之也今多以金爲財貨古財貨無專云金者金者刀兵之稱金革之金衆所共曉金銀之金後世之貨此金夫謂挾刀兵而脅淫女女懼而不有其躬似順而大不順者蒙昧之性使然也若好貨財而被淫此女性蕩而貪非蒙之象又古無女閭未有以財求女之事強暴侵陵正文王時風俗金夫謂上上有寇象故曰金本三之配故曰夫耳上之不利爲寇又謂爲寇者皆不利禦寇

者得利施政教以禁寇非謂爲寇者別有利時蒙六爻惟五爲童蒙本象餘皆訓蒙者需不速之客爲鄉飲射衆賓故三人也夜獨與繆緹納涼室中六雲眠呼不起

十一日晴熱甚改文一篇倍書講顧命

十二日晴熱講論語文勝質則史史乃府史之史非史官也命家人庀祭器繆緹手疽不入廚遣六雲視饔爨夜齋宿丑正起廚人方炊家人始寢是日丙子寅初立秋午間涼風至

十三日陰卯初起視滌濯辰初祠二祀三廟巳正畢事而饕連日熱不可衫此日承祭將畢事微覺熱耳饌多而渴得杏酪解之飯未飽怯汗遽散

十四日晴熱倍書講易改文

十五日陰昨夜雨有秋意倍書講易改文畢夜校爾雅釋言釋訓二篇腰
痛
十六日晴早晚涼滕緹檢行李從船付長沙彌兒遣使來告期期以十月
二日非女當嫁兼得辛楣書媟氏書卽作復以行李付來使將去
十七日晴鄧信去遣在和送新棗陳脯餉竹老及與儀老兄弟借書還書
夜講呂刑兒女半遺忘矣因就燈校補顧命注一篇校爾雅三篇
十八日晴得竹老書云已請劉醉林畫圖醉林之名甚似畫家也曾地師
來言儀安欲遷其母柩吾聞之儒以詩禮發冢此其是歟夜初在和回
得竹儀諸君復書校爾雅三篇腰痛殊不減呼馬馳三四里還稍愈
十九日陰涼五日之間時候頓異初所不料也呼蓮工剖蓮子作書與耕
雲遣在和去校爾雅二篇
廿日陰校爾雅九篇字句麤定自書一篇視之不成字腰愈矣

廿一日陰繙舊唐書十本鈔爾雅一篇夜至亥寢
廿二日陰涼甚微雨講呂刑連日心紛然殊不能伏案夜繙舊唐書二十
本劉氏甚詆李泌之相業誠無可觀然謂其以左道進則誣也新書通
鑑甚訣之爲其家傳所惑耳張博物進金鏡錄五卷宋馬避宋諱鏡作
鑑遂爲張書定名至今仍之可怪也至亥寢
廿三日晴午熱在和歸得耕雲書聞崇侍郎使法瑯西曾侯治天津夷務
有民變之機殊非佳兆前十餘年天津民拒洪寇人人歎其義勇今天
津民又毀夷館殺領事官民豈能爲此亡命掠奪之徒耳朝廷政失平
則小人思動假義而起終激禍患此事國家如陽罪民而陰縱之民既
笑其懦又輕我政甚不可也若大申夷而屈民天下解體又不可也朝
廷有失政爲民所挾持大臣士人當疏通而掩覆之固不可抑民氣尤
不可長民囂曾侯未足以知之午食瓜梨視滕緹治裝夜至子先寢比

滕緹料檢畢已雞鳴矣
廿四日晴卯起嚴駕辰正滕緹率非女及窕璿幃女陸行丁鄧蕭嫗侍率
蓮弟騎送至查江飯又送二里許乃歸申正還家行甚遲也入室虛靜
頗爲感悵酉正眠遂寐至亥正起旋寢
廿五日晴兩兒倍書講書易
廿六日晴復熱始彙編衡陽采訪各稿倍書講書易
廿七日辛卯處暑晴熱編采訪稿兩兒春秋不熟讀竟日盼女左肩下生
一瘍竟日不安余亦小病
廿八日晴愈熱編采訪稿倍書講易履六三武人爲于大君謂大君用武
人爲政則刑法暴疾如虎咥人夫軍容不入國爪牙非腹心猶眇者不
可明跛者不可行也今欲定民志而倘威刑當亂世而貴武力其敗宜
矣泰上六城復隍不用師爲太平而忘備此武人爲大君乃撥亂而用

武均失之矣午食包子五枚
廿九日熱甚倍書講易泰之臨云于食有福未詳所食何指疑是食福賢
人也洪範曰凡厥正人既富方穀謂執政者當富之穀之此云食有福
亦謂食之福之也周官八柄生以馭其福天運平陂勿憂不忝能信用
賢食之福之靡不治也四云不富其鄰則不能養賢譬不戒而欲其孚
孔子云不戒視成謂之暴者徒心願其然實不能行與五之行願相反
也比夜地至熱四更不退煩悶過三伏時
晦日悶熱念殷竹老若已出恐不支此炎威也丁福娛取卓帷去鄉中無
綌綵可作陳坤求得半幅紅呢六疊藏有半幅綠羽毛併齊成之竟整
麗可觀縫成甚喜凡物以適用爲佳古人困頓得一士如魚得水不虛
耳豐兒倍書似勝功兒申杪送轎六人回得與循背知滕緹於廿八日
到母家矣又聞介卿兄已回吾鄉新穀斗百七十

八月乙未朔晴早起問兩兒姑姊何人兩兒皆不知姑爲父姊妹淵明兒
子不識六七比此真神童也各撻三二十而罷馬岱青爲一王甲來刻
字無字可刻且請其鈔書館之北齋點唐書十葉倍書夜出池上納涼
二日晴陰
祖考生辰設薦暇閱舊作詩篇自乙卯以前有超秀之氣乙卯至丁巳三
年遂至二百首殊多扭揑求好之弊宜大刪削之作唐書贊二首倍書
轎夫回
三日晴熱閱唐書作贊八首倍書講易編采訪簿
四日晴熱午雨不涼閱唐書作贊倍書講易編采訪簿劉史志雖闕略而
事詳晰可覽宋歐詞人固不知史新唐書直可焚也
五日晴熱豐兒生日放學食湯餅閱舊唐書志八本又以校新書百官志
新書詳於官職而略於階級卅品之級不明然史殊於禮諸職掌略具

而已不必詳也夜講書易功兒作詩是日晨未起六雲問琵琶記兩過
南軒曲意云何因告以孟主摩訶池詞及東坡洞仙歌因及海門師於
丁巳夏覆試諸生以摩訶填詞爲賦題而與循得第一此風雅學政今
無有矣又念與循當賦此時翩翩未婚而今已鰥人生風流真如夢境
徒以好光景作惡因緣耳因命功兒擬此詞作一首詞成頗佳
六日晴熱功兒旣能作詞因命之作論乘暇補點唐書二本藝文志須以
舊書校之自校二卷將暮呼功兒對校一卷夜課蟲多獨擁燈帳中至
丙夜而舉家人睡熟庭戶無聲
七日晴熱校唐書一卷新書言宣宗不母郭后及宣母爲李錡妾言之鑿
鑿劉司徒晉人何必爲諱而盛羨郭后福壽又言鄭太后蓋宮女疑新
書采訪不實也豐兒倍書功兒作論又作詩賦得明月白露光陰往來
余亦作之詩曰光陰靚遠夜思子下庭階花竹牆風簾軒當背燭閒蟲聲更岑寂蟾照弱朧朧回軟桂休驚響無人起夜來
八日熱校唐書一卷舊采訪各條彙成書熱悶夜蟲惡殊不能有所作爲
兩兒倍書講易易文簡奧至今幾盡不可解先師逸說今存者惟言冢
而不及文義如鳴謙顚頤於丘頤之類自五帝所傳無此文法余以意
說之心知其非而猶愈於前之傳者亦欲次錄名爲闓易燕說以授子
弟如論語舉義也
九日陰雨始有涼意望雨久矣意甚忻適自鈔撰易說十葉計四千字
未覺倦也
十日陰撰易說四葉校唐書一本兩日驟涼未識長沙貢院中諸君何如
夜撰易說五葉
十一日陰涼甚著帽六雲生日出拜慶來以其姊同日生而今離家也惘
惘然倀倀然余察其情放學半日撰易說九葉
十二日晴涼呼木匠治倉鄉俗治倉輒須一斗穀余初不知也補一孔如

錢大與之斗穀鈔易說五葉夜閱唐書一本倍書停講功兒近頗開心
孔且令優暇之以發其機也
十三日白露晴晚陰鈔易說十葉與兩兒至石原尋梧子未落高不可攀
待連弟送馬至昏不至復步歸夜至子始罷獨小婢未睡耳校唐書一
本是日丁未
十四日晴豐兒始鈔曲禮功兒作賦甚有佳句放學半日乘擔四女至龍
江渡欲濟無舟而還鈔易說十葉計六日當爲四十九葉而有五十六
葉夜鈔未暇數耳夜聞六雲已睡而窗外有聲疑是野貍試驚之則六
雲立門中爲之撫掌
十五日晴微熱易說成一卷自校一過七日而成五十八葉將二萬字非
常之勤也惜無小筆書甚潦草夜初月尙朦詣
三廟行禮及中霤竈而祀文昌星行香兒女拜月食餅置酒酒罷擲骰至

子罷月甚皎

十六日晴作易說七葉倍書講易桂花

十七日晴校唐書一卷午假寐醒至常氏宅將乘大月游聚湖山出門鄰家大火煙燼覆屋避入文節祠晴生云柳氏火作故及其家也未出祠而醒爲晴生母作墓志作易象解夜月甚明露冷不可出

十八日晴

祖妣生日設薦作易說五葉常宅人來知竹老無恙甚幸又聞其登山勸苦甚可感也余爲人作事用十分心力余之友爲余作事又倍焉然則曾胡言求賢不得者定不求耳卽此知余之可爲宰相而知余所友之皆君子也

十九日晴熱命兩兒檢書晚作易說昨日昐女弄釧失之

廿日晴熱作易說檢舊鈔禮記倍書講易連夜月明倦不能賞

廿一日晴熱常濟秋來言天津戰敗留早飯止其莊舍作易說校唐書一本

廿二日晴作書與竹儀兩叟交濟秋帶去作易說倍書

廿三日晴熱作易說說大畜甚佳庚臣來徒步五十里留宿南齋

廿四日晴與庚臣同迎竹老兩兒侍至南塘彎遇其舟同歸飯罷晴生來不期而集甚喜甚盛同宿南齋夜雨

廿五日晴時雨熱甚命六雲治具款賓坐中悶熱飯罷出坐至戌刻乃雨

廿六日陰涼庚臣欲去呼轎馬並不能得徒步還主人甚惶愧也午閒竹老呼舟去與晴生同送至石門水行三里秋風吹衣欣慨盈襟晴生還余宅飡飯亟去已申正矣余亦倦臥至丑方起

廿七日晴涼發行李檢點長物留者未攜也作易說計十二日成三十九葉分之一日不能四葉以象數繁賾耳猶須細檢乃能成書是夜命兩兒登舟

廿八日晴率妾女自寓宅登舟是日壬戌秋分風水澄鮮汎行甚適廿里宿查江見飛雁一行百餘

廿九日晴閱唐書一卷

九月甲子朔從臺源寺騎行六十里午正至西禪寺詢知竹老早至因入城至春甫處相見頃之儀安亦至聞江督被刺祇教主槍斃天津縣事大亂擾矣同儀老訪蕭屺山張東丈東丈未晤夜宿程宅

二日陰有雨早偕春浦訪唁寅臣於王倉旋至儀安處飯與竹老同訪廖清庭過雪琴處午飯同坐者更有岣雲耕雲丁篤生是日雪琴贈非女斂物及畫梅耕雲來訪

三日陰雨清亭招飲因託買舟下湘將登舟而榜人暴死乃改坐其哨船子女未至且待之因與竹儀耕三君張心泉通判同渡訪張都轉於巡

署乘輿歸是日屺山來訪

四日大雨蒸濕熱甚遣周桂及竹老僕人迎小船至巳始至岣儀春送非女添妝物周稚威來訪得仲茗書酉正登舟泊湘東岸是日曾祖妣生辰以在外不獲薦食

五日晨雨午晴湘水長將及丈舟行百五十里（雷石不檢亦不看船以坐礮船故）泊衡山城下聞朱亭被焚劫云流民爲患也

六日陰午晴九十里至淦田率子女等詣叔父見二妹及陳甥雲鴻叔父處已僱舟將走湘潭二妹無舟遂以我船借之身率慶來登叔父舟夜至四竹壍見火光復迎三弟來礮船先發

七日晴早行三十里至山門入釐局見吳少卿留侍叔父飯頃之水師船過云賊已渡湘倉皇俱發是夜行百廿里至湘潭

八日晴熱早入城至志局見唐友丈萬星翁秦麓生張李諸君介卿從兄

十一從弟復過團局論賊事遂與從兄弟同回船叔父已上岸換舟行傍晚至長沙小西門外以爲妹等已入城與縢緹作生日矣試尋之仍在舟中

九日晴熱侵晨入城至宅縢緹未起陳母在宅問訊畢二妹先歸飯後至彌之處遇唐研農坐久之出訪楊蓬海韓勉吾朱若林皆不遇歸宅吳穎函來黃伯初來出弔龍皡臣李篁仙李宅遇丁遜卿知秩老已死肩輿還高主政來夜早寢至四更覺不寐至曙

十日晴熱彌之皡臣來縱談至未程花樓來談會匪云吾鄉公請其查辦庶無枉濫也仲茗來絕口不言其家事穎函又來同出訪若愚不遇至皡臣處縱談芝生出坐夜過答訪鄧鳴之見羅秉臣詣文心處劇談歸復飯而臥是日縢緹率妹詣張母張母有女而愛適陳氏爲妹叔姑蓋疏矣而情甚親昨死於母家妹居其家聞死而懼其鬼乃亟還張母聞之勿善也妹當往謝嫂恐其不能辭故往謝之

十一日晴熱甚丁遜丈來吳穎函來送紙若愚來代買緞疋羅子沅芝生來談夜爲篁仙作家奠文非禮也而今尙之推其義蓋讀誄之遺耳是日孝與頭破出血余責功兒縢緹不服遂相紛競婦人之護兒雖嚴如縢緹而不免可歎也蓋自言則可人言則必護

十二日陰昨夜雨今晨熱解風寒甚院司擇此日換煖帽可謂知天乎辰刻鄢友石程花樓來談午初若林觀臣來納徵文心夫人及張四嫂開合受幣古人使有司而今以有子女富貴之婦人此可從也彌之聘幣甚豐蓋亦夫人所爲設茶款媒俗曰過禮日女茶男酒送欵曰男茶女酒古醴賓之義也午後出訪力臣仲茗飯於仲茗家昏歸過芝生略談

十三日陰微雨出報謁程吳詣篁仙家陪弔客見成靜齋唐斐泉李仲雲唐蔭雲張莼生左錫九朱宇恬黃觀臣許準吾陳營官毛孝廉徐壽鶴王葆元郭筠仙李梟臺黃藻臣蔣章陳伯屏舒鷴生凡三十許人與彌之同待至暮無客而散高濟川來鄭耕五送文麗峰劄至未見伯屏來訪友石要談均未得遇丁遜丈言將有兵變

十四日雨卯起步送李伯發引至大西門渡頭返拜客十八處午未朝食飢甚還宅蓬海來索作孟文伯屏湯惠老見過劉竹汀來未遇

十五日晴皡臣彌之來談竟日招筠仙來食蟹食罷筠仙始至吳穎函來借錢皡臣送銀

十六日晴　叔父舉家來避兵出訪皡臣要彌之同訪吳南丈出過朱若林陳芳畹還觀　叔父文心若愚仲紫羅子沅來

十七日晴朱若林早來南丈譚文卿李黼堂黃子壽唐斐泉張力臣余莘皋來談汪少尉璧昌來未遇午同力臣過友石飲同坐有陳貽珊縱談飽食歸作文是日早詣陳母拜生辰過文心談過新化知縣關某是日

族子擢生信來

十八日晴勞儀卿彌之來彌之留食不託月出始去作書上七父外舅道鄧八去

十九日晴單衫步出答訪儀卿遇盛樸人言花樓明府以荒誕撤差花樓始欲往吾縣辦團余止之甚力非愛其名報桐逕之勸也今果爲辱笑甚哉訪南丈文卿陳薊生不遇弔劉瑨臣同年歸寓南丈來以易說轂梁義莊注呈之子沅比日來索館友石來同過力臣讀竹李爽疏及南丈詩旨創說新而多確近日經師漸異恐風氣又變矣

廿日晴出詣詹有乾兌錢過文心寓過黃翰仙成靜齋談久之往來坡子街過楊耕雲黃子明過子明寓談食頃三訪韓勉吾皆不過歸仲茗來若愚比三日皆來久談得七父書索信詣永州守令託文心晳致稲零陵作復上七父又得楊雲帆書託其帶粵貨俱至矣

廿一日晴命非㛍二女上冢三弟及兩兒瑨女同往皆不識塗余躬牽之
去拜畢過𩒺臣兄弟談飯於其家答訪譚心可子明來不遇
廿二日晴煖周南坡經歷來𩒺臣文心耕雲朋海先後來儀卿長子凱臣
名啓捷來問其得名之由答曰文穀官粵臬時以己酉歲征張家祥於
南寧聞生孫而命也過彌之處少坐卽還若愚晚來
廿三日晴子明若林早來同子明過筠仙處遇南丈歸全樨園力臣來步
出訪樨園耕雲鍾君黎愈成靜齋翰仙耕雲已去鍾君殷竹兄之女夫
也翰仙處遇黃宅生二鼓歸是日買菊七本
廿四日晴彌之來同過羅子沅湯惠老㛍女同往懷橘而歸午間答訪勞
公孫鄒咨山學師來若林來送門禮窊女生日皆忘之
廿五日晴午過朋海飲遇李黼堂於道立談數語同坐者文心若林彌之
力臣譚心可歸改朱卷

廿六日己丑晴翰仙友石子沅羅芝士來芝士余總角交游廿四年前余
居楊園從劉芝莊師讀芝士庚甫及余子徵陳聘三過從最密今存芝
士及余耳竹伍女夫鍾棣生來
廿七日晴劉竹汀余苹皐來與竹汀同過筠仙飲同坐者馬少尉歐陽𩣡
叟曾志明談僧王敗走趙北事
廿八日晴非女將嫁風俗前數日送𢢞具本以嫁日倉猝擁擠先事從容
禮記言官陳器皿官受之詩言爛其盈門爲正昏之日傳𣪘以九女爲
盈不言餘車鵲巢言百兩將百兩盈知古人亦先送妝具也余帅帅嫁
女而諸君助妝者不少裁用少半與女而器皿用百人送之知諸侯百
兩非誇大詞也是日設具請二媒人朱若霖黃覲臣請力臣朋海若愚
作陪力臣先到旋去仲雲來賀
廿九日晴無事看非女作篆唐斐泉來未後陰涼出訪彌之㛍女同行不
遇見劉仲卿還訪子惠文心不遇至石祿巷遇雨因過芝生談見龍母
及濟生鍾棣生來是日壬辰霜降
十月癸巳朔非女加笄唐人云上頭今云開容也俗以有福壽婦人二人
彈線僕嫗卒事姻家送酒女家宴客是日至者八人而已薄暮筠仙來
談錢女事筠仙未嘗棄妻而衆人欲故意離之余欲筠仙公言迎婦婦
必不至則樹倒胡孫散耳若婦果至必能相安使老夫無妻而有妻尤
快事也流俗之論不明事理不察人情而天下傾倒於中可笑也是日
仲雲斐泉來
二日甲午非女出適鄧氏彌之子曰國瓛期以午迎辰刻文心二子來文
心力臣子沅芳畹若愚皆來已正媒氏來午初瓛子來不執雁余迎於
庭與之入坐於客末三茶畢縱談久之天熱甚待非女妝至半時未竟
壻衣棉面汗如雨因催內妝壻升堂又立一刻許女始出入轎加景遂

行客皆去余過彌之稱賀辛眉自武岡陸行刻期而至二姓皆喜憶廿
年前彌之兄弟鴈行不離使人羨妒近歲以多故分析頗不相謀彌之
遂不敢令其弟而辛眉乖厓之名益著余作書要辛眉來會娶婦乃能
刻日踐約然則乖者非乖而疑畏者過矣得此使上下歡然兩姓稱慶
乃真快事也坐兩時許新人不得出見熱甚亟歸朋海踵門入余已解
佩褫紳矣
三日晴比日熱似七月易紗衣而出謝客瑨女畏生人又戀其母其母當
過壻家會親余乃攜瑨女出拜客凡入文心竹汀力臣周南坡若愚五
家又至姻家見彌之繼母及其妻女壻出拜入新房少坐熱甚亟歸子
茂來至夜彌之兄弟來談
四日晴愈熱衷夏布衫而出謁郭毋遂至彌之家彌之設高坐坐我於羣
客之上非禮也禮當以我爲苟敬而客我非所以優賢親親余辭不能

就坐未食三四肴腹痛甚强待終席而散歸卽就寢
五日陰風篔仙屢遣相要過暇過之出哀啓相示似行狀體又出其樂府詞及雜文屬序余袖而歸若愚來余屬借錢而告不能乃自往汪偉齋館中謀之得存錢又許謀百千歸辛眉先待於齋中子沅繼至談夷務辛眉言當克江寧時宜以勁兵實京師而罷遣歸農非計之得余欲從曾李都下或實封雲貴意正同此然妄言耳安有局外爲出位之思乎二鼓辛眉去余亦寢
六日陰風始涼彌之來早飯去帉女日日索從拜客攜之過文心懷橘而歸濟生來不過呼功兒同覓舊書乃無所有薄暮辛眉來談至三鼓去子寢
七日陰微雨出答拜瞿孝廉鴻機春陔主事之子也瞿李總角交春陔貧而黼堂富春陔又失明省城人鮮尋之黼堂日日步過窮巷訪焉亦近日之高躅也黼堂非古道者尤當亟稱而表章之午歸女壻來兒女亦繼至非禮也公羊以爲如雙雙之鳥而今俗通重回門余不能違姻家之意乃別賓之晚間彌之要過聽曲夜歸覽辛眉井言上下古今多取少棄志爲博通之儒著憲章志林日知錄而作頗好程朱近王船山然余於船山薄其隘而不欲深非井言則以船山已成之書自爲一家聽其生滅可也辛眉之學無師而亦屢變會當有精通時此時不可與爭也王鄧皆豪傑之士一則爲宋後義理所錮一則爲宋後議論所淆要之兩人誠宋後通儒與馬貴與顧亭林伯仲乎旣繙廿二本至子寢
八日陰雨文心來同過湯子惠子惠言王舍人逢年窮死不能葬天之畏櫝勢而厭貧賤也如此余昨與文心言巡撫始至及牧令到官皆宜先禮貧士之有守者以示薄俗有味乎其言也非女復歸夜始去
九日陰過筠仙少坐主人不出余不辭而歸非女又歸余設宴請女壻以勞愷臣張寶善兄弟爲陪力臣來縱談仲茗繼至留仲茗爲賓女壻爲苟敬穀杲甚精六雲之力也仲茗旋去辛眉來居首坐筠仙亦至席散辛筠共談筠仙言天定勝人人定勝天古今無解此者請其說謂治亂皆由人心則天不勝人矣辛眉云卽惠迪逆凶之旨余謂天定勝人君臣父子諸倫日月山川諸名本非實事而莫能違之此天定也天欲治而人欲亂天欲生而人欲殺此人定也夜至子寢
十日陰彌之招飲同坐者鄒諸翁皡臣觀臣朋海主人兄弟凡八人設饌甚豐飲一日與皡臣彌之辛眉步過篔仙談舊事篔仙云湘中五子皆不得意余謂五子未必爲同榮辱憂樂之人使篔仙得志棄五子如敝屣矣乘暮歸夜作嘉會篇以箴五子也
十一日陰叔父移寓孫家橋巷余赴陳薊生世兄飲命兩兒至陳宅筵散步訪皡臣兒其子長矣欲叩所學而仲雲遣催遂往赴招本約看戲乃

無戲看徒叨殄而還夜已二鼓要子沅湯惠老來談惠老言咸豐九年火藥發火前五夜聞鬼兵呼殺旣復鬼哭火發之時麓山寺壁皆動奇災也
十二日陰皡臣辛眉仲茗偉齋文心子茂若愚先後來遂盡一日客去作書與曾滌丈論鵰彭笛仙
十三日陰晴與文心過皡臣途入書鋪得通鑑及藝文類聚二部適惠老與左子重來惠老議價共三十二兩子重覓得經典釋文黃氏日鈔等書價五十千余自謂得便宜也旣至龍宅彌之兄弟筠仙相繼至文心先去余五人遂留飯皡臣挑筠仙論撫學事季丈勸筠老而子重在席局脊不安幸無連及耳皡臣子驗仙清靈可賞若得名師當可大成勝吉來一等筠仙言船山書精華在讀性理大全吾聞之一驚驚其一語道破誠非通王學熟讀全書者不能道此語然性理大全兔園冊也此

與黎先生箋注千家詩同科觀其書名知其淺陋而筠仙力推船山眞可怪也船山生陋時宜服膺大全筠仙生今世親見通人而猶曰大全大全不重可哀耶要之論船山者必於大全推之然後爲知船山片言居要吾推筠老

十四日陰風寒詣叔父寓還過力臣議孟星家事彌之兄弟翰仙筠仙繼至坐飲至二更散以左氏五百銀歸交瀛緹至子䏹是日付枏生妹壻自陝還來未遇枏生復至力臣家亦爲門生所阻

十五日晴陰船戶來攬載議價十九千胡薊門屬濟生爲其四子納采今云過草庚也以甯女草庚答之彌之率其子及羅秉臣同來旋出過書店得毛刻十三經一部價銀十二兩彌之以通鑑及類聚去余別行訪賀竹泉久談歸飢甚筠仙昨言有余生游左帥軍中欲去不得問計劉克菴劉云尋小事與相反脣則去矣余生從之左帥大怒叱之曰口口

者滿洲大人叱奴子走出之詞也余遂得去而時人爲之改古語曰一字之衮榮於華衮丁心齋司使聞之喜曰十年一對今始得矣京師有擄人妻逃出古北口者時人語曰彼婦之走可以出口真絕對也昨又與翰仙議儀安爲文節請贈銜封典一事翰仙云宜出奏俟至京時議之是日丁未亥正二刻十一分立冬

十六日晴召泰益班演戲於李真人祠前二十九年先孺人爲從弟禱疾報塞也（凡賽神以錢二百與廟祝四十與班中掌戲服者餘則包辦於管班）余不能祠禱命功兒行香至叔父寓過若愚遜宧惠老來送印泥始發行李出買白㲚凶至觀臣處過辛眉取觀臣園中欵四盆而歸不待問主人也任芝田來訪黃七嫂屬爲其從子覓生計夜點鄧七丈行狀及暐臣翰仙詩稿送瞿春陔第三郎繼佩賀新中式也是日與循來報生子得郭五兄書

十七日晴早起先府君生日在客未薦發行李點定翰仙詩送去彌之兄弟及芝田來同出過暐臣談赴劉竹汀招客未至因訪仲茗論其家事申刻劉使來催至則有二倡佐酒同席爲栁子元秦翁皮孝廉常濰叔倡女金桂舊識余於衡陽意惓惓欲泥語余辭以將去不能醉也朱雨恬遣人相招蹤迹至劉所因步至朱宅彌之翰仙濟生芝田皆先在辛眉後至縱談甚歡翰仙要余過韓勉吾未晤丁福誤取道永豐倉出道邊老婦言有三胖人同行轎從其後知爲彌之諸人也至白馬巷口果遇芝田將別去矣談數語復與彌之兄弟同行月色甚好路上多游女夜行蓋省城近日風俗甚薄筠仙所謂極力學廣東者也夜復閱鄧丈行狀怯寒遽寢

十八日晴陰子惠勉吾文心來送行非女歸余促家人悉登舟步別叔父是日連發曾侯二書

陳母乘轎過彌之力臣力臣處得羅小溪書遇陳貽珊曾枏生登舟芳晼三弟先在子沅來送移泊西湖橋宇田送酒

十九日晴入南門訪枏生遇於途中復至書店買通鑑前書爲彌之所奪也書賈故靳之遂去不顧過別芝生未回至彌之寓方招客留坐甚歡左丁叟報儀菴凶問駭愕不知所喻余以深心交天下士師友稱盛然犯難致身之人惟歐受菴左孟辛及儀菴耳受菴尚不必能當大事孟辛儀菴使相與輔翼周旋豈獨爲一道主人方今勢趨重上湖南其豪傑之士多闊略而少真實吾欲倚儀菴而聯絡五府結閒立本今出遽喪上游頓空詩云人之云亡邦國殄瘁獨傷之情寧有喻邪辭飲回船過孫公符探確信至小西門遇非女轎入城寄聲謝彌之登舟悶臥晚飯減一食至亥寢

廿日晴連日日無光照人如隔一重紙也入城欲買衣因過力臣談過別

汪偉齋彭子茂子茂不遇見湘鄉王步先從力臣處得吳南丈詩說出城行且觀未十葉自大西門至舟矣南丈說詩必合之史雖未得實據要如其說則詩乃有用真可謂知人論世以意逆志者也力臣錄得副本因以此册交彌之還於巴陵以贖吾所著三種酉初開行三十里泊觀音港

廿一日晴辰開微風至未始盛酉初至湘潭入志館見唐友丈秦麓生萬合樓招曾嵐生來晚飯出城至十二總廣東馬頭登舟遣廖緹歸寧酉正提燈發轎以幃女行

廿二日晴晨待六雲治裝遂至日午兒女盡詣外氏余得爲昏姻外舅姑生日年節未一往賀今始遇便故盡室偕往也酉初余始行迷道至亥正始到賀外舅生日已遲暮矣家雲卿三兄及妻姪蔡子耕妻外弟張三弟等先在賭牌余不作此十年試一爲之以對門連勝竟不得牌因

先眠

廿三日晴留蔡宅一日與循竟日昏睡不得談

廿四日晴從蔡宅偪夫至湘鄉行十二里姜畬十七里雲湖橋十五里馬托鋪入湘鄉界又十里宿新研鋪湘鄉民團往來稽察者每十里立一簿呼人問姓名而已是日行五十四里

廿五日晴午後欲雨不成風甚大行三十五里至孟辛家見其舅父王翁叔父星槎入客室左母出言欲移長沙就仲茗孟辛妻出論移居事以其母家田未讎須閏月余不能待遂約明春迎之未二更而臥

廿六日陰昨夜濃雲欲雨不雨左氏早具食左母及星槎丈俱未及送余辭而行七十里還宿七里鋪去姜畬七里而名也庚戌孟冬余經石牛塘故宅有詩今廿年情事又異乃爲數篇紀之其一曰故宅沿明代顯離託子孫石牛空識主驄馬不容門巷葬人先老君亭園倚存寒塘休照影宵髮曉霜繁其二曰曠土彌綿際蒼蒼一望中田園民隱業家國道終窮

準擬十年計饑栽百萬松（白鶴湖栖至姜畬積七方卅里）猶憐臥能容袛作稀桑麻（臥敝穗桑白為株耳）其三曰將軍昔貸錢乞食來人宜（洞王明山提督）一劍君恩重三年甲第開（余族中無子以故宅賣之）愧無芹藻化雖薆棟樑材（提督逾後人益不能以贈數示之故其性閒）其四曰爽而習羈羈也）莫恨人才少徒驚宮貧來捎上宮墻女妙龕縭細圓巧繳蘇醫（成岡之閩婦女盛為拖後醫曰蘇州龍盜服）其五嫉也）媚宋市門錢谿日村牢落蔚蘂泣泣然（疾戍過盜湖惟見老婦乞食今則婦女施朱粉坐市門矣）繁華非盛事獵亂況饑年曰此土眞吾土今游異昔游兒童肴作客煙火厭仍愁雞犬拆榆外龍蛇戰伐秋貴髯羞自勉料理散紹愁

廿七日晴大霧行四十里還舟聞叔父先到午飯後至十六族母家詢知已發與雲卿至岸尋舟不得要雲兒小坐談食頃雲兒去是日作黃五挽聯云萬騎擁軍門拊背嗟然想見福波公子斜陽依寶應傷心行處不堪飛異王孫黃名上達初至江南有太子少保提督公負弩郊迎盛具供張黃於衆中拊其背曰阿利阿賢若阿哥湘人平等相呼曰阿利蓋人見那輒語也好便宜黃馬褂耶好便宜宮保耶提督公慚愧謝去余游江淮黃攝寶應訪之不遇自此遂不相聞故下聯云云又作王春波挽聯云生同姓猶同名又鄉擕同游宦閣歎心移月影病相爐火相驚更呉符相追清泉餘響咽琴聲王名與余

名同宰清泉故云

廿八日晴登岸至得一兄處約雲卿入市買衣不成入城至志館麓生留飯因同看𦶜購八本歸芙蓉園主留茶遇黃翰臣孫玉林徐子雲段福田話舊同飯於志館李潤生來萬星老回館久談鬍髮畢與雲卿同詣玉生仍勸其棄家行遯玉生夫妻有悽慘之色甚不達也然先有子女成一家今止一幼女隨母依親戚以居郭氏懼絕亦人生之至苦爾余命六雲回舟丁福來云無轎夫可覓又云近十餘里明火劫一齊家蔡宅亦議遷徙可怪也玉生無煙飲則可同往鄉居此苦乃自詒耳鄉人來信云王明山大掠於南鄉奸醜民女數人恐傳之過或者王本不能治軍今又恃貴也

廿九日晴在舟候廖緹等麓玉兩公來訪午後媳屬至玉兄來索錢晚入志局遣廖緹省十六族母俱止宿

三十日壬戌小雪中晴煊志館早飯登舟催鄕緹歸作挽聯寄黃宅並與書張力臣言左宅事丁福求去因遣之行雲兄買狐桂及牀來留談酉初發五里泊楊梅洲

閏月癸亥朔晴南風甚煊卯正發舟行三十里泊馬家河窊女始授禮

二日晴熱南風纜行四十餘里泊株洲上游兩女理書並多遺忘

三日陰北風帆行讀唐書一卷夜泊山門行四十里水師二哨官來訪一羅錦泰一鄒漢章伯宜岳屛之族人也戌亥間得雨

四日雨水增及丈北風上空泠峽景色似仲春時三十里泊淦田三弟在局遣呼登舟談一刻許去雨過空靈灘詩云迴岫深深白秋楓點點青歸帆開霽雨顧孤響空靈水驛雙鬟粗離夢一枕聽霜斷不易得隨處同漁汀

五日闕三十里泊金雞潭

六日雨北風阻彎不進榜行十餘里始帆行四十餘里泊石彎鈔改新詩十五首

七日雨寒讀舊唐書一本當武氏易代之際人士無可仕之理其高宗舊臣已致顯位畏禍苟祿密圖補救以自慰其方寸猶可取也狄燕公以天授初入朝身受非常之寵處不疑之地內總樞機出握重兵苟忠於武猶爲桀犬心在唐室將誰欺乎中宗闇弱大臣所廢死生微矣何與唐朝薦張之言以久不遇爲請望其盡節蓋爲武謀後之反正非狄所料且五王終敗大功安在以此歸美抑又無名而千載以來譽稱不絕惑矣景龍朱桂州都督景城王晙奏罷衡永運糧初桂州有屯兵常運衡永等州糧饋之晙始改築羅郭奏罷屯兵及轉運開屯田數千頃是日行十五里至衡山縣泊一時許遣在和至陳宅視杉材未合所用俟躬至辰州購之又行十五里泊雷家市

八日陰雨北風帆行六十里泊站門衡陽界也閱竹老半月前繪圖至此讀舊唐書一本

九日晴北風甚壯行四十五里至衡州城泊柴埠門風止浪靜入城訪春甫不遇其子商霖文學出見始知儀菴以九月廿六日死將葬矣春兄歸談久之過訪張東丈復至程宅談晚歸舟宿

十日晴呼小舟至撥行李春兄要醫生蕭丹墀文學至舟視鄕緹病因留早飯客去余亦上岸訪峋雲因同出訪秦嘯山總兵李竹丈段培元峋兄復登舟少坐去夜作書與張力臣衣皮桂太厚熱作甚煩遂寢

十一日晴賀子泌來訪談經義問漢有游女余言漢南蓋沿蠻風跳月唱歌以爲昏後被文王化定昏禮遂行親迎故游女不可求非指一女也又言行露詩蓋男女不待父母命而私昏女父不從如太史敫之於君王后足正風俗故曰誰謂汝無家言女悅男欲從之女父不諱而以禮義不可室家不足也與子泌同過春兄談託寄桂陽志與吾縣志館諸

公又寄陳芳畹一片及桂陽曹敬軒一函向索志稿又與商霖同訪蕭丹墀不遇歸舟宿

十二日晴換船訖入城至春甫處待發遇祝价人馬穉泉普明僧坐久之舟仍未開復上船催行至承口泊柳下宿

十三日晴巳初纜行水程四十里泊雞窠山蓋以形似得名王萬澍改之爲羲和山羲和二人不得名山若有羲和山定有堯舜嶺也讀舊唐書一卷誤檢第六函因就閱之

十四日晴行四十里泊西渡夜月甚皎閱唐書二本無所論贊

十五日丁丑大雪節晴北風甚寒始知節候有驗也舟中以被爲幕家人伏聚其中不能讀書纜行五十里至阮亭渡宿

十六日晴風止行四十里泊石灰叮余率豐兒步還石門山月照檜涼露垂松欣然有山居之樂入門則桂花微香雙梅已蕊深窗獨坐悠悠自

適焉
十七日晴早起遣豐兒迎舟己亦躬往攜三小女步還至未始畢起行李
六雲貪得新牀功兒靳之遂至忿爭蓋女子之不廣大有不可情度者
余遂留牀自用俟冬至日當予之戌寢
十八日陰掃書室理書籍張字畫遂盡一日遣足送石至常宅作儀安挽
聯云遺癡乞來還遙知賦狀寒潮血未傾家國恨保安團練在當此蝸毛蚊起上游風覺桂零空儀安以欬疾屬余
求藥未送而聞其喪今歲議團練院司求衡州總辦之人余舉儀安故
云保安儀安所築堡也至子寢
十九日晴霜氣蒸山寒蒼可望檢長物得二鏡以與六雲晴生送皮衣還
余其長工及帳房司事先後來薄暮倦寐至亥起理唐書贊月出風寒
掩窗坐至子正寢
廿日晴閱舊唐書一本半

廿一日陰閱唐書一本半劉相敍高仙芝封常清挹潼關事令人泣下又
其敍夫蒙靈詧責仙芝及常清起自傔從爲留後事皆奕奕有神而子
京曲恕哥舒爲之極筆殊不可解當大亂初興庸主必以驕氣乘之促
兵平討計日而定一聞潰敗則斬大將二世之於章邯元宗之於封高
明懷之於孫楊皆是也
文宗能恕襄徐遂收曾左之效後之言兵者愼無以軍法誤人主哉王琚
衡郴剌史河內人夜坐未久意趣索然因就寢
廿二日陰晴力臣專信來約余會於沅州辭以不能復書令去因寄牋叔
父又書挽聯一付徘回庭戶久之閱唐書一本夜至亥寢
廿三日晴煖閱唐書一本亥寢
廿四日晴煖閱唐書二本劉作贊頗參差不純用四字句蓋知史漢贊體
如張路傳贊甚合例也其載李泌與王琚同傳蓋亦有見新書采繁家

傳不足信而泌自此得盛名矣夜至子寢
廿五日晴閱唐書一本關播招諭王國良因論求賢而得李元平蓋言易
而行難如此劉史以妄男子言事作宰相者同傳正戒此也亥寢
廿六日晴閱唐書一本
廿七日陰飯後肩輿赴弔常氏喪至香爐砦天開見日申初到先臨儀安
喪後弔晴生母與雪琴呁雲春甫耕臣同止潭印閣作書寄竹老
廿八日陰辰正晴生母發引比出大門巳正矣送者未行十步大雨霑服
賓從盡散予歸寓大雹以雷者二頃之雨止雪琴去而後還坐談一時
許復去予等留閣
廿九日陰雨巳正還石門薄暮至彌之挽儀安聯語甚壯云過大壖者尙懲夷門況余
蹈賭傾巢空向衡雲哭公子得鄭孟者匯若敵國方冀維桑借箸令承水失具城
十一月壬辰朔朝食時冬至陰雨午吉非女晉成歸至於

三廟遂謁賀至節受賀乃飲夜寢微煖知將雪矣
二日果雪厚及寸賞玩竟日索炭不得乃然枯竹枝明照一室至亥寢是
日書蕭屺山章京母挽聯聯云耶君許入禁廷名響勛公娟謹知書缺丸熊苦新婦初嘗食性爲晉其並謄
猶是孩闌汨鑑心蕭續娶未一年故云然
三日晴雪消山蒼秀尤勝新築一室成因額曰快晴督蓮弟及在和治蓺
畦城信送馬來得七父書龍生書七父竟至永州尙安隱可幸讀唐書
一本段夏兩生來訪談酉銘
四日晴閱唐書一本與豐兒講通鑑亥寢
五日晴閱唐書一本蕭復爲舒王行軍長史以父名衡改爲統軍長史行
衡聲同蓋唐時聲讀也今則行珩同聲與衡不近高崇文不通文字厭
大府案牘咨稟之繁不習朝儀憚於入覲朝廷用武人其敝如此蔣益
澧似之夜至儀安塋所視之甚磽确不可葬戌始歸家少坐卽寢

六日晴早念雪琴當來以爲未能早至至辰正未起俄報客至遂跣而出
談一刻許雪琴去甫入坐而王生來送禮留之小飲得耕臣片云竹老
已至常宅客去薄醉少眠膠緹呼食不托强起啖六七枚至夜不飯作
祭儀安文
七日晴
先孺人忌日設奠問兩兒記祖母否功兒云憶之豐兒失王母時甫一歲
宜不記也然詢其甲子亦不知則憃甚矣是日獨坐不事至子寢
八日晴早起入園見苦竹出新筍甚多因念草木早凋者皆美質也松柏
竹樟荆棘叢灌皆四時發生而美惡異等蓋生氣最足者不隨時爲盛
衰如大賢大奸皆挺然自立而宣尼獨以後凋嘆松柏豈非以其勝櫟
棟乎作書上七父託春甫寄永州午後騎行三十里至水口迷道從山
田間行由石坳至常宅竹雪岣春耕臣諸公皆先在飯後祭儀安畢宿

潭印閣得張東丈書
九日晴留常宅夜閱九華山志
十日晴與雪琴談十六年前湘潭岳州戰事思之如夢又言衡陽唐玉田
提督拳其兄仆地逃出作賊復從李世忠爲捻子投誠至大勝關遇母
妹外甥事又如一部小說也八都民傳儀安已爲神因與諸公論因果
及修道之要竹雪兩公似不甚河漢余言岣春兩公似不悟也應以岣
春身得度者當現岣春身而說法余之道未至耳夜雨追感戰事作詩
一篇
十一日陰晴步送儀安柩行四里至雪琴舟上小坐飲斛燒龍井茶二盌
視柩登舟衡陽人不知用獨扛竹節輿機挽郎皆泥行田中又謬言柩
重至二千斤可怪也柩未及安天已欲過午乃辭而行至荷葉步遇竹
老從人來告賚斧行十五里遇竹老相待於寒婆坳因過王彎借錢於
陳商山秀才留飯食風魚甚佳辭行十五里至庫宗橋宿竹老先在矣
十二日陰晨過白鶴鋪至常二嫂墓視其地平平耳儀安云大吉外人云
大凶殊爲多事然其長子葬母義門甚謬雨至急行過演陂馳山坡甚
樂馬少驚耳茶於洗狗階宿於陰陂行三十五里夜雨
十三日雨不可騎呼小舟行二十一里泊神山遣在和陪曾昭吉陸行測
地界及二小水源上岸去
十四日雨行四十里二更至易賴街馬頭舁登岸與竹老宿岣雲書房夜
閱雜書廿餘本
十五日陰早飯後與竹老至春甫處得曹鏡軒書還志稾介卿從兄來送
七父寄書出訪張東丈耕雲來仝西園通判來與朱烈軒同知同至夜
談是日晤竹澹溪主人春甫子師也西園言羅春山縣丞有子已入學
春山非科目流內之官曾館余於郴局迎送甚恭當恤其後問其子名

字西園不知也作書田懋堂訪之
十六日至廿四日闕
廿五日陰晴昨日曾昭吉回行水步道已畢將畫圖而余久居城中無事
將歸得七父永州書刻工艾姓賀子泌陳商山來談夜閱仝祖望經史
答問出訪沈老曦王選三送菘蟹
廿六日晴閱孔廣森經學巵言論齊詩四始五際生於律大明在亥者大
雅文王以下三篇律中應鍾舉中篇以該上下故曰水始四牡在寅謂
鹿鳴四牡皇華律中大蔟爲木始嘉魚在巳者魚麗嘉魚南山律中仲
呂爲火始鴻鴈在申者吉日鴻鴈庭燎律中南呂爲金始也沔歷樞又
曰午亥之際爲革命卯酉之際爲革正辰在天門出入候聽卯天保也
酉祈父也午采芑也亥大明也常棣伐木天保律中夾鍾也沔水祈父
白駒律中南呂也六月采芑車攻律中蕤賓也辰在天門宋均以爲戌

亥余以爲帀帀天門辰乃辰巳之辰耳孔以次推采薇出車杕杜當辰位依小雅次之鹿鳴三爲寅常棣三爲卯采薇三爲辰魚麗三爲巳蓼蕭三爲午六月三爲未吉日三爲申沔水三爲酉黃鳥三爲戌皆幽王以前之詩自無羊以後乃爲變雅故以大雅首三爲亥棫樸三爲子皇矣三爲丑而不數生民以下及小雅南陔六詩蓋齊詩之異如此孔又言論語有酒食先生饌爲食先生之餕文意甚新午與春甫同訪朱烈軒同知楊耕雲劉敬三耕雲處索得曆日一本敬三代買綢幭百十四尺夜請竹老算王制古田東田與梅氏法合鄭君改經誤字甚當孔疏謬算耳復七父書送銀錢四枚

廿七日辰初起烈軒來答訪天雨呼轎歸石門行五十里薄暮雨一日不止轎夫甚苦宿於土地廟

廿八日陰晴在和遣轎先行欲余騎馬初畏曉寒勉騎行一里甚爕遂棄轎而馳少愒於臺源寺因命在和待擔於廟山棘馬而行到家未午也睡二時許在和始來夜坐無事欲六雲陪余蒱博六雲云女君唯好讀書刺繡不喜戲也余感其言入書室讀唐書一本

廿九日陰雨縢緹來賀生辰而晚余辭之改辰爲午子女行禮畢食薄餅湯餅均美然未飽也夜讀唐書一本子寢不寐欲得食物六雲小疾先睡矣

晦日陰晴計此月九日晴八日雨十三日陰遂覺沈昏若九幽知陰黯之爲衆惡也甚矣夜理志稾讀唐書半本作書與筠仙爲七父求永州講席亥寢

十二月壬戌朔大寒中陰晴爲㒳兒理書講易傳大極爲一畫兩儀爲一一四象者三畫之卦惟有三昜三侌一昜一侌各一象故云四象生八卦言畫卦之始也即老子一生二二生三也生三以理言生四以象言

入夜徵冷亥寢

二日陰雨作志稾作書寄李殷兩竹老讀漢書欲學其茂密不能也吾才不及司馬學不及班氏若論識孟堅差不如但恨讀書少亦天所限耶夜半寢

三日陰暮雪在和入城余睡至未初始起一食而已夜檢志稾

四日稷雪竟日室中圍鑪閒理志稾縢緹問禮不踰節余答以過恭過哀過儉

五日雨霰積雪半消朝食後與六雲塘上看雪羣山皆若淡墨埽煙殊有晝意夜理志稾比五日頗怠於學明日當振之亥寢

六日陰晨起作衡陽官師傳寒甚手僵書字多惡劣至亥吹火自溫復入書室少坐即寢

七日晴作志傳表章羅隱兼考得于環爲湖南觀察使及前後官甚快人意日夕段王兩生來談論孟子性善荀子性惡孟爲賢智言故云善荀爲愚賤言故云惡今惷愚人欲食則紾兄臂欲妻則摟處子自以爲率性也若言性善彼必不信故荀告以惡亦垂教之意未可厚非性善之說未可全是以欲食欲色賢智亦有之亦是性也孟云君子不沒性則性竟是四端之苗而非七情之未發者邪孔子言性相近則精深廣大矣又論嫂叔不通問爲命士以上言之兄弟異宮相見有時不白母兄而徑問嫂則致詞宜云夫弟遣問嫂有嫌疑矣若今同室居時得相見交語固其常也問乃遣問疾或問事非交語也

八日晴攜瑠女至道山橋兩兒從倍儀禮二篇作志傳宋史趙善應寒夜遠歸從者欲叩門曰無恐吾母露坐遂且善應家貧從者乃能侍之露坐然何以不假宿逆旅而晚歸也見星而行者惟奔喪孝子不服闇何有半夜投門而不入者此矯誣非人情而史載之謬甚因檢趙汝愚傳

附錄之夜先寢
九日晴作志傳同𢈔緹至後園挑菜兩兒倍書作志傳比日稍靜功課漸
增反暇於前數日勤之效也
十日晴陰始作書牋成二葉攜豐兒視儀安殯所歸作志傳亥寢
十一日常生笛漁來久談屬作其父墓志午間去作志傳連日文思甚壯
若有神助夜雨作復止亥寢
十二日晴在和回得竹老及汪偉齋書偉齋寄學使觀風題至欲余作經
解爲拔貢地也書中云卅年已困秋風五十而思夏后爲之啞然廖君
題有春近四絕句想亦詞客故題頗纖巧偶攜盼女行田以其題作四
絕云 龍池璧水漾輕漪正午風微日漸遲楊柳未黃萱未綠嫩春先轉碧桃枝 消寒連日溫新醅試數梅花下酒傳倚醉不知寒月冷
夜行初卸紫貂裘皁卿恐游人早憶家 寒葉畦邊偶一花土牀消長碧雲求小風莫傾儀一芳雪上瑣樓旋旋消快簷斜日透疏寮爲憐指冷停
新曲近欲吹拈白玉簫 復代作詠史詩一首姚江學辨中西算法攷各一篇至亥
寢
十三日晴煖作褋文三篇八韻詩一首文有求忠書院記頗佳王生來言
刻志事夜錄書箋水仙盛開與盆梅香相發鷄早鳴子寢𢈔緹間因緣
妃耦事因爲言愛不可極怨不可結假如夫婦相怨必交失道也若衞
莊公不答莊姜姜能無怨夫必改而禮之賈大夫妻不答其夫夫仍媚
之妻終笑言天下無一人獨行恩怨之事況夫妻乎此論曹鏡初嘗發
之余更申其說耳然男情易移婦怨難消故古聖重防女子非防女子
實自防耳人物各媚其婦左氏以火爲水妃善謔哉
十四日陰因作九江攷解禹貢導山導水大有所悟古言導山皆云山執
導水皆爲水道豈禹作帳簿記帳乎鄭康成以醴爲醴陵大別爲雀邱
皆離江千里而其說闕略余乃尋繹知導山爲禹隨山刊木之始未治
水也導水乃施功治水時所行也凡言至于者禹所至非水所至也言
過者禹所過不必施功之地也言會者已治之水也經例既明鄭義大
通自以爲昭然若發蒙也乃作九江攷明日立春而值家忌改於酉正
行禮徹月正佳意興甚適鷄鳴始寢
十五日陰丙子立春
曾祖妣忌日素食設奠一日無事
十六日晨雨竟日陰轎行三十五里宿臺源寺渡水一荒寺僧出無一人
設榻廚房竟夜徹月不甚寐
十七日晨晴行三十五里遇雨冒雨行二十五里至城外訪賀子泌余請
其校桂陽志已畢工矣欣然攜入城至春甫處竹老圖已成稾將歸矣
自昨日早飯至今申初始飯夜訪李竹丈還宿程宅夜雨
十八日晴同竹老出過羅衡陽談頃之出分道行余過賀同年張衡州不
晤渡湘訪廖清亭復遇竹老同過耕雲雪琴家均未入門渡湘同過王
峋雲不晤分道行余過段培元段遭父喪已還鄉訪蕭屺山不晤還程
宅屺山來清亭及唐岷山沈曦亭峋兄竹丈先後至同飲程宅春甫爲
竹老餞行也是日子泌來待余一日余未暇多談夜作書復偉齋並寄
一片與非女朱亭復有土寇之警殊可慮
十九日陰晨起送竹伍去頗有別離之意老人多情引余懷耳子春兄弟
寅臣同年來送行沈老曦唐岷山送路菜屺山送路用食物均受之作
書寄叔父外舅陳母彌之與循俊臣竹老明日遣在和去夜屺山見過
久談論馬穀山事谷永耿育論朝廷不宜發揚貴臣陰事余嘗韙之鄭
尙書若知此必將以實奏而寢其事潛銷其謚傳及郵典而罷其舉主
可也其罷舉主但云所薦非人而密示以實奏則得大體耳夜書二幅
廿日早晴舁行六十里至臺源寺遇雨過榮第店索麪一盌喫畢遂行戛
某送至店託其寄一片與岱青請其作文一篇許潤筆六千云減價發

賣也雨行三十里昏黑借炬火於廟山借籠燈於櫨泥塘復添一夫助舁乃歸舁夫王姓從雲南歸言劉藎臣軍事又言杜文秀之妹送金師八對與賀沖天行反間後又降於全提督誓爲夫婦全似說部中情節又言回人衣重甲金盔軍器用叉官兵月餉一兩二錢日領升米米肉甚賤劉得一苗女爲妾國色也其姓薛云云聽未畢而至家一日未飯索飯二盌食畢遽寢

廿一日雨飯後理志稾攷衡陽古城少休常晴生來請余作書與曾沅伯留宿北齋夜至子寢

廿二日雨晨起送晴生還舁行至龍骨塘賀吉人妻生日及娶婦之喜新昏家王氏有一老諸生及朗生文學二少年送親陪飯畢已昏黑又雨竟日舁夫憚行留宿齋中其新郎因瘮未合牀余亦未入新房也

廿三日陰寒巳初辭歸申初始至藤緹不爲余磨墨十四年矣今始研一

池人銅斗中是日送竈變不親祠遣宧女代行禮兩兒六雲均懈怠藏匿不敢見正人余不日督之恐滕緹真不能治此將敗之家淵明責子以繼妻耳兩兒全不畏嚴母豈非頑鈍之尤念此歎恨比年送竈惟今年敗人意王戎所云卿輩意亦復易敗也作女冠子詞一首戲遣之年年臘鼓送是一家兒女鬧深宵酒薄寒仍在香輕春共抵饕飧何日了車馬不辭勞猶受餳餻粥更墨糟夜雨子寢

廿四日陰爲兩兒理書梓人來屬改刊桂陽志九葉夏生爲其師來索錢岱青之貧衆所共知然聞有資助則如索逋師弟如此亦自斷錢源也又得晴生書送潤筆土物八種殊儉於用俱復書遣信去夜閱唐書半本寒雨種梅花

廿五日雨午後陰作書請賀子泌課豐兒讀遣足去附書春甫閱唐書一本常生來旋去亥寢

廿六日雨閱唐書二本爲豐兒倍書唐書韋溫傳溫七歲能日念毛詩一卷念尊始見於正史

廿七日雨閱唐書一本豐兒倍禮經春秋孝經已畢明日放學崔從廉正除麴稅羊算不請門戟子愼由大中十年入相孫允亡唐兄子彥曾啓亂徐州崔珙會昌初入相弟子遠乾寧初入相遇白馬之禍爲釘坐黎盧鈞仁廉著於南海其婦女覩出軍而召亂大中時入相裴休不食鹿肉會昌中入相領漕無沈舟之弊楊收神童母俟其及第始食肉讓兄咸通八年入相以贓賜死弟子涉乾符中入相涕泣竟善終韋保衡由進士咸通中六年入相公主薨賜死路巖咸通中入相年始卅六八年而罷夏侯孜咸通中入相出治蜀無政劉瞻咸通中入相以諫殺公主醫官卽日罷相曹確咸通中入相諫伶官爲將軍不聽畢諴齊名積穀邠寧咸通中入相以同官任情固辭相位杜審權咸通中入相出作蘇杭使再入相子讓能昭宗時入相以討邠岐賜死劉鄴七歲能詩論李

德裕冤咸通初入相豆盧瑑乾符中入相大雷雨舊書以十九人合一傳閱之迷目故爲次序之夜命功兒作岳陽樓記賦檢滕宗諒王拱辰范仲淹傳閱之宋史以仲淹以天下爲己任開朋黨之風此至言也作秀才以天下爲己任必輕宰相至己作宰相時仍秀才見識耳秀才好名喜事宰相則之必亂國矣宰相倡此風則天下秀才皆以天下爲己任而紛紛攻宰相此時獎之不可拒之不可故相道乃窮然則作秀才而任天下者必終身不遇而可耳此言自孟子倡之宋儒述之而天下秀才益多事矣不意宋史能見及此亦良史也夜寒子寢

廿八日雨寒常吉人來送節物得雪琴春甫書全西園書子泌復書定初八日下鄉似太早臨然當與快談數日耳不遽起學也

廿九日陰夜雨除日也余小疾已始起望祠善化城隍神午食年飯減省用四盌一火鍋飯三盌夜祭詩友詩十九年來未嘗料人數今數之幷

儀安才十人儀安不能詩未必來享余以恩紀祭及之耳祭時妻妾必有一人在側侍祠今年廖緹以目疾不出妾在竈下亦未出也欲待祀門而疾頗甚遂眠果體熱不安

湘綺樓日記 同治十年辛未

十年辛未正月辛卯朔陰辰正雨水中起祠三廟 文昌星 竈中霤畢受賀遣兩兒出賀鄰家食棗蒸年糕早飯罷鄰人老幼十三人來賀年留茶去廖緹以嚴怒待兒女節候當嬉戲皆凜凜然亦背之盜弄洶氣無所不至父子之道苦矣余欲助之威則下無以為生欲禁之則下益玩法漢宣帝言亂我家者太子也慕為賢明毋而未得其術其患甚大故談宋儒主敬整嚴之學者其子弟率蕩佚敗其家聲若用以治國則天下大亂此豈儒所能知耶兒女既屏息遠去予不可與妾相對遂臥一日至亥寢

二日陰早起見五緯徵雪業已下牀遂盥着食年餻入東齋少坐見兒女攤錢亦往看局至子寢

三日曉起大雪滿庭厚二寸許出賞雪百頃皎潔人迹殆絕非僻鄉不能有此清淨琉璃世界也竹樹低垂草菜森挺冰雪能摧剛為柔化柔為剛前人雪賦未及此命馬馳行三四里還妻兒女妾同攤錢余亦入局至亥罷

四日陰雪未消常生來留飯刻字兩王生來旋去午飲三杯亥寢

五日陰晴常晴生及二從子來少坐而去游民假冒流人來乞食竟日始去作儀安墓志成亥寢

六日晴雪半消夜又雪攤錢至丑罷卯歸寢是日雪春兩公送贐夜作書復謝之

七日陰李福隆來夜算衡陽丁糧銀數不符作書寄春浦並送志槀夜至子寢

八日晴閱舊唐書二卷趙隱張裼俱以子仕梁而得傳殆得斛米也李蔚

引名臣奏以諫飯僧尋入相守淮南太原有政聲崔彥昭思文乾符初
稱善相奉母孝鄭畋字台文議撫黃巢後扞岐隴有重名盧攜舉宋威
不致遂欲激巢亂力倚高駢卒得罪自殺鄙夫也鳳閣王氏徽字昭文
權京尹有撫綏之效掌選拒滯三文雜直鄭徽懷始議官集謀豈不減攝也鄙夫顧寇促亡遣張廣所齊有
諫韋蕭遘自命比李德裕爲同年所忌不屈於田令孜而召朱玫以致僖
宗奔播躁人也孔緯承命危難借李昌符五十縉而達行在亦致克用
之兵韋昭度將王建討陳敬瑄遂爲建所弄崔昭緯連藩鎭以傾之卒
自受殃張濬學鬼谷子因楊復恭以進後又欲假兵勢去之致李克用
之師然猶以重名爲朱溫所忌潛遣盜殺子格爲王建宰相鄭綮寄錢
盧州賊盜不犯楊行密乃送還京師綮好論時政而致宰相三月避位
猶知恥也劉崇望定楊守信之變弟哭嘛以沮李谿而兄不食徐彥若
陸扆俱無相業扆差有識耳柳璨子以詩縣相而報怨興禍天假手於

昭宗也遙比袁粲召攻闕靜昭相十人不若置棋度偉相傾緯濬致師劉駐含光禁林前驅晟沮徐將亦云歲移號近知恥擬爲邦內
乾寧好詩衣冠遂崇幽人好亂克融還立義(李載義)紹網朝卒制號牛蹊論遂親爲異域楊(志誠)李(可舉)全忠)再奔張(仲武)允伸公(素)援於
軍李相蕃取收功戲門匡威淫以背歸自偵張(匡鄴)實女我再傾李燕(朱克融等列傳)田死魏亂史狗竊城逆生順死五姓(何進滔)執允忠
樂彥禎羅弘信承(樂)緣名威繼孫軍汾羽乃平(史憲誠等列傳)河中反正李鎔授王鎔武應之國勢始張田眷盟池途與晉陽與起賊於見美
澄清(重榮處存與二王諸葛(爽)行千里世將威申南突變寇白困峴節爲妖青徐么孽草竊一朝(高駢時溥朱瑄列傳)孤女食恩窃異念變
世國姻阿番何韶武十九王亡也如剝攸緒巧慎優游懸嶮太平類母三朝賊酬沈獨犯離湊流名檢開元肅克外宋自貶(獨孤)憲恩德明個
貞承嗣延秀三思崇訓簡宗攸暨要太平公主攸緒韋溫王仁皎吳溆弟湊寶觀柳晟王子顏)元始任老恩勗書武高開賜門獨曰薀懼解忠
(李輔國)還琢始典集旅朝恩(魚朝恩)容逸臨戎依城僑實(文場)竇(仙鳴)大魏文武守澄立穆擧攝人主前宋(申錫)後鄭(注)俱困社鼠田(令孜)偽(復)光
静)崎嶇諸敢犯御樽(王摶)欲扣難反死允(崔允)口光化蕩除四星掩都
欲檢良吏傳以倦未果還內室攤
錢鷄鳴乃寢
九日晴攜瑺盼二女至水邊蔡流盛長瀰然有春意還閱唐書二卷申泰
芝呂諲傳作泰芝唐代良吏多在刺史蓋非畿縣希專割斷也治物之寄令守

所贊唐別徽恭外州步驟大府之綱長司政典高役接察使欄攸顧眷册三子曲翎須選楊棠九賽貫紀雙善張苴傾木殿察爲淺高邮丞尉
盧乎知本惠登曲服降伏&嘆酷吏之與嬌在盛時始開最以措百司李楊業鈞羅緻其私毛敬幾舉拔絲不旋(酷吏傳)三夏侯端
忠於武德有蘇武之節而仕隋清官勸人作反徒欲立名取官豈曰忠
義乎王義方名行有聞其劾李義府尤爲矯矯當別立傳尹元貞成三
郎爲周拒唐王同皎周憬但可爲俠蘇安恆敢言觸勢俞文俊越位勲
言王求禮可謂直節燕欽融與安恆同張介然崔無詖口上見殺有失
守之咎程千里生爲俘因符璘降將反正趙曄患賊中早年張伾能守
臨洺庾敬休傳惟敍官階諸人並不宜入忠義傳張道源孝子李元通
陷賊自殺馮立謝叔方忠於所事安金藏以樂工贈兵部尙書封代國
公顏杲卿起兵拒賊薛愿與張許同功袁光庭獨保伊州高沐邵眞石
演芬張名振能引大義甄濟潔身求免辛讜求救賢於南霽雲高叡李憕盧弈
蔣清李公逸劉盛澄呂子臧張善相劉敬儒亦孝子賈直言欽煬代父繼濬於足事李師道劉悟能引大義諸人皆宜別爲

次敍舊史總載蓋當時宜付立傳者未能分別耳守土城六子致命劉感常達呂子臧李
公逸張善相常叡張(介然)崔(無詖)來手未習軍政李(憕)盧(弈)危坐殿色邁勤壯哉元與辭劍自到張(巡)許(遠)薛(愿)顏(杲卿)忍名弟著寇(光庭)亦
保伊伍胡汝女辛讜功壯於南霽在藩引後甄(濟)乎賢士部(眞)高(沐)石(演芬)張(名振)皆然泯滅實生(直言)飲煬移忠劉李張(道源)孝改鄉劉
(鈌)慓)穆悟母元武操戈馮謝不同樂工(安金藏)創旌來土自來其義俠以愧三台(忠義傳)□文士六二山谷污隆盛用瞬弱翁我唐風員(牛
千)諫控鶴劉(蕡)成始終楨較李杜乃爲雄蟲夜至子寢
十日陰晴檢書籍子泌來到館遣信要姚西浦不至留彭靜卿作陪申初
豐兒皆瑞二女入學舍茶酒設飲與子泌久談雞鳴寢
十一日陰晴子泌屬余點禮記兼箴異義自曲禮至玉藻十一篇常吉人
來留宿南齋得春甫晴生壽福隆遣二人來攜餞與吉人子泌談吏務
子泌精於農田之事復論開墾事雞鳴寢
十二日陰晴治裝攜功兒赴返沙賀赤軒李福隆以龍燈來送行鄉人亦
以三龍來升堂而拜因悟郊特牲及論語言鄉人儺朝服立阼存室神

也舊注以爲恐驚室神非也室神非厲鬼儺何能驅若非知禮之家不以朝服立阼豈室神盡驚而去耶存者存問之義鄉人儺必入廟入廟必有禮衆人以其誼譁草野多視爲兒嬉而不答禮故宜朝服立阼以示爲主不答拜者儺入廟本非賓客疑立俟之而已此非身歷不知余早年見儺入輒避去今年適相値見其入廟設拜故悟此義也是日留客飯八桌共六十許人擾擾竟日至申乃行廿四里入據江彭祠靜卿爲主人

十三日早晴後陰靜卿設食彭氏來陪者四人已乃行卅里至靈川寺道中游珍珠广僧六人擊鐘鼓而迎余不拜佛以其盛禮不可不答亦作一禮然後與僧爲禮禮也靈川劉生談軍中舊事言陳玉成以數十萬之衆援安慶人結如餅礮轟旋合苦敵十夜而解自此賊敗矣不求戰略而虐用其衆未有不敗況狗盜乎主人燒四燭燭盡乃宿

十四日陰行里許遇在和及彌之家人得彌之芳晚書無非及其壻書仍遣信至家去行四十里至白果過趙氏藥店問梅卿同年云已入城復行十五里至鴉口鋪遇一王姓言相墓法

十五日雨添一夫行五十里宿石彎舊送與循詩所謂石彎雙折垂楊枝者也市人放花爆亦有節景

十六日雨挑夫病不能行五里至古塘橋訪翁佩琳於青石坤樹德堂借一力從梅龍巷取梅花渡越山行功兒騎導訪檢頭坤登蔡家嶺至外舅家已二更矣妻父小病余今日亦腹痛大作竟日不食連進薑橘湯二甌而眠是日丙午驚蟄節

十七日陰早起滕緹遣人送書來卽留來夫同行過訪李雲根丈至縣薄暮到志館遇萬鶴樓留夜飯喚船夜發一夜雨行四十里而曙

十八日雨午至長沙遣功兒先入城彌之遣人來發行李舟人王姓談三河敗事滌菴驕氣爲之也未正至彌之宅少憩出尋四叔父因過訪篁仙文心暐臣正齋母夫人李仲雲兄弟叔父已移湘潭矣黔局亦不知何往使人如有朝市遷流之感暐臣病甚入室久談三李均未遇還過筠仙遇唐蔭雲左壬叟言王孝鳳劾丁巡撫謀殺馬總督其詞不經還寓至四更乃宿

十九日雨晏起始沐仲雲來芝生黼堂篁仙健耶文心筠仙繼至遂盡一日談徐壽蘅薦余於朝而蒙顯責及馬總督事又擬論修通志事篁仙又云王司使欲一相見然未聞司使何日來訪余也篁仙又言其傲忤張力臣及力臣足恭之狀余甚疑之黼堂言劉御史卻八百金而保全其名已以銀二兩報之芝生言暐臣將於三四月招功兒往就學今暫寄彌之也夜劉仲卿來談託寄京信湖南九府四州廳其半無名人余亦不能訪求表章之未爲知好賢也愧甚愧甚因與筠仙論志事而覺

之書以爲它日之鑒

廿日陰彌之設薦余早出謁陳母左孟夫人及力臣還就席力臣芝生已先至文心筠仙繼至縱談莊子酒罷已暮至西園來答拜夜命非女作詞以燈前細雨檐花落爲題成一詞不佳余欲作未能也

廿一日晴晚陰出弔黃子壽楊朋海過文心飲東丈遣相聞約會於文心宅同坐者彌之力臣芝生論附洋船事酒罷日西矣與力臣過筠仙處索莊子注筠仙盛許爲知言惜無副本不得留正旋回過仲茗見左母論遷衡陽左母不欲余揣其意戀仲茗也因先爲仲茗謀之而事果行坐頃之辭歸欲登舟而城閉還宿彌之宅羅秉臣自鄉來同居停於鄧氏少談各散作書與程春甫並寄家書

廿二日陰早起力臣來送滙票十七萬錢又餽臚白金二斤而辭曰助功兒膏火余前早與芝生讓坐以父子不同席遂坐芝生之上戲言今日

以子貴也今餽贐而曰與功兒故余謝之曰想亦以子富之義耶彌之設湯餅煎餅爲餞已食而行舟中雜客六七人有楊子爭席之效是日不發泊西門對岸

廿三日陰早行十五里泊三汊磯守風遣在和入城送書請彌之寄豐兒余本欲攜書疏入京點定因此船不可寫字洋船更不必施筆研在京日無幾故不作著書之想讀莊子七篇一過夜早眠本日會計此行入程儀銀八十兩常報百八十兩彭麐五十兩程贈廿兩外覲與廿兩張贈廿二兩計共三百八十二兩

廿四日陰雨行七十五里泊青牛彎午間過靖港在和來李荇仙片遣陳升來隨余至京以其京城人習北俗也得彌之細雨詞屬和鈔穀梁申義三葉文心所屬也

廿五日風雨始雷守風青牛彎鈔申義五葉和彌之細雨詞唔鴒仙云別愁雲滿院正喚來疏謀和雨都卷春△背兒又憐絲絲一洞簾寧紅斷漏瀟綠線繞回闌寒輕夜淺被東風遞逗相思剛落檐花一片休鑑紅

樓隔冷珠箔通光做成閒愁天邊縱遠詩共酒儘消遣但四窗剪燭東閣對雪年時數回相見好殷勤愛惜良宵莫儘纏綿

廿六日雨仍泊青牛望鈔莊子序作書與鎬仙文心彌之力臣

廿七日陰大風喚漁艇逆風行九十里夜至營田投竹老妹壻易子杰鹽店中大雷雨雪已而大雨至夜半止

廿八日晴晨起肩舁行三里許訪殷竹伍於屯民段屯護若軍見其長子三從子及其從孫殊儒秀無村氣其三子默存贈余以詩早飯待至未又坐至申辭而行竹老贈余食物及全穀副以錢二萬親送至營田市視余登舟乃歸促舟人卽發行三十里泊琴岐望鄰舟有太子太保旗厚菴子也又有一欽差大臣則不知爲誰

廿九日晴早行九十里欲泊鹿角入孫隖訪吳南丈舟子方將帆風余亦念忽忽不盡懷俟歸途尋之遂行七十五里泊岳州府城岳陽門登城樓觀新修工規殊不壯麗不知何用六千金也與道士談彭雪琴曾沅浦謝麐伯道士又盛稱尙太守慶瀚之美樓下刻石有李澐自陝甘督楚自署星沙人余甚訝之及審視乃自督幕旋楚耳其人全竊張竹汀之名號又欲督楚未閒楚督劓襲一御史之名也一茶而去登舟復發行廿五里望江口正從西東進而爲洞庭前望澧口乃在湘西馬君以爲江東至於澧誤甚矣澧口謂之布袋口在鹿角下五里江口今謂爲荆河腦在陳陵磯下十里江去澧八十五里洞庭兩受之山海經所謂九江之門卽君山鴨山先秦人說九江蓋亦誤會禹貢東至於澧之文耳余自甲寅至今凡七上岳陽樓甲寅十月十二月壬戌五月十二月甲子九月乙丑五月今辛未正月經十八年而皆獨游當乙丑歸時自以爲不復再至今復翩然來此古今須臾可勝慨哉覽李竹亭刻石之詞輒作一首歸與道士刻之壁上用辛稼軒摸魚兒韻云問汀洲幾多芳草青青不道點天去少年兒女春閑漁又對流光重數留不住煙波惧遠遡譜亂

湖邊野閒不語待更不傷心此心仍似一點未飛絮人間事難合愁倒總歸無情獨有疑妒然來漫寫登樓賦未過解人休訴燕舞還只怨詞題也花染田土從年戰苦誰更憶周郎（謂雲琴）瓜流盡在千古汎撫處詞成已行五十里至螺山鴨闌對岸也是日行二百四十里

晦日陰風頗寒早行五十里至新堤小停買米旋發七十里過石頭關小石阜上刻赤壁二字遐篷遠眺感孫曹之戰孟德不先收南四郡從安成醴陵襲豫章而欲先平勁敵故宜致敗然兵勢無常多以攻堅收功者事後論事易爲識耳沿江碧草映天春色遠秀江魚肥美帆檝安閒惜不得攜家閒遊一快情鬱也泛宅浮家人生之至樂但兒女累人他日兩兒能當門戶終當一了此願不能效禽向步入五嶽有芨涉之勞矣申初泊老磯頭汛兵云磧夷口魚置云上峽口去嘉魚縣城十里有水師坐船蓋都守以下官也詢營兵知爲千總登岸見菜花蠶豆花其香撲人麥苗青青民居垂柳嫩黃雞犬安靜有村居之適忘其頻年水患爲苦也是日行百六十里

二月辛酉朔春分中晴泊小沴峽呼釐局驗船巡丁辭不敢上近日釐局皆謙謹以改用官吏也余出游廿餘年未嘗以早春泛江今爲此行乃知汀洲芳草傷心如此古今詩人豈欺余哉作小詩志之青草湖曲云湖草最先春芳心自千里汀洲偶然一望客恨遙天水平生不書江南怨柳眠花飛春始見誰知露葉煙絲中一水一縷情萬疊平波隱隱隨空曲檻渚蘋蘋迷雨風湖光草色春相引扁舟晴覺東風近行人來去莫相思天涯易盡愁難盡又憶壬子二月朔日春分作小詩五首此時初聘繆緹故末章云正憶緋桃色無言解泥人云今廿年因效五代人四月十一小詞作女冠子云二月初一十九年前今日正春分酒綠香如霧隱紅暈作霞娉婷輕嫁了嬌嬈暗惱人悵有迷離夢暫留春是日行百六十里泊東瓜腦榜人落水衣袴盡濕蓋余學道而好作綺語故以此相警也明當戒之李雲丈昨與余言向老久靜不知七情爲何物余已能去怒懼惡欲矣而未忘哀樂亦緣文詞爲障莊子所謂以香自煎也攜妾不障道殆非誠語

二日晴陰行百里至漢陽望武昌對江三城戍雄闊冠東南水陸形便宜可建都而自古皆以江陵爲天府所未解也咏芝經營指揮坐致富强而身未終享官李庸庸居而有之天下以爲固然凡事顚倒何可勝道然鵬之運也則天池負風鳩之飛也則枌榆搶地庸人何能居大鎭彼視爲一城一牆兒女之閨房耳而余乃張大其形勢不亦過乎檥舟晴川閣下遣問許總兵前託春甫介紹爲覓洋船書竟未達余又不喜見武人遂泊沔口南岸嘴步至漢口萬安巷訪程尙哉十二年不見老矣尙哉云鄭尙書已刑訊張文祥作海寇定案又言鹽務行引皆自下流逆輓不從便運蓋有深意當淮綱盛時川粵並不多產鹽余言當就場徵課尙哉慮竈戶數萬家失業余於鹽法未數數然不知何者爲長計也詢知李小泉已入覲廿六日陸行矣作家書秉致彌之夜間不眠鄰舟盜鐵錨去殊不聞聲

三日晴煖曉起眺望江漢作詩一篇遺在和買銅器至夷人信行定船作書與殷竹伍云高軒俯話畢從歡然筵既醒料反勞遣送錢贈歷紵枉湖顧斜日將沈未能款曲別情載路感荷交并登舟始知二萬鏈錢還舟同下蓋以閱運前閱地主之禮故嗔乘以報木瓜或考仁兄眼介久閒不欲貰故人夷器之帆不然無此禮也謹卽載往還上代購約淳並火輪各漫但未知子登去否及行程辦否耳舟過河口帆樽安閒二日覓船四日發去久居山中烟憚道游直尺枉尋殊近多事惟以習勞自勉不敢告勉比至京師卽謀歸計洞庭水端試一臨江相見在近謝不多及竹老從子猷存贈予詩末句云衡岳雲煙洞庭水載將春色上蓬萊佳句也聊押韻和之云竹室銅盤有異才明珠五六夜光來白魚岐轉沙棠樓三鳳擊和鸞閣股春色饕饕連去淚晴光潤潤勁離杯長安痴相須年少莫把丹經問老萊向午煊甚念山中當已綿衣行人可單衫也夷行嫌銀低又不肯用其國舊錢余遂不作上海之行遣顧小車三兩至汝甯每兩六千二百車行加篷錢各五百酉初行五里宿漢口街尾通濟門內舊名三家店初月一鉤林樹新綠夷人建樓屋甚盛樹已成陰不勝辛有伊川之感小車余初學坐兩僕均爲平生未經之事試觀其喫虧何如也劉庸哉言凡事最須耐煩鄧保之云吾等當喫虧余今願行其言是日程尙哉來舟中答拜作書與彌之春甫寄繆緹兼告陳舟以不復求試之意交車行送信行未知達否

四日晴行十五里飯於澮水池十里至油湖以須兩渡覓舟泝灄口驛館寂然舊壘彌望居人言官兵過無不擾民曾軍與僧軍同橫惟胡撫軍差戢耳論兵貴智非料敵也智足以知情僞則兵將不敢驕滛老不智故不如文忠矣灄口至雙廟才三十里而驛人言四十五里又十五里宿雷家集蓉夫甚馴樸吾此行所逢船車人皆良善蓋心平和則逢吉祥感兆之理也漢口尾邊爲沙邑無復麥地然自漢口起平原湖皋頗有北景秉以小車客店腥臊如燕趙使人登車卽有河朔之感雷集人頌黃陂舊令朱君循政不容口且言其精技擊云湘鄉人名際昌余不知也

五日晴行十五里飯於火燒橋土人云有販燈人販燒人被殺罰令造橋也又卅里羊店驛孝

感地也輦人取驛右小道行云近十餘里卅里至楊家岡店屋甚盛十五里宿劉店黃孝人讀岡俱作去聲

六日晴北風廿五里過小河驛城若大縣前當富繁寇亂焚半矣驛道渡水西行徑道循水左右澴水也自孝感來入漢卅五里渡水卽陽平口上下二梁水漲有義渡舟十五里宿二郎店早飯長岡題神女祠二律云解珮曾過漢水潯重臨今叩玉墀陰相當便許分明看不耶方儂眼色深縱作銘襟絲有恨得拈裙帶已同心惹惕春月照長好難纖青軒夜獨吟玉女留門風掩扉蛩中春色有誰知背鸞啼啄篆鸞瓦仙鳳綸眠鴛舉帳芳草有情遮去路香花無計遂相思紅巾本自君憐得攙向君前贈別離是日初見李花澴水右關巖前有石笋輦人云豬母笋年傾黃豆一車爲飼今夜計幌自長沙交在和九千殷迻廿千換銀九兩餘得錢十六千六百計三次換船並飯食賞錢十一千發車行錢八千一百餘路費錢十三千五百

七日晴風日燥亢塵沙撲人十里飯於彭子岡輦人云悪漉岡也五十里

過三里城土人築大堡以防捻寇同治初大發兵二王三相三督四撫馳騖防守屢敗於寇論者以爲必不能平然劉省山等一戰而定廿年亘患倏然而消非兵力能勝也民寇不合而官兵四出寇不能存所謂堅壁淸野之效也若洪寇稍與民合故必大勝而後定凡治盜賊宜審其機若明者治捻不勞兵力專委守令省費億計庸人不能則大舉以圖之及其成功一也洪寇勢大非稍用智略不定今之曾李少勝洪陳因收其功亦非天幸後之論者未識幾人知此十二里至沙子陂全入山中爲河南羅山縣地沙岸大石如島高可七尺餘里人云西域胡言中有自然金盆欲鑿取之土人不肯又行十里日西余試步行七里而瞑頗爲沙石所困改乘後車一里至楊家坊宿道中棠梨盛開

八日晴南風行廿里早飯塞岡三十五里三里店輦人用牛輓行沙中里許錢廿云路有卅六坡例加人輓須百廿錢因車輕省費耳渡汝水自息縣來入淮渡水爲三里店信陽地也卅里宿九家店遇漢口德昌店商余姓談夷商奸詐及日本陵蔑英夷之狀又言賊據徽州遺民拔手歸種歲得大收而盡爲賊掠民賊自此俱困矣連日北風沙起今乃不能揚塵儀安常云北風沙自塞外來餘風不能揚沙也以余度之北風勁故卷地而起儀安言或然

九日晴早南風行廿里飯於消黃店信陽地也十里渡淮爲堵溝正陽地也過寇壘二城壕猶存六十里宿正陽縣南門外未至正陽八里有垂柳桃花北風揚塵殊無春色作詩一篇

十日晴大風揚塵而不翳日蓋余詩所感行廿里早飯山東鋪六十里馬鄉汝陽地也風甚不可行車夫欲止者數以食賞强進六十里宿汝甯府南門外渡石橋可八九丈所經最長橋也桃花緣路八九樹瓣長於湘漢花色豔不如至府遣覓大小車皆不成

十一日晴大風停一日呼馬牙人來選馬入南門塵漲眯目而還漢貢汝南鳴雞入禁掖汝陽諸縣雞種果大然鳴聲不異餘方犬豕耳皆絕大婦女裝束甚村鄙黃叔度妻未必爾爾道旁府縣德政碑相望城中荒冷無佳勝處府治殊不宜在此欲控襄漢臨淮或移周口可耳凡大城無繁富之實徒煩官吏無益控守耳

十二日晴行十八里飯於油坊店輦人言店北二里許有孝感張氏富室也其祖以負擔輓輅起家存其車筐以示子孫此與宋武意同而其子孫能勤儉念先人劉季奴不如也又言昨汝寧府悅來店婦女皆工技擊五十七里臨穎塘上蔡地也又廿五里宿東岸車中偶念夷務擬陳一疏比夜月色皎然春氣和煦東岸旅店尙在大道北仍從市南行方投正道也

十三日晴甚煊行廿里飯於烏臺十八里過商水東郊遇數車謁太昊陵

者皆揚旗發礮而行又十八里至周家口汴汝泗三水交會處也入店
衣一綿略寒二綿又煖方知袷衣之用黃岡林職方鏞同年之從子字
午山來訪因到三日無車留待旅店儒素知學人也談久之言張香濤
視學湖北立經心書院以興實學曾聘莫子偲爲院長子偲不就今爲
薛介伯亦知名士夜步月往答訪午山遇一陶生昨與余同寓見余草
疏而云用功甚好自云將觀北闈真木天中人也
十四日晴略少旱熯之氣早起步市中至剪股街見淮寧商水二令示禁
小錢市中金針行最盛未知爲鹿葱爲穿線鍼也此處土宜鹿葱蓋是
草非鐵言考据者必以吾言爲然小車自漢口起至周口程行十日輂
人有歌曰七緊八慢九消停十天到口正相應又言陳州路漫云腳踏
陳州地十里一十四腳踏陳州府十八二十五公車行者率言輂人不
進以錢少耳余從汝寧加錢千六百一日半而至周口又換二車至汴

梁每車價二千八百殊不昂也遣僕買一馬錢十九千整頓遂行林職
方之子藻卿來訪年廿矣前年歸娶貧不能成禮仍還京師京官之貧
如此因約同發渡汴廿里宿許家集
十五日陰晴行八里早飯於桃李岡梨桃雜開榆柳相映騎行甚適輂人
病不能進强行六十里宿陳家樓扶溝地
十六日小雨旋止竟日陰是日丙子清明節
先府君忌日素食五里飯於毛橋廿五里呂潭大市也騎行廿里輂行十
五里宿江村旅店頗靜潔云陳州太守昨宿此出門尋得三碑嘉慶初
歲貢王步雲作言江村自來不知差徭自扶溝某令爲知府具館舍而
民始苦役屬吏爲上司具館舍乃情理所應有而遂至開徭役之弊官
中一舉措誠不可不慎自周口至此皆小車經道道中行人甚稀雖有
大車轍南去車所遇財三五兩耳北地春景宜雨南方宜晴汝南已全

北景古人稱中原風景殊不及澤國明秀未必人情好燥而惡潤好塵
土而憎花樹彼不見南方佳景徒以卑濕概之故後世北人皆樂南方
而北日益貧弱竊意聖人之講溝洫興水利必早知今日北不敵南也
十七日陰晴行十五里飯於郾閣廿五里過通許北門有碑云宋置縣名
咸平金改今名又五十里宿赤倉稍在大道東祥符地也初欲宿望陵
岡余至一破寺問塾師汴京遺迹塾師甚窘僕來促去乃免是日騎行
廿里
十八日晴西風行四十里至河南省城入東門步行城中城中巷多云角
宋人稗記常云南角西角妓曰角妓稱角蓋沿宋舊名陳升先覓南土
街一店無茶水酒飯所謂乾店也遣約尹杏農一談杏農以謁巡撫爲
辭夜遣要飲相見甚歡然觀其意頗鬱鬱若有求而不得覗在臺時兩
人矣夜大風起籠燈而還

十九日晴早又買一牝馬錢十八千覓篷車一兩與林君兄弟同乘而行
廿五里至黑岡口待渡有縣差來爭馬槽午山叱僕箠之而逃酉初渡
黃河順風汎舟車夫云趙藩使所設義渡犬車取錢二百以次爲差
商賈便之故不由陳橋驛道也十五里宿圍場封丘地也
廿日陰行四十里飯於延津南門又行五十里日暮夜行卅里宿衞輝府
城北門汲縣地也見管才叔題壁惡詩旁有憚亦韓嘲笑之詞才叔詩
言年卅蓋咸豐九年之作夜不飯喫餅三枚是日西風甚狂
廿一日晴行五十里飯於淇縣南門淇水潤澤猶存稻田盈望村落甚秀
昨過汝潁河汴沙石枯焦意宋以前尙不至如此凡地氣將敗則水邕
沙長爲害今北方盡沙漠不可興矣江漢之間亦有邕沙然則古人言
海中揚塵定不虛也天下皆沙則神禹恐不能施治佛氏所言三災意
卽指此地球將毀土不生物安得聖人及時治之爲之慼喟騎行十五

里乘車廿里宿大賚村觀戲半折淇女盡梳元寶髻殊無靡曼之態
廿二日晴早行五里始曙四十五里飯於湯陰余兩過皆由城外今始見
城也四十五里宿安陽橋北橋碑云蘇背橋元時建湯陰有吳下阿芙
題壁詩甚楚楚可憐
廿三日晴行卅五里渡漳飯於平樂飲人蕿酒半杯廿里過磁州林屬於
山風物殊秀州北門外市廛尤盛行廿五里至石濟閘民房多為寇毀
荒涼盈望騎行十里宿太城鋪非正站也以日暮投宿滏水以北婦女
頗多古言趙女以其多耶
廿四日晴早行廿五里騎行十里過邯鄲乘車行廿里飯於黃果村入盧
祠觀舊題猶在鶴仙題不知為何人所惡而盡破其欵可笑也四十里
過臨洺關問永年縣城在關東里許大風蔽目飛沙漲天自祥符至京
冬無雷春無雨每值陰霾必有大風旱甚可憂也自磁州北經寇亂凋

殘滿目余前過臨洺有詩寫其荒寂今臨洺稍盛而邯鄲尤敝因作一
篇寄示六雲云君不見昔日漢宗置酒論恒趙慨姬清瑟響要妙壯心苦憶年少時見關自指邯鄲道慨慨悲歌泣數行人生哀樂信難忘魏公英姿定河朔鄴城餘恨惜分香二公得意倘如此何況幾經兵火荒舊游飛沙沒車軌七年閉門風日美園中偶論猜疏游作夢不渡漳滏水叢臺十九處鐵嶽登憶三千題珠履鼓角歌遊兩寂寡門前五柳春風裏歸雲無心仍獨飛黃塵何意汚人衣顧盼敗壁凄滿目榆莢桑梨春影欄朝市興亡如轉轂忙者自喧閑自寂惟臨歲月同遲流玉顏暗老蛾眉翠畫閣鳴箏久棄塵濁為響缶任旁人徒惆悵女如花說一閒閨房十一春詩中多用舊詩中語以彼時六雲年十八故以玉顏暗
老為寓意耳結句則六雲未必知其意待後來讀者妙悟得之行十五
里宿搭連店店出搭連布搭連橐橐之稱未知其字沙河地也
廿五日晴行十八里步二里至沙河城見縣令勸種桑及沈幼丹請立算
學通論幼丹始以攘夷要名晚節附會以求合真鄙夫也若隨流平進
仍不失督撫之位好名心亟乃至於此悲夫自祥符北明人石闕彌望
工費甚鉅每得一第一官必豎通衢此甚可笑但吳楚間存者甚少何

以北方不作柱下石用之行卅里過順德府城邢臺地也余兩過皆不
由城中今始游覽城南門外廛市甚夥入城可里許鼓樓當衢途而建
關廟塞之車行兩旁城制甚奇余欲步入畏日不能下至北門外無店
可秣勉投鎮標撥馬店早飯已日午矣風霾遽作行五十里昏暮道旁
有游徼屯兵護行人時呼相聞乞火籠鐙又十里宿內邱南門外車夫
借余馬引車而後能達其馬鞭之不行真駑駘也夜食豆粥昨日車中
詠衛詩泉水蝃蝀竹竿三篇皆言女子有行遠父母兄弟傳箋各隨文
解之竊謂言重詞復不可不察三章蓋一事也蝃蝀止奔而言在東莫
敢指隮西而雨為懷昏姻若尋常奔女何不敢指之有齊在衛東昏姻
之國隮西而雨陰盛可知女子有行蓋宣姜也齊人强公子頑通宣姜
以强公室亦如田恆縱賓客通後宮二女二子皆託為宣公之子故後
戴文得立其事必秘史臣知之大夫刺之國人未必盡知列國未必盡

聞故畏齊之强而言莫敢指隮西謂在衛為小君崇朝而雨刺其姪也
夫女子從夫當遠其父母兄弟而乃如之人懷昏姻之私强與人事以
私生子而託為公子豈非大無信乎不知國强不在子孫之衆多而徒
欲樹黨豈非不知命乎故衛女嫁者皆恥之泉水之女思孌諸姬寧問
姑姊而不省宣姜以遄臻之有害也竹竿之女釣淇莫致自閑以禮而
出游寫憂以宮闈之多醜也二女皆以女子有行微刺宣姜故蝃蝀取
其言而適斥之比例而觀殆不虛矣有狐綏綏蓋亦刺頑無裳失下節
也無帶不自束也無服非所事也淇衛之望故主言之碩鼠之詩促其
遄死乃賜死之詞非詛呪之語疑當時別有大臣效頑所為文公立而
賜之死然後國俗正也許人尤之衆穉且狂言許人以衛女為穉狂非
穆姬敢以許人為穉狂故下告大夫君子無我尤也衆王引之讀作終
是也谷風之婦蓋以無子出㞾之女自主其昏蓋孤女也若淫奔不得

自言不爽及責人以良媒信誓也若再嫁則不得言總角

廿六日早陰午晴昨夜得雨郊原曉潤風靜塵輕騎行六十里至柏鄉過魏文毅墓捫碑讀文殆遍魏氏葬者數十冢人人有碑而無佳文早飯南門外待車久之始至睡至日西韝馬未飽復騎與藻卿同行五十五里宿趙州橋車至乙夜始到過柏鄉魏裔介墓作詩弔之(與王初革命求試太忠息)(文毅丙戌進士)守道歸仁主眞儒豈許忠節書參弌近高蹤啓後賢今日舉松樹徒勞勁直風

廿七日晴行四十里早飯欒城南門又六十里宿眞定南門渡滹沱時已昏暮城南無店强宿車廠中邯鄲順德皆北無店眞定南北俱無大店城甚荒寂早過趙州午山往東門柏林寺觀吳道子畫水云已剝滅將盡矣

廿八日早陰午晴晚陰行四十里過眞定城至伏城驛早飯較比日差早又行五十里由新樂東門外過前過臨城昨獲鹿今肇城皆去縣城遠而置更鋪頗謹緣途屯戍聲勢相接亂後不可無此自新樂行十里而暮要藻午卿同行十口里入官樹陰中如行深山景色幽異以陰暗未宜騎行下馬待車至復騎投明月店遣在和覓居停主人待余以下室謾云滿無住處藻卿入視之上房虛無人乃入據之此次隨人皆畏人如虎至不敢開口向人語亦可笑也明月店大異餘處舊有技女而今無之欒城舊無而今又有蓋避兵去耳昨始見蛾蜨今見新昏轎三乘

廿九日陰早飯定州十里鋪車夫馬暴死驂馬亦死强行投清風店宿行六十里清風店以清風泉得名市肆昔盛今荒落矣夜間有四川南川舉人傅垣西來同店言行路之苦伊自家二月初啓程晝夜馳行始能至此又言何貞老督蜀學政爲近日第一及吳仲宣督蜀頗優士人云云晚飯食熇肉甚佳夜雨

卅日晴早行五十里步十里飯於方順橋滿城地也換轎車行六十里宿保定西門舊游滿六年道路皆不復省記欲入城中門閉不得入林生兄弟晚來同寓

三月辛卯朔晴五十里飯安肅北門六十里宿白河過故城鎭市店亦盛未知爲定興故城安肅故城也是日穀雨

二日晴早行六十里飯於松林過涿州橋及琉璃橋七十里宿竇店

三日晴行五十里過良鄉東門外飯於長新店十里至盧朐橋關人問稅務取一片去卅里入彰儀門門人求飯錢予以百文皆無稽留入城投粉坊琉璃街黃曉岱御史宅問鏡初已移出遂止曉兄宅見其弟樾疇五兄及其二從子遣信要鏡初至談至戌去復少坐還寢

四日晴早飯後與曉岱同車詣倪豹岑宅遇高仲陶夢璧碧眉弟也談頃之復同訪許仙屛未遇見劉雲生南海人云與筠仙交好曉岱亦稱之余在廣州未知其人覓車與曉岱分行余訪鏡初遇徐叔鴻談久之同訪與循煙具橫陳賭友雜遝殊不可坐遇閦禹門主事云十八歲時縣考曾相見也與叔鴻同出訪周荇農學士留飯至暮示余以章學誠文史通義因假以還夜與曉岱同出訪左楚英蔣壽山兩同年過唐斐泉宅未遇還閱章書言方志體例甚詳然別立文徵一門未爲史法其詞亦過辨求勝要之以志爲史則得之矣章字實齋畢秋帆督楚時修通志者也詩亡然後春秋作此特假言耳春秋豈可代詩乎孟子受春秋知其爲天子之事不可云王者徵而孔子興故託云詩亡而章君入詩文於方志豈不乖類曉岱云贈答詩可入傳注亦裴松之之例余以詩詞不入志爲宜特修桂陽志爲人所牽而載之小說篇他日修志仍不選詩自餘佳文要語各附本傳乃合體矣

五日晴叔鴻送銀票來始往見錢辛伯師未過還寓劉雲生許仙屛倪豹

岑高仲陶岑履之弟也張香濤先後來曉岱招同諸君飲同坐者有史香圃

懋蘭長沙武舉也香濤言直督議開水利余言溝洫非引大川之水以

蓄雨耳豹岑言溝洫有不可行之地雲生言本毛旭初以限防英夷特

假名水利又言天津張太守激變好名故入人罪發遣猶爲輕典至亥

散

六日晴早詣鏡初遇雲生又談夷務盛稱文尙書有弓燥手柔之巧鏡初

亦言今政得黃老之道余不以爲然也兩君疾悠悠之口而爲抑揚之

論豈足以經遠乎留飯畢曉岱至同車詣叔鴻還寓檢筆墨入城至觀

音衕衕與翰仙同寓見瞿子久春陔兵部次子也黃倩吾來談訪黃小

麓是日入闈考官爲朱鳳標毛昶熙常恩阜保知貢舉爲志和潘祖蔭

七日晴黃澤生呼我起同飯與子久訪誠靜齋遇蕭雨航言山東舊事不

憶之矣還少愒樾嶠來呼我起同飯與子久訪叔鴻遇之輒門見余名

已改今字遇與循得卷票還見豹岑車在仲陶寓門談數語入仲陶室

少坐而還寄家書

八日晴曉起入貢院東右門聽點午初入場坐閏字號申初大雨一刻止

九日晴題紙下有子曰信近於義一章人一能之五句天下之善士二句移花候得雲得移字酉正文詩成

寫二篇早睡

十日晴寫文詩畢辰正出曉岱坐待索文看之面色如墨予問尙有望否

怫然云尙何所望

十一日晴午入場坐寒字號夜雨甚冷有鄉人同號攜有夾褥帷恐余借

言語支離甚可笑也以夾衫蒙頭而睡

十二日晴題紙下日月麗乎天二句私圃句春城小殼日暄時雨若大發解大夫以魚須至可也酉正俱成

寫四篇然燭半枝畢之夜甚寒

十三日晴辰正出

十四日晴甚熱巳正入坐生字號與程雨蒼同年同號高明區君名爲樑

字愼銘頭場同號舍今復同坐武陵梅君名埰字石卿郎後湘潭學官也來訪

余談久之

十五日晴熱題紙下一問經注篇目二問正史得失三問鹽鐵水利四問練兵五問農官余以練兵無

益爲對嫌其罵題五問乃以駢體敷衍了之石卿鈔稾而去申正畢雨

蒼初成一篇也

十六日陰曉氣溟濛春蒸甚潤曉起已紛紜出場矣歸翰仙寓與同出城

晚與翰仙同訪皮小舲蔣壽山小舲處遇陳伯屏是日荇老來索余易

注及穀梁義去並攜文稾去

十七日丁未立夏早雨旋止飯後劉雲生來談夷務云英人欲興兵端又

言養兵無益及洋礮輪船不足學造持論甚覈與余意同出訪斐泉遇

黃翰臣周禹門曹价藩叔鴻幼梅子久談久之斐泉要余及翰仙叔鴻

諸君飲於廣和居蘇少泉後至食北菜均不能適口余近歲頗留意於

肴饌遂至擇食如此宜戒之歸寓林笙谷來訪荇老招飲同坐者樾嶠

翰仙及子久張少衡冶秋余要鏡初同談鏡初論堯孔不及釋迦佛弟

子之常談耳天下入世法至聖人而止自宰我以孔子賢於堯舜後世

遂以西域聖人勝東土聖人豈通論哉荇老示余經解攷小穀地所在

見引水經注云去魚山四十里欲求地圖攷魚山所在未暇也又示我

翟云升所校穆天子傳卽以贈余還値雨初過雲陰甚濃鏡初復過曉

岏宅少談去夜雷雨

十八日晴早起訪劉鎬生於虎坊橋不見十二年矣適逢其開復知縣來

引見相逢信有緣也鎬生任縣令十年而全無官氣比之梅生杏農誠

爲質美留早飯與同訪敖金甫張叔平又與叔平同至琉璃廠尋舊書

不得同余還寓斐泉來談久之復與叔平鎬生同尋與循不遇兩君去

余臥與循楊上少寐起赴仙屏飲同坐者曉岱翰仙豹岑雲生鏡初仲陶譚某縱談幾有竅言矣晉人風流其先任達後遂忘名教故知禮之不可已也曲終奏雅猶爲改過至亥始罷

十九日晴早飯後出謁客廿一處見者周禹門黃翰臣夏竹軒曹价藩張竹汀胡湘瑔譚心蘭程雨蒼羅海安湯霞軒黃立五林午山隆太初吳嘉甫馳驅甚倦還欲少休而錢犀安師在寓相待謝麐伯繼至遂與麐伯同車至叔鴻處賀其父生辰留飯同坐者黃藝圃指揮曉岱涂新畬畢純齋楚英价藩小舩至亥散與麐伯同過鏡初說鬼

廿日晴涼飯後擁被眠筠生竹軒來皆未見敖命甫香濤來談黃宅生攜余史贊去晚與樾嶠同過涂心畬畢純齋處小坐

廿一日晴與循筠生來談過錢師處未晤還至湖廣館同縣京官周禹民黃翰臣胡湘亭三主事招公車十四人飲余坐西席同坐者黃丙齋譚

心蘭吳仲芳朱卓夫萬春潭黎寶堂及周黃二主人至戌散純齋過寓談三日繙日知錄一過

廿二日晴與樾嶠同訪劉筠生遇倪豹岑還訪荇農未遇見其子虎生談久之晚與翰仙同過壽山雲生張雨珊兄弟寓小坐雨珊寓保安寺余十二年前舊寓也寺新修制度未改舊游宛然遇子久同還是日吳子健元炳學士來訪石臣弟也石臣質樸其弟溫藉而有光輝殆勝其兄程虎溪來

廿三日早陰 今帝生日聞禮部言 上衰衣躬執役事於 兩宮之前外議以爲過禮也心蘭及楊潤生來筠生及李少白來午山來荇丈意山芝亭楚瑛子久來同要曉岱壽山純齋小酌宴賓齋散後訪筠生不遇

廿四日竟日昏霾若將有大雨至者至暮終無雨過周禹民處少談是早雲生來午間純齋招飲未赴

廿五日晴作家書及寄外舅彌之子泌力臣書家書無事可報小別亦無須言祖念乃倣六朝人空語爲之云（十年相守一旦分襟既殊少小之愁春復異關山之道忽怨孀獨處隱不勞思然孔雀五里而徘徊文君白頭而嘆嘆況於燕絶之異地涼喧殊節名乎公階紅葉寸寸芳心入室燕雛喃喃款朋中人偶望遠感仍來又足以駐景延年化公爲宜者也兩日還作已恨汀洲之草都棠衲蛩獨聽殘月之鐘雖日暫游誠爲多事但道遠離參差永空館已驚堀壁終還单晚分無谿公館地之術而有景純頭頂之心臨月特騰從澂而已子吟杜樹我詠條枚既見不遇方諜同老安神房內酌忽忘情如日相思手書爲慰）又與彌之書論京師友人云（劉通而勁吳稽而清謝任眞超張居樂貴高奉溫藉許太息忙）下語頗確巾刻斐泉子久來云鏡初等相待欲喫夢與翰仙同車去至宴賓齋夢神爲曹价藩同局者又有王晴舫曹五叔叔衡共八人至戌歸鏡初逃席先去

廿六日晴早飯後訪筠生李少白豹岑還寓筠生來與翰仙同至琉璃廠看屋過周吟樵談數語又訪叔平託覓書籍與翰仙同歸曉岱招飯同

坐者有雷菊潭（武岡人甚官保之罪錄）陳文園金曙堂黃宅生戌初散雨珊來談詩詞至子初乃去左鄰火焚棚架起看已滅

廿七日晴早飯後過與循處不遇遂留其齋鈔靈飛經二千字與循歸與談近事終夜未寐

廿八日晴早約筠生來因議移寓與循處還曉岱宅聞端門火災燒卅丈覓車赴天寧寺香濤招飲同坐者楊李錢王仙屏翰仙至酉散麟伯復約赴龍樹寺同鄉十八人共飲遇李筱泉於槐樹下筱泉呼余問何爲而留鬚余視筱泉亦老矣因有二三品朝官不相識一揖而退至亥酒罷還與循寓

廿九日陰日色甚慘午謁錢師談易還小坐赴林笙谷招飲同坐有河南高雨人治中林靜山孝廉湖北陳子政郎中洪右臣庶吉士翰仙亥散翰仙送余還賈寓

四月庚申朔晴鈔玉藻二千百十四字攷鄭注說國君搢本士竹笏飾本以象文誼甚明而孔疏說本象乃以竹爲本質何謬如此史進象笏上云適公所則諸侯之大夫熊明均云有地大夫則大夫執無地乎熊氏云誤多象字是也凡夕食不炊以熟飯水澆熱食之故通謂澆飯爲飧侍食之飧則既飽食已難迫而强用湯澆食之所謂强飯也三而止孔子食季氏欲速食而去故不食肉而飧飧有三名水澆則同水漿不祭若祭者公食禮宰夫執漿賓受坐祭所謂爲已僕卑也公遣宰夫躬執僕卑之役故賓爲其甚卑而加敬其餘雖本國臣不祭以宰夫不執也冠用緇布自諸侯始天子則用元冠不云加布鄭以紫綾爲僭宋服未聞其說案紫色非列采蓋季康子之奇服論語吉月必朝服而朝記云卒朔然後服之蓋卽記吉月朝服之義疑魯不視朔故不皮弁而但朝服以視朔後因遇朔不朝服故孔子特言之而朱裹而當作君袗辟辟讀若襞積之襞今云積珠子也凡帶有率率者今云帷緘子也孔子季氏之士故陽虎得餽蒸豚而孔子以敵禮往拜謝之孟子誤記禮文以爲陽虎假季氏命以賜之非也萬春潭荇丈叔鴻左子謙先後來自未談及戌方散

二日陰飯後過雲生處兼逢仙屏談一時許至曉岱處要樾嶠同訪鏡初過張子容（名惟儒莊稱余經文）坐頃之與樾嶠同過賈寓午飯周靜齋郭葸亭周禹門萬春潭先後來至戌亥間盡去荇農言近人課八韻詩賦得牛戴牛得弓字無合作欲余爲之戲作云（選角逢良匠全牛在目中頃協騃餘換名與戴郞同蜀使疑翁佃犧師誤火攻犖騂嫌異體項背僶爭雄匱累拾黠盡低馬敝勒風校眠變劍賣回首一驪牝登有犖牸犢渾如虎長箒莫辭供五庫欣衔帶銘弓）

三日晴風日亢燥飯[illegible]卞雨珊來將同過廖伯遇黎寶堂而還午飯後訪荇農出示蟲處頭而黑得生字八韻詩中有云蚊比巢從睫蟲原叩有聲沐防三日具細逐片雲行韻甚巧後有云射去疑如鐵禪中或不顯尙書誇早貴彼豸亦分榮視余牛詩有工拙之異也是日壬戌小滿中

四日晴雨珊心蘭春潭先後來留心蘭飯周同年沃棠來陸太初來答謁文允臣胡湘亭來旋去鎬生來夜談有人自內出傳言湖南十四人無余卷余來本不爲試事而勉赴試期今銀錢在南浮寄京師必當坐困徇人之害如此余試文有云獨修於家則悔吝無因而至一接於世而榮辱忽已在人有味乎其言之哉余前自謂能無怒欲未涉世之談耳一經小試輒已怫然除情根信非易易況又沈酣於哀樂乎非與循及朱桐軒不能爲我鍼砭諺曰經一事長一智諒然明當掃除世緣一雪此羞比日市上芍藥盈擔繁華穠麗使人思小院春光復有天涯之恨

五日陰晏起索飯未熟出還黃宅飯後仍遣僕襆被來陳文園理泰言李諒臣世申詩賦甚工鄭炳臣業晉有志經學皆長沙生員中有名者諒臣年卅炳臣老矣飯後訪子久婁泉遇徐壽鶴蘇少泉大風起還寓

六日晴擬溫周官經甫開卷人客閒至午後與樾嶠赴壽山招飲同坐者芝亭子謙雨珊竹初酉散

七日晴早飯後與曉岱同訪豹岑仲陶竹軒伯屏小舲子久處皆久坐乃還大風揚沙幾不能行午飯後與子久同訪左丁叟不遇過李幼梅處遇何伯元談頃之已暮幼梅復同至叔鴻處久談喫麵二更還子久籠燈送至門

八日晴飯後與樾岑同過鎬生區愼銘（名鸞階肇慶高明人鍋中岡號）叔平處看書畫小麓來談四人同至延壽寺訪鄭蘭生見叔雋還寓與翰仙同訪雨珊不遇至小舲宅同年京官六人同要會試同年五人會飲主人至者黃左蒔皮徐五君余及梁吳龍韓爲客陳伯屏爲賓至戌散與壽山楚瑛同過荇農談頃之還寓

九日晴寫扇二把蔣秩臣(壽山從子)蘭生鬘伯斐泉心蘭來酉刻與翰仙同車赴湖廣館斐泉爲主人同坐者涂心畬左亦仙(斗才蜀人)胡湖庭戌散

十日晴辰初至保安寺雨珊寓室待叔鴻同飯偕游圓明園入順城門出西直門廿里訪廖楓亭參將(承恩)留飯同廖車游六角橋八方亭(名如)訪甎殿銅殿皆已毀矣湖水半涸銅犀無尾以荊棘圍之東南諸山蒼翠無恙還尋扇子湖澄懷園舊游無可識矣游鳴鶴園惠王賜第也戌初歸洩水湖即廖所居廖君澧州人被水災依其姻家入都補兵伍從賽僧軍得官至副將銜圓明營步軍西營游擊甚好客命其妻出拜夜宿其園室與雨珊叔鴻同榻夜小雨旋止

十一日晴甚熱廖君設飲午至故宮角門尋董二太監同游園中循出入賢良門西行過正大光明殿勤政殿保和殿皆無復階陛由殿下循石路稍西過極福堂后寢也堂東爲帝寢(額曰天地一家春)皆臨前湖湖前石山

爲屏卽正殿湖後皆坐落名不可勝紀稍東爲福海瓊島在焉甚遠不可往乃西上石山(額曰四面雲山)望湖水山樹蒼秀靜曠後湖前　文宗新建清暉堂亦毀矣穿石洞登一亭又西至雙鶴齋後殿(額曰廓然大公)房舍未毀登龜背橋行廊相通然俱低窄太監二人引行譚道咸宮中事甚晰日西欲歸循石道出過舍衛城廿萬尊佛均燬矣至董監處少坐還廖宅辭行與雨珊同車入平則門叔鴻在後得題名錄以示余子久中式同年十九人同縣十五人均下第飯於保安寺雨珊送余還過子久談數語天風雨雹而雷遂別而歸

十二日晴飯後要翰仙同過鏡初叔鴻遂至便宜坊天聚樓喫燒鴨几覺宛然似十二年前位置鴨炙殊不美憶往歲肥嫩殆有百倍之劣宋嫂魚羹因時美惡豈獨士大夫一蟹不如一蟹而已叔鴻遺要雨珊兄弟同飲叔鴻兄壽鶴先亦同至七人談久之散去余獨過雲生仙屏至子

還余楚英送黑卷來

十三日晴午日燥烈殊甚遣送馬與叔鴻便令在和掃除協中館寓室將移居焉(協中會館太谷人建祀關侯俗曰高廟)念往日友朋追尋之樂不覺心惻未正訪芹農未起亢暘不可行疾還黃宅中初過楚瑛從弟子謙松年處談羅君芝士弟子也往與芝士過從兩君初授經今不覺廿年矣戌初移寓寺中叔鴻先除三間屋篆額曰定廬葦樹幽勝窗戶靜潔佳處也

十四日晴作書寄劉景韓蔣養吾兼託耕雲寄家書鈔詩未畢廖伯雨珊來約游萬柳堂余怯風日未欲往俄而鏡初來遂定同去坐曹車道農壇下約十餘里始至夕照寺周桂塢左丁叟叔鴻野秋成靜齋均在云待久矣坐挹翠軒喫麵至萬柳堂廉野雲別業也子昂有圖今無呂才補之阮元記之存壁間康熙中馮溥得其地募人種柳五株卽爲地主傍城堤上柳陰濃綠今無一存矣堂左有梭石廷桂摹　仁皇御書於

上蓋後歸石氏也今爲拈花寺無可觀者叔鴻欲出沙鍋門看肅王墓盤松鏡初不欲往廖伯調停其間乃登法藏塔鏡初云彌陀劫前爲法藏比丘故造塔藏舍利塔七級殊不高入其中如籠鳥窺外余遂先下日夕亟還過前門至鏡初門下車步還寺鏡初送余至小丘上各踏月而歸

十五日晴

祖妣忌日素食鏡初來竟日談翰仙畢純翁壽鶴兄弟來日夕去與鏡初步麥隴中乘月各還書與李少泉夜醒聞雨

十六日陰涼書扇三把午飯甚晏出訪張香濤至其門不識其家見車馬在門逡巡復前尋不得乃還問香濤適出矣過鏡初宅與竹丈价藩談還寺頃之竹丈及二從一族曾孫(字六皆)來月上乃去壽山送曆日一本

十七日晴風涼爲張雨珊書册葉十六皆錄春懷詩就便改正又書扇一

柄舒蘭生送淮南子來明刻至陋以價賤得之因讀十餘篇皆模莊子
而直鈔其文以爲貴人之談柄作枕中之鴻寶所以不廢者博富可喜
也近世浮丘子所以可厭者空疏可笑也余初讀劉書但訝其奧博今
重披覽語語皆習見之文其實於鴻烈未成誦也以其有片段可尋故
易熟如此呂覽則不然其精深緣於六經可爲學者之山淵矣苻農以
扇索贈詩久不得也夜坐無事聊作一篇云長沙學士才名儁澄湘樓下初相見當時鼓角翻江
波取烈息患若飛鴻七年臥疾黃鵠磯郎君留滯周南時漢口霜晚凍衛網有酒相呼歸路之我年過壯君已艾衆中許我傾流輩鸚鵡洲前
狂笑來歸衡驚起仍相怪古來盛名多攀丁香早入承明庭浮雲富貴具過眼三台跂足如蘊賦嘯余拙璞求高價白須趨走部堂下人生
得失苦相欺與君同敬時人嗤一回相逢一回老惟有詩思如嬰兒郭侯知君復知我酒邊論君每移坐爲曾年少爐風流高堂挾慾燃變傑鬱
郎今老去看文君疑竹餘音不忍聞蘭懷東山謝安石還如四第沈休文酧臨明月憤光絕古拄今來固又缺且懸騷佃對高吟莫遣當齊照
華髮余亦長歸故園白雲幽澗水源鄉他年乘興一歡相見分作推南大小山詩成已雞鳴少坐乃寢
十八日早起稍晏飯後過保安寺答訪曹六皆與靜齋雨珊兄弟過何伯

元廖伯日烈不可步已而大風揚沙過柴市見陳尸三肥白無頭復無
衣蔽視病死者差可觀也然劫盜本迫飢寒何爲冤斬之令人惻惻至
黃小麓處靜雨三君去余久坐觀黃易文筆健暢小麓贈余影宋列女
傳價三金又觀鈔報劉蔭渠起爲粵撫吳子健開缺迎養蔣菊人原品
休致樞廷於劉獨得之車還過曉岱不遇遇左丁叟於唐門同入斐泉
招三張成曹小飲余視子久寫大卷半行出還寺鏡初先至已而復來
談一時許去感風早眠
十九日戊寅芒種節晴大風觀塵海比雲海尤壯昨夜小疾不朝食過午
乃飯月湖僧純齋及其族孫劉鎬生先後來談申初赴雲生招同坐者
陳一山喬松曉岱兄弟豹岑鏡初仙屏以余爲客主人又有王補菴衰
老吏也一山詩壯秀非嶺南詞家並世能詩者大有人至亥散坐曹車
還寺雨珊自號詞緣欲余爲說說曰有緣之說自釋氏闡明於世乃至無證凡不願於緣湖外書無聞家
船山曲妙一時而詞掉書袋近世鄧辛楣頗近南宋然傷積習此外才題文人皆不措意豈非緣不偶耶閑珊才情思深而尤好爲詞好者緣才
也才思所以諧緣者也詞於文章文章於道不遠大海一滴水然非緣鳥能相近乎既自證詞緣屬叔溫篆之闡遲述其說辛未四月甲子徐
樹鈞井書是日林午山來未晤
廿日晴早飯復初湖北何伯方秦書名盛姐書道上二詩應之刻工送桂志
十四版來殊草草不成款式姑令裝訂借壽山廿金與之雨珊少衡來
談日夕去晚飯食蒸杏甚佳
廿一日晴熱苻農來談甚久竹軒同彭集初來彭麗生之子也言其妹烈
冤甚詳欲余爲詩余不爲節烈忠孝詩久著名矣而彭請不可辭允爲
作之送兩君出過錢師未遇邀翰仙過壽山叔鴻處談叔鴻處遇易漢
喬雨珊六皆待壽鶴還至夜乃歸頃之雨是日僕人張升來長安人也
廿二日晴早起作詩云獨居臨風風悠悠庭樹陰所思不可見天路靄以深沈良友歌初鳴鶯如來德音和顏不憙相見恰奐路遙公
人必誰偽四方矣還余晚相尋京塵易爲鎖來路頗實矜均悅信可和願欲結朝餐暖鮎已余卿嚴阿絲寢吟恒風無休時思心怨朝陽離

披小參藕蕭散春來長跂臣價淸淨憂時步徐盎日余泉石人事此共枯荒既來觀協悴血尸遊炎光冷然君子堅披襟贈風涼莊生有遺旨
學淺已無偽胡然忽泥中歸與斥鷃鄰辛能樂蓬艾內外各依方君留九門下未異洋池旁實張去駁敵豈不勞轍行所願尊酒會絲然絕高
張燕歡煩我心雅詠儷契颺日出騎訪笙谷未起過鎬生舍馬遣歸索麪一盌味澀
悪不可食復過舒叔雋索麪亦劣要蘭生出尋書得尚書大傳一本過
叔平小麓均託尋書日已西遇廖伯二張成徐丁叟於途約會飯廣和
居余過苻農少坐還寺方食廖伯來告以倭艮峯大學士之喪當入城
臨不復聚矣
廿三日晴刻工來送書令其裝十部鏡初王晴舫雨珊先後來鏡初告行
期同訪月湖於龍泉寺觀諸僧晚課還寫詩於扇以贈廖伯
廿四日晴早飯後出送鏡初遇叔鴻余視鏡初登車南還旋還寺小憩楊
商農來訪談半日留飯同至南横街商農歐吐甚苦遂勸令覓車還店
余答訪彭集初送純齋行因過子久遇曉岱於心畬處逢伯屏於途夜

還刻工送桂志來甚草草不可用
廿五日晴大風早飯前陳亦山來留飯談領表形勢甚有壯志午閒斐泉
叔平翰仙來翰仙留午飯談徙民江南事雲生豹岑先後來豹岑傳潘
伯寅翁叔平語致問殷殷又言今日　天子升殿朝會甚盛
廿六日早陰午後雨至暮益驟似南方春雨早飯後至保安寺訪雨珊靜
齋與靜齋同訪商農見楊泰階醴陵丁卯舉人也遇雨與靜齋同車還
其寓雨珊世父竹汀翁來要飲天聚樓同坐者更有六皆子衡食品不
美至酉散車還夜爲商農作書與曾侯何蓮舫
廿七日陰雨遣送桂志與潘伯寅爲彭女作二律云長沙二女傳高節曾代留芳始在茲斷臂豈明貞婦恨露筋遙拜女仙祠箱[illegible]一碧綠空留旛圖史丹青有怨恩一月沈吟八年夢始知冰驟是甘飴一死從容飲玉丹九重延佇結幽閨清心直映霜湖底氣能令六月寒周李上將鐫石定郭黃遺義鐵[illegible]命雖人生忠烈原非[illegible]泉路靈恩淚暗彈此二詩雖不
佳殆可謂題無剩義

廿八日陰雨昨夜廉纖至今朝食時頗似南雨也飯後睡至申乃起夕食
饋中似稍佳笙谷招明日飲辭之香濤來久談夜坐念玉臺詩夏景絕
少余好爲閨語亦不敘夏日風物乃補作九夏詞不恃景物點綴專取
白描也其詞曰玉階風過朱成碧單羅稍作輕雲色重衣隙廣初遮人那惜餘香透庭羽當簾早涼調新燕晨妝手輕盤髮疊臉紅初潤不施朱當軒愛色勝芙蓉洞房四角通光影屏帷風細羅袂靜碧紗帳薄戲隔煙語耶長日不勝眠愧陰夢起新蟬語映簾斜日如初曙玉枝越簟凝約光誰能輕薄學變妝
廿九日晴早寒晚熱午閒廖伯桂鳴雨珊治秋叔鴻丁叟及壽衡侍郎子
閏生同過遨遊陶然亭余正午餐不得獨食遂去喫點心不飽廖伯再
堅廣和居之約余與約不得再負而後諾之遂至曉岱處翰仙留飯不
喫楞腹而往赴席乘要翰仙同行至則杳然蓋好人之荒唐其天性也
以脾氣著名者言必信行必果吾獨無奈此好人何遂與翰仙同車還
至珠巢街而迷路車夫亦好人也遇此兩好人而聖道窮矣又回車至

堂子巷乃得歸翰仙小坐去又作九夏詞五首云中庭月地明如雪鬢冷烏流螢滑玉簪幗然一尺腰可憐無計度良宵井華艤香供新浴粉汗輕紅涼一握玉體凝脂益自香感郎嫌煩不羞[illegible]珠蘭懇懇香如簟清泉朝露一勞相惜恨中微嫌一夜開誰能取冷入君懷冰紈扇[illegible]午深深過翠刀破瓜涼滿坐寒香散一衣生綃輕顫顧拭粉玉紋簟荷池魚雨風初斷十二重簾一時卷盡無事最相饒怪君從妾乘良宵
卅日陰出訪伯寅談著作須爲朝官及朝官不能著作云云風采未減昔
日過壽衡處未遇至琉璃廠遇靜齋少衡同過叔平小坐還至保安寺
與雨珊六皆談頃之出謁錢師不遇還寺少愒商農來留午飯與同過
价藩禹民翰臣荇丈小舲伯屏處遇周福生翩然美士也李雲軒鄭太
生方打牌少坐獨歸已夜矣
五月庚寅朔晴伯寅來旋約飲龍樹寺與香濤同爲主人四方之士集者
十七人無錫秦誼亭名炳文善畫南海桂皓庭文燦績溪胡荄甫澍子
蒯之族也吳許鶴巢賡颺趙撝叔云戴子高屬訪余必欲一見元和陳

培之倬會稽李純客慈銘趙撝叔之謙長山袁鶴丹啓豸洪洞董研樵
文煥遂溪陳喬生亦山黃巖王子裳詠霓錢唐張子餘預福山王蓮生
懿榮南海譚叔裕宗浚玉生翁之子也瑞安孫仲容詒讓琴西子也朝
邑閻進甫迺[illegible]丹初之從子也其父與余同居月餘而忘其字寓內城
西窪沿桂中堂祠堂研樵曾與文卿同寓挂甲屯晉陽館余尚識之亦
山最熟皓庭純客皆曾相見王張孫不多語孫年最少亦廿四矣胡趙
同寓果子巷胡官戶部明當訪之伯寅各出一紙屬書意在得詩也余
歸乘興作一篇云四京重[illegible]懷六藝[illegible]昌[illegible]豈[illegible]學[illegible]得[illegible]承明華還今在茲大雅竟誰名逸入獨訂謨數席禮奇英元辰禊休暇勝集懺四城高軒靜風埃夏雨宿餘清談酢時間作[illegible]樂紙云井[illegible]觴何美萃鹿賓款誠曰余久鄰德無[illegible]劇周行羣賢實元凱濟濟作[illegible]楨苞禊登陸行蒂澤無塵得人所維藏企子[illegible]驂齊衡四國徒文宴愧茲冠蓋情又作贈香濤云五使國儒宗流風雲湖介來鶴歸龍潛蚪病清嘆振翼天衝旁嘉期偶相對隨宵無凡昔[illegible]契存傾[illegible]賢漁無[illegible]歸仁得所[illegible]招要宏達羣重樓城隔會方年各春妙比迹珠通暉寶鑑導溫恭明體俱[illegible]退從來京洛游俊彥相推邁流[illegible]遜[illegible]波快[illegible]陵往[illegible]絃[illegible]無久名音[illegible]豈專貴飛蓬偶裒

回清樓發幽聰金門隱遊俠親闕江海外深散往一時該謎旋相代君其拔萃來人爲遠唐棣無曰四離升絲絃奏協韻

二日晴雨珊嘉甫月湖笙谷价藩伯屛命曙堂來嘉甫殷殷論作令余告以直道可行捐班不可爲也董研樵送所作詩藥來伯屛論居翰林當讀何書自言失學余勸以勤讀多看即從作賦學起自名家矣

三日晴從荇農處假得岑建功所刻舊唐書補校前所作贊竟遺儒學未及亦可怪也繙董詩四本專以避熟爲主詞意生苦笙谷云其命薄殆不虛也叔鴻遺要晚飯喫燒豬肉至者价藩李幼梅向子正飯後又與叔鴻索四筆回

四日晴大風繙舊唐書補作孝友傳贊劉史傳孝友必衣冠盛德誠史臣之體也隱逸惟載徵士僅王績一人爲隱士則失之過愼耳新作方技隱逸列女三贊此本去年除夕可全畢一解怠遂至如此故爲學不可不自策也伯寅遺餽節物卅金受之而不用存之翰仙處黃昏時雨珊

來告別有不自得之色余亦惘惘無多語送之渡窪而還夜歸盡補外國及逆臣傳贊於是唐書贊成爲之一快若在去年成亦未覺其難也此如失守江寧不見罪而克復江寧爲大功人情大抵然故賞罰難言矣比日聞岳陽龍陽失守以余料之謠傳之奏報耳李督劉撫必能使南人不反若反成亦無暇奏報矣

五日晴端午節是日甲午卯初夏至中去歲在西禪寺僧供角黍今則無矣角黍唯六雲能作之餘亦不中噉午初翰仙來論湘撫遲報軍事余意覆奏必云北撫早報耳去歲江西先報而尙無譴況今有李督爲緣飾耶失守小事何足煩朝問近日外權偏重亦不可長也假使劉撫去又未知何撫代之使人悶悶午過价藩飲同坐者張少衡向子政金曙堂郭子庭曹六皆潤之李幼梅酉散赴曉岱飲已散矣與曉岱同過亦山豹岑荇丈仍還曉岱處知葆芝之岑入覲及鄭王承志謀刺主事福某事夜還晚飯

六日陰車出訪笙谷金甫黎葆堂均不遇送雨珊行亦未相見過小麓處同買團扇銅墨合諸物至叔平處小坐遇謝孟餘給事至湘潭館閒尙留二人未出京還黃寓小坐回是日洪編修良品來訪夜雨

七日晨雨午陰晚晴再聞布穀頗有歸思余在家已恨此鳥客中尤厭之爲其聲壯而鳴癡也幸其一鳴便不復聞小舲來請其視同寓山東楊生病病深矣若南人驕貴醫卜盈門北人殊不自重其生如此遣問豹岑幼子已死余相之早知其不秀也越嶠叔儁及其從子蘭生來舒氏僕甚無狀怨其主人不歸也世家奴多如此吾不可以見之低頭而已連日檢禹貢作箋藥夜得力臣書

八日陰雨晚晴王六潭來訪贈黃巖人詩文四種宋杜範集戚桂裳東甽集趙韻花醞香樓集王樂雍炳燭齋詩韻花蓋妓女也夜作禹貢箋閒

夷船泊海口意不可測

九日雨午初曉岱來雨甚談一時許愈滂沱大作余欲入城車待已久與曉岱同出門分途行余入城至豹房法華寺訪葆芝之岑未遇雨中行將廿里甚倦因過香濤談觀其宴集詩飢甚辭出還寺曉岱恐余做蕭衡鍠初防余作游丈皆未爲知我也余待兩君甚厚兩君於我甚厚所謂夫妻打架常事和尚扯鬨奇事也

十日陰比日涼甚午過叔鴻翰仙處叔鴻處遇張竹丈久談避雨將由劉雲生處歸恐雨大至急還已而無雨小麓來談老子丹訣云近多鍊師黃金可成也越嶠書居然成章余讀書卅年而不能成愧甚愧甚夜借得段長基州判地理表觀之闕落殊甚重檢嚴氏地圖全不辨山川迹作之難如此注禹貢豫州畢

十一日陰涼張升不守其職遣之去午飯甚晚出答訪王子常不遇還過雲生辭以移寓不見雲生與申夫一流人也不近人情而以爲率真故

所至受詬病矣還寺李敬軒來談長安形勢倚王以爲可都壽衡來談時事問人材至夜乃去壽衡與伯寅均倜儻光華之材壽衡好奇故學識日進

十二日晴書扇二柄並楷字新庶吉士毛少卿陳文園曹潤之瞿子久來訪逸山及其同年新寧余雲眉名堯壽來談余亦倜儻逸山云留心經世之務留麪去日斜矣叔平遣送角黍餜致揚州館王生玉遣人代送來食二枚出訪壽衡先過曉岱遇斐泉同車往談一時許斐泉先去壽衡言湖州陸存齋甚有藏書朱久香刻有左傳服注疏證又縱論督撫材能及浙江石筍甚奇又言飲饌之法無所不通遣車送歸先過曉岱門曉岱下車余遂乘月還注梁州畢又注雍州夜半畢

十三日壬寅晴

祖考忌日素食深居敖金甫來要飲辭之月湖僧來談甚倦少寐葆芝岑

來談一時許言丁杲臣已回長沙乘遨招穀生去矣又言越閩民情及內政甚敝云湖南不易治余因詰之云湖南士民甚馴謹而諸公言跋扈此大謬也君何以亦爲此言芝岑亦不能舉其實證又言王補帆之能而盛贊李黼堂又言此寺卄九年前曾讀書其中今同學俱不可尋矣

十四日晴食苦瓜甚美洪右臣林午山來右臣以詩藁四本見示又論爲學之要甚有進修之志談至半日將飯而去日夕出訪子久文園不遇遇子政同過湖襄亭禹民輪臣幼梅先在禹民言文園分別甲乙榜余欲爲文園辨禹民云其僕問京官非科甲者即不拜會乃疑余爲文園游說進言之難如此坐久之始知齊新甫在對房亟往問訊酬應之難又如此新甫余舊交姻家初以爲引見後去矣今日始知其在京且峙蝸於京外官也歸鈔禹貢箋二葉初更後叔平步月見訪相見喜笑開

窗延月蒸魚進食談畫梅時人不能出五枝及山水金碧古圖已失今無從畫乃始寫意耳叔平於畫深有所得其言無裝飾當爲近代名通家也留宿余榻對枕談至曙乃去數年來夜坐甚稀今年第一回也

十五日晴始更紵衣早起遂不能寐飯後少瞑芝岑送滿製餻餅一合分少許與叔鴻小女鈔禹貢箋三葉說鯀障水其識高明特太早違時耳鯀公數千年乃有知己自詑何其通了如此時有賞音豈非許鄭作詩贈芝岑云喜鳳龍樓曉恩光霄織新軍春佚仗逆天路略班春鄉國今爲客問明昔詔塵九遷非幸寵眞作老邊臣戍穴搠祥飼駝裝賫轉輸歷間搜粟尉親問牧羊奴（君新從南海督黔軍輸捐至輕復驅誠似力持不可仍得十餘萬金也）大體仍長算三郊有時詔此行光照染何用海南珠十丈甘棠樹長沙似故鄉別恐閒芷地新牆嘉枝香兵驕歸席使澄清符海歷沅湘近飛檄無計覓循良南堰太平船公子讀書處（余所寓寺君舊讀書處也）林樹從新長軒窗盡發閒不歸冒住再且共月娶回猶有階前石應知聽屐來（君入覲亦暫客寄而手疏相問訊有地主之館故戲及之）是夜甲辰望戊亥之交月食

十六日晴辰正未起張治秋來留談一日要之同車過米市治秋還寓余

訪壽衡談一時許復同車訪苻農談一時許夜已分矣本出看月月乃不明所謂美賞難并者乎三更還鈔禹貢二葉

十七日晴巳初始朝食鈔禹貢一葉周禹民來曉岱叔鴻繼至未刻去少惕得芝岑苻農片告酒集事余欲與苻老同作主人苻老意欲獨辦芝公亦似欲爲主且俱聽之酉刻車出將訪余雲眉至街中見壽山翰仙同過斐泉遂入坐更要楚瑛來談竹丈繼至談一時許訪小龍不遇見彭子茂在周鶴泉處問省城四月內近事送子茂還店雨雲甚厚亟還寺而霽連日因月佳夜游及游無月意殊嬾矣叔平來未遇留古文苑一冊而去寫詩一首爲證

十八日晴午後陰鈔禹貢四葉比日意興甚佳不昏昏矣翰城來談晚出答訪余雲眉逸山留飲食鴿鴨同過曉岱二更覓車還車夫憚遠自去余正厭乘遂步歸畏狗因過珠巢街呼曹僕送至曠野乃獨還香濤贈

詩兼送銀廿兩復書暫存彼處
十九日晴食時香濤來談經云常州有許子幸注禹貢多心得又言鹿都匀建專祠欲余作碑而欲借李帝師之款余言漢碑人人可署名不勞借也頃之送行狀來廟碑存者惟蔡中郎橋公東西二碑及孔廟碑皆非此式表忠觀正是此式又無體例當攷索之晡時翰仙來待余飯罷同車出至黃宅取銀交小麓欲爲夫人帶少許京物也夜訪麐伯子久竝不遇天風雲陰早還
廿日晴涼午雨詩山來鈔書箋五葉昨小麓言參同契本易緯魏伯陽補作三相類故有二序其言甚確申後訪叔鴻不遇過子久文園處久談喫沙果遇价藩云前交空函乃雨蒼塞外書也余視其子似力臣誤以爲力臣書十餘日不之省歸乃重思之其書六字云君高升極鼎足三月所寄也又云與諸同事打破猜透之夫鼎足勢成則余無事閉門耳

何高升之有雨蒼錯料天下事而何打破之難乎夜聞醇王操練火器果精熟然不知臨陳之無用也是日己酉小暑
廿一日晴午過小麓呼之起將出雲陰遂留半日過叔鴻小舲趙季海子茂長談申刻過金甫處小酌同坐者但幼湖景某顏建侯李湘門廖言如筠生設食尙精潔飯罷將出車皆不到來往三四然後敖僕往覓京城車必俟候門外不似外間轎夫此蓋敖僕未能料理也送筠生至店還寺二更矣雨大泥深殊不駛行是日楚瑛筠生湘亭新甫來訪均留片而去余昨聞香濤言有許生能治禹貢因緣訪得之俗儒也裝模作樣中無所有謂荆揚不踰五嶺梁州有南海豈非夢話
廿二日晴晚熱得風而解叔平贈畫扇月湖僧來請作募經疏擬鹿丕宗祠碑草椒粗就夜雷雨
廿三日早晴昨夜不寐蔣壽山太夫人生日將往賀而晏起飯罷鬍髮竹丈來談値雨久坐去已未正矣雨不止飯後將睡壽衡遣車來迎冒雨往留飲同坐者竹丈幼梅叔鴻觀張旭正書郎官壁記云出自王敬美家僞作也字仿歐虞而不知用筆乃云唐搨畢耆兩相藏之陳滄洲王夢樓有題跋皆不甚確富貴人收藏希物耳竹丈言去歲有太監欲剌寶倘書近日風氣殊可慮余幸不立朝若當權正色恐有伯宗之禍聖人不死蓋知幾括囊余初以爲人無不可化一試於與循而大不驗故感而記之徐車送歸雨竟日夜平地水二尺少寐旋醒起鈔禹貢箋三四行已曙矣曉色照人甚倦因復寢
廿四日早晴午後雨文園子久伯屛先後來談余昨夢六雲因出行水瀕攜一女而去六雲所出四女而倉卒詢三女此夢甚異姑記之以待驗筮之卦遇鼎之旅曰鼎有實我仇有疾不我能卽吉鼎初得妾以子我仇匹也妻有疾無子故妾欲卽之今妻有子而妾攜女行從水去以陰

從陽庶不干嫡蓋妾當生子而妻疾之兆旅曰得童僕貞有疾無尤未至死也
廿五日晴久未訪竹翁因出過价藩看青州魏唐諸碑伏魔寺答訪毛少卿不遇與曹潤之談讀書今年吉士皆有志於學足知湖南風氣之轉惜余無力不能倡之至保安寺竹丈已出見野秋看蘇靈芝鐫像碑字殊有筆氣過地藏菴訪但幼湖不遇至小舲寓見李幹吾（世楷）周蕣生蔣寺城子久與伯屛幹吾同至慶樂園翰臣招客坐上有禹民新甫湘亭蕣生繼至要周鶴泉同來諸君大會必有侑酒上坐四旦余嬾於應酬遂先歸過曉岱昆季談少頃還寺樂部中一武旦年未十二三班中護惜甚至蓋倚爲門面也京班舊多老手今乃恃小旦賣技爲生活其窮可知京師遂不能養此輩可爲三嘆夜寢覺濕蒸甚重起作詩贈韞原（鄔文圃也）

廿六日晴鈔撰禹貢成卌八葉釘紙已完遂輟工計廿日偶暇爲之未能專工也然亦有效爲韞原作大禹勤求賢士論翺考題也以皋陶謨說爲禹立科目似較家令爲覈家令親受書伏生生老故不傳大義耶抑忘之耶淮南氾論訓云禹之時以五音聽治懸鐘鼓磬鐸置鞀以待四方之士一饋而十起一沐而三捉髮亦可爲說然不若用經義之切當耳余近說經史有左右逢原之樂殆將通矣子久來問讀書之要因以所聞者書之於扇曰夫學貴有本古尙專經苟事尋摭徒驚浩博是以務研一經以窮其奧唐以事文多者爲大經文少者爲小經限年卒業立之程課解列六藝之名而觀性之所近今亦宜就已所好以求師說師說存者如鄭君詩禮何公春秋皆具有本末成爲家學其已絕復明者若李鼎祚周易集解孫星衍尙書疏證亦能挹殘守闕上紹淵源但求一師專經自貫旁通曲證溫故知新特源而壯雖不濟矣古今學術約有三塗一曰儒林經師之所傳習也二曰文苑學士之所極思也三曰道學儒生之所推致也文苑之中復分三等長記述者謂之良史精論述者謂之諸子工韻賦者謂之才人史以識爲先源出尙書子以理爲骨源出論語詞賦似小其源在詩詩者正得失動天地吟咏性情遠於事變觀夫京都之賦該習朝章枚傳之籍圖維民俗今館閣作賦賦豈易言誠能因流討源舉隅知反則山川形勢家國盛衰政俗汚隆物產豐匱如指諸掌各究其由故曰登高能賦可以爲大夫也況賦者體通訓詁尤近雅文（爾雅說文）而子雲嘆其雕蟲宜德祖之譏其老妾矣夫賦無空疏之作世鮮通悟之家但患爲之不精何至遽而遂泥於此留意是爲政也荇農樾疇暮來

鹿滋軒同知傳霖來謝作碑

廿七日早晴欲答訪翰臣遂過圜通觀訪魏子純吏部郭子恬刑部潘虎臣工部皆新進士也旋過翰臣禹民皆方起留談頃之小舲及丁竹雲至云約打牌余聊留入局過午大雨遂竟一局二更散負百卌千宿於翰臣榻是日周弟生來亦至夜不能去

廿八日早晴主人未起余開戶而還至寓見荇農書始知芝岑負約不至荇老甚慍并羣客亦不要矣文園來至午大雨留談兩時許極論爲學之意午前魏子純來亦芝士弟子也曾館子明家與談作吏部余無力濟物惟勸人爲善差不倦耳伯屏招飲餘慶堂呼車不至步行泥濘不得已而還甚負之也頃之楊三車至遂出至大街客車已集入見曉岱及郴州陳壽山張恬臣壽山云曾在楊氏同席恬臣曾見桂志也內屋有周子巖人非睽實子容楚瑛新畬子政子純幼梅竹老麐伯桂陽小舲後至有一孫君未交言不知何許人也酒罷至麐伯處看竹老奏藁桂陽亦在俱云未妥竹老欲去遂各還夜雨不止

廿九日晨雨甚密竟日濃陰攷禹貢數條爲竹老擬摺片一件餘無所事

卅日大雨鹿滋軒送潤筆白金并貽先集鹿伯順之文也文不離明進士習氣其最得意者在除定興籽粒稅耳中論孫承宗備邊亟近知兵者

京師雨車步皆不可行欲出不得

六月庚申朔初伏日雨午晴出訪曉岱大雨旋至覓車還寺遂出答拜滋軒不遇過幼梅處索小門丁食之出訪壽衡荇農問刑賞忠厚之至出何書未能指證也新進士中當有知者否無從問之矣兩過子久略談數語而歸書冊葉十五葉鈔舊詞與小舲既書二句嫌結句不吉利乃就改爲南鄉子賦得惜花春起早云春恨壓屏山細雨欺花困牡丹雨若再晴花再發憑誰喚起雙鬟揷香凭欹曲闌干晚逗殘光似不寒飯下地玉階風過覺衣單重入羅幃又擱眠此詞甚有北宋人意致

二日早雨晚止涼甚至夜傾盆蟲飛成雷北方有毒蚋傷人腫蚌至數十日創不平復春夏之交初不見形今乃覩之似牛蠓而色白此間呼爲白靈至伏日長大故爲人所見遂不得免又詞人言飛蛾撲明燭今以爲蠶蛾蛾雖撲光然不多死且有無蛾之地飛蟲則枕藉於燈下蛾古蟻字因而誤耳口蟲爭集不過妨我鈔書耳吾當避之則彼技不施遂滅燈而睡是日郭子恬慶治刑部來訪

三日霽寒無所事晡後出訪叔鴻遇壽衡縉白孔帖及玉海求疏題所出未得也過香濤不遇謁錢師劇談經書發學官者易書無佳本復無師學他日一通人徑取上旨足辦矣余易說極見貴於犀師譚譚屬錄一通余前送去時卽云發鈔至今未能鈔一字蓋貧故也攜歸晚飯

四日晴蒸熱頗似南方五月爲楚瑛書橫幅兼書扇贈壽山余攜桂志入

京擇人贈之人無解者故贈諸同年各一部（賡皮左駒）潘張徐周葆李各一部則各有所求也張瞿各一部則交情也倪錢各一部則彼所索也郴州月湖僧欲募化請經回湖南爲作疏頭云（蓋聞釋迦垂經菩薩作論經論弘演本傳中土中土嶽五行之秀尤好文闕故逸摩際之斷而深武不興使遇世因物度物蠶城之災立可淪飴何盃以求鑿之跡爲捨身之無救故知元奘譯經用成貞觀之治教各有宜而面壁之功劣也宋法不聞深義六七百年本朝三蟲以佛塵世頑法嚴於直音羅上德爲法師近今侵遇鑑磐不鳴余憫數教之方莫若講壇之設況今湘州縣會才彥鱗集虎士脫劍衿林宋修直切救時佛法第一南嶽叢經鐵久缺蝕又肆於深山牡顯難嘗欲修復鹿山渤澤道過阨僧閒經然世有剎諸比丘不得安坐受旅又欲廣諸功德及諸豫內未能出家行願此願未酬今郴州僧習登發大宏願廣歷十方求諸檀那助資請經先至京以紹勝緣乃由江淮以及秦隴皆兵燹之地踰檀之留具此一念龍天必應聞言欣慰何假勸募臨爲疏引使習僧持諸賜德居士門題緣得之）夜蟲成雷

五日晴陰昨與叔平約午談勉步往汗下如雨解衣看書案數十本遇香濤兄遠瀾名之舞雲南麗江令也叔鴻繼至拊掌甚懽日夕歸從孫公園誤入一巷遂不辨東西信步來往十餘巷穿入永光街過金甫談飲

苦茗甚佳借燭獨還夜行反不迷道以留心也見鈔報陳少海尙一直隸知州何宦涂之淹滯少海凶問得之半月矣初起亂余卽憂少海不能免以久留鄉里幹官事太多也然不至殺身豈有宿業耶叔平拳拳有故舊之誼金甫亦嘆息也

六日乙丑大暑中晴昨夜不寐今早起飯後過黃宅曉岱三昆季未起也留坐久之鬍髮畢與樾噓同過小麓亦尙未起待其飯罷同步至桂林軒買妝篋物百廿千近物甚昂貴而無佳者小麓畏暑亟還呼車與樾噓同過其寓午飯復與翰仙同車出訪麐伯不遇過叔鴻談遇張子容惟儁余投暮還今日南風濕氣盡除翰仙云方知解慍阜財言不虛也

七日晴早起作煩熱不思食此暑炎所致因命買瓜食一半果覺腹中潰動小泄而愈治小疾藥力不旋踵但須知證耳午間向子政李幼梅來談頃之月湖僧來論募化事咨去得安眠一時許飯二盌食豆粥甚不

甘

八日陰涼疾愈氣弱早未飯午飯一盌賣韡人來强欲吾買勉爲留三雙逸山來談畫云叔平畫梅入門未得正法余令作一枝帖壁上晚間豹岑來見叔平畫亦云未善令視逸山作則云可學逸山本初學豹岑素知其能畫特未知此梅爲所作也元鑒不爽殆稱真賞余爲拊掌大笑

是日遣書約芝岑同行得書云須七月乘颺改譜序是日凡再出寺皆未百步而還食瓜有作（河朔留佳賞京華破暑圖寒消三日酒味省十年香玉手曾圍雪簡鎖只瘦涼無因懇隣使一爲款流莊　玉嬋鳴清啟遥消夏楓和瓜影皺開　曾品瘢湘恨不宜鎣霞堪途老狠　玉凝無師卿笑變方長炎天買蕊枝　溫圓征有順消渴苦雞勝客逝　三伏歸來守一臨風沙擁四城煙雨籠東陵此物能忘暑青蠅莫語冰　五色同甘把玉盤直壓李桃剖香初滿席盤水不勝刀風入疏籬靜星懸銀漢高生縮殷芳澤拭粉莫辭勞（凡食瓜瓜香必透膚出衣生縮乃像北香羅紈不能也））

九日晴早涼甚可二夾衣午飯過閏通觀尋子久未遇與潘工部郭刑曹談良久至曉岱宅與翰仙同訪逸山不遇過審山不遇與其從子秩城

談數語翰仙還余訪夏竹軒不遇過小舲伯屛處壽山心畬亦來賓客喧闐打牌不成而散過壽衡宅則已前招余矣余初聞壽衡飲饌過人因求代治具要同志數人飮而難於銖兩悉稱乃約伯寅豹岑香濤芹老曉岱試爲一集伯寅豹岑辭不至食麪茶珍珠米粥茄脯甚美得種木耳香菰法（木耳以新卜盆盎用濕沙）設饌太多飽不能徧壽衡云無虎豹故也（虎謂伯寅）子散坐徐車還（作小米粥法以米爲骨匙細盤中滾之如珠以水若煮湯四法卽成矣）

十日晴晏起刻字人送版來子久來談甚久爲余鈔改葆芝岑譜序一篇月湖來謀募化甚有俗僧之態遣之去少惕寶翠花人還釵枝戴寶函同翰仙來戴武陵副榜名世緗幹仙子師也余前訪之故來報謁爲豹岑寫小幅五行

十一日庚午伏日陰睡半日傍晚周禹民來

十二日晴涼爲禹門作譜序价藩右臣午山來出視文園疾夜作詩未成

十三日晴涼作圓明園詩成彭子茂張竹汀丈來飯後訪叔鴻荐農楚瑛豹岑豹岑未遇歸曉岱兄弟在寺留待談至月高步還余送至大道月中行甚有初秋之意香濤和食瓜詩甚佳

十四日晴涼叔鴻屬寫篆字久不作此筆勢全非矣壽衡和食瓜詩意境開拓遺問伯寅刑賞忠厚語所出復云龐葆生擬題卽從古文淵鑑中尋撦不知出典也南書房侍臣議論如此使後生何述夕訪香濤不遇過竹丈遇之於途與星畬同車云將訪叔鴻余過粉坊遇翰仙遂同由价藩處將往叔鴻處會談則星畬已在云竹丈去矣翰仙价藩送余還寺踏月還夜月甚佳

十五日晴稍熱早起見日出蒼蠅始飛因思齊風雞鳴詩首章言晏起也妃侍寢而警寐以爲雞鳴當起豈知已日出而蒼蠅飛鳴不覺失時故下章乃見月出而以爲東方明矣月出卽起又過於早君必怨其驚寐

故下章言非不甘與子同夢恐羣臣因君晏起而憎妃寵託爲君詞以深道其歎歎也夫人稱君不得曰子故知爲託君詞耳閨房旖旎之詞足使賢者傾心而愚者自勤安得此婉孌妹子以妃君子哉叔鴻來尙未飯忽忽而去朝食後頗熱將臥曹潤之來談有志經史之學以余爲老馬也今年三吉士皆下問於余益知余不可以再求試矣荐農送詩來傷心於故宮至爲發病余詩不能愈疾而反致人病如何其可午飯後訪子茂小龐遇與循憔悴不似爲之惋惻無可致詞也過壽衡曉岱皆乘車往還遺送詩伯寅并詢疏題云東坡已不知出典寧　散爲三百東坡也伯寅復書云爲之失笑事正如此他日問信近於義則以辛未會墨爲數典之祖矣香濤亦遺信來索哀江南賦槀并還余所注書

十六日陰昨夜香濤來談至寅始去帳蝨相擾至將曉乃眠不知曙也巳初野秋來始起朝食福嚴寺僧海菴來致衡山諸友音問并云湯子惠已死矣談久之去野秋留午飯巳同出訪叔鴻旋要之同過涂心畬陳伯屏處伯屏新移涂宅也過曉岱與翰仙同出過斐泉少坐黃張至圓通觀余送叔鴻還家至南横街遇价藩將東去遇余等而還叔鴻未飯仍歸余與价藩過保安寺訪竹翁留食餅待月而還

十七日陰不涼昨夜徹悶不朝食午初飯一盌始浴從叔鴻假得紅漆槃甚似家鄉器物也楚瑛斐泉來將出而暮遂罷

十八日陰出訪洪右臣先過笙谷談火鍋事因要午山同至右臣處遇張吉士楷略談而去右臣午山要聽戲至慶德園人多不可坐往聽四喜班竟一日十二年所未有也還將雨過小龐處少坐至驪駒巷泥不便行過雲生談夷務云崇侍郎至法國見侮於其君臣外夷皆不直我以天津所殺囚非真犯也又言陳茘秋欲送機器曾李右之毛旭初獨異議雲生主毛說也覓車還至寺大雨竟夜

十九日陰晴午頗蒸熱過叔鴻香濤處皆久談香濤處食瓜談易又言舊祭天地日月皆別有樂器夷人入京日壇器毀所司不能制作乃假月壇器用之垂簾兆也太常工人不知制度竟未能製又言隨蓋古骰字故易云不極其隨云其必實指一物夬蓋象手持刀刻畫之形故云易之以書契香濤自云喜高郵王氏之說新而中理又言孚爲抱卵因爲凡胎卵之稱豚爲胎子之多魚爲卵子之多故云信及豚魚也有它者蛇食卵鶴鳴者鶴或胎或卵有孚攣如攣生子也又言需於血血當作洫當采之入易說需於洫所謂決渠降雨

廿日雨夜大風讀列女傳七篇曉岱來談日𣆶出訪曹潤之不遇將往鋏門泥不可行從幼梅借車遇周虎生遂同幼梅至壽衡處晚飲同坐者賀仲肅梁楊兩君皆浙吏也至子散坐李車還水深一尺矣作麪茶法炒麪好水調無滓先用鍋煑水以待入麪略煑使稠加芝麻醬微鹽起

鍋入殘食新蘋果壽衡云奈別種也觀褚書魏王造像記仲瓛云三龕
記也又聞周壽山死矣懷庭在杭州書局子登與丁雨生不合流離杭
州今往江寧矣
廿一日庚辰三伏早雨午晴陰爲价藩錄圓明詞并作注數千言日夕野
秋少蘅同來蔭渠移撫廣西蘇賡階調漕督張移廣東巡撫許仙屏提
學陝甘
廿二日辛巳立秋節陰雨寒可綿劉雲生來言世道人心萬無可轉勸余
修飭己身然後勸訓友人以回風俗不知余已屢以正論直言見咎矣
然非正直之咎不自修而好議論之咎秋雨淒清頗感歸思申睡夢有
人請余作文而問爲縱體縮體夢中亦知有縱縮二體而未能辨問於
長老長老告余言凡作壽文一尋五縮尋者總括縮者分列余自念余
爲散體無此文格仍是縱體而已命六雲檢紙將作書復之六雲必欲

尋他人名片徧檢不得未及書而醒周荇丈送和瓜詩及贈余詩來齒
宿意新和韻而不見痕跡最爲妙作矣若不口口未見其巧闕潤之以
芳脂則涂油也故梁元世子以五色縷辮鮑泉須辮須古制五色爲異
耳又宋畫列女傳圖徐吾似弓鞋云出顧愷之
廿三日雨寒始緜叔平贈研來云蔭渠舊贈也爲逸山看定詩槀二卷偶
閱古文苑所錄齊梁詩久不擬仿若逢故人聊擬作南洼高閣感秋詩
云暮雨下太行秋風吹翦縣桂樹未盈柴附攀忽已晏陰雲儼溯沸氛擠京甸悠悠咫尺間佳人不我見巾車久裂回逝舟日遠行睢開情可通千百不知面夜雨尤甚香濤來相見甚喜客中破悶致可樂也談易大壯
當爲大戕戕傷也卦中壯字皆可通惟序卦遯受大壯不可終壯而受
晉壯字似當作牂牁之牂繫船物之杙也剛以動故被係不得遯矣故
以壯制遯以晉通壯也係羊本作壯後乃改偏旁作牂耳又論損三人
行則損一人謂三陰進則一陽被制而從陰臨象成陽被制不行傳言

有口也一人行而下從二陽則得友而成泰故傳言天地絪緼男女搆
精也皆精確發人所未發
廿四日雨叔鴻送文來圓明園詩序也文甚古秀筆有逸致夜爲點定之
廿五日晴與月溯僧訪海岸僧聞龍華寺欲賣其價甚廉宋興誠寺也香
濤招往快談遇陸廣專編修詢知刑賞忠厚語出僞孔書傳云故友楊
汀鷺所說楊名開第以殉母死十餘年矣王蓮生同夜飲談金石文字
廿六日晴出訪叔鴻价藩文園曉岱過夏竹軒問桂陽有來書否過杏農
未起與金曙堂談頃之過禹民翰臣還寺叔平送畫二幅麐伯翰仙伯
屏來彭稷初來
廿七日晴蒸濕甚熱海岸及估客數人來翰臣葆堂來留飯叔鴻來酌敍
文增損仙屏要飲豹岑雲生及余爲膠神馬雨農學士譚敬甫敖金甫
黃曉岱及仙屏展廳不居招客之名也雨農言明年將有恩科以　母

后四十生辰作萬壽也余大以爲不可惟豹岑稍然之祝釐之禮必過
五十三十稱慶已有前鑒況女四十而可壽乎亥散步還甚熱
廿八日陰雨蒸熱壽衡送長沙匯銀百兩來始食蒲桃梨皆未熟午至翰
仙處看皮衣卽要月嶠壽山同至柴市店中看衣還熱未減夜半大雨
廿九日小寒陰晴時小雨曹潤之來談因同出欲弔桂隖至圓通觀而雨
遂還寺潘工部迎　大駕于　太廟先一日視祝版也
上九叩禮畢卽還孟秋時高遣恭王代潘云傳蹕三過黃繖先出而輦至
儀仗皆爽道先設之午飯後酣睡麐伯來閱淮南說山說林修務三篇
秋七月己丑朔晴涼斐泉午來价藩晚過與价藩同詣翰仙觀鏡初書六
月初自江寧發云途中甚苦雨江南蒸濕尤甚也暮還寺
二日早起逸山來作畫同飯詣香濤尚未起因訪其同居王蓮生出視唐
馬氏張女墓志云出土始搨一本而鬼物爲祟故題曰無雙本觀仇十

洲畫登瀛圖僞作也唐六如金陵圖尤僞無可觀逸山一一指其疵坐兩時許還日夕苻農來談甚歡蓮生出示牟廷所著書目乾嘉時棲霞諸生鄉中議論甚多獨考定易林爲崔篆作非焦氏焦學傳與京房主占候梁人而今易林題建信天水乃建信大尹之譌建信卽建新其說甚佳又言藝文志言尙書古文經卌六卷爲五十七篇而史記書篇名有六十三篇當合太甲盤庚康誥爲一篇六十三篇去六篇是五十七也其云爲四十六卷者又加太誓一篇湯誥咸有一德明居三篇伊訓肆命徂后三篇咸乂太戊二篇高宗肜日高宗之訓二篇太誓牧誓二篇餽禾嘉禾二篇多士無佚二篇召誥洛誥二篇豐刑畢命二篇皆共序共序者共卷五七去十一是卌六出於杜林桼書杜林得書目一卷耳言亦精確又曰孫卿子云詩書故而不切故者訓故切者實指以不切故有四家詩二家書因作詩切觀其序意不知詩以垂教而以後世詩說之遂使周詩若唐詩殊不可以言經又言漢書趙廣漢精鉤距是通句股故云馬價先問狗已問羊又問牛假如狗得三羊得五牛得十二卽不問而知馬價廿也狗爲一率羊爲二率牛爲三率四率爲馬云云其說甚新而作重差圖牟氏終身著書皆騁己說又不如王夫之然其佳者勝之玫据長於王時爲之也

三日晴買粉翠簌共四十五金子久彭稷初香濤小麓來子久贈余書廖緹搢扇稷初來謝余爲其妹作詩小麓送銀卅兩香濤自午談至酉留飯未飽復要余及小麓至宴賓齋遣要董研樵來同飲意不在酒借地坐談耳香濤欲余習左氏學韓詩僕病未能也研樵言呂洞賓附卟改詩有句云夕酒連晨醉卟改連作回又云松標太古春雪異人間白小麓云呂詩派似之小麓又論禘祭爲三年後致亡者於天而大祭之國語所謂終王者也故曰不王不禘禘於明堂以新配天故推遠祖而及祖之所自出若夏周禘嚳是也羣廟之主偕來故公羊傳曰自內出者無匹不行言新亡者必合羣祖而後配天也自外至者無主不亡言就明堂太祖廟也以新禘故有大蒸嘗又三年而就祖廟祭又三年而就曾祖廟祭又三年而就高祖廟祭則羣主亦皆往故曰祫各皆二年而還太祖廟仍曰禘亡者先就太祖廟配天而後入廟故曰先王饗於帝立廟其說甚作飯散街車皆卸待駕而還

四日晴風涼而日烈欲出未果馬雨農學士來王蓮生來許贈我郝氏十種作書與涿州牧郝近垣蘭皋之孫也求其祖書又與書左季丈蔣璞山因仙屏寄去皆通候無事楚瑛來送銀廿兩晚候竹老遇曉岱出過董研樵門入談攜其詩稾歸鈔本頗勝所刻也又贈聲調譜夜繙一過聲調之說詩中必有之理然按譜塡之則斷無人能爲要當吟咏自調耳趙氏已多事矣

五日晴早起過翰仙要同入城翰仙當入部司不果偕留飯其宅遂同樾嶠訪逸山叔平小麓樾嶠留小麓處余獨訪馬雨農不遇過壽衡叔鴻處少談還寺林午山來留飯去夜臨北海書未能提筆殊不得似

六日晴涼早飯後爲子久書與曾侯海岸來翰仙繼至同車入城至二龍阬甥柴胡同見豫庭二兒一曰徵善字信甫出繼故鄭王端華二曰承善年十八甚英發園亭荒蕪竹樹猶茂臺傾池半爲之悵然出過廖伯桂鴟談頃之復訪譚敬甫王補菴不遇至米市口下車步過正孺飲趙抑甫胡蓉甫香濤先在潘太翁紱庭後至莫亦公酒半始來戌散

七日陰伯寅來送行並贈書贐銀卅兩云當入直未能再晤也意拳拳而色悤悤甚有惜別之感午間覽所贈書四種內有王象之輿地記中碑目二卷可備考核天陰殊重恐雨因先至曉岱處請樾嶠買衣申正過苻丈處設酒餞余壽衡曉岱先在研樵翰仙香濤後至亥散微雨步還

八日丙申處暑晴陰潘太翁來曉岱豹岑雲生馬雨農譚敬甫載酒餞仙屏及余於寺金甫本約爲主人酒罷乃至价藩彭稷初幼梅心畬禹民先後來故鄭王子徵善來余本約豫庭子承善來字智甫又云禹階其弟國善字禹疇瑞興母出居於外蓋豫庭二妾不和也而以無衣冠不能至旗人仍習氣講排場不能變也談久之無策可振之宗室禁嚴如此亦定制之未善耶夜坐淒清有詩爲證以七夕餞飲爲題云盈架感天衢星離怨河曲念別香姑清惱纔宴宜數瀲陸稼槐市頓飲藤花風良節動秋吟深情駐行殷是夕殷妍深遙思縈簫覆佳人宜何適盛會歡已促昔傷豐匹暌介悵前游續罪遙豈仙然間闊念予倆灑薄酒來闌塵清雨遊客涼颸灑曲房輕簾影明爛留達知可思貽君憶川臨

九日晴辰出辭行四十處皆居方三里之內殊不爲勞午赴竹老餞飲酉赴七同年公餞設饌均美是日芝岑荇老仙屏香濤共醵銀百六金買小毛衣四十八金

十日晴熱早涼可綌夏竹軒麟伯子久野秋兄弟小舫芝岑豹岑王補菴

譚清臣毛少卿來豹岑夫人欲回南遣人至通州顧船余亦託豹岑多覓一隻因東便門船至通須京大錢卅餘千與車價略同改由陸赴通也補菴與雲生至交皆欲爲一代名人然無奈官何也潘太翁送其詩詞來詞甚雅細麟伯送烝盆一包子二盤因留少卿飲兼邀幼梅子久來叔鴻同至亥寢

十一日晴研樵贈詩雲生贈扇皆送別之辭也方起笙谷雲生海岸搗叔斐泉香濤月湖叔平小麓過生研樵陸續來劇談一日搗香叔小研五君坐最久研樵以其嫡妾不相能而問於余蓋意料余善處耶亦知余家亦不相能耶余以正言告之當自屈以尊夫人以慰妾則得之矣文宗作卅萬壽而戴損后生日之禮蓋體臣不知尊嫡之義故今垂簾逢爲兩尊非古聖詩書之義矣因今日爲皇太后生辰値庚申之事故之及其相識也小則不過問要無使妾勝嫡則自立於無過而妾不敢怨近世爭以家事爲諱而不謀之朋友若研樵可謂賢矣余雖言之仍當還問夫人以決是非故特記之應以嫡妾得庶者即現嫡妾皆而爲敘法婚人之性非余所能盡知也

搗叔贈余名印同人以爲奇遇不易得也然刀法殊不在行

十二日晴早晏起子久來逸山繼至同出過圓通觀少坐至曉岱處遇叔平及馬姓武官旋與樾疇同出買衣至叔平處觀畫買乾隆時牋紙及匠畫工崑四幅還過禹門晚飯笙谷前招幾忘之矣道中始憶之遣人往探適逢催客人遂同往客未盡至頃之入坐同席者王魯香禮部洪右臣王弟優貢一等知縣某及林氏父子三人設饌皆家製頗有真味爲之一飯再至周宅已飽矣同坐者小舫李果仙郁華魏子純主人陳伯屏周禹門黃翰臣至亥踏月過子久談數語而還

十三日晴子久研樵來與研樵同過龍樹寺設飲同坐者張松坪德容溫味秋忠翰伯澄香濤秦誼亭後至劇談半日要伯澄同過寺快談一時許研樵屬題杜像云出自南薰殿本伯澄云本朝南薰殿藏歷代畫像

也是日新放本省按察涂名宗瀛安徽人舊爲江寧府

十四日晴翰仙子恬子純來買皮衣四件檢行李題杜像云內府傳真跡鄉祠把昔賢文、曹植後圖畫劍南先畜靜千官影令歸尺五天平生憂國意慷慨曲江逸情高遺像在無命作宗臣失路依藩府留詩覺替人還回度殿日秀發使紹香相對同憂巢寧闕龍尋貞出訪荇農齒痛不能見過胡襄庭齋新甫及李果仙處皆無聊之應酬也赴香濤招飲同坐者潘太翁伯澄松坪逸山研樵味秋蓮生伯澄香濤皆贈余詩伯澄又題杜像一篇甚佳松坪爲余題食瓜圖一詞諧語甚趣潘翁亦立成一絕研樵云擬作未成蓮生贈余玉印泥合甚佳香濤泛談及余前咏二物對句甚巧余不能憶也前十年曾行酒令以不相類二物各咏一句賦得翎管水煙筒余句云雙貂翠珥雲南玉二馬黃磨漢口銅二馬車水煙筒之名以漢口爲佳故有此對一時無聊流播京師余因言嬉笑不可不慎也又談蒹葭蒼蒼爲老而可用余年四十香濤云正蒼年也伯澄云五十日艾余因廣

之云一歲曰赤十歲黃廿朱卅青卌蒼五十艾六十耆耆黎也夜飲極
歡至子散
十五日癸丑晴治裝出京與豹岑家屬約同由運河旋南舟車皆倪家料
理余早起作書與伯寅爲子久索書片與芝岑令陳斌隨之出京買乾
隆內製箋紙四百京錢十八千文車價廿六千兩輛單套至通州也曉
岱翰仙壽山來送行視余登車者价藩樾嶠子久戴保函子恬潘輔丞
六人价藩獨送至延王街口余至倪宅會齊未初啓行張厚甫孝廉（太湖人名盛）同倪姥行其內戚也共七車尖於定福莊傍城一帶皆貴官墳園
此方尤重掃墓男女絡繹使人思古不墓祭不修墓爲防貪癡流敝耳
投夜至通州云四十里殆可五六十里小船撥登舟舟行略似拖罟舟
人云名京舿亦云大划子船價至江寧百卅兩余占一艙價四十先與
十六金矣道上落去鞾韈後車人得而爭之遂還與余余託豹岑換票

得銀三兩而落舟舷遂入於水探之深八尺不可取蓋信失物有數也
此次入都與前庚申若印版文字殊不可解（本日會計共到京入銀四百卌兩買帑綢等十四兩香墨等四十五兩冠靴等十五兩鞾襪等十兩皮衣百六十兩送錢師廿兩船價四十兩（鈔存廿四）果桑六兩與在和八兩對書廿兩計新增書（綠天子傳淮南子列女傳古文苑）帖（晉蔡時儀像頌先塋記）房錢三兩吉林蔘（二斤）硯（一方）牋紙（四百）畫（六幅）玉印合（一）印（一）玉杯（二）冠（二）帽（一）帶（二）衣（三）袍褂（三）襪（一）韈（一）皮箱（二）女衣（二）女鞋（六雙）靴（三）零花（計件）香粉（一包）扇（五）贈詩（四）贈書（三）共行李二擔約四百斤餘銀十六兩（連船價四十兩）在京計用九十餘兩共來去用銀八百卅兩凡百廿三日）
十六日晴早涼甚倪宅遺信物在京遣人往取留一日作建除譜始知其
分派之由不關休咎惟除字不作除去解與詩傳合蓋古誼也夜大雨
頭之止得豹岑書
十七日晴涼行一程泊西岸碼頭云九十里殊不足六十里兩岸禾黍半
靑半黃
十八日晴晏起午睡兩夢還家以舟行搖搖使人倦怠也榜人發甚早行

二程泊楊村西岸云百八十里（驛程百四十六里）武淸地也陸至馬頭九十
十九日晴帆風行八十一里午後至天津東岸岸上祆教堂制作頗精在
工部關之上水師環其下旗幟甚盛祆教之與佛教俱爲異俗先王之
所必禁也中土教衰而他教始入佛之來也中土自迎之祆之來也外
夷强致之魔道之分若此然若謂其大爲我害則必不然吾聞用夏變
夷者未聞變於夷者也人心趨夷雖無外道豈能爲國俗人以李少荃
之月課爲勝於法琅西之禮拜豈其然乎
廿日晴熱泊天津片告少荃而竟不來倪宅有事留一日
廿一日晴熱早入天津北門石路滑不可行還舟至申開行五里泊南門
外東岸舟人云非順風一日不能到水沒縴路也夜聞厚甫談其縣司
空山之勝云月夜時常見龍舢丹沙石壁峭阻不能上也
廿二日晴熱過楊柳青（西岸）大市也北方無復水道旱則平陸潦則洪沱

余推其故自五胡久據民務於戰沿及明淸不能課農故化中原爲異
域以上農爲游惰因作望水詩一首（已錄）補注莊子數條正月此日亦於
舟中讀莊子半年而復讀也晚泊獨流下十里東岸出好酢靜海地也
行六十三里
廿三日晴熱連日向西南行余居前倉正被日熇不減三伏時午前望川
流水性不似江南作靑玉案詞一闋殊不盡意行五十五里泊西岸胡
家新莊靜海地也點淮南子二篇
廿四日壬子白露節熱晴點淮南子二篇覽冥訓乃淮南客諷諫書也沈
鬱悲涼使人興感過靑縣兩岸屯兵頗衆皆置之無用地耳行六十里
（驛程不載）泊司馬莊西岸白露居期舟暑未減晴窗風檻有憶涼時作壽樓
春一闋云（看四風吹雲只輸年換節助老歎人間有疏簾裊柳爲他消魂殘月影秋烟根又豆花依依遠門奈暑氣低壓陰壓籠店紙總同江村良時去佳期斩怎圓眠圓蛩嘯過黃昏憶得新秋滋味畫樓平分旅酒煩愁香薰到燃時照衣温存空夢者今宵銀河玉階清）

(露疑)夜微雨醒聞一蟋蟀鳴甚壯
廿五日晴行七十五里泊花園西岸靑縣地東爲滄州地岸上林樹幽靜
婦女貧乞往來頗衆亦有大小車轍迹
廿六日晴早行廿里至滄州東岸入城西門行里餘殆無雞犬聲城外房
屋多頹傾閉塞怏怏而返北方州縣若此者甚衆而欲壯三輔難哉又
行卅里泊甎河東岸滄州地問土人云林鳳祥張總愚未亂時州城尙
繁富近愈敝矣
廿七日晴南風甚壯纜行五十四里至亥始泊七里堰(縣程名威宋堰)東岸南皮
地也陸去撥頭口里水十八里撥頭大市交河地與南皮夾河見香濤
兄遠瀾舟泊焉未得通問
廿八日陰順風帆行漕渠水剛流疾舟水相激聲甚壯早熱午涼雨爲風
散不成出望北岸蒼蒼有秋意過東光已行五十二里遂泊謝神祠下

余偕厚夫步入城中從西繞北望南殊無廛肆問藥店一馬姓云此縣
賦稅官取浮餘者除用度歲可得六千而甚嗇縣令(浙江陳姓城內又有甘捐局)云
進士官不顧聲名也秋風卷地吹沙入舟河山已復搖落作秋風辭一
篇是日僅行半程至未而停
廿九日陰雨倪僕還京附書豹岑香濤研樵又告香濤北方興農田之事
及寄詞與潘太公告研樵以和妻妾之道大抵主於謹嚴笑使妾有畏
而已船留不發議論久之始行蓋船主不能說衆心故長年偷惰也帆
行二時廿三里過連鎮口(西岸)云景州地漁師甚衆又廿三里泊一渡口
土人呼十五里口吳橋地陸去連鎮十五里也夜寐不著
卅日風雨帆行六十五里過桑園又四十五里泊松官園(驛程不載無店有村德州地隸)
(程廿里至州)行百十里始及夕食時耳比日點鴻烈訓廿篇全畢復以意釋
古文穆天子傳奇字皆無聊之攻課差勝無耳夕觀村人剝棗

八月己未朔陰雨帆行卅里至德州(東岸)欲買藤冠爲鄧傭所誤泊舟二時
許不可以小事久留衆人故不復求之復行十八里泊盧莊渡點尙書
大傳五十一葉加餐　焉食茭蒸雛雞頗美
二日陰雨帆行廿七里過四女寺舟人云昔有四女學道不嫁其父與約
令溉枯槐槐復茂者許遂其志三年之後枝葉青蔥父便感悟舍宅爲
寺故以四女爲名也又三十里泊故城(西岸)故城蓋德州故城也今屬河
間古名清河城甚荒寂船漏檢箱擾擾久之
三日風雨不能行强纜數里泊一荒洲德州地鈔已所作文一篇
四日風雨不能行寒甚著大毛袿災異也連七日小雨大風陰晦甚盛夜
坐校尙書大傳偶念家中待余久不歸未知寥緹以主持家事而倍振
作耶抑怨望耶近歲余兩人頗不能相知比往年殊異健婦持門戶則
必化柔爲剛其敝也可不夫而獨處故昔人以司晨爲家索勢使然也

余鮮兄弟而惟恃內助乃使家事悉仰成焉非獨過勞又慣其性未知
古人何以處此豈當託於友耶深山之中何從得友感念叔平因作書
侯至臨淸寄之(叔平三兄函丈法源之侶半月餘耳京華重至痛飲同心一夕對牀十回造鄴其同信使贈勞相望瀰行復寄步臨跋投頑果患患促響未及重辭途中檢點來章把持贈物恩情益路交誼傾心風雨孤舟始增切怛離平生輕別玆望有時日月幾何勤期一杞心平贅矣能不悲哉歸溯濟泝忽寂經月秋陽暴暑則生綠欲烟寒森吹雪則狐裘如水氣候之變若此其可驗也居民蔽潦十室九傾粲秸紅稀痰林黑矚吊儻醉之蕩疊見英徒之新儀欲泣則近於嬉人五噫亦嫉於逐客唯可寓歎逢日嘘氣成雲今之出山迷途未遠天下之事豈鄙人所可問乎誼寂異居塵求同氣儻逢驛使無玉其音闊運白)
五日陰雨止未申間見日行五十里維舟鄭家口故城地(西岸)與厚夫登岸
市肆皆閉門久雨故也復行廿里泊南家淺恩縣地鈔尙書大傳一葉
六日陰行十里過甲馬營(東岸)又廿里泊武城縣東岸入城土垣修潔壕樹
青蔥西門內有弦歌書院以此武城爲南武城殆誤矣此爲齊地子游
曾子皆不得至此也是日鈔大傳注十葉今年始治正業也

七日陰晴行卅里過油坊（東岸）又卅里泊王家淺（西岸）鈔大傳注十葉論周服
九章及虞十二章爲鄭誤說用伏生說以五色用粉米黼黻二法繡之
粉米卽今打子花（粉碎也如碎米點）黼黻卽攢紗（又曰納錦皆隔已相背黑白成文也）皆繡而非
畫其說甚新夜雨
八日晴行卅里至臨清州過二關（與關頭錢百文二關日傳版關書吏持帖求驗凡過關先須少與以錢否則後縱誤）
泊鈔關下有明萬曆時主事蕭復陽題字今州官署毀借居稅局城
外店肆猶盛城中破屋將爲茂草矣將入城以遠而罷望西門樓猶亭
亭然山東吏治久廢至一直州廨廿年不營復亦可嘆也知州管關倪
宅持帖去卽得免票無留難也（官船皆與筆貲四百文則貴於商客）夜月鈔大傳十葉（注少）
九日丁卯秋分中陰晴鈔大傳十葉書紙將盡故先鈔五行傳小字較多
日可省一二紙也舟人半夜發擾擾終日僅行六十五里將泊魏家灣
（有巡檢清平地云周之貝邱去東昌七十里）而鄰舟不住又恖恖而行殊爲可笑自十五日

東行凡廿四日行七百八十里以水道計之千三百卌里不足吉行五
十殆謂此也夜聞人言河壩將開遂發至子少休
十日陰晴自昨夜鬧行至今午至東昌府聊城西門外（水程云百八十里可百四十里耳）
共過三閘少泊仍冒夜行是日因無紙意不欲多鈔書恐紙盡也及買
紙至而前紙仍餘三葉徒自誤耳夜乃急鈔成十葉子夜到周家店去
東昌三十二里水淺膠舟遂止不前舟人議論竟夜不寐
十一日晴遣在和還東昌覓車倪宅僕往張秋覓舟將擇利而從之已登
岸問撥行李車價岸人大喜以爲此奇貨可居也六十里小車索千五
百錢亦殊不多而情狀可笑還舟鈔大傳十葉鄰舟德定齋名葆縣丞
周笙鶴縣令來談水德曾任石城爲李黼堂所劾周新進士也在和回
東昌車價尚平夜半水發遂行舟人歡譟
十二日晴昨夜至今酉初纔行七十里至八里廟入黃河泊河岸東河至

張秋穿運船收在八里廟（地陽穀）也連夜爲舟人所擾今午大睡三時許
鈔大傳十葉計七日得九十葉中兩日鈔甚快今稍懈怠僅得如額
十三日晴舟師補帆泊一日昨夜望月作一詩未成補成之云（游客悵江湖河舟始乘興闌然夕風前覽此清秋勝汀洲淺安流極烟瀰平乘魚山青若霽澄潭月如波南紀既津通東行恣游凭徙流金兩玫會殺歡侯塵寒鷺川梁深飛光別愁凝誰言一葦杭鱗鱗不余識）豹岑弟子葉竹香來其父字醉菊令邯鄲死於
京寓其姑夫蔣朴山助之奮扶柩回新建憤道路之阻滯余勸以耐煩
也夕與厚夫登岸至河神祠觀明景泰時勅碑及徐有貞碑萬曆時謝
肇淛碑言景泰時河決張秋爲東南害及萬曆時霖雨祠壞云自明時
已名八里村今云八里廟也明詔書及謝文俱雅飭可讀祠廢僅存神
像耳廟祝老髯蒼古可觀鈔大傳十葉
十四日晴陰早起倪恭人請厚夫與余爲其門生覓船得一衡山船遣令
過載辦理尚如人意葉生頗快歸鈔大傳十葉夜鈔八葉四卷成共百

十八葉明日當序而存之夜半葉生來謝舟
十五日晴早起聞舟人與在和口角起呵止之倪宅內媼旋又口角何秋
節之熱鬧也飯後遂呼水手盪舟至張秋買氈貨牀氈稱四六大氈行
鋪則云三六又有氈帽氈包氈女韈桌氈爲買需用者九兩五錢此處
平用漕加三稱亦用漕釐三可笑也夜歸月不甚明和衣假寐至曙起
望月猶可三丈許
十六日晴陰曉發行六十里至彭家口入黃河汊逆風不能上未午而泊
登岸至西龍山看村戲山去東阿十里產石乾隆中縣令封禁以民多
避水上山欜鏟平之也夜向德定齋借運河水道程記鈔三葉
十七日晴北風帆行溯河六十里至戴家廟清秋朗然黃流激湍意興甚
王前舟入汶後駛行不泊遂亦銜尾而進至夜行三十里泊王家莊汶
上地葉竹香來言其曾祖名之鏑目睛有赤點如豆明察秋毫能自見

頸髮八十餘於稻米上書天下太平字膂力過人終於縣令
十八日晴纜行四十里過分水龍祠祠當汶陽祀龍神及宋公白老人初開運渠引汶南流北水不旺白叟指其地令分水南三北七害已不見宋公則明河督也余至祠下視其水所謂投稻秸而分流者必不可驗漕渠成否無關國計何勞諸神出爲護持是知人力所幷神祇亦爲所轉至今思之殊多事耳北漕永不可通則燕趙尙有富强之日天生貢魯以誤明淸仰食東南騷然煩費至於南糧旣阻海運方興誤解禹貢甚於莽讀周官之禍他日有明君聖相宜采斯言矣過祠十餘里渠旁林樹幽映水流靜碧樓船相接頗洗寒傖曹鏡初至徐揚而始辭洛塵已爲晚矣夜泊寺前鋪汶上地是日行七十里
十九日晴早起汎舟望汶濟西南湖泊瀰漫民田村舍盡爲巨浸皆河水所灌也江湖水入退卽淤沙數浸數枯沃壤爲漠最害於地利者也若

不急治齊魯亦無以自給而江淮愈爲人所覬覦南北交困矣行六十里至濟寧寄書徐黃周三君伯澄先生侍郎閣下奧平快聚撤欲忘歸江湖之人復知闕下之樂以主持風雅如東海之納川也漕渠秋清游入秋低南面北斗俱在天涯擱璇涵與勞於轉數非有輸蟲皇代蕭蘇但浮雲四顧蒼門遠望歸游招致亦健歸人今寄上近作詩一篇井補注書大傳敘一首聊當面謁見寂寥之蹤致期奇賞之獎成聊傾將書以樂空谷短跂率謝敬頌安和不宣自庵大丈學士函丈北行南返自致途窮獎許之餘加以陸餞少陰以左丞一歸其旬而向首清濟以此況之當何如矣臨行三會甚樂而從者不來趙以奉辭又聞臥疾歎然惘然歎此情而還耳濟渠風水順利於仲秋中旬竟違沽寧途中補注尚書大傳四卷紗序呈覽還山再當奉書先謝厚意不勝區區未步健塵尤孤至望但奚曉岱仁兄年先生御史京華假館飄紀綱纏蓉桃杏各有其時他日華年終持白帖耳濟孤安泛秋色清佳問店縣舟一夕水至渡黃百里皆得順風以此卜之頗獲天仿悵河流到濟沂兗淪胥觸目波濤慨然有雖河渠與農工之想恩深委綍不復顧歸候丞南昌當謀實官三年之後賦亦百萬錢粟傳而行鄰國矣因倪宅致書先附申謝晚與厚夫同入東門出東門還從南門登舟河督署已爲茂草云二月曾一至州州官亦出城中頗繁盛泊西門
廿日晴熱可單衣舟人覓帶小貨請停一日薄暮過閘至西岸閒眺還夜雷電風雨甚涼
廿一日晴東風甚壯不能帆傍岸行風稍定渡南陽湖采菱作一詩云湖天中期然樂波縱虛棹秋鷺亂激鮮輕陰愈光照渚渚臥隨(浮夫以滿膠似泉鑒故改爲渚渚)較明孤晚空清信無邊逸興闊已對微波積深宵晴霽歛寒峭文鱗旣承檢浮藻若可約偶爲持竿人因歌采菱調游隱岩異情欣符從所好煙閒防山秀樹密湖陂奧壓國久已遣長諸涉江採行八十里泊南陽閘下西岸魚臺地夜不寐
廿二日晴晏起未發放鴨閘下初舟人獻雞鶩各一爲節物余未欲殺之散放倉中工人恐其走牢繫之昨夜有客附舟空鴨倉居之遂繫兩足置船頭一夜解之不脫刀割其繫投使從羣雖知終被刀俎且令得一時適倚窗觀之殊快意也甲子秋在江南道中曾放八鳧入水皆不能飛游卒爲傍舟得烹之鴨本不飛而游泳自樂物固有以無用爲用者夫舟人憚行詭云當待風泊一日夜寢甚安
廿三日陰行七十里泊徐家口舟人曰徐家營爲鄒縣地西岸日尙初西同行舟並停也

廿四日陰閒甚無事讀郝氏爾雅疏將刊補之憚繁未起手也帆行九十里將泊郗山隸地東岸見後舟不攏怱怱復發四十里至萬年閘未欲泊也間版石啓又芒芒而停西岸嶧地沿湖石隄數十里蘚滿勢亦今替破數矣是日從湖中行可五十里蓮芶猶綠湖水不及南陽
廿五日癸未寒露九月節昨從隄上望湖水案郗山湖卽鉅野澤也禹貢大野屬徐州周官口州漢書山陽水經注云南通洙泗北連淸沸郗山湖正當之大傳云鉅野蕿今澤中猶多薐芡矣行四十里泊臺莊嶧地東岸有保甚大至關祠一軍官讓入少坐言昔避寇入保者共三萬餘家舊設臺莊營參將分八汛兵六百餘人今裁減猶五百人山東人相見皆讓路問答皆起立甚有禮異餘邦也
廿六日晴行八十里泊一村莊下邳州地曰張家莊非正地名也前數里曰某廟乃站口以其名廟亦嫺問之夜數覺

廿七日晴行卅五里泊陶彎凡燒匋器穴名陶以必依阜爲高也許氏字書有窯字从羔聲自是瓦陶別呼而今人以爲古寫形聲相遠强附爲文舍最古之臯陶字而不用可笑矣登岸行保中見宿遷龔令催湖課告示此間物產豐殷米肉價賤殆沃土也然民氣殊寥落無歡意問實人云呼有土寇劫掠自余初經此已然未知予自悲羈旅而視人皆悲耶抑民果不樂耶舟人不行任停一日

廿八日陰晴晏起舟人亦晚發同舟人皆不催問余屢欲詰之以異衆而止行七十里泊宿遷縣西岸東門外與厚夫入城步二里許城小而低下形勢頗秀買絲帶六副婦女繫藕覆及袴履者雜色者六百一兩大紅者千二百一兩猶可減少不便與市賈論價故隨而與之宿遷城在大道西余前兩過皆未入城城中石路亦無車轍城門有軍官捕賊告示云得賊馬驢招領又言高粱茂時刼賊輒來蓋習俗好剽掠也感事作詩云東道曾三宿秋城始一看纖鉤民利薄繁帶漕堰寒路馬方戰稅榷牛自揭竿空留米肉賤疏道吏民安夜客逢秋版傳擊似喚人蘆花涼自蠡城火望來眞苦戰雖然坐豐年始見貨弭兵殊未得何處覓風塵

廿九日晴是月小盡桃源縣寄鬫尹杏農作八句云御史賢聲久才多困一官上術丞圖易持翁看山雖作泗波瀾小江淮桂樹寒桃園津要地休作避秦看行七十里泊蛇渡桃源地東岸

九月戊子朔晴早行廿里過桃園驛衆興集有商船欲逃釐託云余舟而不余告巡丁覺之拘繫一水手而去捶打出血余視之兩俱可惡遂不過問催舟急行五十里泊馬頭西岸清河地

二日晴甚煖早過天妃三閘行卅里至清江浦未過閘爲江督船所阻不得前昨聞滌丈至此果得相遇急往尋之而巡捕以例依班傳帖久不余達待二時許矣若十年前必直入大呼今老不可怒遂待至三時許而後則通相見甚歡左右以爲未嘗見客談笑如此甚矣權貴之不可居也詣見客皆不能歡則其苦可知余欲以所作經說質之滌丈而倉卒不盡懷自請同行至徐州而後仍還淮安舟中可快談又聞鏡初亦在此遣問云淮揚鎭道公請相侯作陪客去矣已而鏡初游說歐陽健飛持帖來迎余音尊三席左則錢楞仙右則張酉山主人三人營務處二人一則李勉亭十二年不見矣幕士二人一爲薛叔昀曉帆明府之子其弟與余同年一爲陳磬齋看戲七齣見王小二過年因語滌丈此必中堂點也曾問何故余云初起兵時已欲唱滌丈大笑因遂請和季高曾色甚愉但云彼方踞百尺樓余何從攀談戌散還至鏡初舟又過勉林舟三鼓還舟作書與吳竹莊送桂志一册書與豹岑告別又作書解一篇雞鳴寢

三日晴未曙有盜登舟榜人覺呼而去余遂起至辰車行卅里飯於魚溝道州旗旐車馬甚盛主客不相顧余無所歸欲入轅門則曹薛陳三君均在外王人雖尊不可加於幕府王人客也幕府賢也遂從其類依鏡初爲余爲薛陳二君言湘營舊事薛云李少荃云自鴻章出而幕府廢人之無恥有如是耶少荃首壞幕府之風以媚福濟者媚曾公而幕府壞軍務壞天下壞曾公亦壞乃爲此言故余不得不記之君子表微恐誤後世也夫記此言於草紙簿中何能示後世然一記則少荃已服上刑此春秋之義也又行三十里宿衆興集一日未見主人羣雁淸唳殆似家鵝

四日晴霜寒至午乃煊行四十里尖仰化集桃源地有桃園驛又行五十里宿宿遷縣鍾吾書院是日兩渡漕渠夜詣滌侯談修志事滌丈似以善惡兼載爲不可

五日晴煖行四十里尖早河宿遷地供帳於龍神祠遇徐海道吳子梅及直隸營官吳小軒名長慶武人也而有文氣又行五十里宿舊邳州城康熙七年前邳治也明河患淪於水因遷治今城去此九十里舊地割以益睢寧即於舊城分界是日邳州差人爲兵所捶而逃余飯於歐陽

健飛處與勉亭同坐食蟹蝦俱鱻在和與鏡初之隨兵爭利而鬬余諭
止之而令在和謝罪兩怒俱解可謂善教也詣滌丈談
六日晴煊甚驛道洼水迂道行三十里尖石牌睢甯地柳將軍廟有老僧名宗持八十一矣健而和又行三十五里宿雙溝銅山地與鏡初尋勉亭至街後一冢書明烈士王載鴻墓視其碑文云烈士明季諸生靈璧人與妻曹氏同殉甲申之亡僅傳遺詩數首冢中二人適與冢外二人同姓亦因緣之巧也勉林與篤臣健飛同寓小軒亦至詣滌丈問疾夜與叔耘談人材約盡一燭未熁而寢聞外間人聲如蒼蠅初不爲意已而有言急取溼絮知失火也起看已然透屋頂遽呼鏡初挾襆而出念吾家子敬雅步下牀非不可學不必學也同寓人俱出余乃至行轅呼材官派兵救火又尋巡檢出救又至勉亭處呼二營務大人起勉林出視火余踞健飛榻外徑臥一時許事定已丑初矣未失餘物惟去一燈盞耳

七日晴早涼午煊行五十里尖於楊家洼楊絳州別業雜花頗豔有村落秋興又行四十五里至徐州府城銅山縣城外一水蓋睢水也城低於隄一丈餘隨制軍居考棚兩問疾日記本得之火燄之中殊可寶也姓名
幻入紅樓夢夫壻曾登赤壁兵（戲贈賈小窗姻）
八日晴煊出訪徐海道吳子梅世熊銅山令張金門振鐄吳提督小軒皆報謁也張與余爲乙卯同年廣西人年卅六又詣篤臣勉林方元珍名同謨皆不遇至健飛處少談還發京信與翰仙叔鴻廖伯審山楚瑛斐泉价藩筱林伯屛禹民滌丈來介見方子可元珍之子也程尚哉子來談
九日晴煊出南門至校場看操朱徐州供飯吳兵備爲主馬射未畢還登戲馬臺一無所有至雲龍山見院長劉慈銘星房都轉子也屬問何蓮舫寄銀事與談夏光遹存甫及夏宅近狀鏡初叔耘登放鶴亭石佛山余不欲往獨與劉坐久之待二君至蓉齋又來乃還滌丈遣問歸否因見新聞紙及李少泉書言法夷欲興兵端余正欲言方元琛至未盡其詞而罷
十日晴獨至城西門訪燕子樓故基正在城上今爲礮臺文天祥詩云樓在城東而此改在西蘇軾又云徐州城大而今城小唯戲馬臺在南不改耳還作九日閱武詩劉慈民岸元珍父子來談吳兵備張同年先後來送行蔡縣丞三來求見余辭之爲託兵備及張銅山求一差以其與夫人同姓也夜過滌丈談家事及修好左季丈事滌有恨於季重視季也季名望遠不及滌唯當優容之故余爲季言甚力正所以爲滌也此隙起於李次青劉霞仙而李劉晚俱背曾可爲慨然
十一日戊戌霜降中晴從徐州府城行九十五里仍尖楊窪宿雙溝雙溝

舊店火焚改館街後夜與叔耘鏡初同詣軍門閒談閱徐州府志頗雅潔
十二日早霧至午方晴行四十里仍尖石牌睢甯令劉君仟來訪涿州人未及問字而去又行卅里宿舊邳州閱銅山志銅山雍正十一年置以縣有銅山而名可謂不典弔燕子樓四絕句云煙鎖彭城暮色秋燒城氣復舊河流唯餘節度東樓月照盡繁華照盡愁羅幃留香被不溫紙帳寂寞報深恩安陵約死非難事爭及三妃淚竹痕洛陽[illegible][illegible]不同歸白楊空箱舊舞衣顛怪韓馮爲蛺蝶銜食生作一雙飛婉孌恩長一死輕舍人原不解深情多應愛惜花枝好不放鴛鴦白髮生
十三日早霧晨晴行九十里仍尖早河晚渡順河與勉林篤臣同寓夜踏月勉林言賑荒事宿遷令龔舜衡來談
十四日陰午後微雨行百里至仰化集甚早待薛曹陳三君至乃行到桃源驛雨勢已成大風微涼淮揚道劉受亭盛藻鄒人來談夜大雨見廷寄問李世忠

十五日雨寒車行泥中甚遲四十里仍尖魚溝三十五里到清浦吳總兵
家勝字昭杰以長龍船借我登舟先至滌丈處小坐回船漕標游擊吳
某來謁鏡初來同探勉林疾健飛送酒菜與陳薛二君同酌連日爲魚
翅所熏雖未一嘗而甚厭見之若連啖之不知作何狀也昭杰遣丁差
官來（泰州人）聽使
十六日陰晴巳發清浦行四十一里午睞過淮安未覺也起從窗中見城
門書額乃知之帥舟未至留待二時許滌丈招飲遣小舟來迎復牽舟
溯流二里得遇與鏡初同酌食粉蒸魚翅甚佳且飲且行廿七里泊平
橋乃還本舟夜過受亭舟至勉林處又相遇健飛並拉飲同坐者又有
篤臣朝傑田鼐臣觀飲甚豪爲之盡歡丑散露下月明惜稍寒耳稍坐
雞鳴作歌以記豪飲文多不錄
十七日晴昨聞蘇撫張之萬督閩浙何小宋移撫蘇受亭云山西撫蓋錢

姓得之至揚州知爲鮑花潭人頗訝之余言山西撫本京缺也近日遷
除皆在人意中又言景劍泉逼栅規天長令投水死涂臬使開銀號而
爲市儈所劫云欲京控涂講宋學固宜如此景似未至若是至安慶則
物議沸然然無如何巡撫猶可使小兒爲之總督一方重臣今不論賢
否但論小泉子青豈可踞此坐瑞由故相吳推舊恩餘四皆起軍功固
副中外之望耳行百六十五里泊高郵滌丈和贈詩一篇健飛贈銀辭
之湯衣谷遣人覓鏡初喜得相遇瘦損無復容光意趣亦減
十八日晴卯初衣谷來談至午出望露筋祠七十里過邵伯埭滌丈復特
設招飲鏡初同坐行百六里（水驛云百廿里）泊揚州徐寧門東南門也酒罷登
岸與鏡初同至會館見黎友林兄弟復訪蓮舫子偲丈蓮病偲去見楊
子春託其告衡州友人云余在此逗留之故健飛送袍料友林送紙均
受之叔耘來云劉開生至未得相見夜過勉林篤臣竹林友林先後來
揚州城中尙荒落不似蘇息時
十九日陰方子箴送饌過鏡初船對飲白雲輪船至瓜步來迎帥舟纜其
後行五十里渡江十八里泊金山恆副統惠（字澤民）方子箴沈仲服（秉成常鎮
道新授上海道能寫北碑）薛世香（書常）師竹安（榮光）吳朝傑招陪滌丈會飲山寺登藏經
樓留雲亭下至山堂設席廿坐同坐者徐仁山篤臣主人二坐迭來陪
談惟薛不至戌散大風朝傑送饌夜過探蓉齋送健飛行李質堂提督
（朝斌）來訪言蘇州會館事託余致意雪公云勉林同來
廿日晴早起欲留船不前而進退皆爲舟塞擁至鎭江南門與鏡蓉耘三
君同入城至鎭江府前舊鐵甕城已毀鼓樓將圮登其右有明鐘尙懸
從丹徒縣門前出北門登北固山望金焦如兩鼓大江當前雄城助壯
實勝金焦也下至甘露寺基寺僧送至試劍石邊乃還登舟劼剛來省
親過舟談朝傑仲笏招陪同飲鏡初健飛亦至夜詣滌丈辭行滌丈旋

過舟送行並贈贐受之質堂送路用四品受之與朝傑借丁外委送余
車還劼剛要同詣江寧定明日待輪舟先移行李過仲笏船夜作書寄
伯足子偲
廿一日晴曉過鏡初船早飯帥舟往丹陽從舟畢發乃同劼剛至風神廟
仲笏所掃除也健飛與成楚材副將設飲祠樓金安清眉生來訪劼剛
同坐至席散乃去未相問訊也（時時橫賦坐余財之金出問曾彼何人斯曾告之乃曰我固疑是此人）世
香竹安招同劼剛健飛飲於金山寺觀東坡玉帶及　仁宗賜硯及玉
佛像戌散舁還仲笏船健飛來談是日泊鎭江關下
廿二日晴辰刻過健飛舟早飯白雲輪船來劼剛要登舟委員馬漢卿延
坐中倉仲笏送饌談飲舟中酉刻至江寧移行李過鐵皮輪船遣丁外
委送樸被至吳子登寓己與馬令步行入旱西門少憩馬宅呼輿至夫
子廟尊經閣吳寓子登出見留宿書齋丁外委甚能先送樸被入矣投

夜入城事頗皇遽得主甚喜也
廿三日早起桂香亭來照像因約游莫愁湖先至書局訪戴子高張文虎
出水西門登湖樓小坐循步檐至小亭香亭要飲其寓戌散聞子偲之
喪過弔其廬復訪梅村喜其健在也問藺露枯之說云俱見呂氏春秋
又告余以諸子校本亥還吳宅
廿四日晴早過督署見劼剛兄弟及陳嵩生粟誠頗拳拳相留爲之久坐
出還吳宅與子登同出買馬褂一件及帽鞋等遇厚夫侍者朋九衣飾
甚都劼剛贈史記國志子登贈墨車照帖酉出城至下關登輪舟已夜
矣出江寧城若冬日須已午便行否則不便與歐陽心泉同伴牧雲長子因遣丁外委回瓜州
管船委員邵紫成同知處我以房倉夜煊甚
廿五日晴卯刻開行百廿里泊蕪湖補憶金山詩寄方子箴長江雙島瓜步頭金山南
路看客舟輕險覺日歸烟鐵愴然萬頃當清秋漸情不數孤游樂雖鑑寂實招蟻鐵撥金伐鼓橫大江饒吹空響搖旌旛元侯臨軍好整暇始

上浮玉開晴留賓餞衣冠盡英彥了了山川眼中見豔連北固起樓閣濟隨東海臨銀練古往今來同逝波江南江北興亡多人生隨境作哀
樂蓋令景物如空華安知至人有眞賞坐收元氣清山河江淮大定經八載往者非復平非頗紛紛治亂偶翻覆亦如江流變平險馮軒把酒
呼浮邱千年不改焦山綠水中蛟鼉邪敢橫天風但有波濤縈爽舟雙輪作前導一綫牽遇微瀾生昔思駕黿訪龍伯移山轉海何由得卽今
彷檻看挽繫爲里蟹帆過枕席山堂遙遙形神閒蕭然暮色聚山來主人金罍不辭醉更傾秋水成新醞靜游適遂亦偶耳高軒欲去須還迴
出城列炬喧江上舳艫安閒笳鼓壯留雲亭前夜盈空山色娟娟佪向罷舟四去江湖間門前靈境唯君山巢由有時在冥孤鄉枚未睡游
梁園試將婉兩比江海登令臨覽歎絕驚他年披襟訪日月且勝蓿石鎖蒼烟
廿六日晴卯刻開行百八十五里戌泊荷葉洲大通對岸江浦也是日癸
丑立冬節
廿七日晴風稍涼行百八十里未正泊安慶西門外步入藩使署訪吳竹
莊留止署中與管才叔對榻見許餘山錢榆軒竹莊客也竹莊以酒後
忤英撫乞假一月有去志留余換船移行李
廿八日晴煖飯後出視吳舟旋登岸才叔前求母墓碑未得寄稿令鈔一

通
廿九日雨竹莊設宴餞余有畫師同坐
卅日晴爲吳竹莊題延窮圖四絕句贈余藏墨絲帶莊子注廣列女傳指
月錄及夷錢四十枚皆受之未刻登舟
冬十月朔戊午晴北風帆行百廿里泊華陽鎮船窗清敞天水朗然心數
歸期不皇賞咏亦可笑也謝康樂云周覽倦瀛壖況乃陵窮髮彼以久
居羈游耳余水行七十五日飽於煙波留此佳境爲他日臥游之圖畫
且以見塵慮之未消矣愛緣所牽如蠶自縛則何貴於學道哉作書寄
伯寅笙谷正孺雲生馬雨翁敖金甫張竹老並謝餞行
二日卯刻將發大風闌雨暮飛雪片漉打舟至岸口三版勇丁助掀之一
時許乃得水仍移泊昨纜處子偲藏書僅今見在壬父積愛變落何方此中大有得失劉得直鄉窮時方爲自在
終不成子偲不知亦將不去也蓄後人議論者

三日晴始寒衣裘南風舟復不發閱指月錄大似白日見鬼當時諸僧亦
復錯送身命故佛法至宋衰矣雖然勘破竟不知露柱是何物
四日晴南風仍泊故處夜大風舟振蕩不安因作文引子路縕袍事不恥
狐貉謂雖貧賤而見重於人非己不慚也貧不羞富稍有識者能之況
狐貉非貴人衣正使子路與鹽商立何處可恥乂下文不忮不求別是
一事非孔子稱之　類記之耳不忮害人不求責人則人不怨之子路
所常致力者子言是亦一道耳雖不臧何足爲臧蓋人貴自修不徒免
怨故勉盡之如口說則一予一奪何其太速
五日晴舟人待風四日不得乃勉行西風正打頭也望小孤單椒秀絕似
園林片石作詩云徑欲移危石當門作翠屏金焦未辦絕雲樹倚空玲險歷江流去幾數日氣清風波太孤冷揮手謝仙靈
百尺岑樓在畔工雲構列年來喧鼓角天遣助江山血漲看猶涌沙隨影自閒歸舟何太急猷欲趁風還還韻神理不匱
有江上峯青之樂行八十里泊太平關彭澤地夜讀莊子外篇十五篇

六日晴行四十里泊龍潭口日方西也舟人通呼柳絲橋橋在口內十五里余十年從湖口往建德嘗過之亦通饒州也剃工言今皆湖北倡家賣酒唱歌爲業口岸棚屋數十間茶煙館居其半橋市亦如之起同治時聞之慹然昨夜不寐偶作子偲挽詩成二句日間遂成卄韻凡十八折轉無唐以後言筌眞名作也惜無人賞之閱莊子雜篇四篇外篇皆莊子所作文有首尾銜貫異於內篇分段也雜篇同於內篇同自爲段而無甚精深寓言爲周自序列禦寇篇弟子記周雜事天下篇敘莊子全書其文雄深蓋高弟子所作讓王四篇擬莊子而作文淺陋可閔大似楮先生一流人所爲必非周秦人

七日晴行卄五里至湖口登石鐘山最高處爲飛捷樓亭院十餘所石洞最妙雪琴專營之而復舍去真英雄也吾所不及裴回久之還舟入彭蠡卅里泊大孤塘竹莊爲送余舟稅費卄金虛承其惠甚爲慚荷凡行

途宜少詣人殊悔孟浪耳本可一錢不費而至漢口何苦以豬肝累人

八日晴泊姑塘還關稅稅丁丈船當稅六兩九錢依錢價折至九兩余登岸買磁器兩席白定百卄八件博古百卄四件九子盌九件共錢卅一千有奇合銀十六兩有奇午初開行順風揚帆過彭蠡作詩一篇如有神助又寄題莫愁湖亭一聯云（同治十年重新莫愁湖亭桂薌亭司使要游衆題余案樂府詞莫愁河中人據盧氏盛亦北方名族而石城艇子設者技異甚區實佳名流傳闕賦如宋子齊姜之比不宜儕之藍小艇眞氣也故爲引附以詭好事云其覿）（他北地臙支看盧艇初來江南兒女生顏色消受六朝金粉且看山餘黛春時桃李又芳菲 儘）船窗清閒望南康城在西廬山隱於煙霄益知禹貢東迤之說爲指鄱陽湖鄭說精確也太史公登廬山而觀禹疏九江自禹以後幾人有此盛覽遠公謝客未免小眉小眼（小眉小眼壽堂語）余今日所作詩方直接史公一吐壯氣也行百卅里至吳城登望湖亭似勝岳陽樓小童開窗余心悸似驂中常登之危樓但不見水耳夜移舟過對岸汎下十里泊竹莊所居吉山三更始至

九日晴竹莊寄家中信物舟留一日作書與荇農錢師滌丈鏡初勉林壽山午至吳宅半畝園地甚小而亭室狹矮饒有別趣藏書滿萬卷亦足自豪

十日晴南風甚煊移舟仍泊吳城作書與香濤竹莊果臣方子箴遣問陸路可行否云大水斷道一日不能至

十一日戊辰小雪中晴行六十里過昌義有巡檢泊橋下有水師營計程不足百里舟人妄報耳

十二日晴煊甚行五十里初泊雞籠山移泊楊柳橋去城五里

十三日晴早至江西省城泊章江門新建地滕王閣故址下當余卄歲游南昌初不自意能成立如此及余卅歲重游又不自意不富貴如此今余卌歲三游蓋不自意老大如此城郭舊游已不復憶因令吳守備導至鏡海寓談久之留早飯出訪邱雲齋與同出尋舊書詢莊木生店已

閉矣浣薇軒頗有書籍價不甚賤只購詩紀一冊又覓故衣不得獨訪霞軒聞壽衡復補侍郎頗出望外然余早爲香濤言之矣還邱宅晚飯鏡海遣迎去宿其齋

十四日晴霞軒招飲命肩舁先還船犒賞水手作書謝竹莊入城赴霞軒之約鏡海繼至霞軒第五子字又霞今名鵬運補御史將出作監司矣年卄餘知慕余莊子之學因令出陪席散已暮至邱宅少愒鏡海招飲楊素園李芋仙作陪素園名照藜補用知府余卄年熟識每至必見之然未來往也亥散留何齋鏡海言所作駱文忠江忠義諸人挽聯甚佳又高談學問之方則甚鄙謬蓋文學不可以聰明悟得也比夜主人去獨坐看盪寇志至四更說部而有其子跋語云先君子所爲亦天下奇聞也

十五日何宅早飯鏡海從子出陪亦云少時嚮慕余名至今猶憶之飯後

出遇吳穎韓吳不識余矣余聞人言吳取妓爲妻妻復爲妓人皆不齒
之余遂呼吳與言要其同至邸寓與雲齋覓舊書得晉書配余十七史
中所失去者復得書錄解題亦難得之本買尺木堂紙筆暮還邸宅送
其二女銀錢二枚買書價銀十兩芋仙贈余墨子韓非子荀子春秋繁
露雲齋薦隨丁張貴至昨日過孟辛外姑之門因入視袁夫人光景甚
窘因遣人問有書與其女否袁夫人言寄聲六兒婦六郎柩須早下葬
云云午過楊安臣致壽山意安臣夜來答謁並送程儀五種受之鏡海
送銀卻之雲齋招同安臣李仲寅夜飲鏡海來談至亥去
十六日邱宅早飯未熟先登舟命過載入城游湖心亭東湖水淺狹不似
當日矣過芋仙未起前日遇文竹雲因過訪亦未起也還邱寓霞仙送
銀自來致之三辭而後免飯後登舟穎韓來談并送齒譜易公申所作
申刻開舟移泊文公廟

十七日晴遣問舊唐書殘本索價銀八兩遂置不買辰正開行六十里泊
岐山豐城地注墨子四篇
十八日風雨頗寒似冬景矣行百廿里泊章樹清江地注墨子七篇墨翟
眞鄉曲善人也專憂人之國而患其貧寡雖知尊賢未爲知本雖曰救
時仍治其末差可與荀孟同功尚不及申韓也夜雨敲篷擁被穩臥
十九日陰時有飛雪行六十里泊灘頭臨江府城西北卅里清江地憶王
子冬過此遇雪坐一破篷船攜一蠢僕泊舟中流至午始起喫羊肉麪
一大盌吟白雪之曲意興甚高不知何等樂也今坐官舫具廚傳行裝
甚富圖史左右不唯詩興不似往時即羊肉麪亦不欲喫此豈境能移
情蓋少壯自豪老大自衰雖以吾强自標致有不覺其穨然者然則索
乳爭棗栗時其意氣當復何如夜閱墨子一本
廿日晴寒讀文選詞筆八卷注墨子經說廿餘條行六十里泊羅阬新喻

地
廿一日晴陰讀文選賦六篇點墨子半本行六十里泊新喻浮橋上東岸
廿二日晴行七十里泊嚴家渡分宜地
廿三日晴行五十里泊澗前彎分宜縣上有小浮橋甚整潔題曰春暉橋
稍下有高閣曰瞻岵亦有佳樹臨川先將往游之以其名似講學家又
既曰瞻岵則游客當助主人悲思肅敬不可嬉游故止不往也看荀子
四篇荀墨孟皆務詆人以自申然後知莊子之道大也夜夢當有怨者
來殺我或劫我甚懼而無以待之獨寢一榻屏息以聽既而聞屋上有
聲若擲樵蘇心以爲至矣甚戰栗單衣而起一人短衣執箕帚入不相
識也起而迎之强云天寒取衣自覆其人乾笑似以我爲强顏也已坐
而言君妻果能明余頃知之習矣又問畫扇已有人先畫之耶取以示
我余心喜以爲怨解矣佯不知而索扇有一人持畫譜來則僧鞋菊花

四本下方一叢每花上題一蚨字其人悔恨似以爲不知而致誤愧其
不若人也取以拭手怏怏而罷余竊喜免於大難又若前此已經斯事
更謂之曰花上題蚨字蓋此花即靑蚨耳古人題以爲記故今傳之云
云此夢甚異因起記之
廿四日晴注墨子八葉閱韓非子一本行四十里泊石壁過午而停
廿五日壬午大雪節昨夜微雨竟日陰行卅里午初至袁州府城泊橋南
遣覓小車五兩運行李每車六百文一挑五百文一轎千二百文送萍
鄉本約即發裝畢已暮行李先去宿店中余一人留船上靜憶北岡山
之勝欲作詩將一月未能道隻字忽得句云江流半天地高城慨陽服餘燎未及寧爲山何壯故
奔情極遠流豈憶鳥雀亂長風過我前收盧坐歲蠶平皋引遙遲悅者在堂陰雙烏左右之蠶卵夾我側空明白日光黔與浮雲來安知觀聽
中平俯陵九坡願學成連子擧舟滄海崖
廿六日陰雨不濕道耳舁行七十五里宿珠亭山道上頗有土倡留客余

初詑之旣而思宋玉賦云逆旅主人之女爲臣炊彫胡之飯則此風最古余自少所見耳因和顏接之

廿七日雨行七十里宿水口萍鄉西八里逆旅婦泥余不去與之四百錢乃免乘再三謝之彼婦甚歡也柳下坐懷未爲難事所難者如阮籍眠鄰婦側而人不疑耳余素不逆人之意尤懼逆奔女之意頗以自喜爲作一詩紀之文錄於後

廿八日陰晴甚寒行廿里至湘東覓舟而發行卅五里泊見頭洲舟人云有神人網仙鯉逐至此處鯉魚舉頭中流網之已去至醴陵下網誤罥石壁鯉遂升天至今壁上有魚形也呷郴賠逆旅主人女浮舟就滌口粲棵度醴西喙風卷行纏密雨霧路歧欖燈始欲照彫胡方自炊嬋娟主人女瞥客紛昏時低裝工巧笑撥袖掩冰胭袜香長饋乳絲柔穠薄肌掠情燭應揣非眠服自垂不綠心豔蕩唯儀容盛良勞宵玉飲徒密意久熙知揚子有爭席長病無麗衣常羞孟氏幕將抽叔子羨留君愛款款逕余情自持思多長夜短室閣曉寒疑脊脊門前路繁霜徒見歎(戊寅乃改作闕攤釉句不似冬日詔掩作捻又鏃仄所詔眼於一字古人言夜長夜短者多矣恩多

夜短未經人道可謂百鍊之句與山谷若雲只是工轉換耳惜不令伯元見之

廿九日小雪陰午前飛雪行廿五里泊醴陵橋下一時許復行舟人欲至家投夜泛灘六十里宿石亭醴陵地聽櫂唱山歌文情幷美有古詩之意大抵借男女之私以勸誡村人乃知風騷美人之詞託意正如此也又有裁衣歌云我的衣要聯魚骨頭一般裳託暗託肩非柔邊麤麤棉布要做緞子般的風邊殊美且見一時之制古樂府不過是也

十一月丁亥朔陰晴北風作冰甚寒强行卅里宿瀌口醴陵地讀齊梁陳詩數卷古豔詩唯言眉目脂粉衣裝至唐而後及乳胸骹足至宋明乃及陰私亦可以知世風之日下也余作諸詩惟昨一首言及乳故記其言於此

二日晴凍行卅五里至淥田登岸見叔父健在喜甚又聞吾家有一人入學尤爲大慶自余入學來廿二年矣家中無人應鄉舉者又十五年衰族之可嘆也得一族兄死余尙負其一篇文字當還尋補作之換舟至

衡陽悤悤一飯而行十五里宿花石戍仍吾縣地杜子美泊舟所也二妹家傭嫗李氏子附舟還鶴橋

三日晴大霜行八十里泊黃田衡山地

四日晴嚴霜滑不能步南風甚冷行三十里過衡山縣未泊又十五里至雷家市

五日晴霜余廿六歲始於建昌道中識霜作賦一篇而佚其稾今又十四年而知衡湘故自有嚴霜若此之厲也川光爲霜所蒸晴日如霧作書與劉峴莊峴莊先生侍郎節下伏處湘瀕聞高名舊炙綠晦異趨來由相違今秋在江淮滌丈盛晉節下之美以節不可不見至南昌旣軒亦云然然聞遲客游九州寔於介紹穫門韓嚴恐適儀賢侯下士之名故不敢徑謁也鏡湖深馭知黨亦晉不可輕千空懷蓋仰失之夾穀歡甚方今時政因循兵氣未靖士女游惰修旅日增香鄉伏莽尤多江淡殆無復綱紀聞有能政如節下者雖在山湖猶思自結況異苦同岑交楡映社者乎他日緣會絡當抵掌舉軒先此道意以代國門想宏遠遺攬恕其率爾敬頌台安不宣王闓運再拜峴莊於督撫中有能名故與書試之又書與李若農若農先生侍者自乙丑在淸苑閣黃御史傳稚意采訪及於非材感荷皇惕恨不得一登門也今春以赴試爲名出尊通彥至京師論名品者無不以執事爲稱首中心欽欽務欲一當故迂道南昌就詢韶車竊以爲若在康九宜臨吉瑞之間猶可題傳駛馳蓮竊冰紋乃娟娟秋水道在東垂別家經年役車歲晚悵然四邁勞也如何香濤與閣運一見歡然十旬歡洽雖才謝若人而譚蒙引納獨不得與執事上下其論以部部憒問問存存誠不白已故於運山遣書相聞以達十年運仰之忱江四素多文人今當選頁搜岩訪穴必有國楨瀏覧名邦定多賦咏儒承相示幸甚無運十一月壬辰闓運叩勤善化許次蘇者以奔走形勢取官一攝鹽道致貲巨萬晚節滿足恣意自奉居揚州操衡纖以候交游甚自得也長子娶同府王氏女貌陋性剛積不相能許溺愛其子亦厭王氏許子嬌逸惑於野容揚妓豔者號曰金珠金珠有五最名者爲洋金珠許子娶以爲妾妾之入也涇渭相形鳩鳩同室嫌猜日構婦愈不容會其有身謀因產而斃之王氏知其情迎女以歸及生一女遺信報許許父子因此枉證報書離昏云非許氏之種女方在牀聞信號踊卽以剪斷女喉因自刺死死之日許氏次子卽見嫂至發病譫言其婦審知嫂聲焚香跪禱言非其罪卽作鬼言渠兄非

不能書何爲代作離昏今當索命先須爲從呼譽三日而死家人皇皇咸謂冤至次蘇自恃錢神以己福厚不爲意也未半歲次蘇發狹見其婦來寱語喃喃唯懟非己鬼又附言汝家之主咎當有在音聲朗然聞者悚栗如此旬日病遂綿惙稍醒謂子此事發矣吾不能免汝宜慎防渠後六旬必來索汝言訖而死由是王女之厲熖赫淮揚道路言者至不敢有偏斥常若王女之在傍也越六十一日許子果暴疾而亡或遂言洋金珠親見女君指而詈曰汝亦當死且留汝寡居數年亦後殛汝余至淮浦聞之灼灼即今歲六月事也余謂曹鏡初言天下事矯枉過正但取快意非聖佛之法也王女一死而報以三命報之過當蓋由冥司諸祇瞋恨最盛助之爲虐以理論之此女徒增罪孽矣若能化冤明親達之大道許氏父子何足翦除王氏超然永離鬼趣而爲此過甚荼炭一門雖足快一時固非至道之所喜乎何鏡海明恩怨者也乃以此

事爲足勸懲勸余記之今世俗驚呼之聲曰阿呵字見趙書隴上歌阿呵於乎奈子乎嗚呼阿呵奈子何呵或讀若火或如字阿則皆讀上聲又余嘗與香濤論欸若字用最廣而無正字亦不見他書也是日行八十里宿白馬料衡陽地

六日晴行廿里午至衡州城北泊石鼓山晉庚闡爲零陵刺史時有詩自鳴鐘始見舊唐書云拂菻有候時金秤菻方叢法琅西也以其有墜故名以秤登岸詣程宅主人適出坐久之其子師段晴籠出談乘輿訪張蔗丈不遇復還程宅春甫回聞劉撫解任吳子健除湘藩商霖還談久之留宿春甫前齋

七日晴

先孺人忌日呼舁三人還石門竟日不食未昏到家𡖂緹已還母家矣功兒於五月從𩿿臣讀書彌之赴蔭渠招至桂林豈欲出山耶五月十日六雲生一女至今始知之名之曰滋小名蒲芳滋者多也女滋多於是矣夜與子泌談常寄鴻亦至子宿側室

八日晴留寄鴻半日談與子泌談竟日功兒言其在長沙取經課曾列第三未假人助甚可疑也

九日晴豐兒不問而擅出余罰令作履霜操不成當遂之已而作六句尙通順亦未知有假借無

十日晴子泌欲解館勉留一日令作數穀爲錢子泌乃要功兒外游不歸余待之至暮不得食戌飯不能多也子泌問祭仲行權事公羊傳言是不可得則病余未得其確解也

十一日晴子泌去行李船至暮到石門晚檢行篋在和守舟乃先私還耗失賜之殺有軍中習

是日丁酉冬至余以衣冠未備遣功兒行禮

十二日晴比日連八曉皆霜昨今無霜天氣稍熖海棠霜中作花余歸尙

餘三朶六日不謝盆梅亦發矣爲豐兒倍春秋禮記各一本

十三日陰熖更衣小毛豐兒倍書至從服公子三妻爲公子之外兄弟文有疑難因命作解亦尙通順功兒作文仍無章程以余觀之豐兒尙少進也

十四日陰爲豐兒倍書點禮記明日將告至齋宿於寢

十五日陰暮雨鈔禮記三葉倍書二本是日晨起謁廟始理家政作書與蔭渠彌之𩿿臣

十六日陰晴鈔禮記三葉爲豐兒理書帉女始學仞字即識十字因事多嬾專教之耳

十七日陰晴鈔禮記三葉解婦人不杖據禮記以爲出嫁之女子似勝鄭君也

十八日晴遺書及土物送雪琴得其回書倍豐兒書二本禮記全不上口

亦姑任之鈔書三葉夜月甚明
十九日晴讀禮記一篇鈔三葉檢衡陽志槀王姓來欲求一文弱事給日
食無以應之許以月千六百文請來鈔書約以十二月來豐兒倍書二
本
廿日早陰午晴鈔書四葉倍書二本帉女念母攜之出游鄰狗噬殺一鴿
蒸食之夜飯二盌歸家後甚加餐也
廿一日陰敘志槀一篇鈔書三葉
廿二日陰檢衡陽錢漕數目鈔書三葉王生蘭臺來訪談尙書
廿三日晴鈔喪大記一篇成共廿九葉
廿四日陰煊甚算衡陽錢漕未得總數鈔書三葉始命功兒鈔書牋每日
一葉
廿五日晨雨竟日陰鈔書三葉自檢書牋命功兒每寫一葉輒送余牋之

廿六日陰晴鈔書三葉檢衡志作書唁俊臣幷寄奠分請顏接三致之書
與筠仙是日壬子小寒節
廿七日陰頗寒六雲遣鄧八至城爲余辦生日食物余不禁也笛漁來送
儀兄墓志四十分雪琴書甚有法格鈔書三葉
廿八日陰攜帉女出行山間家人爲余張設兩兒放學鄰人來送慶物者
十三家常吉人自來送酒比暮笛漁復來留宿內齋吉人宿東齋夜飲
食河北麪小米粥
廿九日陰微雨早起家人幷賀生辰李福隆來留麪共三席午閒隔岸三
陳生兩王姓送禮來幷留飯及鄰人凡十八人竟日喧擾至子乃罷常
生及李客未午飯去吉人仍宿東齋
十二月丙辰朔雪至地已融午初吉人去余少惕命家人檢張具
二日陰晴鈔書三葉王蘭臺偕羅春根來訪夜作書寄湘潭長沙各送京
物
三日陰晴遣張貴下湘鈔書三葉夜得殷竹塢書送衡陽圖來遣曾昭吉
齎至留宿外房得孫君貽書問作文法芝房之子也
四日陰鈔書三葉王生來鈔周易館之外齋昭吉去命六雲試歌唐人絕
句六雲云四句嫌無尾聲須重一句唐詩唱陽關第四聲爲勸君更進
一杯酒此言暗合
五日陰早雨理志槀鈔書三葉常晴生書來問京物計所託買價八十六
金便以付之又得其母墓銘卌分沅浦書居然成家六雲讀唐人絕句
日二首
六日陰雨鈔書三葉理志槀作書箋
七日陰雪作官傳表兩篇鈔書葉半是日寒居內寢未出
八日陰雪早飯雪琴來留談竟日食餛粥杏酪夜訪彭舟已去

九日陰小雪至夜屋上可寸許鈔書二葉箋書一條王生鈔乾卦畢
十日雪稍煖鈔書三葉鄧三回聞賻緹尙留母家甚不懌夜月
十一日陰鈔祭義畢牋書二葉補連日所闕工皆訖說五禮五器依經文
爲證甚確
十二日丁卯大寒中陰鈔儀禮二葉呼縫人來作鋪墊作官師表傳成六
雲讀唐詩宼女講二首亦明白
十三日雪散學一日鈔書紙盡
十四日雪牋書二條夜與六雲池邊看雪連六日積皓未銷山如淡墨水
碧無波殊有幽冷之致
十五日稷雪如珠入雪有聲若碎玉
曾祖妣忌日素食設薦鈔雜記三葉
十六日雪鈔雜記二葉騎出道山田塍甚窄須把滑而行甚不調適數步

而還連日不霽山中人跡絕矣
十七日密雪早飯後滕緹攜二女從雪中還冷寂孤居忽逢良會始知風
雨人來之快意也夜遣人入市得力臣書云孟星母夫人已歿又聞劉
撫事由巴玉農將軍近日將軍頗生事以樞廷私書而去一撫亦爲貴
豪持權之漸
十八日雪始消陰牋書一葉爲滕緹與女妾講列女傳一篇亥寢
十九日陰鈔書二葉講列女傳亥寢
廿日陰雪猶未消寒氣殊甚鈔書一葉常吉人薦李嫗來作書復之王鼎
坤來鈔乾卦畢夜寒講列女傳早寢
廿一日陰鈔書二葉講列女傳六雲讀唐人宮詞得卅六首豐兒倍禮經
周官俱訖略理家人歲課將放散諸人使各少休也一歲之功欲於此
月整理之殊忙而無益然不可已因知古人督勸張弛之道亦復如此

□□□□□□□側室
廿三日晴作年糕百斤往歲和粉生熟雜調今年甚易熟以爲佳兆也夜
滕緹祀竈命兩兒作竈神司命考子寢
廿四日晴殺家豬作臘肉養之一年得二百餘斤計利十倍然余家不能
獲其利徒多費耳畜馬之家不察豚豈真惡言利哉是夜牋鈔堯典卅
六葉畢作書與孫君貽論作文法校改易說子寢
廿五日陰作書與子泌春甫講列女傳論定姜以送去婦爲美余家有夫
死而婦去者其姑懟之惜未讀燕燕之篇也
廿六日雨欲出城而不可行遣在和去鈔禮記三葉牋書一葉講列女傳
是日辛巳立春酉正行禮夜食粟𪎊薄餅
廿七日雨牋書一葉講列女傳鈔書暫停夜聞滕緹欬似有重疾中夜還
寢

廿八日雨牋書一葉講列女傳張貴回得力臣皞臣鄧氏壻芳畹鏡海縣
志局及叔父書又聞曉岱母喪亥寢
廿九日陰寒在和回得子泌春甫書牋書二葉講頤雷垂拱頤雷如矢以
中雷爲內朝出入之節以端行爲朝服弁行爲廟中之服其誼甚新亥
寢
除日陰早起望祀善化城隍未中喫年飯戌刻滕緹祀竈子刻報祀司命
竈神謁
三廟家人辭歲祭詩丑正命功兒祀門家人皆睡乃寢夜大雪

湘綺樓日記

同治十一年壬申

十一年歲次壬申正月丙戌朔曉覺已辰正矣六雲先起乃呼兒女皆起己盥漱冠服祀

二祀

三廟受賀食棗蓮年餻巳正飯大雪平地五寸風光甚麗鄰人來者十五人郢五陳六鐵二劉一楊一留茶去兩兒出賀年鈔所作詩三首夜至亥寢

二日雪妻女攤錢至子乃罷

三日雪復積四五寸午睡兩時許鄰人來賀年者五人留茶去鄰婦來亦如之攤錢至子寢

四日晴雪消一半春雪與冬雪大異雖無日亦自消矣舟人來賀年不坐而去不知何姓名也補作雪詩一首子寢

五日晴陰牋書一葉又命豐兒繙說文戺字古作戺爾雅釋文匠深貌解頤霤爲深入堂戺之下又考得廇有門廇堂廇之名以補鄭注亥寢

六日晴家人澣衣竟日未出外齋夜月甚佳攜窊盼韓三女出庭中放花爆是日賀赤軒來

七日晴攜瑫盼韓三女及兩兒渡龍潤登石山望來舟甚多蒸流雪水盛漲東風頗狂渡舟橫流激浪有聲歸剃髮李福隆來夜擲投亥寢

八日陰王鼎坤來値余將出少坐余騎渡龍潤從南塘彎過紅螺橋復渡蒸水至龍骨塘還取夏家彎道山橋而歸答拜九家入門已昏暮晚風甚寒食薄餅杏酪復飯二盌六雲無禮午間訓飭之余自懺悔卽前說也

九日晴牋書二葉與滕緹攜妾女出踏青從茶山循常墓前還王蔭堂王氏子來亥寢

十日晴出外齋理志稿牋書一葉亥寢

十一日丙申雨水中旱雨曾昭吉來留飯去晡後攜兒女至夕陽徑觀蒸曲林樹瑫女屢欲登山余著揚州鞋不能登陟揚人士驕穉如此薄暮常晴生兄弟來宿東齋談至丑寢大雨一龍來

十二日雨嬾不欲起辰正乃盥晴生兄弟去復假寐片時鄭六叟來强出還擲投二龍來子正寢

十三日陰四龍來黃龍蜿蜒本與自漢雷鼓驚蟄儺鉦散寒加以燭燿亦助羣歡節物足紀以袪鬱煩夜擲投雨

十四日陰晴左秀才鑑及對岸客五人來未見牋書一葉擲投亥寢

十五日陰晴九龍來王南臺來譚書以余所說元祀天降威爲未安余深然之未知所易本區人夜以龍至留茶而去亥祀

三祀

三廟禮畢滕緹始出食湯圓古謂之餢煎食之今以餢爲餅也丑寢

十六日陰雨清理書室定程課意大振作復初入鄉中之業未知能否廖緹理家政大庀器具余午睡至申方起夜早眠

十七日雨早起定日課辰課讀午修志酉讀史講經亥鈔書課女教妾讀詩以爲常閱宋史列傳二十李瓊宜在五代史陳承昭不知其里籍乃云江表人知水利治惠民五丈河朱明池官龍武統軍李萬超殺契丹使復潞州有功於漢宜在漢史白重贊唯識馬纓僞制他無可稱王仁鎬陳思讓或可附見周史他人傳中從孫若拙爲瞎膀亦不宜廁於諸人之列焦繼勳字成績守西京息盜劫子守節香藥塲課真宗不還其官猶有帝度劉重進袁彥并庸庸祁廷訓販竹木張鐸侵麯餅李萬全能挽强田景咸王暉尤齷齪可删此卷至戌課畢作書寄竹伍果臣子健非女是日得芳畹書朱若林張嗣潩果臣并有書子登有書尙是去

年春夏間語人已相會而書後達也夜待兩兒交卷閒坐無事再閱宋
史一卷李穀字惟珍有人望無政績呰居潤稱知人竇貞固準繼燭李
濤滑稽王易簡論漸治有二品樓超遠字上交長愚復糊名卒以翳第
敗張錫小官張鑄犇蠅頭書歸讖劉溫叟傳呼過帝有清節了煒有行
誼光範不敢知舉善供億工役几有幹略好言樂劉濤劉載程羽皆以
知舉得立傳耳
十八日陰齋中讀書皆能如課竇偁字日章爲開封判官面叱賈琰太宗
時領尹出偁於外後卽位七年令參知政事賞其公正此事可書帝紀
石熙載友於巽父弟事繼母牛氏以孝聞古有繼父同居之服若凝績
可謂繼兄也史稱其嚴謹有禮法則過矣豈有嚴謹之家而留異姓乎
李穆直詞以告李煜庶乎能傳常言者亥寢
十九日陰晴陳使去書課如額鈔禮經士喪篇纏緇絇純注引士冠緇絇

纏純疏云纏雖在上亦用緇可知纏字說文無鄭注周官云禮家說以
采絲礫其下鄭司農云下緣買疏二禮皆以爲牙底相接之縫又口授
紛女羅敝行敝本一作紨聲不相近說文紨布也一曰粗紬則羅紨皆
絲貨之名戲作一對云好如秦氏名是羅紨嫁入左家字爲紈素是日三客來夜閱功兒文
頗佳亥寢
二十日陰雨書課如額得劉峴莊書宋史李惟清傳官鹽一斤錢六十茶百
五十一斤錢三四斗稻方可買一斤則斗稻二十錢稻蓋穀非米也錢澹成
修太宗實錄不書義犬甚稱太祖制邊之能在不立行營部署蘇太簡
爲學士年未滿三十爲參政三年餘卒年三十九賜玉堂之署郭仲儀
爲眞宗師賜詩云啓發沖言曉典常甚似聖製詩李言幾母夢八仙授
字圖卽今所傳八仙邪後刻七經合五經爲十二經辛月翰燒壞草而
盜自首王楚望善讀進士卷性苛察陳恕亦苛察兩人相忤溫仲舒與

寇準謂之溫寇徙羌渭北人言其生事後獲亘木之利亘木之利幾何
何至登於國史王化基永圖請立尙書子舉正能舉憲職孫並尹兩京
夜至亥寢
二十一日陰課如額講字號有厲以爲若舜退四凶盤庚遷殷雖令出民
信不能無危其危乃所以光也張宏字亘卿趙昌言字仲謨與梁灝陳
董游飲幾與大獄鼻折山根頗有反相以威斷立名陳恕字仲言南昌
人少爲縣吏爲三司使太宗留意金穀親召司吏詢問又募吏言利病
創立茶法能不盡利至眞宗命條具錢穀則託言恐啟侈心矣趙得王
且陳得王曾好門生也恕之薦寇頗有大臣之度魏垂天判三司分十
道理文簿請復封駁劉禹謨驟用張洎論長史庶能正名初不奉準後
乃愈謹善迎合者也李直臣諫義軍柴禹錫告廷美張遜罷榷易署楊
守一趙鎔周瑩亦佞幸之臣王繼英祥符人趙普幸史四子至大官五

顯論澶淵事頗識兵機史臣稱繼英以其貴盛也陶穀本澧州刺史唐
彥謙之後扈蒙頌聖功王著被髮見帝王祜且父保全符彥卿不足立
傳孫質送范仲淹楊昭儉魚崇諒全無事實又非宋人張澹與殿試黜
官與今翰林考同高錫請禁兵器而詣匭上疏可怪也
二十二日雨寒課如額夜寒早寢
二十三日寒雨甚悶課敷衍如額顏衎以送上司禮物受杖入宋唯以致
仕爲榮劇蘇一怒一酷俱定刑統趙逢鐵橛乃規避兵事高防采沒邊
翊狼山鹽秦亘木馮瓚守梓州段思恭判角市硇沙靈州趙普以交通
秦王陷之王明平廣州有功許仲宣論交州得罷兵楊克讓市銀作器
侯陟傾邪李符附趙普魏丕翳馬骨典工作董樞桂陽銀吳虔裕不告
老張廷翰賂馬張藏英報讎陸萬友銀坊李韜守白文珂辪郭廷謂南
唐名將趙延進持書不依陣圖夜雪寢聞屋瓦聲重溯篷背茅店之情

始得知此閒適之美爲之不寐
二十四日雪消陰晴坐室中如雨未止也宋史傳連篇累卷無一可傳史臣想甚困窘但爾時年代未遠作傳必當世名人如近日羅澤南李續宜之流以敍述不工而至如此名者實之賓也有實而無名爲幸邪傳名爲幸邪無名爲幸則聖人何異鄉人傳名爲幸則潛德不如文士令人憎然亥寢
二十五日晴課如額宋史王昭遠墜於冰二公傍扶出之公傍今跟班也
二十六日晴辛亥驚蟄節劉保勳少寐滕中正舉四爵劉蟠能食淡孔承恭刻木於道令去避來宋璫無一事異人惟不肯告病袁廓鑿冰樊知古作浮橋采石恥於外運在蜀致王小波之亂司波順遂熾以榷蜀錦者衆也郭載同知古奔出臧丙請治石州宿直人罪以馮汝士自殺也徐休復無事張觀請太宗臨朝少講話陳從信計費運米張平市木大

積王昭遠治勤州鐵山餘子俗吏空勞考績尹憲王賓妻妒從至亳州杖一百一夕死安忠不願爲大將軍宋史彙爲一傳令無可書午攜豐兒及三小女出游傍山因下至王之大鄧六叟處答拜新年還彭靜卿王蘭臺先後來昏游夕陽徑滕緹始移中室余戲之曰四十致仕不亦早乎亥寢
二十七日陰午後雨課如額豐兒爲鄧六叟招去午飯連日禮記甚生張鑑督王繼恩勝軍出境姚明白論血山太宗毀假山索湘爲轉運鍬水濟軍宋太初爲中丞獄成乃上聞三教合一盧之翰無可取鄭文寶喜言邊事而無所成唯知棄地王子輿敏決劉綜請以河朔人充本土州縣卞袞殘酷許驤父爲商見進士羨之裴莊請置廣聽院西垣學士聞者嗤之史亦云無學術未知何故牛冕張適樂崇吉起令史袁逢吉四歲誦爾疋孝經七歲通論語尚書韓國華琦父與裴莊俱爲江南巡撫

何蒙請以金代稅真宗不許愼知禮歲讀五經子從吉善作僎具夜讀易二卷
二十八日晴早起鈔禮經一葉招王蘭臺彭晉卿午飯談半日酉散夜閱宋史一卷諸課並停山薫作六花
二十九日雨課如額夜閱宋史寇準傳言帝問左右吾目中久不見寇準左右莫敢對丁謂傳又言帝欲以江淮間處之兩府並聞其言王曾質之自相岐互今案仁宗初元再貶準則后意可知然謂帝不知則未聞真宗昏憒他狀何獨於準而然準謀廢立罪有應得而僅僅謫遠又得取洛帶以斂宋政誠寬矣夜早寢
二月乙卯朔早晴晚雨春蒸甚潤似去歲三月十六京師騎馬出前門時夏彝存介蘭臺來借詩疏十四卷去課如額宋史陳堯咨爲翰林學士以先朝狀元班舊學士蔡齊上翰林館班次不論前後輩此以先朝初

牓特升今不能然僅私論前後輩耳宋公序試禮部第今會元耳而能伏閤爭呂后之廢又不對資政策郤去三冗節三費甚得本論又不用馬與今宰相曾李用夷器攻夷之計不同而包拯甚疾其兄弟遣令亦能自知劉沆傳衡州大姓尹氏欺鄰翁老子幼欲竊取其田乃僞作賣劵及鄰翁死遂奪而有之其子訴於州縣二十年不得直尹氏持積歲稅鈔爲驗沆曰若田千頃歲輸豈特此耶爾始爲劵時嘗如勅問鄰乎其人固多在可訊也尹氏遂伏罪如敕問鄰者蓋宋制田劵當有證佐如今中人也
二日晴蒸熱更夾衣出登前山攜瑞盼兩女瑞女上山如飛甚有樵牧童子之風余以揚州鞋一步不能行匍匐而下課如額新柳盡綠池邊賞之
三日晴雨無準課如額後園李樹已作數花天氣似三月時

四日晴雨無準爲兩兒倍書並不能上口前此爲枉費力矣古人本無讀書之法今人能頌五經者不過數人余自恨不能熟讀故令兩兒讀之亦殊無益也宋史高瓊疾真宗欲親臨之宰相不可蓋都指揮使賤役也瓊子繼勳頗識行陳然號曰神將則以擒盜於蜀耳范廷召惡聞禽驢之聲驢聲吾亦惡之葛懷敏覇子非名將郭逵知之其敗頗似李滌菴然則滌菴亦非名將也涇原路鎮戎軍褊江定川砦在渭州西曹利用使契丹自以爲功直斥李廸廸誠愞儒有以取之遇王曾無計矣章獻呼爲侍中而不名孫繼鄴知其禍張耆居室七百楹楊崇勳尙作真宗弟子可笑也洩寇準謀夏守恩等並無可書史之蕪雜莫宋史甚也

夜風

五日大雨竟日池上看新柳褒回往來作小詩贈之新柳柔枝得到尖不因風起綫纖纖摟萌一夜春分雨挂作絲重煙張縷帶雨和煙手自移知今番剗特絲絲行人莫對成陰早未遣傷離折一枝

李諮計粟鹽笴

緡價一黜一陟夏侯嶠翰林侍讀之第一人盛度一言而罷四相有人拜則罵之與張詠同丁度獻王鳳論論大錢不可用言弊衣直數百錢則錢價至輕矣張觀弛鹽禁鄭戩習邊明鎬不治殺倡婦者平王則王堯臣狀元罷夔課守貴州孫抃作中丞喜薦人不糾人田況諫攻元昊與韓范齊名春甫俊臣書來約余入城得方子箴黎友林書夜入房見兒女橫臥呼起令睡

六日食時大雨新生員劉生來劉質夫族子也年三十二殊無雅致留飯待雨住乃去未間夏南琴來送土物四種論作志當傳與否岵有武斷之詞余隨語應之夜至子乃入側室眠客宿東齋

七日晴客去余少還坐殊擾擾不定近歲精神頗困酬應也與瘳緹坐池邊看新柳又至蒸水岸觀漲還乃作志傳二篇爲兩兒倍書三女功課未暇也豐兒問鶡鴿宜穴余說以鸛鸐鷊鷚如鶡短尾銜矢射人在鳥鼠同穴之穴證爲穴禽鷊鷚合聲爲鴿也豐兒又以追王太王王季爲非禮余言自遷邠後周已爲外蕃其勢敵商非殷侯服矣商王以術羈縻之封爲西伯以捍禦戎狄雖受其封勢非相制自剏之業亦非商恩故推爲王也禹不帝鯀湯不帝主癸明人臣不可帝矣夜還寢

八日晴晨起補鈔禮經一篇書課如額唯未修志傳耳得子泌書言舉者出戶出戶祖毛本誤作尸出戶是也

九日陰晏起書課如額亦未撰傳韓丕知制誥文思艱澀爲宰相所詬師頏字寶遠張茂直以髮鬢不死梁顥字太素登第十八年年九十二卒楊徽之惡寇準喜李昉十年流落呂文仲讀文選與王著均侍書著成都人呂祐之借錢得貨遇風悉投之潘慎修江南使奉表請罪誓奕累爲巡撫杜鎬强記聞忌日鼓吹以武口載木主歌舞對查道雷破柱不驚僧勸以仕得冰鰍贊曰侍從之貴與自太真請子儀嫌以位傳壺惑冰鰍潛念舊君揭之恥寇自託老臣呂王

書史亦與紙論夜雨

十日早雨騎至石門附舟行六十里至臺源寺答訪夏南琴已至昏夜請一王生引道至織皮塘海會菴夏所館也留宿其榻

十一日陰晴遣約馬岱青來談論駢文余以爲最忌大開合又忌合掌岱青似不以爲然此君專恃己長而諱其短故學問少進亦可惜也午飯後同至臺源寺故址又逢一夏生及殺人之高生有人謂高生館生師不在而歸其坐遂相口角及出此人被殺訖不能明也褒回往來遂至日夕呼舟不得頗爲所窘夜始得一舟登舟大睡及夜半醒初忘身在何所

十二日晴過巳始起閱宋史原魯悻悻擊蛇辭酒如見其狀行六十里至申到衡州府城訪子泌不遇春甫方宴客卽入席飯罷同至俊臣處少坐還俊臣子泌來談遇陳培之少尉及馮姓蕭姓談錢糧事亥散與子泌宿程宅是日丙寅春分

十三日陰春甫請客復與席坐客爲魏召庭彭寄生廖青庭賀寅臣馬智泉將出遇俊臣羅荔安還談至夜雨

十四日陰渡湘訪雪琴子春兄弟及春庭子春處召客同坐魏彭丁賀儀仲食燒鴨春庭遣舟送還城訪岣雲童春海陳培之遇接三同至程宅談至雞鳴始眠

十五日晴早起賀程丹生辰留麫耕雲兄弟春庭儀仲春海培之岣雲來答拜沈曦亭遣弟理堂來答拜常耕岑段晴六常七兄張蔗丈來談午飯後出訪荔薌遇俊臣同至其寓談至亥散比日出蔣樸山左丁叟均死矣李子和得閩督文卿得陝藩邵汴生得晉撫新命也得筠仙張雨珊書

十六日晴

先府君忌日素食接三來辭行寅臣來同探李竹老病甚危憾看趙李祠

新工

十七日晴甚煊早與春甫渡湘赴青亭招飲同坐者子春兄弟魏召庭飯罷耕雲要同青春渡湘看石鼓山院工程耕雲久與蔡可堂談余三人先還赴雪琴招同坐者俊臣岣雲魏生看桃花石洞昏渡湘入城俊臣同至程宅先過賀儀仲談頃之還寓談至亥乃散

十八日晴與春甫過岣雲早飯看屋遇蕭圜橋同飯午還程宅議以四百金與岣雲質其宅岣雲借錢不得余代借之非爲屋也俊臣來儀仲來報曾侯之喪悽愴久之午間王邏三要飲已再辭不獲勉往赴之同坐者張蔗丈金理堂同知青庭春甫昏夜家人以馬來

十九日雨不能行酉刻出城宿子泌家

二十日雨寒甚俊臣儀仲約爲婚姻設飲招余入城酒罷復還程宅是日得芳畹及吳子健書作書寄張岳州張衡州張永州顛接三張力臣郭筠仙

二十一日雨小止陰寒渡湘遇耕雲同船因訪雪琴詳問曾侯死狀無疾而在正寢近有道也過馮宅看紫牡丹楊園看花子春招飲同坐者寅臣儀仲青庭蕭屺山夜還程宅

二十二日雨屺山來同赴儀仲家飲坐客吏有子春兄弟俊臣未至留馬青庭處秣之身留程宅樸被寄賀宅殊不便當夜間俊臣來春甫治具爲之餪生日有八七客來賀留飲俊臣留宿連榻

二十三日早雨午後晴俊臣生日春甫爲設湯餠午設宴有江瑤□乳甚佳

二十四日晴俊臣還四竹呰余亦騎還辰正出城過子泌小坐欲待草笠張貴殊淹滯遂騎而去馬絕駛不可勒約少縱卽馳到家九十里日方斜□熱甚換衣而冷蒙被臥日夕起飯二盌亥寢

二十五日雨久不騎昨行一日腰痛睡兩時許閱宋史一卷陳希亮傳文似志狀希亮慥父蓋慥友蘇軾所爲也

二十六日陰雨入書室理日課寫經二葉算衡陽丁口數閱宋史一卷講列女傳明日祠事齋宿外寢

二十七日辛巳清明陰雨祠祭

三廟巳正行禮午正始朝食率家人咸饗申正入內齋點鈔易六十八葉豐兒問牲出入疑已殺不可爲牲檢疏引醴其犬豕牛羊出烹於外故云牲出也功兒問嘗許毛傳云南西鄙余以嘗爲薛薛近齊在濟西故嘗爲西鄙許田泰山下爲魯南鄙也功兒今日寫呈禮節字體甚佳賞羊毫一枝講列女傳亥寢

二十八日晴倍書寫經午睡一時許常霖生及三從率儀安長孫來小字撤門留飯宿書齋霖生先去亥寢

二十九日晴笛漁兄弟早去留寄鴻助理志稿檢選舉誥命實官三表寫
經講經倍書閱宋史一卷陳楊振靡運使善交游於丁王不損其操沆
雖惡詢未敢浮囂馬元方貸民錢輸絹下其法於諸路行之被酒歐知
州薛田寇瑊置交子務瑊治蜀吏頗有淫縱以妻封邑曰封祖母自瑊
始楊日嚴李行簡章頻無事陳琰李宥成之孫張秉每宴會自挈肴膳
而往張澤行鄭向郭積累薦充直講趙賀察吏高覿袁抗衡州推官徐
起齊廓鄭驤皆無事張旨安平尉善捕盜勸捐齊公弼蠲稅亥寢
晦日晴熱課如額寄鴻作恩賞職官表甚核夜閱宋史一卷殊無可書王
臻治閩人服毒誣仇吳及亦熱魚周詢慶歷對時政五條賈直孺慕汲黯喜
言以菌啖人李京無事呂萬初攻狄青吳及力請減宦官初爲檢法官
抗三司之議范師道裁女御才人李絢飲酒聞於帝命轉運湖南何中
立無事沈邈在廣州與婦女笑言當能粵語也慶歷求言魚生切對吳爲閩兒流防女禍直攝

藝汲頗嫌細碎絢以酒知始按湖外最初政青一何多怪子初還寢
三月乙酉朔晴課如額未講列女傳作書唁曾劼剛并送曾侯挽聯平生以甞
子孟張叔大自期異地不閒功伐定僅傳方面略經術在紀河間阮儀徵之上致身何太早龍蛇遺憾譴堂審又與書彌之
蔭渠閱宋史一卷
二日晴檢志表稿竟日停諸課
三日陰雨昨與寄鴻約踏青因雨不果課如額得匡度領衣鉢廣南鼎彌強幹撻敗蔡鑑讀發曾渠
說激自任直獎王濟高下在心餘子斗筲及頗清廉（劉師道答列傳可删）大年精爽鮒於天子手綫時文變例爲史明道典籍風毛繼起子儀出院
殊面有泚始爭論依號爲振旅京陽工奏徒勤案几秘閣四庫引證讓僞送公獻賦拱正和戒綸請封建郵驗勤農公禮沌緩亦有文徵柴聘見勍
宋政未弘
四日陰雨甚暗課如額午間鄰家以伐樹事罰酒請寄鴻及武生楊春軒
彭靜卿余作陪客至酉散閱宋史二卷喬維岳以肥乞外張雍守梓州
有略在三司置簿有急中急之目董儼險躁魏廷式不肯與宰相議事
裁判湖南訟產盧琰無事宋摔沈漕凌策六印加劍王旦頗喜之楊覃
鉗民手送糧而請減刑陳世卿佐雍守梓州懦儒皆遣出李若拙兩使
交趾陳知微無事可書雍之守梓世卿佐之故遣儒儒董得兵立廷式乘傳自結主知擬印加劍六牽蜀錄拙能監使
撩幹漕司稱之乞外食鹽何肥
五日陰晴陪寄鴻過紅絡橋觀優演劉金定佘洪學仙爲鬼還山感嘆今
人念曾侯魂歸故山真如大夢惜其齎志有不敢行者可惋也豐兒侍
行昏還春陰夕麗景物甚美夜寢曾昭吉送圖來
六日陰夜雨雷電課如額豐兒書生限令夜讀閱宋史上官正提劍門而
李順氣沮盧斌救曹彬之敗周審玉裴濟鎮定兵亂濟死於夏人李繼
宣禦契丹張旦父子沒於契丹張總禦王均張佶捍夏邊
七日陰課如額桂女列女傳尙餘二贊未讀故傳講王闓甕夏蘇存及一
夏生同來夏問詩展我甥兮余告以國人以爲齊侯之子非雅談不可

說經王問自髑執其手答以未詳伯牛癘疾故先師云不欲見人然自
髑執手或爲就明處視之未宜不見面而又執手也若不見人何必執
手乎閱宋史
八日陰課如額未講列女傳閱宋史王曾傳曾殊庸庸似潘文恭因閱潛
鞏記乃知狀元宰相自是一種人有綴重之度耳夜雨
九日陰晴寫經一葉攜兒女出行渡紅螺橋取南塘而還夜微雨
十日晴課如額未檢志稿耳
十一日陰雨課兩兒倍書暫輟女講及志稿鄧雯侯文學來送陳玉清傳
稿
十二日雨晴
曾祖妣生辰設薦遣在和往各都送啓得彌之蔭渠鏡海雪琴耕雲春甯
寄鴻書改昭忠祠記聞曾侯贈太傅謚文正內出毛旭初爲江督翰林

漸出國政將改易矣見廷寄催雪琴入見蓋將大用之曾昭吉送圖來
始理水道
十三日丁酉穀雨中晴寫經閱史教字背書皆如額出訪王蘭臺鄧愛侯於咸欣寺兩君送余還坐待月乃去
十四日早大雨旋晴課如額閱宋史張方平爭刺壯丁議西北得輕重之理然講漕運使富弼讀奏至漏盡十刻檄出王安石蓋亦王旦李廸之流也王狀元亦惡范仲淹又爭新法張昇言仁宗孤立趙槩和平比婁師德胡宿通五行災異之學不學點金
十五日晴雨無準夜大雷雨課如額未閱宋史為張雨珊妻作墓志文思甚澀
十六日陰雨作書復春甫耕雲兼與書竹伍諸課如額宋鄭獬論求言甚中後代之弊然欲置官領之則贅矣賜燭入舍人院而外不知死不能

葬陳襄始倡性天之學於閩與陳烈周希孟鄭穆號四先生薦三十三人首司馬光終鄭俠皆平青苗法者錢公輔孫洙豐稷一年徙六州章惇欲因以道路困之策甚奇也呂誨首議立英宗後劾韓琦爭濮議又首論安石三居言官皆彈大臣劉述六論章辟光離間岐王劉琦錢顗共劾安石謀殺刑名顗大罵孫昌齡鄭俠之詆王安石中其深慝因旱上流民圖神宗不寐立罷十八事三日大雨亦一快也及後又上圖則無聊矣終得善終
十七日晴雨相雜王生鈔易上經畢功兒鈔書成一本余課如額惟未講女傳盼女小疾膠緹連日不飯
十八日陰雨課如額自鈔書牋一葉石脅自誇陳圖使曹瑋必勝請罷建醮省七十萬緡張孜人以為真宗之子韓絳至家居待罪以爭之許懷德奉敕減年李允則詭治守備用之今日大得朝譽矣張元喜論兵頗

中時弊亦能行陳劉渙請章獻還政后將黥之又爭廢后弟滬城水洛劉平請討元昊宜其以輕敵敗援延州先進至三川口還行二十里雪中勞困日暮遂潰徙死一鐵杵郭遵耳遵弟逵遂亡宋矣任福亦輕敵死一鐵杵王珪皆范雍韓琦不知兵之過也桑懌善捕盜耿傅以督糧從死甚不値也夜至亥寢
十九日晴課如額鈔書牋二葉景泰王信蔣偕張忠郭恩張巴山張若平父死王事己習水利未稱善變可謂大謬史方盧鑑李渭王果郭諮善方田三司倚以均稅以水禦敵馬毛旭初之師也又欲以獨轅弩制勝又李少泉之師也田敏為曹彬傳書契丹憚其鋒侍其曙康德輿庸劣張昭遠景郭恩麟蔣張英賀雖曰死綏未云致果敍昭北平既紛谷踏跨藉侮阻水勦兵
二十日晴大風課如額牋書二葉王安石避吏於廁好改刑名遂名人三十人以子死而自免王安禮頗與兄異同以判獄動遼使頗有吏幹而

累為御史攻去安國則以論兄而為帝怒卒以兄累奪官
二十一日陰冷將出捉馬馬登山逸去會雨而止課如額夜聞子規甚悲亥寢
二十二日雨課如額側室眠說降水有珍珠船之獲
二十三日早晴旋雨作書寄葆芝岑得峋雲寄鴻書說小人革面新奇可喜當錄寄香濤證之京華再游殊令人思故隱士不入城市有由也李清臣阿時策倡紹述齋稍持體段工排擊宗孟害安燥疊反側詭猾綱嫉化為監賊掘老歪開紂取縣河向能洪深藥放夏和驛以時用不足稱多縣寧十饋愚縣一閱秩好新法低首侍從館游王呂計拙狙維兒進夏圖益京乃用附始攻琦變生奚控元豐初雙流□周輔為三司度支副使始請運廣鹽數百萬石分郴全道諸州而增淮鹽配潭衡湘中愁困顧主夏事皋興背齒俱好靜頌逮害不實張景憲按羅元城為部使仁宗時多課新法行不劾一人張瓌諡錢惟演譏劉阮為兩浙淮南轉運使三司督羨餘進金半兩不足錢家先蔡州留講弗

□爲澶州後郡守不能改作王吉甫爭白露屋孫長卿不收園利周沅李中師馬仲甫開洪澤渠王居卿立河埽孫構興夔辰五谿張詵開瀘州沈遘刺事知入食蟹從弟括作南郊式知遼地界多論著李大臨爲秘閣校理自秣馬大似劉庸齋辰谿貢丹沙至葉化爲雄汝州李大臨知之呂夏卿通譜學作新唐書世系表死時身如小兒祖無擇有重名而無事楚建中披腹受夏人箭張頡知益陽盧革十六登第卒年八十二子秉亦狀元夜至子寢

二十四日陰雨課如額宋史殊令人昏悶暫停一日檢漢書志令功兒鈔讀之豐兒溫三禮書易一遍春秋兩過較前稍熟其問經義頗有所解

二十五日大雨與滕緹後池看雨六雲諸女皆侍頃之電起大雷餘聲皺搖雨旋小疎入書室兩兒云窗紙震動近駭霆也山居春雨景劇佳城中但知泥汚之苦耳課如額頗欲作詩爲經史所闕

二十六日晴寫經牋書二葉闕諸課皆停闕

二十七日闕留飯夕去早眠

二十八日壬子立夏晴牋書一葉檢志稿采訪略率殊甚無以下筆

二十九日晴課如額閱宋史李師中識王安石亂天下滕甫慷慨陸詵拒納綏州趙卨薦郭逵而誤交事

四月一日至九日闕從石門赴湘潭事

十日晴行二十五里至湘潭縣十六總□晴生過鐵店少坐余邀之至敬一堂蔡氏留館門瑣强開之坐一時許晴生覶舟去余騎行過孫家巷入視十六從母及雲卿族兄留飯且知七父已到志館因入謁留宿得李若農書見唐友丈李潤生羅藕畦張笛村郭午谷吳仲房萬鶴樓鄧葵甫是日館中宴客余陪飲客爲吳蓮石任芝田陳芝軒郭子田陳湘鄉人督銷鹽局者

十一日晴早飯後騎行七十五里至長沙入南門投艉臣宅見其兄弟知胡薊門以慽氷死吾縣英材多沈湘波可怪也夜與艉臣同訪次青意城研生丈又過笏山詢少海死狀少海倘有母在笏山寓去年亦死夜止宿龍宅

十二日晴鄧氏壻來辰出訪瞿子久陳芳畹張雨珊吳南丈何鏡海遇意城於何寓談久之出視非女還過正齋家弔其母夫人之喪又至力臣家遇笏山及新長沙令勞香亭視孟辛妻子訪蓬海遇黃子壽談久之過孫公符兄弟與晴生少談遇殷紹曾於道夜還龍宅次青篁仙朱香孫力臣孫公符兄弟晴生紹曾先後來

十三日晴芳畹蓬海笏山鏡海南丈來楊商農來坐至未遇雨遂不成行非女欲歸余以其子夭姑方忿恚止之夜仍止龍宅得徐芸丈書

十四日陰風涼辰出城省墓行三十里渡誕登而霽遂行投碁入湘潭城宿志館夜過縣令厤竹師明府談見王懷欽

十五日晴戊辰小滿

祖妣忌日素食居志館張甥來年十八字韻笙名則未問從子譔來及其師子黃亦星來談頃之黃寅賓父亦星袁喜亭闓來孫子來晚出至外舅寓所聞其家已析產矣夜還志館

十六日晴懷欽鄒諮山從妹夫段福庭及其子族子代紳鴻□妻侄子耕從姊夫徐子雲萬星畲先後來星畲主請羅研丈而倂張於其事故後至也申刻騎行渡苹湘渡復渡集義渡宿吳家巷行二十七里

十七日晴熱騎行八十里從茶園鋪巷取道湓田省叔父宿局中是夜月食

十八日雨午刻騎行四十五里宿大橋衡山地

十九日雨行四十五里至衡山城東門外大雨城中水奔濤出門冒雨行

二十三里宿賀家山

二十日陰晴行二十二里飯於九渡鋪衡陽地四十都產桐茶有尹家店少婦當壚未鰶其所爲也飯罷行五十里至衡州城尋春浦未遇至岣雲處問移居事云其妻爲妖所憑猶未愈也城中不可放馬復行二十里宿版橋已乙夜矣

二十一日晴熱行七十里至家始未刻耳在和在後屢遇雨余一無所露也去歲浴未淨今始浴漿如泥京塵殆澣矣夜至亥寢

二十二日晴熱休息一日未昏而眠遂熟寐至子乃解衣寢夜三聞雨

二十三日陰涼鈔經牋書讀史如額講谷薤詩欲上知小民之情輕棄室家而重農務積也蚩蚩之氓何足爲刺兔狡雉介狡者恆免於難亂世興兵善良先死如李滌菴多禮堂諸公皆雉也其存者富貴優閒皆兔也是日牧兒見赤虎於前山余常攜兒女登覽之地虎背有旋如金錢尾黃黑文云在嚳沖食一牛而至此咄咄逼人人虎相傷耶兩存耶亥寢

二十四日陰雨課如額未檢志稿耳籤般庚一葉閱宋史甚厭其冗俗不若與六雲談乃廢書而眠曉乃還寢

二十五日陰雨課如額閱宋史旣煩悶乃靜心專看之苗授苗傅之祖戰河湟有功云氈牌且至羌遂驚亂蓋彼時藤牌爲制勝之最王君萬亦王韶裨將子瞻奪十一官蓋降十一級不依品依轉官也張守約歐陽修所薦任廣南事者亦以平羌得功薦燕達等名知人王文郁周永清禦夏人劉紹能羌人內附守邊四十七年王克祖禦吐蕃子襄得蕭禧青羅泥金笠蓋今緯帽李浩功在黔和斌廣西秦渭爭欲得之今奏調也劉仲武亦名於河湟曲珍隴干人家世材武徐禧不用其言而歿珍縋而免劉闃郭成成廟曰仁勇賈嵒張整張蘊征安南後禦夏娶皇后母王恩不用車戰楊應詢在北邊無一可取趙隆不附取燕雲趙挺之力排元祐與蔡京不相下張商英繼京有名劉正夫與京小異同何執中謹事京最富貴老壽鄭居中亦有時名張康國朱諤劉逵林攄管師仁皆京黨侯蒙稍自立爲戶部不知錢法當改與郭筠先不知廣州換守同爲無術

二十六日晴陰課如額追念正齋作其母夫人輓聯云母儀禮法自成宗憶當年總角嬉游門孤成立豈料六門雖盛屯蹇難償一失母一亡兒悽絕庚申悲往事姑氏凋零危若線惟令子湘城流寓三徙傳名都令慕識看孫詩書有澤儀賢明傳貞順編麗甲乙補劉書 宇文昌齡狀元張閏當制遒拔張近鄭僅皆從官許幾程之邵理財龔原崔公度皆王黨不知何以須傳且時代亦在前何以反後於何栗蓋與下卷沈銖等同卷而誤分也

二十七日晴感寒臥一日

二十八日晴熱得周桂信云岣雲已下船其住宅質於我耕雲春甫接三

晴生爲我醵三百七十金得之以便入城修志書促遣人料理乃遣蓮弟送馬先往余覵船將行王闓臺夏彝存段晴簏來談經義命兩兒檢行李書籍

二十九日晴有雨巳初發舟攜兩兒及瑎䊵二女行張桂侍行六十里泊草塘未至西渡二三里夜熱甚

三十日晴熱行九十里至太子馬頭桂陽志所云太史馬頭也宅小房甚多皆暗濕不可住左齋稍明敞攜兒女居之甫入宅而大雨旋夜襆被而寢廖余三姑子俱在余家而不相見余尋之夏容甫出云有人殺人而遺其尸余言此不足憂覓人負出之負者人索百餘錢許之見其以布裹尸出遂醒近三更矣容甫久未見廖今入宅而廖之可異也因而記之

五月甲申朔雨料理几席岣雲春甫先後來春甫談半日飯後去

二日雨督兩兒讀書鈔經籤書如額宋史自宇文昌齡許幾程之邵龔原
崔公度蒲卣沈銖路昌衡謝文瓘陸蘊黃寔姚祐樓異李伯宗汪澥何
常葉祖洽時彥霍端友俞㮚蔡薿二十二人人既無算位復不高不知
何濫傳之是日芒種
三日陰雨檢程生賦改數段又檢說文脫葉鈔補半版遂移半日岣雲索
屋價甚急出尋春甫借三十金與之乃得成行便訪蔗老曦亭蔗老出
移榷成不遇曦亭處食糭而還
四日陰晴檢視岣雲存書得夏嗛甫注吳文尾剝復錄甚覈覩之移□春
甫送節物六種受之呼□□米開牖塞戶夜籤書一葉雨
五日端午節晴湘水二日長及丈餘下水船駛如箭張蔗丈鶴帆同年章
芝林來談春甫及沈禮堂來程子商霖晚來夜籤書一葉
六日晴寫禮鈔書如課爲兩兒倍書未刻出訪竹屋丈不晤過蔗老留飯
同坐者廖總兵蔡明府芝林鶴帆及羅郭蕭三君食菜過多未暮散還
宅兩兒猶未飯也蔗老論君子疾名不稱以爲聖人以名誘勸世人其
論甚確
七日晴竹屋來談精神尚完固益知讀書修業可以延年也寫經籤書倍
書如額閱宋史賈易董敦逸攻蘇氏上官均爭經義取士請復常平罷
靑苗而攻呂蘇起史禍來之邵以司馬光爲鬼誅葉濤當制醜詆元祐
楊畏尊爲宰相作鷹犬爲楊三變崔台符字平反楊汲亦□官呂嘉問
行市易爲家賊李南公子譓獻幓芝董必城通道六砦置靖州虞策論
國用弟亦大亦佳吏郭知章曾布之黨崔鶠再上書攻蔡京張根貤封
祖父母已遂致仕言花石綱任諒論直達綱又論遼事甚合古法而非
當時情事也周常碌碌亦云京不能容蓋以論節儉也夜常耕臣來談
盤庚籤畢

八日陰晴晨聞羅井泉美攜帉女往尋之殊不淸洌還熱甚欲解衣則段
晴菴在客坐與談春秋待余飯罷而去寫經籤書閱宋史如額未倍兒
書耳張浚傳掩其不善而著其善使人視之浚有功無過果可信耶此
必采其家傳語也
九日晴熱寫經一葉飯後春浦來談竟日晚偕出市肆買紵布
十日晴陰有風鈔易人來校譌字呼土工坼屋因布置器具遣迎媼顏嫗
來上工午間感朽溼氣頭悶不能飯刻字人及賀金鸝來劉程夫來夜
寫經一葉
十一日陰雨病臥一日夜起寫經命功兒鈔書籤耕臣及夏濂春至不能
出見家中遣人來得竹伍書縫人一工來
十二日雨課如額李光乘時肆言幸國之禍惟善待亂軍守宣州有功爲
秦檜黨面叱秦檜舉措如古人許翰李綱黨許景衡高宗思其忠直張
愨立巡社張所進士李綱以爲將才陳禾引衣劾童貫也前輩蔣猷亦多
言國變引去良臣起於鄉兵中與金人戰郎有名入爲康王左軍統制
用法嚴金山水戰實寒敵膽平閩寇及湖南白面山置爲嵬軍始勝於
儀徵爲武功第一木工安窗竟縫人加一工來
十三日陰晴
祖考忌日素食竹丈招飲以其老貧設食不易強諾之又與蕭杞山連席
亦少食肴品但不飽啖耳廖緹攜甯幃二女來夜歸始知之在途遇大
雨也是日寫士虞禮成籤書一葉亥寢
十四日陰晴夜雨是日倦臥一時許唐崑山來昨日與子春寅臣兄弟及
杞山同席聞言近日有食菌遇毒者六人皆見閻王長須浙江人責數
譚生以口過令其自言子春父立山先生著衫見諸人頗爲緩頰仍攜
僕持水煙帒侍後冥王亦單衫六人言皆同竹丈言魏叔子云筆削窮

而有果報果報窮而地獄興此爲名論余因推言業緣之說凡毀譽亦
緣也然多毀究由少道韓退之云道高毀來則未聞道之言是日箋徵
子成自校易說二卷亥寢
十五日戊戌夏至晴夜驟雨一刻止寫禮記三葉箋書一葉閱宋史是日
答訪唐崑山亥寢大雨始聞蟬
十六日陰涼箋堣誓成寫禮記三葉洪邁知婺州軍士擁其轎外官坐轎
始見正史胡銓請斬王倫亦非奇議金人何至募書千金其請斬宿州
敗將則名論也銓流衡州後歸廬陵以名位善終王德劉光世裨將似
鮑超封侯贈少傅王彥隸宗澤兩河健將岳飛前輩後守金州將八字
軍怯懦有名而史稱其勇銳推爲名將魏勝翻取海州金之叛民也張
浚遂奪其州何以使人卒以棄海州陷勝於死義兵奪氣宜矣楊再興
曹成賊將牛皋張憲宜附飛傳胡閎休蓋小說所謂罵閻王者向時中

馮澥宜與唐恪等同傳徐處仁似曹輔趙開列蒲江六井鹽額謂之鼠
尾帳可對魚鱗册
十七日陰雨寫記箋書閱宋史如額家中遣小奴來六雲留鄉居不至殊
嫌孤弱晴當往視之亥寢
十八日雨課如額春甫晚來談夜閱宋史戌寢
十九日雨涼甚耕雲來談今年夏寒殊似李申夫罷官年城中不及鄉中
乾敞甚嬾悶也課如額作書致霞軒規守郢穎賞錡破功賞未酬季陵
論攻失節士大夫其言甚是意則非也二盧繕守東西典州庠不諱黨
四命承休衞優高麗乃能抗金劉箴十端張礐授蔡京子弟問其學是
否始薦楊時其造舟以一小十倍算一大舟則謬矣曹勛以狀元爲武
吏夜至亥寢
二十日雨一日不止至夜彌盛午間舁出答訪黃禹臣式燮翰仙族子也
在東洲鹽釐昨來訪言緝私當多設子店刻字人艾貞安來馬岱青來
寫記箋書如額夜別箋金縢一葉亥寢
二十一日雨日夜不止寫經箋書各三葉亥寢鼎臼艾刻工來入館庚臣
來
二十二日雨寫記箋書各三葉雜記畢出答訪杞山子遷耕雲兼訪段培
元儀仲見談廖青庭寅臣不遇暮渡湘還水正漲云承水鍾水出蛟也
蔗老來聞曾滌丈柩已至長沙余初起館未能赴傷之戌寢
二十三日雨湘漲似月初攜兩小女出觀久之無一下水船蓋桂零近凋
敝如此寫記箋書各三葉講列女傳亥寢
二十四日雨陰彌甚寫記箋書如額金縢成閱王夫之永歷事記及列傳
子寢雞鳴矣講列女傳
二十五日雨陰寫記箋書如額亥寢是日耕臣來

二十六日雨課如額昏假寐遂至四更起少坐宿書室
二十七日雨巳刻見日已而大雨廖青庭來云將下湘余未能去午騎訪
李竹翁稱病未入視也彭寄生常笛漁來夜補課如額比日理全唐詩
付坊賈重裝之寢不寐起小食復寢已雞鳴矣
二十八日朝雨段培元來見示京鈔知倪豹岑出守荆州成俞卿得鄖陽
總兵沈玉遂甘肅總兵皆相識者黃孝侯得正詹而不知馬雨農何往
豈有事故耶問閻京報者云已轉閣學矣箋書大誥成出訪詹誠之談作墨云松煙
最麤唯桐油煙可用五石油得百兩煙者至上上矣杵不能過萬過則
黏矣李廷珪墨能入池水經三年者用漆不用膠也過鼇局晤二張一
章蔗翁言劉雲房取管嗣銘享禮有容色享禮平列下接私覿據禮箋
傳房官不薦改命他人乃得中又盛推劉有學問文采以不禮鄉人見
惡惟好與江南人游耳余因言爾時湖南風氣未開誠不足多友因及

左景翁死年七十早作名士而無所成可惜也夜檢志紀亥寢
二十九日晴涼鈔書無紙停一日遣約春甫來議刻志事段子遷來聞峋
雲婦死 闕
六月甲寅朔朝食未畢儀仲來寅臣繼至同出過李竹丈欲約同舟下湘
竹翁老衰余勸其勿往也出看李忠節祠假山遇羅秋雲索點心欲食
而劉敬六左逸仙陳甲來同登尊經閣縱談至未申間乃散還浴乃食
倦宿書室
二日乙卯小暑晴熱寫記箋書如額轉碁蔗老鶴帆來談亥寢
三日晴寫記箋書如額書郭㑐挽聯豐兒論晉無衣爲刺詩合於古義夜
熱亥寢
四日晴出訪黃禹臣仍不遇過龍神祠遇王選三還寫記箋書如額夜熱
子寢是日祝澧溪及程生來

五日晴寫記少儀成王姓鈔易卦成申騎至西禪寺與普明僧談功兒蚡
女侍碁還六雲攜滋女來城夜宿南室
六日晴春甫崑山來寫記箋書一葉周桂從余二十年矣今將絕食命其
母妻女來與以傍屋飯之投夜乃至余熟寐不覺至曙矣
七日晴庚申初伏寫記四葉耕雲耕臣來王代山去
八日晴招唐崑山便飯食餅兼約蔗翁鶴帆儀仲春甫日旰不得食主人
甚窘至申乃散詹成之沈曦老來談昨失馬屬王選三覓之夜間王選
三來客去倦眠至戌寢
九日晴寫學記成箋書二葉艾壽峯來鈔稿作書寄雪琴掃除後院納涼
十日晴辰初王明軒清泉來訪以未謁地主辭不敢見酉刻往答拜因訪
童衡陽夜歸
十一日卯刻童衡陽王清泉同來索觀城圖因借以去賀世兄來還錢余

正乏用始知借帳之有益也普明及其徒來談設千僧齋之儀必供一
僧爲主及布施襯錢結齋之法閱宋史志
十二日晴夜得雨寫禮經三葉殊不成字箋書一葉
十三日陰涼寫經箋書如額莊乘涼訪春甫遇藝老俊兒從江南還留談
游蹤遂宿程宅
十四日晴蒸熱早還箋書酒誥成藝俊兩君來訪旋要過春甫處午飯食
火骰甚佳詹誠之同坐談陰陽夜還
十五日晴夜雷雨箋書梓材成程州判求作文壽其母因敍幕友盛衰爲
文千餘言殊可備考據夜涼亥寢
十六日晴箋書一葉作書寄程生昨與藝公談揚州伎欲從良屬意巡撫
勸藝公納之將發書矣因其已久失身江湖人多識之藝公年位均尊
似不雅聞遂止不說合也

十七日庚午中伏日大暑中晴箋書一葉檢志稿左斗才逸仙明府來談
去年京師同席人殊有科名之感程夫來欲余薦之當鋪爲予書段培
元培元已赴弔曾侯去矣寄鴻來言曾家見弔客不開中門又不回帛
省城頗怪之
十八日晴夜有雨耒陽足回言已得馬於平原中盜馬者不知誰也典史
周翔閣書來告卽作書與以二夷錢屬交去足領回城中失馬不利賫
而利尋尋之賞犒同於賫而人人得分錢又馬止一賫不止一尋此錢
思公子弟所以盜筆格也此次余定計不尋而衆人强嬲之亦去五千
矣牋書二葉
十九日晴涼膠緹思女甚強余送之往長沙畏暑怯小舟久不成行也僕
人來告逸仙下省有大船因附同行攜豐兒韓女俱薄暮登舟與逸仙
談至子正寢

二十日陰未得大雨帆行甚適向子譚首佐康王軍賚兩知潭州一走一執其云奪南楚門蓋醴陵門之改名陳規爲安陸令德安府不與賊妓協劉錡守順昌（季陵奏疏可觀殊不見佳處）二盧稱材知原守温台法原守興階成陳桷從福州亂兵詭奏帥臣自斃朝廷以爲知權此與近日徐之銘殺鄧爾恆事大同胡舜陟守廬沈晦以才具稱李璆治蜀有稱衞膚敏力爭后族從官事無大如此者乎劉珏論營繕陳十端在靖康時劉一止高宗親擢由六察除二史宋惟三人而以論執政一日即罷胡交修世掌絲綸綦崇禮由起居郎拜舍人賜三品服後又以御筆除學士詞命夜泊老雁塘

二十一日晨雨陰涼行二十餘里至衡山泊一時許復行水靜風涼笑談甚樂閱宋史勾龍如淵傳言勾姓本出勾芒氏避高宗名改勾龍似高宗名芒矣高宗名構蓋勾字本作句而讀爲構今改作勾讀鉤耳夜泊淦田炳冷不欲上岸遣妻女至叔父處一省視聞若愚丁憂往蜀矣三弟來舟中少坐去

二十二日陰涼閱宋史戌刻至湘潭登岸至志局見七父及友石諸君談少頃還舟

二十三日晴丑初開行巳初至長沙檥舟南湖潤登岸步三四里至南竹衙臨曾文正殯所途遇劼剛弔問數語辭劼剛令還城余仍至曾墓禮畢與守塋劉提督談數語步還從南門入過李仲雲篁仙朋海皞臣處皆久談飯於皞宅暮還舟穆緹已入城矣

二十四日晴陰申得雨送豐兒至其姊家辰初入城訪李竹丈賀儀仲皞臣筠仙皆久談皞臣至舟未遇也省陳母無非夫婦皆在陳宅坐少許赴朋海招飲同坐者篁仙鏡海鏡初商農伯屏至酉散是日過笏山處少談遇成隱吾言左氏婚事閱邸鈔董研樵放翠秦階道馬雨農得閣學又聞楚瑛卒於大同（諡傳也）文錫已撤內差張御史景青疏劾甚輕無宋明沽訐之習名奏也投暮還船

二十五日晴唐崑山來午初入城過皞臣處遇何鏡海過弔二曾氏皆不遇至筠仙處早飯同坐者黃子壽子恆劉姚湯三地生酉散訪張蔗丈遇成靜齋子壽至舟中相訪不遇

二十六日晴換小船亦潔淨可坐程花樓文荔峯裴月岑來久談月岑言吏兵具[illegible]以地網可以困虜又言吳蓮石（卽志局所陪之上客）因伎女而拘杖闔差劉巡撫右吳郭意城至欲以去就爭之可怪也朋海商農黃蘭丞先後來蘭丞白銅煙袋甚佳論保甲事亦有才辯午間與朋海同入城過鏡海處遇力臣同至篁仙處午飯果臣先在次青香孫後至酉散與果臣同過左子重處少談左宅樸陋頗有先輩風氣夜宿荷花池丁楊與次青談至四更訪羅研丈藹然可親矣余小時爲研丈激賞以文字相知者二十年自縣志招余主修力辭不就終有陵逼之勢使一入局將奪羅五百金故可恨也羅乃嗾張倬漢力攻余文余遂不爲衆論所與既爲張困羅亦不怨余矣怨起於不防消於不爭可爲龜鑑

二十七日早雨左子重來訪余於荷池飯後過張蔗丈處同雨山訪商農不遇至陳母處遇左孟辛夫人議罷昏事未刻答訪月岑遂留香孫處晚飯同坐者筠仙皞臣鏡海夜論志事戌散宿龍宅

二十八日晴早飯龍宅旋過花樓處早飯便訪汪偉齋假錢三萬程氏同席者荔峯孫玉林吳趙諸子未飲子壽處同坐者皞臣朋海鏡海力臣談祁門兵事傳聞失實余力辯其誣何以父母爲誓辭色甚窘既而悔之還宿龍宅芝生比夜皆出談香孫夜來談

二十九日晴比日盛暑余日不再食徒步日中亦無所困苦也巳集張宅先過孫公符左仲茗處少談力臣設宴園中字畫十餘幅皆明清王氏

名人之筆同集者筠仙次青香孫皞臣笏山鏡海二黃鏡初兼命豐兒
侍坐申散過鏡初寓假寐過陳杏生酉出復集月岑宅皞笏俱會香孫
出談修通志事余謂須先濤釐定增減乃可言也皞臣以轎來迎同過
商農處少談還龍宅
七月癸未朔晴作書與徐仁山論郭錢昏姻事略云太倉之出事起患由險妾侍奴不能移曲乞軒悽路火烜留娘事爲道圓所知去以奚入之啗切何嘗有幾微譏斥產裝疊差既而翻傾共歸撫衣永訣罪言交費觀暗驚疑於是有還者之事言詞攝急宜若過惜所許試猶貞深居湖告歎而自守又已八年[illegible]甚爲佗亦可消矣此論殊足盡其事變持示
筠仙筠言李少泉亦有書來錢女若來須在余家暫住緣看余亦應之
又以告徐由官封寄揚州筠仙又追書與皞臣云和尙勸聞奇事今不
惟勸聞又迎其婦居於廟中奇之又奇也余思之不過爲畏事者借口
耳酉過力臣要朋海來借五百金分五家猶未能足數以余積年所藏
者足之先還左氏也投菲還船

二日晴昨夜熱甚以熱寐受暑頗憚行已而大風鄧氏壻來送行皞臣笏
山繼至笏山以二十金易余桂陽志豐兒登舟膠緹亦來遂發帆行甚
疾四時許至湘潭余病不能起竟夜昏然
三日晴午後陰頗涼辰遣豐兒覲七父李荷生屬爲其父母遺集作序諾
之三年矣忽忽忘之今乃爲作數語病不能寫也閨房酬唱傳自徐鈕嬝品詩猶爲有婦自是以後作者滋多然窮感兌盤寂嗟哭獨雖流篤什未傑賦佩才豐過衛自古然矣晉鮮邪嫁嘉道尤盛宗姑傳徽於大宛梧筐翦於江湖雖大增濟郭家臨具美顧其遺集何爽廟音精非情瑟之悲哀非啻女一破之可慕乎李氏世有閒人亙藍田丈而不得仕逆孤人黃氏銘父皆一時矜名士虎之簡先生與鄧湘東丈寄名丈釆轄湘沅歎許虎疑助其機時女士之作莫盛於潭邪猶人少依季父問字習楊長適李門才秀相映其安貫勤際煮省彈琴俐鄰問之以爲仙侶少無離別之怨室有欣賞之奇影響相隨紆邪可也限百里四丈以客游至浙感疾還舟卒於郡湖行館非散隨身詩卷亦付楓母井翔人三十以前之作皆失其稿於艱難迴極椢毀春時皆閒情抽增仿但盡錘期絕音於貧心鄙匠輟斤於遐負悅乎遠枝半死獨隣不絲者乎次子鮮無克鑿乃謀一編廣求遺詠各得數十篇或在剛麗之餘或爲匠氏之作然樞棬之思竹猶疹風泉之悲宛然如見比夫遐荄固不相伴以閒巡館託崔成學窺燒統宜明孤臆以付傳人竊以比竹髮繫宮鹼之階巳末芳擬井煥曉芙之陵麽方同情有合慰

時無宜樂廿年以往自賦千齡才過偶然當前爲快因不稱之身後亦不何論其已工至於寶刻遺文寄其孝思觀而嗚咽別有感懷則直通性情在章句雅音未寂其必有彈烏瓢之操者矣是日纜行四十五里泊上灣株州上十五里
四日丙戌立秋徜北風帆行涼快未暮泊淦田上岸省叔父坐定而雨大
至食頃止遣迎膠緹上岸攜子女俱居局中余還舟
五日晨雨竟日閒作巳發淦田行四十餘里泊黃石望下
六日晴南風纜行五十餘里泊楊園比日大睡一無所作
七日晴南風大熱自登舟至今半月惟此日覺悶暑損人夜坐篷頂作七
夕詩夜泊龍石港行五十里
八日晴陰甚熱竟日偃臥膠緹幃女均病暑頗以行舟爲苦也萁溪李竹
丈船彼此過談聯泊塹門行七十里塹門去衡州四十里而圖志無名
惟有七里站之名耳
九日晴纜行竟日薄暮始至寓中

十日晴春甫來王代山來送所鈔易半卷
十一日晴命功兒鈔書籛竹丈早來談龍山巖壑之奇又言明人采辦材
木乘水放下塞酉水不通舟其木橫直架構皆巨材也其地狹而饒沃
稻一穟至三百粒長沙穟多者不至百粒山僻窮鄉諸物皆美於都會
也夜出訪春甫不遇
十二日晴熱爲族兄得一作中和堂記視功兒鈔書夜齋宿
十三日嘗祭望祀
三廟未正行禮酉初利成而饗六尝作餅甚佳
十四日雨霤水如瀑功兒牋書余檢篋得墨子敍更點定錄存之
十五日晴功兒牋書余作書上七父外舅雲卿兄揩生族子夜寫墨子序
注其經說騎至鴈峯觀城中人作中元宛如十八歲在戴氏祠讀書夜
起時爾時竹作盂蘭盆歌今決不作矣夜攜畛女及兩兒看河鐙牋召

詁成
十六日晴熱功兒箋書孫淵如不知黎水所在余考之卽淇水也地理之學初未究心今忽有逢原之妙甚以自喜注墨子數條豐兒問鄭注父爲天子諸侯子爲士謂以罪誅者何以知其然答曰長子必嗣支子不祭自非亡國天子諸侯之子不得爲士也
十七日晴早起涼風入席頗有秋興作書寄筠仙筠仙仁兄先生道席蓋暑還舟神與北風得上昭陵游乃逢狂雨同宿貴屋闃警灑然抵宿後復還秋陽七日不暇檢故篋得僉點墨子閱之色黑可以蹄瞻瞻之日遂稍注數千言并爲序其意鈔諸早覽鐵初居士方欲覺懸子本先生所藏有作木乎墨學久不傳我聖朝稽古右文九流并包豈可懸不討論絕學以詒來世幸以餘閒與曾房上兵論之悶匯願爲禽子再拜再拜也其符唯經學四篇最奇閎運所注尤傀異晉斯未信冞聞先覺相處恨違尤篤移居衡山以永朝夕省城擾援可以如仁義爲遷置耳前閱縣原遂追書云云何其勝小江南書來方知料事之明此易見也因意奉書唯起居恬和爲頌慰運再拜補作脅侯哀詩又書與㠁臣力臣芳畹鏡海笏山春甫及詹誠之□玉笙來相宅夜出訪儀仲談未盡輿復往石鼓欲尋蕭杞山門閉不可呼以

讀科舉文者聒耳亦畏擾之步月還殊熱
十八日晴熱午出訪李竹丈段培元還已過晡矣竹丈論詩頗道人意中不安處惜其未知古法不能爲余改定要亦可爲師也夜送書箋就正之功兒鈔書箋一葉
十九日晴熱檢衡陽陳亡人數至未頗倦得大雨少寐起檢墨子經說頗尋得錯簡端緒瑺女晨兒一小兒踰窗入拍手戲房中疑是肉芝移榻候之至晚無所見
二十日晴壬寅處暑檢衡陽軍功武官至申頗倦儀仲來同過石鼓屺山留粥送歸已二更矣
二十一日晴燥檢衡陽列婦作表傳段培元來談李黼堂善過河坼橋之法劉峴莊作客如居家而甚推沈幼丹箋書二葉至亥寢
二十二日晴熱作列女傳兩篇王清泉課士小國如縈賦又濯錦以魚賦皆佳題命功兒作之不能成
二十三日晴熱不能伏案歇一日口授功兒作小賦及詩夜有電無雨
二十四日晴改舊列女傳稿王蔭棠來言五月獲積盜周耶耳及其黨俱沈之水前三年余所購捕不獲者也箋書一葉豐兒鈔禮記成
二十五日晴檢列女傳未數條王蘭臺來訪飯後同訪賀子泌子泌疾病面色如紙不能坐起余與談半時許精爽稍勝暮過程宅訪段晴麓及春甫父子聞揚海琴連舟過衡將居浯溪海琴雅人甚故余不欲訪之夜宿側室
二十六日晴熱昨夜晴麓蘭臺均宿書室早飯後晴麓去賀金鷴及常吉人之子來留飯云近日西鄉以口角大訟衣冠殷實之家來者四十餘人蔭棠金鷴爲之主余勸以和息然已大擾矣若余在鄉居當不至此蘭臺要兩兒同游石鼓申還飯後蘭臺仍去余書室有毛手夜出豐兒

曾見之故客避不孤宿也
二十七日晴涼風始至與蘭臺過李竹老處遇劉弼臣聞李太守欲訪拏蕭圜橘余因問李君審能致其罪否不能則訪拏一次張其聲勢而已不如召之來督令讀書張石樵春甫儀仲羅立菴先後來與儀仲閒步過沈老曦值其姪孫將死怏怏而返箋洛誥成是日計算今年二百四日箋書百八十八葉一日一葉尚少十六葉其實一日有至四葉者但有時以事未暇不及補箋遂至日計有餘歲計不足當卽補之夜涼獨寐
二十八日陰晨有雨蘭臺去補鈔書箋八葉屺山來繙明史作事紀一葉亥寢
二十九日晴涼文元周店送經解來沈老曦來箋書一葉作事紀一葉
三十日晴涼騎出答拜胡經歷連日繙諸家經說箋書三葉耕岑來同出

答訪張石樵過程商霖書房暫坐夜還
八月癸丑朔晴復熱晨箋書三葉多士毋佚并成繙經解箋書二葉
二日晴熱童衡陽來談
祖考生日晨設薦食湯餅衡志開刻設酒犒刻工六人箋呂刑一葉君爽
二葉繙經解
三日晴熱水口雨劉生來箋書二葉繙經解檢明代衡陽政事多佚不傳
四日晴熱段子銓來爲十一都爭訟事殊不易了衡陽好訟之習自宋相傳如此晚命豐兒登城數垛口量厚薄余與子銓過王賀二家勸息訟無成而還北南俱發火南門外焚秕䅻行去余居可百許步春甫命人來護視子銓亦來火自酉至亥熄箋書二葉
五日丁巳白露節熱如三伏春甫早來留飯十一都七八人來學訟昔太公爲訟師而得散宜生諸賢余竟不能也豐兒生日食半丸過飽不夕

食箋書二葉檢衡陽人物志
六日晴熱巳刻渡湘騎訪廖青庭楊子雲兄弟與耕雲同渡至同仁堂及賀寅臣王右卿李竹丈春甫宅飯於李忠節祠夜宿側室
七日陰耕雲要至春甫宅勸十一都人息訟遂訪童衡陽夜還箋君爽成亥寢
八日陰涼夾衣甚適儀仲來同出乘擔帉女看天后宮花與李冀卿談又過李忠節祠穿石洞看秋花至培元處看花聞劉秉璋仲良放江西布政使王霞軒又署臬使矣晚擔瑲女出看戲暮還箋書一葉
九日晴檢志稿子春茐卿來談賀子泌來病半年矣見其能起喜甚留飯遂竟一日談夜箋書一葉
十日晴檢志稿箋書二葉耕雲暮來夜作書與李筱泉吳竹莊
十一日晴涼六雲生日子泌能步行見過談半日送之出至書店尋書暮訪儀仲談蔣霞舫與梁矩亭訐奏事甚詳起釁因索火骰罷官者四人乾餱失德不在民也秋月甚明無端生感
十二日晴檢志傳得殷竹伍書箋書多方成暮渡湘與儀仲訪秋於碧巘山房秋花零落瘦鶴支離有天涯之感耕雲來代陪客因同至其宅少坐夜渡湘秋風甚壯
十三日陰檢志傳箋書立政二葉騎訪子泌夜還李易卿陳冕堂來亥寢
十四日陰有雨立莽晴龐商霖耕岑先後來檢校志傳箋書二葉
十五日晴早祠井竈門三祀立莽來夜拜
三廟禮畢家人賀節設飲看月月光皎然大星皆隱雞鳴乃寢
十六日晴箋書二葉檢志稿子泌來
十七日晴熱鄉中人來箋書三葉借列子命豐兒鈔之豐兒作賦頗有佳致

十八日陰有雨
祖妣生日設薦箋書一葉作志傳得皞臣書桂樹已花令人思山林之樂
十九日微雨竟日騎行九十里還石門山居將暮始至途中唯彎坤有桂花香至門乃聞老桂濃薰秋藤過牆垂柳出檐鵓鳩喚瞑涼雨隨至覩石砌皆如銀裝玉琢令人心神俱爽不居城市豈知此樂因倦早眠
二十日陰晴作三律題壁上以志終隱之願遣信約王蘭臺來談同至夕陽徑暮乃還二更後寢
二十一日晴熱遣人采桂花皆已枯不可致夏蘇存知余還與蘭臺來相訪偶繙船山詩得郭鳳躚二事食山芋甚佳是日秋分
二十二日晴陰四更起食還寢待天明乃行九十餘里至城始夕食也遇蕭圜橋於道下馬談數語
二十三日晴春甫沈禮堂來寅臣來檢志傳稿王蔭堂子來箋書二葉顧

命成
二十四日晴耕岑來檢志傳
二十五日晴遣豐兒僕馬送畍滋二女及六雲還山居亦就便照應種菜灌花諸事已發當以兩日至耳儀仲來作書與李若農王霞軒箋書呂刑成
二十六日陰晨雨檢志傳箋書二葉
二十七日箋書文侯之命成檢志傳將清釐畢矣出過春甫寅臣還看戲於屠夫會館見扮觀音者僕僕往來歎大士以迹近遭此侮弄而佛法無礙不可怒也學佛者誠不可入此五濁之世故仲尼獨受天刑制禮法矣得成總兵書送沙袍料
二十八日晴箋秦誓成王岱山來送所鈔易傳至猶未竟也出登嶽屏書院地不幽勝下至花藥寺尋普明談少頃而還

二十九日晴鄉間人來索錢從儀仲假二萬錢與之因同過竹丈祝澹溪張蕉老處皆久談還申生以死安驪姬知君非姬寢食不安子之善體親心者今有姬如此去之則君不安留之則國家大安當如之何亦先多方以安君毋使姬獨安君而已采綠不哀曠怨而刺曠怨然後知詩之無邪
九月壬午朔得俊臣信來催周叟壽文甚嬾作而不得辭唯恨明人之作倆耳檢志傳稿講訟卦歸而通而當讀若爾
二日晴蘅園橋黃璣臣來張蕉老耕雲耕岑繼至夜乃去檢志傳
三日陰雨頗冷祝澹溪羅秋雲來繙經義叢鈔采方廷瑚上宗奉同瑁同古鍾字說文鍾酒器也與舊者欲洪頤煊以爲與舊者欲舊古觀字前十年閱孫星衍言鄭不識古文今始得此說洪孫相友善故孫用洪說也

四日朔雨竟一日檢志傳畢
曾祖妣忌辰設奠夜雨滴階頗懷悽惻人生愁緒何必羈孤因檢書篇卷得卌六五十七之異不勝狂喜解憂過酒遠矣
五日陰晴出詢春甫鄉賢及石鼓五祠不遇還晴生來送之渡湘風作水激頗有江湖之興檢志書典禮
六日晴畍女生日也去歲今日幾焚於火余不焚死而滌公疾死豈勝悵然登鴈峰右得一亭甚收湘川之勝寺僧貧甚不能造屋可惜也作詩記之 乘霞寺右阿秋霑白作 承湘蓉可航倚美岱宜顧登丘牧同黔 曲直秋濤壯葉登橫青雲昔昔送江濂目窮想逾壁風起帆初王 澄陰霽晴城平縣秀精峰興中鉄塊合桂谷丹翠闔但悲祝融高豈識幽人俯眷阿隱余情山海勞君富且宜樹松竹蔚碧託閒放又作

周序 桂陽居五嶺之中爛鵝火之祥自淡以來文狀累洽孚校專官始自有宋而衡州宋文仲當孝光時爲學錄晉部使之戴芳徽流傳 想閱玆歎今乃有衡山各帆周先生先生來司訓晉州適東南兵寇方興竊陸巖城學子弁近七杰投贊損甲鮑驟往來歲月不遑州官提符 欲疑難由學舍發兵薪木毀傷他人問當補桂陽學官則百計避去惟獨先生幅巾儒衣從容有常亦皆殺徒部署城守始或費敍澗中機要

州人奇之而未有以湘也風學汁年乃復案小則樑航開鼎比再設軍衡諸子得游門牆因眼涓從缺熊其歎壽其風規頫欽異琅先生夙嘉 含章之貞少毓適際之翻發在翦冠書梁許林於時守宗礽元士重科第左中丞江左後彥搜巖擢芳長沙稱皆院非材不遑設饋之士英 英一時郡相國以博洽之儒祝學湖外適會巡其閒芷蚍升迭冠大庠第名居首同舍歛衽蚌允翹材獨以英妙不先老宿獎其脊堅之志屈 其一嵗之能果逢麟卞歷揭文馨時則羅文僚勞文設歲背矜之秀子題嵗之捷足淵秩禦踏飫名天勸才同遷殊恕形在後十載文賬減產 增貸浩然西笑晉游入水犬誘廷試士先烈律文有庸設科別開名法懷吏分途由來蓬奕而以津政之材試遞黔之教佐治州縣沛乎滿泉 無困濟耆有稱凡案牧心惟民隱多勸平反車轍交迎衽謝簡雕棠本儒術士林推賢稱州文學蜚然來友金閩曠燕之倚投紵貽編之歎以 游舊京訪畤泳史羅勞二公亦以分司澂陝文酒之合槃於諸山閒則投書闕以請臨先生雅抱素志本無官情及乎強年已謀歸計淵友人 日渦明作令徒勞解印耳青臣冷官可以優游乃往猶訓導因旋鄰里一援掌席諳生須之又十五年方精今官三及傳諸奕例久常譏又恬 饋不問匠審上考而名瓏無齊教女課孫自適而已令子持家璠人饋老觀其晚稱其勝乎佩金印建大叢者輿士杰開之顯晦時也稱鄉天 也先生富倘文之時而筆瑩獻美依明往之世而皆懷著稱左鄒文宗也異等拔之張椒雲老吏也而倒屣廻之乎生不可稍不遇今日者以 杖陶之識得鄉飲之祭酒苦懸車之年無食榮之高位使其早做要津極恋於當責則進退失據矣賴以閒靜處之豁如還朝將道孔子所寶 學校之官正養世之地也自有陳氏而已然況軍弟子之褊解乎雖不習文縣墓帶桂書哲之傳之伸偉龍生績而賛之得王岣雲

書
七日晴渡湘訪常晴生於彭楊二宅皆不遇從柴步門入城至天后宮看
戲夜食餅至戌寢是日戊子寒露
八日晴繆緹生日兒女拜賀設湯餅食畢已過午矣出過儀仲遇屺山云
皮六雲考拔外間有煩言嫌太槩耳若鄉會試作狀元人亦不能議之
過尋祝澧溪不遇遇耕雲聞州縣常祀有歷代帝王及日月當借會典
考之夜至亥寢
九日晴作衡陽貨殖志成攜兩兒登鴈峰寺烈日照空令人炫畏遂還復
俊臣書培元來聞文式嚴放桂藩兼召用倉少坪殿渭春雪琴已入京
矣夜月甚皎丑還寢
十日晴檢衡陽藝文志童治中招飲約辰實未散已酉矣耕春同坐夜講
大有无交害匪其彭大有以有爲義初三何以有害又誰當小人蓋初

變則鼎顚止三變則睽人劓不應五則小人也
十一日晴檢藝文志及書目錄功兒鈔書序成故自定目錄四紙分亡佚
及百篇之次第夜攜瑲女上鴈峰寺看月兩兒講謙卦說撝謙爲指撝
僕役亦用謙道
十二日晴至子泌處尋華陽國志得重安侯李陽因求李陽不可之言檢
類書未得也夜與子泌過程宅還檢褒忠傳亥寢
十三日晴作書與朱香孫裴司岑挽胡蓟門（湘水古傷心恨十載人來拍岸悵奔千疊淚送壽終不買便萬金家散盡徵猶有十三經）作褒忠傳至沈老曦處尋小說乃得李陽事在王衍
傳
十四日陰昨夜月甚皎獨步苑中方欲延賞及曉起已將雨矣鄧在鎬來
言有盜穴牆欲入人覺取酒壺而去過一館塗知縣遂壞一鄉土風可
恨可恨作黃母挽聯（名門仰母儀南陂長養三枝桂時賢遽哀誄空谷殷勤一束芻）兼書唁翰舟檢志

傳耕岑來云已得衡山聘將行矣
十五日陰有雨熱似七月時儀仲來屺山繼至聞長沙選貢得人喜而有
作奉寄李諒臣王懷欽殷紹僑皮麓雲胡大兒家楙是日書牋成計始
功去年十有一月廿有四日至今二百五十六日
十六日陰有雨愈熱蔗老春甫禮堂來作書與成俞卿（楚材）總兵謝送沙袍
十七日雨寒可緜得張東丈和詞及書情深於文殊增悽惻儀仲約訪耕
雲昇出至江雨田同知處訪蔗老要同渡湘至則已晚不及登樓約屺
山來縱談而還細雨濛濛大有寒色錄褒忠傳畢作書與朱香孫（香孫仁兄）
（先生道席長沙快敍歸夢猶歎秋風忽涼作別未一載桂香招隱賦叢遺賢當乎此時無任吟想遲來染會論何文不延瘁一案數勞紳蛇金剛之論左祖右祖晉等局外不妨私議試以一孰報我無詒鄭尚書屈殺張文祥也衡陽圖志敘竄無甚可觀須十一月乃得刊竟近撰周易尚書井成尚書實古今之名作尚有未通者須良友講論俟之來年耳人但來牋獻頌多感閒遲再拜）
十八日陰雨一綿尚寒檢列女傳蓮弟自鄉宅來功兒仍鈔禮記

十九日陰雨作書寄皞臣力臣講噬嗑中四爻爲戒在位肉食者之詞引
禮爲說甚有證據此日危坐竟日不懈至酉覺倦少惕戌起子寢
廿日陰
（曾祖先妣）生辰設兩薦畢食麪送省信及衣寄陳舟檢志傳晚過春甫處見
雪琴奏水師積習文筆條鬯侃侃陳詞大似滌侯手筆文與年俱進方
知徐公不以學問爲長也得李小泉書文詞亦美其幙中亦自有張子
布一流人夜寢不寐起獨坐霜雨寒風已有冬意
廿一日陰午間七父及族子譔來張從九自省來攜有陳芳畹信物巾送
七父登舟同船上至門外湘岸小泊送譔去仍下答訪張君小泉贈說
文義證經典釋文文選各一部又得竹伍及其從子默存書李竹丈來
廿二日癸卯霜降陰寅臣次子娶常氏女早過賀寄鴻卽至賀宅待新婦
拜見與春甫過殷培元閱經鈔作書與小泉（小泉先生尚書大公祖節下九月廿一日得賜書）

及府憲官報告三部欄覽衙來敎九文乞宦高以安獎之心富樂儀之訓雖蒔植讀聞未足承衙然九九之見一一之吹因率量材通於爲政以宜德不拜嘉問登脇峯延望江漢秋清饒吹醇薦讀門載路依茲仁遭戕致保福幸甚幸甚闔運入年閑戶一出求書歸史研晏然有逸比已寫定易隨說方蒐治公羊春秋他日議當續本是尊鑒戒資過庭之訓昨檢書所寄文選蠹出一面想侍史偶差致以二部爲一此多上册則彼少下函儻係架藏無疑更換今議奉上希飭查明將下函補發以成全璧如無從考索即希別賜一部重爲頌禮無任悚惶依附嘉儀祺叩待福闓運叩頭叩頭又與李玉階書索通鑑鷄鳴寢

廿三日陰江雨田同知及張蕉泉丈李竹丈來談同江張至鴈峰還赴賀宅飲李仲京銘中惠兄訪因往答拜暮過春甫談數語還亥寢

廿四日陰子泌來王鼎坤鈔易說畢篁仙自省中來久談申刻登篁舟輿馬甚都僕從亦盛所以報京師之白眼也兒其局促小舟令人有烝羊之意因赴李衡州劇飲同坐者耕雲春甫丁篤生吳厚菴李命伶人侑酒有周生年卄許衡州以爲美且與語羞躍頗似三十年玉鳳也篁仙云李廷璋父逼其子婦孫女死誣以挾左道與外間所傳甚不同觀戲

至丑乃散房中無燭矣少坐卽寢講列女傳六篇畢並鈔頌寃女誦之

廿五日晴早氣頗寒再登李舟遇儀仲約午飯還爲朋海寫横幅並作書與之又復殷默存一函爲周桂作鴈峰東寮一聯云明窗啜茗時半日閒三日忙纽勤破庭前竹影盡船燈酒邊衡山月縣山雨冷思量城外鐘聲中過儀仲飲同坐者屺山耕雲皆陪篁仙食芋甚美酉散亥寢與耕雲借表還鄉用

廿六日晴早命僕夫送鸎緹及三女還山居就安便俟月辰也培元來談王蘭臺夏彝存相從讀書留居左房余自騎送鸎緹行十五里而相及暮宿土地廟行五十里借村店婦室安頓娩屬未戌而息

廿七日晴辰起同行至臺源寺余先歸未初至家飯罷攜兩女及妾從茶山至鸛坤遇鸎緹輿回六雲見木芙蓉呼之爲葵云紅葵白葵殆表通稱因悟柳渾詩以戎葵似牡丹不虛也凡唐詩言葵花疑皆木芙蓉惟向日葵則非耳晚桂餘香初菊將花褏回久之暮雨忽至未亥而眠

廿八日陰晴就原轎攜𡡉女出山行三十五里至臺源寺從槃弟夏翁借一空房停行李南琴及凌晴生來談夜間一法師來令言狐鬼次且不能對

廿九日晴早飯土地廟未至城戌寢

卅日晴至釐局見呂小香登鴈峰視新成東寮遇春甫接三聞長江提督授李與吾用人之難也去一人易一人又不如所去者若爭之則起嫌疑忍之則非任事之義夜檢志表

十月壬子朔檢志表遣火夫去寄食刻工處以用人不稱意也得嶸臣寄詩午過春甫陪接三飯同坐者唐叟傳客山西太平人唐葆吾歸將至門街間地光如月仰視見一流火碧色大可升許尾作赤燄未至西南隅而沒蓋電氣之小者離地可里許耳似有聲而未諦也所見流火未若此之巨怪

二日晴子泌來竟日與登乘雲寺還夕食接三來是日鄉中客至者數人鄀荆山翁爲著餘不記姓字也夜檢杞國事悟杞在周已非二王後蓋旣封魯則退杞也春秋唯宋爲公杞常爲伯知非後削之故左傳曰諸侯宋魯於是觀禮孔子兩言杞不足徵也

三日晴寄鴻來撰表儀仲來談得力臣書

四日晴諸生出看操兵獨坐理志稾申至鴈峰赴江雨田張蕉丈招陪永興孫子培耒陽劉子昭常寧孫蘭士金麗堂童衡陽王清泉李衡州蔡永安耕雲春甫郭翁之言飲於乘雲東寮至子乃散聞雪琴署兵右賞朝馬

五日晴書答張永州兼檢志傳晚攜𡡉女登鴈峰右阿望山水城郭清曠如奮褏回久之王巡撫登山寺外諠然乃還作書寄張東丈

六日晴寄鴻來檢圖表蔗老雨公招飲鴈峰東寮同坐者有羅培堂閻商

也淸泉友人來設席同飲午閒李恭人攜子女來看花其子純平長沙人也亥散

七日晴蔗雨重招宴聽曲少坐而還是日戊午立冬比日皆衣袷

八日晴得三弟書知從父中風不遂方將娶子婦覩書意尚明晰或不至遽凶耳寄鴻來同訪澧溪校正圖地名字

九日陰雨始寒澧寄來檢表耕雲招飲辭之淦田人去

十日雨寒寄鴻來檢表

十一日陰晴得保之書知彌之未歸聞雪琴得彈壓宮門差是日停課

十二日晴檢褒忠世職表已訖出過儀仲同訪培元西禪寺僧送橘

十三日晴晨過春甫飯同坐者江張唐葆吾耕雲蔡齊三金立堂申散與江張諸君至江寓少坐與蔗丈訪李竹丈聞其將驗看欲乞病李衡州慰留之許爲作書告子健待其行當爲達之作羅姓壽文

十四日寄鴻來檢表得笏山力臣書笏山箏札甚進龢杞山弟禮卿代整時表來此表壞一年矣居然可用夏生還鄉春甫餽蕈醬昨聽身爲女三世矣有夫將殺我知其謀自投於井入水見異光若彗星上屬於天以此念正得以文章自娛佛氏生天說不誣光緣竿而上竿傍立一人若讎我者怒目而視則從弟世鍾也冤親亦有所由何以度之江雨田送執廿盆

十五日晴寄鴻來對表子泌商霖來談作書寄保之醴陵羅權如壎之從子來告乏並示其伯父詩

十六日晴培元竹丈來論屯田夜檢禮志

十七日晴檢禮志午閒屺山來談同登鴈峰下赴李竹丈飲同坐者吳稱三訓導攸縣李先白父子言恭王調和兩宮事竹丈盛稱李蘭生協辦之賢稱三索題石笥山房詩云石霜寺卽在山後又有明蘭寺皆古道場也並示諸公題詠余爲題云去歲梁櫺度曉東霜山晴纈青英聳廿年九過領清景縊巖近在東山峯山人爲我話寄石夜窗斗撐千丈碧石霜寺外鐘冷冷谿聲不諠松壁寂小齋平天風月寬藏書遺劫如仙壇四文閣災武英火獨抱遺卷明瑣玕暫歸松筠瓊門去御入夫夷最深處歸時雙筍塵更高勞留年年長憬觿

十八日晴吳稱三及竹丈來談檢禮志

十九日晴子泌來談盼女點豆補作魏瀛傳命木工治後院破屋爲書室攜盼女出看戲甚不可觀而盼女好之人性各有所好盼之好城居喜繁華天性也膠緹之風衰矣

廿日晴早不寐午乃昏睡申起檢禮志繙明史職官表

廿一日晴熱楊子春取孫婦余欲不賀而情不可自出覓對幐衣料送之以無錢當賒貸也便命豐兒攜盼女同出安置之戲場自往墨香齋得一幅紙還過儀仲視其遷寓遇寅臣談頃之還屺山晴生來談曾昭吉來檢水道地名

廿二日雨涼渡湘至蕭楊宅子春留飲同坐者江雨田張蔗丈蕭屺山常晴生子春女壻謝姓村人也夜還子泌來留宿

廿三日陰作書與殷竹伍昭吉去檢志稾講景員爲河以爲九河合一股以爲受命之祥而周亦頌翕河以證予禹貢之說

廿四日雨寒子泌來代領學徒余將往淦田省叔父也是日已晚因請子泌同校定衡陽書目依七略編之夜談至子寢

廿五日晴春甫來云羅翁欲以四十銀餅爲潤筆恃文買錢未必遇如此好事之人余文不賣因辭之云器幣則可受耳與子泌定藝文志夜作志傳飲酒二杯得成總兵陳芳畹書

廿六日晴陰頗寒五更起食質明攜盼女行至廟山將暮乃舍轎徒步令舁夫更迭隨行到家方上燈因悟賁其止舍車而徒之言謂不通車則義當徒步也至家知昨日復得一子產母平安且以爲喜又女來無已

時得此小住之
廿七日晴午時洗兒繙船山愚鼓詞定爲神仙金丹家言非詩詞之類也
柳岸吟遺興詩亦禪家言洞庭秋落花詩則無可附伊山詩心識回幽外治溪曲徑深雲煙開綠歙金碧動青林香霰迴風入鐘聲過危峯斷情初覺好風雨更幽岑又敗葉廬側有梅家船山七
歲女瘞焉
廿八日陰有雨將行而停閒談竟日筮子名得屯變剝命曰代輿小名恆
子
廿九日晴巳初騎行投莪至城寓中殊無章程請子泌來而闕於禮當留
一日料理之夜談至子寢
晦日晴送小婢與程姑復命蓮弟修竈自爨有劉金塢來入門大罵張貴
自云與吾友好以其盛怒未敢見之
十一月壬午朔晴辰初起巳初行騎隨小童緩步六十里至桐泉除宿衡

山地
二日晴早有微露辰初行四十里飯於龍堰橋午正過衡山縣從北門投
小路渡湘傍沙際行二十五里至石彎前由船渡今可揭也復行廿里
宿大橋彎前宿店也以昏黑幾不留客主人識我而迎入否則備矣大
橋彎山水甚輿多文姓富家
三日晴熱行十五里過朱亭又廿里至淦田甫入局門見紅對知昏事成
矣入見叔父臥竹椅上言貌如常曾蘭生在焉談頃之三弟及新婦出
拜胡氏女也年十五長成似十七八歲人午陪三曾及居停蕭一峰飯
鍾弟復出見言辭荒謬不足與談夜宿局房
四日晴熱議叔父後事欲迎之至衡而老人貪微糈不肯去且亦聽之夜
作書寄李唐交秦蘸生又書與外舅撥銀夜有雨
五日陰午辭還便道訪蘭生行數里遇曾使來迎遂至其宅十年前曾再

宿焉蘭生弟梅生出迎治具相款其子師陳靜生及王齊諸人陪飲入
與八妹少談甥竹林出見夜宿客房雨
六日早雨停一日待天色之定王蒓浦秀才來談琴舟之兄亦至蒓浦言
蜀人黃鼎字彝封以諸生將偏師累有功而爲馮陳所尼左帥不能用
之又言左帥甚好諛及管敬伯爲衆所詆離合其字作聯有財苟得難
苟免妨人賢妒人能之語又云不敬莫大乎是公伯其如命何陳靜生
又言湘潭諸生作駢文詆訕修志諸人皆有工巧之句此風濫觴於周
末而後遂盛傳律令縱有擬絞之文不能禁也比夜鬭牌負四十千爲
祝林作字
七日陰
先孺人忌日素食午從樹木潭行十五里出朱亭又五十里至衡山渡湘
已暮矣夜至縣中尋常耕岑見嵇伯潤留宿縣齋與張元素王伯雲夜

飲紹酒甚佳伯潤壬戌舉人大挑至湖南月生族叔也七父在零陵時
與爲賓主談次大罵李衡州信劣紳楊澍之言奪胡氏田爲譚氏故物
澍卽耕雲也耕雲勇於收捐不顧情理李仲京遽爲出票傳人誠有謬
誤然何至如嵇所云云余因解之云助義美事興訟則非此田爲閒田
可也胡氏騙詒耕雲令耕雲自根究之府縣可以不問伯潤又言閻丹
初爲山東巡撫清節冠一時而誤殺張七駢戮避亂官民數百家實爲
過舉此獄余亦有聞云王伯奪所爲張七張歷城令之兄歷城莎運濟寧州而入昭忠祠故逃不當卒運臨清死於寇以虧空受譴七欲訟之軍官臨金爲賂數萬當在臨清時有學某知天象先年辭去約三月十五必來其日臨清破故七神之受學焉頗有妖言夜談至子宿元素齋中大雨
八日陰早欲行而主人未起設杏酪與元素耕岑談見鈔報知雪琴辭官
還山　朝命優渥許其一年一巡江防江湖二督爲供張又見　親政
詔書封后父承恩公而仍領閣學之職及推恩內臣諸詔皆有中興氣

象雪琴此去使京中王公知天下有不能以官祿誘動之人爲益於末俗甚大高曾左一等矣令人感涕且自愧也早飯畢已未初矣行四十里（十里烏石又十里馬除馬除山逍石磴渡諡正如神階又十里萱州出衡山界矣）宿九渡鋪尹店今年過此見少婦當壚甚訝衡陽不宜有此審之則良家女內外甚有別前此羞偶然宴集非胡姬也銀鞍五馬均可無峙峭耳

九日陰行五十里至城嵩段晴麓在書齋獨坐與談久之段去余未朝食至申猶未飯頗倦少惕蘭蓀二生還子泌次子順琅侍父亦在此同飯順琅去得皞臣樾岑香孫書大概以桂志見毀爲言又以惜余不修通志悠悠之論庸人知其不足校諸君以此爲不平淺之待我矣通志誠不可修修成竟亦何謂然云當道見忌則非也當道何人忌我何事三君未免世俗之見耳將必使李小泉王變石聘幣交於道而後爲行其道乎若然則葛石朘誠賢人耶薦人於朝不用猶無損所謂見忌者如

我欲求而彼欲與旁人尼之乃謂之忌耳或者無端欲拘我亦可爲忌豈有是哉

十日陰夜有雨午睡起子泌來談云比日事多復去獨坐檢志稾甚蒸熱頗似春時夜改成總兵廣學額記欲爲作頌而嬾搆思且留之

十一日陰晴出訪李衡州童衡陽王淸泉李竹丈呂小香還檢志稾爲蘇存及豐兒看詩賦

十二日雨夜尤盛童衡陽來此日檢禮志畢

十三日陰遣童子還鄉爲接三作壽文詹誠之春甫來論雪琴作江督辭否及與東和否余以滌公在天津使雪公當之則必出見東會見則不示弱滌公不以氣勝故不辨此

十四日陰作緜被一鋪余一生有浪費之名然自新昏至今無杭湖絲被唯在保定作一鋪以與六雲今始作此耳雖監門之養不穀於此矣爲成總兵改廣額碑記王淸泉來辭不見夜閱衡淸試事公款錄其言孳孳爲利也而今歲有入冥者云閻浮羅鬼王盛稱之今日是非人鬼略同余不獨生不得爲柱國也滕緹遣人來

十五日陰晴爲豐兒理書遂盡一日申刻江雨田金禮堂來聞李小泉有解任之說又云有人劾之留中不行又言衡陽已委代矣薄暮渡湘尋屺山彭子不遇還過培元談安南求援中國而爲我叛軍所擾據其數城我帥脫身還蓋安南復將內屬之兆耶夜檢衡陽水道篇鐙下殊不了了乃定明日理之改兩兒課讀於夜間宋史可厭久不閱之矣細思終不可不畢工乃復閱一卷

十六日晴廖生鵷琴與安化一游學譚生來儀仲來同游鴈峰少坐程商霖出談出至花藥寺晋明留飯歸已暮矣檢水道圖

十七日晴竹丈儀仲來談鄒州同魯賢姨子馮廷崑來檢水道未能淸晰

羅秋雲來託載蔡可棠奉遺命捐田事可棠勇於爲義歸美其親固美事也然亦近名矣務成其名故曲從之（復考之乃爲子孫應試計非好名也）

十八日晴作書與樾岑芳畹爲程生改課藝出訪莫香泉江雨田留飯蔗丈立堂繼至李仲京知府亦來談論甚諧戌正乃散理詩回問滕緹不來甚爲失望

十九日晴子泌及夏兄來談半日馮絜卿子灼孝字俊三來訪器度頗大方殆勝其父晚過儀仲遇蕭端亭同年不識之矣入書肆購晏子初索錢四千今以七百文議成蓋店賈之誤也夜還少坐即寢

廿日晴遣蓮弟入鄉視滕緹能來否檢水道志作五百餘字比日功課甚懈以心雜耳讀書不患事多作文頗爲事妨當思振之培元來談沈（友僎）許（昆甫）段（晴巖）程四秀才來書鴈峰東寮聯

廿一日壬寅冬至作水道志千餘字午飯後出渡湘答訪馮生及耕雲皆

不遇還蘭臺來

廿二日晴午後陰作水道志千餘字昨日飯早可三餐今又遲晏家中事殊難整頓子泌及許莘吾姚西浦及魏鶴樓唐全波四秀才來談半日猶不妨日課夜講易傳一陰一陽至引中孚等七卦以意說之居然可通

廿三日晴春甫來與同出獨往柴步門尋姚魏唐三秀才不遇還張蔗丈來江同知招赴乘雲寺齋鼇局五公春甫亦在飯罷過程生齋少坐同蔗老下山已昏矣夜改石鼓書院記

廿四日晴作水道志數百字得非女詩信詩少潤色頗近鄙俗焚之爲藏拙也芳畹又介張從九來求薦書殊擾人意劉姓人又直入我房欲罵之則不可欲與語則不解正無奈何乃出避之夜講大衍數五十用四十九揲之以四無奇則不歸此必然之理也三無奇則仍挂一之一耳

一次奇四合一爲五二次奇四合五爲九三次奇四合九爲十三去十言三皆陽數也如此者左右皆六六合一爲陽則爲七陰變陽也一次左奇一右奇三合爲四二次左奇一右奇三則左爲二合五爲七右爲六合五爲十一共爲九則左合一爲二右合一爲四共爲五三次左奇一右奇三則左爲三合一爲四右爲九合一爲十如此者左爲六合一爲七右爲九合左六爲十三合一爲十四去十言四則爲四也以四合一爲五以二合一爲三以六合一爲七以三合一爲四以九合一爲十其初六九交而生四爲父母所生女也若第一次左三四合第二次一五合第三次三八合右則一一二合二三五合三一六合如此者左爲七合一爲八右爲六合左八爲十四去十言四亦四也而左八七合右四之所生兩皆六子長子中女所生爲少陰也若左一二合一次三合一三三七合右則一三四合二三七合三一八合如此者共十三去十言三則三也而其初左五右七之所生中子長女爲少陽也若左一四合三二一七合三三一八合右一一二合二一三合三三六合左爲七右爲五合爲十四亦四也而左七右五之所生兩皆中子則陽生少陰也

廿五日晴作水道志未半葉張使來因復無非書旋移學堂設客房蓮弟回聞六雲當隨來重爲鋪張遂至半夜

廿六日晴竹丈來同談海禁余意謂古無禁隔華夷之制而中外相安中行說教匈奴不通漢强夷狄之術耳夷之慕華自古今同然明人反其道終受其禍論者不悟猥以不守祖法爲咎謬矣竹丈耳聾誤以爲海禁當嚴爭論勞神未深辨也同步入城赴鼇局飲同坐者王清泉耕春兩君四主人二更還家姬皆至瘳緹猶有所避而言語失禮以人夫大隊新來未能遣令還耳

廿七日晴無事宿側室

廿八日晴金兆基立堂進士及蔗丈來程夫來送禮物辭之既而它處絕無送者復受之家人饌具至子寢

廿九日晴蘭蓀二子爲余作生日爆竹之聲振耳春甫春耕曦老許春甫夏子卿子泌雨蔗立三公寅儀兩同年先後來豬豚以待之復設索麪麪尙精潔未正散雨田索見六雲命出拜遂留意錢至酉罷負萬五千設食全不旨甚愧客也夜雨亥寢

十二月辛亥朔陰出謝客渡湘循岸至石鼓山對崖復上從瀟湘門渡入城上至南門還出大西門至小西門過衡陽學舍訪同縣馬教諭汝梅乃歸夜未亥而眠

二日晴蕭秀才濟霖來報大橋鋪新出有宋真宗墓志鈔文來看真宗初文韓未盛歐未生之時也雅飭可愛許莘吾子泌程郎來得殷竹老書已游揚州矣竹老有心計而所如不合蓋多心人也曾昭吉來留之校

圖亥寢

三日晴熱換縣衣蕭秀才復來請作山海經分韻編類序鄉中人未知述撰每好撰典故以爲博雅在是殊不能諭曉之酉出赴江雨田招飲同坐者廖程楊張蔡金共八人看陳滄洲王船山僞跡戌散騎還亥寢

四日陰反風有雨檢水道圖曠工十日矣得裴月岑胡郎（元儀）書夜作和皞臣寄贈詩皞臣頗爲余惜不遇故以廣之凡伏處而嘆不遇必得位而鳴得意學道者所宜先除者也

五日晴子泌夏梓卿來論舉人主講書院事余以爲近代各私其親愛託之公舉上旣不信而又不肯駮詰遂成請託之事可不必效顰也檢水道圖作四百字亥寢

六日晴檢水道作四五百字改藝文志輯略

七日丁巳小寒晴作水道志五百字亥寢

八日陰爇臘八粥送花藥鴈峰供衆米及供佛蜜果夜始理志稾得李制軍書

九日雨作水道志三百字申正渡湘赴子春招飲同坐者張江蔡及儀仲食燒鵞羗肉羗肉包餠甚美夜冒雨騎還亥寢

十日雨欲檢水道寄鴻來談張蔗丈金立堂招飲同坐者童治中廖總兵春甫齊三雨田設席雨田寓談三父八母說以爲當除本生父母或以爲出母嫁母分爲二余以意斷之曰本生父同居繼父不同居繼父此爲三父本生母嫡母庶母繼母出母生母慈母乳母爲八母三八之名蓋起宋時八母之名近不典矣夜至戌散亥寢

十一日蕭雲谷約看宋墓志昇行十里騎行廿里先至蘆沖陳學究墓穴乃還至大橋鋪酌洪羅井宿蕭宅

十二日雲谷設食四蕭作陪內一蕭雲谷兄子歐陽牧雲之壻在李竹丈處教讀頗習應對未初始得飯盤飧烹飪甚勞費也昇行十里見日暮疾騎而歸已上燈矣渡水溼兩足亦不覺寒亥寢

十三日闕

十四日闕寄鴻來□志未起手已暮又聞文式巖過衡石樵飯後悤悤去

今日約寄鴻不至江雨田約登鴈峰看雪步出由龍神祠至乘雲寺見崑甫程郎李介甫少坐攉夜乃還約雨田見過夕食燒羊肉魚子甚佳

戌散

十五日陰

曾祖妣忌日素食便衣騎出尋李竹丈段培元常寄鴻寄鴻不遇以志表須問之恐其歸故破忌往尋之竟不相値徒多一出耳還設奠夜餓食索麪亥正寢得二股書幷詩

十六日陰午後雪晚頗寒春甫寄鴻耕岑來刻工算帳散工各還其家共

刻字十萬八千

十七日雪竟日圍鑪書寄張永州

十八日雪釋蘆屏來騎至花藥寺尋海岸僧談晉明上人留茶酉刻赴李竹丈招飲同坐者朱仙舟李易卿歐陽理（字燮痛）羅秋雲（今字小坪）李生亥散

十九日雪夏生歸家午渡湘騎至廖青庭處賀祭旗觀劇戌還亥寢

廿日陰雪騎至趙忠定祠爲李衡州書關廟碑羅秋雲爲主人兩時許畢過訪周稚威廷琨去附書艾生寄食物獻七父凡地志寺觀苦無安插夜坐思得一法仿水經錄禹貢山水所在悉編水道之後誠妙法也閱宋史一卷羅汝楫子願有文學政事之長死於岳飛像前事乃不經不宜附父傳飛亦不宜殛之亥寢

廿一日陰周稚威屺山來稚威言文式巖嗔陳詒珊譏以佐雜倖進式巖泊對岸陳肯訪之是特情也無端受侮以此知文之驕陳之諂可爲笑

柄申初春甫與馬稚泉同來俱赴龍神祠看晴江亭故址住持恬熙設
齋未昏步還泥濘殊甚
廿二日陰王生還家晏起蓮弟還山寓自敘馬欲出逡巡已暮閱宋史一
卷芮郯五世登科郯由蔭官登第光宗時相錢端禮助湯思退後主和
孝宗時周葵不主戰孝宗時施師點不退班金人稱爲正人蕭燧孝宗時龔茂
良聞待恢復乃召郎手疏恢復六事福建子不可信如此朱熹感其薦
爲諱之亦主和者孝宗時
廿三日癸酉大寒晴作竈儀仲來聞壽衡丁內艱得芳畹殷紹僑書閱宋
史秦檜有兄梓知台州金安節劾其附梁師成罷之程郎許春圃來夜
至丑寢
廿四日晴春甫來得岣雲書言文竹雲已死京中同居諸人喪亡略盡矣
夜閱宋史昨夜馬逸出遣尋不見

廿五日晴佚馬自還子泌來言王夏二生未爲發憤讀書余因言課當有
常無常課者雖忘寢食無益也今年余爲志書所牽而精神散漫欲讀
經史似乎曠功欲力鈔撰又頗厭怠孟氏所謂舍田芸人之病誠有味
乎其言之歟夜坐室中檢諸采訪條件至鷄鳴野狸齕鷄上屋去鷄聲
甚厲似可閔者死於貍死於刀又何擇乎人惡貍殘而不悟己酷可謂
智乎妻妾均熟寐呼之不應已乃俱覺談頃之寢
廿六日晴檢字紙閱宋史暮得三弟書言叔父病甚促余急往
廿七日晴陰梯城出至恒豐店制斂服絲帛諸物還呼舟攜功兒由柴埠
至石鼓覓下水船不得仍還欲陸行蓮弟還城遣人覓舟夜得蘭生書
言叔父已卒廿八日大斂余少受教育情若父子中因小繆遂至參差
雖禮未敢失情已疏矣感愴久之假寐俟旦
廿八日晴晨起發行李下船功兒先去及余至石鼓附舟又發乃更至耒
口覓行舟行卅里至樟木市以待後舟未午泊
廿九日陰有雨北風大作行六十五里至老牛村以風大卽泊
除夕陰晴行十五里泊雷石大風遂不復行補作列女傳至暮登岸梳髮
攜兒循岸覓舟燈火甚盛幾迷所投乃呼之則已至船邊矣

湘綺樓日記

同治十二年癸酉

十有二年癸酉正月辛巳朔陰晴舟人候子丑時卽起爆竹迎神乃復寢待旦早飯畢開行恩關故不呵問四十五里泊一荒崖下云地名龍湖鷩所未聞也

二日晴行三十里泊舟買米登岸見告示知已在湘潭境內矣問知陸路去朱亭十五里欲由陸行舟人促發又六十里至淦田船不能抵岸方知淦字之義此名必古非唐以後所能造也呼轎子至岸登局門入臨叔父之喪見停柩小屋曾不容棺念其篤老爲黴猾所牽哀哭有聲已乃問狀拜賓從妹夫陳若愚先至矣

三日晴居局中同居王蘥來因與蘥兄見聶蓮仙夫人李三丈之妻亦峰之妹瘳緹從舅母也見其挽聯頗妥帖又久欲見余明日將行故見之

禮大功以上人請見之則見蓋正謂在喪次而有異方之賓因欲見之者故下又云大功不執贄乃別言非喪次而見人也狀如男子殊不及亦峰欲余代作挽兄聯語以其孤貧不敢固辭還寓書吳蓮石同知（此人三見矣蓋一紅人）李仲芸爲三弟欲得淦局事夜作亦峰挽聯（玉堂雅步繼家聲恨無緣親草有分載花度隴題五千里待得官成名立日望歸來又誰知寓館空存菟裘未卜柳絮聯吟原樂事奈野蠶長飢蜀茶頻寄累兄營夢十餘年自憐鏡破孫沈天生那命到此日梧桐半死翔樹仍攜）

四日晴昨暮聞曾蘭生當來留若愚待之至未祝甥來云父病目不至飯後俱去送若愚至川岸遣張桂同往看船送柩下湘也

五日陰同居王綽生來談言其祖父任東昌同知（名環字曦亭由中書舍人外用）歲入三萬金若運硝可七萬金頗藏字畫今半散賣矣檢志稟作列女傳三篇命功兒學讀六比文蔣德峻作泰伯三讓殊乖經旨乃別作一篇示之凡經傳言數目而下無列目者必衆人共知之事如此云三讓若數適吳奔喪等事何以取定太史公序傳云太伯避歷荊蠻是適文武攸興古公王迹明以王季文武爲三矣

六日雨晨起聞三弟生舟哭甚哀往卽位朝奠聽之流涕爲罷朝食儲在文論衞輒事不當亦爲作文正之王生强余作字塗抹十餘幅惟八分一聯尙佳鷄鳴時聞鄰舍迎春乃睡

七日丁亥立春晴夜月甚妍以盆盥面水中見月忽憶乙卯人日自武昌歸與龍李同游時恩恩十九年旖旎風光垂垂老矣數年復有廛市之緣乂不如山居時冉復數年故人益故皆無憀也夜作列女傳五篇亦至鷄鳴

八日晴昨夜不寐至曙曉睡遂至日午起檢列女傳作分書

九日陰雨檢列女傳劉生月樓來談

十日陰寒檢舊傳畢凡今年新作傳十九葉婦女賢德卓行暗合古人者

殊不乏人何以男不如女蓋一至之行較易邪然何以男子絕不能髣髴一一余作列女傳甚譏夫事不肯夫而爲之死者竊以爲女畏淸議之效男無淸議之過也若令男有過行而亦如再嫁者之恥則風俗必大轉矣以此悟東漢之所以有節義也竟夕不寐

十一日陰張桂押船到價萬九千得仲雲復書及鄧氏壻書左妹壻兄陳喬松從九（樹霖）浙江來書猶問孟辛可爲嘆息改人日詩覺小疾

十二日陰雨比日天沈陰寒逕逼人殊不憀賴檢節烈表始畢此表經七八次矣若記覽過人當已熟誦而余猶懵然殊足自愧恨凡爲文人必有過人之姿蓋非學力所到余學人耳

十三日陰二妹設奠詔相其禮

十四日陰雨至王縛生家看帖所藏閣絳汝潭鼎皆有余殊不辨妍蚩也蘭生送錢卅千來始營啓事

十五日陰有月再檢王帖得四十餘本兼得九經文字正余所欲者觀晉人草書仍不知其佳蓋墨迹必有精采耳淦田促營喪事廚人索賞錢舁夫爲上客舁者十六人而有一挑夫一夫頭共十八人每人六十餘錢耳土俗以分白布廣及爲敬乃至其家皆及之

十六日陰迎王純甫知府周遜齋封翁及琴舟兄立齋蘭生來相禮朝祖奠夕遣奠蘭生攝有通禮及會典誤以祭輿爲遣奠而以遣奠爲祖奠祖廟無奠專謂朝祖余曰必司馬朱家誤也然從諸君行之至夜弔者皆至甚可觀禮畢哭殯鷄鳴乃罷

十七日晴辰起發引劉生路祭甚悲殊足感人登舟奉安復祭川神蘭生行禮余作文曰春風渡兮物色暖三門不渢兮空冷清飛晴瀾兮嘯巘襲指極浦兮揚舲逝川悠悠兮夜不舍感徂年兮勞寤固古今兮自然眇愁予兮胡爲者川流兮安閒棠旗兮翩翩吁來權兮勿疑時德靈兮千年兮其首曰歲惟癸酉月在甲寅乙亥統日己巳御辰湘潭某官某人之靈柩將還長沙某官某某人謹以牲酒云云遭舟中議應否朝夕奠謹按葬日虞途遭故也太公五世葬周依途中委積之理必當有奠脯醢而已是夜泊淦田未行

十八日晨開舟中臨草書一紙夜至易俗場聞人語以爲泊矣頃復聞舟櫓聲方知未泊柩不著宿既已無可泊遂聽之至湘潭城外已三更矣

十九日晴遣報雲門待諸兄弟臨哭頃之超羣八兄先至不識之矣已而雲門青浦俊民諸兄至岑弟同來外舅來郭玉兄來譚福齡表兄來夜登岸至外舅寓坐一時許還舟徐子雲從姊夫來是日要玉兄同至省彼三葬吾家喪故欲其終此事耳

廿日晴大風行卅里至鷂子厓下面泊天寒欲雨習草書一紙

廿一日守風鷂子厓玉兄云鷂子厓舊爲燕子厓宋劉錡故宅也

廿二日晴壬寅雨水南風帆行七十五里巳正至省城外泊西湖橋下至祖墓視地尙有餘地可葬還舟若愚來云倪地師擇廿六玉兄亦同過定議旋入城至鏡初處見商農談頃之遇曹餘帆不識矣過月岑香孫談鎬仙亦與遂宿朱楊見邸鈔過陳母家

廿三日晴南風辰起月岑留小食出過力臣登舟月岑先來弔未及遇也復至墓所視葬中封還入城力臣約果臣鎬仙芴山仲茗香孫同蔬食留張宅

廿四日晴大煊晨出至舟弔客果臣仲芸李禹門兄力臣芴山芳畹孫公符郭花汀先後來若愚作陪余爲主孤子哭柩旁而已不答拜也喪無二孤以主爲孤又禮云知生者弔知死者傷正主謂宗子及伯叔兄弟之喪若父子喪不得謂不知生不知死也葉介唐來論東安修志事郭提督遣傔來通意欲余作其母墓銘得接三程郎書

廿五日晴煊□弔客張少尉李荇仙陳梅生黃伯初來發扛行錢六千三百廿六文凡舁喪者扛有大小隨人所用大約四五千方可其餘儀衛則隨派照算而以吹手爲最貴用一刻許非千錢不可也呼之來則一無所用不知俗人何以必重之午間朱香孫遺約往席研香寓面論東安修志事因往便飯文麗峰在坐研香病偏枯其儀表頗似夏愒庭甚非意中跛扈精悍之人也因明日須早出研香欲留城余固不欲煩官吏因自請止宿城中晚飯罷舁至鏡初寓談至子又閱曾侯日記殊草草不足觀且當彼卅歲時靜坐即昏睡亦何至爾

廿六日晴北風晨還船仲茗來弔因共飯罷若愚來豫備發引午刻自西湖橋設橇賞錢四百由城牆根上醴陵坡至　祖父墓下開壙縣窆路人觀者頗以容色戚否爲譏美知清議未泯未初下棺申初書主若愚奉之余與功兒反哭兩弟待盈坎登舟禮畢甚困倦乃入城仍宿鏡初寓鏡初言屈子謀反懷王頃襄不願故發憤自沈此言近理若無故自死非賢達之行矣

廿七日陰北風甚冷早覩曾侯與次青書札無甚可取旋出城登舟命舁僕衣冠入城謝客廿一處見者葉介棠仲茗陳毋笏山研香果臣朋海郭花汀果臣處遇荇仙筠仙約明日飯因往辭之便留晚飯同坐者唐蔭雲魯英黃子壽子襄談種花菜試事子壽言笏山云往者月食已爲聖母請命有安社稷之功今日親政亦並得履之八有履帝位不疾之詞功過笏山也戌散投ㄅ臣處宿是日有雨夜大風

廿八日陰早遣人至仲尝處取錢三萬呼兒入城買衣物因約劼剛兄弟鏡初商農朋海來早飯至午裝辦乃登舟已暮矣玉兄先在因要同還泊靈官渡

廿九日晴晨發或帆或纜行九十里初更至湘潭小東門泊中流送玉兄登岸是日鈔詩三葉

二月庚戌朔陰雨待風至巳始發問功兒緦不祭又云外喪自齊衰已下行也若一家有昆弟兄弟數十人歲弱其一二則士有終身不得祭之時耶若不同居則可祭主人當何服功兒不能對代答曰惟有終身不祭者故以祭爲吉禮諸子弟咸在皆無緦功之喪此其所以爲大吉祥也行五十里泊猾賓港

二日陰微風帆行作叔父墓志及郭氏義莊記墓志有槀記無槀恐其再索乃錄之

軍興廿年湖外起家開府專閫者百數皆自貧生致饒利萬倍或厲清節或纂素舉然亦鮮官其富其有貽巨萬之產舉契緐府臨事朝廷不以營殖爲嫌而朝廷亦無徵微詰問之闘獎以好施卌其行幾天詛昭緒與爲義門登諸閣鈔播告天下則凡百開府專閫者莫之爲而吾縣郭氏國得之郭氏齋爲富家至贈公玉階而貸傳其子而貲益甚遺際中興功名爛然乃得成父之志悉推田宅趾爲義莊而吾友李協揣推其原徐侍郎明其說李揆察數其典郭巡撫臣其文莘洋洋其事益審余嘗覽洪鎚稱覩王錫福則民富亂世不則民貨貨非矣事也今有人爲阻齒者爲爼折則必佛然怒及以富人爲貧則所然蘇是何心叙年者人之所不爭財者衆之所同欲也專求人之所欲而益以矜廟則驕驗日至故國之深守之殿而失之也恕然憎泄人不及知唯其私之也故之也善用財者不然大者富其下其次富國其次富鄉其次富家未有人富而已貨者也發田贅者范氏然仲掩微時不能贍一身趙宋宦蹤湮於今日何所得貨以立田業豈不既

孫叔敖之風歛而仲淹爲之而不其子廣之而無譚以公猶私之效也公名利而可曰後私者有私而自毀於用殿郭氏之所爲不其信哉解富於衆人所歸之日而天子及聞里莫不嘉歎唯其所處耳顧晉閭之矣范氏義田至今頗爲氏害而今作記者有錢洪吳諸君皆范氏郷人許不及之意者吾所聞識郭凡立大事宜惧求之或更勸范氏之利病而損益其僚知倬晉縣富者貲此爲法則富及國矣行九十里未暮至淥田送士反寓以無備未處設脯醢之奠而已至蕭王處小坐緦姬孃留功兒晚飯坐待至二更乃還舟得吳蓮石同知復書作書與徐氏族二姊論族九母及寡弟婦困於衣食宜館於我

三日陰微有北風帆行百五里泊石樹夜有雨作頤壽文並與書接三

四日雨止風息三時許方行卅里過鑑石湘受沐處中一石洲石正如燒炭柤湘身倚狹於沐也余每過此或値水漲或未出觀今始諦之稍前爲斗米洲舟人云此洲先饒高粱歲納稅斗米故名今荒廢矣纜行卅五里泊汢公步疑少陵之故迹也惜一帆風遲我一日程殊爲怏怏

五日陰行六十里到衡府城凡此水驛舟人必多報其里數自府城至衡山縣號十塘每塘十五里則百五十里自衡山至朱亭九十朱亭至淥田六十淥田至湘潭百五十里湘潭至省城百里共五百五十里今數之四百八十里多七十里而晉書地志云水七百里較今又多百五十里又不識王制所云千里而近者何其寥濶也凡纜行多不能至六十里故知其里短耳湘水又北爲七里灘舟人買米之市因經失考圖志皆爲七里站臨湘岸曰站門未詳目站之義也澂瀾積湫淺色銅潟至於夏漲未波蘋風始動行舟上下銜尾分洪千篙扣石有肶霜響鏡空照影濺濺七里但旁岸夷曠不類嚴陵矣作書致董研樵研樵仁兄年先生節下前歲道中奉寄二函已入鑒香復聞分守樂秦不得近樂又彼中荒冷常此時願撫懶歎勤勞未展馘足京都敲親雅會雖追唯勉助名以樹邊略亦足壯料情也閒遲山苦爲州縣圖志所累華盈塵冗無興偉審久欲奉牋因忙遂輟新年湘上舟中偶得小詩奉慟附錄呈覽如有佳間由文翰兄可遞耳專頌道安不具作西憶詩四首夜還寓宅子寢復起宿側室

六日雨早飯後復睡午起作書致唐蓺農譚文卿左楚瑛箋墨子二葉

七日丙辰驚蟄陰午後甚冷騎出酯程賀二家見儀仲還六雲設食不美
未飯張蔗丈招至鴈峰龍祠晚齋坐客江金蔡鶴君恬僧爲主齋罷至
乘雲寺遇鶴帆呂小香張野秋鶴帆去余七人登臺看煙火夜衝泥步
還牋墨子二葉檢宋訪紙條
八日晴冶秋寅臣兄弟春甫來冶秋見示以詩詩字俱進閱臺鈔余書牋
成更校定之自堯典至大誥十一篇改正二處頗勝前說夜牋墨子二
葉未滿甚倦而罷既罷復不倦矣閱閒久之獨至雞鳴
九日陰雨收馬將出子春來談鴈峰二僧來遂待飯飯殊不至已暮矣在
省城聞魏吏部官羅君芝士館於廖協遣間到否得片果至矣芝士余
總角友自己酉以後遂稀過從然每歲必一二見今得同聚異縣可喜
也夜牋墨子二葉子寢
十日陰雨出訪李竹丈江張金三公及冶秋鶴帆段培元聞江督放李雨

亭余所謂幕府亦李之巨擘也然太安靜惟恃濟慎以率勵耳晚閱宋
史一篇功兒重鈔尙書亥寢
十一日陰雨李竹丈來騎出渡湘訪二楊芝士子泌皆久談訪杞山靑庭
未過申過雨田飲同坐者子春蔗丈父子靑庭齊三春甫戌散設饌甚
多亥寢
十二日陰晨過杞山飲同坐者劉琢堂臨長寅臣子春耕雲待子春甚久
至午乃至未散甚煊六雲至江宅訪同鄉未晚還
十三日晴檢易說補鈔副本寄錢師申刻過彭寄生蔭生宅飲同坐者江
張常耕臣羅秋雲酉還蔗丈陳文源來談夜講周官
十四日晴檢易說午後鶴帆芝士野秋來小酌杞山晚至少坐而去言火
眼唯熱雞子熨之可愈子寢
十五日大雨至午止夜復廉纖始有春色矣午過鹽同答訪陳吉士論庶
常無上銜尊翰林也無單名示謙也二者不同意而今單名謙於愚弟
則仍宜用單名至不用上銜手本殊非自卑之道不必法也明制翰林
未甚重今其署有一儀注手卷甚自尊大而尤重前後輩衣鉢相傳入
翰林者必奉爲金科謬稱奏定章程蓋始於乾隆時道光時尤重此官
幾至亡國今翰林益輕矣而故習私相授受入其署者遂無能自拔亦
可悲也使淸議如陋規豈不少助風俗乎夜鈔墨子二葉
十六日雨
先府君忌日素食設奠檢墨子經說下粗畢比日授諸女及六雲詩賦每
日須二刻許又爲兩兒講周官及唐詩亦須二刻許日間應酬休息竟
不成一事也
十七日陰雨騎出訪李衡州王淸泉童治中蔡興安歸少坐赴鴈峰東寮
江張金蔡招飲四坐卄餘人轟飲大醉余獨醒堅坐待散騎還子寢

十八日雨閱宋史一卷爲意城子題讀書圖二律聞君少日有詩名只發閒吟不發樂手校書依殿本坐臨松子落衣聲個遍門第來清宦正賴山林佐道情湘上年年秋樹綠西風涼處褐衣紉十年梓木萬山中借隱曾傳左郭風一白鴒儻遂世緣廿年幾隱長秋蓬名心誰識吹闕欝高詠耶重怨萬數莫猜筠松翻入世趁春牛角未英雄
十九日雨南昌黃少瑚同知觀海來訪云與高伯足舊識知余久矣已未
在京曾相聞頗談前事
廿日晴命六雲治具請客來者李竹丈陳文源廖濤亭黃禹臣寅臣子春
作陪各飲三升酒禹臣醉去是日竹丈未談一語以聾甚隔一尺便不
聞也戌散亥寢
廿一日陰早飯甫畢欲少愒儀仲來遂談至暮待諸客會飲張蔗丈蔡齊
三江雨田童春海楊耕雲先後來飲酒不及昨日菜亦不及昨日戌初
散
廿二日辛未春分晴甚煊騎出答訪張同知過李仲京道臺云成靜齋已

至將見過遂還便答訪張仰垣宜都未晤至家少坐往東洲赴禹臣之
招坐客有文垣冶秋青庭羅少庚及弟陽生酉散步還作書致曾沅浦
張文心亥寢
廿三日陰子春兄弟招陪文源青庭少庚便飯看杏花已大半落矣未散
過屺山久談巷還仍寒得晴生書與書李仲雲爲孫公符謀館
廿四日陰晴刻字人到將理圖志李竹丈芝士文源呂小香羅少庚相繼
來遂盡一日夜校易說粗畢爲文源作書與劉蔭渠夜閱宋史一卷子
寢
廿五日微雨研香遣來約會於舟便訪文原得芝士書云子微弟欲得廿
金迎婚謀之未得甚爲悵悵還擬東安采訪章程作書告喪於七父子
寢
廿六日大雨擬東安采訪章程研香欲以圖志事見委也午過羅培棠老

人處飲同坐者秦蓉城鐔蓉生劉耕臣楊耕雲
廿七日陰檢水道志午過培元飲屺山來辭行同至培元處陪研香談酉
散子寢
廿八日晴巳出送研香蓉臣答訪成靜齋於石鼓山遇府縣官九人送學
江雨田來賀均略談還檢水道一二條
廿九日晴騎至花光寺尋春還約蕭丈欲於明日宴東洲信未去雨田蕭
丈呂小香來便攜兩兒四女同出沿湘岸桃花數十株李花百餘株皆
盛開荆槎祠地頗幽勝至花光小坐坐三版船至東洲萬聖宮設飲小
醉還已暮矣蕭丈小香復過談數語而別是日蔡齊三亦攜其子同游
有童子七人老叟二人得風沂之樂
三月己卯朔晴晨起瞿子久自長沙來靜齋子泌來遂盡一日留子泌午
飯同過段晴簏子泌言易寇戎通用我伐人亦謂之寇後遂專施於敵

後又專爲不美之詞也又言詩六義有比唐人以如字當之其義陝小
詩中有通篇不及正意者如鴟鴞鶴鳴之類是比也說甚精確晚過子
久談遇符子琴劉鏡芙皆彷彿識之補昨日游詩一月城中幽新晴樂事閒山川依舊日桃
李及春風引步芳臨頓看心古寺空年光始點鶯留賞其息息汀洲茸草碧幽峽覆青舊午潤滌橫碩春流斂穩牙倚繡中城日同棹一船
花、□□□□□□□□□
二日晴約晉齋子久子泌春甫儀仲午飯酉散蕭丈復約登鴈峰同江蔡
瞿賀晚飯吳子登赴母喪
三日雨昇出送子久行午還已晴步過儀仲飲同坐者屺山蕭丈子久春
甫寅臣來陪客戌散檢志稾丑寢
四日晴蕭丈來言黃翰舟暴病死甚言三殺五黃足致凶禍作子登母挽
聯僧隱高介毋之風江海安行魚筍承歡同綠鬢示疾念觀音之力期頤知命耶晉委化入靈天與瑺盼上鴈峰看桃
花

五日晴姚西浦來言志傳例意檢送來詩稾欲采一二篇未得佳者存其
名姓當代作之子寢
六日晴峋雲僕引進僕人王益來李衡州過訪作書寄香濤荇農王清泉
招飲再辭不獲便服詣之同坐者吳雨生武進人吳平翁漢陽人蕭丈
立堂亥散
七日晴熱檢志稾發京信寄土物
八日晴熱子泌芝士來留子泌飯商霖至同出魏羅村來少坐步過童治
中寓暮還
九日丁亥清明節當春祠以期喪不祭昨約春翁至嶽屏踏青訪儀仲未
後騎往不遇入西門過雨田不遇再過培元遇屺山屺山先過余少談
今至段宅恐有別事故不久坐辭還雨至夜雷電復作書寄伯寅的寅先生
閒下辛秋來別雨上樹殘還山再登晴憶千里溪鎮因闊輒見想從佗野酌園花每思清宴子李存神於窈下黃宏風慨於株實費清斯情心

乎要央玉堂宿寇弊使新對贊左弃物風並謝芮紗緒政聯明好賢爲是衛內之顧弛有所歸溜步三台所爲幅瀰書近頻平靜識士背復
歸談符仙翻菲證學時得路謁閥逼紗圖書經卅九卷已成具設亦甚甚理近爲列縣圖志所遺離宋能取研一二年內仍當讀疑京師務告
通博性與昔文正首開下畢本洛僅之刻詩於巨以若能聯合外藍於堂下別殷番局使周儀子毀態佛刊付隸以餘閩附注經說由求才識
之士使腦逐亦得通遣其中賦爲盛葉聞時即已與魯學總及鋪師爾其可否傾欲貸本江曾歸日北行衛錄有總曾復即世熱此學不領換
請得一二督撫可行似靜於閒館修書過聞散士儲有傳論一席實啓予若諜及周志尤易易也協歸值此計當相見久未隅疏瓶附一踐乞轉
致爲衛今處且紹分出惜所居呶當練勝附棧小與不額大臣惜其舉述盛總南理耳因嘗君此輔懇辭此書致慨古臟不貫一閱逐領首

又書上楊仲魯師夜大雨將睡復起待雨止丑正乃寢

十日陰試寫地圖一葉未正出送屺山攜兩兒三女泛舟以往至石鼓恐其不來登山訪靜齋過齊三於磴道同入則蕭丈雨田皆在濟庭繼至雨田强我飲於太和先遣抱兩小女去因留船遣兒代送步往北門外遇童春翁復同往太和子春兄弟皆至待菜殊久聞礮聲知水師送軍機矣借輿往川岸已不能及雨田乃送畛女與余同還殊未飽呼飯又

得小杯殊不快姑食盡而客欲去及送客復再食已不飢矣夜雨山中送杜鵑花來

十一日雨牡丹得四花皆不佳又爲雨損二風折一亦可笑也折置水盂中乃更精神一夜花高至寸餘檢志稾始畢

十二日雨

曾祖妣生日以今年廢祭晨起竟忘之夜始省記雖本不殷㦛然一家無言及者荒忽可懼補藝文志稾作輯略亥初已倦就寢忽不能寐鼠聲甚厲數起驅之至丑乃寢

十三日雨檢藝文輯略張桂求書往桂陽投陳俊兄與書遣之晚過瀣同約蕭雨諸公游佝僂蓮花諸峰待晴即發復過李竹丈談竹丈言盲山水形勢以分水爲龍行云東三省尚當有興者俄羅斯必臣於中國皆以地形決之

十四日雨作藝文志畢食雉凡三頭甚美功兒言廖學使課士詩題有墮巢乳燕拳新竹不知何人之作頗難刻畫因命作之得巢字余戲擬一首頗似吳穀人熊雨師兩公皆以試帖得名余竟無能詩之目亦可嗤也宋明梁武與臣寮爭書弈之名故是結習

十五日雨陰得李若農書雨蕭兩公來同游花藥寺上岳屏院不遇儀仲乃入寺小食茶果而還畛韓侍行夜作方技傳序檢舊志子寢

十六日陰有雨有月湘水長丈餘已平隄矣騎出問儀仲從子病兼訪子泌遇王朗生談頃之還與諸兒出門觀漲子寢

十七日晴夜雨豐兒書愈劣乃令鈔左傳取禮經自鈔鈔士相見二葉講周官天官畢

十八日雨晨起檢衡陽舊志飯後欲有作蕭丈遽來要同過石鼓馮合江亭看新綠渡湘至楊嘉李處午飯竹老先在彭寄生繼至飯後至園中

看殘牡丹取文無一盆以歸鈔士相見半葉已畢丑初寢

十九日雨寒似仲冬比日曠廢殊甚無以振之始定鈔經之課寫禮經二葉鈔詩經三葉酉初大睡亥初方起檢點畢已丑正矣

廿日雨霽雪寫禮鈔詩如額得文心書言前寄穀梁等未至又欲吾改莊子序二語隨筆成文至煩友靜亦可知見待之厚也蘊當改之

廿一日晴遣蓮弟送馬往潞田將爲宜春之游蕭雲谷來程生送賦二篇點定之晚過蕭丈及門遇成靜齋比入蕭丈避生日早去矣與金立堂談復過雨田旋別去還寫禮鈔書如額丑寢

廿二日晴雨田來攜畛韓兩女出看戲以已轎讓與之而步行隨去余不得已陪往天后宮復遣豐兒從去至李易卿處少談還鈔經二葉蕭丈與馬智泉來

廿三日晴鈔經二葉遣覓船下湘培元來言及劉峴莊頗爲怏怏申正附

舟擶一童自隨夜聞子規城中尚無此聲也夜露甚濡亥宿舟行至曉不計里

廿四日壬寅穀雨晴午過雷市泊久之乃行夜遂不泊至曉已過淥田矣是日鈔經二葉戌宿

廿五日晴早換漁舟溯流上至淥田登岸見鳌峯移處入問之乃知已易人旋至三弟寓中云已到株洲其二母已將遷往也二弟同飯馬早至矣將見若農檢類書求羅上加网事見太平廣記未得日𣆶添一力荷擔騎行廿里宿長領醴陵地逆旅翁八十一談老事夜飯只取百錢

廿六日陰有數點雨騎行至欒少長道涂不知春游之美今乃得之作詩以記閒游不數晴時節趁得山行數點分映雨雙呼布穀聲驛程平遠荊春嫩綠無名物惟有華意芳華總別情五十里飯於鐵江口漉水津步也廿里至醴陵般渡水遂還過浮橋八里宿八里坳

廿七日陰雨竟日從雨復行竟未霑衣七里飯櫻桃領七十八里宿水口前逆旅主人女留客處也尋之不得門徑亦迷夜雨滴檐作小詩云岸縣四顧水口亭柳儂深處亂黄鶯於今獨宿青山雨始覺從前是那情青山鋪在西二里故詩中云青山雨也

廿八日大晴甚熱八里過萍鄉縣五十里過蘆溪其水通舟處也卅里過仙峰市甚繁盛五里宿白沙鋪店婦粗醜强余服洋藥聊令櫛髮代之

廿九日晴熇可單衫曉起望店外有瓻碑往視之余煥忠女易秀坤妻旌表詳文也同治三年死叛卒之難萍鄉道多游女竊歛義烈有異常貞又傷其不死寇盜而殞於官將爲作二詩題之石上遊紛幽燒香不灰分明題字題新苔嚶枝期期春風真盛殺桃花不散開長以已過依傍峰一眠明珠鼓掌中借問春風見余女何如點漆謝層粲行六十五里至袁州府城宜春地也入城徑至試院見門閉無一人乃還至西門下店詢知學使未至復親往府學詢之云今日可至乃出城欲往東門看船而誤由北門遇蕐官還云明日入城耳既行漸遠遂□就視之行可五六里見舟泊對岸乃自往通謁若農學士出迎留談如舊交遂宿其楊湖北黄耀庭出談

卅日晴辰初開船至北門馬頭先登岸入鐮院見其客徽州江芷香董業勤若農還未刻封門余宿西齋聞陸虞甫吳茇甫之喪

四月己酉朔雨稍涼是日考生員詩賦仲約設饌見招同坐者濟寧郭壽農南海何次山仲約言新會九江鄉有漁師能先知次年水大小其法以十月初旬秤水日重一分則月高一尺如二日重則二月水長以此知張平子地動儀可測而知也是日晏起早眠

二日陰晴午間大雨閱袁州賦卷十七本讀仲約四庫書表注四本仲約之學蓋喜通博又市我黟人俞正燮理卿癸巳類槀余好閉戶覃思頗有獨得至丑寢

三日晴熱閱袁州賦卷十餘本與仲約談內庭宮監事云宮監不以官品爲榮以差使爲貴又論夷務𢿙今可將者殆無其人可爲太息燿庭見贈五言依韻和之又示我紀事百韻詩奥折頗似退之蓋近今楚材也似勝王懷欽夜至丑寢

四日晴熱仲約設餞將以酉行待諸生交卷已暮矣遂止不去招蓮弟等入鐮院郭壽農詢及郭提督何在託寄挽聯因亦作一付母德中興育名將郭家堪並子家榮壽農寫元稹碑有書名請其代寫與之夜與仲約言前八仙後八仙之局深以變更爲慨又言夷務恐當侵削余因作詩贈之末章云從容燿台衰顚沛守中原投艱豈有術民儀翼戎軒請爲頌樛瓠聊以慰周爰謂得人斯無難也夜雨丑寢萬臨衛天臣聖母深恩賢

五日雨將行復止閱袁州一等生文十餘本取十名後兩卷置第一二天雨意爲此二人當補廩也因尋萬載童生卷復取一人入學仲約談廣州闈姓之局確有消長作表示我

六日辰雨午晴未初出院馳四十五里酉初至分界鋪宿

七日雨行八十里宿萍鄉十里鋪是日且行且止至暮乃達細雨連山蒸作綠霧甚奇景也作子登母挽聯有子成名介母後一瞬人間歷百年知化往論讀一轉紹凡前已作之今復改也然不及前作

八日晴過萍鄉飯於水口以馬未至留待久之假一榻以眠飯後始得前年舊寓舊游如夢復如醒只憶纏綿不憶名閒擊玉杯成一笑若聯朱字甚分明一年之別老似十餘年殊有劉阮白頭之感又詩云桃花落盡玉成煙偶從來不駐年比假劉郎猶易老等閒頭白作神仙行八十五里宿櫻桃阾

九日陰晴十五里過醴陵循山行六十五里宿八寶坳道中茶包絡繹一日已見二百挑夜中猶未絕也芳原走馬人生之最樂偶作小詩云遁水枉拋春縐胡沙空費辟塵犀南朝惟有東晉後解向春郊騁馬還是日丁巳立夏遣蓮弟至長沙

十日晴行廿里至淦田三弟已移去矣少憩蕭宅遇齊逸山秀才及團局

劉曾等議育嬰設飲余爲上客同坐者曾立齋蕭一峰陳君未後散余假立齋錢四千開銷夫價及帖帳乃行欲宿青塘團局與逸翁期會比至而曾達齋及其從子新吾要於門外云蕆生約宿其家客從主度遂夜行五里宿櫧木塘曾宅八妹出見

十一日晴與逸翁待飯罷同行至朱亭少憩其宅聞南舫族父有女爲其從婦往訪之並見逸翁弟春翁族妹之舅也妹壻齊鳳喈已往嘉峪關將從祥輿出規伊犁有二子二女妹年卅三矣二十歲時曾一見余余遂不記之南舫先生與余頗有知賞之誼余入學又認爲保卒已廿年唯存二女一在省城更不相聞也覓夫甚難待至申始行廿里宿大橋灣

十二日晴南風甚壯行七十里宿依田鋪衡山縣南卄里連夜甚爲蝨子所苦

十三日晴北風日色甚烈行廿里飯於九渡鋪馳五十里還寓見七父書知介卿兄得狂疾方悟此兄前此不近情之所爲蓋以疾致然

十四日曉起將出待小食久之不得雨至乃罷散臥竟日

十五日晴

祖妣忌日素食子淞來留餕鷹

十六日晴陰出賀春甫新宅訪唐藝丈李幼梅程宅見唐价人書言岣嶁旅卒光景甚累然柩將歸矣遇蔗丈郭育之談衡山游與未畢云云藝丈約過耕雲同飲還家飽食欲不去念與老人期不可不赴乃渡湘至楊宅則賓主方待我坐客更有劉琢翁及春甫至亥散是夜月食

十七日晴藝丈來談往年營於齊河龍神化蛇降其營中演戲十日三蛇乃去蛇知禮讓蟠曲成福壽二字土人皆識之所謂金龍四大王者也

十八日有雨春甫來兩兒講周官玫騶騶同異注家多以旄牛毛爲翿旄

乖從羽之義鄭司農以爲羽葆幢許叔重以騶爲華蓋華蓋若今之繖未宜用作指麾許蓋與爾雅異說顏師古以爲雉尾扇近得之矣

十九日陰出訪春甫藝丈皆不遇至童治中處少坐遇大雨食麪而還蓮弟還得芳晚書

廿日晴李幼梅來言安仁有絜愛泉不知其名所始余考府書不得其說又言王制養老周用三代禮檢鄭注示之疏內引熊氏言一禮備三禮似非也午過春甫飲陪唐藝丈李竹丈同坐者沈曦亭吳品高耕雲戌散過弔賀儀仲有從子之喪也

廿一日晴湘水暴長張蔗丈及鹽局章郭周治侯三君幼梅及羅少南來談豐兒讀公羊因考叔術反國夏父之事以邾顏無絕世之道當坐殺人身抵而已竹丈招陪藝丈飲同坐者廖程楊馬四君晚散過馬智泉宅少坐文心送君山茶至並書問史事二條答之文心世仁兄先生道席前月得復書謹以

春游訪李若農於袁州往返二旬未及作報比歸復得手教及寄詩觸者清嘆心目寄慨無量承示刪改莊敘讓節如所敘涂易之閲運平皆

不攻宋學以不相爲課之道然拼生末學之旨凡所著述未涉唐伊緣論譯悟順筆及之途荷指正焉有不傳者乎殺梁申義於前年鈔星由

郭筠仙轉論奈何中沒今蝕補上被係手書出則傳寫耳比年作書賤廿九舊已成近又作詩補歲及遺記歲初會生徒叛蒸多發古義有可

觀覽惟獨學無友鮮容憤悌學之不隸是香蚤也應學使頗勤踏於學致昨以檢習致烏合市人遜拆民屈以此知處事之證非傑學可猶仁

兄殷殷於近愿無亦致精於實道遵係實之分門久矣所衆時揭侯考後衙星鏞遊本無藍本彼同有孫芝用義論一册可狀大致至經史疑

義多是陳官以數忻了之係異條對也近日經學精異真耶尚宜留逾闊運陽見村忠驚劣一無可言殊鄉奉同起居不異

廿二日晴姚劉兩秀才來談甚言耕雲之劣耕雲本由義安諸君譽之今審之未爲平正旣交游有年不可絕之復交淺不可規之汎聽而已以此知擇交未可因人有若所云因不失其親亦可宗也蓋言因人結友之弊晚答訪蔗丈諸君不遇遇雨過春甫訪藝丈復不遇春甫宴客與童金諸君雜談而散復少坐至暮還

廿三日有雨鈔志稾數葉亥寢

廿四日晴約藝丈便酌請幼梅楊慕李春甫作陪儀安子國篁充拔貢以曾學文於余來謁謝留之飯云有應謁處遂去客至酉正始集亥初散始補詩牋

廿五日癸酉小滿晴出送藝老已去與程郎少談過子泌西禪寺及幼梅處皆久談還過姚西浦値其將出少坐同出此日小病無寐鈔詩牋一葉

廿六日晴王生歸過端午因命功兒還石門檢書早行余借病晏起子泌及王朗生來常寧校官李拱軒衣冠來云東安人聞余修東安志欲一見強出見之言宗滌樓修永州志大言不必與州人看以此見疾零陵王令故意塗改之宗抱稾而泣云云余問元稾今存否云不知矣李幼梅來皆久談二客在內默坐而已夜牋詩一葉作安南阮交史論序

廿七日晴午大雨舁出答訪拱軒幼梅遇安仁校官李與吾談頃之作書唁子登壽衡皆寄挽聯徐母挽聯云偕老未終閨富貴白頭猶有恨名賢爭誄母升平彤管定傳徽又書與芳畹常生來

廿八日晴未大雨慧堂三僧來爲愉女寫詩二首

廿九日陰未欲雨不成頗涼芝士及其從子來言余子貞有孤弟貧苦無依余欲招之來同居先須廿金假之因出訪培元遇其有客乃過蔗丈少談馳還雨至

五月戊寅朔雨鈔志稾五葉牋詩一葉補前二葉說桃夭蓁蓁古訓始明衡陽新學生常集熙來

二日晴鈔志稾五葉鈔詩牋五葉培元假余錢八萬尋春浦換銀不遇遂往詹誠之處言廣東闈姓賭場事功兒鄉中還

三日晴春甫退還余銀廿八兩因得寄余君書並與書芝士鈔志稾五葉牋詩三葉

四日晴牋詩三葉子泌來言行露非聽訟之詞與野喬同意余以其背序不敢信也飯後與同遊湘瀕至柴步遇儀仲呼余同至其家寅臣出談暮還欲鈔志稾蠹集而罷

五日晴命功兒祀

三祀余至午乃起常石渠及其子季華來久談是日竟日未飽飯

六日雨欲出未果鈔志稾二葉牋詩二葉寅臣招飲未去

七日晴有雨寫字七幅作書與雪琴又慰問七父以介卿兄病狂也牋詩三葉檢志稾半葉

八日雨檢志稾四葉牋詩二葉欲說參鼎何月旹在東徧檢經解無說者

九日雨牋詩三葉二南成計十四日得卅葉

十日晴鈔志稾三葉牋詩二葉春甫段槐堂來程郎送文來培元來談與同渡湘問楊子春疾夜歸微雨

十一日晴鈔志稾一葉牋詩三葉出送金立堂行並贈以桂志石茗又訪
蔡齊三不遇而還
十二日己丑芒種陰大水張金蘇三君來談兼約晚飯牋詩三葉縢緹至
賀宅會食管瑞侍行余待至暮乃赴盤局遇儀仲及卜允哉允哉若愚
姊夫也久坐至亥立堂留別設酒二席至者十人菜頗旨潔子散劉敬
三陳培之來
十三日雨
祖考忌日素食設奠牋詩二葉檢志稾鈔二葉
十四日雨牋詩二葉檢阮刻經解觀本朝唯古文書經大明其餘學尙闕
略禮制較多鉤考耳鈔志二葉錄陳學究志銘未畢
十五日陰出答訪陳劉符三君皆相遇欲往子泌處畏雨不果還鈔志稾
半葉牋詩二葉暮大睡

十六日陰晴鈔志稾三葉牋詩二葉春甫及段悅堂尙欒來許昆甫及程
生來亥寢
十七日雨牋詩二葉過子泌處談經兩時許還撰志稾三葉過竹澧溪
十八日晴牋詩二葉繙宋元人衡州詩文鈔志一葉亥寢
十九日晴牋詩一葉鈔志一葉攷水經記重安酃縣而無臨承得其確證
爲郭璞所作（非也酈生別引郭說蓋不知爲璞作）酈尉以其在南朝
故不移其名耳是日始絺
廿日晴早起聞人言羅芝士暴病死駭嘆頃之卽往視尸章芝林先在爲
之草草歛畢假春甫處一棺與之成靜齋程春甫張蔗丈蔡齊三羅少
庚郭育之均來視吾鄉重友誼尙古道殊可感嘆申刻同送芝士柩登
舟急還芝士與余交廿七年其人敦篤謹介不改其度雖文采不足可
爲畏友余以湖衰襚之與章成渡湘還

廿一日陰雨牋詩三葉得李郎書並見贈柱帖十六字廖清庭來
廿二日陰晴牋詩二葉邵風成數之十三日得卌四葉以每日二葉計之
多八葉故友余子徵之弟子振來余招之也
廿三日陰子泌來共讀設坐同室其長子兆琅侍來坐之後齋段晴麓來
牋詩四葉作志稾一葉半丑寢
廿四日晴春甫來牋詩三葉作志稾一葉半子麗兩兒作文幷成
廿五日陰作水道志一葉承水成牋詩致龍皡臣書壻仁兄先生道席正月至宅中陶已治耕劑期出作還入心願不以爲然然成事不致遂不諫也今已半年自未成行始有所發回而待願友之決定耶閱運不書計冊有不面詇而後習者務試論之夫官者紙止境而遵者有幸否以令長爲致身之實則已來矣以致歡爲三徑之實則未可料矣今居書城親昔居省城之時何如何憂其不足乎爲賢而仕非兄志也直以村志隱發久閒不試恩欲一願其詠明之響特不知出遇儲地遂懸長官牘一無所協或豬大秩滿忘官將欲隱不能五十之年僕僕形役此有官薜者爲宜而以老兄之初志又未屑與悠悠者浮沈矣吾輩才德有限必無當貴令名並幾一身之事以近事論之咏淮學鑑曾眼苦成名筠仙最急俗臥矛桴眉生乘家乃得徐海香農高名田於張李膚審上德被誇廣東彌之九

衞辛眉坐牆申夫再勍閎運長歎出處之分校然如此將欲與官瑞爲列而先冒頁吏之名或欲與陸朧其陳臨年並驅而今有理同之第語日知止不殆兄其止乎斯事甚避幸甚頤進退綽綽也夏疼沈陰起居珍重
廿六日陰牋詩四葉檢武水殊疏略不能成文至鳳峰答訪許崑甫李竹
丈來
廿七日昨夜雨曉止竟日陰是日甲辰夏至牋詩四葉與子泌過春甫不
遇獨遊石鼓訪靜齋聞篁仙至此謁知府而去還過蔡齊三處食櫃餳
廿八日陰牋詩四葉檢次列女傳亥寢
廿九日陰騎出答訪宋雲孫少梅司使之子也余小時書室懸少梅所書
韭花帖一幅故識其與余家有交往昨來拜未見今往又不遇與蔗丈
少談得文心書復遇齊三留麪旋同蔗丈訪竹屋遇耕雲云子春病甚
得張文心及七父書報族兄介卿之喪介卿荒唐卌年竟以狂死其人
有高志而無實心故可惜也

晦日陰得同學羅子喬書子喬亦輕脫近頗收束久不通問矣作書復之兼報李郎書檢列女傳畢請子振牖之赴釐局飲過童治中談

六月戊申朔晴牋詩四葉衞風畢閱經解一本采記廿一條始停夜課鄭通判耕五來

二日晴牋詩一葉閱經解一本出答訪鄭耕五賀寅臣兩郎赴子泌飲未設饌起赴石鼓廖總兵之招子泌處同坐者許莘吾王朗生鄭曉樵段海侯程商霖石鼓同坐者李衡州丁文谷同知成靜齋程春甫亥散丑寢

三日晴熱作書寄李若農得李郎書騎至石鼓與靜齋渡湘唁耕雲其長兒子春於前日卒年六十坐客有石經歷張宜都丁篤生支賓耕雲談其兄事頗不庸劣亦君子之徒也午飯熱不能食俄頃反風夜涼子寢

四日涼牋詩四葉閱經解一本

五日涼得鄧氏壻書非女於四月廿八日得一女其家諱之俟滿月乃報也牋詩四葉補前二葉聞岣雲柩還其子來甚困苦與子泌過春甫竹丈處談

六日至八日闕

九日子泌去春甫來言岣雲子欲還本宅耕雲百金即以傳之春甫亦傳以六十金余傳以廿金又以衣一襲抵五十金乃得成就紛紜竟日諸課皆停夜子泌來

十日晴有雨儀仲來還星契與王兒遣覓舟還石門耕雲來李宣伯來

十一日晴燕丈來寅臣來送行

十二日晴作書與李雨亭論江南刻書事復與朱雨恬書薦余子振又爲許拔貢改賦一篇檢舊紙得詩說二條皆勝於後說知一人之見時有不明也午送子振還長沙送子泌還西門待姥屬畢行乃出弔岣雲渡湘弔子春復渡西岸步至子泌家騎而行廿里至版橋宿

十三日庚申小暑晴早行十五里飯於杉橋日烈不可進兩兒行日中亦甚困強前至大勝解鞍大睡復命店主作白粥店婦出鹹菜佐食日晡乃行乘月從樹林塘取平路投道山橋還家別山居又一年矣園池未荒殊可喜慰子寢

十四日晴有雨埽除南窗設筆研以書船未至汎覽余氏叢書十餘本亥寢

十五日晴熱兩兒仍理所讀書爲各倍二本命誦離騷尙不如八年前時

十六日晴夜雨繙范直侯詩感朋友少年相投之意氣其後乃落落不如前時之親款可爲太息

十七日晴陰午後雨涼作顏翁挽聯檢碑帖命兩兒作與奢寧儉論不成淩生興益來拜客

十八日晴作常文節夫人傳

十九日晴始註春秋檢春秋義例每日條列四年事書唁顧接三上七父子寢

廿日晴檢春秋四年夜讀書八篇家人未夜已盡睡去兩兒爲學子亦旣夕而眠殊可怪嘆朽木難彫亦不復呼之亥初便寢已而復起小坐乃寐

廿一日晴熱檢春秋九年夜熱獨坐庭中思作一詩閒寫情韻麋集竟無所成信江郎非才盡也正以才多而更蹇耳

廿二日晴未後陰雲似有大雨已而雲散檢春秋九年

廿三日晴未後復陰檢春秋七年至莊公四年是日庚午初伏常寄鴻來聞孫公符妻死子寢

廿四日晴陰頗涼檢春秋廿年賀赤軒來送其弟婦殉夫事跡求作傳常

吉人次子同至亥初寢丑正感寱起坐頃之乃寐是夜寱見故交五六人最歡愉矣最奇者寱入一室空中有聲一人大驚謂刺客至矣出碧霞犀帶照之其物墮外房余審視所坐屋頂上有巨石似土穴與外間亦無垣窗之隔視所墮一黃貍如犬死矣彼人呼爲貝云不死可得寶物余强令試剖之乃發機作聲物自起能行化爲二鳥如鸜鴿故驚而寤已又寱有人從碧湄所來爲委員求見余余寓某節署冠帶出其人堅坐不起似未見我者已乃出碧湄書

廿五日晴王先輩盎甫來談云蕭漢溪提督所取進卅四年老諸生矣檢春秋十年夜涼

廿六日晴午後陰似有大雨已而雲開夜熱檢春秋十年讀九章以曹鏡初新義釋之幽義悉昭因嘆古人心迹可見而爲衆說所汶可嘆也王蘭臺來陳生富春及夏生彝存來

廿七日晴早涼午熱檢春秋一年行李船至視工人運之竟日不事子寢

廿八日晴有雨埽除書室改牋詩一篇

廿九日晴丙子大暑牋詩未兩行常吉人來留宿北齋晚飯後同訪王盎甫蘭臺及兩兒同往過龍岡渡雨至少避田舍雨止吉人行山徑困頓悔不宜率老人履險甚不快三里始至煙棚菴問盎甫何以名煙棚云此山常出煙蓬蓬然也談次雨至坐久之不止乃去履韈易草履而行蘭臺等皆赤腳吉人留宿菴中余率從者五人涉承水而還水可沒脛耳至家已丑初矣寱緹未覺六雲候門已而寱緹起噉豆粥二盌又少坐乃寢

閏月丁丑朔晴陰吉人盎甫辰後同過設食畢皆去牋詩四葉檢春秋四年至僖十八年作志傳一篇此後定日課如此不如程當補之有過無不及也兩兒夜倍經各二本賦三葉三女亦皆有程

二日晴牋詩四葉作志傳三篇檢春秋五年改兩兒子產論

三日晴牋詩三葉檢春秋五年繙地理志尋韶安縣所始補作三傳

四日庚辰中伏晴夜雨牋詩三葉鄭風成說溱洧有名理檢春秋五年僖公畢補孝義志子寢

五日晴時有雨涼似早秋牋詩三葉檢春秋四年

六日陰涼夜雨牋詩三葉作書與外舅彌之若愚力臣芳畹子泌鄧氏壻發零桂啥函雞鳴不寐

七日陰早遣蓮弟下湘欲檢春秋未展卷王盎甫及王式侯秀才來談同至石門觀看荷花晚復攜四女兩兒同看荷花村嫗送新棗一斗牋詩四葉說南山頗有精義

八日晴檢春秋四年補前二日七年牋詩三葉暮雨大雷夏生來

九日陰涼牋詩三葉檢春秋四年文公畢理詩回得子泌春甫及陳從九書子寢

十日陰牋詩三葉補考驪牡三千以邦國六閑特居四之一計之牝馬當二千八百三十二匹云三千者大數也以左傳三百乘計之良馬三種當一千二百九十六匹云三百乘亦大數也駑馬三之則諸侯當有五千一百八十四匹然則閑非廄也衞馬四千一百廿八匹少於定制一千五十六匹而孔疏云非禮制誤也趙商算不誤鄭志亦失之此十日功兒倍禮經一過內少喪服一篇周宮一過春秋一過禮記自玉藻起至四制鈔漢書五葉並讀鈔禮記八葉豐兒倍禮經一過少牢未倍禮記一過曲禮檀弓未倍周官至夏官寫字又考史記十二諸侯年表桓王二十三年伐朔立黔牟朔立三年矣次年爲莊王元年則其年王崩也春秋桓十五年十一月天王崩十六年十一月朔奔齊莊公三年葬桓王六年朔入於齊黔牟立八年何休云黔牟名留朔之出由王命故年表就而書

之偕老詩云胡然而天言宣公蘉也胡然而帝言不幸天子伐朔也王入廟稱帝此詩當作於黔牟二三年齊始令公子頑通宣姜以求復也

十一日陰夜小雨甚涼臨詩四葉檢春秋十年補昨日五年鈔唐詩二葉講毋也天只天者夫也婦人不二天既嫁天夫故在母之次善戲謔兮不爲虐兮蓋謂幽王朝君臣媟嫚文侯在其間能善之使不爲虐所謂又不格姦者亥寢

十二日晴熱檢春秋八年宣公學臨詩三葉魏風學得皥臣程郎及張少縣書皥臣云三禮鄭注多與經違未知其何所見當移書問之夜小雨月出甚明亥寢

十三日晴熱坐客室未覺暑也臨詩三葉爲窊女寫王仲初宮詞戉

十四日晴熱是日庚寅中伏曾昭吉來附書與晴生研香臨詩三葉檢春秋八年補前四年夜改夏生文文思甚遲

十五日辛卯立秋晴熱唯風來頗涼臨詩三葉檢春秋五年夜月露涼獨坐甚適作詩得二句云燭搖知露重衣涼見月來未暇續思以家人並酣睡乃寢

十六日晴臨詩三葉檢春秋五年成公學鈔谷永文一篇余欲選知大體發奇策之文爲一編使後學觀覽久而不就因功兒錄史贊乃附檢之夜月益涼至子乃寢

十七日晴臨詩三葉陳秀才及夏生來問黍離齊詩之說余不之省也檢春秋四年夜熱

十八日晴臨詩四葉補前一葉唐風學檢春秋五年與六雲看月至子𦡱緹起同坐至雞鳴

十九日晴晨臨鄰叟之喪臨詩三葉檢春秋五本

卄日晴甚熱無可坐處强臨詩二葉欲檢春秋避熱而罷晚得雨愈熱

卄一日陰午雨遂涼午睡小不適起已日曛矣得劉蔭渠殷竹伍春甫芳晼余子振書此十日功兒倍書易爾雅詩至大雅鈔漢書序傳七葉畢鈔禮記　葉豐兒倍易詩書孝經皆生不能成誦補禮記三篇有司徹一篇鈔左傳五葉學張桂帖夜小疾臨詩二葉補檢春秋十年

卄二日雨陰鈔詩三葉檢春秋六年講周官冠弁大表補鄭誼

卄三日晴雨熱臨詩一葉爲夏生改文數篇蓮弟回得月岑書外舅非女及芳晼書湖南考官放不知誰何之人房官亦復庸庸今年空開一科矣𦡱緹自謂智人而畏鄧氏增取妾可謂愚而又愚非女隨吾十餘年而信其毋旨受制於人尤爲可恨既閨房之事亦姑任之

卄四日陰不涼臨詩五葉秦風學檢春秋十一年補昨日襄公學亥寢

卄五日陰臨詩一葉檢史記一過注儒林傳數條講周官冢人

卄六日陰晚雨始涼臨詩五葉補昨二葉檢春秋十年子泌來書請爲其姻家朱姓關說作書與李仲京巡道以賀書示之

卄七日陰臨詩三葉檢春秋卄三年昭公學作陳序與書程郎交夏生寄去致□物云云

卄八日陰臨詩三葉檢春秋五年講吾不與祭如不祭及斂之而無憾及

卄九日陰暑氣頗甚檢春秋五年臨詩三葉陳風學

卅日陰晴甚熱檢春秋五年定公學講傳公非莊公子故逆祀臨詩三葉講𧜟楚浮游皆有新誼夜至子寢

秋七月丁未朔處暑晴熱臨詩三葉曹風學檢春秋五年王生問紺緅飾答曰紺字未見經書說文深青揚赤色紫青赤色間之𦡱緹以爲紺今壓藍紅也緅鄭讀爲爵爵弁首服紺韎韐之色纁下飾不以飾衣者避爵弁之正色諸侯始命服爵弁故謚之此十日功兒鈔范書贊五葉禮記王制畢倍禮記曲禮至內則作論一篇未成詩一首未見豐兒鈔左傳四葉村手

三次倍論語一過禮經四篇（士喪至少牢）春秋（隱至成）五本講君子居九夷君
子謂九夷中有君子孔子不宜自命君子也問三子由之瑟何爲不可
入孔門鼓瑟少差何至不敬又由也不得死何不訓戒之於平日而辱
之於侍坐之時侍坐宜行之邪則不可以死懼之不宜行之邪則宜直
告之何爲而爲此詈語又死有分定不得死亦未必非賢若子路果不
當死何爲覆醢
二日晴熱放學一日檢春秋條例粗畢夜子寢甚熱
三日陰不涼牋詩三葉繙經解書四本夜子寢
四日陰涼牋詩四葉理志稾夜爲豐兒講周官典同注有飛鉆涅鐳頗畏
其難戲作試律詩得鐘字（鬼谷飛鉆術徵聲可喻鐘涅如加點鐺豈待舂容韻密響鈐虎（兵法有虎鈐趣）之而未作龍氣先聞口舂轄豈鮫腹從（說文鉆音車鐵）響勵千家杵音邐兩序鐺不緇雖黑守（涅而不緇）脈鐘類黃封（脈鍾鐺鏄）雀有鼯文新（五代時多涅背爲花紋）鎘疑字體一章（鄭司農讀爲鎘鎘之鎘）儀秦應抵掌一劇試辨鋒）

五日晴牋詩三葉講周官春牘應雅三器皆築地作音未詳今之何器
六日陰熱比日暑氣兼春人甚不適牋詩三葉夜有雷電而無雨電光甚
照灼正赤雷不能響作字數幅亥寢丑猶不寐
七日陰有數點雨牋詩四葉（邶風學）作書復皞臣月岑夜諸女候織女設果
茗小坐作詩一首子寢
八日陰有雨閱宋史三傳藏園橘子醫遣人送蓮子卅斤余前月初書託
之三十里之程一月而信始達鄉中不足爲異也
九日晴燥得李雨亭書聞戴子高已死子高聞聲相思拳拳見訪僅得一
面報書恐亦未達聞其夭逝爲之悵然牋詩三葉（小雅始）閱宋史二傳
十日晴牋詩三葉閱宋史三傳發省信
十一日晴牋詩三葉閱宋史三傳功兒此十日倍周官一部公羊至成公
論語廿篇禮四篇作詩二首鈔漢書四葉（少業）一寫包豐兒倍論語公羊
一部禮記至內則鈔左傳二千餘字
十二日晴牋詩三葉

湘綺樓日記

光緒元年乙亥

六月六日晴熱始理課業香孫禹門海叟潤生來盡半日甚熱臥地小愒余子振來辭不能見也晚飯後浴罷稍涼芳晚鄒杏翁來今日俗家多曝衣云關雲長曬袍之日海力二君均言之方知此俗昏過仲雲談黼堂先出後送復訪劼剛兄弟雨恬勉吾皆不遇詣絜園尋梅生季谷力臣出談比日皆言二李將衰之意還寓兩兒均睡去獨盼女候余飲梅漿瑺女旋起作書復雨蒼未畢已倦乃眠

七日晨大雨黼堂來晚過意城蘭丞長談過子壽次青不遇夕飯香孫寓海翁樾公同坐談時事倦欲睡乃辭出過陳母少坐還

八日晴早起仲雲來聞龍母生日往賀還閱俞蔭甫雜著說般庚上篇乃遷殷後政甚確其校諸子亦有可采然於經學未也詞章尤小家數粟

誠子壽雨恬淦郎來陳總兵海鵬來午後𦺃緹攜幃女恆子至云窊女得風證留外家治之

九日晴涼晏起盼女讀顧命畢瑺女得母始肯理書淦郎來意城君詒晚過談

十日晴涼出訪杏翁劉總兵培元均不遇過瞿春階譚過譚藻庭同年名世翊出街日將午甚照灼可畏乃還過有乾少坐至宅大睡禹門來

十一日晴瞿子瑞俞子振潤生陳夏雨生芳晚來發雨蒼雨田復書寄殷竹伍書約其入城晚過李道臺仲京胡通判少卿談

十二日晴潤生蘭丞來潤生兩謁海琴不得通刺廢員之威猶如此蘭丞又言江西李玉墀字丹山以同知在湖北被何小宋劾罷投俄羅斯入安南今爲國王故王阮甲已入內地矣公符來夜談

十三日晴晨欲出無從者待蓮弟出城買黃土因答訪陳總兵遇胡久芬還改般庚未畢外舅及桐生六弟來黼堂來談言國史例巡撫副都統左副都例立傳傳稾往往失去夜率二子詣小瀛洲省其外王父步月還湖南考官梁尹與書李總督

十四日晴熱晨起頗早午初大睡商農來云人言余向沅浦言余斷役皆可督撫語有之乎余云理實有之然沅浦身爲督撫自視巍巍必不問誰堪督撫此語無自發也因言東方朔事經班氏列存他日傳吾語者有理路則真無理路卽僞也勞世兄來云蔭生可補缺將於今冬入都又言劉督奉批摺有交印李督之語此亦無理路之言其不然乎列子書唐人所僞造有湯問一篇簡文註莊子云湯大棘小若彼時有僞列子不得有此註也莊子始乎諒淮南子云始於都俞樾說義而不朋爲峨而不崩厲乎似世爲廣乎似泰莫勝向秀注云莫見其迹讀爲朕

十五日晴晨起閱余評穀梁飯後少睞桐生兄弟來三弟從常德來均止

余宅少頃外舅移至勉吾諸翁芳晚公符來

十六日晴昨雨腳未散頗涼早過陳母答訪次青樾岑出留飯復留談設湯餅李秀才楨佐周出坐言坐客楊子介經學頗長有宋人之風日斜乃散過商農還𦺃緹以來城中事事不如意譏罵家人余叱之不能止頃之自悔而解

十七日晴未雨地纔溼稍南西數十步大雨有行潦李蔡翁三秀才驗郎來二弟來從三弟宿余欲止之亦未能也令行於家庭誠難矣哉晚過力臣遇子壽同步訪劼剛登臺湘岸皆成晦隔水鐙火甚盛曾氏起此臺唐氏甚惡之余初至省中卽聞人言以爲大不可及居理問巷家有曬樓臨余臥室唐之惡曾必其欺人慣耳聞曾沅浦移豫撫劼剛言其鄉中有屠人與沅公同年月日時生子壽云此屠人日內必小有遷移也𦺃緹攜兩小兒女省陳母留兩女在宅余還已皆睡

十八日晴劉總兵培元來余子振郭鄖謨子先後至鄉緹暮歸張嫗呼李
兒來服役生硬不能從出姑留應門仲茗來作畫而去功兒作賦頗佳
十九日晴樾岑皮明經賀鄖來均久談午赴天心閣陳總兵設酒坐客次
青意城鏡初劼剛申初散行烈日中甚熱過海琴未見訪黼堂談頃之
次青至縱談至日暮言周南康汝筠慘酷無官理及手書殺人狀竹汀
送菜還食未半仲茗及袁七來
念日晴盼女讀甫刑畢晚過子壽飲次意力臣先在坐更有饒立雲面貌
似曹价藩戌散前閧子壽與劼剛言設燭置水蟲自投死一以為死於
水一以為死於火力臣云得之自驗余固不信試之果無一蟲也
念一日丙戌大暑晴揩子來寓(改名炳元)
念二日陰午後雨涼過海翁香孫
念三日晴胡氏三鄖來盼女書讀訖

念四日晴熱桐生入院試賦子明來
念五日晴兩兒試經賦余病暑頗劇強往送考以外舅年過六十猶頻夜
風露步行五六里余不能不往也過午豐兒已出試四解尚無不知者
待功兒至暮乃出云場中病飲人藥報之以賦三段故遲遲也試尺木
賦功兒純用議論亦自可取唯起句泛官韻謬恐見擯耳族子代綬來
念六日晴暑病未愈大睡一日錫九衣冠來送彭女草庚強出見之謨子
(改名曾誥)來言昨試詩賦題並全作問其稾無有也晚過力臣飯香孫先在
意城黼堂兩曾繼至曾三鄖竊劉總督之字甚好談京華時事夜步還
甚熱
念七日晴樾岑黃叔琳羅郎來連日兒女病困城市煩囂令人不樂
念八日晨出過周春丈咨叟子明友乾還早飯大睡及夜遣問學案兩兒
俱未取場中人蓋有知而無識有目而無心者非吾徒也吾不能使兩
子舍學而從之豐兒頗閒暇不戚戚於得失驗郎夜來
念九日晴因論公羊是月為提月蓋念九小盡之名傳例晦雖有事不書
故不以是月為小盡考朱墨卷所始元和時停明經口義試墨義呂夷
簡卿墨卷淳化三年殿試始錮名景德四年禮部亦錮名大中祥符八
年始謄錄朱卷之始則未聞也
七月乙未朔晴稍涼兩徐甥及族子代縉來(改名桂森)留之飯徐甥去(長名承均字渭(次名承基字覲耕)劉竹汀送瓜十枚添菜招妻弟叔止便飯桐弟為客晚步訪
黃汪曹俱不遇過童治中談一等案發湘潭取十三人其五皆取古者
鄒叟送樊川詩選來求校校畢得若愚及郭提督書繆緹稱疾改鈔盤
庚一葉周小帆來
二日晴作書寄春甫兌錢六萬與六雲還穀價並與書慰問之王老虎含
章來鈔書一葉晚過孫張不遇君詒夜來言瞿子久放江西正考皞臣

為同考瞿必有納善之美(賦郎太僕朱卷冊陽呂公刻墨卷宋時許州有邑宄試墨卷馬步巡考墨卷與錮科揭故事光冊一府又見朱卷傳瑚青李家魏翁貴先冊況背方物登明臨取嶽持隨十葉試者德厚芹臨學焦孫之孫早鄉舉高格不入千名題文舉經術紹興樂復放書宿金溢試博徵篤題副蓉德共視程式道舉鄒我生已後五壬戌拂試闈若疏粒於白從良親定長策記部經義登首令元和停口始著墨宋眞特沒謄錄出元明史志閱不具朱研未曉從何臨科鄉定自洪武戴疑彼緘事改川觀貴晉昧日夜燭炫讀既欲話題妻時相沿五斤錢作染錮之色駁變默恨惜公納卷闈徹錢五條登逮東樓顯防儀觭狀謄侃侃空付故紙地留猶一官莊孤未盧臉肅墨風故空在嗣鄉孃闈芳金鋪養拜濫哉鐵飛賊場官書治體不料理關彼年少敵門丁寧知後代作瑰貲欲掛功伐鼎僞銘闕中僅適久息讀作者偏唱費百餘總公持謎貴守令先既臨進儀沈丁臉時隔事道自憾恩事旗疏途承屛節今劾令族百事老□□讀科冊經史來條僞又一變各撤空簇相承考兩闈觀姓始額卷發朱留墨簾籤答□闈臺抹不往賬何知匭卷晉遜鑾朱家老字福家闈何免叡題申五名同時春榜百餘軍鐵人家借光親闈病賢後生得賦映爲君猥榜賓貢亭)
三日晴午毒熱臥地昏睡子振黼堂來晚過竹汀遇其妾送白虎更過海
琴聽曲仲茗在坐二更還李氏門已閉鈔書一葉
四日晨陰食時雨鈔書一葉晚出訪胡子威兄弟見印生呼茶不應知其

廳門人不在又晚乃辭而出至府城隍訪次青看孟蘭會遇任鼎卿吉
士便詣陳母還瘳緹熱睡昐女待余食酪粥乃寢
五日早涼覆被而寢頗有岑寂之感旋起看元好問詩大似十八扯其赤
壁圖云事殊輿及憂思集天淡雲閒今古同絕妙科白也錫九兩胡郎
及其從父印生來彭氏昏事不諧申雨夜涼鈔書一葉
六日晴復熱鈔書一葉周春翁兩徐甥來晚會曾祠看荷楊海翁三李郭
樗叟並集兩力爲主人東軒甚熱酒罷坐橋上稍涼還與公符談經三
更乃寢
七日晴北風午有激霆正如屋上然礮云理問廳廚舍折一樹已而微雨
遂連至暮吳蕢階及譔子來衡陽夏生來云蕭圜橋爲王撫所拘下省
獄蕭子來求救彭僕去
八日壬寅立秋晴族女壻(南大兄女壻也)崔郎士瀛來偉齋禹門來午熱熟睡今

歲伏日無日不在睡鄉意興殊不佳商農晚來同飯出訪樾岑省陳母
九日晴瘳緹病申雨陳夏宋三秀才來夜遣功兒要言訪臣來診疾半夜
外舅呼舁還鄉竟夕紛紛龍傭來
十日晴熱妻疾稍愈晚過香孫覓廚人閱上海申報
十一日晴晨遣功兒要陳魯瞻來診疾云寒證也晚過力臣連日以妻病
嬾作事又熱甚唯臥地而已
十二日晴因將嘗祭得鮮胡桃佛手柑新香可愛胡桃仁味如菱殊不及
乾者龍眼鮮者亦不可食物固各有宜也瘳緹小損出至郭李門遣人
入約明申之集正似古人宿賓賓主不相見也京師惟請坐師禮如此
還與公符小坐食瓜甚熱申刻陰雲風涼視滌濯庀器備齋宿前寢
十三日晴有雲暑已退矣節候不爽如此晨起視燭臺已被偷去承祭不
謹其咎在余自乙丑以來祭品必由婦職今妻病妾在鄉中喚廚人助

治四俎七豆內造十六豆四俎改於午後行事請桐弟揩子等贊禮三
弟攝亞獻禮頗秩秩申刻請鄒諮翁力臣公符餕天暑人倦不復能飽
晚又大雨悤悤而罷
十四日晴三弟功兒揩子梓庭赴學院試余昨夜甚困命豐兒伺夜及曉
聞叩門乃起午後出接場遇功兒已出余仍至院門接梓揩天雨將至
三弟不出乃還至暮始皆歸詢題則掃至草木閱文功兒尤謬公符驗
郎夜來
十五日晴錫九來濟生命驗郎爲主人坐客周春丈沓翁張訓導劉響室
道臺來辭行往武昌余欲送以詩方綴思遇事而罷午飯龍宅
十六日晴熱外舅還湘潭出牌招覆三更乃出余夜詣樾岑訪衡陽蕭生
事遇彭靜卿於又一村旣至樾寓遇其代巡撫閱決科諸卷略繙前列
無當意者辭出見明月清澄要樾公同步訪香孫談至三更乃散獨行

又一村寂無一人頗欲裴回恐下柵行至寓蓮弟看案久不還五更余
睡覺起呼豐兒及揩子同往遇蓮弟云皆無名欲知譔子取否親往教
官處問之柵閉無燈還取燈呼柵開至三府坪仍有號無名唯知徐甥
取列復至鬼來廟街見子雲略坐而還猶未曉
十七日晴晨出草潮門送馨室猶未登舟還過海老談張海峯遺事午還
揩子議六年前放責事云其從子貧窘唯以田抵償而李姓强佔祠旁
田欲余往解之約以日暮與三弟等同船上湘沓翁來久談出城已暝
呼小舟逆風行一夜
十八日陰涼晨得北風朝食時至縣泊白公渡省十六從母雲卿兄留飯
石亭八叔之子十二弟與同居三十二叔之從孫丙二亦來會十一叔
士最之孫父世玶生二子長代讓號和一開粉坊次代鑰本以屠爲業
今開碓坊致富爲公祠經管號曉堂有一子小名長生午前梓庭來言

三弟已附朱洲船揹子約余坐船往姜畬乃辭出至白渡取行李至沙彎覓船遇三弟猶未去小坐李姓行略若遺蓮弟覓廣東餅待至未正不來恐其迷道三四往迎候登舟將發忽有二婦人附舟一躍而登禁之不可因思王船山譏莊定山不宜與俗子同舟當自顧船余亦自顧船而遇此船山又何以處我帆行浪拍船駛入漣口反行逆風甚遲蒸漣皆與湘水倒向也投夜至姜畬揹子邀至乾元店店主許大八二十四叔士還之孫壻也還叔先居靈官壩今移高家坪子世璨字輝楚時人呼之鶴膝有二子代詔代誥今與許同開雜貨店許氏女及誥均出見許壻設酒留宿樓上

十九日晴許耶誥子食我以五俎許氏女壻周生出坐滿和尚之子名系口方從省試還飯後揹梓先行余昇行十二里至柳樹塘宅舊爲獻廷三兄所營玉臺四兄琢英六兄及玉華二兄同居三號扯皮四曰花四

六則忘之矣問其從兄云六麻拐今二房唯有綬子及其妻葛有三子所謂韻樹鏡三秋者也韻有二子三四六兄嫂楊鄒夏皆在四兄子國瑞譜名代純前年甫入學而死有二子長曰秀兒貌頗韶令四嫂年四十七六嫂四十八三嫂最長年七十也余二十六年前至故鄉諸兄尚同居於樹塘號最盛越八年再至始分二宅力猶有餘以後漸貧今則產不敵債矣向暮梓子歸其家余宿揹子家涼月照窗

念日晴涼晏起飯後與揹子韻生步往杉樹塘過石牛壩要路砌石如橋立碣曰坦橋旁署里人王之極立余族祖祖父還叔之父也云嘗乘羸蹶於淖歸召匠壘石無水造橋當時諸翁豪健類此極翁字一齋弟十爲余高祖父仲兄之子以貲雄於六都杉堂屋後有太高祖墓田宅皆無契約蓋瓶自　國初吾家老屋之僅存者五嫂九兄滿兄及大兄子居之五兄子猷庭亦從縣步還九兄惕吾嫂戴十兄瑩生嫂黃有妾無子以二兄孫爲孫有曾孫矣飯於梓庭家省　太高祖墓將留宿以三嫂烹鴨約晚飯仍要九兄梓庭揹子鎗孫步還今日與李姓論田李姓云當會議因定議明日往勘田成契款至夜分乃散

念一日晴早起待李姓不來午與揹梓韻仍過杉塘余昇行鎗弟名鎰學爲農以無昇夫強昇以行至杉塘要猷子五人步往劉衝昇在後至祠旁三房二兄世文子代鑾號本立家不相識復至佃戶謝五家五外出期以七日至柳塘相見立佃約復至五房三祖之得子士臨家族人呼石門八公年六十餘居衣食粗足人爽諧有致習於祠田斫竹爲籤導余等籤田十五丘共八畝畸零星散非佃人不能辨也殷殷留食又調饊飴我啓　祠門省庭宇日昃余昇往許家橋投刺李曙村省　曾祖墓曙村年五十六鬚髮皓然陪余往云此穴開口木星不能大發僅一榜官止知府然當有兩舉者留飯及昇人皆有酒肉上鐙余告辭步

行十里至石子沖昇行三里至長虹塘復步行六里至柳塘諸兄子皆在已夜分矣又少坐乃散

念二日晴晏起飯綬子家誠豐萬小名又二九兄及諸子咸在午間李姓二人一日宅中十六揹子一日暮初黏子甲總黃吉階來議退田事期緩數日而去余比日倦坐小寐及亥三嫂九兄綬子久待乃起雜談無章或言有鬼或言無鬼旗子瑞林精死魂至一大宅三婦人設食比蘇呼口渴云食肉一盤屋後有三女家皆親人然不相識

念三日丁巳處暑晴早起飯後辭行呼昇至蔡家除未發試遣至姜畬覓夫還石門頃之還乾元借錢二千云農忙無人午後行過石家坊舖庭御史宗也旗頭彎袁溆六知府宅牆宇猶整不似衰門至蔡宅謁外母王氏姨及桐弟妻循妾皆出見窊女癡不知問訊云病已愈日服藥一劑已五十日矣適蒸鷄待譚毋不至滋姪待食夜復啜豆粥看梁芷林叢談八本張媼宿余於下廳塵榻狼藉憶宿此十四年矣

念四日晴晏起滋年兩姪並依率余游後園飯後外毋停工送余至縣暫止正一堂呼人往白果市甚難得余又不欲重過雙板橋遂定舟行至十六族毋處留飯還黃龍街呼小艇至中流附行舟久之不得後乃附到杷船凡附舟必至岸旁包一小艇乃免勞神今日若自喚船費無限脣舌也與左爵書季高十三丈中堂去歲由里第附上一函計遂約察西征觀筆明習戲情昨誓大疏不誠充國貴升劃逕見用人之至公知公晚年乘運也誠屬事從形香准略運惟有閉戶讀書以永朝夕撰子樹林前從成道廢姿委有年人願勖恆今吊卑官託於安徽戰賤不能自遂用分一言俾諷庭下伏惟鑒納遂采門案材滅省供器館咸試以州縣必能恪供所職箴業自勉否則爽以一紙札使閩軍帥竊閒甚之情亦惡使之勝意也湘中人材日復寥寂時雨公遊退縮谷大吏方望官綱以臨民士設啟道公編有其隔膜無其權冨恩令人不怡想公方勞心於四略願不料巻地不如畿地耳本欲相訪道遠彈行輒先以書述北風櫂行至曉

念五日晴卯正泊小西門甫登岸聞後舟招呼二弟立船頭云二妹來視余還家呼舁迎之來寓飯後詹小雲程石臣米程賀郎及公符繼至久談遣人約竹伍聞其方食將來過我念彼六十老翁余當先往甫著衫

竹伍已至云去年又生一子今九子矣與同過力臣力臣接之未甚殷勤因要俱出余與力臣同過海琴仲雲意城均不遇至子壽處談設點心意城亦至戌散過朋海欲問劉督事未晤步至東牌樓力臣登舁余還寓頗倦以二妹來別設榻上室假寐聽緹來送衣驚起遂至雞鳴求萏不得

念六日晴飯後將出遇商農還出訪陳孫石遇程殿英惡劣可厭少坐辭出過仲茗羅郎芝士陳毋香孫尋何鏡堂䜣子不值過胡子威兄弟還家聞樾岑春海來又聞錫九鏡初將會朱宅往朱雨恬處主人辭客至曹竹蘇處少坐錫鏡商已至主人亦出留坐頃之偉齋杜石衡來飯於心滾樓下戌散步還聞李潤生竹伍來

念七日晴竹伍子明鏡初樾岑來與竹伍同訪意臣子壽獨詣唐蔭老不遇至竹汀處食餅遇陳子兗劉秀才還寓少坐過公符兄弟小談至樾岑處與香孫夜談設餅過何鏡堂不遇

念八日晴揣功兒訪言舫丞程郎竹老獨詣偉齋勉吾子明不遇李潤生䜣子來午過賀郎遇羅琴甫途郎仲茗來爲粉女倍書二本

念九日晴熱校墨子二本笛仙健郎晴生來酉刻陪外舅飯咨翁家福世侯王迪菴黎竹林同坐夜還至學院看遺才案未補發公符兄弟來

晦日熱幼魚來言其從兄千里來歸未能入場又言羅芝師身後光景甚不佳竹老力臣來同力臣過仲雲兄弟早飯羅研翁次意雨田同坐久談看仇十洲所臨上河圖還已日斜矣陳三元從子署安福爲羅世弟覓書啓一席託仲雲薦之晚間程生途郎及其弟瓌來瓌郎果循循不似兩兄得彌之書聞文心來省將入簾同考故未往見子壽夜來

八月乙丑朔晴竹伍常寄鴻騐郎健郎來寄鴻言衡陽選舉表魏瀛魏㸁即一人而兩著之程商霖之誤也余云商霖方自以爲功凡知其誤者

今宜更訪君詒來午後雨本欲上湘怯泥不往外榻已徹還內寢

二日雨自晨至午凡三大陣扣門者大抵求錄名送試者已而徐甥承燻郎序基肩舁來云已無名竹叟又告歸因至力臣處商欲公請竹叟遇子壽力臣言已明日生辰因不久坐

三日大雨水深三尺公符引孔靜階敏來謝錄名之惠夜閱楊李詩石梧太保之妹也商農乃其夫兄子故屬余作序

四日雨申後晴岱青子明來公符來言劉監生錄名事甚切翁七郎亦來言求名事作李淑儀詩序看桂宮梯日旰䜣子來言永州信至父病甚告去公符潤生來皆爲遺名余將上湘遣功兒應之投暮出城附人載船坐臥七八人無風行念里而泊

五日晴復熱南風烈日纔行至未正始達小東門循岸步進見潭令迎文司使水步甚盛至孫巷見十六從毋詢雲卿質庫所在導至鄭巷遇胡

四弟九妹婿也形狀不甚記識計別十六年云至恭珍堂小飲食羊絲
滷鴨中蓮粥已覺飽厭今晨未食午飯鍋匡僅半盂至此獨不饑暑甚
故也宿雲卿榻其長子招同眠
六日晴昨夜至振興碓坊罽族子丙二覓熱力下鄉飯後丙二來言已辦
至黃龍巷正一堂呼蓬弟同行念里飯龜亭余不食過姜畬乾元小坐
至柳塘搢子言價事猶未了遣呼黃甲總久之不至與汪郎同飯搢婦
兄也網得鱸魚極美暮時九兄來甚熱避客早眠
七日晴呼趙冬甥來治行裲午後畢工計日僧有閒因還視六雲申正行
念五里渡漣水宿石潭街市甚繁山谷間多石荆花舁人云治小兒熱
瘍
八日晴行念五里飯鄭坳又十里楊回水彎去黃少崑居五六里舁夫冒
進遇雨避田舍雨旋止復行疑雷起於右耳視蜈蝨急避村店雨又

霽凡三進至倉坤才行五里耳舁夫飯乃大雨飯已復晴步從蓮花寺
渡涓五里舁五里至花石宿鶏口衡山地夜月甚明
九日晴癸酉白露行七里飯瓦鋪又十三里至白杲杲之取義未聞今俗
人皆書爲果鄉人演戲或書聯云白戰不持寸鐵果然奪得錦標土作
爆仗甚細而響買二千試之經關帝殿嶽川寺主人詢余僕馬馬失三
年至今猶念其馴駛若留之當已早死不如此有未盡之思也宿石頭
橋昔年迷道之處是日凡行七十里或曰八十里夜食陰米粥
十日晴熱行卅里而步者十三里午正到家滋女離八十餘日已不甚相
親矣夜與六雲小飲未盡一觚而醉地上酒香猶聞席也
十一日陰涼六雲卅生日無粥設粉條衡俗也檢家中書十子唯有列子
一本王生鈔管子一本理二篋畢檢論語亦未得經解尤叢雜不可料
乃置之夜閱列子張序辯其僞作在唐初與六雲池上看月山徑寂冷

蟲樹悲秋殊感人歎怨還食湯餅賀生日
十二日陰霧雨食時晴舁夫早起治裝余以昨夜微飽悶晏食留蓮弟治
屋令禮詩從行惕水桶廟稷事畢矣舁夫飯於石頭橋宿觀底胡雲谷
妻抗節處也凡行七十五里逆旅婦云娘子曾舍此兩次又言郎君昨
歲亦寓此多胡姓
十三日晴行七里飯關店又十三里至白杲裴同戲場觀賭卓率二人相
與博以誘來者人言爆竹有七折遣人買之不肯折算蓋販客乃得折
耳宿錦石凡舁行四十五里步五里錦石怨 高隄沙磧壙平石馬蹄蕪蹤今無迹眼前何物識秋情二
十年來草猶碧羅衣摺黃紋腹冠故庭紅桂生慕委歌怨如烟散野樹晴絲細罥黃金鞍涓滴引恨牽眷綬客愁正有青山斷纂帷寂寂蟲欲
飛雲留新月如銀片店人云匏叟宗人多居於此匏叟自是磊落人而無成可慨
也
十四日曉陰大風行卅五里飯於高師阽晚寒特甚衣七衣行渡漣登湘

岸幾爲風吹落至窯彎便步行至丙子店留宿其家搢子來交契閒過
雲卿彼忙不暇語聞七父之喪夜與搢子同榻
十五日曉雨北風大作不能舟行乃仍原夫力從陡下省此路前五年一
行再前則庚戌一行不甚記憶矣循後湖菜園至汪橋樟樹阽渡湘白
波鼓舟詠河激之歌舁夫飯於岸旁日已側矣且乘且步上豹子阽入
南門到寓飯後乃暮出場者已過半便詢陳龍俱未出夜省陳母樾公
海老門已閉游興未已怏怏而還微月影雲宿於外寢
十六日曉出接考院門未闢立頃之出者紛紛唯見鄧氏三郎擠排人衆
乃還公符來送黃氏女庚過郭提督力臣均未起至鄧鳴之處少談還
是日與公符兄弟殷默存訪晴生王理安均不遇過胡稺丈父子談午
飯羅研丈處
十七日晴默存晴生郭提督來過樾岑午飯海老香孫同坐功兒與程生

同赴笛仙約飯晚歸爲訣存書屬
十八日晴徐甥胡郎入學各贈一銀一扇擒功兒還朱錢百千過偉齋詢
閩作頗異衆手至力臣處晉芝郎文未能膚熱子威兄弟來龍宅接廖
緝游其園亭因往問陳母疾鄒諸翁夜來
十九日晴岱青向子振羅少庚皮鹿雲香孫陳夏程三生來外舅歸家送
至西門便訪鏡初遇勉吾弟閔子還過曾小耘彭僕欲余與聯絡以爲
進身之地也余子振三弟播生皆求館彭寶陳三僕皆求主殊未有以
應之至郭宅小坐遇孫玉林二妹至其夫弟家余還內寢
念日晴熱樾岑李佐周來聞曉岱到城往訪之蘭丞出談俱論郭筠仙出
使英夷事曉岱疾未愈殆不能復仕矣出詩二本示余還過黎竹林遇
友林子及諸雜賓云爲作生日卅八歲也留飯辭出
念一日晴熱似三伏潤生曉岱研丈來午至絜園與力臣合宴二海翁樾

宇鯆香鏡意研丈劼栗美睹君未集戌散海琴所書張碑甚整得研樵
書及詩集
念二日晴熱岱青商農驗耶潤生來久談遂盤一日晚閱曉岱詩李楊二
女詩
念三日晴熱晴生公符來云俱將上衡栗誠來初以爲有事左氏欲求書亟出
乃聞坐耳沅浦赴其妻喪作挽聯云當欣楊中年雖知夜織此番依然儲歐賞詩事說檢闈綵娣閨恨
杅枯嶽冷無復河洲助樂人又挽羅芝師云鵲然孝騎鍜遲今半崩擊中彷彿曹許朋格猶萬才命不偶從此華陽川口
淒涼秋笛似山陽又作書復研樵欲爲一詩寄之未能也夜雨乃涼
念四日晴涼戊子秋分爲曉岱驗郎改詩一日謝客乃畢陳文臺來二妹夫兄
與其弟楠梅二生同至梅生閩作有不可遏抑之氣殆可在探山之內
彭寶菴丈言舫丞來診盼女病豐兒自十八日背生一腫瘍七日左六
翁來三視之傳藥二次竟無所苦於此知發背非劇疾潰乃劇耳凡疾

痛經歷多則不惑然豐兒背有一洞亦深半寸許晚赴海老招便過姚
桂軒云胡文忠老友也文忠在軍日講書而聘桂軒未免村夫子舉動
念五日晴涼胡稱泉郭子美來午間招曉岱飲商農先至研丈力臣繼來
酉初散閱京報龍芝生分廨房
念六日晴昨夜不寐起作詩寄研樵塞進夙不遷別久意如銜泳風起處戶始啟驚遙人良使能官啟隨短徂
三春一別從經暖送悵俗余相親因居恒早時企敦勞苦風靜漏日夜臨離路一何勤豈不懷違志闕略豈爽晦惟恨平生歡憐此比目鶼鰈
會可朋嘉會近一條因欲振飛翩羽千里一來賞致研樵書昇出拜客九家晤者寶丈笛仙竹汀
福世侯弔羅芝師十九年不至鐵佛寺今始一過耳與書郭筠仙又書
唁懷庭晚馳還君詒及王理安來
念七日晴熱福世侯來謝未見樾岑皮六雲來晚出答訪向子政未遇過
春階仲雲鯆堂談春階問其子爲筠仙寫論夷務書戒其不識余云此
小事何用慮之春階云此立身大節何謂小事春階行己未能協而訓

子如此可謂義方之訓也又言常文節聞母疾上書卽行或云不待命
必革職常云此時何暇知有職其居喪晨必自掃庭室皆其子孫所未
及知者夜涼忽醒入內寢待曉乃出
念八日晴熱仲雲言司天言日下一尺當暍死三四千人豈果然耶余子
振陳松生來松生言易清漣兄弟鹽死獨清漣夫婦在耳猶有五子午
過力臣不遇至幼愚處答許伯仁晚至樾岑處談地球將毀故人無命
見又言改易服色事擇善而從人心自說因言所注康誥遣人送往請
覩之驗郎來借詩
念九日晴晨後陰微雨海翁來言城中無可談午出別商農曉岱香孫兩
過濟生還君詒曉岱來
九月甲午朔昨夜雨始涼岱青來謝未見世侯復來怡生袁七理問及君
詒來怡生言黃女多能幹可娶也鈔般庚三行目不甚明因置之爲翁

耶書園詞一卷未盡紙
二日陰晴爲功兒定黃女爲婦今日納吉女媒黃芷琴男媒孫君詒庚帖
後題年月日太原郡訂盟姓稱郡望俗所通用余亦無如何也歷庚四
金飾外喜果長沙俗用雞鴨魚肉殊非禮不用死之義亦姑從之申刻
醴賓陪客陳芳畹鄧郎子元鄧生滏郎均來賀留飲兼招羅郎同坐伯
宜庶子也芷琴出湯而去餘客戌散今午李佐周招飲欲去已晚遂失
約補寫般庚成
三日晴黼堂樾岑佐周來談至午後出訪五客惟海翁處入談便弔曾符
卿遇勉吾弟云鏡初禮南嶽去矣赴春階招飲坐客彭麗生申甫談陶
雲汀與程梓庭爭陸生事棄官敕師之孫殊有古義又世人所不能爲
也曉黼樾至皮小船之子桂生與坐春階肴必家製甚潔豐勝諸家云
其子婦及妾爲之戌散

四日陰復煊可絺諮翁來欲買此宅遣豐兒送房租念四千送健郎扇錢
送懷庭奠分萬錢請意臣帶去兼答訪志臣云在筠仙家日出頗照灼
可畏乃還膠緹往別陳母諸女並去大睡時許任鼎卿吉士來亦云欲
歸讀書何近日翰林之謙如此乎殆有轉機矣鼎卿又云陶翊雲古文
家也近開客寓余以爲非俗而雅遣兩兒覓船校管子數條殊不能靜
細夜始畢禹門仲茗來
五日陰稍涼袁理問芳畹海琴力臣志城來膠緹歸彭郎辛叟來送之出
同詣任鼎卿不遇
六日陰煊海老幼愚羅世兄振紱彭麗生申甫力臣來遣人送還郭張二
家木器曉岱以居停有喪移來同寓膠緹及二妹豐兒諸女附舟先發
午前去與曉岱夜談至二更夜雨涼
七日雨曉岱起甚早余不能睡亦早起王雁峯通判來曉已出矣題其芝
霞詩卷因序及本朝爲五言者殊不多人午出訪彭麗生不遇省陳母
赴樾岑飲香孫亦至縱談求人之難及無求之高戌散過志城不遇還
曉岱回君詒來三更去
八日雨膠緹生日食蒸盆羊肉麵遣功兒出探牓健郎潤生劼剛來久談
潤生贈長歌作書與易笏山爲驗仙紗園詞翁郎屬書榻曰詩境門門
字筆枯澀墨別作一濃鉤甚奇記之以待後世攷石者曉岱夜還聞已
報牓名至四十五矣自往院坪覘之人囂雜殊不可駐便過力臣知所
取人未允因至其甥子處閒談三更還曉岱猶未睡頃之鈔牓至相識
者惟公符綴牓末相知者粟幼東爲解首陳蓀石第四郭郎虎實易郎鼎臣
皆與牓出雞再鳴矣
九日雨朝食後少止步過香孫飲海樾均在意臣後至飲散過別筠仙已
夕食矣徒行甚倦雨又至還寓曉岱已去力臣來言三弟可求鹽局與

朱雨恬謀之驗郎來學詩談至夜分
十日雨晨起辭禹門便別濟生濟生未起夷寵束裝命呼舟至午未定乃
復饔而食商農文心來文心待余行而送之余復過別海琴留久談至
舟舟人不余載委行李於船頭將暝乃別附一舟鐙上始得食
十一日陰甲辰寒露船不發薄暮雨登岸會飲海琴宅坐客張立之婁蓮
生田少忠王雲生紹田從子力臣海公以余去而復還也甚懽待戌乃入坐
亥正散宿力臣之絜園與梅生芝郎夜談會金澤來晤云不相識矣夜
雨滴階頗有淒感獨寐清絕偶然爲詩寄息叟閒居愛重九登覽食晴臺儷有膳別島宜此風
雨留高宴樓墜歎明鐙寄靈俏節移風景新涸靜豨疊蕃徽隴復涼閒餘與姑銜漏蛬霜任高枕秋燈夢梟溜峰尖庭霰面灶曉山花又負期
在涪淺冥過度銜岫幾曇巖壑情無令負楯楠
十二日雨曉臥待園中人起至辰正力臣遣要出話過西枝沙門來嫌其
俗僧起出過鏡初索飯長談午後過別諸叟還舟小睡作詩記遇齡巷

話之景幾人識閑見城市放不喧寂然積潦一朝暮隘蓬門寒中酒冠蓋伊余喇相存秋闕遠二屐奠煩閒一飲空館久已暖放酒迹

與百嵐楓既平等孔墨道空論去住各所宜茲景如可設又贈楊岑高軒日相尊僕倚忘冠蓋臨終媧綿上陰將空山對情話逾十

仰幽論數百代數淵赤云歐嗟蹤知已暖舟偽嫩潮嫌風擬帆背乘流若儀啟四首百風外青山久余昭良廚佳傍爱欲弘松桂情期君三

招內補九日朱香孫宅集作一首八月暑未但時賓敖龍芳伎節及長奥惜尚風開涼斗雲有飾情高誤做雖盎

閒居厭樂縈斗酒勸流光與與不復久嗟躋下驗嬉征播何從飛空羊愼風衛涼翳錯怨何草不元貧雖能致高丘霞鸞使戰傷靖從既居

愛伊洛有故發申初開行帆風正駛忽漲將風息泊鵝屋方二更行七十五里

十三日陰晴寅初行平明至湘潭舟人避馬頭設泊中流遣功兒上岸視

其母未至因留一日待之作詩寄黃海叟薄暮瓣緹率窊女恆子登舟

舟人未還夜二更乃發行廿里泊易俗場譚心蘭云唐之洛口也

十四日晴帆行五十里至朱洲登岸尋三弟云率諸女看馬會已而俱還

余率以登舟三弟生母至船云瓣緹與三弟婦倘未相見須登岸窊女

從往北風甚利不得行薄暮乃發變兒孫盼幃女俱會行六十里泊空

靈峽土語云空洲也夜月甚明

十五日晴風甚微又遇黃石望纜行半日泊牌亭計行百一十里

十六日晴帆行過雷石豐未泊覺人無言彭儀反駡之非禮也晚泊草魚

石計行百三十里

十七日晴南風纜行四十里日昃至石鼓泊船余登岸命兩兒覓小船泝

承還山入北門訪儀仲病殛矣夕至程宅春甫待余夕食同過黃蘭生

李鏡軒蘭生言吳子健䁱賦徐荐韓雨辭中詩云富貴春無盡已詩

云隔院瞽花愁此升沈之所以殊也余譽之與梁姓同過長談春甫云

譽之非正人不可近晚宿程宅

十八日晴晚登舟殊未馱帖因諭兩兒以當自檢點余不能僕僕供妻孥

也復入城欲西餞東至瀟湘門見營兵送石朝珩還沅州春甫云石爲

都司甚能卹兵丁堪云雁將故其行甚有遺愛以不合於朱協而去耳

折西穿城訪子泌談半日復與子泌同至程宅猶未朝食春甫因留午

餐一汪姓同坐頃之絜卿藍楚臣來略坐同出子泌程生送余至易顏

街兩兒來迎余登舟卽發道上遇常耕岑有齊魯之志索余書甚切允

爲登舟作之及上船狹不可几曲躬坐臥而已泊松亭橋

十九日晴復熱行五十里泊新橋

念日晴涼行四十里泊黃沙潭

念一日晴曉行三里至臺源寺登舟託榮弟店覓夫力六人送妻女山行

還家余與兩兒步行卅五里申初至轎夫已食畢去矣瓣緹甚喜於鄉

居鄉中菜蔬實美於城市也前欲作黃詩不成取陶集規橅成之

念二日晴入外齋看大戴禮得進差旌之義又檢事父母篇若夫坐如尸

立如齋弗訊不言俗以若夫爲更端之詞不知其引曲禮文也鄭君以

夫爲丈夫必盧君之師說因便取孔巽軒本爲補注之日暮畢一本十

九篇

念三日陰三女入學帉以病未至王生來寫詩寄長沙薄暮少惕竟寐至

夜分六雲來迎始入內癈凡再起乃寐

念四日晴王生求改文爲點定一篇作書爲耕臣求館寄丁穉璜俊臣各

一函擂子來致九兒書留居外齋

念五日晨遣蓮弟出城送信點大戴記五篇曾昭吉暮來云將往山東留

居北房竟日小雨

念六日乙未霜降小雨點大戴記百篇復取汪容甫王引之校本互助爲

大戴禮之學者甚多皆取他書以校字句無能言大義者夜作書上外

舅雲卿惕吾兒與書郭提督葛生員皆爲擂子事蓮弟回

念七日陰早起送擂子云須朝食後乃去復少眠巳初攜豐與瓌韓滋女

至石門望秋山蒼翠雲有異色裵回久之還登南室新樓點戴記一篇

文王官人甚難句解
念八日陰晴彭僕去寄裴黃二書及訪剛書一册點戴記十篇畢惟得步
自周一證大記與小記殆不可同語攜畛女登道山摘新橘十二枚還
以分家人
念九日晴煊點荀子一本荀子欲殺詩書罷聲器法後王正李斯之所設
施也論者乃惑於其稱仁義以爲迂儒謬矣讀荀者何以不顧文義而
妄論之今觀其大意唯恐人爭富貴而欲以禮定分耳又云人主當美
飾富厚威强以矯墨子之弊夫墨子雖有此言而勢不行本無弊也荀
矯爲此言李斯進之始皇好之而以之亡秦後人列荀於儒家幸哉其
無用與孟子同持論不及也
晦日晴得果臣寄數書五種測圓海鏡益古演段皆元時書百雞術方弧術也物不知數求一術也數與生息開闢程法也久有割圓書二種點荀子二本爲兩兒改文夏生來

冬十月甲子朔煊可單衣晨微雨如春連日食菌四皓所采芝也芝以大
爲奇菌以小爲美鈔補荀子一葉字不匀因命豐兒鈔之
二日陰晚風無事夜聽豐兒誦蘇明允管仲論以管仲不薦賢不可以死
持論甚正因論之曰管仲鄭僑葛亮皆法家也法家自用而不用賢所
用者皆不如己者也彼必以供驅策贊歎悅服者爲可委任賢者又安
肯履其廷干其忌乎且法家唯自用乃能成功名若知有賢於己者及
與己等信者已非法家之法則於小白於七穆於劉備之時亦未肯出
身爲之用以希相權也後世功名之士大抵皆名法家明允乃以儒生
之義責仲可畏貧章甫而適越者
三日雨始寒點荀子一卷晚爲兩兒改文文頗有頭緒
四日雨點荀子一卷宥坐篇引子曰伊稽不其有來乎昔有睨今忘之
五日晴冬色甚清昔人未及賦詠暇欲爲詩寫之陳生來要其就余讀書
使二子共學焉讀管子侈靡篇譌舛不可通甚煩悶日不能一葉也淵
明讀書觀大意蓋爲此耳
六日晴出尋松菌唯得粗大者暇思四皓采芝蓋作木耳客故可以供衣
食若采菌不足繼饑飧今商山猶饒芝栭耳
七日晴偶閱十年前詩不當意改作北嶽篇亦未能佳姑置之讀管子二
葉
八日晴午至文昌宮爲道士請客問常生北牓捷報夜作書唁常鏴生及
與寄鴻算轂帳借錢者三四處皆無以應因轉託夏子青假百千略分
布之亦微生乞醯之類也爲兩兒改文文不成章改則奇妙
九日晴點管子五葉侈靡篇讀竟其中錯奪不可數可通者略分爲廿章
亦未盡與侈靡相應觀其大意欲流通粟帛則必貴無用之物使富者
以有用易無用隣國以有用易無用則君之物產盡化而爲粟帛所謂

官山府海操輕重於上上仍以節儉自持但以侈靡害人甚非君子之
道然古之爲市意亦如此此誠在操之者得宜不然則民棄本而趨末
故又嚴出鄉之境也
十日晴作書與鏡初芳畹兼加一片寄果臣得晴生書夜作書寄惕兄約
其來衡至三更忽頭痛壯熱急引被發汗五更後小愈乃得睡
十一日甲戌立冬晨霧豐兒來言轎夫久待始驚覺不飯而行步卅餘里
比夜到城過子泌不遇至程宅春甫亦往衡山遇陳廣元桂陽人也云
曾相見又遇一京話人云是徐崑山夜宿程齋
十二日陰晨未起聞人言似客來起視則子泌褱回門外留同朝食楚臣
來云欲渡湘同過雪琴絜卿皆不遇遇雪琴於耕煙家要同至其樓下
談外事無甚新聞唯丁日昌管船政楊乃武案將翻光化貢生案已定
耳旋同楚臣復訪廖青庭來往湘岸者四次風起欲雨乃還往惠孚借

洋報夜坐春甫歸訝其速返三更後雨

十三日晨陰雨午初雪琴步來云泥滑猶未可步其材官云王君入城例有雨也余詢其昨申冤獄原委言之甚詳記其事以備後考自咸豐已來節鎭權重以喜怒爲曲直以愛憎爲生死湖廣居江河腹背官伯相恣唯專斷名十二年而合肥李氏兄弟前後相繼爲總督湖廣官吏之顧總督若實封斷士者凡所譴謫莫敢枝梧、李兄起州縣至台司以持重觀物爲治然不寄情驕聽御友緊盛之官不及屬吏姻吏之寶不及左右暫枉斷光化一獄再訴四滋轉下桓奠卒不得一直湖北民條息其權黔而其所部留防勇丁制據水陸統領營官皆由私授又非屬吏之比自委饋俾僕外及巡抽材官取盜於各營官光化衰殺黃生者其一也其陸營統軍劉提督本貲州降賊擢部兵不解甲銃有增統達十有五年矣所部淫掠仍軍監餘習湖北人皆呼之劉長毛自總督以下畢禮之曰劉軍門凡劉軍門事有司官不得問皷匪江漢動傾閉迣其營官謂皇論湘陰人也與長州張清時俱起數丁滌至副將張軍散遣失職閑居時初從劉氏婁家爲累旅習渙口桂玉無貲落寞長督誅於譚譚則領軍貲州饒有聲姿館會之參爽既隨劉氏乃領張日今制汰者氏弁弟新設除名因錄復進此附麗矣兄有至交方創軍森瞻挾君往識必有所成升弟久歷或行冀輒就駱鴟飛之路特在指顧試能達游事可圖也張日奈媳口何顧日此部在新婦母女然日食所需鹽米之資猶竭吾力唯勉有無於是張歸皆其妻以爲至陳即貸宅漢口夏與一黛婦問居妹婿夫亦爲軍官究劉鄉里故劉亦呼爲母時人稱之勒太太則

未知其夫姓與母姓也張既持譚會至乘乃無所遇遊退殺狽留滑年餘亦未知譚之旺已耳劉氏獨居又有二母譚或時至未能他訊求貸之際頗致路疏會劉父自湧來相與訴說深以譚未可恃恐有嫌覺乃謀移居邁協漸近陜路而以貲譚舊借長其逼索錢約勒氏一夜潛行越日無知閉者私相欣賦以爲脫於阮舞爽舟至宜城岸上人馬嚇嘶皆瞭騎特擇植呵止劉船以貳債私逃岱受纜縛舟人長累纔泊待命有罪劉勒者今昇汝等面見大人即呼昇徑至資岡悉入譚宅既致勒脅脛勉來生改事新人一家溫飽

十四日晴楚臣來飯後出城訪普公老病將歸以念佛勸我入北門訪儀仲還寓晡雲來約同度湘待至未乃至余又過沈禮堂睟火骰有乾送信與春甫俱赴雪琴飲坐客又有儀仲馬智泉霖生丁篤生設食不甚精客亦無多語茶則妙絕步月還過楚臣少坐覺畏寒還寓疾大作

十五日陰命昇還竟日不食昇夫告困猶强行卅里投暮還卽上牀蒙被而寢

十六日雨臥側室竟日寒熱

十七日晴臥半日强起拜先府君生辰王生來言夏生毋死屬書銘旌食湯餅半甌旋臥至夜

十八日晴臥半日稍愈起午食爲兩兒改文看書錄解題

十九日晴陳生來命功兒同往弔夏喪欲爲瓊女纂書經念當攷古文書之未能率爾乃繙說文求古文存者夜疾復發戴姓來講王守仁之學以爲朱晦菴之學也

念日陰戴姓殊不去臥而對之蒙蒙竟睡去已乃還寢大睡爲豐兒改文詩得雪琴殷少僑書

念一日晴瓊女初受春秋盼女受詩先大雅以瓊女未畢讀也體氣仍倦甘寢一日至夜乃起丑初還寢聞雨

念二日晨雨午晴檢說文一篇至五篇說文古文皆諸經所存者大約詩禮春秋左傳十之三而書得十之五今取書所無字別記之

念三日晴午初惕吾九兄來不到余家十四年矣默坐無多語晏入書室

余仍勸書摘說文古字九篇畢以當入室移研新南齋留九兄居舊南齋而虛小南齋爲避匂盜故也兒女均暫停課

念四日昨夜雨晨晴族子樹枏字梓庭來欲游甘涼來作別因送余菌雞食物梓庭家貧錢不易得又疲於道路余力辭沮其來不能止也明今年舉人第三名先死於水並其弟溺焉諱言也

念五日晴與惕兄梓子兩兒三女至常氏墓芳草彌望令人思儀安陳生燊字富春昨移研來居外齋欲令兩兒共學也

念六日己丑小雪雨聽緹爲梓子設酒余作書與譚文卿託其就近爲薦一席令得度歲

念七日晴午後雨梓庭去余病足不能行夜發熱臥甚困

念八日雨始移新齋糊窗治園盼女乘讀春秋余纂鈔尙書日三葉字體甚劣聊免曠日耳

念九日雨鈔書三葉爲生徒改文論能以禮讓爲以讓化爭之道與莊子齊物論竝同蓋當時明法家皆好言禮但不讓耳

晦日晴鈔書三葉寫扇對了筆墨債家中兒女多人力少百事廢弛殊無往年隱居之樂仍欲出游以豁懷抱命呼舟出承侯至長沙乃謀所向

十一月甲午朔陰命幃女入學受孝經以帶齋讓九兒居之請其攝理午時上學夜大雷電雨

二日晴鈔堯典畢觀江聲書集注真大笑話也但欲多寫學見之字以惑世人其鄙氣可掬本欲攜以備考因此擲之

三日晴爲道士作募疏船至檢點已晚未成行夜雨

四日雨晨起登舟蒙被臥至查江遣問雪琴未歸復行十里大北風蕩舟不能進泊洋湖困夜風欲雪被不能溫

五日風仍未止天大晴早飯後飯盌無故自破筮之得坤之師大言之兆舟人畏寒風不行泊新橋

六日陰晴昨夜風蕭蕭似雪曉起大霧得霜故晴也以待船行至松亭橋乃起未飯步從易賴街過子泌略談入城詣春甫云正約雪琴飲並待客集同坐者又有孫總兵姚素卿馬八耕堂絜卿亦至云其弟子將死悤悤去戌散送雪琴出門霜風頗寒

七日晴曉未起爲許千總喧呼所擾乃起與許及黃營早飯登舟令從弟入城買肉菜余亦入北門訪儀仲坐頃之還柳樹灣復入城買盌不得再至程宅遇子泌同出城日夕換船艤上炭船不能檣坐蓬常得人至長沙價二百而今三百又甸甸甚困也得樾岑三弟芳畹書夜月甚涼初乘輿出游感念山居頗有悔意獨坐尋詩卷流覽少解所懷耳

湘綺樓日記

光緒二年丙子

二月十日壬申驚蟄雨午止欲出泥不可行鈔春秋例十年遣借轎未至念陳母處去太遲芳畹又先來乃著釘鞋過力臣問舍云小東街有一宅往看甚低暗如紙屋因至海老處久談海老甚喜云今歲尚未出門也陳宅前改造幾不辨門徑入坐我女睡未起旋詣樾岑已暮至戌籠鐙還子壽送破轎來、

十一日陰早出謁客十二家文心子壽仲雲兄弟得遇均久談香孫處遇濟生李佐周趙惟鱗趙字劍翁許仙屏同年也南豐人省龍母濟生已歸驗郎出談便過禹門云其壻家一宅覓典價七百金然不可看還已將暮猶未飯理安來談蕭圓橋之子來示其父所作訴狀殊不似訟師手筆然中牽余自助因與弟子言交游不可不慎也若康雍間余亦入

獄矣夜大雨鈔春秋例十年

十二日雨止仲濟來余佐卿來久談蓬海招飲前日已知余到耳目頗長也陳四旅居不能供日食乃呼之來至壽石井看屋太小不可居將往六堆楊已速客往則皮筱舲已至辛未一別又六年矣戶部始補缺言崇文山云毅后遺摺歷評大臣言甚懇切纚纚數千言不見采聽甚可痛也坐客又有龍饒某三人某字雲翁官山西竟坐不發一言酉散鈔春秋例十八年夜月

十三日午雨朱雨恬來以其將避雨延之入談遊功兒相宅六雲送滷鵝包子饅子包饊不知何廚所爲也鈔春秋十年出訪藍楚臣云遍訪不知余住處過春陔久談看京腔巷一宅亦不可居而月索廿千奇哉還少睡閒理安與功兒言史佚尹氏之祖周之舊親云余伯禽名逸之言

未確乂云老聃老氏宋有老佐其族也起晚飯鈔春秋例畢計自廿二
日至今日廿二日始畢二百卌二年於是功乾大致盡通矣劉伯固自
湘鄉來同寓夜雨
十四日陰檢公羊釋文校隱至閔四篇樾岑佐卿文心藍楚臣力臣來入
城人言力臣暴窘詢之云賣田還帳僅存二千稞樾岑論朝聞道夕死
可矣問文文山謝疊山可以爲聞道乎余曰南宋積弱極亂二公求仕
有方州之任而無一成之基不可以爲聞道晚過東茅巷看屋至吳翔
岡家舊譚氏廢池依然憶童時嬉游之場尋與賀御史相過之地光景
猶昔宅已五易主矣屋傍一小宅純波離爲籬使人不得出氣翔岡欲
館余於其所不可居也夜月甚明耕雲來
十五日晴校春秋二卷仲茗海翁來午初遣呼吩女至擱之登樓望湘水
風帆蘺洲芳草猶似臘盡春初之色出訪五傒四

十六日陰振子早去留此無益如爲陝甘之行勿問策於我若欲教蒙童
當爲覓館耳振子旋去羅子沅又來覓館坐頃之海老來賓子襄來談
貢院佐卿遣招飲昇往遇大雨僕丁衣盡濕坐客凌劉陸陳陸字恆齋
談經文相命戌散與伯固同還鏡初歸云祭借文正祠傍屋余昨見佐
卿謀遷甚高興不宜沮之鏡意殊不然夜看功兒經解頗佳爲點定之
十七日陰蓬海黃蘭丞唐魯翁余芳臣佐卿來遂竟一日校公羊十葉與
鏡芳佐松伯固飲凌公處松：先在酒罷松芳佐復至劉岱送行長談
往事二更後乃散復飯一盌伯固送小菜是日吩女來溫書夜雨至曉
睡醒遂不寐
十八日辰霽功兒講禮記因考天子告祖禰之禮以典瑞造贈賓客爲四
項以造於祖爲造用璋以皮爲豹皮雖未盡確較孔疏爲不漏理安云
王肅以魯孝公有慈母本於劉子政即鄭君所云昭公無慈母者也余

論烈女傳魯孝義保乃公羊所云臧氏之母昭公妾於齊歸其嫡母何
君云嫡夫人是也鄭君好記左傳故有此誤飯後松佐來同遊伯固去
凌公健郎吳雁州陸衡齋鄒諧翁曹芸翁鐵初四叔及其子竣湘李皆辰來
又竟一日欲校公羊已倦矣將夜補之未有日荒而夜忙者俟明日再
酌之夕佐卿乃去與朱繼元張東生立談又看月三更乃睡
十九日晴校公羊二卷講禮記慈母劉伯固借鈔余詩鈔張東生來鈔館
中人盡出無所容坐開東房借紙與之午飯後文麗風來留談與鏡初
同出訪左錫九小齡佐卿麗鏡別去余與佐卿再游曾園至松生處少
坐還錫九來是日徐子雲來未遇
廿日晴三弟及功兒入貢院甄別停講飯後出訪力臣六雲六雲索移寓
甚急因過樾岑處談留飯約香孫力臣來酉散少倦倚枕聽理安談不
覺寐去

廿一日晴街始漉可通行仍未講書松生來遣工修
墓濟生文心各假錢五萬將移宅也吩女出疹往視之過香孫少談還校
公羊畢夜雨
廿二日雨午出至陳母處命六雲暫寓後宅因留坐少時便訪文心文心
云適至寓相尋不遇而反方欲談宋玉璐至排門直入余悤悤而去仲
茗來夜談無所發揮夜讀　文宗詔諭三更畢
廿三日陰講曾子問外喪於死者無服齊衰杖期者已嫁繼母於父爲路人三月者當對及嫁母對不聞服
繼父於父爲路人大功無受者皆內喪大功九月者無小功五月者從母繼母三月者外孫貴臣壻妻之父母舅舅之子鄒君專撰
緦爲說以經云緦不祭故耳而不舉外孫以下者從易知者言之午步
出訪蘭丞旋過力臣飲海翁樾香先至鏡初後到戌散步還夜雨
廿四日雨樾岑約游報慈寺力臣黼堂繼至登曾樓黼堂先去與樾力同
過桂井至寺後茅舍三間頗有別致寺云定王爲母薦福所造也寺僧

丁塵出言房錢歲須百餘金樾公欲余居之議上巳後移寓旋出南門
省
墓還入瀏陽門至龍宅鄒諮翁唐魯英鏡初先在晚飲筱林後至戌散輿
還
廿五日雨丁亥春分甚寒飯後欲出天晦甚不敢行遣三弟辦祭品子沅
來作書寄夢緹雪琴得唐蓺公凶問心爲震惻此公與我交不薄愧無
以報之常寧方正孝廉實來辦遺摺因書唁唐子葆晉蘭臣來催客昇
同鏡初往羅香階子先在坐去年妻繼母詢余香階近狀問人多言此
人不足問今乃知其曾被訪聞名在告示亦不知其所居處也筱林蔣
輯五黃子壽同飲不見輯五十九年矣戌散余至陳母處因留六雲所
視房舍已整治而地濕不可居今日遣三弟還發以二萬錢送愓吾錢
十四千寄紙鳶還家與夢緹鄉中宜放風箏殊少營制亦清明一景物

也與芳畹少談會其客至因還室早眠
廿六日晴早醒晏起飯後答訪劉康侯黃子明兄朱若霖惟劉得見霞公
次子也時寓佐卿宅還康佐復來錫九子明繼至談至夜
廿七日陰有微雨如露作書復春甫力臣送銀票至鏡初云宜在汪偉齋
錢店換錢因過偉齋入乾元宮看戲不知何故事但覺無聊耳還未午
春陔來招飲因至南嶽祠答訪方小溪過之門正送譚命振彼此不相
識問乃知之云王撫以遞遺摺爲難鏡云遺摺由本縣申遞不必問巡
撫可否也至瞿宅輯五先在筱林鶴皋佐周繼至不見鶴皋二十餘年
但訝其似郭意臣春陔言易笏山得陳氏提拔及其成立所以報陳者
有大罪三不愼爲擇壻其一也又云其九郎挽張竹汀一聯甚佳情介一生
諫草已焚詩卷在臺凉九日黃花無恙哲人萎筱林因言王懷欽以文名至京師爲人嘲薄
余云王有內心無特操耳坐中又甚言試場五策宜空疏有識空疏者
爲大不韙以此知科場中別有天地戌初散步還重閱孟郊詩殊不知
其佳處觀其詇頌符郎亦一鄙細人
廿八日晴晨出訪蔣輯五已出城矣至六雲處早飯過海翁處久談海翁
猶未飯也便詣力臣還鏡初家人來迎彼去余仍還北宅果臣同行猶
健步
廿九日晨晴爲帉女理書半不成誦訪果臣遇曹十三丈久談果臣欲至
余宅嘗點心令六雲作待之竟不來午間樾岑要往議宅報慈僧亦至
定付百千賃屋十九間樾岑留飯雨至昇赴蓬海飲坐客任芝田朱若
霖皆總角游七年未相見者又有張蕙郎小林松生主客勸酒紛紛二
時許亥散還南寓
卅日晨晴朝食後晝晦雨大至樾岑來避雨坐一時許余出城訪蔭渠陳
海鵬蕙郎皆不遇昇還北宅若林來請一鄭匠代辦木器價皆甚貴寄

衡志陳銘與張松坪爲帉女理書宿北宅初就枕頗不安殆煊熱使然
夜大風
三月癸巳朔陰爲帉女理書春秋已熟出過香孫黼堂皆不遇至諮翁處
久坐遇劉敏該未發一言諮翁言邵陽令甘慶坩道光中嘗有差童鬬
很坼屋之案亦因女禍今年邵陽復有此事先後一揆惜俞令非甲科
耳還南寓黼堂已先來不遇果臣錫九來談偕錫九至槃園看海棠旋
至吳宅尋果臣及曹十三同出過濟生不遇訪胡稺身丈果臣與其兄
紫芝舊識要出小坐欲暮乃別還北宅
二日陰帉女書生守讀久之乃出訪笛仙答訪子和白鬚飄然贈蜀物四
種仍還北宅午飯後始出遇果臣以坼屋無坐處復同詣笛仙遇馬子
政云不見二十餘年矣笛仙又得一孫辛郎出論芳畹事廖童來言潘
城堤有一宅余疑是吳宅至果然入與吳雁洲少談還南寓爲功兒講

禮記五學理安來談夜半聞雨
三日晨起鈔禮記一葉錫九屬作郵無告堂聯爲題四句云（世上苦人多一命存心恩
利濟湘中民力竭恫瘝深念江湖）置案上忘送去舁夫來迎還北宅朝食紛女點書
畢出踏青循長沙學宮牆至三忠祠詣果臣略談見秩翁子殊不似其
父果臣將食因出過香孫門見一舁入乃海翁也香孫本約夕食訝其
太早入坐樾岑繼至言時亦多拂人意余不欲聞唯傳罵筠仙一聯云
（出乎北類拔乎其萃不容於堯舜之世未能事人焉能事鬼何必去父母之邦）筠仙晚出負此謗名湖南人至
恥與爲伍余云衆好衆惡聖人不能違海翁坐三時許精采儼然余等
歎以爲恐不及亥散還北宅
四日陰晴午還南寓講書畢還北宅爲紛女倍書攜兩女及陳女看桃花
夕至樾岑處閒坐二鼓還北宅
五日晴遣六雲攜滋女上

墓余攜紛女至荷池看紫荊李花遇黃小坡强語余云楊蓬海言洪秀全
故桂王弟五子之裔以鄉幽治盜遂爲盜魁其祖穴被掘後生大蔴至
甲子而枯死余未欲詳問也果臣歸娶余還坐頃之復循城至曾祠遇
松生同至佐卿處小坐循隔登樓看桃花欲雨乃至松生處小坐紛女
入訪曾女曾女不知余爲其父友也而其弟女乃知紛女爲夏嫂之妹
世情之好自貸而卑人也如此出至貢院看號舍還滋等亦歸飯後過
南寓得蔭渠書約會於舟晚過文心談
六日曉雨出城路甚濕至水陸洲下訪蔭渠適朝食坐客三人唯識一黃
教官余入坐啖一餅半盂飯還紛女來隨功兒上
墓頃之還舁送歸北宅余作三書一謝丁稺璜百金之贈一告俊臣湘志
之作一與江雨田索枏木器又爲蔭渠擬一摺片還北宅爲紛女理書
果臣來閒談同出余赴海翁飲樾岑先在香力繼至樾岑以王撫之不

我訣也意甚忿忿力臣又覩言金眉生之論夷事談殊不歡夜歸得蔭
渠書詞意懇摯稍爲釋俗而增哀耳是日家儲能三來得九兒書又告
跌傷豐兒寄文來
七日晴聞鏡初來飯後急往南寓至則已出驗郎殷默存余佐卿香孫劉
玉春（陸部將也）楚臣來楚臣云麻竹師母柩至玉春傳少帥命留船候余因
與鏡初商議勸蔭渠疾進以爲事理無過此者書略云今之偉人未盡
如意此有二故一則富貴之見未化一則世俗之見未除恬淡之人脫
屣千乘而不離於鄉原故繩尺之爲累也久矣今日督滇不能避難則
當疾以赴之一以收部內之心一以慰　朝廷之望且使西人傳告驚
其神速岑撫折服必且郊迎投袂之辰氣機已振矣書成馳送且自願
往助之留宿南寓
八日陰晨得蔭渠書云未能即行鏡初歎息以爲深慨余覩世事熟於鏡

初而不知鏡初之不忘用世如此遣人南北五返然後弔麻之禮備具
彼回人用茶油飛麪安息香吾中土人好用挽聯兩用其俗聯語云（懽蕭
齋朱摯湘上版輿如故里龍覺就文武澶中阡表報熱暉）溫中回部舊地麻氏回中大姓第一也
與竹師略談數語至客舟有藍頂者招余坐云其父間安湖南聲音也
久思之乃知爲裕時卿之子湘濤楚臣亦在頃之文心來久談一老翁
至乃散入城功兒告余王人樹來云有要事須見余余本約至祠助祭
乃遣功兒代往午後乃行余還北宅爲紛女理書陳毋云昨聞將往尝
南通夕憂慮聞不去甚喜也朱雨恬過余於麻舟交銀三百以三十金
借陳芳畹以二十金寄廖緹夜辛郎來講論語雨至曉
九日陰晴樾岑來尋談一時許云快意事不可多得還督紛女書遂盡一
日讀海翁詩有所感作清明行一篇（風沙二月愁雜積不覺春光暄相遙檣洲芳草雨中青一片瀟川晚
城碧十日陰晴花亂開患息春色滿城南巳綠舉斷香較恆纖盛滇竹筍成臉今年上巳連寒食桃花來發開花白東風吹處作繁華梢似兒）

畫不知惜誰家年少趁春游事過情遷飄亦休憐柔飛絮俱無力三日芳菲任碾藉蛻宅拖枯苔館閑翻圖新餞芋圃閑遠鍰第宅無新主兵
火樓觀有舊庭隨陵門榭湘春樹幼巻分明昔游處江燕銜泥不入城牡丹連過鳥蕉閣光陵街山十二年蘸來無宅鬱青鞋丁令應迷渡城
郭嵩人反許賢山川源臨夫子五朝宰出對浮雲向廊愴將比輿託鎮韋何須臨竹陶寰鰐墅鱼看春不出門中處苦綠花紛紛鳴輾海旋
落年夢問俗桃源花日村暮日當年勝解記湘被來週人昔醉胡來挂角看山時喉鑒勤綢愧鬼孤　夜過力臣以爲必
去矣乃猶在家入談數語而別力臣今年以鹽田折抵大賈銀廿萬兩
計占利六萬金城中士商無一直之者余謬承知好欲進規之而未可
入亦隨衆腹誹而已還南寓與鏡初談
十日壬寅清明晴鈔禮記一葉還北宅朝食課紛書畢早程答訪海翁兼
送詩談永州事及駱文忠無能無盡皆世人所不敢言者坐久微倦還
少睡未著妾女呼食甚急飯畢紛溫易不熟不能久待出訪仲茗少坐
會夜還北宅
十一日雨竟日爲紛倍書至暮欲訪楊性翁已不辨色乃還南寓鈔禮記

一葉
十二日晴鈔禮記二葉已至朝食後過性翁遇黼堂文心久談至午乃還
北宅食紛女倍書畢出過仲茗少談仍宿北宅
十三日晴始有春氣還南寓鈔禮記一葉功兒自湘潭還云李雲丈於二
月十五疾終去余見時僅九日神明未衰殆有道者善死也命功兒視
龍泉舍已可掃除過軒轅廟看戲還北宅少愒檻岑促客往則海翁已
到矣性翁香孫繼至豈談至亥散
十四日晴春氣風日正麗至火神祠少坐單衣甚適南中少得如此春晴
也前時省城唯善化城隍祠戲最多今乃歇絕而火祠日日有戲亦風
氣之變遷也又長沙北有小白龍云係綏化軍與時禱祠日盛遂建大
殿而旁奉神農亦可笑也至南寓少坐閻季容左錫九來與錫九同出
尋雷神祠看戲還攜紛滋及乾女往看暮還步月至笛仙處久談笛仙
送至玉皇坪余過雷祠看夜戲鐙火甚盛月映春林有繁華之色更起
乃還宿北宅
十五日晴熱紛女默莊公篇畢余至南寓已暮矣功兒已入報慈寺無所
事繙唐詩一卷夜大風
十六日陰涼晨起剃髮至新宅命移家具紛滋先來六雲暮至到城一月
餘乃得聚居城中地密幾無容席處視昔所游處皆湫隘不可入非獨
境異亦情漸奢也夜雨甚猛
十七日晨雨午復陰香孫招陪楊性翁飲海樵俱先在散已暮矣爲紛女
倍莊公功兒講禮記得丁穉璜及俊臣書俊臣云雨蒼已往涼州乃文
中堂令繼左督之後耳文猶有心於時事
十八日雨紛女始讀僖公篇欲鈔定例表三易稾未善也日已暮矣芳晚
富春來未飯去

十九日雨竟日看四庫書目一本樾性力臣相繼來談一日夜理家用帳
記雨至曉
廿日晨雨朝食後舜佐卿來紛女倍書少暇未作餘事夜作程從九之母
挽聯一首程與余通家而人近可憎不欲弔之繼念親故之義勉當一
往聯云禮法數名家再承鸞誥賢聲艱貞撫孤子終留熱廉保令名
廿一日雨寒連日少息懶作事然勤於課讀紛女讀書將畢乃出弔程生
遇何愛堂未能少談客坐甚隘也出至南寓陂被已盡移矣與鏡初諸
君少談過李仲雲不遇視鄒諮翁新宅甫入門云又將移居此公以遷
徙爲樂甚可訝也夜看各處復郭曾書湘軍作志輿事也到處求金則
成陋舉此蓋欲以斂通志之官費而主見已錯矣其中如王德勝部下
十四部將之五十金作何開銷殊令人周張
廿二日雨晨作春秋箋並鈔二葉以傳低一字不合命功兒更謄之薪子

再來詢李仲京仲京頤下石於其父也余辭以不能請託令之去諮宴
雨恬來談夜風寒撍子來
廿三日陰雨黼堂朋海鏡初文心紱振二子殷獻存唐郎福恆字佐周來
盡半日彭子和招飲往赴之客未至旋赴文正祠雨力作主人海樾鏡
三公先在文心同入性朋左逸仙黼香繼至循廊行風似江湖中惟談
匿名詩酉散過佐卿徘徊祠門以俟昇夫過理問街已昏黑至濟生家
武夫塞門云楊載福與芝生結昏唐鬫生及佐周作陪驗郎請作黃流
在中詩還程生送墓志來看夜補鈔公羊二葉
廿四日丙辰穀雨陰晴猷郎梓子索書抵左劉二督驗郎索詩程生索文
畇女倍書滋女仞字紛集於前余又須補昨日鈔經一葉手口耳皆不
停半日盡了欲出拜客則不能矣寧鄉崔生來見鄉人也而欲作官余
以爲不可晚送梓子去步過鏡初談乘託黃笏棠僱功兒昏事理安亦

來談二鼓還夜雨
廿五日陰飯後方劃髮笏堂來樾岑雪琴繼至笏堂不出見余出陪兩君
坐逡移時雪琴談聲頗雌後稍壯耳客去余覺坐太久少息畇女倍書
半未聽審也唐郎處當回拜夕食後勉一出談未片刻已暮矣便訪左
桂林過洪井寓不暇入至力臣處遣歸取鐙欲還又過楊性翁談良久
歸補鈔公羊半葉並晨鈔得二葉足一日之課
廿六日雨欲晨出訪雪琴失曉去已不遇還至門遇之詢余將何之余以
昨言當謁曾祠云將陪往雪琴未辭也乃同往坐良久始散還寓甚雨
稍霽遣送詩扇芍藥爲贐已開船矣陳松生來約至余宅始悟佐卿今
日生日昇往便訪徐年丈黃芷琴至佐卿處同坐三陳一姚二余兩僧
至亥散欲補鈔經已倦即眠潘使還桂撫
廿七日晴鈔經一葉寫扇三柄陳郎魯瞻及佐卿唐栴生性翁果臣來留

果臣午飯正其晚飯時也送出至黃子湘處入羅瀛交書室少談復送
至東長街還過黼堂撍紱兩子去
廿八日晴鈔經二葉彭子和左錫九馬智泉凌問樵陳海鵬相繼來與書
徐伯澄又與叔鴻郭春元來五年未見矣欲出謁客適海老來速客比
往樾性香力已到矣戌性老先去主人留客久談衆皆服其堅鍊
廿九日晴大風鈔經二葉欲補鈔甫半葉夏十子來見前逃去余已絕之
錫九屢爲言故令入見松生佐卿笠雲僧果臣胡穉丈黃芷琴相繼來
客散少息禹門來速客張子衡張六黼堂介生春元先後至子衡談果
報及癸酉闈中見關侯後解元楊延竟死白蓮教徒事又聞蕉翁已來
旋往石鼓矣酉散步還假寐起補鈔公羊二葉
四月壬戌朔晴甚煊風似北方有旱氣至南邪唐生崑山來出訪劉馨翁
陳郎香樾皆久談過笛仙家其次孫滿月設食果臣先在瀛交李郎繼

至酉散步還已昏黑將雨誤行至瀏陽門仍還過李宅問春元已去矣
呼昇還寫經半葉
二日北風陰遣六雲省陳母滋女欲隨去攜至洪井答訪笏堂遇朱繼元
理安略談出至火祠看戲滋女云甚可觀坐久之乃還郭子美提督來
索飯同食乃去徐梯雲郭志臣來均未遇得三第書云三月廿一日已
至石門同住矣補鈔公羊一葉半計十日尚少二葉功兒講書至十二
律十二衣多所未知
三日雨馨室來左仲茗移來暫寓省逆旅火食也出答訪志臣子美並還
郭錢五十萬至陳母處乾女欲隨余至宅攜之同昇還甫入門嘑哭求
去遣送還鈔公羊一葉
四日雨寒馬智泉來請余作其女請旌表事狀寫扇二柄答訪楊性翁觀
諸貴人書札中有書啓師闕

六日闕　弟禨被來以子昂八馬相視抽空作家書遣文柄歸往年見周笠西徐芸丈今年見之皆敷腴雅談十五年之別氣象不同如此余舉止殊未有進愧之矣樾岑瑣瑣言袁守愚與陳女離昏事無以止之所謂仁義樊然者子壽再遣人促飲至則性老志臣香力先在樾岑後至殊無佳言余又失言於張羅之昏亦不慕富貴之習慣如自然遂至矢口而出戒之哉夜鈔經二葉在山日鈔六葉不煩一時今竟三日拮据以趨工猶少三葉明日當突過程式耳庭中芍藥紅白十餘花不及石門一朶之香亦鈔經之類邪

七日晨起鈔經二葉春陔昨遣來招又須答訪向子振便問志泉均不遇至洪井尋楊仁山文令鏡初稱其佛法第一者也適陪涂朗軒拜曾文正墓朗軒喜於開府故推其自出而感曾耳鏡初亦出佐卿在帳房相呼松生繼至略談將去松生留坐久之乃還過春陔云彭雘生欲與常氏昏告以陳氏已出八字矣還尋塘彎無路還從菜園假道歸夜倦早眠講禮運畢

八日晴熱鈔經二葉昨與佐松約赴浴佛之會晨臨春風頗有上巳之和欲作一詩未暇也公羊兩言與伐而不與戰故言伐初欲破何義以爲當作故不言伐今思之殊不然本未言伐而云故言伐明係推開經例何注精确盼女午課畢乃出至文正祠坐久之果臣性農鏡初仁山子振阮生杏生三兄弟三僧二主人凌問樵佐卿子恒士僧俗老少十八人設淨饌作佛會期而不至者一人酉散步還已夜講禮器筍心二者居天下之大端三易其說猶未知當否入仲茗室遇蘇晴山黃南坡之甥也盛稱荷汀昨日春陔又言王璞山之起義及徐大名之城守安危所係云云

九日陰佐松索飯無器具便以家常菜應之更約果臣香孫來未午偉齋杏生鏡初仁山相繼至團局三委員來訪至未客散鈔經二葉香果來乃更催佐松已昏矣幸無菜要仲茗入坐酉正散

十日雨鈔經三葉出尋張玉森不遇任郎伯華來余在江西所見之穉保也匆匆旋去黼堂來久談言者九峯之險又云吳甄甫扣缺與鄧七丈宣宗怒云我放人總不行他用人皆好我偏不依另放史致諤去其後耆卒得史力致督撫而誤事不少鄧亦因此中傷也當時人尋隙修怨猶有數十年之計今不能矣

十一日雨鈔經二葉答訪任郎不遇遣問委員亦不知姓名便詣田樾堂年六十九矣手顫不能舉箋貧老甚可念官之害人如此過海翁飲便至力臣處探病坐久之至海館樾志已先在香孫後至談左郭之讎左有幸災樂禍之意郭甚銜之又言首府委員往訊辦因罵府縣余云必巡撫意也兄弟鬩牆外禦其務豈可以鄉人相爭使官吏聽之勸郭無言而左之曲自見嗟夫張陳父子泜水橫尸友道陵遲伊誰之咎比散已二更矣

十二日陰癸酉立夏盼女書久未倍爲理莊公篇易泰至離書康誥不熟芳圃僧遣催客步至曾祠性佐松池問先在仁鏡果濟繼至飯畢往池上看雨舁還已暮爲盼女倍西京賦

十三日雨田茂棠來子泌自衡陽來寓余宅是日招客五人俱不至別請五人文心先到陳郎來談醫旋去仁山鏡初繼至子壽來留飲雨恬後至談笑甚歡本期早散遂至繼燭

十四日晨雨不止文柄回見豐兒與其兄書及其日記頗有意致又聞鄉中有盜入書室家中皇皇如也與子泌談殊廢事勉坐鈔經二葉隱公成次青來久談唐八弟促客舁往坐客唯識凌問樵鏡初不至詢知孫季方小石子也不知余與其父交游以平等相待而似欲自居於耆舊

爲子弟者不可不知父事此非孫郎之過乃子弟之通過也又一人爲
劉雲翁又一朱孝廉又其從子佐周爲陪客盛談李篁仙余亦隨而短
之未昏散隱公鈔畢
十五日雨不止
祖妣忌日素食李郎幼梅來誤著吉祥而出驗郎來談大衍之數五十未
得其解晩鈔經二葉
十六日晴唐郞來言城中客多頗廢事悤悤旋去午間約樾次小飲濟生
子美作陪本約子泌仲茗俱出二君均逃席去余食過飽未夜散鈔經
二葉未講書程生夜來
十七日晴晏起六弟去與子泌同登定王臺椅槐交陰饒有夏景還始朝
食十子來云已午矣出訪次青果臣遇李郎省陳母候力臣運儀還夕
食小寐運儀旋至談易要子泌出同坐鈔經二葉

十八日晴昨暮得九兄搢子書九兄仍欲至余宅搢子送來新茶三十斤
云鄺緹屬購者又欲索錢余心倦焉姑置之夜與仲茗看月至丑正乃
散今晨晏起未鈔書也經課問圭璋特余解琥璜爵爲五等諸侯圭璋
爲二王後獨用與鄭義異以鄭說爵爲行酬文理不可也五日未講禮
記頗形積滯滋女屢欲出游攜至洪井與楊仁山略談鏡初還得楊商
農書又云錫九約見過余不欲至劉宅乃出至火祠看戲還已暮杉塘
信不能出城矣
十九日晨晴遣信約樾岑爲開福寺之游兼約李郭將午仁鏡錫三君來
同行過錫九處啜茗出城訪鐵佛寺舊塔循大路可二里至開福寺紫
微山也樾美佐嵩嵩弟池生先在笠雲僧亦同至住持常靜引從碧浪
湖隄看湘水其地水太多似不便營築還寺盼滋二女來攜麪設食坐
者十二人日斜各散同步還復過香孫少坐仁鏡錫已別去旋過府城

隍祠及松生宅穿曾祠出歸
廿日晨雨三弟及豐兒來杉塘人去蓮弟亦來遣發行李至宅已過午矣
黼堂來談唐佐周遣招飲至則朱樾仙春陔鏡初先在入席鏡初談喬
松年事春陔面斥之坐者不堪余引以他詞春陔亦悔旣而又罵裴樾
岑余不能堪壓折其角春陔欲見尋會酒散而罷飲食有訟可爲小戒
夜朗照至仲茗處吹笛講禮記三葉
廿一日晴爲弟子看定經解性翁來雨閒作鈔經一葉吳錦章字雲谷來
訪帖署年愚弟未知是否云十餘年不相見余亦忘之矣雲谷有才名
從劉督爲幕官已捐升道員矣申赴劉醫翁處飲三客均辭惟樾岑及
余二人不勝酒肉戌散
廿二日晴鈔經半葉桓會皆月猶有疑意仲雲來是日仲茗生日設湯餅
歸生來午赴唐官飲便詣雲穀不遇至唐宅文心鏡初左斗才先在濟

生一坐而去子壽後來盛推王撫之美酉散與文心同步過力臣力臣
以鬧表爲警枕可謂居之不疑者
廿三日晴黼堂來値飯未食子泌等久待余亦忘有客在未招呼也比去
已午食矣彭秀才廷弼來曉杭學博之子也果臣禹門鏡初松生佐卿
運儀釋笠雲仁山同至會雨八人去皆入於泥余恐桂井轎價頓高矣
爲弟子改賦借金石萃編考之鈔經二葉
廿四日雨午後寒風大作鈔經一葉子泌告去以程陳二生約同發不能
挽留也得梁辛畬凶赴往弔其子遇知客章生略談云其兒子皆歸里
矣夜作李烈女詩云蕭逃夜喝胡笳軟環珠墮地春煙塹世間但識誰捨髮寧料官軍爲箭鄰細鯨私分上下手一夜霜鬟級金口縣人解作招梅司五湖投鞭徑南走安仁城小如破巢桂樹鴟鳥嘯坐高落花不貴委蛾嵐山玉樓香閣焦伯姬待火灩千尺十二踏侯齊太息可憐一寸掌中珠幾作神仙補天石欲再鈔經會寒雨颯颯而罷
廿五日雨寒衣小毛欲鈔古碑文命功兒檢古刻叢鈔爲格式弟子並鈔

之樾岑來言筠仙足病進退維谷松生招飲步往浚閒樵運儀先在仁鏡後至又有王滌來曾文正甥也佐卿池生均陪客釋笠雲亦在游浩園登樓風幾落帽未夜還鈔經一葉得殿選拔湘潭來書書扇一柄

廿六日晴書扇三柄鈔經二葉食枇杷不能佳蚡女倍傳公繄詞隱公桑柔西征賦堯典均生飯後滋女欲出游攜蚡同行至城隍祠洪井與理安笏堂略談仁鏡先出後歸復少坐至火祠人多看戲不可入乃還夜過李郎幼梅談京中事

廿七日晴看唐碑宗聖觀記飛蝗滿野用周本紀引書文飛鴻滿野事也蠚即負蠜之字省文與螽同類然則飛鴻即飛蝗也鈔經二葉何注生與來日謂子生之日與鄭異義晚過運儀聞進士報樾岑夜來

廿八日陰鈔經三葉左斗才來將出蚡女課未畢少待之已而大雨果臣送書恖恖去夕食畢已暮矣風雨陰寒是日已丑小滿頗有秋感任芝

田書來

廿九日陰鈔經三葉姚立雲來始知劉琯臣及第補科同年未嘗脫科亦佳事也要禹門子和運儀偉齋幼梅仲茗會飲香孫來談得黃曉岱書酉正客散再鈔經一葉

五月辛卯朔雨鈔經二葉遣信還山爲果臣寄算書與外舅意在集費也因寄節物與滕緹將行趙冬甥送筐筥來旋去已暮矣得曉岱書

二日晴李桂林來言冤事余曰覆檢之日萬目共覩皆以爲有傷君獨以爲服毒天下寧有是事耶今赦出不可入官府宜且居此讀書不應而去會劼剛來少待留飯飯後余出訪楊安臣過子壽遇陸莘農族孫及蘭丞久坐過力臣遇香孫又久坐過李四如少談還楊郎湘臣任郎伯華及章生來左斗才招同仲茗小飲已三速矣仲茗留煙不去至夕乃往楊性老及子壽唐審官待已久矣二更散步過劼剛遇佐松雨恬同談至亥子恬昇去余三人步還迂道至柑園分路還會燭滅門閉幾不得還

三日晴小簏遣昇夫來至巳乃行出小吳門渡瀏其津曰回谿渡距城六里又五里鴨子鋪又十里白茅鋪又十里石子鋪又十里龍花除渡一水曰高橋水入撈水而入湘又十里馬鞍鋪又十里安沙皆舊驛道也運儀云明王偉居近其傍始奏改今驛以避徭發遠望一山曰漢家山循大道右行五里至運儀家居宅樸古猶舊家家制其弟少羲先出談設角黍旋設酒饌談至鷄鳴少羲言金丹頗有必得唯言房中須少女而不爲妾婦似非聖人之行

四日辰食後黃宅遣力昇行二十餘里從麻陵大道行水經注云麻溪水湘浦也麻陵之名疑因此矣熊羽臚師居洞泉沖在麻陵市西可四五里師年八十三扶杖相見聰明不衰而意氣頗減留飯畢辭出從小道

取宋橋至唐坡朱宅若林偶出其子壽九及雨恬子鄂荷菊三生出見少子曰喬生皆出陪頃之主人還同至園中因山高下爲屋簷窗相接頗似培元寺非園亭宴居所宜也夜談往事將及子半

五日晴熱稚月生孤子舜麟客朱氏出見云已移家鄉居矣同早飯若林遣力送余還城行六里合安沙大路比申初至小吳門門者以端節休假各還皆早閉城矣循城至瀏陽醴陵二門皆不得入往金步尋陳總兵復不遇已將安頓僕從宿城外自下船往衡矣程初來請至寓小坐縋城請鑰昏暮乃入至洪井小坐步還聞家人亦留瀏陽門未下鑰復遣謝之告已入乃飯仲茗客蘇晴山同坐十子來賀節六雲等打牌余先寢

六日晴樾岑鏡初賀郎幼愚陳魯瞻來坐半日客去已暮講禮記食嘗饗禘始明嘗禘之義

七日晴熱問陳母小疾往視之便省龍母與驗郎同詣熊鏡生韓勉吾別出獨往陳宅久坐食粉餻枇杷過樾岑長談留餅至海翁處遇香孫日已晚矣步還覺倦未講書

八日晴熱爲弟子改課文三篇睡半日他無所作暮詣張玉森彼來一月餘未暇往答尙有袁理問子壽黃提舉禹臣亦未去也旣歸而憶之已又過一日矣熊世兄鏡生來夜過黼堂中宵因熱暫起西風驟發暑氣未甚減五月所僕兒也

九日晴有風稍涼竟日未出門仍無所事又改文二篇勉吾枏生楊幻于來爲賀郎債務也賀郎袁理問晚來夜講禮記

十日晴熱滋女生日還香孫二百金樾岑來談云吳涂兩巡撫爲布政以循柔見稱及去皆小發怒以見氣骨此鄙夫之態也余云此其平旦之氣悔心之萌尙有一線本體之存樾云如君言益刻鐵盡致矣余熟思之人性之相近終在此夜講禮記出訪禹臣便過鏡初談遇彭麗生黃笏堂皆乖張人也仁山肉袒來談良久屋熱步月還王巡撫贈仲茗三十金真盛德之事李篁仙聞之必改容於仲茗矣

十一日晴不鈔書十日矣將補其功鈔經四葉余佐卿來天欲雨至夜果雨龍八自家山來夜講禮記朝市西方未達

十二日晴鈔經三葉僕嫗斷斷不理於口余一以寬馭之惟文柄好鬭狠將挈以行待北風未果發晚與仲茗過勞郎不遇遇莊心安陸爾真劉廿夫其一忘其名字入勞房少談過袁理問途遇郭童生雨樓三十年前同學也立談久之與仲茗分道余還遇陳怡生怡生云曾過余似不足信而言之甚便利又似不誣也是日壬寅芒種夜講禮記出火未詳

十三日晴涼

先祖考忌日日暮始憶之甚爲慚悚爲粉女理書又一過猶生子和仁山

張東生來鈔經三葉禹門來晚過唐八弟壽官至羅師姆處未入

十四日晴涼陸祐勤彥琦來湖北知府故陸辰沅之從子也言岑署督豪傑之士頗讀書明史事非但李欽差不及雖今大吏鮮有及者又云李熙泰緬人也已與英和今英更求主使蕙在岑公岑去雲南無口舌矣英人云汝李大人何爲畏岑宮保李云英人畏岑故爲此言郭侍郎之劾岑不知其故與英李相反者何也午飯甚熱夕出城訪陸陳均不遇入城過熊世兄文心笛仙談云果臣就王初田宅小館出志局矣夜倦未講鈔經三葉

十五日陰煥鈔經一葉桓公成計課程少十六葉黼堂早飯後來莊心安弟心言心齋來久坐衞生之子也濟生暮來夜樾岑來三更矣講禮記三條

十六日陰雨頗涼鈔莊公六葉看四庫書目紀昀初不知春秋爲何物自宋以來亦無一專家之學可歎也笛仙昨言何楷有詩古義徵引甚博以書目徵之乃非善作者余自負詩說甚确如楷及羅典似亦嚆矢但不知後有名家否凡說經以不放空爲佳穿鑿之敝猶小楷典正未可厚非

十七日晴涼黼堂來贈羊毫及須比因示何楷詩略閱似非行家賀郎以爲經課秘本因暫還之若林魯英先後來余子振鏡初釋海岑來已暮矣出至桂井將雨遣呼昇同行訪三莊均不遇過仁山誤入朱室旋與笏堂同至鏡室少坐過若林談還講禮記三條鈔書二葉

十八日陰雨子和來久坐李郎問賈傅祠古碑不知也徐五兄送茶肉鈔書二葉爲風鬣所擾未得騁其筆勢得非女書夜作復并與書彌保

十九日雨笛仙來少坐去問禮記朝市西方不答但云失之矣未必失引是嫂亦可謂之母句爲證云古人文氣非今文氣也再問之又無言似

有所得恐余不信者鈔書二葉出赴樾岑招陪海翁陳道臺飲至則客不至惟性老香孫在焉未夕散余留少坐談官場事當不可親疏庶不爲巧宦所弄暮過力臣

廿日大雨涼陸爾貞晚邀若林黃芷琴勉吾蘭生魯瞻便酌客不飲食未解何意也戌正散鈔書二葉

廿一日大雨竟日鈔書二葉聞湘水大長欲往視之以仲茗將出又昇夫方挑水還當稍休俟飯後乃出至諸山禹門兩處少坐已暮矣乃還

廿二日陰鈔經二葉勉吾選日爲功兒婚期往問笏堂事例因與鏡仁談海岸亦在洪井余失銀票疑客僕遣告若林及還乃知余兩傭所拾也殊無知人之明因並遂之然以其繳還各與四千莊心安來

廿三日雨曉岱來鈔經二葉

廿四日雨甚涼著單袍出覺寒風襲人遂至受涼過陳母佐卿松生談將

晡乃還鈔經二葉講八蜡表啜

廿五日大雨鈔經二葉過曉岱若林鏡仁力臣談二更還遇朱少卿沅浦之女甥也若林言張鳴梧爲仲梧之弟索衡陽志未知張何許人夜講蜡祭榛杖未詳記云伊耆氏始爲蜡秋官伊耆氏供杖咸祭必無杖余因說以爲鄉老主蜡祭而天子涖之爾

廿六日晴煊鈔經二葉因受涼夜發熱音啞甚不適莊心安招飲步往周稺威仲茗勞郎及其子皆先在心安弟心言同陪客仲茗云莊氏肴饌甚精因疾未飽食散已二鼓與稺威同步還

廿七日大雨朝食時止作書復若愚因聞塞外兵困及回人犯後藏之說恐文報難通也出過樾岑不遇問海翁疾遇曹韻之觀察當塗人從小吏至監司勞患菴劾罷之口操京音頗通醫理久坐雨不止以海翁病恐倦辭出過文心不遇至勉吾處適黃曉岱移寓其南齋因入談遺昇夫歸待暮勉吾設酒朱少卿若林濟生任昂千知縣同坐任生紈袴而形容憔悴語言頗輕脫雜談無章戌散

廿八日陰晨未起唐郎來倦謝之少頃韻秋族孫至云送家中傴工熊三來省報水災言廿日承水溢山居屋壞妻子居田舍器物剛者盡碎矣余癸酉有詩云暫隱衡山十二年自乙至丙僅十二年而雪琴贈余詩云作客衡陽十二年竟皆成讖此亦大刼也然以早移室而不至狼狽此室不壞吾必不離石門殆有前定不可久居邪今年盜入室亦其兆也先已遣蓮弟呼舟飯後攜功兒以行功兒念母故不違其志並攜三昇夫備登陸之用午後發行五十五里泊鵁崖

廿九日陰雨鈔書一葉殊不能下筆姑置之行八十里且帆且纜泊豬箕港

卅日陰雨庚申夏至買版藉紙鈔書稍便寫三葉得北風帆行九十里泊

淦亭廣西潘使楊慶伯同泊

閏五月辛酉朔雨無風鈔書八葉纜行九十里泊張陂夜見星

二日雨濛濛時作霧絲纜行七十五里泊寒林站耒陽舟人云石林站鈔書五葉道中見一喪舟爲江西水師營官道員之母未知何姓人也勇丁廣裝而操衡音

三日晴鈔書三葉始悟赤爲未踰年之君春秋例真不易言過大步聞山中布穀別有幽靜徵遠之意作詩贈之云

舟行山水喧鳥鳴猶有世外音鳥習山山習深世人不到山鳥心不辭情懷與人親知音自識非歷音城中布穀喚煩惱與農官勸禾穀今年河北無麥收饑民仰哭思汝肉城人山居十載春慣聞山鳥知故人過來一聲兩聲止知入手山風山裏山空不回春碧深隱思家家在心耳昔時會汝去入城山中人去鳥自鳴城中夢聽山中聲

過午頗熱纜行甚速望章木寺猶久未至既至又久不移方知川流之迅湘波甚濁道酌山泉亦不佳也九十里泊大石渡買得出網時魚肥鮮異昔品

四日晴早行十五里至耒口對岸船人擢磯不上遂悉登岸余先舁行將及草橋龍八滑跌步至桑園尋桂發館安頓夫力自往迎功兒來往三四不遇入城至儀仲處未晤至春甫家功兒已先到矣略談少飯已午時矣乃行出城阻水遇舟渡馬者一人識余呼余上船至五里亭日已昃又阻水擠渡一小舟幾傾覆乃待快行未五里夫力皆畏熱不敢進自步十里至李子園陳二暑病甚不能從處處待之至杉橋猶未暮度急行可到家舁夫甚苦乃宿土地廟功兒旋至云欲宿臺源寺復去一曾姓老翁與余同逆旅人甚樸質有儒者氣象夜雨

五日雨寒早飯臺源寺至榮弟店設麻茶款余午後至荣花橋店舍傾倒幾不識路將至門文柄云婿屬已還河居矣望廬舍猶在入門則壞水頹垣不可行步四嬸迎呼亦忘慰問妻女幸未受驚耳周視舊居悽然增懸鳥聲樹色彌念昔娛山水有靈今傷別矣器物十未損一蔬蓄則蕩然無存當食頗不能甘至戌寢再起

六日陰雨晏起至午乃朝食鈔經六葉帉女每視一葉成則喜因與約成一葉賞一錢遣人呼舟及檢點木器間出督視至夜寢甫寐聞老嫗呼有賊盜已撥余笠去惶怖棄於地廖緹遂起鷄再鳴矣余獨寐至曉

七日陰欲晴晏起鈔經一葉王生伯戎來留竟日談對客再鈔一葉畢一日課而已陳夏兩生繼至均有惜別之意頃之大雨至雨止已暮三生去余少寐起功兒已睡獨坐箋禮記廿卅條鷄再鳴乃寢

八日陰鈔經六葉發木器下船與書晴生告辭徘徊庭宇自惜其去也夜月甚明亥初卽寢

九日晴涼早起功兒下船送至岸側此來五日僅得一出耳復至夕陽徑瞻眺久之還早飯鈔書四葉莊公篇畢計程多十八葉補前少數訖猶多二葉晴生遣送食物四種正副所需李福隆來送行王生來借易王刻字來還管子發衣箱下船與書常吉人告去

十日晴早涼午燠辰初素服告廟

祀及三弟爾祀奉牌主遷於舟李福隆王生鄧宴來送諸女弟婦四舟廖緹繼至余仍還宅別諸鄰約在石門下登舟與王生藉草坐久之覺飢欲還船具酒食循岸行聞喜爆聲知船已開矣此次廖緹行送者甚衆爆竹聲不絕殊榮於余嫗婦有泣者解纜時日昃矣王生眷眷待余行而後去行卅里頻膠於沙泊櫨江夜蝨涼

十一日晴待棻擔至天明乃行作曹蓺渠挽聯云中山甫捷誇書聞一笑解兵符轉贏得十年林下巢組從□鷄鳴夜炬陳戀炊更淪沙響角牽旂部問作分甘餘話湘上論兵楚材□鄴公遊狂客獨□出三□手栽來憶與君結夏頭陀鼓冰清覺又游宴雙譚不□盡他時泉路笑期行七十里泊新橋會假寐至二更後乃起出船頭新月映山川樹寒靜聞漁舟收罟聲心境清冷對月眠殊幽適也

十二日晴行五十里將午至易賴街訪子泌知功兒已去矣詣程宅荐甫父子均出其次子月樵作主人致唐鄖書促余往常寧余覓舟不得天暑人衆熱不能行乃出過沈禮堂胡少卿問船皆不得沈處遇覃蓉生胡處遇秦雲生皆少談還舟已暮煩溽不可奈移舟對岸始覺涼爽月照眠

十三日晴晨起訪廖總兵借船留飯畢過庚雲云明日可赴唐喪又云彭郎已往揚州馮絜卿先往唐氏東岸無相知者可不辭行又言張雨珊隨父在石鼓因渡湘至石鼓蔗丈父子及竹汀御史之子號嘯石者年廿七歲同出談小坐合江亭向午乃請雨珊同至程宅寫挽聯羅子沅來過藍楚臣飲蔗丈父子先在鹽局二委員廖總兵同坐未酉散諸君皆步過余寓送行夜初子泌來談旋去送至考棚街還宿程宅

十四日晴卯起昇出大西門至兩路口賀儀仲呼我行數步儀仲先去同飯石橋午飯龍樹塘余但未飯將行庚雲至昇中甚熱多愒而少行至栗江鋪云行七十里已暮矣無店不可宿坐澗中小舟出湘至柏坊水程十里與耕雲同宿源順店儀仲宿許店

十五日晴行卅五里過常寧縣儀耕要往隆把總處午飯出西門行廿二里愒一亭七年前昇夫爭道處也儀仲怯雨不行余視雲無雨步前遇常寧弔唐氏客甚衆人人如舊識宛然常寧儒生圖也至唐宅門滿乞丐幾不可入停昇門外靧面畢入哭義渠奠酒三拜主人館余於書室在其正宅對面數十步春甫絜卿接三先亭文芝塢弟俊臣子方正孝廉先在儀庚繼至至夜乃得食與馮楊同室居至三更唐子三人俱出言喪事及作墓誌行狀諸事久之不去諸客皆睡余與絜亭後眠

十六日晴唐氏出柩曉起主人飭饌宴客以特豚之饋余昔論禮客食肉又疑客不當食肉今唐氏之喪施食貧者至費錢百萬筵客日輒數十萬常寧人謂之食苞俎其古語之猶存者乎論語曰子食於有喪者之側謂與有喪者同坐而獨食非食於喪家也喪家但具祖遣之奠而鄰里爲饘粥則客無從得食食苞俎可也易曰包荒朋亡其謂是與送葬宜執紼唐氏柩前擁擠不可近立門外樹下候送載牀時有冷風吹旗擔者三諸客別從山道先往烈日灼人汗出如雨至日昃始至壙所其地爲大道不可葬地師云有吉穴觀者殆萬人婦女坐其門前山上遂成人山唐氏傾家厚葬衆皆非之余獨以爲有念親之意近代所無也與何顏馮程楊賀蕭方同行顏南余八人東至縣城方何別去余六人仍爲隆朗臣意得都司所要別持一帖曰張濟清常寧市儈也同行皆欲宿城內城無飯店姑就止焉張曾訟唐郎後雖和不宜往也余移席未與接談亦非禮也先亭及二陳來談先亭近頗游猾要絜卿開鉛廿堅坐至三更始去余與絜卿宿把總西夾室夜雨

十七日晴出北門見宜水新長頗有舟楫之興飯於桐子坪至柏坊猶未午畏熱俱登舟呼小舟三每舟顧值千四百由轎夫派出余語儀仲以爲非教勤儉之道又非不言多寡之道儀仲亦以爲然絜卿往報子除去賀程楊蕭余同一舟縱談輪迴稍有所規勸至三更不寐春甫爲余特責乾飯飯一盤許米有霉氣衆皆不覺也耕儀論蕭裕亭不宜勸東巡余云君臣父子兄弟夫婦朋友有所爲未有因人言而止作者唯聖人可與謀亦唯聖人可回人意不然龍比不至死也半夜過東洲雨至倉中盡漏更夫呼止船稱總局名號以過蕭生夜去

十八日晨雨儀耕各乘一舟去余與春甫坐一船向鐵鑪門至辰未起春甫頗慍余亦笑其早計也及起昇猶未至久之春甫先去余亦至程宅早飲詢繆緹已於十三日換舟登岸至程母處住五日昨始還舟耳余

亦渡湘見行李狼藉文柄先去無可清理坐舟中熱甚夜開窗乃得眠

十九日晴庚雲來送行飯後雨珊兄弟及廖總兵來要上岸飯於廖處兼薙髮過午乃行九十里泊萱洲待月出放舟夜不停四更過雷市聞更夫呼船聲及過石灣未聞呼蓋余已睡著耳

廿日晴風涼早過黃石望暮至湘潭行二百六十里四母及三弟婦欲還其家遣昇夫先昇四母處問黃茅司後街龍屋陳宅復遣楊一送信與桐生泊通濟門待之久之三弟至以其婦子俱去三弟仍登舟略談月出開行雲接月疑有風至昭山風稍大幸未狂乃至包殿聞鷄鳴泊牛頭洲

廿一日晴失寤明窗曉日臥無覆掩誠慚惶矣舟人皆失寤移舟渡湘已將朝食泊迴龍巷入小西門至鏡初處借轎還寓遣兩兒上船移時繆緹率三女一子入宅松生招飲同坐者仁鏡商農李叔和何价藩佐卿

釋笠雲叔和舉人雙圃司使之族孫左楚瑛女壻佐卿妻弟也俗潘館
於陶氏與閬季容同居申散昇夫至陳毋處接滕緹至暮乃來夜涼早
寢
廿二日晴早詣仲雲以其三遣人問災又書至衡州相問故先詣謝也未
遇與黼堂談遇濟生知芝生典雲南試皞臣告退矣還鄒咨翁楊仁山
朱少卿釋海岸來出訪江雨田不遇至佐卿處欲寫書未兩行松生來
沙彌石果來催客至文正祠住持處齋飯皆昨日同集諸人也外有淩
陳申散還過樾岑步詣力臣談借鐙還亥寢
廿三日晴晨起欲出待帉女理書瑢女上學樾岑來久談遂至日午外有
童子入報言二邪來疑棣生在江西不當來遣迎之果棣生頃之驗郎
力臣芳畹子雲相繼來今日本約松佐來試鄠酒至暮與笠雲俱至要
子雲棣生同飲未散外舅來戌正客去子雲獨留入談至亥乃去

廿四日晴黼堂來閒談比去欲出會龍嫂來久之僕從乃集昇出詣咨濟
禹門海翁笛仙香孫陳毋皆入談笛仙又要果臣來會並示保之所撰
武岡志書還再過外舅寓處棣生後還留食麪條覺右手張痛怠還痛
不可柰汗出氣促須臾腹外筋痛乃愈竟不知其何證也夜閱武岡志
畺域山水果有異庸衆唯文過泛耳當在寶慶志之上桂陽志之下雞
鳴乃眠
廿五日晴雨女理書竟日春陔陳枬生來枬生毋建坊欲作銘故來拜求
文有人來言王撫被劾張酉山來代之亦非佳事也外舅及棣生來至
夜去始理積帳
廿六日晴課讀半日視安
神坐出送外舅過子明不遇至洪井答訪朱少卿與理安芴堂朱繼元談
黃氏姻事夜詣江雨田還齋宿

廿七日陰涼仲雲濟生子明壬國璋鏡初海岸禹門相繼來自朝至於日
昃因安
神坐謝客沐浴設薦行禮畢唐枬生孫小石孫香孫張東孫來招幼愚驗
郎餞俎未盡一席主客已飽湌飯而散丑寢
廿八日晴涼海翁來衣冠出見之竟日爲女理書健郎馬岱青來俱謝未
見錫九來勉出一談頃之程從九殿英遣約相待至仍無一語喫茶而
去鈔經一葉
廿九日晴涼岱青海岸來滕緹出六雲復以事多怨懟不理家務獨攜小
兒女衷回梧莊久之出訪春陔仁山遇佐卿於海岸寓及笠雲僧五人
同過退齡菴與鏡初夜話借佐笠步還看曾文正年譜念熊師張東丈
處久未復信甚因循可笑
六月庚申朔晴午雨夜涼鈔經一葉唐佐周彭子和袁子壽來壬國璋來

言周姓買蜀女爲團防所掠引二周姓來見晚詣商農不遇過樾岑久
談出訪黃芷琴言功兒婚事亦未遇至黼堂處已暮舍昇步還
二日陰夜雨夏子常來邛州人名貴倫官府經歷貞翁門生也言學使聞
功兒觀風文恐有委屈余因示以課文云民自以爲不冤也改文畢欲
暮出答訪唐枬生程州判過莊心安處不遇而還夜作策問五道
三日雨涼王理安陳總兵李幼梅來滕緹往省陳毋兒女紛吵留宅嘬献
之竟日未出亦未事也初昏即寢至三更始覺聞雨
四日雨不甚涼莊心安來過午始去作陳氏節孝坊銘過陳枬生夏子常
均未遇詣香生談要樾岑來同喫麪至二更呼昇還金四來言揩子毋
病索錢二萬而去得常生耕岑及黃德齋山東來書
五日雨帉女讀宣公畢暫停待瑢女同讀爲點小雅樾岑李郎來陳程二
生自麓山渡湘來大風起悤悤旋去彭麗宴屬題南園晝馬因坐久談

云南園以憂去由通副降主事特命改御史以彈軍機便令在門外監察受風寒成疾以死和珅所爲也午飯後過洪井與笏堂論兒婚事理安㷋老仁山朱生皆晤談遇松生同還宅攜桂志二册去劉伯固送茶葉竹籠

六日雨午熱力臣來作書上熊師張東丈晡後詣商農次青均未遇遇羅八弟言伯宜妻喪見其次子及伯宜十弟過子和遇陳郎過文心不遇至海老處欲久談會暮促還作龍母八十壽聯大豪奕梨會仙籙晷碧雞金馬慰壽觴觶

七日涼朝食三弟來飯後遣迎其二母婦女入宅張嫂陳妹俱來竟日紛紜勉吾郭壽枏來書壽對一副

八日晴晨出賀龍母八十生辰其家人未起便詣彭孚妟留久談還朝食甚甘雨恬來久申坐似甚欲談而不能者連日窘於改課文草草了事題錢澧所畫十二馬册子吾聞九方相馬如相士誰其繼之錢副使當年偶玉臨沅湘欲將康莊馭龍子時平奇骨不易見十二閑中無幾耳北風霜動心眼空突播凡才乘騎駿四十八頭皆不過數草長林從所爲莫隨奚奴入天廄官家賜豆容喜私浦公晴同和公意一時伏馬暗無氣巧將匯塊幹霜蹄阪上悲嘶竟何計巴丘九疑天地寬一歲歸告時揭玉鞭祇今蓋塞追風騎不識人間行路難文心來言外間傳余不入賢祠以題榻不雅也世人多以疏傲事附之於我他日必得班作朔傳載孔書乃足以明耳羅柢寯及其弟子來

九日濟生鯆堂來周姓來求還女事余云余與樾岑交好樾岑誤諫不聽余不宜論其誤也連日補六月日課督兩女溫經未嘗稍懈風涼宜游答訪壽枏子壽子壽言宜起孝廉堂課舉進士者鯆堂言宜起書院招致不爲科舉者兩君言各有當皆美舉也而不得其法又言王孝鳳彈威妥馬請斬之以謝天下快哉此論殊勝筠仙夜雨

十日陰雨補鈔經三葉余子振來夜過力臣遂至西門訪張韓朱皆不遇步還甚熱

十一日雨涼補鈔經三葉始得廿葉補六月十日之課次青來談倒帳十子送銀摺來以三百金存陳忠如店也夏子常來夜談子壽招飲未去

十二日雨雲甚黑若有大雷雨者已而復霽文心來談晚過春陔其子索余賦稾久忘之矣鈔經二葉

十三日雨周稚威樾岑海翁子壽黎竹林來女書經鈔並如程夜講內則請竹林爲瘵女醫鼽病

十四日晴此月唯今日無雨女書未倍鈔經二葉要海岸僧午齋笠雲陪坐兼要彭麗生松佐會食麗生長齋半年云食肉即作惡自午至戌乃散子雲來送詩稿請余潤色夜講內則鄭注水爲清耕向未之覺殊覺皇愧

十五日陰鈔經二葉寓書若農爲寺僧作字袁守愚來戴堯峯之流也與之談莊子夜講內則糗餌粉酏尚有確見三更後雨

十六日雨至辰止陰溼不甚宜人爲子雲改詩二首寺僧求詩仿唐人體作一首錯字存吾宮城換人世靜法無滅生塵勞願乘偶因山皆高軒平望遠道勢齊煙蒙東來涼月戀南商有時長沙雨正欠城中獲得地自招陵殿人徒丞丙舞子古法王轉輪今已輕過暇了不謀安知阿育利儻有物外游阪詩記年歲鈔經一葉笛仙來片言清新鄂經本作清新阮校勘記有之繙之果然官刻校刊記無此條偶閱一二葉所漏脫甚多夜講內則牛脩至徒食

十七日雨平地水一尺鈔經二葉補昨一葉力臣招飲同坐者劉連捷次青凌問樵香孫子壽戌末散食新蟹韭花還講內則膾至養老入理家事甫畢樾岑來言丁果臣仍還待死

十八日晨雨甚酣今日丁酉立秋農家云不宜雨振子自平涼還傳譚文卿問訊甚勤又云自西安至玉關新柳夾道蓋自漢唐以來西道久荒今將復盛矣商農來談云李次青以一鹽票貨周御史復淮綱地余不知其何心也湖南大蠹在粵而李張遏川蓋周生財運耳鈔內則養老

節
十九日晨雨風涼朝食後晴改課文三篇閱曾年譜畢飯後出已暮矣過
黎陳不遇省陳母少談至海翁處翦燭夜話言次青謁王撫不得見又
羅衡陽被京控蓋天符大帝所爲也外議揣度李小泉不上川督　朝
旨久不補湖督皆不知何意余云欲得雙分炭金耳
廿日晴海岸朗照二僧來補鈔經二葉又鈔二葉三弟生母攜七女還湘
振子同去蓮弟送之余步送至城門阻水不得前昇訪陳總兵入城至
洪井與仁山少卿笏堂東生雜談還已暮講內則八珍
廿一日晴風涼鈔經二葉校書箋一篇漢碑六通作陳墓志半篇兩女課
亦蟲畢鄒諸翁來自入城以來未有多功如今日者瑺女始點上林賦
夜講禮記夫婦之禮唯及七十作雖作唯皆不安
廿二日晴頗燠鈔經二葉校書箋一卷漢碑七通作陳志畢諸女看戲自

至馬王祠視之唐崑山來唐與程殿英皆趨走小材甚可任使一旦得
知縣遂自謂富貴人亦無用矣又不佽李小泉等輩一笑者
廿三日晴風涼鈔經二葉作楊墓志畢劉南雲來久談欲校書箋蟲多而
止昇過樾岑力臣探新事云有剪辮妖人自江寧至寧波上海安慶武
昌孫使庫丁被其試法安慶獲四人供云九龍山有紙人七萬須辮二
萬則出矣余語樾岑云豈如塗鶴須三世人血邪不然何必歷九州而
相辮也力臣處遇子壽談至二更還待瘳緹醒而後寢已鷄鳴矣是日
陳郎魯瞻來復爲窅女診脈
廿四日陰欲雨涼甚劉南雲人有精采宜早答拜遂出過商農云已出遇
松生及夏君入隨入商農故未出也談久之至荷池訪次青遇黼力張
子廉長談力臣以鹽票買周御史事京省藉藉傳之而咎予不應造此
言豈疑予許其私邪不然謠言何足深論余不解其何意也出城答訪
余子振未遇郎馳歸過閬青子常南雲　齋皆不遇還餧甚視弟子方
寫課卷任郎伯華來悤悤去夜半寢
廿五日陰鈔經二葉淩蔭庭來云黑茶爲理藩院所占故不能銷今謀復
歸化城舊引地也兩女各倍半日書校書經二篇過濟生少坐看驗郎
文殊平庸以其家學未便深談將暮酣眠至鷄鳴起五更乃寢
廿六日陰涼鈔經三葉校唐碑五通晚出過莊心安少談步還稍覺熱彭
子和黃莘畬來朱雨恬送魚
廿七日陰晴黃少羲來送之出過城隍祠日出畏熱郎還鈔經二葉作書
復殷紹僑九兄上外舅瞿郎鴻錫來未入晚過海老宅答訪莘漁未遇
取道從貢院後往還不得通更出貢院街至松生處門遇二黃執禮甚
恭忘其何處相見也入問少溪未來至曾祠尋松生還坐商農繼至復
由祠園訪佐卿談至初更商農先去少溪亦來大雨二鼓乃出祠門已

閉留頃之藥店門開乃得歸
廿八日雨辰止循城至南門還見彭山屺宅念廿三年前曾面訶之遣送
衡志一部以謝吾過山屺衡陽人爲曾文正巡捕余議當疾發水師攻
湘潭山屺持令不行余厲聲叱之乃去此事今不復見矣子振芳畹均
來借錢無以應之松佐來久談同至馬祠訪陳杏生遇雨二鼓還
廿九日陰晴馬岱青來唐佐舟繼至言其從父石生有詩欲入耆舊集盛
德事也岱青視所爲文文筆稍進未飯去鈔經一葉計此月僅得五十
八葉不能多一字亦可笑也理安來留午飯同訪袁守愚未遇至春陔
處徵言阻其訟彭丁意頗嘉納還左逸仙來籠鐙始去子寢
七月己丑朔晴午大雨文心子雲來借公羊詩箋而去張東生來未及談
陳魯詹來遇雨不能去至暮乃行鈔經二葉夜講玉藻瑺女讀文公篇
畢

二日陰午雨袁生來略與談陳氏事言其夫婦參差之由因言宋儒以道
自重之敝食餅過飽午飯草草而罷鈔經一葉理安來假錢二萬二千
與書瞿子久復黃常二幕賓書
三日雨午止城中譌言益甚有奉定湘道者建議迎兩縣城隍出游冒雨
泥行甚可笑也鈔經三葉
四日晴官府祈霽斷屠城人又迎陳道人像入居斗宮街市甚鬧瞿郎子
純力臣來力臣代購翠花十七枝云價廿兩未付也又云方略已由驛
發到曾胡嗣子各一部而文云與家屬公文之不通如此過洪井問之
云尚未到取道欲迎會看之竟不能得還爲文心作和夏詩詩成已暮
竟未能鈔春秋也樾岑夜來談言謠言爲亂之始基又言一狂人被詰
獲詞連撫臬府縣或欲殺之且恐王撫惡其連己而欲滅口思所以救
之之法余亦峙嵎樾去余大愕此無雖也樾爲欲活人而欲枉道故動

輒絓礙耳夜補鈔經二葉子寢夜雨
五日晨雨至午止鈔公羊僖公成計六十八葉夜看明季北略至子丑之
交
六日雨至午止申初復大雨龍八回借監照未得帉女告病得外舅彌保
書云非女有疾竟日校書箋未皇他營諮妥徐甥研根來相對心殊不
在客也至夜分猶僅校得呂刑下四篇及書序目錄各一篇禹貢至導
山止因已過六十葉又新有暑疾遂少坐而寢家人盡睡矣
七日晨雨朝食時晴校書箋畢諸女出看迎城隍神往來街口久之甚熱
欲往北門三遇人擠擁更由西門復再遇擠至火祠將看戲不可看至
洪井少坐還頗倦少眠起飯已暮矣復攜滋恆至塘彎看柳樹夜小雨
大風少時止
八日晨雨辰止黼堂潤生來至午乃去同潤生過諮翁留談久之還衡陽

蕭貢生雲谷來少坐去濟生來云胡蔭生死其妻割股陳氏女也胡稚
翁十日之中喪一女一子子婦復將殉夫黼堂先言之余云宋學之爲
害使人凶禍不可當方知毀不滅性之義精也鈔經四葉兩女入秋未
課今日粗了夜過黃子壽談還講玉藻深衣衽未瞭
九日晴唐作舟程生郭壽南來言徐宿寇起迤西復叛英夷被兵云云商
農招飲步往無一客頃之皆至坐者九人仁山朱少卿杏生兄弟佐卿
向子振楊妹壻何縱論人物爲月旦評酉散過陳毋羅子沅見伯庚孤
子略談過樾岑遇蔡學蘇踏月訪力臣遇子壽絮談還月已落補鈔經
一葉陳生來留宿文柄復至唐郎準綸來未晤
十日晴唐酌吾來韓勉吾送禮不知兒昏之改期也鈔經二葉夜作蓺渠
墓志至雞鳴未成理安袁守愚來夜談招入蓺隱寮看月以袁生詩甚
麗也

十一日晴命豐兒代授讀作志名成力臣來以扇像索題作七言長句應
之子雲禹門繼來談同出過唐郎言作行狀事步月還
十二日晴晨命功兒代授讀將作文偉齋佐卿胡子夷子正心安鄧壻徐
甥來文心索改詩子振候借錢力臣催申夫書交午於前今日弟二忙
也作申夫書會客盡一日昨日安牀設榻後房爲齋宿所齋當居外寢
而皆弟子學舍不尊嚴故居正寢之後也
十三日嘗祭午正行禮申成三弟祀禰往行禮乃饗娶徐甥夏子來食徵
醉唐郎子壽暮來
十四日晴熱三弟代授讀作湖北公呈稾成心安請作石牀名遺使來催
夜成之
十五日晴燥作安徽公呈未成消一日
十六日陰龔提督來午後大風涼雨酌吾來辭行書扇一柄夜講玉藻衽

當旁未明左衽之義

十七日晴熱仲雲曹价藩子和劉伯固樾岑來自朝至於日中昃客去卽出答拜龔提督弔胡志翁未出請其子婦弟陳生出陪遣覓胡子威出談喪事旋弔价藩答訪伯固赴向子振招飲坐客姚立雲杏生佐固商農戍散過价藩談同至曾祠園中看月待月將午乃步還過舒叔雋遇陳德生

十八日晴熱陳杏生池生羅秉臣价藩來鈔經一葉理安來與同至曾祠抱滋兒以行設宴浩然要商農子振立雲三陳佐卿曾小澄伯固及理安夜飲橋上看月三更後散與雲安杏步還過十栅唯二栅未閉還得雨蒼書

十九日晴熱聞鏡初來往視之遇海峯僧守屋久之鏡初還仁山亦來談有客至出至學署看考還小澄劭卿來鈔經一葉唐作舟送其從父石

生遺詩來求點定爲改二首三弟錄科出場鷄鳴矣

廿日晴子雲黼堂來云懷庭自湘還頃之鏡初與俱至談至午乃散陳郎叔疇及湘鄉謝人初來寓新寮倦甚少睡杏生招飲坐中主客十一人三陳佐雲劉春禧馬秀才（佐卿子師也）子雲和障陳子閏官商農蛙魚甚美戍散與懷庭略談鷄鳴乃寢

廿一日晴熱未起作舟來文心海岸繼至與懷庭作舟同過李園飲仲叔出陪鏡初瞿鄖同坐午散看周茂蘭血疏題跋凡作詩者皆可厭蓋忠孝最不宜詩也還浴錫九舒叔雋袁守愚來袁賦看月詩甚富麗晚訪劼剛不遇與仁山劭卿子徵東生理安夜談笏堂出坐還過樾岑宅新移郭氏大屋云不索房錢而値過畢余不以爲然未可諫耳論笏仙被枉事不覺憤激得果臣片仁山云果臣已來矣戴子高五年前寄書沈滯始達已成遺筆百年轉瞚亦不必多傷也夜和熊師詩

廿二日晴熱客來不斷竟不能記爲誰某也唯果臣不死仍來可爲異事與同出至藩園後分道余赴佐卿處姚立雲設飲劼剛先在待余略談以人多未敢多言比入席坐者主客十一人劼剛及李子字子城先去三陳佐振商周俱在飯罷論李發甲撫部祠事議各考生捐魚肉錢以爲工費亦可得二千四百千錢

廿三日晴熱伯固來飯後懷亭出訪鏡初余欲同往畏熱不敢稍理荒課鈔經一葉看唐碑一篇立雲來言佐卿無堅持之操

廿四日晴熱早出往鏡生處送和詩答訪胡子威兄弟任雨田遇一官字湛清北人而學湘話不知其姓也過小澄處遇商農將往雨恬處日已皎烈爍人乃還遇黼堂訪懷亭同坐久之乃飯鈔經一葉晚飯思賢堂二松爲主人坐客十四人亥散

廿五日早熱晚涼劼剛若林來少坐鈔經半葉爲二女鈔賦赴曾祠飲凌

問樵爲主人坐客十六人生客有陳牛陳鵬余郎舊火夫陳堂出見自云能管監禁遺借欵送龔雲浦不受爲慰談至戍正始憶與香孫約急往赴之已二更矣遣約志臣來談爭產事甚有理余知其不可勸漫曰此家事理如此也坐至三更辭還

廿六日涼甚劼剛聞人鼂雲饌之美欲嘗之因命治具約客乃暴病不能至少庚梅生守愚潤生來又陳生馬郎來未出見徐甥與王純甫來二鄧郎來甫數語客至及卽席已暮矣坐客樾岑志臣懷亭杏生凌問樵蔭庭食甚飽亥散

廿七日涼晴黼堂鏡初仁山海老張子廉培仁子明心盦香孫來自朝至暮未入室培仁言金丹可成房中術可習又言林德彝得道甚謬也劉伯固欲募修李撫部祠余爲作通啓晚過王純甫書扇二柄遇唐春湖湯漢龍言賓興事子明言力臣占其宅悍不還力不理甚無法制之純

甫云宜用劉璞堂也
廿八日晴懷亭欲去治裝久之司吏設投卷局於寺外初謂宜先到縣中安頓樾岑謂易與耳今仍至此僧駭怒力爭吏亦洶洶余曉以和悅聲勢稍息出訪羅少庚陳梅生黃季鴒不遇至貢院慶成丁少坐與鏡初俱出余過志臣與杏生問樵同入旋別去詣陳毋海老湯姓張子蓮均坐久還懷亭司吏俱去矣送遺才條及議捐李祠錢者交帳者紛集心目間爲之擾亂頃之問樵黼堂來一議宜捐一撓其議余皆唯唯
廿九日晴復熱王懷卿來羅八弟及其從子伯存來彭耶保初來持其父冊去過樾岑送遺才名條留食餑餑晚過學院看案至洪井少坐籠鐙還講玉藻
卅日晴積壓功課甚多稍理之改文二篇鈔經一葉從子謨來旋去羅耶少庚夜來爲其從父言遺案無名欲必得之莊心安有貸於子明往說

不肯便過賀耶不遇其從兄伯仁出談亦言無名夜改文半篇晴生來
八月己丑朔晴熱子威來出過晴生貢院遇理安同訪懷卿遇李耶幼梅復至貢院過志臣翁七郎均不遇詣笛仙果臣久談答訪保初還已夕講玉藻無難處唯韠制未得明當詳論之鈔經一葉
二日晴
祖考生辰設薦黃叔琳袁守愚來王生伯戎桐生弟新到均來鈔經一葉陳生來談文吳稱三黃少谿梁仲玉黼堂商農來晚詣外舅昇還講玉藻畢
三日陰涼鈔經一葉出唁左逸仙送商農行未遇過外舅少坐還王生移來小住與同至學院看遺才案還外舅來寫扇三柄
四日陰涼作吳山夫說文引經攷序一篇校改格術補一卷積案稍清矣晚過樾岑談胡子正唐作舟朱□翁樾軒同來從子偕謨來

五日雨爲劉伯固評墨卷鈔經一葉李潤生黼堂來午過諮叟陪外舅飯同坐有曹桂亭知縣穎生巡撫之子也語必稱父又自矜吏治軍政主客不能儳一言席散昇夫不至急步出還伯固來夜講明堂位羲象山罍未確
六日雨午霽胡子政及其弟□□來春階繼至蓋送考也□□諸女欲看入闈往探已過時矣步出訪常寄鴻尋曹价藩不遇過松生處遇少溪佐卿伯固淩善人佐卿意輿甚惡余辭出過外舅寓略談還運儀來鈔經一葉是日甲午秋分
七日陰涼鈔經半葉出送考自南門繞小大西門草潮門小吳門北門還幾步行卅里夜少寐驚覺以懷亭三郎須早赴貢院先往至坪中木棚內聽礮候門至旦
八日晴日出衡陽人畢入出至棚中解衣冠還家朝食復至中路候送本

縣人及午尚擁擠點善化未盡乃還午食攜三弟佶子去猶嫌太早自來湘潭入場未有晏至此者又還夕食攜兩女往觀場暮還
九日晴昨兩日廢事擬靜坐一日補之飯後若林翁強生殷耶仲衡來談至午去鈔經一葉補昨半葉爲兩女理書午飯後出答訪春皆心盦過鏡初與同至果臣處夜飮昇去步還講明堂位
十日晴爲兩女理書鈔經一葉午出過運儀兄弟遇兩王生鼎新錢店之子弟也至貢院前已放牌矣三題均正大疑可取佳文也至子常處小坐食麪再過香生還遇陳耶於街已出場復往游也此耶磊落有吾輩風夜弟子俱未出倦寢比覺三弟仍未歸心甚疑慮鷄鳴乃出場視其文平平耳佶子文稍可而講甚拙
十一日晴夜子時昇往貢院看出場至點名猶未畢出送府學頭牌入乃還六雲生日放假一日往陳宅閒坐留莪女在家殊不憶娘肅丈靜齋

羅郎來子雲夜來談郭志臣爭產事
十二日晴涼鈔經一葉倍書三首寫聯幅十餘紙字惡劣奇古者相雜一
揮之後不復再視午睡時許夜月甚麗庭桂微芳步往蕭老處夜談還
講明堂位
十三日晴鈔經倍書竟日未出作擬墨二篇說射主皮爲君臣不復留意
於射似甚確當晚過程郎看闈作不佳訪果臣已去仁山云鏡初今日
生辰與與循同日二人不相好何也夜還改文得五經題均似有經學
人所擬題也
十四日晴寅往貢院看點名則三路無應者唯擔夫荷扛而立可歎也過
外舅寓攜韓女同行還訪稱三樾岑留朝食論力役之政以條鞭爲便
民非知治者也日烈步還爲兩女理書令明日放學鈔經半葉鏡初錫
九鏡兄杏莊來長談晚過羅研丈長談昇往昇還過運儀兄弟少坐借

鐙籠恐犯夜也脛創小發不能行
十五日陰足不能行又畏寒不能起至未强坐鈔經一兩行看丹徒陳世
箴述記內唯王巖韓默傳云史可法復睿王書係默所書足備掌故耳
外舅及子雲來夜鈔經一葉計此半月及前月共得卅葉
十六日晴樾岑來强起會談三曹一吳來少坐去晴生來心盦繼至芳畹
又來遂盡一日鈔經一葉
十七日晴鈔經一葉爲兩女理書夏芝岑糧儲來云久賞吾文絜卿兩郎
竣三子英來松生黼堂潤生至暮客去欲稍休聞玉泉山已集議作亂
亟往樾岑處欲令會同府縣營兵嚴行禁止至則鄒叟在力言必激變
事不干己遂未盡言見黃祁農工部之子漱丞眉目甚雋爽詢其兄弟
四人母年五十一有田足自給
十八日晴

先祖妣生日因召客以其肴殽薦至巳乃得食坐客謝陳胡郎王生皆遣
來宜殽食晴生亦宜有一食之禮故爲此集錫九爲賓散巳未矣中坐
陳生程郎夏苹軒來席間唯言諸生作亂事胡子夷及王懷欽李幼梅
性甫鄧壻徐甥桐弟皆來陳恆玉監生來謝未見夜鈔經二葉王生去
十九日陰晨起鈔二葉文公篇畢唐栩生彭麗崧來殽食招懷欽梅生季
鶴鄧郎子元徐甥渭來彭郎辛安早飯少幾作賓實午飯也酒中外舅
翁强生驗郎鄧壻子筠兄俱來酒罷欲出脛痛大作乃遣人往弔左慶
賀賀伯仁續弦左逸仙明日遣葬其母也挽聯云聞疾在中允方朔並鶴從春暉日晡偕儷
仙御官紙承母訓正有蓄象供養秋風歸水慨歸帆
廿日陰唐魯英彭子和來出過春陔過仲雲兄弟久談答訪夏糧儲未遇
還過曹十三吳大漢出談曹云七父可立主孶子祠又言余當作公呈
舉祀孝弟並徐八丈同舉唯唯而還爲兩女倍書三首鈔春秋一葉加

鈔禮記一葉是日戊申春甫欲爲笛仙作壽屏笛仙辭之甚力云此時
己爲家主無自壽之禮也余兩爲之羅研丈來談鄒諧翁宜開皷余云
天下言不怍者諧翁與郭志臣也無以諫之腹誹而已夜雨甚大
廿一日雨己酉寒露佐卿來示劼剛及己所爲劉王夫人壽詩序余云駢
文非紗帽所能爲余今已不能矣六朝人罕有老者故駢文最妙蓋須
壯盛心力乃能成之又須有少年氣韻亦不妨穉巧皆與達官老宿不
相類也陳郎來日晡矣鈔經二葉倍書各二首黎竹舲招飲坐客諧翁
張振孫左子異竹舲云愛妾新死兄知揚州云云戌散過濟亾處看文
又不甚佳夜大風寒講喪服小記
廿二日雨睡一日翁强生來爲楊氏求墓志言養馬事外行也鈔經二葉
催兒課文已十日矣尚無消息亂寫屛對五紙
廿三日晴岱青來言賓文事飯後往營盤街看屋陳郎奮嘯以其祖居質

於我先已付價百廿兩銀今乃往相度開窗等事耳屋雖小殊有幽靜
之意遣龍八隨蓮弟往督工匠修飾之以娃往𤔡果臣來鈔經二葉夜
講小記三葉倍書瑺汾各三首夜有大聲發於樓似盜從屋下而踏者
因坐久之看守愚詩一卷乃獨寐
廿四日陰寒鈔經三葉兩女倍書各二首樾岑濟生健郎守愚子筠來省
城會客一大功課也沈郎友篪來送火骹蓮子子筠言得湘潭信五叔
壽終吾家比喪老翁殊非佳朕五父亦一奇人晚節不愜族衆余亦疏
於省覲爲可感惜夜講小記
廿五日晴紱子來倍子去姚立雲李潤生來聞黼堂喪婢欲往唁之無舁
夫不行鈔經三葉兩女倍書六首得九兒書舉六嫂節孝與片志局作
書寄叚培元
廿六日晴陰陳知縣萬全來訪云在郴州常一見覩其顏色有求者也祭

其才質必不見賞於王撫鈔經三葉兩女課𤔡畢暮往黼堂處遇麗生
作舟某生遣兒弔胡烈婦紱子去挾余書往江南也思此時江行㲋嫩
蟹肥風清日皎興復不淺
廿七日晴鈔經三葉唐繼淙章素存來告急云其街柵敗勸王永章修理
得錢五千今事發非君不能解也此人張衡州頗譽之物論不與余亦
厭之感信陵門下之詩借錢六千章云今不能還其言尙樸實不虛此
借也得若愚肅州書並其家用銀夜過价藩果老久談冥行還寺鐘已
動矣路甚暗幸有放鐙者大得其利
廿八日陰早飯後過北宅君豫果老來王氏添丁之兆也與君豫同過守
愚獨訪笛仙子和還北宅工未畢不可居稍坐還寓馬先生來告去過
樾岑言初三日白虎入宅不可移居
廿九日雨向子振唐蘭生來云沅浦得晉撫海丈來惕吾兄來爲果臣校
格術一本爲研老看吳嘉紀詩一卷嘉紀字野人泰州人其詩在玉川
東野之間諸人序之未有一言及者但稱好好而已然則野人紛無知
音也以筆墨入新宅未鈔經二日矣黼堂健郎來豁翁送花鏡
九月戊午朔雨舁入北宅補鈔經六葉以爲足矣數之仍少二葉瑺汾兩
女來夜看吳野人詩一卷
二日晴補鈔春秋二葉鈔本日定課二葉禮記一葉芳畹錫九果臣來晚
過香孫子和送燭爆包子受之
三日晴笛仙送鐙彩燭爆陳母送包子定糕羅子元送茶包皆受之鈔經
三葉鏡初錫九夏子常來陳五弟婁來迎滕緹入宅留飯夜去滕緹定
居西夾室亥寢
四日晴晨起步至南寓爲
曾祖妣生日設薦因留陪九兒食湯餅午過果臣便飯還甚熱可夾衫耳

爲商農鈔詩杏生寫扇翁强生作楊氏志墓張東生來初夜假寐至三
更後六雲來言城上鐘聲更漏甚亂人囂囂若有變余云此街上失火
起呼工人無在者唯熊三病懼不敢出寺僧重扃悄然暗登後山視之
火光在大西門乃安心還寐大風小雨
五日雨朝作楊志成春陔來言將爲豫游諷之不能止一月前與余言必
不赴子官所何其明也今若忘之又何惛也海翁言翁玉甫遇一小事
面色改常非有用之人余於春陔亦然初已覺其俗後與談甚有理致
今乃定之矣午出答訪陳知縣不遇過海翁久談還北宅食菌補鈔經
二葉欲罷念尙早補禮記一葉魯瞻來
六日雨鈔經三葉木匠粗畢工散去作書與春甫二妹大睡半日
七日晴朝食時三弟回云其生母同至遣迎未至黼堂叔慶潤生淦郎來
守愚鏡初向子振繼至陳母遣魄滕緹生日禮三弟母攜七女來紛紜

一日鈔經三葉
八日晴早起恐芳晼來衣冠待之未至淦郎來肦滋兩女入宅兒女賀其母生日設麪鈔經二葉心盦洪郎劉驊翁均來賀入宅三弟婦及六雲均入宅
九日陰午後雨晨至南寓仁山東生來久談客去已過午矣與九兒四母均無可談睡半日初昏告三廟二祀當移居欲言奉遷遷廟非此之謂乃直言移宅而已今夜放牓寓中殊清靜超若世外
十日晨雨旋晴木匠來移神坐三弟同至乃明濟生叔姪同舉韓勉吾吳雁洲曹穀生汪偉齋李禹門之子字仲穆皆得雋今年殊勝去年也奉移尙早因出至李黼堂處其子字幼梅中副牓一名因留談久之至龍宅入賀龍母至李宅賀禹翁皆久談還幡夫猶未至頃之乃集安

主輿中步導以行路甚滑行遲汗溼重衣矣少休盥須般竹老及果臣偕至居停陳郎來賀新宅驗仙來問經文題義子和諮翁樾岑並至樾翁示新科闈墨子雲亦來遣儺翟春陔今日設鷹請諸客老福者兼發新宅也然恩恩未備頗勞從者未初行禮酉初入席戌正散龍母來索信與皞臣催其早歸
十一日晨晴朝食時雨稍部署匠人欲補課程唐作舟來辭不得已出見之得黃逕儀書詞翰並美來使待復懷亭復至入草草答之李作周來久談懷亭索食未至仲雲來湯生來客去已暮矣鈔禮記一葉補作禮記□醢尤食一節牋
十二日雨陰鈔經半葉昇出謝客至佐和笛仙果臣夏糧儲子筠心盦懷庭譽室許子敬于果臣處遇懷庭子敬處遇龍郎晚至作舟處飯坐客懷鏡黼三人

十三日晴小不適未朝食姚立雲幼愚叔嶠兩郎羅秉臣來午後出答訪冒黃樾仲春惟李宅得入黼堂出談晚至濟生處辭酒陪驗郎蒙師也夜過香孫遇閻陪優牢驪已甚錫九來亦痛詆中卷卷中有劉郎文甚佳云鄭小谷之作也
十四晴病不能起懷庭來話別臥談半日起陪飯肴菜甚劣
十五日晴懷庭片來告去强起書扇作小詩四首贈之昔別干戈滿今來鬢髮衰遐人非隔亂無有推移仕隱皈同轍江湖任所之無淵一句俱堪又十年思富貴從時局文章舊道心谷賠雌白守前後杜丹一叶淚竹秋成東蕭梧日易陸湘波無限意直下海門陰傾欲從汀去同看萬風秋江流絡有岸晴野慣登樓銳寺鐘長烟吳山樹獨愁四湖非隱地彭李跡荒蕪學道仍難隱臨官豈值貴淵明今更淺情說歸遠五度期霜戟扁舟沂露樂來宵酒尊吟別思在明蟾研仙巷入房中談
十六日病爲果竹兩翁强起還改文二篇病少間昇出赴樾岑招坐客晦老性翁香鏡惟談雜事稍及今科文余云今科文之不能言不通猶西

枝比丘之不能言知足也蓋人各有識限惟五十步者好笑百步耳晚衣冠過陳母祝壽陳母今年八十矣聯云湘寓十年清貲益壽秋花九月晚景如仙步還
十七日陰雨間作早賀陳母壽坐客一北直人一羅潤生一淦郎食湯餅三盃還幼愚先在齋中談未久得張東丈書送張小浦奏章得俊臣雨蒼書春浦書春浦甚言𪈸辯之確余終不信也鏡初兄弟三人及吳生雁洲來又有一人先在坐余以爲同來客者未問其名姓久之客反問余姓乃知其非曹黨是祁陽鄧生來尋龔子者客去作易經文一篇得繻字本義詩凡言六轡如濡羔裘如濡濡皆當作繻繻縟雙聲繁采之色也因教兩兒以凡事有益如此不識此字近千餘年余亦二十餘年矣令人驚悚夜作書與張東丈
十八日雨晏起昨夜風甚寒人殊瑟縮也淩生來言有師生求閱卷允爲向莊心盦求之涂蟄來久坐甚苦之杏莊錫九彭郎來禹門驗郎亦來

少坐去夜寒早寢
十九日雨寒文心來有汪開第者賀賀焉求見入乃知其誤也飯後作股
脩蚔醢五句題文及河曲之戰文二篇子明濟生理安性農來視闓生
二三場作殊不佳五經文余已作四矣何不再作詩經文因作兩行無
可敷衍而罷
廿日晴始再鈔經停工八日矣
先曾祖
先妣生辰各設薦巳正禮畢黼堂潤生來竹伍午至申刻過香生飲研海
樾性四公戌散
廿一日晴鈔經三葉子雲來吳雁洲之父招飲陪左錫九及諸曹也申集
戌散尙有二黃云一舉人一典商遣豐兒往武岡迎其姊與書彌之
廿二日己卯立冬晴出賀胡郞子正及海翁幼子昏答訪五家惟凌楊得

過至報慈寺看舊寓乘輿還作書與張東丈謝其爲七父作墓銘也夜
過香孫談曾曹之交
廿三日晴六雲早起何嫗尙臥呼之六雲恐其怒反撫慰之因罵六雲深
悟蠢人之別有心眼也晏起欲飯師竹生來爲其子求信往永州坐待
乃去瘳緹已作子女紛繞攜四女往府城隍祠游荷池至研丈處少坐
循宮牆至副衙坪觀李真人祠歸足創復發少寐夏糧儲招飲昇往彭
徐李趙黃先在左心農繼至糧署亭榭甚卑曲有致登樓坐待日落張
鐙看蓺飲陳酒甚佳戌散街上人猶多還閩酉初復得一子母子平安
甚可喜也鈔經二葉
廿四日晴鈔經二葉錫九率其子與育字志和來並屬余具酒就飲張子
廉來客避入書室頃之李潤生曹杏莊來鏡初繼至樾岑霖生來頃之
去二曹一左留待饌黃昏不至遣約香孫來比卽席已上鐙矣設食甚

絜可食客主皆飽亥初散
廿五日晴陳郞來賀三朝文心送菜陳母送胏胏爲祭主蓋周時之遺禮
今猶存者午洗兒告
廟行禮黼堂竹伍來子筠來留飯尙早與九兒同至城隍祠率四女以行
人多不可立乃還飯罷鈔經三葉夜講禮記
廿六日陰鈔經三葉姚立雲瞿郞子純理安凌問樵來答拜陳郞彭辛郞
左生均在旋同來談將飯去果鏡兩君來飯罷送果翁至竹翁處竹翁
復送余至貢院坪余往霖生寓少坐還鈔禮記半葉夜雨說禮記量鼓
服虔引以釋左傳一鼓鐵孔疏駁之云太小其疏禮記又引隱義云鼓
十二斛斛卽石也百二十斤爲石凡用鐵千四百四十斤鑄荆書可矣
而操鼓以獻則太重量鼓之鼓當作鼓鼓擊也擊量者概也今收漕有
踢斛其量鼓歟

廿七日陰鈔經三葉出送瞿郞行便詣曉岱寓談勉吾出坐良久復過洪
丼與果仁理談果臣云有才女嫁農人鬱鬱不得志其父喻以詩云英雄
自古輕離別惟有田家守白頭女得之釋然此可以爲詩之用得三百篇之意者又言
但少村與陳淀生爭宅欲毆之淀生獻詩云蝸角何須鬭蠻門鵲巢無奈已鳩居但亦釋
然因雜論詩解出詣瞿宅瞿郞已出入與春陔談黼堂在坐余言欲往
黼處看菊黼便邀往午飯設食有舊家風問其火食已包與廚人則又
不似舊家典型也凡火食無論豐儉必不可包包者明知其中飽而但
圖省費則澤不下逮權不上擧浸久而家人但知喫閒飯以家主爲債
主而已
廿八日陰雨郭玉告假門口無人移研出書齋坐頃之向子振曉岱鄧翼
之來翼之執弟子禮甚恭子振云鹽道欲作堂聯嫌不佳詭云失之屬
余擬作資湘北匯桃無波香列城控帶黔吳山水經安多府相綱引東來承審使夏風爽旁通但恐倪桑書論待經綸雨蒼書

來問吾弟吾字提行何本案龍藏寺碑我大隋我皇均以我字不空澧水橋陳叔毅孔廟碑亦然北魏敬使君碑今上上字始空格齊西門豹碑我太祖我字不空自唐初猶然至歐陽詢九成宮泉銘我后我字空格張琮碑今上今字空格聖教序我皇王行滿書韓仲良碑我高祖尉遲公碑我后岱岳觀開元八年記我皇並同自此以後不可勝數其後權懷素書平百濟碑我皇我字不空午過張子蓮看藹藹不能佳坐客劉春溪施進士何知縣張立之任小棠二更散甚寒爲功兒改詩經文

廿九日雨一日無客鈔經三葉兩女課亦不能畢常霖生來夜談

卅日雨玉振無息銀遣詢龔提督銀有續至者否樾岑暫借五十金來莊心安復假百金於我無以應之竹伍來留午飯樾岑來言恭王爲筠仙移書王撫問上林寺事余云三者俱失之矣筠仙託於和夷以挾制地方官王大臣不問民事而懼毀教堂王撫畏勢而不敢言其非體紀安在乎此事王撫當捕亂民筠仙宜置不論恭親王等若移書當令奏明情形治郭王曲直今以三細民至驚動　朝廷亂之甚矣

冬十月戊子朔雨檢所鈔經禮記少六葉補鈔三葉鈔公羊二葉爲兩女更定課程今日粗畢竟日無客夜講小記

二日陰晨坐甚久乃得食飯後出答訪鄧翼之並見秉臣略談過海翁遇新化新舉人未及談樾岑來縱談郭氏二案倚勢欺官王撫無可如何但能劾李彝章也還鈔書四葉禮記補畢兩女課粗了書字亦可觀夜講小記

三日晴鈔經二葉作書與方子箴未成竹伍招飲賈祠亭屋布置甚有曲折夏小潤胸中之瓦殆多於曾滌公坐客胡秋衡知縣果老黃子均吳大漢未昏散過勉吾家催客者至則罨余曹黃四辛亥唐作舟久入坐矣復食十餘肴還覺膩飽食紅薯半枚

四日晴鈔經一葉成公成計日課二葉少七葉曲禮上亦鈔畢作子箴書畢聞筠仙已出京蹈西海矣張力臣爲二等隨員文心來久談向子振遣赴其兄喪當往弔以脛痛遣功兒往步與文心同至小東街余獨入與樾性香孫夜飲覺膩飽

五日晴鈔經三葉見湘潭經課題殊無以勝鄒諮変鍚九淦郎來

六日晴飯後淦郎來與論其家事言子之於母不可以順爲孝父猶有爭子從母之命焉得爲孝平午出過笛仙賀其六十生日至曉岱寓少坐過鏡初問果臣已去矣與黃笏堂理安仁山雜談於曉坐中見黃嘯泉聘婦黃氏之叔父也言昏事還將出借錢聞郭提督來前約送五百金姑待之鈔經三葉

七日晴得辛眉書鈔經二葉竹伍來擇來月八日取婦子筠來請改詩夜詣樾岑遇性農久談

八日晴唐郎酌語專使來言鄂皖撫均諾爲義公出奏請祠謚催墓志午約曉岱兩胡郎鄧翼之便飯羅研丈爲客淦郎來留令入坐酉食戌散覺未飽更飯一盂

九日陰晏起心甚不靜一日未事盼女復告疾瑞女一人畢課而去重考九江異說及憂甌颶異文爲弟子改數句鈔經二葉看黃詩半卷出訪夏子常不遇過香孫處少談還暮猶未飯鈔經二葉補昨日一葉半唐使去

十日晴竹伍來賀幼愚來辭行唐使北去者來索書復書與之席客送東安志還玉印盒來鈔書三葉兩女課並了

十一日晴鈔經四葉文麗峰來兩女課畢出游又一村看藹已殘矣望人家垣內楓柳偶有所感口號一絕句少照微陰似欲霜井梧池柳半凋傷莫言城高秋來曉一夜西風萬

黃水

十二日晴妢女復病晏起爲功兒改小文黼堂鏡初郭子渼來午赴胡子威兄弟宅飲同坐者陸恆齋鄧翼之張介眉新親也鏡初欲奪楊性翁之席而別籌數百千與羅研老余以爲不可恆齋言看經課衆欲以委我余以爲不可當也凡事專計利則必不得利美利利天下不言乃爲利耳天下美利利我則衆怨之府也況非美利邪步月歸鈔經三葉

十三日晴熱鈔經一葉出訪楊海翁黃親家張金剛文麗峰道逢夏使約爲賈祠之游比往海性楊石塢皆先至莊心安後至食北來蘋果蒲桃未集亥散游談甚適

十四日陰涼而未寒海翁鄧翼之來海翁云其父味禪先生與厚丈至交促談甚殷妢女出疹甚劇瑠女亦無心課之弟子應湘潭經課專人往交卷遣蓮弟往李潤生來力臣香孫來夜餘鈔經二葉熊敬生來言羽師約於廿一日一聚

十五日陰晨出送力臣得筠仙公啓言王船山從祀事過翼之胡子威均未入往視羅世兄唁其妻喪適於今日開堂受弔入行禮少坐出過洪井欲雨未入出城至鴨滬橋看船問郭提督已入城還詣海老遇仲雲雜談殊無章歸家已過午妢女呼痛甚擾人避妻產室少寐李禹門胡郎子威來子威留談說文又言曰贊贊襄曰贊二字並宜刊去夜鈔經三葉

十六日陰有雨閱邵蕙西書通義殊無用處爲之作序不得不討究耳以其不足觀故不用己名

十七日晴鈔經一葉

先府君生日設薦李潤生來問說文古音以其無益姑撫數字語之樾岑來小坐去出詣曉岱請其告昏期昇往步還子壽海丈辛郎幼恩繼至夜鈔經一葉妢女小愈

十八日晴夜雨鈔經三葉補鈔經二葉王伯戎自衡陽來禹門志和幼梅子筠來志和問禮頗有心得妢女復小劇

十九日晴鈔經三葉瑠女有疾黃次雲來午至荷池訪研丈遇黼堂還昇出請孫陳作媒人孫涵若得見陳郎未出云其父怡生臥病久矣錫九來同過香孫夜談至街更起乃還

廿日晴理安來未去余命昇往熊師家當宿朱氏恐晏乃行已午矣渡回西水渡兩津行六十里至安沙取右路至屈家新屋若林新居也主人不在其子荷生出陪客久之若林還設食請其子師張安作陪宿南房主人出對榻

廿一日辰起飯後同若林步至中間屋黃小巃之居也少谿正在門前迓客同入略坐設小食已昇行廿六七里至洞泉沖見熊師及其孫子培師坐至二時許不倦意興甚佳未暮伯元幼梅來同食罷外報瞿八哥來心知彤雲之子也向未相見詢其字曰伯皋共坐談至子乃散余宿延年堂正室

廿二日晴看長沙縣志師友同談一日熊師設酒甚費且精以人多不可久留夜告辭師誦新詩二首兼示今年所作詩三卷老而有豪氣其音甚歡

廿三日晴霧辰初飯後伯皋先去麻林余與何李同往朱宅取道宋橋可廿里至塘坡入看恬園主人長子蓴生迎客偏歷廊亭還少憩若林來留食已同客俱至新屋曹竹蘇在館與張安同出談黃少谿兄弟繼至縱論無所不及竹蘇問食不語寢不言語何別未有以應小巃言禘自既灌而往謂君不親灌待祝史灌畢而後自往往謂往室中也酒罷小巃去何李主人竹蘇先睡余與少谿談至丑少谿多攻辨宋說猶非通雅

廿四日晴霧已初辭行何李在後不相及余先渡涔已而大風疾還過訪佐卿留食未能待到家則諸女皆出瘆呻吟三室中蚡女幸未沉疾耳行倦欲稍寐不得姑就妻榻傍眠少頃起還室新樓房已成地未燥不可居

廿五日雨鈔經二葉樾岑涵若來李潤生來借錢未有以應功兒作楊墓志成改之涵若云女家復請展期許之偶思食不語謂當食不語人以事恐防其食也寢不言不貲問以事以既寢可待明日也語多於言語論也

廿六日陰劼剛來十子貸陳姓銀二百兩於我算帳起摺忙久之昇出過海変少談得雨師詩函欲過李郎會晚飯鐙至洪井與鏡仁君豫談至二鼓還鈔經一葉

廿七日陰鈔經三葉文心來子和來少坐去和熊師詩三首城市苦喧闐山風洗耳聽行蓉澗泉水圍見老人屋氐樓蹤年世開屏喜客停欲知林下樂閒載共前背京鬱晉全盛公稿數故知淨名塔一歐鎮樹惜全枝譬猶天無負文儒世有師鍋憐潤液變親孤約簡林老年惟念蔭此外盡道遙故屋松猶長經書菊尚聽嘗英時過從倍客不曾要高隱非逃世休疑壯志銷師仲瑚秀才來

廿八日陰晴始移樓居非女自武岡及二妹鴻甥同來遣豐兒送非女往省其姑彌之夫人閉門不見乃還得彌之書言其妻妾勃谿事甚無道理以處之心盦來鈔書二葉次青來

廿九日陰鈔經一葉曲禮成槑臣來

卅日九兒去夜雨鈔經二葉朱雨恬來

十一月戊午朔晴幃女病劇殆不支盈之煎心姑出行游詣黼堂春陔談洪井散館請同事諸公以余及果臣作陪鏡初及松生爲主客或不至復邀錫九來談楊性翁素餐專利欲去之余力爭以爲不可劼剛贈余二百金湘潭票也夜過香孫談

二日晴小疾鈔經二葉瞿彤銮子伯皋來得陳虎谿詩函

三日晴出送王人樹答訪陳虎谿不遇過海翁久坐論性老作顧氏母壽文言事翁姑扶持抑搔爲用經語不檢陳又明娘哀啓云聞曾文正死其母哀痛爲用史語不檢也還性老來余因極言徵詩不可不開局請以火食脩金略分充公費於今年內定章以調停楊羅曹張似爲至善

四日晴幃女疾未損遣請鏡初未至壽南樾岑來盛言幾者動之微吉之先見者也凡幾發於此而應於彼不知其所以然故君子慎之壽南以兄子爲後既授室矣其子自請絕此人倫之大逆壽南處之頗裕亦不可及也然其端始於拜水拜水者婦盥饋之遺禮惟舅姑可當之故不施於其本生姑遂以此成釁耳懷欽果臣仁山佐卿繼至登樓久談日暝乃去

五日晴陰幃女病甚鏡初來爲處一方恐無以救之夜守候至鷄鳴心甚旁皇也

六日癸亥冬至天忽陰寒光色甚慘聞幃女當死不忍見之步尋鏡初不值與仁山理安笏堂略談還循西街過又一村遇涵若言適從吾家來女尚未死仍入室六雲云五姊待一訣不得已入呼之已不能應矣勉語之云女此生無益可轉世得佳處仍出至荷池與研丈談又訪壽南不遇試至楊海翁宅問消寒會者至否云已有來者入則性農先在黃海文次青仲雲香孫研丈繼集余見周僕來不敢問幃女死否強談飲終席還殯已在西階矣以下殤之禮用下等棺仍俟三日乃葬嘗思幃女八年無可述憶者與諸兒女迥異此其所以天也作哀詞以送之八歲長依母顧危苦經余學經初上口古叢偶尋書身小衣恆拂眉長鬟喜襪世餘間一一燈燭留別魂孤十爲治殯

七日陰素食

先妣忌日以幃喪令三弟二妹攝薦前數日與子壽約集兩改期而彼定
今夕難再辭之比昏往果仁鏡佐先在壽佐怪余神慘殆意度耳主人
談無章戌散昇還
八日晴本期今日爲功兒納徵以殤服暫廢晨當葬幃久伺無人聲起視
已去矣步至醴陵坡遇王生十子還余命周僕導余往則葬叢冢中不
合意欲遷又非禮憫憫而還過樾岑久談食梨蓮栗餅還鈔經二葉襄
公成
九日晴鏡果佐卿來同出訪次青佐卿不去余三人至荷池與李羅談虎
谿約當來出遇子筠言已在家相待矣還與談史羅誠齋湯嘯菴黎竹
林來遂至一夜還寢
十日晴鈔經二葉理安來久坐半日雨珊來示余叔鴻書殊不佳得紱子
金陵來書云培元已南還矣夜至子寢

十一日晴熱復換綿衣三弟生母生日幾忘之聞鴻甥言乃覺設湯餅子
和來爲向子振書條幅三紙夜陪打牌亥散以膠緹哀未忘仍別榻寢
十二日晴熱爲夏糧儲作買祠甘頌九月所屬也八分書之左生彭郎鱅
堂雨珊來凌問樵來送銀票樾岑招飮息柯性農香孫同坐海老不至
盛談督撫之自尊司道隨丁不得入樾岑言次青疑余自託於曾耶而
擠性農初聞信之旣思此性農之言也次青雖鄙不至此
十三日晴果臣孫次咸來鈔經一葉晚過懷欽不遇至文心處少坐而還
十四日晴程虎谿來辭行索詩云王阮亭有重名趙執信攻之遂侘傺失
志前輩不可不愼意欲感余也余固不敢比文簡程亦未必爲談龍姑
示弱作詩二首答之夜躬訪焉不遇而返詩曰零陵曾盛業今日漸凋零御惜佈圍什儲鳳見
典型史談奇破石秋風冷階墨瓦有使羣記專情願一隴早日恙花句才名二紀餘何媿惜不見王孫昔相應誕林岸踏隱求官爲著書今
年椿信早且臥故山廬

十五日壬申晴爲功兒納徵黃氏女媒不至請孫涵若往納幣首飾二合
衣幫四襲羊豕鷄鴨魚各二禮餅二百茶瓶一百鹽一瓶酒二甕鴈一
加以燭爆花紅拜書卌封從長沙俗也午後會燕陪客陳芳畹陳魯瞻
彭辛妥王伯戎戌散鈔經二葉
十六日晴夜雨
十七日晴與鏡初議開思賢講舍發帖請客其啓曰湘岸[illegible]捐助修書文正翮[illegible]既定(闕)費力充裕增開學舍及後廣延實學選刻所著其成書逸之才留贈其選閱而有待亦各因時校寫之人較傾選詩及家志纂編之本或家居鋪替卓然可傳者代爲鈔錄不取筆資檄由司事研閱從往今年始基比照爲先生儲金火食計算錢共合錢七百五十千文有損力臣兄所定額先生火食二百四十千歲未致澄總共允繳之項得九百九十千由象賜田兄迺謝每月用費錢八十千纸閱之年共需錢九百六十千交國運經理試設一年暫借荷池精舍於本月廿四日起學先此告於鄉大夫鄉先生君子欲至荷池看屋果鏡均不
肎往乃罷鈔經二葉凌善人夜來
十八日晴果鏡同來仲雲來鈔經二葉

十九日晴與果鏡同至荷池看屋待至午鏡初與佐卿同來力臣繼至似
以性老專辦爲不可未及論他事香孫夜來鈔經二葉紛女耳痛不眠
廿日晴果鏡來始往看屋還答訪力臣遇夏子常云已移居藥王街矣至
黃學正處不遇鈔經二葉
廿一日晴頗有霜寒左松來仲雲兄弟招飮樾次研先在海琴後至殽食
甚費而不精旨中席賭食湯丸樾岑食十五枚余食七枚已覺飽矣鏡
初片來言成舍人不肎借公闕
廿二日闕舍得乾脩言力臣之意力臣不仞也鈔經二葉
廿三日晴章素存羅伯存來理安移行李來舍子筠來麻竹師來遂盤半
日鈔經二葉數之少六葉香孫錫九夜來
廿四日晴熱今日召客議立思賢講舍凌問樵李次青先來即去鏡初繼
至又去徐芸丈子壽力臣來談久之甚餓命殽小食鏡初研丈任編脩

雨田來酉正散
廿五日晴晏起子明諮翁來飯於客坐午後登樓鈔書二葉紛女理書作
字文心來適晚飯文心已食余復飯於客坐中間倘有麻理孝廉來未
見京控人胡國光來告以官訟必輸之道一茶而退一日大半與客談
賈小三巡例秋戈綫一時名人屈記者多羅氏復贈娥其假政以爲稱矣以閩邏曾游除南悉彼中名俗因出見宗曾以爲古之所謂復蠻者
皆施於口以上而巡例所錄者先對之亂民羅來可以貫驛附(闕)恐其不得當登既區復蠻云乎自趙宋以來州縣不能設人邏例非逢今時
假使宜從軍興例則此數人者其能伏餘與番來可必山監司慎重人命久矣立啟之番曰文王問敢知庶獄而今之豐司必爲知之巡例雖
欲復巡使當平時詭有所不能避嶺南論趾顧從設而以成例論口口巡例且不能避必隨乳源又何以復蠻哉夫謀自人鬻而順有天助宜
諸公之推本於學思也(此稿未完)
廿六日陰答訪竹師諮翁未遇佐卿招陪仁山餞飲至則已散坐客有何
价藩章伯和鏡松酉初步還
廿七至廿九日以功兒昏期近兼余生日內外紛紜殊無可紀

十二月丁亥朔晴黃氏送嫁匳來者卌人請陳喬曕及十子管帳彭郎左
生司書帖
二日晴鄉俗通用翠冠繡衣人家或有不勝其借皆舊不堪著婦女必欲
得此以成正配舍新取故不可理喻明日新婦上頭當送冠衣借於莊
黃皆黯淡不可用更貰之店肆竟日遣人奔走亦甚可笑也
三日晴昨夜似欲雪今復晴寒甚𨷻稍成寐
四日晴擇辰時親迎媒人遲至發轎已將巳初矣外舅文心心盦子銙芳
晚均來會彭左陳夏諸郎相禮午後奠菜
三廟遂見賓親女賓張黃陳彭楊諸姪殷三筵合巹具特豚女母來送戌
去子初客散
五日至十一日請客謝客間至睥臣處視疾芝生使還省親亦談一二次
九日至力臣處爲消寒第三集會者海擧研安樾香凡六人樾公請理
菴入志局香孫云宜往謝余以爲樾宜先施明日理菴詣裴樾亦詣王
余以爲皆得其禮王生告歸贐以十千其六千取之春甫處借韵來留
居理菴去
十二日陰比日求雪得小雨芝生來鈔經二葉昭公畢夜講少儀無旁狎
記有讀旁爲謗者可謂下闕
十三日闕道光湘中書英圖有十餘人不相識者言詞浮彊神甚不屬午
出答訪許子敬麻竹師麻又未遇過黼堂遇春陔久談至佐卿處晚飯
坐客小麓袁岱垣孝廉程蔭兩誉士鏡松飲巳半矣戌散過香孫小坐
子雲來告行
十四日雨唐酌吾遣送潤筆錢百千陳力田章紫存來羅耶來言其從父
欲從段培元往江西羅研安言醵錢送張東生余子振又送水雷圖來
換錢唐耶來議其父祀鄉賢事夜始鈔經至子罷聞雪

十五日雪積寸許將出報謁以
曾祖妣忌日便服出城至楊四廟岸不可下乃還過心盦不遇至睥臣處
視疾又易醫矣過禹門少坐至樾岑寓登樓看郭氏回廊頗有華貴之
氣昨作喜雪詩起錄於後怨陽寒雨惱疑多一夜詳異騰太和陳驛來麼錦巷絨爭鍍先巳息民詭官椿衝嶂綠知
梁曉學驗回玉作珂集道灰公壓正急也須先和郎人歎暮雪寒在席岑容十步間欲往惜無屐深宵想情吟高數愛遺歸飲會不可招佳
白適余情早好暇今來苦形役枉贈久不關識仁吵又區潛懷偶一遣窗梅動相憶淵明得贊趣於世恆自隔脫有留松詩爲君增庭石
十七日陰寒登樓鈔經二葉若林來夜門牌
十八日陰鈔經二葉卜云吉來言委龍山提案年內無衣不能去暮過研
老齋舍寂寞街市生寒殊有歲晚之意夜門牌至丑乃罷大雨
十九日雨鈔經二葉力臣送贈張東生錢十千三弟爲二妹移家具自縣
來省居間壁二弟來見香孫夜來談云至𡿨處衣冠客二八爲東坡
作生日故未入談也寧鄉崔甥來言其族姪女嫁被殺疑其姑有姦也

余前十日聞此即云宜誅凶手旌烈婦釋其姑不問今仍以初意告之崔甥云不可余不復言蓋崔女以踰月新婦倉皇引決其壯烈誠可敬畏至必暴露夫家之醜而於烈女不加美誠非此女本意矣闕宅以泥不往聞扣闕夜半雷電雨雪

廿日雨雪雜下起視庭階又積半寸矣至鄧宅視女增治喪事尚未有棺衾坐久無事唐氏竹林方總其務因辭出至洪井饒初已歸去矣過力臣早飯還西房二女理書余鈔經二葉至二妹宅看其餔殽夜待兒女迎春至子雨雪凝寒喫春餞少坐乃寢三月未居正室今始復寢也

廿一日雨入西房鈔經二葉滕緹攜育兒出遊至陳母處留飯余酣睡至申杏生湯同知來夜講學記申爲蓦訊爲嗇嗇形聲但不相近未知何以歧異蓦當爲摹撫也蓋以佔畢爲笘畢笘者書版不可呻吟故改爲摹亥初寢

廿二日晴寧鄉崔姓來古之第一傷心人也以不合於饒初故稱爲崔姓言王撫有二委員著小泥皮袿以崔烈女死爲自刎迎合撫意曲全委員問計於余余告以徐允文即王文闕又言阜寧有烈女獄受賂將和委員夜寢階牀下有異聲鬼神不可欺也作後喜雪詩二首三日交春雪是災六花迎夜趁冬來南州地煖館溫早電飄極回怨嘲響鷗似鴉霜明庶婦料無淫潦犯城隨瀆零近日傲文玄二八寶倏霆上才山川佳氣遣爽訝嬰纖憤湘徹底琴踏遙未能紐鳥歌圍林新見長瑕訴沈民挾績倫坑口破研烘冰樹紫肝借問讖明還松島撫蘇明媚夜吟疏時有英夷人及沛南饑民入境故並及之子夜寢

廿三日陰雨鄧婈成服將往忽暴下臥不欲起遣妻子往從者俱去竟日自應門文心來餔堂假我十萬以了年債分潤貧者鈔經六葉定公成滕緹暮始還而六雲亦過妹家還更晚亥初送竈憶昔年風景大不同矣因命功兒鈔比年日記內小祠看之子初寢

廿四日雨晏起子和來云笛仙昨大病會沅甫明春必移東南又示余子茂書又云任編修父生日闕之乃去鈔經十葉夜

廿五日闕棻今請竹師代辦之彼天方教不喫豬者必可相合也鈔經八葉襄公成凡春秋十一卷起三月廿日訖此日凡三百四日夏臯使送餻餌梅花黃甘郭五兄來借綈袍還回無策留其使暫待與其姊家二李謀之

廿六日雪杉塘使來告揩子母喪索田價亦留使待計薄暮禹門使來送二金餔堂四金連日甚寒無所事子夜寢無非還家錫九來

廿七日雪晨作書與潭信均遣還各贈以四千息柯來談明日宜略早陳郎來言王撫飛章奏罷張參贊官歷數生平甚爲得意蓋以其奉旨後過詫巡撫而怒之夜雪甚寒遣迎二妹與妻女圍鑪聽雪打天九至丑寢

廿八日雪陰甚寒子和來爲莊假百金示我一浙客書言唐莪農頗有官

氣云云竹師心安文心來坐待息柯劉磬室闕

廿九日闕出騰越價亦不賤芳晚來告貸送陳母五金陳母甚喜暮赴息柯飲樾岑先在何伯元力臣香孫繼至坐中見張鉅詩云庚子歲飲梁茞林處爲東坡作生日今窮困無賴余感悲之鉅欲告貸十金慨贈以二金力臣亦贈五金息柯三金合十金矣此事不可無紀因作小詩爲壽蘇者勸亦爲斗方名士增色也

除日欲早起祀城隍未能强與命功兒代祀辰起左錫九來云夏子芫唐已出百金爲了帳假我五十坐待久之乃去申初喫年飯甚飽易郎來言官事至夜乃去卜云吉來欲出復勾留未能也香孫送酒肉余答以啓並餽果餻至夕辭歲午夜祭詩獨坐至鷄三鳴聽鐘聲已寅初矣年例必宿正寢今夜推滕緹不轉側乃宿側室

湘綺樓日記

光緒三年丁丑

三年正月壬寅丁巳朔陰晨起家人畢起闕

二日闕香孫春陔處得入於春陔處遇子和力臣爲王撫所鄙揄而盈縮云不妨此君殆不能爲豪雄也香孫望其改轍爲名士尤難矣香孫處遇李佐周還尙早霞軒來未遇將往答訪昇夫未食遂止

三日晴以國忌不出稍理去年帳目與家嫱打天九攤錢登樓看火夜至丑乃寢

四日晴大霜卯正起出訪霞軒辭以剃頭至錫九處亦未起乃還朝食命功兒蓮弟及兩工往

祖墓培薙土草黃衣雲力臣來

五日晴松生佐卿霞軒來談至午乃去昇出未數步松佐前步下行至三

丰口別而登昇訪任雨田至海翁處陪霞軒飲竹師立之周嘯仙劉皓樵施進士先在設食不甚旨看龐臺臺亦甚不佳申散妻婦子女均出假寐至夕弟妹闕攤錢雞鳴乃罷

六日晴作詩闕飲往則太早久之王潤生張正卿任雨田父乃闕妻婦送客畢婦還其母家

七日晴昨夜作贈王詩二句未成早起足成之遺約霞軒來談過午果與向子振來久談羅子沅錫九來

八日晴瑠盼始理書遺僕拚除後苑午出送霞行復未遇至黼堂處唁其失妻仲雲衣冠出坐久之凌菩人來泛談未還六雲猶不起功兒復病

闕

九日闕全大令來辭未見薄暮立門口雨田來告去余以功兒在家驕逸欲令出作客託之於力田約以節後往孌緹以爲不可余不能聽也夜過香孫處久談步月還

十日晴煊作書與懷庭兼問訊唐藝農又爲陳妹寄甘肅書訪剛鏡初張沅生來至暮乃去秉燭登樓改鈔曲禮一葉今日女客來者四輩唯出見黃二嫂

十一日陰涼晨起黃伯初來出答訪剛鏡初遇松佐凌黃左郎余弁無多語昇還步出過陳母少坐再至洪井遇力臣聶郎赴易郎招至馬王祠杏生池生在坐酒饌未具復赴師竹生招步至王陞仲雲兄弟任雨田先在登樓設飲半席雨至昇還馬王祠熊韻臚僧紫雲松生皆先在坐酒亦將闌矣食皆不知味家中昇夫來迎二礮散還値大風籠燈被吹滅幸已及貢院後乘朧月歸今日登樓寫字半闕

十二日闕均集余宅設食極歡終飲不覺飽更飯一盂亥初客盡去青石橋失火登樓看煙燄甚遠乃眠

十三日朝雪食時晴羅郎伯存來出答訪黃明府子冶王湘鄉陳總兵皆不遇還易桃生來黼堂來悤悤去凌菩人來登樓鈔經半葉

十四日晴改功兒孟子文一篇看街夜打牌

十五日陰晨祀

二祀昇出詣樾岑子蓮凌菩人赴竹師招張玉森大令先在廣西某知縣尋至談官事頃之去海翁力臣來莊心安不至未食申初散步還書方韡行甚遲又雨顧紅轎還將暮矣小睡未飯夕起謁

三廟三弟母兄陳氏妹母子均來喫湯圓八枚復睡比醒已子初矣月食未見還寢甚熱乃獨眠

十六日雨樾岑來姚立雲來謝未闕

十七日闕昇夫在皞臣寓房因入談皞臣似將愈彌之疑余有參差不敢來將請皞臣居間何其不能相知如此因要同還登樓月出乃去入春

以來唯今日事較多亦頹廢甚矣
十八日陰文心前來言朱學使思復校經堂暇擬條款四紙彭郎來云笛仙索篆書余云命非女作之笛仙書來責其背殯良友不忘箴規如此理安來留晡食畢余出訪彌之不遇還得廣督劉峴莊書送銀五十兩正欲借錢適濟所需也夜登樓鈔禮記一篇講樂記五葉
十九日雨連州成從九力臣來錫九暮來云學使觀風出賦題甚纖莊心安來言廷寄復議江防亦及校經堂事夜鈔記一葉講樂記五葉易郎來交銀票請爲居間
廿日晴黃郎陳郎來佐松請打詩牌午往戌還得詩三首疲 閱
廿一日 閱 鄒松谷來致程生書取壽屏計日已迫始將作之玉振錢店朱翁來見備言二曾之盤剝威逼之狀出視合同則錢店本曾氏所開而責朱氏蕩產以償吁可畏也暮過任姚俱不遇至眼光祠尋汪鐵筆見

所刻賈祠記甚佳登小樓亦可坐其所作卷棚工甚省亦可彷也至彌之處少坐步還
廿二日晴煊晚尤蒸熱林小霞來十年不見矣余初相之似夏甜庭以爲必至藩臬今尚不過五品耳其子於二弟處受學又可笑也聞兩徐甥段生來云欲於近處讀書易郎來看作壽序改豐兒賦三弟楷字極進內心則茅塞之矣鏡初來同步至護國坊舁入糧署會飲沈潤生心安趙環慶張星伯繼至看並蔕蘭玄芝亥寢
廿三日陰涼黃郎及朱翁朱生來朝食時乃去下樓過三甥嚻郎子瑞來還銀坐久之子筠來登 閱
廿四日 閱 屬其鈔六十序文云散文已爲蟲食無稿矣李幼梅張郎 過 來作鄧八嫂挽聯 三十年事同兄嫂歸因姻嗣至慈愧試女飯奉歡雖侯空逝朝露寒泉更何堪東望人來獎禍塞蓍七 二潤還斷雲山豈是神仙好離別但成家有願在宮如賢長伴離鸞便一影誰省藏嚴冬病裏荊布仍寒 彌之夫人久留省

城其實戀其貪也揚耆稱美故辭如此然其死後余入其庭位置潔靜實亦不愧此言郭志城來送十二傷心詞浮煙漲墨殊不足觀覽
廿五日雨朱若霖彌之瞿郎黃生彭郎竹師來彭子和招飲芝生任宇田羅生陳郎彭子同坐夕散至洪井鏡初已回鄉去還至又一村舁夫與郭志城爭道因入郭宅略談夜講樂記
廿六日雨張冶秋來樓上風雨不可坐移研入內殊無所事午間南瓜和尙設齋步往芝生松佐吳孫香孫均先在打詩牌得詩二首二更還
廿七日雨雪朱增生實訟師周黃 閱 曾氏欺陵 閱
廿八日雨田來午過力臣飲其外姑病甚將絕矣余以爲當以此席爲始死之奠衆咨助喪焉不能從也坐客海琴心盦雨田紺堂香孫魯瞻志城將設粥香孫志城云病者已絕可散矣乃倉皇去力臣運氣甚低故請客亦不順如此還講樂記

廿九日陰陳生來余詰其意云欲謀館其意甚夢夢余云久寓絕糧仍我之責不若徑來居此之妙也因及衡人頗急於謀食亦一蔽也鈔經半葉閱叔勤遺書殊無可傳夜改唐墓志得春甫書催壽序
晦日陰晴改兩兒及三弟文作騐書序鈔記數行改兩兒詩未畢霖生來
二月丁亥朔陰唐藝渠行狀久未作始爲編次成四葉欲鈔記將食而罷夜講樂記舜歌南風奭賞諸侯則舜未帝時作南風之詩尸子云解慍阜財云云者蓋後人見王肅僞家 閱
二日陰 閱 往彌之處陪弔李价生劉湘士黃徵齊龍芝生繼至胡少卿先在瞿子瑞後來其餘弔客不可悉記唯朱若霖以孫病急歸令人錯愕耳申刻以子蓮催客早散黃瞿獨留子蓮處香孫志城先在許心□府經歷後至談洪寇之事起於一女以土客相鬬聚衆也許居距金田村三里云得其實戌正還竹師送壽屏來作書與春甫子泌程郎

三日晴晨起卽飯出過竹師未起至鄧宅劉郎已先在矣陪客十許人至
暮猶有來者彌之示所作哀辭亦頗真至胡少卿陳玉山論觀風題玉
山頗喜言算學云圓錐數書未見
出南門因率弟子上
四日陰晴始更夾衣朝食後至彌之宅送葬過春陔處少坐步由雞公坡
墓還省陳丹子壽任郎笠雲僧兩徐甥黃生來笠僧要過松生打闕攝三
女恆子游浩園看新柳遇黃倩吾與易桃生闕
五日晴以連日闕得子久書
六日壬辰春分章伯和及松生笠僧來作唐行述四葉鈔記一葉春氣甚
煊家人盡出偶與𠈌緹坐後堂感其衰疾方生不蘇爲之惘然夜煊甚
海老談今年始相見
七日晨涼陰出答訪霖生竹師歸兩兒書不熟答之作唐行述四葉說雲

從龍風從虎以屯大過似頗有得
八日雨大風寒鈔記一葉作唐行述錫九來夜談說魯髽而弔爲君母之
喪及考筵席之制及子張絲屨組纓均有新義已載入禮記箋矣
九日雨看賈子盧校本甚謬彭子和招陪夏臬臺未午催客及往任編修
張蘭槎先在徐芸丈繼至臬臺不來遣其子代焉陳魯瞻先言夏多疑
忌殆有所見酉散攜盼女往遊同舁重不能舉此兒復已長矣
十日晴子筠來作唐行述二葉十六記已將畢矣藝渠在襄甚有迹良牧
令也任過其量殊可惋惜外人督余課子甚急不知兩子之不可闕姑
徇俗令廢課一月作應小試之文其題爲陽虎曰微管仲唯囗智獨功
兒僅作一篇闕作而又言必應考殊不知其何意改試帖六十四句文
五篇彌之劉醫翁來
十一日晨闕後陰晴朱宇田來言鹽務唯助啟曾集聽其將錢作何支用

今尚無著落也寫字二張樾岑任編修來夜鈔記一葉袁守愚懷欽來
十二日晴汪嘯霞來云眼光菩薩在周秦之時王君豫所言也余正欲訪
君豫同往問之褎回荷池軒門反鏁不勝今昔之感比還君豫來云并
無此說又言前考書院題云君子未有不如此甚難爲文余卽以之試
弟子夜雨雷作唐行述黃稚泉來
十三日陰晴出訪礬翁笛仙春陔懷嶔皆久談詣彌之未遇還鈔記一葉
改定堯二女之說爲誤以二媵爲英妃姊妹以三妃證三夫人以釐降
二女爲飭下二媵可謂奇而正也
十四日陰出弔黃笏堂作其父翰卿挽聯云論文高世不知名正仁里喆鄰處士星潛南極曜官學傳家欣有子恨春暉慕東風草淺[illegible]盤膏闕昇往步還雨至登樓鈔記二葉彌之熊鏡生培
元力臣來遂盡一日改富弼使契丹論二篇文題爲桃應豐兒知引桃
氏甚有心思亥寢

十五日晨出送培元不遇過子明談遇曹識山翁言夏愒庭宜祀名宦余
未有以應也還遺約培元飯不至約晴生來便酌文心適來留談戌散
鈔記三葉咸豐中[illegible]和侍先侍[illegible]游[illegible]外時初學[illegible][illegible]側閣庭路言湘中官吏能文學者南有黃[illegible]擧丈北則若字太守又廿年李撫守武閩太守知寶慶以屬吏[illegible]見吞[illegible]官政暇及[illegible]輪時欲請[illegible]全集自以諸[illegible]未敢竊長者[illegible]挨論年受代太守亦以公事留書城治善後[illegible]和又爲局吏[illegible]夕奉接[illegible]事受[illegible]乃多及文事太守因示所作文詩且曰子先公督點定宜有以志文字會合之緣[illegible]和伏讀感愴又賦獻於[illegible]博[illegible]情[illegible]遷[illegible]而不知所[illegible]而嘆曰夫文以逆事詩以宣心豈可[illegible]太守當[illegible]時居貴不累學[illegible]故其[illegible]而秀及官湖外值賓格平遠之世上下安靜不[illegible]乎外故其[illegible]安而[illegible]軍興人才爭自見而[illegible]守業志不厭[illegible]故其[illegible]恬淡而正及夫東南[illegible]安時局更新[illegible]之先[illegible]流風不[illegible]可觀[illegible]進小生起持節[illegible]不屢見[illegible]垣坫之事太守乃[illegible]與書[illegible]游唱和[illegible]其年亦[illegible]老矣今數其集中所酬答之人大中[illegible]散[illegible]沈而湖湘時局之變亦略可推觀[illegible]和[illegible]從先侍[illegible]時得聞高名而三數年間再從公游不至以俗吏自隔所[illegible]何[illegible]永嘉之後得聞正始之音也至其格[illegible]讀者可因其習以知其政事學術因不[illegible]侯贊頌而姑著耳培元送段匹城門役竟
權其稅爲之皇悚遣查問已無可如何矣
十六日晴爲任編修與書廣督正月十日奉[illegible]旨[illegible]賜銀五十[illegible]語[illegible]頒臨春頒論[illegible]深欣[illegible]度[illegible]人士[illegible]賦仁

互市買胡姓復題肆查由內政之先理故從游刃之有餘盆知張畠寬齎卸不知治本安得入贊密勿爲國宣威俾當代識有輸攢乎又聞鐵管稅司使金知渠隔膏不潤澤利無碏吏士欽類畢寒有頓躁變歌其教職矜佩審於關音德化和平邈徽有子明公公勤穗纍早塵纏廷而必待海嶠之甌歐乃適符昕干之領稅此可見天之旅屣亦待時以成美賤也凡在鄉國無不欣喜閩運衡踰充隱山潦爲災移家耆城已無故宅買山隱俟卜宅城中雖得三椽仍謀田舍軍志近始創稿大約冬杪可成其意不在擬觀功而在斂治亂得失之所由節下鴻壽所及遐未旅行者不妨相示非欲聞斬級禽馮之功也劉錫任雨田搦修溫舫例儘尤教內行告歸侍養家計頓縣王巡撫僅能蠲致百金此外如證局總綱又非所樂早年南海爲陸賈輕薪近則蟻舉醬來無復綱杞因闕新政整飭流品分明戲之十萬之賤延賞人船之歷古有其例亦觀其人肯玉誠雖篤士爲上用特介之左右節下其能修擁乾之故事耶事薦通懂敬遠附忱忌日素食偕子同一龔

生來黼堂來

十七日陰弟子均應書院甄別入場去作唐行述夕改卷文六篇三弟寫

口至子正待之還乃眠錫九夜來

十八日晴鈔記二葉[illegible]午要羅小雲熊鏡生黃亥雲瞿郎便飯待黃甚久

戌散杏生要鬬詩牌步往口集詞一首還已下鑰矣是日口口二生去

十九日改課文二篇左生來鈔記一葉作唐行述午眠至酉乃起黃親家

來

廿日陰笛仙來談理學蕭希魯來午步詣朱吉士遇小雲略談至文正祠

彌之笠僧方打詩牌余亦分一盤復與笛仙行浩園還入坐希魯香孫

同席戌過韓臣視疾小雨昇還至黃宅作新親陪客周弁李兒黃氏二

兄弟及其族人禹臣也戌散齋宿

廿一日陰丁未子夜清明節祠祭

三廟午饗後昇出送芝生便賀竹師取新婦以太晚未去便詣任雨田還

兒女點豆宿西室夕登樓看雨招亥青彌之黼堂佐卿笠雲來賞春鬬

詩牌客至巳暮設餛餅至亥散

廿二日雨昨黼堂言其兒生辰往賀不得入詣樾岑以清明家祭插柳不

見客至竹師處見新婦過子壽久談至亥青處不遇看新柳春雨還登

樓作唐行狀夜取千文選韻擷三女同選至亥出喚家人皆睡去矣

廿三日陰晴鈔記二葉改課文二篇若林來登樓密談陳郎放紙鳶因與

兒女試放之引線亦頗有遠趣[illegible]過力臣飯黃海翁息叟樾岑彌之香

孫口口

廿四日晴陰謝客課徒作唐行述口口放紙鳶若林求作江方漢學論命

豐兒作之竟不交卷

廿五日晴卯起待昇夫未至晨飯後出小吳門十里東南渡渡瀏水又行

十里潭泉陷折回小路訪解家屋尋陳杏生宅至門見數人將出則松

池六三生夏琴南易桃生孫海槎子雲僧及不相識三四人皆在杏生

四十昨日已過生日余偶忘之也朱宇恬亦於昨日生日則始知之杏

生子懋伯出見打詩牌至夕乃食初意即日還已不能行至橘園看屋

屋不可居雜花尚多亦不足珍夜雨杏生復設食談至丑

廿六日雨甚密已待諸客同行久不成裝乃先發竟無雨未正入城得胡

七丈詩函及何慶治赴聞子敬嘉與之子也余曾承十金臘肉之惠故

以見及申過香孫飲海琴彌之力臣錫九同坐海琴先去諸客戌散

廿七日陰三日未理事朝食後登樓看課文五篇倍兩女溫書鈔記一葉

午赴笛仙飲陪彌之果臣香孫錫九同坐未集戌散

廿八日雨陰將出送彌之聞其當來待之鈔記三葉文心來催客昇往攜

我女同昇至門乃遣之還坐談頃之力臣黃西垣香孫繼至彌之至晚

乃來西垣云郭湘屏有一女甚端慧屬爲媒湘屏之名不聞十餘年其

面不見廿年矣戌散

廿九日雨陰鈔記二葉課讀半日淦郎不告行玉生表兄率妻女來相依

口子亦從江寧回云欠船戶錢口千一百欲取於我余子振又來告貸

其窘不可言搜家中僅二千四百錢又可笑也彌之來告別恐暮促之

去黃二嫂來言其子欲託童研芸謀生計廖緹登樓云腳輭怯行老病
可閔
卅日晨雨頃之見日出城送彌之并迎果臣來早飯有張生在坐云有異
種荷花五心同苞未知來自何處蓋四夷交侵之兆坐久之果臣欲去
乃登岸步至黼堂處談玉兄事意甚拳拳及至禹門翁處論之則大以
爲不然云此其兒子春元事也乃駿然而反豐兒送漢碑鈔本內有釁
象題三州孝子庾子山賦所云三州則父子離別者午省陳母
三月丁巳朔陰鈔記一葉未午黃次雲親家遣招飲以新親故早往至則
寂無人主人久之乃出其弟少雲亦出見談二時許陳少汀章生周弁
李郎繼至禹臣亦來酉正散黃氏有婢兩爲妖迷入井不死呼出相之
殊無吉凶
二日雨鈔記二葉督兩女理書竟日夜雷電大雨子女并登樓看電光奇

采炫曜更甚於江湖夜泊時講樂記
三日大風鈔記二葉作何郎挽聯云 斜醫酒旗風憶丁年旅汎黨湖官閣 情吟曾一聽故鄉寒食雨又西舍
春飛燕子江南 舊恨莫重提 何妻死於寇其歸葬卽其父子敬所終之宅也余過嘉
興彼方爲少耶而未見面敬翁留余一飯故有此感懷欽來劇談夕寐
至曉
四日寅正起晴解衣就枕頃之已見曙光遂與六雲談至辰少寐盼女來
倍書始起閉門謝客遣三弟弔彭三丈小時曾一見之後絕不相聞矣
鈔記二葉緖王夫之禮記注亦有可采者而大段不可觀乃知著作之
難君豫來久談廖緹省陳母之病未愈夜講樂記盼女書差可上口已
勞神數日方知前在石門之多功也
五日晴鈔記二葉袁守愚徐甥英子來午至儲備倉看牡丹有紫者一朵
遣問價七千還松佐海岸先坐客坐相待羅世兄彭子和來談不得發

言而去留僧晚齋乃去登樓看義衢撫皖時上諭至夜分乃了期以明
日成行遞下與廖緹小坐遂及雞鳴
六日陰鈔記二葉張沅生來言將謀食擬爲薦劉陽彭郎又須薦普化羅
世兄又謀寧鄉皆見彈而求鶚炙者午攜滋女看戲不得入而還過省
陳母楊海翁來未遇芳畹來夜詣香孫談涂郎昨來催其父墓表夜作
半篇月落下樓覺寒乃眠
七日晴晨盼女早起來喚見日在屋角卽起作涂表成竹師來午出往來
西長街待蓮弟負滋兒未至過鏡生其從子子培亦在少談復至西長
街江南館滋女仍未見過力臣談云筠仙有書還未知見英主與否力
臣云昨得其書洋洋千餘言不可示人也然亦不知其所佈置還作海
琴母壽對 九州名士群賢母 三月春榮滿壽杯 已暮過訪佐卿因先詣松生處談章伯和
亦在盛稱雷正綰杏生出略話穿浩園至佐卿處出正門步還

八日晨雨已晴將出弔涂郎涂郎又來初以爲似其父母乃厚重有鄉氣
佳子弟也登樓作書寄筠仙并詩一章大意言宜化夷爲夏詩未成樾
岑來因要之上樓以示之又爲羅兄言閩卷事許加函與唐寧鄉樾去
未飯彭朶翁力臣相繼來對客夕食遂坐至暮得棣生書亦未暇復也
與力臣步至黃墅尋香孫新寓入則黃共安先在坐爲之愕然此人筠
仙欲死之賴余以生然余實惡不願見之也筠仙補兵左代胡小泉適
以其六十生辰得報因有黃生心不樂久談乃別去致筠仙書懷欽與
書論修宋史
九日陰晴作書與龔提督爲棣生求官與唐寧鄉爲羅世兄求館攜往樾
岑處託其發去坐論久之天晦冥甚恐誤章伯和期乃出大雨□昇夫
隨人衣盡溼至□□祠雨頓止至則鏡初已先在蕭希魯曾省吾三陳
佐卿竹師繼至湯碧泉亦來至園中看花申刻入坐酉散打詩牌未成

還得辛眉書
十日晴陰出訪福世侯回拜黃禹臣均不遇至鏡初處久坐松佐來聚談
幷假松百廿金與曉岱書赴春陔處飲其家語封改題三代俞鶴朶翁
子和子雲均先在地濕不可一刻安幸衣著甚單未至大熱耳酉雨戌
還
十一日陰晴督課蚡女始能完一日功程鈔記一葉懷庭寄宋史至幷浙
略一部多訣頌左公之詞其序他事則頗有關係
十二日晴福世侯■辰正設薦
曾祖妣生辰至午客至■書與曉岱畢出訪海翁試過皞臣値其立庭中
神色似佳過香孫遇性翁
十三日雨鈔記一葉出訪世侯理唐奏稿至暮章伯和與海笠二僧來久
坐香孫來笠僧躁妄可憎竟坐我客榻弄枕悔以詞色假之錫九夜來

談改豐兒課文
十四日晴爲三弟及功兒改文皆不成章別作之左生來前以父怒逃去
余問其何意不能答英子昨移來云當以文就正竟未之見唯見一詩
耳黃禹臣楊芷生來鄧生少洪來芷生名榮光湘潭人淩吏云其善駢
文與之談亦略有所聞見湯炳璣熊敬生羅小雲來海叟招飲聽戲客
十二席土人性老陳濵捐轟三品何伯周(子愚之子)陳怡生戲甚無聊栞尤
可笑未終席還啜滄飯半盌鈔記一葉
十五日晴熱已有夏氣爲羅郎改文賦雜作始改定三過其門之說爲治
淮泗汝蚡女課早畢請假看戲价藩來登樓江雨山來訂瀏陽之行命
功兒奉瑠滋同往午後余往視之遇彭郎同還鄧鳴之梁仲玉來夜熱
早眠
十六日晴風熱楊耕雲理安力臣問樵性老相繼來自巳至未客乃散鈔
記一葉酉欲出子和來少坐去出訪鳴之不遇至春陔處送銀票五十
遇樾岑小坐遂至上鐙喫餅一粥一性老又來復坐久之還已二更矣
十七日陰晴單衣猶熱胡郎子威來言陸恆齋毋死無以殮允爲假借應
之遣告彭朶翁便答訪耕雲力臣性老均不遇松佐和合同來談宗法
步出看戲行三處均無可看還朶翁來晡後鈔記一葉蚡女疾瑠女讀
不成聲甚恨之杜蕢一作屠蒯屠蓋屠岸賈之後子威夜又來
十八日晴早起家中請女客避出外過力臣竹師均久談來往南正街無
所之至天妃宮看戲卅年未到矣日照不可坐又出過劉故撫門看看
戲者唯見王撫妻綠輿垂簾而至婢嫗以百數何用多人自隨如此至
人家又作何安插此輩殊不解其禮體向見　慈安太后弔四公主女
官宮監十許人耳午後歸客未去坐樓上久之膠緹入房言黃二嫂頗
言其兄勞苦余云婚姻時有間言不必聽之三更乃寢

十九日晴熱夏子裳來但談城門鳌金之弊未遑他及爲弟子及左生改
文三篇樓居頗燥芍藥十盆僅開一花
廿日閉門謝客鈔記一葉爲兩兒倍書弟子應經課題甚支離各作均可
取未加筆削也
廿一日大雨鈔記一葉唐繼淙來久坐家人以立夏秤輕重余重九十三
斤王君豫來出訪羅研丈松佐夜還
廿二日晴戊寅立夏聞丁果臣十四日化去鈔記一葉子和竹師來午出
答訪湯碧泉赴朱張招至浩園海丈研麗性老均先在又有一熊鶴村
年七十九甚似譚荔仙非老吏之列也香孫黼堂後至飯後同朱張李
過皞臣少坐復遇佐卿冷談二皦歸
廿三日晴弟子應課賦題進學解三弟不能措一詞爲改全篇每行直塗
去不留一字唯官韻八字仍之耳此本不當改又不當令鈔去而彼意

在得獎銀拂其意必私怨恨利之中人害無巨細也夜改詩亦無一佳句

廿四日晴鈔方言六葉家無此本計父子三人一日可畢故分鈔之而兩兒竟未起手余亦或作或輟得二千餘字而止

廿五日雨晴鈔方言三葉怡生遣招看戲往則公餞周達武又有乾和火計在焉劉竹汀丁營官陳老張朱乾升常滌叔等爲主人羣旦咸在至子散

廿六日晴早詣子常劼剛不遇還賀佐卿卅一生辰遇雨昇還遣弟子輩上湘縣考欲以數千錢與之借至四五家竟不可得乃以買石錢一千爲船價令之空手往紱子自杉塘來留居書室作書寄彌之兄弟

廿七日晴考懿伯未知何人懿伯之忌說爲忌日未知叔父無忌日也叔父有諱則有忌夜過劼剛久談遇柯三亦軒昂可喜前所謂多論京事者柯三向有惡名殊不然

廿八日晴鈔記一葉作書與俊臣爲唐師耶求差使前夜過張星伯答訪唐師耶遇陳華甫藍山舊交也唐亦程從九之流此等人殊無以拒之至夜星伯及唐同來語言傷易亦無怪王撫之白眼夜至子寢

廿九日晴涼明日當行家中無一錢竹師來乃假得百金至夜春陔又因子和還我五十金遂饒裕矣聞雪琴背疾書問之竟無以滿紙雜湊不成文海翁來遣還松生五十金杏生送饒學斌古詩說至請余跋尾其意以十九首爲一人之作云係桓帝初黨錮被徙北方者蔡邕之徒也因此求詩大勝於泛解神韻者但太鑿空未敢公言證實之省陳毋未敢言明日當行恐其依縋也

四月丙戌朔晨起待昇夫不至飯亦未熟作書與三弟并寄考費又留片鏡初爲羽師索書師仲湖來未暇出見也雨大至臥久之乃行從小吳門渡東南渡取廿里泉塘陼二月訪杏生所行道也又廿里黃花市謠云九陼十隨田黃花在眼前言畦隴相間之形頗爲龔狀又十里永安市宿一店客房頗潔飯三盌酣眠

二日晨起將行而雨待少止乃行廿里飯於封禪鋪冷不可食雨亦未止垂簾箕坐一無所思又廿五里至蕉溪陼廿六年前從樂平還曾道此彼時皆由梛梨大道至省正洪寇圍長沙之日余猶未昏昇夫怯不敢登余徒步直上青石甚滑頗有危栗今雲樹皆不可彷彿矣輒作二詩紀之積雨橫空洩霧遮寬山窋路石梯斜風門鑫叙春仙澗官道東西隔暮巖愴昔琴書儻短劍危城烽火驚鳥沙見畫不見兵戈久離歲荏年鄧仲華顏冠行登殿上頭振衣千仞響清秋雲林二紀多新樹春雨三更滴舊愁詞客歡情官後減(李篁仙有登燕賦陼詩)翰兵交泣死前休(謂劉鈞誅運使同時友人以其超像從悔與往還也)惟因獨撞冰平樂聞對桑麻綠影稠雨田遣人迎過陼又遣人待於陼下又遣人執炬來同行廿五里至瀏陽縣署猶未夜見其友人鄒老翁李獻卿瞿海虞楊拔士李菊坡莫瀞泉晚飯畢宿右齋

三日晨見日至午復雨師秀才僕夫待錢催喚甚急自朝至巳未得余爲借錢給之錢至而四處送錢皆至凡事之不先料理其困如彼及其解又甚可笑也雨田言瀏陽有插青邪術能隱形入人房闥而不能盜財物昨夜考測一人卽是也午後大睡諸友先後相訪獻卿談甚久又見雨田弟雨城及其姪婿傅卿士外間物議疑此姪女故估人婦不應與認親耳夜雨田設宴兩學官陳耆墀字丹階胡運甲字鏡川作陪胡與余同牓久未之見今老矣無妻而有煙癖聞人甚樸拙同坐者獻卿菊坡海漁仲珊夜鈔記二葉

四日雨何滿等去晏起陰雨甚寒從海虞借瀏陽志閱一過志書甚有條理云陶翊雲涂優貢所輯中敘兵事尤善可備考證瀏陽前代令長有谷朗漢太守孫盛監總何承ア東晉中丞楊時趙宋學士人士云有祝良易雄與長湯璹書保歐陽元原功周鐘以擊夜鈔記二葉

五日陰晴鈔記二葉出尋胡氏諸郎談借水經注及文道畢氏叢書丹皆鏡川來同晚飯初更入考棚待雨田久之不至同事二李瞿師均睡去余獨坐至五更雨田乃來頃之天已明丹鏡復至遂不睡

六日陰晨出文詩題晉衍之政一章觀水有術二句賦詩題山盈薗閣申初少寐有羅啓明請面試年十五甚恬靜文理粗通夜看試卷五十本

七日晴看課卷二百餘本皆細心過筆無佳者李菊坡得二卷均可第一談王撫考試事丑初寢

八日晴看課卷數十本定甲乙午前畢寫案初更出牌本日考經以無治經者出中庸題庶幾夙夜學無終始二句此縣人甚認真經論皆不苟丹鏡夜來惴惴唯恐不公亦不知外間物議何如也子正寢

九日晴息一日鈔記四葉檀弓成

十日微雨初覆吾見其人矣二句一片承平推頌聲道吾山龍湫諸生衣冠升堂者七十二人

爲之講題夜閱堂卷畢

十一日晴閱諸君薦落卷四百餘本至暮聞公和福茶號有幼女被戲觀者不服且挾嫌擁入毀其茶箱遣告雨田往彈壓已亦往觀之人聲鼎沸殊無頭緒乃遣約兩學來考棚雨田亦至外間塞街喧嘩兩學不敢出余促雨田出沉吟未敢余云牀官事亦恆有不可坐待辱或破門入則吾等終身恥也又未必不死相持至五更雨田怒馬率健兒五六人出外間竟喧呼阻道衝人而馳百餘人辟易余等乃寢已天明矣

十二日晴熱遣人往視雨田云無事已而童生聚考棚余惴惴恐其入欲出諭之而嫌自見飯後假寐至午人乃散與海漁仲珊出至火官殿看戲有就余問訊者海漁起出還考棚雨田送稟來余力止之云不宜併案考自考鬧自鬧也頃之又送長沙信來余爲擬一回信稿至暮事大定學官云明日仍考夜閱卷三百餘

十三日晴陰晨起閱遺卷百餘得劉世崙一卷甚佳以遲交前取廿九牌頗屈故首拔之童生應賦試者百九十人賦題品泉館茶以水酌中泠茶香試院爲韻又庚數投封圭齋文符子集以三掌成均六入翰林爲韻又經解二道問古同天惟恭及淸贊八首劉陽良吏劉陽先賢又補水經瀏水注

十四日晴晨未起兩學來遂起不睡監內號前十名出二題伯夷至怨季組同各爲講說劉生淸吉生老皆兢兢恐首選不得也坐閱賦卷百五十餘取八人附取廿八人一日未離坐至未乃退眠半刻喫燒豬不佳

十五日晴閱遺卷三百餘本復閱選卷二百餘本拔劉向燮劉名鼎劉人燾李德岑雨田送補試三人來請余面試坐一日不得退至夜出訪子夷兄弟問昨劉郎卷乃胡郎所作甚喜又問瀏陽佳士對以唐賢疇歸搜其卷果老手但不逢時耳至丑乃眠求湯茗皆未得人已靜矣

十六日晴熱重搜落卷得黃孝衡李爾康是日出案早眠

十七日晴申後雨晨起出題分三處爲政不難一章君子有三樂一章何爲其莫知子也一句有徐正乾者文頗好奇亦特試之彭聲璈以賦進別作賦周季俟從二臨受學賦以斬蛟射虎遂從櫻嶺爲韻隔竹見龍湫有鶴得唐字高人以欸爲忙事得招字夜吟嘯評月光寒得山字偶擬作八韻四首無佳處稿不錄此次十名吉耀丁者自以爲第一余斥其文憤沮不欲完卷又前取第一之毛鴻翥亦以連點不入試進退人才之召怨也末世公道不彰之故也

十八日晴閱內號卷五十三本喻濟勳卷以莫知子爲詰詞非疑詞其文亦圓熟首拔之晚得劉世崙卷以三樂爲願望之詞文中無樂有憂亦奇作也此人年始弱冠足不出鄉里何幽怨之天成乎使加陶成必在王懷欽之上然文實未能斐然午閱外號卷皆以得罪巨室爲君罪之似乎不合所謂爲政者孟子自謂耳方於得罪字無礙其下言四海者推言之也亦無此理一國慕之如孔子爲魯司寇天下方疾之豈慕之

乎夜作二詩題李菊坡扇上用其菴亭韻昔年秋餞合江亭十載征衫傾倚宵同姻紅羊同鋭未故圍仙嶺幸遇丁陰文律相知名早悠蕩詩成對酒臨人世相逢幾回醉莫辭殘燭照長風故人數輩諸秋風看還執黃爽杏紅萬事升沈狂醉裏十年光景客悠中閒香楚圍睠時移春盡江南有夢逝閒道征帆須及早借尋何處更相聞看落卷五十本頗有

升沈之感名楊幸書望雖知未死客區尙吐林默感何李不重到枯條幾盡玉龍枝

十九日晴晨定案畢以雨田起遲出城訪鏡川同年先至東齋丹階辭客至西齋小坐與菊坡同來略談入城還考棚雨田至出案終場猶取百廿人聞湘潭以少取至生事也胡子彝來夜談云其兄已還功豐有前列之說亦可怪也

廿日晴晨起終覆諸童出題始可與言詩合下一章劉生卷竟不能佳午散移廚傳出無所食宿仍還縣署余昨約鏡川具食與獻卿海仲步往先訪丹階賀蘺翁至老不能行坐猶喜談風月丹階邀觀禮樂所銅壺漏因至孔廟瓦當純用花瓷太侈麗不合制非也出櫺星門至鏡川處飲正飢渴矣未昏散昇還縣齋夜過胡家久談

廿一日晴雨田仍招十八人入試出題市諺不食不撤薑食未暇看卷唯見邵振覃一卷頗佳劉彭皆不佳然不能以此定長案仍以彭聲璈爲首以能賦也子威四兄弟來談雨田送紵緞甚多再辭不得真如布販矣未刻唱戲相謝看五六齣少食菜果以欵逆頗不適也請題小照者二人各作一小詩付之坐客有一黃姓不知余姓名余漫應之三更散丹階胡郎幷送脯茗

廿二日晴晨起將行以用人夫多改顧一舟請師仲瑚發行李由水運自率郭玉由陸辰初行雨田十七弟及莫湘泉海漁送我於七里橋更遣兩民壯及一僕送我僅至蕉谿鋪止民壯辭不肯止遂同行八十里宿永安市

廿三日晴熱晨起不飯行卅里飯於泉塘阾渡瀏雨至稍歇行廿里未正

入城弟子等赴考已歸陳母已從子往衡山矣家人言湘潭童生鬧考事殊堪髮指詒樾岑問撫司意如何云將以告示了事余不怒近十年矣頗有攘臂下車之意悒怏而歸

廿四日晴拜叔父生日畢將出食有生客在坐乃避入午後詒海翁鏡初劼剛力臣還家中猶未舉火待至酉香孫來及戌乃食

廿五日晴午詒息柯春陔皞臣聞會牓報至二孫中式餘無相識者復詒松生處探之杏池均在云未有聞也還已暮

廿六日晴晨起待飯畢出城送劼剛劼剛問入都云何余云凡事請教於寶中堂最忌李中堂有書疏代乞恩耳又問夷務余云主戰公私之利也坐良久將詒荷池道訪周畏周與夏子常同宅因共談甚熱出過懷欽遇姚舸丞還樾岑來談筠仙海外日記無以異於斌椿也午飯後少睡詒香孫復遇樾岑少頃俱出余復詒皞臣遇蕭希魯久談還初更過矣西門火登樓看光燄甚烈

廿七日陰涼仲雲來黃伯初暴死其母無所得食因與謀寄書子壽子壽與其伯兄有舊怨而黃嫂以爲有舊恩家庭之間難明也香孫約夜集便談樾岑先在力臣不至始見題名錄

廿八日晴海翁來松生送筠仙日記至殆已中洋毒無可采者力臣來剌探爭產事又盛言鹽務夜訪理安研老夾青均相値遇毛生蘭階詒官莽撞

廿九日陰夜雨至曙始理筆札

五月乙卯朔熊兆松署正黼堂文心來黃伯初死唯存宣紙二百五十張樾岑允爲分送官場代買之文心又欲設一所以收養廢疾近日兼愛之風頗被上下墨學入中國人暗趨於其術而不自覺也作唐行狀二葉食鰣魚甚美

二日晴淩善人來送銀票云鏡初手交也余詢平塘曾莊云可看遣郭玉侍蓮弟視之夜雨未還作唐行狀二葉夜寢不寐

三日大雨巳正少止出答訪熊署正詣樾岑子壽黼堂夏糧儲彭朶園大雨如行江濤中至上鐙乃得還四僕霑塗困甚得唐藝農書送湘茶石耳平塘看屋回云尙可居

四日雨子壽還劵并再借百金始得還廝竹兄以踐前約朱乾升來言彭仁和家資二百萬今虧空二百萬故銀幣不源流也

五日午節晨寤而不能起至巳乃起不知何以困劵如此行香三祀朝食後待午拜

三廟𦕲緹稱疾不出亦竟日未暇與言未正步往賈祠夏臬使招二署幕友及楊息安性老孫閬青汪嘯霞爲薦屈之會酒肴甚旨

六日晴作賈祠招屈詩五言律四首夏作五言一首朶翁唐蓬州佐卿來

息安送黼蓺樾岑送黃羅二君助資酬應紛紜晚同佐卿訪閻季容不遇遇性老略談至松生處雜談昨得文卿研樵書研寄詩翰居然名家可與彌之抗行文卿云丁督欲招余歲致三千金嫌其幣重錫九來勸行未能決也

七日晴樾岑熊羅兩世兄羅研翁性老來熊師急欲得曾選百家文鏡初固遲不與皆不可解之事天下所以多事也作唐行狀夜食魚粥過多頗覺悶逆

八日晴朝食後出訪師竹生父子不遇過淩善人羅世兄唐蓬舟得俊臣若愚書作唐行狀成自二月朔至今凡費九十六日其難如此成之如釋重負爲兩女理書陳力田來殷竹伍送格術補箋來其子孫奉書來見夜過文心問公羊例表成否竟忘卒業矣其忙可閔也向樾岑借曾鈔送熊師

九日晴置書箱窗外欲於樓中設榻因檢羣書作秦州北山杜祠記北山蓋卽所謂隗囂宮也研樵於癸亥年屬余記之今又五年矣早年筆札無遲滯如此者運儀松佐曾小澄來小澄今字介石留晚飯待月登樓談至二鼓而去

十日晴作杜祠記成卜允齋來并送火骹茶葉向子振來子和來坐二時許二鼓始去已困乏思睡矣

十一日乙丑夏至晴作書寄丁稚璜言吏事復俊臣書又復文卿書出答訪夏臬使冒通判向子振向處遇佐卿將飯飲一杯縱談久之過春皆卜太翁至海宴處衆客待久矣海華先生先在性農雨恬伯元力臣俱在二更散過運儀談攡其易箋以歸彼以十八爻配九卦甚確然未免有附會

十二日晴瞿魯翁庶子及其從子伯高來初以爲美秀少年及見肥黑厚

重出人意表夜過佐卿遇向子振同至浩園看芙蓉松生兄弟適釣得肥魚要往共飲與笠僧同至皞臣處坐月

十三日晴

祖考忌日素食作楊蓬海兄麓生挽聯孝養獻樽庭方期府守夾河同慶期頤運洗舜能名傳桂郡痛恨清湘戲旗更籌康石歷歸船性息兩翁來行奠畢出弔楊喪少坐過樾岑夜談

十四日晴熱爲弟子及左郎改課文午畢三小女出看戲過笛仙子和海老處談暮還師郎來夜詣理安研老香孫

十五日晴海翁來言麓山重修萬壽寺閻季容爲碑文不可用季容新得名甚盛然實不能文吾欲直言之則近於毀忌不言之則無是非唯唯而已出看戲力臣來長談三千之事因留麪而去仍往看戲殊無可觀曾介石來夜飯發陝西山東甘肅四川信

十六日極熱師竹翁黃子壽來遂坐過半日客去已困敝矣羅郎伯存來

便坐見之少惕聞外舅來城未能往視也待暮乃出途遇劉礕翁問安
仁試事及所出題皆大方信不愧爲彌之師也發衡陽常寧衡山信兩
女告病
十七日風涼看運儀易注佐卿來相招昇往則介石欲爲一小集遣要杏
生兄弟問鄉中賃宅事云不如何氏一宅最佳當問孫海槎杏池俄去
運儀復來遂留同飲暮過皞臣斧魯閒話介石復遣要問桀云明日復
爲一集二鼓還
十八日雨寒作書復若愚乘寄詩兩首云高樓望斷綠草綠玉門時詠國行看遊驚花、夢見疑入城埜日聞一劍報、誰知名塞謀全勝休言守在夷六月路車甲中興無武功安邊先自治智士莫臨戎援揮風沙外麗翩急論中昔聞班定遠亞老憐英雄由郵遞去午昇至松宅赴介石招飲陳臬淩善運儀同集夜談克
安慶事水陸各以爲功究不能明也搢紱兩子來
十九日雨黼堂來佐卿暮來始有意於撰軍事繙方略二函讀史記改課

文
廿日晴功兒生日以其初娶爲設五俎之會松生夫人招諸女及六雲看
荷花午往瀏陽童生吉曜丁字敏卿來見樾岑來談讀史記錫九夜來
久談復同過香孫談二鼓還亥寢
廿一日陰閱方略二函自庚戌年五月十九日庚戌廣西寇亂始出以招
降張家祥爲咎是時慶遠柳州武宣象濤平樂幷起陷修仁荔浦五府
一州督盜諱盜以會匪爲名其年七月湖南巡撫駱秉章奏英德寇犯
懷集窺嶺東旋屯里松逼江華以永州鎭谷韞璨衡永道張其仁屯防
濠界詔曰楚當剿捕之餘不堪擾累萬難任再蹂躪起張必祿於四川
征廣西盜能廣西提督閔正鳳以向榮代之於是廣督徐廣縉請大臣
督辦調湖南貴州雲南兵各二千銀卌萬兩九月辛丑召前雲貴督林
則徐爲欽差大臣十月祖琛罷起前漕督周天爵署巡撫是月則徐必
祿先後病卒趙懷慶秀才鏡初運儀子雲劉生世翯字翀主來
廿二日晴涼邵生振單彭生克輝來見出看戲還劉世兄伯固曾介石來
出訪劉礕翁陳總兵海颺新移本街招同魯曦飲以余欲問廣西事約
陶藻同坐羅子喬亦先在卌年前同舍生也夜散改弟子課賦作者英
賛
廿三日晴涼池生沈用舟笠僧來衡山專信來陳母壽終竟以癰潰而死
可傷惜也陳母自至湖南廿二年恩如母子竟缺於一訣昨夜起登樓
看月還寢昇出過陳舊寓置轎𥁕子上賀儀仲出言刻名印事甚怳惚
未知何祥出訪伯固力臣欲詣蓬海竟忘之還又改課賦研丈來
廿四日晴作力臣耆英圖賛成改弟子賦記豐兒胸中並無打油詩可笑
也殷獃存送廣貨四件彭郎來言昨解明都爲萌渚甚有心思張沅生
送文章來言取十五牌自以爲屈午約枲園鏡初二黃伯雨池生齋飯

少谿新從京師歸不甚知時事而云有福建謝通判能爲水輪船二輪
每時四十里出海十六輪每時可三百卌里又能作燒鐵火藥妄言也
外舅來言田事佐卿來言鏡初甚不自得亥散
廿五日晴當答訪瀏陽四生少谿江十七未及出外舅約在家待之言新
塘田水事蔡買而不畀蔡反畀接受之李姓李訴狀甚直而意未瞭欲
爲剖晰竟不知兩意所在因與書殷紹僑轉告黃公云敝縣好事人多
陽以蔡爲豪强陰以李爲魚肉藉此小訟簧鼓百端蓋深知吾鄉之俗
者也作書未成張力臣彭子和瀏陽唐生來唐名賢疇字壽泉胡氏兄
弟舊友困於童試久矣六比文有意學高手而筆氣不稱其來也恥爲
門生則不必來見今來見而詞意傲然殆自命不凡者總不離寒士習
氣坐久乃去還入作書畢熱甚乘閒浴浴罷殷獃存來自廣州送土物
四種余責以不儉略詢劉峴莊事觀其氣色敝腴不似前年侘傺時矣

暮昇出答訪唐劉吉殷殷居孫氏以有喪不入坐立談數語而別過禹門至貢院步至二黃寓談京中事

廿六日晴昨夜以子弟五人府試待至丑初乃眠晏起始讀史記有述作之志午雨兩兒攜卷出膳視其文豐兒平平功兒多不妥令改作至暮未成豐兒已交卷矣因至貢院門看出入者如市吏治壞弛至此可畏也還閱功兒二篇尚成章三弟竟不還姚立雲來

廿七日辛巳小暑理安來久談頃之子明劉仲蘊松生繼至子明坐至未乃去已疲矣爲兩女倍書後稍惕齲破不能食稻午飯半盂耳當訪姚立雲遂過福世侯黼堂蓬海黼坐遇鏡生易茂翁步過皞臣言新用庶常三人蓋頗知綱檢之多計自同治以來蓋積五百人矣曹僕黃二暮來

廿八日酷熱竟日不事晨訪鏡初不遇至江寓小坐其輜重盡移來矣入

彭朶翁寓方念經未敢擾夕齲未愈還食豆漿包子子明松生來子明坐半日留粥去晚過海琴遇雜客三四人送萬壽寺記與之兩女放學夜愈熱

廿九日晴熱不可柰似三伏盛暑時沅生來言求館事劉唐彭三生及陳丹階袁守愚來文心暮來談公羊爲守愚書扇三更湘潭團案發唯功兒在五十人之後餘皆頭牌也未免有情耶

卅日熱稍減猶如伏日不能事瞿海漁來長沙賦題人鏡芙蓉人鏡字不甚可解

六月乙酉朔熱諸女租屋看賽神唯老嫗及六雲未往午間會出及半李獻卿來談江雨田館不終局修金亦少送欲謀局事弟子出場文詩均可

二日晴熱賽神者行游街內鐃鼓竟日試作文未三行而罷

三日晴稍涼過海丈少談至北門看會尚早還食包子復往已過半矣乃至壽星觀甚涼多風人馬擁擠殊可厭閒行將歸遇許子敬呼留坐香店見其二孫夜案發三弟竟黜

四日晴有雨將答訪李瞿滋女必欲往南門看會攜之行竟至通判坪無可駐足遇六雲昇停糧道坪送滋往獨至善化署看陳設甚盛日映不可停小坐課棚訪春陔往來南正吉慶之衢處處不可通乃從定王臺下出瀏陽門又遇神昇隨至藩後過樾岑聞韓胖死又蘇蘇又死矣又言丁稚公改輪爲酌孫琴西盡改爲輪吏治無善法云云出臨壽南之喪坐客六七人無作主者自巳至戌未斂問其資用亦無有乃還欲令郭五嫂往而不可乃遣三弟視之先賻四千

五日晴涼約兩瞿獻卿丹階霖生早飯霖生辰至中間力臣仲雲來姚立雲後至至未始得食散時已戌初矣一餐費一日省城未有之奇也始

食瓜楊六十來

六日庚申初伏涼左郎來講入公門一節爲聘禮鄉黨考已先言之得彌之書午出訪鏡初詣朶翁處午齋同坐者俞九石三常石林閻季容陶孫酉散過鏡生談歸湘潭案出三子均被黜夜至貢院送之入場

七日晴大暑涼獻卿晨至佐卿午至甚疲於接對晚涼稍惕武岡使來索信起作書寄彌之三子出場題爲頌其詩三句不知孟子何以不識頌字也

八日晴劉生來呈所爲文因示余所擬作樓生不可坐兩女均病遂停課晚詣曹价藩案出佁韻被落

九日晴兩兒終試卯去巳歸凡終場每人持卷易票題云終場待席無者不得入余試時無此票也又禮房傭工席置一碗以待投錢昔試已有之郭五嫂聞其說余初忘之以爲妄言及問兩兒方知不誣也夜案出豐兒拔置十二

十日晴丹階來談縮臣子竟得府首近年考試有可操券獲者始知眊浦迂民之謬始理常課鈔王制二葉夜講雜記㝹女讀詩畢作郭壽南挽聯烏衣游處最相親自壯年漂泊江湖各有無限家世感棠棣凋零傷族從況身後孤煢兒女九泉難慰母兄心

十一日晴出弔壽南過力臣客來竟日夜與松佐笠僧食粥

十二日晴熱樾岑來言何金壽本名何鑄昨疏劾郭筠仙有二心於英國欲中國臣事之有詔申飭郭嵩燾毀其使西記版鑄本檜黨而不附和議甚可怪也又言楚人好自相攻張居正楊嗣昌皆敗於同鄉亦風氣使然又言汪參將代韓副將所乘馬從城上躍下敗瓦瓴無數其馬爲破瓦刳腹而死凶殺可畏暮詣香孫佐卿入石洞遇其族人淪齋及笠僧同在佐卿亦設粥要松生來啜於環青榭又過皞臣二更乃歸

十三日晴六雲羨兩兒應課之利余因爲㝹女作一卷課題德行顏淵兩句文竟不能成勉湊書之詩題每依南斗望京華頗有佳句夜改弟子文勉吾來送金頂子壽來約昏云六女小歲半四女長歲半從吾意余以黃氏子弟無過可妻也許之楊芷生來

十四日晴陰熱朶翁力臣著衣冠來張沅生來言謀館事竟不成紱子來言告子病遣豐兒往視之便得課卷還子產君子之道四未擬四字不取余所未及知也錫九子和子筠來談本欲出以晚而罷二妹夫生日亦未能往

十五日雨涼出訪楊李任郎皆不遇至城外送陳郎行又誤向北乃還作厥名包匭解以厥名與厥貢厥包厥匪相例大申鄭說唐蓬洲來盛稱李蘭森頗抑黃曉岱二女復理書夜講雜記鈔記一葉㗊緹暴病一吐而愈

十六日庚午中伏爲陳丹階作詩題圓信筆寫成甚有文理作鷇縠烏樑解以爲夷言翻譯之始甚奇確也三弟婦兄胡迪生來留住書房兩女理書夜講雜記無心得蓬海黼堂來子和貸百千與我幾縣釜矣陳郎告行送以扇對

十七日晴涼張生來久坐解橘頌爲橘容以爲刻木像其說似確湯肖安熊敬生羅小雲章素存來素存未言先笑甚闒無謂午招陳郎陪胡舅兼招張彭左三生飲弟子陪客余出訪笛仙子和夜還客猶未散二更後胡舅告去

十八日晴晨將起送胡聞三弟已起遂罷早寫字數行作橘頌賦子壽招飲又當往媒氏報日遂出訪禹門不遇至黃宅尚早坐久之黼堂張力之力臣來談鮮生地之能殺人使韓副將縮陰死云云又言王松雲寃死見形於崇伯崇爲出賞格募其妻亦新事也子壽令四子出見其行六者曰清兒卽求昏者未散過春陔遇子和將訪鏡初熊三告飢乃還今日城南課題夷逸朱張豐兒不能下筆

十九日晴涼小病兩女理書瑤女讀春秋畢晚過海翁談便詣皞臣遇香孫久談曹十三欲舉張乙舟入名宦海翁以家傳交余因訪作四六者城中殊少此筆

廿日晴涼夜㣲雨劉生送賦來求改殊不斐然瞿伯高來云彭宅昏期在冬又言黃蘭丞可補漢陽兩女理書未講雜記

廿一日晴涼遂秋矣高處尤先覺之力臣來汎談改賦不成作賦詩六七篇以示弟子朱送百金至

廿二日晴涼病仍未愈求瓜不得佳者改賦一篇甚勞神近才退於昔矣樾岑王二丈來在家竟不及知可恨家人之憒憒伯高又來言捧合求代借江宅者一看海翁來論米芾游湘時有年譜余未之見夜坐百蟲撲鐙死者百千乃息火下樓至子大雨

廿三日晴昨夜雨傾盆恐有覆壓之災曉遣問無之午初力臣來送黃庚

因談劼剛甚有徵詞淩善人來汎言衡𡶶貧民無食之由由鹽茶也夜閱周聲泮課卷篆書頗工非不知下筆者胡𣏌華卷則胡說也郯連必以第一人待之則非余之所知鈔記一葉夜半疾小減

廿四日晴陰四母七十六生日率諸子女稱賀樾岑來登樓小睡鈔記一葉夏按察招飲期申時未正往諸客已集同坐者胡光化𠜲五趙攸縣春生沈潤生汪嘯翁楊海老酉散步過勉吾不遇講雜記

廿五日晴涼常霖生借銀云筠女適左者將死已借左金急無可還因以昨送百金與之楊芷生言謀館事坐頗久余倦於應客乃出過松生欲詣佐卿至則松生等爲子雲僧設饌留待夕食杏池劉松林鄭少樵爲主人一小童蕭姓及沈用舟爲客自午談至酉頗欲歸未能行已𢡱也留食畢乃還已亥矣久不居正寢懿兒暑疾𦡊𦡊不眠余假寐久之起過側室將曙又還寢講雜記

廿六日晴熱樓上已涼可坐矣肾省吾黼堂彭峻五楊芷生曹价藩來坐及二時許黼堂冠服挂珠云今日萬壽正日也頃之劉𧦬翁來則不挂亦久談甚倦小寐起鈔記二葉諸侯廟制王十始封者不祭天子則無太祖及四親廟耶太祖立不可毀故衞不 祭文王而衞之文王廟又何以得立無祖廟則凡禮當於祖廟行者何所馮依㕁女理書校常日爲能早畢

廿七日晴日熱風涼已非暑日矣出送滋女庚帖詣黼堂轉達過宇恬過鏡初力臣小坐還黼堂嫂五十生日鋪張甚早不可不有所賀作一聯送之敬花風路兒觀擬林下爲風秋更清款云晉貽一品夫人李母徐太福人五十初庶閣媼再拜撰祝命女稱弟篆書夜講雜記

廿九日晴熱晨出訪朱若霖過龍際雲未起至李宅賀生日未暓詣樾岑過周笠西言張松坪劣跡及已治狀過王懷欽遣二黃去服役還家尙未飯鈔記二葉作書與子泌芳晩申過息叟寓息叟與力臣作主人爲㲄叟稱壽臨坐不至研翁香孫樾岑同坐戌散夜講雜記

補廿八日壬子立秋晴熱竟日偃仰不見客亦不作事唯理書鈔記講禮記如額

七月戊申甲寅朔晴熱子明所開南店歇業遣往結帳汎覽羅文選吾鄉先輩大有癮㤱人王霞軒放安𪚥道巧宦聞之短氣鈔記夜講雜記瑺盼始讀曲禮

二日晴熱作書復子泌芳晩託常霖生寄去樓日照灼避中堂爲兩女理書夜講雜記

三日晴至酉大雨震電鈔記一葉理安來云將回易俗場又言莊委員索皮卵蓋近日苞苴通行如此不與者不爲衆議所與也夜講雜記

四日晴雨珊偕羅邸敷來若霖來告行看羅文徵講雜記

五日晴熱病甚強起爲雨珊寫橫卷子筠來云有王世沂者八分甚佳夏連皆疑爲余家子弟屬訪其人香孫樾岑夜來樾岑問宋史藝文志有李昌齡感應篇昌齡有二此宜何代香孫欲與子分財又欲全不與之而以託友余以爲近世子得父產以爲天經非友所能主也李昌齡書在王松年仙苑編珠之下朱宋卿之上王松年五代人文心來

六日晴陰出尋皞臣借錢過松生遇問樵善人共談同至曾祠過次青窻所見力臣在坐入談未盡劉姓至乃出皞臣已還家與蕭希魯少坐力臣繼至同出復還尋佐卿又遇善人談頃之覺氣不甚屬還家偃息龍際雲來出則袁守愚先在際雲甚有閥派若胸有蘊蓄者二日因病未鈔書昨講雜記畢今夜講喪大記未小斂當斂出否之節士於大夫當斂而至則辭焉然則云未小斂者卽當斂亦出也周升以微罪去

七夕日竟日雨從來七夕所僅見也力臣招飲便過海丈談至張宅黼堂

香孫已先至至二更散諸女乞巧陳新果甚雅命設於樓瑲女投鍼有
圓方直三形亦一奇也非女不能耶訓飭之乃不知遜不意此女蠢强
如此殆得母性者耶講大記
八日陰鈔記理書如額次青來談作宋四六者雖其人鎣金提擱王述恩
死云爲棗皮所殺屢欲過理安處未暇也聞其去乃攜小女四人尋秋
荷池命豐兒牽以往還余過研丈方臥疾起談次青亦至言賈都司馬
過菜圃而驚啓其土二尺有二柩白蟻盈石女尸也均墨釧翠鐶釵簪
唯一無朝珠爲異殆停柩佛寺而被牆壓者今改葬羲山每歲盂蘭爲
主曰冥漠氏又言黃杰用人皮爲擧種爲鬼所責又言邊曉棠自稱邊
忠魂求超度皆盂蘭故事也夜講表大記
九日陰子壽衣冠來將結昏故新修禮也拳拳恐余爲俗所指名其意甚
厚鈔書督課如額
十日雨鈔書督課兼令非女作篆功兒習丹忙貳日雨田來假我廿萬連
日貸錢唯力臣許二萬猶期五日豈真窮耶作七夕雨詩二首涼氣動秋旱玄
菁隔雨香烟移飛旋小花逼囷香等倚闌雕塔散疎繖步虛雖年年玉鉤月空是映簷端鐵鎖欄廊檐蛩樓路已迴閒荷空懷寒風雨付眞
涼無暖頻敲枕簟融懷帳遙尋思天上事幽怨與人同
十一日雨無事夜詣松生睥臣鈔記一葉
十二日雨致齋居樓家人治祭饌夜宿樓中得擢子書來索錢鈔記一葉
十三日丙寅嘗祭
三廟功兒婦生日因招客餕午正祭畢嘗新外坐十二人內六人黃氏婦
弟來字仲容十七齡似廿許人未刻袁守愚蕭希魯王懷欽徐子鎬彭
雋五先後來酉集亥散武岡人來接嘗書與二鄧作齋宿聽雨詩
十四日陰晴海丈衣冠來力臣子和張沅生繼至出訪朱湯不遇過黎三
品遇一北人求帶勇甚切未敢久談還鄉鍚九來已再過不遇矣遣耍

來談夜鈔記講記
十五日晴瑲女病帉女獨讀樓上計周尺古尺東田尺以法求之竟日不
能得梁仲玉來問功兒四時田三時田之異功兒不能答也松佐笠僧
來余聞松能算請其用新法直算東田步數不承上八六四之贏以免
改字也滕緹回母家夕去
十六日晴熱已出答訪子壽過息柯醫室談還已未正矣懷欽東生來夜
過松生問田步東先懷後俱至浩園賞月二余蕭僧同談二更猶不欲
散松生逐客乃歸
十七日晴出弔陸恒齋孫公符兄弟陸已移寓過公符殯前久談還已逾
時矣春元來見郭五嫂云欲迎之同居瑲女病
十八日晴熱仲雲設食招李禹翁鶴帆同年春元同集議郭事也輔堂置
妾來者盈門未散便賀豎女出嫁過唐闓生江雨田答訪潘進士熱甚
亟還
十九日晴雨田送蟹以嘗祭曾食新遣餽海丈作舟來待帉女課畢出過
松生問算法由浩然赴佐卿飲廟門已閉不得出裴回久之從鹽門去
袁蕭笠僧先在懷欽松生繼至高雲汀後來打詩牌無佳句余瀹齋同
坐戌飲亥散
廿日晴熱命非女六雲出城臨陳母殯在家改諸弟子課文鶴帆來登樓
談夏子常羅小雲來皆有所屬夜孜三田四田之異解春秋書蒐狩非
時田之蒐狩也
廿一日晴熱楊石泉巡撫來楊主唐宅因懷庭知我因唐□通謁蘇渠蔭
雲間不及峴莊而大勝希菴自言曾作官雖罷猶有官意賢乎濁世之
公卿矣帉女病瑲女讀書已不及其妹三日矣沈生來夕出答訪石泉
便過作舟飲春陔闓生同坐散已亥正因熱登樓坐少時作舟挽子久

妻一聯請改
廿二日晴熱雨田吳翔岡徐芸丈來鈔記二葉王制學作四賈文合篇序
書復李獻卿樾岑夜來
廿三日晴熱申大雨鈔記一葉得若愚書知西事將了研樵母喪去官乘
涼訪文心值其沈氏女喪未入過樾岑皞臣談看酔王文治徐壽衡寶
廷等議祧廟各疏
廿四日晴微有暑意八牛來署臬來謝未見出訪笛仙久談過子和聞子
茂復撤任可怪也與兩女理書爲學其課答訪佩齋初晡澮已暮矣夜
少暇作書復懷庭研農
廿五日陰涼飯後將出懷欽來出訪海丈力臣翔岡夏按察力臣病坐房
中不能出夏公坐中見子鋳欲久談已過午乃出城省
墓幸完好入城循城根訪鏡初過朶園而歸已夕矣甚倦不嗜食爲豐兒

考中𡉉取舍各家同異又作爲人後者爲之子解功兒非女俱病甚寂
寞也鈔記半葉
廿六日陰涼有風竟日伏案而無所作僅鈔記半葉沈生誠子來談文沈
亦嬌嬌者似勝閻季容又言吳少芝能爲宋四六以舉名宦事屬之松
生告杏生來暮出訪之不遇卿南瓜佐卿均往鄉祝李仙壽又云陶仙
與靖㣧兄弟行肉身不壞長沙數古之屍也
廿七日晴杏生來羅秀才率其弟子來小溪之子也松生約食蛙余受祖
母戒牛蛙不上竈然尤嗜蛙故私食之得懷庭書送趙惠甫平捻記閱
竟乃過松宅則佐卿初未去方與孫氣槎 豪 嚴圍棋主客食蛙余未飯
談半日過皞臣欲詣香孫會暮乃還重閱儒林外史後有金和跋云全
椒吳文木所著虞博士者吳蒙泉也文木名敬梓自命不凡而其名字
未達於外
廿八日陰涼張子蓮黃子壽江雨田坐過半日同縣彭生來云研樵有書
而蹤跡我不得書仍北還矣此人保知縣他日糊塗可想午間懷欽來
約往朱玉振議帳以三折了事恐尚空言也帳主爲陳聶居間者李璞
階總兵高孝廉王懷欽至戌散復書雲卿言古瓶遺龍八迎滕緹
廿九日雨出弔陳總兵遇李黃凌周留坐頃之還爲兩女倍書攜滋女看
戲正見相殺事欲留看報竹伍來思少留恐非敬老禮賢之意步還與
登樓少談旋去湯嘯菴龍際雲俱來久坐際雲取一倡女而爲善化役
隸所持求解於余皞臣曾言其謬余以爲不可不料理也袁守愚曾言
吾道廣果道矣何患廣高雲汀李璞階來夜坐小樓雨鐙淒靜得陳杏
生賜詩欲和嫌太幽怨非闊人之所爲故未把筆
八月癸未朔白露晴步出答訪羅郎師弟張子蓮殷竹老過夏子常則已
歸去矣聞功兒作書抵殷生言縣試未取事索觀之殊不然還詰豐兒

乃僞言書在孫宅小兒好詐殊堪髮指立命取還果不在孫宅此兒好
欺功兒好干犯人他日必受其害爲之憤懣
二日陰竹伍及其從子紹儀來言書小事余云敗國亡家鮮不由此君未
涉世難耳鈔記一葉得鷹鞠衣之說
先祖考生日設薦晏食午後子和香孫來子和久坐甚似唐二棒槌三女
看戲余亦往看一齣夜講雜記
三日晴鈔記二葉龍八還滕緹未歸丁篁村子健相來見
四日雨鈔記一葉午要竹老便酌辭疾未至要杏生兄弟劉春禧孫海槎
際雲佐卿同飲夜看劉氏藏書圖册有宋于庭沈栗仲楊子卿何子貞
諸老留題邵香伯書又有劉亮劉基定不知，許人亦名家也今日皆
不可得春禧在道光初主持風雅今雖困當[illegible]以禮之
五日大雨竟日鈔記二葉作孫芝房繼妻挽聯 [illegible]桂樹香初發至今雖鳳成巢如鐵廿年冰雪苦

人銳笑聲修唱鄉方宰豐過得路誰知歸日莪氏淒昨得李雨蒼陳若愚書由譚心可帶來今
午當會飲因往答拜兼答丁郎冒雨往來至松生處海樓作主人坐客
杏松佐卿劉瑤卿何左季蕃兩生孫氏戚也食未半聞力臣已催客往
則亦半食矣單開客全換人唯余與黼堂未改餘俱不至海琴香孫則
新約者也設饌不旨清談甚久大雨昇還籠燈幾滅
六日大雨題劉藏書圖昔年十五初抄隋長沙詩人欲與吳曲時文字賤如土叩門索米來家無酒山有書圖好事遙金者市甓酒壚高吟狂叫得一鄉醉有如湖婦乘高車世人好金君好書酒徒詩客爭奔趨一時高名動鄰縣吸坐來回心先輸湘中風氣正視昔不識服鄭惟程朱坐令宋沈笑絕倒何惜解嘲實嗎嘯叔閒君家富書史百城坐擁張爲圍城中盡手斂偏鄰郡工願盡光燦賸滿圓成翻盡盡時彥至今卌載存古惟亡何兵氣動江擁南州子弟擬書祈飛騰將相詆噓手高門甲第塞路衝要何嫌貴香不足要有編組萬卷譜武建文通假相倚諸生講學窺經邪少年開口論甘隱眷欲有何爲有成全萬城張倚膺淺江東名士冥且道君今自點再來觀時人來見不致呼編擢此卷私示我開函惑事增長吁山中松若眷朱鹽有子能讀與不孤他年求書訪籍來圖中熟承承乎僧際雲來言取妾事
杂翁來夜作詩酬杏孫鈔記一葉㛃女讀曲禮畢

七日雨作書寄俊臣由丁郎攜去鈔記二葉今日甚暇晚研丈文星懷欽
及朱心潤來英子來言書院逐齋沈生被拘夜過松生食牢丸
八日晴甚溼三弟與㛃女口角以成人之禮待之甚無謂也自處甚難要
先除俗見而後可入世固不足爲不學者言之丁郎來未見沈生紱子
均來理安來公言易院長之短翟八郎來談王少庚女事
九日雨甚出弔公符唐李兩公子陪弔余亦少坐陪胡子潘進士某舉人
還鈔記一葉㛃女誦曲禮畢通溫詩全部少睡樾岑來談莊子去因溫
莊子一過訓豐兒以處世之道在戒生事齊是非而已未赴賈祠懷欽
招閒文心程伯翰章伯和厥彥門繇叔珊飲酉散
十日陰雨㛃女倍詩一過甚熟鈔記二葉昨有族兄超羣八哥者來云將
往江南求路用甚可怪也遣三弟視之海丈來竹伍繼至登樓談算申
出步至西長街朱宇恬招飲樾岑力臣海翁繼至談易院長事甚詳

十一日晴非女六雲同日生余在家爲作生日兩兒均病不能與非女麼
房中六雲亦不相見㛃女又口痛來者袁守愚師仲瑚左致和爲左生
改文一篇鈔記一葉作詩繼杜若蘭孫作云春盡桃蹊又十年霜鬢閒尋湘波笑容漸老秋仍
路柱樹新香月欲四爲惜別難增宴樂偶看城郭憶林泉舊栽垂柳禁煙對鏡傷闌干待舞還
十二日晴力臣來言閤同年譓枝字凡近有從弟爲長沙所拘治閤爲解之
出訪松生遇湘鄉四品一人云姓王蓋王闓琳之族類也過樾岑仲雲
遇鏡生笠雲久談詣春陔竹伍還已暮甚餒夏臬使送牢丸至食三枚
鈔記一葉
十三日晴鈔記二葉看方略竟日際雲釋了塵來爲豐兒改課文及左生
課文錫九來夜過研理
十四日晴料理節帳理安來莊心庸來其兄心安還九十金甚濟所需余
得銀未嘗喜此收帳出望外爲之拊忭際雲送銀廿兩則義不可受又

不可喜也鈔記一葉
十五日晴諸生五六人來賀節余子振來鈔記一葉夜待月上祠
二祀
三廟受賀畢詣浩然看月會者廿四人皆少年以余齒爲最長彈琴吹簫
杯盤交錯至夜分歸妹弟等打牌余入局連負後連勝盡復故所輸贏
錢二枚乃罷
十六日晴日燥風涼體殊不適理家政作書唁研樵並致文卿鈔記一葉
竹老陳舫仙陸爾瞻來俱久談殷默存來錫九來言羅姓事性翁來
十七日晴㛃女始讀檀弓與書力臣言周生行止不端佐卿涂郎來姚立
雲招飲已正催客欲出答拜莊劉恐暮僅一詣性老至姚宅客至者吳
云谷李黼堂言禁煙事盛一朝改名後至與吳皆煙客也不億不信誠
難先覺夜過皞臣赴涂郎招復飲浩園

十八日晴昨遣蓮弟迎滕緹早飯唯龍八一人當買肉菜設薦
祖妣起問之尙未回待至巳乃薦弟婦及新婦入廚以六雲自言非彼不
辦也午出訪昀谷芳畹海丈猷存孫氏兄弟俱相遇其未晤者不書奔
馳竟日亟還欲飯子和來久坐不去至暮乃去料理回合禮物飭具待
媒家人竟日忙豐兒之力爲多夜再集浩園薦希魯爲主人會者九人
打詩牌分一盤無相湊合者久之忽成一首甚爲得意（拈邑多鉛久去官早聰百處引翻歌收淚勉克承家寶傳貼絲恩備陸丹翔步雲岡迴竹餘歡巾舊兩滿衡錄華玄覽秀發神瀨四向森鄉同鞠闢）三更散歸家
人盡睡無覺者登樓鈔記一葉乃眠
十九日晨未起際雲來言訟事促之乃去飯後鋪設待媒樾岑來言立法
無良法無往而不爲病甚歎筠仙之迂客去稍倦登樓鈔記半葉黃氏
請媒黼堂力臣二君來留坐待寫庚書告
廟回合畢茗飲乃去巳及申矣黃氏招飲會親入見子壽生母及其妻王

氏弟子襄陪媒設飲怡生陪客至戌散
廿日晨聞蓮弟語知滕緹已還至朝食後始至家芳畹來迎看墓地往至
紅山無可營兆者便過鶴帆同年談入城訪竹伍尙未去答謝力黼力
臣處入談爲海翁寫扇鈔記半葉
廿一日晴朝食問豐兒以謝醫以錢爲非者其議發自何人對曰非女聞
之大怒叢老莊流於申韓兒女異議漸不可長切責之竹伍父子姚畜
雲龍暉堂來夜與滕緹辨送瓜事婦人之情甚不可解無端喜怒了不
近人
廿二日晴覺燥熱過孫海槎問佃屋事便訪勉吾出城送黼堂云已去矣
勉吾處遇唐蓮洲甚頌丁公之治鈔記二葉
廿三日陰子壽來陳雪翁孫雨樵湯嘯菴來久坐遂盡一日傍晚鮑世兄
來忘其字云以通判當入都寓其妻家言其鄉人少多怪有蝴蝶生手
足鈔記二葉
廿四日檢書下鄉謝客不見周春帆世丈闖入徧問家人令妻子出見並
見佶子恩恩去鈔月令成自此始含功兒所鈔得四本至玉藻矣運儀
偕袁岱垣來
廿五日晴覓船下鄉檢書箱木器先去湯嘯菴薦一傭工來卽留同往午
後出訪何芝亭居停根雲尙書之子楊賓石師之世兄也藍頂白面頗
似浙人其兄弟八人尙足自給答訪鮑世兄不遇鈔記二葉
廿六日晴早起欲出待飯已將午矣昇訪周春丈楊海翁均久談解帶步
行過俊卿松生杏生留飯詣皞臣久談還已暮豐兒先發矣得文卿書
夜過運儀鈔記二葉
廿七日陰謝客微行過樾岑曹十三遇翔篠子明還飢甚呼食理安閒聲
不得不出談希魯笠僧東生相繼來殊不得自休鈔記二葉

廿八日陰仍謝客竹伍來亦未見得二鄧書鈔記二葉豐兒來告鄉宅殊
不足容人若强移佃戶必失人心其見甚是
廿九日晴熊三還言鄉中無菜土當廢田爲之若林闖入送陳宅奠儀作
書復二鄧鈔記二葉
卅日兩女課畢出詣李禹翁賀生日與熊敬生黃子均張某同席喫麪一
盌還鈔記二葉陳松生羅研丈來湯嘯菴夜來
九月癸丑朔晴今日換冬帽而熱甚未知諸人何以施領雪琴從江南還
遣送方物并約來談午初來看非女作字未初客去鈔記一葉鏡初曾
介石竹伍來談竟日未作他事豐兒還言鄉宅不佳往問孫陳言極佳
余無以定之既移家具且待其讓出再往看之作書寄程郎
二日晴鈔記二葉帉女告假一日松佐及曾省齋潘子詮來
三日晴常耕岑來言丁稺璜信讒而慢客意甚忿忿余言今之督撫與戰

國之君相似皆自以爲是則無不是也得程郎書言王生伯戎溘逝子泌書言譚教官遇鬼皆怪事也伯戎讀書近十年未能大通齎志以歿誰復知荒山田舍中曾有此一人然究爲余所知所哀則荒山田舍中人又誰能得此爲之懷惻諸女出游壽星觀余亦步往看戲而心殊鬱鬱夜風涼登樓鈔禮記二葉爲帉女講拱而尙右未得確據

四日晴

曾祖忌辰滕緹云去歲誤作生辰檢日記果然蓋余不詳禁聞家人言則行禮家人宜更不察也以詰滕緹婦以承祭祀爲職何以獨罪我當更修省濟坐思嶽秋風吹樓心殊不寧出詣海丈皞臣還鈔記二葉意稍靜定設薦素食夜過香孫曾介石言禹訟事遣問陸爾瞻曲直

五日晴湘潭親友曹徐二唐來談半日樾岑來言巡撫大堂頗有人挾刃闖入昨初一日復有一男子懷刀入此何祥也余云妄人闌入禁省賤

將陵貴之兆此蓋湖南妖異非王撫能當之因言凡獲此等人但當縱之不問樾岑因言方觀承奏保定狂人犯駕事爲人所稱意亦如此又言北院嚴飭臨湘一案王撫殊難自處蓋臨湘令湯某加賦蝕公本不宜究言者何人但當究事有無耳李督此舉甚得政體名下固自無虛詣敬生懷欽均不遇鈔記二葉曾介石所問事尙無消息

六日晴帉女十歲散學爲延五老並主人共四百餘歲以張之曹李二公不至性農春帆研生三丈來春翁登樓甚健言則諄諄然設食皆軟品甚飽戌散陳女來家人無照料之者未食而去作請祀名宦公呈稿曹翁欲祀張錫謙而益以夏愓庭恐無一星舉兩人者

七日晴高筠庭招陪孫小峯不見十七年矣俱不相識坐客尙有聶楊食蟹羹腹頗不適酒罷復議玉振事曹翁皞臣來皞臣欲談見余恩恩乃去過仲雲樾岑仲雲言實錄龍袱二百餘被竊非女云恐是姦人以作

旗亦爲機警所宜慮也夜兒女弟妹爲滕緹餪生日聚會頗盛酒畢闕牌鈔記二葉了塵僧送蘜十種

八日晴午陰夜大風兒女饌具無章余攜小兒女及陳甥看戲竟日莊心庵來言介石語不甚確滕緹避余如新婦一日未交語廿四年所無也鈔記二葉

九日風陰佐卿約作重九演劇曾第會者十八人瑠帉滋三女侍往女媰會者亦十餘人均讀課畢乃往鈔記二葉夏皋使亦前約飲宜園午正先至曾宅申正至糧署性老汪生子筠小園沈潤生俱先在頌之海琴至攜有王蓬心畫浯溪圖又李伯時趙松雪畫皆僞筆也戌散仍至曾宅觀劇儺鼓甚盛亥初與佐卿及余弁步還月色甚幽夜行燭滅見牆上月痕殊有所感少年盛游不易復矣

十日晴朱生湯嘯菴任編修曾介石理安守愚俱久坐留理守午飯二女

未點書命覓舟將往蕭洲一避俗囂且家中一月燒煤幾三十石甚可慨也

十一日至十月六日闕

十月七日晴客來竟日不絕姓字記於號簿惕吾兒□□家人俱未起甚以爲愧鈔記半葉非女移房

八日晴早起待飯未至鈔記一葉朝食畢日西矣出答賀客數家訪仲雲問疾看蘜甚熱乃還六雲移房

九日晴惕兒去卯起同舁出答訪賀客廿餘家赴息柯招爲閏九之會至則坐客已畢集相待賀麓翁羅研丈黃海老朱香孫吳昀谷張星伯楊性翁及余與主人而九申散過胡穉泉久談還已暮聞柏丞久游不歸頗有凶問得張東丈彭雪琴書

十日陰移寢室於左房躬視部署彭親家約送木器工力四人盡往運擔

家人均有力役半日始定外庭復有木匠縫人彈工喧於十步之內楊鈺舅張庾兄又來覓鷹紛紜久之登樓鈔記一葉晚過研丈香孫夜雨

十一日雨鈔記二葉作讌集詩甚舒卷有格韻又解杜舉爲宰夫揚觶之禮亦有依據午間聞今日爲三弟妻卄歲生日家人殊不言及因問三弟則云是今日頃又言非今日歸余家已五年尙不知其生辰可閔念也聊命賁茗慶之夜讀阮詩九首答楊性農見訊山居詩

十二日陰鈔記二葉畢一本海老送詩來頹唐頗甚而以峻潔許余正謂余詩氣尙完整耳午食燭麪甚佳始廣東無燭麪伊墨卿守惠州日始爲之故曰伊麪今年司道迎巡撫索點心云有伊麪崇藩臺不知其何物也崇固貴族此乃有儒者氣象以燭麪爲伊麪市井語耳不宜出之士大夫之口然伊麪實不如吾家燭麪也

十三日陰雨呼工易櫓使後房通光檀弓孟敬子云不能居公室謂居喪不歸私家也鄭注云臣禮殊未明晰又敬姜未以子就公室蓋惡季氏之奢汰而不令往也此自述其能教子注以爲到公室觀其行亦無此法夜讀阮詩九首禮記一本以明日覆試兩兒當黎明去恐失曉竟夜未酣眠五夜風寒披裘起呼家人辦飯乃還眠

十四日曉雨甚大且風寒工人俱未備雨具久不返便令六雲具食食畢家人盡起乃解衣寢李雨翁約說喜事郭玉以約午已過呼余起冒雨出門便答賀客數家晤雨翁龍濟生吳昀谷龍宅遇周吉士年未長成憶周丈慶元嘗決余十八必入詞館余十八猶一無所知也周丈好談八字於余有阿好然差不負其望詞館則非所冀耳周吉士尙孩氣雖入詞林恐未能讀書瞿子久長二歲老成於周多矣還家鈔記一葉兩兒至二更乃歸文題盡信書其取友必端矣

十五日陰作書復曾琴蕭希魯來晚步過海老飲樾昀先在息香後至亥散昇還海老言弈紀於道光間抉卟宣宗問國祚判云春秋明日有某公問卟言春秋何意卟言不知至今未知何祥也客亦無解之者作書與張松坪鷹楊舅

十六日晴晨霜頗寒詣香孫處性翁治具招客海息樾昀至香孫猶未起息柯作長篇紀宴海老云太大不稱題余亦云然又余言海老詩結未住似不以爲然息樾先去海老久坐余等不敢先散至未正乃能歷三時矣還家江雨田來久談昇出答謝黃孝廉舒錫初涉性理之說援宋入漢言語俯仰又云李敬軒弟亦舉方正也餘客皆不遇晚還將及門遇鏡初曾余於途下要同還晚飯客去復雨

十七日陰竟日料理娶婦事曹介藩龍濟生來

十八日雨始裘午赴龍宅飲陪蕭希魯坐客又有楊孫周三庶吉懷欽

十九日雨出訪雜客數人

廿日晴陰余佐卿袁守愚來同佐卿出過懷欽不遇至鏡初處食臘豆乾同過曾介石彭朶翁鏡初別去余與佐卿復同至陳仲英熊署正處二鼓乃歸熊處打詩牌賦得殘菊各得五律一首余竟日未食佐卿甚慮其餓熊買湯餅二盌款客歸至三鼓乃飯

廿一日寅刻聞叩門李仲穆至爲余發帖請媒納徵彭氏期卯刻禹翁恐失期促令早來也主人猶未起甚以爲愧然燭寫庚帖至辰正瞿海漁來巳初諸人始集凡十八筐二擡合午初還微雨恐客使溼濡促令早還午後遣要仲穆不至矣甚歉愧也酉初設席海漁爲客懷欽敬生作陪楊性翁中至留飯不坐而去

廿二日雨寒六雲有違言論之不止威之愈怒家人咸集勸猶不可柔此女性直強余馭之殊不得法蓋苛細之過當縱之夏三嫂子婦陳氏來其夫無行已不肯嫁來哀其窮故余收留之錫九來是日新婦安牀壻

舍字
廿三日雨寒登樓改文一篇曠功殆半月矣
廿四日雨命家人治具發帖湘潭人回親族無至者
廿五日大雨竟日彭氏送妝至申始來余取婦婦家用夏布白帳後凡嫁
娶無白帳此回以彭氏故家有餘風必用夏布家人皆以爲必從時用
洋布至以綢帳廿四牀爲賭及見新婦白夏布幭不覺拊掌四母又言
乾嘉時嫁匳必有椀桶今亦有也夜寶幡先陳於堂廚人治具至五更
余先睡
廿六日陰晨起與兩兒論廟見禮新婦初來宜如何入廟余以爲於時祭
後必有一特祭必於時祭者不敢輕瀆廟門必知特祭者以教成推之
今時俗不用廟見禮而以入堂拜祖爲廟見似亦可通而究未敢言禮
也久待女媒不至頃之來告病倉卒以左數和擲之午初命豐兒去午

正新婦轎至賀客來者廿許人坐處狹小無以容或相擁擠熊鶴村年
七十七猶登樓賦詩飲酒戌刻設宴內外七筵主客四十人子初寢
廿七日晴送親姊嫂告去朶翁來言其第十女壻僃嘗者家貧甚家人又
言此蕭姊甚明慧余於贈送新親果幣外別致四種及銀錢四枚以示
禮賢親士之意
廿八日晴彭氏兩兄來請樾岑師竹生爲陪巳集申散豐兒及新婦詣彭
氏
廿九日陰出謝客晚詣吳昀谷飲海愚性老樾岑曾孫俱會看息柯近作
卅日陰雨賀客補來者數登補請前送禮者設一筵有汪姓俗客甚可惱
十一月壬子朔諸學發落兩兒晨往値雨命之乘轎余自步往學署視之
至巳未點名往府學則門未啓乃還庀具特三牢謁先師還告薦
曾祖廟以一獻禮酉初禮成始食

二日陰早視天欲雨又風寒本約海老飲恐老人犯寒因改期待晴及朔
食天不雨已辭客矣佐卿夜來談袁生事
三日陰出補謝客過香孫遇海老乃能出飲樾岑仲英皆曾留談久之還
家劉生相請已自來速客矣佶韻待改文甚急覽樓爲點定乃往劉生
寓正然燭矣陪客一人今年所受業者言其縣厲生彭某已櫬革怖其
將出貢而陷於罪云云夜始復講禮記祭義篇得春甫書即復一緘
四日陰檢咸豐時廢案有軍事者零落十不存一摘鈔數十條介肴稍飲
云兩子入學及昏皆未受禮物故請兩子因及諸人也坐客熊光穢爲
首向高朱廩稍稀會餘皆日相見者鏡初甫入坐即去談及適齡若事
云樾岑垂涕故哀之而香孫教之上告督撫也夜過鴻臣談醫敢玏兒
賦又爲仲英作壽序一篇未成罷去得張東丈書東丈不輕與人書今
連得二函未作復

五日陰晨作陳序熊署正來勉出見之仍入作序成讀之頗條鬯無稍番
來請改經文
六日陰作嫁女之家三夜不息燭四句文以三夜爲前三夜主理安說以
爲後三夜余文有云女有外成之道故教之以思離義似長也胡孝正
以不舉爲娶者之父說與余同兩兒展
墓便拜客外舅來恩恩去往已束裝矣
七日陰
先太孺人忌日黃子明來夜講居鬼從地地之所以成者皆死物則皆鬼
也
八日陰盼女讀檀弓畢作書復張東丈出答拜數客夜講禮記
九日陰蓬海送詩文刻本請余爲序家人治具約黃海丈楊息翁鄉春山
陳仲英朱暝菴便酌申集成散

十日雨得戴立本書　先祖妣姪曾孫也連書橋來錢塘諸生也

十一日陰佐卿來辰過陳母宅賀其生母生日還陳伯屏來言翰林有艾屮頗博覽漢陽樊生亦有文名袁生請作母壽文天下遂觀之論衆矣祿位田業先人之遺子孫所宜世守也而聖人以患失爲鄙禮有之曰四方者男子之所有事故守田園者爲鄉人況夫貴財玩好之物乎貴財玩好之不識祿位田業之不繫心於是有藏脊之家藏書始於孔氏其後遂因有集錄之學然世代緜遠人事遷變雖天府綿籍不能不侯後人鑒之乃爲過眼之錄曾藏之印以歸於遠觀彼知其無可如何而作遠書也藏書之意以傳子孫與田祿同願古者封建百世不去其鄉後世以游宦顯名者徒居田里守典籍終必不能自遂而亦非先人所期望是故護守者非男子之事也易傳有之地道無成而代有終禮之言取婦者亦日從而事爲從而共爲故曰婦者家之所由盛衰也男事於外女守於內子宦學於四方而母主其家徵獨使田祿隆昌其所以緜詩書之澤者實遠且大晉於同縣袁太夫人知之太夫人姓楊氏武陵尚書睦文敏之曾孫也家世清貴年廿歸松江府君墩六宜先生宜於湘潭爲強門而苦貲以授徒供養君姑老病於婦是依准湯藥備甘旨必嘗而進井臼紡績紝補之事無不敬也及夫君官編修從宦者十年朝官中先後稱有內助者何文安夫人以明惠曾文正夫人以勤儉陳池州夫人以孝敬而皆推重宜君妻曾陳皆精晉爲軍行南還四年而夫君外補江蘇知府於時風塵澒洞寇盜充斥凡從夫官所者皆還鄉避兵而夫人獨戒變至宜春途艱還改道漢淮赴松江松江君已患夢疾待夫人侍護稍稽支柱逾兩年乃卒寇亂愈亟江浙瓦解遂官朝使莫敢驛行而松江君官中外所得者無慮萬卷貲力中耗於馱運至是攝者皆以果重不可致欲綬侯道通夫人獨先部署以餘貲悉用運載遺書先還而身率孤子女扶柩後發晉文正時督兩江遺書迎候謀貲斧夫人已自南昌還里矣是時行者單車輜騎狽惝恍袁氏歸裝重橐行數千里觀者皆嘆息以爲非獨賢明知輕重乃其才不可及也袁氏既以藏書名湖南及聞嫠孤致書還或喚且妒百方謀出其書不翅覲財產夫人設然以守寐自任來譬說羞計者誤然若無聞見迄今廿年藏書全然尚完然後人知松江君悴精力於求訪者待夫人之能守也守遺書以待子孫與保祿位田業者其艱苦堅定無異而猜阋且殊絕矣宜與石給諫家爲議姻今所居距石氏里甚近余嘗過石故居慨然有喬木蔓草之悲及過宜氏門垣墻精完閒宇閎峻不類故官宅又益以知夫人之有功遺於袁氏也夫人長子曰乘楨任俠閉濟足隊中天下以軍功官三品晉封母爲太夫人以今歲冬仲爲太夫人六十稱壽因述母德晉松江君兄弟居貧嘗析體及有官祿夫人猜於娣姒婦各皆其夫推財而同居及其他餽行甚詳余以爲其遠量眞德徵於其守藏書者爲鼓者故事取古人之祝永受者以爲竃期之慶

松生有客設素食招余往飲

十二日陰雨辰出答訪五客皆不遇過樾岑處則已上院矣昨日王巡撫內召新臬抵任五日移署藩鹽道旗人故署臬今晨遇首府縣相率奔走忙迫可笑不知他人遷除府縣羣奔何爲也以爲伺候卽各有其職亦無三人同往之理近世以此等爲事理當然令人失笑還作書與蓬海得春甫寄書理兩女經課晚過佐卿處向子振設食陳仲英高雲亭曾介石劉伯固淩善人均會過皞臣論晉捐陳蘊原來

十三日陰寒風午飲香孫處海琴性農研老濟生先在仲英後至夜散雪意滿街得句云狹巷光長雪意來

十四日陰出答訪四客海老雨田處久談性農仲英均去

十五日陰雨過樾岑春陔處略談答訪曾澄侯不遇兩兒上湘

十六日雨大冰寒甚昨夜大風兩兒犯寒去甚無謂然其意方盛亦少年有爲之象故不止之今日屋樹俱凍風吹物輒作冰聲佐卿招飲以爲必有佳設廳緹出謝客未還爲兩女理書料理俗事鸛館託情之類欲登樓作字甚寒且風燎薪以煖申過佐卿則其兄芳臣及陳蘊原釋笠雲先在夜飯甚陳腐雖意在聚談亦殊無部署此近日達官派也非辦

事之材明矣佐卿欲學闊派而無闊境故如此正似鄉閭暴發人未敢面勸之亦不忍腹非之故記於此以俟傳播

十七日晴僅十九日未見日如沈九幽者然披雲爲快然冰凌未解登樓仍寒房中課讀畢赴劉馨翁招陪裴樾岑陳少卿□業李仲雲芳宇廷桂飲設燕菜燒豬而饌實不豐戌散

十八日己巳冬至晴寒未減兩女倍書均在房中然薪以禦冰氣猶凜凜也午過松生遇黃少谿云人出三百爲松生設餞已十二人矣佐卿亦大會諸客凡十八人至者曾澂侯高雲亭向子振陳伯屏陳蘊原李叔和曾省齋熊鶴邨余柳潭余至陳宅喫野鷄片還至余宅猶未設席上鐙乃坐送鈞賭酒飲罷看弈二鼓後乃還

十九日晨雪旋止余云調霜雨也廳緹云從未聞有調霜雪余云以地氣寒雨爲稷雪耳已而果晴佐卿及其兄芳臣來同過伯屏蘊原蘊原不

遇遇成晉齋要與同詣曾宅佐卿必欲詣李叔和同往不晤至洪井澂
侯父子留飯殽牛肉白酒晉齋先去飯罷訪鏡初松生繼至遇黃子壽
久談復過對門看余千總新房云塔智亭舊寓也還已暮行顛亍
廿日陰晴兩女至午不上書各宜之十數已日旰矣午設齋要朶園飲朶
園猶用新親過門之禮以羅研翁作陪松鏡佐旁坐食湯丸甘輭殊勝
餘菜亦潔至戌正乃散黃宅請滕緹交親先夜當去已攜恆兒以往余
守其房厚被奇寒終夜未溫
廿一日陰當出送曾行賀余黃昏以無舁不果俟至日晏步行至息機園
滋女從行至黃宅上客有陳雨船高主事陳雨樵又有雜客數人房堂
狹小不能容回旋看新婦亦未審易衣步出赴海琴招海老樾昀香孫
爲消寒第一集坐客有潘蕉坡俗吏也香孫聞聲而惡之又有張星伯
放言輕薄亦乖雅致

廿二日雪晨起登樓瓊窗玉宇鐃爲明麗欲出尋皞臣躊躇於舁展俄而
君詒理安來久談中間高主事來以左督詫余然正自有趣傾聽久之
客去已暮入室與滕緹閒談意甚怡說未知其何所樂也凡人喜怒有
因而哀樂無端有感有兆不關情性
廿三日霽未起高維嶽來云有二大事須面見出則求書與席研香娶入
夥又爲袁守愚作媒飯後作書與研香瞿子久出訪香孫遇左錫九談
多凡近意極相助過皞臣問疾已不能食食矣風證轉利至危之兆殆
不復臘耶然觀其神明尚可一二春因泛論陶宅求師極言館師主講
之非師道縱言及詩快談而還夜理家用帳記盼女齒痛余踵凍腫得
一方以稻稈燒灰入水洗之甚效王制言彫題交趾交當爲校蓋著校
於趾以爲飾或曰今猺人格足使皮厚蓋別有使趾相交者不粒食謂
麪食也粒者黍稷稻粱衣羽毛者紡毛爲衣便於出入穴衣皮者不用
繒帛
廿四日陰松生留別設食期辰刻集其宅余以爲在舟也久未往飯後遣
人來云鏡初已至往則客已畢集共十五人待饌久不得比設已夕時
矣佐卿要過其家章伯和從談時事問身世所宜佐卿自以爲天下奇
才人皆未之許余亦未信也然余亦以天下才自命則佐卿不爲妄他
日當細問之得晴生書
廿五日陰早起飯已熟因余飭蓮弟宜早盼女亦早起故較常日爲早家
人仍晏起也飯後出門送劉伯固松生護曾媼往安慶之行午初舟發
余與佐卿介石釋笠雲登岸見波平山暗乘輿渡湘訪三閭祠吹香亭
登赫曦臺見麓山碑委民舍帥土中外環土牆甚無規制拾級二百餘
至萬壽寺訪六朝松僅存根穴殊無蟠結之悶讀白鶴泉記泉已屋覆
恐亦將敗復循山磴登三百級至雲麓宮會仙寮飲茶食豆瓜子下至

萬壽寺寺僧設齋虎岑堂爲飯一盂別而出直下不停步渡湘過洲復
渡至城岸入城始夕食耳介石別去與佐笠訪曹价藩復同曹訪陳蘊
原一更後歸暗行甚昧昨得彌之書復之又復懷庭書
廿六日陰雨晨未起兩兒自湘潭還來起居因出問家事午出答訪朱肯
甫學使名逌然餘姚人曹价藩云戰國有趙烈侯逌然未憶他名有同
否學使非地方官而有院體雖於書刺因以通家晚生帖往相見意氣
甚洽今年復得一友與陳仲英可謂二奇矣滕緹問其狀余云湖南無
其比略似彭雪琴而有詩書之氣無其假託客氣同勝流也看城南桊
圖索價三百千答訪楊芷洲不遇遇大風吹轎頂去入城急還新婦滿
月設餅食雜餌未飽而悶遂不夕食錫九來
廿七日晨得李勉林書以爲江南來也發函乃已歸瀏陽言厲保檜替事
爲託文心向首府言之並予書陳丹皆定非女溫書工課以其詩書氣

少也自今日始誦小雅一什看兩女寫字晚計一年食用須米五十石肉千斤菜萬斤油四百斤鹽二百斤煤炭三百石茶葉百斤菜獨多於羣食乃知古者重蔬圃之義

廿八日雨冰研墨俱凌郭虎宜狷父來六雲暴疾家人治具爲余餪生日午後寒益甚待兩女倍書非女誦嘉魚什已不能上口矣夜雪食果麪

廿九日雪晨起家人皆已妝竟賀生日設食三席蓮鍾弟未至猶有廿二人佐卿來欲留與消寒以未白鶖叜嫌自專故未言文心辭不至別約孫君詒樾岑息柯鶖叜香孫畇谷相繼來是爲消寒第二集息柯本服此會而悤悤欲去言母病頃刻不可離也已又久坐其無操持如此不足與同事其所賞友蘭廚人亦不勝人是日樾岑來報尹杏農之喪余因言杏農蛇足甚長幾廿年方了樾岑言其所得富貴幾何余云報之已豐矣必欲享福則官文李瀚章其選也樾岑云彼心中冷熱自戰亦

不得寧余曰古人所以貴聞道也坐中香孫又言庸人有疑難事已能解之余曰人能求人解難非庸人矣因及黃海翁辦邵澧亘案皆大化小小化無能者所以可貴在此若能者與庸人謀而必以公正大義强庸人以失富貴又安貴此能人哉畇谷言童公遣屬掾問薪水已祇得以卅餘金讓之如此何以使人不爭余以爲宜遲日遣貸卅金以破其術此亦妙策也而諸公以爲戲言蓋古人逸趣今久不識耳亥散

十二月辛巳朔雪止冰合踏雪尋皞臣尙未起坐待其早飯畢詣謝佐卿留久坐恐凍解不得歸辭出訪彭子茂未遇過芳畹靜齋答訪郭郎未遇還向申矣借洋報繙閱卌餘紙不覺已冥然鐙閱竟及三更夜講哀公問注疏未能發明右[illegible]

二日晴曉小不適又怯寒未起比起竟僻食胸腹殊不空靈子壽昨來約引去年喜雪詩爲證漫用珂字韻再作一首今日司道公餞王撫故時意指之云冰山鐵白倚嵯峨玉宇高寒去若何鵷鷺幾時還劍佩庭雖還爲凍閉河衢泥莫發行人早把滑長愁冷吸多端蟲蝕君叩櫈馬華堂深蟲聽嘯珂今日課題汎愛衆四句意在扼重行有餘力以破半日靜坐之謬冰見日不釋寒氣殊重陳萬全彭子茂來

三日陰冰猶不釋早飯後爲兩兒講昨題意補哉哀公問首章冰縈墨筆不可書改用朱筆亦隨點畫成冰房中稍煖殊嘈雜不可坐午過香孫爲消寒三集息柯先遣書言母病不能至仍以君詒爲客亥散步還講禮記哀公問爲刺以妾爲妻而發

四日又雪得雪琴書爲兩兒附學奬以十元江雨田欲貸曾宅來約余暫候余報以無須面見也李獻卿來坐甚寒

五日陰冰甚出訪三客皆不遇過仲雲文心談暮還講禮記

六日陰冰愈甚李勉林復遣書來贈海物其從弟輿釗字保亭執贄來見辭謝之許爲作書解釋槍替事曾介石釋海岸來要至文正祠小坐還

欲作餅食竟怯寒重煩人晚飯未半子壽來久談夜未講書星月增寒

七日陰作書復勉林雪琴比日兩女課粗了夜講仲尼燕居

八日晴雪始半銷紛女以臘八請放學一日因命作詩成二半句亦尙有詮書扇一柄晚舁出赴鶖叜招作消寒第四集樾岑又先在香畇君詒繼至息柯以母病不能赴亥散行冰上舁夫甚困

九日晴陰雪不甚銷息柯來告喪步往則司道均先在因過鄧四弟遇熊叔雅孝廉鏡蓉之弟也遣覗楊客甫散武弁善化令又至因念息柯道廣文武賢愚無不與歡可謂能榮其親者入唁之香孫樾至客來不絕遂出著釘鞵行冰幾滑倒泥中還登樓袁守愚來與同出訪理安不遇過研丈則東戟將還矣趙秀才闖入借錢三千不得已應之李獻卿夜來常森生來報生子

十日陰子鎬來同出看王撫出城行裝備鹵簿典制所無也張沅生來乘

家人盡出獨睡一時許乃起已亥正矣講仲尼燕居畢
十一日陰冰凍不解南中奇寒也出過陳妹賀生日還介石及鄧副貢來言雨蒼寄居當散差甚不得意熊鶴翁招飲坐客陳伯屏佐卿池生設食亦潔清看棋一局未夜還微月續妢女臘八粥詩云殘雪階前尚未銷東風先煖實錫簪粥香酒例催年事未覺京華舊夢遙蘋角清談佛地嚴木魚呼粥鄉如鹽四盤澄騎齋廚冷巖蜜如今假齋甜
十二日小雪夏糧儲送賈子書丁郎餉義來取格術補六十冊去子和理安來妢女讀王制畢瑫女始畢檀弓瞿子久送炭金
十三日晴冰半開覓昇夫久始至出答訪昀谷賀霖生生子詣朶翁聞熊師之喪答訪湘鄉鄧副貢已往甘肅矣過夏糧儲子筠出談詣春皆値其醉臥甚可駭怖頃之清醒答訪蔣松甫申甫府丞之弟也昀谷屬詣長沙府未晤過賀瞿郎昏還已昏暮
十四日陰作書復子泌欲校賈子未二葉姚立雲來介石來俱久坐寓書

吳石卿薦澧館夜講孔子閒居論志氣塞乎天地以細密乃能塞孟子欲以剛大塞之非知志氣者也聞瞿子久署巡撫未必有其事其時地亦可矣若在宣文時乃竟可代李之位又聞湘撫已有人邵陽案已結僉令軍臺效力仿浙案也
十五日陰寒甚
曾祖忌日設奠時立門外幾於凍僵佐卿介石唐蓬洲文心來夜大雪
十六日雪龍八自武岡還得彌之書彌之今年五十無以餉之過皞臣問熊師奠分云送八元晚閒問仲雲送四十金皆弟子也余欲送十金則太豐少於皞臣又太薄亦送八元當語皞臣加之今日消寒第五集而江雨田約集余宅因先往樾岑處久談龔叜亦早來共坐一時許將暮乃還遇香孫於門比至家已上鐙蓬洲雨田子蓮先在福世侯仲雲後至設食食甚多猶未飽亥散講孔子閒居畢講坊記千乘百乘未暸夜月
十七日陰晴釋海岸殷默存來出賀伯屏遷居東鄰訪廷芳宇爲黃郎家累事芳宇有意拯之也不遇過香孫談還殷郎來得竹伍書
十八日晴譚敬甫來報董研樵父子之喪爲之悽惋佐卿來要過伯屏看棋遇姚知縣徵典楊石泉所謂吏才第一者也其人躁擾佐卿易視之余云此必大奸慝不然不能爲能員也遣兒入鄉檢書羅穀來以爲豐兒能余不欲功兒之不能也乃遣功兒行得楊息柯赴書昨聞香孫挽聯甚佳享富貴壽考而缺令名孟舍乍倖懷君天下默僧結案有金石刻畫以新其德欲碑無淚墮嶺即人間八公蘗峯余亦擬一聯云就養歷六湘便竹節迎船版與過除總高年富貴歡娛示侯不淹辰八十七齡成佛果登堂瞻英彦看賜石碑傾城會葬更四海者賢哀誅臨喪親禮六旬孤子是嬰兒聯語甚滯屬思無興姑已之朱送百卅金來
得雪琴書催馬女詩
十九日陰晨起答訪敬甫未起敬甫昨言起甚早故試之也龍八回功兒

不欲在鄉間買穀且訴其苦任雨田來欲託催乾館於江雨田也
廿日晴約佐卿伯屏來弈佐卿先至過張東生欲假十千相與言物力之困許爲與書劉馨翁謀之熊鶴邨來李生來告急與書昀谷問之報語支吾詭乃公事矣敬甫暮來設食與伯屏同作主人余有疾不能多食敬甫訪楊玉田余略知之而無以應亥散
廿一日晴雪始欲化夜初仍凍錫九來言楊玉田與馬子政昏姻遣告敬甫敬甫自云訪其家少知之者矣十日未登樓試攤小說臨晴窗一坐滋莪喧呼月下瞿郎海漁來託薦鹽局一小差云其妻兄不知其妻父何人也竹師來言零陵令復有一匿名帖事與瀏陽同而引瀏陽爲證覩此疑有造假印者居於城中妢女倍書詩春秋畢書最熟春秋次之得若愚書並寄其家用銀言南八城已克四城此亦當復之信作書爲息柯送賀函陳賚交李生帶去箋札衣冠殊不得閒廿年所無之境也

今年當作者尚有蓬海序雪琴竹師詩蔣申甫書書後熊丁二挽聯研
樵挽詩羅研生畫題甘肅湘陰書
廿二日晴病甚困龍郎來見於房至午强起詣佐卿請寫字答訪姚立雲
過子壽竹師久談至暮還夜作熱
廿三日晴病未愈佐卿笠僧來起與登樓喫麪片陳芳畹來責言余初迎
陳母時已有人言恩過必讎今將然乎與書直責之
廿四日晴病至申乃起與書若愚出過樾岑談曾劼剛疏留王撫殊出情
理之外未知劼剛擅騙邪糊塗邪寶佩蘅裝愁邪真惷邪民之情僞盡
知之殊不易易三日未飯爲之强飯半盂夜喫米湯泡燉米兩碗味似
小勝
廿五日晴飯後過皞臣未遇詣佐卿略談張東生闖然來尋索錢十千同
出步數武大街甚溼仍獨還少愒以不思飯聊步出尋瓮突過芳畹門

少坐芳畹不敢申一詞復詣笛仙途遇任雨田同行至談三刻許會暮
乃還今日四父忌日竟忘之子弟行奠而已歸見饌乃悟之也夜寐不
熟
廿六日陰雨昨夜訓飭六雲幾千百言至曉覺倦待辰正乃起詣息叟處
陪弔廷芳宇周嘯軒聶勞三品爲同事待至未乃早飯畢迎夏糧儲來
題主恩恩行事客來者亦寥寥亟思遁去强坐待酉乃出子壽遣要過
飯云朱刻圓明園詞有露才揚己之意少忠君愛國之心不可之甚者
也余以子壽不解詩隨其意而諾之飯後辭出已暮還爲楊蓬海作詩
序 詩貴有情乎序詩者曰對乎情而貴有所止則情不貴人貴有情乎論人者日多情不如寡欲則情不貴不貴而人胡以詩詩者文生情人之爲詩情生文文情名治情也孔子曰禮之以和爲貴有子論之曰和不可行和不可行而和貴然則情不貴而情乃貴知此者足以論詩奕聲宦功名人情之所溺也長沙楊子數四十而後符從耶四南至對滇東北至九河得三品階官而無方面之概爲詩生頁從乙第一而不試復舉於鄉一試而出禮部之權凡人情之所貪楊子辨辯將賦盡而好見攘訕辭而手大斗折腰而持手版凡人情之所游忧子蹈蹈將戮

其人一有情一無情說其詩一往於情情之繇碧也流溢而愈無際悵之宕逸如春雲觸石時爲觸皆其往而復如風止雨露盡無處所其往而不復如成連汎舟而濤瀛瀛故其諧鉄點蕩知其能滴其抑揚抗墜知其能欲見楊子者未見而或嘗之既見不知意之移也見偶子之詩者未見而擒之既見忘乎己之何好而不能舍也善文情者楊子邪善文楊子之情者楊子之詩邪閻逕爽交幾廿年說其詩意其人穆稆盍溫如在寐對既又毀其諸雜曲訴謬錄唐想其情狂初無以品題之直以己之情知楊子之善治情而後知詩之貴情也丁丑除夕遺龍
八至彭氏婦家因賻熊世兄
廿七日大雪晏起未飯因喚房嫗嫪緹不知何事以爲余有所怒也遽來
訶子罵女余不覺盛怒爲輟食至暮乃飯欲出訪皞臣香孫來相與言
雪夜聚談之樂亦不易得
廿八日晴昇出過佐卿皞臣因登浩然樓看殘雪作熊師挽聯 同學公瘠久寂寥始知南嶽傳經不幾浮雲富貴弟子淵源散風雲猶有四壁作志與閒夫子文章
鬭詩牌以終今年文事夜還
挽丁果臣 城南結友推老蒼卅年道路風塵誰知共向湘城老□□□草倍哀痛今日行蹤□□無復高吟除夕篇
廿九日陰今歲負債二百千不能還又加以百六十金不能敷衍乃爲張

羅劫去廿千不足加以二金舍己芸人未有若此者亦聊使子弟知有
此事耳張羅者不足扶持之人猶傾斗以濟之況賢於張羅者乎子壽
送果子狸味甚不佳
卅日歲除早起祀善化城隍神晴色甚佳欲出不果佐卿錫九來遣人送
鐙陳母忘製鐙購之不得申喫年飯六雲小產不能出男女分三席共
十九人戌祀　三祀　三廟受賀祭詩飲屠蘇丑初祀門檢點掃除寅
初寢陳總兵處假百千未得得五十千張素存余子振來告急略分潤
之不能滿其意也

湘綺樓日記

光緒四年戊寅

戊寅正月辛亥朔卯正起黃霧微雨待妻女妝畢祀

三祀

三廟受賀出至陳妹家旋還霖生文心佐卿彭郞孫涵若均入談午睡至申乃起飯罷出詣香孫𩿧臣佐卿談戌正還街上燈火冷落頗有盛衰之感夢緹齒痛促余就側室

二日陰晏起將出賀年帉莪兩女欲看迎春遣轎送至曾祠兒女攤錢余大負樾岑來過午遂罷出夜復攤錢佐卿池生海槎釋笠雲同來要伯屏及于吉甫圍棋未至先移攤局試會戲余大勝未終局陳于對弈一局陳負四子三更散

三日陰以國忌不出過佐卿博戲竟日夜還

四日晴出賀年數十家唯笛仙處及黃宅得入見子壽兩母久談佐卿亦來晚過樾岑飲香孫作陪設臘肉風鷄四盤菜餅初更散至熊署正處踐昨日戲局之約攜水圍籌還呼兒女共擲投三更始罷連夜均不安眠力臣自揚州還得汪偉齋書

五日晴昨日笛仙約來以其不輕出詣人故在家待之頭創大發作寒熱蒙被臥竟日猶出見錫九黃叔琳沈用舟笛仙余子振夜集家人博戲余不能起臥聽而已竟夜未解衣反覺少安半夜起自煑茶啜一盂復剖一橙食之而眠

六日陰出拜年竹師陳母家龔叟孫公符息柯處皆自入談還家彭親家遣迎女壻人力已至云今早起程行八十里到猶未晚步出赴孫海槎招鵠佐易陳于何孫兒余郞皆先在余詣𩿧臣略談佐遣來催往則舒叔雋在坐云已戒洋藥將試令湖北矣報易昀陔之喪將晚始去上燈入席肴豐而不旨夜霽昇還

七日陰豐兒及新婦回門至巳初方行余以過五日不宜謝客來者並請入談俄報師竹生來此不宜請者嫌其朝令午改因出陪之佐卿力臣繼至鮑世兄亦來長談聞力臣與佐卿談宦情戲占一絕云風平浪靜鄰圖空有客開缺笑頂紅欲把道簽謀一缺十年前已罷夔翁夜過伯屏看弈

八日雨欲出聞昇夫已擕擔往彭宅乃止攜兒女博戲子壽來盛稱易昀陔之美聞所未聞然莽於附會亦不能謂其誣也其聯云青陽誓守郞門痴留不伐

九日雨與兒女博戲彭郞樹鎜字雋五來云慶來等於前日行六里暗路到其家不過初更也昨日行則甚困未能入城又云熊師終時無疾苦曉岱則加病矣夜寒早眠不佮仙大節而不可奪重以婚姻約爲兒弟同心同德微斯人吾誰與歸

十日雪攜兒女博戲未終局功兒言煤炭已盡余愍家人之不能理事默

然不樂爲之罷戲凡居家者臘正不買煤爲力錢之加增也此雖小算而豫備節省具有經畫今並此不知故可嗟感少綵夏芝翁來約作麓山之游長談而去得懷庭十二月十四書言浙江冰凍同於湖南亦以爲災與余之見同也卽作復書並復偉齋又爲陳妹作書致梅生言文臺殯事十日得懷庭書感符二首皆回紙燈律頻有先春書冰雪連天地呻吟共草廬湘瑀乾欲折湖柳凍逾疏莫倚陵霜節寒松亦自孤正旦占黃霧連旬感錮陰飛光勸汝酒六詮杲何心遙莫愁秦晉寒仍戀枕衾稍須春淨動同播廣都琴夏糧儲來久談姚立雲欲入爲所阻以皆生客也

十一日晴錫九來論湖南今日無幙府材又言郭意城猶爲明白者陳妹設食請卜允哉卜未至余獨食力臣催客昇往袁熊二叟錫九伯屏先在君詒後至戌散松生送花爆把杯來

十二日陰與六雲論事有感讀莊子天下篇一過意爲豁然夜過𩿧臣勸其不可輕徙大宅輕棄故宅𩿧臣云其母意夢緹見龍舟云非母意也

夜雪寢覺微熱雪已深矣

十三日晴出報謁夏糧儲因過陳佩秋鮑世兄韓勉吾瞿春陔李仲雲袁予文均入談還尚未晚十二叔之子七兄世鏞來字和齋荒貸爲業以好鋪張人呼七仰

十四日陰龍郎來言其宅已賣當可翻覆否余以不賣爲是鮑世兄文心胡啟彰黃親家來豐兒自鄉還晨設食招仰七兄卜世兄陳蚴使飯與書俊臣索玉函叢書歷城馬氏所刻也

十五日佐卿伯屏文心來談一日碁客去張燈然燭作湯圓祀三祀

三廟禮畢擲骰至夜分竟日雨雪至是見月夜夢登一高亭曰冷虹

十六日雨始登樓鈔表記二葉睡半日息柯招往素食力臣王海珊去年大紅人也在坐夜與力臣赴劉總兵招觀劇怡生肖菴俱在三鼓還

十七日晴登樓鈔記二葉過香孫還睡半日息柯再招力臣香孫同集戌散過文心不遇盼瑲先後登樓讀書

十八日陰早飯甫畢佐卿來久談釋海岸笠雲池生繼至約明日戲局登樓鈔表記三葉聽兩女溫書熊鶴翁來高主事來出答訪陳萬全高主事皆不遇瞯亡之意也過伯屏云唐宅有攤局鶴翁踴躍欲往佐卿不赴也余還飽食而去戲三局未畢伯屏大負草草散余負萬錢

十九日雨晨臥聽頗感昔歡李伯元詩云十年前夜秋千院闌外瀟瀟是此聲余聽之則非此聲也飯後公符來黃子湘來午出赴佐卿約云局不成遣招熊老擲骰行官格至初更過皞臣談少坐乃歸去年曾祠游宴最盛今年唯存余氏皞臣亦移去談友稀矣鈔記一葉夜講坊記

二十日陰夜雨登樓鈔記二葉兩女溫書張冬生來袁予文教官來問余何不赴挑惜其不得知縣余唯唯而已午睡一時許出赴任雨田招陪予師林子瀞遇李次青次子拔貢生某頗欲掇談余亦優應之李去客

入坐王子謙彭子和彭郎辛叟同席雨田陪客而其父出名猶有儒禮

夜講坊記文心來辭行

二十一日寒雨鈔記二葉張冬生來兩女溫書寫字非女染木作小篆綠色不能顯蓋用綠太好之故凡油漆綠最顯質甚粗也畇穀招飯樾岑盛錫吾君詒胡啟彰皆先至讓余首坐官禮也樾岑出筠仙海外書自悔其莊語引莊子爲證余謂莊子言不可莊語卽孔子不敢危言之意莊子言更切於聽耳夜還講禮記

二十二日雨袁守愚來出訪叠叟便詣皞臣至子孫菴酒肉沙門船宇設食請唐氏六人李仲雲父子陳任二編修俞開甫唐氏令要余往云有賭局至則無有其地非余所宜至以正月好戲耳然足損人暮未散余先出赴池生招已不能食聊入坐看二席賭酒恐有泥醉者力阻之幸各罷散擲投一局還云已三更矣昇人冒雨甚苦亦不宜也今日有兩過舉兼未鈔書令兩兒講禮記庶乎奏雅於曲終耳

二十三日晴梁仲玉來文心約其往衡陽看課卷也飯後出弔楊朋海父喪便過樾岑文心皆遇閻季容文心處又遇潘恭敏詣子襄未遇姚立雲來同過伯屏飯主客十人酒罷攤錢衆人聞賭勝負不賭銀錢牛不樂唯伯屏與余同好立雲李拔貢亦尚不汲汲於贏輸未終局散余與伯屏皆負然猶未豪也伯屏頗膽大余則把細各有所長惜其技皆不精有愧於袁彥道近人不知賭趣以賭爲必須錢宜其禁賭廚中無米往池生處借錢十千

二十四日晴新年初值佳景竟日閒寂頗爲恬適瞿郎海漁來登樓鈔記二葉看謝茂秦詩話詩初未成句彭子和來對之欲昏睡及去大睡一時許夜講坊記畢

二十五日缺

二十六日缺

二十七日陰晴曉眠未欲起聞許家橋李孝廉來以曾祖墓在其宅後勉出見之云其舅成雨林方欲構訟請余往議之許爲一詣縣客去甚倦仍睡外間傳書信者紛至又起勾當至午始食作書復瀏陽李生出詣香孫還餘兒女移鄉莊讀書鈔記一葉講中庸爲高主事改詩

二十八日陰晴早飯出報謁常霖生及常生笛漁閻季容張子蓮出城展墓見塋旁有隙地欲爲陳母塋兆呼菜傭蕭姓往詢入瀏陽門甚飢還午食已具飯畢出城坐小艇附行舟酉正開行子正至竹步潤無風泊待曉

二十九日早陰纜行二十里至湘潭入觀湘門尋泗洲巷黎家亭子偕韵宅均尚未起頃之一嫂及從子婦從孫男女均出拜早飯畢與偕子步

至西禪寺尋李石貞孝廉兄弟過先高祖祠見俊民九兄寄居祠中甚不相宜然俊兄已腫病不能起亦不便促其移出也至碧珠七弟雲卿三兄處遇雨舁還飯畢少睡李翁煦村來言許橋墓事言詞盧張甚不以爲然姑妄聽之遣招成姪以李在不入夜至子宿偕書室

三十日陰出詣縣令云往郭宅作弔入見其子莘漁至五父處補行赴喪族弟外出見其繼母至西禪寺答訪李建八還段甥洗生七弟李翁黃許漁相繼來大嫂姪自寧田寺來同飯夜李叟又來言訟事頃與莘漁言及莘漁怫然有怍色李云莘漁受賄故也余初亦愠繼思之非我事何煩强與夜看圭齋文集莊氏叢書寅正大雨牀有漏呼人起漏亦止夢監試諸生有二人不能完卷其一飭令不必再作其一則功兒也余云女詩賦尚可試他題試其賦以三年化石爲韵屬草半就因爲改一聯云小孤來往之間　風　落日盤旋之地赤石搖杉既而見其稿則仄韵有秦齒二字俄然而覺

二月辛巳朔晏起李叟又來久坐不去將食乃去大雨兼小雹雷電待久之始集舁夫出贈嶽門舁中作雜詩六首 風竹韻晚翳生閒吟無限古今情湖隘處處皆非舊新 種茵蕉雪打擊　仲雅風流酒一巵吟成平剛被雨知時已訝無名 蠻烟道徐凝有惡詩　白馬驪駒一詠可哀平途塔莖萬功開後人那 泥行苦芒屩緩鞋得得來　隱士廬空冷暮暉再唱翠微滾衣尋知 且暮無生死不見人間杜鵑櫻　仙女山邊十頃田每來松竹故依舊 辛夷出屋花如雪聞憶新晉廿五年　怨長輕絕感交親 雖識恩深卻餞身今夜一燈聽雨臥窗前剪燭更無人 又贈黃子冶令君一首 積雨無時歇平蕪綠自春一城荒似昔大邑久憂貧 俗敝耆賢盡商凋巧利新悠琴聞獨聽兄事愧無人 行二十六里至蔡宅外舅已入縣矣家中方譟言與循急病將死倉皇殊甚久之病愈與循出見略談不及正事也叔止踰窗避矣去蒯女亦竟未出二姪甚依依是日大雷電雨

二日雨留一日棣生自贛洲回外姑促令爲桐生改賦二篇繙范漢書一

過出賦題八

三日晴飯後約與棣生弔李舅之喪棣云將謁祖墓余亦同往賦一詩云 千粒寒松覆墓青老成遺範想平生 至今百戲朝正節其肆當時任俠名 已過李宅閴無一人棣生亦竟不入可怪也遂行至城外過外舅寓亦無一人覓鑰開門入臥半時許外舅還待飯熟已暮至湘岸大水平岸船多開行又昏黑不便事仍還李建八待余決訟止之不可乃誑之云已說矣聞黃令君來答拜又請飯亦不能去也

四日始定晴晨起待飯至巳初乘小艇至中流附湘鄉倒爬以行三時許至省城外從大西門登岸朝宗門入非女姊妹七人三弟夫婦已於初二日下鄉矣家中去十三人猶不覺寂寞可謂浩穰也夜寢未熟至曉始酣睡

五日晴辰起獨攜莪女飯飯後登樓欲作張夏事略檢未得欲鈔禮記豐

兒亦帶去閒看錢大昕雜錄袁守愚來前託竹師薦從涂撫書記涂來拜而未約同行詢之不知何意也午睡至申方食佐卿理安來同飯至暮去同行看省城隍祠徙作三殿殊費財力以新雨街後溼恐夜難行至香孫門未入而散至家竹師遺妾尋其舊寓門閉不啓內有湘鄉人云已移白鶴井復至香孫宅傍訪得之雜談而還雨又作

六日雨閱養新錄仲雲來得子壽書寄銀郵其鰲嫂彌之保之遺使來陳生亦以書至鄉中人還促余入學云滋女思歸也明日當去遂棄城中諸酬酢不顧矣夜作書復二鄧程陳兩生瞿子玖至子寢

七日朝雨辰晴命舁夫飯後舁行出小吳門凡十里一憩三憩至東山余彷彿以爲梨市也未問途舁人初未經涉乃傍水行久之覺路差異已至屋前而路皆不熟入青龍祠問居人老婦指柏樹轉彎傍澗行半里入山莊諸女皆上學滋女思歸少勸之卽止命埽上房鋪牀設坐以

諸女均暫居書房侯張宅移去乃定居也亥寢　初至時鈔記二葉夜豐兒講中庸於父母其順未達記意

八日晴鈔記二葉繙衣畢以辰起待飯久飽食少倦暫臥二刻許撰軍志一葉攜滋女瀏岸眺望以坐齋中溼氣頗寒也遺禮書還下缺仍撰軍志半頁下缺曾侍郎事王定安所記洽與下缺年譜又爲鏡初扣去姑輟之下缺中庸是日出游見白梅始開桃李已櫱柳荑與花並發有綠意矣梅之粉紅者香色俱佳謂之江梅若常梅殊不及桃李但微香耳爲滋女講史記一葉夜將半雨又作

九日雨竟日沈陰鈔記二葉作軍志一葉半湖南提督歷任官亦宜攷覈以備記載講中庸春秋修其宗廟乃悟余闈墨之謬爲滋女講史記一葉

十日陰雨鈔記二葉次咸豐五年軍事殊不明晰因念褒忠錄雖斷爛旣有成書不可不詳觀因爲鈔撰營官之可攷者此書畢將徧閱曾胡集而摭拾焉今日看兩本

十一日陰鈔記二葉繙曾滌丈文集見其少時汲汲皇皇有俠動之志因思諸葛孔明自比管樂殊非淡靜者而兩人陳義皆以恬淡爲宗蓋補其不足耶然則余當以跌宕爲志不宜幽怨也檢忠錄二本頗不若昨日之條晰知其無益而不可不爲者此是也爲之則當有文理今日殊草草明當改之爲豐兒改文十餘句題爲學而不思一章彼未能暢發王鏊亦有此一句文更寥寂於豐夜講中庸行之一也凡二見似贅設無著落爲滋女講史記三葉軍中左右禮所以分別去留猶言反者右袒報國者左袒耳軍士以呂氏即劉氏故爲曉之其言當不止此是時平勃猶畏死產祿可知殊不及仇牧之下缺漢臣一死而產祿必敗何用下缺以爲厚重此固不可無學也者

十二日雨晏起鈔記二葉弁喪篇畢看忠錄一本河南馬德順者前爲湘軍馬隊將余在祁門從問牧馬方別十九年遂不相聞以爲留江浙補鎭將矣及閱陣亡册乃知其於十二年前戰死甘肅愕然傷之爲作一詩往曾侯議立馬隊何應祺利之而怯於敗漫取几上書占之正得杜集詩云苦戰身死馬將軍喪氣而止余嘗笑之君定不戰死詩妖無驗耶此唯余識之將廿年乃悟其讖意者德順名不當泯不然何精神往來於吾心也德順官至提督諡武毅詩曰

曾侯書起田間師將用拙速勝巧遲匯錄執梃五千來大捷湘上名天知當時提督一馬笑突陣橫賊風電馳南人好船不好馬水師萬艘橫江沉三河一敗兵如灰燼有舟楫無由施陸軍氣奪賊馬蹴鄱統揭揭建兩旗（多隆阿）始知騎步定天下曾公不敵萓卑兒嘔勒農夫學騰跨項強壓直百不宜我年二十騁身手超阬墮墾拋金碣罵駘多肉驥多骨炎方鑫稻雖調治馬侯將馬識馬性如造父孫沂牧時是時王師苦不利曾侯避地黃山隱肆臨登馭蠻無用相與蟣埵爲娛鐙據鞍一笑何生凝壯士恨不卒褰尸清秋一聲下鄱水歸來但覺果下馬春風秋日偶盤跚脊脈和協心顏怡馬侯牧方聊小用千金擲續越女嶺甯來廿年不問事死生貴賤和天倪偶從蠶𥡴見名姓使我心熱神傳疑松陰長聲恍未冷苦戰身死眞何爲憶甯伊淚騁千里灣氣

一吐月歉虧戰馬長嘶飲河水賤甘老死阜隸答余亦放馬衡山脇夢中不聽曉角吹馬侯馬侯鳥死其間功成敗君不見湘鄉石馬青苔滋
又看忠錄一本猶未夕惕息甚暇夜爲三弟作文一篇講中庸五葉爲
紛女講史記一葉
十三日雨竟日淒淒沈陰悶人鈔記二葉閱忠錄一本又繙名冊五本熟
思軍志篇之局法頗難見長反不若史傳地志之有綱領亦甚悶悶午
睡一時許講中庸五葉反覆推陳頗嫌詞費似有意爲文者與禮記各
篇不同樂記雖博稱而文昌明中庸似精深而意吞吐殊似淮南子後
代佛書之權輿也夜爲滋女講史記一葉
十四日始晴登後山眺望遲梅盡落早桃未開節屆春分寒猶未減也連
日無微風昨暮始拂拂生颸今晨動林木矣弟子將歸止之令待路乾
鈔問喪二葉於是禮記箋畢史記孝景本紀禁天下食不造歲漢書無
其文蓋令民積一歲食之意造猶至也當時語民多食貴糴故禁之閱

忠錄二本未摘錄頗出游水邊山旁對山一株梅猶盛夜爲弟子改文
四股月明不甚寐作研樵哀詩四首寄書常隔歲聞死信何須藏露儀三世邊城坐七春官閒空傾鄴體
顧竟坊鳥空谷音塵絕如聞倡和新之子溫如玉相逢猶不凡風湖春滿路秋閒淚霑彩信美宜花妒貪吟愁激嚴相思無間日百獨展遺
函知君定不死恨我未忘情究宣期千載音塵斷此生魂歸洪洞月夢過隗叢城又綠湘皋草誰憐楚些擊骨夜吟詩苦情多世「缺」外冠
曾溫羽無時富「缺」情誠分不隔長見廿年心
十五日雨晨聞人聲起問之乃知今月半行香者弟子昨欲歸應書院試
余留待晴準今乃更雨衝泥去以禮記箋畢稍休覺甚無事仍鈔中庸
一葉改檀弓箋以服勤爲喪禮引問喪爲據以較舊說爲安補中庸箋
閱忠錄二本未鈔夜講史記一葉滋女日課也研樵輓詩殊不入格更
改三首其詞云寄會長恨綏閒死怪鄧傳薇露悲三世荒城坐七年官閒處傾鄴體閒況多煎倡和音未寂寒窗孤月回久
作風湖別重逢意始親中年詩更老秋夜卬龍眷眷到娶琴寄途長夢想飄遺篇香百編佳句倚如斜孩骨知吟苦交情比官濃過庭幸無
事俗吏偶相容假弔湖南瓜獨晉城北松風流豈難抱石室有遺蹤

十六日雨午陰夜晴鈔記二葉
先府君忌日素食黃二來送運儀商農書郭玉送木器煤炭來言朋海回
將葬父當往赴葬作挽聯云才名七十年豈徒類一經黨嘉見雙屈再花甲佳兒二千石一自分飛滙鳳離鴛
三州寸草心又作書與王石卿王鉬湘鄉鸕鸘海漁也運儀兼屬薦一僕又
書與樾岑請查各縣兵事又商農父八十屬作一聯云傳經令子作名師定知五豆弼
騷講會春風桃李笑學啟曾孫說眉壽待得九齡錫嘏酌宮勺舞杏花香又與書兩兒論雜事處分是夜
昇夫當在迎夢緹丑正卽起攪余眠
十七日陰晴鈔記二葉余佐卿索贈詩久不成每見其扇輙若負債因晴
有感走筆成一章兒女下缺毋當來竟日瞻下缺祠視之日昃來下缺
入內件之半夜始寢未閱忠錄
十八日戊戌春分社日鈔記二葉爲佐卿書扇詩云沈陰閉春百日凄鳴絲拂羽偏春興盡天
運行扶當復世間安有千年冰宋玉泥污枉長嘆何不走向山椒嶠我今留寒出城去歸來果見天清澄桃花柳枝春蕊眼愁吟仰屈賦著蠅

青山詩人坐掉頭中夜卻思萬戶侯龍驤虎步生苦晚儒冠紈袴俱堪羞超聞春風入庭戶翻飛欲作天邊游不知書劍向何處江湖拍岸春
歸舟兒童攜攀笑語凝三十未老何驚推即今四隆久嶺諸餞爽和好不下錢下首高居作將相幅廷悔用馬上兒四方上書遠報寵郭公相
樂此最奇今留何爲心慨慷要擊不復謀耕蟲曹司丞官換斗粟入殿那及陸賴耶飽食餅哀侑慷悴墜踏楽嘗誓災蛉古來豪兜不如出堅
坐且笑浮雲忙我閒出語未賢達爲君起舞翻難勝恰同閒飲作氣酲風止雨留月滿亭院生東游老龍徒風歌想詠無人聽人生日月不暫
停不游不仕變裝星識書舟舟組三齡垂今枯坐守一擲君不見宗生臥游不寂寞胸中五嶽撐天青又和楊石泠桐園
卽景詩乘憑唐作舟寄研農八首云逢人臨歲郎香嬡況凡征帆南卸初燕臨香情無鼓吹聞吟仍似昔
賞居尊巢何須問孔顏古來名利不如閒四莊莫笑松筠梅時枯閒心共往還桐門列載共花垂書第前临洗樂池後跳前堺好松柳香
山栽種也宜疲莫問錢塘小有園主人歸依暮蟬喧廿年苦戰缺「下缺」空與飛過認霧「下缺」然又憶盡天「下缺」
秋月爲他偏老客中年羅山儻攜惜三餘偏託向齋風第居事是客中何顧眸餘君歸老種瓜蔬草寬林塘主客餞馬開苦石有離思家
書好報杭州吏正是胡麻秋熟時自卜新居山水間白臨黃鶴玉龍閒從君臥看四湖盡最憶蘇堤萬柳烟字韻殊不新穎
須別覓玉環金環人名環之類又嫌太纖新凡此皆積壓之應酬文字
以爲無味而不爲則不爲認真作之又勞而無益也看曾集定兩女日

課出游後山夜月甚佳
十九日晴竟日閒坐偶看曾集多出游覽桃柳已不勝春想牡丹欲花矣光陰迅速靜中乃覺之鈔記二葉看南北史捃華仿世說而作然無異閱兔園冊耳沐洒休息爲滋女講史記二葉槃大佩四印謂五利天士地士大通也汲古本衍天道將軍四字然後又刻玉印曰天道而下云佩六印則並數公主當刻一印歟
二十日雨晏起鈔記二葉看曾集夜講史記二葉爲余蔡書扇
二十一日晴晨作湘軍篇頗能傳曾侯苦心其夜遂夢曾同坐一船云初八當去初十定行矣張參贊同諸人宴客昭忠祠以余當增一客送單請添入余取筆書四川同知道銜知府曾傳理字似題壁又邀曾一往曾謝以不願而取帖送余往作客余牽一羊闖行入曾祠以羊交笠沙彌而還仍與曾坐譏者曾朝鞋已得已鞋乃狼皮鞋也甚訝何時著此

俄焉而覺
二十二日晴煊春事（下缺）百草已有火速向（下缺）葉作志一葉以家中八來遂罷磨墨書楊對四字殊不成章令非女書成之家送菜餅來
二十三日陰春色濛濛溫涼正適早起作書復商農夢緹還城巳正行擶滋女以去看非女作篆竟日未事書扇二柄彭愼郎請余書與林貞伯曾擊民曾或猶相知聞林豈能相聞耶又有彭述者更不知爲何人
二十四日早陰午雨作軍志葉半時尙早而天已暮又霧風震雹不靜遂停龍八冒雨來得若林書送菓子八種郭玉報王撫以兵部侍郎入軍機余猶以爲謠傳蓋舉措無如此之閃爍者然在王撫已有奪我何賀之歎矣非女作篆屏二幅請余正字遂延半日至夜乃補鈔記一葉又鈔二葉
二十五日晴作軍志竟日成三葉出游水邊看新綠昏時眠至初更起待兩女讀詩畢補鈔記一葉夜雷電陣雨
二十六日雨陰鈔記五葉中庸畢以正月二十日起計之尙少五葉以中間往縣七日除之尙多九葉也薄暮出游見躑躅已開春桂欲香一春花事不過四五日耳夜作湘軍篇二葉
二十七日陰早起復睡遂宴幸未過辰耳作湘軍篇因看前所作者甚爲得意居然似史公矣不自料能至此亦未知有賞音否熊三復來送（缺）洪得湯李陳生書（下缺）撫頗（下缺）湖南久不見淸流矣夜覽滌公奏其在江西時實悲苦令人泣下然其苦乃自尋得於國事無濟且與渠亦無濟反有損要不能不敬歎宜其前夜見夢也世有精誠定無間於幽明感愴久之彼有此一念決不入地獄且吾嘗怪其相法當刑死而竟侯相亦以此心耿耿可對君父也余竟不能有此愚誠（聞春風之怒號則寸心欲碎見賊船之上駛則遠屋彷徨）出師表無此沈痛

二十八日雨作曾軍篇成共十二葉已得三年軍事之大綱矣甚爲得意課兩女書俱早畢
二十九日陰將歸祠祭以大雨將至未去俄而開朗作胡軍篇看詠芝奏牘精神殊勝滌公有才如此未竟其用可歎也
三十日晴煊甚單衣猶揮汗午初行擶輿兒同舁舁夫又以竹籃繫後觀者皆云重不可勝因步還共坐五六里耳申初至家猶未夕食待飯後出詣黃親家宅不遇至運儀兄弟處久談遇袁克欽王仲霖黃子襄子襄欲設劍瘍藥局請余作公啓云魯四兒之意也夜爲成之遣豐兒下鄉侍祠
三月辛亥朔陰寒猶夾衣舁出訪朶翁鏡初鏡初不遇見海岸求住持事復過皞臣（駿邪借八代詩鈔）樾岑海琴（聞仲者在江南病故又言沈寶昆李琢在成都）雨田還曾介石王鵠甫李猷卿海岸來爲片告向子振求住持遐齡菴

二日大雨極寒重裘以居齋宿湘綺樓李榛必欲相訪嵩則爲其妻弟託照應云余將往四川故來先言此亦見彈求炙之早計也李禹門郭志臣來爲爭產案至今爲梗向晚聞鴈作王純甫父壽序一諾十年今始踐之閱王夫之中庸衍暨儒淺陋可閔夜雨達旦

三日大雨祠祭

三廟卯起待事至午初始行禮冠佩趨蹌儀文甚備未初餕飲一爵微醉少惕江雨田來言桂林無雲而見虹又成三龍鱗爪畢具此何祲也全州欲破而興安猶諱盜殆不如庚辛時今日短垣雨圮夢緹登樓覘工留小坐淡居宅不易尚不如貧廉之無累也得懷庭書理安東生來夜早寢

四日陰雨樓不可登無書可讀甚閒悶唯可與妻妾談而妻妾又無暇徘徊半日樾岑海僧驗耶來與樾岑論兵與驗耶論經遂至暮生今之世

觀俗人不解義理猶無損於我觀俗人不解事遂以致亂亡使我家室不得保吾何以處之哉墨子所爲上說下教强聒而不已也

五日陰朝食後少涎霖生仲雲陳佩秋來久談昇出過香孫李獻卿春陔遂至雨田處會食坐客俞鶴臯瞿海漁張子蓮湘耶蔗生酉未亥散作書復懷庭子初寢雨待夢緹寐熟乃寐覺夜甚長也

六日雨意甚濃坐小樓作詩寄懷庭云高閣猶清坐春空盡雨聲陰陰風動地拍拍水欺城遠謳雜歸櫓征年只自驚繁花不知恨三日眼中明袁守愚藍楚臣黃子綬來復黃子壽書理安來不入功兒入學去

七日陰豐兒自湘歸云俊兒病故是日已先約諸親便飯緦之喪未能廢也不聚居則不能有哀情亦時勢使然鏡初運儀來看軍志鏡云太略霖生嗚之小雲三親家公及彭石如來未集戌散夜寢不寐而夢緹酣眠聞雨起挑鐙坐久之

八日陰有雨作陳爾嘉傳仲英之父也去歲所屬今乃了願耳便作書寄去常晴生欲余介之於文心未知其何意亦依而與之子鎬來甚言偕子之短步詣黃海翁遇余子振於途昨有信借二千今見之未便言不借之故然從不相逢而偏巧遇亦可知謊言之自窘也未刻詣李禹門齋食陪彭麗叟同坐者袁小山張子衡瞿郎妻家一人不知其姓張耶姓陳耶胡子威來去年欠債唯有張夏名宦四條未擬亦疲於津梁矣雪琴子喪未唁

九日陰有晴意牡丹作一花娟然可愛樾岑懷欽張冶秋來湯碧泉來言湯屠昵一倡數月而死倡抱育嬰局女稱遺腹與湯妻爭產樾岑誤斷予之凡樾所作事率類此然乎否乎庚午春雨寄六雲二絕句十日春愁壓屋山早眠遲不解惜春餘燭紅蕊僅經思一夜斫苗諸玉闌鬭曲新鄰偶憶伊絲楊風雞花樹附前頭月留前闌造作春光四五分錫九來言北門有鉅大如斗昨入湘衡隄而去因憶甲子連雨余有詩刺

諸附和曾督者云春郊俛永爲爽菊黍䵒黃歇也自眸乞與泥阮三尺永欲成蹴去奈無鷄出燦高嶽飽歡休四山雞鷄合成愁緒喝共作黃昏兩一夜簾纖不自由彭郎及子茂大兒來久坐意欲余作書爲干謁黎易求官於黔也

十日雨豐兒詣書院上學營兵來爭地界笑諭之然家人不能平此木匠誤出數寸而營弁乃張大其勢以啓人競心使非明人則營弁危矣

十一日晴自城還山道逢兩女換夫力而來聞三弟暴怒無禮殊爲可訝彼自岌岌不安而尚橫蠻未知其作何結局也作彭郎挽聯壬年濟上始相逢十七回池柳當生休向瑞芝尋落蕊甲第門中最暇臨五千里疊花一現空留美譽在京朝並函弔雪琴與書黃縣令夜雨然燭閒談

十二日雨撰軍志向夜昇夫還聞三弟尚未去甚怒作書斥責豐兒既以爲太過改書責三弟然怒未已

十三日大雨竟日撰軍志遣熊三還家呼蓮弟來送課題豐兒竟未作功

兒又不能作自作之並作試律一首以爲必第一將三更乃寢始下缺

十四日雨下缺早去撰軍志催功兒鈔書自去秋至今才十葉

十五日晨雨飯後定兒女日課得三弟書訴口角事云無非起釁兩人合五十歲矣猶如小兒也作軍志一葉爲功兒改詩教非女畫地圖兼爲講詩經一章

十六日陰看胡奏稿書札及方略見庚申年事怱怱不樂又看曾奏稿殊失忠誠之道曾不如胡明甚而名重於胡者其始起至誠且賢其後不能掩之也余初未合觀兩公集每右曾而左胡今乃知胡之不可及惜交臂失此人也鄉非余厚曾薄胡彰著於天下則今日之論幾何而不疑余之忌盛哉豐兒今日當來久不至至暮乃到移書室檢經藉得彭雪琴赴書先一聯久未書夜始令磨墨至子

十七日陰晴早起定豐兒日課看功兒作字非女浣沐告還城作書復雪

琴撰軍志篇成讀一過似史記不似余所作諸圖志之文乃悟史記誠一家言修史者不能學也通典通考乃可學鄭樵通志正學之亦智矣惜其筆殊不副然不自作不知之則余智不如鄭久矣欲作曾軍後篇連日正不喜曾乃改撰水師篇再繙方略便撰大事作表半日畢一函耳依此推之五月乃可成表夜無事戲作經課文乃悟初稅畝爲不課公田盡以予民但納民什一稅耳此圖省事與歸併地丁者同而皆爲大害

十八日戊辰穀雨晴作水師篇下缺卷早畢缺作經解二篇下缺祖當爲嚳以文王受命無可祭也而周頌無祭嚳之詩竟未知其審

十九日大雨雷若積牆移入內齋終日作課卷殊可笑也夜繙方略十卷

二十日大風晴出看瀏水洶湧如江濤因吟春江壯風濤原野秀黃英正目前卽景無異池塘生春草也看曾批漢書竟又移於漢書覺史記尚遜其沈博蓋余性於典實爲近午鈔雜記二葉嫌功兒太遲故也聞新巡撫丁憂不來山公信天授瑨盼並至閒談久之作軍志一葉

二十一日卯正晴朝食作軍志二葉午令瑨女師功兒盼女師豐兒受經入學午正夕食鈔雜記二葉日長不得暮以作文不可多看書逍遙而已夜作軍志二葉

二十二日晴辰初起作軍志序田鎭戰事頗近小說然未能割愛也夕食後大睡起繙方略未鈔也作表亦殊不易

二十三日大風晴辰初作軍志至午稍息登後山還仍作志稿未小睡夜作書寄若愚並發雨蒼曹識翁兩書題五言八句於雨蒼書後招其來湘爲霖生作胡文忠妻挽聯

二十四日晴作軍志遣熊三歸交卷竟日繙曾胡奏及方略頗勞午後攜兩女出看新苗已半損矣龍八來

二十五日晴作軍志看方略曾奏將畢矣然敍次殊不及前以彭楊竹構陳事三人皆不欲載有依違也故修史難不同時失實同時徇情才學識皆窮僅記其迹耳

二十六日晴作下缺畢下缺書疏宕之氣其不及者字面不古耳修詞最要凡言今古無殊者强詞也制曰可與奉上諭知道了欽此豈可同讀乎

二十七日晴煊未正至城外爲陳母尋墓地兼省墓入南城至皐臣處小坐雨將至步過有乾送程信行數武雨大至入力臣門少憩不見一人復出至又一村逢一傭人假簦覆我已霑衣矣入門熱甚夜寢未適

二十八日晴單衫猶熱昨日復來營弁二十許人指畫樓前云樓地係盜侵得之余云何以爲驗答曰契必以滴水爲界此出丈餘無異詞則不宜混言滴水也余曰信然然此非余宅卽非余契君等但尋宅主吾乃

可讓否則他人之地尺寸當爲堅守二十餘人諾而去欲訪亦無可證者出訪佐卿懷欽招飲席於佐宅已先在矣同坐者麻竹師涂次衡王理安向子振曾介石余先過荷池訪王涂並見羅研丈李獻卿來瑣談

二十九日晴暮雨午攜莪女過香孫處莪女睡去因久談俟醒乃歸飯後詣海琴蓬海樾岑昇還

四月庚辰朔雨復寒署善化唐蓬洲來伯屏佐卿來余苹皋來請余序其史例自云分五類甚淸晰也又示余李兪二序樾岑來

二日晴伯屏要同苹皋鶴村過佐卿手談劉伯固來城云欲入都與伯固同詣曾侯

三日晴不記事唯買地是一大事研丈來

四日陰佐卿早來約同游東南城待之至晡與同過子壽不遇與子襄略談至蘇巷遣招錫九出同過鏡初遇張皮籬言督銷事逮夜與佐錫同

過皞臣還至貢院西乃別徵侯今午來

五日陰周秀才鄉和尙來佐卿伯屏張子容劉伯固先後至家中少人欲出不得午後步訪笛仙瓮叟遇曹咏芝雨至冒溼至朶翁會食鏡初湯孝子轟小嵾陶少雲沈地師同集踏泥而還夜寢甚熱已而大雨

六日大雨酣眠失曉飯時院中如小池矣午出送楊殯因拜客九家香孫竹師伯固佐卿子容伯屏敬生譚主事海琴雨田王石卿均久談已向暮矣急赴黃宅則劉余曾介石伯屏已先在子壽瑣談客多笑之皆言平江土匪者紛紛或云瀏陽請兵或云已過義寧或云散去余一不問也初軍興猶有恨官吏者今日視爲固然

七日自城步還山日甚照灼無陰可息因急行二時許至聞讀書甚淸壯飯後早眠

八日晴晏起頗睡蓋昨日行倦也晚作軍志三葉令非女畫一圖自書地名似尙可用片告黃子壽令查鹽稅數目明日遣蓮弟去

九日晴熱郭玉來云雪琴送小菜及其子墓志來舟尙在平塘蓋欲相見以其行每飄忽故不能再入城也羅余來求貸懷欽爲人求詩題高麗王畫蘭蘭似茸絮署款爲石坡道人又有大院君章姑置之作軍志三葉敍次未明晰而已鈔記二葉申後睡夜月褱回殊無納涼地凡高麗稱君者其宗室非王也

十日晴龍八失曉呼之起作軍志三葉鈔記二葉午睡夢看戲甚可駭眩起而大雨教非女作湖北省圖爲豐兒改文

十一日大雨甚涼晏起作軍志咸豐六年至八年湖南協濟江西軍餉銀二百九十一萬五千兩此左生之功也左生於江西殊勝曾公鈔記一葉

十二日晴涼作軍志第五篇鈔記二葉檢水經注作圖比注圖遠勝夜看

曾書札於危苦時不廢學亦可取而大要爲謹守所誤使萬民塗炭猶自以爲心無愧則儒者之罪也似張浚矣

十三日晴作湖北圖成非女所畫也鈔記二葉蓮弟來聞雪琴至家夢緹出見下缺作下缺昨下缺兩兒讀書教之若以墨卷殊非義方之訓然通人游戲狡獪亦可耳丑初乃寢

十四日晨起蓮弟已去廚火未發仍還眠辰正乃得食作軍志敍多功於曾軍使稍生色亦以對砭其失軍不可懼孔子以懼教子路言其輕死耳非謂行三軍當懼也

十五日晴鈔記二葉

祖妣忌日素食畫九江進軍圖作軍志看曾書疏未嘗一日忘懼似得朱儒之精矣而成就不大何也夜大風使人危栗而鄉人高眠晏然此亦失懼字之意熊三來送經課題作胡文忠妻挽聯昔年姑女荷深慈早聞賢比鍾羊當代名

門推極崇往日鄂城曾授館不獨功銘促嗜顧辛鹽表願摘劉又代常霖生作一聯云先慈京黌昔相親最儷多桂闕中悉弔擅衣金簡地名世中興成內助還讌斷儆擎蓋得看滿號拜黑年因與三女講詩夜半風止而雨

十六日晴看功兒非女作字鈔記二葉王守備妻從母之夫也有子生事爲樾岑所拘作書請之遣熊三去作軍志二葉看曾書疏竟日

十七日晴晨起作軍志二葉昨鈔記誤落二條補一葉又不足乃漫衍其箋備論祔禮雖不能轉敗而爲功因醜而益研亦尙不等於飾非文過之爲要論正禮則當重鈔爲是蓮弟來得張松坪書聞前日大風城中屋瓦皆飛此間山中亦吹倒一茅屋也夜看功兒經解說織文鳥章不了檢余補箋依鄭義爲將帥之服了無證佐因博攷毛說定爲旟旐致民之旗蓋古者出軍大徵發則云旟旐也

十八日舁行二十里至大橋遣蓮弟與轎工以空舁還獨與龍八步至城

夜雨夢緹身痛寢時驚覺黃莘漁來

十九日晴晨起待飯久仍假寐飯後懷欽來言功兒書題不稱先生殊爲好怪午出詣蓬海問湖北書目擇其可買者如左

公羊　爾雅　儀禮　穀梁　周禮　禮記　釋文　通鑑　國策

史記　班　范　陳　晉　宋　齊　梁　陳　魏　北齊　周　隋

南　北　唐新舊　五代新舊　遼　拾遺　金　元　附志表　明

子書不零買　新序　申鑒　中論　大玄　說苑　潛夫論　齊民

易林　獨斷　論衡　風俗通　神異經　搜神並後　博物並續

續通鑑　詣樾岑遇謝小莊二十年不相見矣春陔夏糧儲皞臣處俱久談還已向暮

二十日晴樾岑來游學王生來獻詩自言名文翰出題試之頗有對偶與以二百錢歡喜而去研丈來同赴賈祠夏公招徐李彭同坐至亥始散過香孫

二十一日晴出城支布帳房於　先塋待陳母下葬臥一日申正始窆入城啜茗於龍宅留談至暮陳母自來湘正二十二年今始永訖永畢此四字見曾文正集差無負耳十八族父之子弟三者徒步貿貿然來云年五十矣煙飲甚深推之不去今日始設榻而來此惡客闆人亦笑人也

二十二日晴晏起作淮北李苗志敍未盡善午陰出訪子壽仲雲省海翁疾大有病容自云名宦必可祀此生亦不虛蓋此老於吏治頗自命也

二十三日晴遣郭玉入鄉告瑠畍使自還墳工殊未畢也子壽子筠錫九子壽留飲夜還爲諸婦女作影本與書文心梁仲玉竹師來

二十四日缺

二十五日晴下缺晨遣要過下缺莊出東門因便往會義女欲隨余入山來子筠云龐氏子師徐玉書曾來訪我郭玉還交功兒一卷殊無可取

擕與俱行同至黃宅則子壽大兒約來觀學規恐余遣迎而爲韓勉吾所知更約自來也出城北風起未帶單夾衣甚冷義女則余爲包綿夾衣來矣爲人謀則周至爲己則疏亦自恃之過也愈行愈冷雨又至僅而得達兒女已夕食矣待飯畢已暮覺倦遂寢雨竟夜

二十六日涼晴三夾衣猶未足理軍志作一葉鈔記二葉說廬制未暸父子同居廬則不可兄弟同居廬可耳父爲長子廬亦似不可也義女不甚思家時來問訊喃喃了了亦自可喜

二十七日晴晨猶涼午後乃暄作軍志二葉鈔記二葉午飯甚早夜更飯閱方略二十本檢江西軍事

二十八日晴作曾軍後篇成且暫息未鈔記

二十九日雨水平田將至門矣晝晦且雷懶於作事睡半日補鈔記二葉又鈔二葉足本日課夜校湖南水道浪水入廣西柳州不甚可解豈據

圖偶誤耶又看懷庭平湖紀亦頗詳悉
三十日己酉晦遣兩兒還家過節功兒課文未成至午猶不能就乃挾卷
去改作了果老挽聯云（夜雨憶齋鐙人生少壯猶何須鬢似君點早白蕭風吹宿草世事息忙休笑光陰磨我爲刊）
（晉）練而後弔猶如昨日塵中歲月真苦短也校晉書地志悉注今地以
水經注晉代書故先令州縣可攷乃標於水經注旁以攷水道余近歲
於山川頗能說左（下缺）
五月庚戌朔日作浙江軍事篇未兩葉不稱意而罷緣浙紀頗詳未能裁
割也鈔記二葉爲豐兒改課文得唐真銓書未知唐何如人而自稱愚
姪可怪爾省報云唐濂來辦捐濂卽真銓之類耶北齋多蝨夜不可坐
故無所事
二日晴涼郭玉來送懷庭書是日正閱懷庭平湖略改昨作志二葉鈔記
三葉說韠制不瞭義女時來瑣語攔之出看秧田夜還正室大攷韠制

仍未得解
三日雨家人以端午强來迎恐增勞費因命非女攜義女先歸旣去臥思
韠制起忽得之作六圖以明之旣明重看鄭注並通鄭說唯鄭說有兩
可疑余說猶有一可疑耳鈔雜記畢共四十葉計三月二十日起至今
日四十三日日二葉當八十六葉往來城中費二十餘日功鄉居之暇
如此但作志不能不稍休亦未爲廢日耳夜作浙篇一葉注晉地志二
州（完缺）
四日雨家中遣熊三來迎待雨未止題高麗君畫蘭二絕作浙篇半葉而
行未至東山大雨舁夫衣盡溼待久之欲返怯泥覓夫未得仍前進至
大橋得一矮人代龍八龍八乃還至城雨又甚
五日雨本欲出游見此悶損驗郎來至午雨稍止行禮受賀畢飲蒲酒於
東房少寐昨夜起待旦與書錫九請勸捐錫九來請改之以示劉撫爲
書二紙送去
六日晴劉前撫送援黔奏稿十本來檢鈔竟日
七日晴（下缺）武岡（下缺）留止書齋（下缺）俱來談檢援黔奏稿畢（下缺）
八日晴出謁劉前撫以彼遣孫來訪且約會飲也因過皞臣鏡初弔唐壽
官還與保之夜談至丑
九日晴鈔記二葉伯屛守愚來笛仙來
十日晴巳出至唐宅陪弔與子壽伯屛竹師李次雲雨恬黃雲岑陳程初
雜談申陪保之會飲劉宅坐客雨恬錫九勉吾酉散飲三杯小醉還早
眠
十一日晴鈔記二葉學記成功兒少儀亦畢鈔書課稍停看保之讀書記
大約似漢人論語諸篇多平正閱歷語然不可摘錄夜同保之過笛仙
久談

十二日晴出送唐葬與伯屛過皞臣早飯仲雲唐作舟來前湘潭縣令李
熾福之子來覓差事看讀書記
十三日晴夏糧儲來謝未見
先祖考忌日素食午設奠昨與伯屛論忌辰雨纓冠非典制余循家例冠
之今始改用吉冠黑袿甚熱采九遣人來相聞三十二年舊友今與保
之俱集甚奇快也以忌日未往至夜乃常服往訪之握手如昔情出示
所作莊子二更還保之已眠
十四日晴采九來王人樹周昺袁予文蓬海來早爲兩兒改課文約伯屛
與保之對弈觀一局步至皞臣處晚飯懷欽保之先至子壽後來酉集
亥散聽子壽誦所作詩亦激昂往復連日稍熱無所作
十五日陰朝食後過人樹聋叟雨作至朱雨恬處午飯保之伯屛怡生黃
含生同集登心遠樓看麓山如屛湘水如席俯仰十年矣中飯雨大至

申散便過周昺昏昏欲睡强過予翁略談因過莊心安寓下缺爲弄斧巷今亦十餘年矣心安下缺開朗令人破睡周稚威亦至雜談桂陽舊事遂忘移晷將暮乃還保之猶未食登樓共飯續談受菴發病事今日袁予翁言左季高父養金魚一缸以子多少爲門徒盛衰一歲子多其父數及門某某當入學不及季高左年九歲甚慍乘隙盡殺缸中魚父詰之對以情又言左景喬與兄同歲考父欲其兄高等因擕二子試經古場詩題卿雲河漢不知所出問景喬不答案出賀麓樵第一景喬第二父訶之視其詩首句云摛藻推揚馬父怒批其頰至紅腫暇改江西篇明日將謄之

十六日陰子襄蘭生來看保之邀出久談登樓鈔軍志稿二葉

十七日雨晴竹師來運儀來言古者並建三正非僅存二代之正朔因言淮南天文訓有其說余欲尋淮南書問之城中無其書擕余文詩去鈔

軍志三葉刻工刻來一葉不可用

十八日陰極蒸熱出弔何五嫂遇石卿笠西仲雲雨大至少坐待霽而還鈔稿三葉夜改豐兒課文

十九日陰晴晨看豐兒課文頗有所似余都司來言江南蝗出恐傷稼又言沈幼丹無去志治具招朱九保之會飲錫九運儀爲賓未集酉散

二十日晴作軍志聞謝麟伯之喪驚其有鬱積而無表襮未知天道何等也午過仲雲飲陪朱九保之二周爲賓仲雲頗贊女無常之美及程正揆字下缺

二十一日晴作軍志殷默存及其妻下缺來香孫伯屏樾岑夜來

二十二日晴出訪默存君詒朱九春陔夏芝岑皞臣還作軍志賀伯仁姚立雲來夜談言毛少卿妻爲夫兄所刻奪午節其子當送師四百錢求不可得遂自盡又言李右臣與華容令互訐及益陽令糞試事錫九來

屬改其子詩遂忘之

二十三日晴作軍志時見案上詩稿爲改八句至經一時許以詩題爲大田多稼無可作也善化令唐朋洲君豫來卜允齋來言晉捐事君豫言程正揆孝感人明末侍郎爲二臣字端伯

二十四日晨雨辰初霽飯後率小兒女往城隍祠觀迎神雨作卽還已復率諸小女至北門觀城隍神出游牌題左伯侯向以爲謬今思之此殆秦漢古字左伯者今佐霸也城隍祠起於唐末馬氏時天策學士好用篆書代楷隸故有佐霸之號耶左季高初封伯人知其必侯以此爲符亦禎祥之先見者已季高再辭侯封近於知恥比日每作軍志輒不過日數行午作志未百字出至撫署看游神大雨如墨似有暴凍急還才霢霂而已俗傳神出不遇雨似亦有驗

二十五日雨以樓上檢箱不可坐大睡兩時許至未乃出過姚立雲子壽

談出大雨昇人衣盡溼至賈祠唐善化設飲請朱九保之余與柟生福世俟作陪坐樓上北風涼冷山色冥濛頗有遙集之望設席尋秋堂未夜散朱九贈余及保之詩屬和焉詩中自命賢豪驟難尋解余初以爲賢豪謂我也便過運儀談少谿亦至城觀所爲大學中庸義孝經內傳皆近宋人講義唯抑而强抑字不作語詞天地化育謂孔子文言具有精理又出示河洛書兩篇

二十六日雨浙江篇草草成中多未覈依懷庭書略去其鋪張者而已朱九來本約竟日談意怱怱不肯住保之復汲汲詣客余亦因莊心安來在外坐稍久朱九獨坐樓上殊無賓主之迹客去乃陪往會祠登樓看雨絲甚奇出遂分道還作詩俱未成

二十七日大雨晨作歌贈朱九題曰雲鶴篇飯後袁守愚來久談莊管聰保之論歷代儒術言之娓娓而以莊子爲自恣與余見異守愚去入房

寫詩采九來出示賈祠四律午赴笛仙招陪保之錫九黃蓺圃子和均
入坐爲笛仙敘祖塋狀祠還作賈祠集餞采九詩二首詩地新分廬良
願舊靈勞道因
闕輸重交託古賢深城郭前遊迹軒窗道別心有才塩自信千載待知
音宮迹忘中外於今更爽然仙成王佐業何似酒杯前湘水暑鑑讀
浮雲去可倘且將圖
祓地拔嶽對晴川
二十八日雨蓺渠行狀成校一過似未精簃姑令先改之午陪保之飲胡
少卿家其所居許竹士翁舊宅四十年前余嘗至焉其表兄曰廖翰釗
湖北州縣頗似佐雜戍散過雨田皡臣處談皡臣復追恨劉峴莊殊不
可解
二十九日晴寒下缺迎神出游下缺散漫蕭條令人有今昔之感下缺將
不禁而自强然後知順成之方其蜡乃通古人所以驗盈虛也午過采
九卽至福世侯處晚飯蓬洲心安唐蘭生保之及余蘭生先去余待客
散復過樾岑談采九寓門已閉書扇二柄

六月己卯朔晴飯後登樓作軍志未數行驗耶來問韵學坐久之出看迎
神褰回長城李真兩祠間經二時許還少偈步過瞿耶赴子壽招陪采
九保之與懷飲任孫兩前輩運儀同集保之先去相者言其將有疾不
宜冒暑余以人行止非人所代謀不能止之也食品未純腹中不快過
蓬海夜談還夢緹久睡乃醒因亦早眠正四更夢入一大祠祠外有十
許人內有左季高言與李次青同戰㵳爪有奇功當戰時約以一矢著
城上爲信余疑矢力不到城旁有爲明弦弧遠近者云可到也俄而外
間火起出視之則二沙彌方呼天以救火在天神坐一龕上實未然也
遂與十許人同入一祠祠荒冷殊甚或云有猋多驚怪賭能入者余心
不欲入而十許人者先行隨以往則前行中一人大叫欲以自壯余知
其怯搖手戒之而默前行盼女亦先入卽退出云猋高如人余乃先入
則無所見見若有光者亦不甚顯暗中壁角若有人面隱映皆不明見
其正殿殆高廣數十丈循左廊飛登其壁上懸龕並檕舊紅木箱搖動
甚危余踏箱上行至正面未數箱誤踏其下一厨缺路絕不可往下缺
十紅凳正下缺形參差相下缺五尺出一凳角劣容足亦搖動欲墜余
踏而飛下遂出殿牆外當入時非女從在後及出非女未出余呼之不
應連呼乃應手持一物狀如鴨又如鼈云得自池中其名曰恤勿部中
有卵鬼怪之所化也恤勿者隱語鬼頭由字耳既及門盼女乃亦在同
出未踰閾有老嫗年可六七十腫白貌不善方乳子呼盼盼不敢應非
女云可呼伯母余亦念此怪無惡意令盼女呼伯母此怪大喜遽下其
所乳子欲起有言耳中方聞呼聲乃盼女喚老嫗耳
二日晴湯碧泉來送唐中丞祀名宦詳奏稿彷彿雜談而去午出看賽神
久坐湖北館門外涼風甚快遇陳梅生略談旋繞小徑至劉韞公宅勉
吾借酒招陪保之子壽賓主雜談𡿨岜劉公詞未畢保之忽起坐客皆

訝其忽忽保之文筆未退而聰明大減蓋久居鄉又素略於世故故至
於此然正是衰態錫九與余步還途中頗言宜留之不仕余未能言也
何彤甫孫味擅及其從子來
三日晴晨起部分燕客事遣借浩園設席飯後步從池生家入園見一客
從樓下出則陳丹皆已至矣頃之保之采九蓬海來巳集申散
四日晴驗耶及張生竹初來早飯兩兒皆病欲遣信還衡無人執筆乃自
爲之兼爲盼女理書錫九來同過香孫頃之保之昇來同步還香孫論
采九詩不足成家可謂不阿者
五日晴未起聞外舅來屣履出談留早飯樾岑遣邀至志局看志書下缺
零散無可徵矣看新刻通志數過研丈談聞鄒諮翁死日云得傳聞非
實也志局留飯九俎飯後水驛報新撫邵公將至余亦當往采九處話
別遂散還家待日落至采九寓值其將浴約浴畢乃暢談因先過外舅

坐久之還過采九遇梅孝廉云辛未同號人也保之亦昇至又報饒尉來坐別室余以坐久慢客乃起辭

六日晴晨飯呼昇下鄉便過采九拜別未坐而出至外舅處解衣遂行出瀏陽門道上迎風甚涼到山莊未午小睡遂移日起已飯畢矣龍八專種菜圃中無青蔬以其愁懶不可用遣之

七日陰晨睡甚美以當遣人還城不可久睡强起待飯後龍八去乃令蓮弟還家喚楊思曉西齋虛無人移入看方略六十本少倦假寐遂酣微聞有人來不知何人也又久之見一人窺簾乃紱庭自鄉至城相尋而來云祠山有盜草者又言九兄病甚重余適未飯因令作飯與共食及暮城中人至無非書言顧工皆不能來請人挑水而自澣衣且浴浴畢烹瀏水煎茶飲三椀覺腹中空空切餅食四之一看黃少𦒿道德經注頗爲精實

八日晴稍有暑意周升來昨遣龍八去未有所顧而頻來三人皆足以供爨亦巧值也午始覓一童子執炊作書處分割草事看方略欲作江西後篇繙四十本止

九日丁亥小暑紱庭去刻工苦蝨亦去繙方略二十本將有所撰偶閱東安水道志憶前游缺物外頗有獨往之志缺作詩寄懷缺山川寄物外車馬不能喧偶有獨往志嚴石積嘯前昔游如有岭今懷亦可歎散髮東山廬沈吟永桂叢巖盧午風靜松蔬夏日寒村舍道相逼樵牧方來晉豈伊嵐蹤契難塵是爲仙閑庭雖自淸未若激濯煙世事託妻子將從性所偭

十日晨起甚涼早飯後作江西後篇成鮑超許彎奇捷而無所述乃知史公附驥尾之說午後浴頗熱看會奏及　文宗訓聊以遣日耳郭玉來迎米亦告罄乃議還城

十一日晴四更起檢點廚飯已曉乃行本謂連日有風步往爲適至辰熱甚已乃解溫入城坐陳池生處少休至家保之外出豐兒傷熱病困夢緹亦病齒待飯久之保之歸繼談詩法云唐人能與古爲新學詩者不先從唐入則爲明七子也唐詩選又以詩歸爲善先隔斷俗塵詩歸爲世所訾議非吾輩不能用之有效也夜寢夢緹頗呻吟昏睡今日初聞蟬而家園猶無蟬鳴

十二日晴庚寅初伏笛仙來聽緹遣告豐兒將死矣余亦未候診其狀但聞汗如冷珠疑其亡陽往荷池詢羅研丈丈云寒厥不足憂也笛仙言宜許神余云巫醫並進可乎至午少愈出訪香孫畇穀畇穀爲三弟覓一噉飯處故往謝之未遇也香孫論保之詩五古缺如余在摹擬缺未化亦爲知言余論保之詩亦缺其近體爲高也然無古法不得成近體故近體亦未易言夜月風涼作書寄雪琴薌章京皆爲保之介紹

十三日雨涼黃海翁來以無客坐未延入然海翁能出可喜矣君豫來英子至省已久今日始來見余正午睡出甚遲亦不意君豫至殊慢客也保之午去云出城暫信宿便長行矣張岳州送茶

十四日早涼園中柳樹始有蟬午蒸熱出訪銑叟遇樾岑旋至龍宅弔芝生妻赴至成服陶少雲欲上行禮余以未成服不可行禮而出出城送保之上陳舟家答訪張子蓮而還保之來辭行子壽來夜談校寫志五葉子蓮處借近人小說

十五日陰早飯後夏糧儲招飯步至賈祠譚荔生子銙及黃郎某甥先在與荔銙步過懷欽已移麓山矣過芳畹黃小雲親家略談欲雨卽還大雨旋再作看近人朱某小說云與魏般仲相識又載左孟星一聯餘無可采

十六日晴得劇朗君書卽復寄墓志石及行狀稿去鏡初來得楊商農書與書松坪並贈南詔碑鄧生子石來言彌之取妾誤取人妻以二百千身價盡與之矣此等局騙殊令人笑恨而邵公以生離人妻罰作豬义

其受騙之甚者也彭子和王叶亭余師及下缺來
十七日陰涼易桃生陳韞原子鈞郭健郎張冬生竹師芳畹相繼來坐談
一日
十八日陰雨繙湖南奏稿兩彭郎來坐半日江石塢李獻卿來未見夜過
韞原談遇姚立雲繙宋詩尋詠賈祠詩未得
十九日雨涼閱檢宋元詩倦再眠張元耶來偶閱古文苑賈誼有旱雲賦
似是在長沙傅時所作以爲祀名宦之證樾岑贈余新地圖省志局所
繪亦居然有可觀
二十日雨涼檢鈔宋元詩畢理志稿韞原來錫九來言渠欲劉公薦余於
邵撫邵以沈郭爲對甚矣巡撫之憒憒雖罷官閒居人以爲明白而胸
次如故也余前不欲敗其興今當自悟矣夢緹病齒畏寒
二十一日陰有雨登樓作志數行瞿海耶來言善化詩題酒盌茶鐺全部

史得瞿字瞿式耜詩也余未之見午過謝研丈君豫還過二妹家送三
弟往郴還詣姚畬雲飲韞原懷欽先在陳程初皮又舟後至戌初散欲
詣子壽運儀處皆以雨將至不果看逃學賈生年表未爲精覈
二十二日陰庚子中伏熱書房平地飯後小睡吉耀丁來出訪黃詩人不
遇過子壽留飯同詣樾岑晚出獨過蓬海
二十三日晴黃詩人來言須覓一館地晚出訪子和遇下缺其爲下缺叶
亭也夜過錗叟言明日辭差告老矣至運儀處談
二十四日晴晨起登樓作志稿聞爆竹聲過拜四母七十七生辰還少臥
六雲攜小兒女三人俱往夢緹病甚家中寂寥而不清靜意興殊不佳
公符歎存守愚來
二十五日晴熱福世侯來當官益陽爲袁生往掌記面結之今日次婦彭
二十生日命設湯餅治具甚晏正飢欲食蕭希魯來頃之陳力田來言

有一席無用處欲送來余恐不可食未敢約客已而菜至尙潔淸乃遣
約二陳編修陳總兵鄧生陳芳畹陳鄧不至而子和步仙守愚常霖生
易桃生不期並集食不可口酒尙豪舉戌散伯屛桃生對弈二枰夜臥
樓上
二十六日晴健郎來未見檢湖南歷年奏稿果臣孫來退鄧宅奠分且欲
謀館果臣遺令能令其子孫不敢受賻亦美事也夜熱不能寐至三更
始還寢
二十七日晴熱王石卿來逃暑無事看指月錄午浴竹介石王步仙來飯
餲不可食鄧生來同食瓜夜覺飢已無所得食矣喫麪一盌遂成腹疾
二十八日晴極熱袁守愚來辭行陳任兩編修來議興釋奠禮坐半日苦
矣臥側室門中叩陳五弟來不能出見也至夜微風始有蘇意香孫來
二十九日晴晨出訪蕭希魯送福世侯世侯已行遇之街口過仲雲遇熊

子修春陔處遇唐作舟看嵲臣病云腋胯耳眼俱出水恐不久矣促覩
余軍志明當自寫與之鏡初處遇竹介石過王步仙日已午乃還郭慶
藩來言語輕率如麻雀查查半時而去爲任編修改條呈
三十日晴熱瀏陽馬生來言去歲考童頂替事猶未了欲求首府保釋之
余辭以不識何公也得若愚書言往阿克蘇去距肅州將八十站頗言
左督事未甚安夜過心安談遇呂陸食瓜初更後還夜寢至三更熱更
起
七月己酉朔熱不能事但臥而已午正意城來談甚久雜及天下事甚詆
黎庶昌云劉雲生方往德國未撤回他日誤國事鈞仙能辭咎耶非女
病甚今日始起夜登樓頗涼室中猶不可坐
二日晴熱蓬海約飯怯日不敢步舁而往過伯屛邀同去二熊先在熊鏡
蓉安假鼻視之惡怖終席不安食又甚久至申乃散出訪陳教授張雨

珊皞臣俱久坐昇夫告飢乃令先還暮步歸
三日晴庚戌三伏望雨解熱不可得坐臥竟日勉爲健郎劉生點定文賦
夜臥樓簷至雞鳴
四日晴韞原來飯後寫包三十陳總兵要過陪客以爲二張在至則未赴
與三編修談譚荔生在坐飯罷各寫對聯余作三幅風雨暴至始解煩
暑至暮散次青來甚言余知李續宜之不能軍爲有特識因言曾文正
至死不悟李劣胡文忠知之矣然則官文亦知人官諡文恭余誤以爲
文端夜早寢夢緹坐通夜云齒痛也
五日早涼寫包四十五個任編修彭憒郎來午後熱睡半時許晚過次青
莪從看佛事(下缺)遇劉小山搢子遣來索錢與之十金還書戒之
六日陰涼晨寫包畢許昆圃樾岑子壽來坐談半日樾岑言苗沛霖圍蒙
城四角安營環以長壕二十五里連營至下蔡其形如龜陳國瑞攻破

之苗欲自出合衆爲下人所斫送首王萬清營萬清殺而攘其功子壽
以爲不實傳聞之異如此夜詣竹師遇雨
七日晴出訪昆渤過皞臣蓬海談還至省城隍看戲至香孫處遇陳幼銘
八日晴率一嫂攜其蠢子來健郎來久談錫九暮來次青夜來
九日晴蓬海伯屏羅研丈來次青招飲同坐九人有理安稺蘅夜步月還
看雨珊蓬海詞胡子正兄弟來
十日戊午立秋晴吳翔岡來言祁陽之役周寬世轉戰入以驕致敗頗言
李續宜之功雨珊子和來曾介石洪濤同來
十一日晴鹼郎來言其叔母代夫先死問可旌否余云此非婦道而近例
必旌亦一節之行不可以是非言者也夫病未至死乃先死以殉之在
戰國爲姜婦之行大要近於鬼迷黃莘漁任雨田彭辛耶來任擬整飭
府學釋奠禮樂事近可成闔爲要朶翁彭占僻房而爲無賴所驅頗亦

好事疑墓訟亦由其從臾笛仙宋學故不明也
十二日晴齋不見客闔人者張冶秋戴道生表姪理安鈔志稿五葉夜宿
湘綺樓心境清寂是日庚申末伏
十三日辛酉陰晴晨興稍遲以家人饌具未畢也巳正齋定以初秋天熱
減八豆及加籩改用一獻禮(缺)夏冬共(下缺)用孟月春孟用次丁恐與
元旦相值也若値國忌則用季丁夏用上丁冬用上巳秋仍十三舊嘗
日也行禮一時許畢補行香報　三祀乃餕午後健郎鄧生來飯招彭
黃胡陳俱不至夜待兩兒作課文以邵公自負能衡鑒故爲點定之言
舫臣來
十四日大雨吉燿丁湯柄璣蓬海來看張雨珊詞畢鈔志稿一葉出訪黃
莘漁不遇兒敍叟遇晌谷過胡郎問考事作書寄朶翁請其來城任編
修之意也

十五日晴甚蒸溼鈔改志稿看功兒寫公呈午後雨竹師來言文撫奏調
與楊耕雲同鷹駱勤廣縣丞來
十六日晴午雨周稺威來鈔江西後篇畢始理奏案作援軍篇非女書扇
謬誤反厭人求甚乖處世之道且應對不遜厲責之因促功兒書功兒
反以白扇繳擲還之不屑教誨也吾兒女皆謬妄念之惘惘
十七日晴作軍志吳少芝樾岑來駱丞送土儀收二種得赦金甫書乃知
四川仍有院長之聘未正出赴府學會議習禮事宜至八角亭過大雨
入力臣宅少避門者必欲請余入坐與黎生久談大似儒林外史王舉
人避雨情事但無瓜子殼耳至府學已議罷入席與兩院長余周同坐
日斜散以熊三等未夕食急還登樓欲撰志書覺倦櫺凝畢小坐入宿
十八日晴搢子來報喪言惕吾九兄死回思其兄弟盛時恍惚如夢後事
茫茫令人寒心也遣人下鄉將仍率兩兒往讀任編修來言府學首事

把持不容人攙入籌思退步余云公呈已進不可追矣章十兄弟三子
來乞錢鳳渠在時已不收錄今仍落魄而煙引甚深此等子弟應逝而
出初不知其何心而學壞也家中唯有九百錢盡舉以予之价藩來談
經价藩每至必及經史其先無所學而好學耳他日殆未可量雨田遣
來要議師竹生彭郎在坐二更乃散久未適寢嫌太疏闊月明秋淸將
與寥經淸談而呻吟竟夜殊不顧人詩曰獨寐寤歌永矢勿過又曰彼
美淑姬可與寤語人信有各適其適者乎
十九日晴得仲省吾書送楊州箇扇作江西援軍篇三葉會客數人忘其
名氏矣遣兩兒下鄉己亦將往撰著也
二十日晴晨飯罷呼舁往任宅待久之同訪楊石泉遇李仲雲旋過唐作
舟出至府學宮後梧軒桂堂之間無人爲主余令傭人爲發火汲水具
食午後楊石泉唐朱鏡初彭朶翁陳黃二學官來瀏陽邱慶篛字聯泉

來教樂壬戌舉人道州訓導也八人一席余爲主雨田陪分教諸生爲
一席又辦事雜客爲一席至戌乃散熱
廿一日晴熱將往府學先遣舁送豐兒出城覓兜子不可得仍還家中兩
傭不肯入鄉俱遣之近日農氓之情如此午至府學襆被郭大人住房
蓋修省志書時所題也客來者不記夜熱幾不成寐
廿二日晴熱寓郭房客多不記下缺同過陳丹階日烈可畏宿梧桂之間
廿三日晴熱不可耐一無所事昨夜欲還浴爲朶翁所留而止今更不能
待乃與价藩還
廿四日晴得兩兒書言鄉居之苦欲自往留夫力以待族弟玉岑來爲設
雞蓤之饌待其來飯至暮不至乃食伯屛來同飯夜已寢矣玉岑復來
言二七弟將加租於公田吁可怪也亦可駭也留之書齋宿
廿五日涼晴新傭復不肯下鄉乃呼兩兒還午至府學來客絡繹言人人
殊
廿六日陰竟日無客凡昔言不可改作者今皆願改章矣袁岱垣來坐一
日留之點心晚飯與同歸六雲送豆乳極佳在寓中得之幾非人間之
味甚哉人之易於溺也譚荔生及丹階來今日爲彭郎改文一篇作詩
三首贈伯屛行錄二首 鈔直還東觀和風人北堂雲猜天路近江靜彩衣涼房玉鳴知喜院閣澀更香此行無別恨扶 路貧秋光水間鏑學桂南淮定長蓄使設貸不改文酒會仍裂島鵲從容步霜鷺顧盼高看君持大體終不忝嗣曹 夜寢聽緹病
熱且汗余終夜不安三更後雨淅瀝有秋聲
廿七日晴譚荔生來飯後登樓改湖北篇敘多禮堂戰略尙不能得其萬
一然已褒矣多平生惡文字何以得此報哉
廿八日晴任雨田來要入學未去外間傳聞有賫翁來知是柏丞急出迎
果然握手詢蹤迹余近事柏丞盡知之柏丞事余不能知也言自廣東
遂至陝西留二年今方歸耳意興猶昔背已駝矣留談一日送之同往

天妃祠宿梧桂間
廿九日陰晴過柏丞談約同午食仍還府學論事至晡時柏丞自來食罷
乘涼步還得子泌書即復二紙並問程郎刻工來期遣蓮弟往石門收
帳夜過香孫遇雨舁還
八月戊寅朔作書寄丁方四川爲駱縣丞干謁登樓撰軍志二葉方夕食
力臣來門生以例不傳食畢方知之至香孫處詢之未在遇竹師池生
竹師方食未入池生有病小坐還
二日晴晨起左生來告其庶母喪往弔錫九
先縣學生辰具湯餅之薦午初方畢得夏生書文詞甚美午過力臣久坐
遇君詒至府學已午食遂同鏡初至遐齡巷送价藩談至夜郭玉先歸
竟半日未食唯啖兩餅耳
三日晴熱試習合禮樂來客無數無紈袴兒耳周生自以爲嫻禮不容人

立一議既行衆交譏之周生無以自容遂發怒而去家中送菜鹹不可
食今日欲往鄉看兩兒朶翁云聽其自變亦佳乃遣郭玉往喚之歸夜
看演禮寂靜頗有肅穆之意兩學官來
四日晴熱定禮儀單與官禮生相校並同唯少九叩耳兩廡四案何時改
爲二案云係祁寯藻奏改叢欲尊儒比賢耶所未詳也祁寯藻又何以
輕議禮亦不可解唐蓬舟李南生同來坐久之今日客比昨日較多顯
者樂生紛紛請去教習皆有怒色劉陽分黨之故也余往勸之衆皆無
詞樂生多輕薄少年子弟而屈於禮故知王道之易易也黃昏大雨昇
還
五日晴熱豐兒二十生日命六雲爲作湯餅至午始得食熱甚不能飽袁
岱垣屢來約往府學因與同往則司道均集矣本命兩兒往執事亦遲
到游觀而還江西黃姓來談道云係總查委員未知爲丞耶令耶其樸

實迥非署缺之官未知何以得差至暮欲歸雲電甚可駭似有大雨者
少坐遂夜雨竟不至柳學究來談經史自云頗知推步
六日陰今日人集頗早早飯有七人待雨田定議告巡撫後試辦事大致
麤定乃辭歸過柏丞少坐欲詣朋海子壽取道東茅兒東北雨正濃折
出小巷至理問街視李禹翁値府學會議公事留飲甚堅飯畢已暮矣
遂至樾岑處少坐而還
七日晴風避客閒居蓬海來談半日晚間又有雜客數人來竟日無所作
八日晴作書復金甫兼弔芝生看雜書數本仍謝客薄暮余佐卿遣信相
聞往看之則京城江南故人新事章伯和曾介石俱在池生宅同至浩
園看月二更還
九日晴熱至府學因過吳教主甚畏市人攻刼之強頗大言殊可憐歎略
坐至學値演禮衣冠畢集竟日言議至夜早愒午夜起飯衣冠出看祭

十日丁亥鷄鳴巡撫及僚屬釋奠孔子諸生百餘人將事雖未嫻肅亦頗
鄭重較勝鄉試送考大閱觀陳也作小詩記之云南郡人文首東膠禮樂宗儒臣新節使雅
詠古車攻星漢彤廷麗英賢玉佩從儲材歸重學非但美笙鏞體能湘閣當年撫火驚至今吳選七多用晉諸生城闕秋審靜弦歌晚殿清
老儒投筆久欣及見升平今日起過早苦晝長人散無事又値微雨因步過力臣談
二時許待其客集同飲入坐八人熊羅袁下缺君詒及余與力臣爲四
少也夜還月明
十一日晴六雲及非女生日作湯餅至午乃得食貢院首事約勘水地及
修李發甲祠往觀之至者十餘人無所容其異議碌碌而還四母及妾
女鬭牌看局戲半日夜乘月過竹師不遇至香孫處少坐而還月亦不
明乃眠
十二日己丑晴杜門謝客有佳客三四來不及知也竹師來言事因請入
談爲錫九妾作墓志敘述不及百字而寬然有文夜大雨

十三日雨涼旋晴攷兩兒功課多荒因自計亦廢日殊甚仍定日鈔三紙
未半葉客來又罷周春翁曾見先君故不可以不見入內室久談午過
子壽飲佐卿魯英先在力臣雨田後至戌散步月還力臣佐卿均舍昇
相從力臣至東牌樓分道去與佐卿訪曾介石未遇過熊鶴翁而還
十四日晴爲兩兒改課文出詣敍叟朶翁府學改服步訪雨田遇丹階過
皞臣謁周丈不遇至劉前撫宅劉談南北韻異同之故及交趾高麗使
臣異尊云云答訪二孫久談竟日未食不覺餓也復至佐卿處論明夜
要客看月之局夜還飯生不可食
十五日陰鶴翁早來匆匆去理安鏡初及其季父竹蘇子佐卿先後來二
曹及余自未坐及酉談甚洽看香孫小說殊不成書似專爲標膀王氏
而作者頗覺害事夜祀
三祀三剛及禮月自以爲非禮不敢用大祀儀因四拜示仍舊俗也受賀畢至

四母處賀節更衣步至浩園爲看月之會意臣力臣理安介石懷欽章伯和陳雨三佐卿笠僧蕭希魯佐卿子懷欽子均至食餅甚佳午夜散行廟下遇湯肖安及諸候補官念十年前張郭之盛必有媚行來者下缺寂寂笑人熊鶴邨後至已醉與理安步還

十六日晴功兒當入學鄉中無章程因令暫居府學午後步訪少義尹和伯皆不遇答訪羅郎伯翼見其師孫生過周丈雜談至府學飯作瀏陽李載珪祖母鄧氏家傳彭郎克齋亦來任師俱先去遣要鏡初亦不値乃過介石送考還佐卿復招會浩園往則蕭希魯笠僧迎候於門坐客有吳止齋周生佐卿父子亥散昇還月光更朗欲作詩忽忽遂輟

十七日晴易郎來言吞吐無章飯後錫九譚荔生藍楚臣來久坐覺倦强鈔記二葉蓬海約飲至則李式法字幹吾者先在湖北知縣甲子舉人也力臣樾岑昀穀相繼至食蟹羊筍芥皆新品大論香孫小說之無謂

未散任雨田遣告已待於裴樾岑先歸余與力臣步往鏡初竹生亦在大要言院司必以李仲雲爲重仲雲不至則前請款事必不可得余云宜緩之以待其定行之如故則衆議息自閩成矣衆亦唯唯與力臣鏡初竹雨步出至東牌樓分三道各歸鈔記一葉得文心書

十八日晴

先祖妣生日設薦彭子和來辭行彭郎克齋來送錢票湘潭胡姓來言郭六兄宜改葬吉壙丁來索館紛紛俱去乃爲子和寫橫幅吳秌教請客往則客未至過昀穀談再至吳處客至者數人皆不相識有陳丹階而自居主人頃之入坐羅香階李仲雲爲客吳欲開學宮費俞嵩慶李持不可殊無章程夜散過鏡初力臣問曾劼剛出使筠仙可還矣力臣處遇子壽豐兒上湘

十九日晴登樓補鈔記半葉袁鏡亭來借錢爲黃觥棠父作墓志成鈔未畢尹和伯王理安來同出獨至佐卿處遇程伯漢蕭希魯兩貢生佐卿要過皞臣略談至力臣處喫餅坐客郭春階及其從子意臣朱雨田黃子襄戌散同佐卿過曾介石獨過香孫

廿日晴郭玉無故逃去爲唐姿作墓銘唐以遣僕有違言非女盛稱其賢余無所折衷姑以慈惠訣之耳竹伍來云丁督以三百金禮之入蜀欲與余結伴去余辭以書未畢不能也袁氏送書目無異書鈔書無紙率二女糊窗中正黃氏新婦生子是日丁酉爲戊寅辛酉丁酉戊申也余自出報黃氏因詣學宮遇功兒令還自過藍楚臣春階夜還鈔書一葉

廿一日晴言舫丞王純甫涂稺蘅余佐卿陳蘊原來攷子見之禮古射六方不足爲典法蓋倣上古禳辟之意云有事者非也今試士不以射則負子者出而見祖父可矣夜寢頗沈睡

廿二日晴長孫三朝治具迎其外王母竹伍來瞿郎來辭未見待至未洗

兒猶未畢余率功兒釋祠於禰禮畢兒出一視之卽解服步出尋佐卿久談子壽力臣懷欽雨田子襄險郎先後同集食餅設饌頗鮮新爲致飽席閒談詩及學宮事子壽微醉散已二更還家過蘊原已閉門家中客亦早去夜睡甚甘小兒啼久與夢緹再起呼之

廿三日晴早書對二幅諸客有來賀者謹謝未見曾介石佐稺夜來同過文原待其居停陳總兵還詢寧波教主行止云欲上岸縣官賄止之午間過賀笛仙新居遣人報外舅生孫

廿四日晴彭克郎來辭不能止入談頃豐兒還詢鄉中事暮出過竹伍

廿五日晴熱王淳甫羅郎伯翼來謝未見午聞書院傳梆曾劫吳劉二教家出察之乃寂然唯壁上有步上林鴻烈云云去歲亂民劫上林寺官不之禁今乃以爲鴻烈益知湖南之亂也比月常德平江益陽永綏時

有劫殺事官皆不能問往者以無兵而諱盜今以見慣而不驚時事可憂孰過於此余亦以晝察夜觀而付之天命耳作書報脅省吾淳甫已去過力臣談王孝鳳爭樊口案 朝命雪琴為查辦大臣又有言王夔石出軍機翁叔平代之者至彭祠尋朵翁叩門無人應答訪陳生詒鉽叟芳晚還聽緹出至黃宅六雲染卵黃昏無聊假寐至二更乃起聽緹亦還

廿六日晴熱積客酬應甚多昇出答訪瞿言向唐皆不過至佐卿處謀送姚氏賻合作一聯聊以塞責耳過線臣朵翁子茂久談中過朱周不過還夕食作姚兄挽聯云埋玉悲慈闈四百九旬雙淵淚 飛鴻怨秋草五十三年好弟兄姚姊不嫁於去年三月中死今其兄又死年五十三也姜白石詩五十三年老弟兄故借用之遣人送佐卿寫之約明日同去步過荷池羅王淦均出矣至香孫處談及暮還兩兒入府學去

廿七日晴甲辰秋分奇熱晨得曹識翁書其訓吳翙岡言言金玉也佐卿來同弔姚氏過子壽留食餑餑出分道余過樾岑論吳氏父母奉教不能喻之於道聖人宜如何余云凡教各有主如天主教但不立主乃其數十世祖已深諱有栗主今强立之非其祖父心而曰吾以為孝無是禮也門盤十字彰其祖父之奉邪教無是法也春秋於篡弒之主仍不奪其君臣之名吳氏之祖其罪比篡弒輕矣而謂其子當反父祖以為孝有是理乎吳氏子但從身已後仍用中國之制禁絕邪人不使入門足矣若謂必逼其親反教以避禍不知禍不因其教而生也還夕食不甚飽向暮朵翁劉春叟來夜登樓鈔記三葉

廿八日晴熱如中伏鈔記三葉周春丈湯柄璣驗郎來作書與雪琴極論立言之體鈔記一葉坊記畢

廿九日晴熱汗如雨鈔記一葉晨出賀長沙令及藍楚父生李拒門藍設麪遇馮郎俊三秀才還至白馬客舍答訪陳雲孫解元黃二顧頊尋不得昇夫跌地還瀏陽馬生來任編修馮秀才卜經歷繼至紛女疾璫女理書不熟夜詒竹伍已去矣答訪陳馮還作書致文心王尊浦仲省吾三弟並交馮去熱不可事蠅又撲鐙乃寢

九月丁未朔陰熱未減鈔記一葉出送竹師行遇力臣還過局關祠兒弔者始悟黎竹林今日受賻曾再飯其宅雖無深交以一元賻之子襄約會荷池議李瀛仙中丞祀事往則設食研丈迎儀佐卿君豫皆在稺衡亦與又有一玄衣人吾以為黃共安繼知非也未問其姓字至酉席散步與佐卿同還登樓夜談雨田來二更始去

二日陰子明早來久談易郎及曾甥曾省吾繼至至巳不設食頻呼乃得之本約雨田集浩園以巳正已過時步往力臣師竹生先在佐宸頃之易郎雨田子襄笠雲沙彌皆會論府學集貲事力臣言宜公呈直請曰

授其詞甚為了當公牘好手也唐宅催客昇出謝周春丈釋冠服步至唐宅過杜式衡汪偉齋頃之李紹皋曹竹蘇至余與子襄又要力臣來賓主九人設二席戌散與竹力襄同步至八角亭竹竟昇去余三人過意城談論九日之集二鼓乃散六雲病作擁被眠客坐有雨田彭郎相待已久子初乃去

三日晴風仍熱晨起檢請客帖則錯誤百出盡擲於地悶歎而已曾甥來莊心盦殷默存劉仲翙來坐談半日對客鈔記一葉

四日晴熱夏糧儲來今日
曾祖妣忌日誤用常服見之凡忌日宜謝客而忘語門者帖入不可辭故出見之言朱學使欲立校經堂欲與余相商云云履安又來言學使欲令學官舉優宜作何謝之余言但不考經古自不妨入場也力臣驗郎袁守愚來客去乃設奠兩兒亦歸隨行禮佐卿晚來久坐黃次雲親家

來
五日晴熱李建八之子石貞劉磐翁朶翁來客坐竟日既去頗忘其人逕
儀來談目巧之室則有阼奧阼奧皆主人所以自隱更在牆內夜過外
舅寓見桐生似不甚得意亦無多話可說堅坐半時許步還鈔記一葉
六日晴風炎日炙更甚三伏辰出步過賈祠徐過子襄同行入學堂坐佩
秋亭力臣佐卿繼至心安懷欽亦來竹師後至設無豬菜公餞竹師莊
王爲賓午上申散先設於樓避日更下飲於堂多言故撫事又言新撫
之來有事輒游移即如府學再遷公呈撫輒以示司司請不批未知其
何意也或云柔闇或云巧滑以余觀之庸人大抵然耳與力佐同過朶
翁意城復與佐至府學巷過子筠門過兩兒要筠佐同人文昌祠寮少
坐兩兒仍報名去待久之始還筠別去余與佐同訪徐定生過皞臣步
月還今日設湯餅會女客至者僅四人乃設三席可謂費矣

七日晴晨登樓燥熱汗如雨昨聞湘潭訓導言余勸王君豫不試以爲異
端君豫之取三等也以謬誤其革廩生以絓誤今年學使忽欲置之高
等且以優貢屬之訓導承旨告以舉優君豫商於余余云無自行舉優
之理且婉謝之故以不考經古避一等訓導乃以爲大謬又云已報名
且舉優矣故書告君豫令其隨衆蓋今日人之干進有似古人之高隱
舉世美之見不進者則以爲至怪不可以理曉也唯有不與人作緣則
可免否則必爲人牽然當此大運至變之時而嘵嘵論理亦可謂迂矣
明晨兩兒入場當往監之以瘳緹生日留一夜適紱子來令先往夜寢
不怡
八日晴極熱家人當賀生辰余避出張語山告弟喪遣邀余往則已去至
府學鈔志一葉竟日無人來而無所作至申豐兒出場問經解題無中
肯窾者酉初功兒出問賦詩題甚佳諸生皆以爲難信知作知之均難

也遣二子歸拜其母生余與紱子留府學雨田夜至出視撫批云學禮
可行
九日晴極熱起甚早待昇夫來已朝食時矣出答訪數客均未起唯見曾
省吾劉馨翁熱甚烈還少惕時已過午出答胡常兩公子皆不遇至余
宅待客余與力臣意臣子襄雨恬爲主人招客會浩園爲茱萸會至者
熊袁兩翁研丈羅瀛橋樾岑劉潤如師竹生陳程初佐卿懷欽涇儀驗
郎釋芳圃任雨田分十四寒韻人各六字熊諱得楯又避一難字止四
韻子襄先去莊心安設坐未來亦止分四字餘十七人凡一百二字加
十二字共百十六字餘幾字則未暇檢也戌正涼風始起賓主盡歡步
月而還余不還家直至善化學巷視外舅已閉門清臥乃入府學兩兒
亦眠夜北風大寒四更起送入場則皆著緜矣凡至熱至冷則必有大
風至以變其氣余未著袴褶冷甚以布圍腰而往視諸生畢入乃還

十日大風寒擁被眠竟日待放牌至院門遇彭克郎同還兩兒同出公飯
已盡更炊之久未熟余竟日未食噉紅薯二枚家中送菜來乃飯雨田
復來言明日散館諸樂生皆去余還家料理瘳緹無病而呻且夢語竟
夜喧擾
十一日冷得懷庭及六弟書六弟書文詞甚美不知何人捉刀也蓬海來
談賦心安兒弟三人繼至談久之心安登樓未坐皮筱舲來兩兒亦歸
外舅及桐弟來看女意城來久談將暮乃去陪外舅飯罷瘳緹謝客猶
未歸乃俱出至又一村遇之褰簾呼父殊有閩派同至學院門看案未
發至府學陳李黃任康請客未散豐兒紱子猶在少坐籠鐙過力臣談
鹽務經費還家家人無知者至寢已閉戶矣呼啓戶少坐仍就側室
十二日風陰遣移府學書被還令蓮弟入鄉呼昇夫來迎將往畢業也周
知縣來談廣東事今日客少又以將還山未事夜初經賦案發兩兒均

取錄當覆試須待明而飯家人無解者余自數漏刻以候之寅正起呼內外盥漱甚寒燒柴煮茶向火乃燰

十三日風陰黎明步送兩兒入場因看案則杜俞列第二所謂杜雲秋者也不知何以見賞余初不欲豐兒覆試而未知可否既至見學書皇皇傳人知不可不覆也直入堂下聞學使將出乃還過問佐卿因過笠沙彌池生告別還始早飯高臥謝客祝蜩來令入談爲兩女理書講定公順祀叛者五人文公逆祀去者三人若是典故於文爲贅傳言三五皆謂卿大夫也定公書盜竊玉弓盜比大夫爲賤今賤者得國葆則大夫亦叛可知譏定不修政而務虛禮也文公孫敖奔莒而曰卒以起文不子去者無譏下又爲齊務而受其喪由子不子故臣不臣譏文身不正令不行也此懷疑已久今偶有一說耳公羊初無望文生義鄉壁虛造之疏家故必附會而成之避客深居聞有來者便辭之既去見其刺則

黃星槎也來往兩次未見敢追入談出李鏡軒壽序見示全不成文而擅能文之名爲楊總督王侍郎李道臺所敬服余初未見其文但聞其博學鴻詞耳夜過逕儀談還已二更少坐卽寢

十四日陰夢雨如塵山川蕭靜殊想舟車之勝賞矣登樓理書待汲者還乃出弔筱舲遇子襄少談還驗郎送詩來甚佳爲點定三字又爲改送叔父長篇一首與書際雲言夏孫事得春陔書爲其弟尉託孫小峯趙姓又欲求一親兵缺須窅樾岑言之夜待發案先睡俟起半寢人還言改期矣初睡時似有疾已而大愈今年稍覺寒暑不爲災殆體氣日充也鄉中夫力來明日將去

十五日陰雨以風六雲留待一日遣迎外舅來談不至爲兩女理書鈔祭統二葉夜發一等案功兒無名

十六日雨更甚晨遣舁送豐兒覆試因還睡至巳乃飯熟鈔記一葉得齋十日會太廟之說彌之書來復欲迎無非詞甚閃爍意頗不說自總角與之游皆以爲仁厚有餘今不見其肫淵但見其城府耳復雅南書爲瞿春陔致書孫小峯託其庶弟豐兒暮還言一等生多老儒

十七日陰無雨晨出訪楊石泉爲鍾弟託其挈帶赴甘肅也遇黃雲岑不得盡其詞還復作書唐生賢疇來留少坐遣兩女先發頃之劉生世翯來未入坐鏡初來日已午矣呼舁索傭三倍鄉力之值因步出小吳門城外夫力仍倍鄉値遂獨步而南休於大橋再休於絲羊山橋比至山莊已申正矣非窊女云初到未逾半時鄉中筆墨俱無稍拂塵几待飯已上鐙矣

十八日陰以無事晏起飯後黃長送書來劉一始去仍大睡半日至申方起作援廣西篇二葉鈔二葉

十九日雨作志二葉成一篇鈔二葉夜至子乃寢與書彌之

廿日晴鈔志二葉閱捻寇事略一冊作表一葉薄暮黃長來得樾岑心盦子茂片閱豐兒一等文甚不對題聞湘潭案發

廿一日陰偶出水邊見隔岸林葉已黃矣遣周傭歸取書研鈔志一葉餘閱捻略五冊昨夢有妖尋讎化爲道士將甘心於我我知不敵必死而理氣甚壯毅然作章懟之斗母然心恇懼下筆幾不成字行草書之首題大清湖南舉人云云以後忘其詞書滿幅而詞未盡更回復書之末云强弱勢殊仰恃恩命上稟筆勢宛然可記也既懷詣斗母室上梯而樓窗隔街斗母殿上有三五俗人議修飾祠宇祠甚冷落似有余佐卿呼余更下梯出民屋乃能登閣余初書詞時旁來一人傳妖言俟余上章而後鬭既見像飾荒殘心疑神未必靈自援枹欲擊鼓而祠無鼓唯旁壁畫一女像龕內有布鼓擊之如絮焚詞香鑪鑪內落一紙拾視之似音釋字書也章爇香烟起而殿後壁左角地若陷圓如車輪煙出雷

震屋瓦不動余幾踣於地心知彼妖死矣驚神之靈感泣而歸遂醒竟不知何祥也今夜復夢則顛狂可笑比醒夜雨滴階林葉蕭蕭出五濁而登淨土矣改豐兒文一篇

廿二日雨竟日作志三葉閱捻略十册黃劉均去周傭未來兩女均執爨烹事夜鐙無油早寢

廿三日陰作志四葉周傭日晡時始來粹婦送茅栗

廿四日雨黃長又來送王平涼書言陳麇生被枉陳生事余所發也平涼將以余爲鬼蜮邪復書詳問之適作臨淮篇將成殊不暇顧而黃長往來如熱蟺勉爲一紙遣之去作志弟九篇成嫌課太少改定鈔志作志各四百餘字鈔記一葉看方略二十卷今日如額唯看方略便作表終不甚細密

廿五日雨課如額唯方略少閱一函耳

廿六日雨課如額得張力臣書送九日宴集詩定臨淮圖

廿七日陰午後雨課如額改停看方略增鈔二葉

廿八日雨課如額

廿九日雨課如額以明日當還城加鈔六葉祭統篇及援貴州篇鈔江西後篇皆成

三十日晴當還烝祭留兩女山居將遣婢伴之及蓮弟照料省往還也昇行甚遲至城已過午雨又將至昇夫云不能再行遂罷得子泌書及柏丞書兩君皆執古義而河求殊卑夜寢不寐與夢緹談竟曙

十月丁丑朔治饌開單欲出未果驗郎李七弟力臣彭克郎吉耀丁劉春叟相繼來皆探余入城而相詣不可不見者逡巡已暮步至樾岑處久談遇楊性老雨作昇至還過蓬海已二更矣昇人著鞵甚滑兢兢如履冰六雲疾作先眠余獨坐作軍志一葉

二日陰雨家人執爨兩兒庀具埽堂滌濯余齋居樓上鈔軍志六葉貴州篇成子𨥁來論學使除益陽方以智名爲快人意方以賄求舉曹詒榮爲令錄送弟一縣人大譁辛辱及曹妻方行賄數千金以息事曹遂解任而知府何樞者惡諸生之敢議官也故置方高等且嘗第一長案乃第三逢人贊其文材勝樞遠甚意在阿私亂黑白至是盡絀肯甫真可人其尤奇者先置第一以杜請託勝發徑除之使人愕然

三日己卯晴今年始考禮定四時祭春夏用孟月丁秋仍用孟月十三冬孟月上巳今日烝祭久雨忽晴吉祥止止坐待饔飪巳初行事

四日五日六日七日皆缺

八日雨午前在城寫扇條作王譜序及應復各片俟晴乃行路略澀可步傍晚至山莊

九日晨晴午雨晚復晴加課至七葉鈔四謂三俱如額

十日晴有雨課如額夜鈔祭義一葉看胡渭生禹貢圖說書生故紙可閱

十一日陰甚悶課畢未晡步至水邊欲乘暇入城雨濛濛似不可行還仍不雨楊春來送刻字人樣本甚不佳夜作九日詩序閱任編修詩奇可笑

十二日雨竟日課如額鈔仲尼燕居畢

十三日陰課如額寫應酬字二紙夜作書復賀麓翁麓翁年八十七望其子入學甚迫切無以慰之也改袁任詩將刻之以貽好事

十四日晨雨遣迎夢緹入鄉小住令得少休暇乘以將遠行小聚談也鈔祭義改定數處說孔子宗子宜有主婦疑伯魚是庶子爲嫡者弁官夫人蓋無出也暮望前山以爲佳人不來及上鐙夢緹乃攜輿兒至辦飯畢已及亥矣志課尚少二葉撰成之乃寢夜雨

十五日陰鈔記四葉撰志一葉午食後以爲飯晏將晚矣夢緹方作餐余

因少愒則天陰非暮也痳久之乃覺已二更矣城中送索麪始得飽食
三頓閒談久之撰志一葉半油盡鐙滅乃寢少課半葉作二詩寄黃晦
岱思君又隔一歲相訪愁多勞山靜心長定羅寒病獨餓饕生無儂幽懷蓀有疑甚一事堪消日扶林醉濁醪近欲隨州去知君憶弟情冇官婦更好爲客老無成臥聽秋鴻異聞館夜雨聲發宿與櫳隱趨覺靜浮名
十六日雨陰欲還城不果日課如額湖南防守篇草草成結有衰颯之音
豈機勢不祥邪與兒思歸𡢃緹亦悶悶山中非讀書人不能久居也遣
蓮弟還
十七日
先府君生日欲歸阻雨鈔記四葉夜繙方略作平捻篇閱三函已四檢矣
𡢃緹意稍適女工甚勤
十八日晴功兒將拜其外王父生辰鈔祭法畢步去余鈔記四葉祭義畢
禮記箋告成踊躍歡喜因步入城行時日已西矣恐門閉不停趾至城

門日尚高二丈所坐磡上少愒過樾岑談至夕因詣朱宗聞其晏客曾
約余飲欲尋力臣談事至則寂然乃知改期矣復從西步至家計今日
兩時行四十里六雲云保之復至遣要保之力臣來談至三更散
十九日陰有日晨教豐兒以處世當有道術不可徑情直行家中多不喜
之也早飯甚多飯後稍愒保之送南物兼約過談步至白馬巷遇張雨
珊於犂頭立談久之逢袁守愚未交言至保之寓中看新詩遇胡棣華
攜保之井言道觀之出城坐兜子至東山步至山莊與𡢃緹論家事不
合夜作書告朱學使又與書彌之頗有評論聞四川吏遺童華恩承兩
侍郎劾東鄉事又聞羅小谿之喪又聞崇福病痢又聞琦靜菴之子恭
鉽病狂斫其妻十一刀
廿日雨始作平捻篇檢案閱圖殊費目力楊春來𡢃緹繼母之母喪
廿一日晴楊春去遣功兒往弔楊太母之喪作平捻篇三葉與書朱肯甫
論立書院事
廿二日晴劉一來送朱肯甫復書作平捻篇繙方略頭緒紛繁未皇他及
廿三日晴始定還城遣蓮弟還作平捻篇頗有條理夜蓮弟歸
廿四日晴作平捻篇看趙惠甫平捻記自勝王定安日中與𡢃緹登後山
畨松年言陳湜平日大言敢爲要挾永寧州二十三日到省聞賊渡河
二十六日乃去至趙城墜馬丁赴任邱雄縣迎劉官左李李均嚴議劉
松山郭寶昌陳國瑞先至宋慶張曜次之京師戒嚴恭王巡防英翰請
援正月破都州殺署牧胡源正月乙亥左宗棠總統先險垣曲殺王國
寶潘鼎新言王必安冒功諱敗五月癸未恭節制大臣四月定限一月
滅捻崇厚奏起劉銘傳閏月神機營奏用都興阿亦欽差大臣陳國瑞
自赴前敵用銀一萬七百九十餘萬錢九百萬貫鈔七百萬兩平洪用
銀二萬八千餘萬鈔七百六十餘萬兩錢八百十八萬貫復唐酌吾聞前

太夫人壽辰適已過期聞於途祝又聞懇徵德慈旋已有登幸甚昨傳程春甫書並寄到嘉函及潤筆三百元具徵孝思無窮損已揚親之美欽喜惶陰但碑銘例有人事行狀不以利祿先公於某某忘年同事廿齡大鑑遺文棨所仰悉故稍加隆尤飾已甚然若因而受賜獎彰公道既使某某有僞不廉之譏又僞先公知人之雅抑令人疑賢兄弟私顧衆親喜於聞譽故不敢承領非自外也狀版早交春翁宅中李次公碑文尚未寄到尚須諸兄函衆之茲附呈奏稿六本並所寄三百元統希督入某某以丁宮保前歲久懸於十月內軍志告成即行買舟入鄂游期久暫未定推口尚寄城中明年秋試兄當送考來省否酌兄何日之官與口事以平浹了之鄂中今無事也
廿五日晴遣非女先歸城辰發獨與𡢃緹攜宬女與兒居方撰集捻事未
覺寂寞也
廿六日晴楊春來得春甫滙唐銀書及羅郎致書保之論湖南大盛書知
保之尚未去且約會飲張家捻篇適成明日可去而無夫力乃留楊春
待之
廿七日陰重閱川陝事繙方略八函至暮畢𡢃緹頗理行裝余未暇檢校
也

廿八日晴晨齒痛未食舁夫只四人尙搜索得之乃步行先發坐縣羊山
待妻女久之始至余步從頫噇其後至東山呼舁先行則女轎相距絕
遠頫待不來乃至大橋換班則遇一鄉人曾不知舁步橫行如蟹亦姑
任之又再待不來乃入瀏陽門過蓬海宅遇姚立雲談久之至皞臣處
坐一時許蕭希老性翁保之薏臣力臣樾岑先後至皞令驗郎作主人
飲至亥散
廿九日晴力臣約來談坐家中待之汪宗海巡檢來致錢孽伯師書拳拳
以汪爲託問其所欲則巡捕監印營餉三差委署一途也强人所難殊
無以應羅郎涂聾彭克郎驗郎力臣踵至樾岑保之亦久談夏糧儲速
客保之乃去余晨未食飢甚命作蟹餃留力驗共食乃鹹不可吞勉食
十數枚與驗郎同步過南街余赴糧署飲坐客性翁保之丹階子雲王
世兄人常孫汪鐵筆至戌散復過皞臣久談而還

十一月丙午朔晴陳佩秋來求館言子春母今年八十鏡初介石余都司
來丹階來先去與鏡初余司同至荷池看理安及研翁涂郎理安言研
訟鄒諧文甚雅飭過曾祠道訪香孫値睡不出至海翁宅已游湘潭矣
歸家鄉船至紱子龍八來子雲來家中宂閙幾無坐處作書復程春甫
亥寢
二日陰風蓬海約早飯性翁樾岑俞鶴皋力臣姚立雲皆在保之以吉時
出城辭不肯來未散過子襄還登樓覺寒錫九及其子均來看左調元
文勝於蕭生至佐卿處訪周志甫了塵送花珠無以酬之
三日陰作振威將軍武提督碑提督武君諱明良字贊臣溆浦人也其先出於武丁銘功作族汎順之世疵爲嘷虎唐有伯昔政堅復險實濟序水因爲縣人爲自茲以後彰於譜牒曾祖嗣穡受朱氏綸誥翔肇頤學祖昌仁以書壽慈仁見敬州閭父諱欽賠藝稷供賁譜身克孝君生而直實材力嫁人山田碑庸不贍於食貢米百里獲倍其羣然獨有大志輒作而嘆成曹初聚盜汝拼致犯大都巡旗撥公領節選士武惰數鄙君乃毅然一見奇其魁偉途補百長淨湘馮汎多獲皆虜拔把總以疾皆歸鐵在丙辰大舉援江時則有田千總

與粵號爲驍果推君之勇請與俱行克萬載寇州胸面四創經千總並賞花翎自此名顯留江西爲別將援樂安守御武攻光澤陷陣先登有將三千久役之衆與民爲讐請驗功超遷都司侍郎曾公統制湘軍廣求熊闔不二心之士冉檄從征大捷太湖冒破道奔火丸絕壁曾靜毅以介弟之貴綺晄鑼之仁非夫絕倫之勇孰能致此矣兩湖義傳緣江轉戰曾不牟載收安慶盧江無爲巢和含山上功皆最積閱閱記名總兵官獎號振勇軍擊賊維儒夫愚當衆流幅進懼於石頭瘡乃退其夫嘖日夜曾攻穴地穿壕晉將併命勇者伏尸怯者兇懼君獨當險所不移尺寸地中飛火沙土爲疆守疊之軍俄而厥誠君爲火衛激體身恕圖土塞眼敗成餅已死風有天道豐而復蘇然後知古人訊被火圍歸體不足以晉勇也維君以堅勁之姿加之以忠懷驗口不言功而氣陵其上副帥曾公食其干城患其強直投驗於約讓賞於人合圍二年有百其暇經山遠城寇檜石垣僞號爲天保地保峽於易京君此納在前奏勤在後乙酉之役作地道者皆君所部然附於李臣與登城九將君俱其野然附於朱洪舉軍中知者伊君與羅遂元懿捲其功衆憤其屈君不心其競全功旣成謝病歸鄉優游奉養忘封侯之賞奮勞形傷宜嘉而關年五十有四光緒元年正月甲辰卒於里第其年二月戊寅附於祖墓山向丙壬於是本府劉君以君兄弟三人同爲國殤老父幼子莫上功狀追維昔年同戰之義有感今日聞鼓鼙之思乃命所司書行孝述授意作文伐石龍閭以姚五綜銅鉉之烈其聞曰惟島中興文武蔡島鶴火作熾四海揚光曜蟠虎臣縣起沅塍姑會一劍師營吳方鷹城天監地作曾飄百鳳解甲東南大康有賞弗居運禍於鄉既孝於養亦慈於寢疏槧皺體升我府堂書穗二年廊山嶺門帷叡之人夫知讓敘君時四歸致不及殺留緣乘障如風吹堀神靈掃空其威靈覆國報爪

牙戶樂翦驅鹿戲山樊不采之粘如何斯良有祿無薦雖聲鄙適以示儞後午赴子茂飲笛仙錫九鏡初同
坐多談考試身家事以有易熊兩生向余求開復也
四日晴早過力臣遇唐蓬州言鹽務捐膏火事力臣閃爍殊無早日言事
之意久談不休因促之同過子襄雨恬陳總兵驗郎鏡初先後至坐散
已暮過春陔小坐還至力臣處薏臣繼至雨恬子襄復同集亥散
五日晴始出辭行過笛仙何芝亭鏡初皞臣至陳丹階處午飯研老黃東
軒楊開第張生郴州人陳樸山同坐設家製果乾懷之而歸道訪數客
不遇赴樾岑飲力臣蓬海先在戌散連日甚厭蟹翅而無如何以爲樾
岑當有蔬食而亦設翅殊爲縈費
六日晴樾岑來送行同赴劉𨭃翁飲但少村同坐至申乃散往辭劉蘊撫
夏糧儲復過皞臣遣約鏡初來談晚歸已掩關遂留一夜
七日

先孺人忌日當留設奠居樓中鏡初錫九驗郎入談因留素食子襄師竹生來方行禮鏡錫出陪余奠畢亦出談理安繼至客散未去子壽君詒陳程初來至二更乃散早寢

八日晴晨起呼豐兒對春秋表改定數處北風作已亦不欲行往妹家作別稺蘅理安鏡初來午後鬬牌至戌散

九日晴張貴來告當發與陳丙田步出草潮門三子三女及紱子送至舟舟小而寬坐臥頗適巳初行飯後遂臥至申起復飯帆行八十五里宿青牛望夜月甚明

十日晴煊南風帆行三十五里檥陵子口水經注有陵子潭余初誤以爲臨資非也改左生及兩兒課文暮泊湘浦去老龍潭二十里無地名夏水則洞庭波中也自陵子口溯沅十里塞子廟復下五十里而泊焉

十一日陰帆風渡湖水天濛靄行百餘里泊宵光廟疑亦皇英祠之類也

看水經注二本

十二日陰見日帆行五六十里絕沅入澧水經言沅澧俱入江注又以爲澧別瀆入沅若洞庭水滿即俱入湖今冬涸經行亦可證澧水入沅之說湖本江池入江入湖一也故水經湘水亦云入江洞庭之爲江池明矣又四十里泊西港龍陽地取圖視之殊不相合夜月甚明

十三日晴帆南風行三十里至梁鷹十五里檥北夾有釐稅局又行六十里泊三汊安鄉地黃郎亦往成都鄰舟見過樾嶹長子也看水經注一本

十四日己未大雪節晴行六十里檥蕅池步上岸有一草棚扁曰調關以調弦口而名推船稅千二百云荊州所分半也而題曰監督蓋亦有關防在道員處舟人云蕅池舊不通江當從太平口出頃年江決而入洞庭遂成江浦自此遂入大江石首地也自溯水以來三日南風行舟順利六日可抵半月程江水自沙市來於此包絡平廣氣脈甚大作出蕅池決口汎江詩卑絡通千里茫茫付大荒奔流終古壯平水萬舟杭一壁圖對楚先擘挾瀟湘朝宗百靈會始識霸功強行百二十里泊郝穴上十五里不知地名遣問云蕭家彎去沙市九十里夜雨看水經注半本

十五日晨雨北風行二十里泊斗北隄守風荒江半日看水經注一本作書與倪豹岑柳摺階夜風息復行七八里泊觀音寺下亦無地名

十六日陰午前有日暮雨作家書以風稍寒未看水經纔行五十餘里泊沙市方輿勝覽所謂沙頭李詩沙頭候風色早晚到三巴杜詩買薪猶白帝鳴櫓已沙頭是也去江陵十五里行旅盤隄之地矣沙市下猶有一釐局不推上水遣蓮弟與楊春往荊州送書府縣看杜詩一本杜以飢驅有食則喜無食則才思亦減乃云陶不達道何也觀其所作宜世之輕文人

十七日雨待荊使還遂停一日未上岸柳江陵書來問訊看水經注一本武陵新城對爲南北武陵蓋今雄縣鄺述廣昌頷甚似五臺也夜雨

十八日陰辰開行帆六十里纔十里至王家闡泊江陵地也荊人名地多以闡蓋村落之落音轉耳看水經注半本北魏都大同其地最繁盛後即於戎山川舛互水道多不詳矣以注正地猶可得其彷彿惜未往游訪耳

十九日雨陰纜行十里帆三十五里檥董市岸豨膏以沙市上食豆油余不慣故也枝江縣地至此始見山黛色寒天深嵐積石有異東南翠微矣行三十里泊洋谿對岸青泥鋪宜都地

廿日大風有雪停一日看水經注一本夜風愈盛然三燭看水經注一本

廿一日小雪頗寒船人不欲行移泊枝江對岸遣信與易清漣相聞午後清漣遣官弁來坐小舟登岸桃生已來迎至縣廨清漣方出頃之還二

十年未見無復前時意氣然矜平躁釋矣遂入內堂其幕友吳生芴珊
賈生棣生人益陽曾縣丞荆山出見同夜飯留宿談至四更
廿二日陰晴早起二從俱未覺睡至巳初自起出至縣門門者云船人來
二次矣復還午正早飯於曾縣丞處見劉愚罪言並聞其已在丁公處
總書局飯後將登舟清漣已迎力田來並聞其治具必欲留一飯堅不
可卻遂留一日待之與力田桃生步至舟爲清漣與書李先賚延來教
讀附發一紙家書畢復步入城遶西行登覆船山入叢祠一老僧頗樸
誠少坐下循城繞至北過學宮入縣齋看新志書云此明代移治舊治
百里洲江乃枝分今城江無枝也二治相距五十里矣枝江晉分爲旌
陽志無旌陽事何也水經注又以爲故丹陽在歸州對岸吳省欽有文
引衆說以疑之今城甚無形勢自明以前凡詠枝江者皆非此地縣齋
後有老楊樹一株大可四抱高過五丈夜秉燭往看之力田不能從飯

後坐至三更爲易郎吳賈書扇册畢乃與力田同出清漣步送至船坐
談久之殘月正中寒星映空白露溼衣送易父子登岸作別乃補書二
日日記清漣有小兒甚有生趣此行送銀炭犒及舟人甚爲之費
廿三日晴自入舟以來晨光最霽也看水經注半本頗倦頻睡帆南風行
六十里泊磨盤磯
廿四日晴纜行六十里看水經一本申正至宜昌城覆江濆頗爲壯府昔
秦得蜀以制楚遂以燒夷陵脅之惜楚人之棄變也不因其本而爭上
匠今英吉利是矣行將換船頗惜去國蓋楚地將盡異鄉方始耳泊老
鸛廟夜黃郎福生及曾荆山弟丹山來言換船事定一雲陽船價二萬
七千曾黃並云至萬縣貨船遲久甚不便故自顧一隻凡川船供客鹽
炭並有船關稅其關曰彝關猶稱工部抽稅也
廿五日晴換船泊一日飯於原船宿於新船四倉十一人甚擠乃臥於舵

尾登岸答曾丹山不遇看水經注一本
廿六日晴船無纜工再泊一日看水經注半本
廿七日晴舟子晨興飯後開行九十里泊黃牛峽口唐人謂之黃陵峽今
有黃陵廟也中過平善壩近議通川鹽之要道有釐局未登舟夜閱水
經注半本又閱江水篇言黃牛峽有石象人牽牛今詢舟人未之知也
出宜昌江已隘未至截虧曦月但兩山如城蒼白嵐氣頗眩心目夜臥
不適兼多雜夢夢從多桂園欲登景桓樓乃反入隘巷居民甚雜爲盜
所窘
廿八日陰曉行望旁山較開朗行五十里過獺洞灘亂石爲洲江流湍急
雲水昏濛上有盤鷹如洞庭神鴉也舟用八人牽而上未覺難也又四
十里泊青灘行山中望江水恒如稽池中游青灘蓋新灘諱崩但稱
新灘耳缺風舟人語云清葉未是灘空領鬼門關空領即荆州記之空

泠峽音轉而譌耳
廿九日甲戌冬至晨過新灘余以蜀江船徒叫擾無真技恐船不穩因步
上過灘乃下飯後復入一峽石壁圓孔似月蓋所謂明月峽也及過此
壁再視則方如臺殊不能圓三十里過舊歸州纜上石門灘余復步與
黃郎生福陳生蓮弟及隨人四行十里至歸州城石門上有碑嘉慶二年
知州李炘題宋玉故宅城門有二碑道光九年知州鄭邗題王嬙屈原
故里水經注縣城東北依山即阪南臨大江今新城在江北殆即古縣
所在所謂劉備城矣在江南者水經注所謂楚子熊繹始封之都也注
又云夔城東帶鄉口溪今香溪矣步從南門入西門出至轉子角槎潭
下裵回久之船不至至暮與黃福生坐小舟汎江下乃遇楊春言船小
損幸未溼行篋滿船怱怱獨臥舵樓久之乃得食士人云昔有槎沒潭
中後乃爲神又有賣薑者爲所攝號皮羅二將甚嚴祀之夜微雨

晦日陰風不甚寒有雨晨過雪灘一曰葉灘語云有青無葉有葉無青言大水則葉險小水則青難也道光中漢口商人於此伐石作堨以維佑舟林文忠爲奏聽販油免稅因以油簍燒石火然絕烈須臾石爛然莫能損其豪釐唯石堨工作頗爲壯巨耳自入峽舟不畏風又無東西之別唯言下上風以爲順逆昨夜至今晨大風動江人爲悚脅而諸船如無聞也看水經注一本六十里至告復步上岸帆行十五里泊黃蠟石巴東對岸

十二月丙子朔晴晨過巴東帆行三十里入巫峽山石粗惡未盡所聞之美袁山松云素瀑縣泉今不能有瀑唯高猿屬引不異往昔耳三峽水經注以廣溪巫峽東界西陵爲三唐人以黃牛明月巴東爲三又以巴巫明月爲三今無三名唯以巫爲大峽所云百七十里不見天日者也殊非實迹矣六十里至巴東界內十五里泊萬流看水經注一本

二日晴帆行四十里過巫山縣峽亦未見峻石粗疏不能生草木所謂虧蔽曦月者北人語耳余所見川峽若此者不可數無此長耳過巫峽磯及下馬灘皆步上又三十里至將軍灘疑酈注誤以新崩灘在此也會暮泊灘下看水經注一本

三日晴光甚皎青霄朗然時和如春晨發甚遲行二十里至焦灘步上又十五里至鑿開峽水經注所謂蜀王開之者也閱水經注一本略攷郡縣名今古沿革粗畢

四日晴下風不能纜泊界磯一日偶談司馬長卿卓文君事念司馬良史而載奔女何可以垂教此乃史公欲爲古今女子開一奇局使皆能自拔耳卽傳游俠之意雖偏頗不中經要非爲奔驪者勸自來無人發明因擬李太白詩體作一篇斷髮裝才人天孫嫁河鼓一閨恩怨絲百年淚紛賣花不能用君不見卓女未向長卿時容華傾國不自知管玉鳴金馭羅綺平生分作商人妻良史賤商因盧挾箏座翠心眷疊疊一朝比翼上青雲閣下爭傳雙美合使飾歸田翻馬高始知才貌勝錢刀古來志士亦如此膠漆遲殷援去置車鄙從今識文理有女爭求富代士館水黨窩不獨飛春來江上賦如綺得意才名難久居五年倦仕謝高車擊協士女論先達唯有臨邛一酒壚

五日晴晨發三十里至夔門望峽口頗爲靈秀灩澦石正似盆中假山但色質不潤耳稍上有鹽竈舟人云名殞鹽磯以前鹽不可食近歲有貧子得肉無鹽試濡之鹹香可食因有煎竈也十里泊夔州中關下入南門徧行城中至鮑超宅府協署考棚諸神祠少陵書院訪山長辭以外出欲訪武侯祠同行陳弁不願往遂還關丁小船頻來叱索無技可施而去夔州府黃君名毓恩字澤臣見余帖知名送放行票來水手故意與船主爭喧欲加七千乃行余適窘乏無以應也

六日晴早起同舟人合錢四千與舟人巳初行自此以上頗有土山麥田豆坡江水始清似甚平靜六十里至安平灘急湍悍流不似湘越諸水乃知江力固壯也纜以八篾爲劄二十人挽之不斷其大纜則四篾包

破竹爲心巨如壯夫臂不易斷矣舟人言元旦三日夔關免稅多設花紅彩錢爆竹迎書巡有歡喜昇平之景爲他關所無安平灘亦謂之老馬灘自此至雲陽漢設三橘官今惟黃甘頗佳未見橘也又橘橙相類不知其所以異

七日陰昨舟人言當雪今視風色未佳故晏起頗寒仍著緜未裘也昨夢李雲根舅余慰其喪子李云已營葬矣又言已書尺二大字頗佳彷彿在妻家見外王姑予前問訊呼之外嫂彼搖手若恐人聞者因言李書聯杜撰視之則正楷可十許字一幅皆成語對句甚生澀有而字以白紙補之有潘字饞字又摘予書四字不典內有二酉部字余以有典據未檢唯檢水部而何人檢食部得二語甚平淡云李增成之及醒追感舊儀爲誦隱士廬空之句遂覺至旦頭瘍復發轉側不適因臥竟日夜未解衣也行百里過二灘俱未上泊大沙磯去雲陽十五里雲陽唐雲

安地漢朐䏰也詢土人不知有朐忍蟲朐又作朐亦不知其取義有鹽井

八日晴過雲陽城在江北遺蓮弟買果稉作粥散同舟粥少不能遍供十人耳日間頗昏睡兩時許無所事行八十里泊九堆雲陽地比夜新月甚明微有霜寒略似湘中正二月無冬初肅殺之氣也此行惟畏雨雪而日日晴一月至萬縣以爲至速同舟周容乃以爲至遲其同伴亦多笑之蓋遲速從心也

九日晴大霜行九十里不至萬縣十餘里泊一荒洲估客喧呼竟夜

十日陰晨至萬縣唐萬州漢朐䏰地諸客皆登岸余獨留舟發家書一封夜頭創頗劇寒熱交作作巫山高一篇楚人捕蟬宜貨雀百戰遠兵向伊雒東收發越兪便巫蜀郡理來司馬錯夏水浮江江石崩秦兵四日燒夷陵丞相從客魚十條瞿塘春滅肥如春冰風原含嘅宋玉老年年猶夢高唐好陽散風離十二峰瑞姬淚滴陽雲草變爽問鼎入中原散圖借財不足論其羚江漢輪船但已見風沙印度督梁甫吟一篇秦軍取蜀燒夷陵吳人上峽燒蜀兵雷鼓緣山動江水汎龍空守八陣棲平生只解吟梁甫猜料關㐅比田古寂寂荊州九郡城共聽㒸家一壁檣契合君臣自古難濟思孝直淳汎荊沔塞越黔尾皆離令陽將陰兵嶋曾閑令尹爭南號淸風先鼓歷督軍江湖咫尺不相聞空復崎嶇五丈原

十一日陰夫行借銀未至留一日余移入城內福源店臥病未食略遊城中

十二日陰待銀再留一日病未愈夜夢舟行見一山玲瓏窻穴其高際天而峭薄若屏山石質空蒼透光處如鏤絲歎爲奇絕殆瑤姬之神故示神異以洗粗惡之詣也因語諸同行而記之

十三日晨發萬縣夫力七名價𠀤擔止八十斤嫌余衣箱高大莫肯肩余以六雲所檢堅不肯解近於拘愎已而擔者無異言遂行出西門二十里漕糧鋪未知何以名也二十五里節孝坊石闕頗佳此鄉各就其里爲表異於餘省在城者二十里望雲關二十五里分水宿山行景物勝於在峽頗饒佳蔗紫皮劣於廣州靑者病亦大愈夜霜寒作冰室中未凝耳

十四日曉晴見赤日已而大霧渡風波領嵐氣蒼白眩燿中有黑洞行十許里至一山蓋絕頂也度可與岣嶁峰齊矣然初登山望遠峰在南岸正直履下意是江上諸山則此處地勢高於岣嶁峰三倍作二詩貲之峻嶺遠還陀與人拄杖過棧邊橋石敬鼓下瞳山多九疊勢高下淸霜巍澗阿征途忘歲暮時驚采薪歇霧散山全失天窮澗更深偶然宵竹合如渡谷隱陰絕險風雲壞飛鳳曙憶心紓過正領略知不異幽尋此間無山不被耕燒正以山多逼人人不復能讓之亦失其孤高耳飯於孫家巢二十五里又二十五里響鼓領十里伍口三十里宿梁山忠州屬發夫價

十五日陰早行二十里飯沙河鋪二十五里過拂耳崖所稱最高險者也輿夫加班不得欲加縴無縴索請余步上力田必欲從行崖高不三里峻斗如梯比上已汗喘矣復下五里則反涼健過賽白兔亦高坡難上白兔棧道驛名此險賽之俗以勝爲賽也五十里宿袁壩驛夜小雨

十六日未明籠鐙行七里始曙昨過梁山作一詩城幽峽山昔四望備卒卒霧煙晉風叔風強起雪聲倚笛田水咎攜鞋馬蹄輕度阡塲回啟還遊緩去程三里飯石橋鋪霧氣滿山至午後稍開朗行八十五里至大竹中有黃泥塥陂陀甚長汎官彭德和來見兼送脯饈發夫價夜雨大竹綏定屬縣

十七日雨頗寒行十二里飯於鴿子崖道中多有牛馱運鹽旁山皆種胡豆大麥陂陀泥滑舁夫彳亍行不能速二十三里度九盤山行人呼爲九盤寺十五里至卷洞門未知洞在何處同行陳弁欲止宿余以將雪宜急進與陳黃轎俱行留擔在後及行擔者俱來微雨昏黑泥愈滑不至者五擔二人張桂與焉三十里宿理旌孝渡河渠縣地渠綏定屬縣古宕渠也夜雨竟不成雪

十八日未辨色出店登舟汎宕渠渠水行九里登岸六里飯於觀音寺此路步者皆船行人八錢故俱早至辰後二日旋陰二十五里至吳家場

坊額改爲有慶場換銀發夫價二十五里至乾壩小憩榕樹下樹垂垂有子土人呼爲黃角樹豫章之變種也閩越蜀則變他土則否章美材榕散材地氣入界則不同未知其由大要土鹹則如此二十里宿新市鎭張桂亦至擔夫俱集山行陂陀頗似衡邵間入店皆云冷買薪生火然無圍爐者

十九日陰見日四更然炬山行十里度杜崖小愒廣安邱廣安州地也三十五里至羅家場衆行者皆已飯余不飯而行三十五里興隆場蓬州地居民多操零陵土音云客土各分零陵人不改鄉音也然土民實亦多永州語婦女操作亦如永俗蓋習漸使然沿途鹽販不絕道隘人衆殊不暢人意廿五里宿長樂鎭土名跳動壩南充地蓮弟疾發未食余飽餐而眠

廿日晴曉行三十里飯於東觀場六十里宿順慶城內文翁祠將至城可

二十里皆平岡廣原下一坡則近嘉陵江矣嘉陵江色藍碧余所見天下水此爲最麗舟人亦知有嘉陵江也渡江便至城北門城內外廬居皆低小似河北屋制而蓋瓦不整便有破落景象土多茜草春收紅花爲大利暮詣黃忠壯祠從府城隍祠入見神牌塑像爲設三拜余詣曾祠未嘗拜以其鬼必不依祠今子春死事於此或爲順慶民捍患未可知故至祠若登堂也

廿一日晴出西門循山陂陀塗皆擔米豆上買鹽下者米豆出廣元樂至鹽出蓬溪小民以爲生計土民乏糧多恃蕣蕡蘆菔爲食至此始有橘猶不及黃甘之多三十里飯八角鋪步二十里舁五十里宿李壩場正站在蓬溪百二十里日短不能至故早行早宿至店時方申初耳途中以早息爲安從者俱得休

廿二日晴然燭行十里又十里過蓬溪飯於大石橋始有鹽井從石上鑿一洞口不過徑三寸深可數十丈淺者猶十許丈皆以剛鐵舂之見鹽而止上施鹿盧轉盤繫篾于竿竿及井底則一竿通爲一筩筩可容水一桶也筩汲鹵水上矣篾長短視井深淺井佳者日得水十許桶少者一二桶桶可得鹽五六斤井費百千用功五六十日取水時用二人利未爲厚也舁夫云蓬射鹽不如富順又無火井差足供民衣食二十里版橋啜茶步十餘里舁三十餘里宿黨家鋪亦非正站舁人曾至雲南言岑杜馬楊事甚詳甚以岑楊爲不然而盛稱沈與今日朝議異也黨家鋪又名金山場射洪縣地潼川府屬

廿三日大霧行三十里至太和鎭渡綿水有城如一縣飯於鎭西發夫價巳正始行遇長勝左營校旗還可百餘人耳出鎭便無鹽井五六里乃見日三十里過高坡三十里宿景福院三臺縣地潼川倚郭縣也步十許里投暮方至土人不以小除爲節日送竈則同

廿四日晴待曉行三十里飯於觀音橋三臺地又三十里落板橋途中默誦詩自關雎至小弁止步十里舁二十里至柏樹埡宿中江縣地埡蓋坳之俗字坳讀如幺幺亞聲轉也采蘩詩凡三見其二皆言蠶事以蘩爲菹禮書所無左傳謬說耳采蘩言夫人不失職夫人之職以蠶桑爲正沼沚澗所謂近川之室也宮卽仞有三尺之室也公侯諸侯之稱蓋方伯稱公侯也被所謂副褘受繭者也歸謂還室也邠詩曰公子同歸繭成則歸也世婦及室女入桑室夫人不在郊外久居也夫人能率諸妾故不失職夜誦詩至韓弈

廿五日霧雨至曉行二三里乃無雨蓋山谷氣異故隔里不同四十里飯於大桑磴發夫價山行來惟今日得平路誦詩畢復誦書自堯典至大誥五十里宿興隆場甫申初耳猶中江地詢李眉生家故在北郭外中江山多童稀墾種者同店有長沙游勇自成都昨出言二使已到多所

按問將不利丁公云又言丁妾金頗擅權與其司閽納賄余在湘亦有所聞至當考之也

廿六日曉晴景色甚麗作詩云嚴霜不入蜀原隰冬蔥蒨霞明陰谷曙雨過晨光淨披拂悅征途曠朗開余性意不續而罷度山坡十里飯於觀音橋金堂地檢書溫雒誥至多方五篇三十里至趙家渡渡郫水久待僕從行李過釐稅半遂至晡時趙渡夾水一從梁涉一從舟濟渡二水後有一舊城舁夫云懷州故城也二十里宿姚家渡望金堂浮圖知城甚近今日本約宿新店以夫力不繼恐至昏暮遂早宿可未末耳福生不能駐因獨前行余與諸人皆止唯遣黃僕從耳若余家子姓從曉岱行曉岱必堅止之余素通脫亦以此不如曉岱也暮至姚家渡看金繡橋橋長二十許丈水斷其六礮云灌縣所下水

廿七日陰早起待曙而行三十里新店未飯二十里二臺華陽地有號房誤以余為候補官來營差使成都謂為內差行十里又有來者步至歡喜菴有阿桂文成祠繼勇公祠十五里迎恩亭有丞相祠道士挂單方午餐序進者二十許人蜀人親諸葛直謂之丞相然未知何丞相也五里入四川省城北門翰仙兩遣僕來迎余以當先晤之乃可定居停遂徑詣鐵版橋機器局殷竹翁曾元卿劉棟材陳魯詹及其甥章俱在先至翰仙處談後詣竹老處竹老虛榻以居我飯於翰仙處福生先至矣從元卿覓銀七十兩以了夫價可謂緣矣丁穉公遣人來相聞云欲先來余告以明日當往夜與諸君雜談二更各散竹老魯詹留坐至三更今日舁中點誦雒誥至秦誓止尚餘康誥三篇未倍多士多方意不甚了三復乃得之夜看英人力化諸說

廿八日晴早起處分夫價畢陳力田來午正出訪丁穉公牙參未散先詣方子箴臬使翰仙先在快談半時許子箴論海防及兵勇頗中時弊適

有兩候補道員來遂散訪黃麓生再過督署與穉公談安南事不相合又論凡國無教則不立蜀中教始文翁遣諸生詣京師意在進取故蜀人多務於名又言蜀士薄米菜俱無實味議頗入微余三辭掌教不見從且姑徐之過勞鷟卿不遇還機器局鷟卿來人平平無才氣殊不稱其紈袴名夜看子箴雜文及新詩至丑寢

廿九日除日陰起頗晏欲出尋張儀樓以穉公堅約見過宜待之至申不至蓋歲除本不詣客穉公未思因而失約亦不明之一端也溫康誥三篇畢元卿請余早飯翰仙約晚飯皆餞歲也除日例出游待竹老飯罷同出棟材元卿從欲至城西南求宣明門以遠不果至洗馬池新建駱文忠祠後有池樹而房室甚少無甚可觀步還已暮翰仙客王賓秋周恬五黃雲生已久待設食頗清潔酉散小坐子箴送詩來依韵和之時二使至諸官皇皇消寒會散因以調之云白兎樓邊夕照開錦江春色隔年來輕舟姑拔千重峽時會遇傾五九杯入蜀例教詩贈壯索遣先試時兵材獨憐蜀寺倩尋寂不及官齋蛀帶梅子箴有消寒示姬人詩故結句云云以憶六雲也每歲祭詩唯就寓齋居室今所寓署雜借西鄰岱祠行之子初往祠軒清敞小道士亦解事焚香設拜還要竹老及其弟四郎黃郎啜茗食果石榴頗佳棟材元卿魯詹俱饋歲元卿送梅二枝一紅一黃黃者甚香水仙雖盛開而無香臘梅氣足故也夜至丑寢

湘綺樓日記

光緒五年己卯

己卯正月乙巳朔陰稍寒可裘避客待辰正方起衣冠詣荅局中員刺十數人陳力田來與切論世情又與竹老切論公事公事全慮世情務實愚不肖皆知之而賢智乃不知也故君子恆敗小人恆勝昨和子箴詩意其今日必再疊韻因再作以挑之詩簡塵侯戲門閑和作還須隔歲來晴色曉浮驪具響春光寒盡碧杯擱號題珠後新製惆無蜀錦材爲同搨州何如杜老臥江樓翰仙招晚飲麓生先來談又有不識姓名數人來酉初集翰仙處竹老麓生同坐勞鷟卿後至戌初散方看小說魯詹送饈閒談至子初去丑初寢

二日晏起小雪飯後出賀年至督藩臬鹽署及勞丁黃三道公館均未入訪劉鎬生於珠市巷方丁憂臥病談於內室見其七歲子過子和力田處均略談還穉公及程豫蔡逢年均先過翰仙亦出待至夜始飯看二

知軒詩頗有熟巧之境子箴海琴意興相似廣交亦同吾所識者幾無不與游宴使當承平時必勝於畢秋帆曾賓谷惜其入未足供揮霍而海琴尤窮甚可念也鎬生送饈餟茶餅衡山曠鳳岡超一來曠以縣令分川今在釐局

三日陰有小雪陳力田來子箴送疊韻詩三律來再和之二日喜雪新識邀頭宴未開鮮庭木層想鶺村朝衣尙宿沉香火冬酒深斟白墮杯光路玉珂塵借色鋪舞光發六花來繖鹽莫門君家富調鼎如今但作梅讀子箴集三日未壺疊韻詩已四王走筆昨答體靈論詩愧抱閑詞源直似蜀江來授極筌歛光珠海儀釜文成擬玉杯近欲高吟壓冰柱不教餘忸惱瀏材偏師且喜長城近未待江南寄折梅夜作家書及外舅二妹問訊書樾岑書別後驚於征途未及賤報久聞三峽奇秀叉加以香孫贊攜及至其間殊失所望盛名難副豈獨論人惟遊豫一孤石差爲不貢此游耳雲安還陸牛月山行除夕前宵祝駕白退而二使星巳前至蜀不獨按問東鄉至乃往渡丁公乘迷僕妾道員中丁勞唐州縣中田李並登白鹽加以誠罰語甚含沙情同舞劍畫由自特厥儉少所匡綢致此紛紜足以扭撓雖怨誹獎门膝必衍彌而損以情勢義當引退閣運好勸人去官又當繆所見矣尊經曉席虛館二年諸生住齋者逐百餘人恐不能不稍爲料理嚴武自去杜甫自留亦大非求友之本志將俟欽件稍定生徒上學時爲之粗立規條或勉留一歲備主人

留餘仍不改發近有見聞豈容默爾謂當辨師居友賴盡所長思吉散疏古人所歎更不能久待也鉅曳先生頗關情於舊傑幸以告之四隨新有覆師南中久無襝息聞鄒不遠他無所聞成都花果番麗穀蔬早熟地和物阜最例閏居惜舟道願遇移家不易新春多暇伏想安和見香孫時乞爲謁此廖緹隨人無燕新年館還當復勞思著鞭玉將曰迎春福幸甚途中游景巳具前宵除夕前宵途抵蜀郡主人相見專以主歸爲辭辭湘就殘臻非晉意但此間官事儘萬二使多所吹求故未暇正議閑鑑諸生皆還渡歲且俟仲春方定章程耳成都風土夙稱潜鎮然北俗多而南物少亦未還爲天府唯冬燠如春晴多如雨行不過覺脚免凍皺豐豆芥荃皆巳上市江梅海棠殆可同時較廣州境少遲蒸最與居游相適惜毓縉地法令諸女婦妾侍嚮暫一來游也無非問之更當歎息矣云云

四日陰劉伯卿慶成知府汪式甫木同知一子箴來汪談相命云識李雨蒼知其當遺戍又知文式岩當爲兼提督之巡撫云曾在京當差十年今分四川在機器局爲委員子箴暢談吏治云有當革者三一輪委一夫馬費一官鹽皆新不如舊申刻穉公招飲翰仙竹老同與竹老忽患風瘧余薦魯詹治之因不會改招曾元卿往欲論治理穉公惟談閒事因唯唯而罷此公蓋與劉蔭公同其天質美故好善其心境狹故少思也聞黃耀

庭亦在此此則其所搜罙者亦不得爲不求才但不得其任耳昔余言胡文忠能求人才而不知人才曾文正能收人才而不用人才左季高能訪人才而不容人才穉蔭二君乃能知能求而不能任凡此皆今世所謂賢豪乃無一得人才之用者天下事尙有望耶曾胡往而劉丁輿他日或有流風留天下一綫之路若劉表之在荊州亦未爲無功耳爲感詩人招祿之義故再言講席亦不復辭聊以一歲答其雅意而已

五日陰有雨出游市中至仁壽館看戲未登場見密雲甚濃乃還黃州同字覺生從懷遠鎮來省見訪月巖翁之少子也申後元卿棟材復陪至仁壽館一望會暮旋還看四川省志一本城西樓卽張儀樓樓臨見江志誤分爲二遂不知張儀樓所在成都城市已非唐宋之舊明當訪之也作書約耀庭來談

六日陰黃麓生馬伯楷暎衡朱次民在勤三道臺薛季懷福保來訪與朱

薛初見久談朱云與孝達舊交亦頗談及經義薛則叔澐之弟也多所通解敝衣樸貌較叔澐尤質實有風趣佳人也晡倦少偈看蜀志一本有樊敏碑一通夜補作淫豫詩又覽近七年所爲五言頗嫌薄弱蓋久不讀古人詩自謂成家殊少精思也錄近作數首於詩卷

七日陰子美所謂元日到人日未有不陰時注家以爲憂時政今日不能無憂也看蜀志沿革表殊不清晰俟定舍當爲作之步至督署答訪季懷耀庭見章公靜無錫人彭芝生孝廉出談吉安人仲約之選拔生運儀之房薦中式者季懷云其人有拳力縱談久之出至上翔街看子和值其招客坐有周知縣費總兵皆湘人略談還寓已暮夜校水經江水篇余禹貢注以金沙江爲洛水今攷經次先後不合洛水仍當爲沱水若水乃金沙耳

八日晴飯後出答訪劉嶽曙玉田朱在勤次民馬暎奎伯楷三道臺子箴

伯卿覺生張聲泰王運鈞諸人均未見還寓與竹翁蓮弟及殷郎安民至湖廣館看戲武昌蒲圻諸估客爲會留坐頃之還魯詹送蟹十臍費銀三兩六錢與翰仙同食遂未飯看蜀志二本成都士女務於游觀街市嗔咽人庶浩穰實甲於天下歲首嬉遨唐宋盛事余所至無盛於此者亦承平佳景也

九日晴王心橋教諭來癸卯舉人尊經監院也午出看戲至暮還聞此邦重上九節鐙游甚盛出觀之乃一無所有唯各家掛鐙及鐙牌樓通城有之費燭不少耀庭來談言樊鎭子名增祥已選庶吉士字雲門頗能駢文及詞調此湖北新有聞者亦不滿於黃莘漁云孝達過譽反害之凡誘進後學最難抑之使自廢推之使自滿古人所以貴育材也

十日陰無一事但看戲午後還倦假寐薛季懷來魯詹送柚不可食夜續成金堂山行詩寧林惜葉卷步竹欣篁迸幽如故山遶未覺征途費智公游已遠設驛居雖颿弗循面前坡墟懷覷來徑補

作除夕行成都市遂至洗馬池詩神龜二城迴星罘七擁名都耆賬閭里令填簋繁富始秦守與文翁漢朝通衢揭百坊市火燭玄宵錯貨通梯航川原實沃饒華實茂春燕蔥豆聚冬者士女閒且都綺羅鬭饒嬉朝尊葛姿宅背聯王郡麗館肆雕久盛歷替非一朝二九門既堙變江池不湖財傷杼其空儷縷穠鴛影方永古人來恆患傷運遂隳旅幸多暇星聽辨轄約繼野歡何加行圖念我願梅樹臨霜池歌夕啓風家道餘半因游近采蕞遺跡八州盛周行澗壓馱清標登伊衿天府於以告風韜合韵二首是日心橋牽書院書門來夜雨子正寢

十一日陰看蜀志一本七言百韻詩家所無所見唯湯海翁集中有之今始見宋薛田成都書事百韻詩可謂何代無才者也子箴午見余詩戌初和韻來舒卷自如可謂敏捷勤勇者余亦報之昨讀步韻集色驪香亦橋閉燊防大獻恆長楚陳置譬如鬱弱俟正月但修朝簡師偶挑兵農發不及宵登徒步武精且見鳳繼饒雖如研欲罷秀若搞閣茗自云薄傾牽春宴阻不邀隔歲草堂約遠巡候鳴餽息息追上旬飛若在詰朝梅花已如雨詩思方如潮當機踏絕鈔知不煩饑彫所情公府忙遂令酒圖遂二星特指南從海親斗杓錫春城有因綺語因無聊、（門丧女事）且當作主盟慎勿笑同察君詩卿老吏我作成風諸閱中叔亦急傳簡當飛簡

十二日陰將出局中留待丁公因鈔詩半葉莫組紳來辤未見學使譚叔

玉來謝未見鹽道遣送聘書定尊經講席受而不辤以既來不可辤也至夜穉公竟不至夜作家書寄日記託夏糧儲轉交因並致夏書

十三日陰尊經院生六人來見略談課規聞曉岱之喪入唁翰仙論爲位成服禮出答督藩臬學鹽茶成綿二道錦江院長伍嵩生編修薙生筠生尊經監院王心橋行城中幾徧唯未至西城耳督府司道俱未遇王亦歸郫縣見其長子餘俱久談還寓已暮因翰仙聞兄赴未便會食將令曾宅設食翰仙仍送飯來竹老外出無人共談步出看力田其寓中無賴子頻來不可與坐旋出暗步還偶問何劉陳打牌事因亦入局共戲子正散負千錢

十四日戊午晴午正立春翰仙設位岱祠有吊客往相之與張怡山朱次民兩道臺及薙生同坐客次弔客談久者子箴至暮方散蔡研農鹽茶夜來竹老將往測水檢點至夜分魯詹復來談至丑借劉棟材銀一兩

八錢還

十五日陰有日送竹翁父子去以待飯尙早與曾劉同看故衣唯一綌綢帳尙佳瑣屑不宜視之遂還飯後出游江南館有崑曲意不欲聽至浙江館看四川土戲亦甚可厭暮還元夕無月雲生來談因同過翰仙夜作湯丸頗佳食七枚猶未過飽也作曉岱挽聯云（選舉得英材方期東閣招賢竟歷趾纏疾靈臺壯懷振滅親情聯棣萼依舊四窗剪燭話樓闊湘南薊北年少歡娛）

十六日陰晨起未飯翰仙遣招陪子箴至則張怡山亦在談至二時許乃去飯後書挽聯未畢季懷來索觀詩本攜去云近奉部文停捐納不知何因有此美政也聞傳呵聲以爲鹽道來往陪客則已去今日見許（世顯）李緒之子羅輝五陳梅芳之子皆鄉人見王天舫（湖北人代辦成都提調）及不知姓名數人與勞鷺卿少坐酉散成都士女傾城出游名爲游百病日未暇往觀

十七日陰王天舫知府來書刺名樹漢余初不知其名問乃知之乙未舉人官三十二年矣好作詩又在子箴下遠甚飯後龍生來久談出步市中無所遇還寓張聲泰通判來申初丁穉公來答拜久談夜爲黃福生書冊葉翰仙來談（於世法應答拜者張怡山蔡研農方子穀丁穉璜皆再拜王天舫長揖劉汝霖縣丞未見面）夜月眠至寅初醒遂不寐閒思餘夢迹則寱也意則雲也

十八日陰陳力田來同出閒遊至江西館看戲雜立人叢傭保爲伍甚非雅事自此戒之申初還玉心橋來言適館事余以器具供張當須定爲公物不得取攜且告以帳褥自備無煩公製夜作五號家書寄銀贖曉岱餘以與六雲以家用有定故數金亦須外籌既思豐婦與六雲同當痴娩因並及彭氏此亦善推恩者黃文甫州判來問蛾叟與張石舟題楄云知唐桑艾之室出何典記余初不知所自記與兩兒考詢之

十九日陰終日伏案作書與朶園曍臣笛仙子壽力臣香孫至夜魯詹還

仍與曾劉打牌勝千錢亥散是日鷺卿來

二十日陰魯詹要遊市中與曾黃同出至火神祠看幻術復至玉沙街貴州館看丁公題楄館祀南霽雲南豈貴州人耶又遊駱祠觀恆保記趙順平故宅興作之由還寓已暮蓮弟取薛（濤）井水還張桂作圖說亦有條理又呈四詩還曾銀九兩七錢二分（退）

二十一日陰晴衡州黃蘇文李愛吾當還作書謝易枝江程春甫因寄信子泌幻人至岱祠作技突鋒吐火弄盤搬運良久乃罷劉庸夫送子春集及其所作文詩來兼鈔余往年所與書庸夫好託忠義歷詆公卿凡與相知聞者莫不畏而厭之余亦嫌其忠憤不近情又以其失意不敢公絕之不知古人當何以處此乃盡善也因便再發家書六號

二十二日雨久陰得此頗快人意午出答訪劉庸夫勞鷺卿劉桂三王天舫遇廓爾喀使公宴回威儀頗盛至穉公處久談略言書院規制變通

使官課不得奪主講之權主講亦不宜久設仍當改成學長學長亦隨課紬取庶免爭競也至臬署答訪婁麗生不遇子箴已要客怡山先在矣次民龍生沈鶴樵顧又耕繼至縱談無諱遂及冶遊子箴言前在鬱山有女冠名細寶贈聯云（不知細葉誰裁出如入寶山空手回）語有風味興不淺也又言南海舊遊諸伶盡散此公風流自喜不宜爲憲司耳又聞張幼樵劾大臣子弟不宜保薦指刺寶鋆翁同和得旨豪無瞻顧尙屬敢言今年新聞　朝政皆清明是可喜也戊正散竹老已還言灌口堰工冒銷則有之砌石未爲不可彼處劣衿以分肥未及爲恨恨耳此事號爲難明然意度之亦不出此數語次民言南霽雲曾爲貴州刺史蓋其贈官而貴州湖廣四川俱祀之號爲黑神余云黑神乃轄神之譌轄神長沙軫星度中星也此言本江蔗畦之兄見清泉志書

二十三日晴飯後子箴復來談言敖縣令詣總督爲其先人立名宦祠及

二使來民訴者十七人云丁敔俱干憲綱余謂此來訴者亂人姦民也當杖殺之以存上下之分敔令則特劾罷之而置丁不問方意乃欣欣向訴者二使亦以爲丁之罪不可解也竟日無所作夜爲牋上錢師今日還飯於黃

二十四日陰晴王心橋來言其子喪心橋初言監院屋不利避之亦不利竹老復言機器局在省城三殺方故不利於長官丁被劾程再有陰訟總局事者兩遭喪兩被劾余問可讓否云不能矣與心橋論書院用費章程要宜大雅不獨不可防諸生之不肖並不可防官吏之不肖院長初至規模宜定於今也看蜀志三本蜀人祀李冰爲川主而祀馬謖爲江主元王祿新記云敘州民於宋咸淳八年請於朝而祀謖李撰有文今未見宋楊安誠言白帝非獨公孫述華陽國志云蜀五丁力士未有謚列以五色爲主廟稱青赤黃黑白帝然則力士五丁之屬與獨坐甚暇始覺晝長看蜀志人物篇前代甚盛本朝唯有岳鍾琪張鵬翮較著鵬翮曾孫問陶亦頗有名申正出尋夏芝岑妹壻孫知縣未得其住處龐生招飲往則唐鄂生先在子箴崇扶山繼至此間一設客動費十六金以上槩殊不旨可謂不節也鄂生坦直寡言扶山略似李雨蒼無公子氣局亦簡於言戌散翰仙來談夜看蜀志人物篇畢一函

二十五日陰飯後勞鶩卿來劉庸夫繼至聞二使當來看機器又聞李有恆對簿不容申訴竟送縣獄有恆信有罪然傳訊而不訊亦非法之平也與魯詹至馬從九壽琪處聽戲扮陳香秋哥尚是童時所曾見今了不憶殆如隔世矣劉庸夫來問敘周魯時史稱孔子當名否余以馬班書漢高未帝時事已云高祖宋齊書齊高梁武爲臣時直改其名曰諱有此二例則或云孔子或云孔諱可也又王莽傳稱高祖名曰赤帝行璽某即赤帝行璽邦也依書金縢讀發曰某則某亦可稱夜閱蜀志經

籍目顏之推說謝炅夏侯該云蜀才是譙周或云范長生朱睦㮮云李鼎祚資州人唐祕閣學士劉庸夫言院生有張楷者能讀公羊賈人子也

二十六日陰閱蜀志物產敘錄甚有法矣省欽記黃葛樹以爲疑即榕樹余一見即識之以此知博覽之益凡未見而攷求者雖是而疑非也孔子論多識鳥獸草木之名識鳥獸草木不難知其異名爲難爾疋所稱今悉在目前但不能名耳以此復有意於釋爾疋矣李蘊孚知府宗蔚巴陵人唐鄂生子和黃麓生崇扶山來

二十七日陰湖廣公所團拜請余爲客欲與局中同鄉俱往午前已各去偕竹老魯詹至則客主已大集相識者不過十人湖廣舊有會館商人爲主文武官共立一公所亦費萬金前提督胡中和所爲也今以李總兵忠楷錦芝生道臺及鶩卿王天舫李蘊孚爲值年其首事七八人皆未知姓名二班合戲設二燭諸人拜畢就坐向設三席中文左武右幕今年幕客唯巴陵方在督署婁麗生在臬署餘或未至或未請也舒頤班一旦唱臧舟甚佳麓生賞之喚至則貌奇陋姑令唱驚夢而班中不知行款亂雜紛紜鉦鼓聒人驚夢僅草草終場麓生甚慍遂去余與莫總兵並坐亦欲去嫌太早不歡勉終席而還夜漏十二刻耳池中四席樓上二十席放賞者僅三人不滿二十千借魯詹錢六千四百

二十八日陰午後晴自至成都始得此一日澄朗春氣已盛矣出答訪錢保塘鐵江知縣唐鄂生麓生陳濟清雲卿總兵又詣昨日會館首事諸君門申正乃還今日蜀志看畢內無事紀一門蓋純用地志之體不及政事而首載　宸章殊爲謬矣鐵江甚詆之余則憚其浩博不敢妄議以省志萬無條理無所謂佳劣也

二十九日癸酉雨水晴晨見日色即起方卯正遣告監院二日到院宜先

豫辦飯後成都陳周兩生來見周道洽潤民陳觀源西生陳館於候補縣令王宅周居城中前曾來未值也作書寄荇農魯詹引華陽馬生來三生皆有贄唯受馬二生魚一蒸食之一送竹老與周陳言宜先爲有恆之學唯在鈔書遣人至督署接書以穉公許贈我馬氏輯佚書尚未送來也午後人還始見馬氏書皆搜采亡書爲存其名前有匡鶴泉序云書凡五百餘種大約仿孫淵如叢書而益搜之唯孫氏間有全書此則凡有書者皆不復錄耳馬國翰字竹吾道光中人爲縣令藏書五萬卷身死盡失此書亦未成其所刻版歸李氏始爲印行而山東書局補版入官鶴泉掌教故得作序余與匡同善龕順久不知其存亡今乃知尚在又如逢故人也王君豫初爲余言與書俊臣求此書俊臣未報余既愧不知有此書又愧不知有馬君未暇報君豫記於此令兩兒見之先爲我告書不多易致也夜庸夫來

晦日陰程立齋藩使馬從九王夾江陳雲卿總兵王心橋來與子箴索筆研送來新石一方及店筆一匣筆製甚俗試之尚可用不知何以不選管也雲卿送灰鼠袖皮三件貂袖一副留一件兩袖復於衣店買袍一件價十二金庸夫遣其子心民來見

二月乙亥朔朝陰食時晴日光煊麗遣蓮弟率火夫單滿往書院作竈華陽龍生啓弟來見陳鎭昨爲先容余見名刺忘其所由及見始悟之竹老元卿魯詹設飲延慶寺召幻人葉慈巴作諸雜劇慈巴以搬運幻技起家累千金擅名成都凡鐙彩鋪墊借辦皆取資焉余爲賓莫李力田惠菴張玉侯皆與飲設饌甚費蒸豚最佳自未至戌乃散驟煖僅可衣綿徐步往還猶覺熱也

二日晴晨起二使索觀機器局中人紛紛有事余與翰仙竹老言局務無章誤在相忍宜委權曾元卿而督責其成否則終無濟也監院遣五人來移書箱襆被去巳正舁至君平里尊經書院陳設已備竹伍父子澧州高生余得貴王心橋及書院諸生二十餘人張怡山道臺馬從九黃郎福生伍嵩生院長曾元卿先後來久談忠州方生竹泉執贄來見言居館在城內恐不能住院云云心橋送酒肴與福生晚飲卽留之居東廂發六號家書夜遣張桂出久乃還

三日晴煊辰起廚人皆出久未得飯飯後翰仙來鄂生龐生來便飯因聞余家饌頗潔試余旅食旨否也令蓮弟作菜蔬十餘品應之元卿魯詹文劭丞來魯詹恐余不辦又送肴四品來自入廚視治具云費銀五兩余費錢二千似猶勝之酉初設食而飯不熟又忘設粥初夜客去小睡定書院條規章程

四日晴辰正飯穉公來設拜執禮甚謙近今大吏所難也云湖南山東均有查辦事件京官多言殊無益於政筠仙所爲欲廢臺諫也子和鳳岡

來諸生續至者十許人得春甫及唐酌吾書聞唐兒長唐復送銀二百兩改爲餽贐亦當辭之衡州書反先到長沙書必浮沈矣錦江監院凌敬之來李眉生同縣人曾爲陳湜客在山西有年院生復來二班竟日着皮袪熱甚苦無夾衣又坐南窗日下正似三月杪春時夜作書復春甫唐郎受唐銀錢百枚退還二百枚

五日晴將出答訪諸客有院生數班來見莫總兵劉棟材府學范薛華陽周陳力田江式甫相繼來日晏遂不出江油兩劉生來談申夫事甚悉驚卿暮來院生擧書者全不經理凌雜無章可爲歎息福生午出夜始還致余家書兩兒寄課文五爲改一篇夜已子矣

六日陰晴定日課於辰初朝食申初夕食戌初點心子初卽寢日看虜文三本鈔詩經二葉俟十九起學後行之先行飯課巳初出答四學官伍院長唯見伍略談見庭中杏花誤以爲桃疑桃無此大而矮者伍乃告

余誤也春色已深尙未一游可笑也旋詣穉公云唐宋皆有遨頭吾不遨而見謂姬人出游亦將擇日而遨余云能遨則民吏歡矣詩曰吾王不遊吾何以休一笑而罷至機局謝翰竹曾汪文至鳳岡處送衡信見方瓊繫逋稅者云潼州官罷還者也答訪曹桐軒怡廄曹兗生之從子自工部出試知府曾蒙 穆宗召見詢詰甚悉明有 文宗之哲過張怡山程立齋崇扶山程言女口不吉祟則氣色晦昧耳目俱不相聽啜茗卽辭出復過力田見劉伯卿答訪子和行城中幾徧歷四時之久頗飢困乃歸飯後已暮小愒作家書七號多告戒之詞改功兒文二篇作書與錫九夜已亥正乃寢

七日陰晴以國忌令諸生於明日乃入見敎以尊 朝廷重喪紀也院外諸生難於往返則便見之劉庸夫使衣來潘使程立齋來辤之不得亦入談良久論近日使者交馳由多疑多誤非朝政所宜宜有言官論之

焦生鼎銘來兒字佩箴魯詹來留便飯季懷公靜同來季懷問曾滌丈督兩江爲余薦之於蕭裕庭又言六雲身價三千金皆了無其事何世人之好刻畫無鹽也吳春海太守來卽徐蔭軒尙書薦主尊經講者余甚愧之坐間談論語解三條出所作文相示衡陽左生弼字葆丞芨涉崎嶇來投曾氏曾無以待之乃上書干余余恐其流拓姑留同寓午去移樸投碁已來居之西廂夜看唐文三本鈔詩經二葉王無功遊北山賦序甚似子山而賦不稱中敘其兄淹事獨多注言門人多至公輔而唯稱董恆程元賈瓊薛收姚義溫彥博杜淹不及房魏蓋不滿之後乃有疑文中子爲僞者世俗勢位之見也其答杜之松論喪服五條亦通而疏梁孟贊云五噫絕賞雙眉獨齊二語饒有風致祖君彥檄洛州云隋氏纘承鴆毒先皇又云先皇嬪御並進銀環旣以隋主爲先皇何得斥其竊神器又云狐媚肱饞上下全不相應斯爲謬矣陳子良爲弟作誄直稱其名文中子祁傑謚獻無功屢引獻公禮說卽其祁父書也明日當祭 先師減去夜點心亥初齋寢夜雨沾足有雷

八日寅正起致祭尊經閣 先師位行九叩蓋凡學通祀 先聖也退次小坐還食餅然燭看唐文三本天明往湖廣公所一人未至小坐文武同鄉以次俱集推余主祭 先師周茂叔行六叩禮禮畢已午初矣未飯先退過訪方司使云有構我二人者彼不信也夫流言止於智者子箴何以使其說得終蓋先疑而間之耳答拜吳春海春海昨來致敬而今意怠怠亦不知其何事還院已晡遂不朝食見院生三班劉生宏模引錦院五生來周郭陳高鄒開縣謝生送其師陳崑集崑字友松以遼金有史遂爲西夏史崑死其孫藏之云今秋當送閱崑常宰宜春識俞芷田余久不記有俞今忽在耳目也鈔詩經二葉亥初寢夜雪

九日陰寒仍裘曉起階除雪已融惟瓦縫見白院生來謁者五人三班看

唐文三本陳友松集六本頗有才識勝於余所識蜀人鈔詩經三葉作敎徵院中殘失書頃檢閱香殘缺陵亂未及五載遂至於此愈益恨焉傳曰玉毀櫝中誰之過與管書所生言書咎人當來而無期日一日三月子衿所歎也今先停兩生二月膏火以成私受限本月盡將存書一退繳驗收如有遺失依定例每本罰銀三兩由監院借鈔補完夫毀成猶杳淮公亦舊管新受固有告安監院院長儒能安乎故特示限如舊管生逾十九日不至者專飭齋繳各至其家根究失書所由務得其主以存官籍又爲子箴題話雨圖其因公至廣州時與從弟南韶道子嚴同寓所作也韋家畫戟曾凝懸御憶山中共長枕蘇家兄弟感鴻還顧思風雨對牀眠宦游邪及君家樂金印貂蟬佩方岳南海離觴輻相繼來新種甘棠成綠郭江上相思同聽雨天教度嶺歎離情官酹酒燈常歡宴畫燭秋光若夜明卽今使節遙相望聽雨巴山莫惆悵好憑郵騎傳新詩昨宵碧草生春池鶴卿屬題其父愚菴先生補經圖單騎驚回紇遺民說漢官來爲三歎後索樂一甄寒定變賓搢術披榛立講壇時危重修學事比阮公繼虎節還廊日猜儀偶一晴高懷八州監佔畢小儒擔未免營鹽貴與恩石窟掩越岡微桂好遺蔭滿香羅

十日陰寒岳威信來孫嗣儀來見言其世職在七房今其父襲輕車尉其兄頗知風角又言其家書盡失散其先公奏議爲其長房族子匿而不

出請告學使徵遺書出之寫詩于二圖看唐文三本褚登善請千牛不簡嫡庶及不窮寶智純事及諫五品妻沒官二表皆有理識又請勅宮人眼花淚見不得輒奏是小說言太宗見祟事果有之又采太史公侍妾隨淸娛銘則作僞者之所爲矣杜襄陽正會彈李子和妻喪奏技文有任彥昇之格岑景仁文本擬劇秦美新則不知其何意尉遲恭碑云洛州人史云朔州善陽人曾祖本貞魏封漁陽郡公祖益都周濟州刺史父伽隋衛王祀室恭隋光祿大夫入唐年七十四卒於私第官止儀同追贈司徒謚忠武唐小說誣其爲鐵匠殊可謂不考之甚也周教諭道鴻字儀吉來昨來持手版余不敢當門者乃麾之去遺持名片告以錯誤故今又來言蜀中宜開局刻書院生范溶來華陽人字玉賓人甚文秀亦不浮佻佳士也與談讀經史之樂勸其早勤學恐登第則不暇矣丁价藩士彬暮來瘦小閃爍以能人自負午鈔詩一葉申後甫鈔而丁

至夜乃補足一葉魯詹送子雞考爾疋皇黃鳥又云鸎其雌皇今本鸎下有鳳字說文無之爾疋鸎在桃蟲之後說文亦在鵻之後鸎鳥偃鼠凡屢皆有小義而以爲鳳誤加字明矣鳳一名鸎說文亦有此說他籍所不見殆不可信詩云黃鳥集灌木言女子無遠志高想若在母家而志配侯王必非賢女毛鄭以喈喈爲聲之遠聞得無過邪集叢木而求遠聞亦不善於體物

十一日陰昨夜寒卷縮而臥僅能取煖蓋嚴冬不獨宿已十四五年故怯冷如此晨起看唐文員半千敢爲大言文皆俳體其靑城縣令達奚思敬碑敍其祖叡由富而貧云金玉滿堂化爲道德語有閎宕之致盧昇之新都尉有宴梓州南亭綿州汎舟序其五悲文雅稍繇奇作也王心橋來言將往靑羊宮趁花市又言市有紫檀書几索價三錢一斤計重八十斤木以斤論所未聞也遣汎掃外齋以待舁馬之客鈔詩二葉黃荔裳教諭執贄來見云去年曾投考院課辭其門生之稱今日客少餘暇猶多再看唐文三本鈔詩二葉桃之妖妖未言何桃檢爾疋三桃楔爲含桃旄稱冬桃則桃爲山桃專稱也夏正月杝桃則華杝卽爾疋榹字又六月煮桃傳亦云山桃唯楔爲櫻桃義有未安櫻桃爲含桃其實非桃類李類也

十二日陰晴卯正劉大令大烈來飯後子箴來言黎傳臚以請復賀藕翁官獲譴羅研丈之所害也研丈昔欲陷瞿子久而不能乃今果陷簡堂院生三班四人來見劉生復引嚴生來陝西入學有志於學送繡擘等爲贄錢鐵江來陳妹兄公仲仙來煙飲甚深貧不可言僅識一黃麓生魯詹來久坐午後乃去夕食畢少倦矣鈔詩二葉黃云生來戌初微雨因留與福生同榻夜看唐文三本王子安常游梓州有江西狐兔賦又有茅溪潤松賦茅溪未知何地又有上其父書一篇題爲上疏而自稱

名云不備再拜又有入蜀紀行詩卅首序緜州別席序梓潼汎州序游武擔山寺詩序元武西山廟序廟在三靈峯祠道君蓋今靑羊宮也

十三日晴寒未減鈔經二葉力田來辭行告歸其人好言夢其來去亦如夢也看唐文三本王勃碑一本皆蜀中之作賈公彥子大隱駁周悰議立周七廟請武氏立五廟其膽甚壯亦不得禍終禮部侍郎公彥可謂有子鈔詩二葉解汝墳如有神悟院生牟吉三崇成緜來

十四日戊子驚蟄看楊炯文有梓州官僚贊元武是梓州屬縣昨誤以爲成都地名炯嘗爲梓州司法參軍又有遂州及新都孔廟碑王義童嘗爲果州刺史子師表萬安西充令師楚雲安令王湛爲瀘州刺史督瀘柴溱珍四州任晃溫江令鈔經一葉蔡鹽道來院生二人來見魯詹來今日約竹老往城外靑羊宮看花市久待未至遣促之少頃竹老與元卿棟材俱至魯詹借驘三頭與棟材福生俱騎余乘棟材轎出院遇云

生七人俱步出南城循城西行可四里遊者約數十人然⺨衤襪殊不美觀(花市自十日起十九日止)青羊宮無花但竹鐵諸器其東二仙菴乃有花樹海棠正赤如杜鵑芍藥五六寸無蕊云尚未發或地氣不同也牡丹高者五六尺以上如椿樹春蘭頗多辛夷亦夥無他奇種俗工匠畫軸以千記徧觀而還飯於書院子和來坐至三時乃去對客鈔經一葉又看楊炯文一本薛振言舜非孝子揚親之過可謂妄誕古今所無之論也張泰耒陽令有賦一篇在第二百卷

十五日陰有微雨亦見日鈔經二葉見院生九人六班中有楊生銳字叔嶠院中所稱高足弟子也有趙生樹櫄字少方則沅鶴之弟與談頗久因楊生習詩爲說詩葛覃漢廣汝墳三篇看唐文五本馮悅峨眉令隋本縣州參軍陳子昂射洪人以富得禍蓋擅鹽井之利者夜無事復鈔經一葉院生來者多訴無牀几下教檢校諸借住齋房者令二日內移出

十六日陰

先府君忌日素食鈔經三葉張生子紱來談孝達高弟子也亦神似孝達多所探研坐談半日留飯不能蔬食蜀人習食輒熟者故不飽也邛州寧生雲若來問唐書廿事有鑄金枷一事忘之夜坐監院送脩金三百五十兩來乃正月請領鹽道今始發下令送者同城咫尺公事之遲如此作家書第八號寄二百金充家用寄廿金餉荇農還王心檣卅金餘十金衣十金陳十金存七十耳

十七日晴院生六班九人來見張孝楷言申夫已於初十日過江口去矣張氏在家不免操作故往蘇州依眉生余謂眉生未必可依方欲止之而無緣相見廖生登庭來久坐有志習公羊春秋然拙於言未知其學何如翰仙來午間書辦送來學院批監院公文一角陳詩訟齋夫者余以其好訟欲斥之又傷其不敵一火夫乃告劉生令其自繳銷此文以全大體因告諸生如有名列公呈者卽爲多事必屏院外冀以挽薄習未知能行否夜過機器局與竹翰曾閒談遇驚卿坐半時許二更還院中禁賣餅擔門者殊不諳何至登講堂明當詰之看唐文三本陳伯玉有論蜀事四條臨邛忠州梓州九龍序銘爲孫過庭墓銘稱爲不遇之人而不及其能書又言其不及學文又不知其卒年云年若干亦墓志之罕見者其祭文復稱其逸翰而云妙乎極蓋以其一藝不足志也又薛氏銘言其以大將軍女爲郭公妻郭公元振也薛東明國人出家六年而返初服伯玉高祖陳方慶得墨子五行祕書白虎七變法三更後大雨

十八日陰丁生執棠來見舊管書人也言劉文卿交代不清余傳劉生來責成前後十人公同追取並言凡公事不以推卸爲能以衆擎而舉宜

勉爲之請監院來言火夫及看役事院生五人三班來見魯詹力田來鈔經一葉未畢以當回拜八客衣冠出至丁价藩劉大剛處未見答錢鐵江並送其赴清谿任錢云廖登庭鈔有建炎錄及東都事略甚以爲難得余初不知其書何所用又言孝達訪有漢高君石闕姚臬使訪得晉楊陽碑此則修地志有所取爾酉初赴藩使招饒驚先在劉玉翁繼至伍松生最後亥初散李薀孚復書來允約福生往越嶲吳總兵送南物四種夜雨

十九日陰院中開課卽於是日送學黎明恐外間早辦喚兩僕令開門則臬使已至矣遽起要入久談崇道臺繼至設湯餅共食訖藩使鹽臺并來復坐久之遣請總督余還宅小惕司道出外坐余飯畢鈔經一葉已正穉公始至入談頃之出行禮於講堂請穉公親點名後俱司道坐待退堂又談頃之告退羣公自去諸生紛紛鈔書余案行三齋徧見諸生

覺倦乃入夕食假寐夜出行視東齋凡占住者俱已移出蜀中士習甚馴吾鄉不能也鈔經一葉看唐文三本崔融專諂武后竭其才思卒以作哀册致疾死可爲諛臣之戒集中有爲王起辭灃陽令表其哀册文亦未爲極思張說文有進越嶲騸羊表舉夔州戰將勸思齊表駁行用類禮表言禮記編錄不可刊削孫炎改舊以類相比魏徵爲注元行沖解徵注有問鈔書未可行用是則經傳通解不必作也岳州謝上表言貶官到任理在速咄可備掌故又高力士父延福碑序養子假父頗有徵引而中敍力士得本生母事未知何故冉安昌潭州總管夔州都督冉仁才澧永州刺史冉實緜州司戶導江令楊執一劍州刺史平貞眘涪州刺史晉公族食采平邑因以爲姓有漢丞相平當今有平步青李琮子行休求父尸於桂林有異徵並得叔父二尸行休弟亦在越嶲兄弟爭死併命俱可采記也夜補看唐文八本未甚細諦

二十日陰院生藍寅階來見眉生得拔貢請其捉刀齒長於余三歲劉生來問經解未知門徑鈔詩一葉午步出送力田不遇至沈鶴樵處少坐出訪陳仲仙於羊市宅雜隘不可坐勉談數語至衣肆看衣過子和宅赴席太早假寐其客牀頃之劉伯卿來亟談力田之謬鶴卿翰仙繼至王紹曾西垣最後至設食尙佳而未能飽還已亥初矣日中鬄髮時看唐文三本故未摘其事中唯張說敍郭元振事狀勃勃有生氣文在韓退之之上退之鼓努爲力說但平敍故氣厚也郭曾爲通泉尉陳伯玉已稱爲公狀云郭劫掠良人薛女豈劫來者耶夜補鈔書一葉出視院中皆息燈睡去乃寢

二十一日陰湖廣館請祀鄉賢約辰集及往已散矣詣謝諸大吏唯穉公扶山二處得入便訪丁价藩答訪周靜軒看洗墨池云楊雄宅也未正還季懷及其同姓小香章公靜張敬涵來談申正後乃去福生將往越嶲鰲局午初移去杜有發來聞力田已開船長行爲之惘然悶之夜鈔詩三葉看唐文三本盧藏用有陳伯玉集序及別傳祭文又有衡嶽十八僧序夜雨

二十二日陰看唐文三本宋之問歎佛文稱太平公主弟五子才光性與是歎後用論語也初唐倘以性與天道爲贊聖言之詞此亦一證元素履忠州臨江令（武后中宗時人）歐陽通讓夏官尙書司禮卿二表皆李嶠所作鈔詩一葉院生三班人請業劉伯卿魯齊來出至機器局尋竹老談並會曾劉遇饒知縣無所取材答訪成都訓導不遇至莫總兵處會飲客皆不至唯饒及周知縣後補請者周操蜀音自稱通州人又劣於饒王西垣作陪戌散

二十三日陰院生四人來見又巳見楊張諸生入請業霍雨林同年名潤生新選長壽令來訪終日爲諸生講說多發明公羊春秋之義例張生

子紱廖生旭陔皆有志於春秋子紱云欲移入院並要張生監蓀同來此邦人欣欣向學可喜也爲監院稟鹽道請發膏火銀章程又告齋長定住齋章程有周趙二生並不住院而充齋長令託人代理鈔經一葉晚過劉伯卿飲同坐者金邛州宜賓字松元李溢孚張玉侯魯齊福生伯卿言越嶲出火浣布託福生購十丈戌散還路遂始知夜雨鈔經一葉看唐文四本蘇廷碩有蜀長樂花賦蓋老少年也樊偘益州司馬廷碩嘗爲益州長史又嘗立九疑舜廟於州西山上疑曾知永州也其判師弟有罰水二字未知誤否劉茂道父司農碑敍其先世皆曰我曾祖我大父云云唐休璟碑亦同（休璟名璇以字行）涼國公主名少免字花妝玄宗之姊

二十四日晴遣問張生士達何以不來取論語因見院生四人鈔經二葉福生來告行陳雲卿來與之談耕讀之樂以其人頗樸實欲勸其歸田

也看唐文三本課畢無事案行齋舍在舍者寥寥夕食太早假寐一時許出看菜圃還鈔經一葉竹老來視宅向云大利將葬乃去殿誠元有潭州都督楊志本碑志本竹爲邛州司馬始州長史始州劍州也武平一諫書引禮減而不進二句減字作慊盈字作流武竹任郴州許景先唐與寺碑銘以七言如彈詞權若訥請復武后字稱賊臣敬暉云云當中宗時未有知武后不當革命者亦可怪也張廷珪濟源人頗有論奏多得大體元行沖服議言父爲嫡子斬衰三年不去職又言王粲有疑鄭倚書注兩卷徐堅表言漢光武七室共堂歷代遵行唐人賦詠必八四平四仄而開元以前無此款式平仄隨用但必八耳蘇稷有靈池人朱桃椎圖贊夜雨

二十五日晨陰朝食後步過翰仙送其從子福郎往越嶲過竹老房約元卿來談云余漸濯須人將買一婢約今日來留待久之雨作而人不至

昇還甚倦龐生馬生來馬未調院以魯詹介之來耳范生玉賓孫生彥成來皆秀士也然孫頗短張未知誰是孫者小峯之兄子夜談頗久鈔經二葉竟日雨瀟瀟似感寒未看唐文亥正寢

二十六日雨益寒調院王生來以國忌未見後有監生午後來則兒之鈔經二葉與監院諸生上閣理書蓮弟云一身作痛請魯詹來視之馬生來便留同飯劉生文卿來請業夜看唐文三本張敬忠益州長史有青城山新津佛殿奏狀柳澤切諫太平主用事及諫睿宗疏皆可采鄭萬鈞代長公主爲妻作碑自誇其子聰明使天下見聞唐人文不合體如此其自稱蒙爲妻自稱亦云蒙此羅研翁之所師王琚貶江華司馬官裴思約威遠令許齊物擕州都督張子壽集有勅書又補看唐文三本李生春霈送試文爲改一篇

二十七日陰晴晨鈔書一葉飯後陳生詩張生孝楷來上閣檢書六匱幸已齊全收鑰自掌之午飯乃畢甚倦賀知縣式開字古愚來少庚之族子也院生王樹滋蕭潤森謝龍章來請業夜鈔經一葉看唐文三本張子壽有果州長史李仁贍瀘溪令趙某銘趙令亦稱公曾爲射洪尉以其子理爲洪州都督而舜之耳又華容縣男王某竹爲遂鯀二州刺史王泠然有干進書二篇訐訕可厭當時風尚如此宜人之輕文士

二十八日陰院生數人來請業蕭同知錦來曾元卿遣要看婢鈔經一葉後昇往見三人一年少者二人皆年過卄矣留飯乃還院生新來見者三班曾又卿之子來年十八甚靜秀余與佑卿別卄餘年矣以爲死亦卄年矣問之乃知其死才十年夜鈔經一葉看唐文三本周邱均有爲益州父老上表三篇及刺史表二篇作與敖金甫書去秋復上一函計達清鑒仲冬泝峽四上除夕前日屆於成都比見丁公果如所驗謂以諸席相處初以三年宿諾遂其來友之聘擧不圖千里尋師乃作播遷之以來教遂巡三讓冈執一辭便欲告歸貿爲聽今年二月移人館中以佔畢之荒儒對癬默之後豐其爲不稱堯術深知唯學遂願立不易未經整飭以剛逕醒

理之性蒙諸生抑抑之謙將應者於是更與未備者餓而益補甫及一月已有可觀用報摩先生使知蜀材之盛也吶里人來具言老伯大人高年矍鑠令弟秀發恂恂閒之欣領仁兄秩官久次美擧益章耆德當增暇幸綠示閣運去年撰成湘軍志十七篇於長沙開彫今脩未得清本及至客貲者工課頗緊當俟夏間方能舉業纔居仍居鄉里恐江湖之險又作不宜有所顧來錦里之留因茲歸久忿欲得三數高足分習三科然後改院長爲學侶不借材於異地乃爲佳耳問學途有次子出後其兄者年近舞勺頗有父風聞還有第四女生於戊辰性稍聰敏授以經義粗能理會伏冀仁兄近加勸誘爲我相攸若許相當恒煩掌肸復初來日再可問名錄此未通函學途希留意幸甚幸甚春鶩來久伏惟萬福

二十九日癸卯春分晴卯正朝食畢出講堂升坐點名令諸生分經授業各有欣欣之志出題十三道蜀士馴秀虛心異於湘上蓋文翁之教師法倘存也劉生心民及諸生入問者相繼復見院生三班竹老及其四郎魯詹元生元卿來元卿復爲余物色得一婢亟欲余納之昇至東鄰文昌祠飯畢往看啞然而返元卿甚不懌復坐久之客乃散鈔經二葉看唐文二本改課文二篇課卷一本及子乃寢

晦日晴始覺孱煊苦指創及足創不欲理業雜咨數班院生十許班來見鈔經一葉看課卷數本與書敖金甫發票號去獨坐及子正覺寒乃寢

三月己巳朔仍寒指仍未愈評改課卷廿八本盡謝諸事唯見客及院生數班

二日晴評改課卷四十八本昨日蓮弟往機器局覓食將令積百金爲業爲娶婦使續外家祀也從母兩舅皆有富貴習唯此子無之殊慈良篤誠見依於我家人無其親情也故切屬元卿約束之左生亦去已厭倦矣翰仙來夜復閱卷十本說卷耳金檑爲賜爵太廟而使與酬前意所未及信乎學之無盡又引陳佗比宋內娶亦前說所未備一燈熒然遂忘夜久覗表已子正乃寢

三日晴評改課卷十本出賀鶩卿取長婦至則新婦方出轎司道諸公皆在看新人甚肥大越女天下白亦不白也出答訪季懷三友至耀庭處

略談季懷處久談便過陳芸卿總兵行稍遠至莼生處久坐還正倦欲休盧麗生院生二班竹老相繼來竟不得休至晚乃稍痳起改課卷七本取史記年表校對有五卷皆明晰蓋有藍本非余所知矣得江津戴生擬文心明詩一篇甚佳遣招入談張廖二生於朔日已移入內院同話詩文至亥正散余又校史記十二諸侯表畢覗表丑正矣

四日晴晨寒午煊定課卷名次以廣安周生爲首送穉公一過目陳芸卿早來子和龍生及新調繆生來見繆少秀譚學使叢爲翰苑選材也作蒙卦小注數處並言說經法以示諸生以發蒙爲發蠱家之家以繫蒙爲繫車蓋衣之稼頗爲確實中初至鶩卿處喜筵伍嵩生院長潘守兩公候補道四五公俱集余與伍坐正席劉玉田張仙舟作陪亥散至新房看新人詢之非越產蜀產耳比昨出轎時較美小坐而出還已亥正

五日晴鈔經一葉改定簡兮爲入學合樂之禮說公言爲無算爵後士執散爵酌以之公命所賜適合禮經無如此愜心者半日無客方欲大有所作徐壽鶴翰仙譚學使魯詹仲仙巖鴈峯相繼來留二陳便飯後鴈峯論詩有心得院生五人來或告假或請業至暮乃罷少倦夜鈔詩一葉出巡東西兩上齋還看唐文三本盧象送賀知章序言其長男曾子因父病求神有鬼與司命鬼叺知章愈乃辭官可謂怪誕孫逖有郪令崔綸制由益州倉曹授又吳王李祇官衛尉卿祭南嶽今日翰仙言譚序初擢湘臬疑崇故也余以爲傳死又昨奉部議穉公果降四品丁价藩褫職果如我料但降三品者降四品則五級矣唐勞恐亦不免又聞李督劾知縣四人疑福世侯在其內李華有華容石門山木蘭樹賦

六日晴晨起鈔經一葉出賀子箴生日値其上院過壽鶴譚學使竹老處皆久談還已晡矣鈔經一葉見院生三班穉公遣來告有灌口之行使往取課卷得其書言經費事閱唐文三本讀詩數首夜聞花香始有春

感欲作一篇竟未就

七日陰鈔經二葉令書辦寫案出之看唐文三本張生可均字和甫肸生光岷字蜀才來見夜出巡齋舍韋斌自太常少卿貶巴陵太守爲院生點定文五篇均無佳者爲嚴生評詩數首

八日晴鈔經一葉麓生來言張振軒得黔撫紹誠撫廣東傅擢皖藩矣張子紱尊人招遊草堂與張廖戴生步出南門遇張生孝楷於塗同至青羊宮紫荆盛開小立花下出直南行里餘至草堂寺西偏爲杜子美故宅小有軒館未爲弘麗青竹頗密坐船房久之張紱翁來要至其宅曾氏莊也凌生作陪蜀才出見設食畢已暮昇還不由舊路循浣花溪至小江邊春蟲昏吟頗有鄉思入紅塵中投人叢入南門還院弦月甚朗鈔經一葉看唐文四本王維有道光塔銘云姓李綿州巴西人姚懿長沙縣男沈東美說兕觥爲大斗養老用之東美佺期子膳部員外郎楊

縮有郭子儀妻王氏碑父守一寧王府掾王氏卒年七十三有六子八女陶翰有送孟浩然入蜀序

九日晴鈔經二葉見院生三班唐小溪伍嵩翁魯詹嚴鴈峯陳仲仙岳生屈生來竟日客不絕看唐文三本元卿買婢其妻悲泣令蓮弟往止之

十日晴鈔經一葉行四齋督諸生日課甫畢兩齋王西園范堯泉來以其待久至三齋而還客去始畢第四齋諸生頗有勸學者各記於簿西昌劉生來見易得森參將來蓮弟言竹老當來遣止之以當與元卿論詩當屏語也將入內城尋春留待元卿至莫竟不至鈔經一葉看唐文三本顏清臣碑文以婦人死爲棄堂帳鮮于向新都尉劍南支使復爲新繁尉當時尉尊如此保寧故號洪州向設都護以京兆尹貶邵陽司馬歐陽詢從曾孫琟父機什邡令琟岳衡長史統江湖兵勤王以武關防禦被執免終於岳州葬榮澤蓋未嘗還長沙一日杜濟成都令和政公

主碑盛稱公主美德其序公主容色云每至朔日六參朝天旅進嫣然班敘之內迥出神仙之表又云柳澄妻楊貴妃之姊公主伯姒馬嵬之難以孤見託男登服冕女獲乘龍又言其能彀弓貫蝨清臣不妄美者唐書無佳傳何也又云道士申泰芝誣湖南防禦使謀反瓮叟言泰芝乃奉芝之誤今顏碑尚在則非誤也顏言人妻死於官多無隨牒世言李白狂其集中上李長史書但以誤認李爲魏洽舉鞭入門乃至再三謝過其詞甚卑何云能狂乎又自作薦書令宋中丞上之得拜拾遺詔下已卒亦非輕名爵者

十一日晴鈔經二葉見院生三班曾馬來談魯詹送乾魚並言外傳曾劼剛被盜於海島步往翰仙處問之云無明文二更還入門大雨爲院生評文六篇看唐文三本李白有送戴十五歸衡岳詩云戴長沙人三昆以才秀擢用又有校書崔公貶湘陰作澤畔吟又云溧陽漂女姓史年

卅齊光義郴州人官博士有開元十五年郴州安陵石記徐太亨有青城丈人山碑張九齡弟九章桂陽長史九皋巴陵別駕

十二日晨雨朝食後止鈔經一葉尋春西城出宣明門將候穉公入城詢守兵已先還矣登城至江源樓古白兔樓又謂之張儀樓者郫江水自西來分流貫城東出西城皆駐防旗丁分汛列居門宅同制皆入門一空院三間屋似殯室草木多於器具從城上望之似久荒者城上輒道方二三丈規制甚壯循堞東行見一大坪在西南隅繞行道迂乃下至將軍牙門仍出南門還院見諸生三班仲仙來將莫風涼鈔經一葉看唐文三本與書藩使爲黎馬求差委

十三日晴鈔經一葉梁山徐生來請假舍年老矣魯詹來言唐勞俱撤任差交兩司察看穉公羽翼盡剪又不得罷殊難施展也莫總兵來請作地圖序鈔經一葉夕食甚早大睡一時許改院生文看唐文三本說郛

四本

十四日戊午清明鈔經二葉作家書第九號並與書越岑張楚珩龍甲來云新自彭縣歸院生五班入談改諸生文俱無佳者嘉定諸生告歸月費未發借龐生卅金將予之而無人來領問之已去矣子和來久談與書程布政問會議經費事兼爲馬黎請託

十五日晴李三和合忠楷沈鶴樵來翰仙來言蔡研農甚怪我多事並以上司學臺相識余於俗人無爭而筆札頗咄咄逼人與書藩使辨之使知我非多事者耳院生王陳來是日課留陳便飯鈔經二葉作詩一篇看唐文三本河東麻察殿中侍御史大理丞李光璨元宗時蜀郡長史元宗嘗爲秦坑諸儒立旌儒廟賈至爲碑張宣明元肅間人監姚嶲諸軍有移蕊州牒其文不全蘇師道稱攸縣爲攸邑劉秩閬州刺史補看唐文三本

十六日晴將出答拜數客方有時政未敢招口舌姑俟一日待其定鈔詩二葉寧生問經解各體及作文門徑鄒生亦來請業談久之看宋人小說言優人名目有末泥副淨副末而所演名豔段段卽今旦也正雜劇名兩段皆以旦爲主故聲轉段爲旦見耐得翁古杭夢遊錄陳師道言楊綸云嚴遵易傳揚雄雄傳侯芭

十七日陰鈔經一葉午出答訪和合龍甲過蘢生談道經藩署遣問主公在否答云督府將至余出專爲詣穉公催轎急往乃於道上相遇回則無巷行則不可駐行開帷待之鹵簿多訝者然皆低頭而過穉公至於舁中一舉手遂行近者杜巡撫遇胡提督杜駐行而胡不駐遂成隙構成其咎襯馬桂勇號劉督因不直杜道路相遇衆所屬目余於街前與總督抗禮非穉公不能無介介也還院魯詹在齋僕工有病者求其診治留飯久坐穉公來談去已暮矣行案二齋與諸生談夜看唐文三本

令鈔元次山文爲一集以爲勝於韓柳獨孤及集中有爲李給事七讓奪情表給事不知名殊可風世

十八日陰鈔經二葉院生熊杰來告歸陳詩來假貸王監院並吝不借發乃以蘢生所假卅金與書辦擡碎以待支取始立涼棚竹老筠心(郎沈生)來葉生來呈業與之講桃夭碩人二章竹翁甚以爲佳余所得意者說大夫夙退無使君勞言如今接差者守候一日大人入公館巡捕傳帖下一概不見紛紛而散此情最難堪故石腊坐視州吁之亂夫人有以致之也客去飯罷久睡看唐文三本獨孤至之集書申泰芝亦直作太字足明非奉字之誤瓮叟所據誤余當時不知孰爲是也成左司爲成都少尹副郭英乂吏郎杜兵郎楊爲參軍及有招北客文盛言蜀不可往豈招此三人耶作韋八銘云壽止五歲憕銘云年二十二壽年不分如此周昭王瑕子文生而有文在手曰閻因封閻城夜大雨

十九日陰復寒曉起藩使委知府彭某來點名課院生出見之訴其貧苦欲留之飯與細談彭乃於客坐吸食洋煙余甚怒以其窘弱不忍責之遂告以將出不復與見今年議不作經文而程公限經文五道余遂牌示禁院生應課諸生來者紛紛或欲請改題余以程未足與語亦姑任之然請議者竟日未暇作他事已將夕矣王夾江請余陪翰仙晚飲來催客出至督府臬司訪錦芝生道臺皆不遇至丹達廟翰仙已先在劉伯卿周寧卿賀古愚繼至戌散還鈔經一葉看唐文四本酒令舉古人一姓名三字不滿十畫者得子人九(周人)余得孔山士(齊人)丁外人(漢人)汪子一(梁人)王一介(宋人)唐文又有牛上士(唐人)賦二篇涇陽牛鑾之父開元以前人

廿日晨雨兩傳生龔生來穉公送課卷來分三等未能盡當思欲易之而案已定遂牌示廿二日發卷鈔經二葉補昨日一葉魯詹來言其妻欲

來余亦欲迎媓而兒女太多殊不放心看唐文三本成伯瑜開元時人說小序爲毛公作與余正同許子真楊妃碑云妃容州楊衡人父維毋葉買與楊康康以與楊琰妃通語孟

廿一日陰鈔經一葉出答訪穉公爲魯詹求拂拭談及夷務云印度必爲戰地英人謀出緬藏欲建重鎭於藏內設諜孟拉間以防邊余極稱其遠略顧言信而後動之義又言天下大事要須六七偉人而屈指無可當其任者歸而計之亦未知何人可當乃知求賢不易用材較易也然用材必己有才此所以難過翰仙竹老談盛與元卿申言糟康之義還院生四五人及子和來唯論藩使課題及院中章程夜鈔經一葉看唐文三本

廿二日陰雨鈔經半葉已正出講堂散卷給膏火銀查日課午正乃畢官取課生二人來見一王賓甚貧劉庸夫來客去飯後少愒鈔詩經半葉

夜看唐文三本雷雨達旦

廿三日陰午後見日鈔經三葉衛風畢計一本凡三卷百六葉見投考取課生二班與書藩使送課卷去伍嵩生來久談汎及修練事云有戴生年甚少能內養也又言陳廣敷前事看唐文三本崔瓘自澧州觀察湖南督潭州辛杲繼之杜濟刺梓州柏貞節督夔州韋之晉衡州李昌巙辰州常袞集並有制書賀若察宣慰湖南崔寧以劍南師破吐蕃張獻恭節度山南破岷州吐蕃袞集均有文

廿四日陰程藩使以諸生課卷不齊縣牌來責人言紛紛有云鹽道怒我而挑之者有云錢寶官怨望而激之者有云司道合謀振興文教講習經策惱我以不應試爲教而專相齮齕者言皆有因而皆無如何假使院生得抗藩使卽無上下之分使告督府以飭司道又非儒學之雅伍嵩翁及院生多來謀者訖無善策夜間遂有搜卷之舉概不准作以歸豐一監院亦洶洶然怒余乃取卷入內謂盧王孫諸生曰萬方有罪罪在朕躬藩使萬方中之一人耳盧言監院無禮余曰監院亦萬方中之一人儒者當先安靜且徐謀之已而廖生來言去與往皆非策欲辭去則穉公必問所以切責司道使留我而痕迹愈重醜態百出矣往則司道不能忘情將以腐鼠嚇我峙嶓久之忽悟莊生之言彼且爲嬰兒吾將與之爲嬰兒但託言藩使自悔令人勸諸生補作足矣如法行之而衆囂悉定夜爲莫總兵作地圖序昨日鈔書成一本今日例息一日看漢文一本唐文三本小說四本買芍藥牡丹各一瓨

廿五日陰鈔詩二葉王風起評點補課文廿四本林敬之來勸諸生應課書生好事如此紛紛不覺曠功七日矣院外生三人來見元卿暮來聞春陵耕雲之喪簡堂桂撫之命看唐文三本清河崔汪字亘源劍南節度判官郭英乂反全節守義肅宗美人董氏年十八而死常袞作銘云二九之年麗容嫣然楊炎作其從父碑敍其從父妻賈氏顏如桃李當時文無拘忌如此夜聞子規憶去春山居風景繙舊日記此月今日正作水師篇時殊不暇賞春也

廿六日陰子和早來余尚未起留朝食久之乃去欲捐官來借錢也鈔經二葉前說詩自王風以後少所漏略諸生入談藝看唐文三本于邵字相門有送峽州劉忠州李序盧司馬歸澧陽序康兵曹依嚴武序云行軍馬判官張書記崔劍州穆而不及杜子美

廿七日陰晨起飯晏過四刻飯後諸生來投考生來見二班已倦少愒魯詹來竹翁來以廖生云自流井用牛挽鹽井思作機器代之請竹老來商其事就別坐談余鈔經一葉暮出過伍嵩生談陳廣敷有遺書欲略觀之籠鐙還鈔經一葉看唐文三本于邵有劍門記崔瓘澧州刺史傳判一首昨寤有感少時事竟日不樂作小詞一首遺之諷倚夢芙蓉以有綺語故不傳錄

廿八日雨復寒見院外生三班陳總兵來言滌菴忌蔣香泉陷之魯港爲寇圍蔣登望樓吹角而寇退遂告歸胡撫留之蔣遂大罵使留此人無三河之敗也又言羅山分三道攻武昌寇穴城出戰營幾陷羅故突戰被礮傷遂死足補軍志所未詳也鈔詩二葉擬明日課題看唐文三本中宗時安附國爲維州刺史唐試判有以二事合作一首者李少溫集有之少溫終將作少監陳子昂孫簡甫官御史竇從直有進善旌賦不言何朝所設使蕭雨亭知此可不至三等也天寶初巴蜀石鏡見仁壽字因有仁壽鏡賦史翽賦之肅宗時韓雲卿作平淮碑爲田神功平劉展作看漢文數篇陳仲仙得緜州館百廿金來辭行

廿九日癸酉穀雨雨卯初起辰初朝食畢出講堂發卷出課題諸生有晏起者皆早集劉心民來新投院生三班來見鈔經二葉葛嵐向說不通

妄說之竟通可怪也詩中言河之滸不知其何指漫注云河虢境蓋以
何人斯有河之湄也既而說終遠兄弟又改謂他人父爲爲他人父以
刺詩言謂人父母語甚不遜故耳三說既定合觀之乃是桓王棄鄭親
虢之事天下寧有此巧合耶看唐文三本資州比干刺史有道場張盟
搽言蜀石刻有荆南高大王字又有大慈字佛像云李冰鑄不知何代
僞作其工作甚巨看說郛連日盡五十本竟無可取當由刻者刪削之
寶泉述書賦亦可單行在廿二函
閏三月初一日甲戌余向書閏月朔今以閏月不宜書朔又用劉唐夫說各著其月陰朝食時鄒生元辨
來因留共食元辨云有楊玄公者名玉書欲來相見湘潭葉參將化龍
來看唐文三本韋皋記言成都大聖慈寺金銅普賢像乃大歷初沙門
體元造韋又於府東南作寶歷寺記云在江南三學山有鸚鵡塔鈔詩
二葉得黃郎書羅生子珍來見云與子重芳晼至好其人必荒唐人也

已將流落因與嚴生鴈峯同街令訪之
二日雨昨夜一雷響聲空壯蜀人云此邦所稀聞者將閱卷而諸生來者
相繼午間翰仙來久談作家書交翎頂客帶去第十號信也內有一函
云六雲垢呈太太餘人不得先開其中作何語乃與李笏蒼但寄信封
六字者同記此待還家問之客去看課卷聞江津一生得仙疾遣要魯
詹診之暮來不能出城留宿內房丑初乃寢
三日雨張通判來求渝城釐差余詢渝城何處云重慶古名也求差事而
用古名非唐以前人不能委閱卷一日將畢大半矣自嫌其太快乃輟
之得樾岑二月半書計五十日乃至云張東墅已還省矣夜復閱卷才
餘十餘本覺寒乃寢
四日陰早起覺不適巳初乃朝食食畢口內如湯知昨夜作熱也困臥一
日未食定課卷甲乙夜啜粥一甌魯詹來視疾留談一時許

五日發課案有寒熱臥竟日看唐宋小說唐文三本雨景芸生道臺來强
見之
六日雨陰竹老來夏竹軒來致春甫書欲復之而未能久坐客去復臥竟
日强鈔書一葉
七日雨陰麓生午來余猶未能起已乃起食對談王綏園來劉耶來未正
出答訪錦夏過鄂生均未遇至鳳岡處送春甫書至機局翰仙留飯飲
半杯啜魚羹未飯歸已暮覺疾少愈夜出巡四齋看宋小說四本夜謬
張力臣變怪事甚駭人又謬丁公跌而不墜將下復上蓋病勢使然
八日陰晨雨醒甚早起甚遲鄉民婦羅來執役昨翰仙方識余不踐言今
卽踐之令留供縫紉此事了不奇以世人多鄙暗之行故反以此爲怪
也出稽課講書鈔經二葉諸生復入問者五六人竟日無暇張馬兩丞
判來爲殷郎書扇

九日陰晴書扇三柄李莘農之子倬安來見自稱世弟不拜而打一千非
湘潭人不能有此此人可勝巡捕官之任啜茶而去鈔書二葉夜過麓
生談步月三橋覺倦早寢
十日晴院生鄒來見留飯嚴生午來留午飯竟日皆有問業者又見執䙝
來者三班內有何生云其父曾遇我於西山潭柘寺蓋了不憶之何曾
署判宜安肅道今再免閒居唯作詩也鈔經二葉看唐文六本看文功
夫稍間斷六本不成工課也改諸生時藝六篇積逋爲之一清夜大風
十一日晴呼問羅嫗乃知其夫死不嫁傭力以養舅其舅年四十餘而瞽
此嫗竟貞節孝婦可異也彼心無邪故敢坦然直入書院羣雄之叢殊
有丈夫氣看唐文三本李廣業劍州長史開元十八年終官舍唐玄開
夔二州刺史貞元時人儉從孫有白帝祈雨龍潭祈雨蜀先主祭文呂
頌黔州刺史兼御史中丞鈔經二葉補前一葉鷺翔子和來坐半日夜

月甚明而寒未減補看唐文二本林蘊邵州刺史杖死人流儋州莆田人樊宗師攝山南西道節度副使正使權德輿遷祔攝勾當使事

十二日晴鈔經二葉看唐文三本權集有送張校書知柔還湖南序而云寓環堵於長沙未知張是湖南人否也又有許協律爲西川從事宋人小說蜀事甚多不可勝載羅黎來求食均宜待彭東川計東川已不勝其求矣寫扇五柄

十三日陰晴晨起薛生來楊生銳繼至欲寫字而未可乃飯留薛共食食罷張生來與曾廖蕭牟同至機局遣約韓紫汀來與竹翁談算余與元卿登岱祠右樓看戲投暮乃還猶未夕食食罷已暮矣夜鈔經二葉看唐文三本權若訥蜀州司馬梓州長史彭州別駕梓州刺史兄無侍成都尉武后初人開州漢中支郡郡曰盛山貞元時唐文編爲刺史李巽潭州刺史貞元八年任六年還洪州韋皋盧坦均劍南節度權集有碑嚴礪梓州刺史從岱祠步歸時風陰雲昏新綠獨明作詞一首寄東墅

雲暗少城東看夕陰昏盡新綠初迴偶攜遍歸路踏送天邊春眼湘水汎舟何時早燕子分明檣上見算別後傾佳期餞丁垂楊如線應憶七鼓看西山苦遮邵盛冷碧雲空遮遊殿更若話獨啼鵑相喚有登殘剩山川對暮色付敎天管客裏故春歸何道楚江潮渚

十四日昨夜雨晨止陰晴發家書第十一號並寄樾岑東墅書鈔經二葉見院生一人看唐文三本王定字鎭卿京兆人由太子校書貶湘潭藍山尉天寶時人武就以殿中侍御史督荆衡漢沔餉貶郴尉天寶末人劍南節度元衡之父也李國貞成都尹平嘉榮吐番有功李錡之父也仲子陵成都人甚有著述長於三禮李鉊宗室以大司農貶邵州長史韋采京兆人永州刺史女適戴叔倫叔倫爲湖南幕僚李伯康成紀人貞元十九年刺郴張重暉南陽人玄宗時衡州刺史貶太常卿看課文六篇書扇一柄

十五日晴魯詹鳳岡早來留飯薛生送鮮蝦客去鈔經二葉寫扇對看唐

文二本默漢文三四葉爲廖生溫春秋一本嚴𡨥梓潼人權有墓銘

十六日晴朝食後寫橫幅一鈔經二葉武岡卿生長沙李從九來馬經歷來看唐文三本權德輿祭孫文自稱翁翁婆婆祭外孫女稱外翁婆裴冕德宗時西川節度李吉甫忠州刺史（父栖筠子德裕）唐人表多云中謝又有直書臣某誠歡云云卽謝詞也或云中謝是入內面謝而遠方表亦云中謝不知何必省去此十字也于公異表又有中賀李晟破朱泚露布其所作也文亦無奇

十七日晴熱子和來屬作書鷹鹽館鈔經二葉鄧伯山戴子和兩生請遊尼菴以有女客未去移酒川東公所機匠所立館也兩生喜談縱橫之略故特相邀午去巾還劉庸夫肉袒來謝以余爲序其父集又盛談王商奪人養息而棄之以爲美德語極支離夜雨伍松生來讀春秋一本漢文數篇

十八日陰涼鈔經二葉補鈔一葉院生入問業者竟日鄂生來久談問子和操守何如余答以不能保在用人者之督察耳楊春得家書云其壻親見繆緹告以出豆新愈聞之駭愕念久不得家書作客無聊又與司道齟齬乃返聘書告去擬俟兩使去而後發以城中羣官近爲恩童所迷惘如狂不可與他語也夜溫春秋一本雨

十九日舜臬委劉伯卿來點名以余前怒彭府故擇余鄉識者出題不以相示余未出堂見伯卿於內齋伯卿去乃送書蔡道臺辭講席以司道不能忘情於我唯辭去可以斷之也諸生聞者皆欲留余余云但辭未去何留耶然以此紛紛竟日子和來留早飯去後人客未絕至夜乃鈔經二葉殷郞及高生亦來告機局已停失業者百人丁公作事無定力起止冒昧故爲所累者頗衆夜與張廖談至子雨寒乃寢作書寄繆緹言思歸之情

廿日陰晏起蓮弟復還院黃弟殷郎來午巡四齋人益寥寥告歸赴試者多居者日課漸純唯王生德成未鈔詩而仍以前鈔者欺余爲可笑耳擬定分經會講之法爲設一午食使諸生得觀摩侯司道不攖學時當行之張門生來言瀘鹽不可辦渠已自結當道志在優差余切責以騎驢覓驢爲官場惡習紛紛數百言雖知其不能聽不負其拜耳薛生師錫來欲爲其妻父求缺亦未知其何意院生來者仍相續不論學業唯問我去留何學子不惜尺陰如此鈔經二葉以酬對稍繁四日未看唐文矣暮過竹軒鄂生翰仙還有雨

廿一日陰鈔經二葉穉公來爲司道謝過余不告之正恐其知此間事也司道見其來必非笑之何不自尊而好爲人屈如此余甚惶悚亦謝云公約我來而不能和司道余知咎矣明日當詣謝因言季桓子不能勝於程方錢委員不美於女樂孔子能三月不違余乃一至即不合道術

淺薄故也又示余歷山省耕圖屬作記坐久之乃去張門生復來魯詹來診諸生疾者陳子虞毛鴻哇張燧三生院生入者十許人亦未請業唯顏生汝玉問儀禮三條看唐文九本李巽有郴州鑄錢議劉闢西川節度曾中宏詞科有如石投水賦張彧劍州刺史春秋書子者衞子陳子在僖廿八年

廿二日晴涼晨讀春秋一本翰仙來久談食枇杷頗有甘者而苦澀大鈔經二葉出辭司道答訪穉公先至季懷處小坐乃與主人略談會暮至鶯卿處陪鄂生二黃均至盛言司道之陋云二使賞菜與首府縣乃留子箴崇綱食於官廳何其好喫至此始食新茄一枚直八十一豆費二千五百與鴿卵相似而此間鴿卵甚賤一枚乃直七文賓筵不用也夜作書與穉公言書院事

廿三日晴涼醒甚晏猶若睡未足者中江孟鍾吉作書來云其曾祖鶯洲曾爲總憲其父官湖南欲來見余余答書若許之若拒之以其來意未明也竹老來云虧空二百金無所取辦欲求之於總督余以爲不可當爲別謀之張門生又來菲菲撞撞殊爲可笑客去遣傳楊生叔嶠來屬其作壽文爲授意九條令藻飾之鈔經一葉覺倦小睡起夕食蒸杏仍倦又睡遂至暮乃起步出訪鄂生田秀栗來余欲招兒之嫌與同坐無等威乃止還鈔經一葉看唐文二本公主母稱太儀柳冕所奏定今日奉寄諭以二使藉詞遷延飭令早去此諭殆與　文宗奪鮑起豹官超用塔齊布之詔同爲明見萬里不有君子何以能國顧況有石傘山銘傘字見文蓋始此即爽字之隸變也況又云玉太上謂之三清淵神靈謂之三洞

廿四日晴王監院來言諸生上書督部請留院長余以院生不宜與一事今干豫官師亟令止之監院唯唯朝食後聞諸生已去矣事不如意極

爲可歎今日二使出境往貢院看之裝駄纍纍有四百駄一百餘扛云其來百人其去千人可訝也所費亦不過十萬金而炫赫道路如此因出東門觀送者不見其祖帳處更前行至郊田新秧纔碧麥未盡穫涼風振衣殊有爽氣至牛市羣官並集顯應亭武夫塞途不能進乃還遇魯詹於道旋至機局與翰竹略談至岱祠看戲熱不可久還飢甚索食至亦未甘飽飯後大睡暮起鈔經二葉看唐文三本與書季懷約穉公艸堂之游得穉公書

廿五日晴張紱翁來督部傳監院去別發題一道並牌示批稟有天子無北面之文禮士殷殷當代所絕無者然事已差互不能善處矣季懷來院生及賀古愚來見得夾江書蔡鹽道來致聘書甚責諸生不作經文之非余以他詞應之魯詹夜來比日院生勤學者多疾日要診之鈔經二葉看文三本夜雨

廿六日晴鶖卿片來言其婚家祝大令約相見至午祝來名士棻字陪堂陪堂人所諱言也而取以爲字可爲一噱步出問伍嵩生夫人病甚熱還稍陰鈔經六葉畢兩本矣看唐文三本子和甥舅來初夜雨久坐不能去三更乃散雷電亦止見星今日食燜魚子甚美

廿七日晴作書與子箴託其辭館文筆軒昂始知莊子言者風波之喻凡意有偏頗者則文易工初不知其所以然也古文家反欲以之載道難矣再退關聘去稺公又來致留並云藩臬當同來余遜謝之念司道陪禮非雅事夕食後自城上步往東門訪翰仙令致意子箴不可與藩使並詣談至夜將雨乃還

廿八日晴爲稺公作歷山省耕圖記盡屏餘事矛箴嵩生來鶖卿暮來午食甚甘欲留鶖卿一飯而飽不能設客著語而已連日事冗積文未成鈔經僅一葉明旦當出課題發家書殊未暇爲之夜分文成雖欲作字

一二行亦嬾欲休矣蓋少年銳捷之氣已退宜乎曾滌丈至六十餘而視未了事如敗桀滿山也余兩人皆有日課者猶不能勤事如此可懼哉豈非人事紛擾攖而不寧耶鄉中讀書亦無暇時知世緣足亂人意

廿九日晨雨卯正出講堂點名張明孫有嬾癖而每課必早至此可嘉異孫縣令光治午來沅陵人有九十老母不歸而求官强聒而去楊生叔喬送擬文來湘人在蜀者爲丁公作生日派余作序故令擬之文氣未精警當加討論日間殊無暇夜改首段未愜置之而睡

卅日晴卯初竹老來言其隨人爲局憲執以去此三人者何其不知體午出詣公便過機局則皆慍竹老是非紛繁無足可定要之三人可笑耳過子箴竹軒麓生孫光令而還以先娶竹老移入院歸作料理魯詹已先在兩殷郎已來竹老後至卽飯居之西房夜作壽文畢亦未暇他事有人還長沙加一片並十九日書寄家作十二號書

四月甲辰朔小滿昨夜雨曉晴魯詹來同朝食見院生一人筆札稍閒且停半日看唐文三本李貽孫有夔州都督府記于頔有長沙法華院記云楊公報母寺也楊公卽憑王仲舒字宏中湖南觀察使夜鈔經二葉留魯詹宿內齋診院外崔生疾三更猶未還余先寢四更魯詹與廖生歸竟未聞知罕有熟寐如此者

二日晴督府求水因祈雨斷屠院中尙食鉏余以講席爲禮法所出不可違禁因令素食鈔經二葉看課卷數本書扇四柄改綢繆良人說爲君臣之詞

三日晴衞鵬修道臺杰葉曉初廩生霆後來衞言欲刻書當先何種告以宜取古書卷帙少者刊行之院生來者絡繹多言崔生疾病夕食後出訪韓紫汀名永曙順天人冒籍成都爲附貢生頗通九數所居絕遠至則已暮不能多談出答詣程藩使過鶖卿遺還取鐙入其煙室見祝賀

陳郎聞家書至歸院發函乃似今年第一封書云疾病紛紜用光孫豆殤幸余以出遊而免不然殆難爲照料也家中殊不寧急宜覓鄉莊居之以疏其氣

四日晴昨夜雨今日日烈煊甚竹軒翰仙紫汀莫總兵來紫汀送所作印泥及蜀碑數通正苦無印泥適副所須看課卷二十五本鈔經二葉夜大風不減去年十五日夜風

五日陰驟寒著兩緜中江孟知縣來云其父流外官居湖南最久曾署永定其妻父白雙全也出示其曾祖鷺洲致仕圖有阮芸臺題詩卷甚村敝不似京官物鷺洲嘉慶時大理卿看課卷三十五本爲周生潤民改定著俟於著爲衆介俟於庭爲上介擯者俟於堂爲聘使代君迎女者其說甚確周生紹暄又說爲刺齊襄不迎王姬詩徐生振補以爲魯桓不迎文姜詩皆能推究暮出答訪衞鵬道送丁稺公巡邊閱伍過莫總

兵談還已二更看課卷二十本
六日陰仍涼專看課卷爲任生國銓改史記世家列傳標題姓字官爵與自序同異例說通檢史記一過得其端緒此等事不自檢尋不能定人之是非考人徒自考耳
七日晴看課卷畢龐生來寫扇三柄鈔經二葉改定綢繆以爲置君不定之刺似較勝於言昏姻者夜雨
八日晴晨起定案朝食後湖南易羅兩丞尉祝陪堂彭子和曾元卿來至暮與元卿步訪翰仙謀竹伍歸計不遇至魯詹處小坐而還鈔經二葉改院生六股文十數篇寢時已至丑矣
九日晴晨改院生文未畢出院道遇嚴生來辭行回陝西復入小坐昇出答訪蔡研農翰仙崇扶山研農銳意課經文余謬語之乃欣欣然以爲可教也人之難語如此凡官多騖於得士心而蜀官騖於失士心每語

必稱四川士習壞民風悍不可解也聞俊臣甫擢閩藩而以收陋規降調山東大吏一空亦近歲一大案鈔經二葉翰仙來
十日晴晨改昨餘課文畢寫扇三柄唐友耕總兵來字宅坡號帽頂照通山盜投誠者言語有小說氣余誤問其所以至蜀遂言之不諱似勝楊玉科午巡四齋丁治棠問難最多記課散卷已半日矣鈔經二葉魯詹來諸生來者十餘人多所開示凡兩時許始罷湖北李海門來枝江人云精王通談久之非通品也看唐文三本劉禹錫夔州刺史上論利害二表余前已覽過矣再繙之似是前數月所見乃知廢課之久夢得又有奏記丞相府論夔州學事一篇又進誇稱一腰又有與道州薛侍郎書韋處厚刺開州夢得又有成都福成寺夔州鐵像刺史廳壁武陵北亭記道州含輝洞述沅州敕沈志
十一日晴熱寫扇二柄秦生取妾請余飲酒以院生設具不易不可辭之

遂往生令妾出行酒余避席待之告生以嫡庶體統之禮出拜帽頂孟知縣還子箴昨得余書今送竹翁卅金手筆頗大在揚州亦爲豈也本欲募之程蔡竟不可得然行資漸集矣鈔經二葉看唐文三本張正甫元和八年湖南觀察使十三年遷大理卿有衡州僧懷讓碑戎昱朗州刺史有澧州新城頌張貢然有茹義虫碑云茹茹之後鴈門人子元暱鴈門郡王盧幡永州司馬陸肱有萬里橋賦云廣陵之橋取蜀橋爲名未知所出宋中錫開州司馬馮宿有禁劍南兩川版印新歷奏今日聞壽蘅丁父憂易海青死周恆祺爲東撫邊寶瑔晉臬夜雨念竹翁將獨歸舟中可念作二句云將離猶未別夜雨已思君遂起欲覓燭不得吟想至曙
十二日陰涼作四首送竹伍云白髮休爲客峨眉偶晉雲蝦嘛喜過峽鶴丱總呼羣爲見宵光月知余昨夢勸秤漫屠龍技辛勤刻楮時草精噓昔誤垂老得新知未展斷輪巧微懷抱豐欺明時方在德歸隱成招遺江漢風塵日同舟擊楫前聞房儲歲梟枝路駿烽煙慘濟澄清策題路老大年太平文武盛話舊船佐然、歸路閑蟬早垂楊去燕宵江荻看長春漁父笑清謳客髮行塔老鷗啼蛩獨聽君

平今已見待助使樓屈時聞筠仙新歸故末語及之院生來見者兩人一班王家斌晶頂來王綏元范光全元卿黃筠心來小設與竹翁餞行元卿未食而去今日客來一日不斷鈔經二葉看唐文三本莫總兵代借銀百兩備送竹翁及補發院生膏火
十三日雨看唐文三本呂溫有道州謝上表送人遊蜀序道州律令要錄序道州廳後記寫對屏十餘紙鈔經二葉衡州柘里渡呂和叔集作者里渡余作新志失攷許堯佐有熙治大師碑云大師姓曹氏桂陽人補看文三本鈔經二葉竟日雨瀟瀟無多客稍閒暇作家書二紙寄銀還工錢分賚封第十三號書
十四日雨竟日鈔經二葉范光全來辭行李宏年陳用階名鴻作來拜會又有新任教官何某來拜凡院長與教官有堂屬之體不知起何時余必堅辭之稱之先生禮也何某則自稱愚弟體紀太乖余又辭之並不

回拜亦禮也看唐文二本元卿魯詹來至三更乃去竹老明日將去意
殊不樂必責昭吉贖之昭吉本招之報德抒情甚盛舉也乃不見德反
見怨兩人皆慍知心實難余亦悵然而已夜鈔周髀經
十五日陰微見日鈔經二葉看竹老治裝去以
祖妣忌日不能送亦不能設餞魯詹來早飯閆子箴開缺簡堂補蜀臬矣
余愧先抵之書後屬之情致參差疑似未終初交也與庸人友已亦隨
之而庸戒哉愼哉後當念此嵩翁張門生來發樾岑書看唐文三本王
迪永州司馬劍南將士敍勳一次至三千八百餘人今日軍功不得爲
濫周載渝州刺史王堪澧州令狐楚貶衡州皆刺史夜改諸生試文
十六日陰暮雨朝食後欲出城送竹翁先過嵩生約同往唁子箴嵩生感
寒方吐嘔因獨往先過督府荅訪陳用階已出不遇至季懷處要燿庭
來談季懷聞余將詣子箴云須緩之恐疑我幸禍也余思交先密不可

引嫌便至翰仙處探之翰仙已出過元卿家訪竹翁去否云已開船矣
乃至臬署則翰仙先在子箴尚無疑忌我之意久談而去繞至玉沙街
尋張門生未得久坐轎中還院已甚倦小惕子箴報海琴之喪聞之惘
然海琴與鄧厚丈皆奉母至上壽未除喪而卒亦可謂有人子之福然
俱不竟其材可惜也凡人死而世間遂少此一人乃爲不虛生兩公亦
俱近之但吏文不同途耳夜鈔經二葉看唐文三本元稹有彈劍南東
川節度狀言嚴礪贓私並及諸刺史判官稹時以御史爲詳覆使孤山
寺唐爲承福寺崔俊湖南觀察憲宗崩年召拜戶部侍郞嚴太保狀言
蠻酋張伯靖據辰錦嚴招之降得隸黔六州
十七日晴庚申芒種鈔經二葉子和招飲催客甚早留寫屛一幅乃去則
殊無客至遇一邱姓藍頂官甚村土四川官途亢沓令人歎恨步訪龍
生久談還至子和家則周頌潘張龍甲葉化龍先在元卿魯詹亦與周

云於湖北曾相見荇農之子也殊無父執禮病足似席研香其病不可
治張則馴謹無甚可取喫饅頭三枚猶未飽盤中已空乃止舁還已二
更翰仙坐待云崇綱兼署按察恐未確實又請作壽文亥正乃去看唐
文三本孟弁成都少尹喬弁巴州刺史白居易集有制虔州王衆仲刺
衡州李夷簡節度西川段文昌爲西川使韋審規爲副
十八日晴夜雨院生來一日不斷周寧鄉來拜孟粹安夜來魯詹先至猶
未去張年姪來送茶葉其父名申五乙卯溫江舉人也王生蔭槐甚疏
放頗欲言王余照之事未盡其詞其云官鹽本少架子大不能放帳又
不補平不除包故不如商之利語頗近理對客鈔經二葉看唐文三本
周愿刺衡張愉刺岳劉旻刺雅揚歸厚由萬州移唐王鎰刺朗李雖刺
澧白皆有制草元應觀督岳鄂寫扇二柄
十九日晴熱點名委員王元晉來未見劉庸夫來爲方公發憤霍雨林來

辭行赴長壽任代翰仙作丁公生日宴序援筆而成文采甚壯旣成步
過翰仙送稾與之聞崇綱署臬王蓮生父龍安守署成都府署成茂
道留飯大雨出不可步舁還魯詹來言已補北市縣丞得李寅安師之
孫培根書告苦於我李師知吾縣拔余錄送第一已卅年矣陸氏荒莊
殊未酬之昨夜孟生言其二妾恃十指以活方謀振之今日適得書蓋
書已先至故來探問也夜鈔經二葉畢即作書復之并改黃郞福生及
王爽江書
廿日陰雨鈔經二葉湖北竹山許孟澤名廷銑來見張孝達門人經心書
院之生也流家成都口操蜀音與陳生詩往還黃沅生來請再作壽文
余甚倦於諛頌屬院生代爲之看唐文三本峽州上卌里北峯下有三
游洞元白知退同游知退卽行簡居易弟也青城人張僧名神照居東
都奉國寺白樂天有銘夜改諸生文數篇至子乃罷竟夜雨瀟瀟氣頗

蒸潤
廿一日陰雨鈔經半葉朝食後巡四齋肄業者寥寥頃刻而畢午後久睡
魯詹來無新聞夕食後鈔經一葉半考陳佗五父仍以世家爲主但辨
佗不殺太子耳佗本太子鮑不當立故其子不得爲太子墓門之傳謂
五父也夜看唐文三本鄭方逵衡州司士參軍白云銘李承湖南觀察寶歷
三年年四十五其孫女藩之父也白起子仲封太原始皇思起功也紀昀小說言
有數人環酒甕者不知其故事乃醉吟先生傳中事也黃州錄事張給
以龍女奴爲妻所告牛僧孺奏免之韓愈寧國子敬禮仙翁與書稱師
又不獨禮大顛也董侈碑云漢壽有陽山神又記關將軍玉泉廟閻寀
武陵相刺申州貶授澧州七年轉吉州乞爲武陵桃源觀道士賜號遺
榮符載蜀人隱廬山有朗州桃花觀瞿童記長沙東池記云楊中丞鑿
未知在何處合江亭宴序在江口盧泰卿巴陵人韋皋帥蜀幕府寫真

載有記
廿二日大晴鈔經二葉看唐文四本楊令深漢潤夔濮六州刺史孫鷗字
叔儀犀浦令與杜甫友善子衡桂陽部從事李譔成都法曹蕭穎士子
存比部郎中四子叟東愿奐無官筠生來催壽文屬顧陳諸生爲之批
諸生會課文點唐鄂生詩畢寫扇一柄今日事稍暇積欠廓然爲之一
快點漢文十葉爲寧生評賦一篇適謝生來與講論之
廿三日晴熱起甚早鈔經二葉出答訪諸客始服紵衣因未過午節假鷲
卿實沙桂以出見崇署臬已芝地矣此處不按時制亦荒遠之象又過
楊次林孝廉還過鷲卿其新婦小產可謂易胎易墮者賀古愚出陪留
食不託還已申正小愒夜無事再鈔經一葉感陳靈之事思古今以女
亡破者不少竟未解其所溺之故不能不歸之業緣也看唐文三本皆
李文饒奏狀近曾滌公奏摺似之曾李可相比則曾一代人材也今日
過臬署門對更換紅示朗然崇郎偶攝亦足自豪又感世俗之汨人當
局者宜其乾沒頗爲不樂作小詩遺之
廿四日晴熱題歷山省耕圖卷及諸人名遂延一日夜鈔經一葉說鄁風
素衣未明再改之更鈔半葉已倦矣今日得李郎之子請人作書言其
母從母家還無路用不能進困於旅店遣羅嫗往視之則無衾幬母子
僦一空舍旁爲客房住雞鴨販念之通夕不寧明當迎至監院家中彼
有女媼可爲主先安頓之再謀其他又恐其局騙當審之也夜起二次
人皆熟寐甫上牀聞似有人揭瓦者乃呼蓮弟張桂並起未知貓嚮何
以如此方夜半又不應有鴉鳥啄屋疑莫能明也昨夜夢
先孺人及陳母俱在余生孫而妻謬用巫師余數責之甚厲寤緹殊不畏
恐余愈怒而醒念
先孺人似有酒容又似塗血而慈甚愉數語而去不知何祥也陳母逝後

未嘗見夢故記之
廿五日晴乳嫗之夫陳甲來得六雲書並寄乾菜功兒書寥寥數語豐兒
非女又無一字可怪也三弟局事尚在欲於六月始去亦奇遣人往城
外迎李孫婦致之監院爲買帳被具人夫路費送還內江每力一名錢
千七百王心翁所顧也鈔經二葉夜早眠周豫郎午來留飯而去
廿六日晴熱鈔經二葉看唐文三本李文饒有益州長史像記其時已有
草堂寺去城七里去浣花溪三里草堂之名未必因子美也記云無節
度之名則兼長史長史畫像十四李存其五於郡廨中江孟劭字鷺洲
遺像久留几間聊題二首還之介石推貞操揮金返故園坐看桃李落歸喜菊松存頻飲愧師友猜門隨子孫
百年眞且暮彭澤酒猶溫留識中江李官休不解歸風期前望古餘榮故鄉犀庭石秋花老閒門幕雀飛猶勝太傅宅爽塏園苦磯鍾
吉遂欲求館其躁如此穉公生日索詩亦作四律雄鎮常經武新恩命撰徒息民冬蟄樂
觀稼夏畦館令簡稀隨吏心信誠罪爵巡邊狀課政賢稽莫爭塵蓉部延三載軍夜氣始疑惣恤蝗痹苦寧倚蜀豐饒新突深謀久松鴻迴器迷

老臣憂國意非是塞彤弨斥騶恆相笑霜鬢留一神元樞安危後國體在平均運德薰風度停車稍雨新休曉霧山峽高灌託幡蜺早已忘身
世何勞更祝盤桶誠道□久淹泊發生宜白髮舉元老育城腴紫芝召公年始半延恩太平時
廿七日陰悶熱看唐文三本翰驚來談云穉公命送禮者不得入轅門雖文字卷軸一不啓視亦近今所罕見也翰仙又云曾沅公祈雨不降藏火藥炷香其上密誓自焚與司道期天明始集沅公四更往香及半寸澍雨暴至應時霑足斯與桂陽張熹後先比美矣假令傳聞失實而晉民以此歸美尤見其信孚於民也看唐文三本鈔經一葉與陳深之過訪許孟澤廷銑昨日秦生言有一女可爲妾請黃筠生曾元卿往視之云不能佳夜小雨大風補昨未完經一葉補看唐文三本蔣防字子徵元和時人有汨羅廟記防往宜春而經湘陰唐時驛道如此湘陰令馬摶云汨水二尺夏九尺

廿八日晴熱鈔經二葉發十四號家書看唐文三本段全緯有成都城隍

廟記韋乾度有桃源觀石壇記李石爲相請停湖南衣糧以武元衡被刺設宰相爲防衛令江西湖南兩道供衣糧也

廿九日晴熱鈔經二葉今日當堂課因　國忌衣不便故改爲明日點名先擬題單看唐文三本梓州刺史鮮于爲陳子昂立碑趙儋爲文言子昂以毀死二子進士及第長先刺商州次斐長安尉光二子易甫簡皆御史斐三子無官夜改課文校急就篇

晦日陰大風卯初起點名發卷穉公閱伍還昨入城午初來談言於汶川飛沙關遇一神蛇色如佛頭似有迎送之禮又言飛沙似瀑布唯下而復上爲異鈔經二葉讀西京賦一篇東京半篇看唐文三本高鍇岳鄂觀察崔嘏封石雄妻索氏制云西川貴族青詞始於封敖集宣宗時人

五月甲戌朔陰竟日嬾事多睡午膠賀儀仲於衡州北門相訪送之出舟舟行市中覺感舊游作一詩云 舊旅衡陽市街衢似故人閒心偶成夢攜手率如眞長盡惜惜兩孤篷舟舟身

懶屏背在眠多謝北山鄰 鈔經二葉看唐文三本夜雨達旦

二日雨竟日鈔經二葉看課卷未數本院生數來遂止出詣穉公周豫生過子箴未入還院旋赴帽頂處晚飯翰仙先至徐吉士仲文伍嵩翁錢徐山繼至許吉士士氣驕俗不可奈帽頂談兵亦非將才錢前閱書院二課卷人亦俗雅浙派之潦倒者大雨戍散

三日陰鈔經半葉院生一人來見羅子珍來告貸張生祥齡來多爲錢徐山言似疑我不能容之又言學使詢我功課若何蓋未免藪澤之見近代學人少得卽欲異於俗而又恐不諧於俗此其所以難求淼也今日丙子夏至穉公及鹽道送節禮

四日晴諸生以我不收節禮公醵於延慶大設歌筵有廿許人不以爲然意我必辭止之余以儒生宜開廓不之阻也因招嵩生韓紫汀黃麓生同集麓生不至改招季懷又不至招魯詹早至張生子紱亦先至坐久

欲鈔經竟未暇僅畢七月而止節前國風不能訖工所未料也午正往紫汀先在早麵晚飯至亥乃散藩使來送禮夜大風

五日端午節會館請祀周茂叔往乃知爲生日湖南候補文武官至者十餘人余恐諸道府不樂余主祭未行禮而退竟不知何人當也有一人純操楚音甚清脆可聽餘則强學怪聲殊不宜入會館出過錢徐山保宣未遇還元卿來諸生拜於講堂入內齋者亦六七人未見者十許人甚倦午睡久黎巡檢必欲相見强起見之章孫伯範胡生梴亦入見去乃食角黍與蓮弟過節飲半杯又睡左保澄又呼余起魯詹亦至昨日未與會諸生廿人載酒內齋留魯詹爲客戍散納涼至月落乃入成都俗以今日會兒童於東校場撒新李子相奪爲戲未往觀也翰仙招飲不能去

六日無事晴熱多睡鈔經二葉衡陽劉生來言子泌已逝爲之惘然斯人

崛起而竟無成未知天之生材何意也豈真爲他生作宿根乎夜雨甚
涼
七日大雨晨起坐西窗下受寒小不適未鈔經看課卷三四十本
八日陰小疾看課卷六十餘本畢龐生來羅易來甚無謂而不能拒勉聽
其談亦不知何語也夜定等第
九日晴陰發案鈔經三葉看甌北行狀志傳院生二人新到來見諸生來
者絡繹發銀百兩與孫任謀開書局小劉來談二時許云將往南部
十日晴鈔經半葉出爲羅子求館往鹽繇兩道作無謂之談鹽云吳御史
可讀自殺以明國統欲廢光緒而嗣
毅帝可謂孤忠矣余云於禮弟可爲兄後今
帝立無過而忽廢之可乎
詔云俟生子爲

穆後尤不知其何據如以長子爲
穆後則長子必立是廢
世宗已來家法擇賢之典也如以立者爲後則將稱今
帝爲皇叔名則後矣實亦何分但令王大臣條列爲後與不爲後之殊則
其說自破既同爲後何必又云俟生子而後後若必如過繼者然後爲
後則彼可分家此爲一統何能分別某後同治某後光緒乎栁堂以死
爭之殆有鬼迷而通飭會議莫正其謬尤可歎也過張子擇兒名杰處
一談欲赴弔熊知縣誤向北行遂還鈔經二葉
十一日晴蒸熱不可過鈔詩風畢計八卷二百卅六葉自二月七日起凡
百卅四日以每日二葉通計之當二百四十八葉少十二葉看唐文六
本覽甌北集廿餘本可笑人也崔戎有兩川稅錢奏栁璟刺郴盧求有
成都記五卷其序盡言沿革歸融劾湖南使盧周仁進羨餘蔡京杜牧
見張次宗並刺澧張有鶊漢州刺史薛元賞狀又有鶊澧州刺史崔芸
狀
十二日乙酉寅正未醒聞撼壁聲震牀榻似巨人擺竹籠將碎者初不解
其何故忽悟爲地震起呼諸人皆起外間但聞狗吠人沸如失火狀半
刻遽止蜀中多有此羅嫗甘寢不驚反笑余之多怪也以此忽復睡
至辰乃起因憶英夷人言將地震必先煩悶昨果悶不可過又云地震
必復震候之微覺地搖一二次而止發十六號家書交周一帶回並寄
夏布菌菰茶葉子壽仲雲雨恬三書補錄徐虞翁挽聯家庭盛事九重知七十年備仰
無疆壽優游暮大耄翰苑門生十三掌二頃田情費依舊名賢哀誄足千秋蔡鹽道唐帽頂來黎高來
十三日雨溼甚煩熱悶
先祖考忌日素食唐鳳儀來始議刻書經自鈔二葉試刻之改課文數篇
丁生月令例未暇檢勘也申後涼夜雨

十四日陰鈔書經一葉偶欲刻爾正將集古今注疏爲一書展卷擬創其
例以太繁重召院生五人明日謀之復鈔詩小雅一葉巡四齋講書
十五日陰鈔詩經二葉午集周潤民傅仲龢陳子虞張盟蓀葉汝諧孫彥
臣便酌論撰爾疋注疏各分書撰集先鐇阮刻經解諸家言小學者鈔
之羅悝士亨奎來久談羅子珍久候幾兩時許乃得見吾不意吾門之
難登如此此皆隨丁之過也嚴斥之而已無及矣
十六日陰雨竟日多臥少坐看唐文五本鈔詩二葉得李曾氏書云寅安
師之繼室也未詳其爲妻爲妾且以繼室待之稱爲師母其書意殷拳
周詳似是一解事人翰仙來久談復李嫗書任篆甫買紙回云七十兩
銀可省十兩費狄中立有桃源觀小界記云滎陽公開成五年臨武陵
寶常刺朗州鞏觀察黔州經略容管終於衡州旅館隨宗召見問其瀘
蓄對曰去職在近班進有所不納退有所不諫臣卽蘊蓄處於草芽但

仰元化而已李景讓有江瀆廟記韋慤鄂岳節度韋平衡州別駕沒於官薛逢刺巴蓬入爲太常少卿

十七日雨陰晨未食稻食饅頭三枚鈔經半葉出題覆試鹽取諸生出答訪羅惺士不遇送夏時詩已去過錢徐山蘢翰祝培堂略談而還黃錡心先至相待久乃去見余歸復來廖胡二生亦來留同飯始復平膳看唐文三本李玉谿有劍梓文四篇連日蓬溪鹽販聚衆知縣告變發兵往探鈔詩二葉

十八日辛卯小暑雨陰鈔詩書各二葉廖生問鄭注殤服中從上下之異余初未尋檢夜列表未盡廖云程易疇言小功殤中下無服鄭說不可通似亦有理屬廖總列殤例觀之自此又將從事於禮經矣莫總兵將往蓬溪往看之其神已游墟墓殆必得疾而至不起矣看唐文三本鐵劵文自韓建始見著錄

十九日陰鈔詩書各二葉陳雲卿來看唐文三本以蟲擾停夜課王徽字昭文有成都羅城記城周廿五里隄廿六里李羣玉守校書郎鄭處約爲勅劉蛻父冢在梓州孫樵有出蜀賦梓潼移江記龍多山記山在梓州南五百里何易于益昌令嘉州屬改羅江令田在賓刺嚴道樵又有祭梓潼帝君文帝君明時稱文中止云張君題誤也夜看趙翼雜記言終葵甚詳而笑高士奇終葵蔓生之說引顏之推言北齊士言終葵如葵葉王韓忍笑此則不知終葵即今如意正似葵也中馗菌終葵蘩露皆以似如意而名北史澆鍾葵魏楊鍾葵張鍾葵齊宮鍾葵慕容鍾葵隋段鍾葵等或字辟邪或改名白澤皆顧亭林所引馬融揮終葵之義轉在菌艸之後也

廿日陰晴復煩蒸尚不煩悶耳鈔書三葉詩二葉元卿來欲令畫禹貢圖云將治行還湘久坐而去魯詹又來至暮去

廿一日晴得家書兩兒寄課文俱已斐然頗爲喜慰聞香孫復入志局黃莘漁夭逝乘聞彭郎婦死得錫九書鈔詩二葉書一葉改課文二篇惺士來欲請廖生爲子師廖生辭不往篤學可嘉也羅少純將歸欲託其帶信遺問之夜作書寄聽緹錫九及兩兒未畢蟲擾遂罷少純夜來李生岱英呈繳日課捐册四本

廿二日晨起未飯步至打金街送羅生與和合談黃翔雲來遂散交家書與羅生帶歸十七號也還廖生尚未飯同食畢寫扇一柄午睡醒甚悶登樓鈔經二葉下夕食看唐文三本鈔詩一葉昨始聞蟬

廿三日陰雨鈔詩二葉內江李策新來見寅師之從孫也云師有四孫俱分居家計頗饒前來者孟鍾吉騙錢計耳其人亦尚在孟處亦未知孟之真姓名遺尋其送婦人者來欲問之而陽春縶之事不可詰乃令釋之去祝培堂請喫飯翰仙鴛卿及其弟芝舫同坐食新菱已老矣亥散

大雨竟夜看唐文三本

廿四日大雨竟日王生樹滋來促寫書鈔詩一葉復鈔書四葉付刻手令日開書局欲出視不能行一步秦生昨看一女子云尚秀靜可買亦未暇答之寫詩筆忽斷其一邊毫殊不可解疑銅冒傷之也楊師立東川節度樂朋龜有賜陳敬瑄文青羊宮碑將近萬字蓋駢文之最長者壗其文煩亢秭歸有黃魔廟袁循有碑陳庶惠實有赤山湖蠡山記赤山即赤沙湖在新陽殷盈孫成都參軍薛易簡來陽尉侯圭李濟並有梓州寺記韋昌謀有綿州祠記王衆仲衡州刺史盧悅有授李思敬湖南節度制文稱神京五時以與馬殷共制而衍湖南二字也孟昭圖謫嶲州沈蟆頤津黃滔有陳皇后因賦復寵賦以言情暮作國黛朝天爲韻何詭僻賦末云方今妃后悉承恩不是後賢無此作妃后字當跳行耶直寫耶場中制作今不能如此矣此二句與王起今日併爲天下春

同意故是能手
廿五日雨午見日改定工課每日鈔書四葉鈔詩一葉看唐文三本今日
如額成希戩刺忠州高爽果州崔僕射節度西川並見錢珝集珝起之
孫字瑞文牛蘗節西川周岳湖南崔允武安陸扆文誤刻義安武安潭
州改鎮也培堂送胡生乾館銀四十兩崇綱署臬來
廿六日晴朝食後岳寧馮胡楊劉童李文闓諸生伍祝羅劉陳諸客來竟
日疲於酬對登樓坐片時僅鈔書二葉而罷看唐文三本王宗夔宗韜
刺卭漢張無息刺蜀王建部將也徐罕澧郎練副於河雙流令丞相尉
馬之子王振蓬溪令
廿七日晴張生祥齡來云方顧諸詩翁銷夏水閣暇輒以我爲談柄余於
子箴無所失道殆不必三自反而橫逆猶是是何物腐人疑之喻引鍼
拾芥之謬乎鈔書半葉以久約看妾請筠元同看之筠心來遂同往元

卿寓値其外出要劉中檉闞牌以消長晝午後大雨今日庚子初伏得
此大涼元卿回設食畢媒婆引一婦來年可卅其貌如芋一笑而出與
筠心踏泥至機局翰仙閉門發京書檢前日記四川湖南甘肅主考於
廿二日宣名其餘則未記日此一大典而多忘其日雖徧檢或不憶之
亦可訝也當鈔一單存之投暮還院荷香樹陰饒有夏晚佳景然已曠
廢一日作兒童之戲方知禮家莊敬之用後當切戒游談以收桑榆蓋
余行甚端而言不檢以端故無咎以不檢故多謗良友屢箴而不能改
當用禮以自繩不可恃禮意以游方之外也故子貢問孔子何方之依
孔子以已爲天下之戮民矜式具瞻著一毫游戲不得夜看唐文三本
楊守寬刺緜州阻顧彥暉東川之命李茂貞王行瑜攻破之
廿八日晴得家書知六雲復生一女取名曰紈小字錦聞又爲孫女製名
曰少春巡四齋鈔書四葉看唐文三本劉言有收湖湘二奏鈔詩一葉

夜改諸生試文未能畢復當擬題至子猶未罷蟲擾乃寢
廿九日陰寅正起發家書十八號出點名還內齋朝食畢少倦假寐鈔書
二葉劉三品來留共午食陳雲卿來言其至蜀舉目無親從前力戰猶
春夢耳趙匡允說往事何足道史公以學道箴淮陰有慨乎文富鈔經
一葉竟未能畢而罷看唐文三本
六月癸卯朔鈔書三葉看唐文三本尋論衡弼成五服爲五朵服之說蓋
誤引也午間大睡至申方起夜復早眠大雨可畏起挑鐙坐久之將曙
乃滅鐙寢
二日齋補昨日未畢書半葉朝食腹痛睡久之起昇出詣穉公談地震自
畿輔至貴州又聞廣東福建江浙皆震自十日至十六非常異氣也蜀
人亦有死者三人看唐文三本蕭振有修黃陵廟三閭廟記入伏來以
蟲擾夜不能坐因早睡以爲早起計甫戌卽寢

三日大雨鈔書四葉見院生二班日力猶不足甚竭蹶也朝對百客日答
百函殊非易事夜早寢是日發十九號家書並寄帬與六雲
四日晴鈔書四葉見客三次院生來新謁者四班穉公送燔豚炙炰要廖
楊劉任共食劉未至張生盟蓀適來幷約孫彥臣入坐議畫禹貢圖夜
大雨
五日雨晴鈔書已足刻刻工未集因停工先看課卷翰仙來久談見院生
二班所評點卷殊不能多久未巡齋夜出按行則東齋多面生人呼齋
夫斥責之是日丁未大暑
六日晴晨起欲補昨課陳雲卿勞鷟卿穉公魯詹季懷相續來遂盡一日
中間院生入容問者銷假來見者十數輩看課卷未及十本已暮矣穉
公言日本近破琉球丁雨生加總督銜領南洋防務季懷言王余照不
及張力臣遠甚欲要力臣來用之夜作書寄力臣正月許上一議言郭中金艦係六之利鳳

妙寓理之裁方以無報爲怪昨得家書乃知有竊圖石故智者竟致浮沉然比時風波駭人恐賢者亦隨俗義足今者竊審華射復攪感師部議置申雨星退舍所有餘意願再明之蓋聞才智之士患不遇時家有龍湘乃議劃倒仁兄思精材敏非僅以文德鳴務爲富貴之極階而小試輒罷但能卷退良以張劉力弱沈李交疏不階尺水終於蝮風若公況彿不保自負三數東籽無成而退而又諱其遜趾高蹈臥龍以閒運之深交徇未傾其情懷此在高才坐廢懷寶迷邦無與仙人不宜勤進緒閱遇絲不能已者誠以近今能者無多情其再再也獨遁三藏地界英餓仙日綦州富今發洛富強之計久困未舒督府宏模鄙人奇計小用小效大叩大鳴恩慕悵廟之風願兩兵食之略幸承閒退可作峽游秋水向平無辭一訪繼令無豬綁作看山若可經誓何騙腥布昔陶朱無心將相而必致千金腑萬但食一升而樂嶺火井人生要在發舒其意豈以官利爲肆求官爲卑平湘人得志東南入蜀者率皆驚下由獻麗凡近不足提偶故也若家松公不迎玄德則興五斗妖人同於艸木何必狃於熱路唯臟推綱仰望幼丹交通嶽宇以爲百步王乎閣運旣託繫訣經更無進取之理若夫轄昔百里道盧十年子孝魏闕之思仲連閣娛之志非智者不可興道也今且先謀興利以豁國本奏調報用自在他時亦非僅區區海閱圖叁贊之勞耳書亟且宜深思以副所期有可興談者亦可樂也獨中夏涇院內文忙然燭作書啟頌雙縞不宦看唐文三本莆田陳致雍仕南唐甚習典章文亦雅飭夜雨

七日書局開工府學學官來賀至午始散見院生三班看課卷卅本發家

書第廿號看唐文三本夜復雨雷

八日庚戌中伏晨雨朝食時霽看課卷六十本唐文三本夕至蓮池看月

夜定等第至子乃寢

九日晴改諸生課文熊蕭生來銷假欲補領月費無以應之以積敝難驟釐也彭惠莊今日去未能往送魯詹片報蔡鹽道以貪劣免董川北來代之此人更不如蔡不知穉公何以擢用將往問訊元卿來同步至督府會碁嫌單衫夜入起人疑忌乃至機局尋翰仙值其出晗研農其族子慶覃出談魯詹亦止將出聞翰仙還復坐便要魯詹同過鷺卿步月歸得穉公書送銀二百兩爲院生膏火復書便論藩使事

十日晴改諸生文畢寫扇五柄積壓一清見院外生三班牌示凡投考者悉不必來見以難於答拜也數百人既不分班人人來擾我誠無以待之夜與廖季平論文言古人文無筆不縮無接不換乃有往復之致月

夜寢甚清涼

十一日陰仍鈔書復常課甫執筆季平入問文又爲講一篇說魏文與吳質書已成老翁云云通篇爲自負少年高材自致千秋等意作回復以爲歎逝則淺矣朝食後巡四齋講詩數條諸生呈課者紛紛又得穉公書屬作一書與執政意遂不靜欲顧此又失彼少停一刻仍鈔經如額應對諸生不覺其煩書稿亦俄頃而成方知條理之不可紊余去歲在城遂不能作軍志者久閒乍忙無道術以馭之耳小年精神足故亦可五官並用夜寢不安

十二日陰涼出詣晗研農過穉公答訪李湘石孝廉汝南至季懷燿庭芝生處久談遇提督交印遲之乃出過賀子箴嫁女遇董川北程布政欲入看新人兩公皆不入余亦不欲獨留乃出訪惺士范玉賓出談惺士兩子出見留坐問余殺顧子敬事外論如何余告以實惺士所言亦略

相符而其數願畀則以人命爲兒戲也招募本無軍法乃輒斬人猶自以爲是謬矣哉陳生友生送蒸盆飢甚還院甫食半丸二枚陳雲卿來謝出談甚倦客去小愒魯詹來鈔書二葉未畢亥寢甚甘

十三日晴晨涼甚鈔書二葉昨過夢園見程公恩恩欲去之情感春時司道集勞宅時鷺卿因司道所同讎者又爲飛語所汚宜不屑一往而以總督未去之故續徵飄撇四人至立候半日今夢園已罷尤宜慰薦乃研農以罷免不來程藩至交甫坐卽言欲去並呼董小樓同去若稍留卽有奇禍者人情鄙淺一至此乎此風唯廣東有之而未至若此之甚餘處人人有此心未敢公然有此狀也余半生見形勢之途多今日乃不能無慨因作一詩紀之留爲他日子弟之鑒詩曰丹頂來棲有四同（四川舊例呼四司道）每來行坐不曾離一春冠帶客相宋今日盆欣紙自懸（夢園有戲）弄玉豈知人換世（兩家皆看新晉故用唐句）街杯無復客留詩疆公門雀風遠古堅觀田紛過魏其看唐僧文三本普門子岳陽人也岳陽非縣文誤住南岳寺靈祐住

大溈山同慶寺謚大圓宗密西充人住終南草堂寺看京報伯寅移刑尙少仲得閩撫玉階撫湘不知其何挾持而來也昔在糧藩仰息毛惲今來節鎭無復前規雖平亂異形已有盛衰之異江西人不利方面今連得二節亦可異也翔雲來言簡堂果爲夔石所中余之料事甚神春海來言鄂生不喜琴舫豈知人則明耶步月訪府學范正齋薛丹廷遇□丹池嘉定人過松生談雲南試差李郁華新得李有恆六千金而爲首選與楊泰亨同知近臣的能竊柄乂讀議禮五名臣奏疏

十四日晴鈔書二葉補誤鈔一葉午後小眠出答訪春海翔雲龍生弔汪式甫之喪感其求官客死作一聯云瀟湘隨處有閒田若言姑布通神命裏無官當學隱中外十年看宦海畢竟何如長閒世間熱客早宜休歸夕食甚飽看唐文三本得家書第十號實第五封也夜爲兩兒改文

十五日晴欲改諸生文未及執筆以鈔經未如額先寫之客來絡繹凡見

院生三班燿庭鷺卿魯詹松翁相繼來齋長復來咨問院中吏役額缺事先得項缺銀者周薛二監院宜作何部署余以是有公議不宜以余恐嚇之也張馥翁約夜汎浣花溪接對甚疲書鈔未畢不欲去業已諾埏仲季平兩生投暮出城背月行遂宿曾氏莊吳吉士乂農魯詹范廖劉庚張孝階可均林扶北胡樸皆在從曾園登舟泝洄溪月三更還竹蕉露滴如雨甚涼雞鳴宿

十六日晴晨起午始設食主人未出飯畢昇還正熱翰仙來言龍生生日將要同往呼昇人久不至翰仙先去李從九康輔來字壽臣派華陽支賓余因語并研諸生被盜新絲宜嚴治之夕食後出賀董鹽茶遇鷺卿於途約往彼談至龍生處小坐待暮過鷺卿乘月還得香孫壽衡書

十七日晴朝食龍生來鈔經一葉吳吉士祖椿來登樓鈔經三葉院外生來者五人午浴甚熱至門邊須臾風起覺涼已而大雨似將感寒小愒起作書復香孫並發家書廿一號

十八日晴庚申三伏得劉潤如書送潤筆百金擬作書復之並致莊心安索君山茶未暇執筆客來者莫總兵楊教諭聰字聰彝叔嶠之兄韓紫汀凌監院曠知縣經鍾字蓉雲羅師爺劉海帆左保臣魯詹院生來者二張尹曹多衣冠久坐遂至受暑鈔書三葉看唐文三本王道士元覽縣竹人有元珠集王太霄成都人齊己益陽人賈元禕縣州昌明令李冲昭南岳道士

十九日晴鈔書三葉衙鵬修引曾文誠之從子善權字克甫來議修其家祠因關蓮池爲游宴之所坐談良久始去院生李子蓮來索齋房胡埏仲引新淦劉伯垣來見欲學詩文曾元卿來至初更乃去應接少閒不能依程自課因遂置之夜改院生文五六篇半夜大雷驚覺因不寐至曉大雨經三時許

二十日陰鈔書一葉午睡甫起宋知縣來黃子冶明府女壻也云久居長沙長談經時許院外生來見者三班亦懶於事書扇四柄看唐文六本

廿一日晴癸亥立秋頗蒸溼饒昌瑞委員來韓紫汀凌監院來成縣道送膳銀千兩供書局之用王監院來道喜鈔書四葉批改諸生文六七篇案上始清竭蹶數日矣

廿二日晨雨朝食時晴兒巴縣劉生太平孫生凌監院魯詹羅愃士錢徐山費半日鈔書三葉中夜數起甚有秋氣誦少時所作詩

廿三日晨雨朝食時晴補昨鈔書半葉諸生索書者多欲以一日了之小屏多不可盡寫八幅劉三道臺來院外王生來見欲入院住午日頗熱遂睡起夕食復書四幅已暮矣陳生炳文送蒙頂石花茶葉六片郊天所用每進三百六十片閏月不加猶或不足額用錫合合盛三片開其一已霉變一葉矣至省易銀合乃得竊一二以出然非貢吏不能得進

督藩者皆陪茶也余於何蝯叟詩中知之今乃得見陳生云漢樹也

廿四日晴積壓往還周旋客甚多朝食後即出詣董兵備黃洋務曠鳌金吳吉士莫總兵曠知縣曾知府宋籐官韓庫席羅鹽鳌劉朵舫方前臬陸刑部太初董黃曠韓劉陸皆晤談又便過陳總兵衣冠竟日亦不甚熱還已過晡方食鷺卿來未及多談王成都蓮塘來正孺之父孝達繼妻父也長余十歲鬚眉皓然容覩甚偉夜鈔經半葉甚倦早寢

廿五日晏起覺甚熱因不作事唯事坐談見院外生兩人看唐文三本鈔書一葉與劉庸夫談無謂語言半時許銷一日矣檢蜀志無貢茶章程可謂闕略因作名山淸茶歌名山陳紫垣炯文示余六片因感而作

廿六日晴鈔書一葉爲鷺卿詣督府一談兼答拜王蓮翁還過鷺卿將雨馳還羅生魯詹已相候李康輔來言假書撞騙事見院生院外生二班

廿七日晴日光甚烈見院生一人院外生三人內有一人張遇故字卜臣

乃督標差官襲雲騎尉者云欲學詩鈔書三葉看唐文五本爲張生子紱講謝詩四首爲劉生言科名富貴是兩事求科名不妨求富貴則癡也得筠生書欲薦許孟澤往南部夜發廿二號家書江西劉生字原叔來談詩見其扇頭諸名士題詠詩畫成都以顧印伯沈鶴子胡埏仲富迂齋端午君及劉爲風雅閒人有楊海琴之遺風也夜雨

廿八日晴鈔書二葉湖北二許來論黃翔雲見人倨傲不理於鄉評及後久之殊不知其何意乎唐文三本午睡寫屏聯數幅魯詹夜來

廿九日晨雨卯正出講堂點名發題諸生多入談留朝食者四人鈔書二葉子箴來晚過淩監院遇黎易兩尉范生來言官事云其妻弟被拘惶士請之至再不能得欲余請之謝以不能范生甚皇窘其無膽力如此楊生聲溥來銷假李宏年夜來請作莫壽序夜改諸生課文其拙劣至不可耐而無如何也覺涼甚乃寢半夜大雨雷電而雨最駭人起少坐

雨小止乃還寢

晦日雨鈔書二葉改課文始畢子箴將歸欲治具餞之黃慶覃來翰仙族子也因令告翰仙約初五日會飯黃生請書節婦捐余素吝於此姑諾爲乞諸他人此人殊鹵莽有金院之風看唐文畢見院外生巡四齋

七月癸酉朔晨雨旋止楊堯江鳳岡魯詹來周生雨生來銷假藍生覲亮亦銷假已留鬚矣見院生一人院外生二人岳生母病弟割肱來支月費昨曾生亦來支月費而言不及公岳生爲差勝矣午晦大風甚恐人已而雨至則秋氣應矣淸秋令人驚感久喧而靜故也獨臥思去年事看日記乃正熱時今秋校之殊有山林城市之別而去年反覺稍暇蓋事過則心無營故覺暇也今年極暇而日若不給凡當局無不迷也武陵令瞿令圭曾祖詮長沙令貞元中度支奏湖南糙米運浙江中和四年立青羊宮碑湖南正考華金壽陳伯屛先生之門下副考官曹鴻勛

陸鳳石先生之門下亦徐壽衡之門下也四川正考官景善副考官許景澄甘肅副考官周桂五先生正考陳寶琛今年考官極天下之選

二日晴鈔書二葉全唐文看畢見院生一人陳唐二總兵來夜作莫序未畢講嵇叔夜與山巨源書言其以嫚詞取禍因論古今文人無眞隱者

三日晴鈔書三葉秦誓垂欲畢客來者十許人竟日閒談竟不能伏案夜乃足成莫序文

四日晴鈔書二葉鳳岡攜酒見過幷約其本家知縣楊堯江宋月卿王綬原李綬亭同集魯詹辦具來自午至酉客未散松生約飲步往客有陸太初喬茂軒吳春海衞鵬修魯詹彭洪川道臺來訪久談彭名名淏詩船之巡捕官詩船號風雅彭少時豈亦風雅人耶酒罷院中主客皆去矣

五日晴鈔書盤庚二葉漢石經字多與今本殊異未知何讀爲善如悔命

胥高翁侮聲不相近亦不知何以乖互也今日請魯詹治具院中祭魁星設廿席請八學官及諸生百餘人會飲得家書聞鍾弟旅卒平涼爲之憮然此弟幼少失教流爲匪人卒以煙飲甚重不能施教近歲頗安靜而猶畏其故態乃卒遠客而死若彼早知其死當可安於家中當其未死唯恐其不死及其死又未嘗不感愴悲懷也　先祖母所及見者唯此弟嘗以失教死無以對慈顧今幸而保其首領終夭其天年悲矣得楊石公蓬海樾岑子壽非女書子箴午過赴餞席請春海松翁翰仙陪之翰仙後至酉飲亥罷余於鍾弟功喪也當再不食以平日有過猶當依三日不舉之典而今世久不行此禮未可辭客其恩紀又不宜發喪從父兄弟之乖離遂至於此爲之早寢詠敦彼獨宿之詩我心東悲矣有人言羅嫗私事以我不涉姑置之

六日晴晨不食食粥以寄喪意外間尙有應酬不能廢者出答訪彭東州

王成都楊黎易還鈔書一葉錢徐山王彬顏某來午後久睡起夕食丁价藩來久談院生三人入談龍生來言田在田已放重慶總兵夜鈔書一葉頗爲蝨擾答楊石泉侍郎書因得朋海詞欲寄和去復致蔭渠書

七日陰鈔書二葉恒鎭如來魁蔭丈之四子也廿年不見已卅八歲矣詢知獻廷已補荊門州有孫一人長子及其六弟應能鄉試長談久之許中書來久談不去見秋風吹簾頗思一閒寫而紛紜酬應不勝塵役之感夜作廿三號家書並致若愚書和朋海詞改兩兒課文丁价藩來

八日晴晨作書寄聽緹六雲三弟封發時已午矣吳春海盧麗生來莫總兵送燒豬雞鴨無所用之以與唐帽頂午日甚烈未作字劉生文卿論漏稅呢匹事與書鳳岡請之

九日晴楊兗江來言范生妻弟事未設茶而去巡西齋彭東川明日行出送之未遇便過翰仙子箴恒四弟丁价藩極議吳江之僞頗右高陽答訪麓生錢徐山還已暮矣得鳳岡書言漏稅乃姦商所爲劣生包攬之不勝而求劉也余不能保兩可而已茲事初言時已覺其支離而以劉於我處不宜如此豈我有可欺之道而姑欺之耶亦令人悒悒魯詹來

十日晴日甚烈午浴鈔經一葉蚋擾不休而罷昭吉不能歸余以百金賚之約其有還便付春甫院生借錢者頗多蓋不欲余料理井井也凡習俗以沿襲爲使改章則反羣撓之此事之所以不成明年仍當盡付之史胥耳知人意者甚難夜爲寧生改瑟賦月明露冷秋光甚豔

十一日晴日光可畏鈔書一葉小睡大風雨至而不甚涼復鈔書一葉李康輔來乞與臬使書求保甲差魯詹來與張廖同出夜巡二齋閱邸鈔崇綺恩澤小兒御史孔憲瑴乃稱爲碩輔既非朝廷之意復非形勢之途蓋所見本卑抑徇私妄論耶今年江西湖北學使均遭風覆舟湖北梁燿樞至失其印亦可怪也元卿來

十二日晴熱鈔書二葉子箴來辭行今日翰仙借院中設席餞之便留待主人久之乃至朱次民松生春海來戌初入席亥散飲不如五日之歡月色甚佳作家書寄兩婢一箱一襆被交元卿帶歸川鹽道放崧蕃字錫侯乙卯舉人吏部考功掌印郎也作書復雲生薦羅子珍去子珍來辭行

十三日晴陰稍涼鈔書二葉齋夫被城門卒笞一百許吳李生來愬遣陳生子虞往言之以理曲不能詰更追治前辱錦江院生事送齋夫往聽治松翁不能遣仍呼之還酉陽鄔生被人京控匿居院中亦令之移出以免吏役登門也發家書廿四號入箱未編號

十四日晨起作詩一篇贈莫總兵大雨將出送元卿不果往鈔書二葉頻睡見院生二班敖金甫弟禹九及其子式度來贈縞紵得季懷書言呢稅事恐有冒領發書局查之劉生執詞甚堅曠鳳岡詞亦甚堅是非紛

紘雖知之而莫能定姑徐之恐人以書院爲包稅偷漏也

十五日晴頗熱今日城隍出游祭厲約魯詹往看未午出已過東門便至堯江鷺卿鳳岡宋月卿催客同鳳岡步往先看神會未至坐月卿處太初已至堯江亦來同堯鳳出看塞神略如長沙而旌麾遠不及人亦少十分之八唯扮鬼者裝飾猙獰及持香花者頗衆還浙江館會食坐客更有王蕭二知縣蕭子厚甚可憎云與文心至好不知文心何以不擇交如此浙館唱戲第一折活捉有感余心第二折彈詞則不成調矣初更散步還夜雨

十六日晨雨秋陰頗有游興因借送曾元卿爲名偕劉文卿楊建屏王生斗南陳子虞董南軒往看之午後出城南門遶溪東行至大佛寺看海眼至安順橋登元卿舟小坐呼二婢出各賞以錢四百其正月所買婢已長成長臉甚粗惡似寡婦相之無憑如此或有再變耳聞蘇彬言其

詭怪恐生事故呼出看之但不大方耳已將行遂遣之去作書與筠仙還入東門從城上行甚遠還已暮今日文卿以張稅事甚慚初心故以游解之也夜早寢魘爲女鬼所驚竟至失聲起坐乃醒

十七日陰看課卷六十本見秀山楊生炳烈及院外生二班作詩送子箴即以案頭扇起草鈔書一葉多錯誤而罷

十八日晴譚學使叔玉陳雲卿鳳岡季懷孫鷗舫來盡一日談劉生唐奐鳳岡敗乃公事殊令人憒懣與薛孫同出訪蔡研農過翰仙少談還看卷三十本

十九日雨午後晴出送子箴答訪敖禹九見許太史奪命丹以嫩爲宗頗爲善誘周生潤民之兄招飲長道淵次道鴻次霖雨陪客顧華陽尹穗坡吳月生三籐官名爲早飯至酉未畢錦江院祭魁星設飲往會陪客二人外省不知姓名相識者春海又農兩翰林李湘石孝廉戍散得穉公復書增發三月膏火

二十日陰涼午後晴專看課卷七十餘本至午猶未畢堯江鳳岡招飲陪太初月卿魯詹蔣年姪至暮散還閱卷畢已三更矣

廿一日雨定等第發課案小睡出赴陳雲卿別筵彼移鎭松潘大會文武爲四日宴今日集同鄉黃劉勞四道一府以余爲客而有三喫煙者亦勝會也亥散

廿二日秋雨蕭然竟日寂靜欲寫書而無紙孤坐半日雲卿來辭行薛巾書銓善字樂蒼來求改墨卷爲作一篇穉公捐送三月膏火銀三百六十三兩廉吏而侈於用不爲生計者然非理財之能也其特奬不應決科諸生七名則足以激揚風俗分別義利蓋諸生多以領膏火奬銀爲正事今聞不試者亦被奬耳目爲之一新特爲出論發明其意以爲勸戒午巡四齋唯西下齋多居雜人然肅靜頗有規矩矣

廿三日晴鈔書二葉見院生新到者二人改課文一篇過於冗長唯說孟子天爵人爵之說苦與世俗較貴賤與良貴及得志勿爲意同是鄙見又曾引曾子語以仁義敵富貴其書多爲下等人說法墨子亦震懾於十金當時賢士如此況其下乎荀子似高一層而專欲尊時王甘爲其用又不及墨孟然後知莊子之不可及也錦芝生來言潤筆百金與曾昭吉事

廿四日晴改課文作廿四號家書匯銀百兩與喻洪盛闌干客以供兩兒場用鈔書二葉太初來

廿五日晴涼鈔書三葉以　國忌便服見院生新到者二班入院居者謝未見夜改課文稽考諸生日課牌奬十餘人申飭七人

廿六日晴涼鈔書一葉半見院生二人出遊武侯祠實昭烈祠也修竹甚密有荒冢云是惠陵殆不可信祠旁客坐鴈來紅甚豔桂樹將花甚有

秋興而多蚋不可坐待二時許陳雲卿始至彼往松潘出西門余邀之出南門會於此已過復還故遲耳彭副將亦來送云曉航之從子也而煙飲甚深可怪設茗酪酥食申正始別入城甚飢食至復不能飽未知何故自入蜀後卽如此暮倦少寐見院生三人一班翰仙送潤筆百金來夜鈔書葉半改文未畢覺涼乃寢

廿七日陰鈔書三葉鴻範畢改課文一篇張楚珩來言羅江濫刑事是差役作惡而官護其非可歎也見湖北江西浙江三省考官單無相識者以燒炭費改燒柴乃更費於石炭

廿八日雨竟日寂靜鈔書二葉改文一篇作家書廿五號以應信期而已無可報者

廿九日雨大課院生將有去取不復分題以定優劣因試期近又雨免點名飯後出答訪董錦兩道臺不得入至穉公處久談言文卿有鬼祟故

避入都巡撫而畏鬼可怪也又言雨蒼言左相短少荃不宜代奏失大臣相維之道又言論語予欲無言傷身教之不從以箴弟子之失復言文翁教澤未善務於顯明其門生遂有題橋之陋不若貴州尹珍王守仁之正故黔習猶勝蜀也答訪譚學使未開門亦不得入還已欲暮矣

八月壬寅朔雨竟日岳生弟嗣侄刲肱療母書院中宜有所表異因作教曰院生岳嗣儀之弟嗣侄割臂療母就養無方記曰殺其身而有益則爲之臣子之至性也由書局送銀十兩以示奬厲又爲監院作稟請學使示定發月費名數鈔書二葉院中然燈七十八盞以應魁星蜀俗也姑從之劉生妻初死而倩人代考余責以匿喪諸生多未聞此說蜀妻之賤如此宜申夫有妻不如妾之說夜雨淒淒早眠不寐

二日雨鈔書三葉岳池刻工昨日來書經尙未畢工恐不能趁牓前印行矣昨得懷庭書欲作復每日怱忘之夜乃作一紙以意未盡夜已深乃寢田子臣知府來宿松人

三日雨見院生二班鈔書四葉李宏年送袍褂爲潤筆院生多來爲劉生廷亮求錄送劉自云妻喪倩人入場余責以匿喪而言者不已乃令求監院以廿帖藥價爲賂監院允爲說焉此事極可笑又可閔也吳春海招祭魁星往則有一繡褂客在焉頃之陝西進士黃同知童子木之子楊小侯李湘石伍松翁銅梁某生均至散已二更矣小侯字心培繡褂客姓林梁縣教官夜作復懷廷書並復其從子仲仙書

四日陰晴鈔書三葉鷺卿曾公子（文誠子）翰仙許中書孝琛來爲院生余柏求遺册名與書譚叔裕編修

五日晴晨得叔裕送還昨單云須由督署一轉學使主政而推之總督可異也復與書穉公言之出答訪叔裕田子臣過价藩探時事云小泉真有退志又言張拔貢越嶽葛成都求自盡及 廷議參差事還過太初

陸田丁三處皆設小食歸院已莫矣得家書及穉公復書夜作書與彭東川嶌二許

六日陰出看主考入闈往來督轅人多不可久待因訪翰仙不遇還鈔書三葉

七日陰晴院生新到來見者六人內有余晉巴州人其父壬子舉人庚申進士通籍後未仕兄弟二人各有十子晉之兄弟皆入學矣陳友松同知之孫紹周來見謝生樹枏呈友松西夏事略廖季平云張孝達見一種楊生鱣塘云或卽此書也孝達注云時人作非前代成書明矣當侯學差信至訪問之何愚弟以官銜帖來求見謹辭之出問所以云縣州人欲求遺才也夜鈔書三葉

八日己酉秋分院生入場自寅至午畢入張通判王綬原黃慶覃來同步至貢院視此間點名雜亂無章然甚疾速至未已封門矣還至綬原處

少愒歸院夕食帽頂來得樾岑五月廿二日書寄吳柳堂絕命詩及黃石琴思子詩云其子師闓得詩泣下次日卽告歸終養而龍濟生代之濟生亦有老母獨代此席何也夜鈔書三葉召誥畢唯餘禹貢及序一篇矣

九日晴鈔書三葉松翁許生繆生來繆丁父憂未卒哭而應課余教以不肖跂及之道余前年居喪僅期年不食肉耳而外議疾之與循至告簡堂云私食肉簡堂以爲笑柄因舉其事而告之云私食肉愈於對人食肉此禮意也推之私貪婬愈於公貪婬剃髮愈於迎降小人之不成人美者皆以僞君子目之也

十日晴鈔書三葉辰後稺公咨送題紙子謂子產二章上律天時兩句諫行言聽二句竹寒沙碧浣花溪得溪字院生皆不至閣筆當可多中也看課卷廿本坐門側堂待諸生出場出者多不相識蓋外人混居者多

楊次林李湘石兩舉人來張生盟孫來言坐轎號藩吏謬誤藩使逃去矣場中因不能查號甚無紀綱待至三更廖生季平始出文甚有師法名必上勝但未知正副耳夜月甚明

十一日陰昨夜起至院門看諸生出入者通夜未安眠朝食後鈔書二葉看課卷廿本已暮矣出答訪湘石遇一吳郎甚謬妄可笑未嘗正視之今早秦生偕其叔父子驤來見晚間李康輔來言成都看管人富順張芝逃走葛令拘其二妾其少者美不可言張本拔貢生武斷干預督部欲罪之故以妾餌縣幕丁得逸去也夜雨今日六雲生日頌思石門之宴

十二日晴鈔書二葉看課文卅本宋生雲巖卷頗佳余前拔取第一者龔開晉周紹暄劉光謨皆不能佳督臬送節禮米燭脯果之類皆受之唐帽頂來言張芝有捕處余因言此人如駑馬戀棧不能遠也唐頗服余胸次之闊大夜雨不寐

十三日晴羅嫗不復事事當遣之去單滿亦不來並遣之均留其過節乃散朝食後放牌題紙未到出場諸生處得一紙題亦平正唯春秋題會於鄄未知意例耳且喜未出古文書亦近日風氣將轉之兆待廖生至三更乃歸鈔書二葉看課卷卅本夜雨唐報張芝已獲果未遠去

十四日雨寒可重緜鈔書二葉竟日送節禮者絡繹取二分送松生母及太初餘悉頒之夫吏夜月最佳風三起乃得安寢

十五日陰避客居內房客闖入者竟日不絕張子紱傅仲龕坐最久左葆澄黃慶郇李綬庭來葆澄留夜飲月在雲中竟不見光鈔書一葉多誤夜定課卷等第凡拙劣當去者皆肫摯有情於我竟未忍棄之頗爲峙躇不怡羅嫗欲求助佃田以安其翁姑未知其真否姑予之十金聞中江附生岳尙先藏威信公奏議七十餘卷當告學使檄取之

十六日陰晨起甚早盥櫛朝食畢出答訪譚學使便遇朱次民雜談無章過翰仙唐澤坡還小睡羅嫗去竟日游行丁价藩送看餌招沅鵠弟少舫任孫邱芝帆勞鷺卿次子字璧垣來執贄夜飲飲紹酒二杯微醉早眠

十七日陰諸生來見者五六十人駱縣丞勤廣來季懷及張敬公來久談留食餅翰仙來鈔書一葉定課卷等第發家書廿五號寄銀百兩及雜物作書寄彌保由易光楚簡亭之子帶去翰仙言易往伊處稟辭而道乏我則託其帶信方知捐班之可貴李篁仙所以妄想於道員也然捐班由於乞貸而來則尙非良貴此唐藝農李輔曜又自加人一等可爲啞然

十八日陰諸生來見者卅餘人龐生又來作書與樾岑龔叟皞臣唐帽頂招飲季懷馬伯楷同坐鈔書一葉發廿六號家書

十九日陰田子臣知州來久談大意欲言程藩使之短唐友忠知州來少坐卽去鈔書一葉傍晚大睡覺時已三更院中寂靜更無人聲
二十日陰鈔書二葉禹貢畢節前卽當成書因循至此耳院外生來見者二人大抵欲以書院爲客舍者亦姑聽之諸生來見者十餘人
廿一日陰昨夜風寒頗爲蕭索竟日未事事塗抹屏聯十餘紙亦頗有佳者然余書無古意直以寫多而得力耳夜觀包世臣論書以執筆爲要則非知書者也其論篆推鄧炎豈知篆者耶彭曉翁從子藻亭副將來以湘人失職怨望言魯家港戰七日夜不解甲未幾而羅山死今之統將美衣鮮食寧有知當日事者耶余素不能感慨今聞其言而悲夫以諸賢共治一軍艱苦如此延東南廿年之命而終爲庸妄者所敗諸賢亦各歸於黃土考其功業又不足大厭人心反不如任其陸沈之爲快也果何貴於豪賢哉余親見險難而今已不復言事聞彭將言不啻如

香山聞琵琶也驅數十烈士以生此百萬蠢蠢之人真復可笑歎羅山有知又不知尙能作腐語否夜與院生談科場鬼物楊子純云今年親見一人入號撲地久之始蘇持號軍軟語旋卽入號喃喃竟夜次日將晚聞拍案絕叫則卷上大書沒來頭三字沒來頭者蜀人言不相干也或云沒緊要意真有所見耶有老翁題詩號壁自鳴得意而外間盛傳見鬼則誣矣
廿二日陰鈔書序二葉書扇一柄出詣督府適宴夷客未入過崇署臬便訪盧麗生答拜數客皆未入還院已將夕矣爲東鄉王華陽顧生改試文繙孔子世家考子產年歲與孔子不甚相接孔子未生子產已爲少正昭廿年子產卒孔子年三十其先唯有適周觀禮之事子產襄八年始議伐蔡事其父以爲童子蓋長於孔子三十五六不得爲朋友意曾一再見而已

廿三日陰潘臬同來答拜泛談無聊語聞學差單到遣往王成都處索之鶩卿盧麗生來李雨亭之子本方來云多病體弱不能應酬人頗樸靜無鄉宦氣問說文大指坐久之院生來者相間竟日談諧鈔書二葉
廿四日乙丑寒露陰鈔書二葉王綬原來留談竟日穉公來言復詔 令開機器局當具奏引季布言以識切朝政冀以悟 主余云今之政府不足與明徒得申飭而已不宜上也夕食後與綬原步過翰仙旋至鄂生寓中値方見成都府小坐出未相見也還已近二更作書致薛覲唐前侍郎論書院不能經久之故齊夫與院生長工鬭毆齊夫傷重將死付監院治之夜夢幃女患蟲疾毋反責之余撫問其所苦因問何物最靈何物最蠢余戲答以蟮子最靈人最蠢憬然而悟慨念此女夭三年矣猶能見夢於余耶作詩一首悼之幻影重相見提攜問物豐衣早垂手夜雙瞑兩眉青泉下年難長秋來謬爲易甌宓情仍有愛非汝未遣形吟想不寐

廿五日陰竟日未事事莫總兵定副將安唐提督來鈔詩一葉分芍藥壅牡丹校南史
廿六日陰有微雨湖廣公所祀鄉賢辰往龐生錦芝先生在李和合劉玉堂鶩卿翰仙王天舫張楚珩諸人總集王綬原亦至推余主祭午初乃散答訪定副將過周豫生甚飢還院午食秦生約看婢要傅生同往二女皆下中材不足納也步還鈔書序一葉尙書鈔畢鄂生來久談彭縣唐生來見昏暮上謁不知其何爲也寫扇一柄校南史數葉
廿七日陰作書目錄考定古今文五家分合多少之數凡寫十紙又寫聯屏扇條數件均成內江曾生來見考優諸生皆來彭縣生復來言知縣捉舉人徐培基係督部之意也合江知縣王鑑墉字清如平番人癸卯舉人壬子進士而以我爲同年謬也自言實缺撤省不知其罪伍松翁命來浼我說之羅嫗去而衣綻裂詠水清石見之詩頗有客思廖生季

平入夜談
廿八日雨陰鈔詩經二葉校南史廿餘葉優貢案發取四人有兩齋長皆
學使所賞也有兩齋長未與考否則必取四齋長矣陪優十二人唯二
人非院生廖得第一任得第五二人怏怏任爲尤甚雞肋猶爭可慨
也夫凡考試必須虛心乃與科名相近見在我上者必高於我則戈在
人上人亦推我矣若見人得而以爲不宜得此必終身不得以與俗尙
相反故也學使主司奉　天子命來取士焉有謬誤哉此亦分所宜知
者也以勝近下第者多故書此示諸生
廿九日鈔詩二葉出答拜莫王（清如合江令）田（子臣）黃（薦生）陸（太初）唐（鄂生）
勞（過邗韓蘇汀先識稱其子爲出繼至是又認爲長子亦非篤實君子所爲）將詣譚叔裕遇之於陸宅長談
而別譚云陶方琦字子珍能塡小詞亦丙子有名人莫處寄家書廿七
號附銀四百兩與綏原受亭談未待主人也唐稱疾勞出外皆未入還

已暮矣少食甚飽早眠
九月辛未朔陰鈔詩二葉顧象三（華陽令）來一梧門人也午間寂靜熟睡久
之太初月卿來月卿云陳樊侯字伯雙兄弟孿生其弟爲安陸守移漢
陽字仲耦陳好言易其妻能作篆年四十餘矣今年學使甚不知名而
連日聞此二人皆有所長甚以爲喜
二日陰鈔詩三葉見合州羅生廣安曾拔貢得王實卿書爲李從九關說
（名紹沅字翰仙）夜雨凄清五更頗寒
三日陰雨張龍甲來詳言彭縣事坐一時許見院外生一班出答訪王知
縣（邵陽人名昌英）顧華陽過宋月卿黃翔雲不遇至穉公處略談已上鐙乃歸
張廖生猶未飯同食夜鈔詩一葉
四日晴鈔補書經二葉看課卷殊無佳者令人悶悶劉廷植知縣來甲子
來省王子壽之門生也浮躁無聊鄒生來講徐陵文

五日陰看課卷定等第葉參將李把總金蓉州年弟李湘石勞巚卿來竟
日憊嬾未鈔書夜校南史燈復御簟
六日早起因齋飯太晏仍自炊食復辰初之舊王知縣來巳正出城赴穉
公草堂之約城外泥淖秋色無可觀唯谿水洹洹頗有涼意無端感觸
詠出門望佳人佳人豈在茲之句正不必情事副風景也至少陵祠幕
客至者九人武有帽頂文則館師爲二客也穉公二子均從唯見其小
者中飯微雨蓺瘦而高殊不及湘中今日看乙亥秋集詩念長沙故人
復增離思爾時在省寓留有友朋之樂去有林泉之興明年而山居圮
今歲復聞海琴曉岱之喪追念昔游已成難再此間殊寂寞唯穉公季
懷可談又不能時相見至於石門風月殆不可尋致爲惘惘申散還院
校南史兩卷而罷
七日晴書局尙書刻成作序假穉公名弁之得陳雲卿書俄夷使人從和

闐覘西藏所謂因桓是來也暮校書三十卷但看大字頃刻而畢夜然
燭張鐙爲滕緹慶生日作餃及湯餠因飽未食月映南窗頗懷良會帽
項送黃花十二本恰應生名又符月數列之中庭裵回久之凡三換燭
乃寢
八日早晴午後陰滕緹生日設湯餠停諸課一日趙陳二生闖入因留陳
飲任篆甫季父求見謝以謝客未見之得家書功兒於場後定來書頗
詳明卽作復交銀號寄去廿八號也今夜放牓與季平坐談至三更季
平逃去蠢醉余就寢半覺聞礮聲起披衣未一刻報者已至院中共中
正牓廿一人副牓二人皆余所決可望者其學使所賞及自負能文者
果皆不中余素持場屋文字有漲之說屢驗不爽也堂課七次取第一
者中五人所列三等者無一中何必四書文乃能決科甚以爲喜頃之
季平篆甫治棠陳子京吳聖兪少滝皆入謝已雞鳴矣談久之乃還寢

九日陰晨起書報穉公盛稱主司精鑒曉寒仍眠起已辰正願華園陳容
之光緒此人新刻周伯顯來謝彥臣入談云今日多痛哭去者彼前亦欲去余
譬曉之令能怡然自得胸次甚磊落也余既喜教之可行遂有留蜀之
志夜鈔詩二葉滴雨淒清留鄧生宗嶽談縱橫之事張桂來送分房中
單
十日庚辰霜降陰雨寫聯屏八紙湖北熊知縣來秦生引柳秀才福培送
文稿來請閱定文殊未能成格午後步至城門舁至昭烈祠劉瑤齋蕭
子厚作東太初爲客劉弟及□□與坐中散還院已暮魯詹自重慶迎
姥來得家書及力臣芳畹謬書皞臣驗郎范生書至子雨客去卽寢
十一日晴秋光甚明鈔詩一葉恆鎭如夏竹軒黃蜺生李承鄴章州同來
諸生至者不絕竟日談話夜改定書院章程三條餘未暇思量也聞功
兒在道遣陽春往迎之因便令還家一視頗有迎姥之意

十二日晴鈔詩一葉諸生赴鹿鳴宴來見者數人有高楠不到院不應課
今始來見辭謝之駱縣丞韓紫汀來鄂生約過談申正步往竹軒與同
寓坐房中房小隘暗不可一刻居而兩道臺安之若素可怪也晚飯大
雨縱談諸俗吏情狀至二更始還作家書夜半有月劉知縣送蓺高如
艾
十三日陰雨寅葬師孫文治來字湛泉年少晶頂其舉動輕率無以勝孟
鍾吉但不貧耳何愚弟來求鉛江監院王綏原來還銀黃慶覃來索債
鈔詩二葉小雅二卷畢夜雨無人共聽殊感長沙游宴兼憶曉岱海琴
張桂鄰人文八來投靠留之作工
十四日陰雨發廿九號家書遣陽春歸兼探迎功兒並寄芳畹龍驗郎復
書校南史一本彭水蘇生世瑜南溪張生問惺俱以貢出院聞舉貢得
肄業皆還讀書因陳廖以求見與談說文云書之翰林以宋學古文文
其淺陋今之翰林以爾正許書文其淺陋皆非有心得者暮至秦生處
看婢有一女似有南派
十五日晴爲陳生子京改朱卷作孟文一篇曠鳳岡來談闈中事蕭子厚
來留曠夕食牌示院生復起日課
十六日陰許竹篔主考來神似張東老亦高談闈中事昨看賴女未審再
令舁至院中視之眉目間有俗氣恐家中以爲不擇而漫與未敢買也
季懷及李湘石來又迎一女則愈下矣談話竟日未事夜將理課薛丹
庭唐宅坡來一更後微雨
十七日陰辰出答訪來客十二家楊堯江許竹篔黃應泰丁价藩熊恕臣
錢帖江劉琯臣譚叔裕處皆入談視日將晚乃歸竟日飢疲入世之紛
紜如此夜鈔詩二葉
十八日陰鈔詩二葉半昨約許編修飲遣人下帖便送新刻書經與穉公

約魯詹來開菜單見新中院生楊琮典及院外生三人太初來辭行始
聞湖南鄉試題而家書未至
十九日陰張子靜壽榮來言庚戌歲曾於湘潭官舍見我其時從學刑名
於李師之友並敘姻誼稱四父爲舅不知誰氏子也已而張名杰來乃
知名杰卽諧五之從子而仍不知子靜之家世也錢保塘來言闈中事
甚多而無謂亦無去志松翁來又留談余甚飢索食無有也監院王心
翁來要客與松同往一光絆空管官云是朱小舟逢人問姓不知其何
以作官又一趙生云心翁座師之孫未問其字又有薛丹庭楊次林戌
散次林入談鈔詩二葉
二十日陰晨行尊經閣見木工興作怪不余告切責張生詳齡因感蜀士
多不知情禮失教久矣余一人欲挽其風恐以不狂者爲狂也秦生迎
四女待余擇之其中杜姓女似可爲此航延一日亦非正也夜鈔書一

葉改邱生文半篇唐帽頂來

廿一日晴久不見日秋陽甚煊譚叔裕來久談劉子永來子迎族弟云曾相見於伍井不甚省記矣詠如乃其族子初亦不知也見院外生二班膀後人當散來者猶相繼知風氣之易轉張生百均新調院余誨以謙抑下人之道及難於盡言之苦蓋後世師道久不立人無嚴憚之心乃知周公屢告真不得已鈔詩二葉致孝達書

廿二日陰午後雨秦生來言杜女欲以彩轎來余聞駭咤不敢復言取妾事魯詹又言勞六嫂相得一女美麗第一然不可看也此豈能爲妾者耶鈔詩二葉未初治具約許竹篔譚叔裕兩編修飲穉公來陪申正至酉集亥散劇談小飲甚懽頗無冠帶之苦夜大雨騶從甚困於泥行云

廿三日雨爲中式諸生略定卷文得樾岑衡州七月書郵遞八十日方至驛卒去其大封以圖信賞此弊唯蜀中敢爲之告以不必去封亦可求

賞也李世娙及諸生來見無問經者但以獲盜紛紜耳今日似寒而仍可不加衣此地氣煖殊於南海鈔詩二葉

廿四日雨竟日氣始欲寒今當出訪客以泥行不欲勞人遂罷黃應泰招飲亦辭之應泰甚怨望頗爲張桂所怪何應泰之不如張桂也李秀才來見欲求冬茶差告以不能李名肇沅王石卿弟子爲向鏻所誤以佐雜官於此人似明白爲諸生改卷畢校南史四卷鈔詩半葉多誤而罷昨獲盜夜凍而死監院齋長未免草菅人命余亦失檢校曾微屬其縱舍之而未暇問亦不意諸人鹵莽如此余亦未能重惜生命非飢溺之懷也爲江生改卷文夜雨達旦枕上時聞瀟瀟聲

廿五日乙未立冬始寒乃裘雨止見日巡四齋諸生留者五十六人尚有十人思去者應領膏火者三十二人作告申飭功課太初復來言鄂生仍送百金豈所謂不繼富者耶鈔詩二葉

廿六日晴寒錦芝生來鈔詩二葉檢刑律繙修改按語頗爲斟酌但無精義耳書局空有文簿而無存本遣人取銀則已爲任生支去票存而銀亡近荒唐可恨嚴斥之必令取到至夜始歸款世間事不可大概宜子產有水懦之戒也韓紫汀季懷及其同鄉□君來與八女議昏穉公小男以其俱八又同庶出頗相當當託鄂生爲媒許昏海老當不余譏也夜爲張生講漢文一篇乙卯同年張申五來

廿七日晴紫汀復送厚朴青氈童翰夫畫帽頂夜來談其微時遇仙事雲南人多依託神鬼其俗然也作家書卅號鈔詩二葉正月篇文意多未了魯詹來食野鴨

廿八日晴積壓酬應甚多卯起出訪魯詹翰仙張同年蕭子厚許竹篔魯張未遇蕭言太初將取妾所謂多收十斛麥者耶至延慶寺成華新舉人議請賓興伍松翁吳幼農主之午集未散復答訪陳姓劉子永恆四

弟李總兵劉三品至章宗瀛處晚飯云其肴饌甚精殊不甘旨盧麗生章師耶及其兄與房主李姓同坐江少滄爲客人甚駁雜又談煙花頗爲唐突二更乃散余中酒爲煙薰暈絕坐人大駭

廿九日陰今日國忌例不見客許竹篔來辭行以彼行裝無吉凶故出見之院外生來見者一人曠知縣唐提督來鈔書二葉孫彥臣還院送緜州野雞及鱠魚魯詹來夜談

卅日陰丁棨翰來求薦館飯後出答訪張子靜譚學使論書院事出南門至寶雲菴訪百花潭地甚逼仄不可結廬然差勝於草堂院生十六人新中式者公宴余於二仙菴魯詹爲客孫生亦與令顧生印伯題壁記之余作四句題於後云（澂潭積寒碧修竹悅秋陰
良時多欣遇嘉會眷雲林）蓋此會卽別筵而不可迯離思甚難著筆後二句頗爲簡到也一更後始散留城得入列炬甚盛亦勝集也院生於我皆親愛近世所難覯者夜閱日記比來覺兒

女情多風雲氣短當振作之
十月辛丑朔陰改定課期於朔月月半自今日始辰刻出講堂點名出題
十道仍分經各作一藝曉鳳岡劉仁齋晉郎來諸生來者至午始散鈔
詩二葉校南史改廖生經文章鎬來
二日晴鈔詩二葉校南史三卷錦芝生來韓紫汀書來言攷工弓合成規
不可用算法作書告以四率可推並舊說誤以强爲弱
三日陰久未出行飯後循城入少城出至北轉東還過南門而歸唯至麓
生季懷處少坐約步廿許里矣夕食已然燭夜作書復陳雲卿言女王
子土司爲郎松所囚不可名捕又送院生名册與譚叔裕使定去留
四日陰看課卷定等第鈔詩一葉家中寄書至看軍志竟日語多拗晦尙
須改令明顯攷曲禮牲號見士虞稱香合明視尹祭似可推明各有所
主之誼而鄭皆以爲誤令董生攷之

五日陰鈔詩一葉綬原鷺卿太初來鷺卿孱弱不堪勞苦比日武闈最煩
劇而轉强健自云人生在勤帽頂來談太初留夕食而去李世姪來辭
行夜巡四齋
六日陰得家書兩兒寄闈作粗成片段龍生來久談招羅嫗復來蘇彬惶
窘徐輪之使去諸生來者相續擾擾竟日高秀才自越嶲回李綬廷自
營中來皆不能不見之與綬廷及岳生同步穿少城至武擔山看石鏡
便至芮園小酌看墨池書院主人芮少海招余及督府諸客夜飲會者
十一人聞譚文卿得浙撫馮展雲得陝撫馮之擢用甚奇荇農呼荷荷
矣督府諸客豔言瑞華班之難得因饑召至唐宅演之飲四杯微醉早
睡夜半更不成眠起看懷庭彌之麗叟書
七日陰復彭麗生書正月一陵六月乃諭可見湘蜀之阻滯而歸復書慨然有志於本朝經學之蘊萬書亦開之績論而以爲知言矣但經書須有師承自通志堂之集爲世所習說出而又變本以加厲增枉而通直今欲求前老生前輩明師說之書亦不可覩唯小學有佳者耳豈得爲鴻篇經解製邪大譬易集說近之讀嫌有所去取某將使弟子有特追者各治一經皆以集解體爲之非十年不能删孤息在蜀舍已嘗人又無此心譜田光所爲發慨於舘亡也吾湘校經堂生或能及此故欲歸歸爲議塗之馬又恐羅研丈以白簡從事嶽貞丸於戲讎相見郭意娀以去就要君則敗與矣昨與丁公書天地閉賢人隱歸人作萬物覩遊則吾不能賢則求敢自謝當今之時非獨雄督非隱主講亦世可爲隱歸與歸與老懶可然不必欣樂今年若不成行明春注當還里比日武闈事忙倉未與主人相見明年闕稀已綴之矣對猶而採衣食未之前聞侯遺時當僧答盦貽也

與彌之書得書審默論由易生寄一園丞武岡祖肯未見耳小年見弟有見部書不遠計其惋惻矣否但不使高庭聽爽聞耳來答深執謙和得無審氣耶盜耶會所長而用所短然出勝非可誤斷非女得襲成貨當欣然矣功見來骨云吾見値有小星之納何其男殺巳從門入耶抑倘是否欲云云也某客寄於此欲來一似人者而不可得蜀女多如鄉魚不可爲龘魚奈何奈何講席非可久居一日不靜其勞値可一年留去思而去之上之上者也丁公盧倘未辨咋問道來問關書隨人云方大人攜入京矣有其主必有其偶故是一殿佳話與婦笛共賞之今錢院生志华者二十六人皆爲二景所推而去煩有空單之嘆倘有十餘人未施紫播奈思歸甚切又有校經之志惡不能留每歸謝無繼詩至盛深操不因未嘗不然也先生乃以高公爲甑何耶仲冬能成行否且留度識求圖一梁無任欽遇之情十月七日聞運再拜

與婦書比遺兩借皆論廻健事初五日傳七月廿五日來書並兩兒文皆可礎中豐見文實少數旬其二篇則金來做是成弘以前徒門龍飛相公宗派甚無留也外愿做一時高手今則外孫之傳而更高故是畢事功兒文雖不高其無聊亦閑唯後二比佳耳然皆可以爲秀才矣家總皆不能來久留

山中亦復半歲經於十一月十六日起程還湘功兒如未來傾可不來知已來劉在十一月十六日以前部留同我在成都度歲使其游覽以化去孩貧見諍明年正月底再同回也匪名綠匪今未見俟到俟再有隱論繼之隔遠縋打主意我又主意太多此離鄉索居無內助之過也以此推之則爾比年以來無外助之過光多矣凡人每日當恩己過此爾之所尤短者吾每厭食未嘗不恩之情之愛之恨之小年相處至年老而不忘相規所可感也非女亦傷觸衣鉢吾痛斥不能改既是外人爛歸得他搭一拜上告之閣觸多病甚念損我壯游之志也會當咲歸替自扶將蕭
銘壽來久談未甚諦聽因謝客少惕午出尋帽頂言唱戲事留食油餅
頗佳又允送余晚䭞還院復小睡松生來譚叔裕遣吏晚飯未設茶而
將暮因送松生便昇至學院顧又耕先在竒無味一老叟也子箴甚重
之而頗詆子箴何耶設食甚奢而無越味初更散遇魯詹於陝西街同
至院少坐校南史三卷
八日陰雨稍寒可裘晨起鈔詩一葉讀雨無正之詩然後知余於言詞未
也以共和二公方起攝政周之存亡不可知詩人無尺寸之權徒以言
救之往復旁皇肫然彌厚推此意也可以使恭沈頑獷實豈開悟韶也

悚然而歸於正何亂世之不可治而小人之不可化哉故曰巧言如流俾躬處休彼以訐直婞激爲名者自喪其身而益誤國事以滑稽俳諧爲高者雖免於世而實墮高節君子論之則曰哀哉不能言已矣午校南史四卷鈔詩一葉帽項來見錦江二生與屈生代領獎銀告以不能亦頗教以口不言錢之義想不入耳也申初恆鎭如劉子永招飲無一客專爲我設饌甚豐而不美但頗精耳得若愚阿克蘇書

九日陰鈔詩三葉堯江來諸生來問事告假者竟日不絕夕時甚倦魯詹又來久坐至二更乃去早眠午夜覺不寐思曲禮言歲徧文與祭先相對似可爲四時分祭祖禰之證以士有四祭近太數也然鐙至曉

十日庚戌小雪陰晴書屏聯十餘紙與督府諸客醵飲唐宅未初往松生處要同步往客俱集矣演玉春班外召十伶專爲孟女而會孟女稱寒疾僅演一折諸客頗贊之亥正散浪費非豪舉也

十一日陰鈔書二葉見院生新到者一人蕭生永川人來似欲言公事以他詞止之周生新中式始來亦辟不見帽項來言李湘石欲陷之以驕橫此心多疑非豪士也黃郎慶覃來言無謂之談多而且久薛丹庭來云筠連宜賓多蠻寇提督宜駐宜筠間似是可錄之策今日多惕息少治事吳生博文來問絝衣長短右袂之說檢段注無發明余思絝衣堅也衣堅當爲豎衣豎子衣耳此今小褸之制其長短齊袂不齊袪便於執手絝之言舌也不端故如舌衣長而袖短右以也依也循也衣既無袪又僅長及袂則長四尺四寸也夜諸生入談者六人聞湖南題名錄到遣問之無著落夜雨

十二日陰濛雨如塵甚有冬景鈔詩一葉午過翰仙魯詹筠心留飲今晨未食飲酒一小杯錦芝生要飲延慶寺將暮又改駱祠筠心處半飲即往陸太初劉瑤齋先至戌正散夜感寒

十三日陰風頗寒鈔詩二葉改小弁說菀柳爲喻王室以有菀者柳爲證萑葦爲翠妾以葭菼揭揭爲證粱笱爲去婦以谷風敝笱爲證然後知詩人取興有定如近代詞家必倖色揣稱也張鎬字芭生不知何許人發一赴帖告母喪不能不往顧象山金年弟盧麗生皆在楊堯江促客急還坐客尚未有至者頃之仁和許昤槎宋月卿魯詹曾某俱至堯江此殼不知何意殆爲其父求集序耳亥還聞羅嫗將嫁蘇彬有感予心益驗蜎蠖配合之非偶也使予持繩尺則無此事此亦恐傷盛德夜風吹窗無可與語

十四日雨陰蓮弟神氣蕭索似有重病而不使余知頗爲縣系鈔詩二葉爲鄒生定徐孝穆詩文曾生來言其姊喪以子死甚迅速余云人死生如屈伸臂項此何足異又告以姊喪降服也凡降服皆重喪依近禮請假半月十五日不鬀髮曾之姊夫之父母妻兩喪而演戲作生余不能

禁也今爲此言近於不能三年而緦功總者雖然余不能教弟子之父而適教弟子姑爲此言以待善悟者且張生見母之哀女而可悟子之宜哀母其猶有不絕如線者耶

十五日陰雨朝食後出講堂點名諸生頗有振作之意昨因感寒小睡念日課未畢再起鈔書今遂委頓疾未有以勸致者此殆勸之過與然由於嬾不加衣則仍以惰疾也錦芝生唐帽項來夜寢通身如熱打傷者寒疾已愈

十六日晴霜晨起日初出寒不減湘中鈔詩二葉寫條幅對聯五紙翰仙來云已得題名錄龐生子中式留午食而去魯詹來乃見錄知懷欽希魯中式黃雲岑胡棣華亦中則可訝也湘潭中三人皆不知名解首遂出安仁亦爲罕事夜月甚明不照牀前矣別三月耳南北轉易何速往年殊未領略此景

十七日晨陰既起乃見日不及昨日之皎潔也李宏年稟到未見本欲出閔其言王綬原當來遂待之鈔詩一葉高生來贈詩求金綬原亦來張生來留我度歲乃去曾顧二生來示以稗帥手書拳拳以不加民賦爲本志其肫仁可感告二生宜宣布德意使聾裘誇息乃爲無負循吏也价藩來久談楊石泉授甘藩湘人復有盛於西方之意客來一日未斷又以其間鈔詩一葉得譚學使書送來諸生淸單留二百餘人而自云七十人可怪也

十八日晴晨霧鈔詩三葉畢小雅四卷薛丹庭黃雲生張華臣來與黃張同步入少城繞提督街至莫館送綬原行還已投暮諸生夜入談者六七人爲言蜀士無威儀由老輩失教之故儒而鄙野不能一一指告當須自攝檢也申夫盛稱西漚先生何流風之未泯意西漚非能教者夜月

十九日晴晨霧蘇彬乞假娶羅去顧象山崇扶山徐小坡程立齋王合江相繼來司道前送聘故來致禮唯蕭小樓未入蓋號房之誤耳王送永寧道妾生日禮而自嗟其遲誤余告以人當樹風節督府之撤撤其諂輭非責其省嗇也身爲進士年垂六十而不知媚竈之可恥亦可哀哉左生來執贄請爲弟子芺拒之又來言求缺事告以非所宜言當須愼審此遞解回籍罪也鈔詩二葉

廿日晨寒午晴煊出答拜司道至學使處譏院生去留賀龐生弔周熙炳荔吾兼過芝生惟崇徐相見崇處遇松生同過翔雲久談周處問其行止云尙負二千金還院高生已久待云欲往川東求一函書恆四弟送茯苓餅渾不似京師製見院外生一人幘項來談云將軍欲相見看課卷十餘本譚叔裕云劉生光謨見彼云明歲不能到院張遂良亦當去蓋欲中我以不容剛直之咎耳此生叵測是書院一大蠹也初夜霜寒月出更煖

廿一日晴錦芝生來院外生一人來見何教官來欲留華陽任送考看課卷二十餘本鈔詩二葉夜作翫月詩文情甚美得春甫書楊兔江來云當往彭縣屬余刋其先集

廿二日晨霧巳初始散看課卷三十餘本竟日多閒坐嬾於游事夜定等第校南史一卷

廿三日晴唐江莫三提督熊同知許知縣（度風字叶査）高秀才李從九來高往川東求書與彭鴻川爲作兩紙應之竟日對客夜始鈔詩二葉

廿四日甲子大雪節晴調院旗生錦福巴縣陳都司譚學使王綬原來秦生言杜女願爲妾請定銀約之鈔詩三葉校南史一卷夜爲寧生說鮑詩左賦定院生去留單

廿五日晴朝食後巡四齋錦芝生來訪魯詹言納妾事步至唐澤坡處看

戲亥散魯詹得湘信言功兒將由漢口入蜀

廿六日晴晏起章從九宗湮執贄來見辭其贄出見之方逢盛爲同院相鄙勸之早去殊無去志余之教自謂以身帥而方劉不獨不恥格且不能免而無恥何生徒之難化也自愧而已唐澤坡請陪學使午後往將軍宗室恆訓字詁庭副都統維侯字桂庭及旗人齊知府已先在讓余爲客錦馬二道臺叔裕編修續至今日演戲優人殊有精神至亥散還院魯詹久相待諸生入談者五人

廿七日陰早起寫條幅二幅朝食方逢盛來辭蕭子厚薛丹庭來鈔詩一葉諸生來問業者數人唐澤坡復來要看戲唯詣季懷小飲亥正乃散鈔詩一葉

廿八日陰作三十二號家書見院生三班及副貢某生嚴生自西安還官華山之險令人有攀躋之興午出謁恆將軍維副統將訪穉公値恆已

先至乃還過鶴卿問其家丁送木匠價獄事至延慶寺錦芝生招陪季懷馬伯楷飲而仍以余爲客至戌散校南史三卷

廿九日霜晴恆將軍齊敬菴知府來院生黃紹文院外生馮爾昌來見穉公來言八女姻事魯詹夜來言湖南人拐帶事王綏原夜來借銀廿兩鈔詩二葉留王陳喫餅亥散

十一月庚午朔晨陰出講堂點名堂饌卽殷公膳院生四十人會食魯詹來留飯待勞芝舫來言拐帶二人專押一人於理不公屬其釋出薛丹廷來辭未見午出詣帽項請其爲媒過鶴卿雨大至冒雨至督府與穉公談書院事詣鄂生見其子公實字我圻酬應甚疏頗有鄉氣答訪許銀楂慶恩已暮至張子靜宅會飲和合及王昌英勞芝舫張楚珩陳雙階俱先至席間談州縣事殊無大體四川吏習之壞遂至無淸議可歎也夜還已倦未事

二日晴鈔詩二葉寫條聯數紙張門生來言已無大志但欲得萬金以歸甚哉世俗之衰也以一平人無故借六百金捐納通判曾無分毫才智便望萬金猶自以爲無大志此言何爲而出其口入吾耳吾又何所施其教亦豈有告之當道而彈劾之理坐視此等妄人往來吾門又非擇交之不愼此將誰歸咎乎龔生兄鼎彝來亦一荒唐人帽項劉廷植薛丹廷曾周顧生相繼至自午至戌對客不得休自院生外者人品以帽項爲最優議論以帽項爲可聽殊爲可慨

三日霜晴寫條幅扇對應酬字始畢鈔詩一葉焦龔二生來焦言公車費余云祇可請首府設法挪借不然則事緩必罷丁公未思也籌款指還事亦何難復憶去年學宮之事知辦此亦不易蕭子厚錢帖江季懷孫伯瑛吳春海王蓮丈相繼來王言監院事欲薦一毛姓爲之余云與新章不符薛孫坐半日竟未及畢談而去略議納采事云貴州俗與四川大同與江南絕異故以孫主之也鈔詩一葉欲校南史竟無暇日每笑方丈僧忙何不出家今余出家而更忙歸家亦又忙於出家之方丈日者推余生辰云雙牛在闌一世淸閒正反語耳此殆謬緹誤我今雖去妻入山不復能閒矣其助我成名耶其錮我入俗耶誠無以定之

四日陰頗寒無皮衣欲覓一二襲乃能出會客待魯詹至暮乃至副統維侯駱縣丞劉大使孫光治李縣丞帽項來監院委南川教諭劉得學犢巡捕李宏年爲莫組紳作募修北路序來請删改魯詹守催之爲改定乃去連三日皆紛紜於接對鈔詩三葉夜有盜踰垣余疑前盜之鬼也亦無變怪

五日陰看課卷未見客羅惺士晚來見之帽項送昭通梨頗甘寒然欲敗矣校南史巡四齋霜寒脚跟已欲凍身殊未覺寒也乃知寒凍正不同

六日晴晨晏起羅石卿從九爲余看皮衣無相應者午出送吳春海過翰

仙蔡研農季懷芥帆更將訪餘客以八日請媒未發帖欲亟還而芥帆留待其朝食畢乃出獨坐一時許悤悤而出至宋月卿處晚飯湖北官人熊恕臣劉瑤齋賀霽甫之弟景劍泉之弟齊敬菴之子先後至殊無佳客余就宋處發帖請媒還院發帖請鶴卿陪媒鶴卿殊不引嫌亦非所料余初言而悔恐其多心也

七日早晴午陰

先孺人忌日謝客獨居帽項張生鄂生均以事必欲入謁後半日王監院闖入偶問其供張物帳幔詞相答云已報鹽道矣余與之周旋一年未嘗督過之今聞不覺大怒直斥其詩殊非敬老全交之道遲回久之令書辦請薛丹廷爲之轉斡罰令作講堂門以志吾過魯詹來料理請媒事校南史二卷

八日陰晨食甚晚帽項先來送萬年青取吉祥語也鶴卿來陪媒未正孫

薛二唐送庚帖來丁公第八子與八女結婚庚帖不書婚姻年月唯書男女生年月日辰外拜書二封夾一單帖云敬求台允女家復書如之曰敬允台命江南謂之允帖甚重之湘俗所無也用儀仗鼓吹彩亭致之庚書無幣藉鎭以如意媒人書兩家庚筆墨香蠟皆男家備送巡捕材官家丁從者五十餘人及媒人從者轎夫又三十餘人余初以爲小定無辦及至頗忙宂僅設一點心猶待至兩時許請魯詹主之賀客來者百人皆謝未見夜二更猶未飯季平自井研來留同食鈔詩二葉

九日晴當出謝客以例待新親未出維侯來賀左保澄鳳岡月卿張門生均直入留曠張左同夕食客去已碁

十日己卯冬至晴魯詹來買皮衣竟不得衣鼲鼠裘袿而出劉廷植來所求無已殊可笑也催送之出舁行城西北謝客僕馬俱疲唯帽頂學使督署入談還已向暮鈔詩三葉聞監院委毛姓與新章實缺不符礙於

首府及藩使情面欲姑聽之而又不可與俗人共事多委曲猶有格格難入之名益念入世之難與書薛訓導略示其意諸生入談者夜恆數至日疲於談話而已

十一日陰晨方櫛沐薛丹廷及楊傳兩生來悤悤殊未得談楊生書院之俊也而相去疏濶嚴生北風來亦頻值客未得多講論飯後出謝客行城東北幾徧至和合處晚飯初以爲有戲來已晚及至尙早張怡山徐幼愃兩道臺同鄉劉勞二黃及帽項均集設饌絜美余食甚多而猶未飽二更散徹醺行臘月徹霜中頗有清景因笑閻石可但知醉飽不恤飢寒之非而不知非醉飽不能恤飢寒也丁果臣亦死無人質之夜鈔詩一葉

十二日陰皃鄒黃弟來求臬館爲節禮故也無聊文武官五六人來竟日不絕諸生入者又十餘人倦談少愒鈔詩一葉遣蓮弟看船莫總兵以自造小礟船送迎我牌示諸生去來之期並開送公私事與稺公與書簡堂劉玉田爲薦館與顧象山爲公車費

十三日陰勞生早來留朝食令觀書院館餐之儉寫條幅對子賞巡捕張維權來久坐可厭鷺卿象山松翁劉愚魯詹來鈔詩三葉得懷庭書

十四日陰得家書及竹伍各書春陔錫九書二張子靜楚術及鳳岡來送行稺公來會親龔生兄鼎壽言公車費事魯詹來送衣鈔詩一葉

十五日晴晨出點名新監院薛毛來見送行同鄉官坐待者八人張章門生必欲見談點名後見之午正將出翰仙來復要入談同出詣將軍都統丁价藩處辭行兼託价藩照管書院事留章程十餘條並作移文令監院移二縣立公車費章程還已將暮鷺卿復候門同入魯詹章孫先在設食未至藩臬鹽道來送行辭不敢當帽頂復來與借五百金發公車費是日送行者數十人俱未見稺公送程儀三辭復夜致之受其百

金與書謝之復擬章程交監院遵行並立齋長及管書局事宜宋月卿楊皃江魯詹夜來爲皃江作其父詩序鈔詩一葉諸生來者相續子夜未散復爲寧生書對聯乃寢久不寐及睡覺天猶未明頗有雍容安閒之致

十六日陰晨閱課卷卌餘本定等第畢乃出詣司道門辭至松生帽項鷺卿季懷處話行錦芝生來送稺公至季懷齋留談久之出東門鳳岡魯詹皃江黃覺生會於城門同送行少坐登舟翰仙揩卿待於礟船揩卿設餞飲未半稺公來登余小舟久談余本欲辭其出而堅不可辭且令士民知督府重士禮賢亦信陵禮毛薛侯生之意也院生來送者三十許人院外生亦來送何其拳拳易感監院及同鄉官送者均立談而去張岳鄒范顧曾張魯詹顧小舟樸被相送李逢年衣冠久立辭使還城申正移泊薛濤井南岸

十七日陰晨行十五里至高河壩送者七人還城鄒生以伯叔需索不安欲從余還湘獨留不去同舟行七里至中興場戴鄧生黨友陳都司炳炘羅秀才忠興來送禮並言欲送至嘉定留坐船上同行少時問之蓋欲求薦書者告以不可與同午食多睡少談夕至胡家壩行八十里泊陳羅去鄒留宿鈔詩一葉夜臥談至子乃寢

十八日陰送客俱去呼蘇婦登舟初疑其不肯行觀其意乃欣然知配從之非偶也鈔詩三葉行四十里至江口小泊未登岸又四十里泊蟆頤堰彭山地夜雨打篷如雪頗有淸響而無離思咏舊作漢口聞雨詩情境又異

十九日晴晨過彭山縣行百卄里泊漢陽壩靑神縣地縣蓋武陽之西部安漢文社之地故有漢陽之名也中經眉州城在江西二里余案圖審地疑此江爲李守所開非江經流故水經不序案水經曰大江過氐道

縣北注中江出東北出峽山九折坂則今淸溪北江出東嶠山則今名山大江在南明矣又東南過武陽而靑衣沬水注之靑衣沬至犍爲南安入江南安卽今嘉定下宜賓上之地江水又過僰道則宜賓之地大江之源疑今所謂鴉礲江者也夜鈔詩一葉早眠頻覺以前後人塞臥竟不敢起

卄日晨大霧咫尺不辨待至巳正日出微有見猶不可行以撥船識路令導而從之起故甚晏惟一午食鈔詩四葉行七十里至樂山嘉定府治也今日午後始見山亦有石壁但不峻秀耳欲遊陵雲山看大佛竟以遲到不果舟人塞漏安行饑紛紜半夜買米一石給滿船之食夜鬅髮

卄一日陰晨未開行水兵多登岸余申明軍令禁約之近於牛刀割雞然不可不如此也移舟對岸登陵雲山觀烏尤山方志所謂離堆者水經注謂李冰平壘坻灘華陽志作雷坻烏尤殊不礙流不宜在此今去府治五十里有道士灌巖下一圓石水漲乘流入巖觸石碎舟號爲險絕其蜀守之所開與蓋前未鑿時船直觸山故分之劣得回舟以避沬水之害沬水者水盛時沬也午過巖下諦視之殊不見其可怖知險阻患難不在天也水經注又言熊耳峽今則無以擬之其又言涸崖則似誤分涸崖雷坻爲二余謂倒灌卽涸崖矣崖至叉魚灘四十五里亦稱奇險石入水截流旁有怒石浪恆高五六尺舟人戒備唯一巨浪鏺舟駭人俄已過矣余開船右窗未見石也酈注無此灘案汪圖據趙本有伏犀灘今未見此灘所係又行卄五里以當修槳椿圍泊犍爲城西岸岸去城可三里叉魚發雞豚犒水手鈔詩四葉甫田什畢

卄二日晨守霧將午乃行晴光甚麗鈔詩四葉行百卄里泊乾柏樹宜賓地霜晴沬水涸昔厚灘巖空夏漲沈龍久江醉不復雄犀灘餘一孤鷁舸下鐵風回首邪舟岸徒聞怨柁工

卄三日晨發復甚晏余與舟人同時朝食自有舟楫以來未之聞也湘軍暮氣信有之行百四十里至宜賓敘州城治也蜀人讀爲歲湘人讀爲

納此府遂不能有正音亦猶和碩之讀爲灼有云石者反誤漢地志奇音者皆類此登岸覓滇物不得會暮遂泊鈔詩五葉夜早眠與官船鄰終夜傳更攪人淸夢

卄四日陰早發方四更不寐待旦江水至此始黃余固疑今江源非禹貢江正流觀水益信禹貢江謂金沙江今江所謂沱與行百里度長灘名過兵灘水經注所云蜀王兵闌魚不敢上者山色始赤駮不異昔傳卄里過南溪所謂南廣口也六十里過江安城所謂漢安縣雖迫山川土地特美者三十餘里逕一大灘疑張眞所沒灘也舟人云黃狗磧或曰黃葛磯未知其正字又行百卄里至納谿對岸水經所謂渚水從南來注江注以爲未聞此谿出敘永其渚水乎水通數縣注不言者圖未審也鈔詩六葉

卄五日陰癸巳小寒四十里過瀘州故江陽也今其下六十里有舊瀘州

未知何時移彼案今城在綿絡之口水經注所謂枕帶雙流據江洛會者也注云江中有大闕小闕黃龍堆今不知其所在疑注文移錯也舊州下有二石隄長可數里正對城爲表其昔江深城低望如闕乎又百廿里泊合江蓋符縣故地酈注所云縣治安樂水會經所謂鰼部水也所謂樊石大附二險今則減矣鈔詩六葉誤鈔一葉小雅畢夜鈔大雅一葉合江饒餘甘覓之亦未得云皆自鄉間負擔來無行店也三更有急足來云省送文書其時微雨如塵行人頗苦發之乃李縣丞求薦信一笑置之

廿六日早陰午晴暮霾朝食後復李書與穉公一書姑達其願遣足去連日清靜復有人事之擾如朱籤入梅花下意頗不樂假寐久之乃起鈔書五葉說太姒爲和親第一人大爲諸公主長價江津未知當漢何縣豈已屬巴耶自瀘至巴酈注太闕略所當補敍行二百廿里此路悠長

渺漫若行上水必曠時日唯可商運不宜行旅也夜泊龍目灘

廿七日陰四更發晨過江津案考注圖江津亦漢安舊治酈注於江水經流少所敍述特用他水數衍耳於故城形勢亦未暇詳有似今之修方志者又百五十里至巴縣重慶府治也泊太平門酈注所云地勢側險皆重屋累居則今城自蜀以來未徙治矣城依山瀕江殊乖建置不知何以久因數千年唯漢曾徙於江北廳因巴子之都似稍勝也鈔詩四葉夜鈔二葉巴有粉水久擅鉛華今無復佳粉遣覓四合歸寄臨林粉與郎總因巖颾五嶺去江州豔林粉久擅六朝名紙人知古豔國買胭脂芳華莫恨紅顏老曾竊玉鏡鈿從來有名價已足重千金世女那能妒妝成見與壁此詩純乎齊梁而不知佳處然非可驟幾也遣冊買婢妾云待日中之市不可以游戲延歸舟故罷之

廿八日陰雨晨辦食物巳正開行四十五里過黃葛峽舟人云銅羅峽蓋昔明月峽古今俱狀其圓也山頗高削余以爲勝三峽惜非連山耳又四十五里泊木通巴地有巡檢司鈔詩六葉舟中弁勇爲余餪祝故早泊夜鳴礮其二無聲其一震窗櫺飛落鍬鐙覆茗甆盌墜版不損鐙油汚舊鈔詩本而新寫一紙無汚亦一奇也夜雨竟夜

廿九日晴以余生日故待朝食而發舟弁犒以五俎諸勇犒以酒肉雞麪巳正發行九十里以生日又早泊長壽取嘉名也又逆風船輕不易汎鈔詩六葉說皇矣太伯讓王季想見聖賢從容中道之雅後世以尊位爲樂遂支吾而不可通此敝自周末已然長壽蓋漢平縣酈注敍雞鳴峽枳治之後乃云江水又東逕漢平又引庾仲雍說華陽志云枳在江州東四百里則漢平在枳下卽平都矣平都今酆都而長壽故治未載當還考之夜雨

三十日陰舟人好晏起呼之不應似婦人在軍中者余亦晏起以和之辰初發江水至此益濁百廿里過涪州故枳也城依山如重慶頗有氣勢

又九十里泊立石鎭酆都地鈔詩六葉畢一本

十二月庚子朔晨見紅日旋陰舟發頗早辰正已行三十里過酆都城故平都也水經注云有天師祠甚靈異今以爲閻王祠明以爲御史祠各隨所重而呼之要之此山神肸蠁千年非偶然者江水自此向北百八十里申過忠州又行七十里泊永安場忠州地鈔詩六葉改定羝敉牋似較鄭爲貫穿抑不知鄭言敉而郊者更有何據今日殊無大灘水經注言平都下有虎須灘夏斷行旅未之見也忠州漢臨江華陽記在枳東四百里今三百里自此百里得黃華口復入益州東境則萬縣也

二日陰昨夜雨至子止峽中晝多陰夜多雨自巴以下江聲細如碎雪乃悟杜詩江鳴夜雨縣之意縣字狀景甚工不知者以爲不穩也行百四十里至萬縣南浦僑縣也去年泊處今正一年矣望東去山勢無盡頗有關山之感余旅行半生雖無羈愁之苦而回思馳騖愀然輒傷有言

愁欲愁之意泊半日買菘蔗遂宿城下鈔詩七葉夜寢甚適羅氏侍也
三日陰寅初行十餘里以暗待曉乃發午過雲陽已行百八十里疑止百
廿里上水增之耳去年行二日今行半日又三十里過東陽灘十五里
過廟磯灘水經注云東陽苟延光沒處也亦曰破石灘下有落牛灘在
故陵村豈廟磯與又云朐忍故城在江北今雲陽城正在北矣而未知
朐忍新城所在又行六十里泊安平灘去冬宿處也鈔詩六葉故陵村畔落牛
灘比似瞿唐上下難行路人莫回首一江流遠萬山寒
四日晴陰朝食後覺艙內有水檥岸檢之滲灰縫綫許入水二寸矣塞漏
巳巳至奉節夔州府治城下矣迅速如此促泊關下恐人羅皂也遣蓮
弟蘇彬登岸買梳子檥灩磯下二時許乃至過淫豫視石正方不及去
年高下水望江尤狹側望石乃峭削望白帝城殊不必置守不知躍馬
臥龍何屯軍此空地也船窗寫字不甚明乃悟昔言虧蔽曦景者正坐
船中望山耳古人下語鹵莽然非無因若非經歷審思幾厚誣之晚泊
渡口巫山地共行二百里自夔通施步道所由今別開新道稀行此者
憶夔門歌之奇作詩狀之石氣江流鬪滄風蠍奔蹈蹄俱東向相爭相駭雨欲休石起作天江作流飛霄級棵雨門外事路撞騰萬里流山靈戰江濃未已蹶踏橫流探峽起不甘萬壑巨靈擘萬石蹶爲淫豫石其東三峽一萬山餘怒崢嶸洶橋壁壑坐中流看客船盤渦轉石勝湍顚霜射嵐光寒日氣昏橫雪浪激苔煙
五日朝陰午晴四十里過巫山未及出望飯後小睡三十里過巫峽下青
石洞江北岸有奇高石峯殆可擬嘗初無稱賞者作詩紀之大峽連百六神峰疑十二未若青石嶂拔奇江北窮雲暮靈寒青烟想窮天背遠峰青競高千譬各有勢眞形任圖創秀色非空翠從來絕勝陟何必遠人世翔仙偷孤危飛鳥豈相企經境至儘不迷津途待置至又改前詩結句云蜀土崎嶇自一家天開此路達三巴鹽唐劍閣一丸塞坐看孫公成井蛙
又行八十里泊萬戶沱鈔詩五葉以紙盡夜停北風小雨
六日晨雨頗寒山頭雪積相望矣鈔詩一葉半大雅得二卷十五里檥巴
東雨止復行六十里過雪灘水平無波三十里過歸州望去年待船處

瞬息已過此下十里盤渦激浪船輒倒行大風吹之每進每退檥一時
許復棹旋一時許乃至青灘水程共云百里不及五十里也近白古未丈登之地
泊灘上宿歸州地
七日晨微雨呼汰工令放灘舟人寐不起辰正乃發余已登岸見船行奇
愕可喜還舟令蓮弟負書陸行云所著盡在此不可落水人則無妨耳
初恐浪入船多爲之備及下從高放船聞水著船底如行沙可高丈許
一落入橈齊停船便不動乃徐徐撇浪而前浪去舷可寸許船行浪罅
實赴其曲折天下之至能也賞以八百揖謝而去令人想良造人馬相
得之妙古之技皆得名今之灘師名不出百步可慨也哉已初更長行
自此無恐唯有江湖風波耳往聞蜀難而沮今來往過此亦復無難事
不可惑人言人言徒足阻壯氣薄暮無事題詩一篇記之下新灘贈汰工一首東歸汎平潮絕險餘江徹媚石積千載哀湍苦驚躁揚舲旣夷掛流駛回曉習坎信有期驚沙且近諳虛舟縱所如弄潮反知撓狃危乘直波從客順回湍詭勢盤渦中曲折赴溜崤峽山轉晨光崖霽福雲暖沸險獸來心探奇觸孤檣縱懈郢人竪頗識飛流妙將從呂梁遊方達斯輪矣夜
泊平善壩行百六十里夜雨
八日陰晨睡將待至宜昌乃起聞人言有四礮船送差疑是黎傳臚遣呼
問果然欲過舟一談而彼張帆直上不相及矣與方子箴逢張孝達相
似計程黎亦不能至成都度歲也從京出而取此道亦甚迂回或其眷
屬船耶巳初至東湖宜昌府治也當辦帆索縴纜停半日責粥應臘會
賞船勇弁酒麪以慶平安鈔詩二葉夜雨小雪
九日陰雨巳初開行九十里至白洋鈔詩六葉夜雪是日己酉大寒
十日微雪間作頗寒行六十里阻風泊枝江縣下十里交崖夜雪可三寸
鈔詩六葉
十一日風雪甚寒研水盡冰鈔詩三葉以手冷停半日未事行一里許不
能下泊吳港舟人殺羊醵飲殊有豪氣枝江守雪作詩一首風濤寂積澱鮮重知宵雪寒賑飫朝饕

歸舟復長瀨江山美昭曠洲渚懸颯撒破樂皓已出曾灘映遊河落森明 遠樹晻孤開雲映村扉窺鷺閑川路長安殷宴賞憶湘衡風游蹤河漸明

霞更水宿高枕忘霜冽劉 郭宅儻存波寒訪堪塔 子夜風止乘月行忘路之遠近至曉乃知已

至董市矣枝江至董市七十里吳港至此蓋四十里舟人欲取江浦至

松滋不肯由沙市故停不行

十二日陰有日有雪船定由松滋仍纜上水行十餘里從江決處經松滋

城夜泊黃步枝江地云去枝江七十五里此路向無水道地圖松滋初

不通江今乃通澧以此知古今澧水經流變遷不常圖經殊無能言者

亦湘澧人之恥也迂儒乃欲以今澧水證禹貢東至於醴之澧豈非夢

中說夢邪鈔詩六葉筆研盡冰

十三日陰行九十五里泊港關上荒田中鈔詩五葉頻燒柴火頗荒於事

夜又不寐

十四日晴晨至港關公安地蓋孫黃驛劉郎浦也正杜子美自蜀至湘之

路殊笑其不能自振遣蘇彬上岸余臥與羅婦談蘇彬已還船余未知

也行百五里泊蕉谿安鄉地夜月霜寒寢甚安愜中過公安漢華容也

十五日晴比日晏起至巳乃朝食午過安鄉漢作唐地晉南安也水經言

澧水入江注言入沅而逕南安南則梁時沅水占洞庭之西北角行百

廿五里泊沙夾武陵地去縣水程二百四十里何其遼曠鈔詩七葉夜

月甚明而怯於賞翫霜重水冰

十六日晴曉甚寒行卅五里檥西港買米備守冰之糧南風槳行卅里泊

蘆林港龍陽地鈔詩六葉大雅畢又鈔頌二葉夜月大風

十七日晴大南風鈔頌二葉寄懷二陳詩一首 後臣左遷閩臬過湘猶留 庭作令九月己丑迎之官

昔談次共有相憶之言十一月書報成都余適將東歸踰月至洞庭度雪 舟中復憶殷瀨舊行追事懷人因寄一篇記其情款云爾 題食恆有期

游宦俱在遙悠悠四海內戚戚良願違江山長歡好顯華有時晚眺嚮心 不近告別情仍返返情非近心薄旅勤孤吟嘆辭石鏡月且發巫山陸遷

波瀾渚彌濯絕招尋江湖深霜淺冰雪稀途深途深阻三州東西萬里 餘小邑寡人卒橫琴對牀寄念存空谷音果遺竭期臨殷勤茲前寄歡笑

停高車高車倦王程度嶺位遙征年徂客變華官遠使鐘經睽心破契闊 援手道平生明殷穀水驛帳飲秋山晴秋山秋蓁黃穀水西風涼墁輾惑

峽路雁叫懸天霜清語慰沉浮憂時歷炎涼蹉予病遙夜知子共離觴離 臨促夜火人吏還顧舉飛艤背邑去挂窮看山坐會屈訴歡怨逝節驚献

驗勤役官政領吳歲晚期果歸期灣澹悠歲暴風浙修昔吟殿灘霽 今阻擱磨舟時平皮鼓息事挂浮甕留憾人白頹鬢從子赤松游

舟帆斜風過宵光廟又迷道行半日及初更尚未及六十里弁勇告罷繫

江西估客木筏而休焉鈔詩六葉去年來時從青牛望至宵光一日程

今水淺賚水不可通當汎江下泝湘上故過宵光更向北取岳州道計

當六日程也自成都至宜昌迅速至此遲滯亦理之宜然者

十八日晴南風行六十里至布帒口唯恃槳行舟人頗勞將出江口迅流

舟不得收上岸持之乃得不漂流遲回久之北風大作瞬息過鹿角矣

遂帆行北風愈壯利不得泊通曉未停鈔詩七葉

十九日陰巳正到長沙泊草潮門計十一時行三百六十里雪泥路淖舁

入城至家適錫九遣人來遂有知余歸者飯後錫九來言筠仙處有宴

集余正欲言校經堂事因舁往養知書屋兩金剛兩耆舊一典史一庶

常孫君詒也二郭在坐暢談小食亥散功兒已定船明日入蜀令辭退度歲

後乃同去家人聚談至雞鳴莪女待余乃睡因就側室眠向例所無也

廿日晴南風大作乃知余今年年運甚佳無事不有天幸舁出諳張東丈

瞿春陔黃子壽劉蘊齋夏芝岑龍皞臣黃螢叟陳妹家俱久談日已向

暮復往筠仙處會飲張力臣朱雨恬為主人樾岑香孫為客劇談飽食

亥散子寢亦通夕未眠

廿一日晴左生飯後來余方盥櫛略談數語家人待余會食生告去食未

已錫九來子久夾琴君詒殷郎陳妹佐卿筠谷相繼來竟日接談或有

謂或無謂余三夕未睡頗疲欲休而不得眠春陔送饌正當招春甫因

約笛仙會談笛仙欲為主人片來索回報不親筆研三日矣始作書復

之因補三日日記子寢復未眠

廿二日晴仲雲春甫來春甫辭會因罷午集力臣卜從九來適登樓鈔書久未出力臣頗疑余因亟出見之佐卿暮來約至筠仙處夜談甚言崇厚之辱國余以爲十八條無關利害也初以爲俄夷有遠略可畏今視其所求殊無大志飲百歲酒喫皮卵而還連四十二時未休息夜始睡著兩時許

廿三日陰嚴駕將早出錫九張耶沅生羅秀才莊心安香孫陳總兵樾岑雨恬相繼來遂至未正昇訪佐卿聞在池生家因先至陳宅杏生已從河南歸談片時出答訪子久君詒未遇過力臣禹門處久談復詣意臣已暮矣今日子壽招飲意臣已先去因急往則樾昀力意皆在雜談早散子寢雨

廿四日陰大風笛仙昨再過未晤以遲往爲慈專出謝之研郎意臣踵至亦至未初乃出先詣香孫錫九均圍鑪宴坐有年景矣過笛仙談彌之

春甫均爲人欺當今之時謹厚者不自保此亂象也過拜王長沙便詣芳晚人家家迎春余尙拜客殊爲可笑命駕還家與妻子論家事各有訓飭豐兒知其母性諫不能聽遂至悲嘅余遂無所說且云此所謂修道之教非喜怒哀樂之發余於世事少所留情但上說下教强聒而不已耳然一哭而息父母之很近學子也因講詩巧言章義嫪緹早眠余入側室

廿五日乙酉立春發彌之及非女書半日無事與嫪緹六雲燕談佐卿來登樓茗話說九刑及書篇目三江九江吉池兄弟陳從九之子伯厚來自云學刑名有成與春甫同住暮客俱去與佐卿夕食登樓讀筠仙書子寢

廿六日雨令瓌紛誦兩京賦爲紛略說大意力臣來作書致壽蘅還以百金別書送蜀物與黃母家中作年餻向夜奇寒有雷

廿七日大雨辰止登樓鈔詩一葉半出詣佐卿樾岑皞臣春甫春甫未遇投暮還料理年終借贈餽遺諸事夜見星頗寒亥寢

廿八日陰晏起出詣徐芸丈張文心未遇文心前月爲武岡之行云武岡人欲京控二鄧則彌之有謗訕　先帝譏頌長官之罪故須調和答訪夏糧儲未入過力臣胡子威左仲茗詣樾岑處會食香孫晚來樾岑以余言蜀事與司道齟齬而不援總督自助是爲人中之雄此禮之當然余因亟陳患所以立之義蓋以砭香孫常有人之見存也又論王文韶與邵亨豫庸駑一也而邵撫湘時縱令崇福鬻官販缺王遂居然明牧與世人游又自有其方法亦可嘆哉初夜還年事殊未辦余悉不問作客而已得壽蘅子明書壽蘅文詞甚美下筆不能自休余書未免竭蹶矣

廿九日晴霜寒晏起文心子寶善貞吉來見得魯詹書云復調曾昭吉開辦機器鶯卿夔關差復改總辦機局矣翰仙穩坐釣臺殊有冥頑之力

作書與李玉階致二丁之意子壽送詩來筠仙題詩云巨製煌煌推頌音病餘拔敷一閒鶯庚健合併眞元韻須要隄防示老王嘲其通韻不通也子壽以書質之於我捐免皮口余報之云自古庚眞不可通宋人詞叔始通點我曾再聽再捫舌筠老金言直且忠以余前聽知其蔽而不肯言耳鄉黨嘲譏蜀中無此樂爲莞爾久之家人多外出晚歸年事殊無章至戌乃會食亥正祭詩酒甚不旨以余今年萬事不理耳寅初寢

湘綺樓日記

光緒六年庚辰

六年正月己巳朔陰辰初起禮
二祀
三廟畢待家人妝竟受賀諸女濟濟頗盛午始朝食飲三杯微醉少愒熱
思風涼昇出至陳妹家賀四毋我女隨往卽還妻女妾擲骰至子寢瘳
行平原得二石紫潤如桃其本末甚長醒猶歷歷旋皆忘之
二日陰有雨謝客閒居春甫二彭郎胡子威來黃氏壻從其兄來未之見
也往歲賀吉甫約曾劼剛至其家滌丈甚怒頻遣三騎追之且語余云
未昏壻過門天下有此事否余時年二十餘疏於禮未能答也但以世
交修見固不宜因結昏而避以新壻來見則似不可故辭以外出樾岑
來

三日陰竟日家人擲骰攤錢門牌時作時輟近歲煩宂於事雖戲劇不能
專精也孔子歎博弈用心觀此復有隆汙之感筠仙攜其少子英耶來
値文心來訪因共留談至暮去文心復留論武岡志書詞句悖謬事辛
眉不檢於文因招物議方今亂世此風不可長宜銷彌之觀香孫辛眉
倡狂恣肆恐復有文字之獄夜得錫九片論張沅生就館事復書詳言
數十年內書生不安分好擅錢之無禮以新立公社采訪淸議故新年
作此論也夜雪雹雷頗寒
四日雨將出復罷竟日與妻妾閒談鬭牌夜雪雷
五日雨有雪出詣笛仙春甫韓臣子壽樾岑皆久談樾岑處留麪已暮遂
不他往借鐙而還夜閱少作詩殊不成格曾滌生莫子偲不許余有以
也然兩君知余未成而不知有成之必由此此兩君之所以無成耶子
寢臥談幾至曉

六日晴寒瘳緹當往郭家留視懿兒力臣來談僕從俱出婢供茗果因悉
謝諸客不見登樓鈔詩葉半我紈女並疾就側室視之未施被枕拳跼
而眠
七日雨昇訪筠仙春陔子久出談稍久夏糧儲約游定王臺期以日昃因
往視客集否則主人及劉定甫道臺況頗山知府已在況則循吏況鍾
之後也陳又銘吳昀谷莊心安相繼來下磴登樓縱談時事見壁間題
刻多集北海書勝於賈祠俗書也芝岑任糧儲三年修復二處均數千
金之工城中遂有游賞宴集之地此人殊不可少因攷定王廟唐宋人
俱云在麓山水經注言長沙王城在湘東則今臺正王宮也述異記云
故宮蓼園眞定王園不知眞定何王余以爲趙佗祖父眞定人蓋趙氏
之園故得在定王宮前夜寒頗劇歸小坐卽眠
八日陰雨新年諸親友尙有未見者不可太遲勉出詣香孫余佐卿胡子

威張力臣俱入談佐卿處遇陸恆齋同佐卿往笠雲僧處尙有數處未
入子威有蓼園考證數語殊無把握取其能知眞定王爲王封耳力臣
報志臣之喪往唁意城已赴筠仙處矣遂還夜寒風急假寐至二更乃
起喫牢丸丑初寢
九日風寒莫總兵從子觀庭孝廉及袁守愚來登樓作定王臺記并和姜
白石一萼紅詞云 湞王宮正良辰勝賞荆楚歲華積草觀晴斷松留賸守誰道時序忽忽入春早商量梅柳看撚盡新絲引
東風花在詩的區路人後酒誦吟中懷古感時都話喜淸時政暇故國年豐一水四浮層陰北望遙見雲樹重重似令欲歸歸促得休偶儀
寒潤石林東笛語棠花明年更映人紅 莫觀亭來言莫氏須礮船護送當待二月半乃能
行余不能待之羅子沅來段懷堂來言衡州訟事由知府貪蓮稅陋規
縱恿劣生爲之 廷寄彭雪琴令速赴江防張皇武備夜鏡初道遇佐
卿與至其家小坐同去待至初更鏡初乃歸言校經堂事
十日陰寒竟日坐房中廖總兵陳從九之子左斗才來夜雪

十一日雪治具約樾岑文心鏡初佐卿齋會議校經堂事復要錫九議之
文心最先至坐四時許亥初乃散
十二日晴與妻子攤錢竟日未見客中唯笛仙來始一出談子壽繼至詩
張洋人之徼似小兒囈語不足一笑以新年姑唯唯聽之夜訓飭六雲
六雲摭拾閒言意怨女君法語巽語均不能入反復數千言僅而輸服
方知周公告殷頑未爲餘也樾岑書來言校經堂宜考試乃入館未詳
學使之意戌寢中夜聞功兒頻起疑其所產子不能成未便呼問之甚
旁皇不安待曉功兒來問安詢之果死矣此兒未全乎人又未名不爲
殤也
十三日晴登樓鈔詩二葉皞臣來不意其能出急出見之談話一時許春
甫來未遑接對也力臣來尤不宜接而陽春不解事徑爲通刺無惑乎
筠仙之捶擊閽人也姚力雲亦相繼來纏綿兩時之久始得少愒子久

復來長談殷殷問爲學方訥以當世要書云略披覽矣余云君此時當
務有用之學志在爲宰相莫若通經術也因先與論詩禮借所作詩牋
示之客去已碁羅媼來毛妹亦來均卽日去夜就側室眠
十四日晴以今年閏日少率家人博戲黃親家及女客僕婦紛然來又不
成局吾家恆苦悤忙由治事人太少又每事必躬親故鞅掌如此鈔詩
二葉夜攤錢雨子寢
十五日陰雨夕有朧月漁人送鐙來屋小無以待之夜祠
三祀
三廟家人皆免行禮喫湯丸攤錢至子寢
十六日陰晴晏起錫九來屬作西關祠戲臺聯演殷亦擊缶居然晉舞秦謳儺假鳴鼓增壯氣傳邑騎義烈遠顯荊城金灑往來風馬卷靈旗並言劉故撫招飲余當齋日未可赴宴集也欲
鈔書悤悤復輟出過皞臣莫孝廉出南門省

先墓過唐知府不遇入瀏陽門至子壽處少坐赴姚立雲招飲三知縣黃
子均同集戌散大雨舁人霑溼歸猶滴瀝半宵有春霖之意
十七日陰晴晨作片辭劉故撫袁守愚胡子威左生致和均來久談鈔書
二葉張東丈來謝未見瘳緹出答拜諸親友家晡後歸余過弔劉醫室
還飭祠事夜闔牌雞鳴乃寢
十八日陰雨齋居樾岑來談言今日司道公宴巡撫費二百金以爲李言
節儉不能躬行之明驗也丁公爲政異於此曾胡則不言節儉似又高
於丁余不喜言儉而必裁宂費尤不信有言弗信之事惜不得一試行
之朱英所謂無可柰何京師傳誦王先謙邪說一疏極爲丁公道地欲
以此邪說救前邪說也前有聯云體資盤心杜寶廷口出寶名紙可惜一寶押錯體嫌昌志違嫌慈專救蔣良命居然三書作罷鈔詩三葉周頌甫畢計一月得十五葉常課猶不及半夜
兩兒飭祭器筵几妻婦治饔過三更甚寒且風齋宿湘綺樓讀笛仙三

江考
十九日陰晴祠
三廟辰正行事午成餕未正出答訪二客便過樾岑飲晌谷子壽繼至戌
散紱子來
廿日陰欲雪朱宇恬送漆器肴餌湖北撫潘母憂夏芝岑奉滿引見謝小
莊當代印昨來訪辭未見便往一談多摭浮言論蜀事余隨事折之其
云鹽貴病民及民憂淡食皆公牘不通之論也言都比堰尤不知堰事
二余夜來
廿一日陰晡後雨鈔詩二葉獨居謝客令瑺畇檢禮記大夫特羊句未得
經記生疏可懼也與佐卿約過筠仙遇子壽久談冒雨還佐卿來夕食
廿二日晴得超羣族兄書爲其子代綱覓館令登樓見之言動似尚不鄙
謬姑令其從入蜀以族中子弟多不能皆從令還家自備資斧申過力

臣歆樾岑先在言奉檄督銷淮鹽余欲上條呈盡罷湘人之仰食諸局者以教本業警游惰念教養非己任姑倡其議而已自諸局薪水興風游惰子弟人人有謀食之路所損於鄉俗不少此當亟革者也昫谷子壽繼至戌散

廿三日晴戒裝往妻父家令早發而舁夫遲誤行時已辰正矣出草潮門從魚網市渡湘經龍回潭渡一水水從寧鄉湘潭七都曲屈東北流未知其名案水經注湘水左會瓦官水口疑此水也依地而言此水在右以湘北流故以右為左渡瓦官循水上十里余家灘十里九公廟取山徑從大石頭望仙女山而行可卅里皆不記其地名至桐坤已昏黑籠鐙行可八九里至蔡家已戌正矣外舅姑皆衰穨棣生云大病桐生夫婦出見與循妾子亦出至子初館我於客房初昏時所止也几榻蕭條無復當時之景

廿四日陰停蔡家移榻橫廳五間空無人至唯叢蘭數十盆臥犬當園門未涉園也午睡夕食後出視外王舅姑墓桐生父子同行夜與談親友寂寥今不如昔感慨久之獨宿園齋與一犬為鄰以外舅近起甚晏先告辭待明而發

廿五日陰晨待僕夫不至自出視之則門已關斷閉關呼之束裝余步出至徐八長門口待轎經稠泉耙子塘泥鰍塘賀家壩出梔子澗多山道空寒不及昨來平田坦步云較近十里也出梔澗即九公廟從昨道渡瓦官水渡湘至南湖潤登岸從市中過入小西門訪春甫不遇便還三日未飽食甚飢而飯不可湌僅食一盌耳揩子來三日矣彭郎夜來是日癸巳驚蟄

廿六日雨登樓鈔書要膺緹擶璫盼宴坐方欲閒論君豫來出談朶園繼至健郎亦闖入旋去朶園坐二時許將夕乃去君豫遂竟日同夕食揩子告歸束裝作劉馨室母朱挽聯（百年愛日正長春已看曾孫啟一廟 風俱開五世慶九月西風悲一瑟）（論憶版輿度嶺鎮魚梁感故民心 劉曾任吾縣母年近百歲見五世）

廿七日晴出弔馨室詣蠶麥朶翁皞臣子茂均長談赴二黃郎之請坐客有廠陽令呂愼伯陽湖人頗有常州之貌徐子雲李小園朱江西繼至二黃曾招余辭未往今再設故不可不去似為求作父傳尙未言其所為耳夜過陳總兵聞造船已成喜其敏速猶有湘軍舊法再三稱之謨子來見久留逆旅喜客而惡歸殊不可解知人情性好尙絕殊也

廿八日雨晨起飭豐兒率僕人往船步視辦否春甫羅生理安錫九來談至半日佐卿夜來二更與理安俱去

廿九日晴竹伍杏生黃郎來杏生坐最久言曾劼剛出使俄夷京師議論紛然可謂無事自擾樾岑來言辰衡守俱撤任粵豫二藩新除淮鹽使病故价藩開復又議開書局事夕食後訪瞿子久言召見孝達黃素蘭

寶竹坡為俄事也借子壽二百金辦行兼與其子師韓勉吾談夜還筠仙送大鳥卵及遠物三種鈔詩二葉

晦節雨為夏芝岑書定王臺記重閱笛仙北江考君豫漢書補表衡陽夏生段海侯殷默存來綱子與其父來其父旋去未見以子弟多牽率父兄為其營謀余所最不喜豐兒告之故去也將出怯泥待過申乃出過筠仙遇樾岑論俄事余意欲作奏疏通事理戒中外之鬨議往晉筠仙以其最悉夷事也値朱達客不得久談往則錫九文心力臣先在香孫使其子為主人己後出然談話甚久未覺其倦竟不知其何病也羅嬰來送行夜與妻女鬬牌

二月己亥朔晴菑煊將登舟竹伍莫覲庭羅郎伯存來縉子來從往蜀與紱綬二子俱先入船余過午乃往舟新修殊未油飾然可開六高鋪並有婢嫗宿處但不知堅緻否峽舟價昂宜於自製船水手尙未集復入

城至春甫處辭行將過皞臣以日夕當赴劉前撫招疾馳而往坐客畢集矣劉恃老免高自矜置前後撫湘者皆其門生後輩唯而不諾此外更莫不降意唯於余加禮敬三辭其招而約益堅可謂禮賢好士者也世人動謂俗人不可與游此殊不然因己俗乃覺人俗耳君子上說下教以友輔仁故無冰炭之傷坐客陳玉三張元達唐次雲皆俗人余與錫九勉吾在雅俗間飲亦甚歡亥散復過鏡初與勉吾同往二更後還僧嬾雲贈詩

二日晴煊鏡初約來談留家中待之發行李留卅金與芳畹以彼囮索恐謗家人恨之久不與通有無也今之不講友誼者多芳畹所逢皆良友所聞皆古道故以爲忘死友卽天下所不容而以此挾持此正吾輩追遠之效瞻緹乃以其無賴而責之未免視人太高姑以卅金修好耳午後鏡佐來更約子久來談夕散與佐卿過筠仙盛談夷務筠仙言政事

好立法度望人遵守以夷國能行其法爲不可及且以爲英吉利有程朱之意能追三代之治鋪陳久之余以爲法可行於物而不可行於人人者萬物之靈其巧敝百出中國以之一治一亂彼夷狄人皆物也通人氣則詐僞興矣使臣以目見而面諛之殊非事實（又程朱何與三代此則老生俗談）未敢多辨聊曰唯唯否否不然滋女病疥瞻緹極憂之使人不安

三日雨煊可一緜晨檢未完筆札並補了之午出詣笛仙香孫東墅佐卿春陔力臣芝岑皞臣子威仲茗仲雲樾岑告別二張李瞿裴五家未入佐卿處遇二劉（伯固 康侯）言往俄往蜀執利余云蜀亦外國也然二劉年少當往俄以練習人事大劉仍留鄉居打佃夫槌木匠可也此所謂思不出位夕過子壽飲入與西老久談一年未見龍黃母俱衰老似閱十年者可懼哉設二席上學陪勉吾及諸附學生余及佐卿力臣子久主人在左席右席八人未遑通語入坐言校經堂事以余欲招老輩學成者爲可駭云李生元度楊生彝珍必不肯來余言此傳者之陋也見一書院則以爲入院者必學生吾何取乎李楊而生之李楊自可直呼名又何畏乎李楊而生之世俗之見不化學問之事不成因並及思賢講舍之不可無月費余舉四人曰余世松王啟原蔣南枝瞿鴻禨皆他日可大成者諸君試舉一人坐中皆無以應余又再舉彭嘉玉曹耀湘郭嵩燾及余皆方有事於撰述者以此爲思賢講舍之式而不可有學長之目又再舉徐樹銘鄧輔綸楊彝珍黃傳曦皆不居城中者又再舉李文田張之洞黃文琛吳嘉善皆可至講舍游憩者如此方有揶立之益然非財不能聚人經費必歲二萬金乃可今姑小試可耳今日詢勉吾乃知張元達卽繩生之子張廣博之兄也戌大雨舁人踏水還夜鬭牌余甚倦而愒遂寐無覺瞻緹頻呼不能起似中毒者頃之乃解

四日雨午出詣程初錫九筠仙徐年伯熊世兄文心竹伍陳妹卜經歷辭別便過昀谷飯姚立雲先在香孫來不肯入張蔭橋之子夷伯黃張金剛黃春伯知縣同坐夜雨早寢瞻緹似不歡竟無一言余未測其意不敢問也

五日晴登舟欲行樾岑春甫竹伍來送昨在筠仙處佐卿子久約相送至靖港陳總兵遣長龍爲余客船船制甚大非長龍舊制也兩君强拉力臣力臣甚不喜事非復舊興今日亦强來久坐瞻緹攜輿兒來送坐半日爲客所絆竟未語而去意似惜別也子久亦不果來佐卿來以無伴不欲獨送二劉彭郎來送伯固贈行幡康侯登舟陳總兵送酒肴與佐卿對酌申正船目吳祥發言日忌不宜開行復與佐卿同入城至筠仙宅力臣設酒邀二郭瞿學士中飲聞雨舁還家妻女婦孫均喜侍談至子寢得二鄧非女書

六日晴順風辰正登舟率豐兒縉紱壽三從子帉滋莪紈四女及六雲熊三陽春同行佐康約來送竟未至蜀船欲送亦辭之卜經歷來送恖恖一語促之去巳初發長沙未正入喬口昏泊西林圩對岸沙口益陽地
帉女始理書多不能成誦矣夜月春煊滋女呻吟至曉
七日晴晨覺風寒起乃甚煊連日疲倦晝眠及兩時許帆行百卅里至沅江紱豐登岸買米久之乃行八里泊石洲萮頻雨不成夜聞蛙聲
八日晴逆風纜行五十里風愈大檥羊角腦遇劉辰州還船過談辰州復過余舟久談鈔詩二葉夜北風𩙪船幸載重不甚搖晄然甚可慮也舟重畏灘舟輕畏風有所宜者有所忌遂移泊港中羊角腦新陽地有楊嗣昌家墳疑其父鶴墓也土人云其下有狀元妻郭氏墳是大墳子婦楊氏故無狀元嗣昌亦不宜仍得美葬當尋圖志考之
九日晴北風稍息纜行入沅水可七八里風大檥鰕公港遂盡一日考閟宮詩籩豆貝胄之典無甚依據大要魯之盛禮故特言之瞿春陔妾求蜀白桃粉黃毋熊敬生求厚朴外舅求附子鏡初求道藏劉詠如求子咨非女求品藍大綢朶園求彭信棣生求劉札記於此鈔詩二葉
十日戊申春分晴纜行七十里過西港泊張灣在梁鷰下安鄉地也澧水流絕江水倒灌與沅通而俱出羊角故自羊角上皆溯流而行與舊圖並不合鈔詩二葉夜月霜寒五更微雨
十一日晨雨辰發稍霽乍陰乍晴午後始煊鈔詩二葉纜行六十里泊玄口安鄉地
十二日陰晏起已行卅里至安鄉矣滋女配藥船人俱登岸久之不至嗚鉦促之乃發體中殊不適鈔詩二葉如尋常五六千字之功朧月微明楊林淺碧便令檥舟與諸子女登岸散步詢土人地名重陽樹以社樹得名去安鄉四十里

十三日晴北風甚寒纜行四十餘里過蕉溪去年宿此正六十日矣往來迅速亦自可喜辛眉擬余如劍客一躍過三峽頗云善狀因感其有材而無所用類莊子所云瓠落者正不知當以何官待之論辨官材不易也鈔詩三葉重寫定本成此去年當畢功者荏苒遂至此猶幸有去冬一月閒耳午過一卡曰松渚分局似是湖北局紱子云上題澧安未暇詳也暮行十餘里泊王三堡北風息東風作月明復陰殊有離思獨眠養疾
十四日晴逆風纜殊不進强行至午乃得東風泊港關云九十里不足也一日無事
十五日晴子夜見月明誤以爲曉呼船人起久之乃曙東南風甚利直循澧水故道入江百里過彌陀寺岸上民居失火頃間燔三家云燒死一病人垂死而焚豈火化耶暮出虎渡口風息乃泊與子女登江隄望平沙遠水別是一境界余居山谷間入鼠穴中覽此復有鵾鵬之志覽二文鄧擬陶詩試效作一首朝市多親舊田園但妻孥自非沈冥子石隱安足娛窮年損烈心獨往遂良圖三徑五芊綠竭來薙樣鵝春風激溜發長鮮踐荒逸攜賢由上車獨與黨禪俱生女勝多男遂不肝賢遇趣督一家內耕織煦所需雖閒田舍氣致食賦有餘儻過知音者綠能訪都鄰
帉女捷步如飛健兒不能及
十六日晴帆行百餘里船人欲收口水急杝遲撞董市泊舟尾艙兩版幾碎余甚怒命停舟遂止不進後詢其故以楊春煙飲發故也
十七日晴帆行四十里過枝江前舟畏轉風盡停余船亦停謹畏太過未便促之遂泊縣城對岸三過枝江皆守風亦可異也與兒女登沙洲行三四里乃還船爲豐兒說陸陶詩二首並及二鄧擬作之似否看禮記𥶡三篇滋創痛眠不安
十八日晴纜行十餘里帆行五十餘里中間防風小泊二刻許登沙洲尋江石教帉女作家書夜泊古樓東湖地豐兒云古猇亭欲覓地志竟無

在行篋者
十九日晴帆行六十里至宜昌府城下泊江中遣人顧水手辦纜索作書
復二鄧辛眉九兄先生祝家道席二月初得手書歆若對面見示新詩高寧猶昔而風格彌遒復似壬乙間刻燭分題時尤有幽窗意新之歎耳舟中課讀之暇先和兩篇文意爲疏恐不足奭褐清唱計此時獨兄又已至書家閬春與猶讀阿龍宋審復有娛閬閱句否三峽羅過正兄少年木色閼逐垂垂五十壯心自喜得君言差爲神旺此來一過墓山之中歲猜九職之十翼乃如遺士陶靈思借大鵬又不堪飛仙一英也時局日變肅然迹帥兩湖左伯鄰肥擊一晉出塞曾侯執袴遣昇全幟南人爲相賊非矣事幸在閬冷坐說舉供一二年間卽運耕讀再爲卜鄰借隱之計蜀中民暱不可振興三數文人或當成業爲此直往科理弃有所樂也汛舟始至爽蹊明當入峽江清月缺夜起作者敢須全福鎮彌兄先生親家道席得書知復當上書遠已具舟又念來口悠悠宜以靜不欲老兄輒出且志事已成嘏改謫之軍臨君家正以衆版爲廷致啓攻嬙念鄙人奇計未必依行故不復待別承示新詩十餘首則雍容靜蕭無婢可乘老夫一聊尤爲回春饒筆道於道矣由杜而陶所謂漸近自然閱逐至謝阮便嗚才盡氣無級可登乘何奈何去冬有詩五六篇今行勉和二作聊寫呈鑒儻能彷所不逮否游衡詩乃不愜爲鄴紀之謙聞運所願學未能者今碉命豐兒裝和兩篇不遑欲興中書比勝老兄頗長後生宋子猶所謂啓寵納侮者阿盆掉頭不肯顧卽此得無跨躡耶舟中夜聞輒當面談明日入峽至蜀都再陳所聞伏惟珍衛
和擬招隱詩一首物外覓有人寫書訪塞闕塞闕
非空冥川嵐秀幽拔東徑延游嵐四壓翠松掃霞采槿金光絡琴笄情越月蠲思褰回迴叡迨天來靈期翻神理損會委真兩邈豈伊稽埒琨因是回天幹悠悠慮戶閒攬秀庶可攄

廿日晴熱可單衣停宜昌發家書置竹纜七盤每盤大者百廿丈小者猶四十丈錢三千餘知唐時百丈之名不虛陸游云如巨兒臂則貨船所用余船大纜如小兒臂耳
廿一日晴稍涼猶不能繇覓柁工纜夫共增六人去冬送歸戴姓勇丁欲專其事而遲滯無行意更派人訪顧得之木匠改安柁欄䌛架將晚始畢已不能遠行仍停宜昌無事閒坐欲著小書亦無可起手者
廿二日陰涼可二繇舟工畢集辰初行帆風百里泊木瓜渡有一山三峰秀峭在江南岸舵工云二日行猶見之蓋黃牛峽也水經注曰三朝三暮黃牛如故又引宜都記曰渡流頭灘十里便得宜昌縣又云水峻暴魚鼈所不能游今東湖上下近五六十里無灘唯獺洞灘可擬流渡行者歌曰灘頭白勃堅相持自勃壟自泡也今讀泡如抱宜都記言自黃牛東入西陵峽口百許里地望相附今有黃陵廟疑並黃牛西陵二峽而名矣宜昌在東陵之上游西陵有荊門亦當在今東湖之上今宜昌治非昔址也檢說文分六書部類凡會意復形聲者疑皆俗字夜少睡子初起坐一時許江聲夜鳴月窗惺寐
廿三日晴晨露濡寒午日方烈峽中與江中迥殊也巳正渡獺洞灘蓄流頭灘也帆風行甚速未初至新崆灘六雲擔滋芃紈女舁行避險余與豐紛在船纜上三灘甚穩浪未入艙既過灘復帆行十里泊香溪舟人云米湯灌風急江駛命就沙岸纜船而宿焉卽去年回舟旋流之地峽中最險處也
廿四日晴晨過歸州上洩灘灘與新灘齊名而湍險不及其十一疑今昔水道遷改石轉灘平故酈注所稱灘險今悉無聞非盡傳聞圖攷之謬

也峽下自此無險夜泊巴東
廿五日陰癸亥清明入巫峽所謂百六十大峽者亦隨處可泊水深流疾而不波上水帆風最利暮泊裴石此行船輕便利無復上峽之難
廿六日雨峽石秀潤頗勝晴色欲訪青石諸山道泥不得上申初至巫山縣命泊舟訪神女祠見王阮亭記云在箜篌山今箜篌山在縣城外土人呼之迎風觀石磴千級螺旋而上以爲必有古迹竭力攀躋僅而得至見門對云伏魔武當遺視所祠神果真武文昌無神女也俗人蘩心科第乃以此山爲文峰令人廢然而返取山左道兩人扶掖直下足盡汗出歸舟昏黑矣檢水經注尋巫縣故治據鹽水以定巫城據巫城以定巫山則今書石洞正巫山也洩灘則新崆清灘則石門歸州城又在清灘下荊門虎牙又在其下皆可以意定之余登岸後紛女兒二女采薇翮之云汝父頃登山矣服容雅秀不似土人疑其仙也

廿七日陰晴昨夜似病竟日未事出巫峽入夔峽去年似較秀峻今則不如也山水亦隨時美惡如詩文顏色適興爲佳耳夜泊夔州行七十里

廿八日陰晨興將入城待飯久之乃行昇訪營同朱次民黃夔州耿奉節次民處入談借銀聞督府將往永寧會貴州撫議鹽事或云俄事殆非也還船耿鶴峰士偉來久談言及鮑超奉　召入見拜表請調兵余云當勸止之潘生來見館耿處不入院矣次民來云鮑疏彼與聞不能止之頃之黃澤臣來閒展有標致云巫山許令最佳前開縣令亦好又詢巫山得雨否雖未知實政何如要爲四川罕聞之語王生來見黃癡來見云翰仙營私撞騙頗多洛遂至夕不得休耿明府又送五擡盤廿名牽夫四差一更夫皆謝不敢當實則省犒賞費耳假次民百金以行換錢百十千發賞買肉夜雷

廿九日晨雨昨聞府縣官望雨猶切遂悅雨聲可樂忘客行之淹滯也泊

半日始行過一山見殘桃滿枝遠望以爲異種梨花登山探之乃知之滋莪遂折躑躅數叢而歸六十里過安平灘蜀人所云啞灘也十五里泊黃石背奉節地見星

三月戊辰朔陰晨過落牛灘有敝舟纜斷而下遂敗漏阻我舟行後有薄版船來止令稍待不可亦觸石而破船人皆有戒心令待飯後始發俄頃遂上帆風甚利午過雲陽盼女欲游覽率滋莪豐兒同至城門無可觀者下船檥對岸兒女游桓侯祠余從下望祠內有敞萬樓滄浪亭了然可見故未登眺亦以此處山川頹隘不若樓觀之美不如從下仰望爲佳也復行卅里泊小林雲陽地春秋書日見夜中未知何例

二日陰晴逆風纔行計不能至萬縣遂早泊巴陽峽上云八十里可五十里耳巴陽江水至深處或刻其峽石曰巴陽水府竟日無事

三日雨晨色冥濛春雲如霧行六十里望萬縣雨中碧樹山郭鮮新致爲佳賞命顧夫由陸道趣成都留豐兒陽春熊三送護船行

四日陰雨晨發萬縣唯一兜子襆被以行莫營勇丁朱悅來從行李之簡便未有若此者行九十里當宿分水破站更前登險八里宿樊店萬縣地昇人甚頑梁山熊令之治而言糜令之短云程藩使同年故得此優缺唯以縱盜爲民怨今日食二鷄卵一鍋塊盌半飯尺餘甘蔗

五日晴昨夜甚寒晨反較煊然猶三縣也飯於孫槽從此至梁山皆緣谷直下余前行殊未審山景甚奇作詩賞之登陟未覺高睹行盡回緣七盤下松底反出羣峯顧高原積深谷田水如清川幽礙迸二奇超歡飛九迴鷲光散春飄疊嶂聚寒煙夜花騷紬桐長響切啼膩既驚節候移檜覷瀑喧奇境親久居空合世外傳又見民居廚下泉流出爲瀑布感新　召鮑超事戲題一絕茅屋春盡鬪懸瀑更懸人間古松年體知龍下殘餘水流作山頭百丈泉行八十二里過梁山未飯復行卅里至三合場梁山縣丞駐地隘不可停因前行誤循至重慶大路疑返求昇夫則已行矣幸迷途之未遠昇夫不肯還宿復行十五里宿老營場凡

行百廿七里猶未昏黑

六日丑正後聞雨至辰初乃小止卯初起待雨止而行龍䍥至日午雲氣愈盛飯於拂耳崖下道上短夫最多唯今日路險須人乃絕不可得昇夫上山頗困賴遇一熟夫令昇上賽白兔至稍溝凡再上再下徒勞而不險更不奇也過元壩驛及石橋鋪皆大市石橋爲梁山大竹分界地自瑱匙橋至黃泥碥十五里山谷阻隘溪瀑喧豗怪石怖人暗竹欺天殊非善地昇人頗躓欲止宿一山店店婦詭詞婉拒之若有不可言之隱非貞專自守則謀孤客者也視其狀在善惡之間懼不敢留暗行五里至碥市已昏黑不辨路矣僅行九十五里耳前年來時行半站故不覺遠隴纍粟田玉白跳紅一望新壺風黃犢鳥耕煙春風莫羨桑麻鳥更有揚州朽纍田路茅穿石鑑盔猶香賭流踏暗愁山鬼匪斑蹊虎頭黃泥碥竟無寸土幸今日入大竹界卽晴亦出意外若雨尚不能進也

七日晴行十五里飯於淸谿鋪又卅里至大竹城皆下坂平路自大竹卅
里至九盤寺或上或下山嶺平平無可愛憎又廿里至卷洞門多下少
上然望中頗朗曠自此無登攀之勞矣中山最愛之取其出險也望見李渡而不能
至行廿五里宿雙土地渠縣地也竹渠於卷洞分界比日杜鵑聲相喚
春寒猶重巫山神女祠碑隱記典祠出靈閣之山天子秩之諸侯置巫山自夏世孟涂以來傳祀帝女瑤姬帝不知當何代
也有楚眞巫巫平姑巫靑巫成其勞子宋玉乃言巫山巫山之名巫蓋成所典祀殷人置巫周人貴易祀曰示不敢專以寐天也巫易於後世猶
陳宮採縣之爲天子有事必進斷焉非夫之顧祝事嗣之流楚之先爲文王師與隗閭祖隗即使也孝熊蓋傳巫咸之德胥故文王奉以爲師三
代之道於是乎在帝女主山又在其角積古之神仕往女曰巫周禮始有男巫然則帝女乃巫神巫巫升仙人羽化者已巫之所以必取女者
豈不以妃居深居光好綺殿官事典然後巫鑄之縣無由而作古聖歆徹防嫌嚏其遺與左氏莊生書籍人主山川者且有典祀自秦以來
乃不復傳而宋玉之賦巫山有高唐朝雲之事其曰先王幸之都故爲立廟託神女以況先君也襟楚後王襄先君之宗廟其他巫云巫故都而樂郢
陳將不保其妻子故曰巫山之女爲高唐之客寄所遊詩所稱有女如雲者也高唐齊地寄其於東而失之於西得於齊而失之於秦其
後神女賦則又以女喩賢人如子之徒故其不及山川比與題各有實指而後之小儒不察天人風刺之神女主山之由其辭詩人託驗

之心有見者可以肆北訴嚄山數請殿閨不降鬼然不正其義而欲守土者之度祀祭可得已巫山顏東神女祠舊在空侯山下廣縣中故尙存
王公士績奉使皆江峒鐲嗣下徇欲其率英土垣而已顯其能盤俗習唐尙書白居易劉忠州過祠謠除銘詩牌若有所嬉而未聞所以正之
之旣今年春圖湖小翰令汴君將於名山廳時甘樹賦具以用將新神祠適閣巡遷舟拆峽過禍太守黃君言高唐神女二賦之意貲君監
爲且曰此牧令所以蠶祀典定民志以昭羅辟之大者也因備釋宋玉二賦以諗學者而述其義序之祠碑係以銘焉 今城即漢巫故治水經
注言巫水出縣東而叙巫山又在其東今首石洞將舉奇秀獨異所謂十二峯者也古之山川祠皆在近民附郭之地則祠神女於空侯也宜
八日晴煊晨行十里附舟汎渠水十里舟人方炊豆雜稻爲飯飲其熟潘
一盂遂忘飢渴其風味殊不惡因感漢世祀掬水澡面之事念其後滹
沱蕪蔞稍狼狽矣戲占一絕云米汁香同卯飲春不如嫩口過淸晨鄉僧文叔非名士豆粥蕪事敍苦辛又
十里飯於觀音橋見隔水有寺樹林茂密店主導往知客僧出迎貌似
朱香孫小坐還店朝食廿五里小惕吳家場四十五里宿新市鎭皆渠
縣地土人呼新如親初以爲靑石鎭也計五日得六日程時未過申以
連日行勞少息人力故早投店卽前年宿榻也昇中思令翰林員多宜

開四庫館收采乾隆以後諸書必勝前集又四閣三災亦其時也多事
之際爲此閒想亦又自啞然換銀以價刖
九日晴晨登杜巖一日未見高山已覺平平無趣見山心喜乃知習之易
移也遠望石崖蒼秀上則頑土平岡殊失所望作一詩乘車入風火換攝喇㘭樓眠眼
平路平喜巫柿雲竹梯三陟蹊杜巖曠望得高唯驟峯數超墮輕樹厭幽賭疏橋性出直岑竹意低迷壁應春禽出谷引與凝時爐物欣欣止
磴登不齊隱有山居興知余好攀躋早飯賴圴過興隆場當宿跳動壩破跕更進宿東觀
場南充地行百卅五里跳動壩乃鐵洞聲轉蓬州地也
十日大晴遂熱如五月末行十五里昇夫早飯罽𥢊不可停前步四五里
坐長生橋上待舁至復行四十五里渡潛水繞順慶城至西橋𩟄髮食
索麪未飽又行五十里宿五龍場店閣明淨爲棧房四阿重屋僭宮室
之制解裝甚早聊息勞頓耳今日所行皆坡陀逶迤但歎路漫計船行
可至涪矣獨坐無事補作重修定王臺詩應夏糧儲之請步勢東城超嵯峨漢土存

升平宜復古風雅復開驛白水餘淸廟背槐守故園華盜驢馬使叢紹舊龍孫開國宗藩始山川舞袖收至今遺四郡長得長詩侯數學民
風古優賢障宅留未廳愁日遊獨勝冠園秋
十一日晴行十五里飯於甘草除五十五里過蓬溪多下坂過隴路舁人
云下不盡李馬鋪李馬至縣城廿里停一時許換銀以價昆欲過羅惺
士恐羈留不果往舁夫告勞卅里宿槐花市店殊不靜潔以大風難行
故止道傍見瘦柳有感口占復盛柳腰無一把不勝春寒最歸春風流自是天生與莫怨當年苦折人
十二日己卯穀雨子正大風凍雨頃之止復作晨起土石未溼寒可三緜
廿里飯於官升店本關聖殿公牘改之耳午晴日烈而氣涼在日中如
伏日居陰處可二緜五十里渡涪水至太和鎭涪水卽嘉陵江水色最
秀亦卽潛水也賦一詩活似鴛鴦似執婦瀰滿人不知嬭世間水色無比娛取矣生獨手看道中偶憶
京師舊事感試禮部時 朝儀猶備未一年而殘闕矣因作一詩寄劉
韞翁又幷謝其餞席牽連作三首一月湘城雨餘中酒不空天多興閒日人喜坐春風慶尾聊探倦航鬱俱

論功寄深與不淺門館其息恩甑緣獅遍樂明典有寓廬傳逸非爲國身退且安居獨酬知春久闊門興世跡孝求休著仲宣校石渠書詩昔賦臨風錦貫切第五名未脫鑑鳥路已見擲欄出相看新賞盆歌夢審京其對視顏曲相貼大平翠余覆試韞翁置第一依班階在第五自此典試者並韞翁之不如試者亦並余之不如矣日方午復行六十里宿景福院街店整麗且有武昌館蓋繇花馬頭也市上方演戲往觀已散月出矣余前與曾滌公言李筱泉陞見時余行其後聞思李在車中不知思何事曾爲大芙明日語余曰余今日在車中思君昨言亦復思君在車中不知思何事相與拊掌今觀比日日記信多思耶宜省之今日行百卌里平途漫路僅乃得至

十三日卯初起行卌三里過觀音橋未飯食薯粥甘蔗又行六十里飯於柏樹坳題壁者書作白路坳此又一處有武舉喬愼庭到處題詩又有孝廉吳仲廉詩尚不如喬有楚南養廬子則不知何人也時始過未又行四十里宿大桑墩計五日復得六站店小二處我以側室猶以爲不配黃

翰仙來必不至此道中屢改寄劉第二詩終不跳脫姑從其最後者十毂振鼙鼓安然出寓廬鄉邊繼自書作計未全虛夜月

十四日晴行廿里飯於淸水河卌里興隆場十里至又一觀音橋中江有劫賊昨夜燒太平場殺數人云未劫財物又云已獲得二人各處鳴金齊團人心甚擾自觀音橋渡大岡上下連廿里余前所咏金堂山者也山未必在此舁人不知此岡名又一十三里宿趙渡前宿店也改昨詩云十載民安樂倘然有寓廬鄉邊歸自書作計未全虛湖時知春久新茶品買餘老米歸著作置校石渠書今日已食櫻桃穀雨日始聞布穀初五日聞子規草木之知時不如禽鳥也夜作寄劉詩序起索燭書之劉編審侍郎自湘撫內召引疾乞休歸居書城文酒談燕但招客不館人也庚辰春余復有蜀行承設餞席談次因及京師宴集之樂優人演劇者蓋始於伊耆氏羅氏鹿女共後尤盛於東周至漢代元會爲百戲之一明人因遂直謂爲戲內廷有供奉班國朝因之王公入坐罷設者爲典禮故京師公私會集恆有戲云其優人名者士大夫歸見不見輒能舉其名傳耶習湘中歡者有京師之擎以余不及待其還戲再集爲德往昔已未識覆試直省舉人文宗命試臨風舒錦詩侍耶分卷取余第一以班階次置第五明年

十五日晴煊晨行廿里飯於姚渡自此遠山稍平又過一長岡亦將十里廿里至新店新都地也舁夫已疲强行廿里呼兩乞兒舁入城直從北門至院誤繞西城根從菜園後至大門崔孫兩生適出游遇焉下舁步入後院張桂已去唯文八在院中上下人等俄頃皆集紛紜兩時許猶不得食將夕飯罷黃佛生陳魯詹來曾元卿繼至云彼先到十日途遇苗亂幾不得免松翁來二更客去夜月微明寂然獨寐十七站行十二日而至總數之役也後十日而妾女亦至詠蘇館詩前程疑僅知何益又爽然自失矣恕有所憶因成三詩寄謝遣不喩歸友遙離之感觸頻謝傳所謂中年哀樂者爾觀舊桑技藝歌因其宜也別其年過七十勞無姻侍盤興託意又非執樂余非知音者而恆慕承平文物既昔別臨月行金堂山中春風吹衣重京朝堂司官并心爽寄亦不宜百升平歌舞之事與侍郎處湘時大議征苗犯疑訪而竟定之湘阮近十年無烽燧之驚道老閒居與二三而大駕東狩天下多故余從鄂門軍中遂還山居侍郎一出試江南亦途外任迄無康主門生之緣遇商換理以向侍大臣奉領與軍擬闈

十六日晨雨旋晴兩監院冉范兩教官王進士文員楊翬少曾翰仙簡堂崇扶三程立翁唐澤坡諸生皆來見談魯詹又來王進士之懿似不可爲知縣者季懷來談半日未盡其詞客擾而去閱邸鈔王定安得冀寧與易笏山得貴東相類夜作家書

十七日晴李縣丞來同鄉來者相繼皆謝不見唯見鷟卿魯詹佛生及諸生十餘人陳深之上書語多恍惚華陽馮生廉因張盟蓀來見寧吳兩生借去公羊二本張桂辭行云發家書及禰公書羅惺士夜來縱談古今將三更乃去有雨兩監院送蒸盆蜀人謂之鼓子

十八日陰有雨晨起未盥面客已至連十餘班至晡時始少閒方小食院生又連來宋鉞卿最後來與楊麂江顧象三皆欲招飲辭令俟四月夜作朱次民黃夔州書又作耿秦節書

十九日陰晴王蓮翁來久談云孝達議防後路並舉諸將又言曾劼剛不可輙往大有孩子氣未爲達也(孝達吾黨也其議論如此殊爲可惜)

朝議甚許之令時往通商牙門與爔金鶴翀知府來名椿朱香孫之表弟劉蠡臣幕友貴州人以朱故來訪成都令王喆字芷香來城固人謬爲恭敬未知於王吉如何李康輔送禮依王熙鳳法受之劉瑤齋子肇烈來錦芝生來言傅喆生以溺職免

廿日晴今日以更戴始具冠服補開堂課晨出點名諸生皆設拜衣冠濟濟甚整肅也(書院有相敬愛之風然後知王道之易)巳正出答訪伍李唐勞黃脅黎程金崇兼訪松鹽道番齋子厚黃龐生俱入談甚久困不可支勉過成都府縣幸俱不遇始由萇營徑歸得劉蔭公王綬原書福生晚來院外生來見者五班夜早寢亦早醒

廿一日晴早起甚寒仍著小毛待飯未來朝飢正甚張怡山李和合王獨眼相繼來遂至午正憊矣龐生錫侯來劉伯卿來終日僅對數客何人之暇而我之忙也晡後小楬帽頂送文無芍藥來晚間來談金知府送酒幣卻幣受酒

廿二日晴朝食後出謁將軍副統吳春海楊見江張子靜駱縣丞劉伯卿王天舫劉玉田惟副統維侯未見行半城中尚未及午憶王成都借書未送馳還料理陳仲宣坐待已久未及多語維侯來久談李從九慶霖來湘潭人說川語甚爲可厭妻家舅氏族子也又見院生趙一琴已革新取附學便送書院亦太驟進耳與仲宣由新開門出步至唐宅夕飲季懷保卿先在暢談肅黨本末多世人所未聞還始初更與院生少語卽寢四更見窗月如曙光陰徘徊景色幽靜睡意方濃未暇賞也

廿三日晴同鄉官蕭傳楚周葉羅伍松翁恆將軍李從九吳春海來吳來時正困臥殊不能起强出見之帽頂來言將軍擬薦用之欲辭不得以提鎮交督撫差委將帥不相習全無所益近日以曹克忠交李鴻章不知曹爲李前輩也求官歷於藩使得四本

廿四日晴同鄉官劉李莫姚劉王來田秀栗來字子實知瀘州所云送李鴻章妾遣僕婦入督署鈔文書探消息及花盆埋金者也聲名達九重以爲必有異人及見乃庸庸無奇又在唐丁勞之下其來也因龔生徐生蕭劉唐錦諸人亦似用全力者而又不能達其意或云其能捕盜結案熟視之不似能健吏也福生仲宣來曾昭吉夜來

廿五日晴熱將出怯而止見二客忘其姓名傍晚劉郎心民來談未數語聞外有長沙人聲則陽春至云六雲率諸女皆來矣比日正苦岑寂知其至甚喜出迎則已入院矣新開門而竟不及游幸牀櫥已辦耳二更乃部署訖紱子亦步至居於東廂

廿六日晴晨興最早久乃朝食恆鎮如來久談蕭都司持江生少滄函求見秦通判雲龍字陶菴來言陳總兵濟清之短毅書以明之及去升轎舁夫四人無故均仆於堂下輿傾人倒余以爲非佳兆急趨而入毛監院促發課卷尚未閱也元卿來閱課卷廿餘本乃寢夜涼雨

廿七日甲午立夏雨竟日閱課卷韓紫汀唐帽頂黃福生來韓有女適人而寡不肯從其公姑乃以其姑曾爲倡而去之又恐後患披剃爲尼葉主事爲題化石菴額余甚言其非禮夜定等第發課案取張可均爲首

廿八日晴鄉晚周同知來李縣丞來辭未見爲維副統書扇對並題其攝山圖卷尹繼善袁枚和韻七律四首嘉道初達官多在然無甚知名者詩亦絕不能工又觀其所藏法氏摹諸葛像肥癡不似偉人齋長鄧伯山帖禁約頗有非譏而業已上壁恐人不服求余解之爲調和諭曉之彼欲以條敎號令治人真書生之見也夜發家書檢周官鄭注言字形聲者

廿九日晴晨起辦出謝客至午乃得行至督署馬季懷久談思天下人士堪封疆者竟不能得一人宜有暮氣之歎也過方保卿略談至機器局

翰仙已出與福生少坐程藩使來徑入相遇支吾談頃之復詣謝三四家號房欲徑詣成都府余以時過午復還院喫牟丸三枚仍詣蓮丈處會飲坐客有二吳及三不知姓人亥散

卅日晴蕭子厚來以其無轎錢出見之久談不休送之去遂巡四齋學者多出游矣方保卿程藩使來見院外生來者四人

四月戊戌朔晴熱寅興卯盥辰出點名堂課攷功發題出堂會食楊叔嶠周潤民兩生均起假到院楊生借去續苑帉女上學曾昭吉陳仲仙來黃鎬心求薦崇館

二日晴熱始絺爲維侯題諸葛畫像翰仙來祝典史執贄請學詩文嚴生鴈峯友也看梁文二本仲仙請寫綠州牧扇一柄

三日陰稍涼竟日無事見院外生一班劉庸夫易簡軒來得彌之書有規愛之語而又以易爲託可爲矛盾也晡後步出攜我女至錦江院獨入

訪松翁復過春海澤城小坐還已向夜爲吳生評古詩因定月講期

四日陰涼評漢魏五言詩十餘首始教帉女篆書詩經其部首荒疏比非女不及十之二字體尙可在伯仲間傳總兵定升來求往李培榮處差委余言湘將無事可歸農何爲向他省人求生活湘軍之可貴者各有宗派故上下相親傳乃蕭濬川舊軍人言蕭入成都而死令蔣徵陶統之軍士不附因分爲三以參將以下領之所至有功而寇益日起駱軍至一戰而敗乃悉徵蕭部遂能戡定外人不知也周達武從劉嶽昭來李有恆故田興恕將最爲下品鷟卿季懷來略言蜀武備之不講宜整飭之

五日陰帽頂來諸生入談蓺者十餘人楊生永清來言其弟新入學在市中逢祈雨闖水灑街成都令撻之於市余令愬教官聽其發落又告監院二君風令王大令到門一謝未知其能從否也王喆信不及王吉幸潑水後令日卽得雨耳晚得稺翁書言功兒已過巴縣蓋在十八九日計程今日可至嘉定

六日陰翰仙來改定院生春秋例表國君書卒不書葬者三十四條兼點閱課卷十餘本攷大傳記舜立禹年祀以合薦禹十七年之說林生來子靜之從子

七日晴爲紱子改論語文及試律詩各一首松翁帽頂來得功兒三月初書閱課卷卅餘本閱京報俊臣得閩藩

八日晴新作小轎成出試之遂至督府鷟卿劉琯臣庸夫翰仙芝生唐子邁麓生便謝雜客十餘家還已暮矣與稺公談時事言宜以鎬仙當國稺公言昔妖言鎬仙作相則天下亂豈可試耶因歎凡事自有氣數流轉使人豪情頓減又以爲劼剛至俄必不得約余以爲必得約又言階州疑有回部余以爲必無可慮未知誰是也此間提督宜以簡堂暫攝

清理積弊亦未敢公言之夜作第三號家書發課案

九日晴簡堂來談蜀政甚有勤求之志觀其才志誠爲楚材之美在楊譚以上胡詠之一流人聰明不及耳移坐閣後李懋章來縣人曾鉞來談云廿年不見矣冒失懵懂鬮生族兄也夜小雨

十日晴錦芝生李和合稺公來巡四齋攷課黃鎬心來作無謂之談乃得食粉餈而去信飲啄之有前定午飯後講堂會講經來問者多毛舉細故不切於問

十一日晴熱評注阮詩廿八首遣彭軒及李書辦迎豐兒等船連希伯侍衛來訪世爵一等子不知其何以得此恩也散秩大臣漢代奉朝請之班亦不知當何以稱之姑列之於侍衛劉琯丞和合弟補江安令忠煥同來夜月宿西室

十二日子夜大風有雨曉猶飀霂剃髮未畢湖北陳主簿來候見午出訪

陳伯雙學使未過績貢院入少城詣維侯兄弟久談時事云銘安鼎臣溥安之弟也有幹濟材寶廷竹坡鄭王親屬未能及勝克齋荆州將軍景豐六額駙之兄定安僧王舊部今鎮黑龍江崇綺鎮熱河俱爲精選又言今時乏人頗有經略西藏之志傅生守中來言學使告監院兩縣通稟楊小侯兄弟及漢州生員張祥齡等聚衆鬨堂此事初由王成都祈雨遇新生楊永澍衙道阜隸呵之遂相口角成都已辱之於市矣楊兄永清調院生訴於同學於是張傅等謀令二楊率永澍往縣堂求其詳革以辱之及往而王令匿走諸人攘攘將永澍交其荆幙而去阜隸家丁遂自毀公案成都令訴於督府云楊侯領兵而往余懼督府之不察也告以原委令釋楊侯而治諸生督府意以王令亦有過當方令成都府及中軍調和而外間鬨傳楊生將下獄余責張傅等陷人於罪令自往投首以代楊生及往而王令復匿去又紛紜久之而還府縣遂飛

書告急學使未報而督府飭楊侯往領永澍乘舁以出事可罷矣忽又通稟不知當作何結局爲政者冒昧不思其反乃至是乎旣不登時捕治諸人今已散何從得主名張傅又豈肯自認徒章其懦耳顧朝元尤不相涉何爲而連名又何以異於張傅哉書生行徑無條理如此此八股不通之過也得陳俊臣書

十三日庚戌小滿陰雨監院來亦言成都事復俊臣書得今年二月二日手書情餘於帶留時新命已下日來當移署矣閩中乏材之閩藩使來賢之主相需殷而相過疏所代爲兄憂者也然激厲陶鑄自有微植金玉作人詩人所歎頤一以曾侯初過爲往無效其晚年之甜文則昌陽發答皆良藥也去冬懷庭書來晉闔豁相遂譚及遊人潤庭丸中曾試一篇寄上來書云云似尙未接判東四風里我勞如何圖運因感棖公番木之擘復爲安邑諸肝之果旣已期月中未紊鬱中閒一歸長沙與鑄仙鼈岑盱衡時事因論朝詔風指人材將帥之選砂不可選所謂塔羅彭楊之軍胡沈王闓之吏求之今日已成古人其尤可憾者譽厚猶存二丹無慈觀其設措大義盛時節仁兄館印二藩官年俱進而比之妙高擬垣之下小四挖晉之中意紅陵留貲志誠貫金石思追逸軌登可得哉然則非世無材非材不用時勢使然也況寓下如閤逐者爲致復申眉提掩論芬韶之曦餘乎難然將以不材全河池以不璽生訓謝之士裴叔未餘比

之昔年臨故爲也爾兄曾爲平世之生爲何可言學爲者爲朱學使所貸逸入校經堂肄業次子從無成都六雲搖所生四女偉行弟婚以老病留緒頗醜娘大人不致仕也吾以遂已推姊作老物賢子中有典人秀出者閒孫石痛春未天頗有委貲之噬此子他日定不誠李少荃董世情讀者功名之士也閱運乃李眉生所云說出忍者故行年五十而不知四十九年之非時復吟咏以消永日耳饋堂業未深知比來翻其昔行胡咏芝一流人聰明稍不及然在楊劉之上彼在斷賦書常嗚於端也閒校經堂有三士頗奇昔永州永順人淵其未炙耶久不相見臨書曾元卿來杏殿鑑蕊枝正熟猜福日珍爲頌書局南北史寫畢始寫遼史夜校四葉發第四號家

十四日晴巳初出再詣陳學使談易陳言經學但患句讀不明則文義晦舉槩詞而微顯二句當讀云夫易章章明也往而察來而微往來對舉察亦微也顯闡幽開幽顯對舉闡爲單開開爲雙開卽所謂章也其義精確所謂聖賢復起不易者矣又言彖詞多爲九五六二言非該全卦但以六爻發揮之耳亦破的之論惜其猶沿宋說以十八爻九卦爲指點之詞又訓詁不附古義爲可惜耳又言元字从上人仁字从人上許

傳有誤亦爲奇確初見未便多問之出詣簡堂不遇還曠經鍾知縣李扶山耀南來院生來者相繼夕設小食悉集諸生若話以糺女周歲也校遼史八葉夜早寢

十五日晴今日家忌以院生畢集未便因私廢公仍出點名諸生愈整肅彬彬乎有儀矣李世姪蓂生兔江來兔江欲自達於上久爲余言而幾忘之黃筠心來行東齋嚴禁煙鐙校遼史廿葉看京報會試題湖南得房差者三人錢師亦得分校詔起閻丹初遂稱疾篤曾沅浦亦稱疾部議減勇丁之數

十六日晴求雨十日而旱氣彌著殆不能及耕期矣遣約李福三再談聞學使當來留待之張門生來求差委華陽廩生來言革廩事紛紜半日伯雙至乃免亦未及暢談飯後出詣李則已出矣過翰仙鸞卿而還校遼史廿葉張門生來言豐兒於廿一日至瀘州借廿金而行至今將一

月猶未至省何也

十七日晴熱彭軒還豐兒書言十一日到嘉定無水不能上當遣散諸水手並令入城趙生送文苑英華舊唐書來俱殘闕當鈔補也院外兩生來見此間人多喜執贄爲人弟子而不求益殊不知其指趣帽頂夜來老嫗告去莪女無人將領乃自照管夜寐甚安靜

十八日晴朝食後詣伯雙學使送行便至李福山處李將詣左請余一函久不與通問矣歸作兩紙與之又與書楊石泉略爲李道地鄂生來劉瑤齋子來得陳總兵劉瑤齋書並有所贈欲笑則不可欲怒則近於俗人自反曰我必不仁也必無禮也六雲亦知其不可何苞苴之紛紛乎校遼史十五葉帽頂請陪維侯兄弟戌集亥散夜大風雨

十九日雨午後陰晴校遼史十葉鈔補舊唐書二葉瑤齋家人復送醉膌六丸以當購配香受之蕭銘壽來

廿日雨竟日晨田露足秧種俱濡可喜也鈔唐書二葉出講堂談文問者俱無心得宋鉞卿來看課卷十本

廿一日晴看課卷卅本擬揚子雲牧箴作八督箴殊無佳者作沈鶴樵挽聯鶴樵海琴至好也兄弟旅寓蜀中招權納賄補美缺蓄百口身死曾無餘財兄吟樵亦繼卒四川風雅之宗相繼亡矣羇居百口賴賢一官仙逸州深奉養餘年殢酒寄情聊復爾鳳蹇先亡涉園歸去更少日連枝悲逝水前鄉訪舊爲愴然午後過帽頂處與同餞維侯連子齋敬莪鷺卿作陪戌散

廿二日晴補鈔舊唐書一葉看課卷廿本翰仙來甚言機局之難辦鷺卿家丁橫肆云云董文煥同知來以其名似研樵而見之無聊人也酉詣稺公飲鄂生季懷同坐

廿三日雨竟日鈔唐書半葉出詣簡堂稺潘使錦芝生贖金鐘弔沈氏程處遇一紅頂胖人程呼之同年年可卅許不中繩墨未交談也至鄂生處陪其子師羅質莪飲季懷耀庭同坐陳用階之子亦與羅以唐妹壻不肯首坐仍以余爲客季懷甚詆陸渠棠談俄和事云劼剛不敢即往待報而後行崇使參贊電信來云約尚可改未知其意所在夜雨如春霖二更後還

廿四日陰雨看課卷十餘本爲王繩生改一卷聊爲諸生式亦不能佳也錦芝生來談保甲簡堂言聶才女詩未寄到戴表姪事雖行須託貴州官謀之俟發家書時便爲致達王制庶人春薦韭韭以卵卵蓋卵鹽也卵與鹽同俎今鄉俗猶然其祝號則唯稱鹽而已故曲禮以韭鹽並舉內則鄭注以爲鹽如卵殆非也

廿五日陰定課案正取至六十三人周緒欽道臺來前日所遇胖人也謝未見薛季懷送詩來黃耀庭亦有一篇皆爲稺公發憤鬱者余初以耀庭未能即成至此乃怱怱作七言一篇應之湘石來談終日怱怱未暇

他作

廿六日雨爲唐鄂生寫壽詩作序破半日功而紙短不可用少惕遣換之擬爲稺公作生日召六雲謀之正紛紜間聞外有湘潭聲知豐兒船到出視則撍壽二子同至矣飯後鷺卿來夜然燭寫詩字稍勝於先者帽頂送草花來

廿七日晴晨寫詩卷畢船人行李俱至發第五號家書莫干總來連希白來辭行劉奇夫借唐書本紀去希白送竇扇

廿八日晴潘使遣人來課院生不點名而猶委員仍承舊例牢不可破唐鄂生借發經費一千交監院俾散月費今日治具爲稺公作生日本期夕食而稺公午至陪客唯簡堂踵之鄂生幾後一時許猶較常時早一時許也新廚人甚不能佳戌散季懷留談至亥客去頗倦

廿九日晨不能興至午初乃起劉棟材來言何光亭曹鏡軒皆病故蘇州

妹子生一女何務園倘在年八十餘矣鈔書二葉錢徐山來申正至曠
壽雲處會飲諸客皆先至許曉東劉玉田李和合劉伯卿唯曉東狂談
意氣發舒不似湖北請安時
晦日雨出送維侯因書扇贈其弟答訪徐山周紱卿周桂林府靈川人乙
丑進士辛酉補壬子同年也方子箴呼爲小胖鈔唐書一葉畢一卷
五月戊辰朔晴晨出點名重定已課將撰爾雅注檢去年諸生所采槀本
未得甫書一條而輟將俟節後檢校之鈔唐書二葉滋女仞詩字一篇
帉女始講曲禮通鑑臣光曰微子立則成湯配天吳札立則太伯血食
此言甚謬寧亡國以全君臣之分國既亡矣有何分乎又吳札不立吳
未嘗亡如此史論以冠卷首殊不可解
二日晴久未巡齋攜豐兒往查課遇許曉東至辟不能止坐待久之復雜
談久之已費半日矣日課殊無暇補錦芝生曾昭吉爲銘壽復陸續來

久坐夜蝨又甚僅鈔書一葉篆爾雅三行帉女講書如額
三日晴看課卷六十本駱勤廣張聲泰周豫生均來言事夜甚倦不能爲
帉講矣自強不息誠聖功也簡堂送節物辭其火骽以數過多也
四日晴院中諸生六十人修去年故事會宴於內齋設戲終日余因飭廚
辦設二席補去年陪媒之局以帽頂爲首錦勞費許四道臺作客中集
而酉雨將夜體甚不適稍休乃出陪客未知是中涼抑中熱也三月初
營兵以狎優公鬬優人懼牽涉皆逃出城在者率不能唱亦無外間曲
本操土音而演謬事別是一方樂歌大抵采茶花鼓類耳夜雨不止蘢
生冒雨去曉東亦頻欲去菜出太遲亥正乃散
五日節晴會館請祀鄉賢約辰刻依期往則已散云須及制臺牙參故黎
明至而行事云辰刻者沿舊例耳余三往不與事頗以爲愧院生及雜
役人等昨日已上禮故免設拜待午兒女賀節外客來者皆辭唯黃劬

生勞篤卿得入以搭棚勞費一日戲太少復展一日從下請也演聊齋
志異二事至子夜內外俱倦乃散
六日晨雨午晴見院外生二人餘倦未休仍放學一日鈔書一葉欲往督
府稱公適至爲周鎬連言病狀云當先起假以小差使無飢餓亦故人
之誼也周病三年而不銷假以缺苦人不欲得之故免於纖若以病去
人則在所宜去然告假不開缺亦無損政事特不可與吏言耳晚過翰
仙値其怱怱少坐還
七日晴澤坡來云欲請將軍前將軍劾總督恐總督督過之因遣散伶人
出城至是復至故有宴集也翰仙午來鈔書二葉篆爾雅一葉小學殊
已荒疏得家書見成芙卿題單是一三家村叟殊乖所望申飲楊兗江
處廣東金浙江錢湖北宋曹張湖南劉瑄丞同集戌散還未暮
八日雨發第六號家書並寄銀二百兩交喻洪順與書樾岑鈔唐書二葉

篆爾雅一葉與莫陳二總兵書得董川北書
九日雨午止出南門至惠陵稱公招同幕府十三客集飲看荷花聞喜宴
也坐間暢論屯田徙民之策不待王本而辦諸客或不以爲然未之思
耳視 國如家焉有不切實之事季懷言杭州樓賢寺竹甚佳余未往
游也晡還鈔書一葉篆爾雅一葉釋器篇畢寫扇二柄
十日晴滋女十歲未出堂食因晏起竟日多眠李文潭來云寅安師之長
孫也欲求襲世職僅有廣藩一行知止間多買人札照冒襲號爲鬼接
頭未敢定其真僞爲孟鍾吉所給而多防猜耳篆爾雅一葉鈔唐書一
葉改軍志校南史均初起手未限多少明當以一卷爲率夜月頗佳移
出外齋發信與子壽魯詹祝陪堂董兵備得黃夔州書出堂講經說鄒
子取季姬及東門詩董生豐兒各問儀禮三事
十一日晴鈔書二葉篆爾雅一葉改軍志一卷薛季懷來云帽頂欲要便

飯小坐遇雨兩監院來言脩金事云已告鹽道言經費不足修金無所出余本改章以自減爲得體今兩監院反爲余求益頗爲恨恨雨止同過帽頂便酌寫對二幅

十二日雨涼甚鈔書二葉寫扇三柄得耿奉節及三弟書余劍州來云爲李申夫所讒罷官視其狀駑才也蕭銘壽復來夜談改軍志一篇劉鎮坤送鸚鵡

十三日

先祖考忌日謝客素食院外生來者三人見於便坐毛生舜琴來龐半之孫也龐平別已廿年死亦十八九年不意其孫長成如此力勸其不可作小官當爲謀一小館留談久之鈔唐書一葉校南史一本改軍志一篇理兩女功課竟無多暇未篆書也夜至子正始寢而日課未畢

十四日更早起補篆書三葉鈔唐書一葉校南史三卷改軍志一篇爲三女理書字作書復趙沅鶴之弟樹檯得題名錄與循中式李蒓客亦中蓋此牓名士也似少新科者譚麗生陳郎伯商祝濬溪汪弟皆得中差爲愈於前科遺取越嶲馬來自試之腰硬不適於筋脈不及貴州產者

十五日晴卯初起坐半時許出講堂點名篆爾雅一葉鈔唐書一葉校南史二卷改軍志一篇爲三女理功課帽頂來又聞王正孺中式今年頗多熟識人孝達轉講學(薛丹庭誤也)俄人欲遣使來議和新進唯孝達能與議未知何以待之其不來主講書院明矣陽春婦自長沙來夜率兩女登城紱子豐兒從風涼月暗乃還俄而月食陰雲不見出時如上弦月

十六日晴午雨南門小北門大寫扇對曾昭吉來言機局開得火井周頌蕃來道喜以與循中式也猶有古人之風悅而受焉鈔唐書爾疋各一葉午過宋鉞卿飲同坐者胡小稼曹張冕寧令熊昶臣酉集亥散腹中甚不適校南史二卷

十七日晴鈔爾疋唐書各一葉黃生筠心來求書往東川彭兵備並復馬師爺一紙田秀栗來談自以探刺方蔡陰事爲能不知司道之犯上由總督之太懦也處衆人之上而有憂畏之意故人得中之犯而不校亦非盡善在所施得當耳若恃挾持以求勝勝不如敗矣改軍志一篇

十八日晴鈔爾疋唐書一葉改軍志二篇同鄉四眼子及蕭子厚來久坐鷺卿復來遇大雨坐至晚去葉化龍署缺涕泣欲辭余曉以做官非贍家之事做武官乃求死之事彼初未之聞也以官爲市國家教不立之過不可以責此等人夜講曲禮以諸母爲大夫以上之稱似亦可通蓋唯士有庶母知諸母與庶母之別校南史一本

十九日晴熱鈔爾疋唐書各一葉改軍志一篇聞新中張銘龢乃張鶴帆之改名壬子乙卯不脫科果然中過帽頂陪穉公飲讓坐久之不決薛季懷唐鄂生許曉東皆不能贊一辭余以爲禮有專主所至常尊則非矣唯君主其臣雲南人非蜀臣仍當以先督後客爲得體竟不能定乃設獨坐於右以待穉公仍以余爲上客穉公尚遜謝殷殷益形主人之輕簡省例山長陪督撫斟酌盡當者各省督撫太自尊此又太自抑所謂折節者耶

廿日昨夜雨晨涼晏起已過堂食矣校南史二卷鈔爾疋唐書各一葉爲盼女理書殊荒蕪茅塞無悟入處酉刻出講文賦一篇以引誘諸生

廿一日晴早涼午熱書條幅鈔爾疋一葉未出南門騎行至草堂寺田秀栗設席要薛季懷張敬山唐錦兩道臺同飲至戌散騎田馬還田自誇其馬殊不適於馳驟

廿二日晴熱鈔爾疋唐書各一葉午將出答客日烈未行錢徐山來云其父儀吉有獻徵錄六十二本在從弟子密處唐鄂生欲刊行之晚過許

曉東飲帽項黃機先在顧又耕鄂生後至為徐生說館猶為毛孫謀乾
館均易集事亥散小偈即寢
廿三日晴鈔爾疋一葉看課卷校南史夜為㛹女講曲禮於進食之禮客
主同食與否無明文兩言延客似不同食後曾未辨又似同食疑莫能
明也攷脯朐梃織似尚確當皆前此所略
廿四日晴莫總兵來校南史四卷看課卷巡四齋人不及廿太寥落矣鈔
爾疋一葉得曠經鏡報湖南得兩一甲
廿五日晴熱李縣丞來言劉璈將甘軍頗有布置階州瓜子溝回眾所聚
人莫敢往璈至移屯四日而盜酋並獲陽撫餘眾以待其懈將才也發
課案鈔爾疋一葉聞灌縣出蛟枯橙生枝
廿六日晴課卷遺檢十餘本未看補發一榜吳春海來言狀元乃其弟子
比三科皆得狀元門生吳門欲與穆門比盛疑矣哉鈔爾疋一葉校南

史二卷田秀栗來調院胡樑來見曾新津令隨丁奸民女被殺而以為
哥匪哥匪亦自以為功官昏民愚如此夜騎過機局看火井遇雨幾不
能還翰仙設荔枝餻餌放鸜鵒去
廿七日晴陰鈔爾疋一葉校南史二卷辰出答訪雜客暝入一馬知州家
小坐出詣鄂生芝生正午還周豫郎來㛹女移入內齋使滋女從豐兒
讀詩比日蒸熱殊不能健飯
廿八日晴熱課讀畢唯閑臥蕭楊來借蕊海書鈔爾疋二葉補鈔數葉蟲
成一本以授莪女計卄年來兩鈔爾疋皆為他人竟其業未嘗自鈔一
過也去年大集經解欲成一書忽失其稿故今欲與殊孅姑置之以待
能者鈔唐書半葉
廿九日晴蒸熱鈔唐書二葉竟日無事錦芝生來夜大雨與書王成都
六月丁酉朔朝雨旋止出點名竟日多接諸生出題誤記鄭牋有來問者

乃改之幸非捐班不然為大笑矣鈔唐書二葉作家書未成蟲擾夜乃
續書一紙鶩卿送緜桃吳聖俞送嘉定荔枝陳千總送鯉魚沙果為滋
女鈔律詩一葉是日小暑
二日晴午大雨鈔唐書唐律各一葉午至帽項處看戲戌散
三日陰鈔唐書一葉唐律一葉午至少城關祠兩監院設酒看荷花伍吳
兩院長為客涼風振衣申從城根還騎行甚適
四日大雨至午止鈔唐書一葉唐律二葉劉傳二弁來酉初騎至玉沙街
胡圻同知處飲蕭子厚周雅堂朱同知章師爺同坐周俗過徐學舫翰
林中信為有材戌還
五日陰午後晴鈔唐書一葉唐律一葉羅師爺羅從九楊生為其師求缺
妄謬可笑夜選李律詩殊無一篇入格者
六日晴鈔唐書唐詩各一葉顧華陽劉守備來午間移內齋入裏間校南

史一本今日鹽茶道考課錦江院詩題同是宦游人豐兒不知其命意
余為搢子作一首用九搔頭必中試官也搖臨依光久曾飜得路回宦途欣鳳碗游遠記飛
滿玉筍班曾綴金閨籍早選江湖俱總調符節道分綱丹詔香衙風雙騎畫隱簾春從臨驛使臉不遮蠻戲畫青當簾月郵驅贈鳳
風帝京晴日近前席觀風隆夕赴駱祠會劉勞黃三道臺劉瑄臣同年進士
飲唐子邁為上人設席洗馬池邊翰仙先去諸客亥散
七日晴辰雨至午復晴鈔唐書律詩各一葉比日專課㛹讀未皇他事帽
項來
八日丑初大雨甚涼華陽地氣蓋五月熱暑六月已秋較外間恆早一月
也鈔唐書半葉唐律一葉校南史一本看經解四本撰爾疋三條閱京
報周童二孫俱留館餞師復為司業而先謙為祭酒陳又銘河北道惠
年浙運使黃倬開缺郭松齡病故鮑超為湖南提督
九日早陰令豐兒考祫禘授意令說之午騎出謝雜客見鄭安仁將雨強

過王成都顧華陽於王太守處假舁乘之復北行荅拜客至玉沙街大雨不能進闖曉東門而避焉留食煮餌餅小住復過倘堂小坐而還已將夕矣竟日行甚倦早睡

十日雨起甚早寒可縣號曰瀟瀟鄭安仁來看槑卷五十餘本至子夜無暇治餘事並三女日程皆頗廢弛

十一日陰晨起擬作禘祫志稿將竟日排比午閒王芷庭來餞徐山黃豪伯翰仙臨生李懋章吳熙簡堂相繼來遂盡一日豪伯新從印度還談七萬里之游亦無新聞見唯言黑水是藏江弱水無不能載物之理則可破儒生夙聞也

十二日晴晨起發案鈔唐詩二葉宋鉞卿來留午食少睡出詣稺公甫入已暮未多談答訪豪伯不遇訪高監生元卿翰仙看洋畫夜月騎還吳熙星甫送鈔案來繙閱至子夜頗寒乃寢

十三日陰鈔唐書一葉唐律一葉三曾來調試旗生不到吳棠未到任以前達字八營援陝分紮鷄鳳縣大安驛三處果後十營援漢果毅七營達字五營援黔又增五營合以川軍共三十一營周達武領八營攻越巂共川軍卅五營又有防軍二十一營共百八營同治三年冬以湘果右軍七營不力裁撤留二營何勝必死歸胡中和節制四年十二月田興恕罷周達武代之仍留四川湘果中軍蕭慶高平藍逆於漢南生禽曹燦章於周溝

十四日陰鈔唐書唐律各一葉看杜詩一本小女點讀頗費時日諸課尙須改定

十五日晨雨特至辰初出點名劉慶咸周慈吉來久談無謂晡騎出尋鄧生談公車費事夕過錦保甲飲黃機憲李湘石李懷田子實俱集夜雨舁還

十六日陰晴鈔唐律二葉睡半日午出詣少城齊克慎敬齋同年飲吳觀善金表弟王天翁宋鉞卿俱在劉鹽局後至夜散騎還見洋報湖南庶常選三人今日李提督培榮來帽頂僱從也舊設飯店傾貲結翠盜昭通多識結之亂起時年十餘故從帽頂後稍桀黠逃出投丁帥拔用將虛額兵致大富未知其所長

十七日晴鈔唐律一葉校南史四卷午騎出城至楊遇春總督賜田莊上會劉李兩學使李湘石鮑銅梁吳觀善及楊氏二姻子楊嗣侯光坦爲主人單衫吹煙甚無侯家之儀見　宣宗賜詩爲之感慨以疆帥　酬平回勛不問回之所由平宜武略之不振也前楊侯似不及後楊督而岳斌已不堪爲帥矣但田莊樸陋猶有老輩風宜李元度奉爲先正乎際暮散得樾岑書

十八日晨出送田秀栗兼答訪雜客數家午初還校南史三卷鈔唐律一葉作八號家書並與書賖臣樾岑賀外舅未暮大睡至戌乃醒得陳仲仙書求館

十九日晴鈔唐律一葉校南史二卷再浴夕頗熱外間紫薇盛開院中小樹初見紅縈耳朱香孫從弟□□來言其叔母乃繼娶非妾也

廿日陰午大雨鈔唐書半葉唐律一葉校南史三卷連日唯此功多今年似不及往歲精果以煩雜故也酉出講堂寧生問鮑詩岳生問楚詞楊生問蔡碑皆無可講略爲發明而已

廿一日雨寒竟日鈔唐書半葉唐律一葉選李杜高岑四家畢看課卷十餘本發題問歐陽五代史得失論者多以史法予之不知歐陽自成一家言不必論體例也以當正史則不可

廿二日因寒小疾多臥少事劉蓉入陝僅恃湘果桂字嚮導一萬餘人湘果兩軍何勝必蕭慶高桂字朱桂秋嚮導張由庚八月十九敗退青石

關駱秉章不得已調防軍果後九營赴保寧廿日漢中失守同治二年石逆竄滇劉嶽昭湘果三軍分扼敍南唐友耕周瑜繼扶王陷興安周達武三千人護軍二千人奏以李雲麟增五千人攻漢南多隆阿劾之官文奏以劉蓉代之七月授陝撫三年攻階州奏以胡中和總統二年十二月中旂攻秦州不克踞略陽周達武攻之李雲麟自北攻石泉蓉進寧羌□逆甚懼三年正月十一日漢中克復川軍甫抵漢中逆蹤已及石泉商南淅川二月至安康十八日入鎭安蔡逆犯洵陽奴才返興安自元年鄢逆由陽平關闖入漢南嗣後藍西上變東來曹逆由鎭安北竄寧陝廳六月蕭由洋縣何由棧道攻蔡啓二道於蕉巷初三日多隆阿克周至入漢陰奴才令管帶劉藍大順首級初七日於安康長溝割之八日曹逆去遠賊目供稱平色色冒名大順眞大順三順四順五順八順九順在山洞茅屋葉坪共先由周至至鄜由寶雞擱之至此五

旬圍攻垂 脊奔李奴才尙未到寧陝臣蓉卽出子午谷入山自二年八月起至三年六月止共援陝軍廿六營用餉銀三十三萬陶茂林雷正綰楊岳斌勇均先後潰叛松翁來夜談

廿三日晴成都令來訪初受印例見也初不知其姓字云久館江湖間郭遠堂鄭圃香皆其居停看課卷十餘本晡後約松翁同訪黃豪伯因蕭子厚來遂與同去騎至機局兼訪昭吉還過帽頂略談

廿四日晴涼疾始發寒熱初小涼耳不意其竟成病也睡一日閱課卷廿餘本羅振璘吳熙來強見之得九弟婦書文詞甚美蓋仲三之作二妹書來借銀

廿五日晴日光甚皎涼氣未減看課卷十餘本有新縣向生鈔校說文一卷多新說不知爲何人之作依所見而取之亦非院中上等以此知撫拾之無益熱退汗出喉啞不能聲定等第發案羅振璘來求鹽差看京報蕭韶補御史

廿六日晴稺公來談保甲事他省保甲奉行故事不足擾民獨四川民苦其擾有弊必有利也宜勸行之又言武營積斂事竟不可振俄人欲抑海口斷南漕余言此不足制我北地自有佳稻但恐和局不堪耳不至興戎也英法公使爲崇厚請命總署宜卽許之而報以不可此足爲笑午出訪錢徐山蕭子厚錦芝生莫搢卿未正還方食周豫郎來唐澤坡請陪陳用階及季懷小香靜山飲此熱戌散復逢海及二妹九弟婦書

廿七日晴始熱校南史四卷和合來言成緜道阻撓保甲惡其形己短也塞尙阿兒復何所知狐鼠微物亦蠢大猷使人失笑錦芝生陳仲宣莫搢卿相繼來留仲宣晡食殊熱不能飽客來者皆久坐虀其來不易見又不易又客少故反費日工也

廿八日晴熱校南史二卷劉同知廷福蕭副牓子厚同要晚飯董晴川文

渙孫資州王少耶胡月川俱先在矮屋奇熱出坐中庭多論閩俗事戌散過鷺卿聞灌縣往來事二更還盼女病無課余竟亦未事荒廢彌月矣

廿九日愈熱雷溫江來揖坐云曾任辰谿被劾奪官新復選缺者殊不知其來意午出至督府答訪用階因過季懷談金年弟來兩次未得見往顧象三宅答之亦未知其來意便過麓生夕至周寧鄉尚會飲周署筠連欲復鹽井爲日利之計諄諄言之方保卿李蘊孚董晴川周荔胖曾六樵俱在坐又有一撤委保甲員不知其姓字八人共坐一矮屋暑月之至苦也

卅日晴熱二金（貼晴蓉洲）劉子永來叔平攜妻子來游迎館於院內竟日部署未遑他事

七月丁卯朔晴熱出堂點名雖乘晨涼猶微汗自至成都所無也命豐兒

約同學諸生會食設二席坐廿餘人廚竈初立餘客竟久不得食薄暮乃與叔平飯夜始涼

二日戊辰立秋晨雨鈔唐書一葉楊紹竹李蘊孚許曉東來得五月廿一日家書非女血疾復發校經堂不能興皆可悶也朱暝弟羅毛兩生余武生來得懷庭四月自鄞來書乃自長沙轉寄猶爲不遲

三日雨蕭子壽譚鍾嶽來校南史四卷鈔唐書半葉令六雲出拜鄉親八家爲之照視紈女多在內室工人俱出令劉嫗作飯紛女辦菜居然得食寫家信第九封並寄非女一書又與彌保一函香孫一函

四日陰晴劉玉田爲余履恆來叔平忽欲移出再三阻之不能止唐許黎皆恐其來余以可供火食故議招致之今果求自困莫可如何也翰仙澤坡來校南史二卷鈔唐書半葉

五日晴校南史四卷暮出答訪王裕慶於臬署云方與大人話不能見客

余又不欲見大人留片而去之過叔平無可致詞數語而別季懷黃豪伯來

六日晴校南史五卷始畢功已竭蹶之甚計十六本費六十日功自來無此遲滯午出答訪雜客便衣騎馬至曉東處會飲議叔平事同坐者龐生鄂生翰仙與叔平二更散甫還而雨

七日陰鈔唐書一葉午間莫總兵攜酒相過招叔平豪伯和合勞黃芝生同集將夕大雨客僕從皆露服失容客未至者有四司道簡堂新聞督漕之命諸道皆覬得鹽缺殊無心於談燕諸女設瓜果乞巧大雨竟夕爲從來所未值川臬放衡永道游百川漕督文彬病故近日程綱方有意擠黎忽有此遷浮雲盡散思之令人失笑黎方在鼓中而不悟信乎拙可以奴巧也亥散即寢

八日晴晏起李培榮提督唐鄉晚余畫貓兩監院伍崧翁來午巡四齋諸生多歸秋嘗院宇寂靜夕陽甚麗秋月初明光景劇佳閒遊齋室比去年覺多暇而少事

九日晴鈔唐傳一葉成一本連日苦應酬幸欲休息雜客便服者相繼仍疲接對穆芸閣來神似羅子珍不知窮達何以異也

十日晴閱課卷檢春秋一過將於午前畢其事而雜客相繼來尤無聊者閻道臺論鹽事欲爲說客反覆赧赧久之始去已夕食矣出講堂講書岳生問有中下士之義討辨久之無定說而罷夜早寢

十一日雨竟日看課卷畢發案馬夫多費遣之看京報楊乃武案內劉錫彤已滿三年釋回令人有光陰迅速之歎方大湜始擢直臬又何遲也

十二日秋雨瀟瀟殊有寒意鈔唐書一葉偶念簡堂左遷蜀臬有當官之能無怨望之意所謂雖曰未學者頗惜其去作詩一篇贈之余詩不易得黎亦不解詩然非明珠暗投可比也超俗經奇懷恂物傳德音脫屣九州外而無違世心汲生臥淮

陽王子陟蒙陰河內有遺愛朝歌非異任清風興凡衆之子復冲矜天櫝照不淺澄淵鑒已深解點苟簡散宜徐化悟涅如何不授席重此汎江海寵恩同非已甄距徒欽未聞青劉賀已勳鵠防吟良會不我觀他時念闕金出賀崧署臬伍松翁督府穆芸閣黎漕使兩遇叔平歸叔平復來辯言鄂生曉東助之已可成行送別

黎簡堂侍郎詩序黎侍郎嘗左遷四川按察未一年敬命督漕超閣功寮吏成喜閣運與同耗嘗共公車之役賓客來嘗者若賀其私榮爲夫體辱時也功效人也昔者周召以二伯躰下大夫之職朱邑爲三公而恆恩歸尉當其達則壽發而去萬乘惜其綾則歎歔而望邑山君子之仕也非爲已也侍耶皆捶詳矣拔荆棘立軍府餞定願害之功著於天下及以微事免人無不爲詳惜詳人亦爲之惜惜之者其爲公耶儻私耶吾不得而知之他日侍耶歷官或書速兩折或入攀六書贊楣爲羅必有遇去之時去之時亦宜有履途願別之情其或喜耶或惜耶吾不得豫知之而惟獨今之去則然然其不可喜也蕢蜀之不治久矣自成同以來日發月甚督府丁公毅然不惜而獨欲治之治之而官吏喧遂人人欲去之額朝廷情明孤立三年而未有助也有一二能者則事日督府之私人其人不能爽衆和則亦自私於是賢者中客避怨不肯者得志侍耶之來灼然率天子命又屈居僚司不容阿私長官乃其言行所然含不謀而同於督府衆之喧置者至是而自疑無白是非幾列矣始精體自治終顧以爲不便復稍稍携之閑其還故大喜夫運去與遐去等耳而失此治蜀之機是可惜也餞夷之歸樓勤插中外官者監據運當四甚而議怔漕用是有此還不然漕河之職近二十年毫官激與治蜀之頭乎且循渠破留深往者名臣皆身被謗疑然後

盧成功侍郎假欲行其志亦必人人親其去其委姑以來客耶則何如居蜀中獨直道而行有友朋之歡然則公私之計皆未可去也且傳舍其官者必有傳舍其身之心宜侍賢■去而不自審故爐所懷爲詩以贈之李寅師孫文沼移入院

十三日陰有雨鈔唐書一葉簡堂來言四川兩道侵兩司之權總督侵藩司之權未得綱紀又自言其爲政常使後人有可循之續無積壓之事頗喜陳宏謀之書近於讀書以飭吏者今日家中薦新而成都尚無新稻天方沈陰不似去年秋光之涼霽也夜雨

十四日大雨連日夜劉愚顧象三來久談鈔唐書一葉豐兒病汗未愈寂靜無事臥聽雨聲暮聞兩女讀詩稍慰離感

十五日大雨自子至巳方止堂課免點名但出題於辰初懸示諸生亦有來者午令姜女治具邀張三姨一飯辭不至乃延李世姪范楊兩生共食戌散米市尚無新稻

十六日霽涼騎出南門至東門覓叔平船乃無其事至翰仙處一談遇閻

道臺無甚可談馳還院鈔唐書一葉陳仲仙來

十七日晴鈔唐書半葉午過帽頂與督府幕客穆薛張許及陳用階同年會飲戌散得六月十六日家書

十八日晴看課卷劉子永勞鷺卿來發家書寫對扇三件

十九日晴看課卷出尋叔平船云昨已去從南門入桂樹已花偶集二句云大暑六月有冰盤桂樹香風生慮心又集一聯云碧海鯨魚開翡翠青春燕趙協柳拂斑李年姪送蒸盆

廿日陰看課卷畢鈔唐書一葉午出賀莫總兵署提督答訪錦保甲至簡堂公館陪文武兩督飲中集戌散有雨

廿一日陰鈔唐書一葉爲李世姪講曲禮改定牋義三處酉至普準堂金椿知府再招飲不能固辭往乃聞有康巡捕以下吏陪客是侮客也坐有劉道臺李總兵齊知府皆不宜與巡捕同坐蓋尊者可召賤者食賤者亦可迎尊者食唯獨請客不可貴賤雜俗人雖語禮託故而還

廿二日晴鈔唐書半葉午過公所會宴黎澧督莫護提督以程藩使爲客設三獨坐主人六十餘人在中堺心者錦勞劉許二黃六道臺李總兵王曹李□四知府亥散嘈雜無章

廿三日晴桂香已歇殊不及湘中久芬蓋早晨使然欲出尋秋念無所往鈔唐書半葉黃筠生自重慶還得彭道臺書莫提督錦保甲來

廿四日晴鈔唐書未數行麓生來蕭錦同知復至送朱沙羅布因留與談似是湘人中可用者午欲出謁客熊三惰於事當遣之以其遠隨我姑與之空飯令待伴歸昇出詣鄂生値其鬄髮待久之已欲去鄂生乃出悤悤談數句詣鷺卿處會飲季懷豪伯穆芸閣杰湘石同坐多談外國事亥散

廿五日晴鈔唐書一葉因尊經閣上設孔子神牌考其祀禮改補文王世子牋三條說天子乃得祀先聖及夏無釋奠之故夜與嚴生談經史生

論宋晉書皆非原本讀史而加校對可謂枉拋心力者亦近代專門之學也焦生公車還來見

廿六日晴鈔唐書一葉龔曾兩生公車還來見談都中事云譚叔玉欲假歸讀書可謂有志而欲事陳蘭浦則未爲得師也孝達轉庶子憂國傷亡殊無志於學問曾生送上海新印地圖頗精緻又送何願船北徼圖昔年遊京師何方搬此今已再散而僅存此李鴻章序云已排比全書重刻未知信否我女隨其兄遊桂湖毛生來求薦書與裴樾岑

廿七日晴鈔唐書一葉爲蚡女更定課程王吳兩同知工裕慶黃舒昺胡某譚鍾嶽四同縣人來談陳仲仙隨至夕食後甚倦張生來談時事因書與雨蒼並復連子兒女從桂湖還言花已過番自仁兄殿帥賢前奉途行旌伐已逾夏福門嘉禮未及申賀旋聞田君官已駐萬縣同舟東汎鷁帆安穩暨涉順流登佩君門定逢新祖甚幸甚須令兄已至駐所傲奘平安成都近無譌晉但恪篆公之去耳實心任事者不可多得鄧中殊幹又深游總之徒率行良吏未足挑買波也餓事必無他慮而延譏爲正論所劫致肆透

防恩之嘆恨亦未知刚宮眞堅勞求賢而不可得耶或以今所用爲賢而姑徇與豔耶故雖有所慍不敢自獻昔荊玉三刖莊舄一鳴九重萬里忠憤桂深每過北風何能不歎圖運遙居祭酒想已二年山中信來促其反棹以去驅方歸今冬當留庭歲明年秋汎定戒届舟爲日尙遇可謂時通候也專出手復啟頌台安惟荃察不具雨諳仁弟道席前嘗剛書由左營轉交正値心疾甫數之時續有從京中來者言級紙未滅近況甚困且慰且欸又見少荃所代遞慷議知否弟復有踏冶之志戢爽詔議發詔求材騏驥不乘可爲太息天下之事願於廟人者少誤於浓議者多庸人之誤危顧不扶而已委世者之過則危言直詞以惑中外如議和約而要根本是也東三省之空遣已非一日矣今委此一二人召出一二人一二人守之一二人巡之其於本根何所稗益而天下議然兩宮百歲日日常若餓兵至而餓人則委然也久之知我之無技亦或少出一二語以誓我道數十騎以疑我而此一二人者早已張皇失措盡敗其度乃措數於事之不可爲而仍取前日之失策矣第行之則何如坐待其困之猶愈乎擧公不查抑左公不衆城亦豈能禁餓之通商左自縱兵崇自伏法又豈能禁餓之蟲商他日餓人輒以兵至固有踏罪衆之矣若不以兵至而以廠至陝鄂甚臣能止之乎廷語能止之乎今日之謀但當慮此固不必以用兵爲亟也恐晉人亦同此論鄂效所隔閩運於前年除夕至成都方崇大以爲非積加擾阻業已應聽不能由從張目爽爭極爲可笑章程既改途當試行周流一年中復還湘度歲今春攜妾同來吾弟前棗之子已補廩取妻生女今不能復從君游矣出山徒多人事仍當運隱弟亦可移家湘中冀共晨夕丁公推賢好客或來作蜀游亦佳但可居閱運私宅人海中無甚佳趣逃者白匈進退耳至都入多人人可以致務所以遷遇者本約無事不

空音仙琦仙鏡勁俱無蒸湘中閒多艮友村所散貨之曾沅濱究竟何如年近五旬當去世俗之見莫若於經書中考求治理此金石之言非季高紅頂之羈也久不通問夜苦五帶以君而默卽頌雙綏無間豪古見妾無恙

廿八日晴朝食後小睡出城至武侯祠穉公招同莫李兩提督陪黎漕使餞席午集申散陳洋員來滿口京腔年約卅許不知其何許人云黃翰仙屬吏也竟日未事

廿九日晴鈔今年所作詩未數行楊陳兩生曾麓橋彭古香李湘石焦洪兩生李羅楚三同鄉唐帽項來至夕乃散

晦日晴鈔己詩四葉補講書講豪士賦序一篇騎出答訪王六黃方正謁者誤通簡堂延入乃知其謬張怡山在焉略談辞往黃齋王亦來談簡堂遺留久談二更乃還明日當問經解擬題至子夜乃寢

八月丁酉朔辰出點名諸生俱集作書爲毛生干王成都錦保甲來

二日陰寫扇對撰二句贈陳用階用階爲湖南官中能文者好甜酒而重聽故戲之云論文似酒知甘苦退官如醫鄙見聞雜客來干求者頗多概笑置之曾元卿餞徐翁來薄暮騎訪陳仲仙還而馬驚不肯入內院幸習騎否則失體矣古人所以重御夜雨報秋涼聲颯颯定書院釋奠禮

三日晴李鎭黃道來招王芷庭黃曙軒飲因及閻象雯毛舜琴曙軒以喪不至芷庭早來幾兩時許始得食未上菜而鄂生來出談半時許家製魚翅竟未得嘗亦異事也廚人作菜殊未清潔爲客留城而城門又閉頗爲慚負

四日晴司道公請漕帥城中紛紛出城余亦出訪雜客十二家取其不在館也唯莫提督曹桐軒太尊處入談午至公所謝芷庭送象雯兼踐牌局之約張門生閻姪先在局余擠閻姪而代之至夕甚倦欲歸公所同鄉張周曾楊公餞閻觀察留飲至戌乃騎而還今日唯爲帉女講書四葉日課全未理芷庭爲妻所棄如朱翁子中年繼妻長子俱喪子然一身簡堂欲爲取妻辞而不納孤介人也頗無勢利之見余縣人有先輩之風不以富貴加鄉里他處所罕聞者

五日晴豐兒生日招幻人作戲竟日諸生設食至亥乃散作書與懷庭

六日晴熱李湘石來送彭洵條程卅事兩監院來言伍松翁與王成都書責其無禮辞招不往余昨未知此事而亦辞之頗似有痕迹也凡人處世小節不必爭余與厮役雜坐猶未明言松翁爲未滅心火者矣簡堂餞帖江來夕食後出訪鄂生未入過鷲卿復已出乃至穉公處談俄事以董醇出總署爲非宜晚至鄭安仁處赴席已再邀矣請一武官作陪云將軍標下中軍官亦巡捕類也方議松翁故勉入坐芮師爺楊小侯及張吳兩縣令同飲熱不可耐入蜀來第一苦境也二更乃得歸鈔唐書一葉作余陽春銘銘曰由余伯夺胥行於巴越越副軍出峽奉牙纛登復湖岳守官分石之據部纛帥屢奔圍虜恐歐死綏胡領凶徒散沙錢功愈項跋擊股湖斗鏑不懸銘以悼武斐巫陣墨湘潭王闓運頓首拜題

七日晴出城送簡堂不遇至機局小坐與黃郎談話而還送彭洵書與稚公復懷庭書交佗子寄去得衡陽夏生書午過錢徐翁飲羅質堂薛季懷顧乂耕錢帖江同坐錢妻妾治具味正而少變幻顧不知其味也帖江與肯甫爲同年生曾入其文幕所推尊李先生余曾見其書猶忘其名不知浙江人何所取也

八日晴熱晨騎出城至安順橋西送王芷庭黃曙軒芷庭未登舟在曙軒倉房小坐衣冠詣送簡堂候補道相續來殊不能談與麓生同辭退入城金年弟來留同朝食芷庭豪伯楊生入談欲寫扇竟未得執筆久之書團箑扇各一贈黎劉兼送詩卷及早菊晚香四盆與黎飯後小睡復出城至黎舟夾夜談閻象雯在坐簡堂有攘夷之志督撫中所僅見也二更過水師巡船宿即去年歸舟改爲三版夜風搖浪復有江湖之想

九日陰晨雨步過江邊遇馬至騎而馳至城門遇昇來迎未換乘也六雲

猶未起飯後小睡仲宣蕭總兵紹榮劉瑤齋來欲訪伍松翁値其他出夜刪定鄉飲酒禮似尚可行

十日陰與諸生演釋奠禮及飲酒禮凡二次手腳生疏曾心泉楊紹曾黃翰仙來薄暮復演稍已成章

十一日寅起俟明行釋奠禮辰正觀祠吳張薛監院行禮午後再演鄉飲禮曾心泉楊紹曾黃翰仙來六雲生日午設湯餅薄暮欲爲博戲悤悤未暇也孫生欲唱戲命諸生止之

十二日巳雨日中行鄉飲禮諸生至者四十餘人齊之以禮甚爲整肅請松翁爲僎者升坐無算爵後張生孝楷楊生炳烈忽酒狂罵坐一堂愕眙牌示責之本日試行鄉飲酒禮衡陽廩生張、秀山附生楊傲狠不恭敗於禮紀本應除名覆革余念大學有三移之教且係試行姑停爲附課生罰月費獎錢一月即日移出書院俟改過後再議

十三日晴晨作教示諸生昨因釋奠試行鄉禮諸生濟濟翼翼復古矣乃益習之後司正糾儀舉觶失中數有張楊兩生肆其狂惑余長愧爲師學明年而氣質仍蔽教之不行也教者之過也然糾其儀者欲整齊司正長復不直而叱剛叱柔亦各有告昨所以不言者以迹而論兩人無失又初試行禮未實習能以見子代體順習過節王生樹滋願司糾察亦非顧涵承默而使之也然人不相知已不度德余爲致自恕乎諸生之過皆余過也今輒自罰十金助酒饋之費請監院抄牌呈進者以謝不虔諸生無亦思爲今人之易而學古人之難各攻所短國余不違午出訪松翁鄂生未登昇崧錫侯蕭子厚來久之乃出鄂生處談俄人已至天津薛生書來以勤王勉丁公知李少荃當敗績矣因過王蓮翁蓮翁云將軍得書言曾劼剛和約已定復至豐豫倉答訪錢帖江遇薛丹庭還從少城中過將軍恆訓未見曾綱復來送禮因其無剛爲收四色暮過帽頂談

十四日陰有微雨如霧楊侯季懷鉞卿來談季懷言遷都彰德結和親伐日本爲交夷之長策余以中國當經略南洋通印度取緬甸爲自治之上策蓋中國積弱不自他道改弦而更張之徒議遷都仍無益也然此二說亦猶楚臣三策可以皆用事經歷練勝於郭公使之贊揚盛美矣

夜鬬牌至子先寢雨

十五日秋節早起諸生昨於講堂豫賀今晨唯兩監院書辦齋夫等均見於講堂楊江香班後來談

十六日壬子陰蕭銘壽率其友孫元超來欲謀開復元超以平反史唐氏案見呪於前臬不知其何以得咎也史唐氏之夫持刀索妻妻家及奸夫叢毆之史甲死成都令以自縊詳報方子箴采人言坐以謀殺物論翕然稱快及方罷官代者崇黎皆以爲荒謬入證俱死莫能明矣余詢元超元超歷述教供之情猶自以爲確鑿可歎也薛巡撫煥之子華培字次申來見欲求志狀而辭云有他事知其應酬世故未習也所乘輿故敝樸陋殊有素風面奬之李湘石來午過機局看戲至戌雨至乃還鈔唐書半葉

十七日晨雨地蒸潤如春深時寫家書一封寄銀三百爲吳熙作刑名書

序聞外有言揞子豐兒者至書局察訪之因言李康輔假票以恐揞綏當直索其銀否則告其長官撤去差事以懲刁詐及問揞生又言係周姓所爲非康輔本意也午出答訪薛世兄旋至章師爺處便飯章僅一面而三請不可不往至則張華臣黃福生先在陳珊階俞子文王怡亭金蓉洲纔至坐至三時許煙氣薰烝天又溽熱飲新酒一杯頭眩而起未數步昏不知人衆皆皇遽夢中覺吐乃醒復少坐辭歸至昇中行四五里復大吐還講檀弓二葉昏然遂寐

十八日雨昨夜子時大雷起坐久之見電光始白俄赤若火初發大震地阪皆動又頃之空中雷如發礮一聲雨皆若注竟夕未安寢至曉強起鈔唐書一葉午睡晡後出至和合弟處喫到任酒芝龍兩生及紹曾同坐和合作陪未與主人交一言夜講通鑑感樓緩虞卿議割地事與馮亭邪說同而長平敗邯鄲存用之時勢不同也短長書三代詞令傳之

最精者班史以縱橫家出行人之官蘇秦揣摩太公書書名陰符符者行人所以爲信也符有陰陽蓋記所言於符陰言山川物產形要之說故其書以羅數國富指陳形勢爲主唐人僞造陰符經乃以爲兵書非也鄭小國也爲命極一國之選孔子亟稱之者折衝尊俎決勝萬里在一言而已凡言得其情則敵折謀語愜其心則交益和古之所以措兵者禮也禮之所宜者詞也不修其詞而震於兵此英俄之所生心

十九日乙卯秋分陰鈔唐書二葉咸豐十一年五月朔黃淳熙援順慶賊先退李渡河分股由資陽遂寧蓬溪擾川東定遠告急八日果毅營進援定遠十一日斬何國梁解其圍十二日追賊二郎場賊依涪水散走黃死十六日賊去軍還順慶六月一日駱至順慶七月駐潼川八月朔湘果三軍六千餘人胡中和蕭慶高何勝必將之自中江進緜州唐友耕彭太和劉德謙曾傳理自三臺進顏佐才唐炯守城內外藍朝鼎迎戰於楊家店八月朔勝於塔山唐友耕觀望不進胡中和退敗大雨無功賊聚州西門諸軍移屯東嶽廟十四日賊往緜州什邡彭縣川北無賊九月駱任總督十五日接印李短達踞眉州城外眉州東阻府河西接丹棱南通青神北連彭山連營百餘里湘果三營果毅護軍五六千人由崇慶彭山進提督蔣玉龍攻藍朝柱餘黨於丹棱唐友耕六千餘人防府河斷井研之路自邛州進十月朔唐先破張鞍四日湘軍至六日攻賊河西黃忠壩進象耳寺八日丹棱賊來援何馬蟻至東瓜場九日方戰李短達遣兵自松江口來引援師胡中和破之十一月會兵攻雙鳳橋賊走青神湘軍攻丹棱先除藍股藍自緜州來衆不滿萬十一月二日官軍攻城四日又攻皆不克十一日夜半賊走蒲江趨崇慶彭縣湘軍追之十九日及於蒙陽故城李短達遁彭眉湘軍迎拒於漢州高平鋪賊走德陽安縣平武江油蒙陽賊亦走漢州出緜安追及之遂

走中江太和鎮藍股嘗洪發走遂寧安岳內江富順隆昌湘果諸軍會攻青神元年石達開破來鳳二月入蜀境李培榮來辭行至雷波防蠻

廿日陰鈔唐書二葉繙斷爛朝報二本奏免報銷係同治三年七月初十日戶部具奏四川八十一營設兵三萬三千餘晚出堂講書岳生林宗問過秦論何以佳余云以實爲虛非有論虛而能實二者作法備矣豐兒同諸生作春秋例表成倘未暇閱得陳老張唐子邁書

廿一日陰鈔唐書半葉每有所作輒爲人擾人去亦不記其爲誰某今年應接之煩如此客去唯有假寐少頃復有客矣夕過顧華陽飲張華臣金蓉洲黃樹人同坐黃則昆伯之弟也喫揚州肉圓鱉蒸甲魚乾蒸鴨均佳

廿二日陰鈔唐書一葉作會館柱聯又爲莫提督作一首莫聯云少年投馬錦江游客豐頤宜剩秋稻麗雙兵氣靜高會譽標準屬斂頤英賢繼迹甘棠留蔭後人着己聯云游宦溯前賢自蠶陽館萬遂道群使

蜀部中盛鎮千年楚國長稱參古柏肇軒開廣廈數南北荆雖東四使節結水氵江流萬里洞庭吐納歸煙樹 駱秉章奏調
席寶田周達武易佩紳朱逡漢李有恆楊巖寶防雲萬劉嶽昭入夔州
檄從九蕭積恭專剿鄧逆七戰皆捷鄧由陽平關入陝臬司毛震壽赴
陝建威營從至漢中二年李卯周郭各股次第平石逆竄敘南劉嶽昭
拒之寧遠河西縣丞葉湝被殺川南騷動扶王陷興安周達武鎮川保
舉李雲麟爲大將王榕吉吳昌壽爲陝藩六月多隆阿劾雲麟 朝命
劉蓉代之七月授巡撫八月十二日行石逆就禽將一萬三千餘人往
以李桓代毛震壽二年二月間石李分道石渡金沙胡中和防窟定李
自昭通至大定防敘永駱於李最爲契密得七月十三日家書夜閱課
卷十本

廿三日陰鹽道不送節禮遣監院問之七日不報蜀中官習奇俗乃自與
書鄂生詢之俄頃而傳監院矣蘇秦所云勢位富厚可忽乎哉閱課卷

五十本諸生頗有新思但儉腹耳映梅族孫在莫營求百長得之來謝
送豬二隻余云書院不察雞豚以與絨子衆之而許其直彼將去故寄
於此非真送也譚升送菜以獻伍崧母

廿四日陰公所請秋祭余以莫提督新任諸道旨貴不敢僭踰之辭疾不
赴鄂生來久談蜀中戰事芝生來李茂章陳茂勛來穉公復來久談遂
盡一日矣夜雨偶論古人賓賢之典爲選舉之良法蓋諸侯公卿降尊
以禮之苟非其人必不肯行賓主之禮也故禮行而舉必得士聖王之
微權也

廿五日雨清坐理日課鈔唐書二葉帽項林生王心翁莫弟來客至紛紜
有不能不辭謝者遂謝心翁未見既而悔之以去年監院初歸宜先見
也索麪杳無消息怒推所由由陽春壅蔽責去之

廿六日雨卯起屬夫力出拜客過辰不至乃飯而出詣賀伍母生日主人
猶未起設壽堂於堂後雨溼泥滑不可行又有戲酒益雜亂湯餅會散
已晡矣蜀中生日圍棵後繼以包子乃上熱食此其異也至鄂生穉公
處談向暮穉公留晚飯爲穆芸閣煖房季懷用階同坐初更乃還愉女
不能董督婢嫗恐夜禁不密自移對房遣愉女仍與滋女居夾室令作
聽雨詩居然成句鈔唐書一葉

廿七日雨陰鈔唐書三葉補四卷並畢此當於六月畢工遲之至此若不
檢點雖至九月猶不能畢故惜寸陰之可寶也作家書鶩卿來豐兒請
校公羊例表爲正會盟一門改舊箋

廿八日陰得七月廿七日家書將作援蜀篇以采訪未集而罷改公羊例
戰取一門

廿九日晴巡四齋唯東下齋多勤學發教獎之陳用翁季懷同來用翁將
還瀘州久約便飯殊不能辦客去乃冒昧設餞期以明日六雲近憚於

事大有善刀而藏之意初夜少寐家人遂皆即寢比起已似酒闌而人
散矣並豐兒亦不校表尤可異也偶感近事口號一律寄筠仙 趙播藏金日將
郊引領時不成孤往隱堪登老臣悲國是終題定斷暇暫可支和我盛明事將相枉危疑

九月丙寅朔辰出點名院生居外者半至而已借廚人小辦要用翁季懷
穆芸閣鄂生帽項便酌劉廷植強招往領其宴名爲余設而不改期可
異也待初更客散乃往道遠夜分余心甚愠今日自初昏至三更進食
六十品還家人皆相待少語各寢

二日雨陰騎出送吳春海春海來辭未及知彼訝余不送昨遣人來問靈
柩欲以朔日爲不祥兆呪我耶以春海未必有此深心姑依禮送之王
心翁移陝街欲往未果也游散無事夜校公羊表

三日晴始鈔春秋經將刻之寫隱公一篇出答訪芮少海於犬井未遇過
許黃二道臺而還以兩君並懷止足勝於候補一流人劉筠生妻遣人

來言索債事余云方重喪不可計財利當遣六雲往視之夜講公羊小
國卒葬例殊未定
四日陰鈔春秋桓莊二篇竟日伏案兼與來客諸生談論亦未覺倦
五日庚午寒露鈔春秋僖篇許播巡捕來頗似田秀栗
六日晴鈔文篇兼定例表帉女生日爲作包子二百枚
七日陰晴鈔宣成篇晚間諸生爲嫪緹餪祝設火樹花合煙火甚盛又命
洋琴清唱則無雅調洋琴制上下皆有銅弦中爲兩越疑古瑟制當如
此瀏陽瑟形未然也
八日晴日光甚烈余被寒猶著重緜晨起令家人賀生日畢諸生至午乃
食設四席共廿餘人黃郎笏生獨來賀作家書十一號兼復殷竹伍書
尙有董小樓唐楚翹兩空信未復范生爲會館題荆衡納馴扁字體頗
壯鈔襄篇六年

九日陰朝食後出謝薛黃兼論代純在機局撞騙當去當留之議翰仙純
打官話並責我家教當約束之似全不知世故者余廿餘年而不能規
勸朋友使翰仙全無識量是則可責也孫生來言豐兒侮辱之責誘豐
兒使知處世之道似尙易於爲誨松翁招飲城南浙江義山旁爲登高
之會黃毛二劉同坐皆江西人也與劉庸夫俱不終席而還入城馳至
北城答訪數客不遇天殊未晚至許曉東處借坐雜談昏飲黃道榮樹
人宅錦道劉丞蕭令顧象山金年弟同坐聞雨而還至院大雨鈔襄篇
畢得無非書文詞甚暢
十日晴復會食於外堂鈔昭篇講書並爲播子作文應課文無佳語試律
尙是李西漚敵手夜月甚明芝生來
十一日陰晴鈔昭篇畢講工尹商陽以其不見知而不盡力故不手弓而
故掩目也孔子惡其以殺人顯己能而反竊禮名故深譏之舊說誤也

知其懟者以每射必斃人非不忍殺人者若不忍殺但縱射自可何故
作態如此張桂來投陳老張書
十二日陰晴今日當畢春秋而人客總至自午初𥫗生來曉東月卿惺士
李蘊孚繼至皆久坐至夜不得食廚人全無料理而委事六雲六雲復
不知擺布遂令忍飢終日亦可怪也乃自呼文八辦之已二更矣食一
盤而止鈔定篇僅畢計在院無一日專功課讀者復不知其何事明日
當一一記之以攷荒廢忙冗之由夜月朦朧寒氣頗重
十三日晴朝靄陰沈似霧朝食後得八月七日家書鈔哀篇楊紹曾來求
鼇差坐看獲麐畢乃去還內齋已午初矣爲帉莪點書畢羅師耶來曾
元卿來言純子仍留局且信其能收斂余亦未便力去之唯唯而已晡
後劉瑨臣來客去已暮講書畢與六雲夜談至三更乃還寢
十四日陰雨看課卷竟日兼理帉莪書紈女索抱亦頗攜之游行未遑他

事
十五日陰晴出講書點名諸生後到者六七人略爲講論申初出答訪毛
艮貞劉仁齋劉省城租余鄰舍借余客廳治喪爲李得太總兵言松藩
事頗久余云請病非佳事宜早赴本任又欲辦銅亦不知何利也過惺
四徐三皆不遇至普準堂宋月卿招飲覃知縣先在丁丑進士也劉瑤
齋黃樹人錦芝生繼至夜還徹月大街鐙火頗復清麗
十六日晴作雨廊以便出入午後出詣鄂生帽項和合來言帽項署提督
故往看之毛艮貞劉濤設於江西館招陪松翁雲南李及豪伯劉拔貢
同坐設筆墨索書松翁堅不肯余書一聯以紙扁作八分筆硬不可使
轉墨又清沁惡札也夜還過鶩卿不遇
十七日晴陰早課未畢蕭銘壽龔生兩監院恆鎮如錢徐三相繼來作書
復趙生樹櫰彼爲周生介紹希圖薦館而送書兩部火骰四隻是貨我

也告以大體謝卻之晚步至機局局憲黃觀察方宴司道至元卿棟材處少坐而還今年罕步行欲習勞耳當復書者唐董陳非女當作文者唐瞿徐(除夕前幷作訖)

十八日晴作非女陳五董道臺及家書帽頂方保卿來陳老張來書爲遂寧傳大令問脅樾撞騙事守待復書作一紙告之晚至李知府處會飲黃勞和合薾錦同知黃郎同坐月出還亥寢

十九日晴晏起楊犖劉仁齋來午至帽頂處與督府幕客會飲食熊掌殊不肥甘申散未飯穉公送水仙花二盆

廿日晴陰李知府來言籌餉局提調暴卒欲得其差余云王天翁見賞於潘使彼當得之不可奪也潘喜王崧喜金唐喜易但不知崇所喜耳此三喜者皆冗闒之員達視其所與則喜之者未爲超也書復唐楚翹與彌之兄弟言京控事孫伯璵來云自京回銅仁八月復自家來筠山甚得苗人心仙譜乃不得土司心亦可怪也和合送扇娃娃魚送花甚爲我費今日當講書悤悤遂忘之

廿一日陰王天翁劉孝廉虛谷來午過季懷答訪孫劉因至箭道觀穆芸閣騎馬旋過羅惺士惺士請余及松翁爲媒主其子昏曾佑卿之女佑卿與余相見在廿二年前時此女未生也因作一聯賀羅彩鸞承歡引鵲鳳玉堂留硯有傳人松翁晚至與羅鄉人曾鄧同集皆爲昏贊者也熖不可縣

廿二日陰雨早涼㬎之老兄旅席傳聞迂生逌滋婞擯從者至者將牌公豈異敢善敢且然且矣時論保明不得待晉矣但方今之時很勝求勝地山近事可作書勉一笑江橫坐成花倦圃運於此饒有會心鬬兄少耗守峰過於敬慎辛兄一晚紱儒衡閣合程朱守峰則人卿其機爲儒又自高其道於高掇竝暱之概自卑驕人之理過則歸已之眷戒有未逮也宜因此行於龤辭不敢毀其所作風己申人然△高謝丘獎游於界較若仍然戰勝擯有復晉衡州程君昨有京兆閩運亦以此進邀謂宋明以來知此者稀時萌正芳秋盤偶坐晉此庶旋情談午睡金年弟來留片而出云華陽令當復改除乃譌言也大雨水深二寸吳熙心甫招出城飲帽頂趙翁同坐趙年八十三矣正似六十許人昨

豐兒言張生大父年八十能健步亦其倫也還院已暮吳生送鈔書籤來校因補書於刊本倘書之上欲爲定本擬龍母挽聯慈願德登晉爽諸耶辭祈時對國登堂晉無全福相莊成願衆又十載登甘御食眞侭枯魚泣朔風額曰郡喪柔儀非龍母不能當此

廿三日晴佑卿子來見面目油滑殊不似去年余以爲兩人也問其弟入學事亦含胡似莫須有鈔補唐書二葉夜書爾雅半葉

廿四日晴鈔補唐書二葉夜爲李世姪講王制後改定櫨初三節籤張生來言鹽務

廿五日晨起入堂室丁生治棠與戴生俱衣冠待見丁初從京師還戴假歸考補廩還也補唐志二葉夜看錢大昕爾雅答問多爲郝疏所捃摭無可再采

廿六日陰子初覺聞人言以爲我女醒呼問之則㥑滋未睡今日羅氏請媒而兩女助喜可謂大同盛世之風也寅初昇鐙來迎往過錦江院松

翁亦出同至惺士處劉庸夫先在寅正至曾寓接女壻不親迎而請一人夫婦往迎女家亦請一夫婦往送蜀俗也兩家俱不似有喜事者昧旦女登舁看交拜畢少坐設湯餅請見客入賀羅母八十八矣猶能起立曾羅夫人俱出謝辰正還小睡起鈔唐書數行黃筠心來今日轎杠忽斷配杠始復出過鷙卿機局復至羅宅行十餘里矣新親與媒人雜坐一席八人皆喜酒所罕有大雨忽至未終席而還

廿七日陰看課卷五十餘本

廿八日晨霧早起發案兩監院來李總兵黃翰仙曾元卿薾錦王副牓德溛曾毓燮何芝亭嚴鴈峰周陳崔三生來自巳至酉接談無倦酉初出答訪吳寶林奇荒唐俗人無人氣者也楊海琴亦與之游咄咄怪事見其二子云欲從余游一笑而出至莫提督處看戲

廿九日晴鈔補唐書兩葉看經解二本帽頂來

晦日晴鈔補唐書兩葉晚出講書陳生問長中繼掩尺未聞長衣爲吉服也明令諸生攷之

十月丙申朔晴晨出點名令諸生各擬本經題唯擇用二道妾女出看雞腳神獨攜小女在院僕嫗幷出張家櫟來求鹽差申至帽頂處與孫伯璵薛季懷穆芸閣許靜山張公靜會飲戌散藩臺送歷日八十本分與院生刻印甚不精

二日陰晨覺甚早見新調李生縣竹人卅一歲始入學言語不通叢鄉人也唐書補畢摘鈔書箋於刻本肩旁觀去歲所說所偃盡起以爲禾起勝於王充以爲木起木起爲祥異殊無益於事木拔反可以供材用舊說未之思也昨攷周公葬地未得史記集注引括地志云云於畢則非也成王欲葬周公於畢而天雷風其勿穆卜則改卜地矣疑卽葬豐也夜雨

三日晴鈔書箋百餘條出送顧象三兼答訪一客歸忘其姓名矣可謂無聊之酬應也王成都生日遣送禮揩子附船還湘遣送登舟申正過機局翰仙招同鷺卿陪吳西臺以彼留川道員由吳作奏故也薛季穆同集穆送余馬一匹此間養馬頗費余有三馬送一與薛丹庭欲省芻秣未一日穆復送一馬來遂不能不留養之自此不議省騎乘長畜一圉人矣

四日晴陰鈔書箋百餘條聽帉女講通鑑李斯督責書言用申韓之道韓非與斯同時又爲斯所殺不應稱引其道疑此書後人誣斯者所爲也

五日陰雨欲出詣稺公稺公適來因遂罷往鈔書箋數十條司道送聘來訂明年之館以余言增用督府學使二名銜仍書千四百金而未知所出徐當問之

六日晴飯後出詣鄂生因賀帽頂署提督之喜徧詣司道皆到門投帖省他日答拜之煩也街日晴光猶饒秋色頗思騎行之樂因從錦芝生處畀還易馬復至提督街北詣蕭銘壽劉保臣飲方葆卿劉孫黃三知縣宋月卿皆先在喫冬筍頗佳戌初散騎詣翰仙鷺卿皆不遇乘月而還看唐宋別史三種

七日晴帽頂來今日飭具招孫伯璵飲補請媒之局季懷芸閣方葆卿爲客翰仙作陪申集亥散聞聖俞吳生之喪傷其不延旦夕忽忽不樂昏昏遂睡

八日晴吳生從父來見下教郵聖俞以卅金並牌示以哀之內題目之以孔靜幽默殊似其人也揩子船開步送之因過許曉東船送行訂舟餞之約未還毛八耶來求書出詣鷺卿屬其飭廚人治具今日騎行卅卌里夜月甚明（書吳昌基墓敘好學深思孔靜幽默頃因羸疾增苦攻研勤督遣歸已踰歲頗秀而不實人士同悲其奮長廢已全支更俟副貢住院例半給科費並發八九兩月膏給並私致銀二兩以寄哀情庶代彼生芻旌其如玉拔帷太息反袂稱觴）

九日陰忽寒所留船尚未試行命飭備送器具以往不暇他治晡與兒女餐黃花落英甚飽且甘出詣稺公泛談無所發明歸過松翁論監院事王心翁來求淸江訓導殆爲人所愚故謀極下缺如請寢丘也

十日雨將出城餞許黃竟不能往遂令送席而鷺卿陪客竟去張飲雨中主人反不與可笑也看課卷五十四本暮出堂講書夜命六雲作串湯魚片而不知寫串字會有里語云僧與書生同游見魚休水間串字作何寫書生云水旁作去遂至相打方言凡僅過水者爲（蓋平聲）字書無其類也余憶袁枚食單於（蓋平聲）肉字書作串肉姑依用之至於魚（蓋平聲）水去則仍不知用何字矣說文以縗爲縗服衣長六寸博四寸直心禮有負版然則衰服如今補服之制禮記云衰長六寸博四寸衣帶下尺又云負廣出於適寸適博四寸鄭云適辟領闊中八寸兩之爲尺六寸適如今披風

十一日雨久犾鈔書錄書箋百餘條亦稍有改定至夜寒頗侵人乃寢
十二日陰鈔書箋數十條吳寶林二子來云許仙屛之婚家子與陳又銘
子相識其少子惡劣乃作散文史論殊爲可笑毛蕘亭送雲南石榴甘
津佳品也
十三日陰寒鈔書箋數十條看程春海國策地攷有一狄生竊刻之以爲
己作僞撰阮雲臺序亦可閔也程子亦舉人乃不知父筆迹尤爲可怪
羅惺士夜來求子師無可舉者近日學人不願授讀其願就者又皆不
可聘亦知世風之變
十四日晏起以早飯遲熟不及堂餐也昨夜東鄉令孫定颺領兵官提督
李有恒斬於東市此案翻覆五年今始兩敗恩童於此消得十六萬金
猶愈於堰工鹽務之無聊耳鈔書箋數十條感周公戒王無誤庶獄誠
聖人之遠見

十五日晴晨出點名生徒多假歸猶有五十餘人鈔書箋數十條錦芝生
來
十六日晨雨感寒連五六日未愈今更咳誓李得太來申出詣惺士談暮
過龔生兄處便飯季懷馮翊翔孫鷗舫先在二更乃散從鼓樓街直還
夜市頗喧鬨有都會之景鈔書箋百餘條畢一本
十七日晴甚寒早起復眠未朝食毛八耶率其甥楊某來求益宋鉞卿來
毛甥補實缺未到任蓋欲夤緣也鈔書箋數十條
十八日晴兩監院來言事莫總兵來云宋慶已死鮑超軍不戢有孫飛虎
之風設防恃此二軍可哀也寫雜紙數幅看說部宋嘉蓮燕語有弄玉
五子之名可怪也章望之延漏錄有益州十樣箋以紅三青二綠三黃
一雲一分十色雲不知何色也又有彩霞金粉張門生設飲要我辭之
不得

十九日陰寒鈔書箋數十條和合來言督部當過我辭行充閱兵欽差因
與諸生言天下有明知無益而循例爲之已亦不能自解者督撫代欽
差閱所統內兵是也閱兵驗其精羸必無自言其羸者亦無自實其精
者奉行故事殊爲可歎晡後穉公來言書院事余決意欲減後來脩金
衆必以爲不宜頻有議論反爲多事夜夢行沙岸閒乘一象躡危蕁過
當下石磴有人以爲宜下步行及下磴斗絕恐爲象所擠壓之少退至
一場象不復相屬反視之方銜民婦綫筐銜突器物余將牽之此婦自
言冤對不可驅也已而六雲與一婦持竿爇火燒象余亦持長竿兩歧
著火燒之既念不可息火遙望六雲乃汎舟載脂葦云欲以誘象毒之
余急呼止之則與一婦俱負筐飛行上山有三象飛行追之遂蹂人甚
急知無活理六雲避象腹下已而象毒發顚躑而下阬谷翻騰人屍堆
積震駭心目視山谷皆積雪殆所謂雪山狂象佛地公案也悲愕而醒

正鷄鳴矣
廿日晴晨出送穉公徑入季懷齋內坐頃之主人出談因言公事未了余
勸以省事委權用人行政此六藕九家之異也還過鶩卿鈔書箋數十
條晚出會講
廿一日晴鈔書箋數十條帽頂來盼講檀弓畢晚過翰仙言當與錢師寄
炭金
廿二日陰鈔書箋數十條改定贊贊襄爲二句作書寄錢師朱肯甫陳仲
英曠鳳岡俱鈔有稟
廿三日晴晨暮俱有霧鈔書箋數十條將往西北城念頻游荒事不果往
近日人客頗稀院中清靜而以三女點讀殊無暇神昔在石門亦教三
子功課銳進日日有常曾無廿年遽衰耗耶申過提督牙門陪督府諸
客飲戌散得家書盼云母病余驚以爲重病也看書乃是舊寒疾然

亦可憂功兒歲考列一等諸甥多人學者湘中又有主講之請見功兒
與豐書如華嚴水瓶甚有理致殆得吾韋札者
廿四日陰鈔書箋百餘條李年姪毓珩署崇寧令陳小舫族子慶源崔士
榮姪壻自寧鄉來均見
廿五日陰雨甚寒然未及冬至尚不須重裘諸女已入持一罏火矣鈔書
箋數十條禹貢終尙未明晰夜半忽覺遂耿耿至曙
廿六日晴鈔書箋數十條午攜二小女循城根賞冬晴光頗潔騎至公所
步入督府季懷芸閣設食魚筍甚佳顧乂耕吳曦臺方葆卿李湘石賀
老四同坐再訪劉虞谷不遇未二鼓散作家書
廿七日晴晨霜甚重鈔書箋畢陶師耶蕭知縣余革縣來幾半日乃散夕
食後鄂生遣人來要云季懷在彼看字畫騎往則有米蘇二卷褚臨蘭
亭墨跡食西安年餻啜粥一盂未二鼓還

廿八日晴帽頂借八百金來周芋生來得苻翁書筆法猶遒謹云不再趨
朝恐徒供後生描畫尙有彭薛之風又言曾小侯出使能與俄人抗議
此夷務廿年之效也但不知其接伴往復作何語留芋生晚飯而去發
家書十五號
廿九日晴晏起實未夢朝食少味似發熱後初愈者亦飯二盌近來眠食
多循例也久不攷課至四齋脩故事諸生廿人唯一二不好學者耳餘
皆銳志者也與紱子步從少城東門出至總府街看皮衣復獨至鼓樓
街看衣入小北門出小南門還院似欲疲矣喫年餻半楪至鮑銅梁楊
小侯處飲專爲余設肴饌最旨二更散
十一月乙丑朔晴晨出點名猶有卌人堂餐者午少愒廖生來見久談遂
至夕食夜爲葉生定詩家人多寐遂寢
二日陰獨坐外齋寂靜無所作入內齋將作字周盛典編脩來主講少城

而初冬上學例所罕也翰林不用光名帖乃以門生禮施我亦破例也
此殆賢於陳蘊元矣閔生坌來見云欲入院肄業亦他方所難得者其
人雖經魁經實未魁或者已舉後見聞較廣乎張叔平夫人遣人來尋
親始知叔平並未往綏定以母柩爲阻殆不可救藥矣來足資乏不能
歸遺帉女作書寄以四金
三日陰欲雨晨出送沈吟樵葬不及事還過錦羅俱未起至少城書院答
謁周雅堂還改周生課卷寫對聯五副騎至提督牙門喫鹿肉督府諸
客先在較騎射戌散
四日晨雨游行無事夜改課卷帉女讀江南賦畢令倍誦聽之不讀此賦
已卅年矣
五日陰思得一禮記題攷周初齊魯衞廟制寫對一幅改課卷黃福郎得
夔鼇局來辭劉舉人自京歸來見瑲臣從子前年與我同日開船者字

桂三
六日晴騎出問瑲臣病便答訪劉桂三又賀鷺卿生長孫還看朔日課卷
七日陰寒
先孺人忌日素食深居偶至書局門口遇陳冒公縣丞直闖入不得已與
小坐而入郭健郎來得家書並詢家事近所謂衝破忌日者然緣禮意
此等事不得全絕絕之反迂怪也始聞龍母之喪
八日陰晨至勞宅觀其次郎新昏程崧崇先至王成都後至亦待轎至乃
去似前年風景然有山河之異矣翰仙和合鍾蘧莊繼至出過賀鄂生
次子續昏不入至蕭宅飯陪方葆卿還仍至勞宅新婦拜見畢遇黃翽
雲言余能騎馬可謂允文允武翰仙云君則乃聖乃神四坐粲然蓋翽
雲舉動矜異造作此言似刺其隱翰仙非刻薄者偶中耳季懷芸閣和
合翰仙胡聘元國珍同坐未戌即散昏飲無如是早者妾女並往先還

擾擾一日
九日陰雨看朔課卷畢崔孫二生䢴雉帽項請早麪午飯往詢其故意是
爲余生日先設殊太早計也張靜涵薛季懷孫伯璵方葆卿穆芸閣相
繼至游談終日二更乃還
十日陰唐翼祖字穉雲來余與其父交游而自居姻世兄弟其禮不謬禮
意則謬汎談久之云尚有去年一家信則謬之謬矣劉景韓來奔其母
喪居城外遣信報余馳往視之亦頗及雜事非善喪者往還十餘里至
院已暮甚倦陳兄師來帽項來值余方講書留坐久之致送兄師乾脩
十一日陰黃楊務郎來爲和合生日作序文羅輝五來沈晉來言游黎已
相見謀得其書啓館午出答訪雷姚聞健郎痛手往看之遇黃知縣應
泰已不相識後入談乃知之久坐欲待暮殊不欲暮乃詣芮少海晚飯
一打箭鑪客李姓先在伍吳周三山長同集吳至最後主人殊不欲待

之也設食頗輭美而多甜味得家書
十二日雨陰看課卷理兩女功課宋生有仁以書來并還帽項前贈女鑞
衣及贖銀悻悻於彼之不知禮士何待人之過厚也然銀衣均原封未
開則耿介奇士健郎移來居西齋得子壽香孫簡堂書看前課卷王光
甚有撰述之體但文不振耳劉筠生妻來改定哀啓黃應泰來
十三日晴作書寄子壽並寄厚朴廿斤交黃福生存變候便舟附之又聞
郭郎言巫山令促余祠銘與書黃澤臣寄銘與之又爲宋生還唐銀爲
唐送陳銀並還李縣丞馬桂龔生兄來晚間復有三楊生來執贄送魚
兔家雞以爲有所干疑之出見則農家者流淳樸拙訥不發一言而去
廖生來夜談
十四日陰毛監院移錦江薛丹庭正辦監院事均花衣來謝官氣可笑竟
日專看課卷繼夜乃畢

十五日陰晨出點名飯後稍理盼我書未幾已夕食方訝其早及飯罷已
暮矣錦芝生來夜月食不見旁寺觀擊鼓喧聒殊甚已而雨至作家書
交崔郎帶去
十六日陰改定詳文稽攷款目晝風頗寒無所事
十七日陰作書報宋生又書唁敖金甫
十八日晴吳玉輝知縣來爲余購厚朴者故見之陳仲仙捐縣丞初稟到
來見丁穉公自川北閱伍還來談發家書十七號寄陳四乾分與之盼
女驕横重責數十
十九日晴陰朝食後出答謁穉公値其出視粥廠便過帽項賀生日不入
還喬京官茂軒來九月出京云江北童主事頗諳吏務徐蔭軒亦持正
論近日清流復有王仁堪諸人曾昭吉來
廿日陰甲申冬至院中獨居無節物風景黃翰仙貂桂來聊爲點綴也夕

食時宋月卿來恆鎮如書來送橘
廿一日晨晴飯後陰作徐太翁墓碑未半黃霓生唐穉雲蕭子厚來得去
年四月及今年四月家書鄧齋長來言事語閃爍可怪隋煬云外間大
有人圖儂豈吾平心坦懷不足以格物耶詩曰雨雪瀌瀌見晛日消而
北方有層冰之國使人惢怠院生諸聽穎者其方寸殆難測如張廖鄧
戴是也彼互相非吾無以定然則知人其果難更無論化人夜看淮陰
傳又使人不歡
廿二日陰作徐太翁碑成文頗純雅不甚槌鑿將作瞿吳墓志又無佳思
信作文之有乖合也夜寢覺寒知有雪
廿三日晨起猶見小雪令諸女閣鑪讀書劉景韓遣人來要餔後騎往一
更還
廿四日晴穆芸閣來見院外生一人江北盧生來請獎田主不種罌粟者

辤以非書院之職周芋生得濾局來謝陶師耶張門生來
廿五日陰晴見院外生一人歲暮放學來者相繼未知其意也出詣督府
穉公有嫂之喪與論成服事未便久談啜茗而出過勞黃均未遇作景
韓母挽聯棧養久遺衆古佛寒燈成夢果麻衣悲入蜀故鄉歸鶴感滄桑聞崇綱得湘藩爲之一歎湘
中信當有變耶作書與李少荃論吏務與周荇農慰其喪病
廿六日陰崇綱藩司乃北自祝耳且爲暫慰程立翁送酒肴謝卻之勞六
嫂率新婦來紱子方割牲供職事院中內外紛紜出至書局少坐瞿錫
三族人來滿口蜀音不知何等冒名也夜與吩女講通鑑臣光極稱丁
公之事可謂迂儒也漢高猜褊一傳而失其衆亡秦之續耳負恩而假
以爲名此最無賴之尤然報於其妻亦已速矣
廿七日晴院生送禮物者仍費修業許受納復以爲悔信教儉之不易也
夜作瞿婦墓銘文筆相宜頗有從心之樂因寒雨未及畢而罷

廿八日雨霽見日作瞿銘成午正出至貴州館爲景韓書主道滑加幫僅
免蹶躓徐道臺張同知作陪頃刻畢事竭蹶而還顧老翁復初來官士
送禮者數十家皆謝不視院中爲余傾祝陳設甚盛鐙燭花爆所費甚
大冉王毛薛張門生設於內客坐諸生設於中廳凡八席
廿九日令兒女早起余待至辰正方起巳初內院受賀生日出講堂諸生
拜畢范教授王心翁及冉毛薛三監院張茹侯出賀或爲余設燭中庭
者亟令徹之外客皆謝不見自入者有曾元卿唐李太守劉瑤齋楊紹
付羅輝吾黃霓生和合羅少純李鏡蕖莫總兵李湘石勞郎賀壽芝曾
蘭舟閻少林及院外諸生共設三席傅游擊後至獨不得食余副將與
余交談竟不得入尤可怪也未正客散將少憩六雲謂宜詣劉館以其
知交誼强往至則客已將闌便答拜數家而還夕食甚甘諸生外設六
席縱飲亦歡余與人交頗易相親乎坦直之效也明日當課夜擬題大

氣晴煊霜寒不入室中子正乃寢
十二月甲午朔陰晨出點名諸生猶有四十餘人前調院焦生公車歸自
請留院焦本以嬾著故未留之依閔例仍附正課巳出答謝諸客行東
北幾廿里唯翰仙處特入談道過景韓復入視之還院猶未夕食作書
與春陔父子及陸太初補復鏡初去年書過周芋儈促其急發遣彭軒
去
二日晴陰文債略還次及鄂生妻碑志觀其自作殊驕慢不欲附諛之孫
伯瑛來翰仙送蟹煙夜作餽分齋長及郭李世經也便略聚談看顧翁文
詩詞因言近人集不可看學之則壞筆笑之則傷雅所以云非三代兩
漢書不敢觀也
三日陰昨夜有雨毛夔亭移監錦江因令齋長清理院費料理歲事爲吩
我理日課教筆執今年不更與功比日游暇殊甚

四日陰閱課卷廿本夕與豐兒至督轅看大計牓張於宅門外監院云所
舉劾兩學官均允當夜看唐通鑑一卷李生日課也恐彼未能詳覽煨
芋與吩滋同食之至子乃寢
五日陰看課卷廿五本餘未交者皆不復待龔生來論育嬰事余因告以
凡良法美意皆不必行行之必無利而有敝敝不除則傷吾智此所謂
經濟要言也以督府初疏蜀士因余乃稍親重之而此三士者並出於
書院吾知其不能辨此也欲尼之則阻督府重士之機竊歎而已周芋
生方葆卿孫讓卿來夜傳齋長論院生不得條陳時事丁生云初不聞
此論宜作條約明禁之諸生入院宜專心習業不問外事自去年二月到館時申明禁約肄業節孝鄉賢先生無
得列名遣毛遂也凡曹事者不當而不自親行之良法輪意皆足爲散徒校有司以僞高節是以孔子不對田賦增盡不游宴盧誠有抱貢他日
當顧頌與院生福論此事者具陳日來聞恐諸生不曉此意或明知而陽昧故特牌示其在外違約者本不稽察但有經具官告知覈册即行
除名以遂其隱顯當發之志周芋生方葆卿來

六日晴作書與稺公論書院事黃豪伯翰仙季懷來豪伯以貢生實授京
職特恩也惜朝廷專用之於吏務而與陳蘭彬劉錫鴻同列仍以例授
耳
七日陰作鄂生妻墓碑以季懷勸作之又因黃龍生請曾兩索其志故交
卷耳夕過提督署會食將以桑交季懷適其米至穆張許方孫同坐食
甚草具
八日晴作粥飴院中諸人亦吾家舊典也去歲在宜昌作之猶留以歸今
年家中當不復作矣劉人哉來駱縣丞遊師季世姪告歸桂曾二巡捕
請余陪穆芸閣余前云巡捕可請客故赴之和合盧谷華臣同坐夜歸
食粥頗詰六雲不待之過今日發家書亦對川失旨以其作粥勞故未
申罵之今日過豪伯顧幼耕幼耕居繆仲英故宅所謂風流儒雅亦吾
師者余云來此二年而未登名士之堂殊爲俗矣作丁嫂挽聯苦竹冰簪六十

年官舍傭徵百肆同縣魏鐵娘謁石鳳烟三萬凰服與無慈八旬餘證督陷歸
九日陰晴帽項稚雲景韓來彭軒去晚頗霜寒初月甚麗
十日晴作書復維侯並致書唐鄂生催息銀監院來往紛紜得稺公復書
言經費宜增修金不可減云云注高唐賦畢
十一日晴始理歲事得鄂生復書及王成都來皆言經費事又聞毓家女
與恭子淫恣有非常之謀六雲故人余前作三郎曲者也旗僕縱女恆
情耳爲其曾久在外故心驚膽大異於常女夜與諸生步月至錦江書
院
十二日晴議試行燕禮儀節番京官揚言謀孝廉已改歸無錫不宜仍在
院而私告岳生不與我言以其委曲多詢於丁彥均不得其實令人有
其賢之歎冉監院來
十三日陰方生來問春秋院外二生番京官李守備伍松翁來番言不及

襲鄧岳亟欲斥襲詢之皆鄒生所說且徐之無躁以無明證徒生事也
得十月初家書膠緹寄諸女食用諸物周筠連送年禮辭之李守備送
藏物辭未將去
十四日晴晨霧大晴出賀和合做生喫麪看戲還院肄燕禮收經費還借
項董晴川送韡褂杏仁摸姑以韡長短合度特受之蕭子厚來得連子
田牧京書景韓送禮辭之復得十一月初家書羅研変張東丈並卒陶
子珍亦病睥臣病甚皆令人有逝者之感功兒此次筆法大進與書唁
丁伊農體勤
十五日陰晨起出題牌不點名
先曾祖忌日素食羅石卿吳明海劉景韓來諸生來者相繼
十六日晴大昕與監院諸生釋奠朝食後於講堂行燕禮未正乃罷筋力
已覺不支幸饌羞未備得少息耳穆孫劉三賓來觀禮入談已復集堂

上會食禮成頗有整肅之觀
十七日陰出拜客胡總兵國珍來少坐去從內城繞至鄂生揩卿處少談
赴鶩卿招爲湯餅之會文武三席以余爲客唱戲未看夜二鼓乃散還
莫百金黃卅金莪女讀爾疋畢二篇
十八日晴近以放學不出堂餐本欲飽睡因慣早竟不能遲也看課卷竟
日雜客時來相擾三鼓乃始悟信期當再發一書鐙下作之復閱課卷
得閔生卷甚佳殊不似其手筆頗爲疑訝夜出步月天氣正如深秋耳
彭縣一短人以百金求一見辭其婁而見之竟未問其何姓名
十九日晴發案以歲終均列之正取自此留館者不過十人可專爲自逸
之計議酒食宴會矣明年當治春酒而苦紛紜故欲及歲暮先約諸客
一會外間復有來招者皆令就院中聚集元卿送東洋車來看似甚顯
鏇以奇車不敢乘也

廿日晴餞徐翁夫人送畫因出謝之便答謝樨公及羅子秋劉景韓晚過鄂生食食餞羅質安季懷徐山趙二珊同坐質安頗稱衡志圖佳余許以贈之

廿一日晴甚煊爲盼女倍禮記孫伯琠來本謝答綌闓人因晤談頃之莪滋並停工課頗得閒坐午後詣徐山陪餞羅之㟙鄂珊俱在一少年亦唐友不知其姓名似是書啓耳昨得曾詹長書言高巴令之謬及㟙鄂生頗護之余言甚切鄂仍不悟也其繆如此看香樹祖母陳南樓畫册及徐山生母姚靚仿册香樹詩册題卷夜騎而還

廿二日晨起頗早飯後質安來辭行送衡桂志各一部午爲盼倍禮記看匠立戲臺鄂生請作貴州館祠聯祠祀尹王何飯驄馬高車祇名山數樓下聯檣遇千載西南留

道統閒此錦香筆酒閒汝吳辰傳鶴樹正脈職人宦學比前脩

廿三日晴爲盼倍禮記畢請郭健安寫春帖集張左二句致四海而爲倚緯羣龍之所匯

頗與此書院相稱其二門聯則健安所作也銀號郭生來立摺以應劉錦之求近於傚生乞醯然便於人而不損己似亦可爲也錦芝生借三百金以百金自用百金與景韓共用五百金矣作年謙與曹錫九曾詹

廿四日晴同鄉廿人爲余補作生日外省有胡孫桂三人設四席唱戲巳集戌散擁擠喧嘩甚無條理云費二百千尤所不安景韓來

廿五日晴爲盼女倍易詩二經出至機局黃曾俱外出馳騎往還八里無半時風日漸煊殊似春游

廿六日晴設戲酒招潘臬王成都飲芝生作陪樨公送米炭年物詩楊石泉十一月書十七日而達郵遞甚速也芸閣來未入坐去亥散

廿七日晴設三席傳二班宴文武諸客十六人勞唐李甫入席而去余自開單而忘稽芸閣頗甚慚惶方知獻酬不易巳集亥散署臬送年禮

廿八日晴大會督客及同鄉丞令凡曾飲余者皆還請之共卅五人唯方吳縣以事不至張名杰最早來蕭胡孫羅最後去亥正乃罷得熊恕臣書送臘肉白金辭金受肉鹽道送米炭

廿九日晴成都送公費來總計歲支分發月費辦理年事竟日無暇紈女小病家中亦殊悤忙也景韓來辭行

卅日晴歲事料理稍遲僅乃得給張蕭來辭年午出南門至水府祠送景韓並借二百金與之還已向暮設二席要諸生入會食夜復會飲書局分帳頗有爭多少者世人不可與行度外之事爲之太息孔子觀於鄉而知王道之易吾觀書院而知反正之難古今人信不相及蓋三代之直道久汨沒矣子初祭詩亦未及往年之躬營果脯幸家人立辦不甚草具耳稍爲料理已過丙夜半寢已質明覺甚倦也

湘綺樓日記

光緒七年辛巳

七年正月甲子朔晨陰午晴起不能早家人更晏於我昨夜亦未洗埽朝始陳設辰正諸生監院郭健郎綬子俱至前庭設拜莫提督來客送遲至自辰至未相續兒女輩於午初乃能行禮客坐猶有相待者思欲稍愒至中乃辭客不見夕食頗甘滋女富擲百花圖改定擲之至子寢

二日晴穆薛羅蕭入見諸生猶有久待者見三數班遂登舁出行城東南自錦江院起至將軍署還勞督提錦莫六處均入見道逢機局鄉人龍鐙秋千彷彿石門之景然城中常喧不若鄉居久寂寞而節裝點乃新耳目也夜擲骰

三日陰羅輝五陳年姪范教授來兒女作家書將趁明日發行余竟未暇作一紙因令待八日夜與滋女擲骰子閒雨

四日陰晴午騎出令舁從行過拜數十家凡兩遇迎春擁擠幾不能行未正馳還院中人盡出余問岳生林宗見迎春否林生云有何可看今日窮凶極惡人皆出矣以迎春盤府縣胥隸主之也爲之大笑可謂語妙天下聞者足戒也陸華陽患頸疽强出行禮余欲往觀而門斗不可從諫如流爲之返駕夜雨

五日戊辰立春陰練軍營送撲師子人來潑寒攢跋之流也蟲桌凳五層立丈六竿跳躑其上久之乃去曾昭吉送龍鐙來設秋千一架市人觀者甚衆爲設茶食仿衡湘鄉俗也並包封費十二千此等用不易節

六日陰欲攷花時節作譜求羣芳譜不得試以意分之木類有槐桐楊桂椒棠荆夜合辛夷木緜木槿十一種果類有棗橘桃杏李梨櫻桃梅柰榴枇杷荳蔻楊梅木瓜甘蔗菱蓮十七種菜類有韭蔓青瓜葵四種藥類有芍藥當歸木香款冬躑躅旋覆牡丹昌蒲澤蘭牽牛燕支厚朴罌粟梔子茱萸十五種卉類有茗（即香）拔萇楚（即夾竹桃）石蘭藤葛萱菊萱山茶海棠紫薇薔薇白蘋蜀葵十四種又有繡毬蝴蝶金錢拒霜石竹黃梅百日紅長十八素馨山礬水仙珠蘭夜香玫瑰鳳仙雞冠玉簪（即晚香玉）不見唐宋類書者然有花之木甚多如桂桃等乃可爲花桐棗云花則無木無花矣花當專以草本爲主後世之花多於唐以前百數種其一種殊名者尤難考夕至江南館看戲錦李唐爲主人設二獨坐以延余及鷺卿

七日陰寒盆蘭生蝨換土不易覓花匠勤索千錢猶以爲少登樓見書稽陵亂豐兒殊不可恃

八日陰晴穉公來泛談及禮云欲興教以化俗近世士大夫未有以學爲治者乃能拳拳如此其志未可量王成都來云藩使令來相請其辭尤恭不可解史記所謂繆爲恭敬者耶抑致詞偶未當也老子云寵辱若

驚吾始驚矣發家書今年第一號

九日陰親兵營送龍鐙來久未去藩使請早麫午刻已過當早去以報昨日之請往則松翁已到矣三書院十營同日可謂文武大會然少貶矣府廳十席在樓上堺中六席行炙時聲如沸湯主人立門外候送客如出場放牌時幾何而能成禮二更歸豐兒會飲未歸宿

十日陰熊恕臣邛州來久談得李少荃小除後一日書報余言夷務徒爲憤慨之談仍與泄沓無異欲切言之則恕庸人而傷賢智欲緩言之則託空談此八股之極敝也劼剛作清空文字而見賞時流則少荃此書又爲落卷余書又少荃之落卷而天下事皆清空一氣矣書此以質筠仙

十一日陰晴從傳生借得汪灝所撰廣羣芳譜並清理院閣所藏雜書尋檢竟日林遜之毛艮貞來

十二日陰六雲出賀年㠶莪並從余獨留視紈女豐兒出城至新縣界王
生家春集恆鎮如吳通判來夜作簡堂閻丹翁雪琴三書聞邸鈔葆芝
岑以國忌娶婦被劾晉撫放衛靜闌晉藩授邵誠錢師轉左允祝培堂
來
十三日晨未飯午過天成亨早飲松翁季懷芝閣用階稺雲先到飯後謁
三客未遇還院劉琯臣女來言其父殊未愈可憂也垂老一第但有困
躓使人憐念故不若窮守一衿之樂酉初赴督府春集錦勞作陪主人
病不能食余亦小疾戌初還昇中看阮雲臺詩文
十四日陰喬京官呂舉人調陽來呂好小學甚有新說曾應三課余久欲
與之講論及見訥樸無一言唯聽余與喬言夷務耳湖北許生廷銑從
江口來送龍眼頗鮮好可比閩產
十五日陰冷董吳二通判來吳卽嗣仲從子貧不能具衣冠嚴經歷泰來

受蕃從兄也殊無大家風度芮少海恆鎮如來昨約呂喬食幾忘之夜
始草具而客不至設二席諸生會食劉女來看煙火製造草草不及去
年九月時又微雨寒風三更卽寢章州同送牡丹
十六日陰晴年節俱過料檢家事沙汰閽人王生光棣告歸彭水東齋齋
夫辭役去曾心泉張門生曹州判孫從九陳知縣壎黃夢子均來申出
送鶩卿看翰仙過楊姪寓隋陳用階穆唐李鎭均先至余寒疾唐亟欲
醫之笑謝不顧也夜還乘月白詠乙卯春別詩情景相宜甚有清思
十七日晴彭兵備來久談午出外齋稍理書籍得家書云滕緹臘日猶未
歸豈又以爛斗笠與兒女耶夜與岳寧生坐甚久
十八日晴鶩鉞兩卿來劉剛直來作家書題四詩寄滕緹並柬𩿨臣爲剌
彌之作也後讀者非覩前詩不知其意假有胡致堂先生繩以三寸法
謂余恩衰於友而厚於妻則危矣然胡致堂先生但讀余詩必不解其

意不宜與之言耳詩錄集中故不書於此記此使他日觀者知瞽焉發
家書二號
十九日陰煊午出送鶩卿還院看江西李姓文錄復見許多不知姓名人
內有蔣士銓其父爲長隨其所作狀極天下之奇行兼古今之美材可
謂怪絕昔所未聞者也申至周道臺處陪彭川東同坐者有廣東張大
人貴州官陳又有張□兩人無從交言二更始還彭言蜀寇起時渠爲
首縣總督有公藩使祥公皆兒戲行軍者也而統兵者亦爲澧人蔣蒲
可謂楚有材矣
廿日晴院生新到者四人令豐兒擬定視學禮寫一日不成歲費數十金
養膽錄可笑也今日癸未雨水猶寒江梅盛開芍苗怒長乃知生殺不
關天氣看前歲日記初至時太坦率無機心識議殊闇此淮公所以悔
其亂嘈然則徒學真不足歷事於此又悟一境而垂垂老矣古人所以

著書自道其所得非得已也郭郎一出動數日不歸非能知學者慍其
不負荷也
廿一日陰晴諸女始讀余亦改定日課每日讀經半本看史二卷繙軍務
奏案一本寫爾雅一葉始取儀禮遼史置案頭而諸生監院人見父出
弔劉人哉還愚子來借宋史去遼史耶律億紀云痕德禪億乃不爲痕
德立傳開卷之謬如此太祖太宗本紀贊八部相推億不受代遂終兩
事使通江外堯骨臨燕人皇鎭海桑石啓戎册帝論功飲江速死還欒
遽終入國以禮庶有華風舊唐宋史俱無遼建國初事新唐偶不在架
上乃取通鑑略從注中得其不受代之說而已讀冠篇
廿二日晴讀昏篇凡五輟乃畢因起卽朝食朝食後出賀錦生訪彭過之
於途訪唐六少久乃出見過廉渠未問其姓後乃知其姓羅也用階亦
至唐宅少談同出黃經歷羅雲碧李岐山來見院外生三人一張燧至

熟而至無聊者孫伯璵來咸豐十一年五月黃子仵自萬縣至瀘度寇帥何國璨屯李渡聞官軍至退攻定遠十一日黃至四南興學尚二十里遂兵誤店一戰敗之殺敗近萬人十二日大閬寇四達二郡捐十四日黃觀進過伏死騎眾章六月初一日至順度七月二十六日至瀘川賊圍綿州南門西北門還朝臨將之湘果將胡中和寇度高何勝必富中路唐友耕富左彭太和富右曾傳理攻十賢堂頭佐才攻新店眾觀劉像隸攻塔子山七月二十九日進兵八月初一會攻劉曹先進林損塘破十豎塔山榜山賄屯湘果少御曹劉敘之大兩敗賊賊竄於四門眾凡九萬我軍萬餘十四日賊走歸竹什部彭縣九月十五號入城擒印李逆攻眉州遷丹棱背紳屯松江口湘果由嶺慶巡曹劉由彭山進十月初六賊走復至八日丹棱援至烏雲乘亂誘趙居恆遣衆促殃徒蒙纂

稱睡王薰穴淫濫顛崩賢雖風疾討亂孝雄世稷眯三宗紀夜講曾子問得不

醴三醮之禮殊覺暗室得鐙既喜且歎

廿三日晴翰仙來讀相見篇舊解玉藻猶沿誤始更定之閱遼史全不知

其事實乃歎書傳之易唯在別無他本耳然亦須以朝廷之力助之然

遼不必史元强張大宜其止此也

廿四日晴熱劉人哉來為李總兵探動靜午過帽頂飲松翁季懷靜涵敬

山同坐季懷先去江南館團拜余亦嘗至公所團拜乃飽食而往觀道

諸君已先至程藩彭道繼至方黃莫先去設四席無坐者樓上客亦先

引去反不及前年之盛戌正還補讀鄉飲篇及遼史七卷

廿五日陰忽寒周緒欽來午後頗倦為莪女仞字後剃髮畢遂臥矣看邸

報易佩紳得黔臬與王定安並貴待此等人作督撫又文韶之不如可

歎也至此乃令人思劉蓉夫劉嶽昭江忠濟負乘覆餗不足怪也易王

自命軼材以詐力取高官則不逞之徒謂天位可以闇干羞當世輕朝

廷其在斯乎讀鄉射半篇閱遼史三卷巳子初豐兒請選唐詩看白集

七卷頗難去取姑停聽雨不雨將一月督府正探龍湫明日設壇而雨

先至比去夏為巧逢也憂勤一也感有遲速此宜歸之年象余亦有佐

治之責聞雨甚喜命紛女持燭至前庭看花賞雨遼聖宗贊文殊嬀繼

文理為優澶淵取幣遼澤回軺勤邊失馭蕭牆弗憂準回叛渙女直繼

疣

廿六日陰讀燕篇點遼史五卷看白詩十餘卷檢院中無益書束之高閣

季懷來言欲引見宦於蜀費二千五百金耳而歲可三四千金大利也

遼興宗道宗贊章誣王母文枉妻兒身不行道謬重儒師兼和宋夏漸

削疆幾譏人泄沓諸部乖離

廿七日陰點遼史五卷讀大射篇國之無本其傾忽焉宴戮啓侮射鹿亡

邊非女之彊內變相擬假分西北終彼乃鬱天鈔紀金椿來

廿八日陰晨讀大射後半篇教莪女課畢出城湖北蕭陳及二董一孫為

主人劉保臣作客為余設宴草堂杜祠一麪一飲余被寒不能食强坐

二時許過青羊宮看花市未集晚入城赴鄂生招見華村塢肥而善騎

似郭意臣四品材也季懷徐山用階趙二同坐復食饅頭過飽夜甚不

適久之乃愈點遼史營衛志

廿九日小盡諸生來者七人楊孫魏劉入見餘皆新到未見清理書院中

雜事竟日少暇夜始讀聘篇點遼史三卷契丹游牧廣置室丁州名嬪

媵后役徭征并心南寇捺鉢并營貪於連衆國用不寧

二月癸巳朔始行日課分派諸生各有常程讀公食覲篇見新到院生三

人穉公來談行視學禮及時事云將伐日本恐為伐遼之續余云此或

又為夷使所欺牽率同行不然必無興師之理又言今官喜攻大臣

大臣誠可攻而國體固不可此亂象也朝會食外棠人過三十亦頗與

諸生論治家持身之道羅縣丞周編脩來鈔周官經一葉夜點遼史二

卷夜風

二日陰晨讀喪服篇未畢唐稚雲周德耕來莪女課畢乃鈔經一葉出答

訪陳富順金保寧羅委員皆已去唯周編修陳年兒默農之兒得見至貢院

內軍裝局姚迪卿招飲唐劉蔣葉同坐皆湘人也歸點遼史三卷地理

忘賛遼興東海始併鮮麗土荒民少部落横馳幽幷既入富庶方資不增强盛翻致顛危昨夢舊友頻來情話歡甚最後俊臣來設拜甚恭顧接三與一人迎之余命辦飯因告俊臣以近日友朋之盛俊臣云宴會亦甚爲費余云何須酒食皆白坐而已因爲詩八句中有云白坐能銷日云云似甚深穩覺而忘其餘語但續成一聯云白坐能銷日清談不爨煙昇中因足成之云離思逐春前燕𦶜拂玉鞭神形影無異因夢想爲緣白坐云云定知東海外芳草恨緜緜

三日陰晴朝食後會館首事見招公䜩初已辭帖忽又來速懼以疏傲見譏復昇而往凡六席有戲官商文武道俗同坐尙有同鄉之誼異乎公所之以品級分者和合稺雲傳游擧紀生員同坐設湯餅畢余辭還錦道臺來閱京報沈桂芬已死余前斷斷不可之不知其保富貴以終也浮雲變幻不獨不可羨並不必責又得增吾識量夜與豐兒講大功中從上從下之義反復三四竟得通貫讀仍未畢以負適衰難明也鈔周官一葉點遼史歷象志光之入汴始織靈儀俊賈俊更白王白正李正旻作統和餘分閏位朔正參差司天忍祕僞耶律任淑任大傳譌劉剛直去從陳富順爲館師

四日陰寒晨讀喪服畢記尙未能全解朝食後騎至督府微雨方保卿設飲五福堂會同事諸君十五人及余畢飲至申散還鈔經一葉點遼史百官志三卷

五日丁酉驚蟄陰更寒讀士喪篇未畢疏解鈔周官一葉點遼史百官志北南分院遼漢兼存雖有石烈治不圖民鳥獸之官猥雜紛紜幸無流品假立君臣郭健安來

六日陰寒欲雪牡丹蕊將僵復移入室讀士喪下篇鈔周官一葉見院生一人院外生及錦江書院齋長三班劉人杕張華臣黃覺生喬茂軒薛

季懷來季懷將還江東且入京引見領憑官蜀以其去當得余書扇以見交游之雅作詩一篇送之六雲飲周緒欽夫人宅二更還余外接賓客內撫嬰孩兼有常課殊冗於事至三更乃書詩扇夜寒於臘筆墨盡冰

七日陰寒早喚傳事送扇與薛未能自送也飯後讀士虞篇心粗不及前十日之易入孫伯璵黃文蔚來見院外生一人鈔周官一葉點遼史禮志

八日晏起初聞諸女言夜雪可寸餘故遲久復寐傳梆會食時竟未聞也午前鄒成都來云制軍將至頃之松翁通判皆至余要松翁入內坐久之司道並至轎夫讙譁諸生頗有欲與鬪者此處士弱而役强故至如此稺公來命巡捕傳令乃散去諸生肄儀督部以下並出立觀未集申罷復坐頃之乃散鈔周官一葉作家書今年弟三封寄銀百兩夜點遼史咊半卷怯寒而寢

九日晴鈔經讀經默史僅不廢課日間多看諸生肄儀尙少心解者唯二岳生崔孫差能行之郭健安去

十日陰晴晨起不甚早本約大明行禮監院少遲待至巳初司道至乃請督部來派九知縣執事丞尉並不至聾瞶胡塗可閔也遣通判王彤華釋菜諸生行禮多誤及賓入以後則頗秩秩轎夫亦不復爲患矣孔子所謂吾不與祭如不祭者蓋謂此耶一笑設食堂上下十八席未初散少惕出拜賜唯鄂生稺公處入談餘俱辭謝東繞西還尙未暮復飯於堂鈔書讀經如故

十一日陰晴霜寒殊甚讀特牲頗密鈔周官看唐詩張生宗禮字旭波入問爲學之方無所通解而甚懇篤疑可與言者唯不通官話也王從九來言劉筠生家事頗久郭健安復去夜欲點遼史手腳欲凍姑罷之前

年此夜寒去年此夜亦寒未若今年之甚昨與人言院長山長之稱各處所同唯湖南稱館師未知始何時館師義學之稱湘人書院素驕何以甘爲貧子亦不知巡撫何以故陵侮翰林官也遼史禮樂志賛君樹儀郊木歧作毋植柳天棚亦云勧雨汴使旣通禮名亦五唐樂雖來女眞不舞

十二日陰寒讀少牢鈔周官點遼史儀衞志賛邵固魏唐實慕隆儀光要石冊法物駢羅遵遙沙漠左纛鳴笳冠留□衮印佩杓瓷食貨志賛利盡炭山亂與酒榷師保之官鐵馬是較幣無楮會鑄遼撒頟車粟未償牧羣潛削

十三日陰雨讀少牢下篇鈔周官點遼史諸表莪女生日諸女放學豐兒亦放學可笑也齋長鄧生犯禁告假使人難於行法凡事牽掣如此無奈之何也

十四日雨寒凍重讀特牲篇鈔周官點遼史諸表皆重復敷衍者唯作游幸表似有意諷諫元主而文不足發明恐係閱者之善悟作者尚不及此耳作劉筠生挽聯入洛當年好弟兄誰知名宦天涯薄游下傳業慄譜寫蜀相依憐毋子猶得從親地下春寒莫慎杜鵑聲夜雨

十五日晨雨作旋止釋奠時班甚整肅禮畢復以羊豕祠三君監院行禮待□人至辰正方至祠已出堂點名諸生威儀濟濟殊徵爲學之效余心甚喜以係月半仍試詞章院生共四十五人院外生五人會食畢各散張生祥齡與楊生銳不和者四年似是不解之怨今日置酒修好尤爲大喜賜風鴨一頭奬之唯張楊不至爲歉耳讀少牢未十葉鈔周官點遼史后妃傳房無父子族屬仍聯契丹始魏再絕復繇五院六院雖粲弗殘表其世族諸夏慙焉世族表子公主表劇表耶律慕漢氏相爲蕭重婚復媾狎□相要雖無姜姒曾不專驕外戚表游牧之俗春放秋田避暑之行

國典所先不能用夏未可都燕游燕學

十六日陰讀特牲鈔周官點遼史功臣傳院生及雜客來者並以家忌謝之

十七日陰寒讀士虞鈔周官點遼史傳五卷殊無事可紀者見院生三班出弔劉筠生見許蘭伯之子通身搖顫如畫阿獃圖可謂能操土風矣瀘州高孝廉枏來見蘊藉無鄙陋之習蜀人之有南派者前聞殊不確所謂百聞不如一見也

十八日晴仍寒久不見日令兒女出城看花市紛女稍長不宜爲纖縷之游故未令往也午後復陰未讀書鈔周官點遼史二卷買生書上數爽其憂爽字難順

十九日陰晨令辦飯未及食嵩崇兩道臺來鄂生繼至均待督部詣院課士也坐及兩時許乃來點名畢又坐至半時許日已晡矣猶不思食教

莪女仞字寫字畢又自鈔周官重讀特牲乃食頃之院中亦夕食余唯一餐出堂聞齋中諠譟聲乃豐兒與諸生會飲余前年頗能令院中清寂自豐兒來諸生情益親而時譁笑聲聞於外此湖南院派也念禁之傷苛冏步而還昔曾滌公治軍愀然如秋有愁苦之容胡文忠軍熙熙如春上下歡欣而少禮紀兩軍皆興盛有功諸軍則不能然愁則潰歡則慢余庶幾其切羣耳送薛福保還無錫因憶江淮舊游并綠水來波摩詰柳初發東風昨夜卷塵埃師客關段歸客感年新不待鶯啼早惜春二月巫山三峽樹五湖烟水故園人楓樹青青洞庭路桂棹夷猶復寄興一片江南江北春數回花落花開處戍鼓愁船且未休石城淮浦憶前游蘭公棋罷東山冷隋帝詩成落水秋舊苑垂楊不堪折滿塘芳草傷離緒覺古空憐瓜步潮相思吟向蘇蠶月莫道崎嶇入蜀非君平遁世久忘櫻僧同南陽一龍臥何似臨邛劇馬歸筠生子來辭十歲失父居然成人感余少孤不覺愴然攜送之出門孤兒易成人有父恒驕癡送爾忽自念戚然臨路歧伊昔游京華二劉數追隨温温未昏容晬穆琢玉懷志遠來日長奄忽遘睽離歲月未永久昏宦再不諧何況雙飛鴻比翼

復中乖契闊二十載始聞挈嬰孩臥疾華陽城迎客不下階兒爾几禓
旁出入未勝衣嚴霜盛夏零一月被兩衰羸瘠感行路矧余在交私丘
也亦少孤隨母共舖爂熒熒不料生㫖曰耀當時譬彼木有由抽擢十
丈枝皇天無私榮春露有由施易成良易傾爾其愼威儀秦蜀非汝鄉
燕吳不可期茫茫四海途孑孑一孤兒期望非過情舜顏在所爲
廿日晴始有春意鈔周官讀士虞篤扇二柄陳階平（駐農之兒）帽頂來羅石卿
來得正月十二日家書正三十九日至與余去年來時同聞皡臣之喪
幸去年之歸得數相見也五子始死其一年正六十亦爲幸矣午過帽
項宅飯未昏還點遼史一本昨見提督立旗竿挽架甚盛作絶句二首
（錦城烟景靜濛濛二月寒深花市東惟有錢門堪駐馬旗竿吹雨識春風三邊無事鼓鼙和五丈高牙樹影颭不待晴光蕭翠羽御旗陰處颭春多）
廿一日陰晴讀既夕記鈔周官點遼史四卷蕭子厚來看課卷三十本

廿二日陰讀既夕鈔周官點遼史看課卷發案諸生作擬古文殊無佳者
律詩亦多陳俗詞章成格信不易耶夜雨
廿三日晴連日種花栽數十本遂費萬錢此處唯海棠差多辛夷奇貴杜
鵑尤少張子靜陳師耶來未暇讀書鈔周官點遼史畢諸傳竟無一關
係者此史乃方志之不如可笑也作書與滇督爲王秉安州判請託並
加片與蓬海
廿四日陰雨猶寒方保卿來讀士喪鈔周官選唐詩閱二本皮陸學元白
未易優劣皆以詩爲諷諫之作意非不佳詩必不佳以非所職而强與
人事故耳院中樹蒲桃棚雜花頗具非從前荒寂之景矣閱京報林午
山竟以荒唐遣戍顧子春應大快也樾岑當復一驚余亦不料其下流
至此然計彼到臺必小有所獲新例又改黑龍江則宜窮死矣
廿五日晴鈔周官一葉楊覓江曹棅羅振璘蕭雲槎二子及其師來執贄
綬子來言已議昏當借院中迎娶聞其有男女客必將鋪張恐不可也
讀書多尋解不得韓退之云儀禮難讀是曾讀儀禮人也且俟專治畢
乃讀之改讀禮記
廿六日陰豐兒鈔唐五言畢院中又議刻八代詩及唐詩選本檢七律一
種自鈔之得三葉鈔周官一葉
廿七日晴李蘊孚來病竟全愈握髮延之云督部已從灌還矣王合州被
休遣其子來執贄辭之送水禮甚多未暇視以其舁來有花盆退去爲
難留海棠二盆蕭雲槎宋月卿來張三嫂劉年女來劉女云瑄臣病甚
得茸可愈乞之於唐澤坡鈔書一葉鈔詩四葉夜雨
廿八日陰晴維州副將余得貴及和合來將發家書雜客不斷內有張伯
元叔平之兒也至日昃尙不得執筆對客作三紙寄去鈔周官二葉唐
詩二葉夜與尹生談經義甚暢六雲遣告紛女翦金且吞之矣入問之

則云無此索得碎金一包疑其遇祟也且令講禮記通鑑畢又讀詩賦
神色不似吞金人亦不便窮問之但指紛女言將翦金重打約指老嫗
云吞金能死人不信姑試吞一小金桃耳余諸子女所爲皆非意想所
及忍毀成器好身試險十二人中遂有五人吁可怪也雖知無妨亦恐
或能傷生意頗仿偟六雲又言其處分後事井井有條益感人泡幻事
夜寐殊不安天明乃豁然矣學道鎭定信不易矯情鎭物則能之夜雨
蕭蕭頗生哀感
廿九日微雨錢徐翁來出答訪張伯元過稺公言少荃來書更正前書誤
字並言暢談吏務又云左相已列名總署當入樞廷矣因及家事言用
度不足思移一鎭余不覺啞然而笑州縣求調劑大臣亦求調劑耶稺
公云上賜則可自取與僚吏所獻雖公費不可其言甚正非矯廉者出
視翰仙疾與曾昭吉略談過和合蘊孚送覓江揩卿訪葉叶生皆遇後

至齊敬菴處以爲必不遇亦晤談遂銷長日矣滿城喉證頗多歸亦喉痛頃之自愈鈔周官一葉唐詩三葉夜雨

晦日晴猶可重裘作詩送莫總兵鑲建昌旌鼓秋行大將樓碧油春引復臨邊新紈借色麗繡馬綢柳分營館岡健書落開滅金似環變山堆石聚樣煙時平無事須安撫莫道嶮峒劍倚天鈔唐詩五葉周官一葉彭縣章漢光來言詞閃鑠大意言其令貪劣此人以百金求一見我必非能用財者不知犯何事當詢訪之

三月癸亥朔晴耕耤吉日也始爲㛮女定課程倍禮記書各一本默爾疋杜詩講書約須與料理二時許我女須半時許並喫飯已費四時餘四時鈔書去其一猶得三時間應付俗事帽項來鈔周官一葉唐詩五葉今日晨出講堂發題諸生不入院者僅九人內四人可不必來者肄業者皆勸勉無須督課大有成效夜讀曲禮書經

二日晴猶未甚煊鈔周官一葉唐詩三葉讀檀弓商書爲方保卿夫妻作泥像贊此題從無作律體者聊以一首敷衍之中年不仕爲桑妻四上長安更向西挽鹿定歸東玉洞惱暫入浣花溪紅顏未老生孫早錫宇錢塗倚醉區借問鏡邊常對影何如行處便相攜

三日晴始有春景六雲率諸女出城游賞便至張宅午飯獨在內齋鈔唐詩三葉周官一葉夜雨張門生午後來

四日晴煊兩女課畢出弔王天翁旋聞瑄丞之喪年正六一家無餘貲當往經理之心頗不樂至王宅忽忽與秦同知陳通判閒話數句便至劉宅已小斂矣坐頃之無客至仍還院飯罷騎往送斂亦無客至戌初還頃之雨鈔唐詩二葉讀檀弓下篇

五日陰復寒然未更裘唐稺雲張華臣劉人哉來閒話半日鈔周官一葉唐詩二葉聞九頭鳥聲若吹簫令㛮女攷之桂注說文云唐裴瑜以爲麋鴰桂以爲奇鶬見韓詩令豐兒檢韓詩外傳未得讀王制

六日戊辰淸明㬎涼鈔周官二葉與諸生言經義數事昨督課案至盧生附末自以爲至屈聱曉之數百言盧生文實不佳而氣甚盛若質言其不佳彼將舍錢先生而抗我是代人受怨又無益於教故不與莊語而又長其傲夜間仍正告之卽此一事措置甚不易近日處人已頗爲得當孫伯璵來看唐詩二本未及鈔選也㛮女五日似有所進未與之讀月令但令其自誦一遍亦未聽之

七日晴鈔周官讀曾子問選唐律並鈔未及二葉伍松翁范教授來

八日晴鈔周官一葉㛮女讀禮器不熟篆正書均拙醜又惰延頻撻之夜寢甚遲鈔唐詩一葉看課卷牡丹一花初開

九日晴錢徐翁之弟來求差曠壽雲來言事未及見待女課畢騎往瑄臣處贊其喪事張子靜諸君已先至坐待成服弔傷畢徹倦假寐飯至未食客無續至者乃還步迎日頗照灼牡丹亦萎蓋蜀日甚烈異於江湘夜飯罷看課卷未作餘事小寢甚沉酣不能解衣寐至三時許近所無也

十日晴晨起閱卷畢已未正矣穆芸閣來爲諸女點書寫字張松平夫人來告行遣六雲往贈十六金辛未所許遣其母夫人者今始附之酉出講書發案夜鈔周官一葉爲㛮女補講禮器見圭璋特琥璜爵說殊杌隉乂講通鑑黿錯欲以徐僮予吳未知其謀蓋欲緩兵待其困其自居守之計則所以見疑也講畢月已落矣

十一日陰曾傳滔李湘石來健郎欲求臬館與藩使託之復言新臬絕不徇情不能干也午睡曾昭吉來久未出見比覺已去矣大似郭筠仙慢客從前所無也精神始衰亟當自振朱通判來鈔周官唐詩各一葉講書至子初寢曾生光岷辭行從母往定襄

十二日晴熱將往天彭看牡丹昇脫轅未果昨繆一僧年可二十許自云已八十爲余族祖行頗談宗教語及覺猶未曙晨起鈔周官攷五齊八

鄣紛紜久之至暮始成一葉蕭子厚饒星舫許孟津黃蛻生羅石卿游滙東嚴經歷（不知其字）薛丹庭家一老耶相續來春秋多脫誤補擠三條竟日無暇鈔唐詩一葉夜雷雨

十三日晨大雨鈔周官唐詩二葉家中治具請用階夫人丁公側室及其六女迎張生婦曾作陪雨竟日至夜益甚請客日巧值殊不輕便張婦尤苦泥行也爲曾生作字六幅

十四日晴翰仙來言瑄丞事出答訪游臬使過唐提督錦道臺錦處入談還昭吉來送銀化火藥功力甚猛響亦震厲芝生復來言李小荃母喪監院來言陳伯雙母喪及修志事余告以志書非今所急宜且緩之夜看唐詩三本早寢

十五日晴晨呼舁夫將游丹景山看牡丹未出點名但出題二道飯後出西門二十里至洞子口十五里過從義橋皆騎行又十里舁行過龍橋川水甚壯水桐花盛開小雨騎行五里稍避待雨過八里至新繁看東湖亭廊甚卑結構勝於杜祠欲止宿不可方裵回間見一擁腫官人云是周令亟避出入店看韓詩外傳二卷皆鈔集傳記似非原書也以華反乘堙爲善其平已蓋誤解平已爲平情尤爲臆說

十六日陰卯正舁行十八里愒清白江因趙清獻得名騎行二十五里至縣入南門學宮正當門內循東巷北出過九峯書院及諸民宅均甚清整出北門有浮圖及一大廟亦正當門又行四五里早飯已午初矣道泥多石騎舁均不能駛二十里過龍鳳場望諸山丹綠斑駁可七八里至關口路人皆云不得至山復小愒令舁夫小食從左行入山磴道清幽竹柏真秀步步入勝逶迤峻廣可通舁馬數百步輒有亭館可愒凡有九寺中嶺爲淨水池入啜茗復數愒多步行至多寶寺山最高處也僧徒延坐東寮上下俱有牡丹臺可四十餘本僧光璽云有二本是唐時舊窠從石縫出才高七八尺餘皆後植也壁間題聯云陸放翁言蜀中牡丹以此山爲最有元紅歐碧窗外雜樹青蔥子規夜叫小雨間作塵心靜爽較京師西山爲勝壁間又有毓慶詩注云以彩霞朝天紫爲最上品又云彭州守朱綽獻楊氏園花十六於宋景文此寺花爲金頭陀所植未詳唐何代也

十七日晨霧爲雨意欲待晴看花開乃去因留一日與光僧登盤陀石旁有黃土書老君堂三字云張三峯所書也飯後復下至　師樓上廊有楊升菴詩二首殊草草亦非手書乃蜀王門客所書刻者便出紙索書爲撰一聯（山中豈永看花久樹外天空任鳥飛）又題五韻（怡溪界兩嶂千級上靈門土石潤丹霖竹柏挺清眞客游塵塵想曉步捿霞瞰朱花世外綺豔芬靈妃繁桃源非瞰覆華谷或仙鄉）及論牡丹顯晦事云牡丹始重於唐開元間故杜子美在蜀絕無題詠其時風氣所開未被僻遠也至李義山游西川集中牡丹詩頗多北宋初彭州朱牧遂品第十種以抗洛譜陸務觀乃以彭花爲蜀中之冠自此名播海內而丹景遺植傳云自唐訪牡丹者宜以此爲貴矣顧近代遊客貴官率鮮優暇寺內流傳及所聞名人篇什殊少一卉雖微隨世升降有如此者余因陳懷庭浙東書來勸遊遂至山寮留宿乃去以詠此花宜作近體余集所不載爰作玉臺體使附於芍藥薔薇之後（娟娟歷檻紅曾見玉臺中擬倩件蔑綺纈玉許雲霞數葉各臉圓含香共賦風顧執比蘂重朱紛映廣庭喧晴百種鳥采踏一叢濃艷偏臨永嘉水未入上林宮不辭名晚出應惜寵遇逢若遇一時光艷難滿世俗容）夜月夢與曾滌丈論時事及家事有悲切之言頗近釋書既覺念其不經然生感悟裵回申旦

十八日未明聞雨晏起待霽乃瀟瀟竟日看焦竑所序李贄選東坡集十三卷及附錄三卷殊不解其去取但不選一詩爲異耳蘇以程正叔爲奸可謂縱恣則其平生悟入語皆狂戀也正叔東坡俱世俗中人末學膚受亦何至深詆乃爾彼尚與章惇遊豈不能容正叔吾以此疑其心

術矣蓋求寵於司光而妒生也古來文士無此披昌雖家秀亦不至此
蓋梟韓富之首可也以之爲奸不可也梟之者以行吾法詆之者以要
吾利此論家船山未之及
十九日陰卯初起辰初乃行從山後下迤邐不峻較前山稍遠耳可八里
得平地又十二里至桂花場崇寧地騎行五里過豐樂場八里息一農
家莊門已入灌縣地十二里昇至蒲村復騎行四五里遇雨欲稍休無
店避雨因急行忘路之遠近見一照壁以爲市鎮及至乃見城垣知已
至灌縣矣道中唯彭縣地種罌粟者頗多餘多種麥豆者入灌北門問
二廊廟或指令西乃入城隍廟依山亭閣頗壯折出南門至伏龍觀未
入卽訪人字隄所在初以爲隄如人字也至則無見唯竹簍盛鵝卵石
殆數萬累以爲洲從竹篾上行見四五人在江邊頃之有來問訊者云
雙姓曾相見遣約來談初不相識自言曾任巴令今在此乃知水利同

知也同行石上至分水處所謂魚嘴者如伏龜以界江流前亦列竹簍
又前以木馬直樹江中謂之馬槎此江無洲全以人力壘石分江必不
能分水所謂內四外六者謬言耳索橋亦仍下腳所以用竹索者備水
漂木衝石亦非意中索橋也同知引余還至前下馬處指示人字隄則
全非隄乃石簍排分九排依地形作圓曲如人字又指離堆在內如淫
豫石或云鑿斷連山必無此巨功亦謬言也見隄上告示乃知同知莊
姓非雙姓與入伏龍觀道士出謁坐談久之呼昇來入南門至東門店
中詢知莊名裕筠字子佩竟日未食辦柿蕨芥齋湯食甚飽莊送菜至
辭之約明日晨飯諾之訪天彭闕因至丹景山塵喧入山靜磴道橫煙沒盤櫃上風霄坦步齒
情發茲山無曠覽雙峰聚嶽嶠隴置據館宇悅性偃仆歇盡颺累松門東姿息鐘偈軒窗俯訝木翻草龍霄月覽於樹外影始見入世蹤託身
既已窮諸物貪自絕亦有空谷花臨云蹤冰對山鳥春春耕聊與分薇蕨
廿日陰土人云灌無一日晴以雪山陰氣勝也巳初昇人始飯旋昇至城

隍祠側循山道出西門陂陀上下可二里莊同知待於丁公生祠遣約
入小坐王介卿亦先在余云生祠干例禁他日言官列款復是一過以
爲丁公當辭之旋同步上山約百餘級二郎有三説一云孟昶卽挾彈
張仙後分爲文昌及水神者一云玉皇外甥一云周初仙人楊戩皆不
經之談何蝯叟曾奏更正從後傳以爲李冰之子亦不經也朝議以爲
三目瑰象嚴事已久不可更正今乃塑爲美少年而幔掩其怪象他日
遂成一臆造正典反不如玉皇外甥之古雅矣設席江樓談兩時許未
正乃行誤以爲未午從容放馬十里過新場大市也又二十里崇義鋪
十里德安鋪亦大市日已昏黑將宿不能容人然燭行五里宿兩路口
庭有山礬餘香猶烈出門七日始得見星
廿一日寅初起卯正見日行十七里飯於郫城余但食煎餅行十里至一
市場未問名又二十里至犀浦騎行十餘里入西門循城西行北折過

將軍牙門出小南門還院看家信畢綬子新婦鄺氏出拜年二十許高
不過十許歲人見新到院張生誠及院生入者六人夜入者四人餘皆
堂見鈔唐詩半葉
廿二日晴紛筏倍書畢昇出唁陳伯雙見其居喪有禮當爲贊詔而副統
托克湍初未相見因往訪之甚熱亟還小憩稚芸閣來稚公旋來泛論
治體又言當薦我主國學余云此盛時之事方今多難不宜及此且左
相新柄用人必疑公受其請託必不可也稚公亦以爲然晡後書陳母
挽聯天留曉翮駐冰霜耆賢母名高江漢雙珠光海內東望沙鶉餘留氣恨使車行遊僕遇四牡下邛山夜鈔詩一葉雷
電大雨改院生所作陳誄
廿三日陰晴復涼辰飯後卽至學署陪弔客坐至未正乃還諸貴官唯將
軍不至夜鈔詩半葉發家書並復陳芳畹書寄銀二十銀實未交也
廿四日晴湖北秀才周小棠主簿陳鴻恩來此次游還遂忘鈔經偶坐悟

及之寫周官一葉鈔唐詩一葉閱京報劉雲生劾李鴻章帝制

廿五日晴將汎江令收拾坐船篷破未換又值烈日意不欲往遂止鈔唐詩七律選畢鈔周官一葉得簡堂書頗有投閒之歎比日重閱雍正諸臣摺奏知當時無一人材又以知滿漢積習出人意外　世宗廓清之功甚偉開乾嘉以後風氣始爭濯磨而希古矣袁枚力詆田文鏡以所奏事觀之其言王士俊事殊不實申後出城送陳伯雙戍還

廿六日晴竟日閱課卷問授兩女讀閱卷不及六十本頻輟乃畢題問作詩神思中題者甚少然大抵皆成格詞章課卷三年中最盛者也鄧生有二句極佳而不能發明特爲圈出不知諸生能悟否

廿八日晴新臬移入署崧唐各還其居於世法皆當早往致賀者久延未往今仍懶出寫扇三柄陳佗彭胡來久坐甚困偷眠半時許佗乃去矣彭從鹽局罷歸假榻西齋張妾來借銀唐穉雲亦來借銀我女驚怪以

爲不可許本不欲許以唐猝喪子宜救其急並張皆假與之小兒五六歲便知世情可怪也

廿九日晴艾通判來致劉景韓書曾心泉楊紹曾並來久談鈔周官唐詩各一葉

四月壬辰朔晨出點名較早有五六人遲到昨令齋長擬題竟未傳知恐急不能周思仍自出題飯後湖北蕭陳來蕭言輕肆余面駁之陳爲皇悚乃徐自解仍泛談而去鈔周官一葉三輟筆幾不能成亦可嘅也鈔唐詩意亦不相屬殊無朝澈之效

二日晴熱鈔唐詩未半葉早倦少愒翰仙芝閣惺士周小棠來遂盡一日中閒停客視我女寫讀爲帉女倍書半本看課卷數葉已無暇更及他事矣夜提督送報聞　慈安太后上賓帉女正講書因停講攷喪禮會典殊略並無衣冠帶履之制臣於　朝廷當畿內之士君母服齊衰三月君則當服斬依鄭注與畿內民同則亦服君齊衰三月既被聘爲院長不得與民同似當從教官服君斬君母無重輕也

三日晴鈔周官唐詩城中官舉哀案禮齊衰當二日不食三月之喪一再不食可也早食粥以寄意記曰言語飲食衎爾以外制者也

四日晴鈔周官唐詩各一葉諸女課早畢尙未夕食甚飢且覺晝日過長及食又不能飽當往弔唐穉雲因循不可再緩強騎而往不遇過惺士久談還電起西南迎雨而行至門雨大至遲一瞬則霑衣矣夜臥甚沈重似有疾者連慶遠自番寄書物欲與我約爲兄弟生平無此要期武人慕文不可拂其意當諾之

五日晴晨起果疾不知從何得也且甚困憊作書復少泉再論禦夷事欲存此說以待後之知音耳得陳仲英書云前寄書未達事如隔世張丈亦久物化矣書云宮中廷臣俱有憂疑似不滿於左季者

六日昨夜大雨晨起未食舁往琯丞宅爲之作主迎風甚寒不能待客遂還困臥終日夜尤憊六雲徘徊往來強起解衣

七日仍寒小愈寫周官唐詩各一葉扇五柄作書與筠仙簡堂並發家書

八日陰役人俱病而余大愈鈔周官唐詩各一葉看課卷十餘本孫公符夜來將假館焉談至三更去是日己亥立夏

九日晴鈔周官唐詩各一葉始食枇杷見螢火官中藍印止於昨日以非典禮致書穉公及崧錫侯告之公符夜來云鄂生允借千金留館書局是夜丑正地震

十日陰晴鈔唐詩周官各一葉松翁書來問成服事復言書院無成服禮穉公引匡鵠泉爲例彼革職大員例不成服不可仿也午後公符移來以司道引例多謬步至督府於方葆卿齋中與穉公談禮儀事宜晚還已過夕食當出講書諸生問十餘條尋春秋嫡妾起文皆歷歷可據不

覺驚怖聖人之精義入神如此又有望洋之歎矣
十一日昨夜大風復寒有雨從帽頂假銀四百節前已還發火食兼還天成洪
勝各百金鈔周官唐詩各一葉得叔平謬書及莫總兵周筠連賀丹棱
到任書彭僕吹煙令移避靜僻地子和遂遣之去宋月卿來
十二日陰晴同鄉吳彭張陳及張門生董文蔚來劉瑄臣內姪李姓再來
鈔周官唐詩各一葉粉女日課頗有闕以余少暇也綬子新婦移出
十三日晴寒鈔周官唐詩各一葉閱課卷二十餘本曾楊羅陳來哺後與
公符騎至機局訪翰仙元卿遇祟錦兩洋道久談無謂頗聞諸人言游
梟之齟齬此間見似人者而怒積習不可回也
十四日晴紈女生日放學鈔周官唐詩各一葉看課卷畢以　國恤未發
案且停明日一課見新到院生郭徐均未多語李世姪文瀾來
十五日晴

先祖妣忌日素食鈔周官唐詩各一葉陳佗來嚴泰來言資格可委署欲
通之藩使受菴從兄也貌奇陋故難於爲言與陳佗正同此又不似人
而不可喜者宜莊生有空谷之感
十六日晴鈔周官唐詩各一葉見杜東屯月夜詩冷僻恐人集中無此鬼
語上古之時燔黍捭豚汙尊抔飲其後飲血茹毛後爲醴酪故祭禮倣
之不以褻味以先祖所未有也一獻酒玉瓊象燔黍豚而有膟膋黍稷焫蕭
之報其時抔飲故薦玄酒焉洗玄酒象茹毛血而有毛血之瘞其時有醴
酪故薦醴醆焉再醴玉醆醆夏后氏之爵也醴酌以醆故曰醴醆禮運曰醆
斝及尸君是謂僭言醴醆唯天子得用也玄酒在室言初求諸陽於室
酌玄酒也醴醆在戶言薦毛血於戶酌醴也粢醍在堂言饋食實粢盛
時於堂酌緹也三朝踐餘於諸侯則薦血時酌盎而饋食酌酒天子之禮薦
血酌醴饋食酌緹不用盎也尸入餕鬼餘歸尸薦血時而王后獻醴獻醴時而

天子薦炙此炙卽燎所爇之肝膋也四獻祝炙者肝之專名一薦一獻是
曰交獻夫婦親之謂合莫也君酌犧象夫人酌罍尊則大饗之禮非祭
禮也禮器曰大廟之內君制祭夫人薦盎君割牲夫人薦酒謂諸侯禮
也鄭注制祭謂進血膋時制肝洗於鬱鬯以祭於室主此所謂血毛詔
於室夫人當酌醴避天子故酌盎然則天子有醴無盎諸侯有盎無醴
明矣周禮有明水無玄酒經記禮多言玄酒不言明水此又唯天子有
明水以故無玄酒之名諸侯以下無明水有玄酒玄酒明水一物取之
異耳周先灌然後迎牲焫蕭灌之時以鬯迎牲時先取膟膋則酌醴涗
明水而薦焉記曰明水涗齊貴新也又曰醆酒涗於淸淸謂水也又曰
猶明淸與醆酒蓋明水亦謂之明淸也又曰祭齊加明水祭齊者祝也
上言祭黍稷加肺然後言祭齊則祭黍稷謂燎黍稷也諸經不言加肺
此言加肺蓋虞升首夏升心殷升肝周升肺周禮則升首法虞炙肝法

殷燔肺自用其法也晚過錦江院
十七日晴雜客相繼來殊不得息乘間課讀鈔周官唐詩各一葉得家書
及瞿子久謝書看管子四篇
十八日晴聞莫營有人還湘作家書並改健郎所復官府通套信稾幸無
客至課讀鈔書如額午飢待食方急方設而錦黃並至竟不能見錦去
霓留飯後少談出步至三槐答訪羅質菴雨昇還
十九日雨陰鈔周官唐詩各一葉說周官四酌謂臨時和齊之鬱齊獻酌
所謂汁獻涗醆酒醴齊縮酌此天子郊旅大饗宗廟故居第一所謂明
水涗齊醆酒涗於淸也此天子祭宗廟之酌故居第二盎齊涗酌此諸
侯祭宗廟之禮故第三凡酒脩酌凡謂不用齊者脩酌所謂脩爵脩進
也直進酌之無涗汁祼盛鬯春雞夏鳥秋斝冬黃追虎朝雌是謂六彝
齊實於尊室中獻著大堂上象壺山各以時配謂之六尊堂下又有二

罍盛酒共爲八尊凡獻酒皆清酒也三酒一曰事酒所謂無酒酤我因事造之一宿而成者二曰昔酒所謂舊醳之酒藏以和齊者此與清酒不並陳事酒賓客燕私所用昔酒酒人存貯唯清酒供實尊而云五齊三酒以實八尊蓋統言之得敖金甫書

廿日陰雨鈔周官一葉看王先謙所鈔乾隆上諭十二本自夜至鷄鳴計照字五六十萬未鈔唐詩以選檢頗煩也戌初出講書殊無發明王生緯堂問古宮室制余謝未曾攷也

廿一日陰雨鈔唐詩周官看乾隆論事論金川事其時法嚴而諸臣愈貪恣愚蒙不知何以至此

廿二日陰雨鈔周官唐詩各一葉更定日課定豐兒出理書局自教三女分時授學竟日無暇晷至夜問欲更有作已覺倦矣

廿三日陰雨復寒鈔書授讀僅能畢功恐不足以持久以太勞也看乾隆

鈔不足嗣東華錄其時事太少未知由刊削過半抑斷爛無徵耶

廿四日陰雨鈔書課讀如額三女似尚優暇稍有條理總計書院支用數目亦頗清晰所職庶幾小治但欲撰述則心雜不能入矣道家所謂爲形役者

廿五日雨鈔書課讀如額寫扇屏各一事殊草草不成字看課卷三本

廿六日晴陰涼鈔書課讀竟日不得休改吳生子才課卷數處雜客數人來

廿七日晴卯起欲看課卷適已會食飯後課讀不得畢廣東黃生來執贄其兄巡檢字翼丞同來尚有鄉音如聽異樂難得而可貴也此處候補者純蜀土音殊令人笑恨得熊邛州書送瑨丞賻四十金亦云慷慨黃豪伯書來講禹貢純乎宋後見識不足與辨然其言亦切中所蔽當小改削使其在南書房則吾書危矣復片但引咎謝過近乎拒諫者鈔周官唐詩凡五六起乃畢紛女講內則鷃卽黃雀云今書院有之土人呼爲老雇雀爾疋老雇雀鴳古稱今存非至蜀不知也

廿八日晴涼鈔周官唐詩各一葉諸女方有工效六雲以纏足困莪女余覺其意令紛爲敷衍六雲必欲干預余以欺小兒令言不信怒責之六雲答語純似其女君誶語余盛怒因罷業縱之嬉遊欲箸之此自不合道術然行法貴信齊家之政也莊生有云彼且爲嬰兒吾亦與之爲嬰兒小廢數日課以申一人之令其所謂枉尺直尋者不然小人得意將竊魁柄矣餔後出弔蔣一菊人之子孝子已出游矣羅飛吾暴死往視之便過芝生遇公符將雨馳還

廿九日陰晴看課卷鈔書如額紛女乘間稱疾半日不事帽項來

三十日雨鈔周官唐詩各一葉紛女爲莪授書亦頗似師生但不能教字耳夜雨達旦

五月壬戌朔陰晴今日日食不及一分兩縣來傳　遺誥入城期以午正畢集率豐兒至松翁處同出北門待兩時許督部始至序班不分官紳以四書院在司道次至會府又升於司道前而皆以余領班非典也奉遺誥已脫白便不舉哀奉臨直由總督授布政使布政使授藩經歷尙是斟酌合禮申正乃還羅飛吾子又暴死余向持命有長短之說由今觀之不能不信病能死人矣古人所以云醫能使生者不死殆有其理則與余說剌謬今早出堂點名旋又出城甚倦未能鈔書僅寫扇二柄夜早寢

二日晴朝食後往督府拜丁貢士不見見穆孫張陳及穉公而還同鄉者求差七人皆爲交名於督部稍償宿諸王成都穉公父子皆來看課卷未及鈔書

三日晴熱始絺游臬使擢京尹鹿滋軒移蜀臬錦芝生來鹽道塾發經費

銀監院往來踝蹊半日始定看課卷未及餘事王巡檢送花六盆

四日晴熱見調院生一人看課卷畢夜定等第唐提督徐張兩道臺來芝生權成縣道怡山欲得教案局司道送節禮以　國恤未受

五日晴午節不賀客來者仍相繼劉棟材每節慶必來未少答之殊闕於禮午後延三客紱子飲酒豐兒病不與酉散將雨戌正雨大至西南風急窗砌盡淋漓流潦縱橫夜與諸生小食余言宜設果酪鄧伯山齋長從俗呼以餅餌爲果子費四千而不可食杏粥余令內造尙醲醇耳

六日陰晴頗涼鄉令四人來出賀游京尹崇署臬錦署道便詣督府爲張怡山求洋局過崧鹽茶悉答諸客不見一人小食提督署中而還詢諸女初未讀亦姑任之

七日晨雨至午始霽鈔周官一葉略理女課見雜客數人督報朱肯甫放四川學政

八日晴爲公符治具招客醵錢同鄉六人來言成都鄒令將羅致諸人以朋婬之罪羅星士崇錦二道臺王年娃來穆芝閣李和合唐敦雲傅游擊來會食公符作陪健郎入督府諸女亦往公符隨人爲臬署捉去以違制薙髮也楊春朱月來皆薙髮余因隨人不遵制皆令藏過數日遂無使令

九日晴紛女未歸略理滋莪課鈔周官二葉朱月卿來言張凱嵩以五品權京兆疑有奧援東撫周乞告蓋以冰山既倒不自安也夜月甚明多話少睡

十日晴多睡少事鈔周官二葉馬道臺來游京兆不辭而去亦未往送其殘客頗來或見或辭暮出堂會講

十一日晴晨鈔周官一葉疑四時祭祀服曆獨言四時初欲解爲月令四時服後又改爲四親廟先王先公之異程立翁來訪公符至書局會之天官鈔畢六雲諸女均出獨守正室竟日未出

十二日晴飯後出訪六客見馬唐羅而還有人自稱愚弟張旭升出見之則提標中軍一游滑老兵耳孫伯璵來楊嗣侯崧鹽道繼至遂盡一日殊不得理正事夜月甚佳據胡牀詠詩有悽愴之音得常晴生書復連子書

十三日晴陰

先祖考忌日素食深居彭雋五來黃翰翁處之客寓逾宿來見門者以家忌辭使作客者頓不得計頃之豐兒引入余亟命僕馬迎致其襆被使居健郎故舍因此房不留客取吉祥也左郎與育亦早逃至蓬溪今日猶不至殊爲可訝彼在張楚珩處詐稱吾大子惜不得雋不疑引春秋一治之督報岑勒二撫對調

十四日晴馬道臺來言卝政與書督府論不可私采穉公復職崧錫侯往

賀不見還過我悤悤談閱課卷一日未畢時作時輟雜客來不計名也鈔周官一葉大司徒起雋五移來

十五日卯出堂點名朝食後看課卷客來終日不記名姓但攪我功課不得畢耳晡後乃竟松筠來待發案至暮猶未寫畢鈔周官一葉

十六日晴熱穉公來久談言鹿都勻守城已往解圍後一月卒失守因歎天下事似此徒勞無益者多忠臣義士喋血爭一日之命不旋踵而風月淸朗山川黯然良可悲也滋女讀小雅莪儲疋上均畢鈔周官一葉夜風涼芝生來

十七日驟寒急著縣袍作家書記載新聞左郎胡子威先後到院中頓增至二十七人可爲極盛鈔周官一葉復朶翁書

十八日陰鈔周官一葉命昇將出闔人言營兵爭草地鞭吾從馬且縶之毖憑陽春請拘治余云此必重有冤抑激而爲此侯馬死乃問所以然

可也出詣馬伯楷言卄事答賀署臬崇署道錦至提督署便飯公符及
督府幕客均先在聞若農惡耗昨得家信聞懷庭喪心若中杵今又聞
此與皥臣而三人生能幾遘此哀乃集於半歲之內懣怫無酬酢之意
怱怱罷飲而還
十九日陰晴鈔周官唐詩各一葉爲三女理課夜講玉藻改鄭說深衣三
袪爲要中者更爲出手長短下縫齊倍要則不相承似文理稍順調院
丹生來見
廿日陰雨鈔周官唐詩各一葉雜客數人來見黃霓生言陳老張可綴掣
任欲余往說之余以是非當分不欲請託也陳佗來言錦道臺已相見
可以得館余辭未之見鋪後出講堂傳新到六人講詞章殊無所解唯
九莖蒲生借唐詩一本而去夕聽畅女誦詩聲調清美看昨日深衣新
說殊可不必唯黼裘說似尚佳

廿一日晴鈔周官唐詩各一葉二女課早畢閒思龍陳交誼欲各作一詩
寄哀心殊冗嬾
廿二日晴鈔周官唐詩各一葉鋪後出答訪賀雨亭恆鎭如過機局蓮池
看荷
廿三日晴熱鈔周官一葉彭雋五論邦國宜屬圻內此舊註所未詳似甚
確當屬其爲表勘之夜雨
廿四日驟寒鈔周官一葉書嚴生扇一柄檢舊作三十歲以前詩甚清秀
殊苦無骨彼時不覺其羸若止於此尚不能爲學古益知成章之不易
夜風振窗側室閉窗風反急余寢室開窗風反小三更後還寢安眠
廿五日丙戌夏至陰寒鈔周官一葉陳州高進士郎用分四川來見復見
雜客數人三女課早畢比日教學頗暇復陳老張書嚴受菴族姪貧無
食令居院中鈔書

廿六日陰寒仍著緜看課卷四十餘本多與諸生談藝看畅女作篆滋我
課稍疏點綴而已陳佗來唐六少來言岳生事
廿七日晴仍寒看課卷畢此次不佳者頗少院生皆列正取罕有之事也
午出未果飯後乃出弔許銀槎曾延余一飯似有年誼往聞哭聲甚悲
詢知其無兒女家產子存一妻昇中作聯挽之萍宦更無兒八千里丹旐空歸不如休折當年
桂名過歲仕路六十年浮雲飽看剩欲歸依淨土蓮答訪高李便過督府看健郎與穉公少談
而歸左相新議加洋藥稅與畿輔水利通飭博議
廿八日晴晨夾衫覺寒飯後易緜襖已感寒矣自夏至前後體常微冷雖
身寧事靜而乖於處心掩身之意故一刻去衣即將疾也乃終日緜衣
以矯之鈔周官一葉補前一葉唐詩選早成欲補刪前選二本不在案
頭姑置之
廿九日晴涼疾未甚劇鈔周官一葉稍理女課得家書辛眉書言已訟事

對簿而雍然有三代之風迂哉真儒所謂臣罪當誅天王聖明者非耶
復改鈔詩爲點書
六月辛卯朔晴晨出點名鈔周官一葉點元史檢架上唯殘第二函聊記
日課不必從頭起也得運儀書其門生黃進士郎用來帶致者點元史
禮儀志一卷
二日晴疾未大愈仍衣緜鈔周官半葉點元史數葉午騎出城至張馥生
家園人直呼之爲公館蓋以監院時慣役故習屬之酉陽陳生兄弟來
始查帳又得二百金虧空當我彌補者余用財真復汗漫張家遇陳喬
二京官少談赴草堂竹齋陪孫編脩飲賀雨亭覃蔭堂爲主人宋月卿
爲客向暮散馳還未上鐙也
三日晴始熱黃霓生來鈔周官一葉點元史選舉志數葉今日章程率因
元舊穉公書來云新修梅菴落成約往閒談飯後往則公符先至方言

韡帶之苦而藩使來見白事頗久與穆孫羅質菴徧行院中諸舍晚至梅菴舊名臯姑院云琦靜菴母宗室女居此或云前督某子婦非琦母也於禮近之蓋督毋不宜別居耳席間未論政事頗爲閑雅還已鎖門矣

四日晴熱蒸竟日鈔周官一葉姚黃二令來嚴樹森之子來見謝之其從子卽厲峯山樵也親爲介紹與談數語但覺其浮動不安余亦爲之搖搖因與諸生言蜀士無威儀公子尤甚其意欲求作父碑亦山樵主使余以嚴不善湘人又無顯績辭以當屬敖金甫山樵意似怏怏夜大雨

五日陰復寒著緜鈔周官一葉點元史與孫太史論史書作輿服志最難司馬前輩所未有因歎攷工記之神妙若仿此記以作禮志合以史記所有文章大備矣適岳生以扇索書卽衍此意書與之

六日晴餞徐山宋月卿芮少海李煦黃翰仙相繼來至未正乃散孫太史

猶未起兩監院亦來言錦江書院事余欲延松翁居尊經而以錦席與申夫庶幾寬猛相濟薛丹庭言申夫亦不能整飭徒滋擾耳此語近理以翠喜驗之申夫非明察者其議遂罷鈔周官一葉點元史九葉此書必不能多看每日以九葉計日而已多看傷神與開卷有益之說相對爲義

七日陰熱恆鎮如蕭子厚楚東亮來崇綱昨課錦江院諸生多夜作今日殊無精神鈔周官點元史

八日晴熱熊卭州送茶及薏苡爲消暑飲子今年尙未巡齋舍飯後往視諸生及院外同居者七十五人皆整飭無一放誕者高吉士選大寧不能其職調省來楊典史初稟到亦來見此間官場亂鑽門路遂令人有設門房受手本之意致敬盡禮而接之芝閣仁哉來鈔周官一葉攷工一葉餔後荅訪高孫林黃進士盧舉人投暮還夜雨點元史

九日陰早寒午後熱鈔周官攷工各一葉攷五世則遷之小宗爲天子諸侯之特制大夫士所無此禮久蕪汨說悉不憭今乃始得安帖先鄭讀瓬爲甫始之甫後鄭改爲放於此之放實一義也方夫雙聲放於此亦可讀爲甫於此貉踰汝一作貜踰汝二獸皆未見其死聞孫太史將爲其弟買婢殊失兄友之義又令外傳書院中國喪買妾雖方子箴不在此義不可也又令外人言吾子姪諂人以非道召綬子來告曉之穉公送大理石屛二方

十日陰曾楊來言成都拐案其母訟縣令長隨之子挾嫌文致鄒萬縣自爲匿名書並欲中傷芮張師耶以間執人言瑣瑣情狀而爲首令天下無此壞法亂紀之國也然曾楊亦挾伎飲博者又不知其言信否陳庶吉及諸生來談自朝至晡始散已甚倦矣而又荒女課鈔周官攷工各一葉點元史乃出講書王蕓堂問北堂房中之說余欲以房中爲兩房

之中而於主婦立盥諸節似不相合黃書田問士練帶何以冠設緇帶昔所未詳王少耶送夜來香二盆貌子二尾貌今書作貓以爲卽苗字余以苗爲野貍而欲以貌爲貍奴蓋貌之爲言取其形相類與象同義今日庚子

十一日晴鈔地官攷工各一葉點元史九葉午將出拜客適倦因循餔食而後出李材官招陪孫公符已速客矣其人起自傔從以與道府來往慣儼然岳牧之儀公符欲取其賄以余爲媒故勉強往會雲南李緝修肇南主其家穆李二師亦先在余意甚不發舒如程伊川之赴伎席也夜還大雨

十二日壬寅小暑陰李卭州來訪其人亦傔從也欲觀其器宇故見之殊不似鄒萬縣有門籤之便習蜀中似此政事令人私憤鈔地官攷工點元史如額得家書

十三日晴鈔書點史如額未餔松翁招陪公符公符私出媰妾待至暮未至余先往詢知無一客特設以款年姪者上鐙乃食乘月還夜坐頗久

十四日晴鈔經二葉得家書及蓬海書連日爲公符事每有新聞不勝笑歎每思阿戎言卿鬱薏亦復易敗又爽然自失也夜要胡彭彭胡坐月

十五日出堂點名出小賦題一詩一聯應故事看前課卷未鈔書薄暮出書局少坐夜與諸女看月

十六日晴始熱看課卷亦未鈔書昨有訴陽春者牽及戴生子和余置不問但斥陽春不復用以爲得處事之法今日船上有人來請點檢有二桌四杌未見遺取之乃在繩子家方知用一細人鬼蜮不少不知外間更作何弊益知本家子弟當絕遠不使至他處至則葛藤多矣晡六少蕭銘壽來留六少便飯而去

十七日陰熱看課卷熊恕臣來言邛州解款爲藩吏虧空事公符來始言

繩子魚肉良懦之狀寧雲若問母爲長子削杖凡長子耶適長子耶答曰庶子父不爲長子斬則母宜亦不爲長子三年今著削杖欲著母不降其子毋以親也與妾子婦爲皇姑杖同鈔周官一葉錦道臺暮來雨至留坐納涼籠鐙去東門火雨風幷作火勢愈熾自戌至子繩來怒罵且批之叱使去夜涼早眠（以未至丑爲早）

十八日陰晴蒸暑看賦卷未數本帉女遣喚服石人送熊豹刺黨四角羊來唯四角羊似是僞作豹則劣於泥非真豹也鈔周官一葉作家書及嗌龍二書與非女一紙

十九日晴始熱蔡研農來欲督部自檢舉原參而免其出口諄諄以生還爲託其愚可憫其求亦可怪豈以余能主章奏事乎勢不可卻唯唯聽之初浴出而逢此惡賓汗濕重衣退看課卷公符復衣冠來告行未去王委員來稟知孫大人取妾事紛紜過午急令設食畢高枕西階謝客不通玉藻士練帶禮經唯有緇帶玉藻言士佩禮經無佩此天子諸侯之異許愼說佩大帶佩也是餘帶無佩之證鄭以大帶雜帶爲一似非院生說大帶四寸雜帶二寸又爲孫生改桓僖災以證從祀之文竟日未及餘事子女亦皆放學豐帉俱出城看荷花夜定課卷等第至卄

卄日庚子初伏斗熱晨發案後出答訪陳總兵蔡前道黃機憲閒黎曾還轉知崧錫侯兄升直藩便過賀入見崇錦二道俱說陳立公鬼話而還酉初將爲帉女講書始憶當出會講集諸生汎論唐漢六朝文格王張（宗禮）兩生頗有論難公符辭行

卄一日晴熱光旭孝廉送白蓮召書辦來令辭之以酷暑放學罷事黃機翁來言綬子已革去公符來片索彭川東書揮汗作二紙與之申後微雨稍涼騎至督府爲蔡研農乞恩聞公符復來馳還豐兒言岳生嗣儀母喪支銀三十兩與之王正孺來已覺老蒼

卄二日晴暑鈔周官一葉檢攷工記不得黃修餘蔡研農唐澤坡來午後久睡

卄三日陰暑鈔周官一葉子威論曾子修容以君在不襲故裼裘而入余甚然之因引裼盡飾以證盡飾之道又得一解也連日帉女未講書滋茙課亦從減

卄四日晴鈔周官攷工各一葉點元史九葉復運儀書重理春秋表

卄五日鈔周官攷工各一葉點元史如額方與帉講無宗莫之宗節伏案作字忽若舟蕩知地又小震彗星守鉤陳不退復地震可謂不寧不靈也

卄六日晴已有秋意熱不爲酷朝食後出答訪申主事錢先生弔岳生父還艾佐官來章孫闖入內門詰問之初不識其何人已乃知之云居旅店欲覓館可謂荒唐以其祖交至密令移書院聊免凍餒而已帉女姊

妹來盈門半日不得入內晚乃散去健郎來言景秋屏尚書管國學書
來索蜀刻經史
廿七日晴頗有蒸暑之意然比五日前大減矣鈔周官攷工一葉說轂未
暸余意以爲輪中圈謂之轂轂中軸蒙轂名其實軸耳
廿八日陰午雨仍熱得家書鈔周官攷工點元史如額晚間發家書第十
號中江鄙生來學詥叩其兩端而後斥去之與書楊石泉
廿九日晴鈔周官攷工如額恆鎭如來與書周芋生薦章孫往喫飯
晦日陰夜大雨至曉余初至卽欲仿纂詁之作爲纂典改禮書綱目之例
洗馬秦通考之陋今始與諸生議剏之鈔周官攷工如額宋月卿來留
晚飯而去
七月辛酉朔大雨水幾斷道辰出點名諸生居城外者三人未至城內三
人未至撰春秋表竟日未遑他事湘軍志已全寫亦未暇作也繙閱斷

爛奏諭亦疲於明
二日雨諸生鄧吳陳皆告歸鈔周官攷工各一葉陳老張來亦館於書局
夜飲酒一杯微醉早睡
三日晴鈔周官攷工各一葉繙鈔報作援蜀篇請薛丹庭來略問寇始末
四日陰晴鈔周官攷工各一葉作春秋表張靜涵郭健郎來久談林文忠
孫庚午舉人議敍知縣以其先集見貽國史爲作傳頗美錢贊彥來言
四川土寇破一府十三縣
五日晴熱鈔攷工周官改春秋表妾女往周緒欽助昏暑不可事獨居內
齋
六日晴熱朝食後出答訪林孝廉李少軒編修欲至周宅尙早便過楊紹
曾家聽談吏務經濟已至緒欽所猶早與鍾道臺羅同知久坐熱不可
忍已而壻親迎鍾往把盃余獨坐陪崇崧錦三旗道待女轎行復至壻

家見拜緒欽云廣西恥贅壻雖一門必備彩鼻嫁之拜後疾還夜身熱
咽焦初不自知疾作也睡爲痰塞乃起齧肉桂分許還寢
七日晴鈔周官攷工各一葉檢春秋公會表午後大雨雨後仍熱過緒欽
宅喫喜酒與伍葉院長朱徐鍾道臺會坐半酒起先還復感涼諸女設
瓜果乞巧遇雨夜深敷衍節景而已
八日暑熱作湘軍志川陝篇諸生入問疾又與嚴生久談殊未養息鈔周
官攷工各一葉蔡研農請余代求督府奏免遣戍爲致書穆雲閣詢之
檢盟表晚大雨
九日仍熱無雨濕蒸不能久坐鈔周官攷工各一葉鈔盟表郭健郎來
十日庚子末伏陰晴謝客逃暑雲閣來言蔡事可行又云健郎言余數日
不食穉公當自來問此客不可不見諸客皆不能辭矣盧大挑來緒欽
來謝則辭之穉公來久談云左相十二條陳已見其三不可行也酉出

講書唯張旭波多有問難夜雨
十一日晨雨至午鈔周官攷工各一葉作盟表成撰軍志數行申晦稍眠
震雷而寤出至西齋久談盼女小疾未講書獨坐看海琴雜書籤令人
思斗方名士之樂所謂一丘一壑自謂過之
十二日晴陰始涼撰至日表王運鈞自夾江來見鄒嶽屏女壻也憶舊追
年殊爲怊悵秦生來執贄錦黃二道沈炘師子蔡前道駱縣丞羅大使
兩監院陳魯詹相繼來僅補鈔攷工半葉寫對屏各一副便了一日朧
月上階絡緯幽嘤明日已入秋矣
十三日癸卯立秋雨豐兒復入檢春秋例表至自例奇繁余設四十二例
求之二日而明可謂快事今日家中嘗新因設二席徧請在院親友彭
陳左胡彭四趙冬等及孫生陳二幼子郭健郎會飲酉初散鈔周官
十四日陰鈔周官攷工各一葉梁山秦生青神□生鄉晚陳從九劉太尊

來作諸侯卒葬表豐兒自謂習於例又自許數十次推尋擬一稾殊下明白因自作之半日而成皆有條理跨竈殊不易言

十五日大雨出點名發題畢會食作春秋表鈔周官攷工各一葉作軍志夜見月旋雨

十六日晴出答訪雜客徧詣當涂唯祟唐錦處得入劉太守言令人昏昏欲睡晚至楻園沈氏諸郎設食顧伍兩翁作陪看文董字見明人蘆鴈圖甚佳惜是小册耳歸雲和尚畫十册並題字似楊息翁乘月舁還

十七日晴作春秋表見郎陳佗王艾孫伯璵來坐一日留伯璵晚飯而去作家書十一號

十八日平明大風天色赤黃似將震電者起揵門窗因出小便風吹殊不涼還遂不睡頃之大雨亦未澎湃朝食時已霽矣秦生來求題作文健郎亦頻請題因與一文課院中遂多願與者竟日作春秋例表人事盡

謝猶時有雜客坐待

十九日晴復熱作春秋表竟日薄暮祟道臺來得俊臣書

廿日晴熱作春秋表今日當畢功斷客不見有兩湘潭人坐待周緒欽復來皆不能不見敍次未畢已夕食矣又當出講書乃罷夜秉燭作之三更乃寢廖黃翔雲示我一卷試文八篇八韻一首題爲焉雨鱠破煙諸字余破題云玉鱠金齋美東南自昔傳忽看萍破雨云云下未成而醒

廿一日晴作春秋表成豐兒佐檢多勞殊爲盛業爲此竟十四年昔日童子能傳家學可喜也夜作序亦逼近周秦人朱肯夫已到遣信相聞云明日入城也

廿二日陰紛女請丁周姊妹放學一日補檢九旨作表松翁來約同赴周編修處晚飯余欲詣肯夫坐久之聞肯夫出拜客余覓舁夫不得騎從宅門出與松翁同至關祠君子堂小飲芮少海葉協生羅編修子繼至孫傳臚盛稱周饌之美果尙精潔戌散步還小雨仍熱

廿三日晴朝食後出詣肯夫久談時事殊非急務坐及六七刻出詣李培榮過督府少談至機局尋翰仙過周緒欽談及日昃還半山小病

廿四日晴熱作七等表半日暑不可奈乃罷偃臥前廳遇山西王厚菴孝廉來言熱宦炎氣逼人余因以冷語冰之北窗高談在羲皇以上彼雖未服清涼散而熱念已消矣比日均因避暑放學

廿五日晴熱不可出氣鈔七等表遇傳生久坐意亦代求熱官消夏會中連得佳題可爲大噱未正已熱不可食李管家來散檖見之夕食大熱夜正蒸悶大雨如傾寫惡屏四張

廿六日晴春秋表始草剏訖蔡研農黃進士饒榆齡賀雨亭沈師耶子克宋月卿來留月卿夕食去今日疲於接對

廿七日晴熱不能事黃翰仙蕭雲槎嚴泰耶來得家書曾昭吉來

廿八日晴熱馬伯楷來託辭藏差言其家有病人余薦醫與之閃爍不肯請乃指天誓日以明之可怪也此等人拔用之又不及丁唐恆鎭如秦嚴兩生劉棟材來棟材狂易言語支吾亦不覺其癡看課卷竟日殊勞於尋檢

廿九日晴漸涼紈女暴疾甚困憂之失常余兒女皆多病以擾晨昏由撫育太勤耳近世官人不知有六親亦愚者之一得唐六少來言張叔平家事其事多誣而鄉人好爲人妒忌遂禽其二族人以去叔平兄妾亦來訴未通其詞而去郭嚴來閱卷至晚始畢

卅日晴熱發案後將校定春秋表未及開卷丁价藩來久談甫去吳明海來肯夫來皆久坐遂畢半日豐兒治裝還家料檢紛紜一無所事送院生名册與學使夜雨

閏月朔晨出點名發題朝食後芮師來豐兒啓行待辭甚躁急客去卽行

氣象光昌余頗訝之轎馬並從均無雨備午後大雨送者皆露溼而還紈女疾猶未退閉門居外齋半日心似稍靜作湘軍志二葉自撰例表不復他事將半日矣暮爲畇女講書未數行而罷

二日晴始有涼風鈔周官一葉作軍志二葉得家書唯一安帖見功兒寄弟詩一首亦尙成章紈女小愈昨遣詢豐兒通鑑所在至今未還書又故在案上頃之人還云昨雨並未逾三里外豐兒故未遇雨也

三日晴熱作軍志一葉出答訪肯夫价藩便過和合研農時已過晡秋暘愈烈乃還紈女夜不寐攪余亦不寐紛紜至曉石柱冉生題詩出院余欲薄懲之旣思迂生尙未知設立書院之意若欲誅之必先教之此事不可家置一喙且宜囫圇也

四日晴熱和合處送駱文忠奏稾一部內有誤編者蓋其家唯案時月不看年分之故蘇賡堂遂据以作碑然則謂碑志可補史其說殊謬湘軍

志刻成急須補川陝一篇推尋竟日分置日歷記事猶難明晰此志自以紀事本末爲易瞭但非古法耳熱不可坐望陰雲冀其生風亦殊不得至夜乃淅淅而雨夜半始涼

五日雨竟日驟寒可二袷鈔周官一葉作軍志晚至李管處會飲松雪鷗庸俱先在主人草草唯恐不散亦不知諸君何以來也夜寒熱

六日晴始涼竟日坐內齋作軍志成一葉耳李宗蔚來求事錦芝生來閒談贛州賭案爲言官論奏鎸道府俱罷斥督府議處雪琴所案也

七日晴謝客作軍志

八日晴發家書十三號作軍志夜雨

九日大雨舁出訪肯夫久談其意趣尙在南城間此事須閱歷孝達久外、而猶外行意玉堂中人別有天授非可驟言經濟也馮展雲按部就班肯夫稱其能故知京外有分入督署與劉許孫穆陳郭談幾二時許待

督部退堂乃得出至丁价藩處少坐已將暮乃還作川陝篇成㷔餘講論兵餉二篇易爲力矣然苦不典實嬾考究卷故也

十日晴陰鈔周官一葉作營制篇敍筆頗變化曾滌丈言畫像必以鼻端一筆爲主於文亦然余文殊不然成而後見鼻口位置之美耳其先固從頂上說到腳底不暇問鼻端也八家文憑空造出故須從鼻起余學古人如鏡取形故無先後照應惜其生時未論及之暮出講書問者多不能猝答畇女講學記畢

十一日晴始有秋光鈔周官一葉作□篇須學墨子從嚴生借之未至游行半日見黃進士王誠子於王處詢廚人鵠一人至重慶人也與所言許蘭伯舊廚人不讎此人無實不可信已兩試矣

十二日晴午雨鈔周官一葉墨子書二葉宋鉞卿來得彭稷初孫公符書

十三日晴復煊未熱耳鈔周官一葉墨書一葉作軍志說野有死麕凡死

皆惡無禮者引相鼠爲證唯懷春二字少見蓋懷䧿履冰之對文言和柔也亂世女多很戾男不唐突則女自和溫受教於吉士矣夜月甚明忽然不寐頃之又沉迷又頃之乃復常殆亦小病以强不覺耳

十四日陰晴鈔周官一葉見周生卷說灌渝甚佳以龍古不連文亦確有其證程立翁來鈔墨子二葉張門生陳佗亦來坐而去未刻遣約正孺來陪學督設食甚夥尙可喫耳然亦有餿變天氣太熱之故唐六少耶以豪侈聞所借器具乃甚粗俗不可用信乎穿衣喫飯之難曉

十五日晴熱晨出點名初出二題至寫牌時而盡更之錦芝生來午間校管子二本十年未卒之業也人壽命不長不知當餘許多未了之緣可爲一歎

十六日晴鈔周官一葉過馬伯楷宅與芥帆翰仙會食肯夫來

十七日晴鈔周官一葉作營制篇二葉晨出送肯夫紈女同舁往至門而

還申過提督署與督府幙客及錢徐翁會食夜騎還與書潘使爲老張求回任

十八日晴鈔周官一葉監院來請刻孝達書院條規云請范生寫之范新喪未能也作軍志營制篇成此書遂有成日亦奇事也羅子秋來云得儀仲書程春甫病疽將死追念前游悵然如痗徐又愷來認年伯毛吉士來

十九日晴老張奉文回任此可破政體之謬說彼先經舉貢生員公呈告其貪酷衆反欲余關說及察無實據衆反以爲不可說誠不知官話何理也余皆不聽而事亦行但不免官怪矣鈔周官一葉

二十日晴暮雨昇出答訪雜客並弔危生未還甚飢飯又未飽竟日不事

廿一日雨鈔周官一葉與書彭鴻川程春甫常晴生作籌餉篇欲考淮鹽鄂課未得片詢韓紫汀不知也

廿二日鈔周官一葉大雨竟日得豐兒十三日巳寓來書

廿三日鈔周官一葉晨雨午霽夜寒

廿四日晴鈔周官一葉劉介和必欲入見似是一煙客邀馬伯楷丁芥帆黃翰仙喫餅串散

廿五日晴夜雨鈔周官五葉督府幙客自午至酉陸續來

廿六日陰雨臥一日未起昨小疾遂不食夜留子威諸君論譏構之人別有性情唯青蠅巷伯能盡其狀

廿七日陰唐稚雲闓入起與食麪並設飯鹿滋軒按察來稚雲後去言李仲雲暴疾而終湖南少此一人殊不便於官士得七月杪家書言鄒咨翁已主校經一席夜校管子半卷兼令續寫成書

廿八日陰晴晏起午出答訪滋軒至機局與芥楷和合飯既未能食亦無可食晚出城送用階行遇丁唐二子

廿九日晴鈔周官十餘葉地官畢成二本

八月庚申朔秋分正卯初時卽醒室猶未曙復寐辰初起出點名諸生早集發題會食還內齋賞桂午出外齋方生守道坐候兩時矣其人初好宋學故有立雪之風與論蜀民失教當先齊家以化俗此四士之責也齊家不必精論但以身率在起居飲食之間如趙宋儒者不能齊家只爲論誠正太子細耳今執朱晦翁而問之曰夫子可以爲修身之士乎則皇然不敢當如此安敢治人假欲治人仍是自欺矣故論聖太高是一大蔽書院諸生以所聞行之戶庭正古太學之道廣東黃生亦與聞未能領會也鈔周官一葉考工一葉出理雜事聞講堂旁有大聲疾呼者嚴飭之則李康輔鼠竄而去殊快人意夜方作字岳生森來愬其道大不容自反而忠被謗訕之意以與平昔所論相背復直責之今日吉朔而連有口舌是可怪也

二日晨雨昨夜瀟瀟達旦聞薛季懷卒於家中督部出城爲發喪遣信杒聞此近今公卿絕無之事雖與吾例不同要當一往以彰其美至則馬伯楷亦在唐提督繼至餘皆督府幕客也自巳至未正乃還入城至唐宅便飯馬穆同坐酉初還鈔周官一葉雪琴署江督峴莊內召沅浦移疾

三日晴茶陵周秀才之闓客匯東所欲就臬館而不可得前未來見祟扶山遣尋黃翰仙翰仙復令來見殊秀拔蘊藉佳士也遺約之來尋以扶山已留不至午鈔周官二葉說肆獻祼饋食各爲一廟論太新叛更令諸生博考定之賀張同鄉來嚴同年亦至魯詹今日謝我設內外二席留賀爲客六雲留琯丞夫人及其女並請周年女爲客紛紜酬醋至戌乃散戢女小疾

四日陰午雨改課文三篇鈔周官一葉書扇三柄得周芋僧書與書鸑卿

公律

五日陰晴鈔周官一葉郭健郎來言彭芝生孝廉自云當爲城隍神又云雖入油鑊正氣常申幕府號爲油炸城隍今在江督幕中也張世兄來送文一篇無可著筆處作李仲雲挽聯湘四船局佐中興豈徒鼓[illegible][illegible]從富貴散賢推第一天上屏風記名字誰料東南寶靈林李錄管咽三秋

六日陰出城送琯臣喪便詣督部談將去蜀稺公云已亦將去吾輩豈可虛拘余云此時無當國之人外臣僅能隨波而已若欲決去朝廷不知其意徒見進退之悻悻此真事之無可如何者也發家書十五號並復錫九書鈔周官一葉閱課卷

七日陰鈔周官攷工各一葉閱課卷得莫總兵周鍔連文大使書暮邀子威雋五至府學觀庀祭無人典禮遠不及湖南整飭作徐又新挽聯志和書之八坐聯衆整正看臨事頗和寂靜承歡留晚羈三年容汎愛豈料車回旗痛欸曲論交未淡旬張怡山來言又

新故四川府司獄其父不爲不知子惜其好名而失實也其弟其子皆四川知縣又增一重苦障

八日陰昨夜雨瀟瀟竟夜今日竟日欲雨殊悶悶無悰鈔周官半葉校軍志五篇入內齋稍理書課已昏黑矣大睡至戌始起鈔周官半葉講樂記補說二條

九日陰原刻春秋譌脫殊多請子威校正補版自校軍志畢鈔周官一葉帽頂來

十日陰雨老張去鈔周官二葉欲出值駱縣丞張門生來遂罷院生鈔春秋表畢其戰伐表令寧生補理之蔡研農來酉出講書張黃問玄端端冕及祭服五冕助祭玄冕裨冕諸制殊未甚瞭當作一表攷之夜與妾女鬬牌

十一日雨六雲生日監院王從九均衣冠來謝不敢出晏起至午始食麪不飽午後健郎來留之夕食余亦未出燕坐閒談至子始寢

十二日雨公所請祭鄉賢避羣道不敢往稺公來談午出答訪鹿滋軒値發審過堂延入久坐將兩時許出過錦芝生不遇至張怡山唐澤坡處小坐還已昏暮

十三日雨部文召川藩內用鹿臬補藩使張月卿放川臬昨始與稺公談宦途無恥者推張第一未數日無恥者復當來相聚余亦無顏對之閱課卷卌八本夜久不眠

十四日陰從唐帽頂借銀發月費清公款發課案得鷺卿書來告豐兒危病殊不意其多疾如此廿三日來信今日始至蓋非惡耗計今日不死則已到家若彼得死於變殊爲有福但其母必悔恨蓋人死不見親人省無數葛藤然爲生人增無數傷感雖知命者不免彷徨久之

十五日雨錦芝生復署成綿來拜及雜客至者竟日晨留張門生午留郭

郎會食發家書復鷺卿書午後少齋夜無月鈔周官一葉

十六日陰與書唐六少言周秀才不可辭崇蓋扶三自來無此義舉黃錦唐皆迎合其意爭迎周生宜仍從崇爲是不知當諸官意否鈔周官一葉熊樹臣來夜涼風雨甚有秋意

十七日陰今日城中三官交替宜出周旋以得變信心中煩懣故不能出穆芸閣來鈔周官一葉

十八日陰鈔周官一葉午有鴉向堂嘅二聲知有懣者自出答之鴉飛去夔州信至報豐兒之喪夜令院生檢爲位禮及子威同議不得乃以意設夕奠舉哀

十九日陰晴設位二哭昨日院生有失聲哭者岳生尤慟今日翰仙稺公伯楷來稺公言此兒可惜追思廿三年父子之恩自其十七歲後卽能啓予盡傳我學但詞章不及耳忽失此人令人氣盡

廿日陰朝夕二哭攷喪禮乃知爲位不奠而誤設五奠平時不精熟故致此謬若豐兒在不至此也弔客來者錦崧談最久崔生哭失聲州朋友之誼唐六少浮談最無情實丁進士及督客均久坐

廿一日陰定遣紱子同彭左送柩朝成服院中自監院以次均設特豚一俎之奠卽位而哭余遂哀不自彊矣午唐提督蔡研農來諸客盡謝之作書與鶴公

廿二日陰弔客來者五六班諸生送挽聯者相繼

廿三日陰清書局帳

廿四日陰彭左去書局帳清理有緒紱子荒謬

廿五日陰紱子去與彭左俱發弔客來者鹿滋軒坐稍久督府令鹽道定明年講席辭不受聘書紱子與孫生比而煙游初以爲孫生直率乃城府深隱如此殊無知人之鑒欲講中一以上祔禮一握筆則思仲章心

忡忡而輟鈔周官半葉

廿六日陰諸女始稍點讀己亦欲解春秋表而前藩及稺公來久坐復對雜客數人唯朱次民聲如洪鐘頗駭人聽

廿七日陰校春秋隱公篇又校湘軍志

廿八日陰校桓公篇皆令寧生助檢湘軍志校訖

廿九日陰得家書感慶來爲之憤懣寧生久不至獨校莊篇遂校僖篇

卅日畢校文宣成三篇終日伏案腰背爲之木强王仲儒翰仙來慰談頗久

九月庚寅朔晨不點名發題分卷校襄昭定哀窮一日力畢之

二日陰王成都來唁更鈔春秋表改定五始發出將刻一本諸篇皆須重寫尙未能無罅漏也順幼耕來唁

三日改定至自例表始知經文錯綜不可窺測悵然久之

四日陰午雨改表竟日見雜客

五日晴改表見雜客

六日晨霧朝食後晴改表未半葉曾巡捕金表弟錢徐翁羅質菴來皆久談遂盡一日今日盼生日以念慶來竟忘今日條六方以爲五日也六雲呈帳猶不信檢號簿乃悟之看京報無一新事

七日至十四日皆作表檢鈔無暇時輒不怡懶復記事唯九日十一日十三日皆出謝客十日出講書聊行世俗所不免者盼滋莪女皆往丁宅

十五日晴晨出點名始復堂餐院生廢弛出牌戒飭之

十六日乙巳立冬至廿二日均作春秋表日可改抹十餘紙未遑他事唯有酒食應酬十八日在熊樹臣處稺公來邀未去廿日唐澤坡齊敬齋均相約將去稺公復來邀先至齊處客未至續至督府不能再往比還內城門已閉矣廿一日馬伯楷與丁芥帆會食餅麪過飽湘撫藩均更

代涂朗軒移撫湘樾岑可以彈冠諸山亦不撤皐比也廿二日金表弟請未去至唐子邁處與六少李蘊孚張門生會食二更散春秋表粗成彭胡病岵惱人運氣不佳多逢此意外惡事蓋余福薄不能順暢耳比之前年之到處順利風雪效靈亦倚伏盈虛之道然順而不加樂逆而加哀懼則又人情自然雖有道者宜然羅愷士廿二日來談陳幼銘避我事

廿三日雨晨未飯舁出南門嚴生餞我杜祠丁戴陳陪向暝乃還寒雨瀟瀟頗憶乙卯歲明岡山居意趣

廿四日晴陰昨雨似專爲嚴作看課卷可百本

廿五日至卅日事事酬應一無所作以豐喪心意煩拂也廿八日彭三胡死於西房爲之殯斂其夜稺公復暴疾廿九日往看之已愈矣其日敖金甫自桑昌來館於書局

十月庚申朔出堂點名發題始理歸事檢點院中諸務自此日至十二日每日有餞者雜客來亦相踵均不必記鄂生自都還景韓還二百金張生孝楷始來見此人無性情欲去之而未忍以似此等輩人多不勝澄汰也穉公請假一月左相出督兩江俊臣始得浙撫得曠鳳岡書報春甫喪並寄商郎訃書請作墓誌文卿擢督甘陝雨蒼書來爲其族子常霈先容未暇見之連希白書來通候爲黃豪伯作印度圖詩自檢諸筆札未畢者日未暇作輒於夜間了之又恆苦晚歸已倦殊不似前年暇豫也

十五日晴出堂點名畢更行裝出辭行赴餞局酬應紛紜俱無心記載

十六日晴欲登舟晨赴餞席散已將暮辭行數家晚復至周緒欽處會飲見李知府常霈雨蒼從子也有書託我往還未見今始一面耳云雨蒼妾蒙古王女弟狄俗無嫡庶其祀常受活佛記言李雲麟嘗與蒙古故

强結昏焉生子已十歲矣

廿日陰雨晨出書院登舟諸生步送余騎行至安順橋東登來舟更顧撥船及小坐船從行送者絡繹芝生設餞薛濤井馬伯楷黃翰仙唐六少作陪昏散住舟中

廿一日晴督府幕乞穆芝閣劉盧谷黃燿庭陳用階餞余皇姑院穉公方葆卿爲客未散還書院半山已出辭行畛女尚在丁署滋女亦往周宅唯莪女及諸婢在耳寫對屏八幅夜宿書院雨

廿二日晴騎與莪女登舟尚有來送者丁女子婦側室及兩郎均來畛先至舟爲主人滋繼至半山最後來已將暮矣女客始去晚會食於傍借大船子威亦至

廿三日雨猶有來送者看課卷日未及十本夜乃畢之穉公派礮船來護行船弁張來見

廿四日雨健郎李世姪王從九連日俱來孫伯璵復至伯楷亦連日來夜發案交書辦帶回院中岳生林宗步送留宿子威船夜半作書與肯夫穉公滋軒得家書知家中亦於八月十八日聞仲章喪廿一日成服可異也紱子寄其日記來前十日尚未自知死殊可愴痛李總兵必欲送贐送一假元畫與之因屬其代買湘軍志版以歸李送二百金因令書辦取版以來

廿五日陰晴辰正發行九十里泊胡家墈（前記八十里止）吳明海列隊江岸相送舟謝之送客王從九李世姪彭秀才俱登岸去岳生先去矣夜寒

廿六日陰晴平明開行六十里至江口（前記四十里止）檥舟久之申初始行卅五里泊太和場洲旁彭山地稍理行篋計歲會登洲散步艾通判炳章具舟相送遇於洲上欲要登余舟會夜未可

廿七日陰行九十五里泊劉家場青神地所過眉州青神城青神城去岸

二里許舟望不見畛滋各溫書一本滋莪各寫字一張

廿八日大霧午後一見日仍陰寒舟行甚緩欲泊嘉定城未能也不至十里泊斗丰豐多閒眠

（程春甫墓志銘君程氏諱學伊初名伝字春甫其先休寧人也舊爲著姓通籍四方蟲述之初良來承鄖途爲衢陽人埒父肆某早卒以伯父無後仍嗣之宗所使姚何其母萬並敎節貞順見褒朝廷君功而端疑宜能好禮少有溫度博友賢泰愛來親仁後財先義孤松獨挺秀阿四陸鶴鳴于野千里臨欒成聲朝藉軍起衛英彥龍驪思樂色獎杜門靜守俄零桂波駿州居衢要上游轄鍮非材莫脫君時年廿有七守得交推遜捷禁劇盜主南道不階帥府之一而有長城之童中與以來未嘗有也君既勤於撫納克變來志實棨博從輟賡其門弱飄覆肉之李府有百人之饑其施舍周恤國人之所稱附不足爲君雖矣九流總集樞御不與只物無忤而皆知所短情夫其終於鄉閭始良臣之器識也生璋既逢軍公知重三爲再敍授二品階官補用道員拜命柴觀志不使官位致三庭萬貲利無圖然以而衣冠見南州不亦偉乎事恥落落五十而莖孝終不遂委化先祖光緒七年八月癸酉卒年五十有二鳥乎人之云亡衡其痒矣君經識度交曾無遺論前箴攝有飛語之傳致君於黔魏昭昭自直明名怪焉反正與搭果爲妖祟君卒之日愚智同嗟歎哭野悲若喪良吏隱居途道其殆庶幾孤子倫祥推仿先德以君知發皆海內賢俊謂銘君者食曰閔逝是宜母以其年月日卜葬君之原命此成都表茲幽銘乃作銘辭以下闕）

廿九日晨復大霧午初始行十里至嘉定城未攏稍下泊九龍灘洲撥船過載竟日檢點艾炳章求書與翰仙爲作三紙夜鈔春秋表二紙

十一月乙丑朔陰晨未開起詢從人云待買私鹽嚴飭之巳初始發未五里待子威早飯復泊洲渚間張伯元自牛華溪大使所來相訪紈女亦從滋莪至牛華溪市久之乃還行百廿里泊犍爲城下中過竹節叉魚二灘叉魚浪不及前年離堆亦纔出水水蓋高於前年數尺而行反遲一日可惜也鈔春秋表二紙

二日庚寅冬至陰晨開行二百里泊柴壯磯壯字漢作牂今作樁繫物柱也有大石可繫船故名上有石刻云一白水星不知何義欲改九旨表殊無端緒蓋此表當攷傳義甚爲煩細也

三日陰晴晨起行六十里至敘州府城始朝食過僃兵灘水殊平靜又百八十里泊江安城北崖石下縣令李忠烺佩蘭來訪雨滑天黑謝未相

見送冬笋而去已二鼓矣繙春秋僖篇傳聞世義例粗畢夜微雨

四日陰雨晨行百里過納谿始朝食午正至瀘洲泊銅步舊運滇銅船步也周芋僧來久坐甫送客登岸尊經院生高李楊同來令還城相俟乘市中竹轎至官運鹽局朱丁誤通刺見收支委員劉生字斗垣陝西人不知其名文主事方飯欲不見已而相要談數語至南門外李生懋年宅高楊先在徐生繼至已然燭矣入城至周芋生局中便飯俱忽忽未多談城中泥淖甚街窄又迫夜殊無所瞻眺還舟劉知縣來送脩銀千兩乃知其已補東鄉猶未知其名也周徐均送土物陳用翁子壽禎送雞肉託帶信物今年行程與前年遲速相補計日正同文雲衢云舊瀘洲蓋宋城守將據以降元者案水經注緜雒卽今內江靑衣沬水卽今汶江蒙湔大渡繩瀘孫淹若皆沬水所受諸川之名金沙江乃眞江原正流熊耳峽則今烏尤陵雲二山濁崖離垠卽今道士灌水經涪水與今涪州地界縣絕今江乃水經漸水故都江堰謂之漸堋因作一詩正其誤述其景庶幾所謂山川能說者出峽口泛沫至宜賓江口作霜陵[illegible]川游歸棹鏡背衣碧瀾尙秋光高吳恨灘激繞吹激空擘偶發曠覽[illegible]激沫昔奔濤巴蜀阻崩峴良守閣二渠航道逆[illegible]坻枕席千里途矜帶絡[illegible]寒江沫合天光與色共遶灘桑攻沔向荒方望日謫移江原飫徒瀨瀾磔復無壓危我因觀古閬游閬雛踰頃來訪[illegible][illegible]復此眺峨眉熊耳秀可攀岸灘[illegible]崩[illegible]空勞利濟功豈獻羈宦來方舟自茲道仍誰念臨圻

五日晨發百廿里檥合江買蔗霜橄欖等已復行六十里泊石壩沱合江地船音切寒鳴兒氣斷江沱思子情雖異吳離絲奈何懷舟臨綠雄[illegible]拋怨遲[illegible]淺淺類路平懷懷古事過每每含蜀田坎坎[illegible]巴歌二[illegible]久已炎符滿今委波甘林殿丹粟石塔倚青坡瓠嫌山川迫究聞在潤阿招隱不同歸寥閒佚我多夜起開表發條忽斷自來未如此鹵莽

六日陰頗寒行百六十里泊江津攜三小女入東門街巷寂靜僻若小市云西門甚繁盛未能往也江岸多黃甘彌望數十萬株李衡木奴恐不及一匹絹蓋橘利三倍甘

七日陰寒行百四十里至重慶府泊朝天門隔洲水又淸碧所謂涪內水盧生來見云北卽嘉陵江江北廳書院以爲名陶雲汀以爲潛水者也攷宕渠及潛皆入涪內而嘉陵道水亦曰階陵班志養水至陰平入白水白水卽桓水入潛是嘉陵卽潛陶說是也以　先孺人忌日不拜客夜視江煙似有月光出船望之初月正明所泊地亦尙淸淨自發成都至此已十二日前年程尙少一日

日晴霧晨入城詣彭兵備聞爆竹聲甚盛詢知爲其生日謁上門辭而還王生劉生繼至王生請遊塗山與盧生同作主人劉生院牓無名亦不甚省記之少頃彭鴻川來言曹狀元督湘學張治秋得山東黎傳臚請假蕭章京用廣東守並言欲送酒肴坐半時許而去飯後移船與盧王兩生要子威及四女渡江游塗山自上馬頭呼四舁循山北行村落多依巖谷可五里許望林樹中一銀珠光采爍爛疑是新月又疑無此

瑩餤炫晃久之徑轉而隱慯寺門磴道入老君祠水經注所謂塗君祠者今眞奉老子誤也常璩庾仲雍始有江州塗山之說亦客塗君蜀人而封於揚以爲呱啓在此則不合情勢鯀遷羽山禹娶何緣在此又此山名塗義無所取今山起道觀隨陂陀作屋甚狹小亦有一二處臨江甚佳皆無題名迫暮不暇游賞飛轎還江岸已昏黑矣亂江急渡老張已在舟待彭兵備復送銀以爲儀不腆受之老張送銀則義不可取彼將儆陸子受之於左季高而且留之代彼送劉韞老謂之陳志也夜談至子寢甚煊

九日陰晨未起盧王生來送行呼於船門雖甚拼擋而意甚殷勤披衣起見並別老張行甚迅捷未午已至木通過石碚陀小涇豫也舟人云去長壽城十五里此石觸火起則成都有火此足入水經注未暮見沙洲峯樹頗清潔因命泊舟已過長壽廿里乞今日行二百里泊瓦窯灌前

行兩日程也

十日晴和煦無霜唯寒風頗冽竟日不專頻坐頻臥行二百里至沙鸞張舟云行五站依上水計程也

十一日晴曉發過酆都百餘里至忠州云百八十里亦上水增加之又行可五六十里過十八砦有立石如筍可廿卅丈依崖作九層樓制作甚工前年過此未見盼女等去年過登覽焉又十里許泊五林磧水程云距忠州百廿里則今日已行三百十五里然上水纔三日程纜行必不能日百里故知盧報此下水程皆如此亦依其虛數載之

十二日晴曉寒午初至萬縣已行九十里少愒問知沈安龕舟先發一日猶尚未至黃機憲太已於四日從陸去矣又詢知張總督尚未至未初開行百八十里至雲陽泊城下始申杪耳夜月甚明無人談賞戊年從長沙至宜昌十三日去年行十四日前年從宜昌至長沙十二日此水程大要可計從成都至宜昌則不出廿餘日皆霜落水平時

十三日晴晨起看灘久未磨墨因自研二槽已至破石灘行卅里平無浪旋過落牛灘十五里水手生疏被潑一浪入艙紈女穉小亦知張皇然瞬息安穩亦非灘險也午至夔府城共行二百七十里泊關下入南門訪黃澤臣勞鷟卿知張總督已過今年正六十何其少也鷟卿問余幾時發告以廿五復問前月廿五耶此月廿五耶余不能答已而小悟留飯余當還船了應酬仍至舟坐未定鷟卿來其次子亦隨至約待晚飯而去作書謝穉公兼論鹽務宜歸鹽道未畢澤臣來臧否人物歎蜀乏材談一時許勞宅再催乃起去黃郎佛生復來同步入城登磴甚喘復至鹽局勞設食黃唐小誤范卽仲章鷟者書不知其姓爲勞作啓稟者及其二子均同坐三更還呼城而出勞復送銀百兩以仲章棺銀已還故送賻耳夜月不寐澤臣送行李船票來前兩過皆一礮船此行多一船本可不須票恐淹滯故彼依客禮致之並送燕盆

十四日晴晨發吳祥發送至巫山猶欲前送喻令還卡兼附穉公二書與之午過青石洞見一山穿空漏天前過所未知者峽行波急亦異前游夜泊枏木園土人云巫山至此百廿里地多美柚以朱沙點者爲最佳品有朱點則肉紅色與金錢圈橙同不與凡類也朱點者一枚十八文凡品十二文半山云宣化鄉中朱沙點者一枚六文此處至巴東六十里前記巫山至巴東百廿里蓋誤也以實記之不過百廿里依水程蓋三站巫山令許玉生與用階爲姻家用階子附書及新皮衣與之令吳祥發送去

十五日陰五更發晨過巴東大風上水風帆順利少泊復行新過㟂灘水波駭人前三行所未有蓋逆風挾工使然泊灘上二時許乃過歸州泊舊城下楚故陵也有楚王井在山上屈原墓在對岸亦行百一十里

十六日陰行五十里辰至石門灘檥舟起撥半山必欲盼女登岸因要余

登岸行十里望所帶三船放灘小舟由南槽大船由北槽北浪頭高船
行甚正未若南槽之迅急紛紜半日小雨時作卽泊灘下夜寒欲雪與
兩小女葉戲
十七日寒雨舟手殊不欲行强移三四十里過流頭灘泊三斗坪
十八日晴晨發午至宜昌蜀中水手皆自此去凡用六人三換班人共千
四百錢廿餘人喫三石米頭工顧直四千雜賞二千已舟之便利如此
顧一載花船則需五十金猶爲平價也凡峽舟每艙橈夫人給豬肉半
斤自成都至宜昌凡四艙勞外賞不過百文湘舟行數千里則不止此
然蜀人多湘人少費相當也以當換船載器具泊林家洲去城五里夜
看峽程志凡水經注地名今皆有之詢之舟人則不知矣夜月
十九日曉霜如雪大晴南風簸舟換辰撥至長沙錢十九千亦爲平價補
帆買櫓又停一日換載亦畢欲定一倉與子威竟不可得僅足容膝

廿日晴微霜晴煊如二三月得彭雪琴衡州書報其弟喪又言麗翁事不
能行老戒在得尤戒好事可鑒也南風仍不順櫓亦未安停待至午建
捷營官賀副將縉紳來舉止如文官居然欲與黎傳臚輩抗行且蔑視
孫公符今日流品固非承平時老輩風景亦非湘軍舊制可慨也夫申
初岸上失火急移泊小南門夜大風夢蜀督幙客咸會或送一本京報
內唯一諭言蜀臬以物議最不與之李珽爲之李珽乃一土官其土官
卽以珽姊某氏爲之云其姊有大功以此勸也方嗟異間倏然而醒正
三更矣京報係九月初一醒猶分明憶之因記於此
廿一日晴早大風遲發冬晴比日而東南風甚壯未合時令蓋楚地方患
霜旱也行九十里泊白陽舟弁云宜昌至宜都九十宜都至此卅里恐
虛增之登詮山詮君祠作江州苦禁隘巴都亦喧偃不有曠覽臨登嚴江山妙晴颷振霜皐遷蹊移征棹既乘皐古情途鄙驛萬韜
詮祠自堯乍園宇幽奔嗆因巖不勞館題石所爲壕二軒懿煙雲嵐波勵光照丁然臨城闉物外非深寢回風磴前轉初月林間搖日短惜易
延閣虛想仍挽管橋阻何年明德久彌邵倍蜀愧荒迴勞君鎮津要
廿二日晴昨夜東風止西風起護船急發殘月正中平明過枝江午至董
市順江正流下泊石套水程可二百里江陵地也鈔喪服一葉夜復東
南風至子止
廿三日晴東南風平明發卅五里巳正至沙頭買荆錦漢銅等貨無一有
者鈔喪服一葉舟丁假風爲詞請息半日登岸乃知積雪新霽殘素未
銷
廿四日晴鈔喪服一葉東南風仍壯舟丁無詞挂帆行申過郝穴有主簿
自沙頭至此九十里與子威船相去三日彼舟勤行想已相距一程矣
暮泊清廠石首地行百廿里夜風
廿五日陰寒北風甚壯帆行六十里至石首對岸遇望阻風櫓折不能行
泊江干久之半山怯風皇皇不安乃命挂帆仍行上水十餘里纜行三

四里泊蕅池口仍議由決浦取西湖入湘鈔喪服一葉
廿六日晴風止入蕅池行江浦不知遠近至暮泊蘆洲唯一茅屋三婦女
無從問地名昨夜夢一蝯能人言向余求名似欲爲弟子余詢其出身
云在會府街溝中石罅生余云木石之怪夔罔兩宜名⿱艹冓夔並告以夔
龍佐舜之事且爲制姓曰⿱艹冓取⿱艹冓去水也其事甚怪會府成都街名⿱艹冓
姓取與句音同句爲蜀大姓華陽志曰前有王句繆中但憶句中正鈔
喪服一葉癸未年六月至成都始知⿱艹冓提督所後子家有人曰⿱艹冓夔正在會府街奇哉
廿七日陰行六十里檥酉港口前兩行均從安鄉過計程二百餘里今從
蕅池直南不過百餘里方知前行迂謬也買米菜已復行暮泊蕅荷池
詢土人云自酉港至此五十里沅水通江浦爲江所挾沅反逆行然水
淸自若今晨入湖景色壯秀有舟行之樂無風波之險正宜謝公詩紀
之鈔喪服一葉帆江浦進沅至酉港作洞庭承江別得地爲都會洄欲勵千里演漾荊梁際此四句笨拙已極何謝公之足

比

廿八日晴煊南風順流行入㴊沅行過南觜沅入湖口也至楊閣腦亦不知遠近約自蕅荷至此可五六十里耳復行十餘里檥浦中無居人登岸有林樹民墓似有人家而不聞犬吠以峻塍植棘不可上與諸女還船鈔喪服一葉

廿九日晴巳正至沅江楊閣至此可四五十里余五十生日初欲還湘與家人聚會忽遇子喪令人歎祚薄者雖一歡笑猶爲過分小說所言命薄輒爲物弄者不虛也廚人飯菜俱不可食假令筠仙値此不知若何煩惱余但抑損順受而已登岸看沅江水師營署參將魯姓有五六哨船南風大作纜行可廿里許至一灘淺不得過於法不可泊防閣漏壓裂因已昏暮舟丁水寒冷下椗宿焉有似前年宿木筏下明日定有順風也夜鈔喪服一葉比日爲朌女點蜀都賦畢試倍誦竟未遺忘蓋十

四年未溫矣吳魏二篇猶若隔世因誦吳都一段泊牛潤口

卅日晴晨命撥船起粗笨貨物仍曳舟沙行八里過馬王灘齊湖口沅水湖蓋所謂赤沙湖杜子美從此路至長沙故詩中用作典故北風帆行改作前詩晴霜靜汀洲天水相昭曠朔風振飛瀾枝江得灃澧湯湯赴都會洄洄轉淵滿瀰寂寥五州間澎湃千里颮航帆渺盧空從橫不相妨旅櫂爭衡波乘流縱所放艇魚寄敫揚行颿悲瀏亮寬懷悵寅猶遠想容弄宕慮知風遊樂豈關軒皇唱白蘋無靈情苦櫓有餘望且敦非舟輕方羊八溪上鈔喪服二葉

十二月己未朔晴昨夜泊林子口計日行不過卅里今又南風纜行半日至一處方以爲靖港久之見對岸非銅官乃知始至喬口不過卅里何其淹滯復行十五里至暮始至靖港閣行至初更乃得泊處詢津邏知左侯已還長沙今日書紙皆已檢拾終日無事唯滋女讀詩經畢爲倍二雅三頌一過讀吳都賦一段喬口有一墓形勢甚佳惜忽忽未可登補作巫山天岫詩

二日晴大南風纜行竟日僅卅里乃知上峽動行百里不啻虛增三分之二而下峽行亦實不速千里江陵卽岳湘相去之數惟此乘風彼乘流爲異耳日煊如春暮抵鸞羊山下率妾女登洲行白沙中初月如眉平沙似雪別有閒步之適視前詩所謂蘆沙步步寒者人境俱異

三日晴晨發南風少止行卅里至草潮門對岸已正午南風大作至不能張旗纜行久之始至大西門對岸泛渡檥舟步上犒二水軍舁我紈以從至門則匠役雜集行李已於昨日先至矣賸緹因其繼母喪奔歸會葬婦女出見皆不知所以唁功兒又出城視其弟殯褱回久之無所爲計復步出尋筠仙聞其從人言已移壽星街．還前宅頃之出談略及近事余以初歸未宜久坐卽還功兒尙未歸筠仙踵至無處坐客乃謝之送湘軍志一部爲答三弟先上船亦還功兒歸痛哭踊擗甚令人增兄弟之感敬聽久之始夕食鋪設臥處初寢酣眠至三更聞小兒語聲

似仲章孤女下樓至側室問之則亦未寐復少坐令抱孤孫以來鷄鳴上樓至旦乃少寐

四日晴愈熱以葬地未得當往託春陔又聞瓮叟疾甚約午正往視之悉取衣裝至巳正將出香孫來午出欲詣笛仙恐後黃約卽從西行過竹伍瓮叟勉吾韞翁錫九羅嬰陳妹傷李仲雲見其第十弟又過子壽春陔文心文心處見力臣借鐙而還得彌之兄[illegible]及非女書竹伍來錫九父子繼至

五日陰風猶未寒以當發蜀信戒無通客便衣及步行至者有筠仙佐卿芳畹兩彭郎郭郎羅郎黃郎作書不計函數至夜午乃罷裴鏴瑞其兄錦瑞奇荒唐已道員矣其長兄鐈瑞老實人母[illegible]居本[illegible]聞余還來赴午往弔之見傳壽彤青腴不識也神似貴州人黃子湘告余乃知之略談三數句客來余遽起去未深知其學術夜雨

六日陰祈雪遽寒北風甚壯命舟往縣帆行三時許泊觀湘門從者散去四人呼舁夫夜行卅里至外舅家外姑柩已發引家中紛亂尋得外舅慰談至子夜無被無房臥蘭室中寥緹亦未相見

七日陰有微雨晏起將往新塋寥緹出見神韵未甚損無可相語唯約其明日同留舁夫待之午至鴨婆隴待窆哭乃行十里黃泥亭五里馬坡即塔智亭擊賊大勝處也感事懷人作四絕句衰草寒原度鴨隴將軍營樹起霜風幾年前事無尋處圍柒青青細雨中馬 坡兜陣隔重圍親校一夰盡哭帥府得得塋鈴聲外響血污袍袖歸營歸 嶺名先已屬將軍一戰中興共册勛潞水返留成上做可憐館廚楓寒雲 肆算賊名偶至今信書信還兩沉吟書人過有彭陳李雖 幾當年賠左心申正還舟夜早眠

八日大雨竟日泊前宿處作蜀書數十紙申初寥緹登舟始與對談稍及仲章事尙不至過慟以爲深慰唯竟日不食耳夜稍勸飯一匙竟夜不眠北風碁行五里泊萬樓下樓新修雨寒不可登

九日北風有雨行十五里不能前泊鴰厓始冷多臥夜起作書數紙子夜乃眠

十日北風愈甚泊鴰厓糧盡强欲急行仍不得前泊昭山對岸風浪搖舟寒氣甚重作蜀書二函

十一日陰風少止晨行頃之已至平塘又久之乃至草潮門寥緹先入城余後至半山盼女皆出喚盼女先歸夜初更半山乃還

十二日雨作蜀書皆畢陳生富春來鏡初來夜與佐卿過筠仙小坐還大雪

十三日冒雪訪筠仙又當往皞臣處哭弔復出南門見濟生驗郎還過陳教官胡子威黃子壽文心夜還

十四日雪闔鑪

十五日雪詣筠仙張力臣朱香孫朱處遇李知府香元臨曾栗諴殯弔任編修

十六日陰謝客闔鑪

十七日晴夏糧儲先來訪又招飲不可不往又請春陔求田亦當自往商午正出詣瞿夏旋至劉蘊公宅會飲同席有成韓楊皆其門下公陪錫九中散任編脩見要過力臣往則香孫亦至又要文心來談酉還始後寢發春甫書補作銘

十八日陰大睡竟日蓋自八月十八至此始得一安眠所謂八千歲爲春秋者亦如此耳未正起徑詣力臣宅會飲文心先在筠公佐卿香孫昀谷子壽繼至坐上多談筠仙倒帳及廣東平洪寇餘黨事

十九日晴常霖生任編脩彭辛郎瞿海郎相先後來中步至筠仙東宅應壽蘇會會者十人二人以迎涂撫不至文心錫九力臣佐卿意城香孫皆會因論筠仙事與錫九大相齟齬筠仙先又論我不宜不尊程朱以

爲啓後生無忌憚之漸近是而非不可與辨郭從子奇荒唐而令從黎出洋此豈程朱之教耶堯朱孔魚不相爲功過設教必無流敝有流敝者非教也戌散步歸夜月明淨

廿日晴朱宇恬筠仙錫九龍芝生驗郎並來久談胡稗泉妻死以其先於仲章有挽詞故報一聯風節比萊妻早聞丈室如賓敬霜嘷寄馬帳忍見孤孫問禮來翁六哥夜來

廿一日陰晴今日封印新撫入城步往又一村看文武迎弃各有其態徘徊不倦遇瞿郎子純立談久之將晡乃還發書復晁閩上外舅並爲六翁作書與紱子任雨田瞿郎夜來

廿二日陰晴鈔自作新詩作壽蘇詞八歸年年攬會盡盡新詩知誰暗裏當老散仙勤破人間世付與將來好事家家東坡滿地把海內風流占了況新有蛾眉歸客說著雪鴻爪 道借問寄蘇胡李自草賠去後唯有橘宋酒好三年夢裏八仙局外又見陳前一奘使文章爆篤空腕愧可同調且較量紅燭光寒一絲條花燈甚處得春早今年人來相尋者甚少數日喜得寂靜池邊柳條似欲抽絲惜心情不宜歡然校之常年反

優閒也

廿三日晴笛仙來羅郎强入見錫章春山之子保甲委員十六千月請而便衣坐轎非佳子弟也出弔胡稺翁陳怡生陳處少坐遇一湘陰人稱我年伯疑宋子壽之子也後知爲周桃谿卜濕之從子有人云極荒唐論史記極寫項羽能戰通篇止作一非戰之罪一句恐人誤以爲戰可定天下故於贊中下天亡我非戰之罪七字爲注腳而天亡我三字又不可訓故又自引而自駁之其實不謬也左孟星妻來借貸不能應之

廿四日晴陰午有微雨出看李玉階罷官出城有人扛爆竹而隨之道旁亦頗有爆竹送者力臣雨田來早飯言欲借六千金當謀之筠仙及仲沅浦正看故撫時見勉吾芒芒來問其何往答以沅浦相約看竈因同往長談專言時事與李石梧去官約相背然李自命爲去婦則怨望也還家稍愒復步至趙坪與朋海錫九佐卿力臣筠仙會飲子壽家戌散

舁還席間言郭松林得幸曾伯陳玉山挽詞云將軍妾婦亦須眉似是譏其醜事子壽正言相距意欲保全朋友甚美意也然郭等殊不必爲朋友以爲人物尤非而此等人亦不宜掛口余言大誤猶是妒其富耳子壽豔其富余則妒其富尤不如子壽之近人情愧之悔之當切戒之

廿五日陰雨午與昨會諸君集香孫宅飲新客唯增意城文心舊客唯無朋海也香孫稱疾不出席間論可與共學一章乃聖功之極致自漢以來君子皆僅可共學

廿六日雨笛仙來言欲借千金了一急債以所存買山貲應之瑠翂登樓學書至暮乃罷

廿七日晴出弔彭子茂妻喪先過錫九令謀彭借事旋過沅浦論世務沅浦喜大言然意在文雅又妒李氏殊不稱其遠度出至文心處少坐還

廿八日陰笛仙一朝四移書來借錢且多激諂之詞與書張力臣謀之家中人豈出無人送信自往至門畏犬不敢入至文心處遣人送之邂逅徐熙常似有公事因先出過香孫燒炭一爐而還家中紛紛殊無章程念之一刻不可過處其間亦復朝饔夕飧有似今日朝局復過余佐卿處泛談

廿九日除夕今年悤悤過去死亡衆多於境大逆而起居服食較常爲侈汰功課較常減少最不利也曾栗誠之子廣鈞前來未見復以書來索觀撰著文詞頗復斐然與書勉之幷以湘軍志及詩牋少作詩借之夕爲仲章設奠家人俱痛哭唯余未失聲耳

湘綺樓日記

光緒八年壬午

壬午歲正月戊子朔陰有雨兒婦諸女爲仲章設奠卽往哭其哀余未往臨待奠畢乃起朝食陳生彭郎楊兒子壽均徑入相見胡郎子女人來相見昨夜聽緹及三長女未眠日中各倦薄暮余亦少寐至亥正乃寢

二日己丑雨水陰賀年客十數未見一人淸坐側室一無所爲唯看小說遣日夜一登樓

三日陰晴佐卿來言曾郎重伯欲來談遺約登樓坐一時許博涉多聞校余幼時爲知門徑語亦不放蕩美材也惜生華膴譽之者多恐因而長驕耳今日頗寒客去少臥片時便暮矣

四日晴始出答諸客從南門出至先墓並拜陳母墓看豐殯宮復入南門至四毋陳妹家循東城至子壽佐

卿陳生處餘俱未入壽家遇力臣羅瀛交佐家遇夏子常皆略談夜聞呼梟聲云練軍共詈擊其營官新撫始至試其火色也蕭章京送京物六種云卽往岳州還再相見

五日晴復拜城西南諸家北從笛仙始入談者莊心龕龍際雲餘皆未見還尙未暮夜月甚佳過筠仙處與曾郎雜談無章

六日晴爲文心書柱撰二句云壁立千仞猶恐未免俗氣包九流而後可說經頗能自道其所得文心濟生俱來談午後香孫佐卿約過錫九談又要佐卿同至余家晚飯畢步月出游至任翰林張金剛曾宮伯張文心處金剛復與余同至吳昀谷寓少坐還月未落

七日晴以外間頗欲議論湘軍志長短與書佐卿屬告諸公燒毀之步出訪閻相文胡穉翁瞿春陔登定王臺夏糧儲約飮未至守者頗相疑遂出至城東民舍皆滿無隙地復出瀏陽門望春還欲訪傅淸腴遇夏幽

簿無可避仍還定王臺頃之淸腴蓬海但少村昀谷劉定甫俱至坐談最久將夕乃設食未夜會散步月歸

八日陰晴避客樓居作人日登定王臺詩殊無格調詞不掩意故也小睡片時得郭健郎書言蜀督幕客內鬨已亦幾不免游客分黨極爲可笑然朝廷門戶亦復何異以彼嗤此猶未達也夜與聽緹言親友貧者我雖日至而彼不一報於心無憾也若富貴家則責以報酬此與趨炎嫌貧者顚倒其見同爲勢利而行之必如此乃爲高誼人世浮濁行不可過高孔子所以游方之內

九日陰晴莪女猝生喉蛾甚危急迎陳妹小姑卜孺人治之一鍼而愈莪女自言夢一老姥右提筐左牽牛呼使往就治莪生時有牛祥疑此神人示應也紛紜一日皆無所事

十日雨始治家事命功兒攜恆子往校經堂約胡子威讀書除樓上下間

使三女稍長者居下間自攜莪居樓上盡陳經史諸子以待檢閱費一日力始淸羅熙昨來彭郎晙五午來皆未暇久談夜復檢岑書得夏芝岑詩函

十一日雨寒子壽頻來相尋恐其有事往訪之因先詣瓮叜入談復過校經堂見城南書院舊基殊逼促不可居堂生四人唯蕭生不堪選餘皆近雅也子壽實無事亦無所言留飯未喫而出至劉定甫謝小莊兩處而還鈔禮經一葉彭晙五來夜談

十二日風雨欲雪登樓理業瞿郎子純張力臣左錫九來皆久坐夜寒未事

十三日陰雨寒甚擁被眠至晡乃起將作字覓故研未得家中便有陵谷之遷殊爲可歎毛妹來言蓮弟約與其外婦同死已服鴉片矣遣人視之殊不然此事乃一段假情史亦余寬縱所致遣人告保甲局逐去其

婦
十四日陰晴笛仙來鈔禮經一葉蓮弟逃去
十五日晴夜月而忽雨余佐卿來坐半日去
十六日晴鈔禮經一葉半山出謝客移兩女西室讀書余仍居樓今夜癸
卯驚蟄半山夜還懿兒小疾夜瞑眩頃之愈瓊紛始夜講
十七日晴鈔禮經一葉錫九來論湘軍志版片宜送筠仙余告之云吾以
直筆非私家所宜爲衆掩覆毀版則可外人既未出貲屬我刻而來索
版是無禮也君不宜爲衆人所使且置身事外以免咎尤此板吾既願
毀之又何勞索錫九唯唯而去懿疾未愈其母終夜不眠
十八日晴晨得外舅書及幼二書均言田事莊心盦楊商農均來久談欲
出不得去申初始出答訪王老虎大根丁穉公唐鄂生云誣其宿倡出
示原案本亦多事此人雖箠撻之不爲過然罪不在宿倡也日色尚早

連謁數家均未得入至劉馨翁處會飲傅青萸郭筠仙鄧雙坡藩使劉
培元總兵均同坐三更始散
十九日晴石路始乾張金剛早來未入頃之復至云云鈔禮經一葉功輿
昨歸視懿病校經堂生成贄君黃澤生羅伯堅來極言治經之要在篤
信經莫怕傳注此余生平所得力者孔子云爲之不厭誨人不倦若專
以解經而論庶幾可以效此十一弟病留省城過年竟不相告今日始
來相見切責之云汝欲陷我以無親耳子弟不成立千奇百怪閱人步
出訪香孫佐卿視黎簡堂病未能晤言見其二子意忽忽似不佳途遇
商農索挽聯雲碕京華譚寄昇聞心叔子科名劉孤雛蓋悲白路鄉校專譽老方學擬九句秩壇遷悲黃水送經鉉復
過筠仙少坐聽其談力臣反覆事殊爲可樂余近年學道有得庶乎齊
物論矣笛仙云莊子快活一世卻牢騷一世甚不然也夜月甚佳
廿日晴早起遣送湘軍志版及所刷書與筠仙並書與之言本宜交鏡初

今從權辦也錫九來孫涵若常霖生繼至與論可與共學謂略通九流
知天下道術無不在則無不用無不學曾滌生庶乎近之然心眼太小
有時不自克故未可與適道也余則從容優游無所不窺視天下是非
利害不得至乎前可與適道也然結習多意氣重心口快言行相違身
心不相顧故未可與立可與立者當世未之見以共學適道後之立非
伊尹伯夷不足當之楚屈原其亦可乎諸子則尚未可共學而其身分
高於曾王彼非學聖人已造其境而未窺吾門猶之次國之上卿似高
於大國之下卿也錫九來陳妹來欲出未果鈔禮經一葉暮看新柳擶
莪步舊湖隄
廿一日晴鈔禮經一葉閻訓導正衡來談石門稏稻露積月餘乃取粟武
陵俍錢取息最重楊杏老家貲可十萬竹靜齋家貧猶有萬金今主朗
江書院云云

廿二日晴初春麗景從來少覯心緒煩瞀負此佳日可惜也曹价藩熊鏡
生來出過逢海答詩傳屺生竹湘因與青餘談湘軍志是非出南門詣
芝生遇一客見濟生者自避待於客坐之外芝生出要往學堂胡子政
亦出坐久之將飯乃出過夏糧儲陳杏生而還佐卿來言筠仙立社教
訓後學余以爲不宜以凡起一事不可自爲本約同志聚論而自尊驕
是貢高也今日欲雨未雨聞段培元之喪
廿三日晴錫九孫涵若徐甥陳杏生來鈔禮經二葉徐甥言縣志復議屬
我余言此公事宜送縣令縣令送我乃可耳本約羅研翁死則爲續成
之今亦不辭也凡本縣人修志但不言潤筆則無不可爲天下紛紛俱
入利門可慨也族人大滿弟春齡子來言買田事
廿四日晴午後復陰似欲雨春氣萌動百草怒發胡穉泉徐子雲楊商農
張雨珊來並久談子雲言璈子庚姪俱入左督幕中左公不擇人如此

猶有承平風度鈔禮經二葉蘇元春家有偏生且夕伊吾似甚好學雨珊言其族弟百禮好學虛心可入校經思賢之選陳池生卒於開封作一聯挽之生從虎口來寬文持忠孝名門有子承歡依節母幸不餘波去正理料孳香小住爾見扶病送殘陽彭子茂妻鍾氏挽聯卅年偶戴幾勛勞雖米操持內助稱賢悲獨苦三峽對蚤甫寡帖學兒環繞含飴可樂遇先徂

廿五日晴昨夜微雨溼階起乃知之大滿等晨去起送遂登樓鈔禮經二葉午步出答訪鏡生雨珊復同雨珊至孫涵若處夕食坐客錢　皆其姻戚夜至心盦宅談得穉公臘八日書

廿六日晴始煊易縣衣鈔禮經二葉唐繼淙來見云欲游浙干俊臣並獻塵土條陳余對之鬖髮畢猶未欲去乃與俱出訪曹价藩未遇至志局與閻王小坐觀其志趣各有所挾持忽焉不樂遂別去循城直南至校經堂看兩兒功問禮記疑義殊不似曾讀吾書者乃知比其弟大遜初亦未料其如此也過視陳妹卜經歷逡巡向暮至姚立雲家會飲坐客

先至者雨珊蓬海李次琴陶又瑜後至者吳昀谷陳海鵬多談詞曲尙不傷雅

廿七日晴煊陳富春來言程生疑其父墓名有礙目者俗論難悟今乃見之余告以可改剷而不必告我也羅郎伯存來言今年無館羅小沅來言縣志不可改及聞曾沅浦與余參差余俱唯唯鈔禮經二葉磨墨如碾沙殊快人意發蜀督復書夜訪章鎬芑孫

廿八日晴熱李和笙章芑孫來李爲金門從兄之妻兄曾請作其母詩序久忘之矣讀之文甚雅飭因令錄一稾文心來言龐司使怪余不拜客又問曾沅浦事此事不可使官場聞殊恨鬩牆也子威雋五驗郎同來子壽强欲入語悃款可憐余感其誠以正論告之有人云其僞疑莫能明也要之余言無過亂門其義甚正亦不計人之相負否矣鈔禮經二葉始聞蛙聲

廿九日陰煊鈔禮經二葉歐陽接吾來

二月丁巳朔始謀家事功兒歸爲其弟設朔奠陰暄出弔子茂妻喪本請陪賓因天熱春服皆未備自檢四箱至午乃出弔客來者多不相識少坐出答訪林綬臣黃子明還少睡夜起登樓鈔經一葉覺骨節蒸痛似是溫證急返寢室熱大作四更乃解

二日晴鈔經二葉少牢篇畢張冬生楊芷汀湘潭人來復鈔喪服一葉漢制有六尙冠衣席浴食書也昨夜有盜登巡撫署牆刃傷一更兵又有四人服藥求見巡撫自云齋匪送長沙獄未至道死衆皆以爲妖異今夜房嫗聞行聲誤以爲盜至驚余寐未幾聞長婦娠起就側室眠夜雨旋止

三日己未春分風稍涼可重縣彭翁來言外間以余毀程朱爲異端宜切戒之余云吾家解異端不如此此不問而知非我言也又言及諸生庭

辱易海青以爲我主使此翁憒憒乃至此不足與之言陳吉生請陪弔巳正往申正還長婦生女或從此可蕃育以彼頻舉三男皆幻泡反不如生女之無憂耳夜登樓鈔有司篇二葉得和合書

四日晴蕭屺山來久談云卽日上衡午步往送之未遇入城至朶翁處縱談立身處世之方正告以流言止於智者之義所云止者不獨不信且不辯也又談春秋禮經聽者十數人晡後復出城至蕭舟略談還過樾岑不遇登樓鈔經二葉

五日陰昨暮得鄧郎書云非女病重懼已不起念坐待凶問不如自往看之命往附船卽行孫女洗盆出見爲蓬海看詞卷朶翁看楚詞註竟日蓬海來談頃之小雲來看外孫女亦登樓與蓬海舊識長談忘日之暮客去飯罷登舟南風不可行仍還家女婦勃谿爲開陳道禮復登樓少坐無事早眠

六日陰欲雨樾岑約早來過晨始至略談旋去遺約佐卿來縱論賢不肖相去之遠及處世無聊之周旋非有道者不能一日居也船人報當行將暮與佐卿飯罷出城小舟甚寬附舟客二人行十五里泊靳河靳尙故里也適欲註楚詞而宿靳里乎夜雨

七日北風陰雨稍寒晏起已至萬樓矣泊張步在倉門上遣龍八往仲三家問訊釋離騷至靈氛章止引水經註證女嬃爲既放後歸里之事信文章之有精神千載如面對也頃襄既立屈子得還雖未入朝而可自便故還秭歸而游沅湘非被放也後再遷江南則禁錮矣夜雨瀟瀟北風簸舟安眠至曉

八日陰晴鬀髮讀楚詞䚽釋九歌尤傷心於山鬼蓋鬼者遠祖去壇之號故篇中槩言公子楚棄夔巫而弱亡屈子獨欲復夔以通巴蜀宋玉傳其說此自古智士祕計奇謀至余乃始發之雖或謂屈宋所不到而此

策自是弱秦復楚立奇未經人道者也余今日亦有弱夷強華之策無由陳於朝廷用事大臣聞者尙不及子蘭能大怒其情悲於屈原而遇則亨矣古之傷心人別有懷抱漁父詹尹豈能笑之乎舟人攬載移泊牛矢夾楊梅洲尾地名也夜月緜星悵念少時游宴歡愁之緒由今視之皆如爵蠟

九日陰晴西風辰初始行讀九章九辯倍離騷九歌猶未遺忘昔居石門時與非女功豐續誦楚詞至今其聲在耳而三子離別死病相尋追念故歡眇不可再唯此一卷新有詮釋光景更新使人有棄世上仙之意行六十里泊石潭羅伯宜賭喫米粉蒸肉地也今亦成故事其父子俱歿蒼松老屋空矣

十日晴南風寒重行二十里過文家灘舊游頻渡之地也四十里泊湘鄉縣東望春門舟人待一客薄暮至聲似羅少純與問訊則乃見知詢爲朱嶽秋秀才遠館城步尙須經武岡可自此同行至彼岸移泊西門夜月朗然殊無春色今日讀惜誦一篇未熟

十一日晴南風晏起見一橋乃朱津渡橋也僅十年不至已迷其上下自城至此十五里又十五里過山棗昔年與滌公相過永相見處也其時余居明岡羅研翁居老虎壜西馬來去川原林樹皆相識海內波蕩鄉里晏然今四方無塵而閭井蕭條令人有化鶴之感行三十里泊潭市至昏復行五里宿中川稍覺春煊四更後雨今日讀涉江篇

十二日晨雨未行濛濛至午行十五里泊連司渡看水上雨漚感憶懷庭久欲作挽誄之詞緣意緒太多反至稽滯惡思傷增傷懷瑟又臨春乘流觀臨雨念子始別風因知閒褱久惜響愈如親久要恨不忘歌愛集殘辛難思迷生死吐唱訴靈神又行十五里泊鸕陂灘晴

十三日晴徵有北風帆行十五里蓋步頭附船人起載去又十五里側水嶽嶽南衡椅陸光照四淵靈龍顯興運宣文樂且俄之子懷道瑜幽獨久離家吳越不我知明珠反故浦單豎璧和會大國有光華又十

五里黃馬洲又十五里泊陽唐彎日余非群金遺子利同心言行相彰譬諸姝尚不徒離會難一情皆不怨商參悠悠大暮辰委化共飛沈豈數髮子泣胡然溺淫淫

十四日晴煊船版俱炙人倉中風涼余一緜同行客尙羊裘也有身必有戀悼也何時忘行行登風齒白日皎城岡伏龍儼昆吟知我翼擺偶庭宇閉歸然春花亦再陽反想若重顯企踊懸中陽中離奄入秋念子山夜悠溫情彌大江要眇共夷猶人情戀所生勸我天彭堅寧知一朝窮塗余東濟險殷霜復冥冥愛子函重幽未午南風動地篙榜至永豐僅十五里計行四時遺龍八覓舁夫久不來頃之纍至相爭持其裝束畢出街令急行後者疑不肯進乃步行五六里見道旁茶店將開肆婦女欣欣有衒惑之容此於風俗極儆然不可禁亦衆所樂正其本者在興教耳若如此下手徒爲笑柄也舁至行二十里宿楊柳井上語似若仁里者

十五日晴極煊可單衣行二十里靑衣坪大市也又三十五里長塘鋪銀線金線鋪在界領下昔年舊遊幾忘之矣既至乃如夢焉午憩界領未

飯獨坐石匠門錢一時許今日當宿白馬鋪以朋海屬至黑田鋪訪八
妹又鄧僕彭嫗道遇欲同行遄程至夜乃宿 自長沙至此又三十里共八十五里 未至五
里過枯杉亭訪鄧湘丈所作祠室已將毀矣少時見南村爲簡齋作祠
堂爲杉樹作詩以爲可不必今日思魁太守鄧院長之好事皆成佳話
卽陳去非之避寇亦是佳客裝點名勝正不可少也 平生遵道眞遭逝寬先擯安持不朽
名空興俗衆盜泰我笑獨何處世悅如遊良友猶一身所育異境俛我喪子失明子去彼何睹圭章褒其文燕石余獨皆羣公軀卑官三萬困
牛刀至人心謗廉外物固不勞書來告缺掌遺篇絕唱酹豈其丞簪裳恩與造物休驚悲成慨愼候忽經年月運樞何淹遐靈神枉超越登高
盈詒賁恕悟淚如層厭世難消搖慰耙倚不恕難解若有微哀情底能驅
十六日晨涼昇人云夜雨未聞見也行三十里愒洪橋道中入雨中行細
霂如塵薔薇盡落昨聞子規今見燕子猶有殘桃花躑躅及埜木花時
滿陂陀惝過橋雨霽四十里至城中宿正街同升棧昔年此城無好客
店今乃有住足處矣亦軍興使然也今日　先府君忌日以在道無變

於居處唯不食亦恆日所同也黑田有書院洪橋橋上並可愒夜雨廖
尊經院生餞余有院外生多人與焉余以其異諸子弟欲令近坐語齋
長對云院外多有佳者余答言固知多佳者語未畢而悲不自勝哽咽
而醒未知何祥也
十七日雨晨興聞風聲覺甚寒以爲不可行將命龍八先往起欲作書則
已霽矣因出城著重裘猶有寒意憶昔年曾於此路遇雨有恨春寒之
詞因作小詩 凜烈清明似臘殘貂裘衝泒渡神灘常年只爲春衣薄錯惧東風二月寒郿陽逢春作火坦石門見女遜年報歸
知消盡神仙福重對殷紅淚眼開處處山陲埜木花更無人看自夭斜書圓夢題岱嶽鐘資普見春深老將家(溫州總兵秦如虎家)有人墾木花
冠翠芳)十丈枯杉八百春不逢南老定爲薪如今輸作祠人恨冷落茫嗣絕四鄰(簡齋學堂唯存一碑亭屋皆將壞杉樹似亦爲人如前)店
飯甚晏不能待 一宿兩餐唯取八十錢 行三十里凡六愒乃至長楊鋪日晡矣頗
知饑亦從來行路所無也北風寒厲强行二十里宿宕口鋪店蕨不可
宿夢朱岳林來殺拜衣冠不項其花翎在冠檐內同行朱秀才作別遂

不相見
十八日甲戌清明有雪雷雨寒食自五代而罷宋猶取火元則全廢矣元
以後凡言寒食無言禁火者獨江蘇尙作寒食亦不禁火也方俗重火
雖曹公石勒之力不能止之其後自罷亦莫能復之民俗大抵如此如
古戒酒今戒煙亦是也道家治民在無生事條教號令徒詒笑而長姦
論治者莫能知此早飯後尙不能行已初乃發昇人甚困五里一息前
後遇雨皆避亭中感行路之難易在人作一詩 雨裏看山雨後行芒鞋雖溼甚纏綿油衣鴛瓦
皆成見一爭似醒時緩一程 油衣鴛瓦典凡三四用他日可作一段詩話行三十里愒
紅廟又二十里愒桃花坪馬迹熟游之地今坪草依然馬四易皆老矣
連日讀哀郢抽思懷沙三篇始得上口記性之鈍如此客店無聊呼薪
自燎道中誦元微之歌詞言唐宮寒食念奴事戲作一詩 二八殊喉敎養成遮風防

露假花英諸郎窗後偕歌管塵是阿瞞不解聲 俗言清明泡種農家有諺云貧人莫信哄桐子
花開才下種今屢驗清明實不斷雪而清明寒食時桐花必未開老農
言不虛也 律管春深候不差老農常是守桐花南中屢見清明節始識農家勝曆家
十九日早行十里渡子羊渡未至水邊三里有橫江亭石碑勒二大字題
會稽童煊不知何時人旁有小字就石彫之頌趙申喬德政則此碑必
康熙以前立也十里飯於觀音山店有煙館而能頌文心之政二十五
里黃橋鋪有當鋪是新起建者二十里宿思橋鋪車殆僕病思昔年聶
天端諸人從寶慶兩日半至鄧宅今無復此健步亦湘軍暮氣之驗今
日誦九章二篇思美人惜往日有感余懷 白髮雖鳴渡子羊莫臨流水照春髮美人只向山中老孤
負國芝六十翁
廿日未明起令昇夫早飯微雨行六十里愒石羊橋從橋北取左路十里
李家橋又十里尖山道狹泥堆行者甚困 細雨如塵滑似酥淺泥危石路難扶天公自與花調護多
少行人蹤跡過 石羊前三塘多有民家佳屋似甚清靜 磴道清泉界水田青苔垣樹髮鮮居人未必

無歷事卻被塵中留作仙尖山鋪不在尖山下鄧家在尖山後可八里到門猶未暮淦郎先出迎彌之繼出皆衣冠外孫女亦出迎入謁鄧母非女病未能興視之神色尚王略談數語出至園中復入見歐嬰乃與彌之坐客廳中談鄧郎子沅子連子竹子新俱出見一麪一飯後保之乃自城還明日其恭人生辰設湯餅其子師彭翁星陔及州人彭琢章同坐坐散彌之復少坐去保之更談至三更乃去

廿一日晴晨起主人未興與彭翁談入賀保之恭人生日非女已起侍矣日間看保之井言淦郎詩詩五言頗成章非女出見久坐夜飲生日酒亥散今日翼之子子賢來見

廿二日晴熱晏起聞非女嘔血午後出見乃云已少愈讀九章看彭翁史論及易說誨非女持家之道彌之設宴園中牡丹始開一花

廿三日晴愈熱才可一衣淦郎請改經文竹郎請定其所作五言詩年十

七殊有氣勢萬秀才字芳琛來見致彌之二月八日書談經學書院規程頗砭其有志資助之非今日保之款客

周顯王四十一年楚懷王槐元年六年敗魏襄陵八年擊秦不勝十年秦滅蜀十六年張儀來相秦封公子繇通於蜀十七年秦敗風匐十八年蜀相殺蜀侯十九年秦誅蜀相壯張儀死于魏二十四年秦昭王二年來迎歸二十五年與秦王會黃棘秦復歸我上庸二十六年太子質秦二十八年蜀反秦司馬錯誅蜀守煇伐楚敗唐昧于重丘齊與秦擊楚二十九年秦取襄城殺景缺三十年王入秦秦取我八城縣王十七年頃襄王元年秦取我十六城二年懷王亡之趙趙弗納三年懷王卒於秦秦來歸葬十四年與秦會宛十五年取齊淮上齊滑王亡走十六年與秦王會穰十九年秦擊我與秦漢北及上庸地二十年秦拔郢西陵二十一年秦白起拔郢更東攻竟陵以爲南郡燒夷陵王亡走陳二十二年秦拔我巫黔中二十三年秦所拔我江旁反秦二十七年擊燕三十六年王驪孝烈王元年秦取我州六年黃歇救趙十年徙於鉅陽十四年誠春二十二年東徙壽春顯王三十一年癸未懷王元年癸巳離騷云攝提貞於孟陬

廿四日雨涼取史記校考楚詞情事並攷屈子生年離騷之攝提是太歲在寅也依史記甲子推之楚懷王元年歲在癸巳先三年庚寅先十三年戊寅當楚宣王二十五年周顯王二十四年也懷王元年屈子年十六歲頃襄元年四十六歲二十三年六十八歲而沈湘故云年既老

廿五日雨晨入園中牡丹離披寒氣頗重頃之彌之來言曹學使觀風題有論詩絕句戲拈元遺山以後諸詩家得二十餘人作十四首以示淦郎詩錄於後讀九章一過從清芬亭看扶犂雨氣濛濛饒有春田之興夜作論同人詩八首

廿六日陰保之一女殤因火燒帶然裳被凍水逼發疾七日而死年八歲矣聞之愀然不樂今日當燕我往唁請改期是無服之殤也穀梁云子既生不免水火母之罪也釋氏則以爲業矣二者並有其理看杜俞通商志云宋自夏嗛甫書皆影響非事實書天津戰事尤誤看張伯純論時事書文筆充暢杜文筆亦明晰也非女病三日不出恐其不能行入視之似尚可支然悶損人殊甚看史記得范蠡蹲犬竇事前時未之省記又彭祖與楚同祖註楚詞時亦未引也

廿七日晴晨讀九章一遍悲回風凡三復以光景爲屈所薦賢黃棘爲地名確有所據懷沙篇云慙光景此云借光景故知有所指也初讀黃棘字即似口頭語而叔師以王棘解之及檢楚世家乃爽然但未知漢北果何地烏從何集耳欲以烏指王似亦可通而集北終無確指申時行之爲政與沈桂芳同其謚同又同鄉論近人但當以明人比之無不合者蓋古之小人賢於近代君子古之庸人賢於近代豪傑教化風俗使然也獨往谿邊循塍而反轉迂於通道此地亦不精於治田與衡陽同與湘上大異其土兵必不可用臥看史記一本夜眠甚不快似有疾者已而聞雨稍寐忽覺體中平適遂至曉

廿八日陰晨起彌之已至屬作雲臺諸將論繙漢書略覽試爲論之雲臺諸將位多在三公郡守其後增牟茂等四人茂未嘗仕漢典兵匪之將皆蓋采歡文也自鄧禹至劉植皆從光武於南陽河北而東平王蒼爲重伏波臣有不與之疑君含不言之笑史臣記之猶以椒房是烏知顯宗意耶夫王業初興功在景附韓彭吳重不及蕭曹是以諸葛績於關張呂

天下既定乃使遣將帝心未字朝軍參並而又急於功名終自勝隨當軍不償五四伏波羈旅爲客往來二主臨有厚績之歡嘗無嫌將之勸
暮故之簡謹於投杼之告也及夫志節既明顯爲烈士以貫踐之故敢軍帥釋兵之時懷少年請纓之志不待識間知其塞宮貴臭是以一閑
以傳於佐命乎且諸將亦非皆有殊勳但以其翳翹重耳故任光寓修天下之名諺然與鄧駐齊壁較然與寇湯比董此乃在建武之使烏得
以塵列宿及後所加李邈王常絕席尊官竟無爽著豈非河山所謂在糾攻討之烈劉植王梁有敗績之告劉壓副授堅鐔小吏而南宮盤桑
此不在彼乎顯宗特以明德之故不忍疎授亦不可班之元臣以罪先意荒史驗貪不喻論者宜其異同矣顯然來歟東歸承爲贈褒閑道回
中途平隴右被劉下歸壯同着然其所以名不參於佐命之間圖不增於四人之後者則永平道論亦或有所遣乎哺間保之特

設相燕酒欲罷聞非女疾發頗爲不歡夜入視之終宵不寐始議顧船

先保之行

廿九日早起覺寒出戶已見日矣彌之入城昨戒早發而至巳未出龍八亦泄泄觀望未攜從人故令人尉看漢書堅鐔王常並爲左曹卽後世左僕射之尊龍八晚歸云船已定明日當至

卅日晴午後陰早起鄧郛子竹來園中久談彌之贈詩晚復設餞夜燭餘

花頗有清興偶作一詩和之百朵醲香被酒叢牡丹豔似在懷園重閑綺席留春久各占名山覺道驛客去看花休憶別老來相見欲忘言桃源甲子何須記手種桐枝又長孫明日定行彌之云第二孫女年命徵不合宜初二日也

三月丁亥朔昨夜雨至晨未斷彌之早起相送乃不可行待至過午保之乃設早飯飯後卽發行從來徑五里惕村店見州官示知其地名橋驚斷又十里惕黑土領自此泥行欹瓜竭蹶乃至水路口距石羊三五里舟檥於此不坐此等船三十年矣恍若夢游亦甚安適檢點頃之已𡌛彭星翁及竹郎至要過同飯推篷卽睡夜半醒正見一星當頭未暇辨何星也來復叙幽深新買壺觴菲春色雨始佳雲山綫相待久翠愉暫離前歡夢年改華葉續爲春光陰散成采間游每有得時去移何悔歷遙寄山中期君守關茵菲字原作藹字以不合古音改菲字萋菲自來詞家不如此用

二日晴檥水口待鄧郎等午前唯與彭星翁談彭云叔績孫代鈞及從孫代過均能讀好學又言其鄉人吳南才叔績外祖也有史通外間有稿其家不知有此書晡後非女登舟淦郎及其弟子元亦至兩外孫女三女僕從行分三船二廚余及淦郎俱飯於非女船頭夜亦宿船頭凡行五十里泊磴子鋪磴讀吞上聲陸道去武岡城五十里水道蓋七十也資上羣山幽曲石樹蒼秀微少峭聳之奇耳余前頻舟行殊未暇賞蓋芒芒而歸亦可哂矣夜見螢火

三日己丑穀雨晴熱已有夏氣還已船坐臥終日夜泊銅盆潤云行九十里殆不及六十新化至武岡陸道渡此云水中有銅盆故名

四日晴熱讀九章一過早泊桃花坪畏日未上自此入邵陽境岡巒尤低行九十里泊天子山云此山昔爲望氣者掘斷以厭王氣故有天子之名也前夜已有微月今更輝映

五日晴晏起午後復假寐久之爲兩鄧郎改試文未初大雨未杪復雨狂

風以雷攜順孫在舟中皆以衣蒙頭避風頃之乃霽春月有伏暑之象亦罕見也酉正至寶慶府城泊臨津門西北門也吳稱三步訪略談經學云亦有志於此且治說文

六日晨起陰檢行李發人夫十七名至午乃成行已頻雨矣非女小愈鍾賢甫來訪云曾相見仲甫之孫亦來看鄧郎頗似其祖均未多談非女避雨鼈局遇一羅姓遣問云與吾相知未詳何人也余今到處知名甚非早年充隱之願雨中行三十里宿雀塘鋪覓一書室以居非女等明絜可坐器具亦堅好不易得也檢筆未得借店家筆書此邵人呼雀音如拖塘如刀聲轉不可究如此

七日陰雨飯後乃行八十里宿金線鋪𡵚店旁空宅三間云有店婦以子死見神於其家因移避之余初不知也既去非女乃言之讀九章溫九辯均一過夜大雨風寒

八日雨寒復可裘矣早行無一人唯見學使牌至戲題一詩東風料峭雨闌干盡日無人驛路淺唯有綿袍臨路馬青陰孤館領春寒三十里單井鋪店淨可愒又十里楊柳井遇劉總督迎姬妾裝齎甚盛稻田水足燕參差貪看春光立片時舩地子規驚御去青袍湮盡雨如絲贏得江南春色歸空山寒雨散芳菲柔花深處紛黃蝶初向東風識舞衣凡境隨人異峴莊以庸徵而躋大位余猶悽皇路旁所謂賢愚倒置不平之甚者也若峴莊自問則勞苦功高雖裂土不足以酬而身被謗訕余以儒生從容風議評其長短此峴莊之不平也以余自問則富貴浮雲愚者所羡皆智者所芙峴莊所遇未爲豐也余固疏野今樂閒游並不得爲悽皇道旁莊生所云四執使正者實天下之至論而聖人不以爲教者所謂民不可使知方欲進賢退不肖不可復以此訓而儒生便執著以爲是非矣二十五里至永豐橋上遇一長沙人從新寧捕役還者爲余覓舩舩戶肉袒相迎心惡之別覓一舩舩戶識余呼以大人索價遂不可與爭大人之爲害也昔韓伯休但以姓名見知而遂棄藥使人復生慚惶非女等轎接迹而至急急部署遂已昏暮余一日未食亥初乃飯解襆酣眠

九日陰晴北風此行欲晴則雨欲雨則晴上得南風下得北風無不相左亦未嘗能厄我也巳初開行十里舟子歸家泊石師潭一時許又行六十里泊大陽塘前十里有江口一水從安化界來經南田至此與永豐水會源遠流盛連水正枝也永豐水通邵陽爲通道故獨著耳

十日朝雨過潭市忽霽至湘鄉日色甚烈薄暮過石潭已行百三十里矣新月微風眺望頗適自出門一月來無此順境初夜非女云心中不快極爲憂焦何事機不順若是爲之汗出人命如屈申臂殊可悲也然其愈出意外余但從好處想亦可謂不知足三更泊湘潭十七總新碼頭夜行六十里

十一日陰昨夜已可到家嫌其急遽以爲今早必發不知舩人於此有神福暨桅設酒過辰乃行午初至昭山得小南風帆行平穩立表刻漏期申初當至城下果聞鐘三響而泊草潮門矣軋轎送非女等先入城步從其後家人平安爲之過喜今而後知死喪之威也半山小疾旋愈飯後步唁陳松生談外國事半時許步月還亥寢

十二日晴晨起登樓檢地志楚陵陽當在漢之丹陽郡今寧國池州並有陵陽之名九章哀郢云當陵陽之焉至蓋當時江邊有陵陽城在池州蕪湖上下泝江取廬舒陸道必於此改裝也月生子樅金壽入學來見笛仙子喪今日皆當往答詣者會雨不果理諸女功課鈔經二葉佐卿來久談自謂可與立者余云君雖可共學適道而未學道今能立則益當勉於學道也佐以病嬾辭可學者未聞嬾亦未聞嬾而能立者佐殆狂者進取者與晡後復晴夜月早眠

十三日晴晨步弔笛仙適方謀殯事少談便還飯後課讀王步軒來自衡州一見丙子再見今又七年矣云爲曾沅浦所厄欲覓一館松生來取湘軍志二部去作彭郎挽詞聞喜憶懸弧廿三齡江介歸來果看脫穎聲名詩禮無慚贊父子踊金嗟在冶一二分才思未展空說朱陶貨殖揶揄疑有路旁人合肥李母挽聯慈雲起南嶽封中饋作廿一叢獨褒海賢母數中興第一只恐儉德訓家庭鈔經二葉左錫九夜來與同詣朱香孫步月還看京報祭典去兩尚書一總憲近日所罕豹岑得桂撫黃子壽得荊道又聞鄂生得滇藩丁雨生黎兆民皆病故非惡耗也

十四日晴熱鈔經二葉歐陽接吾陳芳畹來暮詣蓬海松生見過相要步月至佐卿家未遇至松生家看其妻遺詩及其近作皆老成深穩居然作家又送洋渚華銀夜還講書

十五日晴風煊羅郎來三弟鈔送校經官課題庸陋可閔陳生來致程郎書鈔經一葉夜雨雷旋霽安寢至曉

十六日晴連日爲輿兒點講禮記似有一暴之功謝客不出唯坐小樓夏

生來見與論文學人不可有鄙心古來有元惡而不鄙者有忠孝而實鄙者鄙則非教化所及不鄙乃可轉惡而善凡未能忘情於富貴浮名者皆鄙夫也自孔子不能與之事君已下唯當痛絕之與書但少村爲三弟求館鈔經一葉夜月靜佳登樓裴回夾青母喻氏喪來赴年八十六矣與筱泉母均稱多福（婦富貴壽考以著徽音儒素顯清門五承風詒賢名大歷困苦危亡而赫榮養碑銘道）

十七日晴段海侯來講易令功輿同往學堂鈔經二葉寫條幅一紙子威來（往事一剎灑罔湖淚多）午過兗䆗神明頓健使人欣慰

十八日甲辰立夏昨夜雨欲出北門龍八怯泥不往瘳緹出謝客因往視陳妹聞其病困極憂之武陵陳銳伯陶來袁守愚彭克郎來言鷺卿死柩已還至矣殊爲迅速鈔經二葉

十九日陰鈔經二葉爲半山作經解說文襦短衣也桂註引腰襦云短當爲裋裋豎使布長襦卽褐也褐粗衣高誘云如今之馬衣葢今斗篷漢書太后被珠襦坐武帳中葢用行裝示女主不輕出葬用珠襦亦此意也韓康伯母云且作襦漢詩冬無複襦襦又以禦寒斗篷兼此二用莊心安來云涂撫當作督余以爲必無此事

廿日陰風京報至涂撫果作督使人愕然湘撫授卞寶第陳寶琛所舉也近來以小臣舉大臣亦可破拘攣之習蓬海來言華舉人起家授四川知府將繼霞仙而起此等破格亦保薦所罕羅研翁夾子抵敷來求作行狀薄暮乃去夜鈔經二葉

廿一日晴風涼出北門將尋舊城阻瀏水而還從陸道東南行略究形勢復還至陳家渡循石道入城甚倦散遣舁夫少臥登樓理女課鈔經二葉羅郎伯存來告子沅之喪辛眉夜至不來寓遣往迎之亦不至將往看之會夜深而止若在少時必不能不往也唐繼淙來求浙書

廿二日晴晨涼頗接三自桂陽程生商霖自衡陽來悲喜與問訊雪琴出巡使船亦至延入款談容色頗消損使人愁然午間辛眉來今日佳客總集閤中一開心雨忽大作待其少霽出城送頗程兼訪雪琴過曾郎夏糧儲弔黃觀臣之喪見其長子薄暮乃還理課鈔經如額

廿三日晴熱陳梅生來弔黃郎介夫來謝瞿郎海漁羅抵敷均來久談出訪周汝充之子字元伯者聞其能醫愈輿懿將延其診非女故也攜懿紈以行不遇還鈔經二葉飯後剃髮梳洗畢步至劉韞公宅約作一集招雪保同會遇左斗才出至校經堂答陳段於夏生齋少坐暮行城根汗出霑衣至陳妹家問疾過辛眉寓館看井言一卷還作書約雪琴二十六日巳飲鈔經作課卷講書

廿四日晴熱雪琴來書改訂明日集劉宅與書韞公告期兼約保之爲二保會作課卷畢黃郎復來弔研郎辛眉來與書唁夾青生甫及申鄭禮註以甫爲仲山甫

廿五日晴熱始絺晨起鈔經未半葉暘光照灼下樓飯罷羅郎懶僧來見命舁將出立談數語出謝黃陳過春陔問病均未見詣黼堂簡堂問病均久談簡處郭意城復來奔走形勢者續徵飄瞥門不得羅雀此又世局之變午詣韞公恭候二客太早與主人久談時許保之來又兩時許雪琴乃來卽入坐二客各飲二十許杯余與保之未飲席間亦無佳談

廿六日晴猶熱終日教讀鈔經二葉說負適衰未確子明來保之亦至酉攜紈女至荷池遣蕭桂送還余入軍裝局劉詒棫同知設飲心盦同在作主人子明呂尙之周雅威俱在穉威先去詒棫子迎長子子春女壻也愼密不發一語可謂善學柳下者夜與心明同步還正講書瞿宅遣赴春陔之喪未能卽往遣功兒往視之

廿七日晨雨卯正舁出臨春皆喪久坐無客至出訪穉威若霖皆不遇至

雪琴舟中涂撫將來略談卽還鈔經二葉喪服篇成夏生來恩恩去日長甚倦略寐待申正仍往瞿宅路已漸矣甚熱解衣坐久之客有俞伯鈞羅樹侯彭先齋李仲穆黃子壽傅青餘陳癸心余視斂畢卽還途遇王步軒要還少坐去辛眉夜來

廿八日陰稍涼尙單衣功兒至外家言買田地事雪琴來辭行張庚樓兄唐繼淙並來從唐處借衡陽志一部與胡子彼向雪琴索之也作喪服表稿寫扇三柄周元伯來視疾與坐久之辛眉昨論杜詩坐深鄉黨敬日覺死生忙以爲酬接慶弔之多余云本不欲坐以鄉黨敬宜深不敢不坐耳如此消日則死生皆忙矣相與拊掌午過佐卿與何价藩二先生曾重伯談便飯說離騷雨至急還露衣僅至

廿九日陰涼夾衣晨作女子服表頭緒甚多未能詳盡日中理課程鈔經一葉辛眉錫九來庚樓欲改字取其名瑮更之曰松甫並爲說焉欲覓

一鹽館亦可傷感爲唐繼淙與書俊臣

四月丙辰朔晴涼縣衣子雲來終日課讀與片雪琴劉韞齋辛眉兼作一詩彭會番出巡江防送同劉協部錢席招郭九郎中集飲因賦八韻呈獻滿庭樂緒奏湘山酒正香明良韈耕暇畠擧春路長心聞仁成會賓捷卸爲頁推賢儒術美論功聚緒昌休明周鼎重倘期許珠光萬臥方稱魄種中克靜康庭花日影正暖鄉夏波涼宴招預切論還游倚寶策雪琴來辭行鈔經二葉

二日晴涼縣衣春皆成服朝食後步往陪客至申散辛眉錫九來夜談竟日無所作

三日雨涼可一夾一縣寒溫未調體中不適作書與俊臣唐藝農李幼梅薦王步先課讀終日唯午間一出詣笛仙論宗法笛仙甚推張燮菴而忘其已死精神督矣黃蘭丞子遣人來約見道過入報謁遇黃雲生荒謬奇詭復還鄉里亦可怪也

四日大雨竟日臥病辛眉夜來招錫九小飲至亥去

五日雨寒可二縣朱若霖來淩緩臣要接吾來談黃叔琳來赴妻喪功兒自外家還言彼處有葬地余以窩遠不必往將辭之暮過弔叔琳訪辛眉不遇還夜登樓與書外舅今日小滿

六日陰稍煊猶一縣早未起膠緹來言所卜葬地未可退余告以本無成心事須專決既卿母子云可者則直可之過午登樓曾重郎來取春秋箋及獨行謠去午詣若林處陪辛眉蓬海杏生先在李蓴樓後來坐定松生至饌殊不美散步登心遠樓闌檻已欹麓山陰碧盎盎有春意更單衫步還辛眉來少坐卽去

七日陰單衣晙五及其從子芝雲來富春來武岡萬芳瑮來松甫去步送之攜懿紈同至湘岸看水因送辛眉當渡小舟遣送二小兒先還與辛眉坐紙上談時事因及胡詠之未盡其用辛云若平世亦不行余大以爲不然因言當未垂簾時若入輔政則親賢並用不作如此朝局也同

治初　兩宮破格用人疆臣可與密勿則當薦賢退不肖亦不至使賢沈源流延縣二十年倘在外而遂聽樞臣指揮則孔子何以居費而爲東周乎得百里而君之猶可以朝諸侯有天下今得千里而爲大臣乃受制於刀筆之吏又何貴乎有聖術語高興發大似三十年抵足夜談時氣象自念不可空言卽起而歸臨別唯告以莊子不可輕詆學者須先消搖而已步過心盦處少坐而還論用人不在薦擧薦擧亦實難得人明試以功斯爲善治今破例用告假編修黃彭年備兵安襄黃誠人才　朝廷能用材然兩傷矣道員所治數郡用材必不在此誠知其賢欲儲爲封疆帥臣則當先召之入樞機乃出而試之藩臬或守令必不可驟以閒曹榮之而彭年聞命欣然其非人才又不待言矣夜登樓作詩一首

八日昨夜雨晨陰涼遣覓辛眉已去文心來言閻丹初意貪尙書故以左

侍郎爲小官蓋身後證傳足動歆羨也余因言血氣既衰戒之在得五十以前易於支撐吾輩不可不勉爲佐卿書一聯序屬飛鳳所奬宋儀可無奬三人行我有師仲尼何常師佐卿來晚攜紈女步舊湖堧得周緒欽書

九日陰袁守愚陳梅生常霖生武岡萬生竹泉少子來得賀伯仁書爲其弟求書致孝達暮過驗郎濟生出談夜鈔經二葉

十日晴涼黃二鬴彭茂子來香孫蓬海來論安南事言岑撫需索李都司至其叛入交趾斷富良江與土寇劉某合衆十萬籠江稅富於滇交今折入法夷將爲我患云云昨日濟生言殊不同以官論之濟生曾代桂林守言似可信也作服表鈔禮經二葉徐姊夫六十生日聞已回家故未往問

十一日晴陰涼萬生馬岱青來岱青老顚語愈支離似有心疾余初以爲儀菴春甫不宜畏避之今日自有厭倦之意岱青覺焉譏我言不由中神色落寞余亦自愧也然求酒不已飲少輒醉醉卽狂叫余避側室臥少頃待其少醒出與哺食食後又求酒幸其子姪來呼之去已諠譈終日矣蓬海處送蜀書來得穉公十七紙書詳哉其言又得莫組紳書則寥寥數言鈔經二葉

十二日晴涼半山暴疾陳妹又復將絕來求人參鸚緹往視之鈔經二葉馬岱青書來問賓文始知其非往江南也薄暮攜嬰幼往紗帽塘看新荷笛仙來

十三日晴出弔叔琳遇陳雨舲少坐答訪陳葵心不遇至塘彎看陳妹疾已無可爲與林綬臣陳梅生少坐還辦後事心中懊惱而丁公書來打大主意者仍不能不應之稍削前稿成一疏未暇餘事也復書岱青教其干謁曾伯以求升斗香孫蓬海來

十四日晴鈔經二葉龍八還得外舅書言仲章葬期定二十三日啓當在十八日初不料先淹滯後匆促如此爲之憮然龍濟生招飲與驗郎蒙師李心翁督銷局江南道員鄧春皆韓勉吾郭參贊同坐夜迎松生來示以奏疏明月皎然三更乃散

十五日晴鈔經二葉今日先祖妣忌日以喪中疑無餘吉凶之禮未異常日也既又念居喪既不盡如禮又何可廢忌陳杏生傳青莢招飲皆辭之杏生設集不易午仍一往獨坐賈祠樓上幾兩時許主人乃至商農劉聘臣松生繼來看客飲噉稍食肉邊菜將暮微雨步還

十六日晴陳妹病亟家中正料理葬事未得往鏡初與其甥吳鴈洲來將雨旋去遣赴親友待功兒還攜紈女舁至蓬海處商農二陳佐卿李楊不相識同坐夜視陳妹已將絕矣因午間死而復蘇疑其尸蹷尙有反復匆匆還至家驟風雨鸚緹云妹當亡矣少寐果得凶問三十六年無善無惡無可愛憎亦近有道者倦極未得往臨之缺於親誼

十七日晨雨不止家中明日當祖奠躬擬儀節視掃除過午命功兒請接吾子威海侯富春來執禮彭婦爲喪主余出城部署過臨陳妹適以哺時斂與紈女臨視之含時觀其面色未改但體軟不勝舉爲異未加蓋馳出城至仲章殯所城中客有李勺庭朱文通郭四郎黃郎均至余到遲唯及接黃郎耳夜月當門念今年月月佳殊爲罕事豈愁人見月常多耶王舩山痛恨夜明蓋爲此也蜀中祟綱已去可爲欣幸王蓮塘得成縣督部可謂有權

十八日晴呇熱晨起久待城中人不至海侯先來坐久之子威接吾富春來孫涵若彭畯五黃郎黃蓮之弟蓮弟均來午始東載登舟行從城傍東去望城感愴欲作挽歌未能也到舟聞哭聲哀讙鸚緹率婦彭孫女少春及瑲畛滋莪並先在余率輿懿兩兒功兒奉重車登舟三弟後來坐至

申正步還城雖記日爲妻母在不杖

十九日晴熱絺衣陳妹成服午往赴之兼令窊茙往糾雖同行未知禮也攷訂虞禮未暇他事張金翁來言已得鹽利衆失其業甚爲可喜

廿日晴熱虞禮粗明率瑞帉試肄之得經中遺略者數處而祝卒卒詞稱孝孫用尹祭竟不知其爲他詞爲祔正詞也姑以他如饋食決祔之不如饋食蓋報虞者相距時久故祔宜用牲虞祔相連者則虞用三牲卒哭薦及祔用二脯或亦可通

廿一日丙子芒種晴熱昨夜竟不可被蝨復相擾大似伏日絺禮記所不記者甚少默念之以爲至多由少時不精熟之故帉女曾見行禮此次便似有把握禮不可空言也

廿二日晴熱晨出南門渡湖五里復渡瓦官水即所謂靳家河也二十里九公廟從梔澗至稠泉道中逢暴雨衣被盡溼問桐坤翻山曲行酉初至仲章卜地桐生叔止張松甫均先在皆爲我助葬余反爲客殊不安也宿蔡佃張三家蝨傷肌膚一夜無眠夜雨

廿三日晨雨飯後至塋地坐待喪至臥草中片時少清醒尹和伯來主葬者也外舅與循繼至見與循喪容纍纍爲之出涕未正柩至振五子葆臣與功步送設食張佃家待舁夫凡十二桌近百人可謂大舉和伯定戌時下窆寒風濛雨久勞尊長窆後其母及其婦女均從外舅還宿外家蔡滿兄亦來助葬與張松兄俱暮去余送賓畢還宿佃家輿兒送靈先還船懿兒從母功兒從余留龍八宿塋旁夜雨不絕

廿四日雨終朝欲還省城度不可至改道從姜畬船還過外舅家未入詢知滕緹尙未行余冒雨先上船課輿兒溫雜記一篇乾元弟二族子來白事言祠中公費稍足余勉勞之戌初滕緹率彭婦春孫懿兒至雨猶未止頃之解纜至連口已昏黑乃泊夜雨不絕

廿五日雨至未乃止已至平塘矣酉初到城余率春孫迎靈先還家人班待滕緹至即位反哭非女自言病甚神色猶旺登樓看前年日記乃知桐坤曾道過不意遂爲羸博之地爲之憮然

廿六日晨大霧朝食時晴將虞謝客未見發帖請左錫九曹价藩胡子威段海侯成贊君陳富春歐陽接吾孫涵若黃望之贊助行禮价藩來門者未達誤辭之錫九來又得入言曾沅浦署廣督勉吾淩問樵欣欣矣易郎實甫來未得入遣招之來談先送行卷來亦有經說知時尙所趨轉移爲最捷也得蜀書數函未坼封還之

廿七日晴郭健郎還言院生稍有變易乃至除岳生嗣儀兄弟名此伐檀削迹之意也肯夫其昏庸乎攷牲體不知肫爲何骨說文云面頯也禮經肫或作膞說文膞切肉則非骨體而禮經臑肫骼相次則字當爲膞蓋今古文異說耳得蜀書皆欲我爲馮婦

廿八日晴始行仲章虞祭以功兒未還攝爲主人接吾已歸健安代之日過中乃行禮段儀稍生疏未能合節然亦整齊無謬錫介先去黃郎亦告行與涵若諸君餔食未正散余佐卿來陳梅生來告二妹葬期近在明日今夜當往送奠因命兩女先往余與佐卿步出至塘灣方將祖奠坐待時許行禮畢步還瀏陽送課卷來

廿九日晴熱晨步至報慈寺待陳妹喪輦至而行未設紼步從而送之出西門道溼天暑度不能步又無舁隨解衣挈冠獨還汗溼甚困晚鈔經一葉得蜀中諸生書肯夫所作未爲昏憒信偏詞之難察但知州來云以工部主事分蜀用者

卅日陰晴再虞早於初虞錫九猝有弟喪涵若亦未至富春方交替客來者六人禮稍嫻習又以不習聲語帉女反有顚到知無誤殊不易也汗出如雨晡散彭克郎來送百金余所假以備非女不虞者也月生來言

陳妹夫妹尋鬧頃之其夫妹來訴予予云姑舅情親同耳舅答甥姑不宜問姑答甥舅何豫焉陳妹生母方哀傷亦不責以情也夜過弔錫九六弟來

五月丙戌朔六弟言欲假貸往甘肅似甚無聊者心境方惡不欲應之朝食畢而去日中三虞八客皆至獻畢而餞甚總總傷感人諸客皆去唯子威留待攷祔禮已而亦不能待今日天氣寒熱不時絺緜屢易晚攷祔禮不得略以意定之本待功兒還爲主人今三虞皆躬執事與兒亦稍知儀諸女皆能不失位尙有教澤夜雨

二日陰晨起陳設書主子威健安贊君望之先後來待价藩至飯後行祔禮有疑於他日練祥主既入祖廟何由不及祖主若返寢又何以祔豈若喪之朝乎朝及二廟則亦宜及五廟祔唯及祖又非其比姑以薦禮仿饗禮行之新主若介侑綒未甚安也午後客散功兒還將出謝客半

山言宜稍休乃罷

三日晴陰晨出謝价藩朝食後舁出謝香孫涵若李勺庭仲雲季弟禹門翁望之健安子威贊君海侯至榿署謝富春因見子雲芝岑過訪陳三立伯嚴佐卿鏡初但子萸望之父子壽絜談但處遇孫兆桐字叔楷余處遇涂次衡遂盡一日晚遇雨過小雲

四日雨午止黃仁黼左致和來价藩要至曾祠陪其同官陳泗城蔣陽朔龍平樂徐梧州之族子雲某申飲濟生後至遂至戌說過笠僧夜談蔣言陽朔令吳縣王亦曾疲於津梁改教官歸張振軒欲留之批其牘云千里蓴羹一盤苜蓿雖從高志各有愧顏云云此人近知恥也鈔下半下篇畢始鈔特牲一葉

五日節無懸蒲角黍之事唯聽小兒女一游賈祠余亦往赴芝芩鷹屈之會竟無賓客其幕友李小園徐子雲及二陳教官在耳主人甚不適會又不得遽散將暮粥罷與雲春丹階步出因與丹階同至鏡初處談遠游得其所刻丹書而還鏡初故薄筠仙樾岑以其厚我爲可交今年筠仙附和國荃鏡乃以爲主謀且恨我不知人余雖慚之而未然其說也筠仙俗人中可語者耳何可以度外責之乃坐以爭名利近深文矣然如此亦頗有悟於世態

六日晴辛卯夏至昨訪得能祝由者遣功兒迎致之使治非女晨起晏食將出憚暑而止今年奇熱而多好月皆異常時心殊懊惱不聊夜與功兒閒話功忽中惡仆樓上幾至破額又令人驚怖

七日晴熱鈔經一葉攷西堂夾室說頗圓前誤以爲箱房不知有階不容有二夾室妨階正地也葛玉以盜簾遣去蕭桂亦不自安求去可謂二桃殺三士者人情叵測爲之悵然蔣雲輿名大圭來訪

八日陰涼始有生意非女神稍爽然已變泄證殆必不起矣出答訪蔣雲

軒因過霖生甇妥子茂金剛青萸畇谷傳處遇楊小沅晚號樂亭向莊心盦言余作留別詩詆訕蜀官士者也狹路相逢心中暨笑彼昏不知乃恭其貌鄒諸翁來談

九日雨至午晴涼甚可讀書乃心中殊不靜生平境遇以今爲最惡俗說年大將軍守杭門千總不下馬知已算盡余見詆於沅浦亦機之兆耶喪病相尋於理當不樂然君子不憂不懼余頗懼矣黃仁濟肇懷自常德局來午攜順孫及小兒女游浩園答訪諸翁還遇黃笏堂於途要歸泛談鈔禮一葉黃兆懷來見

十日陰晴不熱朝食後往左家陪弔與笠西兒穎生談最多又見笠弟淦吾及□鏡湖坐至未時還天成亨來送銀票商人驕慣居然平交以後不宜接之陳芳畹來辭行鈔禮一葉今日滋女生日兒女放學

十一日晴非女四日不食猶有精明意思閒定寘吾女也鈔禮一葉陳伯

嚴羅錫章來得戴道生張文心書文心覓館師能奏記者適無人可往以其求不鄉試之人所識皆鄉試之人也夜立門口看街笛仙來延入談禮笛意以爲廟有主在奧乂云祔就祖廟可不祭祖亦可練祥皆祔

十二日晴熱尚有風不至暑蒸也非女病革憂之煎心陳伯嚴來談文彭克郎及張生來

十三日稍涼

先祖考忌日素食尹和伯來談地理以新爲仲章卜葬故見之令帉女作蜀書已亦發翰仙緒欽監院及稺公書四函交但少村子子萸帶去黃穴陶兄弟招飲爲求保舉也已累約屢辭不可再絕暮赴之所請曾門客二人皆不至改約陳亦珊俞景初子夜散步月還楊知縣來鈔經一葉

十四日陰涼雲貴考官無相識者内一張英林云曾詔入侍讀辭疾不赴

後有王慶祺一事衆頗許爲知進非女病苦避出行國悵悵無所往至郭養雲屋答訪楊尹便過文心處談鹽務而還終夜不寐

十五日陰涼非女尚未死疑其可活復爲之求巫醫有一巫方爲沅浦誦經無他技未招也請价藩診之因先訪价藩過筠仙遇楊玉科在坐不入而還悵惘無聊復過香孫晚回遇价藩於門云脈已絕矣甚爲擾擾已而昏臥至丑初往視非女與談數句勸以釋寃親割癡戀酬答甚有所信受自云尙非其時余復還假寐一夜風雨淒涼頗似感應衰颯之象言灾祥者殆以此耶

十六日辛丑寅初非女病終年二十九尙未壯也其學術一無所成唯篆字冠一時乂無正寫經碑可刻傳者欲令其爲仲章書碑遂不能擧筆其疾時夢余攝其魂連書原字無數告余不得其兆意亦轉世幻化之無聊者矣晚間思之乃九原之兆也其絕時云二弟來迎則相從九原明矣死於余家故云余召其魂也余無福不能芘兒女兒女又各不碌碌宜其夭也滕緹迎懷庭從嫂來視斂遣信召鄧生子石來議成服與否及赴聞鄧親處黼堂來以其新盲延入坐談佐卿晚來亦稍談

十七日子初非女小斂女僕無能遷尸者余與三弟功兒映梅族孫四人衣冠共舉之目未瞑念其了生死非有憾者蓋以疾不能合睫耳親爲塞柩内使實斂服十九稱近世俗無此厚送也其嫂妹各襚一被凡九衾丑正畢乃蓋設奠稍寐甚倦遂至卯正乃起左錫九父子來弔女賓來者四人鄧鳴之來

十八日晴涼四母來臨娥喪彭鼎三郭健郎來未見徐子雲陳寓春來入弔陳伯嚴來見之滕緹疾發竟日未食與書趙搖叔索叔勤遺稿書版鈔經一葉

十九日陰熱朝食後鄧生遺告今日爲非女成服午後鳴之同來黃氏二

子羅幼官同至彭克郎龍驗郎楊蓬海來弔張文心來未入楊玉科再來辭之鈔經一葉酉初鄧氏設奠余未出戌正大雨

廿日陰雨夏糧儲來弔聞接吾來往謝之未遇接吾旋來坐至暮去午後八牛來以俗忌有殯産子於主人大不利欲令鄧氏賃宅遷殯去唐氏以爲窮外公欲侵漁之也形色倉皇坐一時許尙辭以不能久坐人情頑愚如此余絕口不言喪事或可以釋之夜鈔特牲篇畢諸女當復入學明日起課

廿一日雨陰正理書課外舅來多言鄒諮翁事又言非女當遷殯余漫應焉命功兒告鄧氏擬二十四日發引余佐卿來言劉蔭渠陞見江督恐不久朝廷疑不復用湘人沅浦病良已將起程矣夜至九如客寓省外舅談至二更還半山將娩余久宿於外不視聽家事任其自支持也

廿二日寅初半山遺婢來問時刻未言已娩身也已而聞兒啼羅嬰語我

女云妹也乃知復生女起視寢門方闔家人唯次婦未睡裹回未敢往
余令其趨視黃孫介夫來言出殯事余云已過產期不必避忌且待鄧
郎來佐卿傳青餘來
廿三日晨雨驟寒呼匠改樓門看瀏陽課卷畢幾一月始閱三十五本雖
中廢置然實不能多點蓋題多文少極悶人也草草評騭如釋重負
廿四日晴陰小女三朝以俗忌未出見也長沙塞城隍鉦鼓連午不絕兒
女輩以新喪均不出獨攜懿兒閒步又一村遇塞神者避坐玄帝宮一
王姓云在汪偉齋處曾相見强聒而語又以胡餅與懿幾兩時許甚困
倦從人叢隨行香者步出村口乃得歸臥樓上一時許文心來談夕食
真夕矣鈔周官一葉補去年未畢工亦以虞禮當詳攷故緩之為陳三
立兄弟寫字各一張其從兄字耘恕鄧鳴之為非女作小傳送稿來
廿五日陰鈔周官一葉買永州錫盌送丁女添箱將近銀一兩而得一盌

可謂至貴然比之細藝猶賤也得彌之書
廿六日陰涼甚朝食後過佐卿將訪接吾遇蓬海於途云宜急還前塞神
者塞途不得通余以為理問街可過至街口擁擠殊甚還從府前出正
街繞出青石街又與之遇竟不知由何道轉至也還從東茅巷出多佛
寺乃達理問接吾已出過松生不遇乃還鈔經二葉小雲親家來云昨
見余神色暗損來相慰耳
廿七日陰晴錫九來鈔經一葉攷五齊似稍免支絓
廿八日晴燠甚不適繙舊日記十餘本無甚可存者富春接吾王仲霖佐
卿松生來廖僮自蜀歸得嚴生鴈峰書
廿九日晴有雨鈔周官一葉暮過瞿家唁子瑞子玖乃於喪次公見子純
亦在俯伏久之因請其起談復坐久之略及京朝事晚歸甚不適早睡
家人依俗逢七日為亡女一燒紙初未告余出見火光問乃知之因極

言壅蔽之難去家教之不行余極力防矯而猶如此甚不可解大要不
為人所信必己不足見信也何如而後能使人信修之三十年而不行
於妻子乃自以為能治人謬矣
六月乙卯朔疾未加劇而亦未減朝食不欲出聞功兒為具鱅魚勉為一
飯得和合書報帽頂之喪帽頂自署提督後志氣益衰去年已訝之今
乃知其祿盡也莫總兵三年前已神游墟墓而令復署提督則不知其
故鈔周官一葉暮過松生論中國當變法余云近少荃亦持此說究之
變法當自何處下手松生欲復古官邑之制分今縣而小之使士耆為
吏政事皆聽自治朝廷但總商兵二政耳余以為此亦章程之說也孔
子曰文武之政人亡則息此正破章程之要言有治人無治法余以為
不必變聞張孝達勒令王定安乞退此舉差有益於吏治陳處遇丁子
開

二日晴未大愈臥外廳半日鈔周官一葉城中作龍神會迎神出游前有
鬼判悉倣城隍神可謂不善學者子壽暮來弔遇大雨久談筠仙午前
來談吏務
三日晴溼為非女柩加漆升棺輕舉似有肸蠁笛仙來弔言墓訟事必欲
革去吳姓一生員似不了了余漫聽漫應之晴日涼風樓坐竟日鈔周
官二葉說四圭有邸兩圭有邸皆石主之象何君說主狀正方穿中央
達四方所謂四圭今主兩合所謂兩圭鄧鳴之來
四日晴風午後涼鈔周官一葉始沐浴入寢室及側室視女絡緯始鳴張
雨珊自歷城還來談
五日晴涼鈔周官一葉午後佐卿來出謝客至文心接吾蓬海子壽黃介
福濟生六家已暮雨至遂還
六日庚申初伏濛雨甚涼朝食後出詣黼堂不遇至健郎糧道筠仙三虎

久談而還唐八牛似在家而辭客蓋富人憚衣冠耳鈔經一葉講書頗久欲倦夜食瓜早睡

七日晨涼起胡子夷自秦隴還與其弟子正同來談至未去鈔經一葉雨壓時申欲出偶閱漢書遂至移晷過錫九要與同過笛仙錫以有隙不肯往獨過笛仙談至夜還

八日晴稍熱鈔經一葉朝食後至瞿家弔因留陪客至午客來殊少同陪客者潘子珍王鴈峰陳葵心凌問樵歐接吾傅青餘稍稍散去余與青餘同出獨至糧署芝岑招陪寧都彭小川知縣丁百川陳丹皆便酌子筠出陪至亥散客未至時過李小園齋中談

九日晴熱鈔經一葉林小霞來窮困可憐貌亦憔悴問計於我殊無以策之

十日雨鈔經一葉午至瞿宅陪客暮還淦郎來得彌之書語多支悟蓋愼蒽人多所顧慮反授人以隙

十一日雨晨至瞿宅陪客午出答訪丁百川送韓勉吾勉吾已行矣從曾沅浦往廣州還鈔經一葉

十二日陰午後晴朝食後出小吳門送春皆殯於湯領還過佐卿談甚言張金剛之見惡沅浦欲擠余以自進又欲假余以自重沅浦不能忍而失言於余故後恨之尤力金剛窮乃走江南加鹽票以傾黃饒饒設大錢店一倒百萬城中皆爲震動云云又問余軍興時事眉飛色舞聞所未聞彼平日所得於曾郭者殊異於此穿浩園見笠僧尋松生不遇而歸鈔經一葉朋海來談亦言張金剛本末駔儈小人類勞齒頰殊自悔門牆之不峻也

十三日陰晴街石猶溼不可步行將出未果多臥少事程生商霖自浙還午坐樓中談至酉留飯乃去言唐萩農近招搖李幼眉不能廉潔近改

海塘工歸委員辦又欲興鹽利云云夜鈔周官一葉

十四日晴樓柱加油移坐廳前鈔周官二葉作書復蕭屺山夕涼步訪錫九答訪王仲霖皆不遇從東長街至織機巷答訪胡子夷子威子瑞均出略談經文月出而還甚熱解衣少愒又一村亦無風露之涼

十五日晴熱苦悶思一開寫欲約松生小集適得來片招飲因卽復之約會浩園並招筠仙朋海杏生佐卿曾重伯笠僧看月筠仙不至酒罷苦熱步還已過二更家中更涼於園池非好居華屋者所知也

十六日晴熱庚午中伏日鈔經一葉晚間松生重郎來佐卿後至談及一時許重伯先去余與松佐步月訪筠仙不遇復至浩園二更還

十七日晴風涼鈔經半葉約松生劉馨翁青餘但少村杏生佐卿小集浩園期以酉刻午後陳宅來促辦本呼蘇六來而辭疾不至彼欲作長沙淸門故恆避役余前知之而又忘之酉初至松生處同詣笠僧覓童行

使令礙鄒陳兩寓不得過叩諮翁門而過因訪諮翁坐頃之劉馨翁投刺誤通鄒僕幸余先在要與至園則少村先在又從陳宅入此園不可宴客以無門也杏松佐青繼至坐樓下飲亭中風涼月暗談喫頗佳客去又過松生與佐卿談三更還松生云湖南省熱至九十四度今日九十一度

十八日晴風涼晨得重郎書借書禮箋及少作詩且報張力臣被殺余初醒爲之忽忽不怡嚴受菴子熙兪鶴皋陳俊臣子兆瓚王理安文心先後來竟日淸談鈔周官一葉夜訪子壽探張事子壽半吞半吐而力言張無死理同步過黼堂談至二更還文心今日言繼不卽位爲繼弑隱文與同故褎儀父以起之並先後皆爲起兄弟讓國善能推發五十而能治經可謂好學也今日得若愚蘭州來書云已被劾辛苦七年一無所成妻死子失教甚可哀閔少村送新蟹葛粉

十九日晨涼淦郎約尹和伯渡湘爲非女卜葬黎明呼廚人起辦飯日旰不來已至乃已食矣功兒先飯同去余乃飯與半山言遣房嫗去半山意惜之余告以禮不可留女君無僕婦因及前事半山意窘遂勃谿不聽女性難悟如此余教久仍不行亦不知其敝安在卞撫入城往看之則羣官待見正攘攘矣還鈔經一葉說六舞以爲卽六變之物似可巧合午風頗涼教讀又倦睡半時許因閉閤乃起復登樓理課至松生宅笠僧設饌約借遠鏡測月又用顯微鏡看蝨蟣月中正有一月云是山空處殆非也殷竹伍來云入城避暑

廿日風涼遂已成秋多云北風損禾且生疾不宜也王一梧扶母柩還居其祠旁與余正鄰不可不弔之約松生佐卿同去久待不至遣問則佐卿以余言不必早去故遲耳比至錫九來余又待昇夫久之至午乃出同過一梧旋獨昇答訪瓮叟少村竹伍均不遇過劉撫朱典史還少愒

淦郎穉蘅晏齋飯門遇吳黄階同入笠僧房松生先在淦督二友淦蕭後來淦字舜臣瀏陽有名人也蕭字漱雲則未深詢之至戌散鈔經一葉松生云鏡初處有梵字往生咒楊仁山能譯之夜涼加緜被而寢

廿一日風涼晴晨坐樓上閒看案上雜書遂忘鈔經竹伍鳴之克郎來久坐作一書寄文卿亦竟未成也午看羅研翁尺牘又廢教讀夕食逮暮出訪林小霞黄親家遂夜矣明日娥芳發引淦郎請賓來設奠余亦設餞薦之其生其嫁其死皆在長沙而居長沙不及五年亦可異也京報言事厖雜如蜩如沸殊非致平之象

廿二日寅刻起以待引時仍臥及辰初客至入齋內乃驚而起未及巳時娥芳柩出步送至街口而還竟日擾擾淦郎穉衡來錫九暮來

廿三日晴稍熱早晚猶涼竟秋矣芝士子伯存窮困絕食以書來告不能大振之此城居之敝也若在鄉間便可迎致同居以觀其行左袁來言盤局乾薪事此人無風義余亦不以友妻待之然實不可既不能訓導而加以輕簡是重失禮也後當敬焉文心來辭往衡陽令任云有知縣見卞撫言沅浦薦我于卞爲之一笑此讀史記不通欲顯布我也合之昨日淦郎言峴莊狀可以知今代貴官之情態朝廷用此輩人又安能忠良耶細人得志輒自以爲能駕馭人能榮辱人此猶是細人之佼佼者乂可歎矣

廿四日晴鈔周官一葉王祭酒母喪與松佐公送一軸佐卿以疾不肯題字往視之兼訪文心及受菴子

廿五日己卯立秋早涼不能紵衣日午始熱松生曾郎來黄竹翁來送詩鈔周官一葉朱雨恬來言嶽舲病甚

廿六日庚辰三伏林小霞來重郎與李澤生後至李生先去重郎復登樓談余稍言士人不可謀利爲商賈古之人或有行刼取財者如石崇是

也必不爲商筠仙殊不知此欲以啟其論乃竟無說驗郎旋至亦新爲商者則不可以此說告之彼不慚則怒反阻其善機矣利義不明老生之責小子無述父兄不先也晡後要竹翁文心尹和伯松生价藩便飯本爲和伯設以文心將行更不可遲耳客殊不食主人竟不飽戌正散大雨夜轉蒸熱

廿七日晴稍熱出弔逸梧與松生同往旋獨昇訪竹老瓮叟出城弔勞篤卿喪妻長子均不在舟陪客盡少年多不相識者入城雨至已而見日杏生來弔仲章之喪送挽聯余子振來求館

廿八日晴熱樓上不可坐竟日未事羅抵敷來接吾來催課卷羅郎伯存來鈔禮記箋

廿九日晴熱子筠十一弟子壽抵敷趙芷生秀才來看課卷十本十一弟新病未差神色殊惡姑留住外廳

晦日晴熱林秀才遜之來看課卷十餘本餘無所事勞郎啓元來
七月乙酉朔晴熱看課卷畢取一本敍劉水原委者又一題擬別賦係歐
接吾所出竟無一佳篇女子子服表粗畢凡二十例暮過松生談勞生
啓柷來見致老張書
二日晴熱竹伍富春來竟日避暑放學停工松生約談便飯佐卿曾仲郎
杏生父子同坐重伯送詩來
三日晴熱昨日羅嬰來言四母病甚當往看視因戒昇夫早至晨熱殊不
減次青來飯後乃出過陳林勞均不遇至天成亨一談出城視逸郎見
其同寓萬生至城南書院訪舊游過汪鏡青不入至杏生處小坐省四
母問病少減將答訪何公子臻祥無帖因至佐卿處寫帖拜之不入訪
曾郎不遇至上元徐同知鍾英處一談還熱甚復至白鶴山莊看喪榜
未夜還

四日陰熱始稍定計六日炎炎再加則困矣和曾郎詩伏陰徂六月秋暘約處暑溫溫靈夜蕭鬱鬱城市築靜坐几席炎情歎巾扇學林陰閒集何幽泓沃涼土窟埃閉呼吸山石乾龍鰭蟬鳴增煩摩鵬飛憊鳥陋擇枝心所置執之窩明宇出壓想既徹昧遠觀紙聞曾烟瞑具沙遠波動五湖樊中就瞳澗彔外期涼滑造境亮由人因時登遠序倚側偶有微冷然列風櫳
陳子元同知來羅抵敷來暮雨夜喜得眠瑢女聞順孫寐語悸幾失魄
恆子復發痧一日數驚也
五日晴大風將至復止雨亦未暘日中稍涼耳非女從俗例斷七燒屋設
奠其女病不能往同母兄弟皆不能往遣我紈赴之作女子子服例表
成正十日未鈔經矣非但暑悶亦以來日方長不欲速了盦注之事輿
尼父加年學易聖凡之異也余子振來夜過逸梧
六日晴鈔經一葉夜與錫九過香孫彭峻五來談半日恐瘧發堅辭而去
瑩姿中風將往視之怱促未能也
七日晴晨得簡堂赴云前日變證死矣昨瘳其舁來病猶未愈一見遽云
君已遣人往湖北耶余不測其意已乃談丁公入都事計其死已三日
若果有靈宜死日見夢無靈何以先知蓋吾心前知之誠有發見者余
每能先悟一日事蓋以此也題銅官手援圖記靖港戰事文頗慷慨至
簡堂處稍爲料理喪事廌郭見安與司筆札至晚乃歸過子久處借鋪
墊與黎宅成服
八日晨起至黎宅陪客貴客來者絕少與次青張笛帆談頗久極熱不得
散至暮乃歸青石橋大小雨溼街行甚怱也孝達劾家鼎及葆芝岑
皆至遣戍
九日晨起課讀至午步過竹伍衣冠至海翁處弔其子孫遇陳少卿言丁
公出洋事疑張文心所言也文心必不漏言妄疑之耳還仍過竹翁小
坐比至家黎子遣人來請陪客昇往過瞿門門口聽伺者多人知其有
笑話使問之子玖遽遣要入言其庶母將步出禁之不可余勸令至我

家詳論而後處置遂至黎宅無事仍還過蓬海欲爲陳宅借錢不得乃
歸則瞿妾已至譬論至夜乃去不必處置也月色甚明倦甚早眠
十日晨至黎宅陪客客三人一首府何一藩使龐一廉生陳皆不相識者
同陪客者三人一總兵陳一道員吳一道員劉定甫唯劉早至與張銘
王緒兩知縣同飯午後散至瑩姿處陪客一但一陶一周鐵園漢俗成
服禮緜久不得罷客來無多人余遂歸休鈔經半葉喻外委自萬縣來
見紱子揭巫山碑至自讀一過自以爲佳
十一日比晴極熱但不見日光處則涼此其異於六月者鈔經一葉樓上
不可坐放學閒居
十二日晴熱功兒錄遺入考棚待至巳乃封門張循陔王益吾曾价藩來
价藩辭行往桂林從宦云明日卽發筠仙送所作湘陰圖志來披覽一
過氣勢奔迫信足驅使煙墨但不甚明晰又少文采桂陽圖經之次也

[illegible]叜挽聯（人倫冠冕一靈光八十年留寓儒林遺愛豈徒留永郡　海內聲公半虛譽卅二載官鄉郡守圖風長是想鱗皆）彭郎克齋來

十三日晴極熱陰處不可避六合爲窔無纖絲風循舊例設供燒包日中行事彭潤生孝廉陳屢生（晉生）來晡後出涘价藩不遇過陳海鵬遇胡脩志簡傲有翠鳳之風接吾仲霖暮來夜步問松生疾聞佐卿病甚秋熱方盛還家早眠

十四日晴風頗涼朝食後點書畢已過午矣出問佐卿疾不能見客少坐與其長子衡士談醫方未敢定用何藥過張銘言卞撫多私而好自專與兩司無商量已委兩通判署縣事矣過受菴子寓不遇至子久處議其家事過章罵孃家答訪周道生從青石街繞皇倉花圃而還鈔經一葉聞有梁生至甚怒我不相見不知何人也遣問之因步月過筠仙不遇夜寐中聞喧聲極近不知其何事已乃悟爲失火登樓正見東南方

紅燄不甚熾還臥復聞水車還聲知已息矣

十五日晴風稍涼王緒知縣來（字子文）梁岱雲縣丞來崐甫仲玉之弟也云前年仲玉有書干我未達而死曾甥竹林自浙歸來久談晚熱步過竹伍看病適已愈出門矣筠仙來言水利夜要錫九來談李世忠事世忠字良臣免官後仍以伎妾自豪縛笞武陵吳同知之弟於懷寧裕撫劾之詔斬以徇吳弟近居西鄰未相見也夜雨忽涼遂成秋景

十六日晨大雨遣看錄遺案功兒取錄有名昨間其寫詩題誤否詞語惝怳究莫能明也近來考試全如兒戲陳生富春文亦速退皆可怪異淦郎來留住外齋鈔經一葉余子振來借錢

十七日晴黼堂竹伍來久談幾二時許何湘楫來請入未得見簡堂女夫也鈔經一葉夜聽兩女詠詩有感京師淀園舊游風月宛然心境岑寂歎逝觀變不逮隔塵與兩女講唐詩數首

十八日雨不涼鈔經二葉守愚來稷初暮來論詩義亦有所得瑲女感疾未講書

十九日晴復暑晚仍服紵朝食後出訪理安理安適來與略談仍過荷池訪李次青劉郎詒楲不遇探松佐病均久談佐卿直視神色甚惡後乃漸清醒猶拳拳於曾沅浦而亦歎惜筠仙之非君子復至塘彎校經堂訪海侯過彭祠看畯五還夕食暮訪一梧不遇至筠仙處極言左季高非金剛之比不可揚金剛而抑左伯筠仙雖愛憎用事未有以奪也

二十日晴熱畏日殊甚不似少壯時念當習之因步出過研郎詢知芝生已歸出談筠仙至復雜談頃之看畯五未入答訪稷初至火神祠看行香一人下街傾跌委鑪於地面色不怍同行者亦悤悤各去不知何向也至學轅看牌穿南門街將詣劉布政至門不入道遇見郎過黼壽久談至暮而還晚飯後仍過一吾竟日未靜坐亦不加熱得丁稺公書涖

滋軒王正孺並附書

廿一日晴熱仍出看畯五其從子芝題年十三已誦七經與談文義粗了較恆子天淵也往李竹翁極稱仲章初以爲老人好譽今乃知其相形見長耳仍至火祠無所見小坐極熱乃還彭子來省其姑留宿吾室

廿二日晴熱稷初來取詩補箋去彼方有志於治詩甚有新得故欲相證也李海濤來視瑲疾紛亦喉痛令視之因與步過松生診脈至佐卿處主方仍用桂枝湯佐卿已四日不食便溺皆血矣不知桂枝湯可用否姑主勿藥左郎歸生羅縣丞來

廿三日晴熱秋炎至此已極樓上如火烘樹草不動望而煩薰也鈔周官一葉誤子自江寧還夜來余已睡矣起談近事遂至鷄鳴入側室悵聞灑雨數十大點已而淒淒動搖涼氣殊不入帷家人俱酣寢無共聽秋聲者寫扇三柄見郎蓬海來

廿四日晴熱稍退樓上可坐鈔經一葉與䕫子談淮川鹽政䕫子云左季高語人吾此官雖擲升官圖亦不易得聞者皆以爲俗余獨感焉丈夫自致青雲而乃比於牧猪之戲左侯之胸襟未嘗自以爲人材可知獨惜天下人鬪盆錢使左十三先得采去再有能者非別起一局不能爭勝是可惜也市中已有新桂盆樹尚初萌欒錫九夜來談香孫醜狀吾門牆不峻乃有朱張後當絕之一梧夜來談經

廿五日晴涼鈔經一葉王鶉脯龍芝生來若愚自哈密還來見萬里十年之別不見其妻感悼愀然夜過曾郎談立身處世勢利進取之道甚惜佐卿急於求助初更還作陳妹挽聯（廿年往歸久相依每當萬里還家助接盞觴更支頤聽話關山委偎）（不重來此後大雷驚斷雁一病淹纏成絕證正與武岡愛壻同怨鏡鐙似相約先採淨土蠶鐙對雙鐙那看姐夜窗明燈）

廿六日晴熱䕫子徐甥李海濤尹和伯竹塢來談一日與竹和同訪君豫復同君豫至家王仲令歐接吾來初更君豫去鈔經一葉與㛃女看唐

詩

廿七日晴熱朝食後至敍叀宅陪弔客但少村吳呴谷勞凱臣在坐客來者唯黃郭李香元副將某兩縣令先在悤悤去矣余與但吳坐至未正乃散過弔若愚看佐卿疾疾病便有垂危之意此人外豪邁內鬱纏故不淸醒不及仲章也至傳青餘宅少坐還已向暮朶翁先相待談至時頃乃去杏生來先去鈔經一葉㛃女講唐詩落花朝與半下朝朝字重押若以爲落花之朝晨則句不成

廿八日晴涼北風甚壯鈔經一葉竹翁君豫來與同步過竹寓復至彭祠看畯五見石如新婦略談秦隴事云楊石泉入都將辭官矣蠶子閏生來率丁族兄之子也易石甫兄弟來久談

廿九日晴涼仲章忌日以聞喪遲未練祭設殷奠而已占以祭爲吉禮則忌日本不可練今人誤也鈔經一葉午讀前贊賓公食成歐胡段黃陳郭同坐唯段不至飯罷曾重郎來飯一盌飲五六杯泛談語及子壽不以長者待之望郎愕然余亦不安示意令先去重郎乃始皇然此自世說新語中一段故事子威見郎當能記之戌初客散聽㛃女誦唐詩

八月甲寅朔晴晨起鈔經二葉爲滋女校爾雅篆文令㛃女篆周官皆自今日起同里梁曾來黎郎昨來請約今日去未暇往也夕至松生處遇何价藩聞佐卿已死往視之見尸念往還最密宜哭三號而出

二日晴

先祖考生日設薦因召諸甥會食凡試前必有此一集先代遺俗也果臣孫芝仙來因令與會更招夏生陳梅生李杜生來竹翁林令程雨蒼同年福世侯來蠶子去午後丁孫夏生徐曾甥鄧甥來余令兩兒出陪飯飯罷二鄧郎來暮聞內哭聲動戶外以爲娥芳孤女死矣步出至黎宅佑郎以簡堂自訂年譜求作墓志行狀余云二者不可出一手宜令郭

見安作狀稿余作志可也還問艾孫乃未絕然已不乳矣

三日陰竹翁送攷工弓制往來體說來以往體多爲硬弓來體多爲口勁之弓說與角與幹權甚合因悟天子之弓九合成規非論往來體鄭注誤也復片問竹翁令其定之常晴生陳若愚沈萱譜吳稱三文雪琴兩胡兩易曾郎相繼來將出薄暮遂止傅青餘來言左曾身名俱將敗裂黃張殆不免禍湘中真滅興矣狐鼠微物亦蠹大猷每念使人不樂夜早眠覺時始四更颯颯聞雨

四日雨秋涼氣潤正空山桂馨時庭桂尚始萌胎城居殊無意趣也鈔經一葉午出答訪世侯雨蒼晴生易郎李先賚常福未晤程李處茶水惡劣不可飲從定王臺還憶賀蔗農周老衡以來四十餘年城中變幻咏庚子山枯樹序云風流儒雅海內知名事異時移無端感慨重郎來談吳少芝蔡子庚來吳擁腫蔡油滑殊令人不樂古人厭世上仙良有以

也暮訪曾園答周道生赤腳灌園饒有逸致迫昏黑未及敘談而還擕
恆子過錫九聞其病困今日詣姚笠雲尚不知余佐卿死人命迅速極
爲可歎說周禮隋釁於朝事時增一毛炰豚似甚新確詩曰毛炰胾羹此謂祭用久子禮祭大剐也大祝讀之隋釁謂曰婦豕舞豚可以致敬禮曰毛炮之豚祭用大牢而豐豚者爲朝事時反古復始用明水燎羶薦也其時牲未入而居寢婦炙豬炮豚也許叔重曰豬豕肉也豬毛炮之則豕見肉赤合蒸龜則燔升而晉故謂之隋釁蝕薦也亦有釁之義焉此獨祭大
廟有之竹翁夜來爲監生求遺案未有以應之
五日涼雨朝食前命彭婦爲仲章設奠其生日也因餘饌約嚴陳易鄧曾氏諸子來一飯鄧子早至曾郎已往湘鄉矣嚴郎無相親意席間微諷之彼年二十二尚未達人情也與易郎談華才非成道之器然其兄不可少東坡六十而猶弄聰明故終無一成佛家以敏悟爲狂慧聖人所以約禮亥初客散鈔經一葉
六日雨欲看主考入簾阻不得去鈔經一葉瓌女始復誦講五子迭進課

訓少暇然未暮皆畢工中間猶寫扇三柄一歲已來今日最勤比十年前惰時猶不及彼時學子少二人故多閒耳
七日雨鈔經一葉爲吳稱三兩易郎書扇册逸吾彭稷初濟生劉春熙來聞朶翁疾往看之遂久談遇雨步至龍宅與濟芝驗郎談入其外齋遂見煙具可感也大雨借舁還今年本當出送考省轎錢故不出竟不得省蓋知計算無益逸吾送漢書補注來請校檢爲閱兩卷無所發明淦郎馘子均來宿入場無須夜起仍依常時
八日卯正起與淦郎飯步送往貢院泥深沒踝無雨具不得至門稍屽而還遇孫涵若成靜齋過筠仙門未啓到家少寐功兒起朝食鄧氏幼孫病亟促馘子早去又一時許復往貢院尙未點湘潭旗牌無準人衆雜遝仍不得至門待久之聞功兒已入乃還鈔經一葉鄧孫殤諸女放學得盧春林書竟日陰雨

九日陰雨頗寒課讀竟日鈔經一葉移几席增夜講逸吾來
十日陰晴煊朝食後聞礮號知諸生已有出場者頃之接吾來言三題題過斯知仁矣詩曰嘉樂(至)申之君子(至)濟之賦得山路秋晴松柏青正考頗不詭俗周熙炳來見忘其面貌矣得丁八郎穆芝閣書筠仙來未見以三子將出場無暇對客也功兒未暮出淦郎初更馘子二更並出文無出色處暮詣小雲接考爲富春定文
十一日陰晴路始可步擕輿懿紈女至舉場看點名三時頃還滕緹出城爲娥芳生日設奠半山生日不設湯餅三弟猶有稱賀之詞於禮宜敬謝之余但唯唯否否宋學派也子玖黼堂來久談賓興唐郭楊徐四君來言志事出視松生病見杏生文似可命中沅浦樾職季高失勢湘人頗爲笑柄夜過逸吾談問屬象未得其出處鈔經一葉
十二日陰周振瓊雲昆來四川道臺文格所奏調者淸秀不似諸周果臣

弟四子允卿來鳴之疾愈來談黎增何湘楫殷竹翁來暮詣錫九遇成其用左鳳三又一少年未聞姓名
十三日晴城桂盡開閒行甚適惜故人亡散無可往來者至主場見出者紛紛還擕我女復往時已日側功兒未出陳妹壻與三弟同來先坐客坐復與登樓待功出飯罷復至舉場則已暮矣鈔經一葉經題黃帝堯舜垂衣裳而天下治匯山需欲允猶衷河秋小郑寰子來朝擬曰新之三句書用偽古文九真八聲楊文瑩雖浙人而爲陳理泰門生不使知尙書有今古文則湘人之陋也鈔經一葉錯誤疊出以無關義例仍之
十四日晴晨欲送考以舁夫當還朝食因待食畢而往衣冠送考人甚疏通點畢湘潭郎退舁至三泰街看朶翁臥病久談答訪周熙炳遇胡茂生如小巫見大巫頗爲慚沮此等人當以劉愚敵之至子玖處看京報復有雲南報銷之奏周瑞淸崔樋道俱審訊孝達復奏裁公費然五十

步笑百步仍取之陋規也答訪劉伯固至賓興堂會飲夕步還
十五日晴夜月澄明惜無暇賞鈔經一葉梁丞來
十六日晴熱晨未起淦郎已出場見五策問猶是康雍以前人語若愚來
接考功兒出後於誡子時許過松生少談常晴生及其兄子來已夕食
矣家人鬮牌
十七日晴熱昇出答訪周道臺便過一梧笛仙朶翁竹老若愚黼堂還縣
學四廩生來楊千總子送食物潤筆明當設客全受之夜早眠欲候東
方孛星未午夜陰雲將雨遂不得見
十八日雨晨薦
祖妣午食畢約晴生鳴之孫涵若陳梅生彭稷初常寄鴻會食稷初始來
爲客沈生來送文坐間多言雪琴查辦左督事余聞其歸罪二幕客襮
其衣袷甚不韙之客皆著釘鞋而去梅生文氣甚壯似是奪標手

十九日晴暴疾困臥得彌之書迎娥芳柩還武岡看京鈔提學名單無甚
知名者然少愈於前屆夜登樓看彗星諸女並與
廿日晴疾少愈朶翁移寓東鄰往視其病泛談而還外間盛傳劾青俊臣
笏山子皆以改字被帖出朶翁爲李子諱亦甚無謂乃其詆季高不知
子惡則又何苛也夜遣人覓誡子來勸其還家彼與蔡姪均以撞騙得
財爲雪琴所劾外論甚快心也陳郎光奭瓊來告行
廿一日晴疾未全愈試起登樓作俊臣壽序殷少喬王君豫來留君豫久
談彼見李黼堂者獻錄目以爲可籤駮百餘條卽取與之觀其義例余
泛覽一過不知可駮者何在
廿二日晴誡子去楊六十來三十年前舊鄰農也留住外齋禮之如上客
夜講表記甚無心得其載聖言亦纖複蓋詞不達意耳午過松生問俊
臣罷官信所從來彼尙未有聞復與片詢靖生

廿三日晴熱晴生來留飯見余欵甚以爲衰餒論之間有斥鷃大鵬之志
久居鄉里爲善人故也登樓作佐卿哀辭於地望茫然下出書廳正見
陸恆齋因與坐談頃之淦郎君豫易兩郎同至淦王陸多言佐卿之短
雖死亦不恕之詢功兒功亦切恨於佐少年但知快一時竟無愛才好
勝之心吁可歎也彼皆以余爲喜諂耳所謂夫子未出於正之一端薄
暮蓬海來言湘陰人心深渾人少夸然尙可交也左季高父子敗於張
力臣父子其智數信不如朝旨已發鈔彭雪琴奏革王蔡兩生原摺未
見諭中但有王張耳簡堂照巡撫賜邺宜付史館立傳夜作余誄成明
日仲章練祭家人灑慨掃除堂寢俊臣文汎濫無歸當重作之
廿四日晴家人辦祭巳正行事功兒哭仍哀禮成始食巳午正矣祭前錫
九朶翁來余皆見之以不沚事故也午招王瞿龍三翰林飲黼堂爲客
若愚作陪適三弟來與練祭因留之一梧辭不來黼堂早至長談言幼

丹撫江西時焚天主堂皆其指蹤其後因毛鴻賓畏禍求媚以敗全局
郭意臣之謀也至亥乃散十一弟來
廿五日晴庭桂始花三四萊香勝外間全樹作余佐卿誄文子雲松生來
見郎來言筠仙發背驚往看之道遇任雨田同步至筠處則無所苦此
公余已疏之不往矣乃以謠言而往遇錫九久談而還輿兒始講左傳
廿六日非女百日家人往設奠子玖來訴其庶母橫暴欲請諸老往訓責
之瞿嬰亦來訴三子拘束之過是非紛紜家中亦異議鈔經一葉講表
記頭緒殊雜而字句貫串蓋屬文未工其所言子言之子曰亦疑非孔
子
廿七日雨命功兒陪王君豫仲霖胡子正龍研仙段海侯午飯皆因奠餘
延賓但非來執禮者以儀節難諧故但召客示有事而已戌正客散子
壽來談考取優生免貢事云其子可得不言他事書扇六柄

廿八日雨余佐卿家奠晨往陪客未正出至瞿宅會陳葵心余鶴皋傅青餘彭朶翁二唐六瞿勸戒瞿妾立約而散殊勞口舌無旦夕之效也瞿宅設食因留待散至亥乃還

廿九日雨晨起朝食後復至余宅坐一日來客殊少待至戌初余具四組二敦設奠而還日中與章伯和談臺灣事甚久

晦日晴朝食後往送佐卿已反哭矣不及事故不入鈔經二葉劉春禧來夏生得優貢遣來報吾縣趙生亦得貢暮詣荷池錫九

九月甲申朔晴鈔周官一葉夏生來午過曾祠筠仙爲禁煙會要人聽講同會熊鶴傳青李次郭意黃壽左長卿彭稷初朱文通未初列坐東廳筠仙首自責言行鹽可恥張自牧請禀未可深貰云云因發明商賈可與士大夫並重之義余欲駮議以衆坐謙讓未發適次青問四川禁煙否因盛推學校爲風化始及鄉舉必得人在下亦當推賢之意左長卿似不解其語乃更推比鄰考縣爲本原援道入法仍儒生之常談耳熊翁老餓不支因起而散諸君南向晴瀾舫余北至松生宅與尤雅齋(僚官人)章伯和李叔和劉伯因三陳兄弟同坐至酉散

二日晴課讀無暇鈔經一葉王一梧蓮生蓬海暮來朶翁來言前數年借子書抵易海青及糾衆打教官事確鑿可據余殊不聞外論如此恆子讀左傳濶谿沼沚數句豫用詩經字面乃後出題古今無此文法又衛莊公娶齊東宮之妹亦無此書法近戲劇也向來未思及此

三日晴寅正起看彗星光芒長可半匹練較前稍狹耳諸女並起登樓久之仍眠卯正復起鈔經書懷庭挽詩朶翁易郎何棠生王稱霖子久稷初梁三耶來相繼中搢懿我紈至乂一村看箭彭運生孝廉來言黎宅受弔事陳伯濤來以未與優貢頗色憔悴余得句云楚士多慍色子明來夜涼

四日晴晨起過朶翁送稷初行黃小雲親家來未晤升堂裹回而去鈔經一葉將出値雨瞿子瑞陳杏生來夜作書與連希白小倦假寐起復登樓欲書與雨蒼甫書其字鐙滅疑不祥遂止夜飧

五日晴鈔經二葉陳生來午出答訪章伯和周豐岐過子威校經堂晤海侯遇林綬臣同至若愚家小坐過黎宅而還已暮矣夜鈔經一葉春官畢自去秋至今正一年裁得百十五葉以日計之僅每日半葉耳差愈於全曠日者中閒別鈔禮經三篇猶未計也四更起看彗星

六日陰有雨紛生日放學吳熙閻希范丁孫段海侯來書扇一柄張子蒓來冒冒失失語言無章甚悔出見之

七日晴稍課點讀餘無所爲以瘳緹生日在近午後俱散假羅嬰來追念二妹復爲不樂夜始復寢

八日陰衣冠與家人俱集正堂瘳緹以母喪辭賀遂罷桂陽何嶽立衡峰來言覺思編因極論老輩唯加敬於酬接耳若學問並無前後輩聖人我師也伏羲至孔子無尊卑而皆師之餘則友之然則伊尹召公亦我同學如此乃能讀古人書

九日陰䌷堂來方教詁婦女啼哭紛紜未能對客也午後少閒出聽膀至貢院衆多目之似皆相識者又攜懿兒順孫恐暮乃還至二更報畢令功兒往看膀頃之還梅生爲解首衡陽陳夏兩生俊臣叔子瀏陽劉生皆中式差如人意唯唐壽官第二(壽官稷隱之假子也)駭人聽聞耳

十日雨劉陳夏均來謝謁稍理教課未及餘事

十一日陰夏生兄字平軒者來言治經之可貴諸文詞無能勝之者湖南近皆知之鄧鳴之來云娥芳柩將歸矣大風作秋深景色步出將訪䌷堂至門欲雨而還過松生小坐還甚饑將食竹伍來言九合三合弓往來體作圖未甚可通凡弓强弱自天子至士皆有所宜用至於九合至

三合則以爵不以力未知所以殊也曾郎來言余所作湖亭詩尙有不
盡純者頗中利病因思僧雛字改作僧童則可矣而詞咨二字無以易
之十月三日夜五更改詞字爲酒
十二日陰晨起爲王祭酒改定漢書兒寬傳注自送往不遇因至撫院看
牓爲武陵陳銳伯濤點定新詩介石來
十三日陰看功兒書壽挽聯曾郎及李卯生歐陽舸翁來久談課讀粗畢
晡五來夜過曾介石遇何价藩同留飲遣招易郎不至陳李王生俱集
戌散稷初復來盛談力臣
十四日陰書屏四幅墨斗未蓋恐染塵自持將登樓殷拔貢來出見之遂
失此斗近妖異也其緜茸卅年一旦遽失令人惘惘江雨田之子文彬
來
十五日晨微雨竟日陰出賀董子壽生母生日便詣蓬海賀程雨蒼遇竹

伍還徐定生郭見郎來定生言無可采意以左相爲非而不能忘左相
陳生來請改朱卷兼爲夏劉改閱三篇未執筆輒有事而罷彭婦還母
家易郎夜來談
十六日陰竟日改文何湘楫徐甥來留徐甥食菌書扇一柄黃星查同年
來曾郎陳伯濤均賦詩見示意在索和伯濤前問作長篇法故欲作長
篇示之許仙屏備兵河北辛眉復得賢主人也洪右臣劾王夔鄧承修
縱之王任職如故夜率三小兒女至陳妹新宅
十七日陰晨赴黎宅陪弔無客至坐談竟日唯支賓四五人耳得蜀僕書
送科場題賢於湘使
十八日竹翁李卯生何衡峰見郎黼堂程頌芳來蓬海香孫曾省吾暮來
竟日欲作一事不得殊多悶倦夜始登樓講書畢欲改竹閒道人行述
已罷極矣鄧郎來告行

十九日晴解元陳梅生來意氣甚盛留早飯余先出至黎宅弔客寥寥與
次青閻相文劉培元少坐出賀劉前撫兩孫中式之喜門遇俞伯鈞此
人漸欲出見無處不相逢也欲答訪龔黃陳閻昇夫由別道遂還黃子
壽駁余鄉舉議云同黨攻擊外人訕笑皆可畏次青云黃每論一事必
先作態可厭余匿笑而已要之財盡而氣盈亦是衰機午間恆子與其
四姊鬭其二姊不願錫九遣邀曾香孫識醫方
廿日晨設薦
曾祖及
先妣皆生日瀏陽陳長樞字緩秋新中式來見竟日課讀鈔經二葉勞生
啓祝來
廿一日驟寒書屏對逸梧來殷拔貢闖入僞言久之不去余徑入得陳佗
怨書以五十兩之未得也此人神似陳芳晚芳晚猶爲近理午出賀陳

蘭生徐保生皆新中式者送鳴之答訪湯柄璣夏糧儲遇一新舉人字
亶臣不知其姓也還至曾祠劉生設飲接吾爲賓余初以其父出名故
不宜辭比至陪客皆不來遣招陳長樞賓主四人至戌散微雨奢兩小
毛衣不覺其熱夜鈔經一葉
廿二日雨謝客粗理筆墨事子久梁三徑入杏生羅從九又來索稟稿恨
爵位之不崇故有此無聊之酬應笠沙彌又催改詩爲閱一過借金剛
無題詩一讀亦頗和揚而夜寒侵人亥初還室
廿三日晴娥芳柩下船家人傾宅往送之余未往也逝者達人必不依柩
爲去來初欲相留念多同異之論付之曠寄而已鈔經二葉申過筠仙
同王石丞但少村鄧雙坡青餘芝生集食熊掌餘無異饌亥散罷講書
廿四日晴煖戲和金剛無題四首兼爲羅子作火災策自鈔日記中詩作
外集至二更覺寒乃罷習女廿歲食蟹麪諸女停課晚答訪黃星槎同

年遇鄧生
廿五日晴㷄竟日督課發丁釋公書攜兒女閒行又一村遇熊鴿翁挾杖疾行不似八十老翁自云記性猶能三日絜語金剛詩索觀余作此公送人多矣亦人寶也爲鈔稿與之
廿六日晴晏起飯後登樓爲王一梧校武五子傳畢附舟往衡陽攜輿兒同行懿紈亦欲登舟步至草潮門覔舟不得小兒多不可久待復還家舟人已來迎復往登舟筠仙和張四詩來工切新妍反勝余作妙才也不圖䶵儈之油腔乃得陽春之郢和金剛自此增價鹽畀爲之末減才之不可已也如是申初帆風行令輿鈔楚詞半葉余亦鈔周官一葉乃暮同舟有陶生字獻甫去曾於懷欽坐上見余湖北人字獻父安徽官兒爲臬幕字獻父已得雷市鳌館略談數語宿觀音灘行廿五里早眠久不寐夜風

廿七日庚戌立冬晴大風帆行迅疾朝食已過湘潭乃値大彎順風反逆寸步而進薄暮泊馬河上久之風息乃前卅里宿鑿石計日行百卅里鈔經二葉熱路閒行不計程小舟帆穩北風平晚留鑿石尋詩夢晨過山門識碓聲
廿八日陰晏起待飯近日船家皆有官派辰朝申晡無復昔年之制余前乘水師船以爲兵弁如此今乃知湘舟悉改俗也曾滌公若在當爲憮然辰正過空泠峽感庚辛游賞之樂使人忽忽追念前所樂者皆最前所未有生樂造哀殊爲多事聖人不凝滯於物必無所悲也人哭亦哭時則然耳鈔經四葉暮雨宿黃石望行百十里三門至昭陵一灘十餘里余誤以爲一灘
廿九日雨帆行鈔經二葉風小行遲復鈔經三葉向暮矣乃至雷石遣買筍菜不得剃髮遂泊竟夜不寐聽更點分明如在城屯亦不知憂樂之何從生然雜思無章猶有童心陶客去
卅日癸丑雨風淒切帆力甚王而舟行遲以曲折多耳望前水淼茫亦有江湖之興過大步昔聞布穀處也廿年來張筱華章稱農風塏張東野曾明儀漪海琴龕窭楊耕雲段培元王峋雲李竹屋子泌春甫慶子非女相繼物故其相識死者不可勝計衡州之游何可不悲詩曰久生亦何爲逝者待我悲神識尚不泯英靈豈來儀昔奐衡陽游書彥敦追郢地遠少世情談笑論當時高詠有遺音林鮑見嬰同皎爾沈石門山館化沙埃倉卒一紀餘覃公各見遺鎖勉百年志不異君子期識淚流波寒雨爲我來名賢有玦絲痛子又何哀但恐邦寶盡仙時怨晉衰願續歲寒松聊付理化推衡陽歷居時交友爲盛廿年來相零喪娘以子女苗而不秀豈寥城閔弦絲有作照詩成吟咏已暮尚始過章木寺度昏夜不宜弔人行禮遂飯而息鈔經四葉輿鈔字不成點畫見之惋歎此子必無成但望其終無成耳風止雨甚泊於樟市之上生適並宗冠饋晉迎二師主喪旅弔私甑未誅出引宗尸陰埴使下將司
冬十月甲寅朔雨竟日過午乃泊泥彎欲換下水船不可得攜輿兒入城至程宅見旁屋均被焚程家壁牆亦均損危及堂室可驚怖也入門遇其次子皖樵於庭至靈坐拜畢感念生平游處涕再下而止皖郎欲留

居其家固辭不忍又遣人隨我乃允居當鋪新亭中遇沈友篪胡均甫余誤以胡爲當鋪出官人未與讓坐方食商郎自外歸食畢出弔培元見其子昌字達卿供靈下室旁左亦入展拜余始至程宅而悲及見段子又反爲春甫喜有子無兒一於身後見之出至衡陽縣署訪文心久談多及船山書院事又訪儀仲已薄昏甚三數語而別夜宿亭旁小屋甚斂潔可喜雨竟夜文心來
二日雨朝食後出賀晴生嫁從孫於謝氏笛郎之女也至耕雲新屋以服除二年不復弔矣過時而弔則主人難相處故記美文子之子過時不弔又未盡己情乃常服往看之復過八胼潔卿廖青庭皆不遇遇鄧郎子元於道相呼下舁談數語渡瀟湘門而還楊郎伯壽來詢山東事鈔經一葉晚過文心飲儀仲徐秀才福基程生朱純卿名頤浚清泉令同坐戌散還改春甫墓志

三日晴陰為胡均齋縣丞題其妻包氏遺像龍勝廳城破抗節死者（長康給裳）（圓貞順僧令傳獻憩玉容魂月照儀貌響梼疾風摧石損寒松空花轉世原知幻唱鶴間天龍夏封獨恨虚陽別觀盧九疑愁望白雲重）包父有送女四詩詞甚清悲故云絜卿段送郎劉靜三藍楚臣晴生楊伯壽名杞儀仲來程郎設席見待賀常楊馮符子琴余父子共八人戌初散湘水暴漲楊郎怯渡留宿對房看申報陳三立皮六雲同中式報銷事已彌縫清查局將通設矣午間鈔經一葉未畢夜鐙無油而罷

四日晨雨如霧起喚蔭梅送片廖軍薦充水勇閏生將交文心已而文心來有難色且諉之兩程郎揮手告行來送者楊藝圃浚來見者常生笛漁鄧郎子元飯後招兒鑄生復過別沈禮堂而後登舟舟送者絜卿楊程四人程郎為余假得二百金及浙送四十金程送段四廖常程送蓮子數十斤午正開行先苦水涸前夜大漲增丈餘浮送可期無盤淺之苦亦可快也常生言其庶母未能持門戶急欲娶婦期以今年且欲不入鄉而郎下省其急遽無節如此可駭笑亦可閔念期以明春行禮乂必為縢緹所駭世事難酬人情我慢故有此等議論余唯見之行事而已所謂民可使由不可使知未正頗餓餔已過時夕食尚早出望兩岸見一處似相識詢知七里灘亦余曾宿處再憶之壬申十二月也明日至雷市而遇除夕所謂南嶽鐘聲報玉晨者自章寺以下南嶽已在櫓背故曰賦得帆隨湘轉宜作一詩（瓜岸直北望衡山章寺回頭轉背看詩道征帆復南上誰知湘轉五峰間）初更後過寒林站距雷石一舍亦前上水宿處恆子貪看不肯眠呼燭至將講書乃睡岸上猶有絡緯李白云霜淒秋啼不虛也亥正泊老黃灘距雷石廿里見新月

五日晨起甚早雲光金映似有晴色已而大雨旋霽羃羃如絲氣遂陰寒過雷石石彎皆有乞划子錢者前所未聞也黃石望下有沙洲鄧保之所云交流抱中沚者乃辛亥秋同游之作今僅失麁臣耳（嶽色寒雲雨假烟交流中沚故）

（依舩滄洲漁子頭白記買霜鱸卅二年）舟人以將下昭陵風色不順早泊窑門凡下水至快第一日至雷石第二日至山門三日夜泊長沙此舟人一定之程不能再速遲則不可計也風之有無非下水所問託詞欺客耳客亦不必詰之補作汀洲多烈風一首前出長沙時大風皎日百草披靡而孤雲不動此秋深晴景也恆子腹痛（汀洲多烈風白日皎秋光坐令孤游曠安知川路異方舟壯夕濤上輿實鷹翔）（挂帆山門峽遂汎昭灘杭竹樹滿舊林猗靡識遠岡津途困不度登復歎無梁所悵昔時樂今懷增感傷願攜青雲客願我復鱗行徒深故鄉）（情愛緩指曬黃）改黎行狀

六日雨大風船行甚遲巳正始過淥田風氣增寒午後下灘水平流緩作詩擬子美青黃之詠比及株洲水更洶湧未暮泊卦廠土人云泥灘又曰新市距縣城八十里鈔經四葉改黎狀三更開行

七日陰無風昨夜搖櫓至曉未息頗攪人寐朝食後乃至洛口過縣正午矣鈔經二葉改黎狀畢望昭山紅葉茂密正懷登賞俄而飛雨忽至過

山仍晴然煙水迷濛已成暮色計今日未能泊城下也鈔周官一葉以五冕為皆有十二藻但以冕分等級似合祭以天子之義若降從大夫服則是與大夫祭大夫無異何貴乎合萬國以事其親耶凡此創說皆石破天驚前數年所斷不敢者亦不知學識進耶師法亡而臆說昌耶要當說成一家以質來哲初更至城下所從人不得力未敢先上仍宿舟中恆子腹又痛未飯而臥城下不可艤泊南門對岸有礮船

八日晨起檢行李畢移船向城泊小西門攜輿兒及附舟客易姓肩箱從大西門入至二聖街負者迷道直東行余再尋不得從北門還則已先至矣家中明鐙未滅殊有夜夜元宵之盛（未知偶未偶也）輿工匠盈門正似去年初歸時半山言盼女近發憤勤學可為一喜夜雨

九日雨寒課讀鈔經二葉丁世兄來言果臣遺書待刻者尚須二百千允為謀之松生來辭行未見蓋不能自來

十日雨更寒鈔經二葉畢出賀姚立雲母壽辰因過松生則未知余還故
未入門耳病大愈可喜杏生丁子開重伯皆在略談別出過笛仙錫九
錫九病困因坐久談姚處有戲與蓬海俞鶴皋同坐遇程虎谿黃麓生
張定生王鴈峰鴈峰指點諸且欣然邀之強坐至二更乃還卽寢（麓生張目）
（若不相識張定生則不知何許人也）
十一日雨金剛送詩來將往和生處泥不可行欲著油鞋半山及孺人均
以爲不可乃舁而往和生往曾祠拜生日未還笠僧在其房中頃之松
與熊鵠翁黃含生朱文通俱來又久之羅翁來松姑之夫也將夕食乃
歸課讀鈔經如額
十二日陰課讀鈔經如額作樓門見郎來申至重伯家陪松生守愚伯濤
子玖驗郎筠孫笠僧俱集初更散席間皆談詩體例戌歸未登樓亥寢
十三日陰南風半山治具招松生飲陳伯濤先至接吾亦來松凱一梧蓬

海重伯來期以未設至申乃得食席間重伯射覆舉乾吏二字余欲幫
好字衆客未留意遂罷帉女往陳妹家夜登樓鈔書講傳如程程來之
來
十四日陰大風城中始可步鈔經三葉晚至松生處未遇過朱典史見文
通略坐而還瑎滋莪俱往陳妹家學樓寂靜
十五日晴入秋霜日始明輿小疾擕之出游懿紈俱從至龍宅看濟生芝
生唯紈從入巳至火祠看戲未午還鈔經四葉黃豪伯來未遇接吾暮
來談得穉公書
十六日晴見郎來鈔經三葉節吾丕綬原蓮生亦梧來曾郎送詩共看賞
之以爲今神童也午出弔郭狷父並送一聯（名家孫孫不羣才最雄折節羣恩少年曾不許仙桂）
（實坐息息今姓見方許聯清氣羽嚴猶一夕敗數闕）見筠仙兄弟周桃谿客坐見俞湯鄧黃等
門遇傅青餘過黼堂不遇訪朶翁來之暮還飯後大睡遂至三更還寢

不寐雞鳴起索小食唯帉女未睡送熖米胡桃一盤食盡仍寢乃寐
十七日晨設薦
先府君鈔經一葉夏官畢陳海鵬李輿釗來送盆蘭金橘出擕諸小兒女
看戲探候錫九云鏡初主治似漸差暮還林小霞來夜答訪綬原亦梧
還談言筠仙得船政佐卿往言秋後必見錄用曾沅浦爲之夤緣也但
何以去冬卽約今秋非壽命長則如佐卿不及待矣明日始知薦而不
用左道也
十八日陰鈔秋官五葉竟日課讀濟生來言胡家昏事
十九日晴鈔經三葉唐鳳儀母喪以曾經理仲章疾殯作一聯（一門羣從昔同游久）
（閨範遺賢明大族持家推禮法少子遠州悲滯宦方冀山田奉養哀翁揮涕任歸期）晨賀程雨蒼母壽便訪丁
百川子久還家中尙未朝食午避客擕小兒女看戲殷拔貢直入戲場
來尋復避歸家子壽夜來大意言不可干預他人事而其所言皆干預

人事者
廿日大霧鈔經一葉羅子純陳郎復心來遂夕矣出至市中人多欲與言
者思老子問楊朱之言芒芒然歸朶翁來談夜講書至二更始罷又鈔
經一葉罨斗熱縣與新縣乖適天淵殊有故物之思抵暮來
廿一日晴羅八夢提督之子承恩來年十六高與我等大則過之真將種
也次青來言方藝人與孝達不和將告歸已遣家嬉還矣鈔經二葉
廿二日晴晏起方朝食黼堂遣來催客午飯恐朶翁久待遂往紈女同行
至則客未至主人未歸至見郎齋中小坐不至此書室已廿餘年矣頃
之黼堂歸次青朶翁禹門翁繼至日夕乃還外舅到城遣相問夕食後
復擕輿兒同往談至二更還鈔經二葉陶先生墓表（先生名延久字友衡長沙長沙人也）
（其先爲南昌大族愛旅於湘從祖公之書封曾祖祖父累世潛德父諱迷渙謫三世醫書能以技顯有子三人君其仲也伯兄森藻以經義鄉）
（畢君獨傳醫學總持家事學友任恤弱冠有聞贊侍父疾服勤三年痹者忘起病而無愚人之見之者以爲劉殷之流也天性好施而家才自）

給託迷鑑誓以周窮急道光之末湖外大饑流民諸論廬宿千里於肆民士模善尙義者多富室發倉廩賑人縮衣食傾郡瓶助如此私覿不謀而周君先勤擊會曁夏濱病繼民盍旋日就道路曁爵臨嶋嚴暴沐之勖若紓在流亡而懇痾疹也於乎其可謂異義之士鑑四年桂篋犯城圍攻八十日衆降兵練衆犯撫霜又虛於奔命與痾相枕君私往敎據亦賊予館軍中傳其仁濟垂今將遜闍治劬與子官撫民宗黨私圖係例率調親不諷瓢致困死就燮詢俗俐然佘之因防官醫有藉閣狀指授方州戚親斷治全活尤衆高彼一邦善化彭高玉時官江南論君才德以爲惠於鮮民務盡其力勝勝平須吏之訓也仁壽有緜以光緒五年十有二月乙酉卒於里第年六十有五有子五人並承志勳名遊於時償儒官軍彥令儀會審紙銘鵬讚伐石表碣以慶公叔有道之文乃作銘曰 太尉錫錫自江來湘有翼飛天出母儀方昆孫紹之亦閎於涇民頌其德日孝之良猶奕先生居隱蘊彰不假一命仁被藁蓍無檢不顧蟲寵擣掃文墨戴起廉學用光高肝嗽蛾燒於一表閎經諷此銅嬉高勞道 胡湘琅同年來訪

廿三日晴鈔經二葉外舅來留午飯竟日談功兒自桐衕歸

廿四日晴課讀鈔經如額接吾子威兄弟來夕食時客去上海報言時享備法物有狂象之災壞輦路傷人拔石柱可爲馴象之戒鹵簿用猛獸出於不服之遺而近於戲此宜革除者也作運儀母挽詞蘇齋盛日駐魚軒斂湘州

命婿莅中委佗曾享承平福桂樹變鵬鳳鳳采如圖史儒林傳高潛潭定遠女宗師

廿五日晴熱當晴劉定甫弔唐曲溪因出賀子壽嫁女開容慶弔相隨兼視唐牛羊朝課畢卽出過客十三家入者何伯元李次青羅抵專歐陽接吾外舅子壽定甫唐鳳宅唐處陪弔遇劉博泉之子黎坡舊家也能知許竹士吳春帆故宅李處兼訪理安遇海岸暮還甚倦閱蜀錄院生中者十二人內有傅黃尹葉董皆能知學者但不及前年多中耳其佳者足相當也得和合書亦寄名經來夜聞紛女喚看彗星方倦未起

廿六日晴鈔經二葉得二義補書春秋箋其據司刑經注定甫刑宮刵五三之誤甚爲善證半山承命往力臣家助昏余亦擕懿我紈步往先過曾祠欲看浩園未入至劉祠望張門真有雀羅寢回久之乃還劉培元來易王兩傭上工重伯來久談言宮中無相以爲沽也沽當爲古甚合經法與過逸梧談漢書夜看彗

廿七日晴鈔書講課如額見郎來言左景喬孫誘良女致死聞之愕然此事小說演段中恒有不謂於吾身親見之交友之義亦當踰月而後舉爵不必其伏辜也後遂以此興大獄卒無是事城中譏議四五月

廿八日陰風半山往勞家卽擕兩小女往陳妹家夜未上樓蘇元春來卽所云縛欲斬者欲剸刃者也似是來謝罪言郭郎之短鈔書課讀如額看漢書一卷夜分乃眠夢乘馬入竹筐中筐蓋大池上邊緣高二尺餘馬不肯過余赤腳欲踏過而甚危難旁皇忽寤

廿九日陰晴鈔經課讀如額夜看瀏陽課卷

十一月癸未朔定饋食禮除子喪初祭宜有祫事故初虞卽言祫也而祝詞無文以言之課讀稍晚至申未畢僕人報郭意城之喪子婦又來報其仲父病危心殊不安遂出游四方湖而還夜未登樓看課卷數本卽寢

二日雨風甚寒當出答客紈女固請從行委之蕭海家而獨過青餘劉竹汀王石丞蘇元春俞開甫還迎紈歸遂向暮矣夜風愈厲遂早燎火而眠晚間涵若來誤出相逢與坐久談笛仙復來與論祭禮略有相同處至其大端不能不異也

三日曉起有雪朝食後霽風寒氣冷竟日未課讀登樓鈔書一葉胡子威驗郎丁百川來午後圍爐夜齋宿樓中丁丑烝祭先期三日致齋但不能不見客亦不能不課讀以小兒女無事擾擾愈不敬凡客來者告之以出則爲欺告之以齋則好異取其意齊而已

四日陰齋居課讀鈔書一葉夕率諸女肄儀夜待妻妾饌具至三更乃宿樓中霜寒

五日丁丑祫烝

曾廟仲子祔食質明視濯概巳午間始行事禮文初定猶多未嫺獻祖誤

詣爾尤爲惶悚旋卽改正當科失儀也三十一兩弟並在宗侍功兒弱
病恐先願之愀然然不敢不依古以率禮或冀蠲我耳未初禮成少愒
出弔筠仙弟喪夕還登樓鈔經二葉
六日陰早過佐卿家答訪劉伯固問江南事左侯見語云燒洗臉水釘鍋
此言極可歎無本人專恃運氣必有此困儒行所云上通而不困者防
此戹也又夢中得句云淸官不辨水與月生氣正如春在花（後三年而死此夢亦無驗）
亦是鬼語如行時人得之爲佳兆也余家將朝食辭出還少坐待兒
女早書畢過看錫九病不能興已不食矣夕食後復過瞿家晤子純談
鹽票道過湯小安亦鹽票又與筠仙昨言不同湯云郭意城將死有與
次青書拳拳於瞿言兪鵗皋與鬭牌未半得次青信長歎而發病半
夜卽死大似演義中周瑜郭與余相忌余似亮故郭似瑜也可爲慨笑
孔明亦有秋風五丈原時公瑾又何必嘔血長歎夜雪

七日雪素食謝客釋海岸來
先孺人忌辰僧至資助冥感因出見設齋董伯繼至彼亦居憂留話半日
風雪愈寒遂設奠使食芝生闖入亦弗能止也至暮乃散鈔經一葉
八日雪冰晨出送逸吾母喪客多未至復還少愒聞礟聲再往則已出門
矣巷內可步正街泥釋不可步過子壽周荒桃同立酒店待柩過而散
胡家請期媒人未至遣使來將以廿日親迎功喪未滿議論紛紜不能
不從俗也然胡嫂可謂大謬一二月之不能待不知有何急也兩夜未
登樓講書室中二更卽罷
九日陰稍煊可不向火登樓鈔書一葉看課卷二本
十日陰搬嫁裝木器來客坐俱滿陳杏生來强入留談聞張鶴帆來彼尙
未知也鈔經二葉
十一日陰晴可擇途而行出詣芝生朶翁黼堂暮還鈔經二葉

十二日晴朝課鈔經畢偶出步過郭門見過街大棚似欲致院司往弔者
遂順而西行從火祠還至禹門處聞言左事者藉藉皆云景翁孫誘奸
宦女致死善化令祕之私和了事城中士人爭欲發之又聞有劾張金
兒陰險者事下巡撫又聞楊五兒將死卒吉必倒閉遂過朋海果聞其
兒喪門遇傅青餘與同至子壽火室子壽懼其祕左事匿我於張八兒
之書齋問明而後延入同談多及饒太和事余力言不宜再言賣買交
易事乃及左事以爲宜問明備豫流言不然將成禍喫麪而散夜月甚
寒
十三日乙未冬至晴節物甚美無人共賞家中悤忙可歎午陰子明青餘
來暮去小疾欲發未鈔經於室中講書半山惡煙柴復移書室二更散
十四日晴陰理課鈔經如額夜畏寒大劇家人畢集候問至亥乃安酣寢
至曉

十五日陰疾大愈朶翁瞿純郎陳德生李禹翁來
十六日晨起至黃家賀生日見子襄略談鹽事適客至遂出訪丁百川張
雨珊皆不遇還始朝食向午霽猶未銷胡家納徵媒人至余未出兒女
分喜果喧擾竟日百川來夜過重伯談
十七日陰鈔經一葉數日未授讀以瑲女疾盼女情故不復督貰之看瀏
陽課卷竟日畢事
十八日晴定課高下半日始了胡家送開容果酒余家爲岱女送歛具前
後用五十餘人減於非女之半攜小兒女游又一村夜臨黃次雲親家
之喪次雲將死揖其妻恩以困窮其志可哀功夫婦旣往余亦往視之
也撰聯云（閔窮終自有窮時三千里巫峽歸舟傷心更被秋風誤親情曾未槃情話十一月嚴霜摧木斂手空看破衲寒）
十九日晴岱女加笄遂設致成之祭日夕行事功兒供辦生疏未能成禮
教成祭如饋食使女主之俾習祭禮爲主婦則曾與酬酢依而行之誠

肆儀之善法也乃功兒爲縣學生猶不能行禮儀文何可易言夜寢已
晏寥緹猶未寢及醒亦不見人頃之天明乃知其和衣睡被上彼勞我
倦信嫁女之不易也
廿日晴煊晨起甚早女裝遲久待迎者至已向午矣醴女畢壻入奠鴈遂
行又久之余自至胡氏涖昏賓客甚少女客不少坐一時許出過夏糧
儲劉故撫而還夏坐中遇子玖論左氏流言事還女客猶未去向夕解
衣將臥重伯來出見之守愚同至談未半其母遣促歸云湖北有警報
六百里移文一日而至兩司上院羣情洶洶不知何事也倉皇遂散鈔
經半葉
廿一日雨大風子威子雲兒常霖生叔從來向晡乃出謝媒人過筠仙朶
園濟生已暮矣至胡家會宴稺泉翁陸衡齋廣西徐姓作陪初更散入
新房寂靜無人頃之滋女乃出少立未坐舁還風愈甚二更就寢凡再

寐寥緹獨坐爲滋女作纓絡其癡如此余卅歲已後已不能冬夜久坐
矣雞鳴乃睡亦不覺夜短也
廿二日大風吹晴滋女三朝遣送果茗繡件往備分送午將步出道溼仍
還從東頭往香孫處少坐向晚霖生仍來論昏事過錫九處看病
廿三日晴晨過一梧朝食後舁出答訪隸生莊心盦過弔運儀已暮矣鈔
經一葉
廿四日晴鈔經二葉飯後小偈臾我相打至流血其母甚怒甚而不肯女
之欲其生母笞之也余禁不許心怫然甚忿因罷課出行城中幾徧將
至撫街覺少倦入龍家少坐濟生叔從出談夜歸飯後大睡
廿五日陰鈔經二葉諸女始復課半日未出林小霞來日側步送陳三立
未遇旋還龍八自武岡歸云非女已於十月廿九日葬畢得彌之書瑫
盼讀吳都賦始畢去年盼讀蜀都亦於今日畢才十日耳今年讀至一
年於此知專之與輟相去縣絕
廿六日晴女壻來見俗例先發帖請之功兒不知其詞余以壻見醴之以
一獻爲題云醴獻恭迎午間子玖來常家納吉使至胡郎子瑞與滋女
均來保之亦自武陟還笛漁來陪新壻賓從雜遝余少坐即入坐樓上
鈔書一葉夜始得食
廿七日晴朝食後訪保之問昨何不少留云始還聞婦喪又喜酒心淒惻
不能坐故急去也久不聞此禮法之言矣名下定無虛彌之難爲兄爲
之起敬令人增孝慈之意滋女復還家俗云轉腳不知何意也向夜始
去心安來云湖北兵鬨發彭李兩督查辦易笏得晉藩方菊龍官去俗
吏而用賤儒未爲善用人也張佩綸超擢副憲尤令人有口舌得官之
意
廿八日晴鈔經二葉重伯曾省吾運儀王仲霖來不覺至暮偕子自縣來

三弟丱子亦至欲爲余餪祝余無作生日之福不能當也家人設餅余
未夕食至二更食餅亦不佳韭餅尚甘香耳三更後寢
廿九日晴家人早起余晏起君豫來出陪食麪家人設拜畢君豫去後陳
妹嫂來卜云哉便服來向午滋女及其壻來子威亦來晡去登樓鈔經
一葉夕食保之來留飲對談
卅日晴將出謝客見郎來登樓小坐出詣君豫卜云不遇過鏡初子威黼
堂姚笠雲鏡初處談最久今年僅得三見耳至運儀保之寓皆未遇還
欲夕食半山云女君已往陳家今夜不歸保之送肴點來約來同飲待
頃之果至食不甚飽飲微醉早眠
十二月癸丑朔晴登樓鈔經理課甫畢重伯來借公羊周官箋去午請半
山設齋約鏡初運儀保之來會食三人皆自命聖人者請黼堂袁守愚
作陪中飲筠仙來入一揖而去云本不入欲望見三聖耳鏡初亦隨去

日尙未落初更席散
二日晴鈔經課讀至午王懷嶽常生笛漁保之來懷嶽顏色憔悴似五十餘者朱香今日招陪保之飲意欲不往遲遲未去已而復來催攜紈女步往未至司馬橋紈復思歸送之還文通陪青餘保之在坐濟生筠谷繼至暝子乃出席上多談時事青餘言易笏山詳參府縣丁祭接差岑撫批云昔年該司署東道亦接差易失氣强詞今翟晉藩而止僞儒不易爲也乃爲土司所笑如此二更散早眠戴表姪來求譜序
三日晴晨欲起甘寢殊不能起以保之當早發辰正始步往則尙明鐙作書一湘潭人在坐不相識意其羅順孫也羅幼官亦來保之尙欲出訪客乃辭出訪懷嶽亦以爲早實則過朝食矣還家始食鈔經三葉課讀半日至李祠看戲扮剌戾婆頗有聲容夜雨
四日陰雨保之擇日受凍可爲諷曰一笑柄鈔經一葉課讀竟日夜聽瑨

觓誦唐詩嬉笑相戲功兒忽自窗外呵之余不覺甚怒以其不知人事酷似其舅牽連及與循𦣻緹亦怒語無禮又過其弟余自悔語過而召侮也閉門不聽然翻開大清律則毋子當受上誅矣言者風波可爲深省
五日晴陰鈔經二葉課讀竟日唐壽官之弟送墓志來時已昏暮檐下讀兩句甚似余文然鐙讀竟其銘語劇佳語不擇人又復可悔昨罵今訣皆非正道乃知君子之愼鞶笑也張學尹伍明亮陳名傑唐訓方楊千總涂覺綱唐妾李七碑志有搨本無存稾巫山銘亦未登稾
六日晴陰鈔經二葉君孺及羅順孫來爲曾省吾作壽萱室記云明永壽王書頌未知永壽王何朝何名也永壽秦王房下明史無傳者輿病未讀諸女課中程申初孫涵若殷猷存來留飯君豫復來同步至濟生處會飲所請客郭筠王梧瞿玖王槐周荔均不來來者周蕙運儀耳驗郎亦不入坐神色甚銷沮似有重疾者蕙生甚留心碑帖亦頗知版本夜雨
七日晴鈔經三葉秋官畢懷欽楊石泉運儀羅扺䔥來陳克昌挾李石田同年書來見求信與夏菽軒求鹽差一封書而欲贈家嫗長子孫可笑歎也子茂弟三子來隽田運儀自言知醫請其看輿兒病酬對竟日石泉云孝達遣人稽攷匯銀將窮貪吏其刻察天性也又云張佩綸言王文韶唯可告養文韶遵而請焉 朝廷依而準焉古今相臣之於言官未有影響若此者也此於文爲盛事而於實爲亂政況於襲其迹以爲名者乎與劉蔭渠尙書論報銷書云節閣 情觀欣仰 成進佩久勞邸蒙 恩慰道路不審乃有乞退之疑換之情誼未符正道曾屬賢甥鄂郎以鄂意勸進比承塵載臨不至湘城始知大臣過度弄俗宦所測欲佩欽佩遙途雅譽發玉體稍勤習駐驛貯組巳 康旺報銷一案下情不遠 朝臣去鑾 公偷以優雅率連枝璽達 閒謁託昨閱部一咨滿下據詢所自來皸公願文吏悉壯議 若稍爲掩飾化公爲私以通行之例作套緣之弊爲一法受過固所不辭 君父之前名節虧損則以事過敗矣 節下過執之說柔

請假之疏 不敢自行陳奏則當此嫌疑覺憾更不能拜表自明萬一半杜失調驗廷誠詰責後乃自辨疑莫能明愚意以爲報銷部費相沿巳久直書通例奐叙服同科宜直陳所由盡發其覆以爲向來準限必顧定例有極陡而可昂其價者有極費而必抑其値者有必不可無而強令無著有可以無有而可多有著一案一例巧算一種不獨嚴帥有所未詭部部臣俱不能辭誠試取銷册召對司農令一一明其所由則條皆爲可駁又紙筆之費所取審盡百金而後費一兩爲數被亦無摸胸來司吏承辦部吏戳之佔由胥吏私出使費後乃公然遂之院司其源始於前明相沿已數百載試狀究其情弊但求節問直書曾海通查近五十年報銷部費歷屆成案穆手司道俱有文書在官則其弊職官所得謹及嘗南所能創辦者因昭昭若揭矣此次嘗南報銷所以人總閱者但以爲數太鉅其實仍只三萬知使僅館千金則其費只卅兩其所以至有十八萬之款者實由報銷至千二百萬也千二百萬以三萬計之使費當卅六萬十八萬金循得其半一時愚昧未及思積少成多之可駁但食三叢之不爲多又未能遂來塔時直陳於 聖主則多明公所宜引告而實公歸之有可原也又督撫軍帥控制封圻 此國家安危之所關民命存亡之所係土地之圖簽之所由君臣榮辱之所在不宜輕取錢出入付胥吏鈞糧報館之例明代陋政歷來未能轉革今顧悉予蕩除如此開陳光明正大度 公必有成查聯一發其匠闢耳或謂如此則部臣必不任受閣運侷部 臣亦宜直陳變固不能闢似可且從臣無率受防實亦不暇顧部臣恐 公怒良或枸曲毀尤願 熟思其所處也士君子行政但詭是非不論利害正以是非者利害之所分豈有拉 遜利之甄賢後本宜面見一聯破偪迫恋阻風儗不得達如蒙 采納明正晴爆哉可陪從入都再得飾餞

八日晴作粥兼招客陪丁百川午間子筠來坐樓上久談與書樾岑酉初心安劉郎詔械子迎之子及百川相繼來戌正散周蕙生來

九日大風晴寒出弔蓬海李介生之兄喪皆已出殯過夏糧儲子壽周蕙生錫九晚至湯肖安家陪懷欽熊無鼻張元玉飲至戌散夜寒有冰

十日晴吳昀谷來登樓閱課卷未及二本昏昏欲臥偕與諸女倍書四本出訪笛仙還夕食運儀來診興病因同看錫九送運儀還寓久談劉總兵來亂談至二更散弟子均去

十一日癸亥大寒小雪笠僧招飲先過一梧談久之過湯肖來乃出至浩園僧廊轎滿入室則熊鴝翁黼堂先在曾郎袁生朱文通繼至行游園中叢覺亭廊花樹位置無狀鴝翁獨登樓而返戌初入坐鶴復首倡一詩黼笠繼和白卷四人余爲之長昇還踏月甚有清景補作一詩精廬靜寒聲始見法坐廣高會振玄音寡節欣餘賞

十二日晴但少村來治具謝媒招懷欽何棠孫龍研仙陪其弟少舒及仲霖飲令功兒陪客暮過筠仙遇王石丞朱香坐久之步月還看瀏陽課卷

十三日晴登樓欲了課卷子威林壽臣瞿子純嚴郎熙曾成靜齋運儀來自午至暮乃去竟倦不能食矣少惕左子來言錫九病少愈欲運儀再診之强起書片與之去過壽星街答訪張廣榕

十四日晴東風作春天人俱熙熙有發動之機丁百川來辭行往安仁登樓課半了步至西城訪鏡初久談其初在城應接不暇今乃無一客信避喧之多事也遇一鄉人來乃出至東城答訪林綬臣過子玖而還聞張鴻郎中因騙玉器已被上海縣拘管不意縣令之威如此

十五日風寒有雨彭克郎來借錢曾亂忌日設奠夜看瀏陽課卷至子乃畢張門生從子來冒失有家風

十六日雨寒笛仙竹伍來羅嬰來言子重葬事甚慘澹本一家人頓至陌路可憐也與書程生論常家昏事兼託丁百川

十七日陰寒早起令龍八出城朝食後昇出送百川兼過劉前撫鏡初久談至竹伍寓略談還已暮戴道生表姪來留宿書齋

十八日雨陰劉韞公報錫九喪令功兒先往余與戴表姪食畢昇往少坐還登樓覺冷頃之已向晡仍至左家視斂未待加蓋而還瞿子純胡子勛及女壻來言撫藩鹽皆侵臬司不知孫公何以受侮如此

十九日陰晏起兒郎來午出至郭意臣家看弔客聞巡撫未到門庭殊寥落意臣生時與巡撫爲賓主幾卅年死乃不能致一弔虞公所以恨青蠅也然猶能致其一帖則遠勝於我今日客應有盡有差强人意但筠仙又不至則又少一撫矣意臣弔於人每遇我必留坐四五刻余亦堅坐六刻以報之還家竹翁來告去爲瑫岎倍書將夕食重伯守愚歐可莊來遂留晚飯今日因感求賢極論才不必求賢無不知之理才者爲我用者也就所有而教成之不宜舍親近而求疏遠賢者助我教我者也天子用之則必以爲相諸侯以下用之則必以爲師故無破格用賢之理高宗夢卜舊學者也莘渭佐命亦就竟內拔識之若因人薦而以爲相或自鑒識而以爲相既駭物論賢者必不至其致之亦必先隆禮養望而後登庸世主鮮能之矣爲今之計唯有使政府開幙府然後可大致人士就中選擇而授之官若先授以官誘以爵位則不能致賢矣余知此法然不能告之諸公者彼若從我言則招致必及我自建言而自由此進賢者所不爲也欲爲天下惜此賢故寧獨寐而寤言晚作錫九挽聯名節厲孤貞知風鼓晚近嶽峙每歎時局驚眉宇居蘚雖共飲念羈子早承吟賞想從泉路話心期

廿日雨朝食後往錫九家陪客與陸衡齋徐小分朱文通左長卿堅坐閒談唯有周笠軒至耳黃稺雲明日出葬亦當往弔待昇久不至步還昇

往俄頃而還兩女講通鑑至漢哀已畢十一本因過年散講三弟凡再
來謀葬事
廿一日雨大風小寒朝食後往弔王照贈便出城至城南書院對巷看二
弟葬處及觀其骨篋猶念移葬之無禮其墓地在叢冢間業已開壙彿
遽而還此子自暴棄然於吾無憾但事勢不能不分分則成路人矣
廿二日晴寒日凍塗攜懿紈至城隍祠還剃髮夏時升來未出見窊女回
陳夏兩生來告北行君豫來議志事二更乃去
廿三日陰晨攜紈女至李祠外間尙無節物朝食後復攜懿紈繞湖堤出
又一村答訪成靜齋送懿紈回復過曾郎談文及詩經句法用典之例
夜送竈孺人不出憶己王舊詞戲拈一闋 話甜鄉當年事年剛被爆竹今宵做起夜雪惜生寒趁
盌腸先酹里巷人家爭節物早廚辦一杯香水迎談便獅頭壓鼓牛鞭春韲鶴念慕最圖圖自寒屛掩後鏈煙冷膩語笑舊兒窗悔塞燕嬉
戲說聽無人重跪拜但老去萎花蓋對憔悴更君誰說與夢華前記

廿四日雪諸女放學與莪看詞選水仙花詞六闋皆不能佳因告莪爾雅
蘁山韭即今春蘭荅山蒠即晚香玉葝山䪥即建蘭之素心者葍山蒜
即水仙水仙花如杯盞故取葍爲名葍謂釜蒸甑也花形似之四者皆
香草海內通有又分四時蘁取香意葝一名鼠尾葉柔韌荅取高出之
狀亦新說也爲塡芳艸一闋 又相逢深寒慶候晴光燈談參差素蘭盜葉攘斜瓶湘几外占春宜瑤姬慣嫁甚遼
來晴損腰支香萬里輕車頻馱玉帶環肌抛離一分塵土不須風露自香芳時嫩黃三四箭暗香疎影地搖曳煙鬟伴晨妝夜盥卻未妨污
紛凝脂怪只怪橫江一笑誤丁幽期
廿五日晴登樓寫詞欲約諸友朋大集先與筠仙商之暮復至笠沙彌處
問之皆約明正爲宜笠病筠苦不能及時行樂也一梧午來盛稱樹人
子張元叔頗能書記又言子襄見巡撫之狀三弟夜來言陳妹壻欲逐
其子一家號哭余留三弟令暫避之蓋三弟壯大不能自食唯此爲負
之也

廿六日晴三弟皇皇私去亦殊可笑午後步至草潮門欲詣心盦及筠仙
談均遇泥未入筠仙門有張公子求見金剛事甚急故避之也
廿七日晴已卯立春舊從俗迎神行禮以非典法又不可廢遣功兒行拜
攜育紈步出至胡七丈處久談復獨過香孫處泛談而還香孫視我非
貴人我亦以典史待之浮相訪約而已家中殊不和睦由膠緹以兒亡
甚怨吾家當衰如此宜瞎子之白眼也
廿八日陰步過芝生又聞雪師言湘軍志云欲拳我今年以刃始以拳終
可謂逢凶化吉者出看蓬海兪鶴皋瞿海郎子壽皆不遇還子壽來言
力臣必見弋獲卞撫甚怒之可爲傷懼余云必無慮也得力臣臘八日
書報平安
廿九日陰雨始理年事筆札逋欠五六種皆不欲作近頗嫌城中喧宂由
精神不足故也前笑王定安船中著書乃幾欲自效之俗當奈何得印

渠書湯小安來鈔集外詩詞
除日晴無所事今歲事故紛紜而人情寂寞索逋無計借債者自止尤可
笑也治具甚忙以昨增娥芳一奠次婦又當爲其夫設歲朝兩薦薦豆
至百餘品中饋不給供耳作游仙二章以致非女之哀二更後出詣四
毋處辭年訪若愚不遇歸祭詩畢若愚及其妹壻卜云哉來留酒至丑
初客去功兒祀門已寅初矣恆子猶依母眠余居側室亦例所無也與
膠緹少談還室聞爆竹聲至曙

論詩絶句

院體詩

元遺山 裁翦蘇黃近雅詞略加鉛粉畫娥眉猶嫌俗調開元派傳作明清
劉青田 青田跌宕有齊氣季迪風流近六朝開國元音分兩派古琴天籟
高青邱 始蕭蕭

何大復　何李工夫在七言卻依漢魏傍高門能迴坡谷粗毫氣豈識蘇梅

李空同　體格尊

李茶陵　李杜中興宋派亡翰林終是憶歐陽西涯樂府成何調琴裏箏聲

枉擅場

王元美　七子重將古調彈潛攙唐宋合蘇韓詩家釀蜜非容易恐被知音

李于鱗　冷眼看

袁中郎　靑籐市語亦成篇便作公安小乘禪雅咏何堪澆背冷桂枝誰許

乞人傳

鍾竟陵　摘字拈新截衆流只將生澀換雕鎪若從鼠穴尋官道猶勝齋宮

譚江夏　兔棘猴

嶺南三家　天骨開張似李何祇緣遭亂得詩多亭林破帽孤吟苦未比翁山

斫地歌

王船山　江謝遺音久未聞王何二李枉紛紛船山一卷存高韻長件沅湘

蘭芷芬

錢牧齋　愛博休誇秀水朱虞山絕句勝施吳試將詩綜衡詩選始識詞家

朱竹垞　大小巫

吳梅村　長慶歌行頓挫聲格詩韓趙亦風淸從來一蓺堪頭白莫築劉家

王漁洋　五字城

施愚山　明代餘風漸寂寥愚山詩格尙淸高王吳未免多時調誰共成連

聽海潮

孫洪黃　見說蘭陵三酒狂各將奇句詠蒼茫誰言此事非關學廉卉堂高

壓兩當

袁蔣趙　酬應詩中別一家元明唐宋路全差無人肯咏乾蝴蝶猶勝方家

凍豆花

靜觀　麗句淸詞似女郎風情繇邈骨堅蒼如今江樹垂垂發懷舊傷春

一斷腸

研樵　錦衣玉貌饁風流苦思孤吟聽每愁一片秋心無處寫爲塡詩債

向秦州

逸仙　雲去蒼梧無盡情人間猶有謝宣城九華殿裏從容咏誰識蕭公

是騎兵

碧湄　劒氣珠光逞少年老來長句更芊眠繞思秀色開新派終作楞嚴

十種仙

受輋　東風靈雨咏離憂入洛歸吟大陸愁我欲避君天不肯不然搥碎

碧湘樓

愼亭　風格翩翩晉宋間亦饒斌媚亦蕭寒淒淒夜雨成名恨誰向西湖

問牡丹

白香　太阿靑湛比芙蓉銷盡鋒鋩百鍊中穎謝風華少陵骨始知韓愈

是村翁

韓龍　逸氣高華格韻超絳雲舒卷在重霄當時何李無才思强學鸜哥

集鳳條

湘綺樓日記

光緒九年癸未

九年癸未歲正月癸未朔晴元日光霽湖南所僅見以窗鐙掩明少寐俄覺則日出矣工人尚未開門亦人家所僅見從後房入正室孺人未覺坐待家人滌除設香案祀

三祀畢分年餻飲果茗登樓試筆屋霜猶積重閱樊敏碑云遺苗后稷祉漆從岐曾郿新說自土沮漆爲后稷時地望此可爲證然柳碑僞也金石錄載之其文乃絕似余所作無漢人疏拙之美又以庚真同叶謬學離騷皆作僞之驗假若真漢碑則余文固當過之午晴路乾將出而紈女相隨不已因步從又一村繞舊湖隄而還楊兒來賀歲重伯與可莊來談以其喪不言及年事甚爲知禮芝生夜來辭行有雨

二日雨元旦喜神在東南今日仍向東南行自街東至學院街還向東循

瀏陽小烏高升三門還門賀者十八家入者勞胡黃熊四家耳熊與蔡新吾同宅蔡妻尚存留片問訊聞其長孫甚游蕩至家孫涵若正在客坐入見留談諸女鬬牌至旦其母坐觀不倦猶有童心也

三日陰國忌不出客來者不絕唯蓬海子勛排門入得見熊鴞翁送詩來省城能詩人甚多鴞翁乃歎無詩人相需殷而相遇疏此與今患無才者正同因作一詩和之並如其意示重伯

四日陰晴出從西北行自黃竹過笛仙度湘春朝宗驛步小西醴陵由又一村還謝客四十五家唯笛仙及四母重伯處入見黃親家處入而未見申正還與胡尚志相遇於門尚志入久坐瑠盼過窊家懿兒始入學令功兒釋菜送學余爲之師授爾疋唐詩膠緹設饌款余特重其事異於諸子女諸子女皆釋奠余爲之主不設賓主也逸梧問典故四條皆習見而不能舉其所始者

五日陰雨早起作詞一首夏芝岑識有探梅之約每以人日載酒定王臺余前有和白石詞及詩今歲更於六日招飲因用草窗春游詞先成一闋探梅信看乍入新年東風相趁寄詞人依舊韶光鬢華髮幾年人日尋芳約春早佳期近更多情還酒迎香闌詩催頗紅綻北枝況似漢月窺檐湘煙長傘雲護蓋前游屐沒苦墨登臨共道遨頭好花與人俱飲料今年先占一分春穠午授懿書夜與妻妾打牌二婦兩女排日供饌今夕盼上食膠緹忽若不歡食畢遂散

六日陰懿兒課畢攜紈女出補賀六家遂至定王臺夏糧儲約探梅未至徧游而還唯樓瑣未得上耳窊女回拜年女客亦有至者食湯餠小坐仍往定王臺主人陳丹階先至少村昀谷青餘繼至挈榼班肴殊甚草草唯梨鴨尚可耳初更各還家人門牌余獨臥至二更後乃起解衣

人日陰雨獨居無事作龍芝生妻墓表一篇未成姚立雲王逸梧來晚過芝生詢其妻年狀入門乃聞其子殤草草兒談濟生驗耶皆出以攜紈女不可夜坐遂還

八日陰青餘來羅春山之子慶章來懿兒讀未畢而日暮矣膠緹出賀年亦攜紈出輿病增腫令功兒牽就醫視之淩善人來

九日陰黼堂黃介夫妻麗生來出答訪善人因過王老虎胡尚志皆不遇遂往筠仙家春酒濟生逸梧任周編修皆先在設饌殊不旨多談鹽務頗及當道長短余微言養望之意引富不可求爲證與筠意忤未知其能悔悟否筠不徇俗乃欲以子久主校經宜其授人柄也輿左手大腫不識何證經五醫未有知其所以然者

十日陰比日試鈔考工記殊不成課今始仍復舊程笛仙來瞿子純來膠緹出過陳妹家紈從欲出未果

十一日陰雨鈔考工記改繪事後素之注以素功爲獻素功驗之乃後施采一防婦官行濫一防畫工換易於此爲有益若後畫白色不待言也若謂先有素而後有畫更迂拙矣

十二日陰雨出答訪盧麗生過予久一吾處談紳士鄉官有異士必通籍
京朝乃可爲紳鄉官則陳湜周樂輩足當之矣看鈔報 太后病大愈
醫生授官亦國史中一段故事過劉鑒室不遇而還
十三日陰雨雨珊粱三唐壽嵩王純甫均自鄉間來女客亦多門庭擁塞
鈔考工半葉多誤故罷
十四日陰雨將出答客以國忌不可廖總兵來鈔考工一葉瞿子玖歐陽
接吾來作龍熊氏墓表成
十五日雨晨起詣純甫廖清亭雨珊均不遇即還家中餽具作粉團待夕
祠司命竈井拜
祖廟賀元宵雪子問作夜寒殊甚羅嬰三弟均來過節家人並鬥牌爲戲
至四更無月無鐙城中寂寥雖人事蕭條亦天色使然得嚴生蜀中書
十六日雨諸女入學輿兒猶未愈督課略示程序耳鈔考工一葉午出劉

陽課題答訪接吾不遇欲詣雨珊從蓬海門過正見轎入本約申集因
入視之則盧麗生姚立雲俞鴆皋皆已至看金剛訴冤書久之乃入坐
戌正散
十七日昨夜大雪比起時已銷矣瓦溝尚積寸餘登樓少坐即下午出詣
筠仙雪又大作再過雨珊不遇至傅青餘宅陪夏糧儲吳昀谷陶少雲
任雨田飲於瀆園胡氏後居也正見定王臺初不知誰氏之廬蓋城中
最新第宅亦近市聲肴菜唯釀金橘尚新申集戌散雜談頗久夜始復
寢
十八日雪令諸女轉鈔唐詩舊選絕句無頭腦自補選之未數行左郎來
請陪客功兒已晨往茲復來請恐有要客即往拜柩以今年初至其家
也陪客周熊徐來客三數無顯者將夕食因辭而還瑞盼始夜講講通
鑑初平起詩始開講舊牋猶多未備隨聽隨補之

十九日雪晨書左墓甎沏光滑氣觸則墨漫數拭數敗竟未得成朝食後
至錫九家陪弔客寫主留待夕奠後設奠酹酒復留食乃還補關睢義
牋
廿日雨晨起送錫九出殯則既載矣更繞東行送至街口而還鈔書一葉
補選唐絕句滋女始學鈔之補葛覃義牋林綬臣來
廿一日雨廖緹昨夜寒熱冷汗通宵不安早起已宴陳萬全陳葵心來鈔
書一葉聞樾岑入省甚喜昨聞人言涂宗瀛撫湘未至時外有聯語云
煙館愁倡伎愁左斗才更愁耕牛喜蝦蟆喜裴觀察亦喜涂公在湘行
政用人盡見於此可謂談言微中主文譎諫也
廿二日陰雨雨珊來告別羅錫章來求差委鈔考工一葉錯謬重寫未成
而罷課講如額湯丙璣來
廿三日陰雨將出送雨珊朝課未畢向午黼堂來久談健郎亦來言朱宥

甫病故以出題太不吉祥寶竹坡取蒲鞋女爲妻今又取江山女爲妾
遂至自劾清流笑話始此逸梧必大悅也樾岑繼至又談一時多言苗
疆事客去已暮急往姚立雲處赴飲則諸客先集況陶兩太守裘同知
俞鴆皋與我而五入席甚早食五肴先辭出至但少村處筠青樾昀亦
先在主人執禮甚恭待我而後送茶戌初入席二更後散談黎庶昌密
報倭謀足開邊釁及朱香孫鬼蜮之事余不置一辭筠青樾意各不同
大要以闇筠爲至厚而受害亦深令人知善不可爲之故然正足一笑
耳莊子之用大處濁世非莊不了夜還講書羅嬰去
廿四日晨大晴已而陰寒陳萬全來以失察高麗人撤差黎庶昌之咎也
筠仙爲之求請五六次不能得可感余頑急起見之朝食後爲雨珊書
小條一張易郎來久談已而曾郎來遂至夜
廿五日雨彭子和後子來君豫來論注李碩詩欲幷評話入注令曾有其

歌行評今殆忘之將夕劉總兵來言運儀在其家夜飯請過談攜紈昇往過看子壽病已入上房其母守護之殆劇病也少談詣劉同席二秀才一閩客一龍際雲皆不多談二更酒罷紈睡瀾漫而還瓃亦假寐未夜講

廿六日陰雨羅春山二子俱來求干樾岑鏡初運儀來遇俗客在坐殊未盡言俗客亦未盡言唯增堅坐之勞耳遣約見郎來課問舍求田之事張東生來言恩科必有乙未科係正月廿四日下詔不必元旦制書也余云考官望多開科爲喫飯計也秀才望開科頻數徒勞費無益何爲乎鈔書一葉穀湖大伯之四孫介祺來見

廿七日陰晨出答訪樾岑出城尋易郎船不得至鏡初處久談過芝岑而還朝食課讀未畢甚倦久眠比出已夕食矣介子又來作戴譜序鈔書一葉夜講麟趾未明其意

廿八日陰曹竹蘇來午出訪黼堂葵心赴俞鶴皋家辭酒旋至傅家公餞樾岑少村筠仙作陪已先至矣樾岑夕至坐談久之乃入坐筠仙言昏禮記宗子無父毋命之昏姻可自主因思公羊牋未補此義還家檢說之方知說經易鹵莽如此一大段事初無理會也今日一集可謂不負

廿九日陰雨唐八牛君豫羅少純曾傳潛來詳問蜀事鈔經一葉

二月壬子朔晴鈔經一葉改定行露詩牋說以爲文王罔攸兼於庶獄之事雖不知於經旨云何要爲有益治體運儀來辭行

二日癸丑復雨出送常霖生運儀便過曾蘭舟唯運儀處入談看次靑全集叔勛孫代鈞字沅帆來送叔子遺書久談而去在新化爲佼佼者紈女留髻湯宅送報

三日晴燕孫周歲熊彭兩翁來熊八十三彭七十七合百六十也見郎重伯來彭子了廑繼至遂盡一日黛女歸僅一見面鈔經二葉沈一復來

四日晴朝食後出答訪宋翁鄒生沅帆鄒出未晤至蓬海處小坐而還紈女熱發昏睡稍提抱之略理功課鈔經一葉已夕矣早眠未事惟講左傳懷嬴奉匜既而揮之重耳調之也怒曰云云懷嬴不自以爲子圉妻自稱秦女以詫於重耳也降服而囚降囚服以謝懷嬴媚秦之甚也此段媟瑣非史法史記往往學此爲句外意外意之文文家之異於史家在此得宋生書

五日晴齋居樓上始定祭禮分四時祭四代以四仲月考定廿年乃始知之所謂明堂封禪茫昧不知者猶欺人語耳子雲來催萬譜序紈女脈沴熱愈甚已三日不食矣齋宿樓上不能攜嬰幼任其自眠起也

六日晴晨起饌具坐待齋飪至日隅中乃行禮祭禰以仲章祔食三獻利成乃餕

七日晴今年始得步出朝食後從城西至南門將出省

墓以乘使不恭乃止還從城東投暮還得入談者唯重伯驗郎子久逸梧笠僧五處耳非但素心不易脫略官派者卽不易使人慨然有張駱之治不可復見之歎家中會女姻二黃家無人到夜講騶虞五豝縱文似不順如師說甚癡亦不安也鈔考工一葉

八日晴始理學課午攜輿兒出南門省墓天氣甚熱從瀏陽門入城經醴陵坡思老龍潭一帶近在咫尺而終古不到想馬氏用兵時皆戰場也欲作一詩忽忽已到門人事紛紜不復屬思矣得保之書將復之紈女熱未退索抱不得執筆夜乃悤悤作二紙並寄彌之二紙

九日晴改作書箱所著書盈一篋所錄書將三篋矣故爲箴事始爲三弟賃屋給其口食房嫗屢詬告半山令遣之大有難色且出怨言禁之不止攜紈避樓上不覺益怒旣而自笑何輒發於鼷鼠看船山悼亡詩又

不覺大笑彼何其不打自招也故知顰笑從容未易合法況云道乎子壽香孫來夜談鈔記二葉

十日晴晨出答訪楊石泉便過禹翁還朝食蓬海來看雨珊題桃燕圖詞及蓬所作雨珊故是行家鈔經三葉夜還寢紈女嘑呼婢嫗來叩門復就側室領之

十一日晴鈔經二葉兼重寫唐絕句卷二葉朶園赴館筠仙招赴公社之會過晡而往集者半散矣坐中唯有熊鶴翁左調元羅小元黃郎望之殊不成集余頗發明聖道欲砭筠仙褊陋之敝彼驚怖吾言以為河漢也唯言世故則以為然酉初飲於晴瀾舫籠鐙還熱始服薄緜

十二日晴鈔經三葉周官畢雖遲猶愈於無功者講詩以勖寡人恐非莊姜我云曲禮有自稱寡人乃與民言也書熟定勝學深鄭君殊有恐於小兒女因改定之鈔詩二葉彭峻五及其從子芝弟來孫涵若及殷生

來心安禹門並來應接不暇晡乃理課又為三弟移宅夜月甚明紈女大愈始約與心安同船汎江為沛南之游

十三日晴陰羅小雲來子玖來言昨講社發明論語聞政章之意夫子溫良恭儉讓非美聖容亦非壽得政正言處世之法耳當時諸侯尚不及今督撫得聞其政有何詩燿子禽故疑其求子貢明其得之之故不妨不妨似求但異人求耳人求欲媚世子求不忤世如此乃於立言垂教有益鈔詩三葉我女生日放學作寒具姊弟爭食以致嫡庶起怨乾餱以愆可歎乎午後小雨夜詣君豫談

十四日雨筠仙遣告朶翁欲開講宜約何人往聽余報以當從主人不可代為要客也久不講學招人必不至然正不妨招之不至在人過不在我上說下教强聒不已亦今日之急務乎鈔詩六葉講凱風棘薪不知棘今何木因思爾雅槐棘為類桑柳為類並不知桑柳何以為類多所不知殊深警悟

十五日晴鈔詩三葉午過思賢講舍會講者廿餘人亦頗整齊申散過羅夢子飲成贊君王君豫二羅先在多談曾重伯余言今人恥於服善有高才者衆所不能及則視其所善者而譏笑之云非某人不能制也如是以離兩家之交愈長一人之傲余今聞人言重伯唯服我則惕然不喜誠使能成其材而益其善雖自詘以推之亦何靳哉君豫似不喜但云時無仲尼而已酉正還月出正照門首春光甚麗登樓坐望尙寒不可久竚

十六日雨劉人俊來見以家忌辟之一梧再問月令為繙漢書條示之鈔詩六葉申正設薦

先府君夜登樓講通鑑覺所載王莽事殊不足為法戒徒文煩耳

十七日陰夜有雨無月今日春社桃花始開海棠未落城中春色殊少鈔

詩三葉出送劉醫翁龍濟生答訪劉君不遇作潘紱翁輓聯紫薇仙吏最高年早翛然富貴濺中閒話蓬萊水深淺黃閣回班傳盛事更悵望昇平門下春風桃李夢低回

十八日晴復寒鈔詩六葉尹和伯朱香孫來夜講簡兮苦不貫串

十九日晴風涼鈔詩五葉恐春花已過攜諸兒女至城東探之遂至報慈舊寓登鳳皇臺沿路楊花滿溝乃悟桑柳同條之義二樹皆有甚與葉俱發也棘條則尙未悟今紫荆有荚如槐疑即棘也荆與紫薇二種而花略似故禁省或種紫荆取美名謂之紫薇槐棘之棘殆紫荆與若種刺樹於庭以為九卿之位甚無取也但不知古人何以不樹松柏女貞不彫之樹而樹槐棘耳

廿日晨雨辰晴龐年姪陳葵心來重伯及羅郎來晚步過喬孫看申報寶廷取江山女為妾自許直言可謂荒誕　朝廷即行革職有以也昨遇金剛兒顧瞻有威殊異凡兒其荒誕尤甚記此以驗其禍福鈔詩五葉

廿一日晴鈔詩六葉王莽迎龔勝行義諸生入勝閭師古以爲二種人非
也行義諸生今之舉人選諸生書其行義年與計偕者蓬海來爲朱若
林索壽詩今年正六十矣復女病沴忽覺目瞪無光恐復不育思此數
年子孫無福殊自愧德聊舍業行游至貢院看甄別闈行還夜雨
廿二日晴復女猶未減迎兩醫來視之云偶厥不足憂也然家中不靜兒
女皆暫輟業余未朝食午初復女少愈能乳乃登樓鈔詩六葉暮擂紈
戎至又一村買海棠白桃鄉農送紫荊二株過一梧夜話
廿三日晴復女大愈督課如常鈔詩五葉君豫來未初詣劉韞公處會飲
王石丞鄧雙坡筠仙先後繼至青餘不到食佛掌參魚腸麪瀆中土物
也酉散過廠郎而還夜有雨
廿四日晴鈔詩三葉唐絕句始選訖餘尚未暇補也劉知縣即人俊吉水人唐知
府八斗張拔貢東生來遣招彭克郞借銀不得反欲相擾坐久之乃去

爲朱丫作書與次青孫涵若書與鄂生世醫士玢子寓杭州墅嘉興錢氏生二子𡿨和尚小保保出
訪朱若林不遇代茂存林行一子在
廿五日大雨出送八斗還理書課未初詣筠仙陳丹階黼堂朶翁繼至會
飲筠令慶藩入坐余與黼堂俱不說藩言張饒鄙瑣事聒聒不休竟席
無一雅談戌散見星
廿六日晨大霧呼昇人起飯出南門渡湘靳愒余灘昇夫飯於九岡廟取
碑頭路至道林過橋已暮呼兩農人暗行十里至馬廠不能進借宿周
家夜臋至書院考課院外生二人一爲開縣廩生李杏臣字次蕚余親
書其名
廿七日晴熱辰初始行五里從高田坳至輪湖塘四里管家坤過夾巷青
山界至劉坤入
祠族人已至者三房本立代耕子二名耀三輝力裁縫田孫揚彬耕椿縫居祠旁已屋

四房名桂字新明船廠世光文海老十八六七房人來別紙錄名午飯後風
煊單衣猶熱牲殺太早因先付爨夜大風雷齋宿西房與乾元迪亭族
子及丙二伯父族四兄又二族子同房考定祭儀
廿八日己卯清明節晨興待事擇贊祝不足乃以裁縫充之族衰微至此
可歎也余主祭季蕚弟迪子備三獻雖衣冠不齊儀節尚可觀七父教
習之力也午後族食會者六十餘人議禁山修譜圖墓事及晡而畢遂
行從唐坳至石坊經袁家門稍立裴回未夕至婦家棣桐叔出見云外
舅上冢未還時頃乃歸談世務尚有精悍之色張松甫亦在其家夜宿
客房比前稍潔有書案矣亥眠
廿九日辰初起待飯至巳初乃行意以爲不能入城也從山路至桐衢視
仲章新墳尙開朗可觀小立而去徑大石頭取加馬徑道出觀音潤不
知里數約五十里有餘耳駐橋上待昇夫飯幾一時許乃行循湘疾步

入小西門日初落耳入門庭花繁開已異去時春事之迅速如此彭畯
五來同飯
三月辛巳朔雨見郞來羅春子來求見不能出也得丁百川張子衡書並
寄其詩去年張自牧龍稱寄去余詩無聊而扯謊可歎哉
二日陰復張丁書午出答訪與循因過楊石公黃子壽還已向暮講書畢
早眠
三日晴黼堂來補作寒食三絕句約與循午飯子襄已先約去矣逸梧來
將夕與循來登樓少坐籠鐙去
四日晴與循來午飯重伯來及何价藩同至微月煊春差爲閒適夜看洋
報無新事
五日晴朱宇恬約看牡丹出北門行北墓間十里至其墓廬正在回西渡
右深紫者二株有百卅餘朶花粉紅二株不及百花淺桃紅一株有五

花紅桱木花一株大似馬纓疑一種也若林亦在況顏山太守蔣幼懷蓬海鶴皋繼至余攜紈女共八人來集酉散比至家日夕矣初約莊心安同舟東下至今日聞其行迫又來告船小蓋爲徐熙堂所制不自由也行日亦有定姑徐徐焉族孫潤秋來

六日晨雨作看牡丹四絕句書張豈圃陳萬全來巾過蓬海與若林昀谷盛錫吾靑餘會飲談判冥事云丁謙罪大功多光敍罪在地獄乃爲雲南都城隍今升天曹矣代之者潘木君張石卿來質訊從角門入正門出潘送之登昇業鏡似銅鏡下加燭與閱微所記揮袖卽現者不同此鏡須畢以來去實一物非心也靑餘言馬穀山一案幽明相反鄭張皆以回護停官張猶再起鄭遂削祿其見與俗無異又云燒金銀紙一定可當銀一分宜會典唯以金銀定多爲喪紀

七日陰極煊晨起作書至巳乃食午飯極早攜紈女步從乂一村過重伯

復至羅氏乃還衙貢院牆至莫氏宅看新綠與李佐周談鹽事云自牧脫逃郭郞當矣暮還孫女病甚與兒亦腫瘳緹懼請余作伴夜大雷風雨寐不能安終夜警覺潤孫去

八日大風作書復劉陽兩書院並出題去爲彭郞書屛四幅樾岑擢閩臬聞之悵惘似無復見期者從來別離之感未有若此蓋樾岑肫摯感人深故耳

九日風雨授讀畢出送子湘赴選因至劉竹汀處晚飯半山問劉請諮客多辭君何以必去余曰此僇民之所以苦也他人或辭之而彼不敢怪或不屑怪唯吾則必怪故冒雨而往筠仙雙坡俱會舒叔雋之子以廳考來劉女壻也與筠仙談大隱隱朝市以林泉不可安也非道望如王詘陳塞殆必爲有司所榮辱矣

十日雨取王逸梧所刻校宋本魏書勘已點本譌誤者補改數十條先已改正此本未改者亦百千條終日不皇他事李佐周羅郞程殿兒來若林來請寫摺扇七柄紈女爲湯傷耳

十一日雨寫扇校書終日勤勤

十二日陰

曾祖妣生辰設薦年百卌二矣亦可謂流光者郭見郞來暮詣若林知縣試已發案矣

十三日陰校魏書畢始命具舟陳升來言有紙船十八日行乃定行日光道十五年蕭甸阿宜辦甄秀鑒湘潭捕役女爲妾發伊筆

十四日雨督課如恒逸梧來鈔府絕句三葉是日甲午穀雨

十五日陰雨暮與書子壽謀齎斧此非吾願待之一年而無轉機故窮而謀之必不可再遲乃爲此舉也鈔絕句五葉朶翁來

十六日大雨鈔詩督課如常薄暮黃郞望之來問安播散軍余告以無事

自擾之敝治國烹鮮之道久談至二更方去

十七日晴往還密者當出告行因檢衣裝昇出過笛仙少村韞齋黼堂蓬海子威子壽朶翁皆遇入談石泉擢漕督往問行期便過禹門子玖日夕人饑摘去三數處不往過逸梧門復入少坐遇子壽因遣夫力還食往夕始還晙五子瑞重伯守愚少儒皆至酬接雖快亦甚倦也笛仙來不得談而去夜欲有所作旣困眠矣

十八日晴當下船船有雜客恐煙人雜坐不欲往乃更覓之客來者皆未得見唯見郞得入子威來報陳用階暴疾遽終夜改仲章碑文鈔唐詩三葉逸梧來送道光　上諭殊嫌闒略夜雨

十九日晴遣覘船聞劉伯固當下江欲與同行因復接賓黼堂朋海筠仙伯固來談鈔唐詩始竟命紛女擬娥芳墓志亦尙成文而不能終篇云身痛體不支此女殆亦短命可怪也

廿日晴煊碑名粗就攜茾紈懿出看柳絮至浩園徘徊久之無一人至殊爲寂靜郭意城奪我講席使我不得爲園主負此春陰也然正得之則物役紛紜又不可居不如留此一段恨緣使彼爲妒害之小人値一笑耳未還小雨過重伯飲寫對子五幅摺扇一把重伯能記吾詩見稱以師殊可佩服以時人方激間之也伯固畯五少谿謝鏡吾守愚羅君甫同坐久談至亥乃散作娥芳志名得穉公翰仙書促入峽

廿一日晴煊始定西行答訪伯固和守愚贈詩和春應淑心聯實含初絡青陽在新實絲陰靜芳紅暄風吹遠游俛如誦乍虛盛不遣老爲德堂不充鬯雨勁崗形升解何豐茸蕙音愉我懷感念芳澤同原隰高下閒皇華映光春變序無外願昭實勛所崇於伯固處遇楊石泉知其欣然命駕朱學定不如此

廿二日晴與諸小兒女看戲伯固早來送茶葉請寫扇因欲寄書問劼剛松生商農就扇上題詩并及之水到渠成極爲合作曾郎兄弟及謝袁均來送行曾弟年十二作詩贈余甚有章局可喜也因令書扇頭以奬

之并和其詩亦稱佳作今年始發筆錄集詩乃知之羅少純夜來

廿三日晨起看瀏陽課卷竟日伏案猶甚竭蹶筠仙招飲未能去晚過又一村攜諸女看花甚熱訪黃親家不遇卽還

廿四日陰張慶黃桂廖福莢晉各求薦書與楊高張丁各一函書條幅對扇定課卷等第尋春秋表檢行李看蚡女書墓志一日而辦數日之事知城中廢弛時日不少也夜登樓作書唁伯寅竟日北風約船人來不能穩泊改於明日登舟

廿五日晴陰晨起風息命發行李朝食後猶無行意雲陰欲雨乃率三兒紈女小孫至朝宗門外綠楊陰下稍留裴回三弟張廖黃僕均候送皆令先還余率葛玉沈一以行附倒爬鐵船午初開行戌正始至喬口夜黑迷望幾不得入港徧問來船回帆始到大雨雷電以風

廿六日北風不能行泊喬口重理女子子服表大風簸舟夜鈔禮經二葉

廿七日陰午前風稍止行卅里風大泊三叉河湘陰地也鈔禮經二葉檢湘潭志稿竟無頭本可怪也各公所爭欲載其田畝房產載之則累文體不載則違衆心思得一善法當爲作公田表庶合古人垂約劑之義乃知史表之善可無所不記而又不煩俗此李次青所以痛惡之夜說東榮東霤似較有分別唯房室之前尙未分明疑房外爲序室外爲堂古人皆半截屋今人則前後間耳

廿八日陰纜行四十里泊百歲坊烏柏隄下偶作一詩煙波浩渺葉舟微鎭向清沅浣素衣今夕晚風烏白下伯勞絲是願東飛又憶靳溪新柳曾題一絕未及錄稿靳家溪畔柳千絛斷學當年鄉袖腰慵古傷春正偶慢絲陰深處讀離騷鈔禮經五葉又一葉

廿九日晴有南風帆行六十里檥沅江縣而風愈順頃之轉風泊湖邊云距白沙十餘里無地名比三日女婦勾舟不絕前行所未遇者云得風則不來也魚賤肉貴米價亦昂鈔禮經六葉覺指痛未知其由四更後

大雨

晦日庚戌立夏雨瀟瀟至午霢霂竟日至夜乃止東南風利舟人不敢行未知何意也此行本爲避喧銷日不復促問之鈔經七葉士冠畢考北堂似鄭說不可易知下意之難師說之精也二更後聞鴈夏鴈矣其不北歸而流寓者耶青草隄邊夏水平夜聞來鴈似春聲雲鴻去盡音書遠流落湖南萬里情

四月辛亥朔晴南風入湖行不計遠近至南洲風轉北不能進遂泊洲旁磡船一熊姓來言奉委禽南洲王因留召墾奪民田入官歲收二千千之稅前墾荒者皆破家矣洪秋帆亦奉委駐此頃之洪來移船相近過彼舟談留飯至四更乃散洪皆自道其能無他語也今日本欲鈔成昏禮篇因此未果僅鈔四葉夜雨大風

二日風仍未止以爲當更檥一日船人反急行辰發纜行鈔經六葉盡改禮經房中爲西房以其言東房左房必分明著之也未知可通否若果

如所說又可謂發千古之覆智淺記愽望洋而歎所謂如有所立旣竭吾才真好學之言細雨斜風行卄餘里泊華容九都界不知地名荒洲積水楊幺出沒之地也若欲隱居亦不減桃源南洲東有放羊洲云龍女重遇柳毅之地不顧涇陽寄書之齟齬雖野語亦不足自圓然土民云蘆葉不圓雨工所嚙也

三日北風寒雨纔行洲渚間不出十里處處遭淺水縴夫凡三易衣袴猶濡透也雖鈔經如常心中頗悶作詩不成一句寫字亦指痛唯噉飯而已四圍皆水不能奮飛又方出門而不能寸進大似吳竹莊所說不得出湖者欲思家則不可欲說行路難則又未行真悶人也自已未以來不知道路之苦今乃困於咫尺易曰需於沙傳曰衍在中學道卄年猶不識一衍字鈔禮九葉昏禮篇成

四日北風細雨或陰或晴行五六里泊黃楊渡華容地也華容近頗有漲淤田洲人戶稍增多長沙流人鈔經八葉成相見篇午膠還家醒而自笑十日之別何遽念歸蓋留滯情紆無春游之樂耳朝夕治經竟不能忘歡悲耶

五日陰雨行五里過鮎魚司華容大市集也稅局題雷灣泊久之雨中纔行過一市石首地忘其地名十餘里早泊馬家圩小港通城去石首五六里土人讀圩為院築隄人田歌聲同湘衡所謂楚歌也哀怨有屈宋之遺夜亦高詠歌行船人有小兒未能語聞歌端坐有童子聞韶之感樂誠足以移人亦不在聲律間鈔經六葉啜粥而罷

六日雨淅淅至午方止纔行閣淺行十餘里將至藕池不能到而泊見遠山一抹似逢故人題一絕句一抹青山舉扇開歸舟喜似見君時重來未見成輕別細雨如塵出藕池鈔經五葉夜鈔三葉

七日陰晴不能出湖纔湖邊至午鈔經五葉鄉飲畢夏無風浪洗平碧藍舟滯到陽邊看遠浦

隔岸江涯夕陰留住春煙黯情那天清和芳草緜緜休道別愁離損一時載滿湖船愁賦水紅紛嫣桃嫩濺衣香沁露醺酲盡如今獨自懸闌望眼遙山黛色依然早娟娟前番明媚又弦晚霽望藕池遠山仍在故處鈔燕禮三葉舟人夫婦勃谿大聲發於水上訶之不止屏息而已夜雷雨至曉

八日雨濛濛渡江口至藕池船人納稅五尺以上千二百以下六百憶已年過此時不如此多豈豺岑更之耶纔傍江行五里泊一處仍石首地隄內有小市云楊柳街鈔燕禮六葉雲陰時欲雨遂泊於此江流迅疾下水不覺其快上水無風乃不易行也前四至從此到宜昌皆不過六日今殊無可到之期夏陰遂欲連旬實無風雨徒滯留耳說燕禮卿如鄉飲遵勝師說甚遠鈔經二葉今日畢功甚早初以為至宜昌不能成一本今已將滿百葉矣亥初大風尚不至簸舟耳

九日晨大風雨午止未初晴登舟始三見日色耳鈔經五葉濯足鬄髮看前三年日記今日所與接談者皆已半死唯鈔書如恆時所謂讀書延年者與光景常新非文詞無寄西域浮屠真不求行樂者乃欲不立文字何也正飯時見一船從上游來揚帆直下八窗玉朗望之如仙俄頃而過意甚羨之其中似是候補官浮沈苦海者取其一時之快不必問其何人也北風已息水波不興纔繫荒洲游情頓盡對岸天心洲亦饒幽致屈子南遷徧經浦溆是以有卄五篇靈文乃自稱枯槁憔悴其寓言耶其果適人之適而不自適者耶吾儻得一舸偕伴兩湖之間不必效雪琴以衡杭為度歲地計月取十金即足以辦猶愈於山居也暮看日記接物則多悔余殆所謂有聖人之學而無聖人之材者以外觀之余才勝人十倍正以多才乃無才也日記殊大有益

十日陰晴寅正起看開船摘薔薇鈔經誤書一葉遂罷游戲作小詞二闋朝食後飽眠膠至戒煙社與筠仙瞿子久及雜客三人視所刻條約內有修改字爲刪改一大段一聯云以吾佩區之意方求替勸而過規諸君婞婞之懷亦覺離多而會少自疑其近對諷未書於紙

筠云宜吾等自書而付刻工後有年月日印章云當判謀字余云判宜草書草書作□謀於人自書 㐀㐀㐀 遂持黃色繡被以付筠仙未判而醒午膠罕有如是歷歷者醒而目眵不能作字遂記之午鈔燕禮四葉成竟日纜行酉正至郝穴江陵主簿治所此路仲章所未經余凡三過矣自長沙至宜昌於此得半泊舟始此行也

十一日午前陰煊午後寒雨朝食後登岸下隄行市中遇雨卽還荆漢間皆於隄下作民居田地禹貢所謂三澨也船戶起鐵萬六千斤自攸逆南陽者每領一票官限七十五日又餘限兩月自雷石還稅不復再稅故於衡山以下重運漏稅可行四運也鈔經二葉風雨阻行泊西市馬頭竟日復鈔二葉考樂正非左右正駁鄭注繼庶子而獻之誤待鄉飲記爲證殊覺鄭之鹵莽然余先望文爲訓亦鹵莽也讀書良不易言又考得獻尊者一爵無下落亦前此所未悟又考得主人獻工辯賓降賓

遂不降似亦有說夜復鈔二葉大風簸舟頓覺搖盪舟輕故也春夏間行不及秋冬安適生平行役多於冬春間故無風濤之阻夜膠與吳南丈深談羅研丈周旋離合之故南丈云研生甚恨你余言至好亦至惡然惡不敵好之深也因深論朋友交際之故將設食侍人怪客久不去余云甚近雖二更可歸耳命放馬就水草方食外傳李芋仙至南丈云未嘗相見李入不設拜點首而已正似其狂率態已而與余相見甚熟余云白須矣猶相識耶今欲投相門耶侯門耶李云且往干侯吳因問李何科余代對欲要李過余家吳留同宿余云兩人有話豈可令他人聞

十二日晴辰初開行輪船亦至半帆風行卌里過馬砦作詞一首纜行卌里泊觀音夾云道多劫盜不可進未夕而止宿焉頃之有微風以爲可行復帆一里許風細仍泊登隄數步見居民皆有北俗悽然不樂遂還夜月甚明露濡寒退鈔經八葉說衆賓未拾取矢曲折難通也

十三日晴陰東北風纜行十五里過窯彎 又名[illegible]子灘 挂帆行十五里泊沙頭雨至遂停鈔經五葉夜欲回船還家待秋乃西念俗論驚怪未能決也復鈔書三葉安寢至曉

十四日晴鈔經二葉乃朝食船人殊不欲發促之乃行已未初矣渡江經時許乃過虎渡口卽前年挈嫿同來之路自此無岐涘前後凡五經此今時蘆洲平碧饒有夏氣夜雨瀟瀟泊幺口誤記以爲曾泊檢尋日記乃安鄉幺口此卽前與兒女登隄對岸也較前多行十日鈔經六葉鄉射經畢牋義無多禮經此篇易明今日行卌里

十五日大晴乙丑小滿

先祖妣忌日素食過午始鈔書六葉竟日纜行六十里泊江口上三里欲問地名船未攏岸無從訊之夜有月出看而隱二更大明船人縱橫臥

不能出矣又鈔書二葉鄉射記畢五日得卌二葉以鈔燕篇時別鈔四葉未記十一日少鈔二葉多少相補似多二葉實少二葉也

十六日晴晨膠從新梯登一小樓初以爲無人既升見燭跋猶然炷香始燼一仙女攜小兒寐帳中薄被微遮色膚紅瘦退立未敢驚之俄而女覺似言君溺於情媚當退轉矣妾來與君調坎兌正情性耳無他事也悚然而寤五十之年見笑趾離智鐙豈能燒障耶鈔經五葉午後過董市得東北風帆過枝江風轉泊萬灣枝江對岸十餘里遣人登岸問去江口正百里距宜昌百廿里 當是百八十里 夜鈔書三葉雖速而頗難之勉中程耳

十七日晨微雨已而濕溦然無涼氣近暑雨矣 彈指人間五十春巴蕉猶[illegible][illegible]中身[illegible]勞玉女按[illegible] 帶白髮花陰憶[illegible][illegible]處愁多羅[illegible][illegible]私語[illegible]仙骨雖存障已多拈花音通無邪間遇習慣何隨 作紀膠兩詩聞善不服筠仙所謂害詩教者再作一絕正之 自笑春[illegible]一絡絲彌天補地[illegible]食絲從今付與黛[illegible]織情書文

韋五色奇午後始鈔經得五葉未正雨止放晴帆纜兼行廿里過白羊前年
宿處也復行十餘里泊馬鬉岐宜都對岸地夜鈔經三葉見螢火
十八日晨霧微雨麥叔黃棲江山白瀠似是佳景然農惱無收舟行困纜
各有怨咨也人心不靜皆以今年必有凶札稍荒必小蠢動大段無足
慮耳夏雨長蘿羈舟强憶還留滯事餘觀地應思掇芳洲白浪江山冷黃棲叔麥秋客游聞更懶還聽喚晴鳩纜行時雨時
止廿餘里泊紅石云無牽路不可行上水船皆泊薄暮雨大作瀟瀟至
子夜明鐙鈔書八葉字甚草率又聞同舟人言昨宵有寱語者意似斥
我而不敢明言余生平警寐今反昏濁如此可懼也每日修心不知何
以至此豈爲學無驗抑道眞有魔耶唯學易笏山自責而已明當發憤
虢亭感詠入蜀崎嶇霸業成連營峽口路驍兵衆滯留蹕東行日知否多年髀肉生
十九日晨雨不止寅初聞嘵鳥聲如裂帛似曰批頰批頰疑卽鵯鵊爾雅
所謂鵯鶋笠鳩卽伯勞也正在烏臼上天明卽止無聲東北風大作帆

行甚猛甫渡江而風止仍在對岸耳泊仙人橋山下山洞正方故曰仙
橋前過所未見也西風凍雨午後見日東南風帆纜兼行未正至宜昌
方夕食檢行李見團扇感孺人爲我置餞時以爲堅固今未至而已移
動事豈人所料耶中心悽然爲之輟食意甚惡之登岸見賀營官詢近
事云俱平安唯少荃放欽差總辦廣西雲南東務是新聞也託其發一
三版船坐我賀又添派一紅船定於明日行賀住鄒家巷放生捷局還船鈔經兩
葉合午前得八葉
廿日陰晴發家書晨入城西門出南門行觀街道官署已乃至賀笏臣處
已遣人來請早飯余告已飯小坐而出登三版船哨官鄒炳工琴笛巽
乎湘軍初起之風也頃之賀登舟相送坐候開船辰正遂行江始漲流
黃勢迅大有氣勢異於前四度也山氣亦蒼翠幽深唯無變換但一重
一掩耳未初過平善壩酉正泊南沱行六十里初登舟未及鈔書看洋
報
廿一日陰南風纜行十餘里過紅石水師哨官戴葆鄰來見又廿餘里水
師三版登磯站隊而無哨官其旂繡魏字食枇杷甚甘芳逾於湘蜀二
都者十餘里至獺洞灘夫拋纜船流挽商船始上哨官易來見云住五
斗坪來此照護派紅船一隻旋辭而去獺洞一上一折不能直進故爲
險灘非灘險也又去宜昌太遠流頭灘當以紅石或石門當之石門又
疑是荊門之舊名存者也出宜昌便江水晝昏霧常不洩急湍東西有
駭觀聽宜半山之怯之然冬春行實不如此昔人以五月上瞿唐爲愁
今乃親之矣估客信可愁輕裝速進未足憂也夜泊偏崖東湖地行九
十里少不足此去曲溪四五里東湖距曲溪百五十也船尾不甚宜書
夜鈔經三葉
廿二日晴卯初未起復聞喧呼攪寐起問之云船又流下蓋水手恃輕捷

不用心力致反爲貨船所笑也辰正得順風至廟湖峽換紅船峽陝而
不峻亦爲幽曲巳初至石門灘傳云有洩無清果不見一石所謂南槽
北槽者皆成平水亦不甚湍急有似冬之離堆令人憮然午至歸州風
湍甚壯泊洩灘上久之洩灘余考定以爲新崩灘今看兩山無崩迹而
前數里有一山腳碎石甚多蓋漢時此山崩既久不轉而上成洩灘此
於物理爲近洩灘號亘險戒備甚至既挽而上平平耳未及歸州上下
之回洑駭人也復帆行十里泊蟒蛇巖行百廿里未暮然鐙鈔書二葉
自新灘上紅船哨官均未見護船隨地換送也
廿三日陰無風朝食後至牛口云卅里停船發纜戒備甚至及牽上了無
留難江險止於此矣作詩一首廿五里過巴東山縣依然陳迹可指比
歸州爲寂寥舟手云對岸有仙桃山果饒多宜蝯狖之所宅矣六十里
泊枏木園前年買柚地也時亦宿此澄江不異孤游愴懷舊游行樂皆浮家置頤澄

（江臨發華記擬霜波攀楚柚巫山閒過兩回花）鈔經二葉

廿四日陰晨起已入巫峽鳥語泉流有助靈賞北風送帆平汎安閒入蜀水途斯爲最樂卅五里至裴石江中橫二石亦湍急發夫牽過前宿時都不覺今此因敎生船送故有險必戒也裴當作碚蜀中謂石入水中爲碚紅船來問訊而去會雨小泊帆上數磯水皆急於冬時數倍望巫山作五言一篇甚爲稱意復是學赤石帆海之作與彭蠡望廬山同一格調而光景彌新世人言摹仿者可以息意於斲輪矣因詠賞遂未見天岫峰所在薄暮風急距縣城六里止泊地名龔坊鈔經二葉行百十四里

廿五日晨發未一里聞雨遂停久不得雨又正在佳山水之間雲氣江陰足增游矚船停不行柁尾安定鈔大射篇成又得騶虞之解葭蓬記時謂春秋以禮會民而習射也壹發者諸侯與羣臣大射禮畢又燕射壹發中三侯皆獲之時也燕時士以鹿豕豕侯下士之侯豻縱小豕也五之者三耦六令五也大夫春秋教民選比三耦至其君選士壹發之時其五人皆中正所謂中多有慶之事也騶虞白虎大夫之侯也于嗟乎若此乃可以爲大夫正言豕侯者貢士初升用下士之禮美大夫能以人事君故云鵲巢之應而記言樂官備貢士之制自虞以來周公特制此詩卽用大射鄉射之禮典而以爲天子之射節耳鄒啃長恐山石陊落損舟買雨纜行三里至巫山城下望空侯山神女新祠甚麗呼舁往謁殿黑碑在北墉然燭鈔其銘詞而歸守僧跛樸設茗相款遂泊城下從城至祠當渡鹽水以大寧出鹽而名亦有神女之異甫移舟山石果崩泊柁逗

廿六日晴陰至東關騖遇雨少停下水船驗票地巫山至此云卅里此等計里蓋皆戰國秦時短尺步之遺後遂相沿故瞿唐至江陵云千里萬縣至成都則又太漫百里殆百五十里彼蓋鄉民以意言之而後遂爲定十五里至焦灘有紅菌未敢嘗之十五里龍泡灘水手上捉牽夫打破其洋藥鐙盤灘夫百人皆斂手受捶此去黛溪二塘舊記巫山至奉節七十里又太以意減今云已行六十里實不過卅卌里也自開船至此才四時喫飯避雨去一時盤旋江岸未嘗直行豈能徑牽六十里乎未正至黛溪（溪流黃有小店屋）始入夔峽得小順風帆行十五里過黑石偶登岸遂越山行不過二里汗下如雨至沙騖登舟過夔門視淫豫石正似象高可五六尺耳戌至夔關泊上關行百卄里鈔觀篇二葉詢知澤臣伯起俱不在此本欲徑過念當收回文苑英華遣呼紱子來羅石卿同至少坐卽去欲三更矣夜熱不寐

廿七日陰晨起易簡軒來紅船委員也云擬派護送余告以宜令各船巡行不必送我又唁娥芳之喪紱子來送英華及吳生卷始知四優貢名姓及院中諸事又聞宥甫垂死猶念我其病亦腹疾子妾將至而死可爲隕涕未朝食大風雨促至風若霹靂頃之開舞鐘遽菴遺紱子送川資四百金爲之駭然留百金作路用期至省城送還其館餘卽令紱子退去午後開舟西風大作水手欲休因令泊稅船上流坐紅船還城外看戲鮑爵主爲小旦挂牌觀者如堵坐茶棚見若哥會者數人神似何人而不能舉其名大要蜀派多如此吾門三四十人庶乎其免矣蜀派初若颯爽坦率其詐乃不窮吾數爲所誤今乃識之耳還船鈔經未一行昏昏睡去至亥正乃醒歌女邊舟來往窗前意甚皇皇念欲與一二百文周之徽船觀瞻來不可四更後猶未靜余亦睡去

廿八日大晴纔行烈日中余跂足高唲以爲有江行之樂因而自省六十里至安平灘逆風愈壯泊焉始哺耳教勸則近於不恤下恤下又嬾人之仁寧嬾人乎鈔經一葉補昨日課鹽船哨官汪榮山來見前年送我

巫山余已忘之申正東南起雲風吹小雨上水船皆解纜急行十里渡一磯所謂落牛灘者中臥巨石如牛兩邊水皆迅急余舟從陝口過湧水駭人幸不過數步地復行五里雨大風小見晚恐轉風遂停去三塊石五里凡行七十餘里鈔經二葉

廿九日東風帆行過廟磯東陽二灘水平無浪春冬川勢大異也午過雲陽云已行六十里日烈光灼倉內則涼昨思亢龍有悔傳云貴而無位古今無此人既無位矣何得云貴此蓋孔子自喻所謂貴者其德貴耳聖人不見用不可退處以坐視喪亡故仍知進以求存得既而有悔則不失其正風息舟遲行一時許乃僅能四五里泊雲陽舊縣暫依山險而息清涼可愛將登岸後船復至乃行過一磯纜斷跌一水手傷其腰股幸未大傷日暮泊盤沱云六十里鈔經三葉

五月庚辰朔陰朝食後過小江口開縣地舟人言李雨亭家自此入雨亭

庸劣吾悔識之初取其樸實以爲在六李上今思之月旦當雌黃也鈔觀禮畢在道成禮經二本可謂不負舟行欲撰小說竟不能成以將登陸檢點書籍作家書二函並寄賀營官謝函泊鳴但渦久之得順風帆行卅里風止纜槳並行申正至萬縣喻長林蘇彬均來見萬令路送更巡辭之託其借包扛小轎

二日辛巳芒種雨日出時止待發夫紛紜至巳猶未發鈔聘禮一葉飯後過路萬令年甫過壯發品也以詩文相質始知爲仙屏門生琯丞同年少坐辭出行十五里更衣於三塊石又廿五里小憩行臺復行廿五里宿三正鋪店湫囂不可住欲尋空廟廟更囂於店又誤乘舁入門地否欲訛詐轎夫急出還店架兩卓子而鋪被焉轍船送者賞廿千錢六兩銀但未出火食耳今日多佚思乃至欲與陳三交好帽頂管家極爲可笑

三日雨冒雨行廿五里飯於分水店不可住輿夫欲留強令復前雨更絲密衣被盡溼廿五里至孫巢而止宿焉前年宿店斜過有一新樓臨水看山頗堪駐賞鈔聘禮二葉道中見溪瀑縣流黃浪奔而下激成白氣騰而上上下相衝幾欲相敵生平未見之奇景也又見小雷奔飛濤欲嚙人吼若雷怒不覺心膽俱壯惜非大景不足賦詩口號二絕句記之怒雷奔瀉石道寒滂飛雷吼壯奇觀何須苦向瀛頭拚且作廬山瀑布看崩濤激氣似雷霆黃湯衝流峽霧騰此景平生渾未識他時誇語自蓬留又重過孫巢有作記向孫巢聽石瀧杜鵑聲裏喚春寒荒田又種三回稻衆瀑青山白髮看夜雨不絕

四日晏起陰霧行十二里飯於亭子埡五十里霧中行至梁山一無所見亦無風雨行程又一境也鈔經二葉梁山費令無名迹而建坊頌己德政制作甚壯德政碑自唐時至今衆皆知其無益而爲之不止古俗之猶存者道中見兒童抃舞農商辦節物甚有鄉居之樂作兩絕句垢面蓬頭走復來無讀異逸在嬰孩乖覺處處桃源景生向胸家恨不才野丈閭瑞節物新小枝紅燭賽諸神豐均枉自傷心死御輿閒人作令辰

前聞范生正賓館此遺問無之今日佚思不禁自止始知道家所謂魔劫真有其理一息百年不難心造情過境滅故須逆制也

五日節晨陰午後晴早䌖晚袷氣候猶異平地行卅里飯於三合鋪同舟李姓客分道往重慶去寄一片與魯詹發縴夫二名挽舁上拂耳崖似不及初次高峻見慣故也上崖莶速有山行之樂下崖復上白兔下丫口平行至袁壩驛六十里時始至未所宿店即戊年宿處往湖廣會館看戲遇一丁姓云常永寶三府公建而自稱湖北人不知原籍何縣問其來則雍正中云此處有金姓鐵商有一戲班行頭體面演一折而散夜又設茗果來請則諸丁皆在其老自云武陵人又一鄧新老耶舉止輕率似是童生

六日陰猶袷衣十五里飯於廣華橋卅里過黃泥礄與前年所記景物又異但中有五里石湍可厭餘亦尚佳十一里度一山望下翠峰寒翠幽

敂有都龐卷洞黃山之景前行蓋睡著未見也問其名云三斗坡舁夫云蓋三登坡道中所見作二詩記之五月薔薇子規芳草似仙都五月薔薇滿路花山裏紅顏不曾老始知劉阮錯還家三登坡逢賣炭婦白皙脩蛾賣炭歸三登坡下其停驂贊家作苦人知敬不是求仙恐汚衣深山道中有花初夏時滿山谷土人不知其名圖歸示知者先題一絕紛紅間擬紺紱顯欲問芳名蜀志無花似劍南官槐錦簹歸題作野來黃又廿里望見大竹城風雨驟至少避半時入城逆旅主人楊克全自云生員字竹溪求書扇對及其山長一扇對房客人李姓其叔父名暢岱字申初進士主事改知縣者從南寧歸順慶余每聞南寧則喜宜爲鏡初所識也鈔經一葉而輟行九十五里

七日晨雨午晴度九盤至卷洞皆從岡領上行坐卷洞西門松石間復有南寧之思以其愛樂此景未與共賞也早飯竹林鋪未正至李渡行八十里而休渠水盛漲黃流似江道上紅白花似薔薇而非葉比月季更細花單瓣蓋玫瑰耳前詩小誤補昨日聘禮一葉又鈔一葉寫注引玉

藻悟大夫乃上擯頗爲創獲君入門介拂闑謂上介進節也大夫中棖與闑之間士介拂棖謂衆介進節也上介從君後士介從上擯後儀節分明舊誤以大夫卽上介失此文妙聘禮曰大夫納賓謂上擯也夜鈔經一葉

八日陰有雨早汎渠水每人八錢坐轎人倍之舟子俱欣然十里登岸行五里至觀音寺前飯處也問寺僧猶在名本月未暇復去行五里中灘橋十五里有慶場前記云廿五里未確自飯處至場不過十餘里廿尙不足也廿里漩壩廿里宿靑石鎭行亦甚速到店時纔未初耳頗有車行之逸長日之故悄臥少時鈔經一葉經中所言房室之制與吾臆度似不相背

九日晴陰亦有微雨晨涼午燠時緜時葛十一里上杜巖又十七里賴坳子土人讀坳如呀一擔夫云南燕子之譌也十七里飯於羅家場廿里濟渡鎭見督潘律貼告示每歲一出皆云萬難停止掩耳盜鈴意以爲非政體也十五里興隆場前過時墟集今亦以初九日過復逢墟集人則少矣十里楠木阯十五里申初宿跳動壩舁人不知店處余見店門有張月卿公館條其娩屬尙宿此必無更可駐者遂止宿焉蝨多不減大竹鈔經二葉

十日早陰至午早行廿五里飯於萬善橋五里過東觀場有鹽吏駐此蓋以南充巡檢兼之廿五里黃龍橋十里石子阯十五里渡潛水新設義渡賞以百錢渡水便到順慶府城街市卑陋人甚繁庶云方賽城隍神自五日至十五日老婦百里來燒香村妝競飾如新年也自渠境至此時聞書聲民氣較樸宿文廟前一店院後有樹較勝連日宿店而西曬甚熱幸未初卽到未行日中也入城步數百步而還鈔經二葉嘉陵江水微黃亦不似前詩所贊

十一日晨陰涼出西門卽無民居過橋見前年坐處人尙未集橋逼山坡

度岡巒四五重作詩記景而不成章乃改爲四韻岡險還蓮出果州山風長氣冷如秋張留久別龍雙劍曾李終同路一邱血淚莽荒春自是情牽絲路死旋休七年三過無人識唯有榕陰映驛樓行卌里飯八角鋪卌里至甘草阯有墟集前似未見也廿里李馬鋪卅里至蓬溪城蓬萊店主人以無室辭乃至天一棧遣問張楚珩欲知愷士消息李翰仙亦在此頃之俱至店余約至鹽局一飯張李又請熊營官作陪未二更散還店鈔經一葉行至申正始至又見二客疲矣

十二日雨舁夫本不欲行强行旋亦悔之泥滑路難對之三歎行廿里飯版橋場五十里但家鋪舁夫財力亦竭夫價愈貴三春不肯再顧工余以路難勸之旣行而平沙坦途大異來路方自慙不知地勢五六里後山坡又更爛於前躑躅其中殊爲可笑將至太和鎭十五里則平石灘沙飛奔而至渡水盛漲舟子每人索錢數十見轎扛則不敢索亦可笑也熊總兵館余於街店陳設粗具且有字畫哨官李姓來見鄞人也藍

旂張姓自云湘潭人又云湘鄉十四都湘鄉無都其不知數典如此幫帶祝游擊來見陪飯乃去與之久談山東戰事獨稱曾王余但以奏報覩曾王實不知戰今而知文之不可已也曾王但不及多實無愧飽以謾罵失湘人心耳軍事當論定於湘人吾幾失之客去已倦並日記不能寫泥行之苦爲之今日聞祝游擊乃知所渡者緜水非瀦水前記大誤

十三日陰早徹雨卅里飯於高文鸄

先祖考忌日素食卅里過景福院卅三里未正至宿觀音橋夫頭衣䄂爲游夫騶去余行役總未遇此等事鈔經二葉艾通判父名鉽故梁山令舊館仙及楊重稚所勳彊來訪從上元省墓回年六十九尙健論劉鎬生家事

十四日晨陰行卅里飯於落版橋卅里栢樹丫三臺中江分界道中遇竊妻逃者爲顧夫所覺俄而已逃風雨漸至行廿里至牛埸大風簸篷幾

不能行寒可小毛毾縮昇中咏元人曲子皆遺忘矣幸雨漸稀小廿里宿大桑墩時始過申鈔經一葉夜欲復鈔未暮而睡遂不更起

十五日陰晏行十里飯於龍安埸卅里過興隆埸大市也然不整潔自三臺至此皆行山中中江山則童禿如墳過興隆埸乃有赤山余前有詩賞之又十里觀音橋上長岡復下至風洞凡廿里復有谿流而喧濁可厭十里至趙渡內江盛漲比渡至店已戌初矣行半月今日到最晚鈔經一葉

十六日陰晴五更時爲艾梁山所攪謳僕爲盜滿店囂然僕亦桀驁余怒訶之遂起不寐待明而行渡內江舟均在彼岸呼渡甚久乃濟泥行廿里至姚渡分夫從爲兩輩厨饌在後不得食噉三餠呼短力舁行卅里新店未駐復行卅里至三臺泥困不勝短力告去十里將軍碑道稍滍步五里至歡喜菴待舁過街幾一時許余甚皇惑以爲誤行保寧道也返而求之見負紅枕者是入城人乃知不誤舁行十里入城問於盤委員一小後生人甚輕脫自云白姓告余宮保滿假就其官廳衣冠入署穉公病不能出見於內室神氣消索殆將老矣亦不能多談勉坐二時許入院居書局諸人皆來見亦不能辨也與最熟者談至二更方食崧翁來三更去又談至子正乃寢

十七日陰晴比日慣早起平明遂不能寐起至內齋襄回久之諸生皆起及新到來見者約廿卅人亦不能辨也外客有張但毛王自朝至夕談不能休黃昏假寐夜起少坐卽睡見名錄富春中式閻丹初之子亦中式外無知好

十八日丁酉夏至陰晴起稍晏睡微得汗始復節矣諸生來者七八輩外客來者周熙炳孫師耶王經歷劉年姪艾梁山蕭墊江曾昭吉舜者彭延墉皆不待行客拜緒欽遣其女壻鄒毓蕃來而自己不至翰仙云未

出城迎亦不先來也余此次欲遵奉雲約息交絕游故二日未出門幾於劉韞老矣

十九日陰晴諸生來者三四輩外客來者蕭銘壽李和合周頌昌周緒欽監院送棻舜之穉公繼至不能獨受因約過飯未刻步往尙早至方保卿處久坐詢知其舊友皆散去耀庭尙未起頗有陵谷之感酉初至穉公外齋小酌保卿朱小舟作陪談次奮發病勢似減戌初散由機局訪昭吉遇俞子文陳雙階天平稱余重九十斤與前無增減而體肥過半知肉不勝骨也答訪毛監院略論肯夫變易之由其類有泚一笑而罷夜鈔經一葉

廿日晴黃崑㔶衡芝曠金鍾蕭錦張壽棠來鈔經二葉穉公送銀二百兩問其所自云出已奉受之院外來見者四人諸生入談者相繼夜蟲不能書作書謝鍾遂菴三更後雨

廿一日雨陰午後霽黃郎用王紹堃來穉公已出云足弱不能行復還贛老病不能休殊可感歎發家書並寄銀二百廿兩去諸生今日來者漸少唯見二班鈔經二葉昭吉送表來並鋼條鐘一架留鐘報時方保卿來松翁夜來談

廿二日陰晴齊敬齋來云差事已裁無以養母談未數語穉公來論書院吏務事余因言世情多妒不可輕出並勸其請假周翊運來尙有一人忘其名姓見世人如溫雜書熟視乃有省亦時足樂鈔經二葉

廿三日大晴氣甚涼正爲督部看課卷兩佐雜兩武官來鈔經二葉趙濬秀才請戲酒辭之

廿四日晴看課卷同鄉二黃來翰仙談最久鈔經二葉

廿五日晴劉子永來始出謁客自巳正至戌初乃還新識者唯岐元將軍字子惠餘皆前嘗往還者周熙炳候於門入談至夜去

廿六日晴巳初出答訪前來諸公未正還酬接麤畢芥帆言當再入書院翰仙云錫侯以爲不必二說余皆會其意要之自有權衡不以人言移也鈔經一葉

廿七日晴始熱紵衣謝客深居猶有炎意鈔經二葉光孝廉送夜來香二盆未知爾雅何種於諸香草中金銀花之類也與諸生言草木但當別類爾雅大概合數種爲一名非圃人花匠多爲區分之比餔後作字數幅

廿八日晴聘禮將畢專鈔一日時作時輟但得五葉耳以將浴買浴盆見市中套盆似甚精緻買歸乃麤薄不堪聘禮始畢以每日二葉計之猶少六葉寫扇二柄

廿九日早陰巳刻穉公招飲同坐洪蘭樨陳幼芝朱小舟皆無頂帶亦一奇也洪從山東回多談蛇神陳從貴州還麤率少言坐間無可記之語

甚熱昇還院日色漸收陰雲似晦至暮雨鈔公食二葉

六月己酉朔陰午後雨芥帆（闕文）如畫家別有邱壑然自（闕文）無賞音余爲之莞然曰（闕文）鈔經二葉得宋生書云欲來相見復書約其七月來蓋秋初行期不可定耳

二日晴翰仙約至機局陪穉公小酌辰至步往頃之穉公至乃陪我耳芥帆亦作主人更有朱小舟言與龔叔雨子婦看脈其子婦聰明如神仙未一歲而死有似師曠之遇王子晉姑妄聽之席上多談法人侵越南事席散更及書院事余言皆督府之所未聞亂以他語而罷昇還已申正鈔經二葉鄒生（闕）與諸生談詩舉歌行數篇言直斫橫入之法

三日雨涼朱前牧來看課卷鈔經二葉與諸生討論東西夾箱房堂之地未知鄭注定說似以爲俱在堂上庭外余欲移夾於庭兩旁而亦不知其長廣又未知諸侯庭堂丈尺之數荇農寄詩畫扇三年始達

四日小暑雨涼未正後晴看課卷五十餘本鈔經二葉尹老前輩來未知來意例謝之

五日晴鈔公食四葉畢李蘊孚顧子遠來夜雨看課卷卅餘本

六日晴風涼鈔士喪一葉張門生來未初出弔唐提督子便出南門至惠陵松生約小飲西寮子遠叶生孫鷗舫先至酉散穿城至北門答訪尹殷儒不遇爲幸乘暮色還到院已夜寫扇二柄

七日晴涼看課卷竟日送卷督府穉公復書言劉永福已困法人於越南東京將以水攻雲南防兵皆喜以爲成功可且夕冀也少荃駐上海督廣西滇黔邊防余復書稱其舉重若輕以兵爲戲余智所不逮也一代有一代之材今乃信然

八日晴看課卷畢王門生來求見令入久之無言而去曠鳳岡來三次乃一見言周張求金新津不遂而怒假釐事傾之云云可爲一笑

九日晴始覺蒸熱午正始浴看金石文字選漢碑可誦者將屬葦塘鈔之
周頌昌來堅坐雄談殊爲鹵莽夜與王芝甫改課文點定曾彥等詩本
於曾昭吉處借火食銀十兩
十日陰晴炎蒸朝食後久睡劉介和知縣來乃起談湖南科名事甚贊楊
小皆余未之見也看金石粹篇點三本崔樹南自緜州來見
十一日晴熱督府約會於火藥局來人誤言武侯祠余知其誤號房堅言
彼處亦有火藥局辰初飯後舁往果謬復至火藥局看之則藏藥庫非
造藥局也復從山徑至草堂寺旁乃知朱保德爲主人督府成縣黃朱
道皆相待久矣小屋奇熱久坐長談及敍州營勇不法事次民躁於言
詞音響驚人余爲之局脊中初還城答訪顧子遠遇之於巷竟不還舁
書生癡獃如此至鳳岡處略談而還夜熱坐月泛談無佳語唐澤坡死
時言有鬼從窗外射之矢聲錚然頃復言有武弁入冥云女鬼訟之次

民因言其手殺繼妻狀詆悉余云訟者言奉檄殺非其妻也
十二日庚申初伏晨雨涼朱次民來言公請督府定十五日又言昨夜官
署街石皆有界畫墨線或疑姦人所爲余云必外國畫地圖者魏生言
庚申辛酉歲資州鄉間亦有之後亦無異雖有藍李之寇非其黨所豫
爲可知矣劉年姪李提督均來俞子文來未得談而去看金石篇畢張
世芳字春山來問公羊大義及作詩文體格坐論甚久所問數條亦不
草草與王昌麟問禮記皆新調中之佳者
十三日雨涼華陽馮生來言街石日烈則見墨文石性自然非畫線也晨
坐無事鈔士喪半葉若依恆課當得半矣心憚其難故晝也緒欽劉年
姪翰仙均來久談鈔絕句題目將刻小本爲勸世文
十四日晴熱竟日不事唯院中諸生閒談至三更猶熱陳伯雙寄明報易
說來殊無發明又爲易家增一種耳

十五日陰劉奉琴兩監院來辰初出城至昭烈祠看荷花初余定關祠稺
公改之余不以爲然欲辭不爲主人而禮不可今日往則客不至知會
集非偶然也陪客朱保德丁黃兩同年余與次民爲主人過午而散未
暮即眠至子正起復寐至丑正欲盥濯無處求水徘徊月明中還寢瘳
家中房房明鐙頗有夜夜元宵之盛近歲勤儉之風衰矣
十六日雨午熱晚涼鈔經二葉看陳伯雙易注稺公作詩來索和諸生來
者相繼未能執筆黃海春來求差委
十七日雨涼和稺公七言詩廿八韻一日乃成鈔經一葉曠鳳岡來言鹽
金銀價委員與州縣必相符合州縣藉以需索可歎笑也吏治如市井
未有如四川之甚者
十八日陰涼曠壽雲張子靜艾炳章來稺公珠服來留行因言學院之弊
凡利弊在他人者長上無不知之獨與己相涉者則蒙蔽深密人或發

之而猶不信此好聞人短自恃己長之病君子不患此也近日院中以
我作題目互角其心智余皆坐以觀之始知生死利害不得至前確有
其道然若出而應之則猶恐未盡當所謂有聖人之學無聖人之才也
鈔經二葉得斂服以皮弁及名襲之義爲前人所忽畧治經信有至樂
十九日朝涼夾衣出過督府稺公留便飯臧朱二客同坐疾仍未愈老年
不健令人氣悶出詣次民不遇至芥帆翰仙緒欽處談鄒氏小女出見
舁中覺不適將弔莫摺卿不果過李提督而還曾昭吉在院坐待留與
長談論山居之樂國語聆遂漢書作黔遂竹書作聆隧說苑作亭遂今
令古通用也
廿日晴戊子大暑午熱再浴和合來所言無章大要以爲湖南人無施不
可與筠仙所見同此豈湖南派耶鈔經二葉寫惡字七張
廿一日陰涼朝食後久睡起鈔經二葉周翊逛字鬫生來芮少海來劉生

來說禮似有理會與論折節爲學之道因談蜀中哥會所由起及其中情狀碁至內院見窗門俱將表糊云余將移入呼書辦問所由云監院令也不知其受自何人豈以余爲僞讓耶范生送院中蒲桃未熟而摘之殊爲可惜以余所種今始得嘗耳盆蓮相續而開亦爲淸翫（王芝圃不忘師）（譜嚴子和其謂我何）

廿二日涼雨中伏如秋氣頗淒悶寫條幅數紙范趙兩生來言華陽王芝爲賣卜人所誣攀云有妖謀呈其海說四卷來文詩亦有條理頃之其弟王藻來見云兄年卅一嗅烟十餘年其叔父官訓導云云遣人至成都府探之俄而周生來云黃知府大怒意在激我使爲力耳余云本不與我事取怒所宜此乃市井小技而欲以嘗試可笑也章孫從敘永來告以艱難自立之道鈔經一葉蝨擁而罷

廿三日雨鈔經一葉孫生彥臣自縣州來見論書院弊端及錢寶示威之

意松翁來晚談穉公書來報其媦屬已由京西來

廿四日陰涼鈔經二葉半得家書見帉女所書娥芳銘字不成行未知其由蓋欹斜之故穉公送長歌來意在索和而長不中節未有以應也看俞蔭甫書葉協生來談修蜀志又言肎甫以余名册考語爲金科余更有考語待肎甫地下思之（甘於下流謂成作賊狂簡大皆壞風教 甘酖酒嗜煙不知愧恥（後二人皆非肎甫所賞不必出考））王彬來求飯處

廿五日陰暑熱穉公遣巡捕送聘書來以其無年月而手書殷殷受之鈔經二葉補昨日半葉看小說至夜半酉初雨至子

廿六日晴和穉公長詩依韻直寫亦自成章但有調韻未穩遣人送詩去即答訪劉伯卿楊榮光楗爲令至芮少海處晚飯松生李湘石李訓導俊卿葉協生同坐甚熱鄭小軒後來神智頹唐可閔也戌散得老張書

廿七日晴陰暑熱鈔經二葉看課卷未數本穉公衣冠來爲書院堅留我乃知其意重儒術專欲委我以興教爲治可謂誠而近愚然其意竟非同時巨公所及劉霞仙所謂積誠足以感人者余亦不能不感也爲旁皇半日諺云烈女怕纏夫又自笑矣余生平初未逢此人於朋友中別開一境雖有莊子無所用之有此忠誠而不能致治又獨何哉

廿八日晴熱芥帆來午間作字甚熱舍而偃臥亦不能呼吸悶暑爲各處所無僅鈔書一葉竟日煩倦夜間大雨雷電芥帆今日來言恐民多疫爲文禱祈雷並請於溫神果有驗感助之喜幸

廿九日晴早涼午後熱詣謝穉公値其時出未久坐即還鈔書二葉晡食甚飽芥帆來請便飯誤認即日爲明日將暮來催乃覺之飛舁而往則兩朱一黃先在主人謝神去矣戲班祗候令開臺扮演芥帆歸上鐙入坐堅留至子正乃散慶雷也到院已丑初即寢

晦日陰看京報壽蘅補通副胡小泉用四品卿報銷案結孫家穆周瑞淸

發黑龍江福趾潘英章龍繼棟李郁華發軍臺崔際寰周𤫊革職褚世亨杖流崔尊彝追二萬三千銀兩景廉王文韶議處劉長佑岑毓英杜瑞聯議處鈔經二葉士喪篇畢錫侯蘊孚來章孫夜來

七月己卯朔大雨穉公家祭招飲因答訪賀壽芝黃海春出談至督府黃丁朱三道臺先在朱小舟亦同坐李提督後至未初散冒雨還大睡至酉乃起夕食看課卷與諸生戴胡魏論八世事凡欲富貴者必將借以作惡如欲爲善皆徒勞役物於己無所益也

二日陰涼可縣庚辰末伏乃如深秋看課卷定等第王蓮塘道臺來久談李世姪自內江來相訪

三日陰涼爲成縣道看課卷書扇二柄宋芝巖自資州來相訪黃笏生自瀘州來留飯去翰仙來宣少府之子紹賢來

四日陰晴午初出答訪王蓮翁因過錫侯張雲貴不遇詣芥帆談遇錫侯

還看課卷李蘊孚來過弔莫提督見其二子

五日陰涼看課卷定等第黃澤臣來張伯圓來吳明海來言開廿事余云爲國耶何必令庫多金銀爲己耶何處得資本此不必羨也夜與劉生論處世之道孔子所以不見用以先仕季氏桓子輕之故也賴其一行魯乃重之而君臣師事之矣人不可以不養望夜來甚香歸期無準七夕秋近作小詞寄家人複蕊穠花更不管人愁雲積涼夜欲燃燭休長記玉街燈下冰簟夢闌愜愜願來莉晞先羅帕想帶煙幕露無語閒描闌庭閒樹一年容易秋還夏盈盈河月斜星豆玉凱自許蝶戀別妝晚饒嬌姹到絡緯一擊蘿饒向翠雙樂那夜四風裏凝襟拽處散香和靜

六日晴甲申立秋鈔既夕二葉安順生員何威鳳來見韋探花視學時所取士呈所作文儼然邊省鼎甲云十餘歲卽爲張怡山子師余云自項橐來未有如此早達者暮過松翁談朱小舟又送詩來

七日晴涼朝食後寫屏對廿餘紙稍愒莫弟及其長子來謝宋周蒲王陳戴請游百花潭設酒二仙菴作半日留觀前題名已五年矣光陰迅速風景已殊坐小舫亭上久之會暮還城李提督借銀千二百兩遣人送來余欲移家須二千金千金則不能了此欲還彼又嫌已借姑且置之夜月甚明不似往年

八日陰晴作家書爲孺人賀生日兼論移家事鈔經二葉張伯圓送狨皮來狨卽蚘也恆鎮如云尺二寸長者爲合用玆所送才九寸

九日晴涼狄民來談詩稺公來送銀三百接孃來蜀因發信並李借千二百金寄家屬卽移居鄉間以便延師課讀王彬張門生來作詩和朱小舟聞李提督母喪悔不當用其銀而業已發書未便更改也昇往弔之遇周黃二道臺小坐卽出過唐六少云傷足不能出馳還猶未上鐙

十日陰晴寫條幅十餘紙昨鈔經至緇翦有幅不得其解因停思之寫扇四柄作秋風曲秋雲陰高閣層深半金繩斷檐角珠簾暗窗心磬葷亂平砌荒桃長拂林林露砌草颭幽映晴光拂日雲如鏡

飢禽下復驚墜葉飛無定尋香見慰迹挽腰閒孩詠細竹遶根瓓玉階閨中晉指道秋來徵風偏解策衣帶夕照無妨上鬢鮫巳覺羅幃那庶倚水殿一閒露低水殿佇黏秋去年來玄鬢紫絲綠市西風擘鳴白光芷江邊一鴻度宋玉悲搖落難南感新故不能下懷田且賞山阿樹孝廉送盆桂來

十一日陰晴晨出南門遇稺公鹵簿同行至惠陵兩縣令及黃朱已先至朱丁黃崧張月卿繼至王蓮塘最後到設宴荷軒午正散復齊至李提督寓宅作弔客何彭兩府先在小屋甚熱待督府去而還今日禮當輟會此亦近於郊而弔溫公矣

十二日晴鈔經半葉發家信第三封並外舅子筠子壽鵷堂四函和稺公洗病雨詩廿九韻未半有倩字韻必須繙典檢多遂罷早眠丑醒經時不寐

十三日陰雨不涼和詩未畢又作一首贈丁芥帆祈雷爲備典故也黃郎福生來兩詩皆未成殊似有所負待其去不一刻皆成矣往日能對客揮毫今差鈍也稺公招觀法夷戰事三議薛叔芸所作又觀曾劼剛電信及總署信件留晚飯招黃朱同坐論相法云手上有眼明達之徵二品以下不能有

十四日晴稍熱寫壽聯鈔女子子服例表稺公詢之再三云欲進四庫辭之則近於矯從之則無益費神姑請王仁元先鈔春秋表而自理喪服箋此表擬改三年矣今始小定猶補正疏漏兩處望洋興歎知當搜討者不少仲章欲以初學而窮至賾宜其夭也張華臣嚴玉甫陳佗來薄暮大風雷雨因思迅雷烈風論語改云迅雷風烈此欲別爲二事恐與烈風雷雨一事者相混耳亦修詞之太工者爲張生世芳改試文

十五日晴李犍爲丁兵備來許時中大挑來云在左相處知我特訪久談字午樓似是江北人李邵陽人代羅伯宜教少洪者已酉拔貢也作書與連希白周白菴徐伯際王正孺鈔經二葉夜始與齋長談院中事

十六日晴堂課爲督府出題丁郎來頗能應對穆芸閣伍松翁德蔭知縣來鈔經一葉發京信交王蓮翁寄去爲宋生評詩文寫條幅竟日未息

十七日大雨翰仙約至機局陪穉公早飯辰正而往二朱穆芸閣後至未正乃散穉公言三桓之子孫微故孔子墮三都以救之息家臣之禍扶公族以救亂故發此論徵示其意不務勝三家以快目前聖賢之舉動不同在此與余說墮三都在孔子去後不合余意聖人舉事無不成丁意聖人舉事不成猶有益二說可並存也出答訪芝閣與孫伯璵久談李許過張華臣還已暮許送李申耆文來張藩使三至皆不得入疑余拒之世事固有巧似者

十八日晨雨早起復睡遂入夢驚覺時已辰正矣朝食後遂至午出答訪月卿過錫侯兩處皆遇雨待雨止乃出至外城關祠魏胡李范四齋長設饌借張師爺廚人稍精於酒館恐城閉悤悤散還少睡起鈔經一葉

十九日陰涼寫吳生曾王母節堂記頌並題先師李寅葊太僕像贊鈔經三葉翰仙來論京城小旦皆成老翁而京堂老翁猶念之無已可怪也王公而友戲班此亦自古所無蓋好諛惡直充類之盡而遂至此非好聲色之下流也

廿日陰辰起邱守備錦榮來彭稷初之友也鈔經二葉發家信論接嫡屬有不便者五不來唯飲食不便耳豈可以口腹而累骨肉耶艾炳章王立誠孫伯璵周緒欽來李提督遣巡捕來請作其母行狀又用哀啓體不足釐正因就其稿改之夜蝨甚多未瞻正而罷

廿一日大雨竟日作李狀畢將出赴二吳楊黃余生之請穉公書來言明晨當集院中仍約前集四道同飲並增穆芝閣遣人告丁朱黃午至關祠荷池看雨甚涼衣二袷一緜戌初散鈔經一葉

廿二日陰以督府當來陳設講堂辰初穉公黃朱同至小舟送酒肴來爲主人芥帆繼至芝閣最後未初散翰仙獨後頃之藩使來於正客坐相見凡四至而始入諸客皆在寓舍相見今獨在正坐益知凡一坐起皆有定前定錄不虛也申正乃去出至貴州館新祠池軒趙馮周劉呂謝張同設酒相燕張病不至亥初乃散鈔經一葉

廿三日晴復熱朝食後將出王紹堃羅少純來略坐辭客出答訪小舟退其帖藝與芸閣李湘石黃耀庭孫伯璵穉公雜談申過次民沈朗山道臺自雲南來同集翰仙顧子遠芥帆小舟俱至朗山學裕時卿如張子富學孝達神鬼俱似放言高論雜以諧謔朗山先去同芥帆至成緜道署看洋報芝生得補中允張家驤遂得戶侍可謂乞兒乘小車矣湘撫潘調桂撫沅浦病發力求歸籍皆新聞也二更還與書馬伯楷鈔經一葉

廿四日日出卽出城至薛濤井弔莫揩卿因留陪穉公湖南官俱至巳散從穉公至督府早飯未初還欲少休鄒生及長沙楊生來見楊荒唐自困然甚惶窘姑令劉伯卿謀之今日見鳳福庭神似傅游擊幾誤認也客去少睡起鈔經二葉既夕畢計廿日得廿五葉

廿五日晴徐壽鶴周雲唐張門生鄧陳彭三跟班及葉協生來吳明海自辰至未久候始一見送禮者亦沓至酬接疲劇欲休不得劉生澤溥設酒普準堂已久待矣勉昇而往又未得食與許教諭岳曾劉三生步至江西館看張天師已去矣小坐而還戌坐亥散楊大使名其雋來書恭維得體有似閻王升玉皇者胡生長木託借詞本於顧又耕又耕送詞綜詞選來

廿六日晴看課卷莫揩卿弟子羅蓮渠來申正至江南館顧象山設飲朱小舟幼耕鳳蓀堂同集甚熱亥散夜大雨

廿七日晨雨更大雷電交作經三時許乃稍止發家書出過松翁同至將

軍轅門賀其母生日還雨復作司道公請設坐鹽道荷池翰仙作陪巳
集申散得家書甚喜盼女字道麗又得彌之及陳生富春書
廿八日晨雨巳齋閱課卷竟日諸生來者相續又有雜客來皆稱有要事
及入又無事大要請託而已甚倦不得休及夜又不寐丑初起作家書
交票號寄去從方葆卿借百金
廿九日晴將同穉公登峩眉山清理逋債寫條册扇子約千餘字章孫求
館甚切覩其神氣已流落矣爲還火食並備盤費又送以四金與書留
仙令收養之發家書二函以莫宅不成行恐其久滯留也寄衣箱三口
於芸閣冠韡箱存院中看送來詩賦三卷許解元來請爲弟子余語諸
生云凡有女遇者爲桃花乂今年門人甚多可謂之李花運也欲歸未
知果否令馮生揲之得鼎之臨大亨以養化爲八月有凶雖巧數不能
恰合如此然余不懼凶且靜待之申正出詣李提督答訪羅新津便晤

翁湘曉滿口川話竟不知何許人也昇中思鼎爲正位凝命臨爲教思
無窮殆仍當還院出東門朱次民近逐而來登舟送行馮方趙三生先
在王立誠小舟繼至城中鬧舟中愈鬧無可避也夜宿官船正前三年
簡堂泊處浙臬劉盛藻豫臬唐咸卿廣臬沈鎔經劉年姪來送行
八月戊申朔晨雨辰齋翰仙登舟鳳弟堂隨至云錫侯祭北壇畢將來頃
之至黃澤臣亦至顧象三稍後坐頃之皆集官廳待督府松翁來余已
餓不待菜而飯翰仙以飯硬不能食也巳正穉公乃至同松翁過舟立
談數語開行作書與芥帆託收隨丁蘇玉少睡未午已飢申初飯鈔士
虞數行疑於側烹遂停新刻絕句詩成城中實任官各送一本行百里
泊黃龍溪彭山仁壽華陽交界地時已昏矣過穉公船談戌正還船穉
公復過小舟及丁克齋同來穉公從孫也初入督舟時極熱坐久之乃
稍涼亥初客去今日曾昭吉送轎來其所監作

二日晨發甚遲朝食時出湔口鈔經一葉熱甚可絺衣頃之漸涼過午大
風泊五渡溪行百卌里青神地從岸上至督船談移船至乃過小舟亦
至戌正大雨篷漏如篩聞督船喧聲欲請穉公過船避雨雨大不得過
船移時乃止雷電雨至曉
三日晨雨沫水甚長行九十里未至三時也泊嘉定城下鈔經二葉過督
舟飯翰仙小舟丁從孫同坐夜穆秉文字譜笙來訪芸閣從弟也開展
有官派作書寄程立齋
四日陰翰仙早起整駕回省卯正余起送之督舟水手不齊待至巳初猶
未發余命先行小睡未半時聞喧聲起視正過雕堆矣水滿勢急舟甚
平穩瞬息八十里可快也小泊青蛇壩待穉公午正復行沫水聲如碎
瀑粗言之正似油煎葉聲此各水所無故有沫名矣嘉定綢一匹可作
五袴買二匹更買嗚機綢十匹共銀卌九兩恐不足假翰仙十九兩與

之鈔經二葉暮泊牛市店宜賓地前爲屏山犍爲三界地行三百里才
半日耳舟停水無聲
五日晴舟發甚早比起已至敍府城亦辰正矣朝食後宋鉞卿來恩恩去
過督舟見一美男子知爲張子玖名世康者穉公令同余舟行至瀘州
云當略染詩書之澤余既不能當彼亦恐不能得也然斯言斯心非近
世所有督府閱兵余留舟鈔經二葉張喬孫來鉞卿復來遣招薛丹廷
來欲聞其牢騷語乃大恨錢保塘異乎吾所聞宜王戴之注意小錢也
腐鼠嚇鴛無所不有可爲笑歎未正發宜賓江沫不復可分論之久未
得雨廿里至東潤誤入旋水中船遂回流百里過南溪卌里至江安泊
城下李忠烺知縣字佩蘭來請見小舟周荔吾均過談熱甚復紵衣與
穉公談人物因及院中事便言不可再館之意以求賢忘勢之雅而俗
人必以爲嗜利偏私之陋久交如翰仙且與司道比而疑我蓋財之中

人者深而貧士之不能自振也久矣故非辭幣不足以示廉非留蜀不足以明節往復百言穉公似有所感余今年處事殊異往日漸有巧言如流之效二更睡四更醒熱氣未除開窗小坐還寢至曉乃寐夢見一文書上有魴鮧扇鋏四字

六日晴熱復紵衣晨起不思食行九十里過納谿署川南道錦芝生來留飯同行卅里至瀘州田秀栗子實來穉公移入行臺遣來相要稍睡始衣冠將登岸張子玖來小舟亦至小坐去入東門至行臺少愒陳用階子及丁從孫濟川先生用階亦至未正出謁錦田敖金甫文雲衢夏竹軒曾心泉黃樹人用階唯錦文夏得見還已酉初矣穉公要同用階小舟同飯行館熱如三伏至二更始稍涼鈔經半葉熱甚不能伏案也從來不慣執扇今乃不能離手用階言孫公符作學使貪取倍前政文雲衢子親受其害夜作書告之

七日晴稍涼房中可坐鈔經一葉督府出閱兵文夏黃曾來田瀘州來已初穉公還朝食後談至午敖金甫來乃散金甫坐半時乃去少睡丁克齋來送禮甚言張子玖之貪緣浮冒貪橫云鄂生所舉也人皆畏其勢余所聞亦同城中有奇副將者聲名亦劣而偏得上意余既未與之交涉究不知其是非也但政從人望要當去之亦嘗微言諷諫未見用也俾躬處休不可則止吾於穉樾皆然然益歎同志之難逢矣假我以權當不其然經術之異於九流其在是乎夜與小舟論肥城張七事言官軍殺掠之慘怒然不忍聞既而思之賊之暴有倍於是者何以不怒賊豈非重責官軍乎天下至無理事佛但以因緣故事了之聖人未嘗論也還寢不寐但誦善哉

八日晴己卯白露熱甚朝食畢房中不可坐與小舟同訪敖金甫遇一惡客卽出過火祠便至用階處晚飯熱甚不能食步出城宿舟中鈔經一葉

九日晴仍入行臺小坐昇登城西山山曰寶山以明末瀘牧蘇君夫婦盡節改名忠山有諸葛祠旁爲呂仙閣頗有二三處坐落半眺二江勢尙遙歛夏竹軒文雲衢爲主人設酒請穉公更招錦芝生用階小舟同坐未散還行臺臥一時許熱不可安夕食更苦復還舟看彈詞十本

十日晴錦道臺曾黃艾三知縣來張子玖來送瓜子金卻之用階登舟其二子及從子皆至午渡江訪二郎灘廟繚垣三坐處皆熱與朱小舟同登樓假寐頃之還同夕食廟中四尼見其三取半山定銀爲香資並賞水手各數十文瀘州送胙亦給水手錦道臺送魚翅以與船婦鈔經半葉夜與用階談武陵舊事至子正朱小舟言彗星復見夜登篷視之無有也涼風甚壯丑正乃眠

十一日晴大熱道州招游鏡清樓行六十里以有雜客辭之穉公早過船

對以頭痛已而肩臂果痛出中甚悶暑熱復增鋪席臥倉中偶起寫數字仍臥計禮經早當畢工遺半葉遂延三日行百里者半九十不虛也過合江卅里泊王場穉公復過兼邀朱小舟坐至一更散卽睡二更醒江風如火煙起坐均不適俄而大雨始得甘寢

十二日晨雨未發用階早起已飯矣與論前年錦城新詠謗詩爲何竟清知府作用翁力辯其誣詢余何所據余云其館師所贊成用言何素吝必不延師此巧於辯卸者所謂不疑盜嫂我乃無兄者也雲南巡撫潛義唐炯來書言錢徐山死天下從此又少一讀書人貴州士大夫其賞鑒如此行二百卌里過江津縣城彭川東來過舟談田總兵來謝未見茅知縣晟熙送蒸盆辭之卅里泊葉壁沱云捻鼻聲轉也與用階同過舟談人各有自期許之古人穉公問何所擬余云少時慕魯連今志於申屠蟠矣君何所擬乃自期諸葛杜歐亦志在張叔大余因言曾滌公

曾言及之及余作挽聯衆乃大譁穉公云張至道光時乃論定衆謗不易息也張所以致謗者深疾浮僞大臣當收禮浮僞故諸葛廢李嚴後悔而用楊魏愈不如也坐失關侯亦其少時誤著余閱深而歷不深恐臨事亦多所失今夜言多可記嫌於自揚故略舉之夜涼四更雨

十三日晨雨行卅里過灩窠灘稍下有小島在江中舟人名之珠亭子物色明秀嫌山卑耳作一詩盧生元張自江北聽拏舟來迎行三日始至留同朝食午初至重慶泊太平門二馬頭穉公先上用翁繼去余稍待老張來談禮書來見周荔吾康巡捕過舟穉公復來催上因坐轎誤入丁知府家旋悟卽出訪道府未遇過琴舫廿六年不見談詞瑣恐不能自休告出過田鎭臺在田字象乾及巴令國璋子達巴令署常燒一鑪烈火云以厭勝合州耿鶴峰及鄒生履和俱出談還至考棚見貴州何叟孫君俱來看穉公者與用階小舟六人同食夜早眠

十四日陰雨如晦早起劉人哉唐炎雲來督府就棚看箭設食請鎭道府縣以余爲客午散作家書定不迎媲矣展轉三月始決宜爲夢女所笑也夕食已然燭鄒生履和來出語響震屋壁殊可驚怕夜鈔經二葉喪服傳箋重爲整理非常課也以誤解庶人服天子三年所鈔俱撕去不用

十五日陰早起用翁來因衣冠將出賀節穉公先來小舟及三委員一巡捕一營官均見一揖待小舟點心後出城至桂花園臨江館鎭道府公宴督府用舟作陪以余爲客桂過蘭香小有幽致房宇則未爲佳又行叢冢間高下登頓爲勞午正還轅酒釀美睡酉初起小坐夕食鈔書二行

十六日雨督府閱兵賓從俱往余獨朝食唐炎雲盧生劉生道桂字鳳高來小舟設飲坐中何心言蠱發未終席因問其詳云黔中有蓄蠱藥者蠱則蠱獸藥則毒草蠱須自蓄藥則往學四十九日歸而園圃自生草朶而乾之著人輒病何君道行於六月見白菜二本甚茂同行皆不見也歸而病乞解藥吐之未盡故時發發時有乾藥醬呑酒下卽愈戌初發亥已愈矣余所親見以此爲最奇鈔書一葉雨涔涔不止

十七日晨雨卯起束裝辰初行雨止出城廿里至浮圖關府縣江北同知設宴羅神祠鎭道及新永寧道沈潔齋石守廉皆在仍以余爲客午初散小舟還涪朱同來役唐去行卌里至北市驛中度一大坡將至北市望田纚彷彿卷洞門不及其高敞耳老張作丞於此行轅卽居丞署飯後過其茅屋見其妻子及從弟無地可坐乃還鈔書半葉

十八日雨夫役起甚早余以爲明發將行矣亦起束裝久之乃曙行廿里飯於走馬凋十里過關口大坡巴與璧山永川三界地也直下甚斗頓爲眴栗騶從人馬如螘入穴又廿里宿來鳳驛璧山地驛屋靜爽可居

驛前卽傳總兵棄甲處也有百五歲翁劉尙賢來見長子拔貢生耳不甚聰行步尙可云日啜粥二盌有子七人孫卅餘人曾元則不能記數督府貽袍褂料問其生年云乾隆卌一年則百八歲矣夜雨早眠鈔書一葉補前半葉

十九日丑初營官誤傳信礮人夫皆起不復能睡坐以待旦行五十里飯於馬坊塘途中時雨時止華村伍來見穉公於行館久談午正始行卌里至永川城未至十里下一大坡城依山迫隘居考棚房屋亦高敞然重階而上殊不寬平借縣志閱之云永川唐縣昌州治以三水會流似永字而名人物一無知名者昨聞穉公言丁鶴年母教子有法入夔州知府黃毓恩故與同館至好嘗登堂拜母至是送菜四盌母不知爲黃送怒責其子云入境而受餽遺吾不忍見此命舟欲歸子告以故又請黃自謁母言之母復數黃曰汝爲吾子友有所餉而先不白吾此自送

汝同官非送友母也辭不復受黃又以路險遠欲令母先至重慶母亦不可竟居舟中數月子到任乃迎致之今年卒於官所余以爲此封鮓之風今世不聞此久矣宜特奏宣付史館以勵誥命婦人因未知母姓候到省訪之

廿日曙雨明止行卅里甚飢小憩黃葛店永川徐設茶點湖北人不知其名字又未便問之復行卅里當飯郵亭鋪泥滑行困頗倦矣鈔書半葉飯後行六十里宿榮昌城屈生大謨來見云距城六十里特來相候詳問之乃來訟田秀栗曾傳譜者余云銀錢小案何至煩總督又康巡捕乃田私親周委員又曾鄉友子其危矣遣送之出得黃翰仙書

廿一日大雨自卯至午不止冒雨行卅五里飯於燒酒坊榮隆界地飯後雨更甚行六十里至隆昌城袴韈盡濡洗腳鬚髮紛紜久之夕食後往謁范宗山雲吉之兄摶九名運鵬之父年八十稺公特往見之云尊禮

老成疆臣之職也余與雲吉友善故亦訪之至門其父子皆詣行轅還得相見聰明未衰但不善談耳連日悤忙未能作字丁錫璋敘州人稱公同姓家有萬金貪於鹽利招搖撞騙事發爲田牧所笞並稟督府督府甚怒欲重懲之余以爲四川多此等人殺一丁姓不足轉移風俗而徒令俗吏持短長司道欣然以爲喜事甚無謂也且田牧亦迎合欺陵懦愚非真摶擊豪强者督府名捕王余恐六年不能得而徒治一同姓之人亦何以示威恩威俱傷何以示法陳用翁不能諫也余恭默而已

廿二日雨竟日濛濛行卅里飯於雙鳳驛獨入空屋落去手帕以雨改程宿椑木鎮行卅里小憩廣順場又卅里至鎮無佳店借宿禹王宮至卽鈔書未滿一葉客至而罷椑字禮記讀若必急就篇讀若脾蜀言爲卑亦未訪有此木否初更暫睡卽熟寐至丑乃醒今日見田秀栗子實陸花栗涵甫

廿三日小雨行卅里至內江城未至見塔以爲到矣傍水行久之乃至訪李寅葊師祠堂在南門內太僕祠往展拜而行五十里宿銀山鎮行館甚窄鈔書一葉銀山唐縣

廿四日辛未秋分雨卌里飯資州城考棚材官受金事頗有聞督府甚怒余以爲必所過例送無縣不有不獨內江也內江令堅稱無有則愈可疑州牧高培穀請停一日便行正站余聞昨宿處丁夫多無被蓋亦欲停焉同行何君又病因止不前登小樓見老桂四株花繁而香微蜀桂不香亦一典故也宋生芝崖來見鈔書一葉閱課卷十餘本夜雨

廿五日雨辰止行卌里飯於金帶鋪又六十里宿南津驛資陽地南津有名梨求之云甚劣日已迫暮不及訪也稺公夜談僧忠王甚有名將之風事君敬教子嚴奉母孝行軍勇皆前此所未聞又云乙丑詔徵入輔政辭不敢赴而薦曾國藩亦未之聞也用翁隨丁獻二梨云木瓜梨亦

爽脆可噉

廿六日晴行廿里飯於飛鴻浦廿里過資陽城資州人呼之陽縣尊州治爲內辭也縣竹人呼縣州爲老縣州則尊之無禮行人亦云陽縣則非地從中國之義又卅里宿臨江寺鈔書一葉閱課卷畢行館湮窄不可居資陽地

廿七日陰行卌里督府從官及用翁飯於新市鋪余更行廿里至簡州以行館汎不容二客也火夫沈一走去幾不得食葛玉爲具饌云州廚有卅席皆臭惡不可食矣朱牧殊爲豪舉飯後急行卌里宿石版鋪出州城七里過市橋大市也橋乃在州城西門外渡赤水赤水鋪距州廿里簡州以簡雍得名地以官姓氏州縣所少縣和臨邛得州名人物照耀土瀛稽二捷平衢雙部秀千林佳果四時榮市橋綠馬臨江思驛井鳴蛙弔古情都憶士元輕百里耒陽無此好山城

廿八日大雨行廿里茶店入行館早飯稺公徑過余行未十里見騶從俱

在小村市知其方食亦徑過加牽夫四名每人官價卅文牽夫云得二
百蓋辦差所津帖者度岡下坡幾卅里始至龍泉驛大市也簡州地更
過十里界牌鋪乃出州境省城來迎者絡繹兩司使迎於驛前各營列
隊自界牌牛市至城相望皆露濡甚苦余從舁中望之以爲甚樂不知
其久待耳郭泰機詩云況復已朝餐曷由知我飢今乃信然雨益甚余
坐待穉公於大面鋪欲隨其後以免闖人隊伍擁擠竟不能待停一茶
棚中候其輿過而行十里至沙河鋪稍前過牛市亦大市穉公入關祠
與司道相見余遂徑入城舁夫竭蹶茫昧然無怨色比暮乃至院王心
翁及諸生相待同坐客坐談至亥正乃夕食仍還內院東室又獨坐至
丑初乃寢大雨亦過夜半乃止廂房見蝎北中所未覩者乃於此遇之
廿九日陰發醊案毛夔亭及諸生來王彬翰仙緒欽來稑芝閣送衣箱來
云莫船已發余在道戲占牙牌讖有輸卻滿盤棋之語真輸滿矣而八

月有凶則無效戲占戲應所謂易不占險得家書復應牙牌詞知功兒
不得一等瑺翂書字俱可喜見之復念仲章鈔書兩行埽除舍宇夜有
雨
晦日陰昨夜醒甚早今起稍晏和合來孫伯璵來坐半日與同夕食步至
督署看芸閣用翁及何心言黃幼韞八郎出見穉公遺約待出談余頗
及瀘州撞騙事因盛言張田傾險之狀事不干己語多傷人穉公默然
而已從督府還至龍泉驛承兩司使遣迓見及先寄一詩
九月戊寅朔晴煊朱亥民早來芥帆穉公繼至客去已過辰正將食成都
令來知其先必到門見客而返今再來不可謝之輟食出陪果云先至
應酬之不可疏忽也彼去已將午矣飯後少愒午正出訪朱黃周但皆
不遇朱正打坐黃周但皆未還也詣芥帆復值其飯久談而出至藩署
遇張風子少坐出門閽者呵叱隨人蜀中吏治無狀如此以其可笑不

復出之再至和合處已將暮矣聞錫侯相待舍機局而往又過王蓮翁
而還已暮矣飢甚飯後即睡二更後起作家書第九號夜雨侵曉
二日陰起甚晏謝絕人客獨坐養靜王立誠來一見之云昨日亦至光輝
亭孝廉爲覓花匠來將改菜園居之張月公和詩來亦云穩妥鈔書二
葉院生楊煃字少霞來見王魏二生入談
三日晴早起用翁來留飯曠金鐘羅少純楊其雋佩芳劉鶴林松生楊小
侯來黃福生入內齋皆久坐盡一日王心翁胡生入談鈔經二葉夜倦
早眠乳嫗夫陳其善來聞其婦喪容狀甚戚胡生言邛州有大林數百
里自唐以來不通人迹平地桃源也說婦人不貳斬義頗確
四日雨寂靜微寒飯後小睡起鈔書二葉說同居繼父分別傳意大雅卓
晡後出過松翁穉公劉松生便詣府縣至成都便酌顧華陽羅子秋
周立吾作陪二更後散今日作新衣二件皆不稱身

五日陰晴晨起魏生來言書局事兩監院周雲蓀王彬皆來談遂至午初
鈔書二葉鄭注以爲祖後爲爲曾祖後未知其意賈公誼以爲祖爲君
則臣當服斬故知此父卒謂父爲祖彼者父卽君適孫也如此則文當
云父爲祖後者卒君服斬矣豈可通乎張月卿來久談軍興始事皆如
大夢夕食甚早院中無一人稍睡聞足音王蓮翁來已將暮矣客去諸
生來者三班十人
六日陰晴晨起看洋報鈔書一葉飯後周熙炳陳慶源子真顧華陽伍松
翁來夕時昭吉來言石門作屋事午間與松翁言乙巳丁未之間京師
冶游因及李伯元周荇農蕭史樓許仙山穆公子之事余云昨論軍興
如夢相似今論文酒如夢相似吾輩猶看戲人非扮戲也而夢相如此
王摩詰詩云一生幾許傷心事不向空門何處消每一吟諷爽然自失
今言隱居饒有餘興此心翩然已在深山矣蒲李二生入談晚鈔經一

葉說唯子不報其餘皆報及不降命婦批郤導窾頗有曾滌公摹聖規瞰之境界比三日所學殊進

七日晴蕭銘壽來久不見之毛包如故得徐子雲八月七日書知從孫女此月十六日適彭氏家中比日堂已喧闐矣此昏與吾昏時情事畧同猶有老輩之風無烏煙嶂氣之習余女今不能如昔矣可爲太息黃澤臣來久談午至申去遂盡半日看京報盛昱百熙劾雪琴不赴官蓋淸流必欲起之額勒和布未知何許人也以理藩徑補戶尚遺案陝事張幼樵副之亦足以豪孫傳臚奪官楊文瑩代之初不知文瑩何人甲申檢日記曾主試湖南者

八日陰晴搖人五十生日以在客未設新衣成試之蕭錦羅鳳適來其名吉祥盛服出已之重校湘軍志畢信奇作也實亦多所傷有取禍之道衆人諠譁宜矣韓退之言修史有人禍天刑柳子厚駁之固快然徒大

言耳子厚當之豈能直筆耶若以入政事堂爲比則更非也政事堂就事論事史臣專以言進退古今人無故而持大權制人命愈稱職愈遭忌也若非史官而言人長短尤傷心矣沅浦言未可厚非熊知府字俟然紹璜錦芝生劉松生來二王陳魏胡從簡張熠松入談

九日丙戌子正寒露正睡張門生夜見云有面啓事欲隔窗一談命燭出客坐見之則欲請陪朱壽星笑而諾焉客去少坐看官錄過子方寢早起周女壻鄒生來留朝食談廣西事飯後出答客十餘家入者機局蕭雲查周馬王馳還已過申光孝廉來搬花云王從九所送矮松値卄金余前移歸海棠云値三百金可惜也黃郎將訪巴花請價余云不論價鈔書二葉已暮初月朦朧復念王船山罵月之語爲之匿笑樂小二王生來見蒲李二生入談夜欲鈔書念負此好月有類書癡息焉游之而月已黯

十日陰煖午雨鈔經三葉補道上曠功始畢僅日得一葉耳此後當易於竣工也鼠蝟復至有似舊犬喜我歸者綬子至聞其將乞食召見之荒唐殊未減爲曠知縣書扇五行得馬伯楷復書

十一日陰涼聞督府率臬道往灌縣未往送也徐壽鶴孫伯瑍來錦芝生請陪次民吳濤少白陸汝誠少白慶溥春山葉泩年仔治勞衡芝芝舫張聲泰茄佚爲主人陪客賀祝堯壽之兩知縣未初往看戲至亥冒雨還花錢近萬可謂無聊矣寫經二葉李飯店遣巡捕來言墓志事妄爲君黨服鄭注甚穩以移傳文故余初不從今細考之傳文當移姑仍舊說

十二日陰有微雨鈔經二葉王彬來哭訴貧病無以振之李懋章來齋長二人入言支銀應用事午後出答訪黃周兩道臺及徐壽鍇慶寶軒善慶處未遇至黃成都處會飲坐中主客八人松翁顧華陽但子餘彭修

皆舊識慶太守敷編修新相見坐中皆聽澤臣談京變事無新語戌散

十三日陰晨起光孝廉送菊八盆慶知縣來答拜以方起謝之馮生闖入求詩本去曾又卿子來見魏胡與俱又破例矣陸通判來鈔經二葉早畢遂嬉一日夜雨吳趙周劉任入談寧生芒芒來云從射洪始至也憶癸年此日飲龍氏新屋有王張二犯人分韻賦詩去年此時二犯相遇漢口各賦詩詩會可謂極盛獨步看花不覺有感

十四日陰雨旋晴午臥稍涼遂感寒不快向必咽焦今忽疾爲異耳鈔書二葉得家書及劉陽課卷以日內信還爲閱十許本甚蝎蹶也岳葉兩生入見俺於對接禮書夜至留令從役諸生入者四人

十五日陰昨夜未熟寐今早待卯正而起以新生不甚相識仍出堂點名集者五十九人還內閱劉課卷十餘本多臥少事張伯圓方葆卿來劉寧夜入談本欲鈔書偶怠遂止

十六日陰閱課卷畢定等第如釋重負本聞湘信十八去周麻來言改廿
六矣日課既停閒行閒臥甚暇也穉公來言蜀人有僞造御寶者他省
所未聞也以誑老民猶爲近古復老張書許以諫告去劉鎔復來永夜
不寐亦不知何以故殆由聞雨警覺耳
十七日陰雨陶師耶陳縣丞來鈔經二葉作李冉墓志成之不日頗有老
斲輪之派文八熊三俱來霧露神復皆至矣錢徐山妻求葬費穉公乃
推之我蓋欲恩出自我豈吾意哉奪人之財猶謂之盜況因人之財以
爲己力乎
十八日晴始有秋色綸仙午來芸閣晡至遂談一日鈔經三葉藩使課士
限八韻四百字爲蔡研農解嘲也乙巳進士大抵如此而中有李伯元
此其所以早夭乎夜復不寐
十九日陰晴出答謝諸客詣督府未得見以芥帆在彼咨事出城送徐山

其妻爲喪主以前送潤筆未受賻以八金答敖少海編修未遇爲幸周
旋布政署而行詣芝生復遇芥帆頃之月翁至久談先出過李總兵不
遇弔王彬晴生又送去八金報羅漢松建蘭之惠也今年皆還前欠而
無新得詣葉協生食蘇梅而歸已暮矣鈔經二葉哲先王陳胡趙入談
昨夜思得一機器制法急欲試之而無可語者但喜所思之通神耳
廿日陰晴劉介和陳佗巖玉夫張門生來鈔經二葉作李志銘文有才氣
不似老筆所謂齒宿意新者耶殊自喜也易笏山日記喜自罵余日記
喜自贊亦習氣不能改者
廿一日晨雨如霧鈔經二葉說宗子孤與鄭大異恐其說鹵莽未敢定也
遂置之周緒欽來久談食鴨麪而去以爲余自奉每如此亦浪得名之
一端作一小詩三日不能成信體物緣情之不易
廿二日陰晨雨鈔經三葉竟日無人至數年不可多得之境然已嫌岑寂
矣好忙人託言不得閒以爲外物擾人不知親書亦擾人也作書與莫
搢紳總兵論迎護家婘事家一老耶來求拯濟候門兩日不得入令葛
玉傳語告以急離成都爲有生路此子雖荒謬其入蜀則我陷之超羣
八兄羅氏之所出當日赫赫不意其子幾爲餓莩也宜急振之余於此
等處殊不及外王舅蓋內助無祖風先母於姻族分米減食以濟余綜
覈必求錢不虛用遂愧慈規今宜小寬假也
廿三日陰晴鈔喪服畢禮經始粗脫稿尚待整比且令草刱之竟日游衍
聊息伏案之勞酉陽三生告去馮生入內久談
廿四日陰將遣理書還湘周客狡詐不可作伴遂令暫留慶寶軒劉鳳修
曠金鐘來曠送韡冠受之羅師耶求館與書蕭頤令轉薦又息一日轉
覺不自在知安肆日偷語不虛也欲作縣志又無興趣且候家婘來再
掀之獨行堂廡偶愒客坐忽有文思萌芽乃作王祭酒母誄文中四句

未遑謄草蕭劉二生入談久之乃去已忘二句矣便就成之則泉湧風
發如有神助末段未成神不終旺乃還寢已子初矣是日辛丑霜降
廿五日雨始有寒意發家書寄課卷及雜書歸補成昨文與書一梧其母
生平遘廿餘喪天下之窮民也乃得余文以不朽於後余自亦不解其
何以致此信有因緣非人所主也遣召繩子來戒飭之用翁來告行留
飯兼招孫伯璵伯璵不至飲酒一杯微醉客去少睡夜雨瀟瀟正文心
怒發時也讀九章二篇
廿六日陰遣人視繩子婦子爲之料理方葆卿來辭行看羅研翁行狀略
爲整比數處魏馮周劉胡入談胡問碧山詞千篇一律難於去取余云
詠物分題之所自盛亦字字斟酌但不必作耳因舉紙煤示之云此亦
徵詩豈能不作乎故當具此一副本領胡生既退因用王鯛長亭怨賦
紙煤一闋正敧飛燼閑招紛早又拈起蘸煤續篋巧剪愚根細吹翻飄捲紅擘酒邊茶佐顆敲處散紅印看似髻常心不許展春風

一寸香爐怎知香臥處闌被冷寒留爐殷勤接取喜羅猶暮饒相近侍寓壺玉版相思倶燒了成灰教認莫點作孤鐙影只是照人離恨

廿七日晴自到成都無此佳日竹山楊生字樹芝來見多愒外齋吟詠賞秋借書院薪水百金還方葆卿正兩月已前書院送薪水未受今已借用二百餘金矣周劉兩生入談

廿八日晴將出無轎步至南門見督府儀仗出城因至督轅與芸閣伯璵談待其早飯畢著衣冠送葆卿談頃之復至梅龕邀張靜涵來雜談出詣機局過一門云是昭吉宅入看則其妻昨夜小產方延醫也少坐出步還已巾初矣繩子來攜其子來見亦尚可憐爲贖衣兩件贈錢二千使去萬監生求彭朶翁書來未之見也馮生入談

廿九日陰看課卷蕭黃來得朱小舟書尚未知稺公之拒之千里也劉趙生入夜談鳥名戴勝人名戴不勝形是胡孫誠是胡余孫

晦日陰有日影發課案寫對兩幅復朱書穆芸閣唐子邁朱次民來談留

芸閣便飯次民接談遂至暮乃散胡生入談二藍生來言分教不可立秀才恥於師秀才喻以謙尊而光之道未甚信也馬伯楷送麪及醬

十月戊申朔陰早起稺公來論天下事愀然深憂復稱張叔大之美余無所言但子餘來請受漢書余許爲之正句讀因定日課日閱一本看建炎錄廿卷作陳伯雙易序夜閱漢書高紀魏劉生入談昭吉送轎來

二日陰看漢書一本宋錄卅卷與書陳伯雙萬師耶來求館所彭麗翁教之也

三日陰理書當上工遣郭玉送之去看漢書四本皆表序無甚難礙者唯古今人表上上內誤加老子二字去之表列上上皆閑叔之君唯周孔以聖德得列耳張門生張風子陳佗李懋章來皆無聊入也張靜涵孫伯璵來留飯至晚去看宋錄五十卷備得趙構秦檜曲折構畏怯貪位固不足論檜特命當富貴遇時議和以云奸邪未免重視之矣錄於李綱趙鼎張浚韓岳皆有微詞與今宋史大異與筠仙議多合筠仙蓋建炎後身也其主辱臣死主憂臣辱之說則與檜同

四日陰看漢書四本宋錄四十卷將出得稺公書約游昭覺寺錦芝生來與同出詣王蓮翁賀生日不入答訪芥帆唐楚翹芥帆送小毛衣出城行七八里至寺稺公芸閣先在翰仙同入稍游寺中無可觀唯老僧訴官征求布施而已留食香積入城已晏馮劉生入談

五日陰將出會看宋錄未畢光生來言種花五新生來講書其一未及講而客至張小華之子也名葆凰急出見之年四十三矣芸閣信來云督府相待即往未言留飯事余亦將藉轎答訪慶葆軒朱次民黃翰仙勞純甫因辭出周行西北隅慶勞處得入還始過申夕食畢而暮看漢書二本宋錄六十卷張生孝楷入談兵夜雨

六日陰晴芥帆送申報來乃知孫公符已免官待罪張吟梅楊大使黃翰

仙嚮金鐘來皆無心對之張藩使課院生以試律及責令完卷絕似程立翁蓋進士藩司所見略同真英雄也余初來猶咎方蔡今豁然矣所謂所如不合確有其理然後知聖莊之道廣京房引易朋來無咎作崩來秦檜生日十二月廿五死日十月廿二看漢書四本

七日陰晴看漢書三本朱次民來久論辭差不去余告以監司之體不可苟祿而已彼陽贊美而不敢信也張生羊令乘間入內齋久坐朱去亦去楊大使來不能爲書札無以異於陳佗也亦留之飯而去夜看申報蒲陳劉馮生入談趙生濬僟言余詰斥之猶不知止稺公所云知過而力爭者真蜀俗耶余初至甚愛蜀士以官吏不能教爲過今再來乃倦於誨蓋滌丈所云大魚不復跳者非真行道者也與世游無厭俗之心此最不易父子至愛猶時有厭傳記所以言如好好色蓋唯悅目者無厭耳飲食聲音皆有倦時文章道義乃能日新也

八日陰有雨看漢書三本成都李永鎮來見前以硯擊者今忘之矣周生亦在談詩而去夜坐無聊繙前三年冬初日記所與游處無一在者去年今日所往還亦化去三人可歎也湘桂間謂頭觸物爲膘字蓋當作䫜中闕一段賈生論治不輔以正道而但亟亟於封皇子削諸侯雖切時務然非本論自漢以來王佐唯有此人而猶未盡達始知論治不易耳班改史記者如披堅執銳改爲擊輕銳數見不鮮改爲數擊鮮正不知其何據劉子迎嘗言蘇武傳末載麒麟閣十一人而云著名者不得與可以知其選此剌宣帝私定策臣也昔亦然之今更閱實非也隔代何用徵文剌譏即剌當在黃霸等傳及宣帝紀中豈有入武傳以爲剌者子迎求之過深故有此失今夜丑初立冬天氣甚煊梅福說遷廟之主流出於戶是以爲毀一廟即藏一主至祫時無席容之其說非也以藏主無據此古說之僅存者存之實事求是河間獻王語劉向說周公

葬於畢王天翁來訪周生云李生永鎮又喜說部夜雨

九日丙辰立冬雨看漢書四本王吉說召公止棠下而聽斷禹貢傳杷土田百卌畝直不滿萬錢然則漢時畝直數十錢穀斛三錢其一錢若今銀半兩也班書以知足術數諸人列於名臣之前迂生之見也其好采瑣鄙事入史文人之習也不得爲良史劉年姪馮趙兩生來講書半月不作字常欲鈔書然一起手則妨作文之功此正如嗜好難絕者宜勇斷之乃知勤惰皆習慣未必勤者即賢也

十日陰晴遣約張吟梅來舍內齋二胡劉生並習喪服入講無所發明吳月波明海來大夫之子服君如士服大夫去則子改服齊衰三月以將從大夫而去也故曰言未去父之舊君去無服不待言君者國之至尊父者家之至尊父子異宮故祖不得爲孫家之至尊也子雖異宮而仍尊父者子之異宮正爲孫家無二尊正謂此也劉呂生入講此條故改舊說看漢書四本郭解爲許負外孫父以誅死則許負選女壻不用相法樓護誦本草而藝文志無本草書名

十一日陰雨看漢書三本光孝廉送金橘兩株霜實甚繁楊大使送詩來恭維太俗令人面熱今日始有寒氣朱次民送詩本來歷百餘日始評點十餘篇可謂細論文者以余及陳梁叔爲吳楚二大國亦與羅餘堂何鏡海徐琴舫與余齊名同爲忝竊使俞蔭甫聞之必筆於書也夜鈔近作三篇

十二日寒始袍看漢書畢計薄軒本卅八日課得三本也班書載王莽瑣鄙事殊無史法未爲善述慶保軒伍崧翁嚴玉兄來謝生葬妻來銷假問服制汪魁鄧一雄周玉標三生來講禮皆如初生之萌未有所知不知當何以誘之鈔近作詩五篇今年校多於去年然無新綺之色不似文之縱橫蓋文粗詩細也朱小舟僭用戈什哈夏赤軒稟糸之可謂兩絕

十三日陰曉寒午睡頗久鈔改喪服牋二葉恐汙新卷因停改定梅根行狀兩年逋負今始稍清矣得家書去信卅四日即到回信五十五日始至殊不可解懿兒讀書頗慧是可喜也見郎來書並與書稱公不知稱公早辦待之矣多一干請殊可不必因坼覗壓閣之得家書喜而不寐近衰老暮氣矣

十四日霜寒見日旋雨芥帆送皮衣來昨日吳生之英來今日寧生來聽劉馮誦詞賦如家中書聲可喜也考不繫邾婁廿七年今日偶得之出始願之外春秋定有全通時所謂如有所立欲從末由顏生之所由天也小子何敢鑽之然聖哲神靈可接矣作二書一爲劉知縣一爲萬監生

十五日陰點名出題飯後少寐改春秋牋十餘條胡劉入夜談

十六日陰晴始理湘潭志稿初覺叢集繙閱久之稍有頭緒買皮衣二件

借書局銀給之孫伯璵來留飯暮去遂罷夜雨
十七日陰雨頗寒出詣張藩賀生日便過小錢芥帆已午正矣芥帆猶未
朝食至機局與翰仙久談詣督府答訪張靜涵伯璵適在談頃之過芸
閣值其外出仍與孫張談稺公出久談暮留食初更後出道滑行難僅
而後至聞豹岑改粵撫徐唐遂皆開府矣宋太宗十月十七日生
十八日雨寒連日無事不甚適意仍定日課先看正史以暇乘興作志稿
湘潭宋前事盡缺失因取宋史先閱之宋史闒冗難看僅閱一本宋帝
俱於大喪十日內定生日節名又觀鐙受賀不以喪止夷俗也張月卿
生日戲作二詩諛之殆可播著蜂處碣星寧降兩庚辰來颭坤維作重臣紅杏宴回三十載黃花香過小
陽春身輕鬆錯擒醉健治本詩書教化循潘輪迴翔非左宦簡中紫綬向如新徒鑄桃李甕封圻未若宮袍侍彩衣齋事已看銘鼎鏡小男
翁解拾珠續江明錦水詩情麗地接青城最窗暉何事聞門墅謝客料塵吟對書中藏和合來
十九日雨陰看宋史二本小說四本張門生來得孫涵若書敍述公符事

甚荒謬可笑芝房未宜有此報此使妖也
廿日晴看宋史二本元人作本紀既不知事政大小又非斷爛朝報唯以
時所爭無關緊要事爲書法如殺一曲端此非本紀所宜書也而原
委具見十餘條此外若金兵何以渡河二帝何以北去反不如端之見
重也亦可異矣又災異亦從時尚哲宗則白虹貫日神宗則五色雲高
宗則日中黑子此則本於漢書宣紀之鳳皇耳胡薇光信來請校天游
集候回信隨手復之和合招飲穆黃李同坐㗖菜甚多看小說四本周
密甚惡方回醜詆之云其見妓卽跪有似徐壽衡余以爲此無可醜
也彼固不當跪我又豈宜見其跪聞其跪乎
廿一日陰看宋史一本吳熙來求館翰仙約集於機局去朱次民增錦芝
生矣次民總保甲有言其空轎假巡招搖過市者不知其所自來余聞
以爲不經七日來問答論難久之十日而上牋督部引丁芥帆爲證以

朱小舟空轎爲詞督部大慍司道亦匿笑彼乃推過於我崧鹽茶聞之
以爲信王某言無不敗者黃翰仙亦附和焉且以監司大員六十之年
被此不經之誣豈能默爾就令不肖失計而爲之矣亦止可抵攔不可
承認以全捐班道員之體然後託故而退俟可進而後圖之雖實無恥
猶愈於澳涊厚顏余言當辯差爲彼謀不爲過彼來決於我又豈可不
告之今則是非紛紜游羿之彀於事無益於人已兩損金人所以三箝
蓋有由也
廿二日陰看宋史一本改定麟趾說以大射土侯分配兩章一爲鹿侯故
詠麟一爲豕侯故詠豝縱王子無所統故唯美麟兮學子統於大夫故
歸美騶虞天生玉合子卅年乃得之信講經之有益看宋史三本午晴
詣松翁談春秋還張遇枚來叩頭求差委川東千把一次凡二跪六叩
余未能叱之也嚴玉夫來言受菴有一舊衣著之則失志竟以經死其

表兄云河南誤斷一節婦致死此其讖也余極不然之節婦能令受菴
不慧則可云讖今已傳名後世徒奪其年又不使其父知之何所報耶
廿三日庚午小雪中二藍入點卯看宋史半本天文志未加點爲點七葉
徒費日力猶賢博弈耳穆芸閣來約照相再照不成稺公留司道早飯
畢入談李子維自貴州來云善相因令相余不能言其所以申初還但
子餘來講漢書蒲馮謝劉夜談誨劉生以有容之道云人之有技若己
有之古人之言如此其深切也而不能化嫉妒者不知技之爲己有也
劉生淺陋不足語此然而強聒焉者職任教官也
廿四日陰補點宋史二卷周頌昌踵至見之出氣喘急似不佳也又改夏
陽一條郭之邑也唯有郛公可證而已先亡矣不相比附是疑案也然
經不待言郭亦猶濫不必爲郟婁看比三年日記十月皆無可喜今年
差閒爲樂也得仲子遺像貌果無神矣去時神采奕奕殊不似此像蓋

動靜分生死又疑人死則像死亦感應自然

廿五日陰湘潭新張宇派文（九世家擊起南來又尙賢）張門生來看課卷陸通判送關書來萬生兒乾館也蒲劉胡何生入談夜煊有雨

廿六日陰看課卷畢飯後至李總兵宅陪弔二知府先在黃黃朱周錦五道後至稺公來設奠少坐而去余亦辭出張吟梅赴小錢處飲晡獨餐飯後少寐蒲劉陳入夜談

廿七日陰雨點宋史一本劉謝胡入講書周玉標初入院一無所知令從分教學習周來問款式非可一二言也余初欲令無徼幸充選之人旣而思之以三數兩銀養閒人今日尙多其比姑聽其濫竽耳趙連城來見得丁生樹誠書詞頗矜驕還書戒之王昌麟來薦士云井研龔崇慶陳皆有品行范劉生入夜談夜寒有雨

廿八日寒雨手冷腳欲凍然尙不可裘身中甚熱也通推郛妻小郛妻例

及凡城例不繫例皆豁然大朗兩月靜坐之效也急手鈔底稿寄回並與書孺人講學有云古之聖人恆有憂世外之人乃自樂吾一生得意非正道也聖人不學而學畸人乎庶乎行年五十而知非者昭吉來久談

廿九日陰點宋史一卷胡詩舲進士嚴生雁峯來久談未出至李總兵處看題主嵩張王丁並集稺公來點主畢少坐去余亦還院朱次民踵至言嵩丁王張口舌是非及同例傾軋事甚可笑也又誦其感懷絕句六首詩頗有格調

晦日陰雨卯初醒偶憶半山來蜀尙無消息若在道計到時在冬至後矣口占絕句寄嘲之（一年長夜獨更深早被寒霜鬢翠侵不共卷衣吟玉漏御來添線惜分陰）吟罷听然非盛唐前人不能到也稺公邀早飯寫家信後舁往王孔兩秀才臧課師芸閣同坐稺公欲告退余亟贊之看京報知朝無執政一也政不能及民

德不孚於司道二也無資自給徒苦其身三也王蓮翁云將去往看之又不欲去已託兩司以危詞相悚余初不知誤信老實及聞其旨倉皇告退還院齋長來送委員薪水以百金還鍾遴菴寄八代詩選及小韓彩料羅研翁行述等交陳其善帶至家中馮劉王入談點宋史半本檢內城例前說又似牽强不自信觀朝局張佩綸機已危矣黃兆檉不知何許人也（舉人也）奏上降三級調用

十一月戊寅朔晨至東門看李總兵母發引至城隍神祠小坐芥帆託可齋均在少談俱去余亦還途遇李引立待輀至送數步主人跪辭而還已過午矣點宋史一本夜思督府威令不行爲姦佞所翫欲言之又非執事不言則負交情旁皇不寐旣而思之仲尼不對宜閉戶可也鍾遴菴之子文虎來

二日寅初覺又思前事終不能已晨起欲書報稺公適會客至午問張靜

涵孫伯璵芮少海來因與孫張同入督府坐芸閣齋談主人出略述其意留飯舁還一日未事僅鈔近作一篇馮生校詩三本

三日晴自入秋來無此皎日借百金與張吟梅寄家用余三月中假之於鍾遴菴者久未及還因院送委員薪水受致其家昨鍾子退回云奉命不敢收此海寧銀仍與海寧人用定數也院中殺篠理蕉園丁畢至大有鄉村之景夜爲胡進士校稚威集久不讀近代人文矣亦有佳處視廿時見之轉佳賞之也少時氣盛近來眼界寬曰苟如是亦足矣非若彼時苛責之也至所用典不知者十之七然一披尋了然可知不足驚嗟包世臣好大話而於稚威文自言不解不敢校讎余則敢校之且不屑校之惜未向愼伯對誇耳夜霜早眠欲作詩竟嬾未就閱宋史一本

四日晴校胡集稺公來談並約吟梅庋歲芝生來蓋風波稍息矣靜坐以觀物變殊了了也竟日校閱忘日之暮及憶未看宋史已上鐙矣意倦

而置之周馮謝蒲李王入談
五日晴李澐來云黎平話皆湘鄂音將居湘潭訪子師猶有老輩風校胡文二本翰仙松翁來晨往石室看監院毛翁松翁未起也夕同吟梅要劉趙馮循西徑入少城出崇麗門而還煙月冥濛頗欲春煊
六日陰點宋史一本曠功三日矣彭副將來見校胡詩重看李三篇乃是學唐人世皆以爲學焦仲妻前卅年與伯元論此詩但嫌其不似不知其所似流光電迅獨坐蕭清宛如隔世矣悵然而罷看宋人小說聊亂吾意
七日陰昨夜雨忌日素食廚人遂不爲客設點宋史一本校胡詩多獨坐少思劉年姪來衝破忌日去年此日大雪寒喪年晴亦寒念之皆若昨日事
八日陰校胡詩見張副將芸閣來留午食去拔野菊種水仙李藍告去

九日晴日色甚佳風霜猶冽有清景也李世姪來未至武擔山文殊院弔張怡山與松翁同往黃周朱崔四道曹何某三知府作陪坐久之但有蒼蠅初無青蠅投暮而還李楷字宇輝來訪迎梅因見泛談夜月寒明校胡詩畢點宋史半卷李世姪忽然晶頂花翎可駭也
十日晨霧過午乃見日李蘊孚張門生來得九月十八日家書及蓬海書潘撫亦知請幕友殊勝惲李王劉下也張金剛交管東黃子壽頓貧賤彭雪琴請李次青爲記室事皆可喜愕將與吟梅至督署適稺公來要不可步行乃舁而往今日爲八郎生日設酒與穆孫同坐高談快論有慨乎其言之
十一日晴竟日游衍未決去留李世姪來點宋史半本校胡集畢送還詩舲進士看小說一本夜月水仙盛開
十二日晴董文蔚來復蓬海書伯璵來辭行還銅仁點宋史半本律曆志並列六家皆算說也於此知西曆入中大有所益然自明以前亦尙有世界又爽然矣比夜月明諸生入談者無問難不足記
十三日晴點宋史一本緒卿來久談並送申報黔藩以李道超擢江藩臬道遞遷黃兆樫降調陝撫立罷發家書第十號並復蓬海
十四日晴晨起未事朝食後與吟梅步至督府送孫伯璵行稺公留飯並示雪琴書意在索餉而語不中綮初不料此書生如此不通也游談府中竟日夜乘月還看宋史一本廣南六十州數之有六十二有無數不見名者殊可怪歎
十五日陰以收課不出點名並去先懸避客門牓示欲去之意葉化龍來成都趙生執贄來見得李毓琦書送苞苴卻之芥帆來言待時而動及人心險詐云云投暮去看宋史二本
十六日陰朝食後步過松生因至會府街買玉椀訪但郎不遇至翰仙芝

生朱次民處坐談而還得家書及松生海外書將謀還湘念行止輕率不似老成人又方留客在院不可舍去默然自止復馬伯楷書
十七日陰發家書及劼剛松生商農復書遂至日側復毓琦書看宋史一本兩吳生入內論褻衣
十八日陰開聖壽門換雲母窗未畢稺公來談蜀中積庫銀至四百萬可以遠略甚有請纓之志余云外寧可冀內治難澄亦徒勞也當今乏材誠見殄悴改五始表條目馮生入論文母余以爲雖爲婦人之容說雖爲成王大昏之詩以魯禘太廟致夫人沿學此禮而誤也大姒倘存爲王母祭亦必莅焉雖舅沒姑老而祭夫當親之也皇考爲太王烈考爲武王此說似新而有意
十九日晴黃崑來稱有事及見乃求薦差從黃紬被中喚人起而干以非分之妄想殊可笑也看宋史一本鈔春秋表數條

廿日晴因周生寶濤侍母疾不知病證與諸生言父母之年不可不知蓋爲侍養者發或有父母壯盛而視爲衰老者或已衰老而如壯盛者皆宜知年以消息之乃於喜懼有關切慶保軒來言保舉王心翁生日往拜之始定改春秋牋錄作副本刻之夜看宋史一本晝多行游夜坐忽然不樂於養心功夫全未也徹壓愛憎隨人俯仰乃有避世之志此非能游羿彀者若遠引以爲高去俗情幾何矣

廿一日晴改春秋牋數十條看宋史半本聖壽門始開通步由少城至北門街將訪芥帆誤過鄭小軒數月未見之遂贅矣復過丁館久坐主人未出而還便答曠張均不遇急行而還李總兵送潤筆受其水禮猶過百金貂冠行韓甚副我用然在彼爲輕簡因與吟梅論之吟云蜀中難配千金珍玩余云研畫可也言未畢張總兵送宋研宋版書至拊手大笑葛玉云崇星階求宋刻事類賦甚難購因而受焉復書謝之今日上

門而元寶滚進雖不入懷亦可喜也宋硯云大劉妃所用

廿二日陰朝食甚不適減飯之半偶出講堂聞叱喝之聲紅帖飛奔司道並至方加冠而有此祥又可喜也新臬使如冠九花衣來而不設拜余告諸生謂之不稱其服毛蘷翁復衣冠來拜辭亦不當辭謂之不思其居看宋史半本改春秋牋三日始得二年耳自詫精奇惜不令仲子見之始安三牀以待娩客蓋經半年辦置麤畢又損卅餘千買一假狐白裘四季衣服又麤具陶朱公三致千金不能過也明日冬至憶辛亥於江西道上聞鄉祠吹管不勝節物之感今乃不知哀情何從而生老而慣耶老而頑耶言老人多悲者其不然耶

廿三日庚子午初冬至朝起甚早始裘飯後出賀岐子惠生辰答拜司道乘詣督府唯見錫侯道遇周朱耳還始未初假寐一時許改春秋牋一年光孝廉送花來云毛甕亭送四盆兩紅梅兩山茶光代買兩黃梅兩山茶時紫菊猶苞因吟一律（鼓梅關沒菊殘花令節閒居玩日華大慶郊壇遲歲歲冬祠頒鼓自家家諸審數圖書雲物三峽須年問斗樓正午定知勝夜半早看陽氣入靈芽）齋長來言生日公宴力止其說似不如避出爲妥往嘗識雪琴棲皇躲生今乃知孤身在外有不能不逃之勢雪琴習慣耳

廿四日晴蠟梅盛開念稺公垂老而無視聽之娛乃至時物之不知見遺畀一瓮送之鄒生來勞主事來辭行還長沙又附一函王仁元來請宴亦辭謝之改春秋牋一年閱宋史一本

廿五日晨起寫對聯兩副飯後改春秋牋一年畀出答訪勞三郎乘託寄家書十二號及紬疋過慶保軒並至督府少談還改春秋牋一年看宋史一本

廿六日陰晴光孝廉送梅枝稺公來答拜因談刻書事並欲作池亭且和余至日詩改春秋牋一年閱宋史一本劉生入問六服之色余以大裘

之表爲緇色與士緇衣同而玄冕衣當黑色蓋避大裘緇也然則大夫士分王服羔裘毛裘之色大裘表亦用布后六服之緣衣緣衣則字未易定也吳生入問衣緣余以青赤文赤白章白黑黻黑青黻四色爲緣法龍章爲山水山以章所謂上正章水以龍蓋象水波又加龍卽臯陶謨山龍青也又左衽當是對襟衣當中開襟不必紐扣便可加帶夷狄上馬便速襲衣手肘或申而不屈亦可加結故襲皆左衽狄亦左衽今西北馬褂對襟中有小衽在右襟掩左是其製也

廿七日晨日忽霧竟晝昏昏稍寒頗重改春秋隱公畢方看宋史王仁元來索五始表自錄稿與之遂盡半日稺公送花約飲均辭以出城去矣院內外爲余生辰紛擾明日將避出故先匿迹也宋郊廟詞喜用隨字又夕月詞云往千卿少乘秋氣中往千不知何字之誤豈往千畝以卿施少采夕月耶深所未喻夜稍煊勉閱樂章畢一本改五始表自鈔稿

發王生錄之
廿八日陰晨起命昇𢌾被將行王仁元來問春秋表式悤悤看定巳初出城行甚速過歡喜菴欲入未得至將軍碑取小路渡紅薯領過二臺盡岡行則至新店矣店小二處我下室方自以爲野老爭席海鷗不疑也俄而店主任姓執禮甚恭自掃中堂再三延上辭不可得遂據獨榻看課卷至三更猶未畢頗寒乃寢夢呂洞賓示我一紙云明年月日有仙嫗陸姓實姓石也以知呂爲驗其日果有老嫗來問之識呂否示以圖則笑曰眞洞賓也但無須耳余頗疑之見孺人盥手似欲致禮方訝之乃倚牀不顧其嫗亦隱去余知其僞祝之則隱門後亟令之出見其年忽少而著紫衲余云夜深出恐不免姑許一宿此婦云家中不可離乃令易衣欲以半山衣借之聞半山索蘇合丸甚急意其不肯借衣方欲別取之而醒少焉復夢爲人述此以爲甚異蓋一夢而一述歷歷可志

姑記於此
廿九日陰午後晴晨起令昇夫飯畢而行將再前進念勞夫力閱課卷畢定等第而後返新店盧集猶未盈也余晨食湯餅昇夫亦不午食徑從北門入城至三橋則遇翰仙西御街又遇緒欽皆爲余生日衣冠至院始還耳日云暮矣賀生日無此早客也吟梅復衣冠設拜晡食後發案今年放學矣穉公今日爲余設竟日之饌遣幼子親來迎芸閣與俱司道府縣皆送禮致祝向例所無也穉公送山茶二盆光孝廉買白山茶一盆均可賞愛
十二月丁未朔陰晨起謝張王朝食後出謝客入督府則穉公爲余陳設具備留早飯辭以當謝客乃出行北方如蟻旋磨至申而畢入者唯機局恆鎭如价藩三處仍還督府見兩綠轎知招客陪我者疑其一爲翰仙一則莫測既入則价藩也俱在芸閣房均忘機恣談中外時局乃知

劉毅齋遂兵右矣可爲歎息翰仙又言有陶森甲者來訪我不及待而去亦劉客也二更還改春秋一年作喪服凡例八條穉公張藩臺均見贈新詩
二日寅覺甚愃枕上和三詩子律旋宮超正聲黃鍾大呂共和鳴深知政本先文教御愧安車聘魯生小草出山春更好寸珠盈手月爭明元亭寂寞頭堪白炎道攜雛似爲癲顯見文翁化蜀圻五年變舍學搖衣穀梁頗欲纔劉向草木仍慚問陵璣北斗京華傾舊夢四山晴翠擁朝暉黃扉盛治依公賴未得見歌但采薇兄事論年後一辰受應仍是在邦臣高吟偶衆梅花笑元氣訊回柔谷春處士獻酬賓戒孫庠門坐立禮須循邵國從容饒歌會早辦公堂壽酒新晨起書之改春秋二年看宋史半本張門生曾昭吉來昭吉送日圭新法製爲圓盤斜針甚便於用陳蒲李胡劉張范七人設酒相慶吟梅爲賓中集戌散
三日陰竟日補作春秋表喪服學凡例並考日月不相蒙之證排年編列已數百條而猶未半恐無此表法且姑置之看宋史半本
四日晴和氣如春花香鵲語得閒居之樂看宋史一本改春秋二年張

藩使來久談將暮乃去葉叶生復來似甚從容不知人間有晝夜者諸生劉夏先賾周胡蕃臣念賾哲克馮周呂趙設酒相慶已久待矣上鐙客乃去點心不復上遂就坐極飲劇談唯其言而莫予違甚可懼也
五日晴霜改春秋一年看宋史四本翰仙來久談繙沈壽榕玉笙詩不及李詩眷也院中料理年事蒲生言及臘八粥始悟節近發公費銀作之黃梅始香紫萩益茂嘉瑞也萩爲孺人名今年正五十而有花祥其偕老之徵乎孰能過年實從來所未聞
六日晴院中人盡出獨坐前軒改春秋一年易簡軒來過錦江書院與松翁略談還將閱宋史意甚厭之勉看三數葉又閱雜書數本緒卿來久坐去遂暮輟事
七日晴早起鋪設待客王胡二生鈔仲子遺書成校儀禮一本前後顚倒殊難尋檢翰仙午正卽來芥帆繼至中正穉公芸閣始至翰仙爲余設

酒甚爲費也無事可論唯言俄法事以爲談柄余往年爲闓丹初題王
煙客畫詆嘗江南人國破君亡皆爲詩料今毋乃類之乎士不見用視
時事無不可笑者但未歌咏之耳
八日晴廚中作粥遂忘早飯至巳正乃得食改春秋一年黃郎來久談午
後約芸閣來公請幕客及吟梅申初芸閣始至湘石幼耕少海來猶未
晚酉正入坐戌初散月華鐙光相映殊有清景襃回久之不知夜寒他
鄉無此景也孫生鴻勛來言越南事云劉永福不敢見官及來乃是紅
頂花翎人蓋苗先生之流也
九日晴尤煊改春秋二年計廿日得廿九年廖生自太原來言近事詢香
濤行政及笏山志趣云不甚相合笏山未肯爲之下云不遷卽告退矣
異哉請人保舉乃可鳴高耶周生亦自安岳來與張蒲王光俱久坐而
未多言未正出謁督府送仲章遺書二種呈之以穉公諄諄欲爲表章

不忍違其意然非逝者所志也便詣張月公談京中事特詣如冠久論
書法及康熙字典之善還院已暮大賈胡光墉者蓋爲逵逃去店帳盡
倒欠差足爲饒張解嘲戶部爲之震動則尤煊赫
十日晴風有寒氣可重裘遣送王生潤筆不受復令錄新改春秋牋以舊
本隱桓莊相連更從僖改之義例便覺不貫仍索回次第鉤考始知經
文之密也光孝廉送蠟梅來价藩亦來請客便舍業陪客翰仙繼至穉
公芸閣申初至如冠翁來答拜出則已去申正入席戌散多談吏治意
見各岐翰仙頗愼言价藩多爲田秀栗道地付五十金喻洪勝槖已欲
空矣
十一日晴霜感疾欲發不發思養靜一日未理日課和合來張門生吳明
海嚴岳蓮劉胡呂諸生均至昭吉送牀制度甚麤而價極貴聊存湘制
耳牀轎遂去卅金亦可謂無名費差賢於羅婦工價而已少年習氣未
除猶有傅粉施朱之態改春秋一年移筆匣內間將有所述悤悤竟不
暇不看宋史又四日矣
十二日早霜陰冷朝食後晴看宋史一本昨夜夢甚甜而寒疾頗發飯後
似愈因循嬾事王毛兩監院俱來無甚可談短日劇長咏詩自遣初論煦霜
氣暉臨霞林激霄似縣玉黃梅如殿金東檣引喧步四閣散寒獨積懷喜得舒來游唱高吟地偏寒暑均徽候美重淑時閒良會飛觀化味
霜桑隴草舉綠綠堂鐵吹殿幽人靜短日長謝頭鐵殿殿香生亦已久塵事閒擘尋猶惜此萱閒遺遙身移陰遡人恆書夜腫此明月暉四
時獨有冬寒靜遠我猿[illegible]貫雖久留但恐殿霜飛高蔽屏陰節尙照秋花拜明盤玉階前上見繁星衣覃動息中宵流光期四圍迴會讓餘歡
主酢賓酉歸圖錄方未滿頁游弗相逢 廖生復來談留飯去
十三日霜晴煊看宋史一本輿服選舉俗語公牘字均不可解至今當有
注釋前看未細比來甚苦之乃知史中最難讀者宋史也改春秋一年
欲說首時皆有意義未知可通否姑妄說之滌公所謂臆說家者近類
下官也閒日甚多晴冷所得不可多逢之境乃知出家誠爲善福

十四日霜晴晨未起葛玉云昪已駕矣和合子周晬因遂作生日乃起衣
冠往聞張祖榮來便往拜之繞御溝弔王立誠而還价藩送舍利似豺
似豹古蓋以豹名之日食牛肉一斤周雲崑道臺來楊大使來改春秋
二年看宋史一本夜無月職官志都司御史房文有脫誤
十五日陰晴
先曾祖忌日素食當不見客而先未傳語亦因芮顧公請不欲辭之以示
異因素服見客如常張總兵來計莊公尙有廿四年今年不能畢因加
一年日改兩年夜至李湘石處芮顧公設穆洪爲客步月還看宋史一
本職官志未點補點廿葉
十六日晴晨晏起改春秋二年張靜涵穆芸閣錦芝生劉年姪與周從九
渥蕃同來劉亦荒唐未若周之可憎此種人不死殊爲可歎點宋史廿
葉王生來言崇慶盜劫事

十七日晴煊昏始欲雪裴回庭戶無所往還改春秋二年點宋史廿葉夜又點廿葉遂盡一本聞彗星復出將候之雲陰不見馬生來已改業從屠沽矣亦荒唐可歎彭子茂門生也夜坐寫字頭欲眩暈

十八日陰未冷看宋史一本顧生至自京師四年不歸氣體豐腴但嫌早發耳詢豫秦事未甚通曉唯言三晉枯焦芴山鬱鬱不得意孝達芒芒不得開孫生繼至遂及半日改春秋二年為胡生看詞成都府教授范雅南名元音有孫為縣役所拘已撻面數十往保釋而不肎云公事不便異哉儒官無用一至此乎縣令橫恣又亦可歎欲求余道地余云下告本府上告方伯若不得直吾為爾宰午夜不寐雜思無端偶憶經綸作詩一首太沖所云夢想騁良圖者也（華陽館喜顒印伯久別恕歸園詠所至山川有感而作余梅）

（未放山茶開殘冬欲臨春裝徊戀攀挽庭隨不去朝朝喜見行人回肩行萬里無塵土歸入書帷對深罪四年守靜辭有餘曾帶煙雲向嵩故自說今年爭倍書不遂目宿燈染輪秋清雨止鄉思發太行雙峯迎歸驅我昔風塵事干謁王門曳裾仍敝褐爾今四海不逢人過曾豈知張

孝達年年貢米泣題雷喜得今來笑指溫包看摩訶水艷艷應知燕雪氣氣南陽紫氣速伊洛傾恨襟情在邸鑾天竺南突塵舉陽芒芒禹迹周京聽九州在眼几席寬誰能更歎行路難儒生不識從事且作渴飼對佐看（詩有經史學自漢以來無此宋自顛沙溝不遠諳閒此漲買島所謂知音如不賞歸臥故山秋壹不自信也）夜欲取一婢自侍俄然而止又因顒生感我親養而得佳詩自喜有二善念（廿歲讀唐詩頗怪初唐人好用泣題帽今日用之種愜）

十九日自丑初不寐枕上成詩辨色而興自書三通又閱書一紙稍愒外齋稺公書來慰問因論二事一無辜久繫一滿兵小賭與縣役鬭毆將軍頗察其情府縣遂非必欲得之聞臬院司矣為論丁役無賢不肖之別賭風不因此而盛衰文頗簡當近於曾滌丈所謂典顯淺者府學教授孫亦為捉去令早往訴之首府乃得其涯略而官孫已枷杖矣且不遽釋可怪歎也夜乃釋之歸又可訝世人事理難知真不能與游竹坨視泥瓦之不若竹坨必用紫豪者改春秋三年終日高談遂忘看宋史大要今日人情總不聽人話起滅由已有夷狄禽獸之性夜煊

廿日陰愈煊晨起作書與張伯圓論其家妻妾分離事同鄉皆責其寵妾虐妻余以其妻動輒告官不為其夫留地步書中獨罪嫡而譽妾殆可謂巧言如流者飯後答訪葉叶生尚臥未起過价藩緒欽黃郎芝生處皆久談至機局見扇筐以為司道必有至者問翰仙乃知兩縣亦有扇外省所無也冠月蓮价錫繼至府縣上參仍退稺公到仍不入坐使語為府縣私宴必不迴避官體無禮可笑看稺公詩又看省耕圖酉正入坐設食不旨熱氣相蒸甚不飽適戌正散改春秋一年看宋史半本宋史志卽鈔官帳若欲考究大是一家學問當勸嚴生為之

廿一日晴煊得王正孺連希白京書昨問蓮翁乃得之不知其學家變邪抑巧值也改春秋二年看宋史半本劉年姪送魚酒卻之穆芸閣送饋頭光孝廉送水仙花次民來久談王文楷來見荒唐人也如冠九送年禮今年本欲悉謝司道之饋以其新來無交情未敢開釁受之遂皆不

能辭矣范教授來云其孫未釋但散繫耳王芝生云范子在定遠橫於其鄉似有假手為報之理但子榆送漢書來請正又送雙桿包學近復欲行邪其論執筆乃捷法其言書則非也子偲並以義書為非真其言近是要之義書固自一格未必為古今之冠馬先生云義不如邕乃為要言不煩

廿二日陰愈煊復縣衣朝食罷改嚴生文半篇司道來催客乃知其早飯也席設鹽署急舁而往則督府已至菜用正興園亦尚可噉未正散過將軍賀生子不入而還得家書半山竟不來忍人哉俊臣奏我作令山東（功見誤傳也乃請年上繳稅之教習特旨發往者非倖冒與請）不意垂老而挂部籍大似莫子偲改春秋二年

廿三日己巳大寒陰煊昨夜丑正覺遂不寐至卯正乃夢夢坐一小船跂足舷邊榜人婦來就語仰視之年可三四十容光壯碩慰問甚殷篷上

漏孔見榜人衣角光景歷歷驚而醒辰正矣又睡甚酣醒已巳初朝食
後要吟梅同至督府稺公出談又與芸閣同訪臧師耶出至機局尋昭
吉不遇與翰仙談見楊子書言長沙事步還已暮改春秋二年人家送
竈始夜爆竹甚喧根觸年華唯十餘年尚堪號㒵餘歲依約難尋矣崧
甕送年禮
廿四日陰雨院生多入見者王芝十范孫並釋槩因來謝晏子顯生復言
新歸之樂余默然自念萬物得所一身羈孤可感也於此悟聖人忘身
徇物之非樂誠不得已耳改春秋二年莊公篇畢用階來久談送史記
還但郎晡食川北饅頭一枚半已飽夜亦未食亥正還內欲書雜事覺
窗風漸寒甫就寢復聞外庭竹棍自倒有聲不知何物將起視而懶著
衣遂止旋聞各處地壁皆似有人行久之燭滅不覺睡去
廿五日雨止陰煊復欲晴矣春秋已過課程但須補宋史飯後看三數葉

得京報張藩授黔撫筱山移蜀遷除正在人意計中爲之起行襃同合
掌贊歎徐琴舫館運亨通矣張笠臣又失一知己可惜也求則得之斯
言可味但誤我半日功課耳還坐看宋史畢一本宋史實不若京報之
可樂誰云開卷有益者李提督來謝夜復看宋史一本水仙始香江梅
縈綻將於明日停課以翫春華
廿六日陰煊晨起未食寫二詩送張月翁升平頗欲睦軍功再起方知雅望尊俎論兵非武達郡亭鳴鼓鼙時雙廿年喜見三持節萬里猶思一挽弓賠箐荒殘廉吏少矜附爽夏被仁風文宴三冬笑語歡發司簡靜吏民安乾嘉老輩留元氣黔蜀鄰封仰將壇惜別已催與柳綠留春先歡嶺梅寒衛中樂授成羈話我歎慕難欲去難已正早赴臬署蓮翁招
陪督部方以爲早比至督府已先泣矣翰价崧張繼至午初入坐申正
散論移署不出我料往緒欽處少坐答訪周雲崑過李署提道遇吳明
海月波爲之下舁答禮還院遂暮半年酒肉朋友紅黑頓殊頗增感歎
夜閒無事改春秋一年周緒欽之慫不可醫者也既不喻我語而又言
在人意中假非愛屋而及烏豈可與之往還此等人而有雲碧之書尤
可笑噱
廿七日晨起呼光孝廉買花稺公送銀四百兩始開銷刻工料理度歲付
喻洪勝五十清還錦芝生百金出詣張月翁賀喜不入便過錦送與之
入督府答訪用階用階欲我請戲酒芸閣又言前公請不派錢因令傳
班召客歲暮寂寞聊供視聽之娛
廿八日陰光孝廉送雪蘭紅綠梅依王熙鳳法落得受謝但紫餘來取漢
書去看京報崧甕復兼臬篆价藩爲作謝表以兼人之技對一己之忱
語有刺譏欺滿洲舉人也崧恐价妒而故嬲之自謂善於納交然亦險
矣
廿九日晴辰起傳班未至如冠九來未入送禮者紛至沓來概以不了了
之芸閣用階近韓芥帆芝生先後來鳳全署縣竹來辭年亦少坐去午

除日陰晨起料理歲事緺子婦及族孫來言苦況丁家子孫來者五人均
見於內室張門生來看京報宋九被劾罷午出詣府縣司道候補四道
督府松翁均未入馳還至暮與吟梅飲屠蘇曾元卿來諸生來者十餘
人夜步至督府答謝芸閣用階近韓在坐稺公亦出談亥還待辦具祭
詩已子正矣啜茗而寢張粵翁送和詩來極其恭維
初開臺演回獵開臺掃秦散戲

湘綺樓日記

光緒十年甲申

十年甲申歲正月建丙寅丁丑元旦晨起衣冠出講堂稺公來賀年衙頌如來未入而去諸生續至者十餘人稍間入內齋早飯神生來賀且二班芸閣昭吉五丁子孫來李懋章闖入客去復入稍愒方及午正閒和張撫詩良宵得句慶成功便列鵷行擬鄴崇官閣錦梅仍集笑雷門布鼓欲忘聲前臘已辦臨邛將事園新釀習伯弓喜見元辰迎兩節迪班筋吹協和鳳驪歌無恨嗟餘歡爲喜四南得治安好助唐虞遞耶未妨秦系園吟啞八騶緩踪知心暇萬里提封念當寒今日三危抵天柱勒銘誰道伏波雖晡食甚甘飲酒一杯晚要吟梅步從南門至科甲巷還從總福街過北門而歸得張楚珩書半山於十九日過梁山計三四日即至矣喜可知也張伯圓復書夫妻嫡庶大和豈所謂暫且相安者耶李世姪書來賀年夜飲二杯微醉

二日陰有風微涼張羊令吳光原入賀年飯後遣文八往太和鎮迎探遠人出循例拜年遇尹殷儒於門彼此均不相識而相拜可笑也入督府值將軍後至武巡捕竟未傳帖門開直入亦一奇也至王秀才齋少坐又見賀四先生皆未嘗往還者吟梅後亦至芸閣齋稺公出談近韓後至王生簡靜有道氣語不妄發丁孫之師也用階亦在坐晚飯至夕散得王生光棣報得拔貢陳寶亦得拔改名瀟殆欲人呼爲蕭邵御史似亦非無耳目人人正未可意量看京報伯屛知大同元甫賞朝馬周家楣文煜俱被劾李秉衡移廣西豈原籍浙江耶抑當今人物也夜至亥寢

三日陰馮周蒲劉趙余吳生黃夢子用階臧嶷見談未正略愒呼匠計露臺値卅金欲作之未決也停課八日矣從來無如此久閒王立誠字子修楊其僃字佩芳二人字皆旋問旋忘不可不記劉生來云邵御史病甚孫公符革職

四日陰頗有寒氣晨起衣冠待客近韓來同出補答賀客惟見張子靜尙臥未起也循東門荒遠處皆去年所未嘗至者還小錢來倦未能見飯後黃郎來論團拜事王心翁病愈來談補服不挂珠問之云方親數轎錢朝珠絓手故去之問轎錢幾何云三百卄草堂寺僧爲送二百其明日則須三百八十昭覺僧可出四百然不敢受也佛門錢用之罪過又不能辤徐圖補報可耳聽其言娓娓有情理不自知其前席詢其得病之由則言向書辦支三十金不得至除夕萬弩齊發忙而愈焦遂不能支也八十五翁有如許精神只是心無知覺耳

五日陰欲雪半山竟不至張龍甲慣受騙以騙我前後被賺百千可笑也竟日未出亦無所事盧室生寒始有冬景夜霰敲竹凜然冰凍

六日雪午前坐外廳俄然皓白紅梅鮮潤尤饒豔賞頃之雪消見日改門窗移几榻久之但覺晝長餔後燎薪向火獨坐至亥乃寢今日迎春以

國忌移早一日似無舊典

人日陰晴晨冷午煊發帖請客開菜單亦爲功課與李代瑛以捐簿爲日課事正同也芸閣松翁俱來久談松翁自命涅槃無往來余云君自視能如世尊耶觀君根基正生淨土耳新歲韃椎此爲最切劉年姪來未坐而去乍寒乍煖殊不似冬景張月翁又和詩來此老好勝不肯讓人前不至雲南蓋自度不勝任而止以怕死譏之人不經用幾枉卻人材非以其諛我而喜之也然彼又送出一頂高帽矣

八日甲申立春成都在申正三刻蕭張來正換辮絲而錦又至亦吉兆也借廣敷論說三十六種自乙夜看至丁夜盡攬其趣蓋一講宋學大癡人其異者喜引古人詩文論事又引古事論詩文於小說取紅樓玉茗曲水滸傳略近金人瑞而佩服姚姬傳先生梅伯言郎中則俗之俗耳才氣辭華皆可觀視其六兄則大過之尙不及包愼伯也改春秋一年

得怗荆之義文八欲以誠致主家久而不旋亦復可念近日間雪間日夜冷

九日晴見日閻易來言萬師耶不喫洋藥但近視耳治具招張月翁稺公芥帆先來翰仙繼至稺公來後頃之月翁乃至并送蘭桂雜花爲別申正入坐肴饌尙精客不多食主人未便飽啖也戌散有月鐙火淸暉無客中蕭索之景馮生病血往視之近歲苗而不秀者多殊爲忡惕曹桐軒太尊來

十日晴朝食最晏至巳正矣飯後卽出過崧鹽曹府俱不遇至貴州館稺公因團拜招客如崧王黃鳳願俱先在更有楊椿橋朱次民何香雪羅以禮張中軍皆雲南人頃之月翁至點追信一曲雜戲數折將軍岐元子惠來設麪又送點心酉初送酒中間龍師擁至甚爲熱鬧月公首坐余東岐西余與王蓮楊椿朱次羅裕同席酒肴甚盛鐙火鏻璨前所謂絢爛極時也踏月自歸寂然無人所謂平淡好者矣文八亦自中江還云有寧鄉黃太太妊身就道在順慶度歲龍甲所以誤認矣小數奇驗非解人亦不知其識也張貽山送詩來

十一日晨霜大晴巳初乃起以昨夜寢已丑初又怯冷也盥頮時霜早銷矣日色乃漸淡毛監院來門役取婦而逃跡至其姨家婦私者成都府恙也乃責其妻令不得妹不得歸又云爾可告官治我門役還姨已至俄而婦兄妻亦至云其夫走去已欲嫁皆反居門役家此事離奇使毛訊之呂生引一劉銘鼎來云字重甫學爾雅文選楊昶知州來字瓊圃極荒唐人也劉鳳修字永來云有名條宜代交夏觀察本有淵源非無故而干意氣傲岸若甚怨望者又云他人已亦難攀若惟我可俯就者昂然而去大似彭笛仙借錢氣象先甚怪之旣而思笛仙道高德重尙有市井之態人急則生不肖之心鳳修又何足論然亦奇矣記之以告

子弟改春秋一年遺覓貂袖於錦不得於慶衖之張中丞送燕席一桌不知何人所送而以詒我不可辭謝勉强受之方與吟梅談宦游物候之詩高吟欲詠而人事相擾有類催租也此席擬以奠唐澤坡蓋去歲欲祭未果者家媼旣不至故宜了此一段蘭梅香發朧月不寒極佳光景也

十二日晴辰起詣唐家上香至公所團拜至者才一二人耳卽飯於別室待諸客有見有不見駐防鳳苐棠普請城中見任官設六桌余與芸閣陪將軍岐子惠曹李二太尊陪余看戲喫燒烤至子初乃散初以爲喧雜不成局竟亦敷衍無笑話得周芋生書

十三日晴陰院中作一敞軒今日塡土督府龍鐙芥帆龍鐙纒子婦來拜年云李姓欲以婢進異哉奇想使人毛髮竦灑爲言人有天性薄者不養父毋至不顧妻子則彼妻子厚而失養者猶爲成家人也此言可勝悲淚崔玉侯道臺來與循舊鄰也對之慙愧親兵營龍鐙來獨有解數得長沙棍法各以年餻湯圓彩紅靑錢答賀之盤龍者翻綫之遺獨長沙有七十六式督道二龍不如也以媼屬未至故無多賞和張貽山廿韻夜膠半山吟雲液旣歸二句余連呼之乃搖手似恐人驚者失聲而寤明日有趙恩祜知府來字六雲請定詩集蓋其應也

十四日陰有日影唐提督子趙知府來徵疾屛事復書周芋生周道臺振瓊來請練勇自效李玉宣自邛州來賀年熊坦然來談

十五日晴午後陰晨起小食舁出答訪沈道臺守廉唐營官珊峰李邛州玉宣謁芥帆雜談喫藕粉過張撫部督府先在巡捕謝客還過趙熊均不遇入院已向午周寶淸引二王生來唐珊峰來許時中張月翁先後來月翁論頗有邊際大要不以王如爲然而頗賞周熙炳則未知其意要之明白不結實不如其爲人也戌正復瀟瀟而雨助我蕭淸張伯圓

送年禮瓢鹽云瓢鹽甚難得

十六日晴昨雨專爲元夜因檢日記比五年元夕皆有雨宜鐙火之不盛矣夏叔軒來意氣居然闊道用官禮自稱鄉教弟余大以爲不然亦猶曾沅浦之以晚輩待我見識不能高一篾皮也楊其偁來禀辭余又以爲不然宜入世之多忤申設要如冠翁黃澤臣錦芝生王蓮翁周雲崑會食錦最後至後去作書戒縉子復伯圓冠九欲請余公會余方欲辭而蓮翁遽云不可曾不待我辭畢其可惡如此正其老實也宜崧公之侮之亥初客散有王蓮鑒宋研云形製非古似是鑒家

十七日陰新軒將成釘桷聲喧朝食後出弔岳生父喪少坐出問慶保軒病賀翰仙生送月卿芝生行答訪夏陳鋮道俱不遇飛轎而還夕食後少眠夜改春秋三年張家照引趙生來求住院馮生血疾告歸陳用翁來辭行云越南劉軍復振法人聚保河口凡言交法軍情余皆不信以

遠隔難審虛實也就所聞料之法交實無戰事疑民教相鬨耳而海內皆以爲法人用兵中國震動所謂大膠（玉階苔欸賦羅鞋風颺帶邊見小閣笑倚闌干不聞語背花遙駿動金飲（有指））夜膠至一處新屋十數家云是長沙城中有一家金字門榜書舉人旁題彭申甫余笑此翁老不脫俗蓋其子弟所爲也然屋皆無人云係新亂寇初去朵翁亦未見

十八日陰朝食後欲理經課書院內外諸生來翰仙來言送撫臺事又論燕魯公請必不可去去則司道憎厭有甚飯後鐘余唯唯而心欲去甚恨翰蓮之阻我也臧倉不遠幸身見之他日必序此一段以供後人之一笑午後出城至惠棧小苑中候送月翁不敢令羣官知獨臥半時然不能不上帖已而從人叢徑入見諸達官一揖便去誦袁子才詩云金貂滿堂狗來必笑殆謂此也袁未嘗游金貂之中何以知狗之見笑余自居於狗來去倏忽乃有神龍之勢未正歸頃之周朱兩道繼至李和

合久之亦至崧鹽在後田總兵中間來自云至好亦一奇也酉集戌散客亦尙歡王天舫詠陳平詩云盜嫂漫吹毛幸免吹而已理書去夔州

十九日晴午見日至申陰范許兩教官張門生董妄人來招諸客飲恆鎭如張子靜穆芸閣鳳萬堂但子餘顧相山先後來申正集戌正散食客殊不踴躍不及道臺以上餔餟可觀也陳茂勳來

廿日晴晨出答訪田鎭李提夏道何令陳縣丞惟見何夏何桂清之子楊坐師之坐師也余以世叔待之執禮甚恭何意甚喜巳正還過許訓導不遇遇顧象三於途午始朝餐收拾鋪墊初理日課改春秋箋三年范生來留飯余意欲別調諸生中數人入內舍教之范當其一夜雨

廿一日陰胡進士黃壽湖道臺毛王監院來聞江瀆廟開門步入看之無一古物惟見黃翔雲綠轎甚新在正殿下未見黃也始欲鈔經而無可寫改春秋三年點宋史半卷錢法字句脫誤無本校改

廿二日早陰午晴春氣萌芽風日清美點宋史半本改春秋三年始補月來逋課得每日一年也得郭見郎臘三日書猶欲逗留三版船想尙未行竟無信至亦可笑也李總兵來投帖未至齊敬齋來見未坐穉公來車馬盈門總集一刻送敬齋去穉公入已行裝矣云後日當往川北閱兵又言得岑公書劉永福已戰沒岑爲氣短唐㧻命亟逃回昆明矣胡進士父壽昌來作揖請安自言讀書人也

廿三日己亥雨水陰夜雨改春秋五年點宋史半本夊史志難讀全用吏牘俗鄙字而不下注腳作者蓋自了了至今全不知爲何語若其文雅健猶可令人注釋之乃猥雜可厭萬無人肯爲宋史之學終古必無能通之者可笑甚也李游擊祥椿來署馬邊副將吳明海云美缺也欲出以　國忌未果況氏送來一婢神似井研廖生年十五矣高僅三尺亟揮之去李太耶欠帳債主欲取償於我而爲此計劉夢得詩云誰將一

女輕天下欲易劉郎鼎峙心佐雜缺之比天下亦猶此婢之比孫夫人
思之莞然使劉郎視孫夫人如此婢則鼎峙不難矣西施玉環又何人
耶凡此皆長進學識之助光孝廉復送矮腳水仙頗似南產但葉色深
青耳水種與土種大異
廿四日大晴朝食後舁出至督府候送尙無行色坐芸閣齋稺公至談頃
之尙未飯各散余過近韓談遇王笙陔芸閣繼至復同還芸齋待未起
喫素麪督府發礮余亦飛舁出答訪三客均不遇道中見晴光朗麗不
覺有遠游之想還看宋史半本改春秋半年傳二十八年事最多未知
亦有例耶無例耶趙劉兩生來見素服而談及樂非禮也光孝廉送辛
夷桃杏
廿五日陰雨不寒改春秋半年看宋史一本夏道臺來久談吟梅欲圖局
事而鹽局難之久而不決甚可笑也此等處又莫測稺公之意豈憎其

强取耶則乾脩一言可定客去夜坐無事又改春秋三年明日可畢釐
篇粗立條約牌示諸生暇豫優游頗能自適富順何生來兒老成人也
夜戲作客坐箴二十八句
廿六日陰改春秋一年釐篇畢看宋史一本看肯甫試牘思其孤幽悽愴
頗似海門師而好任權貴則失雅道好名不好學之故也夜坐無事復
看宋史一本宋君臣好議論無一切實語皆掩耳盜鈴時生時滅大可
爲今日炯戒安徽劉生來謁見
廿七日陰新到余生與謝生同來見樂山郭生來見調院五年不至以王
天翁率兵欲捕其弟乃來求護身符也崔生自縣州來見張子富亦潛
入內坐胡進士招飲午初即來催舁往便答訪李游擊略談乃知其味
根舊將然稱何鏡海至昨見劉生宅客殊未至以爲過早頃之周雲崑
來孟莘董劉皆雜客顧子遠熟客獨談不休盛言陸大夫之醜戌散還

改春秋宋生自富順來致陳生書幷韻稟傳元年傳云此非子也何以
知其非子卅年百說不能得今夜乃知之經文自明且愧且喜
廿八日晴早寒食時未飯至周雲崑宅會飲夏道臺亦至李穆黃三道府
來主人以饌具草野大斥廚人客皆不安未正散同芸閣往翰仙處小
坐朱丁道臺來對門周緒欽召客仍早飯諸人唯去李添丁耳未暮而
往戌正而還日課殊未理强點宋史半本改春秋箋說禘祫未可草草
因罷
廿九日晴午後陰改春秋二年說禘祫已了又於諸義似皆洞其條理午
後少惕嚴生來郭生來送雅魚略教以爲學之意點宋史半本送衣還
芥帆與書李提督薦光孝廉昨夜舁中頗有差念今日與諸生談頗多
善言治心未純頓起波瀾旋生旋滅亦爲可笑
晦節晴諸生來者相繼張門生來老張走書送白金三百兩開函甚訝之

正不知爲何事鏖使卻金復書罵之若納賄通私則巧爲門生所見矣
老張矯矯自好而行不副言不意其以昭昭墮行也天譴之耶改春秋
一年點宋史半本夜無端饜食甚甘猶恍惚視窗光未曙
二月丁未朔晨出點名開課諸生猶多英秀深可喜也毛監院避嫌不來
午惕偶眠出看庭前櫻桃辛夷已開春思甚滿改春秋一年說狐射姑
殺陽處父尙未熨帖點宋史半本未出巡少城至芮少海處會飲胡進
士芸閣湘石先至子遠崧生後來從少城還甫出城而門閉夜倦早眠
明星碧映
二日陰作書寄連慶希白幷寄男女衣料與之改春秋一年點宋史一本
（蘇文志求顧書）諸生及曾昭吉陽春婦來芥帆復來辭行芸閣催客總集一時
復和張風子二絕未正乃出至洪知縣家（辛酉拔貢歷城令）公請李湘石餞其
入京候選芮顧張賀穆五幕客翰仙觀察洪李（和合）及余唱戲至二更散

夜雨

三日陰晨詣會館團拜寄籍楚商爲主人內有紀姓書辦兄也州縣及候補武弁俱至設席十餘桌坐及一時許無顯者來出送芥帆還院午食後大睡膠彭鴻川來辭行云將渡河余送之去遇一石磴上墊磨心下臨不測余躍過而彭不能度把臂久之余亦困怯俄醒夕食矣一日未事崧道臺昏暮來云芥帆使之也夜改春秋二年

四日陰稍煊將閱課卷新到院生來見許時中來告知妾逃及王道臺陸知縣妾幷逃云蜀娼所使也張家穆玉立誠來一頌夏道臺一則罵之名山陳炳文復久坐不去客散已過午矣閱卷四五十本出送李湘石答訪蕭培元（字雲如假江南人）至次民處會飲穆夏黃周鄉道先至矣次民設饌極講究然無新品尚可啖耳戌正散得邱景榮書

五日晴午後陰發課案壬子同年王殿鳳同知來自中書截取改官江寧人老而無子十年始得少城講席頗似李竹屋甚可憐念改春秋二年看宋史表一本彭水許生復來致黃霓生書爲老張致聲陸灌縣來執贄甚可駭怪

六日陰芸閣來未入看京報唐斐泉得漢中道補科中第三闊人也張孝達踴躍捐輸然指釐金以助京俸非經久之規矣疏中一聯云以春秋之壬人恃監河之分潤此吳可讀一派崧鹽奉委來點名入談留飯諸生纔見周頌昌入見亂談傲不相下終求吹噓奇人也左生送風蓮石槲苗石槲寄生未知盆活否光孝廉送馬蘭木瓜花皆余所不喜者又云得牡丹三窠銀不及四兩則價極廉湘中每花錢八千庶幾唐時之價使樂天來此又作何感語改春秋二年說長狄未當看宋史一本恩已暮至少城答訪王子儀同年赴華陽縣晚飯芸閣鎮如但子餘先至有一生人云王子蕃縠言故守也鳳顧公請戌坐亥散夜作書寄穉公言吟梅事送夏道臺看後發得張粱山李玉宣賀笏臣書幷黃霓生老張均當復者二更雨

七日陰改春秋二年看宋宗室世系二本皆雜字不可識又多譌別不正黃綬湖來暮談借錢見院生四班

八日甲寅驚蟄陰改春秋四年文篇畢陳通判子珍來談蘄簟欲購十鋪須廿金也宋生坐一日

九日陰看宋史二本將改春秋未畢一年李懋章來求到任與少坐同出至城東北答訪雜客所行皆素未嘗過者周頌得見餘皆不遇未初過成都看問案前集諸人來鬭棋半日惟易蕭以姚耳又有幕客劉姓未聞其字二更散行月中甚有清景復感離思作一律詩不足存

十日大晴未甚煊暹花欣欣有春氣朝食後巡齋攷課諸生過四十人無問難者緒欽來陸惠疇繼至改春秋一年看宋史四本夜復看四本改

春秋一年復賀總兵張龍甲知縣書

十一日陰改春秋二年看宋史聞崧鹽妻喪往唁之卽還得陳佗書送五百金欲我派人收稅擲地猶作金聲可笑也心中忡驚得家書又言妻病乃謀還湘夜始部署留書別穉公文甚茂美諸生聞者皆來送恩恩遂至五更就枕猶不寐

十二日大晴酬對諸生自朝至晡更有新生來謁況婦亦來紛紜殊不可理改嚴生文半篇籤春秋一年清理雜紙字出弔崧妻城中官已盡知行意矣周雲崑約看花市出城至百花潭少坐夏穆黃綬芙先在李蘊孚亦至同步至二仙菴買梨花十六株還菴翰仙乃到云崧處陪將軍也崧送贐銀卻之首府縣送行穆夏黃黃周李六道府均送至安順橋登舟遂睡久不寐情思淫溢不自知其何由也江風吹頭上冷下熱取衣蒙頭乃眠舟中反煖於城中也

十三日晴巳初始起朝食督府送親兵慶太守來送行皆辭之覗江上林柯猶是早春行七十里多臥少事改春秋二年看禮箋五葉泊胡家壩

十四日大晴晏起改春秋三年看禮箋五葉行百七十里泊青神城北乘月棐行二更乃至

十五日晴午後陰改春秋二年宣篇畢行九十里水平不流棐者甚勞將暮乃至嘉定城下泊福泉門以行色悤悤竟未暇看禮箋與書箚山薦胡師耶交樂山令鄭去覓半頭船至重慶六千錢包飯約明日移去

十六日陰

先府君忌日辰一餅一飯移船陵雲山下船更小於半頭載煙葉絲頭野老趁船者至頗欲與人爭席看三年近作憶六載前游山樹依然行塵如掃泊過午無一人聲樵煙不爨春中鄉景也改春秋二年申正始開看禮箋五葉已暮矣前說雝詩爲王后見太祖廟今見昏禮說舅沒見

姑於廟喜得一證酉初過離堆水已半匡平無一浪今日行六十里泊鐵蛇壩大風

十七日陰卯初發行卅里犍石版谿犍爲地出石炭看四川土曲極無情理大概一男一女忽然而配忽然而離故風俗亦然樂操土風可以知政不虛也配不足奇離奇耳卅里過叉魚三灘中灘最洶湧而小船從尾過不覺其險十里泊犍爲鹽關船行收用錢云紅船生事也改春秋二年六十里買薪泥谿卅里泊乾柏樹前宿處也看禮箋卅葉鄉射云序則鉤楹內記云序則物當棟又云射自兩楹間然則射楹當棟又晝物自北階至堂則堂無北牆此皆前所未知

十八日陰煊行百里午泊宜賓改春秋三年看禮箋畢一本春風吹衣不生離思人情畏靜惡動唯行程動靜俱有於養心爲宜然亦可見心之不自養久矣舜之居深山爲天子是聖人之馭動靜又六十里泊李莊改春秋一年風大不可然燭乃止夜寐早醒舟已乘月行矣

十九日陰昨煊今涼早飯甚早改春秋一年睡一時許看燕篇大射篇均無可點定者改春秋二年思院中紫荊盛開不及見之爲恨手植杏梨皆不能待可感也晡後改春秋十年成篇畢酉正至瀘州行二百十里

廿日陰改春秋四年看聘篇公食篇改定數處行百卅里過合江又四十里泊羊石版登岸亦重屋疊礎巴人好依山阻非無平地也無可語者還船佔童送米來詢知江津地問至江津遠近云水行十餘日蓋習聞上水之難也燕羊鷄巢之功致也婚姻之國聘使突遇奐使臣能諸信修饍燕大夫朝服羊義士服也公食大夫館寶朝服入門四介門四四上既食致備幣殷勤實乖皮皆禮曰皮帛必可制五常璣用珍異之皮皆使用可用之皮誠而親之也聘使禮皮篝食齋鄭大璇蕤私好唯食爲正禮故主食禮備幣晉之燕皮羊皮庭實也案肆東帛也不晉帛者皆禮晉純帛五兩主於肆也他之晉加也公揖退於廡實既三飯公乃受束帛以侑庭實先設則見燕羊之皮公以束帛侑則案錦五兩以爲加幣也自從也公公門也於是賓受幣退介逆出門故見其退食從門出也燕羊之革者殷庭實攝毛於內出入皆唯見置革也縅饑也皮必以制者不以全獸故見縅也縅必於革見之賓受以出白

執束帛五兩從者執縅也既出復入委委他他然從公門入殷晉拜辭公公退賓乃率食故曰自公退食燕羊之縫者見聘使退而親頌其拜至之潤也此晉燕皮羊皮縫以爲裘蓋稱其服覿其久在位也總措總垂馬也此素絲五者謂賓所奉束帛也聘禮賓覿奉束錦總乘馬以入晉其再至有束帛總馬可以晉今案總五他之陎盜也退食而復從公門以入往來好會無間之闕也解經甚寄以此知甘棠行露燕羊殷置皆爲奉使之闕

廿一日微雨曉風甚寒思作室必當新造不可居他人舊宅欲改堂房室從古制也看禮經三篇改春秋五年行百五十里過三白沙小檥龍門灘買菜卅里泊江津城下

廿二日戊辰社日行百卅里未初至巴泊重慶府城朝天門下改校禮箋畢唐稺雲飛轎而來彭川東鹵子達均至託唐借礮船以附舟唯有鹽船恐沈重也稺雲坐遂移兩時礮船久待不來日入乃去飯後鄒生來送香劉人哉賀雨亭均從江北來兩城印官皆至殊爲驚動夜周朱悅來送禮巴令禮多受其半劉賀送酒卻之稺雲來送小菜并附銀信李

忠清來求薦因幷託之與書張粵卿交鄂生寄去聞其媿屬尙留巴也
鴻翁三送程儀冏辭之夜久不眠改春秋五年礮船比曙方至
廿三日己巳春分大晴起看船則彭鴻翁遣自鼇丰追坐船相借有官倉
無鋪設復從唐㳂雲借桌凳至巳乃齊小船不復可安因步入朝天門
循山脊上至崇因寺平頂處乃還上坐船朝食卽發改春秋五年九十
里過木洞日初晡也木洞下廿里太平岡有新祠甚高整晚泊散壁沱
云一百八十里長壽地夜雨
廿四日雨陰晴雷一日五變改春秋五年午過涪州下水聲至急山色陰
蒙致有淸壯之氣雷轉空作金石聲尤所未聞也行百八十里泊立石
鎭似曾宿處依稀不識矣立石酆都地或云南川地賣鴉片者呼聲甚
厲亦駭人聞
廿五日晨起晴欲霧舟人見余起乃起急急開行未十里大霧檥一時許

日愈高霧愈甚猶冒霧而行過酆都將午矣又卅里檥高鎭買菜丁夫
紛上岸命開舟停流待之改春秋八三襄篇畢大鹵何以謂之太原此
雖有神工恐難覺解詈其無關經義耳申正過忠州此九十里甚迅不
覺欣悅可謂童心也然今人用此情於富貴功名則猶未若浩性情之
眞笏山知余之可笑抑知簡堂之可笑又甚耶簡堂不自笑而笏山笑
之恐他人之又笑笏山也十五里泊蓮耳上溪云水程四十五里共行
二百里溪州皆賨百文亦有淘金者夜雨
廿六日晨雨午陰晚晴重讀九章知屈子再譏而知已非深悟釋階登天
之必敗余近歲沈思乃覺焉幸不以獨淸見尤蓋有味乎其言也至其
國破而不敢還家誠貞臣之篤禮頗怪其見放閒處不言山水之樂覩
沅湘五溪巴蜀諸勝地爲不可久居託言遠游猶未忘情於侍從之盛
豈國亡喪禮不敢言樂耶方其九年放流亦何妨暫適此則古人未有

游覽之事負此江山余旣非宗臣又不蒙寵妒往來湘蜀備覩靈奇欲
作廣遠游以慰之但未暇耳旣恨屈原不見我又恨我不見屈原長吟
舟中心飛巖壑矣改春秋五年忠州以下江狹如帶六十里過九層樓
名石保砦大風頗寒蒙被而寢又廿餘里風益甚檥五楞谿對岸有巡
檢司峽行下水守風罕遇事也遂泊大谿去萬縣六十里止昨度當宿
安平今乃在此稍息驚進之情鬅髮篙工執事甚敬年可七八十矣
廿七日晨雨竟日寒風行六十里午泊萬縣無所問訊復行百八十里泊
雲陽江水新泥流不甚駛改春秋五年賴有此行功可早訖但舊表尙
須整比大費編排也欲攜紛女來自助便教紈女專讀楚詞以傳詞賦
之學庶幾生女勝生男也夜與彭兵備書謝其船送
廿八日寒風天色甚不佳意乃不欲行因今日必至勉從舟發行百里檥
安平灘待風少止申正行六十里至夔州泊關下改春秋五年遣喚綬

子來令附船理書報知錦觀察芝生放礮來幷借紅船相送爲余賞重
慶來船紅船委員李知縣來堅欲派送至宜昌紛紜久之祇得聽其護
送耳聞映梅已往成都半山病重可念楊師耶來稟見家一老耶來無
可挽回矣亥初移行李過紅船賞二兩四千
廿九日晴晨起開舟至黛谿呼吳祥發不至已有褒腳溫矣登岸畫沙得
詩一首抄後朝食未畢已至巫山峽程快意令人神旺喚巫山紅船委員
王知縣立楚來午正開行改春秋十年過巫峯北風頗壯心念神佑屢
徵不宜逆風比船人飯罷風息波澄不勝欣感復默禱爲半山禳疾將
於還時設少牢之庡也靈應私余恃恩以祈耳和風吹靈波復泛神山舟青華娟紫煙試我今
幸游峽情自空冷靈惣宕寬撥欣然忘天地坐輿春江流巖遣石亭蓐荇峻松修修息心雖往來未若對疊巖龕恕仙氣謂靈明谷陽幽詩
成晚飯檥秭木園訪柚實不得因泊焉云縣城至此百四十里尙有二
十里出峽合百六之記然實百廿也

三月丙子朔晴改春秋七年昭篇畢晨起已至巴東朝食後過歸州下新蝴灘平穩不甚快船行如馳馬忽東忽西蓋水自有理路故浪漩不能犯此長年之能實輕舟之效六行乃始知之戲作一詩云涌湍翻波路可登快船如馬蹄層冰壯陵不識江濤程幾對長年歎捉能將至石門大風吹沙泊山腳久之强行渡灘南北槽已平順流而過北風愈壯度不可至泊廟河歸州地行二百五里

二日晴東北風行百八十里未初乃至在峽行爲遲江行爲迅矣換船卽發舟人云量船不易至待頃之竟來亦無甚留難殊感其惠然則齦齦崧王誠不恕也於此又悟土地菩薩之說船過宜昌城已申末矣船行云正逆風不易得猶之兜梢風也改春秋四年賞紅船四千火食八百夜泊白沙行卄里共行二百里

三日陰晴船夜半卽發逆風止順風起朝食已至宜都以禊日特早起江山遠秀致有春情去年傷心處也昨擬禱江神自念於江無因緣未敢

如巫山之致誠今乃獲此神施宜爲文以塞亦傒還途祠之俄成一篇詞不加點頗云展舒自如再三吟諷惜無知賞改春秋四年午雨波平東風微作櫎行至新開口松滋地店名新場皆以江浦新決得名云丙子所開也荆州將軍以江漲平沙市隄衣冠禱神下銀爲樁江遂決於此沿岸頗有樹根絆舟行買憚之多由虎渡宜昌至此二百六十里

四日風止雨霽小有順風行竟日在洲渚間迷不知所向唯順水而行改春秋七年定篇畢買魚二尾分食舟人初得江魚肥美芳鮮爲之一飽申初至港關船局釐局均未盤驗自新口至此一百十里或云百四十里水行迅急殆可三百里矣又行卄卅里泊不知地名夜大風

五日陰晴帆行十餘里檥三套入湖南境看稅又卅里檥蕉谿買豬肉皆江浦挾澧逆流無風波之險有浩淼之觀頗堪卜居作園亭但無山耳改春秋十三年哀篇畢凡歷三月復校定一過作澧浦詩行百卄里過安鄉城前有順風値彎不能帆至是風息稍進十餘里泊蓑衣溝安鄉地

六日陰東北風帆行渡青水湖今號沙夾湖昨夜有學僮讀書甚清朗余亦誦九章一過以和之睡頗安恬乃知誦讀亦能小勞晨起重改春秋會表例又檢喪服作總表俱略起凡例待暇時成之午取豬瀘港口入洞庭湖云較西港爲近湖亦淺擱波猶洶湧午正出南觜入沅復入資帆風迅疾舟人勇進至子猶纜行頗爲宿舟所訶南風徐來乃泊銅錢望作律詩一首枝江回溢復通沅二澧重湖自吐吞積水浮天春更遠輕霞擁月盡歸骨瀧斷亂後圍征還今古潮回疊浪痕唯有汀洲渺無際年年依舊長閑孫如此攷據想亦不讓袁子才性靈之作也今日行二百里過沅江城入青草湖湖水淺才沒草故自來以草名湖今乃知其眞切

七日南風欲雨旋晴春寒較重蓋冬春地氣不足則風自南來故北風恆

熯南風恆寒地氣有餘風常北行也竟日纜行洲垿中如蟺入九曲珠攷喪服經文互見者無數補之甚不易行五六十里如百里程宿簰口益陽地

八日晨微雨南風午後晴纜行卅里出喬口小愒復行卅五里泊樅樹港作喪服表

九日甲申清明晴寒南風微颺湘波已涌行卌里僅乃得至兵船塞岸戎服載塗入門孺人果出半山無恙尙能游行後園詢家國事可悲懼驚憂者甚多余雖外强不能不旁皇也張力臣遂已溘化死時猶眷眷於數妾蓋强學曹瞞者夜月極明登樓小坐聞二更卽睡半山語不能休臥而不應則披衣起坐如此者數四遂至達旦

十日早起令葛玉換船與海侯少談二胡郎來省女亦歸已生女矣待夕食而出與三兒俱登舟會同林生闖見不知何許人也䄒子亦至三弟

七女均來相送遣迎瑞㛹莪來舟熱可單衣夜雨風雷始涼
十一日大風駭寒舟蕩浪如行海濤中半山來涕泣要上岸實亦寒凍震撼因復攜瑞㛹入城莪先嘔吐不安還家去矣轎頂皆爲風吹起入城乃定北風愈狂看王正孺時文未知正意
十二日風雨至不能出門戶李黼堂來久談客去益寒擁被猶不得溫然火乃煖看申報壽衡得光卿陳湜不得放缺兩司遷調又數人無相識者潘署撫往桂林龐藩攝事郭中書作罷論左季子將歸矣比夜早眠半山語刺刺不休今夜始酣寢半山疾已小愈遇難成祥大有生意爲處分慰勞備至
十三日陰晴小煖將午始食飯後登舟與書程郎還銀百兩郭中書張金剛均營鹽利其敗也均以得書失志而亡書能殺人古所未聞夜月如鏡惜無心賞

十四日晨登舟子壽書來約晤談還書告以不能重定九章注蓬海暮來言左督不肯交事曾弟攝虛位耳又言徐小山鎮解桂撫無下落申報復言唐巡撫亦已得谷此二人八字唯一年官貴耳夜宿舟中作書約孌緹相見於白沙以明日不能再泊也
十五日寅正大雨呼隨人早起俟門啓入城旋小睡聞龍八來報孺人已至遣迎未遇俄而轎至孌緹率次婦九女少孫均來黃郎望之與其六弟同來久談客去行李至待半山至未乃來㛹莪率小婢先登舟三弟亦偕行彭婦少孫俱登岸半山登舟申初發酉正泊白沙開船門看月正見月食
十六日晴爲孌緹再留一日然與妻妾論家事皆各有怨望不從余言大要多煦嚅之恩非富貴不能滿其志而又高言隱淪非我所及也然論既不同誠難和調夜雨緜音褻回兩起親爲妾疊被大爲妻嗤也

十七日雨晨命僕夫送孺人及半山䊮女還城揮手湘干殊有擺落俗塵之喜非五城門所能限也爲兩女定日課看瀏陽課卷行五十里泊下霅口至十日重過此
十八日晴西北風纜行六十里泊王家塘莪女始上學功課早畢三弟亦鈔楚詞新注一葉刊王逸注仍其訓詁似宋以後著作非吾平昔書體也始聞子規
十九日晴熇晏起微有東風帆纜兼行六十里未正至沅江縣又行卅里泊竹雞塘有礮船水師汛官駐地莪有功課我反懶散明日當作正事
廿日晴始夾衣帆纜兼行從羊角腦繞湖尾至酉港未至二里泊牛角彎約可八十里不能計的數也改春秋朝會表公如無不致者唯齊桓時不致至定□□乃復而止不復見公如矣因作表序說其義夜鈔之
廿一日陰行卌里至北夾泊湖口待風而渡中正後雨夜大風有舟來欲

相觸舟人怒罵之余教以助之拋碇否則彼將與我幷碎豈懼罵乎舟人亦悟來舟竟不相近然幾覆矣看瀏陽課卷已有五六本佳者自喜誘導之功
廿二日風雨竟日鈔春秋表二葉下筆輒誤定課卷等第將寄還城
廿三日戊戌穀雨風止纜行四十里泊安鄉城下澧浦頗有柳花入船檢公會條目緐碎不可以分當唯用三科御之凡經例簡者當緐緐者當簡聖人功用略見於此鬍髮
廿四日晴南風半帆行㛹疾言骨痛疑其溫證問之乃吐血子女多弱夭可歎也吾所喜三子皆有塵外意假合泡影增我惡緣益令人恨久生之無謂追念未生時又爽然矣由吾不足以父之悵然而已理春秋表至僖止行六十里泊蕉谿已見紫荆盛開楚蜀春較遲一月澧又較湘遲半月也

廿五日陰晴南風帆行兼纜六十里泊港關船稅二千四百理春秋表至襄止猶未知致會之例看舊作詩欲大加删削可存二三百首耳蓋自甲戌後始成家

廿六日晴南風帆行卅里過和共兩岸有市店又五十里帆風甚疾船婦力言當檥避風暴余方以爲妄强進未數里呼愈急遂姑任之未定風轉沙起如煙水飛若片半時許乃定若未嘗有風者天變信難測人候亦神矣公會排列始畢大約以致治外故撥亂時不致以時月治會者故諱者亦不致但月耳去月會月致則譏文顯矣日暮不能前遂泊薛渡江陵地

廿七日晴煊纜行出虎渡虎渡在沙頭上游十五里巳巳正矣倏得順風帆行泝江平流駛進自登舟始得此一日快行也酉正泊江口共計得九十五里沙岸麥青攜莪翔步鈔表半葉江口枝江地去縣六十里

廿八日晴陰南風帆行卅里至董市船偏水急舟人憚行遂泊莪亦停課一日婢嫗或嘔吐靜坐無事點宋史一本始聞布穀

廿九日晴纜行卅里過枝江巳午正矣申正得東風帆行七十里泊宜都對岸點宋史二本

四月乙巳朔陰雨行廿里避雨至午晴乃行稍得順風夜至夷陵江平船穩檣鐙明麗頗有官派點宋史一本一

二日晴移泊近岸賀總兵派紅船來護送余媿余託言未來惟遣三弟迎送未往見之賀另派一哨官來則恐難自匿矣遣問時事則李菊英頓擢黔撫王夔均斥不用尤駭人也李氏亦將衰耶發家書寄課卷歸又作書諭孺人懼其疑怒不敢發余近日意趣言論益不合俗舊友皆失歡矣蓋平日不見信故動致齟齬也朱脂未凝僅點宋史半卷始食櫻桃

三日晨雨旋晴點宋史一本泊竟日待船戶挾私貨正與黎文甫相反是非未可定要各有偏主耳不論理也賀總兵送肴酒并附書意尤殷殷

四日晴熱晨發纜行至平善壩得順風帆過紅石灘竟不知湍急未初過黃牛峽戌初始泊獺洞灘下行百卅里點宋史一本

五日晴南風順利行八十五里風大船輕泊細腰宮初月一鉤山川饒豔初疑秭歸山水陜急何以生屈宋今乃知其骨秀也點宋史一本俗惡殊與情景不稱誤生千載後不能無此書卽不能不加點差異於略觀大意者淵明觀其意吾但觀其字聊同運甓耳

六日晴煊晨過歸州對岸牽纜甚難至午乃至新崩灘壯湍激浪見對岸一舟沈覆其去如箭紅船離岸溺者逐流一二里矣帆行十里微雨兩女晝病舟中寂聽如閒庭長晝獨居寂寥時亦佳境也點宋史一本泊牛口灘下行五十五里

七日晴點宋史一本末年宰執唯有履歷亦將傳名千年信身後名之有無非君子所重也過巴東上青竹灘北風小雨微檥旋發行六十里泊火燄石始入巫峽夜雷雨大風

八日陰晴點宋史二本初以爲卽日畢工及檢視志表皆未過筆當攜至成都乃能訖矣行七十五里泊碚石水程云八十五里不能六十里也莪女小疾停課四日今始復常余又差勝之盼疾夜不寐

九日晴熱帆風至巫山縣風止始午正耳見老叟籃枇杷傾筐取之點宋史一本王柏分中庸自誠明以下別爲一篇與余說同余真宋學非漢學也早泊下馬灘云去巫山縣廿五里今日行百里榜人皆以爲致遠告勞故止也

十日晴晨過東瀼灘水勢驟長過巫磯下馬保之三灘皆停頓久惕護送紅船再告勞苦遂泊保灘計程不能廿里云巳卅里也點宋史半本盼

女病甚

十一日乙卯立夏晴行五十五里過黛谿吳翔發來迎船笨難進又行十里泊峽口待風遂宿焉熱始紵衣夜水陡漲終夕扤扤

十二日晴小有順風帆纜并進船循江波時東時西觸石幾破午初始至夔城泊下南門迎者已至步行登岸至鼇局晤芝生看邸鈔問省事久之詣楊大使齋中坐及一時許欲還船而惲磴道上下之勞出答訪紅船委員李煦春知船上事當料理必不可不還乃下船處分三弟紱子登岸與一老耶談心告其終不可如何也吩莪游白帝城還言王奉節之妻亦攜酒往游邂逅談聚甚有文理未知其妻耶妾耶晚飯芝生公館李楊同坐亥散

十三日晨起寫綠章塞江神誤書一字初未覺也芝生來送葠苷紋銀又犒來船并言通判府經事屬達督府久之乃去移船清理送宋史寄芝

處以陸運當費五千也午至李春和公館便飯許管家乃補服至芝生先在未散還船待殺羊豕爛祭至酉乃發至夕命吩攜祀以在道無衣冠也三弟紱綬送至十里鋪李知縣薦一僕蔣華乘棒船來就船遣送者還并留廖二於夔

十四日晴大熱如初伏五十里過安平停船休役於林中役人則涼我則熱困矣未正發戌初泊二道谿去三塊石五里

十五日晴大風帆行早過廟磯東陽皆無大湍唯廟磯波略長耳午檥雲陽修枕杷風勢頗壯小停將食以

先祖妣忌日不宜求飽不待廚舫復行未至盤沱狂風驟至檥二刻許小雨乃得下椗半夜風吼搖船幸峽江不波未相撞擊

十六日雨陰順風帆行水手疏懶船觸石版有聲若坼縫急視之尚未大裂悤悤復行計六十三日未離舟上今始將登岸矣雨大風小纜行半日始至萬縣待葛玉顧夫又半日竟不能成行李委員薦一新僕曰蔣華習於縣役令往縣中集之

十七日陰轉風始寒坐舟中看往來估客喻洪盛等從夔來夔副將周占標白渝玉均來相見鹽局委員張蘭來訪云新令何勉之湖北拔貢周將云何玉棻之子也何與我同在漢口至今卅年竟忘其字髣髴亦是何香雪其時又有一孫謀亦忘其字惟記胡蓮舫李大桂耳人固不可無奇夜分米錢賞送船約費廿金計長沙至此百金矣

十八日晴涼晨興束裝卯正答訪周張皆未起遂行飯於胡子鋪宿分水嶺行九十里萬縣至此多下坂路子規綠樹猶有春光茹蘆花殘唯見刺葉

十九日晴涼日烈氣涼他處無此光景早飯孫巢酉初至梁山城步訪張縣令楚珩未入頃之楚珩供張饌具衣冠來久坐道路皆言其治嚴廉

佳吏也夕食後復舁至縣署少談辭還聞价藩入藏藏臣改用漢員如內地滿漢并用以四三品卿領之川督所請也

廿日晴涼早飯三合鋪絞定重慶交衢也無好店叢以縣丞署為行館如北市驛耳過拂耳巖下梢溝緣山入谷幽險可怖叢升高見天雖險不覺唯下不見地乃為危慄耳此唯漢前賦家曾言之宿袁壩驛

廿一日晴早飯黃泥碥行五十里飢疲矣復無內室就店前架版成屋甚勞也誦楚詞萬言猶略上口宿大竹逆旅主人接待殷殷并引院生鄧代聰候見余早眠竟未知也夜雨

廿二日鄧生入見云有訟事為武生所誣縣令杜拔貢拘之展轉作弊乃得一來欲余請託於新令郭進士諭以作弊以求免天下事不可詰也

在舟中欲作咏物詩竟無思致今暇乃補為之淺浦晴波慢逗時日光煙影共參差纔見別樹方成衆一點隨春不自知飄殿蕊風翻有恨謝家著雪最相思拾圍溢角無人到撲地漫天欲問時(楊花)行數里雨止飯於

九盤寺小惕巷洞門攔我小步申正至李渡歸妹女之終舊解以爲長兄嫁妹如此則嫁女亦女之終何必妹乎蓋妹者妾媵之名卽禮所謂娣也六五女君初三四皆妾天子十二女之制也二無娣象蓋士大夫之嫡妻眇而視履三之象幽人履二之象履辨上下臣妾一也履兌受命於乾歸妹兌受命於震震無主道故以五陰爲主而爲女君之象焉所以取震不取坤者坤母震兄女君之於妾實兄道也

廿三日朝雨食時晴泛渠水至觀音橋未飯飯於吳家場店臭暗不可刻居皆就街中食畢急行卅五里至青石鎭店亦窄暗房尙可住而蒸石甚溼玉窗雨溟別瑤峯江濤歸程及薰萊擊婢擬香丹燕郢漢宮應闌早鷰街芳廿久迢渺桃波流落猶思杏苑花月令誤人留果買盈枝攜得獻天家（櫻桃）金彈垂垂翠葉緗上林名擅寶看圖簇分緒色衣香收豔咽甘津肰病蘇甦惕子多雖待實只愁毛去御瞪膚瓊春已故先樹熟爲問讚得用無（枇杷）和頃之大風雨驟至幸投店早不然殆矣夜初寒重

廿四日晴晨氣已煊行四十里飯於羅場道上短夫多相識者行役頻煩

殊增感愧未至長樂鎭十餘里畍女發沙閧之變擾將雖徙自苦宜袁本初之不欲爭衡也長樂鎭卽跳動壩最憶花時去蜀都江邊灼灼照征途相看似有家庭樂比豔離數紛爲汚殊緋門昏欺錦纈霞樓敲日碎瓊瑚無香祗足輸燈桂也得明堂種九株（紫荊）

廿五日晴陰涼行甚迅疾飯於東觀場猶未辰正錦帶薔薇不任春路旁溪畔見枯神更無桃杏爭深色不入圖亭遊俗人風急未妨花次第露香應共酒邊巡非關刺手離幾折共惜霜邵痕味新（紅刺）三月朱蘗照玉檻遊人共紙喚離臨本隨木權占風候傷稱金獻摘露顏宋玉也應嫌太赤寨一逕賣與賦雙青世人祗愛深紅色得掛花名懸樹經（榴花）淡紅無白一時開曾共成姬對舞來近說瘢不涼便贈獻叢論香色似玫瑰胡麻好共仙脂揚鬼草新和髮血錢酒禍不聞光桃裾與衣休怨此花胎（罌粟）千頃負花似菊胸葉分芽刺碧棲新曾吟埤坂愁公子莫詫紫贈美人朱共霜餘遲潤綠藍平占六宮春從來牽服爲祥瑞鬼傳疑恐未眞（紅花）九十里至順慶府城始申初耳

廿六日晴熱五十里飯於五龍場店清靜可宿七十里宿蓬溪縣陂坨長路僕瘏人倦步過熊營官便留晚飯又送程儀余云何至效張子久且爲攜至成都再還之徒增舁擔之勞耳今夜有游擊妻來爭席兵丁洶洶欲與隨從尋鬧余禁約之乃徐自去

廿七日辛未小滿晴熱寅正蓬溪令陳少笛來見幷候送於郊余辭不得命懼而益恭主人愈益恭蓋尋常敬客者不過如子姓如生徒極之如童僕皆平交士相見所有之儀今乃以上官待我故爲無禮之禮也熊營官復設饌甚潔旨啜粥兩盂至郊亭見有候道旁者下舁步進謁者上謁不敢視問其主安在主人立道左趨而迎客趨而進謝曰某旣固辭矣請大夫之還城然後敢過主人曰某固候送客曰同請大夫之還城主人曰願先生之少須臾也客曰某不敢過請大夫之命輿也顧謂主人侍者進主人之輿主人進客輿拱手於輿旁客趨就主人之輿主人復進客輿於前客揖主人揖登輿揖主人揖乃退行卅里槐花鋪有虛集不可停廿里飯於關店偃蹇曾無梁棟心一株縱橫自成林常依荔子多豐地不數松公饑粒陰蔽賈四時元未改根盤一里自然深散材饒有寬閒處莫羨中原匠石尋（榕）又五十里至太和鎭過大榆渡熊營

官復館我故館

廿八日陰雲逼日光倍熱伏日夫力不願進勉行半程宿景福院舊記有好店及入殊不可居僅一廳尙高燥施榻大睡自申至戌乃起寫離騷十二句

廿九日陰熱飯於觀音橋十里四方井遇大竹令高積翁言鄧生事廿里宿羅版橋日未午也寫離騷卅八句我寫字一張筆法殊進

卅日晴稍涼卅里飯白鷺凹店潔可居昨店臭穢不可居破店則當宿此又四十里宿大桑墩始午正耳半日安閒聊息勞役畍云不遲留則今日至矣余曰在家尙思出游今不費貝辦而得游行豈易得耶寫離騷六十句

五月乙亥朔陰積熱得涼征途最適五十里飯興隆場渡什邡水至趙渡我云前宿亦在此店店小二又去年所宿店傭也詢艾梁山寫離騷十

八句

二日陰涼晨起渡內水飯於新店舁夫病肩不能行緣路滯苦猶强進殊可念憚熱不敢步耳穉公遣材官及吳明海均於二台相候至武侯祠芸閣率丁八郎相迎及持帖者居然似接官愈出愈奇也申初至院帉我繼至穉公先相訪未及晡食急索衣冠韡帶而出頗爲倉卒院中王心翁及諸生入者數十輩見郎亦至紛紜夜分乃息花樹幽映牀榻清潔居然完美矣

三日陰漸熱早起略理行篋亦見客數十人午後乃出答訪督府及昨遣迎者見芸閣見郎張近韓周雲崑雲堂曠壽雲李和合和合子蕭雲槎黃翰仙周敍卿伍崧翁以國忌未詣司道僕至崧鹽處負荊耳況婦昨來送婢婢蠢惷更似不及前者云頗有首飾爲況所沒入矣

四日晴松翁和合羅著軒烜陳小石夔龍來至午乃散去過岐子惠齊敬

齊宋戊卿王蓮塘如冠九皆久談餘皆不遇當道干謁遍矣還答詣王心翁遇一轎於堂塗則黃綬芙來訪同入久坐冠翁復來談至暮乃去諸生復入坐殊倦無以酬之

五日節晴熱早風甚涼出堂待諸生相見曾昭吉毛夔亭在客坐久候留談將一時諸生次第來設拜辰正入食謝客欲休丁八郎來笏山繼至翰仙踵入談至午正乃去入受賀令帉女詣丁嬰內院獨有我及兩小婢余少睡起鈔九詩見郎來留過節飲一杯向暮大睡至戌正乃起

六日晴午出詣錫侯昭吉黃崑賀壽芝閻姪陳雙階翰仙旋至督府答訪羅陳至芸閣齋小坐穉公出談留飯遂至暮夜

七日晴朝食後詣笏山笏云君尙有少年之風無長進近滑稽也因叩其所業殊無經義因念李雲丈言余至四五十許俗人不能望其肩背近前知矣內慧外狂實亦如笏山言午至校場穉公請看操兵未初散過

尹殷儒朱次民不遇至鍾遴菴崔玉侯處而還況氏來

八日陰熅昨夜詢送婢言詞閃爍且婦而不女因令齋長呼陳姓詰責還之推原其故由纒子荒謬故敢侮我亦非無因至前也恐此婢不願去而妄言則無能自明故善遣之午正乃去見安但子餘來澤臣來久談時事暮雨夜涼酣寢甚適

九日雨未正晴仍涼鈔楚詞發禮箋付書局刻之諸生來試甚久無心接之近倦誨矣蜀士才而不中所以養之者尙未得其道由不嚴也敷教在寬事師當嚴今我寬彼不嚴此莊姜所以賦惠肯者與夜月

十日晴朱崔兩道許縉來縉行不端欲絕之而三詣門且有求恐疾甚爲亂故强見之已而送紬綾六匹亦欲易鼎峙之意也笑而受之帉意以爲不可未知機詐情僞也離騷畢注始欲理事

十一日晴恆鎭如張子靜來帉女昨服戴藥大瞑眩令再診之過午大愈

曾彥來其友也留之使與談半日病有瘳矣夜月朦朧與論世事看課卷十本

十二日丙戌芒種晴日烈氣涼猶有春意江少耶傳總兵周道臺來聞督府將至而去午前穉公來言當密保唐鄂生余以爲拏問未定罪不可保穉公恐倉卒正法不及救也使唐聞之必以我爲阻撓善念矣方今外重內輕大臣事君當先大體恭王親賢被罪宜爲申救徐唐貪位僥倖正使殺之亦所應得況必不至死乎乃以交情爲輕重故余不以爲然也晚間諸生來言院事汎然應之帉女大愈復令子和擬方看課卷十本

十三日家忌素食謝客監院來言三事皆招權納賄之舉亦汎應之看瀏陽課卷廿本多唾少事雨涼

十四日雨寒看課卷帉女復病未起夕乃小愈夜月作書寄樾岑借銀百

兩與馬伯楷
十五日晨起楊生永清來見言此間前登省報云孺人已故其父甚懸念云云凡入謠言者必闕人宜亮清之見詠也出點名駱陳兩生來變周蕭二黃北蕭知縣均來看課卷將畢偶倦遂停院中桃熟啖一枚甚鮮甘破轎新修躬自拂拭當有祖約之識也王生入論灌縣事云令鎖諸生士辱莫甚余勸其往殺令而又不能行
十六日晴看課卷畢將出日烈未欲行芸閣李佩蘭來夜月如銀三更乃寢
十七日晴朝食後出探敍卿前五夜避火有否云衣物質庫被焚百餘事殆耗千金過許縉張子靜蕭子厚"瞋如傅少霖李鏞堂所費一菈磨箕人也詣督府不遇還院方食宋鉞卿來言三𨒪臣分防三海邊蓋姜子牙用申公豹之意調院胡生來見正倦初不知其備調方欲辭之既

念遠來强出乃知其新生也幾失職矣
十八日李太尊曠洋員徐大令敬五陳彌師李署提來今日發奮見客而仍有沈澄未見鍾道臺恭人送帉莪小禮洋錫頗佳無鬼味芸閣送京報無新事得湘石書看課卷三四本卽過一日甚矣吾衰也芮少海鵰陽春一日三手書頗有老輩風
十九日晴看課卷畢定等第將遣沈一送回一辭虧空多不能去焦生自天津還郭郎羅少純傅師耶來王師奶來欲歸無家欲留無依紛紜久之不定顧華陽來久談夜聽半山化爲方相帉女嚬怖余令復本體云當洗足皇急自灌之水成黃泥覺而惡之呼帉欲告而近不祥又方言督藩信禨祥而自言謬亦近妖也默然仍寢
廿日晴日烈始熱然猶二單衣劉子尹嚴玉兄來出巡四齋與吳明海論蜀營聞華陽令言士卒有怨謗營官非人將告督府而必不信其事果有否對曰莫須有今日名臣風尚愎諫偏聽余自學温良恭儉讓絕口不談人事以救前失然猶不能不記也又論買婢及傭工光孝廉送珠蘭扶渠來將作家書竟無暇坐始知人事瑣碎非比三五少年時老僧事忙信不虛也講流矢在白肉矢拂馬過故去毛見白肉此古文簡詳之妙方作書三四行胡進士來言其父求鷹館而城中官幕極力阻撓推王蓮塘爲渠帥冠九笏山受其愚弄聞之極爲笑歎既又自念嗜欲深而天機淺得無又爲胡進士所搬演乎鵝籠書生版橋娘子吾烏乎測之今日所聞皆世途變怪憮然不樂
廿一日陰涼嵩鹽考課來談甚久李毓衡來見言欲送銀求委署蓋以吾前書責訓之爲求現不賒也人心固蔽以不狂者爲狂真有其理亦未若蜀中之甚蜀中風俗敗亂如此而亦自喫飯穿衣富貴壽考天地山川與世間無異禽又何必異於人芮師耶來言胡進士荒唐果與吾逆

億無遠此進士又不若李毓衡以其更有所恃也停課一日作家書二通夜微有雨
廿二日晴兩女晏起午猶未朝食翰仙來久談熊坦然晡來言笏山將省兵餉懼其生事欲吾譬說之鈔九歌一葉帉復發疾煩懣欲死通夜擾念之雖不十起甚驚皇也
廿三日陰憒懣不能食自念世緣巧磨人無可避也生死可以理遣憂念則因境生如繭在絡殊難自脫嚴生來言笏山欲逐劉愚力竟不能觀此知其無用緒欽穉公先後來俱久坐嚴遂不能竟其詞而去今日事爲帉擾延呂戴兩生診之立二方帉自主戴遂如其意二方大略同余仍不信藥故聽其擇服也
廿四日晴看課卷帉疾甚意殊不安唐子邁來久談其遇虜事聞穉公明日出城當往送之昇出答訪芮少海烈日閉門唱戲行樂之異於人者

也詣熊李兩知府李處入坐旋詣督府則輿馬盈庭直入先投刺稺公出談論瀘州不必去鄂生不必救皆不聽留夕食夜歸

廿五日大晴始熱金松圃知縣來名儀斌稺公薦診妢女看脈論病久之乃去妢吐瀉并作皇皇無主惟呂生藥方未試姑投之夜痳復起問之無變證仍寢

廿六日晴愈熱看課卷芸閣送蕨菌鹽道送脩金始浴黃道臺沛翹江少耶年豐碁生來俱久坐當發家信而客不去至夜乃令親兵營勇丁寶瀏陽課卷明日早發課卷竟不能畢閱忙所不當忙閒所不當閒午後妢大愈呂方效也

廿七日晴晨將出適王監院來閒談云有事問久坐亦無事也飯後剃髮鍾道臺來云香濤督越恐不能爲理文通之速與武達同出答詣金松圃談修鍊芸閣請看戲往則熱悶芮張師耶同坐至戌乃得休憊矣唯再生緣有搬演者是爲新奇耳蜀戲有因而無理近番歌蠻舞也課卷閱畢定等第

廿八日壬寅夏至陰大風驟涼竟日無事唯還李提督四百金往返兩次始受暮膕熊蹯遂消一日卅餘年未嘗散惰如此夜鈔九歌一葉

廿九日雨涼午晴鈔九歌二葉羅石卿羅芷秋見郎來江少耶書來議院生跅弛未知其意

閏月甲辰朔晨起黃樹人來發三梆乃去點名諸生入咨問閒談朝食後稍愒午出答訪二羅黃如詣唐稺雲處久談將赴成都夕宴日始晡耳乃至葉協生處少坐出至鉞卿處則芸閣象山黃姓已先至張南川恆鎭如後到上鐙入坐甚熱二更還頗冷歸加兩夾衣少坐卽寢

二日晴涼冠甯早來諸生接至傅秀才來求館與書兩縣謀之午後約芸閣見郎羅鑄卿陳小石來喫熊掌甚鮮美異乎昔所嘗者夜鈔九歌

畢昭吉送玉帶并談金類以白金爲最堅百鍊不化者也丁潞安擢河陳兵備咄咄欲起

三日陰張玉田之孫惟誠來見督府來報潞安署道非擢也鈔九章一葉寫大字八十

四日雨妢出詣周黃丁家暮還竟日攜㦰在內院看東夾開窗鈔九章二葉

閏端午雨涼齋塾江張靜姪來至午始去遂不朝食鈔九章二葉葉燮生送篆碑五種來借與妢臨摹者㦰病久昨夜數起今始進食猶云腳輭心慌蓋熱證也書局淸帳忽有口角吾烏能正之

六日陰姚紹崇劉鳳修來姚可笑人也竟忘其名見乃覺焉午詣芮少海處看戲芸閣洪蘭根顧子遠在坐至亥散盡日銷磨聊同博弈

七日晴巳初已熱看京報無新事得京書頗有新聞方今在上者歎無人材以爲莫己若也在下者歎無人材以爲莫我薦也試反而思之所謂人材者已不亦多乎詩曰具曰予聖誰知烏之雌雄此之謂也故君子自治之不暇而何暇憂天下鈔九章二葉妢忽又病蓋十日一比知余之孽重也雖欲不憂殊無所逃

八日大晴妢病益甚看課卷不能終事褰回廳堂至申妢稍蘇乃飯向黃觀察借女僕不得云恐泄其私事也笏郎來婺

九日大晴熱少減妢大愈云昨夜幾絕晨乃能起耳定等第南江岳生來嚴玉兒閻少林來診妢疾李毓衡送荔枝見郎來送野蠶繭鈔九章一葉

十日陰午後涼夜雨自朝至日昃皆對諸生談藝外客來者徐敬齊敬芸閣送荔枝臨碧落碑卌八字殊無筆法鈔九章一葉妢言四時唯秋可悲余云女父母皆取於秋秋乃可樂也郊原山水間唯秋淸快唯當夏

時苦熱極望秋來俄得涼情始惜時過不能無追恨耳此情生於長夏不生於感秋可爲時物增一體會

十一日陰晴盼壯熱嗌痛又勞料理竟夜不寐日中寫字鈔書各一張祝陪堂來

十二日陰嚴寫字一張極無筆法朝食後偃臥午後出答姚祝詣府縣不遇赴笏山飲和合作陪周黃崔黃爲客酒間多談己公忠之美而歎無良友對和尚罵禿驢初不自覺亦可閔也誠孝達之不如然不因請我我亦無自知之金剛詩云祇將北海千鍾酒換得中山一篋書酒肉朋友亦有悔時又可三歎亥還盼稍愈

十三日晴富順宋生及王孝廉萬政來坐半日澤臣又來坐半日遂消長晝矣盼大愈鈔九章臨帖各一葉夜月不明

十四日晴鈔九章臨帖各一葉與書藩使論盜鑄張梁山送竹簾復唐珊

峰譽張怡山送荔枝督府還轅任生國銓自忠州來

十五日陰涼有雨戊午小暑晨起勞芝舫周蘭生來客去復點名朝食後小睡午起穉公來王千總芷江人洪經歷來見萬師耶來辭行鈔九章臨帖各一葉九章北姑不知何地軫石以磊石當之似尚相合作牽牛花籬

十六日雨復書梁山令鈔九章一葉出詣楊萬送行答訪穉公遇李總兵久談申還臨帖一張

十七日雨午晴鈔九章臨帖畢出答周勞不遇詣黃綬芙唐穉雲久談延日唐處遇王子蕃申正至鍾遠菴晚飯湖南鎮道作陪蓋專爲我設然殊不合客意

十八日陰饒榆舲劉奉琴來陳生寶改名濾來見鈔九章臨帖各一張我始復課

十九日晴鈔九章一葉熱浴無客無事

廿日晴巡四齋與諸生談改曾子問賜冕弁說諸侯大夫未冠不得見天子於太廟若其除喪始見又不得有冠醮蓋天子偶召見而爵之亦不得賜諸侯也此必當與冠醮爲二事冠醮唯有大夫賜冠必無諸侯分說乃可通夜雨易郎順豫來

廿一日陰雨午後晴曝衣見郎來云次青母墓被發聞之驚惋蓋謀地信風水之過然比之曾沅浦爲斂跡得災亦有幸有不幸也看課卷寧生來

廿二日晴看課卷畢晡出答訪饒劉過笏山論廷寄援交趾遣鮑超率師以往泰安三營達字一營武字一營樞臣復見不費一卒之能復睹承平之風也張蔭桓入總署張佩綸往福建丹翁協辦矣富貴在天卽在人也過督署晚飯熱不可耐

廿三日晴蒸暑朱次民來談道言黃恕陔怒江開鷴卷至欲劾之江以容成術而殺其身張詩舫誤之也又言陸稼堂亦修此術而其子傳之得惡疾以死鮑超亦傳之而至欲拔宅上天方知高駢尚是俊物比日中蓮池民家有數竿竹每暮有萬數雀來集昨穉公言山西有白頭烏與黑烏鬭黑者盡死余云白者法旗黑鮑旗也豈此祥乎交趾亦有山西故遣鮑不可不慎左楚英爲何人劾罷夜過松翁亦談道釋

廿四日雨早涼獨坐殊有秋懷王蓮翁來攷課久之乃去顧宋繼入復久談遣軍赴交事散已日眰矣鈔九章一葉羅師耶與見郎暮來

廿五日晴唐次雲來言鮑超非人性不可馴擾來省必恣睢也鈔九章一葉始鈔漢碑

廿六日晴九章畢從嚴生借得政和本草向來求之未見者閻百詩六十始見注疏可歎也鈔三公碑集楹帖數聯遂消半日晡浴覺涼晚稍不

適夜涼
廿七日初伏早涼午後稍熱王蓮翁送藤圖云非藤乃草也余以爲扶留未詳攷之鈔漢碑本草共五葉蚋多相困不能久坐龍八來得五月十二日家書均報平安半山忽言有喜豈一宿之緣耶且喜且慚
廿八日晴熱熊營官張子靜監院劉開圻及諸生皆入雜談遂消一日
廿九日晴大熱鈔本草漢碑四葉夜食瓜甚佳蜀士所無李毓衡自陝致之者
六月癸酉朔大暑晴晨起宋生告去出點名畢昇出詣機局與三黃曾閻談過熊營官而還未午已熱甚午後熱乃不可過涼日中大雨亦殊不涼不滛可異也夕食尤蒸悶邵給事（字實孚名積誠）試還來見不敢辭之衣冠出汗如雨談十許句客去溼三衣食矣勉鈔漢碑一葉
二日晴晨詣邵學使遇穉公已入以爲當辭客俄而請入少坐崧驥至自入聞督府在而退穉公復令延之三客雜談殊不顧主余畏熱先起還院朝食畢謝客閒坐鈔本草三葉爲蚋所苦放筆游行發家書二三紙亦再放筆熱不可低頭湖南亦鮮有此盛暑暑針過九十六度矣
三日晴愈熱竟日無事唯鈔漢碑一葉
四日陰丁壽芝再來見一見之荒唐人也晨治具招笏山飲相識卅六年始一宴之請穉公爲賓已正穉公來笏山繼至云上院有面咨事余云可在此言之多談政事謝余言私鑄使彼獲盜云道府皆不以爲然又稟數事未合上意余私告之云巧言如流君言未巧耳又太無猜防今日見其論事侃侃殊有正直之風非平日意中易笏山人故不易知客散已暮大雨雷電以爲當美睡乃反不著
五日陰涼諸生來者數班鋪設廂房始成局面午出弔楊小侯門庭闃寂文官無一至者惟將軍提督皆到督府於此少周旋之禮襲侯雖非貴

人然朝廷所眷故當加禮陪客僅一洪顒棋賴有我耳還作一聯（世錄不謄）（入祇宮午奐衛繪陳曾被賢王溫邢操蜀才嘆又弱正此日憶恤助審倍傳聞縣赴書來）雨亭亦遞遺摺蜀中亡兩一品官故并及之鈔漢碑半葉盼昨食卽吐殊憂之今始未吐而氣弱神不王故不高興
六日晴熱鈔本草二葉餘時不能事
七日晴諸生應學使課去院中無人王彬來午鈔漢碑本草各一葉飛蚋擾人悶燥不靜出答訪雜客便過李署提薦吳明海至熊坦然處集飲緒欽羅李作陪唯高談往事李頗嫌自伐坦然署潼川薦一隨丁曠氏婦之義父也入門而雨夜月歸途甚涼
八日中伏晴郭連衿朱炎民來看課卷八本亦熱不能事
九日晴熱看課卷八本鈔漢碑兩行悶暑而罷
十日晴看課卷八本熱甚停課午雨驟而不甚稍得涼耳夕食後詣四齋夜月
十一日晴稍有風涼看課卷廿七本劉課始畢楊高照楚東妻均來求事宿將困苦殊堪感惻楚妻煢寡尤可哀令盼莪每月割月錢銀一兩周之鈔漢碑半葉寫分書卅字龍見郎來
十二日陰涼始有蘇意看課卷七八十本見郎張近韓穆芸閣崧錫侯來崧云天全州逆倫一案昨日當決督府疑其情臨刑而止城中頗誚冠九不理澤臣也今年弒逆者頗有數人深恨教化之不行使居學官當不至此此唯有責之教諭訓導爲切俗吏方躬欲篡奪宜民之不知倫也
十三日晴看課卷畢發案甚煩倦未暇餘事葛連衿來
十四日晴鈔漢碑寫對扇出答詣金松垣葛渭泉翰仙蓮塘詣督府派船還湘看京報豹岑將罷恆少廷特擢荊府宋九訴寃閩青卸提印五臣

入總署皆新聞也便過錫侯而還
十五日晴晨出點名朝食後傳班唱戲爲龍八餞行約芸閣近韓見郎陳
小石便飯監院諸生皆入盼女要丁二女曾彥王心翁小妻來看戲王
樹滋妾必欲來觀紛紜至酉初罷
十六日晴熱作家書并與書錦芝生吳翔發復楊師耶書皆言迎婘事鈔
漢碑一葉曾彥昨留伴盼女作二詩夜涼風起
十七日己丑立秋陰涼頓有秋意遂能伏案翰仙來久談鈔漢碑一葉本
草三葉遣龍八沈一還家鶴廖二與羅雲碧夜寐俄起院內寂靜叟回
往來頗爲清適凡再起乃眠大雨達旦水深三尺
十八日大雨喜涼久睡曾彥將去爲點定新詩驟涼如秋深使人失措鈔
本草三葉
十九日晴不熱李毓衡來鈔本草三葉漢碑一葉多臥少事

廿日晴涼鈔本草三葉傳師耶致一女頗高長異於凡所見未暇評其姸
媸也夜涼時雨睡不甚安重看曉岱詩書局齋長逃去楊光壇來蒲桃
爲蜂食將盡悉摘之
廿一日晴翰仙來言賀年姪妻喪當於今日往弔出往賀寓因過笏山鍾
蘧菴還未夕盼疾發甚重譫囈無狀極爲憤擾
廿二日陰盼疾劇步往機局尋曾昭吉復至緒欽黃郎翰仙處皆欲請其
內婘來助料理均以事辭乃請見郎及監院夫妻來主之昨夜未睡欲
至見郎處稍避入督府卅翠相告語稺公出便設榻芸閣對房羅鑄安
陳小石張靜涵均來會翰仙鶴徐秉成來視盼疾云不妨稺公亦遣其
長妾至院看盼爲之大擾余未能矯鎭之過也宿督署頗得酣眠差爲
能割慈耳
廿三日晴晨起府中人均未醒待門開而出牙參者已集矣步還見郎繼

至未飯去朝食後近韓稺公來久談諸生入言書局事盼大愈酣眠鈔
本草三葉
廿四日晴盼復昏痛竟日惶怖出尋徐秉臣問方不遇卽過機局遣信往
迎診之同膀謝恩澍雨陔庶子來見人尙樸穩稺公約翰仙芸閣同集
翰仙屬改菜單乃不肯用一殺吁可怪也申集亥散視盼尙無恙
廿五日陰丁公繼室來視盼盼遂暈絕客大駭懼久不去余尙未知也葛
連衿見郎來昭吉夜來談化學崔生告去欲求保舉亦可怪矣
廿六日涼雨深秋階庭寂靜盼小愈能食陳克昌范濂來談皆藩客也云
劉毅齋學常遇春每日辦數女偵宿玉門關外自來無此春色鍾蘧菴
送書來得家書及張吟梅書還百金此人鶻突不聽話自謂老成宜俊
臣之不用然在浙人爲有膽者夜起挑鐙欲作雜憶詩覺才思鈍倦殆
將成繭矣雜憶者閻丹初同游鄂今當國李少泉同游徽今衞京師彭

雪琴同起湘同居衡陽今防海張孝達同游京師今督越四人皆以輕
材膺重任不求我助我亦不能助之然往還有恩紀雲不憶泥泥不能
不憶雲也故欲倣四愁體賦之
廿七日晨雨終朝淒清獨處頗欲絕人事看課卷十餘本謝年姪來
廿八日晴稍熱午仍紵衣看課卷七十本盼始復常見郎來張生羊令來
鶴廖生可書局余云嗜利悻愎非其材也
廿九日晴院生屈大謨初云失銀既又不還飯錢周玉標詆其詐鄙遂至
相打余以爲風氣大壞令齋長治之因追前事咎王繩生作倆詗其飯
錢猶有牽扯復爲戴光所乘高材多愚詐如亂絲不可理也出訪徐秉
臣戴年姪答李家漢過恆鎭如還仍過督府見龍穆張及稺公歸見院
生嚴玉甫王師耶
晦日晴休假不事善化二羅來終日聞院生論告狀是非爲之笑歎得張

楚珩書

七月癸卯朔晴晨出點名朝食欲飽始聞督府約早飯輟飯少愒昇詣穉公處司道先集翰仙亦預欲請如冠九畫而失東絹還檢仍未得也牌勸諸生無訟諸生入院肄業首宜自重前與飭約不得以一字干訴有司爾皆督府稟留院長均經面責近聞此風未革時欲呈訴其訐很可厭其卑鄙可哀閱運與教六年曾無感激興起之數愧可知矣其數教在寬而治蜀宜嚴主客冰炭不相合乎監院凡事公文有院生名字郎拔名移學注劣仍詳學院除其課籍然後移詳有司平其是非諸生當知經明行修公論且將取正無待紛紛嘵訴爲也復將周玉標罰金屈大謨扑教以杜囂陵復書張楚珩

二日晴金鳳洲庚生來見天津乙榜頗有官派云有子欲從肄業也鈔本草三葉復熱可浴夜爲映梅所驚呼楊嫗然燭移寢正室

三日乙巳處暑早不成寐起復睡乃晏興午出答訪吳克讓過緒欽崔周三道臺至延慶寺赴金知州之招崧翁先在金木訥無多語設食不惡還與齋長論書局事邵實夫批稟明白可喜其人深穩似無能者

四日陰申後雨涼居然秋聲祝陪堂鍾周道臺制府均來穉公久談陪堂久坐遂消一日矣吳祥發來迎接事又不成真有數定與書李申夫打皮殼託程郎翰祥買永錫代書局作說帖論刻書事夜雨不止遂連曉

五日雨竟日周雲崑來癡談傅師耶妻來見倣彭宮保例見之幸㚰女已往丁府莪女不出相對談取妾破船事老江湖客也云在仲雲家久寓尤爲可駭矣言笑宛然張小紅之流又可悟聞樂知俗之不謬處約不能峻絕此輩亦無可奈何也鈔本草三葉成都將軍岐元母壽七月二十七日萬里稱觴獻三危瑞露七旗留錫成一品天衣

六日聯寫屏對遣招鬍年娃暫住書局鈔本草三葉楊副將妻願來執役辭之

七日晴鈔本草一葉黃夔州招飲召楊嫗還伴莪女申初昇往簡州方郡縣秀縣竹鳳但劉同坐唯鳳弟棠舊識也酉戌間大雨還已聯澤臣四掌文衡不知贏博事雖不自諱然非佳事也范濂來借銀

八日陰朝食後往文殊院弔如冠九弟婦之喪雲芴妻也年七十二矣功服爲位故往觀之白袍青桂近無禮之禮欲留坐主人再辭還途遇易崧王俱往府縣尚未至也過穉雲言家人亦患利洩其小女噤口恐不起云顏色甚晦還鈔本草三葉彭嫗臥竟日并遣楊嫗去獨攜莪料理秩然鳳弟棠來

九日晴鈔本草成共五十五葉一月有餘乃畢可笑也楊嫗復歸曠金鍾來夜大雨

十日晴秋蘭盛開丹桂早花牽牛亦發純乎涼色陳子箴通判崔玉侯道臺來何國璋來不知何許人未之見也暮攜莪步入少城看關祠荷花唯有殘葉映月還遇齊敬齋亦步行氣色甚佳差委不遠矣

十一日晴作本草敘得連希白書夜月甚明罷回久坐陳子箴來以卄金借蕭子厚

十二日晴張華臣來但子餘來談漢書因復看范史一本連日散誕極矣㚰還

十三日陰以在客安久歲節違奉宗廟當別有薦依聘禮賜饔祭祖父如饋食行館有祭則館中固宜祭也但無婦不能備三獻僅以薦禮行之因於昨日庀具今午薦新竟日齋居禮畢而籑肦肉僕廝夜看漢書二本

十四日陰得家書發回信題第五號看漢書一本補檢本草一本

十五日晨雨已寒出點名見江西吳生三兄弟穉公來談鮑超將招兵蜀中供餉捐卅萬與之以爲古今將士皆以死博財不足怪也使趙母聞之當爽然蓋馬服子若勝此言必不傳矣此又足廣我褊心而實非當

官之義也見郎來看漢書一本夜雨淒淒茫無心想
十六日晴晨起閱卷午出過錫侯翰仙督府和合答訪二張(準臣伯元)遇恆鎭
如尋何國璋不得至次民處問訊因過曹瓜而還葉知府候門求見報
芮少海之喪方詫異之昏暮又來今年尚無夜客月明花芳亟延之入
則爲其兄謀館不談風月也紛戎早睡余亦背月而眠
十七日晴鎭如芸閣羅著卿陳小石來檢本草看范書各一本夜月昏沈
乃更久坐
十八日庚申白露晴馬伯楷病卒翰仙權川北兵備始得列於外臺矣使
鹿滋軒在必不能也福州船政局廠已焚招商局賣電線盡拆廿年言
效法西人者一旦盡廢 廷旨一意主戰又五十年來所僅聞者也
芸閣招飯入督府聚談夜乘月還看課卷畢看漢書一本金鳳洲祝士
棻皆病故十日前共宴坐無病狀迅速可駭夜月極明

十九日晴翰仙鎭如來廖二與映梅比而生事並遣之周緒欽報彭川東
之喪前籌竟無徵耶湘中又增一富室買田者看課卷竟日院生竟無
賦手乃知吳錫麒顧元熙亦是人物夜月至書局閒談
廿日晴紛女當往謝王心翁妻王因請伍崧生母便飯紛尚未往見伍母
因令先詣使答周緒欽妻飯後即出余攜戎讀內齋吳明海妻來求見
避出巡四齋略談已過午矣王妻必欲戎往飯因遣之去獨與一嫗居
更寂靜於羅時客中一奇也未暮約歸看范書一本夜陰遂雨
廿一日霽陰有日出弔三喪(金鳳洲祝士棻芮起據芮子顧館書)慶三壽(鍾肇立曹貽厦顧懷壬(顧明日生))
中過徐葉黃翰仙處遇張貽山還小睡筠山來未見也看范書二本欲
理舊業蚊蚋猶甚
廿二日陰看范書二本檢本草三卷見郎松翁來作芮少海挽聯(慕府地淸閒地者薪然庭館福桐待佳客呼歡坐験宕仙乎逝矣形骸土木墓玉孤)

廿三日晴本草錄畢看范書二本周雲潭來兩女疾皆自愈始有嬰娩之
樂自別長沙唯此數日閒適也
廿四日晴紛戎往李宅女僕俱去陳壽崧自瀘來云彭道無恙緒欽謠言
也看范書一本復鈔漢碑家一老耶來痛哭求去
廿五日晴熱與書李總兵鷹家一從軍想又說官話矣黃觀察愛富嫌貧
不欲與謝子爲賓主惜不遇家一也看范書三本鈔漢碑一葉復理春
秋表新得李仙根敎論捷法表用時文格不必畫格頗省事易成五十
年來乃始知之見郎來
廿六日晴熱看范書二本鈔漢碑半葉理春秋表聘類翰仙筠山來張門
生來
廿七日晴熱晨起遣要松翁同入滿城賀將軍母生日門不啓未得入便
至熊總兵處送行聞族子孫荒唐悖謬不覺髮指既而嗒然任之象山

鉞卿芸閣來久談看范書一本理表三葉妻書頗誤信勞疲無功也已
知之則已矣必欲譬曉人故爲所役夜熱甚看京報主戰之義已十三
日堅持未變五十年所僅見也
廿八日陰熱未減讀金鍾得崇寧來談黃成都攷課獨有華風不親至但
示題監院而已於體爲得也看范書二本理表三葉多食番豆腹中殊
不快
廿九日晴范史今日可畢而未暇看檢公會分類遂窮一日力夜雨驚起
明鐙而睡未幾寤不安復起吹鐙近五更矣
八月壬申朔晴起較晏出點名畢楊童來見年十七能治公羊貌亦清拔
曾與略談劉鳳修來看范史三本理會表
二日晴熱見郎羅師耶來看范史二本始畢校矣有二字未審公會亦錄
畢劉生銘鼎來問玄駒小正玄駒賁傳云玄駒蟻也賁者走於地中也

自來以蝆爲蝆子案爾雅玄駒褭驂則玄非色也漢碑以䮽爲驥蓋驥
之或體驥千里馬玄蓋褭之通假字褭以組帶馬御者調習驂馬之法
夜雨
三日雨陰晨出送翰仙穉雲以爲已去乃皆未發城官晏裝如此過恆鎭
如覓機匠織藏緞鋪墊還院小愒理表數條岐子惠將軍速客要伍松
翁同往至則尙早黃崔道黃太尊均先至臧師耶後來同坐者伍三王一王子鑲知縣丰請少城書院者一王仙綎都統書識自云黃州人戌散作詩送黃唐
四日雨晚晴羅師耶來應課因問題使謝年姪作之因自作一篇葛玉書
之又爲王芝圃改一篇鈔漢碑半葉校表數條
五日丙子秋分早醒遲明起兩女皆起矣大雨水平階向午始霽鈔漢碑
一葉校表數條鈔夏小正二葉
六日晴晨寒鈔會表甚有條理近日伏案其功緜細未覺倦也留見郎食

胙肉因要謝世兄同飯夜復作表并鈔小正三葉
七日晴陰作朝會表畢井井可觀還紬緞錢將及百金汰矣借出百餘金
恐不能收以此亦不自節也鈔小正一葉鞠則見或訓鞠爲盧忘爲何
人之說近來空疏積久復思多聞之益三楊生來問學
八日陰檢伐戰條例凡再易藁皆不妥姑置之閱京報戰議猶未變懼有
庚申之患光孝廉送鸜鵒鈔小正一葉
九日晴料理鋪設還帳雜事傭役忙一日余亦忙一日可笑也
十日陰涼晨出送曠崇寧行過笏山笏云本欲遣子就學其妻云從我則
習放蕩故不可也彌之議論亦復如此所謂東家丘者耶諸君皆可謂
有義方者故其子無惡不作習聞此等論故也過黃觀察督提均未起
入督署與芸閣見郎近韓賀揩生孔北鵬略談聞左季高復出浙閩鑾
鑠哉是翁將以魚皮裹尸耶督學革去院生四名又爲可哀冒犯不悔
雖死不悟此等氐氣蜀士爲甚李署提來久談周敘卿來說媒前見鍾
子似可昨見楊生䄂帋尙未定也姻緣前定最可信若早一月必定鍾
矣今日爲半山傾祝入字適來又似可喜崧道送節銀來夜明鐙爆竹
頗有喜氣設湯餅賞宴吏役謝世兄來賀辭之不得迎拜門內齋長入
則罔辭乃退畛飲二杯醉告退莪獨惺惺余亦倦矣早眠
十一日陰以國忌不賀晨起游行桂樹再桼香盈庭院再和前作爲半山
喜瓊樹雖爭桂樹香鐵中蛾鬢絲仍長新𧦅鴻鵠能呼酒香集芙蓉好剝裘秋入錦城花點目燭摘鐙饒月飛觴歸鉢待曉思閒事凝醉芳
非露葉涼煨芋食餅兒郎黃綬芙來
十二日陰晴作戰伐表近韓陳用翁來久談老張夜來謝子驟病招呂生
診之
十三日晴作戰伐表葛連衿來久談竟日夕聞价藩歸往看之客坐桂香
念其新歸有室家之樂亦爲之喜與談夷務不合中國士大夫好夸張

夷人不知其無人材尙不及何璟張佩綸無足深慮也齋長來攷定釋
奠儀
十四日晴陰治具招徐秉臣宋鉞卿飲陳子珍恆鎭如作陪穉公來賀節
亦談夷務云必爲患余壹不以爲然暮客始集戌坐亥散老張又來作
戰伐表𧍷畢小和合來
十五日陰晨至講堂院中士吏均來賀節并見外客數班張門生來老張
云黑入三陽將不久矣與之久坐款談自李仲雲託屬後未有以報深
負之也出至督府答訪陳用翁并見其子及孔賀諸君得夔州潼川忠
州慶涪州縣來書均投字紙簍中還羅著卿三陳來昭吉八郎來晤客
甚倦小愒出行院中見諸生習禮甚喜學子能依古以正事爲之攷定
釋奠殿典殊無確證據夜明鐙賀節兩女聰强頗有閒適之樂子夜見
月久之乃眠

十六日丁亥黎明起視天色陰和衣冠出待事諸生早集行釋奠禮畢久之乃會食講堂與書筠山索節儀錫侯緒欽胡進士父子來甚餓入欲哺食岎云尙早小食點心假寐价藩張伯圓來談客去夜矣

十七日陰謝子復請移出亦聽其便檢表鈔小正倦睡謝客筠山送節禮來與監院同致初疑其輕辱我旣念當世無敢輕我者唯蜀人則謂我貧賤耳自非至俗不宜至此而俗人又未必有此靈心吾與世人相去真有蒼蒼視天天視蒼蒼之意乃復書諭之昨諫設賜遂承補餽足徵盧懷待士之雅感衔感衔唯禮經制節通時不補祭居三虞無反於初況於投贈而可索得乎家父求車見譏遺史所以前告者懷代者遂去饋羊耳薑仍使反璧若至年同彼此不去者自可拜領嘉惠也又來說二分一送監院一送主講或疑公欲以屬吏相待不齒之賓師之列區區以爲必誤解入事二字所致監院肉無論賜余敢代留必欲觥之自可徑送今幷以奉繳敬頌台安自謂處置盡善旣而思之何不忍氣吞聲自同寒蟬爲少此兩番波折耶巧者拙奴有味乎其言之也

十八日陰鈔小正一葉檢表半葉老張來言筠山云此事何必寫信口傳

可矣治具要价藩飲因與黃澤臣作生日復遴菴席餞芸閣行一舉而四事辦以爲最省實則費也遴菴早到芸价繼至成都府最後入席猶未夜戌正散

十九日晴鈔表竟日鈔小正一葉梁進士來見羅石卿來張矮來言耿鶴峰貪酷欲破其家求書解之

廿日辛卯寒露晴鈔戰伐表成曾心泉來去年打官話問瀘州三事今道士尼姑皆死田秀栗亦撤去矣可勝感喟岎往丁宅賀加笄留莪獨居揣與巡四齋三臺羅生老行一擔猶未識其人召見問之夜鈔小正一葉

廿一日早起檢表鈔一篇朱次民來久談岎往丁宅莪獨居內夜鈔小正一葉以鴟爲鶚鶚卽今子規混同可笑然舍此幷無叫旦之鳥子規冬至乃不鳴說殊駭人當再求之

廿二日晴晨起待飯至督府看賢增陳夔龍小小石與丁四翁孤女昏禮公弟女也草草悤悤不成款式亦居然成禮好言辦事者可廢然矣設五席分五處余與芸閣顧子遠見郎同席梅鑫穉公陪客酉散至新房少坐熱甚乃出還院已倦早眠

廿三日晴小正一葉改定表記箋竟日乃成不暇他事得七月三日家書劉人哉來

廿四日陰晨起催飯畢出賀錫侯澤臣生日便過葛連衿王蓮翁周緒欽答客數家俱不遇還已晡矣作書爲梁進士干彭東川與耿鶴峰論章州判兄弟訟事黃綬芙老張俞子文來遂至二更

廿五日陰晴看課卷竟日黃澤臣言兩縣攷課供億之費聞二十七日督部當來與書兩縣止之不可得朱小舟告災書云其寓被焚

廿六日陰晴晨過松生賀其母生日年七十六乃小於先孺人而松生早

生早仕遂若其母篤老蓋其子館選母才卅許人而老福殊不若周寶淸可感也去太早不得麪喫忍餓而出過俞子文因便至勞芝舫門送一片賀其母生詣芥帆少坐而還岎莪均往伍宅靜臥半日復至松生處赴席唱戲嘈雜與顧子遠葉協生劉何有略談上鐙卽還

廿七日晨起發案府縣已來云司道不至巳初穉公來點名出題畢因留早飯要府縣陪坐未初散老張金松垣來紛紜竟日岎寒疾復吐血夜半聞門步聲而寂無人語方訝問之乃云婢嫗怯出求水不得可傷也爲呼人起然鐙小坐啜茗而眠遂不得安若醒若夢

廿八日晨雨午後陰發家書因遣祥發迎半山與書羅總兵錦道臺朱保德客來者皆謝不見張伯圓送藕寄四十金至衡州購永州錫器由昭吉交程生鈔小正一葉

廿九日晴出送金松垣因遇筠山久談與次民言小舟事小正成理春秋

表昨與彬言今年未病今日乃小疾飯後出行街市發汗還又濯足早眠服薑汁將以卻病凡再汗早眠得樾岑六月廿五日書

晦日寒疾微熱早巡四齋唯東上少坐謝客屏事專欲養病夜睡未解帶檐雨清寂

九月壬寅朔陰出點名朝食少減以待速愈要驗調攝有效否午入內房作春秋表種蓺老張見郎來留談夕食遂竟日未事夜雨

二日晴寒大愈然亦經三日使不調攝亦當愈也午遣彬至丁宅獨攜戎讀兼理表竟日酉初至督府新增設酒謝客同坐八人看京報聞楊石泉署閩督張幼樵嚴議輕進輕退可為躁進之戒戌還移內房寢以戎一人照管三室恐其怯忽也

三日陰晏起欲作表意甚勇及作之半日竟不可用而罷戴通判再來求見見之易郎來戴乃去張門生來云同鄉聞師母生日欲送戲公就力

辭之見郎來報龍八已於七月杪至家矣作書慰少泉夜寒

四日大晴傳事告假葛玉出街彬攜婢嫗出猶未歸彭嫗託病院中乃無人可呼喚有呵於門者金椿之轎頭也辭以出去頃之二陳來用階小蝶所謂官閒無一事蝴蝶飛上階用階既不可謝因并小蝶見之留用翁便飯夕去欲休胡生長木來繳刻版索錢令書局付之鈔表半日

五日晴理表閱卷得金松園書言錢生館事即復辭之此人鼠目非正類王心翁無聊之請也

六日陰彬生日設麪午出答訪羅革道久言鮑超營事曾與余佐卿談我於海堧佐卿躁妄欲自比於沅浦後乃不諧而死可哀也然其於我厚矣愧未能廣之至督府視穉公疾少坐即去云不能多話而與李總兵久談蓋以大邑陰喝不得意非真病也馳還少愒姚知縣步至但子餘昇來同坐至暮散

七日晴看課卷欲謝客羅革道應旒來送碑及漆器余方朝食欲辭之已三造門矣食已出見之客去已晡家人以孺人明日生稍鋪設然燭不敢放爆竹恐諸生之覺也與半山餪祝進退見義亦不設食品

八日晴晨起衣冠待兩女妝竟受賀諸生陸續入監院亦至同鄉官入者八人丁八郎及其兄子五郎來見郎來為設麪閱卷半日訖事今日大邑俘囚至羣官會訊斬之蓋非真犯聞王吉以多藏厚己無他故也發兵往皆捆載銅錢以歸唯嫌非輕齎耳

九日陰朝食後出謝客行東北絕遠奔馳甚憊小愒崔譽侯處喫湯元還院中預備請客無暇他事夜雨

十日陰彬作主人請丁嫛母女陳用階繼妻看戲設酒余亦招用階父子丁八郎小五郎之師羅著卿陳小石見郎近韓芸閣與寓目焉二更散夜雨看京報

十一日陰院中公請聽戲因設湯餅九席午集戌散彬留丁陳兩女請王心翁繼妻看戲周緒欽女自來云聞彬作生日數日宴會故來看熱鬧也夜狗突門終夜相擾彬疾亦不眠然不聞聲

十二日陰理表數條徐敬武來求差委辭以不能固請為致黃澤臣笑而許焉傳羅來不欲去幸嚴生來催客登昇乃免穿滿城行出小西門甚有秋思至歡喜院崇將軍所施造也亭榭未十年已盡欹倒矣作詩一首少城西接自秦時近改長營擬漢宮百戲休兵閣地設九秋先冷訪會宜曲池養御相公樹欹樹寒鐙踏相鬪唯有道心長定在僧寮擬

下缺寄題

十三日晴秋色朗然光陰明麗入秋第一佳日也語戎云好光景宜讀書彬云讀書以三餘何為釋此佳日而不游賞仁者見仁智者見智不能正也檢表數條為惡女客所攪避出陪老張談竟日徐琴舫來得黃觀察書張粱山送藕粉

十四日陰檢表半日梁進士劉子尹芥帆來談至暮爲用階看試帖夜月
十五日陰早起點名發題朝食後微雨黃福郎來致翰仙詩函答訪徐琴
舫李總兵李猶未起見郎來客去少惕校宋史廿餘葉夜鈔表目內外
多疾獨坐稍久復寫二葉夜雨遂寒
十六日陰霽寒始裘出城赴杜祠公宴正官皆會以余爲客巳集申散鈔
出入表成校宋史數十葉王蓮翁送王筠小正正義來校數條楊嫗假
歸我隨余寢
十七日陰李總兵來爲用翁看試律詩校宋史申過芴山以爲尙早至則
客畢集矣設二席招同鄉官陪新親又有羅心潭半飲大有巷火起府
縣悤悤去頃之火息還得家書知七月此時生孫吉兆也
十八日晴發家書七號看評林半日未作一事得熊營官書言鮑兵殆必
爲亂於蜀季高以兒戲失伊犂穪璜以兒戲啓戎心皆可怪也爲陳用

階看試帖并題其端還之
十九日陰晴早起開門少睡卽起王仁元來告假觀其面墨殆將有喪春
楸表永可成也所積已多可從容作之鈔半葉用階見郎均來
廿日晴辛酉立冬巡四齋理表一篇漸有眉目可畢功矣今日始攷殺君
卅六得之又攷亡國五十二亦得之雖無關經旨非經文熟者不能知
也夜改詩箋鈔三葉雨
廿一日陰寒理表鈔詩補箋一葉改義數條看京報龍溥霖卽得補泗城
府何得官之易易
廿二日陰比日早睡怯起甚有冬景陸銛縣令來次民云字鈍齋名字相
配古法也而不瘳其俗朝食後至督府穉公驟發暈轉之疾不能多談
价藩松生羅心潭徐琴舫續至主人送酒揖退公食禮也芸閣陪客未
初散過冠九謝不見至次民處少談而還假寐頃之已暮

廿三日盼往丁府拜接腳姑娘生日卽留住未還獨攜我居未作一事夜
看課卷校宋史
廿四日陰得八月初五日家書今年郵信遲緩可怪豈亦有斷電線者耶
看課卷畢邵實夫從劍南還來拜少坐卽去
廿五日晴冷朝日三竿出答訪實夫轅門猶未早鼓小坐而出寫表一葉
多誤而罷楊高照來求差事祝陪堂子崧來受業嚴生與俱至嚴玉兒
亦來酬酢半日王心翁爲鹽庫介紹以其母詩來求序初以爲無恥行
徑也及看其詩頗似不櫛進士且貞介自守無俗心爲潘典史繼妻子
女皆前室所出撫之有恩近來才女中眞實本領無標牓者悚然異之
爲閱竟十二本自署毘陵趙友蓮字韻卿貳式金送金橘
廿六日陰煖將朝食次民來吐哺待之客去遂不復食鈔表一葉校宋史
四葉老張來晚飯乃去校改素積棁衣褻衣諸條又得狄棁之義可謂

左右逢原也
廿七日微雨霜寒書局兩生來論事和合來王立誠芸閣繼至客散已暮
客坐靑氈爲盜攫去幸非故物耳老張砦來寄衣箱千金初以爲偶然
寄頓及閱其書則告去之詞行徑頗奇得家書半山已將至夔州方憮
然又翾然無心於事矣聞人舍官入道又聞攜妾不障道不知當何從
也要之雪琴辭兵侍老張出藩門大小同一僞而非近人所及校禮記
一本周頌昌來
廿八日陰冷作表未數條大邑新貢生來言盜劫事葛達衿來談湘軍志
因循至午盼歸余出赴署提招陪芸閣家事糾纏未了往已暮矣用翁
父子羅陳俱先在燒火骰食一餅遽飽還作家書葛玉彭嫗均還湘而
皆依戀聖恩又不忍去異哉盼我婢嫗均若不忍別彭嫗者又何離情
之可生也竟夜不寐作送老張詩

廿九日陰始褻易郎見郎穉公均來客散已欲暮可謂爛板凳二僕去院
中寂靜理表竟日失去出入例敍若在當年必皇急今殊從容也得申
夫書以湘軍志頗怨我此書誠負心使人慙愧復書引咎謝之
卅日陰校禮記一本鈔表共成十八篇居然有成功之望巡四齋誨言頗
切夜鈔楚詞以諸生來問者多愧無以對之四更後不眠
十月壬申朔申旦未寐早起大霧日出點名朝食後鈔表一篇校禮記半
本得祭宗之法若功德帝多不過昭穆二祧主之然則廟不過七藩經
歷送日歷八十本
二日陰稍煊鈔表三葉朝食後劉人哉來未去穉公來昨已聞嘗至以爲
甫相見無事又來及至乃爲生孫道喜已而羅著卿陳小石羅少純見
郎傅師耶繼至客去又安牀移花不復他事夜作書致俊臣校禮記增
見子已食未食一條改黼裘一條甚爲得意劉生來問羔裘羔羊皮之

異余欲以羔爲黑羔之專名卽今紫羔甚貴重難得羔羊則凡小羊皆
可莫子偲所謂日有兼人之獲祝古專門名家有過之
三日陰寒晏起未櫛用階來芸閣繼至云明日當行留飯客去卽命昇將
出勞張來道喜又生事矣因出門賀王蓮翁生日過謝勞張羅便詣芥
帆久談申初入督府便謝諸客留飯與穉公略談時事言大臣不可上
言顧力行何如耳又言今執政以兒戲致大隙有乘之者禍不可解矣
一蟹不如一蟹遂無人可用亦自然之勢夜校玉藻一篇
四日陰晴遣送穆芸閣程儀曹太尊來賀古愚鎭如先在皆避去客去已
夕作表一篇日入霜寒欲凍皴皮肉命燎竹爇以禦之
五日晴兩吳生來周芸潭近韓賀靜生見郎張伯圓來遂又至夕若日日
如此殊易老也作表一篇未成而暮夜校禮記一本少儀似甚草草脊
雅竟亦難解今日丙子小雪反煖於昨日

六日晴晏起校宋史三葉作表一篇蕭錦來辭未見曾心泉李太守來辭
不得李世姪又來怱怱又暮微月霜寒似去年臘半時校樂記一篇治
亂以相訊疾以雅脊雅蓋卽相雅脊相牪轉官工歌鹿鳴之三以相雅
節之也
七日晴霜冷作表一篇出謝客卽過如山賀㠯旂俗賀取妻者皆於前一
日助執事之意也人哉居莊宅甚敞朗可喜蕭孚處湫隘可憐又人機
局談天主教而還夕食後晏蒲生步至學院省發案未出小立而還頃
之報至院生當取者皆取獨遺一呂翼文耳夜讀雜記半篇
八日早陰午後晴作表一篇居然將畢功喜可知也疑義亦不甚多春秋
庶可中道而廢比之顏子欲罷不能爲䇿自謀也夜校禮記半本
九日晴春秋表稾初畢改廿八篇爲廿四篇多以一條居一例不拘拘於
三科使覽者易明也黃綬湖來張子靜暮來張伯圓來

十日晴煖巡齋了願多拔兒諸生我讀王制後段計封國餘數子女無不
打混者我獨了了其記性最鈍故能如此見郎來留喫野雞去
十一日晴霜將出謝客周緒欽來略閱課卷出巳日斜矣止過蕭韓周三
處到周門昏暮傳帖入又久候怱怱一語而出至成都府陪朱鳳標子
飲新選嘉定守也吳佐但彭兩首縣皆先在酒半甚熱還乘月徐行又
頗寒
十二日晴得錦芝生書半山十九日尙未至變想行期又改耶閱課卷呂
生閱表記成自讀一過游行院中芟竹拾籜與王心翁夜談
十三日陰煊晨起校宋史三葉閱課卷畢方欲有作閻司道來賀喜亟出
辭之已入矣云當索湯餅幷云督府已定十七日異哉遺戲局竟成乎
散談無章大要論閩事云劉省三開府矣楊遇春後載福已敗銘傳又
取敗耶又言張香濤經營八表唯知向人討錢眞乞兒經濟也彤女益

蹻取表記令讀之
十四日晴煊將讌客鋪設坐處諸生入談午後將出見郎來未坐去答訪張子靜陳庶常過芥帆羅石卿陳羅不遇日勢已斜飛昇過笏山蓮唐及錫侯門月上矣造請之可笑如此夜歸得張梁山書半山初五日已安抵萬縣郎日將至喜慰復書謝之
十五日陰煊晨出點名諸生均賀得孫之喜徐大使王經歷來但子餘許午樓彭脩進士芥帆均來賀校宋史十葉黃郎福生來訂廿日讌席竟日看僕役整飾亭榭夜鈔天問一葉
十六日陰煊校禮經十餘葉涪州余生來言涪火實燒萬家死千餘人不知州牧何爲諱之顧華陽陸鈍夫曾心泉宋成都來如冠翁來聞其艱步未敢延入顧以首縣得東鄉似左遷也楊甥得華陽亦一奇矣張振帥與李雨亭同年俱逝可知交情在泉路猶密但不知地下逢戴子高

復作何語爲之啞然夜聞伍母之喪步月往視之明日當爲輟宴樂然世俗好怪勢不能止又以一人形衆短亦不可也崧生則初喪不哭尤爲可議
十七日陰寒朝食後冠九來未及衣冠而客已至亦爲疏率价藩午正來笏山繼至澤臣先入頃之穉公至崧王周從入唱戲自未至戌乃散北風甚寒
十八日陰復煖遣熊三迎候細弱改門作軒以避寒暑便嘉禮曉寐不醒朝食後復睡頻壓不安聞二點鐘乃起崔玉侯復來久談遂暮矣校宋史二葉鈔天問二葉同鄉官送酒燭戲班十五人約於廿日大會兼招督府親友共集
十九日陰次民來兩縣令及新委華陽令楊作霖來聞此人不端未欲見之因顧宋同來不能謝也客去已暮看莪寫字兼自鈔天問一葉

廿日辛巳大雪晴煊同鄉姚劉三張二曾二黃勞李二賀羅蕭送戲酒鐙蠟因要陳張龍陳羅設四席看戲一日夜分始散月寒如雪
廿一日霜晴成都探馬回半山不能轎行留止梁山事多曲折適如我意所料天下無徑直文字也意亦惡之彷徨半日穉公來餘客皆辭未見鈔天問半葉彭升押行李先至衣食物瑣細見之惘然不樂且不知所以處自往則重愛輕身不往則彼此縣望信人生之多艱也不能奮飛有愧老張校宋史十葉
廿二日霜晴定遣僕嫗往視半山詳詢彭升意稍安出謝客兼問岐子惠疾唯崔周朱鍾及王連衿處入談悤悤還已暮讀禮記一本
廿三日晴作書寄半山兼謝楚珩遣夏嫗去久待不至乃改遣楊嫗曾大午乃成行總算帳此月用二百金矣財去人安當無患也周雲崑來鈔天問一葉

廿四日晴朝食後往伍崧生處陪弔尹殷儒齊敬齋同在初雜無章余爲鋪排副統諸道繼至竟日接談凡習見者咸在唯笏山不至可怪耳夜校宋史五葉禮經一葉鈔天問一葉復曠崇寧書
廿五日晴看課卷周緒欽恭人來竟日笏山來談夜鈔天問一葉
廿六日晴晨起將食王連衿來問李宜城何人不知也穉公賜健孫添盆衣服再辭不得皆受之莪女發怪忿陽不知攜婢嫗自出因喻以世情人事看課卷畢傳師耶來久坐不去起入攜莪讀書寫字竟日天問鈔成遺釘一本復熊國志書
廿七日晴忿往多金氏燕黃福郎沈子粹劉庫使夏道臺來遂盡半日夕食已暮矣夜校禮記二本增改者畢錄院中官本與家本雖不甚合但字句小異耳亦不復一一改之明日將自校春秋表箋則兩經皆可寫矣國子達差來候復書隨作一紙報之

廿八日陰晨校宋史八葉看我寫字劉人哉張門生來午後出答訪沈夏彭過督潘均不遇入督署與二陳羅少談恩承協辦吳大澂副憲元甫又奪官矣穉公奮請援臺殊爲喜事所用將帥則丁夏也豈勝任耶夜爲劉生寫册葉連書數千字猶多不可盡遂罷

廿九日陰熯巡四齋還見郎來看京報錢帥得閣學劼剛兵右譚敬甫廿藩劉錦棠新疆巡撫鮑超優敍楊載福母賞御書王邦璽退出書房上書房復有學子陳俊臣鹿滋軒均查辦無事矣鈔遠游二葉校禮經廿許葉蒲生問釋幣於行卽犯軷耶答曰犯軷於國門外蓋唯諸侯以上有之大夫則釋幣而已夜校顏真卿家廟碑貴筑陳庶常後琨字耀先來見送扇對

湘綺樓日記

光緒十三年丁亥

丁亥五月丁巳朔陰有微雨礿祭祖廟昨夜宿辦今晨待事至巳乃薦午餕後少愒夕食已上鐙與審裴月岑又片致左斗才薦陳銳伯弢夜始復寢

二日晴戊午夏至晨起黃式熙春臺來邀至西北市看田新漲道淹船至澇刀飯於高阶步至檀木阶度長阶過橋取小徑至立山塘周姓宅彭朶翁長女壻家也黃氏爲其女夫繼妻七月而寡得其遺產撫前子分居今依次子鐵仙卽黃姪壻從周門步至馬屋看田宅頗可安身但須大營造耳審生發沙不能行還飯周家度不能還城聞竹坡有大宅因橫度羅漢莊徑樟樹下壬戌訪徐審衡遇其大父於門店下舁陪禮處也魏氏有三大屋今欲賣矣竹坡旁山有李氏新屋曰大坡山浸溼不

可踐李總兵東升母扶杖見客會暮欲宿魏十三家主人不在且嫌無因中人周姓要余往宿蛇鴐藥店偪側且喜息肩與其父子閒話同夜飯遂居店房熱甚

三日晴晨霧舁夫晏起度阶八里至羅漢莊前送子春葬泊舟於此今黃氏衰矣過勞愚翁墓廬飯於莊北易舁夫二人乃先至城已步行烈日中數里矣出莊徑蘇圫隄隄盡渡瀏十二里至城循驛道從鐵佛寺東入北門方飯陳芳畹來辭行夜過龔雲浦得竹伍書

四日晴借銀還節帳三之一百孔千創殆過笏山然餽餘百廿金而家中見錢搜索盡矣擾擾竟日

五日晴晨起催四女出城視殯家中四人舁之遂無人理節事過午猶未辦楊兒來宓壻不來章孫彭孫均來未祠三祀

三廟羅慶章送𥻗家𥻗亦佳食未飽晡食肉將敗矣自來無如此酷熱夜家人俱倦睡余熱再起滋女亦畏熱而醒喚出小坐還寢猶汗

六日陰稍涼始理家政爲過夏計李佐周來言筠仙將讓皋比與書辭之云只可行走而已若效沈桂芬之於王文韶一旦輕舉爲天下笑八指頭陀來云唐興寺被民人劫掠一空亦猶十年前上林寺也

七日晴文廷式道溪來約會談陳寓待課畢往則已出游矣與長者期約不信未必自知其非也將過筠仙嫌爲殘步乃還竾女還暮雨二黃來做中始聞蟬聲

八日晴午後出送文舉已去與伯嚴略談答訪皮劉唐梁張郎均不遇詣劉韞翁但少村子壽均久談子壽處設酒脯再詣蓬海已暮矣左斗才催客甚急至則筠仙俞鶴皋先久待方知爲大紳之會言請書啓事以久累不能多金僅可六十金耳從豐八十可歎笑也有此主必有彼賓

九日陰少村來謝步晚至心安處問卞事遇龔雲浦久談曝衣

十日雨涼看小說作書箱晡後左斗才逸仙來出至筠仙處會鹽務首士傅楊俞岧賢監院李中書周荔樵便酌久論閒事徵及教讀事俗人以杜舉之子誘竊人妻遂欲波及杜身可笑也杜亦實玷庠序不在婬行況其子事耶後世喜以陰事論人遂成風氣夜大雨

十一日雨至晡齋孔吉士憲教來黃郎望之暮來

十二日陰晴比日督課無暇懿兒愈鈍師勞功不半所謂使牛執鼠也朱典史送裴信來羅秉臣送彌之信來歸尙未與彌之通問因作長牋報之曝雲衣夜過蕭道

十三日陰

先王考忌日設奠素食謝客蘇彬自沛南還叉難未得反折把米乞食之難如此胡子勛來夜檢書籍京報倪豹岑得豫撫

十四日雨總理羣書蟲從其類各作箱篋盛之冒雨答訪孔吉士不遇過劉少臣聞二使有釘封至撤調九員自一品至九品大要銀錢事耳午後晴左斗才張仲鹵來昨薦陳銳於左關書係余手定而陳三立爲請益能益幾何使鄙夫輕士深悔爲居間也夜月冥濛俄生溼霧

十五日晨陰辰雨筠仙書詢代館時刻約以午初如時往已先待於講舍五年三聘不敢就今言代故訂試來也李佐周亦來講生在者八人先後相見筠仙欲待余釋衣辭令先去佐周已先去矣獨坐時頃乃歸

十六日午前陰晴移學堂至曾祠講舍兒女四人及王生昌麟均用筠送火食供之晡雨昇入館遂留宿紈復均未歸笠雲稱衡來少坐遂去

十七日癸酉小暑雨莪入學與懿兒均早畢課外傳之效也暮攜紈復游浩園羅伯庚子𦆭來談江西段生李生繼燔來見

十八日雨涼周生昌牧來見二使入城黃顯弟來言田事蒲圻吳京官海

來拜送拔貢朝考卷夜過僧房笠僧又送余還五更聞梘筩內有轉軸聲起喚人並不應還寢鳥鳴欲曙矣

十九日晴兩黃生來問春秋國有無爵者十七無姓者十五此出何書對以非所習也若遇陳之駁必能知之此亦學者所當攷宋溍人往往留意於此余亦九方之相馬耳不可訓也李佐周云御纂中有之余初未寓目蓬道人來夜歸過心安談月明

廿日晴晨起登樓家人均未起獨步入館程伯漢來談梁鼎芬胡增來論庶姓係上代同姓不爲昏者以庶姓別於上爲證左傳薛庶姓也則與周公爲昏雖一通而一蔽不若仍舊說爲安功兒生日放假懿遂獨居一房數起視之吳僮逃去遺戴明來直宿夜涼

廿一日晴與書少荃晦若爲達景韓信去復賀搢紳一函並其子婦烈詩幾達空函若移之少荃是叉一殷浩矣由此觀之浩亦未必失志而後

空函古今成敗論人往往如此門者言傳靑餘暴卒愕出不意心震蕩久之晡後往看之果死矣迅速無常又復可喜楊商農來

廿二日晴朝食後課未半紈言今日復女生辰因攜之歸家登樓小坐喫包餣仍步還席研香遣人來送五百金並書言書院事

廿三日晴熱彭孫來言枀翁病未愈其父亦未歸又言次婦當待兒歸乃還甫去家人報次婦已還矣夜遣諸女視之

廿四日庚辰初伏吳僮又逃去還家覓使力坐樓上乘涼看家譜待飯久之喫煬羊乃下羅小源來日光滿街矣張㚖至院楊福祥新昏起假來令移入館舁至傳宅陪客陶俞李左先在諸客來者無多城中人士多避驄馬者坐及三時乃得出過雨珊胡子政夕日愈烈至商農千壽寺寓解帶捐舁散步還家晚飯畢攜復女至館遇陳伯嚴夜談設酒果豚肩飲二杯微醺久無此境矣

廿五日晴理半山書信裝成一册城中諸少年改長恨歌詠卞龔事云曾重伯所爲遣問之答云二陳作也丁德威來（伊甫學士之孫也）復賀搢紳席研香書夜熱

廿六日晴戕女被暑還家暫休道香僧來送法苑珠林臥看一函夜還眠樓上亦不甚涼

廿七日晴聞功兒亦病暑步還館視之周姓來言刻工生事恐其揑詞相激故來告知城中閒人多故事多也周居北門蓋一濫衿李舟來尋筠仙誤闖客坐亦久談而去彭峻五來夜談看法苑

廿八日晴生徒唯餘二人館甚清淨而天暑殊甚譚心可來輟洗兒之多談周子巖震伯夜來談看法苑百卷畢廿年未翻閱矣功病暑去

廿九日晴晨還遇戕女入學恐其溜氣早飯後仍還館寄道兩僧來請喫麪夕陰有風至浩園乘涼次衡已去彼初欲爲龔謀今不能施力也㝵女歸云避暑

晦日晴稍涼猶不能事今年初伏奇熱從來未有戕復不來晚還宿樓上亦竟夜未被復眞俱爛漫睡稍能安枕耳

六月丁亥朔晴熱坐臥俱不適眞女又索提抱暫令安穩則爲己累舍而去之出門諸女孫兒等復欲相隨輒又還室龔總兵來寄道二師來夕浴畢亟出還館遇黃春臺言田事與同至三卡余先入館日陰風起雖不甚涼然尚可坐頃之黃來久不去曾重伯羅朊甫來同談食豆粥初更散卽眠

二日晴早起蟲散乃得稍作書廢事半月矣爲滋校爾雅說文所無字頗費斟酌卽此一小小文字經卅年未能定無怪古今無人定也復古者不知孳乳之義從俗者遂開鄙倍之原爾雅文字尤難遂歸寢樓下

三日己丑大暑約客集碧湖晨往無舁夫便步行日中亦不甚熱至則大

風涼寄僧先在雨珊繼至道笠兩僧胡子正羅君甫筠仙陳伯嚴曾重伯先後來更邀開福住持自修知客常靜及蜀王生功懿兩兒同飲僧則設粥申初散過兩陣雨矣夕在家復大雨遂留仍宿樓下

四日庚寅中伏晴涼可坐攜復女純孫步至四方湖畏日仍還吳僮送茶僵而爛手獨步至館眞女先來旋去小睡校爾雅筠仙送詩來長篇勁韻猶似少年才思文人固不老夜有微雨

五日陰涼晨起和筠詩彼韓我白不能爭其奇譬懿兒課早畢還家視戕等遇研郎於道要還小坐微雨時作步過龔𡊮浦還館已暮夜驚再起

六日晴光甚皎風冷然善也左殤醫壽終遣功弔之來往五十年矣劉潘兩生來見胡貴獻白瓜校爾雅畢（慢先安處第一迦葉供養第一舍利弗智慧第一目犍連神足第一阿那律天眼第一迦旃延解義第一婆拘羅含事第一優波離持律第一離陀端正第一婆陀解疑滯第一天須菩提好衣第一優羅鬱持戒第一般陀變形第一文殊彌勒物鄔受法第一）

七日晴驟涼如秋講生呈課分三班入見亦略有講論但泛語耳張雨珊來告歸夜月朦朧乘涼歸家暑伏身熱夜寐不甚適

八日陰晴風涼午雨女課畢還館將出彭笙陔來遇雨不得去余遂不得出真女純孫同來俱午睡雨後涼蟬甚有靜趣

九日陰小疾不知寒熱待昇不來至晡步出過子壽家有姪婦喪黼棠家姪孫三日而殤蓬海家孫女殤黼云外間殤折甚多夜過心安要小虞來談兼託匯銀還帳心安聞傳訊神色遽惡亦人生難堪之境常持此心則名宦矣夜月步還家中夜起坐久而不寐

十日晴午有微雨看譒繹名義廿卷畢宋僧普潤所作非訓詁體不爲佳製劉年姪信敷來云在城就館歲八十千午臥膺口授令旨封保之爲大中大夫自稱孤似曹操也

十一日晴疾未愈食不知味頗以爲苦乃知飢渴之外別有關心子瑞送沙志藁來爲改作一篇能病食味不能病文味差爲可樂道鄉張仲鹵來看金湯篇殊無意義夜月兩孫來

十二日陰濃雲微雨便純秋意作縣訓導朱母楊壽詩孺人遣信請歸云有家政思之不得還則言壽子通髫婢余意便令將去房嫗以爲不可云恐被轉賣遂依律離之紛紜甚雨雨止步過笛仙价藩遇吳厲洲徐叔鴻久談還館殷默存待於門甚怨望不得見余云無之方行熱當解衣而遇客反甚怨耳與談不相干事食瓜三片

十三日晴李幼梅來早飯价藩來延入食坐食畢欲談儀隴胡之慶孝廉蕭道臺攸縣歐陽生來秦殿基陳鎭藩監院佐周來與書竹伍言齋口田不可佃午陰晦似將大雷雨俄而自霽夕過少村鶴皋蓬海還館少坐還家領真懿兒傷暑亦歸

十四日庚子三伏晨陰欲雨乘涼訪彭石如未開門因過胡秦與胡略談還真女亦暑疾午食三瓜看小說

十五日晴鶴皋來云不敢入講舍恐是非相牽也問何口舌亦不復相對言萬荔門勘水災事頗有承平之想真女病臥竟日夜復聞孺人驚叫聲懿孫病厥聲喚擾攘頃之乃定功兒亦歸學堂遂空

十六日晴風涼純乎秋日孺人亦發疾家人遂有六七病人真女小愈乘間至館五生入問題解夜過蕭小虞

十七日晴復熱息偃家中一無所事

十八日晴朝食後入館蕭送匯銀來家中久無錢頓成富有秦生彭石如來送石如還家因留夜飲熱不安寐再起納涼

十九日乙巳立秋愈熱滋女亦病晚始至館一坐仍還寄禪來言長沙毋訟子縣令答其母

廿日晴熱朝食後入館無事大睡夕還食瓜易嫗去幾不肯出門近日女

傭無能有膽漸不可制婢僕則無用有惡亦無可倚方知戰國奴僮風氣近古夜熱

廿一日晴稍涼有風晨遣莪復視殯便入學自攜真入館文育疾愈亦來散學八日矣更顧一嫗領真今日猶未至仍歸視之夜尚可寐

廿二日晴黎明卽起家人皆睡仍攜真少寐起已晏矣看洪稗存集一過乃知廖平春秋十論之意晡食後步還館妻嫗已來不必問其勝任與否便可脫卸也夜遣功兒視[illegible]秕初與王生論大學之道及今日撥亂之法要在省官專任散權幷心然苦無人材仍就所知姑試不可而已必有舜禹以代共鯀也夜熱然可寐

廿三日晴點春秋傳五亦有中三亦有中舊說與三互見知爲卿非也三卿大國制五大夫二伯制魯兼有之自滑等威故譏其作伯國蓋得發六軍與王同異者王令六卿分將伯自將一軍耳詩曰周王于邁六師

及之文王初爲西伯卽有六師之證也大國則古不過二軍周乃有三軍魯欲自同列國因置三軍定三卿分將之制廢五大夫之制故言作三軍而復舍中則改制可知若言作中軍則似於五大夫中立一中令乃舍五大夫之中改制之意不見也五大夫無中軍者以非五軍而云五亦有中者魯五制明今復云中是爲五亦有中故特明之魯自是不見命大夫蓋廢於此時非真復古齊晉宋皆並見四五卿是公國之制（伯國卽公國也）若立卿不必互見又諸侯有立卿之道燕記有小卿也夜與王生論詞章及同時文人

廿四日晴熱覓瓜未得竟日逃暑高臥

廿五日晴熱朝食後浴出弔瞿三嫂之喪新昏眼前便六十矣其夫妻典故最多爲書福倍容姬誄之支賓唯有左孫客亦寥寥少坐時頃命還舁人徑還館亦聽其所往至卽改裝步還家次婦生日蕭然無辦炎甚

留家晚鬭牌兩小女纏繞頗倦於提挈矣夜再起短夜若歲徵月迎曙大有秋懷

廿六日晴晨步入館爲胡貴族子與書俞鶴皋關說官事鶴皋復書云前已說矣豈胡貴招搖先私求之耶抑早知我必說而先已爲地也此皆嫌疑之際非君子所宜預午門筠仙來則云劾提督事亦衆疑我我初不知提督名姓患生於不可防尤令人憮然不樂有名不可以無位石隱之流蓋有見也亟遯迹而可矣岱壻來坐半日留飯去得歐陽節吾書

廿七日晴熱仍九十四分子威來楊松齡沙年姪來沙取墓志文去筠仙來書告知吳鴈洲彭稷初等以長沙令誤斷母子獄爲名上告院司及首府語侵筠仙與書孔吉士遷怒寄禪詞甚憤憤且引李輈言碧湖詩集招動浮薄以爲遠見小題大做且笑且歎與書解之筠以不得當官憤懣不可磯湘吏欲假公議傾之然後魚肉士類此密謀也筠不知機爲衆人鼓動而猶恨湘士此不及余夕過陳羅郭均言此事還家

廿八日晴攜真女入館早飯後乃送真還檢舊詩爲劉景韓書冊晚飯畢步過心安因還家小坐初更還館順孫伯嚴先在談劉令狡詐之狀似太著力未必真如此而以告院司翻案激之使愎則亦細人之雄華邦未能然二更客去少坐乃睡

廿九日晴質明呼僕從起家中夫力亦至舁至李幼梅家則已有拜生客出門去矣幼梅所後母徐守節卅年如彈指頃今年幾死故大作生日客不甚多陪客俞陶周皆少縱卽逝尤不可解余堅坐三時唯見一生客惲道臺餘皆宿熟者徐王未至想早去耳還答訪永安牧李常霔未遇歸食麪飯小睡晡食未飯夕乃燭飯佐以蔬素甚適而飽夜紈女請門牌至雞鳴真眠於懷信乎九子孀母也李佐周夕來

七月丙辰朔晴真醒余尙困不得已而起小坐食扯饝孟秋朔上市新餌也長沙薦新皆有時所知者六月朔月餅菊蟹七月朔扯饝八月朔冬筍九月朔羊肉麪皆風景可憶者步至館看王生課卷余以爲極庸者陸學使以爲開拓心胸推倒豪傑拔之第一眼力相去懸絕重閱之亦自可取非盲稱瞎贊也張雨珊送詩來且言馬屋可葬

二日晴書詩冊浩園新鑄觀音像成乃三段合之故易就然非古法未往看也午飯甚早步還家則亦已飯稍理女書仍攜真舁至館真復求歸夜送之還聞馮姨子來未遑料理

三日晴晨聞礮聲知二使開門往看殊散漫不及在蜀之赫弈也亂時乃能使貪者廉此又古所未有飯後出城看輪船還浴少時午飯已具未食夕將飯蕭文昭來誤以爲蜀人避走還家遂留未出

四日晴晨令房嫗約束其子賞假暫出孀嫗攝其事余遂攝孀嫗留家料

理玉馨盛開餘無秋花檢舊書札將次錄之夜門牌三更寢五更雨

五月庚申處暑晨雨旋陰戴僮湯足余急避還館得辛眉書文詩俱美黃耀堃來送關聘即與書辭之云此來爲郭代館今關書列郭名豈有先生忽爲東家者前言甚明又豈有明知不能就而爲空頭人情者此擧皆以詐僞相交際措詞頗難書詞乃無罅漏馮弟來揩子亦來未復小雨熱仍八十六分雨珊來夜待送茶獨坐至三更猶熱不可衣揩去馮留住

六日晴盛陽爍人不可出室幸風氣尙涼耳復辛眉書改龍驗郎婦墓志文劉伯卿父死送一障自題四字答其洋油之惠也暮還家筠仙送關來變易其詞而情理肫正惜本意爲調劑寒士起見根源已誤耳仍以前書辭之夜打牌

七日晴朝食後舁入館旋出弔劉伯卿聞黃壽耆之喪遇陶菊溪不相識

矣過雨珊未遇與其子瞻談過少村云其冢婦喪及欽差札知案情之事還館晡食筠仙復送碼來詞愈支吾不可禮說姑置之酉日愈烈作真女祭帥芳詞未畢汗背透衣矣步還家大風起稍涼仍熱看設酒果家人皆至五女一子兩孫女一孫皆行禮以帥芳周期且忌日將近借乞巧名招奠之也懿兒手痛夜嗁

八日晴熱朝食後入館陶菊溪來恭謹殊甚令人不安學生盡去無事只跂足而臥彭稷初來與同出過徐陳皆不遇分道各還過价藩還家

九日晴懿就醫因還館余午至申出値雨過笠雲方丈小坐仍還待舜始歸

十日晨陰訪稷初陶菊溪李仲穆李宅依然几席禹翁家業可保還館已飯至家亦已飯罷燭食不飽午雨理三女點書栽殊有麻蝴學生之風尙不及紈夕門牌二更散看賀蔗農詩文夜月涼

十一日晴不涼朝食後入館館中正食可謂全無學規者稷初午飯當報因治具招諸姻子來飯爹還鄉去改約三客申集講舍袁守愚最先至雨珊伯漢繼至稷初楊少六黃望之最後酉食亥散少六獨鈔課文至靜乃去

十二日晴功夆隨丁還家庀具余亦午歸熱甚令改晨饌爲午菜果乃得鮮潔及晡大風遂涼雨始除暑氣

十三日晨雨辰霽涼可夾衣午嘗祭三廟以長妾祔食疑於祝稱因念士妾有子乃祭祭必以其子主蓋無卑鬼之禮也因祝曰使孝孫女滋薦常事於所生母莫氏庶乎禮以義起者邀馮哥王生來食新俎豆鮮美主婦職猶未廢三席一百二品我孔熯矣(熯勢也)既餕功出城化包因至胡壻家小寓應學使經古棚試

十四日陰風愈涼小女皆著緜衣朝飢催飯攜黃口數人飽食步至館中

大睡瞻與楊銳言朱肎甫取優生事久之飯尙未至舁出答訪余教官子範因過祝澹溪解衣步還索食甚急飯罷復步還館幾百夜未親鐙火今夜始伏案少坐

十五日陰涼可緜爲劉景韓書冊葉七開得壽衡書肫然以不能薦達爲恨雖不知吾志要爲不負職也平生交游僅見此人而其立朝復未能推此意豈獨智於我耶功試畢還館夜看爾雅

十六日陰涼余校官請作壽序乞袁守愚作之爲點定成篇看爾雅夜夆懿還籠鐙還館早眠餓醒功未睡因作試帖一首示之題爲東風扶留頗窘於對配也齒痛

十七日陰稍煖朝食後始至諸生齋房巡視唯善化唐祖澍有疑問餘皆敷衍余居此三月亦敷衍告去耳梁小穆李同生子(字爾人)羅順孫瀏陽王長沙曹徐甥及其姑子沈生萱圃均來笠僧尹和伯夕來呼懿同還

十八日晴復熱余熱疾懿癖發均不入館在家教授樓上已可坐功望取古甚切無其能而覬其得甚可閔也夜報取第十實爲儌幸比之去年正相反

十九日晴家居課讀世愚姪羅世顯來不知何淵源也出見之一老禿翁自言貢舉再褫革今方有求於我詢其來歷則與英子相識頃之朱伯玉來亦其州人也坐久之朱又更久疲於接對還齋困臥一日未食夕步至館劉年姪來久坐二更仍還家

廿日晴熱欲往南門看桐生適得鏡初遺信夕往已暮矣价藩亦在同坐遐齡菴待鏡子科考出場還已二更功猶未出頃之至云憊矣小兒不耐勞又好考殊可憐也夜門牌

廿一日白露晴熱復九十餘分入館改鴟鴞戕大通詩旨由識鴞字爲號之假借故知多識物名非曰博學乃聖人教人學詩門徑耳以此一字

並淮夷並與伯禽墨經事亦知其由重寫定之宿館中

廿二日晴子壽來久談甚言郭曾之醜愛憎之口今乃知之夕還家初更案發功仍第二名覆試去次雲來談至二更去夜熱鷄鳴起

廿三日留家課讀桐生來夜功始出場近日學校考試懈廢如此冏盧象昇所不料夜門牌孺人大勝余屢敗不成軍遂起罷去

廿四日晴朝食後入館日烈可畏白露後得此亦一異也積帋五六軸半日了之筠仙來談其愛憎又甚於黃余皆唯唯而已袁守愚來夕食後乃去陳伯嚴來夜談知塗山氏又來聽膀與過笠僧舍少坐去

廿五日陰熱仍未滅書橫幅千字塗山來言電報已至欽案盡爲煙雲午後徹雨寫橫輻畢自晉以來言書者罕言筆蓋堅筆硬帋不勞工巧也唐人始有王歐優劣之分歐不能用硬毫筆工始貴矣宋人則軟筆硬帋明清尙軟帋筆亦分兎羊二種各以爲是近日純尙羊毫軟筆軟帋古意蕩然矣陰暗蚊多暫歸蕭散至門則慧孫厥死家人擾攘坐樓上久之雨大至夜鐙風搖乃成秋景將曉瓦墮驚起

廿六日陰涼朝食後步還館看唐詩詢門斗唐紹五何人云愨愼公之孫初不省記閱課單乃佳人也頗能問難又問彭外甥劉陽瞿生與門者罵孃事門者云瞿三更至已得入而混罵彭氏甥真有外家風宜門者之罵之午治具招客陳程初先至龔但莊劉繼至戌集亥散坐客贊荼主人甚得意心安云劾署提李勝乃龍湛霖余仍保明其誣賭一東道以坐客爲證

廿七日晴寫扇一柄注爾雅釋艸廿餘條羅錫章皮麓雲何价藩來午治具招梁少穆余朱兩教官李監院余朱先至李先去二更前散

廿八日晴還家課讀注爾雅李石貞孝廉來

廿九日晴課讀注爾雅彭鼎珊及其從子來夜過心安不遇至陳伯嚴處

談

八月乙酉朔晴熱課讀注爾雅

二日晴風稍涼猶紵衣晨設薦祖考生日始食蟹焚午間聞曾郎娶良爲妾當興訟往問之云帥姓女曾發八字已入門矣至鏡初處遇叔鴻久談至學院街尋李孝廉不得往來小古天妃街十餘往反過善化學答訪羅世顯孝廉永定人也過黼堂談時事問落地稅所起亦不甚了了日夕遂還遇黃春臺泥談聞翰仙子已至長沙卽日仍去夜倦早眠大風不涼

三日陰待龍夫未至仍還館爲但少村改釐務書目錄略以周官欵總廛布分貨稅行帖不及筠仙之博攷也夕攜懿還因過龔莊莊處復遇龔談至二更還家功亦還

四日晴糊樓窗因至李祠看戲兩班合演觀者如堵復還攜懿往則擠不

容入夕坐小樓新月已娟夜早眠
五日陰午後晴朝食後還館遣問龍郎何日可歸云須節後此處散無住
處因先往衡陽定八日行爲笠僧題宋吳言隨心咒經即多羅尼咒也
惓有方法如醫方列所咒諸物殊堪一噱書似東坡正崇寧時體格吳
言似是荆公壻家人經爲海鹽僧寺所藏上列千字文號豈書全藏耶
注爾雅驗郎來
六日晴爲唐五太耶書陟慕臺記笠道寄僧來筠仙送脩金節禮來余本
欲罷散則泯然無迹家丁門斗合爲此謀致落恆蹊躬往商之且退關
聘不遇而返楊丁浮開花帳欲混王生王生遽斥之無人臣之禮蜀士
派也事亦閃灼不知誰是注爾雅至芜縣無證說之
七日辛卯秋分陰晨還家李佐周來同過筠仙遇丁次谷善化令不得盡
辭但退關書火食銀束脩百金代筠捐起湖亭節敬作舟賫門禮充賞

頗有使金如粟之意還家課讀料理節事胡壻來未暇談黃叔琳來已
忘其字矣同出答訪王石丞談蕭小處事至館清理火食頒賞畢夜月
甚明熱似六月
八日晴黎明起檢點告去待船戶不至仍還家朝食遣人挑行李還課讀
並爲滋女講說文序但嫌其多知經生不能文也過午日愈烈聞船戶
待發張傘行出大西門登舟則香客先在且載鮑魚馮格格作事不妥
亘應如此未初帆行戌初過湘潭亥初泊上積灘行百卌里
九日陰涼比昨日如隔百日矣午間大睡起注爾雅惜無帋未能寫定耳
幾一月始畢二篇比廿三年前初至衡陽時思則勝力則減矣又無人
承學共講豈德孤乎湘水甘而不冽烹茗殊不發味看功兒所校說文
以弟死遂廢余無此瑣細工夫亦無不完之功子女俱不能學也帆行
百六十五里泊黃石望昨泊鼓磉望下今亦泊望下逆風未使夜行也

十日陰微雨風寒行望中甚久辰正乃帆行六十五里過衡山城檥雷石
旋發注爾雅晚飯穿洲泊草魚石行七十五里共行百卌里獨寐醒思
作一傷心語亦復大難唐人能事也
十一日陰風止憶乙年馳三晝時百端交集鄉居不可輕舍前人爲失計
也局促轅下遂無了時午飯後至耒口無風篙行幾兩時乃至東洲船
當待驗徑行無訶問者書院建於洲尾登磴卽是少淹擔輿兒游巖峯
蓮弟出不相識俄乃悟爲遣入城換錢因告少淹向夕還講生先來見
者八人未便問訊晚又來一人看所帖課卷居然成章甚可喜也輿仍
癡不瘳將與戶齊矣
十二日陰待飯甚久辰巳間商霖來又頃之乃朝食與同入城少淹同行
船檥湘東楊宅前詢主人已出入鐵鑪門弔沈禮堂子友篪不遇至程
家少坐鑄郎峴樵出見一人極相識而不能言姓名亦不便問之後詢之許

星吾也同訪晴生便約至程家飯談暮船還晙五同來夜談問公羊兼及
讖緯遂達鷄鳴乃寢復見兩講生
十三日陰晏起朝食後少睡唐生來見楊郎伯壽峴樵來楊別六年遂有
須矣去年幾中而被掣卷云卽晙五補之坐一時許去商霖來言田事
嫌生地且遠辭之晙五先去商霖同夕食亦去與肇甫少淹改字擔輿游洲
西見許公祠無碑記蓋旌陽令遜以爲水神也昨肇甫問高寢偶閱說
苑有之而說不可通夜雨寒十一夜夢人贈人句云至德涵仁智變貞亙古今云謝颺之詞也
十四日陰有雨午與肇甫及蜀客余汎湘至柴步登岸過濵義典看峴樵
古琴中刻太和丁未雷氏製也質輕音越可云祕玩又新得大唐永定
甆盌出自古壙然非佳陶聽桂古香彈漁樵商霖來至其家飯伯壽晙
五繼至聞仲復得桂撫勉林免使亦在人意中戌散還館已二更早眠
十五日陰晴晨起答詣院生十八房因登樓看山衣冠待客分四班入賀

節賀子滋第三子來已成人矣云家用不能敷三弟皆無業早飯後商
霖復至因留坐至午渡湘登東岸至雪琴家不得入訪楊八丁生均不
遇問訊絜卿子還至餘滋山房昨日客俱集伯壽爲主人看荒園有樸
野之致布置未佳耳設食亦潔月上乃散渡湘月漸明至乙夜愈明與
晙五肇甫坐後軒覺涼乃還室少坐先寢
十六日晴寫兩扇皆不成字晙五論救兵則義不必月錄春秋牋誤加二
句當去之午後稍睡丁篤生來坐良久去遂睡著楊程來未聞也俄起
陪客肇甫設酒招余及諸君午食至戌乃入坐留丁爲客散已二更步
送丁彭程楊分船還兩岸小步洲前不得徑乃還復至後院看月卽還
寢
十七日晴晨寫一扇字稍成章下款又誤飯後大睡楊八耶慕李（名凌）來客
去寫字二張行款未美此來應酬生疎亦精神不周充也看朱允倩音

學書改假借當轉注可謂妄矣跧陛陬隙阰夜早眠復起食餅
十八日晨醒晏起邀肇甫渡湘至程宅晙五已先到同飯遂與商霖俱至
杉木潭看山田田少山墝虛勞四舁廢然而返唯無賴百人搶茶子因
而驚散此行非無功耳比還已上鐙復飯程宅夜與晙五肇甫俱還東
洲
十九日晴肇甫欲余卜居鄢湖云有田可買堅欲往看再辭不得徒步而
往午日甚烈殊勞動也寫對五聯扇一柄楊伯壽請作其父墓志皆捐
金市義之舉於行甚難而敍述不生色故知古今文不相及亦多在此
袁鏡清海平來催卷因求相見云曾在邵陽相遇久忘之矣又言及夏
嫂家事則已卅餘年恍惚猶憶之老來憶遠而遺近世事漸多故也晡
同篤五汎湘至丁篤生家舟子遙見蓮弟呼之不應登岸乃相遇日將
夕主人候久復遊楊園見譚進士劉舉人與劉同集丁宅程楊亦在二
更散與肇甫同還
廿日晴晨起復與肇甫渡湘至伯壽家約同遊鄢湖至則姚熙甫馬午雲
先在相待馬言多無謂殊難酬對久待商霖巳初乃至同飯舁至茶亭
看湖濱地勢陵遲非可卜居之所大風難行旋還楊宅遣人取行李將
附舟還潭商霖必欲代覔遂淹行計出門望船則沈友篪程岏樵渡湘
相送船須明日乃行復與江彭楊沈二程及輿兒渡湘宿程齋
廿一日晴船須夜發與六子閒坐一日各睡覺喫飯無可談者日暮登舟
六子相送且各有贈愧荷而已移泊楊泗馬頭聽彈唱采茶亦復入調
甘眠至夜半乃聞舟行月明露重未出看也程有麻沙本玉髓經
廿二日丙午寒露晴晏起聞爆竹聲云至樟寺乃起辰鷄鳴矣鷄鳴有五
候丑卯辰午申而古人罕言申鷄行百五里泊老油倉距衡山一舍
廿三日晴晨泊雷石待幫船修櫓至申初乃行看子滋尙書繹未能勝江

聲也共學不適道亦余之過又其好名欲速成使然夕泊石彎行六十
里
廿四日晴熱晨露水寒不可佇立午風燥物便欲絺衣如差三月節候在
半日間尤可異也下水舟搖不能作字竟日冥思耳夕泊淦田行百五
里舟人云明當有風或然也魯爲二伯國有三孤五官其餘大國則置
三卿今以晉楚並霸因改同大國之制立三卿領軍擅改王制故譏作
也三孤王官不領軍其有征伐蓋依天子出軍例公自將一五官將五
其遺將或一或四亦從其宜鞌戰四卿帥師不譏是也云古者上卿下
卿上士下士者見魯先制三監爲上卿五大夫爲下卿以無中卿故無
●中士異於侯國也王制曰其有中士下士說者以爲小國無下士次國
無中士以此觀之則公國無中士下天子殊大國五亦有中三亦有中
者伯國亦有中軍君自將故必言作三軍乃見改制之意而舍中軍復

古見矣

廿五日晴晨二鯀未午遽熱舟人買米欜三門叉欜湪口日烈如炎必有風矣欲換小船先下復嫌不穩此次爲程郎牽掣致坐貨船未能行己意雖前定究亦已輕舉也使幸不遇風余爲過慮要亦意計之所宜及非道長者不知吾平生去就實爲舍道但太易退則輕耳昨夜思一月畢志太急遽且盡今年而可泊湪口

廿六日晴無風仍熱行十五里至沱心或是唐興寺水淺膠舟百餘紛紜半日賦詩二首遂泊灘上未移寸步

廿七日陰顧命伯相所謂二伯一相三公也太保畢召爲二伯毛獨稱公則冢宰命士師司士也須材具武備三公並命者大其事桓毛獨太保命者尊太保太保尊於公故獨稱官稱官則當名周公死畢公代東伯也毛公雖爲冢宰內事猶讓太保尊老臣也午後烈日行十五里泊上

灣舟人買米復停一日

廿八日晴行七八里復淺於猪箕港將午乃行十五里馬家河熱風出倉納涼未至易俗河已見昭山湘潭地勢抱湘故有潭名唐時都督府當在此石頭則連水水口別起一郭與縣城無干也望漣口久之乃至自楊梅洲以下水勢稍迅泊倉門登岸訪朱訓導朱編修主英子家其二子已長成必能讀書似勝吾兩小子也夜英婦弟蕭來見字可舟朱卓夫來要談卞生疑恨事既有實證作書詰之夜宿英書齋

九日晨微雨與可舟過沈子粹云今年自蜀還唯知舊事飯罷朱沈同來談一時許出游城隍祠還薙櫛雨勢欲成涼風颯然始有改節之感雲未歸土不知久奄親喪者何以爲心也卓夫云約首事會議志事留待一日無消息出城看風色未可卽行蕭婿兄來見夜仍宿英齋雨滴秋花頗似桂陽南閣感賦一詩

卅日雨沈子粹來同訪吳少芝還朝食治裝畢爲兩生改文文亦頗明白雲似多文采大要可學戴表姪來久坐過卓夫待雨止泥行出城遇六弟同行立觀湘門云禁止附船必就岸須搭乃上至義渡坐划子搭飄江半日無一船至欲還榜人强請附一煤船登舟旋泊文昌閣下半夜灘灘至三更少止櫓行勞久三時許乃天明始至昭山耳昭山以上潭而不流叉湘潭所由名也

九月乙卯朔陰雨南風異事也帆行如纜蓋水涸利上過昭山乃稍駛至靳口叉潭不流大雨隨至到岸過晡時矣著釘鞾入城雨如汗汗如雨詢知子壽嫡母喪傳青餘已出殯哲生亦將歸柩有赴至未往弔也生不見面死乃燒香耶魯瞻假歸遣信相聞頃之來談不似往年豪逸送余畫扇蜜李夜取小正補爾雅

二日陰課讀半日夕出弔子壽泥小虞云近爲巡撫所憎發疾不能見客

還步訪魯詹途遇陳羅何樸元因要魯詹來共談

三日晴心安龔鎮來談午坐無事自鈔七律詩妻繼母姨姪王姓來告幫

四日晴

先曾祖忌辰因檢日記十年前曾誤作生辰設薦今年家人亦云是生日亟釐正之余雖不逮事而主祀已卅載頻客於外致不能分生忌可歎也業已約客因改約夜間稍致分別實與葆芝岑無異叉復可懼魯詹心安夜來便飯久談孔吉士彭石如來彭言彭棣翁家事逐其孫妾別立曾孫自云有繼絕之功

五日晴程伯漢來亦言彭事柢萋魯詹來命昇出城至桃花段尋龍郎莊屋過石馬洞息一鋪巡山行七八里乃至已夕矣地生劉小三亦在驗舒荔郎均出同驗劉步看田莊一處還宿龍塾

六日晴驗郎留停一日云其父生辰也允爲稍留晨同看勞氏墓廬乃還

朝食午昇出同彭佃看田莊一處夕食後復看龍莊一處夜看畫舫錄仍宿龍齋

七日晴驗劉同入城飯後行廿餘里至黃土阾分道余尋鏡初於太一寺門有二昇則子威及一不知名人先在談校書事云通鑑須精校以委子威設素食罷胡劉參精先行余少坐談諸子還過半山殯宮入城始晡家中全無料理乃命鋪設夜與孺人出堂受兒女孫婦賀食餅鬬牌

八日壬戌霜降晴晨起驗郎來要坐樓上具湯餅朝食時乃至堂中賀孺人生辰旋復設麪午閒胡壻乃至龍嫂胡婦均來彭氏清理家產請客及余余不往孺人命功往至夜未歸彭氏老婦來余甚訝之詢爲虎臣孫婦欲爭繼產

九日晴大風一步不可行杜門養高小虞來羅慶章來求館笠僧龠山來鈔歷年律詩畢得五十餘首魯詹來余當償其存款七百金欲其作贖屋價卽從存項千金提款歸屋價如此庶免轇葛

十日晴沈善化來謝未見笠僧約往靖港久待客去乃不能出將午始與笠祝素三僧同出草潮門值門閉繞出大西門紫雲寺僧遣知客慈安來迎買舟卽發先遣送襆被人竟不相待遂無鋪蓋笠僧更要王生同游亦未辦裝閒游而有逃荒之色殊可笑也逆風不能進上三叉磯看地夕發復停泊回龍洲三更後復行三叉磯有故城基云是湘州治

十一日晴晨至靖港入紫雲寺云楊泗將軍於紫雲臺得道故取名也寺僧明靜出迎延登樓云欲余作記又要土豪侯翁專樓陪余朝食後渡湘登銅官山岸至柿港下船茗飲茶肆倡女彈一曲有馬頭之聲夕至侯店還宿祠寮看戲

十二日陰晨起看戲侯翁設飲款客飯罷昇行還城十里新康十五里白沙洲十五里回龍洲十五里三叉磯渡湘已夕急行還城門半閉矣中渡瀉暫二水口歸聞潭船已來迎筠鏡俱來尋城中督查二道俱摘頂坐匿名文書未獲人也卞生殊有明臣之風故是高攀龍左光斗一流人向上則范仲淹也彭稷初夜來云欲要功兒往彭宅坐鎭恐生多口舜之夜鬬牌

十三日陰始寒改功兒賦課讀稍閒出答詣莊龔蕭約鏡初來便飯魯詹亦至同談諸子鏡意欲分道政兩門各爲一編言道者如易孝論語老莊言政者如詩書禮春秋管韓史漢各從其類悉載全書兼及術藝倣杜馬二通而略用藏經例以便學者雖是纂集然工繁體大恐未易成也夜雨

十四日陰課讀至午出詣黃宅取銀但館索償鏡菴談經還已向夜將攜諸女往縣聞妻婦言仲三家不可居悵然不樂壽子復來譌詐行同無賴尤爲可憎巡街委員云領之去竟不能致保正遂令棲身紅轎中更

可怪也鬬牌

十五日晴魯詹商農黼堂相繼來坐談至午詳言卞撫奏片引父子聚麀之語爲章疏中奇文龔雲浦送修亭銀交陳程初黃望之送雲存千金來以一百還魯詹劉春禧蓬海來夜月清寒致爲佳賞

十六日晴魯詹雲浦筠仙寄僧吳鴈洲李幼梅來云蕭小虞被卞誣作揭帖上書自辨卞遂釋然可訝也然撤去萬金差事矣但少村送借銀三百兩來留充家用潭船來迎發行李晡食畢登舟攜莪紈復真四女以行壽子婦子亦令還縣出城已夜移舟泊西湖橋

十七日晴熱無風纔行竟日始至包殿諸女登岸行塍埒閒無可觀夜月濛籠

十八日雞鳴風起舟人云有大雨待曉乃行微雨細風過昭山乃稍瀟瀟晡至縣城發行李入賓興堂諸女至英子家暫寓余亦尋往宿英書室

十九日雨竟日課讀沈子粹朱卓夫來將出阻雨暮至賓興堂不遇一人

廿日晴陰朱訓導要飲因出詣城中文武印委各官惟見呂縣尹釐局遇雨珊新到見陳翁竹友釐局小委員也訪楊龔王皆妻家親戚父母黨皆無可尋者頗增忉怛晡至朱伯玉學舍會飲同坐者匡澤吾黎保堂朱沈吳皆縣人舊識者未夜散與書譚維

廿一日晨霧朝食後大晴家十三弟及開池六弟來郭雨人徒弟來云近作禮房皆因余入縣署知蹤迹者偃室信不可入也午後至沈子粹家會飲坐客二朱郭午谷吳仲芳劭之坐談頗久未暮散與吳同過卓夫復與同至育嬰堂訪楊省吾聞譚心蘭來與卓夫同至恆隆堂訪之約譚至朱處議志稾夜膠會諸普薛余眷屬多在至一尊前玉盤盛青李亦有紅者余每食一膠緹則請尊者布施上坐難之則再取食蹕口螫牙凡食四五枚坐者乃許卽出似證道矣膠緹先出余後當出傍門余

必欲由正門門口皆爲二轎所塞旁有無數縫工設案皆布衣似未竟之業余手掀轎開門欲出且令縫工悉散已而轉念當付半山收拾半山自內出余云尚有一面緣意其必留我半山殊落落不相顧但送余出門外聞膠緹呼云相公丟書醜余大不然之揮巾而誓曰當與半山再爲夫婦更誓曰且生生世世爲夫婦出門遂飛升心身怡悅但自聞喉息聲遂醒

廿二日晴朝食後十三六弟復來六弟自言學稼之苦與爲學無異卓夫約游花園攜三小女同行從西禪寺後過因與僧人小坐譚心蘭在賓興堂相待芙蓉園主蕭生設茗留談未暇酬酢要卓夫還與心蘭論故城請其攷說郭午谷吳仲芳亦在取志稾還復攜小女步尋板石舊寓見門對知陶園不遠復見唐氏義門似有喬木褒回生感夕過呂令會飲楊朱二郭一胖人似相識而不知姓字侍者促散客殊不欲去多言訟事余但恭聽欲洗耳矣

廿三日丁丑立冬晴子雲早來謀余所駐朝食後卓夫來始除外堂並借鄰房移諸女從余居書室箱籠悉取以來滿妹壻呂姓楊蓀吾沈吳先後來遂盡半日壽山從子六耶來云在謙吉錢店蔡四耶來辤未見夜雨

廿四日雨寒午至楊營官處會飲呂張朱郭陳同集看菊入見其妻子夕散長沙進士戶部李膠瑩後至

廿五日晴晨過峙雲還朝食姪壻龔生李雨人來午過賓興堂心蘭攷故城見示大要必以城基爲據仍本朝攷據派也縣人士公請呂朱官師爲客朱楊二郭王陶徐龔吉生爲主人燔豚膾蟹頗爲文費客散後又與朱徐少坐乃還

廿六日陰有雨楊送食物蕭藻送菊午過二吳瑞棣飲張雨珊心蘭二朱沈

子粹同集暮散步還黃河入穎懷山襄陵　朝出二百萬金治之起三廢員公事自應如此幼銘自此可光復且脫離南海矣歐陽蕃來見鴉片行主又身家不清者於理不宜見以容物接之明日請看菊則不宜去又以好戲諾之余性不逆物情論立身者則不宜學壽子流落爲丐來見

廿七日晴朱徐送火食卅千悉還前帳遣詢王亞家將往歐陽速客龍副勝來見薙髮畢攜真女畀往陶祠側周家花園看菊尙有佳者坐客十餘人余與二吳沈徐小詢季子季林同席二更還

廿八日晴歐陽送菊檢省志地理沿革遣胡貴回省城買冬筍壽生油禍索錢初不料其至此送朱卓夫回鄉去

廿九日晴遣娶子雲來早飯檢沿革畢攜三小女看書院尋卅八年坐處了不復憶龍八來云當往衡得常壻書復之

十月甲申朔晴家十三弟六弟來偶詢錢漕事十三能知之便令合算藁草賦役龔文生來朱吳暮來約爲看菊之會羅君甫來

二日晴家一老耶流落無食與書張雨珊謀一煙缺適雨珊來留談久之莪苛況女吳嫗二人並唐突俱訓飭之遂無所事

三日晴要子雲同訪城中首士見二郭一龔龔宅在閒地甚似京城王府頗有形勢還小愒龔吉生來同步至學舍看戲賞菊喫蟹坐客歐陽生吳沈龔徐郭午谷二更散

四日晴晨起待昇擕永孫從立馬鴨卵路至姜畬飯於乾元美店迪亭及其兄留飯兩婦四孫出見許壻父子來約過一飯期以明日遂行從七里石井鋪詣石牛塘舊宅茶亭新祠傾圮移高祖主於此大似破落戶不勝感喟昔日乞匄居大廈主人棲門屋世事反復誨永孫以在勤之義五世羣從集者十五人內有一㚔二匄可歎

也夜宿土室與開枝過義山看田

五日晴鷄鳴起待事推石山弟主祭長房玄孫也尚有桂七更長以聾農不習儀故推石山贊明祭畢余爲祝已餕遂行至姜畬食時耳訪許乾元久談午飯看其子試文未能入選四族女出見云五十八矣飯罷卽行投暮始至晴熱倦眠

六日晴理志藁遣詢戶口保甲唯有戶數令就門牌一一數之午閒楊營遣招看菊喫鴨往則雷塘觀道士及吳朱沈葛伯番郭午谷先在夕散

七日晴石山來爲壽子求情閏子適在嫚罵之石山笞之不服因助撻之黎友林次子季伯來夜理志藁覺倦乃眠遣蓮弟送蟹筍餉外舅唐春湖來夜答訪之

八日辛卯小雪楊營官朱教官來郭熙臣來言戶口尚有不能查者春湖言數萬戶實不過數百戶耳晡後步送朱伯玉還慈利鈔志藁

九日晴蕭李二生來羅順孫少芝子雲來作賦役志刻工回長沙

十日晴晨過子雲借錢萬二千作零用近笏山所謂不節者作賦役志夜對月持螯賞菊獨坐至三更

十一日晴賦役志成訪王亞不遇答訪李戶部頗談碑版初學未入門者道旁屠沽皆知名似勝東家孔子也還已向夕

十二日晴朝食後過龔郞家蔡姪出見日午查呂謙恆不得聞外有呼者吳劭之與李道士及一麻子客來小坐同出訪子粹不遇游興未盡因同出城看舊督至雷壇觀屋悶不可坐同至餘慶堂喫餅出至三官殿看花未入興盡遂還與劭之步從雨湖入城詢麻客乃熊老曉兒吾故人子也六弟來云細二娘死無棺以斂余施助之

十三日晴子雲晨來云卓夫復至飯後楊俊卿來卓夫呂明府繼至夕擕三女出拱極門過匏叟門憶十八歲時醉眠處不勝悽愴夜過賓興堂郭熙亭交戶口冊李雨人談節孝冊還要唐朱來喫菊蘂唐辭不至朱至二更去余亦倦眠

十四日晴永孫生日晨起甚早唐春湖來借省志去子雲復來查呂謙恆乃湖廣主考建議分闈者祀之湘潭殊爲無謂迪亭引其甥許維蛟來受業留沈子粹同坐喫麪去朱卓夫次子來見

十五日晴爲許生改文一篇交迪亭帶去作禮志看申報子和復起督河又云與巡撫會辦奇文也尹和伯來李進士借書去

十六日晴龔郞陪與循來兼要午飯龔吉生亦至午昇出答訪朱郞至龔家會親更有吳少芝王季江穀山子潤卿從子龔壻也龔氏三子均出見夜步還

十七日晴朝食後出行游朱唐徐相待送火食因發工錢久坐乃去尹和伯復來夜過賓興堂復遇少芝飲敗酒一杯味殊不惡踏月還理志藁

十八日晴晨醒爲三小女所攪遂不得眠子雲來開池復來言雲湖田不可得王季江來問經義似留心學問者沈生豈甫昨來屬其作貨殖傳朱卓夫云道光時鐵冶盛則有蕭東陽王濟泰諸家後復專貨剛鐵近因資水通舟鐵改由資至漢口剛亦不甚銷咸豐初蓋半爲軍器半爲農器向來藥材俱在此賣買今猶爲大宗而以附子爲最多茶鹽本多而利漸少道光以前無票局近則有十餘家動輒數十百萬以前不過數百金耳夜理志稾

十九日晴鷄初鳴昇夫來遣莪還家易滋來蓮弟送之去便至曉不寐朝食後攜三女游行還頗倦子雲及劉心齋來談城中大家劉舜欽來郭玉兄女壻也云玉嫂尙健將來看我王潤卿陳瑞徵劉福生來夕出訪楊俊卿遇楊七舅朱編修碁還少愒夜看蘇文志

廿日晴晨過子雲取志局當補諸條還乃朝食家石三六弟來郭五嫂來

夕出拱極門望來人乃從熙春門入相値還途滋女先其母後至蘇彬復來求信與張孝達秀才搶親夤夜來叩門狂徒也

廿一日晴晨過賓興堂問搶親事朝食後待胡貴膳信至午不成孺人促行遂出西門至浮塘已瞑矣外舅及三楊久待方食夜談潭事

廿二日晴晨起蔡家人猶未起至辰巳間乃賀生日未設麪飯罷卽行從山道至姜畬小坐乾元美循大道至雲湖橋問王六猛家見開枝方飼豕其繼妻孫氏及二女出見留宿客房四哥亦來

廿三日丙午大雪節晴熱朝食後與開枝昇看田莊三處廨王塘一處可用至雪句義兒宋家其婚家谷姓及甲總均來同看房屋昇夫飯焉至北風屋則無一可取途遇桂六弟還同飯谷甲夜來泥談田事亟起避之與桂六談劉松山故其馬夫也自云必不負老王大人如違誓紅礮子穿胸死後以營中洗礮推槍子誤傷果穿胸焉桂六送喪還又言王老虎家負心又言松山軍無故而叛往攻𤞑備駢死數百久待開枝不來將睡石山劉姑耶來余遂臥對之

廿四日晴早飯甚晏念四哥故翼雲大伯子俊民之兄也今將死無葬具爲起穀會五十石强族中有餘家助成之飯後昇行十五里至姜畬往乾元商會事喫蓮子而行愒鴨卵鋪見門帖書蓮開並蔕有二少婦未知誰是蓮也十里至立雲市有一胖人相呼差孫也亦與坐談頃之遂行入城正晡食信行送家書報生孫遣人報孺人過賓興堂子雲已去與唐春湖議志事云子雲當開去差使仍留頜駙春湖薦趙啓麟教諭代之三所采訪猶未齊悶悶得瑞書大有左二嫂之風常氏報應不爽然瑞似重有怨抑者與書席研香

廿五日晴卓夫來云趙可不請宜卽請吳劭之余云撰表非通人所屑恐未可也春湖復來久談又有閒客來竟盡半日尹和伯獻蟹形山與書

商霖代買之

廿六日晴孺人忽來初使還云明日至自云本約今日傳語誤也訪賓興經課本末大異吾聞方知采訪不易衆憑案牘余絕不信亦有偏也夜早眠內室鬬牌攪至鷄鳴

廿七日晴孺人質明去余亦旋起六弟及其妻女來卓夫春湖復來家一老耶來求計籌思無以庇之

廿八日晴郭五兄外孫劉生來久坐與講書不知其有聞否以其年小姑教之耳家九節婦及其外孫女來頹然老矣可哀敬也錢子宣來云曾在子迎處相見則忘之矣楊營官來相請云陪鑄翁及蕭小泉鑄卽雪師欲拳我者也蕭又富商均吾所欲見雖病强諾之往食未畢寓中來言江彭已到亟還留談書室留宿賓堂自送之往與兒未往

廿九日陰昨夜有雨客起甚早余未須已來小坐聞船可行同往看風芝

題新婦並出見次婦同母兒子也船不能發仍要客上同至芙蓉園余
還小憩唆五已還云買得湘軍志二本少甫不知何去遣要彭新娘來
令六女爲主人與兒買帶日昃未還又待少甫將夕乃食並要芝題來
飯後小夫婦並歸舟余與江彭談至二更乃送至賓堂遣三兒伴之復
與卓夫小坐聽談郭武壯公陰私殊不當言使客識破翰林耳
晦日晴南風小作行舟告去送三子並遣蓮弟還女客亦俱去理志稾石
路馬頭公田會館皆以一表了之
十一月甲寅朔晴志局罙訪草率衆皆以爲固然可慨也文鹿野之子谷
鳴來與吳鳳山同行皆過七十矣將分壽嵩夫妻母子各居一處又思
令其自生活皆無長策
二日晴重鈔沿革說沈子粹嫁女令滋女書一聯贈之（眉嫵翠無樓柳月鬟有黛驚蜀錦鬟）
夜分子粹倉皇來云有急事以爲其女不肯嫁弛問之乃轎行索錢求

書告知縣爲之失笑從其言行焉林生來
三日晴卓夫來送錢二萬盡還零債始遣壽嵩婦子去脫離苦海皆大歡
喜又與雨珊借錢三萬送修社錢與呂明府頃之復退還云官中自出
錢建立
四日晴將送諸女還家祥祭暫辭呂明府兼過楊梅生開枝遣報雲湖谷
氏田可買令與乾元謀之又遣佃夫送佃字來十畝佃規加至百廿餘
兩可歎也世錮世同固爲敗子而公田私家諸子亦可恨甚矣念此使
人無子孫之計
五日陰雨甚寒徐氏二姊來老矣無復靈慧之狀亦可傷感遣蕭三哥覓
船不得方知湘潭無官舫唯往來賓興堂閒談
六日陰晴自出看船拉子雲同往坐小划上至十四總呼一倒爬而歸遣
發行李至午諸女或步或轎俱登舟開行六十里泊灘上小有南風

七日雨北風晨過平塘午乃近城風起不能復下遂攜驛步待家人不至
冒雨入城羊裘盡溼今日本
先孺人忌日遂不進食至設奠後乃飯過唁小虞旋還
八日晴辛酉冬至出訪劉馨翁筠仙黼堂蓬海少村各入談遂暮將詣黃
宅未能去以郊日未敢凶服不可行弔也
九日晴真女生日始在家爲設小食彌之生日期近屬作壽序迫無以應
坐樓中逼成之筠仙幼梅少村黃親家彭石如相繼來日晡序半成始
出臨子壽棺未宿辦用其母棺蓋諱死故如此還過叔鴻雲浦夜步過
心安
十日晴鄧壽序成至城隍祠看戲便詣筲仙勸其寫字仍還看戲遇竹蘇
還詣价藩見安遇郭於道與還談京蘇事陳伯嚴來云卞撫不事事但
日嫚罵此人殊悖謬以彈章而懟懟　朝廷無君而又自尊其官皆非

恆情不得以鄙夫目之
十一日晴半山大祥諸女設祭余齋居待事欲爲書主主已矗矣近不祥
也而長婦云恆有之黼堂小虞章孫來章云李巡檢家被劫河西都盜
賊縱橫鄉人紛紛入城
十二日晴始理志稾鈔衛偃傳未畢笛仙來云不能寫字子茂兒來欲挾
書干桂官辭以不識出賀叔鴻取婦新婦未至還過价藩步還遇羅師
耶延入少坐夕食畢略理書籍看石崙森狀詞後鈔假　上諭其人蓋
妄人也紈女請鬮牌入局未久心安小虞來夜談二更去三更少睡四
更局散滕縋就寢廚人已起具食矣舁夫食畢頗怪余未起余實未睡
著因起食畢復女亦起相送余以太早吹鐙復睡小滕天始欲明僕嫗
亦竟夜未睡向來所難得者撫轅發礮乃舁而行
十三日晴出南門始見日舁夫行疾而惕多巳正乃渡炭塘遇一女轎蹤

迹可疑云易俗李氏相逐行申初至入拱極門紈女望母姊處也惻惻有離別之意賓興辦飯相待朱編修挑斥廚人其實亦無大謬龔吉生郭午谷子筠同坐唐春湖先來相看不夜食先睡矣甚倦即還閉門甘寢渭萊甥孤子來見

十四日晴晏起飯罷譚心蘭子筠卓夫桂六石山許生來同徐朱看吳劭之病頗沈重不清醒少坐出還小愒劉舜欽引傳財主來薦田約晡後往看之作湘潭舊國表繙史書蓮弟吳兒來云得南風故遲久乃至夕食舜欽復來同出拱極門至二胡塗阮看田無山可葬即還閉門小睡二姊自七弟家還桂石兩弟王師奶迪廷搢紱俱來相候夜謄表稾

十五日陰風欲雪晨同春筠步過譚心蘭陪餞卓夫午散還寓過黃丙齋余同歲入學第一人也中舉亦十八年過六十矣七堂戲酒餞卓夫復招余爲客便訪雪師不遇至主敬藥局主人十餘人多不相識戲亦無

聊戌散今日心蘭言隱山九洞坤人不入城市同治三年有往卜居者彼中人猶稱道光四十四年乃不知縣城曾失守可喜也又言四大名山乃羅佟渭一人私言不足据

十六日晴寒作循吏傳三篇呂明府招飲往則戲酒請卅餘人余居二坐與黃寅賓舒彛楊梅生羅把總聶捕廳郭熙臣同席看十齡童子演老旦音容俱勝至三更乃散

十七日晴霜晏起朱卓夫張姨姪黃萩圃子筠丙齋子粹來作傳三篇

十八日晴未起子粹來約看田楊梅生來午食開枝石山及中人來議雲湖田價看經課卷卅餘本頗費目力蓋精神不及十年前矣此亦衰不自知者諸卷中唯唐永澍爲可教有一知公羊者則尙未入門也雒誥王在新邑烝記周公已還政王行時祭於雒邑明堂也祭歲用特牲饋食之禮薦歲事於文武同室合食但各用一牛耳此明堂之禮廟祭所無不記日者用歲首元旦也告祭禮用特牲此用二牛故特記之王賓周公也大傳曰尙考大室之儀唐爲虞賓周尙文故不言周賓而改曰王賓王賓即尸也殺牲升煙之時尙未迎尸故特記其咸假咸皆也偕王俱升以貳其事示授王天下也此禪代非常之禮入太室祼而後別賓主其禮蓋王牽牲公答君卿大夫序從既朝踐乃祼周公不更迎尸以公實賓非尸也祭不用尸唯此祭耳太室即明堂不曰明堂而曰太室亦以禪代在太室不用新名也唯祭歲是元旦故下必明言在十有二月嫌册不能一日作成也成王即以是日即位未即位而先烝者以用公攝政攝祭但在鎬京其祀於雒邑必曰予不敢宿公不敢再在雒攝祭也王已於冬烝正位而又必於歲首受終者又不敢使公不滿七年使烝祭實攝公者然此君臣讓退文儀之至美非周不能有此非我不能知之

十九日晴早起送卓夫猶未起朝食後往方會食待久之子粹來卓夫猶未有行意乃昇出熙春門十八里至罐子窯循山行十里至壺林問田所在乃一墝埆處子粹攜魚肉火腿留飯朱家無坐處飽餐而還入城已暮夜族中弟姪久待谷姓更請兩中人至議價千八百金余未可也

廿日晴開枝復來言中人盡去矣許橋佃戶退押銀卅兩以佃約交迪亭收租此來僅得辦此鹺局來言王師耶可充巡丁資以千錢遺之況氏來斥責不去楊役卿來言外舅復病搢子來與師耶俱留飯去作志傳看文徵

廿一日晴朝食後至楊家回步復約便飯午還石山復來言況氏不可從夫狗兒不可從母余亦漫應之胡姓來其妻曾陪牛山宿忘其字矣黃少耶來言英子復往福建吾家人不能安靜可歎也高船行胡徒弟搢子及傅姓均來相擾作志傳二篇

廿二日晴春湖子筠來午後頗得清靜理志稾黎爾民子來亦言莪洲田事午過楊宅飲雪師子春兒江西火計陳華甫郭熙臣同集華甫前在藍山助余修志今復相遇悤悤廿年矣云訪舊半爲鬼不虛也向暮步還今日得楊玉書書似爲黃生作介紹者雪師甚不滿雪琴云每戰必敗

廿三日乙亥小寒晴鈔志表煩瑣數百條一一理之頗爲可樂子筠子粹及黃湘浦來便約會食午間少睡子粹兒來延客頗短易實甫出言旨失未甚答之同往其家更待唐春湖同集夕散萱甫適來送貨殖稾屬其加采輯同筠作所引黃生始知爲九弟婦兄

廿四日晴理志表大費日力乃見無字處皆有文章甚有可樂莫生陳華甫來看湖南文徵亦稍有可徵非盡無用

廿五日晴愈煊而凍創自發遣覓梅花不得理志表竟官師篇成自此專考論人物矣非駐此不能若是迅捷然實未盡日力有似泛蜀江行少住多自然而至午過華甫兼訪月峯答訪余子範過不忍堂會食皆縣紳耆少俊也共十五人夕散作表論純乎馬遷理足故如此

廿六日陰晴煊子壽發引在卽猶無一辦作一聯一文才志匹同儕年來尊酒深談始識胸懷千古存吉安從一出海內寒林獨坐誰知恨滿五更心執筆期必成亦竟成矣檢篋又得其去年來書可愴也補志稾數條石山及其甥來晏生來薦田皆在十都不會意看申報筠山竟引疾矣所謂近於知恥者然子弟爲卿則爲蛇足夜遣裴八還

廿七日晴晨起開門功兒在外云將迎余歸過生日余亦欲還英子婦固留至再且請子筠來說當卽從之繙宋元學案多所未聞一日徧覽頗形竭蹶至三更乃畢子粹來言梅林田屋甚好可買出千五百金矣不必往看

廿八日晴編宋時縣人士刪去路振宋史明云邵陽人居湘潭閒謂湘源潭州之間也舊志据以爲湘潭人謬矣石山唐姑耶父子來子筠夜來及二姊英婦等餞飲因打牌至夜分

廿九日陰有風賓興六人來喫麪兼送禮子粹留打牌子亦來拜生日同飯至二更始散黎保堂來刻字人來送曹楊書

十二月癸未朔陰功兒往外家理志稾徵寒欲雪將歸未果

二日陰有雨作志傳李姓自閩中還傳樾岑老張信又有陳蔚翁同來云曾訪數次不知何許人也

三日陰晴作志傳繙李湘洲疏稾其有關係者皆未見錄其倭議一篇言夷務切中今日事賈生之流

四日陰晴作周石芳傳陳北溟傳始得先世欲考其文集徧求不得誠可芙也將還省城尋之

五日晨發天似欲晴行十里雨至欲還舁夫强進二十里仍雨亦未甚苦乃行未至廿里許遇梁山秦生天色似暮行甚急及至城殊早看豹子阽頗有秀色將卜宅焉聞笛仙之喪呂生雪棠復自遠來心忙無暇悤悤且睡

六日雨寒當出弔彭黃苦無心想且休一日暇與雪棠談蒓約曾耶來會之夜飲且談呂曾不甚相酬蓋以我在

七日雨雪出弔彭孫徑訪鏡初久談乃至黃家譚心可徐定生程伯漢陪客余令功兒先歸代之支賓至暮乃還從李輔堂借梁谿集綱二種尋王以寧事有二處無與王事餘未能細看也道榮堂有文無詩己丑前詩別行李藏無之

八日雨家中妻女並作粥留過今日始去實亦未能行爲雨所攪僕從皆忙不徹晨出城送子壽殯尙未至還城相遇正街仍還至開福寺立待

過喪見徐定生彳亍泥行不可不往因至殯所則唐陳譚三親家先在程初支賓蓋爲譚來待久之喫包子而返黼堂來云欲請功兒寫墓志上樓繙粱谿集夜鬬牌先寢

九日雨發行李要呂生助修志表曾郎欲同上湘移舟待之將暮果至便發風小行避小撥船遇雨極困攜紈真兩女同來差不寂寂夜飯船倉與曾談至三更

十日雨巳初乃至觀湘門曾郎先去余待呂及女先上乃上至寓稍愒飯罷子雲來夕至志館請呂寓其中余仍還寓作陳傳疑竇甚多方知記載不易夜欲雪

十一日雨少止作陳傳成初以爲一日功乃十日矣刻期成書殊難明當奮發晡至志館遇郭花汀以意識之

十二日雨竟日昇至志館看作表己亦攜研以往作傳半日不成午有張晃仲陽來見出詩相質幽若是盧孟一派自云昨來值夜宿逆旅非常窮苦求筆作詩主人亦不與大似鄭元和留飯與談因留宿館中夜欲與談蔡四耶來相攪避還寓遣要客來蔡復闖入久談不去余無心聽之夜早眠雪

十三日雪早起張詩人約來不至朝食後爲看詩一本至志館送之去作羅傳未成雜客時來十六叔外孫來學訟自云官氏優免不當差今船行強派且訟之矣

十四日雪作張傳稍有條理劉舜欽至館坐一日論差拘團總事許生來送年禮

十五日雪晨起蔡四耶至館與陶虎臣索錢大鬧半日不去喫煱麪乃去呂明府來云必須帶錢回去方有成局又言差拘團總紳士公稟殊爲多事以爲紳士必輸及去乃枷差以謝又可怪也曾郎云枷卽坐諸嘉石之嘉聲同加木耳夜與呂生論後世人材嫥陋不用世家之故科第進士寒畯皆不識大體貴游不讀詩書故兩傷也沈豈甫夜來

十六日雪雨交作始冰看新張家譜作張傳成廸亭來石山來夜談改許生文

十七日雨竟日作羅傳計日不能千字若在家愈不能成一篇回思日試萬言時才欲鈍矣文雖漸老不若昔之涌泉也

十八日雪作志傳蔡天民來夜談不去大意要向書院索錢而以罵懼之夜改許生文雪月甚明

十九日晴作志傳改文俱畢將檢行篋去矣子鎬仍不來殊無人可問

廿日晴陰子鎬來盡檢新采訪諸條歸之舊稾自此可撤采訪局呂明府欲取振穀爲刻費黎保堂不可意在爲難朱卓夫也積穀局以此回覆呂卽提各局公費充數可謂甘爲魚肉不爲刀俎者鄉人管公事徒供

人欺侵耳唐五先生來言對岸太平街有田屋可買冒寒往看之以乞火爲名入屋略視主人袁姓贈我炭元似養鑪者蓋不急於售田悤悤還城兩女入內寢

廿一日陰寒出辭行志局留飯出從城東繞城西南仍出北門至十八總而還唯見呂粵峯陳華甫郭熙臣羅瑞徵碧珠弟潤生王亞雅南弟及九五六三弟婦兩從女入城過吳劭之入談還夕食詣別沈子粹遇吳仲芳劉心齋李雨人尙未詣郭午谷已夜矣還至志局略談唐五先生來田事不成子雲來送稟石山及其從舅表姪來言訟事殊不肯去設酒促之猶不行乃直催客曰可去矣癡人真無可柰何也

廿二日晴送行者族友皆至唯沈子粹親致豚蹏朱九衣狐脊桂爲異行李遂至十擔同行人至十一亦一異也志局附三百千刻費借卅餘千分送族戚六弟必欲借二萬竟不能應之水師營官不能派船至縣中

差拘之得一永州杷杆索價四千官價千二百仍酌中以二千七百與
之石山送狗兒來夕發乘流稍駛通夜棹行
廿三日晴晨正至城到家尙俱未起今日乙酉申正立春早泥尙凍至价
藩家問鏡初未下鄉恐冰釋即還遣信至陳總兵處取銀還但少村今
年實虧空八百金皆半山本銀也息銀亦至二百負債累重如此故知
節用之貴笏山所謂不節之嗟及誰咎也鏡初來談夜飯至三盌
廿四日陰終日紛紜殊無所作午後食餅半飽出訪少村心安皆不遇遂
還已暮羅順孫來談縣事頗晰故有舊家之風
廿五日晴晨食包子過飽未飯价藩黼堂來稍理年事將還文債夜鬭牌
廿六日晴掃舍宇少村來還銀三百去旋送銀一百來
廿七日晴街巷可步攜女孫至李祠夜鬭牌
廿八日雨歲盡無事人客寂寥今年似異常年欲還文債亦無心想

廿九日風寒年事殊無端緒家人不得力之故將老如客亦復任之唯出
二百千還帳而已閏申報笏山已交印
除日風寒夜雪早起至暮皆無所作唯春山子來借鏹送以二千並發壓
歲卅千夜鬭牌領眞眠

湘綺樓日記

光緒十四年戊子

戊子正月癸丑朔雪寒風凍待家人俱妝竟乃起祀
三廟
三祀受賀輿年餻客無徑入唯楊郎依例來眞腳痛不能行坐臥須人頤
爲所困夜未久坐二更即眠
二日雪凍筆墨俱冰中饋無替人孺人仍自操持舅沒姑然後老此時子
婦本不能與政也出賀年唯熊鶴翁胡黃兩姻家始入熊言決河將合
堵有人舍身則必合已願身塡之且約四月同往坐上有一僉生似陳
三立妻弟也與聞此言行城中未半還已上鐙夜雷霆疑是牆壁傾
頽聲過乃悟欲四更矣
三日雪雷並作濃雲似春霖時無事鬭牌胡郎兄弟來齊氏表妹兒來

四日雪冰解將出城怯泥鬭牌竟日筆墨既冰未理文事夜大雨屋漏如
注頃之大雪
五日雪霽始庀家政議移書房擇日入學鬭牌竟日至三更乃罷孺人望
子甚切余詢以教育之方又不能對乃嫚語相答若在當年必切責之
今既悟恩禮容覆之宜但聽其盡言而亦自止矣
六日大雪夫力不備移臥具猶甚遲難昇至曾祠幾不能悉至將碁三子
及呂生乃來石山屬冬孫於余亦攜之來更令吳僮來服役此集乃有
不可教誨者四人未知能少有改移否袁守愚來家云必欲見輿之少
坐祠門遂無行跡柳柏縱橫壓倒簷桷亦折雪深一尺矣
人日大雪將出城恐不能行遂止定日課未及試行以書札多未集亦須
雪霽塗乾乃能移致大約須月半後耳笠寄自常四僧來价藩來同至
浩園看雪思力臣大雪登樓之作彈指再生矣笠僧設齋更招叔鴻同

集東堂將暮散叔鴻復過余强要价藩復來价恐暮亟去鴻亦乘夕光歸寄僧索解詩自僧約齋集復招尋少坐夜與呂生說魏葉文章之法

八日庚申雨水晴作志傳二葉倍兩兒書二本欲鈔經自課憚䌌未能也家人來報桐生之喪遣功還視其母夜與呂生談詩因說少年高興老來不作之意所謂功成身退非才盡也

九日晴雪不肯消溜通而已作志傳二葉羅君甫衣冠來倍書二本聞廖緹疾還視之諸女鬬牌二更散寢覺甚早與廖緹隔牀談至曙

十日陰登樓爲帥生作書寄錫侯作桐生挽聯文藻淹觀來往看便宦成 名場廿年情歡數無聞連枝靈雪折正有孤男願 女高堂悲顧鶴如何朝食後攜真女至館督課如額始看金史作志傳二葉待夕食久不至日甚長也蓬海來功兒往臨其舅喪明日去令今夜還家料理真女留睡館齋

十一日陰晏起晏食不及作日課唯倍書一本帥生來羅郎又來午至家衣冠出弔四喪劉彭劉黃並入出城視半山壙節從五里牌雪行至墓先塋舁夫甚困還已投暮雪中望城邊林樹劇佳以上墓不可作詩故無所詠

省

十二日晴作志傳點金史倍書二本梁三胡子威來夜講通鑑素蕉僧來今日城中有三失紳士公宴府縣交通官府一也文武不殊侍郎下儕走卒二也劉撫新喪於比鄰戲宴三也初不關余無從救正亦所謂莫往莫來者矣夜作龗翁挽聯一士從東南更招車騎梁燕闔中興盛事 留嘉話入甸娛富貴看兵氣銷成鼓管三湘福地 舞神仙

十三日晴作志傳點金史倍書二本張伯陽來學詩遺擔行李來居後齋楊姪陳伯皴來

十四日晴倍書二本懿畢詩書與始倍周官四本略上口不可究也爲袁守愚寫册五葉未及作志胡女家請春酒遣與往應之改敝笴㯀送懿還家已亦舁訪鏡初聞未到城歸待節祀廖緹病未愈夜寢不安

十五日晴在家與諸女女孫過節放花爆夕招呂張便飯夜尋袍桂不應手怒吳嫗去之月明頗寒怯於坐賞祀

三祀

三廟畢喫湯丸早寢

十六日陰春風始動登樓作一詩出步巷口阻泥而返舁出答訪左斗才還館倍書點金史理志稾

十七日陰作傳點史倍書講鑑始如課程稷初自黔還來談夕步還家因懿踊躍悤歸故命同行功兒還自外家始欲作春秋大夫名字表夜瓶其例三更雨

十八日陰諸女諸孫來看石橋同往登樓大風侯翁來言靖港差詐索細團總善化令拘團總差以揉鍼欲殺之揉鍼者以藥賁鍼揉入膚初不痛楚終當自死云云未必如此甚亦理之所有耳諸女去已夕雨大至點史作傳倍書如額與講通鑑扯去數段問其何心不答夜廖半山同牀陳母徑來披帷余急起拱立旁室有吟者云晨倚憶之 今不復憶銀燭老能昏莫漫　空山有白雲末句似不祥也而不解陳母何以至

十九日晨雨素蕉僧來言豹子領有田可買昨廖豈其祥耶死而有知或陳母爲致力故來示耳道香僧亦來要至祠旁會徐定生　福來送蕭肉點史作傳倍書如額

廿日晴作傳點史倍書午畢舁還家答訪稷初遇程伯漢言彭家事主人意悔無可再謀而切怨李黼堂此事惝怳可怪雨珊來言團練事是非亦紛紜無定總不離筠仙所言汝等皆鬧意見耳過鏡初久談遇張燮安姪孫夕過粱平江晚飯陪李師耶遇陳萬全及票號客費齊倅令夜

還家諸小女請鬮牌勉爲一局二更後寢甚熱
廿一日戊申陰大風至午小雨夜大雨風愈甚本欲出城幸未行也午過
黃子襄家陪弔客小郭在焉陳海鵬亦巍然老宿令人歎笑坐頃之還
館點金史一卷餘無所作
廿二日霽修書點史倍書三本龔鄖鎮來夕游浩園石葵云已有柳眼
廿三日庚戌驚蟄晴笠道僧同出至局關祠府城隍祠復攜懿還家乃過
陳伯嚴得羅悜士赴聞再至家攜懿真至館修書點史倍書畢已夜矣
真早睡
廿四日晴點史一卷將修書羅順循來遂久坐殷默存來洪聯五來忘其
名既見乃悟焉云俊臣新立書院延之主講程伯漢今來問途正欲寄
銀瑺女因還家作書兼邀常增來讀書與書晴生令轉致之小樓少坐
仍還館

廿五日晴將出答客昨約看田遂少待至午昇出南門約呂生挈輿懿郊
游久待未來過豹子領看田屋不甚開展還至礲中遇呂生遂要同過
小愒新開鋪余仍昇還至城南橋待三子久之懿先至又待久之將夕
而未至乃與懿先行立城門待久之呂輿乃來從者復不至已夜矣還
至館馮姨子來切責之夜補志傳數則
廿六日晴始煊修書點史倍書四本馮弟自去夕還家滳瀏乂遇易同年
來聒談小雨
廿七日晴修書點史倍書二本見郎右梅尹和伯來聞劉伯固暴死午又
見館生六七人昇出送叔鴻梁少穆沈孟南過鏡初皆不遇答訪安徽
委員張堯臣小坐而還胡郎及其兄子夷來至夕去安牀移前房李主
事來求一榻之地亦聒談無謂
廿八日陰功兒復往豹阾王懷欽子來六弟來少壞人來點史背書三本

修書五百餘字夕過浩園香兒龔鎮在涂寓閒談因坐話久之亦無謂
因改舊句云常如意事無八九不可言人有二三記三日談友也
廿九日時雨時晴修書點史倍書二本郭見郎及其弟與劉生同來李雨
人吳劭之及館生來見有兩年再姪一陳一李陳蕎同年子之子李則
英子年姪也皆未問其祖父名字純孫來宿館中雨珊夜來談靖港僧
來夜晏眠
晦節晴熱點史倍書一本朱教官還書銀來朱香孫遣信約談待昇夫久
之乃至出已晡矣過家未入至香孫處泛談出詣李幼梅處陪餞叔鴻
舫仙程初張元玉雨珊同集戌散汪偉齋還往視之未遇潮溼艱行昇
夫甚困
二月癸未朔晴熱夕風修志倍書一本王鶲甫張堯臣劉都司國勝來午
還家發銀換衣過心安久談僮奴遂相失又待久之已夕食矣過吳李

寓見曹子而還曹有王岣雲之謗不容而移家也功兒將以其子後仲
章發帖請客並以礿祭庀具遺令還家夜雨點史
二日風寒水銀頓縮二十分點史修書倍書三本看夏嘯父明鑑計日課
千字今六十日才得四萬字少其半也劉知縣來
三日雨點史倍書二本程伯漢彭石如來价藩遣約午飯昇往已晡有二
叟先在程初亦在坐徐定生叔鴻續至飯畢已夕昇往王純甫寓還家
諸女嬉娛子初寢
四日晴留家齋居笛仙族子來求作笛兒墓志樓上見之夕三子俱還考
幣長短鄭注言丈八尺擬定告廟禮初設位再拜祝告奠幣又再拜仲
章所後子見用段脩爲摯祝告奠摯再拜遂退此皆意定未知合否三
更宿樓上冬孫夜眠不安頻攪余睡
五日晨起衣冠待事大雨階上俱溼巳初少止礿祭

禰廟次孫名良嗣仲章孺人功喪遺功兒亞獻次婦三獻呂生爲祝禮成
乃飯昇至講舍以繼嗣會諸姻家黃彭兩婚家俱不至客來者熊鶴翁
李仲穆吳少芝李幼梅陳梅生胡子威郭建安胡壻楊兒呂生飲酒頗
多二更散與書吳學撫
六日雨沈子粹吳曹同來午昇答訪侯翁過問楊商農病赴龍宮住持法
裕招飲酒食肉周生易清漣陳伯嚴涂稺衡笠靜兩僧同集申散赴龔
鎭招陳德生左子建楊玉科從子陳海李琴同看戲二更還館點史二
卷
七日晴寒心安梅生羅君甫來點史倍書三本講鑑至夜方畢步還喫鴨
麫仍攜懿籠鐙還館衡道吉慶殂船山書院自此當復少窒礙矣
八日庚寅春分晴午出答訪劉知縣過子威鏡初還家上學看戎書寫字
一張始授尙書夕步還修書點史倍書二本
九日晴修書點史倍書三本劉應元來見清書一篋均題眉記之夕還家
戎始讀尙書還作簡堂傳成不采事實純乎史法
十日晴煊桃棠爭放點史倍書三本看懿寫字遂聽興講書於此得二刻
暇夕還心安來言黃宅佃屋事云笏山已租定矣雨珊來今日諸生試
書院夜分不寐
十一日晴修志點史倍書二本晡後攜懿還復倍一本夕看花小雨急行
至館大雨至矣
十二日晴昨夜大雨不意霽也點史倍書一本劉定甫來言船山書院事
百說不了午出送定甫過筠仙遇任師耶復送任翰林行還家路乾點
書看字畢攜真女至館夜約雨珊笠稺登樓看月稺衡復至齋看志傳
黃麓生子子霖孝廉來
十三日晴晨起寫書眉多錯誤修志倍書一本點史一卷鄧鳴之來胡子

勛兄弟來夕食甚晏還家値雨遂留喫春餅我今日生日闗牌三更寢
十四日雨寒鍾衡濂來鄧氏親戚也早飯後攜真入館看字點書已畢矣
點史求筆盡失之悉撻兩兒倍書點史
十五日陰倍書一本看寫字未畢稺衡笠雲來約同至局關祠去猶未行
復還羅鉷来見從闓門約雨珊同至崧生故齋至道香僧舍共飯更約
周郢生來佳兒也殊不似其父笠西定有好妾齋散還家江生已至在
館相待仍還館夜談聽雨江生更攜其子來年十九矣小名泰交俱留
宿館中
十六日雨
先府君忌日獨坐樓上點金史
十七日陰晨昇入館館中起學監院周銑詒荔樵中書來旋出朱文通郭
慶藩陳海鵬楊鵬海陶少雲俞錫爵來送學久待筠仙不至未初始行
禮先謁船山次求闞鵬海指視王三叩而曾六叩云京師昭忠祠禮也
余心疑焉我非地方官何爲而行官禮以賓禮主度依而行之席上言
卞生疑我事語侵俞鶴本直言也乃似刺譏出口大不易有人言今日
卯後地震思之牀果皺搖近有因也酉散還家點金史作志傳
十八日陰晴晨出至皮家送葬日已欲中矣還弔子襄留陪客與陳德生
俞伯鈞陳定生李次琴唐三太雜談午出答訪鄧鳴之過鵬海還家石
山弟來孺人上湘夕食後去石山亦從去看寫字二張
十九日晴午前在家點史倍書修書筠仙來言選詩事午攜懿至館看栽
桃寫字講鑑未半出至家攜真懿健孫同游花局還宿家中
廿日大雨在家課讀兼點史修書昇至城隍祠素蕉設齋僧俗八人稺郢
幼梅笠體玉泉僧唱曲至酉散答詣少雲忌辰宴客不入至館已夜昇
還

廿一日陰晴晨起將還鄉侍
祠昇夫無飯辰正乃行渡湘循蘄六十里宿燒塘
廿二日晴早行十里至道林取別蹚問大坼營過許橋至
祠族人半集待至夕乃畢至徹雨漸大至夜傾盆映梅父不能養兒婦諸
爲代養之梅字族子捐廿金助埽墓公費號爲掛通山迪子開捐余助
十金
廿三日乙未雨晨起待事附近者猶未至辰初行禮令桂六主祭余與石
山分獻皆族望也巳初會食凡十六桌而佃戶轎工有八桌至者不過
四十人小兒有十餘行禮殊草草午初石山紱子要至李巒看地主人
崔姓小坐出與石山同至棋頭分道取山徑至妻家弔外舅夜至戌宿
內廂
廿四日晴昨日夜大雨以爲當雨行及明而霽又欲早行婦翁留飯不忍

拂老人意至巳乃發以爲必不能至急行到觀音港始晡耳昇夫請坐
船正欲乘漲泛湘即從其請登舟瞬息而至卅里未半時也登岸五里
乃去半時到家酉初耳略理學課點史未修書
廿五日晴點史倍書二本朝食後待街滺向午乃攜懿紈真及兩孫步至
館遇見郎示所上張之洞書同坐浩園海棠前片時功輿上
墓乃還館課讀殷生來看近人詩五本晡後看寫字畢未倍書急還課我
女書字亦未畢夜矣訪筠仙云方打坐至館補寫日記看鈔報作志傳
廿六日晴點史看詩倍書寫字畢夕食周荔樵來言修書必須要錢不能
白效勞云云還家課字點史至夜打牌二更還館修書聞子規得岳森
書
廿七日晴寫書眉畢郭人亮來談武壯公遺事娓娓可聽點史看詩共十三本
倍書二本補閱課字仍改文二篇遂暮攜懿還夜雨作笛仙墓志點史

廿八日雨寒設齋請七僧不至唯兩人至又久待鏡初至將夕乃來饌具
草草談亦不甚暢齋罷作志傳課諸女書與書彭麗翁
廿九日晴至館點史倍書看詩聞湘撫督閩浙王賡虞仍來撫湘前欲其
去今欲其來非獨人材愈難亦閱歷漸增也
三月壬子朔晴點史倍書看詩講鑑未畢還家課讀仍還館作志傳
二日晴點史倍書未畢稺衡來守等改壽文蕭希魯頗有才名文乃不成
片段全無理路竟不能改也商農來午回家因攜懿俱看寫字作志傳
三日陰出城往碧湖攜輿懿從至門而雨立羅嫗簷下不勝今昔之感雨
少止復前至開福寺尙早紈真及兩孫女純孫俱來看網魚頃之陳程
初至唯三人昇之前後無從者帶勇官所罕也寺僧俱出稺衡莊但繼
至李幼梅亦來碧湖之游未有若此少人者午集酉散大雨雷俄頃而
止街池已溢矣

四日雨午後少霽湘孫十歲生朝放學一日功亦留家喫麪余未待攜真
至館及門轎韁繩散欲步入竟隔水不得入也龍少舒來求銘碑夜還
家喫麪作志傳
五日晴懿飯後仍以道泥不入館倍書寫字畢余至館已暮矣點史看詩
五本
六日晴寫笛仙墓銘點史倍書未畢昇出答訪鄒教官過筠仙方唱戲未
入至家遣送志石使道鄉刻之夜還館真從來得衡州信致晴生書
七日晴道鄉送志石來已盡磨去大似義之門生文也歎惋久之朱恥江
黼堂鳴之黃郎松甫曾郎禮初道鄉來寫字倍書講鑑點史畢還家課
讀夜月徹明作志傳聞布穀子規心悽愴欲傷然無可語過价藩少談
還本欲久坐不樂遂寢
八日陰晨至館點史倍書看字講鑑待飯未至還家已飯後矣看字點書

未畢雨至昇至筠仙家看戲熟人多在與熊譚羅楊同坐陪孫春皋未
二更客散轎夫擁擠步出不得鐙暗行還未上棧即寢朱翁送花四種
今日己未穀雨牡丹無花
九日雨寒留家寫信一封復梁少木又作壽詩二首夕食先還館點史倍
書夜作志傳與丁世兄秉卿問恆少庭子姪名字皆以寶氏而恆鎭如
子名巽字子申少庭長謙地山次豐子年有乾館三千金
十日晴作志傳還家乃點史看詩似又較快蓋人心好異功夫貴提撕也
懿亦從還
十一日晴煊晨還館甫理志傳陳處遣告開福之集云但莊已先至矣步
往果然幼梅亦在春陰甚麗又步至龍祠啜茗乃散未攜金史但看湘
詩羅小谿竟亦不凡自勝諸勞以天將雨召諸子還侍祠
十二日陰縣中送刻志錢廿萬

曾祖妣生辰設薦餕畢還館作傳點史倍書講鑑看字真女及兩孫從來
欲送之還俄而大雨夜雷電看詩五本日課罕能周徧今日差爲如額
十三日晴晨寫笛仙墓志不如意价藩來朱家催客出小吳門往則熊郭
陶小及雨田兄弟方衣冠圍坐頃之右梅鳴之曹銘之來乃更衣過右
園周吟樵俞鶴皋余堯衢朱堉王石丞周荔樵續至設三席申正散還
家夜雨
十四日雨朝食時昇至館劉生往笛仙家代館去點史作傳倍書看字講
鑑午後雨甚遂不能還點書看字還詩得京中公信言名宦事
十五日陰點史倍書作傳夕食後出泥不可步待轎至夜乃來還點書看
字畢已夜矣坐樓上看詩點史遂至鷄鳴
十六日晴時欲雨昇至館倍書看字作傳以昨稍勞遂未點勘夕還已不
辨筆畫看字兩行又不欲待我課畢卽徑還作傳微寒早寢

十七日晴煊寫涂壽序又待洗菜畢乃出答拜文廷式周給事殷竹伍潘
營官才福曾禮初王石丞至少村處會飲周給事張鹽員李子靜先在
余尙以爲來早乃已遲矣無聊應酬殊無真意王耋丞縣丞頤安復得
相見鼎丞弟也
十八日晴王縣丞來點史倍書看字畢還家課讀大雨因與諸兒女夜食
遂留看鬭牌
十九日晴路乾步至館點史倍書修志未還家
廿日復雨昇出答訪張王因至重伯家會梁星海文道溪陳子俊伯嚴順
孫看飲酒雜談還家看寫字夜得重伯片言文道溪無禮衆皆不然之
未知何故書生聚會意氣相陵率老夫責人正禮徒示我不廣也旣
欲泯其迹[illegible]不復問畯五來
廿一日雨一日在家課讀紱子及晟子來言田事約往看之芟草移花芍

藥盛開聯綴春景夜還館看字點史餘未及理公呈請建裕餘山專祠
徇長善請也文孝廉爲使裕子孫能董此事猶有古風陳子濬來言文
以余言與醇王倡和疑其譏己故盛氣相陵若是則余戲謔之過也但
余意初非謔之談中其隱故耳此與對俞鶴皋言卞四先生事同皆多
言之咎非輕言之過
廿二日雨陰揩子復偕一人來薦田遂亦留之同去城步戴生署善化訓
導來訪與鄧子石相好而穉秀過之午還家紛紜殊不欲去將夕乃行
過陳子告以當去恐文梁來而不見疑我拒之也長者爲行不使人疑
此正不可不檢點陳出羅在遂入見告之出草潮門登舟已暮夜行未
至昭山風息遂泊楊事曉父子操舟空倉居我給事甚周
廿三日雨大水至縣城外已向午停九總遣揩去留紱日同往黃泥塘云
隔水宜船至沙彎呼雲湖撥來僱容一榻地余據之二子無被以爲卽

日到及行甚遲雨又大至泊落筆渡云明正德微行落筆處也夜寒數被日成喚醒

廿四日雨晨至姜畬步至乾元美輔迪二子已朝食矣小坐喚轎紱日步從大雨又寒泥行甚困至黃泥田在山阪間不可卜宅遂投乾湖塘晟子家宿焉晟子苦貧其母尚在亦甚供給舁夫一人逃去

廿五日丙子立夏雨諺云立夏無雨退田還主晨占宜立夏雨也朝食後復同往六塘衝東坤俱不甚合意中人來追還云便湖可買退圃舊宅也曾伯王父之居意欲收回欣然還乾塘飯後往看之屋大房小不可居地形亦不甚周正惟印心彎宅樹尙茂龐晨正富不可得也廢然而返復居日子家中人時時來談

廿六日雨當還姜畬來路已隔水乃復至靈官廟坐撥子徑下舁夫閒坐而已以悔逃者昨夜忽思看開枝故爲此行泊雲湖橋開枝病少愈言

近地有田半頃可買留飯往看遣其從子從去至石泥塘稍下地雖入坡坎而外局甚寬三年卜葬不得勉就居之其外穀湖塘公山也且俟劵成再議令報開枝使成契欣然而還計自前年至今疲於求問無意得此或有緣也越山至南柏塘下船午至姜畬少停迪子來船數語而別從袁溪及樟樹港皆有漣浦水漲則通雨湖不復由漣口入湘水行甚急計四時遊三處至城始夜耳宿英子家遣招石山子筠來談

廿七日雨唐春湖招飲並約楊梅生來梅云谷氏田亦就我答以俟秋飯後舁至觀湘門摔子不肯喚船往還三次復至梅宅看舅母內姪借四版送上郴船坐客雜還余坐外倉船頭船人又恐慢客殷勤相禮復不堪其擾勉入少坐啜茗竟日斜風細雨折餓而行到城猶未暮旣舍舁被自擔志稾背水二渡入大西門從鹽署呼轎還家喜可知矣若再遲則無被無食飢寒並至也芍藥盛開病兒滿屋然皆非余子女信藥王之有種夜與三女打掀道上及到家皆每日打包看志一二條示不忘其事殊未暇撰次夜雨

廿八日晴午後雨舁入館二李潘生來問河務看京報長善駐防杭州桂亭遂死可愕也倍書看字點史作志傳如額

廿九日雨七女病甚請呂生往診之晡後還家倍書看字點史看詩大雨竟夜

晦日雨傭工不能舁更呼夫力舁至館倍書看字講鑑已暮矣因留館宿作志

四月壬午朔晴作志傳倍書講鑑看字晚步還家倍書看字點史打牌

二日晴晨至館巖可步倍書未畢子瑞蓬海來羅君甫及兩劉生復來講生請看科舉文遂未畢課客去補完已向暮還家上鐙矣但看字未倍書夜看詩未點史理卷稾始畢八卷餘諸財主無可安插

三日晴步至館郭見郎已來辤行往南海彭聰郎亦來久坐何棠孫來答去乃倍書看字講史閱館生試文無合式者龍氏三郎來催濟生墓碑周生來問書搨笛仙志石余惜復來接詩本可謂事多夕還家倍書看字畢點史半本

四日陰煑豆點書朝食後舁出答訪曹副將過筠仙談河決至熊叟寓打詩牌陳王周俞諸少年集字下棋雲昆子談蜀事半食辤出答訪戴劃導至劉總兵處黼堂石丞德生鳳峰先在筠仙後至喫熊掌燒豬雨至舁還館

五日大雨竟日倍書看字講鑑作志傳畢待舁夫參差往來至夕乃歸倍書看字看詩點史坐至四更登樓看彗未見

六日晴作書復周雲昆吳少芝點書畢朝食後又少坐乃至館倍書未畢李雨人來看字講鑑看胡墇所作小學書說豎酏爲一字甚佳餘皆不

免敷衍其說轉注爲字屬亦與轉字不合轉注定當以有聲爲說方有
眉目也留館宿
七日晴志傳始有頭緒與劉生對姓名作一目錄竹伍來言洲地已不能
爭退財嘔氣顏色甚沮吾無以勸之惟引之於古人竹翁意似不然倍
書看字講鑑畢還家看字倍書點金史畢一本
八日晴熱晨至館倍書看字清理新送各條校對入志午後還樓不可坐
在東齋亦有日光初入四月炎氣逼人可怪也夜月無事方須小惕忽
有來催客者云客待久矣初聞劉家請以爲喪家套禮置弗之省及再
至乃知曾諾劉卽用便飯荒忽如此極爲慚惶步月赴之周朱崔坐久
俱彷彿如醪也二更後舁還
九日晴愈熱朝食後往劉家陪弔院司已行禮去唯陪客徐陳譚李郭陳
俞方早飯笏山已至入見略談出至客坐客無至者諸人紛紛去余獨

與笏山談一日陪客三人耳一王一徐一程也丁次谷便衣來飯後與
程伯漢同出還館大睡苧衣流汗陝西江西二藩均被考尙未知何人
代之
十日辛卯小滿熱倍書講鑑看字畢回家夕食笏山約來草饌待之婦女
失指誤送學館可笑也因未食戌初大風起吹樓欲倒書箱盡溼竟不
能料理匿房中久之稍定已初更笏山來論丁文誠好名可哀觀其意
自命傳人尙不知去文誠幾劫吁可怪也此等皆縉紳之妖嘿然未答
與懿還家
十一日寒風晴朝食後至館因過研仙看其鋪設續娶理志稾前稾已爲
功兒送入鼠穴矣思桂陽怒雲之事判若兩人今則默然而已此乃老
頑非和平也然愛子不如妾故亦不怒非强制也
十二日晴倍書講鑑看字午後還家點書點史夜還館齋夫高八來閱瀏
陽卷日十本
十三日晴倍書理志稾看輿兒論筆縱橫不知誰所代作抑由鈔襲且置
不問所謂賢愚不絓懷耳午還點書講高宗肜日爲私尊其父以昵證
蓺似爲佳說
十四日晴紈女十歲放學一日熊鶴翁來勸捐汪緯齋來談歸半年別十
年矣始得相見皮麓雲與黃子來言閩事紛紜半日本欲偷閒又復對
客可笑也
十五日晴素食點史半本諸兒均還待
祖妣忌日設奠事畢余久息事因還館
十六日雨倍書看字講鑑理表畢舁出賀曾理初取婦新婦未至與介石
筠仙略談重伯留復坐待親迎者前馬先還乃出雨稍止還家點書點
史未閱卷

十七日晴晨起龍八來言孺人已至遣迎之船頃之與復女俱歸言桐生
未葬遺呼三兒還唯長者至余因還館畢日課理志傳表夜早眠遣三
四兒還家
十八日晴熱館課畢周荔樵來取鈔詩去黼堂來久談耆惲事理殉城百
十三人名業初欲爲表繼思當爲傳仍未能定晡後還家點書畢無事
少坐下宿後房
十九日晴晨還館倍書看字講鑑畢未及作他事但閱瀏陽課卷畢已夕
食矣當還而嬾行羅少耕弟來見舁至家窊女還遂留家宿二更後倦
眠聞雨
廿日雨仍煊坐樓上寫册葉一條舁夫促行遂至館點史理志稾倍書看
字講鑑狗兒讀士冠畢擔還浣濯點書未畢雨至遂留點史一卷劉卽
用來

廿一日晴陰作書寄蓮菴錫侯交王縣丞帶蜀因答二周送王均不入還館倍書看字講鑑理志稾看詩三臺爲謁者御史尙書今通政都察軍機也自來舍胡因講芝㢘鑑乃分別之留館宿

廿二日晴煊要劉蘭生淸釆訪新條補一二傳看字講鑑時倦欲眠矣夕食後還家欲看字點書鏡初來久談意欲以杞子伯爲杞子伯發紬杞之例以後則或伯或子分承兩大股其說亦新奇可喜但除鄭伯男外無可證左恐不足據耳同淌价藩夜還家點史

廿三日陰午雨早聞蓮弟回問之未至已而乃還余每小事能先知不知所以然見肇甫書送禮頗依京官門生禮還館倍書不熟看字講鑑作龍濟生墓志竟成亦一奇也北風甚寒薄暮昇還風吹轎頂飛去僅乃至家點書點史夜早眠

廿四日晴涼晨攜真女至館早飯寫墓志稾懿疾還家余亦至家少坐出

城飯於開福南瓜不至自靜度三僧及二曹同談半日看湖邊水田蘇彬自廣州還略問孝達事大概閉閣自用云將軍巡撫俱避其鋒似勝卞生也

廿五日晴陳郎兆葵復心宋生芸嚴兩吉士來與久談夏生㷀恂間至似不能安坐者未便問之懿仍未上學講鑑畢理志稾數條張許劉三客並去遂還家夕食倍書點史

廿六日陰晨涼步至館芸子來梅生來談竟日大約維問別後事無關鍵語食韭餅甚佳輿亦告歸功與芸雪俱出訪客獨坐待夕

廿七日雨涼與芸子談書院事午間芸子辫行雪功出送懿未來余亦還點金史比三日未作事今年頗倦學非佳兆也夜臥樓上無人過問劉少臣來談瓊州

廿八日晴攜真入館朝食後出答訪陳吉士王國樁(鼎之從父)梅生過鏡初蓮海出城看宋船已開去矣至程初處補祝設二席僅七客唐王陶少雲蕭叔衡朱文通易瓚舟李幼梅落晨星戲筵一樂夜分乃歸早寢

廿九日晴早起登樓點金史畢計百廿日得廿四本五日始得一本比廿年前減半功

晦日晴鈔志表筠仙監院來言選詩事夕食後還家

五月壬子朔晴熱館生散學來辫者十二人始補春秋表來者刻工六人呂生專其校讎余心懶未暇理也倍書一本鈔志表(鑑南考官鹽法文黃桂淸貴州副光)(參讀堯點)

二日晴熱還家倍書二本熱甚不能食

三日晴愈熱看暑針不至九十分煩悶似大暑時夜步還仍返館羅順循來言保安捐流弊無窮此蜀省例湘省不必倣效亦猶錢調甫以東道例例之西道反大爲行李之累爲政者不可不知地俗況古今異宜乎

連日均逃暑靜臥不事五十餘年所無亦可爲異也復還家夜熱而起

四日陰涼留家未入館節債寥寥稍爲容與曾重伯來

五日節霽大風寒雨意蕭蕭似深秋亦一異也要呂生來過節午祀三祀

三廟賀節陽彭來旋去諸女鬬牌黃郎兄弟來未陪客亦爲簡率人欲暇逸殊不易正似明毅亶倫閒委政劉魏非所恤耳古人酬酢有時故無此勞夜至雞鳴乃寢孺人堅辫就側榻令我不安然無容席地使半山猶存更不知作何安頓乂不知螽斯百男者亦能居環堵否羅研翁復當作何節減之

六日晴涼入館倍書講鑑未作他事夜雨

七日熱朝食時還家致瘠竟日坐樓上唯看八代詩五言八卷以呂生請定宗派略分寬勁二種大要成局度者爲寬

八日己未礿祭
祖廟晴熱雨汗已初成禮始餕午後招呂夏兩生更餕鮪已不鮮矣此日
熱蒸爲自來所無蓋似伏暑土潤時待胡生來見方知前送茶樹者爲
胡廣生字象賢郎郴客也無可位置許爲致書江漢關道江蓉舫今日
本請緯齋客欲改明日歸館後復令家人辦具
九日晴熱倍書講鑑看字畢還家待客皮麓雲已至熱甚具浴乃出談緯
齋陳伯嚴繼至夕散送客步出至又一村還
十日晴寫聯屏十數紙涂稺衡張雨珊來午出城答訪王鼎丞見其二妾
談山西分銀事然後知曾沅甫輩真劫盜也過周荔樵還館步至陳伯
嚴處熊鶴村王石丞先在筠仙杜仲丹繼至會飲談金同知歐殺賫餅
兒城中官張皇支吾殊出情理之外戌散還家今日滋女生日鬬牌作
書與江蓉舫

十一日晴朝食後還館倍書看字講鑑呂生戒行爲謀賫用過心安處久
談昨代人作其壽序詢知曾至閩也日長心雜聊尋笠雲閒話呂生功
兒校刻春秋表成刷四本夕食後還家真女相隨不肯離坐樓上久之
雨至乃下熊嫗復上收衣待其下復上頮面乘涼還寢
十二日癸亥夏至晨起召三兒均還家待送呂生即同朝食雨大至呂生
欲自館所行復還送之客去大睡稍理志稾檢謚法攷求縣人死兵賜
謚者不得乃知原稾亦曾檢閱尚稱能搜采者夜坐甚涼而蝨多不可
鐙坐略翻詩本作書寄羅總兵曾昭吉廣東考官惲彥彬稽成博廣西王鑑光崔永安馮建黃體芳呂
佩芬
十三日陰廢事已一月矣重定工課每日仍作史贊點元史教書以今日
忌日俟明日行之但倍書看字聽講鑑午正還家設奠
祖考三兒俱歸至夜呂生來云船尚未至留談雨至呂至館宿

十四日雨竟日在家課讀過午乃還館點史補贊倍書聽講看字修志俱
畢夕過雨珊又要笠稺來談
十五日陰涼兒日晨起遣呂登舟功送其外姑安葬輿送呂留懿自侍讀
成公至半日晡後乃倍書講鑑寫字余點史補贊作志成還家課讀
十六日晴涼至館日課均如額又增校志稾看課卷十本還家已夕但倍
三女書未點書也稷初來商農來
十七日晴涼紱晟子來云欲至江南求信與淩善人石山桂六弟父子來
一日五族並集亦極盛也但無考生耳日課半畢未還家石桂留宿齋
中看課卷
十八日晴涼三湘潭人爲志事來心安來未及點史懿疾亦未倍書甫用
兩日功又懈矣還家晡食倍書點書夜坐庭中納涼頗傷岑寂聽雨
十九日陰石桂來告去放學一日出游至城外入小西門過鏡初重伯還

齡菴坐雨洪井待路乾復至玉泉山看燒香誤以爲觀音齋日也還乃
覺爲夕寐館中袁綬愚來談
廿日雨涼功兒生日令其兩弟還家因免送飯昪過賀心安生便坐樓上
看課卷兼寐愒鬬牌閒坐閒行鏡初來言宣成兄弟當改爲文宣兄弟
廿一日晨起還館點史補贊講鑑作志校稾並大睡久之未夕便睡遂不
更起
廿二日晴點史補贊講鑑修志早畢午飢還家索食已過晡矣今日復女
生日設湯餅因待至夜燒鴨具麪妻女鬬牌三更大雨登樓看課卷數
本我亦病湖南考官陳懋侯馮煦四川張百熙趙以炯甘肅孔祥霖周克寬
廿三日晴早起登樓乘涼復睡向午點書畢還館點史補贊校志
廿四日陰有雨點史補贊講鑑未畢王石丞來筠仙送省志作公書因覽
近年保舉得官人姓名亦不甚多也步至家待昪擕真出城至毛橋水

已漫矣乘四版入開福寺門郭李曹易朱饒李均先至陳嚴後至荷花已開甄遠云已食新蓮子矣席散雨至頃之止還家大雨看課卷畢

廿五日雨鼻入館早飯點史補贊講鑑大睡王理安自江陰來志正糾紛得之甚喜請其入館云待明日夜理課卷蟲擾復罷

廿六日大雨點史（元鈔價一定可買米三石四定值一女）補贊理志稾君孺來午飯後看字講鑑借書當還家功兒先去遂不能出夜與君孺談

廿七日晴點史補贊理列女表兼作傳午後伯嚴來約同至王石丞處會食余先往林弟曾郎先在陳周蔣後至蔣言私和人命事出錢卌萬前筠仙諱言之不知何故譸張爲幻一至此耶亥散

廿八日晴午始還館筠仙來言主考已知名矣雨珊來言邪說復劾李聯英君孺夜談詩得戴女書

廿九日晴風涼昨報大婦疾還作書復戴女並請曾昭吉訪其壻何如人與書張冶秋調入書院兼贈廿金了帉債也發瀏陽課卷去

湘綺樓日記

光緒十五年己丑

己丑歲正月丁未朔元日雨雪雜作而不甚寒辰起祀

三祀

三廟待滋妝已晏家慶畢朝食向午矣飽食假寐擲骰登樓方欲有作楊郎來功兒出賀年余遂清坐（湘綺樓者余少時與妻同居之室時所居無樓假樓名之家臨湘濱而性不喜儒擬曾子祖詩曰高文一何綺小儒安足爲綺雖不能是吾志也後居衡石門姑謝南樓殺頗滑興二年而圯歲在丙子復還者城假北城紗帽塘東陳氏宅居爲堂室卑暗稽事皆荒爲小樓臨栄園屋危可望湘船女紛九齡猶登臨吾既還瓦唯舊遺山而已不復見湘水然當代賢辭不遺餘陋無不知湘綺樓故在過者暇則登覯而妻老且病不能樓居竟尊爲余書樓又十三年六月丁亥旗孫婦遺火悉焚居室獨四廟及樓得存陳氏廢宅歸既來論年今無宅可還非事禮所宜乃亟庀工將謀更遺張雨珊告余曰城中如陳舫仙譚心可皆曾君力不給宜有賜補而郭玉池亦贊成之庶此宅五六十萬錢可復故觀矣君可無動余欣然曰是吾志也往昔何螺曳城中無居止余嘗曾宜各遺公宅使安琴書因循未果今陳譚諸公高禮潤之風垂念及敝雖未敢當然不可辭既始之義願舊宅不足相容又限於地廢欲更其制令足樓主駐共西發請出私錢從諸君役改其創如試館家園一課一堂書室二棟增樓爲內外二間費後二旬起工三月乃畢費錢百七萬而湘綺樓復成上更作櫟衣樓耳歐湘帆如在檻外湘春豁月之景畢收於望余或還家無所居則踞讀於此則於先人雲湖之莊更作廟廢依兩體士制以居褒子婦女亦對雲舉爲湘綺樓從吾名題之彼樓臨漣水云湘者湘潭地也或在他鄉則曰湘綺寓樓獨客稱游客從其所居館之名耋遷流廿六年舊私三造樓再厄於水火而後得有兩樓比之彭雪琴於錢塘衡陽癸建兩宜賦雖劣之不同而其經營之勤仍寄之情及諸公之蔭皆有可紀又前記讀大女叢屏初無錄本及燬唯憶數十字昔人欲刻金石以朝永存爲知及身而遂遺亡散乃補記因自道錄其銘銘曰壁壁物性高深相贊謀野宜幽在城思曠亭亭茲樓迥廓相向安寄隨神超四冥如舟陵風在樊斯匪處李六合寥廓百丈身）郭建郎來

二日雪出賀年惟詣陳右銘劉希陶黃郎三家黃處詢清官蹤迹雨雪交下鼻人溼衣乃還希陶來

三日雪竟日至夜可六寸許闔鑪賭博意錢家人分萬錢出者寥寥曾不及十之一利孔不一之象如此言利者務聚斂亦不得已之謀然又生怨聖人所爲謹施斂也諸女看迎春云　國忌不出亦非典禮

四日庚戌立春晴煊遣人往講舍搬木器因亦便往與希笠談半日還希陶讀禮點句甚細因假家本令校版本之譌

五日又雪熊鶴翁送詩自署八九翁真壽人矣卽和韵答之作才女傳

六日晴稍理舊稾作樓記竟悉遺忘功兒亦不記識可歎也申攜真女過希陶處會飲李佐周先至余與筠仙同到待朱恥江久不來頃之真亦睡去四人談至二更散得俊臣書

七日晴作才女傳畢笠道二僧楊商農來久談又似乎鏡初謀館者豈腐鼠猶在孔釋之懷耶志高行汚至爲難測將過鶴翁未果午往上林寺齋集笠常自東四僧至家更帷墊復往筠所丁李瞿先在李劉復至坐間多談禮政雖未合經猶勝游談至戌散還移牀上樓

八日晴始作列女傳贊成一卷但少邨招兩學使不至余及右銘定甫孔吉士同坐設食頗精云已易廚役矣戌還改經解

九日晴改萩文略思倦稍休劉希陶來作餠沽酒待之不食而去夜始復講

十日晴改萩文六萩略畢語多離宗不易下筆也沈生妻詩稾已失去又未記其名當更問之作書復俊臣程郎筠仙遣送二百金云朱家所贐蓋爲我謀之至而不自知其不忠也正當需用亦不擇而受之古人律身不如此遲一日則質物息取五分之一亦正濟所需也希陶又約齋集過午舁往待昏乃還

十一日晴黼堂約飯朝食後往子玖張唐至何棠周鄭二生俱先在申初散談校書瞽者視有目乃至空格跳行皆先屬讀者心想甚周驟不及思也張何周皆北上天色晴和游興翩然矣

十二日晴連七日日色皎然冰雪未化今晨更有霜而寒色其凝看前兩年日記作萩文略與書吳劭之夜講

十三日晴晨常氏女壻敦竺來見且賀年留居樓上改萩文略過但少村飲瞿王不至右銘定甫孔揩皆同坐

十四日北風不甚寒已約朱宇恬往鄉因過希陶要同行道遇唐栢生至則蔣張師耶先在筠蓬俞皋周笠樵後至看花無佳者申正還舁夫爭先蔣周不競夜講

十五日晴街漩可步城隍住持招飲寫字夕行香賀節畢喫湯丸因攜兒女孫女及常壻看鐙一無所見花爆無佳者真女睡先還四女同轎還余攜懿步還輿買爆聊應節始覺蜀中繁華

十六日陰晨後雨陳程初請早飯客來甚晏答訪熊老翁送橋捐與唐三太希陶陳瑛同飯張雨珊來登樓談夜講鑑改萩文略畢

十七日復晴裘溫不可著始換緜衣作朱岳林墓志成卽書與之看園花已盡萎十年之功廢於一旦郭嫂玉岑弟妻女來晚過右銘飲陪希陶

潘小農田月邨多談女事右銘言河北講舍發一紅芙蕖而舍生得解元衆以爲瑞希陶引小說云凡有兆者皆不復顯達以其器小得一事便希奇也坐中以爲名論夜講鑑

十八日陰有雨寃女還其子新殤來散悶也少村來門不能入轎今始有大轎來乃知之已無及矣看湘潭方技欲改作竟未能起手姑又置之夜講

十九日陰答訪本縣陳明府張師耶怡仲張少耶仲潛陳瑛閬秬香皆不入至少村處談六部九卿具疏諫鐵路本朝無此事近把持也劫於威則愳而結黨黨又不同則益其威於此乃得反之則篡殺相尋矣明季廉恥已消又二百年澌滅無餘此事只是患失心所激而成以爲舉朝則必不得罪也至曾祠訪希陶笠雲道真常靜黃子霖俱在同過雨珊至鄭七舊臣處早晴漣舫筠仙復至未初還得雨蒼書又作一回夢話

夕間敦郎告假省姑二女亦去十一婦亦告行樓中清靜始遂我懷連日擁擠喧囂甚矣是日乙丑雨水滿香來

廿日陰雨風寒復著大裘筠仙約客廿四人看戲未初往至申辭出赴劉牧村招至則主人衙參未歸坐客祝吳兩學官黃段兩江西人至夕乃設食可以報去歲之遲至矣得宋戴京蜀書

廿一日陰連日廢事欲汲汲補之展卷沈吟又復半日應人之求而作文無以異於酒食徵逐甚無謂也與瑢女書張東丈弟招陪院幙陳子便過希笠遇武岡張舉人坐水榭從陳宅出至張子寓張子始以府經稟到名貴昭字仲潛尙非不可教訓之人坐客唯有陳松陸吳皆嘉定人夜講

廿二日陰煊復綌衣李佐周胡子勛楊少六來登樓久談周荔樵復來作志傳未數行而罷晡過周笠西陪但少村羅瀛交蔣幼懷同坐夜講

廿三日大風稍涼作志傳倍書未一本健郎來言攜女遠游非計余作事自以爲審既聞其言嘉其能諫與書更商之晡過蓬海飲王石丞筠仙陳海鵬同坐二更還六弟長子及其甥唐子信馮甲總來

廿四日陰雨更寒作方技傳成近歲文思不復泉涌似甚難縱恣豈才盡耶右銘來夜講

廿五日陰改輿兒爾疋釋草同類異名攷未三四條頗覺滔滔汨汨豈袁枚所謂治經則文思茅塞者耶又罷之更繙志稾改沈生貨殖傳寵女歸省夜設餅講詩鑑湘潭三人去又二族子來

廿六日雪未白瓦頃之晴校志稾尙有渡橋公田表未理也見郎來云攜女去似分家宜酌留一二以示維繫　講詩鑑鬬牌鄭苐臣來

廿七日陰寒作貨殖篇未能拉扯姑就所知者略述之夜講鬬牌

廿八日陰晴王石丞再過我昨晨往答之已辰正矣尙瑣門酣睡覩此知

吾家尙爲有天日比二早亦晏起以避寒氣梅生黃修元來价藩來修元云吾縣有治公羊者湘潭經學誠盛希陶笠雲來送行子玖來言船已覓定遣人往視之未得底細刻日不遙萬事未理大有楚武心蕩之意更作貨殖志成但須作張墓誌便可脫身矣客來不斷未晡食夜飯鬬牌

廿九日陰晴晨至子玖處問船云無著落至黃郎家問清郎從行否似無去意彼初以我必不允今反墮吾術也凡事準諸道則智計無所施庶幾利害不得至吾前者君孺來讓坐待之一日無事十七都張子持來夜講朱家遣人來言船不容人

晦節陰遣蘇彬看船欲作張志羅錫華陳玉山陳三立筠仙黃郎曾昭吉夏生賀子泌長子兩族子（少湖六嘉山兄子 月生嵩山之子）易生尹和伯相繼來見郎送菜添設便請君豫飲半杯微醉少睡登樓談頃之已三更矣明日朔

且不作墓文因起稾數行而罷講詩鑑夜雨竹翁送圖本來

二月丁丑朔晴黃朱二子逸梧鄧郎國華兒郎來坐談至半日客去作張志朱郎恩綍（字荷生）言別顧一船可否余雅不喜輪船拖帶遂辭之輪船實未來而待者已數十人矣作書謝竹伍

二日晴明日祠祭當齋宿然功兒怠忘昨始庀具先約劉定甫一集不可再辭也余以將行委事兒子故疏忽至此亦不虔矣羅承恩送程儀辭之出答訪張堯臣見黃母言潘郎不能約束宜令同去而黃家老少皆欣欣議爲完婚成家奇矣便過兒郎子儀蓬海而還過劉館欲入嫌其太早至家云已再催飛昇急行乃云客待久矣請申刻而未初至猶嫌其晚改早而不知會憒憒哉主客也筠仙徐芸丈俞鎬皋王一梧同坐皆未攜鐙摸黑而歸

三日陰晴質明待事辰正祠祭　禰巳正飲福午正出賀但少村遇筠仙

訪幼銘不遇便出西門答訪周提督遇子玖船在旁登舟少談坐人已滿而云可騰倉謬也至林少湄處一梧亦至龍老王道繼至二更還朱恩緍喬生來辭行

四日晴張怡庭丈來謝墓銘（東墅銘無甚亦鴛閣略）蔣師耶劉希陶來希陶訟劉牧王撫批嘲其無瑕不卽不離比於查閱朱卷有靈茶之殊矣遣蘇彬覓船未定午招胡黃楊郭諸郎春酌饌祭餘也食畢客去王石丞乃催客至則筠仙不到俞楊林先在陳鵬後至談歸政恩賞李相紫縕未知漢臣幾人得者四五人皆不能舉其故事亦疏於知今也春暖似三月時暑針至七十餘分是日庚辰驚蟄

五日晴料理行計寫字數幅過別希陶笠雲笠雲不遇遇蓬海還遣散林三戴明王升陳俶滿嫗吳媼乘石山同常增還常兒鄉曲浪子舉動可笑幸見人尙規矩耳夕過黃郎飲張子容譚陳陪客方晡而往子玖遣

來要行雇船已定復就瞿船便發行李夜還恩恩不知從何處說起且令闕牌三更散

六日黎明方覺便盥洗步出西門登舟諸人尙未起答訪周署提周又尋至紙真先登舟功兒送兩弟來滋女最後已巳初矣朱喬生子玖俱僅一見小輪始發過銅官廖淺頃之乃涺夕至青洲又淺遂泊蘆陵潭大風有雷頃之霽新月春星汀洲初綠子玖過談

七日晴更熱僅可單衣大霧巳初乃發湖涸成港輪舟撥貨乃可行夕至高山望去岳州十五里城陵卅里子玖云萬石湖隄也伯嚴揩階來談設麪二更後欲講詩經內則使姆衣服文王世子亦屢言衣服衣服者家庭朝夕服也服謂左右事佩少賤見貴長必佩而後敢見

八日陰晨起大風至午遂寒以臘前計兩日氣候相去可六七十日泊一日伯嚴等不復能來講詩鑑黃徹碧溪詩話平生所未見

九日有雨成冰愈寒風亦未息再泊一日並子玖亦不能來多睡不事甚講詩鑑

十日風稍息猶不可行再泊一日講詩鑑

十一日晨霰風息將發聞雷船人云不可行復稍停午發過岳州伯嚴登岸去船行將至鴨闌復還待之泝江行廿里泊荆腦卽觀音洲也呂生屢之觀音洲余初不知其處今乃得之鈔世系表舊譜所有者已畢錄凡十二紙夜與喬生過伯嚴揩階船稍坐復要還舟談先還過子玖談二更陳孔來子玖設麪將三更乃散

十二日晴行一日至暮夜泊牌洲嘉魚地凡二百八十五里講詩鑑改爾疋釋草解伯嚴過船談

十三日陰雨行百五十里至漢口過午矣雨霽泊大馬頭夜看花爆流星甚迅疾可喜詢馬力斯船未至議坐招商船不能多占房倉且留一日

待之

十四日晴大霧久不過江約喬生同訪鶴樓舊址攜兩兒兩女坐官渡船以往入漢陽門風景依稀樓旣燬乃見其基址甚闊比青羊宮殆可相埒從斗級巷至府後街彤雲寓中不遇仍至鶴樓攜兒女還船彤雲已在舟中尙不甚老面色更紅潤年六十五別十餘年矣云爲周福陔所惡罷任另補便留子玖船同飯又過船小坐去夜月甚明詢華利輪船不來定坐江裕乾益升送茱雨恬鹽棧也看滬報醇王引宋孝爲法矣河督請尊崇因宣示原奏云本朝遠過前代也

十五日晴煊朝食後瞿氏三子均來談移行李上江裕輪船子玖家媼坐大閒余初看上層人雜不可坐帳房朱生還余右房伯嚴揩階定上層朱傳同房與余隔一房門此外竟無相識者移牀稍定與瞿十五郎同坐紅船過漢口子玖喬生同去並攜真女行至南岸背官渡局彤雲迎

於門外小樓兩層亦甚雅潔設食甚飽投暮還月明江淨輪船燈管頗
云朗麗亥正開行伯嚴未午食輪船例不具食今特設待余因邀同飲
閉船時已倦遂睡
十六日晴辰正起已至武穴將午乃泊九江德撫女還罷還宮所坐官船
當就馬頭移船江心讓之稅務司妻婢還國至未正乃至比到小孤晡
後矣今日家忌帳房又爲余設素食甚飽終日游談
十七日晴午至蕪湖稅務司來看船至石頭小磯欲登岸亦無伴同行也
至帳房食一日夜遇葛培義田副將田好集唐詩而用蘇陸句俞王爲
作序不能指示余乃告之彼意似不樂然於理當如此也曾滌丈日記
云又作一大無禮事未知何等無禮若不可書何爲日記余昨忌日而
使嫗梳髮此則大無禮之可書者夜停鎭江夏生來有五尼自蕪湖來
睡我房外夜又二湘人來睡門外此亦無禮於船山論當究已不自顧

船余以前年遇盜有戒心故貪海便若於禮當追究咎擕女出之未合
又近於宋學拘迂直以未能早阬故耳子玖則難免白沙之誚矣
十八日陰晨出江陰口船中襆被悉持去矣頗有感傷午入吳淞口黃浦
泊金利馬頭移行李至三洋涇泰昌棧帳房朱施並言可就船撥船因
留滋等在船余與伯嚴揩階上岸坐小車飛行洋街亦自可樂真女從
來夜赴朱生招陪子玖復新園晚食天仙園看戲滋亦去瞿妻同來子
正散擕輿懿真居棧房遣蓮第上船護視滋等
十九日乙未春分前年至上海亦春分時也揩階有友鄭君能知物價託
買小件研郎梅生與熊劉來相看因議同船共顧新添駕時輪船閩撫
本錢船重不能載貨此與湘人欲作輪船載人同意皆貪利而失利者
湘舉未成耳同人集議買辦索定錢以廿元與之聞卽夜當行則恐未
能子玖亦卽移船自往迎滋紀上岸乃朝食正過午矣同孔陳至杏花
樓小食同孔鄭行市中買鐘鏡還與伯嚴赴子玖招陪買辦未去聶仲
芳來唐壽崧南生亦來未遇唐同縣人也向未相識仲芳來無所言泛
酬而去至第一樓隔壁聚豐酒館子玖朱傅先在施朱後來酒罷至丹
桂園看鐙戲頗爲工巧熱鬧伯嚴先去云船不容人又人數錯誤當別
定船子正還兒女已爛熳睡去唯滋未入久之乃登樓揩階來言請買
辦之非云士商不可爲朋況買辦夷奴而學士與周旋甚乖於禮此言
與余合然與時局不合伯嚴亦還睡已丑初月朧人靜愔無花耳
廿日晴稍寒有風朱買辦來請游天主堂午擕兩女立橋遙逢施省之馳
車來迎還客寓衣冠將往製造局俟伯嚴同往紀真並從可十餘里至
徐家滙光啓故宅也教士黃姓設茶點請看堂館大抵似佛寺別有博
物堂盡藏鳥獸皮云有人專收掌皆得自中土無海外物頗以自矜云
中人不能收藏也將登天文臺雨至未上別有女學堂亦未去馳車亟

還頗悶欲吐小坐茶館散已上鐙雨溼不可行驗郎在孔房相待云抱
芳園書店欲請一飯未知肯去否余云無所不可但雨不可已而雨少
止復來邀因往聚豐園客別有四川陳壎字伯雅言曾相見於曾傳潛
心泉處又言顧又畊尙存凌監發財云云驗郎同伴劉小山亦在坐又
有一買客馮春江不知何業也設食亦甚草草少頃卽散孔陳復往花
會孔以連發正論中輟不去正論之有益也若淸議未泯人心不至拔
昌子玖附豐順船明日卽發
廿一日陰風寒朝食後復擕紀真坐馬車至製造局答訪聶唐唐云曾相
見憶是壬午交志藁時唐曾與也又聞譚靑崖碧理亦至此小坐馳還
陳龍夏熊劉俱來云已附海定今日可去矣步出看書店至抱芳閣店
主鮑廷爵言馮乃掃葉坊友也尌鄭厚餘言李勉林將入都坐小車往
訪之修路不可通車步行泥淖一工人指往西西乃荒野僻巷詢知李

寓在東還卽得之寶順五街云閒步外出旋卽坐小車馳還道旁見辛夷盛開比昨桃花爲存本色也仲芳請聽戲令兩兒紈女往應之又與唐公送席力辭不受獨與滋談立身居家之道外樓洋油火發滿地有能者以呢墊壓之乃滅若往聽戲乃大笑話以此知老客不輕出非過愼也災咎有定要以無可悔爲合事理今夕卽不成災初非吾智所料滓水儆余其謂是乎夜間又傳入一片云勉林曾至此又知余先往爲合理蓋李病間不比諸處可不問也久聞野叟曝言之佳買視之卽王跂友人所作不足觀覽亟退去夜分始寐伯嚴來呼門云六槃來初未思及再三不解開戶乃悟焉披衣坐少時令訪搢階頃之復來辭去已及雞鳴

廿二日晴煊可游三子引一都司來便留早飯無都司坐處而闌入就坐余欲退去已約搢階來飯遂勉共食如此不知耙倒人而欲謀差遣難矣哉斯美船至爭發行李余攜真女坐車至招商馬頭登舟看倉蕪雜不可安傭保蹀躞勉入鋪墊俄聞言此船當修艙紛紛俱去攜真登岸誤入招商棧真云不是此女小已留心有似其母從之東出街市寬平饒似京都徘徊久之孔倦滮姓先還余待日暮乃歸鄭厚餘邀往益慶樓車夫故繞道索錢半百未暇致思遽爲所賣又自哂也菜濃淡相間雖少頗有心思夜還復至丹桂園看戲當場出局　本地狹斜風光庶幾陳民風之遺意倡優亦當復古耶

廿三日陰復寒閒坐一日念待船爭倉非計遽問招商局委員吳姓來言馬沈卽當至已爲定海晏矣頃之沈能虎來一見乃悟朗山之子也薛叔耘亦在此搢階往訪之不遇約游不果夜看外國戲法弄鼓桑盆殊無足睹

廿四日晴無事倦游閉門閒坐

廿五日晴稍煊通州輪船將開陳伯嚴亟欲行留同坐海晏云留一日則須十金之費不費又不能故亟去也亦可謂自先利者因令店家往看倉報云有倉自往看之雜置不可坐強令騰後倉攜懿真往待又呼英子來久之無成上岸至萬安樓店亦不惡訪何樸園均束裝矣因要來飯我所孔陳並來飯少不供已而俱散出乘馬車答訪馬沈兼詣叔耘比徐州別時風骨頓異相隨時改信居養之能移也余則異是未知優耶劣耶夕至聚豐園赴馬沈招馬名建忠黃通政所謂漢姦者曾爲郭曾隨員美秀而文自言奔走之材未見凶惡之狀而衆人擬之金黃金倘不及黃實過之也沈則尋常能員未能自固叔耘後至談時事主鐵路甚堅亦未深叩所以然夜散迷途三返益惑乃乘小車還沈云漢臣紫纓前有張廷玉楊遇春滿臣則多矣

廿六日晴遣詢孔陳船已開獨坐竟日未出戶叔耘送書看畢十本送贈辭之

廿七日朝雨午晴攜真復至寶順里訪勉林已能緩步云將往天津約之同往云尚須十餘日計十九年未見顏色似更充實無復前豪耳有一子四孫家無甔石信有命也瀏陽縣運不及無錫故李薛升沈頓殊夜改功文說學干祿祿在中爲祿卽是學子張歧之孔子合之也祿者行政之資聞見者爲學之要人可無祿不可無聞見因聞見生言行因言行尤悔故學是祿在學中之說

廿八日晴稍煊待船稍久逆旅困人欲遷移未能也午間閒睡鄭厚餘來要入城云已申初矣入新北門至城隍祠其地甚寬蓋盛時游賞之處桃花未開盆中皆小枝扦插者涼風倏起凜然寒色同出城看大自鳴鐘乃別而還上海街屋隘暗猶見海邊荒縣之制城人亦多未知何業容之

廿九日晴復寒朝食後攜真女及兩兒步從西郊由馬場渡橋游靜安寺有西申兩園門外有第六泉沿途皆夷商村店籬落相望耦居無猜但屋制不同耳往返可廿里還已晡矣臨水二桃未開且瘦細似棠棣商人不知花事遂亦無好事者少睡鄭厚餘來約夜間聽書海晏船到後日當行江裕船又自漢口還矣作湘潭志序未得機勢此月但游戲一無所事而文思柴塞何也書館妓女九人彈唱六曲花錢二百文似廉甚貴游戲無賤如此者厚餘送茄瓜

三月丙午朔雨寒復可衣裘鄭生云黃式穀當來相請待半日不至馬湄叔來兼約喫番菜久談時務云輪船不能拖帶淺水則尾昂輪不能激水也若得二萬金可容五百石坐五十人長沙不能通行亦甚言鐵路之利酉正至海天春馬沈設餞送贐百金

二日陰晨命看船船人來起朝食後自往看之留二倉不便出入改定門

口二倉乘午潮發行李余復上照料兒女均發攜輿先行餘共一馬車旣上余復上至招商局答馬沈還門閉不可開待匠半日乃得鞋步上江裕船發家書還船已夜鄭厚餘引黃式穀來要喫酒聽戲堅坐不去勉往一喫子正還船旋寢寅正開守霧無霧遂行

三日晨起食餅巳初朝食飯甚輭美可食叔耘來談正午船擺蕩（行可四百里）頓覺煩熱勉坐接談客去卽寢兒女均歐吐唯懿未吐吳僮亦不吐然俱臥矣晡時少食餘人皆不能食往看叔耘倉寂靜無人風寒頗厲亦卽還睡

四日晏起船尚在碧海未見黑水云已過矣巳初朝食船已定人皆起食飯後過叔耘談歐陽健飛妒吳參將請卞生劾罷之洋人將食出至外間風寒不可立仍還倉對房任公子出談山西作令事昂千弟也夕過成山

五日庚戌淸明風稍止船行如江作詩一篇紀佳節之游適叔耘來因示之結句未得佳凡三改始妥夕至大沽口撥貨竟夜喧囂將明乃發

六日陰微雨至午霽行百廿里將及五時乃至暫寓佛照樓甫定后族子少湖已至云與六坡同海舟朔日到矣可謂捷足也任昂千弟之騶字羣北同船接談似勝其兄晡後坐東洋車至督府行可十里門者皆相識入內客坐坐久之李相始出云用電氣熨面並服補筋藥今將復元唯言語稍喫力薛叔耘待見已久余談及乃命延入余見主人多言傷神乃辭退過晦若相見甚歡云伯寅得總崑岡李鴻藻廖壽恆同命湖南唯曹榜眼得房考餘無相識者將暮還店晚飯（三月三日從叔耘同使兄汎海有作卽送）

（入朝輕寒萬里春無跡碧海平波芳草色萬斛舟浮一葉來桑泯驚飛如鸞買遣三上巳接清明令節良游曠蕩情流波本欲通天漢續火還聽就柳星成山一髮横樹煙樹岸外斜陽光若曙御惜秦皇不遇時祿橋憶望蓬瀛路天際故人從鄭來當年一瞰海波閑寄接新驚入丹禁共出奬龍覽九垓滄溟蘧蘧千年晦不及江湖有靈槎森輪坐運恣汪袢始鄭六合通無外遐日春花爛漫游潮擊閬月更西流明朝好折游

沽柳枝諸闋奉嘶紫闋）

七日晴烈日大風晦若書來言不宜出門且云督府館我於吳楚公所聞之甚喜湘淮斷斷廿年矣非少荃不能設吳楚公所非闓運不能居吳楚公所曠然大同郭筠仙聾已覺小眉小眼況沅甫以下耶作書報受衡雨蒼景韓並寄書銀與孔搢階

八日晴朝寫老子紙已遺忘不能默錄午攜懿真將入城半送真還余亦入督府尋晦若見湯伯述張又樵張唯談醫不欲論事余亦未敢深言與見諸名士逈異蓋道不同也未夕還始倍書講詩鑑

九日晴日烈可畏看已注詩話與書宋生（芸子仁弟錄慈前得手書具論郘吉去歲同學北勝勝西今又得李潘必多佳選但華美質傷又在先進誘倡之玉女所以恩吉士也闓運歸區所以選蜀才者不在瘠然之麤獸矣運家二年餘於編錄方顧故山烟作堂蜜城宅不戒土木大興貢僚聚聚求者無極適有燕使因遂歸脫來書云云未遑深究今者攜持歸小安抵津門督府除館相客不復晉贊宗之本比之丁公更爲優假處名籍登大樂頒沆唯有閎尸潛研聊充市隱晉弟輿皋癘並茂才總尊經首選宏我漢京若蓋得）

留賢唯須養望廉謝明慧深淺不同而並嫌輕擾因時應之使遊大道則友道隆矣楊生聞漸安詳想亦習識功利不可則止同則爲謀勉之
魁之所貴乎爲學者廉頑立懦化育英才也師友之間而有所未學此吾入年所以自苦而辭去且終身不欲再教學崇子有心人能勿傷乎
一士有成千秋爲美顧無以自慨也湘士多我慢又不如蜀而堅凝成遣之其教之當旅葬斤僞病未能晉衰久矣且期暫置以俟河清幼到
尙未移寓念急相聞可與卑辭共觀之　少湖又來鄭又惺知府送所刻金石跋考釋北爲
分郎通爲匪頗得六書通之妙夜講詩鑑
十日陰朝食後晦若來余先遣人視公館云方迎桂撫午後可移客店月
費百千勢不可久因之晦若步至公所視之方掃除無他人亟遣移寓
余入督府主人出談閩會試題行夏四句自丁未以來無此冠冕題蓋
翁所擬也親政而仍就學恐政議有歧然於文事則盛矣夕還兒女均
至廚無煙火遂不夕食諸人買飯食之晦若復來照料周至夜月
十一日晴昨與少荃論題夜思得一文醒盡忘之因補作一篇晦若伯述
來因看荒園登春臺客去文成寫送之少湖移來督府餽米脯朝晡食

始半飽無須如許米也取木器竟日苟合矣夕食復寒步往訪晦若巡
捕千里方借牀几小坐步還夜聞風聲人語起視之小雨如塵俄聞點
滴北方少春雨欣然聽賞遂至天曙
十二日陰晦若借詩稾去忘攜行卷大爲荒忽春寒惻惻課讀多暇復有
似於石門乃知十餘年忽忽非心之累春寒高館靜新雨夕陽閒十載勞塵事殘年厭故山安心緣自
遣閒戶卽無關又憶桃花過竊圃掃石庭　積寒乍間已復小疾竟日昏臥至夜講詩鑑又睡
至三更乃起解衣鄭幼惺族弟業綸來口吃人老實
十三日晴朝食後至督府訪景翰淸白鏡江均小坐景言湖南輪船事當
咨湘撫前之招商局思開馬頭恐不誣也晦若猶未得食辭出還寓仍
從橋道入東門府學外郎耶穌堂殊爲相逼至營務處答訪鄭幼惺看
吳淸卿古文字書並津局書目書值不廉亦無多種講詩鑑
十四日晴發家書楊瑞生來景白湯子來談夜講詩鑑

十五日陰吳僮病頗劇臥兩日矣倍書二首春秋至文禮記月令午赴湯伯述招遊
海光寺步至鐵橋同晦若白鏡荘去攜真同往循城直南寺在機器局
旁有新碑云康熙時僧相南募建初坐行宮外侍衛呵去之　仁皇聞
梅花香遣問因依所指造寺爲叢林柳墅行宮在旁今爲武備學堂唯
此寺功德獨存寺有賜鉢中書金字經曲筆隨勢書體工整寺僧自然
煙霞客也設食未半真求還令蘇三送歸齋罷已斜陽矣入城至伯述
家少坐仍與晦若鏡同至橋頭乃別而還寄書陳小舫詢丁家事狀瀚光
寺有法國途來大鐘式異中制而其鳴嘶
十六日陰復寒無事長日仍須自課輿請鈔爾疋檢說文諸字晦若書來
問訊午食後往一談遇陳容門弟電報館主也夕晦若送至門首乃去
十七日晴始有煖風少荃來門者以例辭之亦合吾例但交情所不可又
似挑斥其不排闥矣此等主人皆不及知吾未官亦被牽作傀儡官或

反愈耳補作海光寺詩東衛闌鑄齋林宮飾佛新鐘晉鄰梵外棠樹淺深春散步思芳草閒僧話貴人海軍非得已繩
武在南巡
十八日晴稍煊晦若午來悤悤去鄭幼惺請酌酒肆期申刻晡來催步往
客悉不至坐久之陳協領芝舫來坐兩時張吉胡孫子林徐晉廎
乃至天津館菜有名亦不異餘處但多餹色耳鴨魚均不佳夜月上乃
還借得老子鈔注二葉黔臬放田國俊
十九日晴復寒鈔老子二葉晦若復送墨子來今年大約須注二子也夜
至督府逢錢法使與晦若小坐還講詩鑑
廿日晴大風鈔老子二葉勉林幼惺來談倍書講詩鑑
廿一日晴仍有風勉林來言當移同居甚喜欲留飯堅辭去鈔老子二葉
兒女忘攜曲禮暗錄與之草草作二千字經題也忘穀梁傳說買局本
看倍書講鑑如額

廿二日晴除鈔曲禮二千字鈔老子二葉勉林來將請西人診病在此候
至申初而去酉初陰雲如墨黃塵漲天雷周空行已而雨至淅淅霎霎
俄頃雲散復霹靂如劈柴然不甚響雨遂止矣北方稀春雨甚可樂也
夜晴倍書講鑑如額
廿三日晴朝食後勉林移來凡三相見鈔老子畢便敍其意夕入督府一
談勉林起病事
廿四日晴始鈔墨子凡三起手均未畢今重作想亦不能畢也鄭太尊來
送琵琶崑圖求題余云有玷官箴矣在下位無風紀之任姑託戲言實
犍椎也倍書講詩鑑如額
廿五日晴熱如三伏鈔墨子課讀如額命輿滋鈔文每鈔必誤乃知鈔胥
亦不易得
廿六日晴昨看京報一梧竟引疾可謂巧宦耶因誦漢書贊云廣德當宜

近於知恥善善從長故高人一等也朱恥江來云不能覆試且求盤費
余曾餽十金蓋負彼二十金耳此帳當還也留飯而去又欲寫免票蓋
不肯空過者孫有父官風晦若書來云日記屢言食餅今且十日未食
矣復令作之輿小病似瘧未講書
廿七日晴朝食後恥江復來詢船事遣往招商局問之作書與朶翁義仲
芳馬沈招商送成都李紹庚來出范濂書屬爲張羅何生意興隆如此
向不拒人允爲圖之晡食後過晦若主人出談疑知余來而特至者論
鐵路毓慶及江廣官中事又論游子大言歸不退蓋巧於鑽營者夜食
餅與勉林談舊事
廿八日晴今日換涼晨氣猶寒與少湖步至紫竹林日中行可三縣至義
和看恥江至四合看李紹庚留勸其早去恥江必欲得免票轉求鄭幼
惺託人取之若孔子不乞鄰必直告以不能而恥江大恨所謂鄉人之

不善者惡之正聖人之所欲余未能也上又不肯還始已正飯罷小睡
鈔書倍書講詩鑑與勉林談復晦若片皆成日課恆兒疾尙未愈
廿九日晴李紹庚復來求書干請亦真半園本領不肯空過者爲書寄鄂
生倍書鈔書講詩夜大風吹樓門開合登樓　合之昨夜看火焚木廠
光照甚近久之乃息
晦日晴將看花西郊待人同往久之不至前湖南提督李長樂來廖二盟
兄也今調直隸代郭松林淮軍武人見文官雖謙實倨前已言之矣甚
不欲接之既出當溫良恭讓因請入談午後至集賢書院後花園看花
還復問路至西郊解元廟康乾時非園名士所禮也劉雲亭兆祥來見勉林因請出
談鄭太尊亦在坐看花三家俱無可買唯桃花始盛耳夜講杜詩鈔書
四月丙子朔晨作看花詩一篇人間惜春盡地冷留花晚江南芍藥暮鵑左天桃滿良節及長游西莊去塵道新楊散夕園芳風始苦展安知時已暮但喜晴和韓翃燕影驅翩和禽群詠穎物樂並欣欣審意何悵惋還臨濟塔靜鏡悟塵日短無以晉魏情歡

息巢由壑日陰風涼坐小車渡渠至柳墅答訪李提督因便訊楊宗濂柳墅
舊爲行宮後賣地復買還建武備學堂掘得太湖石郎供御園舊物也
曾未百年頓至如此何必黍離乃堪心醉坐久之楊不出見還至杏花
村坐車入督府至晦若齋與伯逃談伯逃云解元乃芥園之誤查氏水
西莊屬樊榭朱竹垞所寓也今無復基址復增一惆悵要之皆斗方名
士胸襟不在其位不與人憂一笑對之耳往爲丹初題煙客有云江南
人自謂風流乃至國破家亡皆其詩料余正未能免此還聞游子大來
無可談者亦不必見之夜講詩
二日晴補鈔昨日書以墨子諸篇文重複易厭改鈔經說二紙朝食後擕
真至河北街初來店答訪劉知縣不遇還日烈可畏倍書畢少睡晡食
後步至木廠看子大已行矣夜講詩鑑
三日晴鈔書倍書華容盤崑山步青縣丞來劉雲亭來何營官送菜勉林

卻之强余受之長日課閒悠然自適大隱朝市有由來矣山林不獨枯
槀應酬正自不少不若處人海中爲江湖鴈兒也夜講詩鑑近午夜閒
未能多作字蓋衰旄之漸
四日雨寒鈔書倍書如額午閒風雲陰已而開霽步過督轅約晦若同赴
白鏡江招飲至則已去矣其從人云在鐵路公司行泥中往尋不得復
還過橋鏡江遣舁來尋適相値乃近在咫尺乘舁往聞語聲景翰淸晦
若先在待伯逃至酉初入坐戌初散天津魚翅甚佳蓋曾侯所由出餘
菜不可噉白晉人而無西菜是特設也步還頗倦講詩鑑未畢勉林來
請作挽幛四字弔賀幼甫四字最難安久之未得
五日陰仍寒晨未起晦若片來報景韓擢蘇臬孤生無援忽有顯授未知
所由也鈔書倍書（鑑溫春秋書詩始一過）小睡遂寐近日頗似闒人每日有睡課
墨子書言王公不賢者有三種一骨二無故富貴三美好無故富貴所

謂循資格運氣好者自以爲當富貴而非親非美天下之人莫能議之
加此四字足令千古失笑
六日辛丑立夏晴倍書鈔書畢小兒女出看塞城隍神至夜乃歸劉雲亭
來辭行坐久之乃去早間有縣人周蘭亭者亦來相訪自云賀搢紳之
舊主也言談亦甚似賀乃知沆瀣流派非虛譚之似左（譚何人哉心可也）張之
似張固不足怪
七日陰點書至玉藻思緇衣屨說不了忘欲一韋弁衣耳因定爲韋弁卽
爵弁之衣但殊弁色則緇衣專屬大夫乃可通矣羔裘豹飾緇衣之宜
韎韐有奭均依此說之一生積疑豁然大朗鈔書倍書講鑑入城答訪
周金聲
八日晴朝食後答訪何營官永盛何云李提督屬黃提督照料當往通候
便至大悲院飛一片而還景韓來云未朝食余以勉林飯晏便令同食

及設之已食矣客去鈔書倍書畢夜步至寶成樓答訪景韓不遇大風
欲雨卽還見火光東岸復火登樓久看將夜分欲睡雨已溼地風稍息
矣講詩鑑未畢卽寢
九日晨起甚早辰初復至景韓寓賓客盈門余少坐卽出景韓約過我早
飯午正來入談同飯勉林亦來談久之去鈔書倍書畢黃提督全志來
答拜王知縣福謙來未見暇日甚多小步堤上看作馬頭云童侍郎樞
將到昔日成都送行復在此相送亦有緣也夜與勉林過景韓談二更
還晦若先來未見
十日晴朝食後往督府看題名錄少滄梅生重伯均中式蜀士中者六七
人湘人識者五六人湘多能文之士蜀似不如也還未理事景韓來談
三時許乃去昨得陳小石書復一函夜講詩經
十一日晴鈔書倍書景韓來問賞斧足否因請其代假三百金預備還帳

夜講詩鑑宿贄公房是罷官後作仇注編之陷賊其憒憒如此雨過蘇
端則未授官時殘橘冷炙之慨也杜好喫而多怪殊無名士風流
十二日晴巡捕胡千里良駒來初忘其名已乃悟之出談涼棚事一棚須
百餘千此爲奢華崔國恩出使米利根爲土匪翰林別開捷徑劉瑞芬
周馥聯翩而起又安徽藩臬開府之階也鈔書倍書講詩鑑
十三日晴晨過景韓送行辰初還午正景韓又來熊嫗支銀寄伕子讀儒
之爲蠹大矣鈔墨子畢一本倍書講詩鑑食餅
十四日晴始服夾衣俄而汗之心甚不喜紈女生日放學唯余鈔書二葉
屬蓮弟具饌而終日不得食誤以爲無客不須食也草具湯餅令人不
飽欲責廚人則非其咎亦甚慍也晡入督府坐晦若處逢陳容民而已
張豐潤來談肅黨云可作一書恣意譏評蓋猶世俗文人筆端之見非
知著作者以其言推之則三直臣之不爲國計亦可知矣主人亦出談

會墨夕還早寢幼樵又問公羊初不欲示之固問乃送例表一本

十五日晴

先祖妣忌日默居素食鈔書倍書講鑑外無所作李提督書來馬會不得來此人似有信勝其統帥郭武壯公也

十六日晴鈔墨子錯誤且置之鄭太尊請題狎妓小照惱其無禮久不下筆偶思雪琴小姑事因作採桑子二闋序云癸未軍事爲中興一大關紐吾友彭張兩助幸無敗闕然爲之捏汗有游南海參軍事者作攜鐙看劍之圖閱七年於天津請題因作二闋前倚酒杯後題本事亦他日一段公案 小姑吟

罷英雄老再起南征轉恨餘生憶訴琴聲雜鼓鼙徹之也悔從前誤丁驚驚莫誤卿卿可惜風流顧曲名 書生都有元戎膽醉蒲桃笑

擷紅蕉茉莉花前宿酒消思量冷煖吳鉤劍重把燈挑細撚香燒一卷兵書付小奚午後鈔書倍書講詩鑑

十七日晴風涼鈔書倍書畢暇日尙長看杜詩午睡夜講詩鑑

十八日愈涼復可二袷京畿均求雨寒而旱亦災中之異也鈔書倍書午課已畢不待放學聊復游行至晦若處聞叔耘改京官出使大英又云

豹岑來問訊玉池先生道席一別舟促發提筆長征小輪長風八日下漢緣途迢遞行適一月矣舉肩先已某立矣督府館我於矣楚公所聯絡湘淮時與張軍門往還而已一日談及清鄉奸邪之奏少公云君意若何闓運對曰唯撫臺能稱撫臺公大學士我老學究皆不以爲然也家變來文又言輪船民情不便則公所云撫臺毀辦者又是諸言又何撫之不謀乎數路父子矶議香濤獨奈何莫湖軍不如然也闓運論之公之行湘綸李之開津路皆爲家門外宜有此一洋貸高與之學也以兩公一代偉人高瞻遠矚得意之業而郎論如此又何怪天下之攜測紛紛張香濤李論堂之妄語妄論乎先生休矣不如專攻郎廉成劉學黃山谷之橫恣佚游也家書來聞公多謝病謝客常怪公受見客而外論反恨其不見客足知議論雖同要之能謝絕孫呂則大妙奕伯寅生平積恨一且得好願收假古藍而湘士則皆佳者漱丈有孫能承清選亦翰以體格不稱尤爲可喜闓運破格多載監盤筵天臨處荒唐卒無館閣唯賴長教學又不喜言洋以此無職業耳右銘逐打死兆以此又甚自點也夏唯請和綬曜不趣初與書豹岑幷寄書筠仙

十九日晴鄭幼新來鈔書倍書得家信寄詩本來甚喜復完如趙璧也

廿日晴作書上外舅唁桐生妻喪兼發家書從景韓假二百金寄刻志之資陳寶子餘來云其弟客死來迎柩耳而先至京師初不知其所謂蓋向京官募貲誠可憐也昭卅一年左傳十二月辛亥朔日食史墨曰庚

午之日日始有謫前屢引用尋不得其傳

廿一日晴鈔書倍書講詩鑑餘無事

廿二日晴工課如頌羅順孫來與趙芷生啓麟同歸云尙須往盧臺一行談今年取士荒唐以伯寅伯證俱號文宗而不識真龍故知破格不易言

廿三日晴輿兒點左傳始畢左傳可笑處極多亦荒唐文也而二千年尊之如經則吳獅廖平又不足道蘇傭與熊嫗日尋干戈吾初以爲道術能教之乃殊頑獷殊爲可愧夕至晦若處並答訪吳巡捕良騊

廿四日晴始搭涼棚棚匠官差也課讀未半陳子元來電傳一甲無相識者湘人杜生得傳臚彭石如兄弟來稱述 聖德極有泰平之望留午飯夕去陳宿西齋與書曾劼剛劼剛先生仁弟閣下到津卽當過一問因李勉林同居彼倘不能執摯盛於一飲一別逾月至餘矣阿咸樂還不但慰先公一足中君兄弟偽屈之志姣以不羈之材靦行毅中去其際殆而養其精一般尤可喜也闓運去年

頤髮兩宅遂至頹價三千若留家鄉振興搢紳假以應聘爲名高誤北上四川教讀已疲精力不欽更與北士爲緣講席實不願出少公亦知其意但授館餽粟而已然久住則無名目將俟諒秋更游方今織路生風溯軍糸沮官教法者領成士直時局暗更明者宜知其窮幸無以爲狂愚耳家靈咋覆湘綸之議老氣積秋九州時率可知矣闓運此來從者歸卄人於孟子之汝卄之一也因前年劍劍未滿緣故復此行部門則不再入蒸前與伯寅成言在耳不可翻覆專此敬賀大喜不具瞿子玖書子玖仁兄世先生台席江行悉荷提挈復命竟在宣後何亟亟耶晝大浩渥留有鶴緣耳闓運於六日到津卽會奉候府附行事誤而止昨閩中子夭窮要見驚惜無云聽明經世奔塵中人也恩怨悼痛豈劉孔妻雖向而已然莊生所嘉逸者知之若盤相對歡歡便恐深愛韶能闃然也闓運來此稍遇已無由處然此特官話其中曲折已告劼剛彼若不信公亦可不信矣然與駕公書云闓運到忠荒唐此則官話中之私話又未知諸公信否也餘俟新命擬聞先此奉慰並復餘問同安不具

廿五日晴求雨十日矣風日益燥主人無憂旱之心唯勉林時時言之又聞鄭太尊妻喪甫至半月而死信有前定步往看之則正成服不入而還石如已來移居右房晡後乘車往答順循並發家書值其與趙芷生俱出至子元處少坐俟還同要向城不肯乃還兩日未鈔書倍書講詩

未輟耳
廿六日晨起鈔書三葉寫信四封課讀如額而日甚長睡兩覺猶不能夕
以此歎物外不忙人生難老也
廿七日晴熱課讀如額
廿八日晴馬漢蕃來談論甚歡云尚有兄欲相見豈一門之多才乎其人
一之爲甚兄弟並進則未可也
廿九日晴熱馬漢兄約飲當往答之因欲與晦若小酌便約之晦辭以病
乃獨往至紫竹林過海關將便拜諸官見忌辰牌而止吳僮失道待久
之不至乃還云失帖包稍休納涼入城唁鄭太尊拜楊鵠山過周金聲
宅解衣啜粥熱不可忍久之乃涼夕步巷中過楊門知馬已來因入相
見復引至嚴小舫宅設食寧波馬孫也無甚可言唯馬辨慧瀾翻楊執
禮甚恭而嫚罵閻丹初又有不顧身家之概淺人非惡人也亥正乃散

昇還轎銀一兩幾與京師同價兩兒先睡未講
卅日晴風涼紉懿各讀畢禮記一篇未點書看左傳句讀鈔書倍書錢春秋二
還帆月令三遍楊主事來云改直隸知州加道員被返劾永不敍用忽忽而去
夕過晦若看京報留館單孔尹並用知縣然升沈自此判矣夜講杜詩
五月丙午朔放雲貴考官無知名者午後雨鈔書倍書復同二彭渠堤少
步猶未灑塵夜始溼庭階耳講詩鑑未畢解衣便睡
二日晴晨涼午燠鈔書倍書懿月令生不可理驗郎文來云將附船便去
還其六十元爲書一扇客用頓盡更向晦若假之夜送卅兩來
三日晴補作柳墅詩柳墅無遺迹村居放御碑猶宮存市帖餘石想芳池坼寶金能幾斯招悔可知泥沙今汲鄰眞覺患貧
鎰倍書鈔書一葉看朝考單梅生雁坊陳生長檯夏唐俱一等曾二等
館選當有五人後四未知誰得失也夜講詩鑑
四日晴放學闕掀唐仁廉提督來雜亂無章勇將難以理求頗似衍義張

飛李逵一流人物聞唐已去詣楊未遇遇救火者王生昌來
五日晴蔣師耶李姪來賀節衣冠見之周蘭亭來與勉林同會談午間家
人賀節打掀熊嫗發怪不食以佳節未敢詰問呑聲而已
六日晴晨始聞熊怪事則云小姐不合呼令出拜節爲倚勢凌人因數語
驕蹇事不一聽之無一中肯者笑謝不敏大似曾沅浦談湘軍志孟子
所謂與禽獸奚擇者由君子觀之此等不待自返亦足以知物情異趣
非禮法所格旣增見識又開心胸可喜之一端也自寅初聞嘑怨便醒
至辰初猶餘怒怨毒之於人甚哉因起鈔書至午大睡倍書夜講
七日晴府縣祈雨設壇蛇祠以此爲亥晨即喧呶朝晡食皆相過迎竟日
未出倍書鈔書夜講如額今日壬子芒種
八日晴鈔書倍書改夜講於晡後以有餘日也左楚瑛子輔來云自保定
請假還湘開展勝其父行誼恐不如也夜熱

九日晴陰午後風涼半日六雨而俱不霑塵倍書鈔書早畢爲景韓銘妻
墓夜以滋生日放學復篆周易經傳畢成
十日晴風日朗爽大似秋光滋生辰闕牌夕入督府待引見單至二更乃
還報竟未至
十一日晴熊雋季英來羽臚從子也貌頗似其仲父以海運留津八年矣
晦若送電報來湖南選吉士六人杜曾二陳吳唐皆妙才也蜀士三人
傳高陳不及宋尹矣課讀鈔講如額
十二日晴涼兩廣闈考官無湘士作劉妻志成欲求一孔女故事作起句
竟思不得楊營官遣人來迎兼呈其從子文詩十四齡童子頗有思致
比余十四時似尚勝也爲點定付之課讀早畢鈔書三葉夕要二彭過
熊世兄
十三日晨大雨有寸水甘澤人心甚喜

先祖忌日素食深居課讀如額言鐘鼎者以墨子吉日丁卯爲最古

十四日晴涼晨起未飯楊弁至以舁來迎至瓦莊始見火車則板屋數十相連前一鍋鑪牽引以行可至數百丈行處旁地皆震人亦搖搖但不暈耳其速如飛八刻可二百里然道中屢停至蘆臺已晡矣楊瑞生來迎云李提已遣舁來宜先往彼處乘舁入署故通永鎮牙門也向榮始居此以海防增戍故設鎮焉村人塞神出看因至楊營見尹俊卿孝廉少談還宿李處夜雨

十五日晴稍熱晨粥後往楊營午飯楊與羅近亭孝廉來迎羅似陳作梅同步出飯罷復舁還楊亦仍來同食夜看藍鹿洲雜著以能吏被劾語皆夸飾從前誤信之也

十六日陰卯起辰行李楊均送至車旁獨坐房方甚得意至塘沽大雨忽來兩官人芒芒登車自言知府王燮丞其一未問其名字未初始至瓦

莊道斷不能行東洋車遽居奇乃坐騾車還甚飢詢知石如已去應考得訪剛書

十七日晴倍書鈔墨子成一本陳寶子餘自滄還留飯去夕要畯五攜兒女輩欲往何營念月遲還太晚未至而還得宋生京書楊營官送銀摺來

十八日晴懿紈課早完俱往蛇祠聽戲報雨澤也大睡三覺遂銷半日得子雲書鈔書三葉湘洲文學盛於漢清故自唐宋至明詩人寓家湘不得一二最後乃得衡陽船山其初博覽慎取具有功力晚年食多好奇遂至失格及近讀闓運稽與武岡二鄧採風人之旨覺七子之業海內知者不復以復古爲病於是衡山陳懷庭相節推之陳肯少游吳蜀蘇思邊材冠絕流聲所爲詩已殿聲萬王朱及傳游還鄉見大鄧及闓運旅彼官浙典二鄧及游滿殿子同幕府三年詩律大發具在集中可覽而知也船山不善變然已爲湘洲千年之使懷庭善變而詩名顯不遠闓運聆焉數數與書曾左推懷庭政事因其文過闓運遠甚時曾左操東南進退人材之權雅倚用闓運晉循於懷庭汎汎貧之覺絕不與監詩左不審文不足怪曾於文事最心好獨失懷庭可惜也懷庭屢補刪令治民得法外意寬猛唯所施又屢爲閒考官衡鑑在顯黃之外俗吏亦汎遇之不知其文理也坎坷孤吟篇章ㄙ工又風柔六弱高鴻沖遠之韻爲七律詩自廣以來所未有世人但目爲詩人才人何足知其人與詩哉所最不平者以闓運爲勝懷庭猶欲使我同人巴人下里之流每一思之又大嘯也雖然懷庭精信釋典知名實皆有因緣令其子鼎官翰林亦藉藉與俗忤不遇大顯君詩誠恐久卽佚數非僅沿沒是懷爰佚定本編爲之集以闓運能知君故爲之序不及詩之所以工而直尊君以鬯船山於船山有貶詞於尹無譽詞可知矣

復宋檢討書芸子仁弟史席留館高選文名已振爭元來乃云欲倦三年後改外任可爲莞然凡盧過則愚有廣人所不爲者而奇人故爲之此一說也陳之戲耶子之誠耶吾唯洗耳而已來書余欲相存此門至情但車僕往返發十千可供京官半月糧亦可書也已遺人覺宅淀國申前年之志但未知能得否渦士入輪林者有嘆泊湖落落推人頗與俗忤闓逝世交也可與往還浙之黃仲弢亦好古無江湖梟皆興介性相宜至於異論殊趣正通人所樂觀蹟多聞寡見悔尤之所由非欲吾獃一之也狷以自持訂以博學二者相類然後可論政學舉箱謂選能得湘令則爲佳耳升沉不在此但情其棄書大早恐臨事自用又恐饑饑求壯出京時必可相見並閒近好

十九日晨作陳詩序遂未鈔書景韓入覲過此來談至曾祠樓上看戲北屋必作戲樓工作甚費又不能別用與石山同一浪費南人所不爲也蓋古制之存者倍書畢遂放學夜與勉林過景韓談

廿日晴作書復蓬菴溫川藩答之因訊錫侯鈔書二葉倍書畢登戲樓玷

熱遂下夜觸涼發熱甚困不能動蒙被臥久之乃蘇夜雨

廿一日晴晨起聞景韓已發交摺差致蜀書因訊晦若亦數日不通問矣楊瑞生來留飯去勉林欲銷假自作稟而無根據勸令改之堅不信從湘營派也宜其不能官耳疾未瘥臥一日

廿二日晴疾小愈猶未事夜得電報湘考放陳冕高賡恩一無行一無文湘士掃地矣陳兆文得隴差亦賡恩之流黃門上從子遂如蜀使丁文誠在便富抗行蜀士亦何不幸陳子餘移來

廿三日戊辰夏至疾愈能坐鈔書三葉倍書畢與蔣墨卿答嚴小舫值其妻病篤同訪湯伯述不遇還得家書寄志書樣本來並得鍾增書報十一耶之喪又尹生送麋茸盧生四六啓應接不暇

廿四日陰疾後小發蓋未掩身所致初以爲晏陰已成未之防耳似熱似冷頗難過日過午少差作縣志序一篇寫成所謂如數家珍者蓋此等

文本吾專門也夜講詩鑑雨

廿五日陰借馬營中不得舁出弔鄭幼樵欲過督府未決拈一字占之得

瑞字啞然曰王耑行弔不過人也無日出遂還作序目頗得意夕食後

步入與少荃于湯劇談與玉理安書 理安仁兄先生道席昨使堡祖贊寶闕侍仍承寵盛遁館組從竊計

祭酒敘編閣良匪候必居左席不屑竭檯在北運書未卸山間昨得兒子香乃知獨履高節終仰戚成志爾全清高軒乃去非言句話顧已增

恤護卸擬上序文直書本來贊呈點定僭可付刊方志中有陳小心乃曾饒兄本師已案曾載底案類增入並乞再案用例頭補於上簡之末

其與卸求代作不必又拘泥華迹必須原手其餘闕略者可增則增簽文應子來書以其父引劉嵐云云爲蕭心利錄贊故遠戲欲過陳成此

語得之親聞沛華貿錄初無讀剸之意且簽子前已熟讀未聞興闕今復有舊自可不陰然嘉其志概欲全其學卸將閣運所論二句剛去亦

乞轉致襲子及同志諸公倬知閱運陽秋勁不借官書既私諸故奮無定見也諸丧有宜與傳相閱者亦來照閱垦目序定其前後來條又少

楊波石踏二表又須將城圖改爲沿革十三圖其作中星諸表者宜啤列名均求垂念公私代爲妥定高陳羅跋不足辱贊備背北來羅留函

丈計期一月恨逸亦使京師暨公知晉宗大有人也專此奉謝即頌

還復子雲書志書樣本請校之序今

始欲作成矣篇堂子錦彝書來言其父傳語不佳求改之辨其父語非

父語識雖高於父誣矣嘉其孝志允爲改之

廿六日晴作志序成前直敘事後乃爲韻語又別一體亦學史記也作書

請君孫定次序自編序目寄去因寄家書一紙並示宜增改者計今年

場前必有書出散學一日作包子慶之夜雨

廿七日晴鈔書三葉倍書畢始晡耳日殊多暇看湘志四本與講鑑畢更

講史記水波土石金玉向來無解土石金石皆須分別鍊化被即破也

水準古一字準蓋定其質耳然二字生拘紛雜意斷又帝嚳生而自名

亦不可解名當受之父母豈可自名蓋當時無名姓之制嚳始制名堯

乃制姓亦近於對策習氣較勝清翻者耳

廿八日晴陰鈔墨子高興久之寫一章又錯誤倍書畢晦若來爲長樂初

兒通情意索挽聯耳卅年肅黨今將結局以數語了之 湘潭昔游非肆酒久陳綱林句

湘民新與在崇綢繆慰鼎鉉心 章孫來贈錢四千令往京居

廿九日晴晨欲弔志鈞以勉林紗褂太重更買一輕疎者羣官已集前廳

未能即出飯後湯伯述來陳容民來同登舟叩頭畢還館小坐王亞從

兄來尹俊卿將回湘潭急校志稿寄去未暇他事至暮差欲畢首痛過

勉林送搽帖藥試之小涼夜痳不能興使至曉

六月乙亥朔晴似校五月加熱豈天數果有異耶抑人心爲之也校縣志

畢與書裴樾岑 樾岑仁兄先生節下前聞新命以爲不日當蒞敝州遂至遠巡又過中歲伏維海灝情暑道禁彌和啟戩以來

睽食佳否公事之餘何以遣日甚念甚念閱逕慷不再名齒皆疊至城宅焚蕩山居未就頹有貢債暫避天津而款學已疲精銷朽鈍不欲復

陪講席則亦不能棄墾以今歲貴牛聊俟過既明春當入靈湖終老矣一切眷屬會有別離將與世疎不能不感遲年北行有無限繁總卸無

過蕭齋也知音在遠戰勞如何觥觴志昨始成工秋初剛印當即奉上感公垂念幸得有成然非務等窮松登龍見其殺竹故先寄拙序以慰

前悄在此又寫成墨子一本娭措有兒女踩讀棟不寂寞寓在吳楚公所贊亦未至共熟若入伏烟熱倚欲在四山前耳須則且住爲佳耳久

宜逝間四仙佩過三月實爲迅速輪便偷得再晉先頌道安不具

尹俊卿來留飯不待而去夜講詩史

二日晴涼羅近亭樹勛及王星垣來留飯而去交志稿與俊卿帶去

三日陰余堯衢太守送翟信來吳知縣移前房就醫勉林招之也午後余

來談作書寄彤芝交其帶去午後暴下甚困終日未事唯倍書講詩史

耳家變移滇督邵小村起病撫湘紅人也蒯德標謫海外鄧華熙來藩

鄂岑公卹典極優弟授滇臬子擢京卿更隆於曾左

四日晴涼稍愈猶不思食倍書鈔書一葉陳復心來延入則夏生彝恂同

至云將還衡鄧鏡臣炳麟來代粟孝廉致謨子書云前半月已至此留

飯辭去陳夏留至夕乃去余過晦若夜還則陳舟去矣 鄭食先生道席前翳伯澄墨拙

卷未忍取中而門下徒蕭多衍甄汲風微鑾烟來生獲留光仰亭鄉書眷家所擁慈同舟受者也咫尺光塵甄欲再對島嶼在彼臨不爲晉想

玉字高冬暑歷不封而回想溏國南迷之游逐不可追恨惊平生心平燮笑閃運妄背多驗災見楚如山居未夢債蹟將然聊借北行小作停

領而外間踞者以爲此人即將窮讓干謁要人會待吹噓孫其偉堅雖無傷名教而賦致應酬禮匪秋請翻其斷爽留京弟子一綴品題供長

擊似唯衡協叉時游自孤材氣不俟羣賢未上龍門讀遺點劉今問曾仲銘伀撰爲官炅玄尹欲來湘獨售昔一席未卜成否公輿同伀一看

九鼎茂附名條來爲道地非但傳之文廷式强爭令之列亦以廣探邇之擊其餘問學有聞者殆賠勝數仙日脫網自當相見知願無以矣慚爲悔

五日晴倍書鈔書講詩史如頟優貢明日朝考瀏陽王性如大挑一等還
湘過勉林因來言閱課卷事欲余出題以費心辯之因言教書不可取
錢之理其言河漢而無極迂遠之論非世人所聞也讀書爲學本非世
俗事又何怪乎
六日晴夜雷風有雨課讀如頟寫對子一聯季和補副都蓋爲鐵路針砭
非但例盡故裴薛均不得得其遺缺矣
七日晨雨起已日高矣倍書一過今暫聽讀鈔墨子至經說篇大費安排
至起稾乃可謄耳夕要畯五過何營官本欲納涼反坐籠中幸不甚熱
叔芸來未遇日暮馬煩亦無所見之
八日晨悶午後大雨竟日秋涼鈔墨子經三葉倍書一首夜講詩史秦本
紀王弟長安君成蟜伐趙反死軍吏皆斬將軍壁死卒屯留蒲鄗反戮

其尸答問自菴未得其說今看之文理自明乃屯留三縣卒反卽壁舊
統故追戮之也成蟜云王弟則陽翟姬有四子夜不寐起而書之並看
辛未北游詩一卷頗嫌湘潭人尋話講有刺刺之詞
九日雨勉林移入支應局吳摯弟移李膺鈔書未一葉便睡湯伯述來同
鄭文焯小坡來訪蘇撫客也漢軍舉人易朗張羊友也開朗有性情非
文廖之比留飯而去欲往溫味秋處會雨而止又瀟瀟意
十日甲申小暑大晴將出逡巡未果與畯五論算法惜精算者不能言理
致術道不通夕訪溫味秋頹然老矣無復前興致小坐而還倍書講詩
十一日晴嘉興何敬中來訪字退菴云曾在西邊干謁無成今居天津守
處湯伯述招陪文小坡又有一主人曰姚岱翁招兩技侑酒一南一北
云翹楚也食蛙鰻新藕又至南技家食瓜舁還夕食未飯坐小車至春
元棧訪小坡留飯久談乘月還

十二日陰甚煥始浴何敬中又來久談送經濟議論文相質午後大雨鈔
墨子夜雨如秋並考官電報亦不能傳毛吳畯五自收煙作墨汁云三
百錢可得一兩講史秦刻石久並來田本紀學者人
十三日鈔墨子經上畢涂稚衡與劉順伯于祐來留食去夜過晦若詢知
陳郎伯商得浙副考胡郎取二等得教職范溶亦教職中書則無報也
又知小坡未行遺約來談倍書講詩史
十四日晴涼何心如營官來云周金聲約彭涂於酒樓余問有技無答云
清局因知其欺亦且信之遺約小坡晨來過午乃至與伯述同來特擔
酒待之酒甚佳而湯不以爲佳疑彼慣食佳者又過於求我也晦若約
來不來至酉客去講詩史倍書鈔書一葉
十五日晴涼勉林鄭寄凡溫味秋來倍書鈔墨子將理其先後雜見者便
須類草稾半葉而罷理煩者宜極緩則不能厭畯五試火車去已而空

回云晏矣午雨（家世名公子吳中老客星有才容曠傲未壯已彊谷頗卯升沈趣聞替澗闕銘南飛閒海動比翼渡滄溟岳李金璽會風流四十年至今燕市月多向虎邱圖洞客傷心地包山小隊天知君留坐路客我一笑榛惜別歎潮落轉離愁夏寒柳條燒更綠鬟翩儂憐雛舊夢壁仙伎疎狂滯世官聖明求五噫我僕覺流竿）夜講詩史
十六日闕
十七日闕
十八日陰涼鈔墨子倍書講詩史夜過景韓不遇還雨
十九日晨起雲昏風寒遂如八月感歎還寢晏起鈔墨子倍書未畢蜀士
張廖來曾陳同至吳義甫來談景韓又來去已暮矣午間始閒新蟬感
時物先後南北差二月又新看瘦碧詞夜作一闋用齊天樂吳語叶音
從近派也（綠槐涼雨高樓靜麈塵嗽整逗咽楚鄉樵邏蜀魂乍返不記其時相別寒吹玉葉是早日聽伊弄音清切得意初來一齣花影逐嘹亦如今棄秋又接傾孤吟到夜空伴嘶蟬南幽芳攀夕陽弦索打樂羅衣收歇四風溲曳斗鸞起離心玉璽冰熱細算流光幾人悲第一）夜疑此遲講詩史畢已子初真睡丑初矣蚤擾復三更寅正始睡

日記本盡市中但有細簿放筆輒透紙而價倍南中始知和嶠持籌亦
大費本
廿日晴稍有伏意張生夫婦均來及廖曾陳留飯去設瓜藕廖留宿陳齋
談今古學夜講詩史
廿一日晴看廖生經說欲通撰九經子史成一類書亦自志大可喜夕過
晦若主人子病未出
廿二日晴朝食後宋芸子來留居外齋談京中蜀事
廿三日陰午後大雨遂竟夜鈔墨子經說畢看宋大賦縣人譚中書來云
與吳黃同行小坐去
廿四日雨至午吳雁甥偕譚聘臣來早飯已過別設待之宋生索齋銀去
一夜不還講詩史
廿五日晴曾昭吉致家書云欲干李相余云李正失意宜入都干醇王醇

樸直猶欲講洋務不知時局已變也留飯不留宿以賓客太多有似哥
會年貌又與王爵一相當而無護身符故避嫌云倍書講詩史
廿六日晴江南考官與陝西對調復有升遷亦駭人聞也曹狀元乃副李
端遇亦爲罕事黃少溪偕雁甥來是日庚子大暑中伏而氣涼如秋午
夕俱雨與黃吳談半日未遑他事自入伏來日課遂停常時酷熱猶伏
案今年涼健乃更游談負此時光稍欲振之昧秋畫憶別圖來開幅題
詩一行輒錯謬廢然自歎甚矣吾衰更裂去怏怏不樂夜雨甚寒淒然
早睡
廿七日晴宋曾俱欲入都晨起送之乃無行意欲出泥濘爲宋看賦二篇
論當世人物無虛心者由天分不高宋天分亦中上未知虛心與否凡
聞言而輒逆者卽愚頑人也六十耳順舊有無忤之說亦近知道但此
乃學之初基六十則太遲耳作書與劼剛得二妹兒書欲假貸營葬亦

復一片又得子瑞甥書則未遑復矣教習單竟未見亦一異事過午客
尙未行譚吳黃又將去自往送之還食瓜乃飯中庭涼甚方與小女鬬
牌李生滋然新得廣東令來謝延坐少談仍及書院中事可謂書癡發
家書第五號
廿八日晴涼倍書鈔墨子一葉文餘淺可厭故減之題溫昧秋梅花圖若
無佳句
廿九日晴涼王生光棣來早飯云李生禮勛同至午後船始到晡食後王
與陳生同出不還夜雨二彭亦出飲院舍淒清講詩史後便睡
晦日雨至辰霽鈔書二葉陳吉士長櫃來仍請主瀏陽經課正欲攷袪袂
便擬題付之兼爲書扇河決章丘上游東明亦岌岌鄭州幸免矣倍書
颿月令極熟夜講詩史
七月乙巳朔晴容民伯沆來談郎同入府欲看少荃非時小坐晦若齋食

瓜看劉繼莊小說己丑生人順治五年乙亥卅七歲名獻廷日陰還館已申
正矣未理工課因朔日不可全廢鈔書一葉夜講
二日晴頗有暑意王生告去欲作包子飴之竟未及待倍書鈔書畢夕課
遂罷納涼至子正
三日陰更暑頗悶蒸鈔書倍書午浴覺寒知今年無夏也編修王懿榮
請搜采本朝十三經又請續開四庫館徐桐閱看尙無違悖字句爲之
代奏字則無悖意則有違固非徐桐所知也中官禮記周禮江浙人方
撰集未知所指
四日晴涼陳曼秋偕蕭潤泉鑑來神明報人也留飯不肯遂去倍書鈔書
三葉復常程夜未講
五日晴涼楊瑞生來李提遣探蹤迹者其族人見山衣冠來拜云荒唐人
也鈔書三葉倍書剃髮作家書竟日悤悤夕偕晙五步至估衣街訪瑞

生行陝巷穢迹處周身不適世間自有活地獄而其中人殊安樂又枉
耽憂也從大街還食瓜設湯餅講詩史
六日懿疾唯紈讀鈔書三葉夕食更早半日無事登樓納風夜大雨驚起
兩女亦起聽雨淸興瀟然不知暑往時已丑正矣
七日晨大雨小女起登樓賞之俄而長風吹雲朝日淡光有似秋末鈔書
一葉院中半未起也與滋女論骨牌名有極佳者求譜更定之得樾岑
書夕過晦若容民
八日晴稍熱待放差電報至夜乃至湖南無人夜與石如言其兄弟行事
殊有古風宜其不諧於俗如賁戒族子弔喪躬送皆近人所不行矣從
陳生處取牌譜夜看至四更尙熱庭中亦無風乃寢今日倍書鈔書講
詩均如課程唯史記未限葉數以將食粥遂止勉林來候杭將云病不
能興又言少荃疑我久居無聊蓋以己度人而有此想

九日晴熱倍書鈔書陳伯嚴與鹺子夕來鹺便移來陳仍夜去
十日晴熱鈔書倍書兩兒均不如式各鞭三四鹺子與陳約今夜當去而
云不往爲鋪牀無高板牀令兩兒就地板鋪席石如以己牀送上尤不
可安已而得一牀乃各復舊已而鹺子復去裕督左遷時事咄咄可怪
十一日乙卯立秋晴熱鈔墨子畢一本倍書慵嫗斷斷不可復耐因令覓
竈養幾不能具饌亦可笑也夜講詩史雨
十二日晴鈔書倍書湯伯述來云叙秋斗請假還吳張移楚督鐵路必興
李移粤督則慰其弟李權終移張矣然舉措不順恐終有變
十三日晴常年當新日此地無稻聊賁魚翅會客一食覓蔬果新者亦不
可得放學一日夜攜兩小女看孟蘭會婦女均鬱素蘭
十四日晴鈔墨子義篇畢以其論守城者爲附錄莊子云刻覈太至則必
有不肖之心墨本兼愛而至守城殺人法至密與立說違反所謂不肖
之心也凡事必求有成敝必至此鹺子與伯嚴來留午飯去
十五日晴伯嚴來告行請免單與片晦若求之云禮拜日不可得尋常免
單易得而求之要津故難如此晦云扦洋字無洋字之別也午走送之
並遺還其卌元據云六十九元熊生掣騙廿元未歸款也此當問之孔
搢階小坐寧安居遇林二大人已而涼風吹雨久之不落步歸雨隨至
至東門大雨乘車還入門傾盆蹬竹四時不止房中穿漏
十六日雨意未霽時復濛濛多登樓避溼倍書鈔墨子一葉看季邦楨下
行李夜初梅生重伯守愚同至留宿西齋談竟夜上牀已黎明矣
十七日陰晴晨正欲眠季邦楨拖輪放氣聲正尖厲驚起重伯正露臥庭
中喚醒之梅綬皆起朝食後去鹺子還伯述來言主者將館松椿於此
以吾久寓妨之額劉殊勝於王蓮堂然久客累人卽將去矣遣看漕船
云濟寧不可通行夜雨講詩史鈔書一葉

十八日晴鹺子告去往洋行暫司筆札遣問三客將行矣往送之唯有行
李小輪人已先去計墨子尙須廿日方畢欲輟之將由漕渠懼陷滯而
不濟將由海還則無聊矣此行與瞿賭勝不免輕速行事固難中節少
瑚爲蠍螯薰掌盡黃可笑也倍書鈔書一葉夜講詩史三月記督撫名
籍至今百日晦若云大更動矣再書之直隸蠶川不動尋新加廣督五徵存兩湖四浙蘇口口蹕衡譽
張是獨門
十九日陰雨晨鬧接官松翁並集午前始散倍書鈔書講詩史
廿日晴涼石如昨夜還竟不及知晨起乃見焉畯五亦於飯後還倍書鈔
書計程少二日得蔭渠子思謙書所謂谷懷者鄭幼惺來晦若片來言
叔平昨到爲門者所拒初甚疑訝思之必其僕從屬我門者詭詞也此
等小事非曲折深思不能知少一毛包則大謬矣夜講詩史鹺子來小
兒夜出看孟蘭鐙

廿一日晴松潘晨發羣道畢集飯後出拜客辭行唯見督府關道鄂臬鄭守餘皆不入未初畢步入督府問伯述名條事因詢晦若翁師事幼樵出談意不以孝達爲然孝達口舌爲官無一毫事業而必爲傳人傳人如此易者亦其平日好事愛文章而不重氣節有以致之中材以下宜勸爲之而周徐瞿王猶不能此其所以爲傳人

廿二日晴復熱二彭出游勉林來倍書鈔書黃總兵全志送驢辭之伯述爲石如覔得一館差不虛此行

廿三日晴與書少荃送二條倍書鈔書甚暇夜講詩史甚熱

廿四日晴將訪勉林怯熱不果倍書鈔書章孫來無所遇挾審衡二書書雖無濟義可感也猶有老輩之風此等人宜不得意郭人凱來松林長子也文靜似其母以主事候選言語支梧正言誨之倍書鈔書夜講詩史江少滄夕至

廿五日陰午後大雨伯述來談半日少荃送驢卻之留二百金作舟貲郭喬生送土物受之海關道驢百金卻之鈔書三葉講詩

廿六日晴李提送驢百元受之彼以我有伯才以答其意也結楊瑞生銀摺多用卌金耳夜步至北郊看練軍屯壘甚有法誤行至右營折還前營答郭子廖生不遇遇之塗談子亦至夕復同一朱弁來鈔書講詩張楚寶士珩來

廿七日辛未處暑勉林來午睡甚久未正入督府還晦若卅金遇劉永詩父子云祭酒之子未知其父名也入東門訪勉林蔣師耶已過申初約張楚寶酒樓小敍不知其市面往來侯家匯仍還渡處遇蘇三退入於泥棄履著吳兒鞋至酒樓前伯述約飲處也楚寶言史學記載爲急出示詩史兼令二妓侑酒亦前人也各賞一金取一花還江生置銀包室中俄頃失之

廿八日晴涼少荃幼樵晦若伯述並來送張楚寶復來求作墓銘放學作書致豹岑錢江生與楊瑞生還銀摺便復李提招周金聲來命定車坐游戲談子來李紹生來應接不暇聞有女客來急招江生二彭同出江生並約兩兒及王李同飲酒肆李勉林送菜便留楊軍門飲少荃復送饈來累辭可恥受之便還瞿子久彼此帳已在瓢把矣應耽驚也

廿九日晴治裝將行兒女往看火車遣江生周總兵護之送水禮者紛若皆不可卻午後諸子歸伯述來催客殊不欲往遲至申正始往呂定祉不至馮培之在坐桂芬子也見張遜之誤以爲陳養泉幼愷復召妓侑酒仍前人也余出答訪杜副將張楚寶復至湯宅已昏又來一妓亦前所見者少坐散至督府辭晦若

八月甲戌朔晴杜將楊游伯述晦若容民來送行勉林亦來遣蘇彬往干徐將挾張席珍書以往初以爲如昨日火車卽至後乃知須待夕車送

者久待乃辭而行用小船送海口張楚寶遣礮船從行復自來送午正登舟李王生失去行李未及來送石如兄弟江生談均二子俱坐余舟至暮未到送者飢寒皇皇然余告以有處分矣及至海晏船果相待且言後日方能行泊北塘夜宿

二日晴熱待早飯至午初乃得飯後換船酉初開戌至塘沽買煤夜分復發

三日晴平行一日至煙臺二更矣上人下貨遲至雞鳴始行煙臺饒蘋果二百錢十斤遣買未至而發

四日晴泛黑水洋船輕以水灌之張買辦論電報妨商買利買主然則電信卽平準之意鐵路爲富庶之原英人所以抑末者此又一論惜不令孔吉士聞之巳陵陶寵李甄夫施烈婦詩註云東甌人湘潭黃汝材妻二月歸寧花沽泥獄自誓餓眾燕子來街之入祖墨樑泣弗焚故情不可哀東甌施家女闕如名字芳幼小失怙恃被掠歿爲倡有客黃汝材娶之出平康汝材性嗜酒[illegible]

十指羊咀璧鐘文作賢殮不怨室如罄棲居廿二年舉案無不敬汝材一朝死痛欲殉以加伯氏謂關如自汝入我門戰粟如花謝有子猶可守無子汝當嫁關如掩面吞理貫如伯有姿夫朐未冷如何忍出門須待寶歸舉乃可議所將伯氏大歡喜將爲寫室子關如旋閉門並衣仰樂死宗族爲設祭用流百世芳剛毅已獻之柔毛未得將料米縛伯氏活人作死羊祭畢放之去觀者如堵牆此事足勸戒後人慎勿忘

五日晴熱午後泊上海招商馬頭遣章孫覓船至蘇州得小船僅容一人價銀六元十人擠坐略分內外幾如句踐馬坊也樣太平馬頭

六日晴熱乘早潮樣老關乘晚潮行二十餘里泊香夏沿岸夷房整絜商舟明麗望若神仙而其中醜蠢姦商表裏之不相侔如此

七日晴熱逆風纜行云九十里不及六十里夜泊斷港蝨擾人嗟又爲小女驅蝨甚勞情殆不堪數起明燭僅乃達旦

八日微雨行廿七里過崑山六十里至吳門繞城壕行十餘里泊胥門已夕矣步至廟堂巷訪文小坡不遇遣報劉景韓回舟景韓已遣舁迎入署略談云李眉生書樓所造也初更還

九日陰晨復遣問小坡乃無寓處往看湖南館前房湫卑不可居還令過船船至鎮江價十五元猶不肯去議論間梁生黃小亭鍾瑤階來云已騰房乃發行李與黃步由正街至館則三女已先至房未騰出小坡來要飲酒樓游顧園訪俞應甫夕還見筵蓋在門景韓已在客坐相待入談頃之去竟日未食夜始安牀下室景韓送薪米

十日晴上舍魏生昆侖來晦先子也將侯之孫言已騰上房二間謝云不必盤仲來不見廿六年矣意氣猶歡午後舁出遍詣同鄉文武官唯見吳主簿劉葆吾雨珊戚友也蓋雲帆之裔自命不凡極熱亟還

十一日晴稍涼趙伯璋曦耿來未見笛樓尚書後也蘇省頗有湘中名家子蓋承平時以宦蘇爲樂盤仲招飲張生來將游師子林已晚步至小坡處同往魏處趙及郭子美族子寅階字輔卿先在肴槅猶有舊派堆書盈屋亦招牌也還復過小坡稍愒步至寓中胡黃生及黎四郎來又有唐次裔與黃小亭來小坡與張生夜來看月初更步至吳學前乃別各還

十二日陰晨起署臬朱竹石之榛來碧湄弟子也有細人名而貌豐頎不似浙中鼠目人頗類莊心安蓋俗吏亦加諸之李新燕買庭來鳴九父也景韓繼至兩司同集近官場熱鬧戲矣張捷三來丁文誠舊將年七十四名勝全李巨川乾劉葆吾恆德來劉來最早先已辭之乃待至兩時許亟延款談黎爾民來約游留園俞曲園紅頂來云雪琴必不能再出而外間言其已至鄂矣微雨間作少坡夜來取詩稾去

十三日陰郭輔卿來爾民約十鐘至嚴船游宴至午乃出擋真出城朱修庭道臺先在有船女一人榜婦二人客皆不至復招小坡張生同集舟至留園園主盛旭人七十二生辰聾昏矣還船已夕黎文轉從閶門上余與修亭坐嚴船還榜婦出致款款約游虎丘乘月入胥門乃散是日

丙戌白露殊不涼爽

十四日陰涼黃（小亭）唐（次裔）鍾（瑤階）汪（貽書）梁公請魏盤仲趙伯章同飯未初散步出欲往閶門乃誤西至滄浪亭五百祠兩書院府學取蘇府前街至臬署與景韓泛談而還朱修庭來訪請游虎丘

十五日陰午雨本約盤仲出游待之不至張生來約游師林亦未往午間大雨夕食後同鄉十五人公請來者十二人與二李二周（松孫年誕月溪老蘇州）同坐李甚驕貴頻催菜此來蓋特情也夜兒女拜節鬭牌子初倦寢小坡步月來談至丑初乃去多言韻學及音樂庭月朗寒始有秋色

十六日晴晏起猶冷始著夾衣出訪二朱（福清之榛）一李（巨川）舁夫言李居甚遠僅至朱處旋別至竹石寓談湘軍舊事待小坡來同飯朱飲饌有名惟抓欉無廚派耳

十七日晴朱修庭要游虎丘自吳學前坐船過皋橋出閶門循渠泊山塘

下登閣眺望非復前景飯於月舫招僧雲閒彈琴三弄上虎丘寺輿鴻慈凭闌望吳城平遠餘華猶似舊都修庭困不能來小坡尋輒去久不至輿槃仲張生訪貞娘墓亦不似前地出山門尋前看戲處不可得五人墓成花圃亦前所無也買花六盆山茶繡毬尙花紫薇未謝舉置船頭復至報恩寺喫麪上船還至馬頭已昏黑

十八日晴涼晨鈔墨子未半葉飯至獨飧午前槃仲約趙伯璋來同至元妙觀前後看女衣要張生同行並看木器殊有佳者但貴重難載張云此地能包掴俟行時再酌定槃仲要飲酒樓喫九百文亦足以飽小坡先至已麪余已飯諸子飯畢下樓買羊毫三枝至觀游覽則不憶曾至否沿街看古董至張生寓晚食菜皆家製極有吾家味夜風借衣還昨至虎丘失半臂衣今失煙合每日必有所喪無所得也與勁趙鄭同出將至門乃別各散

十九日晴朱竹石來久談至巳始飯朝食後槃璋同來云李玉堂請聽戲步出閶門入蓬萊戲園看亂彈梆子大非蘇州雅音撲打頗靈巧可喜夕入城便過鏣局訪陳仲貧（祖煐）復至文小坡處夜飯朱修庭張生先在飯後看扇册及萬松闌亭小坡張生送至寓談至月午乃去

廿日晴熱日烈風燥草花並萎劉葆吾陳仲貧來談選衣服看繡貨午間小睡小坡來同過景韓遂盡一日夕從城上還

廿一日晴倍書鈔書始稍理課看衣服亦費工力命紙真過曾彥家午訪趙魏不遇還夕食過朱竹石談往事夜遣迎兩小女僕傭並出踰時不還伯璋來約游師子林辭以不閒

廿二日晴熱待小坡同往師林亦過午乃至云可舁往余又不欲出示李建中墨迹臨顏書頗逼真屬為題跋已又要余步城上從市中還已夕看小坡贈詩

廿三日陰張生晨來云約往天平不知朱文以迎新撫改日也喜無烈日因命兩兒小女同張步往師子林從門外直東至臨頓路又直北可二里便至師林破門無扃人取錢廿一乃聽入云　高宗所定也故屬師林寺今名畫禪寺倪雲林故宅後園也奪僧以與園主今爲公地破爛不堪石林尙存筠曲無窮甚有匠心又上下皆可步非雲林不辦此流連久之真行步亦子細知游趣者老婦云石皆有名又一浙人指云本名五松園師子林俗名耳張云師當為石亦爲近之出訪拙政園有枇杷園海棠塢沈德潛題遠香堂石皆黃赤可厭坐頃之復訪師林未入還從元妙觀飯於源興樓過張寓答訪曾光文攜輿真還館懿留張家至夜乃歸小坡夜來始憶李册未收尋之不得余心緒甚惡無興酬對客去更逼詢同舍竟失之矣心疑章孫而無以窮之也

廿四日陰竟日懊惱以失人傳寶非長者行自貽不檢也倍書鈔書聊以

解悶夕將出城雨至未果庭桂已花涼雨間作旁皇步久之棗食不得强令賁麪極佳

廿五日雨寫屏對鈔書竟日作二詩皆有意興夜起書之

廿六日陰雨倍書鈔書墨子竟欲畢矣午將出胥門雲陰旋返至門雨至散已暮夜雨講詩

廿七日晴陰有雨朝食後李新燕提督來言巡鹽易辦出則定矣客去後出請槃仲換銀李復在內未入過趙伯璋遇郭姚尙未飯因還鈔書三葉小坡來朱竹石曾參將張副將高伯足長子稚東名蔭都先後來客

廿八日陰攜子女看秋衣便過槃仲云樓居不便延客因至小坡家談頃之雨大至遂連夜不休借轎還

廿九日雨午晴鈔書三葉未及倍書大睡至餔食周月溪來欲求解甘餉視其才力恐未可去勸其改圖小坡來要往會飲客為傅星查懷祖沈

知府賡虞及仲復子硯傳夜雨瀟瀟舁還壬寅秋分
晦日陰雨倍書鈔書未畢日色向昏出答訪曾朱張俞因過吳恒仲英陳
壽昌嵩佺赴景韓處主人迎護撫未還仍至館稍憩待僱而去小坡已
至尙有保山二客一令一翰林似是兄弟而令吳姓編修自云翁姓聽
未審也景韓意在郵官亦近於知治者近日吏治刓敝無所不當郵要
視設施何如
九月甲辰朔晴鈔墨子畢傳星樓高稚東吳仲英來夕食尙早而客至未
飽步至王府巷地頗曠敞訪楊見山於醋庫巷答訪胡虞笙於馬醫科
昏不遇還汗溼衣而非熱也人身時被溼蒸惟吳越爲然夜作湯餅始
有行意
二日晴熱作墨子敍出胥門尋嚴女船不得還劉葆吾來攜真懿同游滄
浪亭遇河南藍判安徽胡令皆知我姓字蓋與其長官往來故名字彰

徹非文名彰徹也李次青云海外有人知錤矣不免酬對略坐而起葆
吾又無暇游覽亟還吳籌館小食而還陳嵩佺先來未遇又來久談讀
莊子以其子以文之爲句云假於文以張其知也近人皆能破舊讀時
有新義夜倦早眠
三日陰熱倍書未畢劉張汪來繆小山昨來未見步往百花巷訪之見潘
太傅故宅門庭甚壯不似京官里第也而門匾祖孫父子兄弟伯姪翰
林狀元宰輔之家則著書之廬真爲雅素矣百花巷有東西東皆工商
小屋無費宅費在花包巷復往尋得之小山正寓其處新進士父子亦
還談次醜詆沈品蓮未知何義約游天平出門雨作及館門大雨遂至
夜不絕講詩史晉兒謠共太子更葬矣此文無理葬當爲生下云後十
四年晉亦不昌昌乃在兒生昌兒爲韻又按冥葬者審之之闕下乃弔之辭亦與昌兒爲韻不必改字
四日大雨竟日倍書寫册題册皆斗方行徑也夜講詩史小坡來

五日雨仍不止松泉約飯呼轎夫不肯去借釘鞋步往丁僮不識路引至
撫署前曲折行余自問訊乃行過久矣入門衣已溼傳文先在出示碧
湄信札設食不旨坐待轎來欲往景韓處小坡拉往子壽處相見亦如
曲園不多言蓋包周身之防以余爲凶惡棍徒也知疑謗重矣出雨仍
濃還館已夕
六日陰朝食甫畢竹石來巳正乃去張生景韓鍾巡檢引蔣典史朝琛劉
主簿高郎蔭都胡虞笙小坡繼至遂不得入憩飯於客坐要小坡同過
竹石還欲雨因分散題册講詩史竹石送鱸松泉小坡夜來談至子初
雨不能行復坐至子正去俱有贈詩
七日晨雨和嵩佺詩嬾性高才不解官婦姊清要獨蹣贈迷途歸去田舍秣秋思吟成遣有鬬注舉道經常自說弈棋儕周眠
重看知君齊物先齊已一笑浮雲四海寬又爲槃仲題詩二首偶憶前游防白鷗暫隨征鳳過四樓故人官久貸仍館矣
地秋清飲破愁曾見紫薇知宜味寂閒月冶笑宿修別來今子才名盛老矣浮雲憶可休湘上霜晴桂樹孤與君大編泛煙湖煙人肘後然

金印一笑花前看絲珠世事浮沉幾萬變洞庭半寂樓千株閑官住久如家隱游客盡來柴酒道倍書夜兒女爲母壽
放學
八日雨晨起同館官幕來賀生日謝不敢當設麪無酒朱竹石要飲小坡
同集申散過景韓少談辭其送銀景韓收題云助女嫁裝余云巧立名
目甚不可也還館已夕晚飯鬬牌
九日強霽雨意仍濃倍書講詩史嵩佺夜來費吉士午來小坡代文道溪
要飯伎家辭以非舁燭可往有意聯絡近世故也梁生招飲見長沙曾
先生夜月王亞兄自津追來
十日晨晴紅日甚麗早起出託趙伯璋買衣過槃仲看小說部學紅樓極
無條理郭輔清曾道亨來與趙魏曾同出看衣買箱勞勞半日還過張
生寓甚飢疲矣又遇文道溪定明日出游之約因還夕食實朝食也劉
葆吾再來相尋託看家傳文張同來少坐俱要往文寓門遇朱修庭同

步行至小坡處待惠同知來會食夜雨又至昇還今日途遇趙惠甫子貞吉年卌餘矣而如十餘歲人但顏色老蒼耳詢知楊世兄字吉南楊仲魯師八月化去當唁𧟿之卅八年□歷情華臨左定東南從春自享承平闕九十人中祗儐草尋歸別吳會

風泊雖佚要練儀游子大署撫

十一日晴熱朝食後船人來定明日去因答訪彀屺懷文芸閣皆不遇復過槃仲又遇二趙郭周問游程次序還夕食竹石來吳恆仲英來夜過嵩佺逢小坡相尋還至其寓遇吳子培能楚語絮談鄉居事雨至昇還

十二日雨張生片來云船不能渡橋將自覓之繆費約游虎丘因雨未去看小說竟日

十三日陰景韓來午雨倍書講詩張生來云北榜已發周郢生中式不記其他

十四日丁亥寒露雨竟成災矣文芸閣來要小喫已而不果倍書未畢將

出訪竹石劉主簿來絮談兩時不去遂不得夕食雨復沈沈甚悶損也

十五日晨見紅日知不能晴子壽來泛談李菊圃然有恕詞異乎吾所聞道始可行擷真散步借北錄未得還小睡已而雨至爲劉主簿改其家狀劉雲帆父達齋名暐潭達齋弟茗柯名暐澤達齋又字湘客子𥠖校試樸權之校之子若璪亦庶吉士權之子若璠若珪璪珪皆至道員

十六日晴小坡約游閶門擷真步至汪園待道溪至與同往真行甚遲恐不能至遣呼夫力負之迷途不至入小妓樓少愒復入一妓館點心廣東姚姓名聲詩字詠和爲主人又有一朱令及張生席散坐小船上鐙船挾三妓俱至盛園而還還船雨至聯句和吳成詞一闋昇真俱還竟日未飯雨至半夜旋霽見月

十七日晴飯後過竹石不遇看小說竟日倍書講詩不暇他往趙伯璋夜來郭黃兩縣丞來郭云子恬子也

十八日陰朝食後周松丞來同出將往槃仲處雨至遂還竹右小坡來夜月

十九日陰雨小說看畢卽野叟曝言也竟有大版斷爛不全倘及百萬言可笑已極談宋學於娼場無一字是矣子壽約蔬酌昇出答訪朱修庭不遇至藩署西園小坡景韓繼至竹石辭不來頗少談友席間無佳話雨聲尤壯念災憮然戌散

廿日雨自昨夜至今夜不止庭院溼透坐廳堂看廣韵竟日小坡所集吳陵雲段玉裁注及自注者欲余加牋古韵余無韵書當先作乃可定部分倍書講詩寫對三聯

廿一日雨劉葆吾來看廣韵畢槃仲伯璋來要飲酒樓更約曹先齋文小坡槃云曝言出乾隆時一老儒　南巡時欲進呈門人知其不可以素紙如式裝之當呈開視無一字大哭而止此真異聞也今原本藏潘氏

內有殘脫皆其女所撕去又有蟫史亦奇書當覓覕之九齡時曾見之似無可取看京報滋軒復入都意在晉撫耶戌初散夜講詩下午書課未畢

廿二日晴出要伯璋看衣將往閶門夕矣還飯罷朱修庭要飲持螯投碁往尙在撫幕未回樓上喁喁不知何人坐久之方至小坡又徐來啗三臍已飽主人昏然欲睡同小坡步過惠中書遇陳嵩佺相與聚談甚樂俄云雨至步還未講詩

廿三日雨竟日南錄至無親友中式者但知夏兒高魁懿兒生日放學攤錢惠世儕來送饅頭酥魚夜談

廿四日雨倍書檢韵劉葆吾來李庫使來朱竹石來感寒小疾講詩

廿五日陰溼如蒸露疾困昏臥惠世儕要張生來談倍書講詩

廿六日晴起較早然已將辰矣地溼如汗風燠相蒸薛叔耘來看廣韵數葉要魏坤能同詣趙心泉單衫步行汗透外衣伏暑無此多漿還夕食

曾彥在內小坡在外呼食不得而廚人與吳僮鬭狠見血飯罷與小坡同至竹石處小坐已夜雷電忽至還卽暴風頃之小雨夜起覓火不得徘徊還寢

廿七日寒雨惠朱魏趙劉相繼來送鹽一日客去甚倦講詩畢便睡竟夜酣眠

廿八日寒雨叔芸送全校水經注石舟極詆戴校攘竊掩襲所謂大典本者並無其說作僞終當發覺甚可笑也然全於此書實爲專家戴殊不必須此當時若直據全校豈不更美恐戴亦未得全本偶相同耳託之大典則爲欺人宜有此報惠師儀招飲因欲過景韓呼舁久待無從人獨過傅星槎文小坡俱不過至師儀寓主人未還表姪出陪頃之星槎來師儀子復小坡嵩佺來入坐啖餃戌正散講詩客滯不量時所至見然曉北海主人不憫早但聞鄭就見童障吳中遊同郡邀吳軼鼎一月頗復辭無豪肉可歎冬閒儀稻連栽芽酉畦種歸鳳欄死馬筆齒薄無餘花東南財賦皆牟

松秋成在眼一跌踣公中被殺時可救官但持齋不平躍成災籍免有例條剜肉醫瘡一貫劉晉害事爲畏不爲肩虛支困乏方算錙且請停軍者毀遺不取不予國用均監司無附非所及北南海能嘱人去識黃河費億萬前者晉災千萬錙中閒餓殍起大役公私騷動萬萬云一識者偏災瞬息過火車利足財耕輸林公當敗被一時吳中減賦民不殷解衣推食非惠政不若女織男耕蠶桑爾亦不可息一蹴亦不可止北海方能用四法吳若救之民餞餞戰來游翻杜門卸喚津沾走慶執尊知事見本原救當不侍免役膩晉開錄舞恥推濟使來滿均稱仁人致心已知用不足郊宮災異法戒諱恆暘恆閑送變怪奏何皆利仍諱諄李張黃劉一時傑衆櫃得位原翻輸陰陽錯迕告有在郎己亦是迂儲實且理獻黔發倉固卒職專吏布血仁勸晉農女組蠶民庶救富突散化賂實東歸錄歎頌新

廿九日壬申霜降倍書寫字爲韓升兒求喪費與書竹石謀之竹石公事無假借頗有辣手徹雨竟日

十月癸酉朔陰雨黎爾民景韓來竹石晚來談半日倍書講詩懿告假一日

二日晴晨過伯璋不遇遇郭輔清同詣周月溪又過小坡不遇還倍書伯璋來要往元妙觀買絲絲䗶史復至木竹衣店遇劉主簿徵雨已至劉去趙不肯還借傘淖行到家已夜小坡來看蟫史至丑初

三日雨朝食後弔韓送一元知賓四人一湖北人未相識少坐退入劉主簿來午過竹石食魚羹小坡云嵩佺約飲酒罷至爾民同中少坐舁還雨大至冒雨行至陳寓則無約會頃之小坡至相與大笑坐久之復冒雨還鞋韈俱溼雨竟夜不止

四日雨倍書將出待舁久不至頃之子壽來催客冒雨舁往小坡先在嵩佺張生後至席間談西皮二黃之異子壽自云能知之請問其意不能明言也聞弦賞音本不可口傳余於此太無所解藩署菊花山甚高大儼然一山也夜講詩

五日晴倍書詣趙伯璋取衣箱回因過景韓具言與藩朱參差事猶有餘慍蘊藉人乃褊急如此頗勸以和衷之義當先善竹石否則更爲剛公所笑還寓已暮夜講詩滋講喪服

六日大晴始有霜兌趙伯璋朱修庭來傅星槎亦來談客去倍書張生劉葆吾來頃之壽景俱至小坡修庭亦至要小坡同坐談荒政俱無實心修庭要喫羊肉同步至闓門正街酒樓囂雜不可坐大似入客店數十年未有之苦也怱怱散至小坡處欲談修庭復遣要至竹石處步往已二更矣遣人謝之修亦自去因要小坡至館遣送張生還因迎三小兒還至子初兒女未還小坡亦未去滋講禮畢一篇因悟詩麻衣鄭箴之誤更定之

七日晴藩使送曆日竹石送添裝百元盡還衣價交伯璋料理並約同出買零碎待至申正韓宅算帳未結輿兒出游未歸飯罷始還已暮矣與檠仲同至惠師儀處遇二客未問姓名要惠同至小坡處喫羊肉甚濟醇不覺過飽同坐者又一佾兒未問姓亦向人長揖居然官客也文龍之云同年弟兄見後同之實皆兒也張生亦先在至戌初散湘船來問行期以無貨辭

之

八日晴陰伯商來晨過叔耘未起偕嗇午過槃仲問伯商行止驕從在門入則叔嶠亦在並見槃仲二子長子瀞石方從京試還周郢生之流亦發品也叔嶠則擁腫不似少時今年新中頗似富翁同席小酌方議送扇對余暫還館曾擎民無下落王德榜得黔藩可謂有志竟成遲彼卅年節鉞也劉主簿來

九日晴晨未起叔嶠來入內見諸子女留飯辭去旋步出胥門登其舟伯商甫登岸仍見叔嶠並見其從子少仙陳佗之子也佗死三年矣間關至常州戒煙寫字似可成立日照船窗甚烈還城過伯商於門未暇呼語倍書看廣韻遣問湘船小坡張生夜來昨夜怨畏寒今日多睡兩客來未見

十日晴　慈禧生節羣官早朝聞喧始覺之起答訪蔣唐唐郎蓺農子也

還兩兒逃學出游攜真往府城隍祠看戲未得其處還遇趙魏郭姚要買雜物令蓮弟送真歸已同趙等至元妙觀舊學前看衣無相應者買裹綢八匹趙先還家余同三人至館小坐復同至伯璋家喫家鄉海參席頗飽悶不能多食夜步月還早眠

十一日陰會館祭先賢用滌公生日請余主祭昨辭待李匠兒久不至仍主焉在位者六人行禮三處叩頭卅六新來蔣理問言孝達政事及保之教吏頗爲新聞趙心泉來並不及回看事亦殊疏略昨廖曾沅甫化爲女人而仍朝衣金繡韠余推令主祭彼甚欣然已而何蝯叟科頭至余云當推貞老蓋昨日槃仲言何引將發有汪道欲焚其柩故見廖耳心泉又來約游靈巖訂後日便往館人會食余不欲與步至齊門獨游北寺塔云吳王爲太后立名通玄寺工費百萬今不能復修矣寺名移唐額舊爲開元重雲通玄自來亘麗賞鼓布金阻天龍顯力存佛鐙餘楓火廟祖捨齊門興派偶彈指塵

涼島新魂響情回步晚擾擾市塵聲小坡張生夜來小坐去

十二日晴郭輔清約飲槃仲因要聽曲午前步往府城祠街戲園破落不堪人亦寥落演段尚有法度懿真侍行先歸夕至醋庫巷郭寓唐三哥趙伯璋鍾瑤階先在食魚皮雉羹餅粥夜還

十三日陰煊趙心泉唐攀之來約游靈巖朝食後攜懿同往黃小亭楊少林皆趙約往者出胥門坐蒲鞋船至木瀆云不能前矣換小船至靈巖雨至同人皆有阻意余鼓勇先登凍雨灑衣時作時止要寺僧同觀日月泉館娃宮怱怱還小艇復還木瀆趙設酒饌甚備卽宿舟中船娘以榻相讓諸客散睡三倉奇石花山裏夫遊處館娃湖光靈巖角林宇玉千階妖鼓鳴吳郡行宮仆響屧鑒臨惜邪古塔兩助魅懷

圖經云花山在吳西三十里

十四日晴寒晨興待食畢復換小船從舊路至光福圖經云在縣西北七十里木瀆在吳西南二十七里今光福距木瀆三九水陸可五十里耳

寺有銅像宋代獲於水濱余誤以爲吳像僧房有碧湄書聯亦見太湖包山問道未甚了了乃先游玄墓玄墓鄧尉爛熟故事憶之竟忘其說可歎也從寺渡橋上小阪過費家河皆南行旁多墓舍至一處見太湖飛翠知是勝地一僧云從左去便得元墓山蓋卽支硎也上有聖恩寺圖經云山在吳西南廿五里今在五十里外則不相附然三峰禪院非此無以擬之對岸吾家山所謂香雪海者康熙中曾蒙　臨幸僧舍萬間今唯三四百間耳坐還元閣看湖僧云四宜堂尤佳復引看松風水月三尊大像拜佛趺印法華大鐘又欲示　御賜編鐘俗名踏奶踏鐘乳各有異聲余未欲看辭之日已將夕辭出訪司徒廟從潘蘂西行誤從荒塍繞越頃之方至寺題柏因社有三怪柏樓禮文昌云司徒大王出數步便得來路不二里已度阪至船覓食物不得返棹還木瀆晚飯開行假寐俄覺已至城矣月色正佳倉門俱閉亦解衣酣眠

十五日戊子立冬晴晨露正濃船娘促起盥著啜茗訖俱登岸入胥門從金𦲸橋至館門心泉別去小亭同入門尙未啓紉眞已起矣左琴生主簿來拜往談還食出訪魏趙遇何芰亭之子趙妹壻也約明日往閶門買布云船已至矣午間趙郭何曹同來劉主簿聒語至暮乃去（湖光飛綠色時）

（地識中峯古佛莊嚴界空堂寂靜鐘爐發曾爾現警鄉偈從容有法獨須滅無心同古松）

十六日晴熱約槃璋同看蘇布買蘇毯席便留午飯去小坡輔淸亦來食畢步往閶門還過石子街鏕局少坐風起雨至避於西城橋郭㩦懿兒還館余與魏趙至惠師僑處喫燒鴨甚酥肥主人病倦不盡歡耳曾文山亦同坐席散雨大至冒雨還大風旋止喫餅後乃寢將夜分矣

十七日晴晨寒晏起張生來言廖學書啨楊世兄寫對聯不成因置之閒游景韓來言吳災奉　詔發徽號銀五萬助賑濟凡上徽號每字加月費五千兩以十四字爲庋亦如勇號有月支也夕㩦懿眞至申祠令入

張寓步還已夜槃阿小坡來坐至丑初始去

十八日陰寒改會館聯書之（文武場中興關然楚客聽吳詠儒良有先正雖比鑑汀濁道參）並書三聯倍書講詩與書景韓爲伯璋求差陳嵩佺夜來

十九日晴左李聯姻館人畢會避出游葑門至織造處看吳衙場尋高郎寓處過郭輔淸迷不得其門館郎還館看園人爭馬甚有淩轢館人之心湘將之風於是衰矣周煦山夜來言剛撫得總督書甚敬禮之欲與以鳌局軍務猶未決也

廿日晴寒將往閶船陳胡適至云尙須三四日也田副將來（明山）字海籌撤江陰任來以向雪帥借錢李提假以報怨也

廿一日晴寒腳跟已凍看廣韵平聲畢圖出誤入者將爲古韵分合之說未暇校也詩亦有古今韵異向來無人道及貲斧將竭比日省嗇殊甚

午作餅待竹彥兼蒸肉剝蟹聊酬數餐之貧夜講詩小坡請閱其少作

廿二日晴倍書紉讀雜記畢計歸時復似移家石門時女經從祭義起也彈指二紀恐不能更二紀優游則薪傳亦終盡耳朱竹石來小坡夜來

廿三日晴霜㩦懿眞蓮弟步出閶門問南船果來否乃無消息還定由江輪上駛過別景韓留便飯夜歸小坡嵩佺來談葉損軒來見

廿四日晴蓮弟看船不妥更遣蘇三定南旺船晨送詩還小坡葉損軒言曾注喪服及禮記札記在景韓處借來一看因過伯璋槃仲遇郭輔卿言其鄰兒識我前日曾出尋未晤小兒能識人余不如也還寓暫愒出訪竹石話別復還夕食曾彥方在內室飯於外齋過別子壽看菊便留夜飲更邀小坡葉臨公謝孝廉（武進人）諸遲菊（可寶）來陪散已三更矣蘇城無夜市而諸署咄嗟有辦官廚習侈也張曾夜來

廿五日陰輿兒生日同鄉聞余當去俱來送別梁歎嗟亦來遣往船上照料余仍寫對四幅景韓子昏送對一聯（緒葆新暉吳歆送喜玉梅初月霜儼餘春）又題竹石

蘆舟圖吳恆所畫也恆來求題又爲小坡寫詩冊及嵩佺冊葉客入者藩臬朱道臺二周趙劉魏父子賣絹牙郎曾彥復在內留麪同寓鍾黃王唐章魏紛紛繼至日已欲暮卽起登舟步行極熱夜至舟送者惠師僑周月溪槃仲伯璋梁章田明山劉葆吾周松丞送程儀者景韓（銀以）小亭曾光文張生魏趙黎朱劉二周田文惠陳葉梁至二更始散（下俱食物）

泊胥門馬頭寄翁啨書銀

廿六日晴黎明開行至閶門外新安馬頭小泊買布菜午初乃行卅里泊滸墅所謂楓橋寺鐘者也看葉大莊經說啨陳芸敏並附挽聯託損軒寄去（高志杷歷從暫別海雲旋跨鶴搞幢促星駕獨合洛士匪登龍）

廿七日晴晨發甚晏得順風帆行五九路至無錫從南至西門將十里行良久乃泊接官亭無錫吳知縣子佩來迎云已備船請游惠山小坡張生昨夜到先在黃步相待請不入城徑往山上申初移北門至黃步墩

詢寺僧云無人到登樓曠覽嵩佺留對頗佳移泊府城隍祠下日已西
斜飯後二客不至小睡醒二更矣小坡遣縣船來迎仍至西門吳令帳
房客蔣小槎作主人具妓船酒饌三女祇奉船娘與小坡賭酒至醉三
更散更登岸至妓館昇還船上吳更送酒饌點心
廿八日晴晨待小坡等不來湯女金珠來久之鄭張乃至移船入梁溪登
惠山看第二泉上雲起樓昔日優婆一無存者呼柚實爲文彈設茗果
子女皆侍游金珠亦從石洞甚佳䠶路尚存亭館不可復尋與小坡止
半山與兒與張生登頂未下或云已還舟矣遂下至船久之張生乃至
坐艇子還湯門前縣遣輿迎至僑署見城中荒蕪殘破殊難復舊飲半
報火起吳出赴救仍令蔣陪頃之還云火焚民舍半間不爲損也託小
坡寄葉書託葉寄陳函並還小坡廣韵索還墨子鈔本賞湯女花粉女
甚感荷更送泥孩一牀大有所費無錫妓輕財猶有承平舊風飲散還

船甫及亥初鄭張亦還省蘇州之游畢矣
廿九日晴晨開纜行朝食後爲陳郎寫屏一副申正至常州城外泊西門
馬頭遣買箴一圓得十五件招牌卜恆順又看牀花甚粗笨價亦不廉
陳八郎來見云其兄欲留余半日旋送菜來詢陽湖舊家子弟均無繼
起學派洛州盛本朝風流文采似劉蕭百年江介英華盡賸欵金閶問禱廟伯商又送菜
晦日晨發九十里至丹陽日始晡耳丹陽便有清定之氣兩岸隄亦整潔
似漕渠之制前遊避賊未至此倍書講詩促懿溫古唐詩夜雨
十一月癸卯朔雨至未初霽過新豐鎮爹豚䐁腊價甚賤裁百五十文一
斤以餘脯尚多未買申正至大閘口丹徒江浦也初作閘今則橋也遣
覓紱子來詢輪船事
二日晴熱朝食後登岸過浮橋眺望江山淸闊信爲勝郡尋辛未遊迹已
依稀矣江畔有山云瀛臺山已爲夷人所占攜兒女往來獨往金山腳

以隔水未上還舟大熱人皆單袷衣夜雨如春瀟瀟甚樂
三日南風濛雨待船未至移寓六吉園江樓明敞致爲快心比前寓江神
祠樓有仙凡之別官不如商利使之然也發行李去一千每日費一千
二百減於上海之半發篋題詩爲船戶求賞敗興又可笑也夜風甚壯
閉窗乃無聲聞亦洋工勝華匠之故南風森漾雨零江動春氣舍舟登江樓清暉暖遠至漾藻萬里流具
空寫吾意瓜步據昔源烟情盡如寄孤嘯靜婿娟染潮圖人世古來樓船戰楮落山川勢事過存想勞年徂客情異徒懷國舉心傷塞浮靈爵
三更風大作則發石翻江停舟蕩覆喧呼曹動矣半夜不寐作詩寄文
小坡鄭叔問及張生祥齡相送惠山舟行不及御先夜至余至黃步邅舟始見作一首新知有餘數晴游風歸趣百里共平流鍵知郎
枝路彌棹依虎丘登樓訪黃步孤情照初月別思生薄露佳人賦未來山徑碧已暮盤皆余蓊兕泉孳子新悟同心不同賞揮手謝烟業吳
無錫具妓樂酒船送登惠山還集縣齋作一首名山豈泉名妖女豔花樓臺蔓草莽萬石吐
清茲鶯來余足音贀長喜不遇盡紡攜棹腦明豔出吳娃良政遊擊色娛賓燕有如高密屏伎樂清尊話煙霞此邦患士澆未暇勤民邪從來
戍征利害儉可隆准調敝今不森ヶ觀登可奢所願同瑩歡挂鉤飲江茶

四日大風陰寒與書劉景韓趙晴帆來紱子同事也人甚樸誠意亦肫至
夜與紱庭待輪船至四更甚寒遂眠意不欲去又聞無房倉遂寢
五日晴煊將游焦山喚舟嫌貴遂止兒女各讀生書夜講詩與書馬沈李
相
六日陰風早食答訪趙晴帆便令顧船紱子喚紅船乃須一千少年不可
與作事如此此皆不知艱苦者旣已喚來匆匆便發過寓門攜二子兩
女以行至山腳大雨不可步悵悵而返僅繞山麓左行看諸菴寮比如
人家里巷瘞鶴銘爲積草所藏礮臺列兵以守無復雅觀至定慧寺客
堂獨坐登舟遂還寫字七八紙
七日陰雨
先孺人忌日坐待輪船靜無一事偶尋張總統妻狀按其年歲都不與所
聞相符李妹丁亥生至亂時已卅矣不應尚未嫁而諸弟依以居家又

其子年卅餘亦非寇中生乃云被擄嫁賊兒欲殺其夫似非事實因依其本狀作墓表一篇文甚斐惻作書與楚寶並託湊間樵寄去初夜見一船過疑爲江裕又嫌太早詢之果江裕登舟覓得一大間倉即移入居之遇朱喬生亦意外相逢甚巧可喜亥初發趙叟送畫筍蚶銀意甚肫摯

八日陰平明已過石頭夕至蕪湖遇朱恥江陳梅生皆無意相逢船中頗不寂寞竟夜酣眠

九日晴陰有雨午過九江視德女登岸處垂柳枯條風景頓異懿兒日講杜詩二葉輿兒游談唯恐不足竟未嘗侍余頃刻也夕至黃州有月四更夷夥敲門索消票五更泊漢口遂擾擾不眠

十日晴晏起待喚船久不至自登岸尋之至龍王廟馬頭而返算船錢廿八元合銀廿兩不足買辦仍爲具朝食朱喬生喚大船先至移具登舟

已而小船至統倉不分內外喬生固要同船並約恥江小船怏怏索錢舍千二百猶不滿意余初欲自顧一船與工人坐臥衆皆以白費可省因揮令去遂占正倉甚不安也夜獨眠梅生先去未相聞大約營營於歐左裕奎之間矣

十一日晴南風半山忌日諸女素食懿始理書余感寒一日未事間看全祖望水經注張石舟醜詆四庫校本全取全書事本可笑而張亦太甚也喬生欲借小輪拖船電致江督用恥江名請之余以爲必不可得

十二日晴南風懿往買花爆不能得乃知好弄非癡兒也朱喬生要其至機房會食款餉輔臣來朱弟同年也聞香濤已到懶不能問

十三日晴南風江電還報許借輪船水雷已去逆風上水同舟唯事借拖不復有開行之意捷徑之誤人如此李提督子德齋來以蔭發判廣東亦求輪拖來者比夜月明無復佳游夕與喬生同至梅生寓一看不在會館乃在陽差寓處翰林身價亦稍貶矣（二李三劉號五徵王張沈鄧浙封圻五旂一直湘三節潘卞張譚共馬丕）

十四日晴南風正欲開行恥江又欲待輪船更停一日陽楷梅生同來

十五日陰霧得北風行一日泊東瓜腦云百五里東瓜甘再宿不記年月耳夾岸楊柳疏黃洲樹猶碧尚似秋末風景仲冬江行所無也課讀如程

十六日陰未明即發纜行霜地水手殊可閔念朝食時沈梟船駛至今日開行未三時已度我前輪拖之力也矻矻窮晨暮初更泊浮洲云在小冷夾外距嘉魚尙三十餘里今日纜行甚遲水程甫八十里陸行沿江僅六十里

十七日陰晴帆行午過六溪聞鉦爆知舟過例祠神處也望新隄至夜乃至稍檥上岸買炸麪食物未幾即行未夜半也葉大莊詩久思酬報苦

無佳格偶作四句輒罷俄而詩思忽發援筆成篇甚有逸致吟諷再四乃寢

十八日陰質明南風忽作行半夜僅至螺山（洞庭歸舟顧葉損軒贈別詩一首　卅年不見林屋山東南竹箭青琅玕江山才俊相映發使我萬里開心顏石林才子文章伯暫學陶潛出彭澤故人假節還賓傑狂狷清秋看山色鄰公子陳翰林外遷三妙成知音山塘黃花五湖盤一醉可抵千黃金怪君來遇情秋暮放我扁舟踏霜去鄰生寫作紅樹圖青山一髮南徐路圖背題詩別思深夢中吟想見君心折歷愼作壓中吏揮手還思濤上琴歇今濤內風流歇世業傳家只閑越林陳沈葉多故人春闌秋菊長無絕君更傷經比賀劉豈但詩句陵滄洲山中舊宅松竹好眠底浮雲風月秋新篇舊製落晉手鹽牌與君三日留長江搭蕩白鷗冷南洲冬樹青青影歸舟檥月過碧山發假矣江潤初賦）午得北風夜泊城陵磯上

十九日陰有雨晨欲檥岳州已而得風遂行渡湖頻閣淺有風如無風也然四日至湖已爲順利辰初船遂膠滯竟不得進北風大作看人張帆如走馬時有風吹來近者俄頃輒過獨余舟入泥尺餘風浪不能撼搖詢其地近高山望即來時避風之處憶蜀江薅風如響應何湘君之不

及江神耶詩以祈之荆巫驗風反河汶恣波涸嘗聞灘坎難每恣江海行歸舟順風風大盤朔杳冥快意偶一失泥沙困修鱗驚鬣逢蛟施餌爲欲見偃目送離千帆心飛騖々濕時哉不能驚守此竟何成不如無舟楫順逆可忘情夜未改衣風不安枕

廿日晴大風寒水退見泥乃知竟橫洲上恐此船守洲今年不能去矣湖中每有一舟淺膠而非人意力所及相傳神留值年以待張樂也舟亦不必甚大要使人知之耳擬待風息撥船各去

廿一日晴風息旁船盡活唯余船必不能行二朱撥小船先去余更遣榜人招數十人推之索錢四萬猶不能移分毫船身裂縫乃呼倒爬移家徑去榜人一病者從午飯後開行至夜半泊琴磯望小愓仍行

廿二日陰順風行至夕泊扁擔夾風止遂停

廿三日晴纜行午後順風帆行過喬口日斜矣風長舟駛至朝宗門始昏攜真步入城兒女先後舁步均歸孺人還母家功兒復生一女餘俱平安亦可喜慰至二更功乃還云恥江先至矣

廿四日晴發篋陳書登樓設坐朱喬生恥江何棠孫王石丞來石丞言周荔樵盤踞能令筠仙喜怒王逸梧亦畏之往問逸梧信然夜作書上外舅子瑞來

廿五日晴鈔新詩未畢出訪筠仙鏡初聞曹介藩喪兩司中人不得竟用可惜也何樸元來

廿六日陰時有微雨出訪笠雲逸梧來談詞飯後訪譚文卿王石丞周荔樵何伯元黃毋胡子夷兄弟楊朋海還已夜

廿七日晴見郎來余尚未起甫盥須已登樓矣留共朝食熱不可裘易衣出過李佐周陳伯嚴陳處遇君孺遂不往訪縣書成皆其力實無遺憾可感也約同還家伯嚴留之夕食余出過周笠西朱香孫而還君孺望之來

廿八日晴筠仙招陪李郁華主考意不欲往辭以有約復改早食不能再辭往則主人未開門復往尋羅順循談頃之欲還家遇商農於巷商農晨來訪方寫詩未出旋聞有生客遂辭以出今復相見云筠已催客因復同往佐周先在李郭後至陳吏部亦至筠云此爲邵撫送李之筵李實當爲主也席散未昏還家欲愒云朋海已催客矣窊女還餞祝登樓見之令其勿待即往楊處則劉春禧王石丞李黼堂羅瀛交俱先在王雁峰亦與談邵撫生日而母即死故不用紅墊不言生日今邵尚有母而消息不通蓋繼母也又言某官亦無生日則因貧時母生日無人過問因感而不作生辰可備壽序典故二更散窊尚未去隨班拜祝設餅未食急促之歸已夜深矣余未食餅至子夜與君孺談復進三枚乃寢

廿九日辛未冬至陰雨晨起最早初歸見廟禮畢麪未具別買食之已而兒女慶祝設二席余在內別食復進二盌

午間子瑞來登樓相見周郢生羅順循陳伯嚴俱來訪君孺邂逅相見與兒女揎牌數爲客擾夜乃安息而雨淒淒似欲成雪矣

十二月壬申朔微雨劉春禧周笠西王一梧鏡初來鏡王與君孺言道藏多未見書湘中當求一部湖州金蓋山尙有之此可爲與朱竹石書增一話料也李主考來謝未見

二日陰雨看瀏陽課卷說公徒三萬與作三軍不合取舊箴增改之

三日晴鄉緹還果更老瘦如枯樹矣相見如賓殊無可語各有猜虞故也彌之前乖孺人後離皆吾境界過高不合時宜之故亦彼好訑惡直致相扞格聊爲前後眷別作一夢影耳兒女俱放學惟夜講詩二葉胡子勛杏江來

四日晴陰至午微雨步出訪熊鶴翁道溼舁還因過春禧李郁華均不遇至夜欲雪移宿樓上熊嫗去彭鼎三來

五日晴看課卷鶴翁棠孫吳子來（名懿繩子儉之子）子瑞來正睡直入內寢驚起延坐三兒鵠哭故也

六日陰胡子夷來訪君孺君孺出城避之恐其索縣書也黃郎松圃來言周氏之衰令人三歎暴富學奢本不足爲盛其敗也並覆其門戶故曰淫泆而賞善者殆不多覯各隨緣受報而已故論世法以佛理爲圓到死生利害不得至前有道者又不在世法中

七日晴街泥不滌終日悶坐看課卷畢讀鈔報奎斌改謫蔡罕鐵路議效矣袁守愚何樸元來

八日晴熱坐室中食粥汗出洽夾衣素蕉送粥亦至易衣要君孺出訪樸園入勞家廢池改館已似故園又增一悽感因至浩園尋僧談空要笠僧至家啜粥過花肆看梅差寫塵心飯後同黃篤志新生俱步訪筠仙遇陳龍門攢眉對之與君孺至郭廳少坐英郎出見談家事甚了了恐

夜不待筠出步過一梧云亦未食士夫漸有官派談譚敬甫甚有貶詞以得鄂撫爲怪

九日晴南風甚熱將送君孺還湘念行遲不如待風筠仙伯嚴順孫來

十日陰將雨朝食後即束裝登舟與君孺同步出城比發已晡矣二更至縣步入賓興堂無人焉者唯有堂書蕭某與君孺同宿西房

十一日陰吳少芝楊福生徐甥王穀山黎保堂龔吉生陸續來與君孺與徐至蕭園看花還飯與沈子粹步至楊園買梅還至龔子處兩兒已長成能作文矣

十二日陰雨寒風朝食後舁至侯塘見外舅諸弟姪楊舅在焉幾不相識與循寒疾居煙火中夜談無精神宿裁縫房東前分居時曾數宿處

十三日晴外舅具饌相款食畢告行至姜畬小坐乾元店取山道至莊屋屋未窗然明淨可居取牀來因過開枝姜佃設食夜宿半山寢室劉佃婦來上香

十四日晴朝食時未食至乾元已過午乃飯行至城夕矣君孺猶未去子筠已來李雨人亦至論收捐事

十五日丙戌小寒晴諸君議貽我二百金余猶以爲不足向來於銀錢有讓無爭今乃反之窮極無聊之談也非財之窮乃禮之窮若不爭則竟無得矣亦膰肉脫冕之類耶今夜將行爲此留待陳明府又約後夜集飲以未見當往謁未能辭也楊俊卿來言王明山病甚夕同人約公宴當先從郭正泰始衆難破臉余獨任之戴表姪來

十六日晴與沈子粹至城外看陳梅生看衣得一馬褂還會飲論催捐事

十七日晴郭正泰店主花汀六老耶來面催之諾諾而去楊營官來陳明府嘉綸星田來謝不敢見夕往會飲梅生子筠沈粹同坐陳公多言閩人及張學使未及文政夜煊

十八日陰同人公送六百金留百金湘用買舟而還辰正開行至暝始至平塘展被遂臥二更達水陸洲

十九日晨雨旋止換小舟至草潮門步入城到家以爲可卒歲矣又聞劉希陶所假三百金來索債茫然無著得文小坡槃仲楊世兄書寄詩本來寄禪來同過重伯鏡初談春秋長婦滿月見孫女令設湯餅不辦

廿日晴煊看歷年日記以王祭酒欲刊余詞檢稾未得有數闋佳者皆不載算結刻志工價取版以來曾郎履初來言韵學嚴秬香來未見邵撫丁艱新藩病故何樞知府躑躅布政可謂乞兒乘小車也然視沈臬已爲淹滯樂山王兆涵來見字鏡芙以優貢分湘令尊經舊弟子也云孝達有將敗之機劉子雄中書夭逝皆吾黨之衰事園丁送花三本

廿一日晴煊風景甚似癸未年惜少宴集聊散步近地賞之邵撫丁憂轅門仍常驗看似亦非禮宜即日移寓也樓居懶接客胡子夷來不可不

出已而笠素道三僧來鏡初步過談春秋亦頗如廖平今學之說蓋禮記多述孔制然者爲典章則唯王制祭法爲然曲禮似不可爾復蘇州三書交李砌匠寄去夜大風吹窗盡啓

廿二日欲雪欲晴仍未甚寒無事鈔錄舊文得三千字子瑞逸吾來唐嫗上工

廿三日陰雨檢史書鈔桂志序舊詞本久不見忽檢得之改沙頭詞數字見郎來云湘撫放張晌與城中四官合同而化昨看課案亦如官册思湘人正如湘官何造物之善搏人也稷雪夜敲猺人送籠余獨在樓盦嫗相伴回思二紀以前又是一境並小詞亦懶作矣周環族裔請改刊斬龍官之語癡人偏好說夢亦吾之過

廿四日雨雪間作鈔桂志序成一卷卅年未滿今乃充之尚餘兩序須另起也

廿五日晴霜凍餘紙鈔經子三序家人作年餻郭見郎來

廿六日陰煖因起感寒體中不適一日未事看兒女移房污薉狼藉不覺悲憤思吾身後無復雅致諸兒皆豚犬耳爲之輟食已而釋然見郎送豚蹏未知其故豈自居弟子饋節物耶沈護院王移居俱不暇過問蓮弟衰弱思取婦助以十六金力非不足心無餘耳前在蜀辭昏未知其故今長大無成乃取重醮婦故不能多資之鏡初問爲人後者降其昆弟不見昆弟報文今同母六弟出後而死仍服之期禮宜從後君以爲何如答曰姑姊妹有逆降之例欲其外成今大宗義重疏族皆齊衰三月本昆弟從本服無疑宗子無功服故經不見空其文君所服是其非後大宗者後既非禮服可緣恩亦當從本服歸檢禮經乃明有報字問答皆似說夢也

廿七日陰煖王生朱雨田送年物小疾一日未食寫字一張

廿八日雨頗寒始點元史一日畢二本昨夜始看十葉甚竭蹶今伏案過筭乃甚容易益知工不可荒熟能生巧也

廿九日微雨更煖點元史一本鈔一定未知幾兩以文義看去似一定百兩也今謂一定爲五十兩豈其遺語耶

晦日早起鋪設堂室頗爲妥帖看家人理歲事點元史二本二更後始祀神 廟及復寢已丑末寅初矣

湘綺樓日記

光緒十六年庚寅

十六年庚寅正月壬寅朔陰晨醒早起遲祀
三祀
三廟已及食時矣王生胡子勖揚兒胡郎均入見夜與妻女鬭牌至子罷
還樓寢有雨
二日陰一日未見客午睡起鈔史贊一葉看元史半本夜鬭牌至丑罷
三日陰晴有風點史半本鈔史贊半葉午後鬭牌夜假寐遂至丑初始醒
房嫗猶未睡移鐙解衣卽寢
四日陰出城展
墓南出東還微雨雲開郊原秀野城門早閉比入未晡已半掩矣
五日雨竟日鈔史贊一葉看元史三本刑法志雜鈔條律極可笑唯作后

妃宗室宰輔表亦可笑也笠雲來
六日雨見郞來今日約兩局須早出未暇陪客及出已過午竭蹶可笑至
呂月峯處酬其前意至熊鶴翁處約行酒令客唯王湑園子先在觀弈
二局恪士伯嚴來擲升官圖日已將暮至陳舫仙處諸公畢集相待行
禮至東廳團拜　文鳳逸鏡五翰林李陳兩總兵揚郞李三紅頂陳革
員傅郞唐八牛叔從陳定生陶少雲與余凡十七人設三坐看鐙戲喫
赤腳魚翅席二更散還鬭牌喫包子子初寢鈔史贊一葉
人日晴史贊畢三國一卷將並元史合成二本以了廿史之業此事大不
易了宜乎曾滌公慮願未償也
八日晴看元史補作贊至終日乃休
九日晴街乾可行嬾出且齦痛點元史補贊和熊鶴村詩
十日晴商農來談湘人故家衰落可待筠仙招飲未赴點史補贊

十一日晴齦愈始飯呂月峯送名條求轉交越督點史補贊夜看鐙市步
月還寂寥無可觀
十二日晴煊周姓人自言周璟子孫來辨斬龍殺人之誣問筠仙鈔錠多
少未得確證瞿海漁來
十三日晴煊補贊點史涂山客及三僧黼堂來云祝金蓮殉主武人姬妾
多輕生重恩亦一時風氣也將出嬾行遂止半日鬭牌
十四日晴稍涼補贊點史陳伯嚴來午後鬭牌夕至黃親家處經年未過
從以簡御簡亦太簡矣待迎春至子初乃寢
十五日丙辰立春晴光甚麗羅順孫曾重伯筠翁來言湘水行輪船事夜
月劇佳祀（壽叢一老耶來已行乞且病將爲道殖矣）
祠
廟畢免賀節但喫湯丸鬭牌至夜分熊嫗來求爲其子送入義學

十六日晴極煊清衣箱正可夾衣午出答拜王闓靑卽詣逸吾新居會飮
看戲設八席城中士夫大半皆至以徐芸翁最老（年七十八）主人從弟菊生
最少正紳多趨文卿異紳多趨闓靑且云已放閩撫矣有一都司與尙
書對坐亦異事也擁擠紛紜復似程審星做酒時余與文卿海鵬最後
散還始亥初耳
十七日晴煊買舟上湘君豫遣相聞因步訪要至家談半日黃親家來亦
坐半日檢書帶至湘潭唯經史詩三種需用餘皆高閣矣補贊揩子來
云無錢納稅須貸銀一兩餘亦可歎也嘰嘌當文宗時請置宣文閣崇
文監檢討等官十六員以備經筵進講
十八日晴煊夾衣猶熱知當大風待船久不至檢器物盡散失焚餘所存
尙無人愛惜生平銜箸之癡可大悟矣蘇四傍晚始來已不及行夜起
大風遂寐無爲

十九日風大雨小書箱已去端坐聽讀詢諸兒女以恆兒從學之故無能知者以余善誘而不能訓童蒙信所謂中人以下不可語上故欲見郎以至淺近者誨之然亦未必能開其茅塞聊盡吾心耳竟日檢點物多遺毀甚慍家人全無照料頗有責懟之詞既而悔之夜與鄉緹率兩女鬭牌

廿日陰風息船人促行沈子粹來得淩善人書送蘇甌三百午問一老耶來面目殘毀云病不起余無以拯之急出門登舟蓮弟自定一嫠婦施氏爲妻久欲爲外家續一脈資其昏費便令熊嫗伴之上湘鄉居已先在船矣悤悤卽發忘攜筆研竟日擁被睡不食夜數起數眠五更泊萬樓蘇都司同行

廿一日陰晨至觀湘門遣約石山弟來要同至鄉莊起屋開枝兒姪逃歸出作鬧民亦勒令回鄉往還三次已過午矣移泊沙欗換撥船將行時

薄暮遂止夜月大霜男女主客臥一倉余支二椅中橫臥一轉側須起立乃能回身凡六七轉卽六七起然甚煖軟未覺苦也

廿二日大晴南風晨發甚遲泊姜畬未上迪亭率兄子來見立談頃之仍發夕至山塘移家具未畢已初更矣布置稍妥分散各睡

廿三日晴族子卌來言其父請早飯並云有客朝霜未消待晞而往少坐飯半盂石山留談余先返欲遣開枝父子相見因令舁往迎之頃之四兄先來馮甲總亦至木匠文趙俱來飯論作屋工價未定馮甲欲包土工估工五百石山云不多因令及吉日開山至晚乃去看史補贊爲蘇四作書與于晦若

廿四日晴午後陰蘇四去石山亦往橋市竟日未還鄉人譚周及甲總劉姓來許生來土工四人木匠一人及三子皆來食近斗米矣鄉中惟以飯聚衆周官得民者九此亦富得之支流也看史作贊終日伏案近歲以今日爲最勤

廿五日晴煊換絲衣迪亭及兄子來元史年代參錯大整理之不能作贊每日點閱一本

廿六日陰築牆起工土木紛紜請石山主之買灰石潭馮甲總主之點史畢邀石山訪四哥於顏閣塘又游雲峯菴還已暮夜檢譜冊

廿七日晴大煊木瓜寶珠花俱開南風甚壯有似初夏點史作贊夜可納涼四更後轉風檢譜冊

廿八日北風大作至夕愈壯吹瓦攊樹氣亦驟寒然尚非春寒也芴子婦彭來言將嫁女鋪蓋未辦欲假錢十千姑飲之茂修復來欲訟叫雞正言拒之默默不得意點史作贊鈔譜冊竟日未閒夜與石山談家事寫對四幅譚心可毋尙少一聯須補送（瑤島百年驚幽勝共傳歸燕樂玉闕游子淚鐘衣長話舊聞憂）

廿九日庚午雨水大風頗寒時有雪陳順來送伯塤書檢譜冊點史一本

夜餟

二月辛未朔陰鈔譜冊畢點史一本蘇都司還正欲還城留與同去復楚寶皆

二日陰資用將絕入城謀之覓舟不得乃舁行至姜畬四老少妻復在乾元相待與以四千留飯而行遇雪獅還葬送者寥寥憶壬戌相遇時正如冰炭惟我依然栖栖也行至城中已上鐙矣試入聞春湖子鎬皆在又申前議兌得百千船到橋直果然因附九十六千入鄉營造欣然買舟春湖留飯乃行已初更矣行一夜猶未至城微雨如塵天黑不辨上下

三日陰晨雨到城乃止地溼如經日雨者從大西門入家人方起剃髮登樓點史一本暮出泥滑不可行至撫署而還

四日陰晨點史一本與書唁譚心可將出買木器道更滑於昨日盡夜又

雨也午後攜真女純孫游花圃遇吳贊清同知遊浩園與笠僧至廊下折櫻桃已將殘矣乃更早於蜀今年春氣快也王七十下小十元史忠義傳蘇輭運到久未取始遣運回

五日晴寒點史一本出詣筠仙未遇攜女孫看花還獨往荒貨店及衣莊看木器皮服過熊老翁處小坐看李西涯詩刻還頗倦早眠真女復上樓睡

六日陰點史一本土工治堂甓前門無人照料乃獨出訪蓬海見郞黼堂王石丞見郞不遇蓬海甚衰老黼堂亦瘦可憐也看京報王秉恩被劾罷去年此日正得意游子爲不近情矣亦張郎有以致之凡一荒唐人必害其同類一二人而已故無恙也以云鬼不勢利何時運之不同落溷飄茵語太籠統點元史一本明日可以畢工夜雨

七日雨寒點元史一本五十本兩年始畢猶爲勤力周荇農所謂鮎上竹竿也見郞攜輿兒來寄禪來致程郞書並示彌之游詩格韵衰退尚不及禪作可慨也丁祭燔肉不至蓋以余未入城也

八日雨寒作史贊四首祠祭齋居諸女散學甃甎畢工始有整潔堂階蓋九十年家無此制矣敢易輿難可爲深懼比之諸官人彈指樓臺者又不相侔也夜視濯摡輿兒歸

九日雨甚寒晨起待事至辰巳閒乃行事礿祭考廟初獻後誤再稽爲三叩臨事惛然衰如奪魄不勝慚懼午閒約見郞胡子夷子靜兄弟楊紹蘿餕食至夜散風雨步行亦反勞客

十日陰寒有雨補史贊檢書籍夜聽懿兒講詩輿上學去

十一日陰寒補史贊楊商農來看京報二旬萬壽加恩免禮蓋　欽獻篇慈不依穆典又不欲張大以取諫諷然代言降　詔已近恢夸不若一以慈旨從事此則施行之未審耳襪虛金井鎖圖寄春見楊枝花感歲玉宵長別分今生不見淚痕彈銷春夢潛寢窺愁相逢彷晚亭亭似閃背人幽倚妝誰訝朝雨香邊斜門烟覃酎他恩付‥惜時上林芳訊見玉妃倭喚撩亂鬢鬟護〃天桃占東風不經如今一擲損悔去前度挂心搵恨又欲成陰一時判與早鶯銜盡夜寒脚凍春霜威猶如此有月

十二日晨雨旋止陰寒稍霽清書看小說休息一日夜門牌

十三日晴逸梧片來問詞牌名未得我女生日兩女放學作餅方食伯嚴來報聶郞得滬關此等遷除前代未有權姦與藩鎭表裏而一出於大公方知墨敕斜封爲有綱紀瑺自衡陽來省卅乗嫁妹也外孫女名帶孫半歲矣其從嫗曰二老姆顧工戴盈科皆淳樸自一山川竟日閒遊隨手看書九九八比均有悟入老將智矣宜孔子有加年之歎

十四日晴路始可行逸梧雨珊王令先後來當上湘料理覓船待發俟飯後黃昏矣登舟卽眠頃之聞風濤振舵聲以爲兩船相傍波搖舵轉也聽久之無人語起看煙瀾空靜明月清佳惜寒重未能獨賞耳泊東獄潤

十五日乙酉驚蟄晴晨見日光船人尚臥知爲逆風也支版爲案聊起寫書夕至萬樓久之乃泊觀湘門登岸至賓興堂正遇廸亭云錢尚未兌與過龔子家遇硯甥云子雲得曾孫已還家矣還至堂中蕭某爲主人甚倉卒頃之沈子粹揩子來蘇三來送被遂眠

十六日家忌不外食晨起待蘇三不至子粹復來談巳初始至沙彎誤行正街至壺山折還循湘岸至周益泰迪子蘇三均先至上船卽發微雨時作晡至姜畬迪上岸去日已夕矣旣夜乃至炭堂暗行見房中燈火甚盛久之乃至熊嫗在房余同石山同房土工猶未及十之三營造信不易夜改包工議自往買木料蓮熊合而生子余欲掩其事故留熊於鄕

十七日陰檢元史悉列諸人名次其前後各以一語志之亦殊可樂鄕人來者相繼頗倦厭於酬接

十八日雨陰土工禁戊停一日算帳檢元史
十九日雨陰觀音生日爆竹聲喧獨遊林中久之始返作贊頗有條理鄉人頗有賀生子者爲之匿笑
廿日晨雨朝食後止呼舁夫從姜畲詣蔡飲小坐乾元剃髮山行久之乃至外舅家其家人半往翁家黃昏與循還同食看園花
廿一日陰叔止言木料須匠自買付錢八十千請石山召匠包辦令三夫力還山塘余留一日
廿二日晨起欲行大雨不果復留一日與姜喫切麪條雨風竟日看宋人小說本朝古文
廿三日大晴將行已晏叔止約同船下湘余以須兩舁煩費不如陸行徑省蔡家俱言覓夫甚難乃飯而行過訪李杞三兄未正至城久坐正一堂乃知石亭八父之子乃晉菴弟寓此其子初不相識亦未呼之堂懸

聯款署士達而字非七父書也昏乃成行至蔣步覓船湘水暴漲索價一千命划船包顧回旋波浪間凡三四還反得一划子僅容一人竟去
廿四日雨晨泊草潮門誤檥冀池側急登岸叔止先去余至家詢之已寓客店矣飯後乃來旋去安硏樓中寂靜無事
錢七百然勞險殊劇夜半雨又至泊枯石望
廿五日雨朝食時叔止來要功兒出買衣物余出訪又銘筠仙曾郎陳淀生黃郎俱久坐還已昏暮中過易雲階兒仲晦家不遇黃宅請易代媒也
廿六日晴陳總兵來飯後訪逸吾文卿至叔止寓中不遇還寫韻看京報孟緝渠得滬道江人鏡得淮運許仙屏得河督趙環慶守吾郡
廿七日晴約曾介石午飯不至招叔止來又銘鄧元郎來留鄧飯亦辭去設食不旨寫韻殊無眉目

廿八日戊戌社日陰晴有雨文卿李佐周幼梅羅郎陳伯嚴陳淀生黃郎望之俱來久談彌之赴繼母喪朱郎喬生送羅幼官乾館摺子來云王詩正大有更動張雨珊得襄辦亦乾館也吳嫗來求貸未有以應之佐周約陪郭王丁楊小郭均在坐又有一胡子號直臣不知其姓食亦不旨夜散有雷
廿九日雨日記差一日案其事殊不差紂間箕子亦非全憒憒也王石丞暴死閱鈔報蔣壽山亦死嵩丘之遊少一東道人命迅速塵事逡巡余生平行事往往後時方笑已之怱忙不知時之駒隙也鄧三郎求書干篔仙久不通問矣爲作兩紙與之丁次谷言歐陽蓮使家一婦人闖入提其子婦置牀上乃向索銀物則自起開篋與之此等人舟中多有今徑入深閨可謂鶻突也歐陽家在窯女家對門問之乃不知有此檢韻一日稍有把握朱宇恬送羅摺陳裕三竟不送左摺當往催之左婦自

來問信
卅日庚子春分雨竟日出答朱郎陳鎮並不遇便過胡氏諸郎談文詣見郎書齋設賓主之拜過李幼梅還小愒復舁往筠仙家陪任芝田坐客陳鐵彭萬樵左佩勳殊爲總雜夜還獨坐又嫌岑寂
閏月辛丑朔陰寒鈔韻蕭唐來致賓興堂書求改胡椒客兩條此事戲筆無益徒增口舌易笏山嘗規余修詞不立誠亦有見也後當忍俊復書遣去
二日陰登臺看湘波霧濛雨從西來饒有春景寫韻竟日檢英華尋顏廟碑未還但還郭廟文耳此書平生未嘗通閱可爲送老之間課也任芝田來夜雨有雷大風
三日雨寫韻竟日
四日晴遣蘇三送書往縣並與書徐子筠鄧沅郎求書干篔仙可謂奇想

從其意而與之他日彌之無奈此諸子姪何寫韻夕過浩園遇吳贊清
黃曉塀名逢昶樾岑隨員也買花七八株
五日晴潊可行晨出看花午攜女孫看戲無入處還過芝田道逢胡尙志
天陰欲雨還家果有微雨寫韻裁花夜雨不寐黃生求書與凌並復緡
子一片
六日陰道溼風寒閒居寫韻夕赴逸吾招陪又銘朱肯甫從子李仙兒伯張雨珊楊
南農同集談孝達不行輪船及裕三當封侯云云
七日晴寫韻午睡筠仙來笠僧鄭甥來同至龍王宮左相祠陳臬寓而還
爲功兒改文二篇
八日晴寫韻畢尙無部分論音繁碎殊不易簡姑置之笠道二僧來
九日晴晨攜復真看牡丹尙未拆蘂入浩園不見一人至張雨珊處小坐
還午詣黃家言招贅不便遇李犮琴誤以爲李介生詢之乃黼堂令彼

代媒因往拜之與黼堂久談還家已暮梅生來便答之
十日晴犮琴黃松耶來言已賃屋迎婦明日納徵新撫入城門館寂寥似
簡於交接者
十一日晴晨起筠仙索書爲劉時暘干豹岑依言應之午初衣冠待媒人
小雨時作幸未成滴申初易郎李弟始至客去小愒未夕食夜門牌胡
郎得會同教官㝉女怱怱歸去
十二日雨晨輿往郭家吃麪陪客二李一蔣二張來客一富壽官一壽紹
蒸冒雨還鏡初來云有病不能覃思蓋思銳則苦也雨珊來鏡避去雖
不喜見俗客亦心褊之故命功兒寫喜對送蔡姪昏賀遣蓮弟還山種
荷藕
十三日陰看兩女作篆見郎來久坐沈賁甫復來遂談半日夕食後甚倦
乃出尋鏡初談至戌還

十四日晴看滋女作字竟日筠仙送嫁貲兼訂閱卷館其意必欲爲我致
謀余不得已從焉復書云公之愛我甚矣然知我則未也不受助敎而受勵錢文義自相違反
十五日晴路潊可行竹伍來甚健步因自送之至又一村還王生來陪媒
甚早至遣功兒陪坐一時許至申余乃出又久之易仲惠李稺蓁來酉
初入坐戌正客乃去
十六日丙辰清明節晨出看花午舁出城上
墓還過竹伍舍舁步歸少愒赴右銘寓陪督撫旣至則唯祭酒吉士而已
談時政示前年致卞撫書將以解朱純卿之疑也夜月甚明逸吾邀過
商農聞二更乃散
十七日晴滋女送裝晨起檢點午至廣通恆陪譚陶左李三王看戲演段
甚有精采二更散攜三長女看月
十八日晴大熱滋女加笄胡三嫂執其禮余無事出尋鏡初竹伍談還欲
從東還遇張撫從而西欲窮所往望塵不及乃還項漢未遇時俱觀秦
游余老矣猶喜觀盛鬧童心未忘也豈有覬耶彼可代耶夜復與諸女
看月片與裕三問左館
十九日晴大熱未減午正李易二媒賓來未初黃郎來迎女家人習於俗
不復問禮節余亦任之未正滋乘花轎往余未往壻家則古禮也
廿日晴愈熱樓中亢暘幾不可居看王伯厚紀聞及近人箋注至申乃出
謝客十餘家還少愒已夕矣仍出謝客兩家至東茅巷黃四嫂所租許
宅會親唯樓生及陳淀生二人作陪黃氏復衰矣酒罷至新房看滋意
尙怡悅卽還
廿一日晴遂可單衣看申報景韓遷閩藩彼爲滯缺未知能開府否竟日
如五六月氣候夜忽大風驟雨四面漂搖幸不在船舫中
廿二日陰涼看王紀聞有似兔園册非著作也而本朝人多效之紹鹽道

來訪謝未見文卿來久談竹伍繼至筠仙後到設饌談宴賓主甚洽文卿云久無此樂矣然頗提衡節鎭有歷詆之詞而於新撫無間焉戌初散點禮箋一本

廿三日陰夕雨連夜今日癸亥耕耤出東門覓農壇不得憶在南門問蘇三云在北門可怪也生長省城不知社稷壇壝亦殊可笑朝食前攜兩小女至撫轅遣復詣醫畫痰核還食復攜真看花春事闌矣午答訪紹實䓗蓀云係乙卯同年其兄壬子同年也終於理藩院郎紹祺耶談緇譯及史學不知公羊爲何書而自言報銷案無腥羶似是自守之人龔鎭索挽聯甚急頻忘頻督夜乃作之力戰定諸蠻至今甲馬靈風應共席幾聞籌肥中山悲訪舊那更鄧援暮雨領今江漢失干城以祝金蓮殉死故末句及之繼思龔氏或諱其事又改一句也與書惠同知

廿四日雨陰新壻來見滋女還覲請陳伯嚴及胡郎陪新客內則無設舊

例也酉去

廿五日雨蘇四送蒲桃一本植之井闌滋女轉𨛬岱女亦去家中檢料室物一日俱畢不爲勞也

廿六日晴新移花藤欲雨南中舊少春晴而今年雨稀亦爲異也竹伍來謝譜序張巡撫煦來謝未見晚欲閒步而無所往乃過右銘欲要詣筠仙頃之陳裕三來久談已暮乃還看𤺥緹作鹽蔬手自料理猶有婦工又云岱女當從往會同初出窠也

廿七日晴熱午出弔龔鎭答張撫還無所作欲出無所往夕尋笠僧不遇遇素蕉還至本街乃見笠步於前則與鏡初同行見過要至門又遇瞿海漁同入閒談然無愜心語以三客不相類也蘭蘭奢奢汎應而已聞黃合生死矣

廿八日晴熱午雨旋止小疾昏睡竟日鏡初有約不至

廿九日晴煊單衣猶蒸悶看惠棟漢書注今此誰賊文理不通信元和上員之陋也生員翰林本朝無通人積習移之使然亦猶進士官少能吏彼拘墟之見重也然則舉人乃人材之藪宜克齋季高偏貴之

三月庚午朔晴熱岱女回云當往會同壻亦來辤行與論學校但可獎善而不必懲惡佛光所照冤苦得解而君子所至多所不容得守一官治一方其民士苦矣徒能苦所治所不能治者恣睢自若也人亦何苦爲君子之民吏哉故居末世唯有弘奬先有司赦小過舉賢才正是此意此非閱歷不能知始聞布穀夜半風

二日辛未穀雨旦雨大風遣問重伯行期報劼剛之喪滌丈長房遂衰矣西法不教子死遂無復負荷中國未慣見此不能不傷凡恃一人者當以爲鑒然鄧禹諸子各執一業亦無聞者則又爽然也午過文卿集飲陪客爲俞唐陳郭朱陳郭皆文故吏也夕散詣逸吾談文卿少文蓋自

謂有文者

三日晴晨詣浩園復不遇人午至西門詢竹伍行矣過鏡初談固窮余非不乞食者而窮亦甚蓋猶有所擇若不擇亦未必得食也然則雖窮死不得爲固窮其不求仕亦無門耳又何得言固耶直論才望則可附古賢耳鏡初甚富而亦言固窮則是以不遇爲窮殊不與陶令倫滋女還送岱行朱雨恬來甚有老派言陳鳴志起家閩糧與犇弟同湘人信多材

四日晴熱孺人率子婦還母家檢點行李至午乃發長孫女生辰其母遽去悲啼思親因令紈放學陪之土木工紛紛皆令散去蘇三辤往江南附書趙翁令隨曾郎去頃之人還言曾船已發夜驟雨旋歇

五日晴熱竟日單衣放遣人匠方欲靜理常壻來無房可居處之外樓竟夜蒸煊無一刻涼爽

六日晨起始熱頃之轉風稍稍風壯氣涼至午後復可重緜矣風吹樓如欲飛然安如山竟日臥看小說陳定生賦賀筠仙人出三千搜家中乃無有城中奇窘也喜不與商販接差云淸寬耳夜食菌麪過多

七日陰雨復寒可裘看雜書補注喪紀尊長臨喪之位略如君臨臣之節此皆向未致思者信講習之易疏也

八日晴晨起有蜀使來言鍾氏送玉岑柩還正在窘迫意外增此勞拌又費撬布也命中不得刻間非行之悔典束帛得錢六千賫之

九日晴朝食時覺飽悶昨夜食粥一甌耳遂傷食亦一奇也周德茂來言鍾堉送柩並呼㑹遺孤出令告外家意極肫肫也出答訪沈長沙朱永順何布政皆未見過李稚蓀蓮海郭見安見安遺詢輿兒蹤迹始知盜鈔經解題與胡九同作蓋九所屬也往訶之笠僧來報雲琴之喪比喪二卿殊爲可惜留之固自勝新進者亦國之瘁也還出西城尋周客不

見過少村還船便詢及止云尙未定少一來石珊報蓮弟妄爲與書訓責之人事悤促心殊不樂因出尋筠仙遇黃觀㬋老矣不復相識過答李果仙夕還徐巡捕來未見見鍾堉帳簿料理井井意殊可感夜作書謝之

十日晴煊徐巡捕復來致巡撫意云曾在劉故撫處相見滿口湘話不知何許人羅肫甫來昨過之故來謝片與王生鳩楊爲功兒還昨因文卿言復思得南畝專指耤田南東則天子諸侯之分記曰天子親耕於南郊諸侯耕於東郊誤被左傳用作典故反沈霾其義矣左傳不解東畝爲何意而云戎車是利晉之至齊豈亦盡東畝耶然則齊伐晉戎車不亦利耶若以出境乃利齊獨不可先徘其利欒之境上耶此時未東畝何以晉亦利謬剌殊甚乂解君子車庶以易睿庶證之亦爲新義

十一日晴作詩送陳明府移藍山飭兒女檢書將往山莊夜大風復寒

十二日陰晨鶊曾祖妣生日遣覓船不得大風動屋令功兒覓舟云明晨可發將下行李雨至遂止夜爲竹伍作壽文

十三日雨昨船已發更覓一舟大雨風蓮弟來襆被均下牀几皆空遂令瑠居　室余居寢室

十四日雨大風少息晨攜懿復眞同行冒雨登舟午後始發至縣城夕矣遣戴僮送詩片蓮弟買食物約在沙彎相待既至舟人皇皇欲行復移對岸俄呼一撥船亦皇皇相從蓮等尋船呼聲甚急遣迎之來卽刻移船月明風定復還沙彎

十五日晴陰撥船不欲行檥半日換二船至晡乃發改高宗肜日一篇泊袁家步

十六日晨小雨午過姜畬晴迪亭許甥來各取志一部去晡到山塘亢又

睡瀾漫攜懿復至莊熊嫗眼角青腫石珊弟怨我以蓮耶云云不知事三字足以盡殺逆之變理固然也少一委工徑去亦不知事之馴謹者夜摒擋房榻有似遠歸半寢再起雞鳴乃寐

十七日丙戌立夏晴看元史耶律留哥傳似已作贊尋之不得可怪也姑再作之夜鈔書一葉開枝來病有起色

十八日晴看史未畢開枝與其親翁劉姓來談志事因同至劉佃家晡食夜覺目昏因停鈔字月明人靜春色猶濃掩關暫眠石珊喚我未起也少一木匠俱去遂無工傭矣

十九日晴看史淸纂字典臣兄來余詢何早云今日葬從弟睠七耶方悟族兄之喪往魚形山看之十二弟已至柩窆矣臨穴哀之還莊三族兄弟同來小坐去夕食天陰攜兩女再往則俱食於佃家少坐覺將雨遂別而返夜微雨

廿日雨蓮弟昨告去曉遂不來以爲去矣遂無人炊煮昨飯食之石珊往魚山喫雞去昨約我未能偕也看史作贊

廿一日雨竟日看史淸字蘅寫存者千不得一獨部首存十之九蠹黏綴之

廿二日雨看史淸字蓮熊悶炒斥之不止遂絕不與言此事不必怒而不可忍余於此大有涵養留蓮如故

廿三日晴復真始仞字每日便可逾十真心較靜細也元史贊畢理其先後便成一種著作矣繁瑣爲各史之冠而文較雅飭碑銘之力也出看溪漲已消

廿四日雨瓦船至傭工不能運致魁孫之從父來言訟事亦斥之不止此皆人生應有之磨難檢元史尙餘三本須補贊

廿五日晴運瓦船索飯無人料理唯恃熊嫗一人內外支持真有乘人之

用方知鄉間取婦不以貞順爲美作贊理課蕃子復來乞食

廿六日晴昨夜擾鬧未寐晨復爲瓦船所喚起開枝遣兒來約早飯强往吃粉蒸肉還看史瑲我釟女來一時總集幾無容人處布置頃之已定

少三來云其子墮水請石山診之趙甥來作元史目錄

廿七日晴朝食後有雨熊嫗去午晴熱元史次敘未易整理粗爲條列尙多牽綴也彼本隨得隨鈔初不任咎以史法求之乃閱者之過耳石珊往石潭去

廿八日晴日烈氣涼靜坐尙可夾衣始鈔贊成草本計一百廿日始閱五十本如此則廿四史亦只須十二年乃今已廿六年作輟之患如此本不欲看明史因此復取點勘之未起手祠族三人來送采訪册留飯去石珊夕還

廿九日晴晨有雨旋止極煊皆紵衣寫對四幅作雲峯菴扁字筆小不成點畫重鈔元史贊

卅日晴開枝遣兒來舁諸女命瑲往見之文柄來致五嫂寄兒書蔡家遣迎瑲去

四月庚子朔晴風昨夜相驚以盜半夜不安寢真女暴疾小便頻數一夜十餘起晨命瑲檢行篋飯後去懿兒思母泣臥不起以在情性中任其靜思鈔元贊二頁真女仞字滿百矣內則教子六歲以方名今學僮趙紙書字一一切之盂逾千則誰自讀奐溪律當諷九千字亦未必一一盡識要之愛歷急將取個成誦求若方名散文識之會而易數也

二日晴熱煩悶殊過三伏至異也鈔史贊兩葉檢明史尋楊應龍兵事在萬曆年吾家舊譜云避楊亂者誤續修並削之則矯枉過矣夕看晦若書札因作書寄之房中熱不可坐又蝨擾移榻席林中寫二紙並寄伯述書

三日陰熱稍減猶似六月今日壬寅小滿遣工開甽翻池種蓮芰午後雨

馮甲擔荷還自看種之元贊錄畢放學半日懿復疾三日矣

四日晴始點明史前贊失去更作之種瓜芸菜

五日晴點明史迪子來許生送雞肉餅餌正思溲麪頓食二枚久不飽市餅矣夜聞犬吠城中傭嫗夜來得篔仙雨蒼書經課卷到明史餘十餘葉未能畢工也

六日晴看課卷幼二族子來攜其長孫云孫婦被父母奪嫁書與子鋕謀之遺孫去留二宿

七日晴看卷畢幼二去定等弟無一佳者强取五本略有思路者鄒子翼兒代立自命通材實無所解然諸生中好手也與胡氏爲伯仲

八日晴遣懿從蓮還城並寄北書午去看明史晡後北風

九日雨寒可二緜石珊疾臥一日牌甲來查團繼迹支離一翁攜四女別無婚屬干盤詰也看明史並補寫方名整理譜系日課較勤

十日晴稍煊改許甥文看明史寫方名倍書鈔譜劉喜翁來送志一册

十一日晴晡後風雨看明史未畢張子持來坐一日夕去遇雨矣寫方名倍書未鈔譜

十二日朝陰午風寒插芰拔紅藕看明史 昔余悅水石所至臨泓池軒閒夏靜且長起坐涼風間明漪朗期余 目侑芰助芳鮮以茲多所營館宇亦一山信美豈不勞嫣來歸故園芊挾始欲蹋幾紅中林爛類有情朋挽躍湖愴懷環來幽久不理叢絲婪 可劇東溪移芙蕖西澗植嵐罕新闢澁情此芳意留春蓮有情藍余私依倚此日間風物既香有方情盈寄塍

十三日晴看明史爲復真仞字爲紈倍書

十四日晴紈生日放學一日看明史劉喜翁來寫扇一柄蓮晡還云從靳口奔馳百四十里爲梟索課題可笑也飯罷出題遣譽子去家寄枇杷來

十五日陰

先祖妣忌日看明史素食不他事夜雨

十六日雨寒看明史仞字倍書早畢始作譜稾序二世事迹

十七日晴作譜稾看史仞字倍書如課

十八日陰晨出聞雉雊行山林閒淸潤宜人蔬菜乏絕至戴鬱謀之恰有三百靑銅錢已覺富有看史仞字倍書如課

十九日晴譽子還得彌之兩書書振五書外書來求調劑並寄家書遣送去得錢三百潤子索其弟供給因取入公大富矣

廿日晴看史課字書如額將還城覓錢遣覓便船云無有也

廿一日朝起最早詢蓮弟虧空及横逆本末許穀十石助之令別居本圖續外家而反得惡婿慮此經營也看史課讀作譜稾石山昨出今還土工將畢

廿二日大雨竟日又二攜孫芒芒來云徐子鋳有書特走送而又失之方知鄉閒人情狀眞可笑閔論譽之去廢我半日功夜與書文卿

廿三日陰晴蓮弟告去因令送譚書盛佃孫來致子鋳書云捐項已繳求改削而已又云進士報至未詳其衜午閒少眠醒聞有人坐我坐上石珊舅也夜乃見之云湘潭未中人劉孟湘來怱怱去

廿四日陰晴留張翁住一日劉孟復來開枝繼至垣牆始畢工亦有匄者來飯罷四兄來約明日飯看史仞字如課撰譜稾成一篇

廿五日晴欲至昂角塘畏日小坐看史寫扇過午未去已遣催矣芒芒往則孟開久待飯罷石珊先去余三人少坐雨至復待霽而行半里大雨溼衣開枝面如墨避林樹遇谷湖傭工令掖行至毛坪坐馮姓家姑婦款客二子俱奔走延納待昇而還

廿七日雨竟日看史點書課字木匠來取工價亦留住設食日斗米乾元送來二石聊濟朝晡耳鄉中以食聚人耗穀不少家家習然殊不計也幼二復來求助諭之不聽遣之歸蓮弟還送來五十金及課卷二包茂修復來求助亦揮去之看史課字如額

廿八日雨看課卷竟日僅得九十本夜蟲擾擊之

廿九日雨遣覓船下湘未至看史課字如額屠人來索肉錢以十千與之並遣二匠去頃之還云無人換銀仍存開枝處飯後劉廿七來待諸女畢去乃登舟已夕矣未昏即至湘潭大雨不能換船遣約子鋳來遂宿觀湘門下

五月己巳朔晨朝大雨相繼午後乃至草潮門呂生待於家入門見妻病心甚煩又未朝食不能與談久之乃定晡後看申報送藩課卷去

二日庚午晴看史課字午睡畢復點史竟一本作書復文卿送還百金夕詣鋳仙談俄還見對門酒爐作餅令取肴湯試之待至二更乃至劣不可吞諸女又睡與兒還

三日晴看史半本令呂生代閱課卷晡後出城將上湘大水逆風船一夜

不能至自擲樸被還令戴明試往綺仙亦梧來談綺送徐卷金

四日陰雨煥涼不定晨聞呻吟聲以爲婪病將至頓覺氣滿體甚不適自

辛巳以來自謂忘哀矣遇急仍志懣氣盛哀情故在也遂臥半日

五日節癸酉夏至雨竟日看史半本忽然不樂罷之過午乃祀

祀

廟作書寄復雨蒼滋女還即去夕食孺人仍出坐亦能終席夜早眠真女

復小疾

六日雨看課卷竟日果臣子峋義來爲其從弟求書干景韓也詢其兄死

揚州矣恨不能早振之

七日晨雨密如霧咫尺不見人看課卷竟日定等第畢送去李佛翼來

八日雨礿祭齋宿雨止亦未下樓偶繙法苑復真仞部首字畢計四十五

日得五百卌字日多二文也

九日晴妻子俱病至午乃饌具行事竟不得食禮成解罷小復行游至鏡

初處談遇胡杏江還飯半盤今日迎藏經城中始有佛書

十日晴笠道二僧來鏡初來看明史仞字夜與呂生樓上雜談

十一日晴熱看明史食豆粥與嵩瀆敬甫片復笠仙寄僧來

十二日庚辰晴朝食後出答訪徐巡捕詣笠僧不過子寅來談清官始來

見搢子來夜過一梧談黨事看明史半本夜熱

十三日晴素食獨居張打鐵來

先祖忌日午後設薦汗如雨席研香子來謝未見研香與余頗相知今求

墓志其人無風趣墓志文不能佳不願作也碑傳則可而諸子不知文

故辭之仞字讀史如課

十四日晴熱程郎書來請余游衡並治雪琴喪本欲去因令來船待一日

諸處當弔者多大作挽聯雪芹云詩擅向名家匠助柴瞞然丹留畫苑梅花頂棹船欲櫂御恨失雄老矣

懸戲江南日戰功劼剛云海外十年宦軍國多艱臨朝未遂運籌相門三世業文章繼起史館新除作傳人俊臣夫人

云勁儉著聞育列戟門高近宮諸邪班樂近雞碣增烟腿嗚筍歸早承遲故里卸紳仙研香云書生大將閒時郡獨與君論戰識兵

機轉駑伊先公史傳功臣第一少伯千金當世豪更留室藏移軀名士數多不爲巢傅家宦頓太寒仿又得力臣三子

赴未能作誄以二元代之

十五日晴風涼晨起欲出紛紜久之近午矣出城至開福寺陪綺仙文卿

及逸梧幼梅飲陳程初爲主人竟日談笑甚歡還家晡食滕緹病復發

憂之煎心天不許人極樂也夜坐樓上甚悶

十六日晴晨起發行李步出朝宗門登舟即行南風甚壯正似甲寅水師

艙船時爾時與曾彭旦夕謀話可憂可樂今故人殆盡矣風日依然山

川如舊惜兩君不再見此留與閒人歎賞耳點明史二卷大睡一日夜

泊昭山下行六十里

十七日晴午後至縣城未泊泊十六總搢子登岸使貴孫來言訟事揮去之移泊鐵牛步行五十里點明史一卷

十八日晴點明史二卷帆行四十里纔行四十里泊空靈岸夜風不涼始

聞蟬聲

十九日晴陰點明史二卷行五十里泊朱亭

廿日陰稍涼點明史一卷爲沈子萃書橫幅因作即景詩一首遺贈朝晴光朵夏氣

昌明烈烈凱風吹嘉禾應時榮長興出郊周官路始南行清湘止安瀾黃淑已復平我行非紙役沿泝覽回榮青林歡典陸涼耳唱嘽聲萬物

各有性通時豈勞生念昔水軍居盛暑促治兵哈我今日逸山川尙縱橫長日不可虛沿波更相迎顧已忽忘老沈吟洲渚情

廿一日己丑小暑陰晴搢來明史點畢二旬僅六本須秋初方能補完也

且補三贊昨宿石灣今娟躐栽得六十里泊楓樹望夜得涼風比日甚

倦不能眠殊負此困人天氣

廿二日庚寅晴寫字二張纔行甚速午至樟木寺得小順風晡後至湘東

岸彭家以昇來因入弔雪琴孫見黎張唷官熱不可坐渡湘將至程宅

云商霖東洲去矣就俊臣談遣招商來與同至其家宿舊寓齋
廿三日晴晨過湘訪丁篤生彭宅代主者日高春還云俊臣已先來頃之
復至作竟日談賀子泌兩子伯勛仲乾及王蘭臺族兄世輔桂古香沈子粹
篤生張副將來屼樵及其從子並出見
廿四日晴熱俊臣子子翠渭春來吾以渭春為童生與言考試事後詢之乃知
縣且已得缺矣陳培之來為雪琴作行狀低頭則汗罷之夕過俊臣又
見其二子云九子九女也
廿五日晴熱無所事俊臣招飲當鋪酒罷論程氏兄弟參商二人皆有意
見產已析矣忿猶不平可怪也式好為難吾前見二鄧二劉後見春甫
二子皆以為必和合後俱齟齬固由讒嫉之入亦清議不能維持大要
一才一不才乃可安兩賢必相戹耳
廿六日晴熱吳少芝來賀子夜來求作其父序傳作行狀

廿七日晴長日坐鋪殊為鬱鬱屼樵設酒當鋪俊篤同席熱甚未飽
廿八日陰稍涼作彭狀無文法信筆所至而成之自然有波瀾亦不惡也
商霖請俊篤段懷堂來陪夕食食時復熱
廿九日晴彭狀成過萬言初未嘗檢點後乃補述譚張一案卽前日記所
載包公案也此事盛傳於江漢後查樊口不劾李督聲名頓減蓋雪琴
亦侮矜畏強人外能緣飾耳孔子所以有見剛之歎
卅日晴涼賀子來俊臣來為鑄郎改課文寫扇四柄俊論日記無事可記
遂已之此正不知日記之用專防人每日無事也無事而必記則有事
矣連日看俞蔭甫雜鈔亦有可觀
六月己亥朔晨料檢諸事皆畢重校彭狀改定赴書俊臣來談一日湘鄉
校官唐翁同朝食復設加豆庶乎乾餱不愆者吳少芝張子年來午後
常蓮生來為彭作主人設酒相待燕菜燒豬非禮也三辭四辭五辭六

辭不能免丁篤生亦來肴饌極劣又甚遲延食竟已夜濃陰北風出門
畏雨凡三返雨竟不至乃出柴步門俊臣必欲步送下船苦止之不得
起兵時同袍稀矣猶有勸捐之筠仙所員李小泉書辦凌姓門丁丁桂
營官楊載福此外知姓名者蓋鮮夜泊石鼓
二日庚子初伏晴涼半夜行平明過大步午檥雷石晡至石彎下遇大北
風似欲翻江倒山雷雲駭人以為當澍雨急避沙岸小睡醒則風止雨
霽雲無去所飯熟開行正似黃粱夢醒時作一詩寄俊臣云初伏驚秋早歸舟臥
曉風所嘘人盡倦不共水流東江海無窮事曾胡百戰功與君閒話盡今夜聽鳴蟲補明史贊三首五更起看星
夏夜實不短然無風未渠順流放舟裁至三門耳
三日晴晨檥淥口買菜至漣口方過午帆行入漣未至姜畬大風吹舟疾
行昏過姜畬未夜便泊南北塘待雨久之不至籠鐙行上雲峯諓循山
下至一大塘未知何處復出巷口見盛虎界石乃知已過曲尺塘矣又

取西北行見略彴乃識途汗溼短衣復為風乾從劉家入十三弟迎門
詢知平安少坐卽睡新粉壁甚涼蝨亦絕少
四日陰晴甚涼晨起發行李遣壽子下省省孺人請工收拾打掃洗滌竟
日移居右廂
五日晴涼開枝來漁人獻鼈招四兄來飯開枝疾作舁去看明史一本
六日晴始鈔史贊暴書點明史一本蓮弟還責數之夜雨涼得朶園書
七日乙巳大暑陰看明史竟日甚竭蹶壽子還得陳芸敏孔吉士書功兒
言孺人病小愈夕暑俄雨遂涼
八日陰晴看課卷欲以一日了之竟不能久坐坐看百本起行已覺背痛
移席門口晚風甚涼不能久坐遂罷夜雨
九日陰數雨愈涼瓜不可食伏日所罕見也看課卷六十七本定等第以
童生冠軍長沙之無人如此前三名皆外縣生也復朶園書遣蓮送去

晡後小睡冷醒秋風早至
十日陰涼有雨點甚小晨起鈔贊朝食後點明史一本將稍休理譜稾張
子持來遂不去夕食後送客看荷花夜看月乘涼補昨點未畢傳一篇
補贊一首遂寢
十一日陰有雨點晨點史補贊鈔畢四本已夕典臣兄來遂罷熊嫗復來
遂亦隨還無人時得之亦害正將欲生事可閱也夜食瓜
十二日庚戌中伏晴正夏日光明暑氣未生亦佳辰也鈔贊遂及一日太
繁難理明欲減之午浴食瓜甚甘香惜太少耳已而涼雨全消暑氣點
史半本寫方名廿木匠趙蜴成工醮神
十三日晴木匠去點史寫贊各一本方名廿典兄來夜理譜稿
十四日晴點史鈔贊一本方名廿涼風甚快夜月逾明周皓人兄弟來雲
峯雪師師也後問田生云非兄弟族父子也

十五日晴鈔贊寫字點書如額𠻳蓮盛開折歸供雲理譜稾作先傳
十六日晴點史寫字鈔贊早畢夜月清涼將出登雲峯以無伴未果傭工
蝅蠶不足與踏月也
十七日陰日課如額午後有雨遣人至姜畬負米泥行甚困也
十八日晴頗有暑意然未覺熱日課早畢周田生來問學爲叩兩端忽暴
風橫吹雨入檐丈許雷電交至若有神物降庭足駭心目因客在未出
看奇景也雨止已夕稍倦小睡起作先傳
十九日晴涼日課如額補作史贊二首督工種菜
廿日晴稍熱日課如額馮甲總送豚蹄雞鼈姜佃來求貸云食穀罄矣其
母病恐不起巫禱多費不能支也夕登前山訪周蔭雲已去小試惟田
生在耳
廿一日晴午南風大雨有雷日未點史夜乃畢之寫方名作先傳惟未鈔
贊耳前池未成時有積潦亦自汪洋淪漪
廿二日庚申三伏晴補鈔史贊及本日日課早畢夜作先傳子初立秋先
一刻雷電小雨過子方霽再起求火未得小坐還寢
廿三日晴稍熱日課早畢作先傳
廿四日晴日課如額皎日南風甚似蜀中宴游之景作詩追悼久不成章
數史書少點四本
廿五日晴遣問船下湘包荷葉肉小疾甲總來請明日議團規日課早畢
廿六日陰涼有雨午後晴至雲湖橋市會團甲牌官議禁煙盜昇往步還
日課如額
廿七日晴食米已罄借新穀舂之石珊云當先薦後食殺雞煮肉薦
高祖遂約開枝來飯典兄亦至飯後步至曲尺塘還則蓮熊喧鬧不已均
拚命胡言坐而視之日課已畢晚待石珊還小坐遂寢

廿八日晴稍熱田穀半登春作薦新粢盛蓮熊大鬧午始各散日課如額
更補贊一本
廿九日晴日課如額午後雨雷黑雲甚濃雨勢不大頃之開霽
卅日晴午後亦有陣雲小雨煥涼不齊尚暑蒸也日課如額悉鈔前贊補
作三首
七月己巳朔晴風涼日烈日課如額夕欲作家傳月生來少湖從弟也致
少湖書云楊銀已還訖夜作南大兄傳甚爲亹亹有情
二日晴點明史二本鈔贊寫方名如額月生辭去
三日晴補作史贊四本船檥以待未午行李畢發蓮婦辭去石珊還縣並
同船下湘午前開行戌初檥縣城石珊上岸余未能上卽開行半夜迷
道問篺上乃辨上下已欲明矣
四日日出到南門上岸入城還家點史寫方名如額夜訪筠仙云鼻疔未

愈不能見客也至陳伯嚴處小坐而還呂生來子夷來
五日晴熱點史寫方名如額紙書已生不能理也伯嚴呂生來聞豹岑之
喪嵩山地主蠱死不可游矣順循來言劼剛以內熱死
六日晴風不涼點史寫方名真復仞字功兒覆試去徐甥來夜與呂生過
浩園尋僧茶話
七日晴熱點史寫方名笠僧來今夜七夕諸女無所陳設獨上曝衣樓徘
徊風露功兒還云將生乳癰
八日晴點史寫方名周拐子來言蜀游事永雲兩族孫應試吾家復有三
人入場所謂慰情勝無者夜雨雷電今日丙子處暑
九日朝食時大雨頓涼看課卷竟日日課盡停
十日晴涼課卷閱畢點史一卷夕過文卿一吾談步月還永雲來居內樓
文卿云雪琴謚剛質古今謚質者一時思不得其人後乃知最直字

十一日晴熱點史倍書仞字寫方名徐甥來
十二日晴日課如額得陳小石書李作舟來瑺女眩仆頃之乃蘇
十三日辛巳晴熱嘗祭停課一日點史未輟午後合祭
三廟嘗新稻順循伯嚴夜來同出步月看盂蘭會已廢矣恩衣青朝服拜
讖時如昨日事已不勝人天之感看黎蒓齋去年來書從字紙堆中得
之初未知何日到也
十四日晴涼點史倍書仞字寫方名呂生來孫文昱來妻姪女壻也與一
朱廩生同見初無昏姻情蓋書癡害羞非不知禮羅抵翦楊兒來夜月
極佳得景韓書
十五日陰有雨點史倍書仞字如額寫方名五六十會意指事象形字畢
錄矣尚不及千文可知古字之簡定以無從者爲象形有對無字者爲
指事餘皆會意也如羊芈非不類指事比之上下則迥不侔

十六日大雨竟日頓涼點史倍書仞字寫方名如額永雲兩族孫去聽案
十七日雨竟日日課如額
十八日晴文卿來言捐振事並言其孫入學問鎔仙恖否久欲往看未暇
也點史倍書仞字寫方名已有日不暇給之勢許生取經得挑覆來尋
廩保呂生來永雲歸告去三婦遣人來迎賢母也兒不甚佳亦未遽不
才惜其失教耳因送之歸便過鎔仙云尚未收口已能出談
十九日晴點史一本明史畢廿四史贊畢功矣猶有唐五代二舊史未加
點始知點畢全史之難仍當以餘年竟之暫可息手若砣砣又似書癡
也寫方名亦可送老倍書仞字皆未畢出詣黃母女嫁後尚未往其館
如此過蓬海黼堂黼堂云寒疾不出便詣見郎而還今日見黃子湘久
談
廿日晴日課既罷點書遂無所事倍書仞字寫方名各以片刻了之胡子

正彭鼎珊兄弟從子來石如芝林留飯去烱羊絲甚佳竟日談話許生
入學胡杏江亦來
廿一日晴補作史贊三篇甚費安排始錄譜聲常用字日加十文見郎胡
子夷來蓬海來言冒籍事
廿二日晴作史贊並鈔底本竟日未閒倍書仞字猶嫌其擾寫方名卅文
欲出無可往呂生來
廿三日晴倍書仞字寫方名彭石如來順循來
廿四日晴壬辰白露熱王益吾來羅均甫來學書門斗來請廩保余乃謝
入鈔遂史贊倍書仞字均未畢頗爲客擾寫方名
廿五日晴送史贊示鎔仙兼託借錢復云不能也子夷喻洪勝來坐久欲
出晡矣呂生來未多談步至胡宅與三五談杏江來旋出至蓬海家午
飯約子襄見郎同集甚爲款洽

廿六日晴尋璺不得知已失之兒女多頑一物不得著身可歎也出答訪
五彭楊苐生訪鏡初不過還寫方名至陳伯嚴處晚飯
廿七日晴寫方名滋女還云上湘須緩一月瑞女復留三月待之行色已
成無所於事楊商農來求志書倍書仞字
廿八日晴寫方名倍書仞字作譜傳得李勉林書極無緊要去借錢二百
府送卷銀
廿九日晴看課卷竟日吾縣有許姓兄弟縣役曾孫也曰銘鼎銘彝或曰
振鵬經學深細文章爾雅差可繼我而起可異也詞賦則孫文昱亦將
成章縣中未爲無人
八月戊戌朔晴今日戒行閱卷未畢外間紛擾獨坐樓上如隔幽凡至午
後乃畢定等第檢行李晡命諸女登舟待飯至夕滋亦恭來與瑞俱至
我紈復真懿俱從移泊驛步門健孫從夜半嘅欲跡

二日晴晨送健孫去取洋鐵桶還已過朝食纔行甚速夕泊鴿厓紈懿溫
書未倍
三日晴微有東風飯行過縣始朝食舟子不欲泊余亦急欲至菲遂張帆
而過晡泊湖江口步還唯熊守房呼人力皆至姜家將葬去矣久之乃
兒姜滿令往舟邊日已銜山步出前山始見瑞我昇來懿與復真步至
滋紈後到已夜道士皆借屋安牀狼藉不堪糞除鋪陳夜分始得廓淸
又失去詩箋鋪墊皇皇求索開倉安置僕從至子始眠
四日晴理書寫方名補書贊二首遣懿弔姜佃送錢四百開枝來爲劉叟
送畫年八十矣云繪有孝圖求題諸當訪之刻工來議譜版
五日晴瑞當還衡遣覓夫役乃有兩班爭之紛紜久之始派譜子往送留
五人散役出縣借錢寫方名畢將行昇夫散矣更集之不得過晡乃行
至乾元刻工相待同行未至鳴卿鋪已昏暮昇夫腳本創而强夜行必

不勝役因步十餘里至立雲社籠鐙行無燭取賽神燭然之凡三換乃
至城入賓興堂聞倬夫來城稍喜待其歸與談至雞鳴
六日晴子雲來與言借貸事意甚皇遽同至解元家小坐各散與倬夫出
訪許銘鼎兄弟引愈湜訪賀故事以爲已榮也過楊督官郭積穀留飯
遇諸首事同出游城西北諸池秋光甚佳還稍愒遊楊園過葛伯喬純
平籛片要過土機設飲招妓三更乃散擕子甘月卿陳黃所狎甘桂卿
家人也言諸郎猥褻事甚習
七日晴陰頓涼悶坐許少卿篤齋來待子雲不來强借百千不得得廿千
買菜果還山與朱倬夫遊曹園還臥至夜
八日陰晨起坐上有人視之石山也意欲索錢謝以無有子尝來亦云極
窘倬夫約同還雲湖久待不行胡鳳藻孝廉來扳談見其眉宇以爲武
弁問蕭某乃知之云施補華死矣午後倬夫無行意乃獨昇出南門取

瓦亭道至姜畬飲許甥大八家家人均出謝設席中堂張打鐵鐵夾及
許生妻兒作陪日夕乃行至敗仙橋已昏黑從微月中行循山還山莊
未飯而寢半夜不寐
九日晴涼戴欒二族女久欲來嬉遣昇迎之幷遣迎戴婿及乾元二婿來
鄉以董祠事料理廚饌舂米備柴炭拮据紛紜殊未易集寫方名張正
陽石灰窯馮甲王明山子均來相鬭桂六子華二來調滋分鬭辭以不
往
十日丁未秋分晴華二還言石山不至朱倬夫來要過故宅王提督二子
設食並招周蔭雲來陪看房間仍前陝小提督樸質可風也其父繼妻
出見倬夫盛稱此事爲孝養云卒得其力以支拄大宅蓄鄉閒與城中
風氣殊絕各有市野士農之分飯罷還已暮城中人始回三婿猶未至
明晨當祭乘有諸客無人助辦乃請王一鼓刀余自主調和又無鑪炭

紛紜半夜

十一日晴晨起辦具鄰里來賀送禮皆辭卻祭品卅五未午俱饌許生乾元美二子開枝繼妻姜佃新婦俱來諸女祭半山祠禮畢倬夫亦至日夕余乃得食食亦不惡飲酒半醉倬夫去女客散鬭牌至夜分

十二日晴陰滋從羨婦去遣熊嫗送之始得安帖大睡兩時許寂靜無人王振生來雲峯二周及趙生暮來講經

十三日陰時有小雨始鈔論語寫方名點遼史傳補贊借錢開節帳夕衡州夫力還三女遣小婢還供母役並送鴨蘇得晴生書

十四日晴寫方名倍書鈔書點史六弟來開節帳借乾元卅千應之得半還耳蓮歸致程耶復書夜半滋女轎夫還

十五日晴中秋節點書一卷未寫方名看小女鬭牌雲峯周田來約看月便請午飯留其同飯先去待夜兒女拜節後月上乃攜懿紈復真同上

雲峯三女先還懿留喫茶酒棗雞甚美不似鄉廚坐客有李姓軍官左督舊材官也月將午乃歸

十六日晴熱倍書點史寫方名鈔論語理譜稿戴巒族婦來

十七日大風不涼四女均往開枝家懿獨侍讀日課竭蹶幾不如額爲鈔贊費力耳亦緣起較遲周田生夜來

十八日晴開枝來議放甑事過重九則土心不滋須及此秋暘也桂旱花枯灌之遣蓮送小饕去日課如額夜錄譜齒序

十九日晴日課如額史贊甚費日力每日點一二卷而已以文少亦已半畢也夜過開枝小兒女並從然炬乃得還周田生復來夜夢與曾徐李申夫談清言娓娓甚可樂也

廿日大風頗涼日課如額正欲他作八十叟師劉力堂來名光錫王君孺爲作生傳可謂荒唐也出畫求題並贈余四蟹圖尚能行五六里昨跌不損今日復能訪友矍鑠哉玉岑妻來送譜稟兼欲送神主漢人多事家家立主流弊害人雖不甚劇殊可厭也惜不得童佛菴來盜取之復女始讀論語

廿一日晴日課如額紱子婦來致鎮江書與書論之留飯去張子持來談考試事四兄來夜起看月星搖搖欲墮碧光縣若可摘奇景也

廿二日晴玉岑妻去開枝弟及映梅父來言叫雞訟事亦譬諭令去日課未畢木匠昨來鋪倉版

廿三日晴頗涼日課如額但論語一葉未補耳遼史贊欲畢功矣少則易成銖寸積之便不嫌煩瑣也莪過開枝家諸女暫去仍還

廿四日晴納租佃戶來五人每人半斤豬肉待之日課如額始作五代史贊劉力堂復來問獨行篤行之分張子持來取志書一册去

廿五日壬戌寒露始分芍藥移牡丹晴日課如額鈔遼贊畢作梁贊欲點句恐費日力但瀏覽而已以前已評點也莪夕還

廿六日晴日課如額蓮來致子瑞書送冬筍周蔭雲鈔禹貢畢來請點勘無所疑問蓋尚未了然也家中絕油一日矣以糜費故裁之亦又無錢也包工作甑傭者畢集木匠去

廿七日晴漸熱蓮去日課如額石坤二族孫來（名新字國楨）（名弼字振湘）云燒去莊屋來勸災也揩子來姜石來問比期一不應之周翼芸來

廿八日晴熱晨昏異候晨縣夕禪也日課早畢張子持來執贄辭謝不敏

廿九日晴開枝來看甑揩子去日課畢出游還看五代書頗有典故但似小說耳

晦日陰欲雨日課如額茂修來欲訴訟事不能開口乃偷穀菜而去

九月戊辰朔陰欲雨土工惶遽余云恃吾福力必不狼狽也然陰雲甚濃

殆將不濟看五代書作贊每日七八卷甚費排比方知隋前書有條例
日課畢尙早步答譚園總至昂角塘故宅僅餘三椽云九棟皆倒又云
九塘七灣十三壩皆王家莊業今存者稀矣從大路還皆平原曠宇猶
有氣勢
二日陰俄晴朝食後雲峯書生更邀三客來相訪留談半日日課如額蓮
來致衡書假得千金以百金還賓興堂如魚得水有玄德入蜀之喜也
三日陰日課如額料理工匠營造事遣散鄉傭看周鈔禹貢改張文田生
名得後臣書
來執摯夕攜三女至戴灣
四日晴未鈔書亦未看史以將入城也兒女檢書亦未倍書但改文寫方
五日晴晨遣䗙乘舁出縣待船至午後方遣兒女上船獨留久之喚少三
來交屋登舟過晡矣遇張生立談至南柏塘大風橫舟登岸復遇周生

送餅夕過姜畬屬𡛼子納糧還店帳給工價夜半至縣城正四更未能
登岸
六日晴黎明入城䗙猶在談家諸女竝往余至賓興堂取錢換船往石珊
寓同登舟待至午前始開逆風行久之夕始過昭山夜行少泊云至枯
石望矣頃之復行
七日晴旦泊草潮門入城未檢甕桑與循已至工力紛擾覓牀不得夜乃
支版爲榻不暇他事
八日晴孺人生日兒女賀祝女客亦有至者朝食後至筠仙處還銀李佐
周來少坐去作史贊
九日晴始復課讀竟日矻矻筠仙來與循小疾作史贊寫方名畢已夕矣
十日晴丁丑霜降與書裴月岑（鑑岑仁兄先生道席去歲奉復書與少荃同饋共歡情文未盡郎聞傳說不如意事蛇首從者勤勞道與宋實見徐鵑輒默無言顧意得道一甚深內外交養朝命夕冰必非善測旋由閩藩寄達一言及散歸忠書一部還信云誰節已過昨見 恩旨知許還鄉幸甚幸甚遂勿可喜山湘上秋清時物尤美山㟽水鄙或犯清密需蜀踞菌必多文宴親戚情話何減朋友之樂耶閩運今歲小築山莊幸可容膝檢點書籍祖皆卒攀明歲六十但可佚休憧山妻病困慣將先我幼子塞劣非復芝蘭然四美難并少安已足幸此生差無負也湖南清紀公所不忘若命駕來湘當送君還里手此奉候補寄志書）何竹孫來言閩事蔡家
專人來言棣生病危促其兒[illegible]忽忽即發夜攜諸小女過浩園坐月下
笠僧還要入啜茗今午步過桐石園訪鄧翼之彭石如來
十一日晴作書致景韓因令呂生擬陳太翁墓志日課如額鈔史贊索三
三箋於王逸梧亦爲芸敏索之甚急也
十二日晴作書復芸敏干壽衡舫仙改陳志寫方名孺人疾發獨居房中
甚冷落遣兒女往侍皆爛漫睡去功兒上湘次婦告歸省無人可使乃
自往伴焉終夜不寐
十三日晴晚桂滿城香不見花亦秋景之佳者王生引顏鈞來呂生續來
寄各書翼之來彭桐生來陳伯桃來送新詩午赴文卿陪楊劉兩公子

兼招楚瑛至夕乃散過何二少耶處已不能入矣夜月極明心緒未快
早眠今日停課一日接對賓客惟寫方名五十不可斷耳
十四日晴翼之來日課如額晉書列傳尤猥雜爲編次之未有次第夜欲
爲定之孺人不食三日矣病甚苦心神不安因輟不作夜未解衣凡五
六起三更後西門火登樓望之
十五日未明起問瀌緹爲煎藥令代水飲出賀黃母生辰卽還呂月峯來
久聒而去飯至不得食甚無奈何呂生言瀌緹病欲減矣神氣果清日
課稍密
十六日晴妻病實未愈端坐憂之陳伯巖來强一出則文擅湖胡子威彭
石如相繼來日旰客未去避入寫方名看五代書不復能細心矣呂生
往鄂去夜鈔論語
十七日晴日課聊點綴而已作劉希陶書還銀十二斤又復子瑞書功兒

還至李佐周處遇蕭文昭感寒不慳慳夜睡頗早微雨
十八日晴日課不如額以史贊無頭緒笠道二僧來同至張璧翁處還劉
銀獨至但館還銀無人收領乃先還黃郎百金步還夕過王顏寓談蜀
事
十九日晴日課始如額凡煩瑣文字遲而理之自有條緒但未取歐史校
余所排比有同者否獨坐堂前羅順循偕陳伯巖來言迎醫事出答訪
左楚瑛劉人鑑彭石如陳伯桃呂前縣訪鏡初胡子威李幼梅還尙早
次婦還至周祠看戲入僧舍茗話
廿日晴
曾祖及
先妣生辰設薦畢餕湯餅幼梅來求作其母壙銘日課訖妻喘頗甚游
以寫憂訪雨珊不遇過伯嚴小坐而還滋還省疾

廿一日晴燥甚終日麪食日課早畢妻病未加夜間心始寬妻家使來云
妻父病亟又增懊惱余生平無伐檀絕糧之事唯以人病厄死喪爲我
禍罰每聞一人病如捕役欠戶之逢比受杖如是者亦數十比期矣覺
刀鋸不足畏也
廿二日曉未起輿兒來云母請余往入室則無言心知別矣無可奈何日
間未變證猶以爲可延數日日課雖草草仍如常程夕稍寐覺不安輿
至云病革矣往視已絕兒女痛哭余不能哭乾濟而已然比期從此斷
終夜皇繞以報之元微之所云唯將開眼報未展眉也一時不知計所
出請彭鼎三來問之黃氏壻來
廿三日晴遣赴親友沐棺辦斂具皆功兒自主之顏伯琴王鏡芙瞿海漁
張雨珊胡子夷子政彭石如鼎三李幼梅郭彡孫陳伯桃伯巖羅順循
肫甫李佐周胡子勛子威黃望之朱秬泉黃壻楊紹六並來弔郭見郎
陳定生瞿石嗣來周郢生兄弟吳少階來海漁子夷健安石如黃郎均
待大斂蓋棺後乃去散已夜半矣
廿四日晴治服掃堂郭少大來筠仙逸梧李輔翼來弔湘孫回儁五送之
兼來弔
廿五日壬辰立冬成服弔客別記助奠者海漁畯五順循伯嚴陳伯桃申
正夕奠畢送客闔門各就喪次成服時汗如漿但衣夾耳
廿六日晴愈煊稍理書樓坐樓上何伯元特來弔
廿七日晴南風極煊但可夾衣遣赴三女及辛眉程郎作史贊夜雨蓮去
廿八日雨稍涼寫方名作史贊大風吹樓岌岌搖動
廿九日晴始寒寫方名作史贊檢歐記勘之但覺榛蕪滿目史才信不易
如我所定甚有頭緒未費一月功也考朔奠儀未言朝夕蓋朝奠不待
言記云不饋下室是廢一饋耳非竟日不饋也

十月丁酉朔晴作史贊設朔奠周笠西特來弔寫方名看課卷十本
二日晴五代史閱畢竟日鉤考隨閱隨作贊未遑他事至夜畢工自己巳
起至今廿二年而孺人不及見矣沈思專力時髣髴聞謦欬者固由新
喪亦精神散漫老態使然夜暇無事看課卷十餘本
三日晴日課久停當專看課卷心忽忽不樂困眠久之見郎來閒談去後
始稍伏案看卷廿餘本寫方名已夜矣元壽二子來欲混喫也斥之去
四日晴看課卷寫方名與書問與循喪事遣戴名去李幼梅來上香陳總
兵亦來
五日晴熱寫方名看課卷畢張正暘來弔衡州信來送彭行狀及譚郭書
正暘夕去
六日晴熱定等第寫方名郭巡捕來弔滋女還應七夕奠後去夜有雨至
曙復雨

七日晴熱文卿薺叔衡曹東瀛來弔戴明還云蔡家正治喪十一日還殯
當往赴之辦祭軸作挽聯善門積慶更恢四文雄一世子掇高科繼顯黃髮盡不陰功共識奇才甘蟲老孤女終身勞闕育滿靈六旬歸娘八袠奈霜瞻像後遺命至獨扶殘噫迺寒風可謂熙伯造哀哀之至也送課卷
去寫方名
八日晴將上湘待奠物未具留一日寫方名夜微行出看楊宅喪具郎遇
陳德生尙未知余有喪背殯外出必當彰露可畏也行還壓痛蓋拘坐
半月餘矣
九日晴但少邨來以門不容舁謝未見發行李舁還但百金哺後登舟忽
焉已夕舟人有待不開閎臥倉中半夜始發旋復艤舟微雨晨至城晤
朱卓夫雨少止念呼船不能到舁至姜畬出七里鋪誤行新橋路久之
舁夫乃悟急還大道至新店夕矣步度陰泥滑甚從石井鋪請人引路
籠鐙取山徑至莊步行彳亍至門月明待鑰開而入鋪被卽寢

十日晴甚煊晨與顧工分赴姜畬及留家炊養匠人復來紛紜久之乃仍
原夫取南北塘道至姜畬迪庭買山地改葬其曾祖冊以二丈五尺與
之飯罷行至石塘見楊家門庭修整畦菜青葱無武家氣習又入邑至
蔡家入門臨喪不聞哭聲小坐唁問復臨棣生之柩小兒推排相撩夕
奠時稍一懲之夜覓宿處不得喪事總總亦太總總矣設奠外鼻悽然
有感
十一日丁未小雪晴晨待遣奠聞哭聲則已將載止門外久之客飯四輩
凡八十餘桌乃畢午初行步執紼繞岡原行十餘里乃至殯所去本屋
數十步耳白衣送者數十人皆徒行甚憊非宜也辭殯還莊中遣迎已
至飢甚促食食畢飛行傭工張六甚勇卅里不稍息乘月還山食粥畢
遂寢
十二日晴煊命張六壽子拚掃堂室栽海棠窗前木匠來議起門樓馮甲

周翼雲來借書經去姜畬葛生來不通姓氏余以爲周生也問久之乃
知爲葛云有詩卷相質城擔不歸待久之雜人皆散月明如晝不勝相
思閉門寢不寐俄稍朦朧聞叩門聲周六還檢書未失乃得安眠
十三日晨微雨已而大晴喪逾卄一日矣始濯足易垢衣遣人還家作書
畢乃朝食寫方名木匠復來包工周蔭雲來談夜雨糊窗聞曾九帥死
今年收拾紅頂不少
十四日晴寫方名始作譜藁田生及周來送陳梅根詩陳以詩名久矣乃
未成句今來就正欲實語之則不可欲虛奬之又不安未敢看也小雪澂衣夾深山復挂單月如春夜燈殘適喚光孤人靜空壁酒魂孤燈夢殘不眠虛閣戶萬一鬼相看仰訝冬晴久誰知爲幕儘無家虛鶴語有夢擾殷雷獨月壓勞轉羅帷已厭閑鄉雞不肯喚長夜恨難錢
十五日晴煊喬生來開樓門室窗寫方名作譜藁一葉夜月極明醒不成
寐

十六日晴愈煊寫方名張子持來三婦遣人來請示與其長子議昏還書
許其自定吳兒還云功兒出城看地夜未歸廬家中無人照料甚非宜
也當還守殯
十七日陰猶未冷寫方名迪子來送地價五十金除帳外存六金雖精於
算我猶獲利也留飯去同往樹山看地兼望行人置銀地上無過拾者
天陰似暮小睡起殊不夕襄回久之夜撰譜藁自此日課有恆二更後
雨精神漸爽譜成六葉葉可千言眉目淸晰又看陳梅根詩亦頗經營
宜其自負不遇師友枉拋心力作評語喻之韓門諸子郊島全賢各極才思盡詩之變然罕能媄之宋人雖縱馳如蘇黃頹放如協險未有能泥沙俱下者前唯李東川之歌行陸士衡之五言足當此四字而格調迥超不露筋骨元遺山水瑰瑋小品擬韓孟勁弓始復紛繹自揃變化鑠亦靈守飆尺徵作狡獪而已大作才氣雄渾綱藻奇崛恰欲鎔金入冶擣土成人但梅律細純位置無定又七言長篇一韻到底者可以縱橫鄉額成章者必須回旋一陰一陽忽闢忽合之境可以神會難以迹求集中時有敗難之處亦爲大家二字所誤數其下筆前無古人遠其落紙自頗賢俗自故取徑高奧寶不離乎本朝山北遺說取神不知神必附說自明以來優孟衣冠

之諸流隱三百年下至宦將黃檀而極矣究之諸家亦復自成一色非孤得名者彼時不可學則非叔敖彼時若成家仍招優孟立說自窮欺人自歎遂者宜早學之特彼以長雖而病安此以求高而更失所惜過猶不及也夜大風攪眠

十八日陰雨竟日寫方名百字作譜槀借米炭三子爲致之大風未息

十九日陰風止雨霽復見徵陽寫方名作譜槀市羊城中周蔭雲來

廿日陰仍煊但可緜耳方名欲盡日課須改加膳譜槀一葉石珊及華一桂八弟之子也來寫方名仍五十止五日已補足矣再待一日或當自下田生送火脯羊肩城羊瘦不可得乃知博士之廉故不可及

廿一日陰晨見日[illegible]雨連夜方名紙盡僅得廿七字理譜槀二葉夜煊半夜雨

廿二日雨竟日竈火不然至午始食蓮弟還云尚未到家周田來鈔譜槀一葉譜紙亦盡暫停夜課看葛生斯砥詩一卷

廿三日陰遣蓮還家令吳兒往姜畬覓炭二石獨居多臥寒日甚長晚得紙鈔譜一葉夜雨

廿四日雨竟日鈔譜槀一葉炭發不然至午猶不得炊族子代順來待飯兩時許乃喫四盌而去樸農也鈔譜槀又一葉猶未作夜課知山中日甚長竟日一飯亦不飢也又知山中食甚省

廿五日雨晨起磨墨鈔譜槀一葉周生來借書大傳問書義數條午後去復鈔譜一葉寒風細雨頗有雪意將夕小寒夜復煊蟲飛往來猶似初夏也夜夢至一處若云普陀巉巖纍積視之非石似多年石灰和泥沙積磊者又似有苔痕無徑可上心願登焉則坐而騰上每騰輒坐如此者十數頓回視右畔天空如濃雲夕照金光紅蒙無所見已絕頂矣復當下巖則有兩白光夾太陽穴提余下每下輒飛光夾焉如此者亦十數至一洞門光止門外照門內如白日門前一池內涸齟齬若供案若牆壁立石參差內云佛坐也池水濁穢余悲敬跪門外禱曰若菩薩慈悲水當澄清久之風吹水以爲有神變矣已而仍垢滋但稍開耳仰視見若梁上懸珠彩上網絡下流蘇長可五六尺高三四尺珊瑚珠結成亦古不華須臾白光飛動心知當還去復見楣上三四楄左楄堆珠成字筆畫如鳳尾凡四字惟第一璀字可識餘皆珠字文皆如鳳尾未及審視復有神光往來楄字移動皆世字也或真或篆或八分悉金書盡世字無他文愉悅而寤起而記之

廿六日陰午見日鈔譜槀竟日無人至惟石灰客夕來山中未攜曆日似聞今日大雪節也

廿七日晴頗有霜意鈔譜槀一葉過戴灣看石珊將梳髮無櫛工仍還前後二甲總來留飯去鈔譜槀一葉計日二葉尚少三葉

廿八日大晴盡補日鈔復得二葉明日便有羸矣挑甌五人來飯遂盡半月之糧朱通公子孫來送南瓜石珊來留飯至夕乃得食把火俱去夜看杜詩張元素本也廿年前猶豪士數年便成乞兒今死久矣夜睡半覺忽聞推門聲心訝偷兒如許膽大明燭不寐意頗皇皇既而思之重門盤檯爲民守也若闖入己室但當談笑處之無格鬬之禮遂坦然安寢

廿九日晴復煊木匠甌工並集呼葆初族孫來欲令執炊餓頃逃去張子持來鈔譜槀四葉

晦日晴竟日鈔譜槀成無意畢此一公事殊快意也天似欲雪復有歸思石珊來夜雨

十一月丁卯朔雨檢譜作者壽表張六還得功兒書欲以二三十萬錢買地可謂愚也思諭止之則嫌省費不言又非義方躊躇久之人方爲刀俎我爲魚肉而踴躍奮迅庖丁必以爲不祥之肉妻也視余夫也余不得視猶妾也非我也夫又聞峴莊督兩江夜便盤算兩江大政未之野

而擴臂余定非有學養人通宵不寐

二日陰遣吳童還張六送之石珊來告去飯後并發獨坐守屋竈煤火盛燒飯算幾炎上矣料理久之洒足澣衣檢耆年七十以上者並表之分七八九三等未便觀覽仍當改作頗倦欲眠明長張傭來叩門攪我不得寐子持送豚蹏雞魚

三日雨寫方名周蔭雲來講書送冬筍留飧去檢譜作葬地表迪庭送豚蹏烹之竟夜

四日晴稍寒寫方名兼補十三日停課所欠得七十字作葬地表

五日晴大霧遣送豚蹏與開枝周蔭雲來送經解爲改定之寫方名作葬地表夜陰

六日陰晴寫方名作葬表改張文復改周解說達大家達王較勝前說知心思多蔽不自覺也不問則不達未講學之故甲總來攪擾竟日

七日陰昨思值先孺人忌在喪當廢祭不可廢忌忌雖遠猶重新喪既皆素食仍存其意飭廚人蔬水而已寫方名作葬表成但當畫格寫之夜雨

八日雨寫方名鈔葬表精雅絕倫前無作者昨夜不寐今夜安寢不覺至曉

九日雨竟日寫方名王七篋來族弟也石牛壩房三十九叔之子名世德字廷秀云父子合致百千可以贍家有四子無一畝午飯將去大滿來少三亦來結帳竟日未暇理譜稾夜乃鈔集

十日陰大滿復來云還姜畬滿紳來言樵采事與迪庭齗齗云當自往爭之留飯去寫方名鈔墓表

十一日丁丑冬至晴始開側室二窗揭瓦重蓋鈔墓表張傭爲轎工田四急欲余試之聞當往 祠堂因請即行遲久之未欲往午日甚皎强行十餘里至史家坳中過瓦下塘有美樟余族故物也又七八里過炭托白洋塘逢一小兒導行至 祠大滿先在茂修從之辦飯畢清絕房祔主寥寥不及百坐男左女右分五層尚不甚淆雜無所得惟得六十六族父兄弟二主及心茂家主適逢故人亦異事也譜中改名甚多今乃知改名不知故名矣習非成是亦可歎也夕無天光閉龕暫息三裁父子及伍鋪諸孫來夜月甚明欲出而陰三更後大風

十二日晨陰朝雨左龕主已畢開無所得遂復藏之惟於粉面書記名字略掃塵土而已舁夫飯罷遂行誤登一山上下甚勞微雨如塵小松滿坡山色蒼茫亦有景物久之乃得故道則已過白洋塘矣午後至莊仍無人至大雨隨夕食後遂夜匠工俱去閉戶獨居寫方名八十三字大風撼窗俄而雨霽開門視之月出照地有影林木如畫

十三日大晴待匠作書架留一日夜月微寒寫方名作譜稾登樓清書汗

出透衣頃之復冷天氣失常如此三更後工畢乃睡

十四日晴朝食後忽忽下縣案上筆墨多未及檢至乾元小坐殊無章程至城尋迪庭亦不至與朱倬夫吳劭之談還石珊錢十千倬夫坐至雞鳴乃散鐙息暗談亦殊不覺可謂坦率者

十五日晴陰雨相雜夕見虹俄屈爲蜺晨興時遽行舁夫足痛未遑卹也既至彎橋乃覺焉呼夫力索錢三百又吝不顧至興隆橋甚憊强進至樟樹阾實不能前余又無鞋一步一納履乃易草屨渡誕登雨至復舁至大圫鋪喚一人八錢一里舁至黑石將舍猴阾店惡不可入又草鞋步進天色尚早遂欲趕城未至社壇昏黑矣出雩壇迷道復還行至靈官渡乃覺焉已暗又雨攜木匠踉蹌入舁夫落後時初更猶未關城不圖此生復見升平夜景也至萃和軒喫麪亦四十年未入此地矣還雨到家視殯未食而睡

十六日晴南風大熱地潤如春寫方名鈔墓表呂生來談徐巡捕來送脩
金將夕凍雨如伏日夜反風有雨
十七日稍寒陰雨方名寫畢
十八日晴出城看地小坡雜樹頗有幽致而右脚三墳可憎踏草遂還筠
仙送彭志褰來
十九日雨始定遣赴郭巡捕來郭見安來看郭志報伯寅之喪侍從遂無
好事之人可慨惜也鄉中無人料理遣招熊嫗往三辭三召乃定同去
張木匠送之
廿日陰欲往縣市覓錢亦附熊張以往日夕登舟船人以南風不發與熊
談半夜船人亦不安寢唯張鼾睡耳
廿一日北風帆行未午至縣船人給余登岸則十三總馬頭也正旁皇間
見一雲湖船亟移登之檥一日夜不發細雨廉纖一步不可行木匠辭

去夜睡始甜數月未得此差償辛勤也
廿二日雨鄉市均不可到再出爲難因舍舟呼轎至城寓賓興堂待赴人
云尙未至與朱倬夫談熊張自還山莊去
廿三日雨竟日呼昇往看楊梅生方有新訟者意氣消沮與張雨珊同飯
飢不擇食至夕與倬夫同還
廿四日陰陳伯桃來赴人至云昨夜始發又可異也遣還鄉雨珊來至佶
子家其長子欲下省會葬令約石珊同行少湖二胡之妻自稱六婿訴
其家事堂屋梳頭誠無規矩然任其梳頭則亦不可諭訓之許與以錢
至夜赴人始還云弔者已半去矣不可再遲因令石珊呼船至二更後
登舟則又要一客及佶婦遣工送兒與我僕共六人跪踞盈尺之地高
不及肩信爲受苦視雲湖舟宿有苦樂之別竟夜未嘗解衣船人迷道
行一夜僅三十里

廿五日大風晴陰船人不能船往來游盪一日僅達小西門入城已暮鼓
矣迪子鎭孫來弔束裝欲去稍留昏黑急令出城今日辛卯小寒
廿六日晴營地已定請石珊城外督工功兒索錢甚急無以應也黃親家
來設奠
廿七日時叚務許生銘鼎特來弔不飯而去呂生來奠舉聲而哀余爲再
涉定虞祭禮考葬服免散麻弔服弁經則朝夕哭賓不經也三虞卒哭
去麻服葛受八升之冠故三虞皆免以示易冠有漸由文矣哉由文矣
哉夜不寐思檀弓言卒哭吉祭而祔又沐浴宜別有祔禮一篇今亡矣
當擬補之士大夫無主蓋卜二尸與祫禮同
廿八日晴未明起待弔客郭翟來贊事陳程初來留支賓午後乃稍稍有
人來凡五十餘輩鹽道紹石菴門外降昇辭之不止熊鶴翁九十猶固
欲設拜跪辭扶止之竟日不能飯夕猶有客至夜乃得飯

廿九日晴得此二日喪事辦矣今日余生辰家人不哭弔客來者九輩則
哭以待之功兒出城去夜設祖奠族弟族孫俱設奠張生來贊禮
十二月丙申朔陰呂張具遣奠儀久不行事功兒來促之甚哉其無禮也
略責數之而無悛容此子下愚不可悟漸染俗習已入骨髓然而不能
顯達則所謂咔也餒在其中者乎欲不送喪義又不可强行至城門送
客僅五人亦見功兒之無知友也周六衡在塋窆葬蘇四佐之余徑還
城徹雨濛濛夜有雨聲
二日丁酉陰雨今日鷄鳴下窆郊外無止宿處未能親事亦功兒爲之也
凡拘忌時日必須煩費迫促期會則不能成事此又陰陽家所不知蓋
無意陷人而自使人陷九流皆有此敝也呂生来定虞禮功兒過午乃
還張生執禮中多脫節題桑主代尸安之東堂功兒復出城去張生雅
南均還湘去

三日陰微雨出城視窆輿兒跣從後至還接之遂入城周魯衡夕乃還家
中有客無人主持殊不成事强坐至二更後索物事俱不得醇王稱本
生皇考其妃入宮稱太后
四日己亥再虞自定其儀請見安來執禮見安嫌主人拜太多以爲妻不
可拜也六十年辛苦得九拜而猶靳之宋學之流傳如此雨淅淅竟日
夜見星
五日庚子晴三虞用今饌合祭禮也兼謝贊賓朱呂郭翟先後至胡彭均
以疾不到日側行事夜初更散
六日晴呂率諸子出城埋重余出謝客從西度南還從東向北入者十餘
家僕僕於行實不過行二十里耳夜早眠
七日晴晨寒午熱送黎爾民何性泉弔儀復劉希陶鄧彌之兄弟唁賻出
謝餘客答訪江督劉峴莊卅餘年未見卅餘年相知昨道逢未詣今日

審之淸貫人也不似沒字碑亦不似老儒官較之坐客有靈蠢之別夜
熱而忽然有雪
八日陰煊將回鄉居李佐周來楊福生繼至來取志版未知誰所使也亦
未知何以先不取而今復取已喚船將自攜往又不知其何因遂待其
自運隻身將往風色不順怯於舟宿姑留一日夕過筠仙不遇昨於劉
舟見一少年云家岳傳須請我作送史館岳母意也未知誰壻今問戴
明乃知是劼剛女夫吳生
九日晴晨出朝宗門得一小船甚整潔攜戴童以行北風順利未昏至縣
船人不辨城門告之不信皇皇岸前負余而登至賓興堂倬夫今日生
辰回家惟蕭某在晚飯換省票於土棧每千扣卅四五十千亦須去銀
一兩故知在省換銀無甚利也夜早眠
十日雨有雪喚舁夫出謝客還飯於堂復出城謝客俱未入出街已正午

矣舁夫老怯行余急欲到兩俱皇皇情景可笑至姜畬許乾元處増一
夫力便覺從容雲開風息家山在望又甚樂也至莊亦潔飭勝常時畬
犬入衣不勝歡躍並接鵝還待買酒肉至靜鐘過乃飯
十一日晴舁夫去買菜姜畬獨坐寫書待之至夜分乃還今日丙午大寒
甚煊
十二日陰桂子來云迎石珊未能至其父病甚欲假錢待用以店帳一款
二萬一千與之並躬往視開枝病深矣猶未易絕今乃知死不易也凡
暴卒者皆或奪之惟虛損者爲盡其命若老而無病則爲仙也留飯未
忍擾之步還頗飢終日食殘臢爨飯然有本味不嫌陳腐也夜月窗虛
十三日雨濛濛淅淅至夜成春雨聲寫文二葉欲補祔禮尙未坐盡姑徐
之田生來士祔於大夫則易牲士虞祔皆特豕大夫虞祔乃異牲士不祔大夫今得附者是宗子之禮或特異其趨疑進之也故
得用少牢從大夫凡云易牲者皆大夫禮妾無妾祖姑者易牲而祔於女君可也易牲亦得知女君升一等也此謂大夫之妾其妻云

云則不易牲不易牲不孫盛也夫已非大夫故用士禮以大夫牲得用少牢亦不得用太牢也妻未命故不得盛其禮
十四日晨雨至午寫衡陽序始畢今年逋課也登樓檢禮記墨子陳梅根
來留談詩不暇僅飯而去周蔭雲來同食午後晴夜月早眠田四還正
甘寢至三更桂子來報其父喪遂不眠待曉
十五日陰晨待舁夫不至步看開枝未小斂方欲具食款客因急還繙禮
記一過補注數條士祔大夫唯宗子而得易牲易牲者虞祔異牲之名
唯大夫有此舊說皆誤張子持來留飯去鄉中以食爲先余不勝其對
食知學堂帳房不可少夕再過視開枝待小斂入櫬之人多不得近遙
望而已請作挽聯者紛紛
十六日雨竟日重改彭志亦未得佳頗寒張子持來請作挽聯擬三幅亦
無佳者令張自作之
十七日陰風寒作穡人墓志比何蓮舫貞烈夫人似差有可書周蔭雲請

寫榀子持來寫對子

十八日陰晨步至戴轡箕開枝尙未載方食遂還朝食畢聞礮聲復至大路從柩至蕭山鄉人頗多路奠者放爆仗以過喪其設酒者二處皆拜謝之雪師孫肥重不佻近保家者尙未開壙又還作志銘畢似勝彭作蓋志銘宜於女婦若大題小文萬難討好張六來檢真西山集無所謂朱通公

十九日晨赴開枝家爲寫主因留食用魚翅席其子爍華不及父明矣飯罷還爲周生題田榀寫二聯（孝弟淵懿溫恭博敏　崇壯幽波晶白淸方　龍德而學不至於穀　晉風有郈庶）（同如蘭）作書復文心周生復求書又書一聯覓船未得舂米得二石至夕始竟桂子來言借錢寧石珊來亦言借錢不宿而去許周送豚羊

廿日晴晨復覓船未得乃定陸行飯後過姜畬答張生其兄殷殷留坐將殺鷄乃辭出過輔迪門少談至野雞塘訪石子坤爵一出以爲傭保欲

問其家主聞其呼吉弟乃悟焉卅年不見云曾於祠中一見竟不憶也其子曰振漢又一子淸狂不慧俱未娶云明年並爲取婦已而振湘還至其私堂其母出見年始五十呼其子婦出云一大一小並用子婦禮見余未能辨也爵子長余三歲殷殷留宿再出乃得去至瓦亭遇揩子同行至黃龍巷昏黑强過雅南家其婦及尺五妻出見未入門立談三四語暗行至城朱蕭俱出待久之始還三更後睡

廿一日大風欲雪晨眠聞呼者忘身在何處頃之乃悟起行風雨交加至誕登已過午渡舟悉匿唯攑子送客憚險未敢行也同舟六人皆不能槳遂巡並去田四自云能榜渡夫反云不能余斥之因數其通同卡索之罪懼而開行連失二篙又折一槳不能泊岸風吹纖散停舟中流岸上二人大罵而至移舟泊岸迎一婦人及諸少年來始泝流放渡居然水滸傳行徑聲口抵岸夕矣狂浪打舟張六死灰色不能復進乃宿羅家逆旅婦賢而未孝田四又訶其姑余亟止之燎火烘衣失力雜至以夕食爲朝食飯罷又倚被坐至二更雨雪打窗主人云落雪塊矣田四尋話講與主人婦隔壁談渡船事至三更乃睡

廿二日晨起雪止可二寸耳然得之足應冬景道上幾絕行人行廿里始稍和暖雲開雪消復晴矣今年天時一晴一陰一雨周環相間早知昨當雪今當晴明當陰已中其二矣過猴石時恍惚尙在前頃之已至金盆阾遂見城闕實五里而居人言九里入城到家正午時始朝食殊不飽夕食乃甘米未發水故也鈔老敍一篇諸女皆移樓居得俊臣唁及程郞挽聯

廿三日陰天時竟可測知則明日雨無疑也課小女仞字因令諸兒女復課呂生來論墓志不宜大題彭志竟不若蔡志精心結撰不及隨意揮灑靈滯所由分也文卿來有志軍大不嫌閩甘誠爲上進晡後雨雪夜

錢尸寫栗主

廿四日陰晴昨夜嚴寒考定祔禮粗有眉目呂生因留宿余侵曉未能起起又待婦女盥沐始行事已過食時功兒往墓靈桑主呂堅欲往終始贊事可謂盡情禮者竟日無所爲又改定易牲一說以祔女君者爲妾母夜更排次喪禮有雨有雪

廿五日雨陰家人晏起余晨出以警之過文卿不遇而還重補喪禮儀節陳程初陪弔設酒謝之兼要祭酒怪鳥陳伯嚴談宴

廿六日雨待夫力至午始出尋谷山石作墓志石憶在朝陽巷戴僮乃從西牌樓還出坡子街舁夫困而無功過筠仙遇李舟亦不得談急至鵠翁家客畢集矣打詩牌圍棋皆草草鵠翁竟席不舉箸唯飲兩三杯耳年過九十有由然也同坐者陳曾三兪俞恪士新從庶常館還也

廿七日雨晦遣田四去作喪儀粗畢付輿兒鈔之看筠仙條程其意欲教

人豫備人無喻者爲題後數百言發明之得雅南及王沐兩弟告幫書
費三千二百文皆遣之去
廿八日晦陰始凍得曾甥書理子女課呂生來送菜夜寒向火猶覺腳冷
廿九日陰欲晴昨夜有冰見郎來太早竟未能起朝食具乃起延之不受
脩金以功兒不分三節近褻禮也當改送米油之類方爲不俗
除日陰晴春山子來收年例依例贈以二千比之一飯千金誠爲多愧鈞
仙來夕奠余未出以在廟嫌見　主而無禮反致禮於妻主也定喪禮
未妥姑已之

湘綺樓日記

光緒十七年辛卯

辛卯正月丙寅朔晨起甚晏陰晴可步出午至浩園訪二僧旋還默坐榻
子來言沈臬擢藩甚確
二日晴陰三兒晨出視墓將夕乃還鈔舊文呂生來談
三日晴陰朝食後出南門攜真及湘孫盈孫昇往
先墓則塋圍新劃一角石闌竝盜去昨遣兒來看竟不來宜人之祝如無
主也因思子儀父墓被發但流涕自咎少日懦之今老矣亦祇有此法
尋道至新塋可三里而近石闌整潔亡人獨有福又可感也前以三鼎
詒讖弟子今妻妾墓並侈於
祖塋又時會偶然但恨游子之不能常理松楸耳還先昇行阻水久待昇
夫不至還尋已遠從荒山行叢冢迷望反循大道復西步數里乃得小

石徑店婦云昇待久矣城門未掩可過哺耳至見郎蓬海家不得入還
頗倦不及去年入城之遠而足欲弱矣
四日大晴彭鼎珊瞿海虞胡子晉均排門而入楊商農便衣來云湯子惠
子娶鏡初女已成昏矣子惠死久孤子始昏歲月又甚長滋女遣人來
云欲歸遣房嫗視之還云其祖姑留之矣呂生來談兒女上學
五日晴雨日並得縣霜然未覺冷許姓修墓土工誤劃土遣功兒往問之
久未去余自步出過熊鶴翁云新年忽痛爲之悵悒復過胡家見子正
又至樂家巷尋得錢唐許寓一人久乃敢出云正詩也字則忘之自云
青渠弟子言修墓事甚久出遇功兒來遂還黃宅遣迎云女壻鬧至祖
母房余往見其橫蠻不可理喻遂歸至夜滋還
六日晴朱秬泉郭見安二許師來步訪鈞仙不遇至俞恪士陳伯嚴處小
坐麗日甚和尋西園荒圃看左祠無門可入還過商農不遇夜至呂生

宅步月還
人日晴尋道僧遇陳華甫便至其家詢笏山蹤迹還鈔史記序楊都司來
求差荒唐人也
八日晨雨晝陰頗寒黃郎望之彭孫來朱恥江來皆不可不見者陳華甫
呂生來談半日諸小女仞字亦費工夫竟日無所作夜雨
九日雨晴理功課竟日無客鈔書錯誤看呂生公羊疏精細墨守佳作也
但恐未易成說子同生極新確余所未思爲點勘之看功兒寫字不及
前十年遠矣殊爲可惜夜陰無月
十日陰晴過九一翁午集諸少年圍棋鬬詩並擲骰竟日二更始散
十一日晴陰督課竟日稍有條理呂生來談經
十二日晴東風甚壯督課竟日有落字欲令輿補之辭以不暇異哉吾兒
無教乃至此又不獨黃郎無人理也此等皆亂世塡劫之人以夭爲幸

今日丁丑雨水蓬道人常和尚來
十三日晴大煊得四老少書便復一片並告二瑚子以六嫂堂屋梳頭之
事記淑姐小名久之不識已健忘矣家事多不關白大非前此規矩舅
沒則姑老今姑沒舅亦老耶可爲鰥寡無告作一注腳夜步市看鐙月
寂寥
十四日晴陰仍煊陳芳畹胡杏江呂生來談半日夜風無月
十五日晴陰紈女上墓懿從之書訓黃郎墨道也然自是儒家文字集中
上乘呂生陳伯巖來梁平江少木來欲復五銖錢以絕私鑄蓋誤以銖
爲分非如尋常言復古者夜無月
十六日雨陰課讀竟日揩子來我鈔詩將成一本欲攜原本去檢國風不
得云輿假與人矣小兒不知寶其父書旣失論語復欲亡此固不如兌
穀之爲愈鏡初約來會正擬還山爲留五日

十七日雨陰課讀如額檢樓上時藝文盡斥下之弱冠時甚惡此等物而
功兒少獨好之余猶能一擧兒乃不得一薦篤好無厭甚可哀也出送
陳郎答梁令陳尉皆不遇訪鏡初亦未來將訪濁流以當迂道乃還過
王君豫
十八日陰遣蓮上湘治裝便從此往衡我詩箋尙欠十九葉爲卒成之夜
鈔六葉令補經文月出方罷
十九日晴王君豫來談羅順循先來張雨珊後至君豫留飯乃去夜鈔詩
箋十一葉大雅寫畢夜陰
廿日雨將上湘復留一日課讀如額夜雨牀漏喚我起燭之始雷
廿一日晨雨更甚覗帳後已溼被蓐將濡乃卷置轎中飯罷徑行雨幸不
大三十五里宿誕登逆旅婦言善化差役拘渡夫大擾四船夜雷
廿二日晨雨甚密待朝炊熟猶未止乃飯而行酬逆半千償折桌二百渡

夫祇候甚恭至樟樹領雨大至置轎雨中衣盡溼頃之少止强行三十
里至賓興堂無一人主者小坐步三子家乘明復還初更朱倬夫還少
談卽睡
廿三日雨細如塵雲陰甚重旣辦雨笠催促前行聞舁夫言瓦亭飯店日
賣兩石米飯欲往嘗焉至則辭以無有容色甚倨信乎其有挾持又非
左右望者乃飯於鴨卵鋪至姜畬令徑過而掺塘工人往報迪子自來
迎往陪子師許甥亦至未飯亟行舁夫濡滯至暮乃達此番不似挂單
居然如歸矣張八自室中出俄頃遯去張傭不還省母訶遣之留掺盧
自炊明燭夕食夜雷雨
廿四日雨至食時止戴濬族子來見姜佃周甎均至黃昏獨臥聞叩門聲
甚厲以爲蓮船當至熊嫗來言有一客起問之自稱黃輯堂久之乃憶
爲南學生來如其來未知何事張傭旣去空屋無器具幸迪子午送一

席九殽可以供給與坐談良久乃知爲求書與唐督銷者亦奇想也無被無巾盡以我所御者與之心甚不樂然無奈何

廿五日晨起黃未醒久待不興乃飯蓮喚工挑擔菜果稍集已不欲食矣黃起正點心時又飯一盤客去田生來瓦窰來久不去開枝長子來見云欲從行訓諭之無言而去畬子夜叩門買竹一竿從來者三人蓮臥不起今日鈔史贊三葉田云明日得四辛卯爲天地同流

廿六日雨張周來鈔史贊迪子來午飯去楊毅生子錫吾來年十七矣伶利有曾重伯之風夜談不睡

廿七日陰雨楊子去留所作兩本夜爲點定鈔史贊團總甲總來遣工送米下湘與書少荃

廿八日陰張生來問禮檢禮經箋示之便令鈔錄祝甥來甚寒犯風而至與張俱宿北房

廿九日晴昨感寒一日減食團總請飯甲總請至倉屋集鄉老議事紛紜半日始還張生已去陳眉根來催看兩絲集守候乃去史記序鈔畢徐生來書催唐壽文夜欲畢之復懶而止

二月乙未朔早醒晏起祝甥去贈我其父遺衣禮不可受當還之其家天氣晴陰稍步後園看種竹鄉人分移本爲栽培子爲種甚合小學不許誤呼也鈔譜稿周生來

二日晴日光甚皎感寒仍重裘二許生自姜畬步訪小談便飯送之出山還汗霑浹矣鈔譜稿作唐文處處切雙壽必取之作

三日晴陰晨尙不欲食遂至晡田雷子遣舁來迎至其家則近在雲峰後賓客甚衆已有去者入見其叔父諸舅及諸生客唯周張生相習云設四十卓而有籩豆加羞可謂縻費也食包子三枚竟不飯夕還

四日晴陰起較早鈔譜稿竟日頗游山間桃萼如黍春氣何遲也竟日書

無客來駕鷲寄譚處甫取還夜游不歸前四夜自來叩門方喜其馴忽不肯入籠强閉一宵昨遂不還尋之毛血平蕪知其負命償丁矣從長沙遠來死於此信有定數爲之喜歎

五日陰劉子霞兒來執贄請學經還贄受帖（名日暄奎 字少琴）其族父劉甲介以來（代元 燮父）聞喜翁之喪一日遽死中風證也十二弟來十三弟亦繼至上家工人大滿弟彌宇兒來紛紜滿室正無奈何又一轎來云蕭順生也諸人去蕭留宿夜雷雨

六日陰雨戴彎招族人戒飭子弟余不肯去恥於空去無補耳作書與楊兒並薦蕭師待一日夫力還無回信瀑矣十二弟來議起公屋十三復來談久之各去鈔譜稿六日作輟無緒亦得三十餘葉鄉間日長如此蕭留談一日頗自負書法

七日陰雨大風有晴色工人不來客不去支吾甚窘張鐵生遣其徒二人

還書借書亦留飯去因並催蕭去久留費工錢也鈔譜稿夜初楊書來託詞不請蓮來得雋丞景韓書十三來景韓言錢少行小洋角甚爲急智計臣才也遂菴父子書唁並決贖奠當辭之未遑復書先報雋丞約衡陽同舟夜思子壽熱腸當有以報再與書子襄論清官事皆佳文惜未錄稿

八日晴蓮去田周張生來張欲從游告以縻費且可及時來學因令坐南廂讀易馮甲來同往石牛王嫗余每來輒致禮故當報之因留設酒孫師周浩人作陪出至盛坤尋花鼓不得自開枝病廢團規漸壞至是明同犯禁余不忍其披昌略示禁意周行吉田界可八九里還鈔譜稿

九日晴王嫗自來答拜奇文也搢子率其從子名雋來張生亦來讀易喬子來致劉子綴書問經解祕本告以祕本則學臺不取已見絀於王祭酒矣鈔譜稿盛廣唐來送豚蹄母雞鄉居雖充斥大非石門氣派人客

與土儀輻輳成都成邑不虛也古人以此爲侈余以此爲厭非禮也二
子留宿北廂余畏寒先睡夜雨鈔譜稿未畢
十日雨陰鈔譜稿滿紳來照料以下房處之張生借前後經解來繙千佛
名經一過秀生去揩子亦往石潭
十一日陰鈔譜稿畢分十一房石珊揩子來留宿北廂
十二日丙午春分陰雨鈔漢書序三葉重檢大傳注題之作湯餅喬生來
作工
十三日陰晴石揩飯後並去出門望船不至鈔改丁誄黃昏蓮生始來云
功兒不許顧船以儧貲也曾元曰無酒肉尙是孝子此則無酒肉以養
又專爲養志者俊臣亦去則恖促不可解急令蓮夜去顧小撥數船來
十四日陰晴戊申社日唐人言社者皆云桑柘影似春深矣社日人牛並
息女停針線桃李未花山川寂靜竹標蔵䙝罕聞人聲乃社景也過此
農忙始有春色鈔漢書敘傳畢初不自意能成此卷可見隨事有成虧
而翫日多矣
十五日晴竟日待船未甚伏案亦鈔范贊二葉范自謂無一字虛下而后
妃贊字字虛矣田周張周厚人來訪桃花至立馬山吳家已昏黃無所見
步月至南柏塘訪花鼓亦未見從山下下至湖口循山徑與周蔭雲同
還小憩闢扣門許生銘彝及誐子兩兒與輿懿同來楊都司亦來求信客
去兒留宿北廂
十六日晨起始雞鳴耳復還睡待發行李
先府君忌日素食畢恐雨步上船一釣鉤甚寬穩喬生從行李二擔誤
至南柏塘已發乃知之復檥舟待上至姜畬送譜稿墓圖交迪庭遣招
許甥同去久之乃發逆風甚壯泊袁河令喬生下省接書與朱倬夫
揮都司令去令諸生自定日課爲點試文一篇令四生誦之自鈔范贊

一葉夜月極佳
十七日晴午夕頗睡鈔范贊二葉行三十餘里泊馬河對岸夜月
十八日晴煊三子作文三子讀余鈔范贊行三十餘里泊鑿石初誤以鑿
石在山門上視圖乃審
十九日晴稍寒桃李競開鈔范贊畢並司馬補志欲改作贊未審也行四
十餘里泊昭靈灘上船人不知戒幸水漲石沒又無風不碎礚耳
廿日晴陰得東北風帆行三十餘里泊朱亭遇雨遂不進薙髮半日至夜
乃畢
廿一日晴纜行二十餘里泊不知地名或云油廠田也鈔漢書贊畢改禪
佩及佩象環舊注復改適君所舊說皆目前未明者
廿二日晴煊可單衣晨至樊田泊久之船人殊不欲行託云南風暴至已
而又發本可至衡山縣寸寸遲延過石彎而暝
廿三日晨露如珠起啜茗小坐復睡向午始過衡山八里耳師行三十里
無此蝸蹶解惰之尤萃於此舟行十餘里泊雷市不復欲行余不能忍
責呵之强進八里泊老牛倉
廿四日陰有北風帆行六十里泊七里站初夜大風雨雷幸不漂搖改昏
禮注定爲大夫取子婦之禮以老厲定之船漏小坐待雨止乃寢
廿五日雨濛濛不甚寒行半日始過章寺得順風行十里風止艱難寸進
僅夕始至東洲有生徒二十餘人來迎門斗齋夫村陋不成局面此乃
眞先進禮樂也惜孔子不能從耳初更得飯箱笥縱横不復能理設牀
知不足精舍雪琴云爲余特造者櫳戶礙帽喜無人居可避負盤行李
雖富錢米俱無明早便無食矣
廿六日晴晨興將遣人入市太遠仍就齋夫覓食遣船去問首士索錢自
換銀辦飯本欲入城會懶故未去久之程生來問丁篤生來否告以尙

未因令取課卷則云須由丁專政因促之去頃之丁來云道臺甚不明白不敢與論事欲我先往謁於人情世法宜先去遂定明日拜客湘水驟漲水盡赤然不過增數寸耳雷生來見嘉禾人院中老生也得段海侯書欲余介之張孝達此必夏生謬策不知飱緣之道者程生送米肉鋪墊

廿七日辛酉清明陰晴不定初起甚煊見院生二人程郎長子來留轎夫隨丁相從渡湘詣彭蕭楊丁皆非舊景唯篤生得見直下從石鼓對岸渡入北門出小西門入大西門唯清泉潘令沈師得見道臺隆書村出轅再往乃見程郎家遇丁袁唐丁不得談野風頗寒佳景增煩心俱不樂程留飯亟辭還泝渡良久益悶悶風雨倏來歸對新柳柔桑無窮棖觸也好詩料與始講詩

廿八日風雨晨作書與蘧菴楊入翢程旼樵蔣少尉蜀隆書村兵備俱來

答拜彭公孫佩芝來大風勞客問渡無以款之院生三翟及丁伊翁二孫來其一執贄受業令居內齋夜看課卷與講稍遲

廿九日陰晴王傭去四生入城遣送卷還道署楊伯夔三賀郎來二賀年家子一賀子泌子與新吾之子同來又一生傲而無文云西湖院生也嶽屏館師黃英青來癸酉拔貢也言新署府王同知病故學使夕過將試桂陽四生告去得朱雨恬劉靜生書俱有請託

晦日晴檢譜稿桂陽何嶽立衡峰來自云鄉里不容陳伯商之流也搢子及蕭郎攜健僕來蕭求館不得困而歸我且留待事沈子粹來坐久之報云彌之船至急出見之皤然老矣且目昏怯行然肥益甚留設酒餅子粹同坐夕登舟看順孫並見彌妾夜談經學彌之殊不以爲然余亦夷之以爲不足語兩俱失也二更還彌舟遂孤泊院外少年時必不若此此亦久而疏也遺輿兒送順甥添箱二十金夜講

三月乙丑朔陰晴始煊晨起見曙光以爲月明如此三數旣乃啞然待彌之起而登舟卯正矣又久之移泊鐵鑪門喫包子蒸盈渥飯向午舟忽開動云將解纜乃登岸彌之多禮凡三四拜余皆忘之一日賀朔二日道謝三日不再辭行四日告別留心於此宜其不暇看經然則不拜者書癡多拜者又不知禮意矣入城尋程郎正宴客則陳仲英陸恆齋俱在亦奇逢也仲英似有煙飲年貌尚未老快談半日還舟上湘看陳氏清芬錄畢到院小睡起夕食畢遂暮矣理譜稿始聞子規

二日陰暄攜兩兒渡湘看楊六嫂病其子均往蕭家獨往園中蕪落不治水　藤花甚開餘無可觀頃之主人還留設點心還孫司馬家煜來理譜稿諸生覆試去院靜無人夜雨雷夢與少泉戲論甚久彼云當考模府出題取賢首經全卷旣又出夷器見示內有一蟲甚惡長可四尺廣二尺頭排蟹螯數十身亦磊砢圓節云出則必殺人投以紙丸蟲自取

吹成火吸食如洋藥飽則睡去俄一媼投紙不中余知必有變密拔後戶戒家人曰聞聲則走已而喧言中堂被毒死矣蟲亦自死余入視之其家人方成服驚悸而醒蟲名煙包余呼爲琵琶蟲云雅俗名也其性似强水使骨肉立焦化少荃好西學其果有此耶抑張姑耶之化身也記之以俟他日之驗

三日晴煊日光已逼人檢譜稿胡江亭來訪佳節無侶負此風光去冬今春皆多佳日益知余數奇也王思上來石門舊鄰也

四日晴煊檢譜稿墓地粗畢常寧尹生來取周官箋去釐金孫同知來答拜南風甚壯夜電船山族孫來見

五日晴益煊單衣猶汗諸生皆緜夾衣知余膄理未固院生漸集日有來見者皆欣欣向學可喜夜大雷電風雨頓涼且寒賀鄰仙年子來送禮丁生來就學其兄再送之有情有禮

六日雨風寒重緜代府石牧來拜誤以爲首事已乃覺之遣謝已入矣名汝鈞字平甫前在曾家所見有俄婦者也云　賜祭彭尙書奉檄代使段海侯來取儀禮去云八字不準不及初學時奇中蓋所謂再三瀆則不告者非八字不驗也看士相見禮乃悟論語大人之訓讀書忽略可歎竟終身鶻突耶年六十矣而日有新知所謂有童心者與大人言事君則大人必非明兩作之大人下云狎大人又非諸侯鄭以卿大夫訓之較確海侯又云不言而信謂爻詞惟有无咎元吉等類其說深細

七日雨欲入城竟不能去墓表已畢丁生兄來早飯聞有習穀梁者復取視之舊以爲必不能通今看似亦可自通但未暇比校耳

八日陰欲雨不雨入城答石代府潘清泉復不遇過俊臣少談答謝孫翼之同知稼生弟也沈臬藩甘陶子範擢疆撫文卿賜朝馬穀齋遂廢矣論語訓衡有錄本程生收得之余書不患不傳殆無散佚之慮海侯云

日月夾命與鏡初說同余訪之西湖講舍彼方研經余戲云日月夾命乃得讀矣子何易視書生耶夕還子粹送錢四萬持還起廚舍並欲葺蓋

九日陰晴楊伯琇送鄭躅作書與王純浦爲雅南謀食并與書曾甥寫對聯一副寄朱雨田其子作教官能興經課耒陽曹生不甚滿之要爲難能故獎之及其父也並書扇幀及許生二聯夜臨月改楚詞注及詩白茅包束二條

十日陰晴喬生回山莊送之渡湘還作譜傳程生來儁臣繼至久談不飯去已過晡矣夜講並看文丁生送蘭脯李馥子正來

十一日乙亥穀雨陰檢管子鈔本竟未全寫久置行篋殊不一覩可笑也吳縣潘維城謬云引翟灝攷異三歸見輕重篇荒唐可笑費我一日尋討程孫請講禮記兼欲作禮經表勸許生刱之

十二日陰晴晡後雨道臺送學兩縣不至近日下吏驕蹇如此亦紀綱掃地之徵兩教官代府石來丁段來作主人過午始散院生來見者數輩作譜傳無紙已之

十三日陰晴借論語復鈔三葉楊伯琇送玫瑰講詩禮記擊鼓求焉林下乃悟余五十年被諸儒瞞卻有似廖登庭桶底說詩

十四日雨遣覓蠶豆始得嘗新鈔論語三葉懿讀大學始畢溫公羊易書各一過似漸上路

十五日陰晴極煊汎舟至鐵鑪門入城答訪隆書村兵備袁海平教授張虞陔訓導還船渡湘小睡將晡始起詣彭家侯衡守致　論祭文文頗雅切云黃國佐之辭也賓客集者卅卌人余坐客廳與儁丞賀郎程楊丁段姚希甫陪袁歐二學官段海侯胡江亭後至俱讓余爲客不安因入園中繡毬木香盛開亦尙整飭祭使至祭畢便去衆客畢賀設酒雋

丞亦讓余坐丁賀程楊陪客昏散還舟甫至大雨電待雨止乃上瑨還奔喪過此寓楊氏

十六日風雨遣留瑨住開垣作門以便出入改文三篇鈔論語夜講書頗久文擅湖南劉靜生來

十七日陰寒看匠開門遣兩兒二僕並往迎瑨獨坐園中西禪寺僧秀枝來言訟事晡後瑨攜女及僕嫗來令兩兒移外齋余亦移坐廊下鈔書二葉講記詩杜集如額但未倍書懿兒甫及程比日又懈散教童萌甚不易

十八日雨竟日鈔論語三葉蕭杞三子來算千室地不了覓通算生算之始與鄭合因巡齋房諸生應課去唯十餘人在俄頃而畢夜講記詩說北風依舊說未安惠而好我言不虐者攜手同行昏姻之詞言同歸同車皆稼詞也莫赤匪狐與莫高匪山同調赤狐黑烏皆人所憎而狐必

喩君又未知其所指

十九日雨陳誠漾綸來見卽巢讀爲蔟之人習爾雅者云初取正取劉道降爲備取今來府試不入院也鈔論語講書如額看不通文四篇移柑樹

廿日竟日水長一丈風寒似冬樊衡陽來云二十餘年前爲桂陽吏目卽相知得宋生京書云伯寅題詩未成舊圖猶在成一夢矣黃子襄官話十足二胡子書記翩翩甚可樂也鈔論語講記詩

廿一日陰晴時雨鈔論語夕泛舟繞洲看魚子還講書如額瑁欲下湘遣問便船又乞藥栽於楊園復得五種

廿二日晨霽午後復大雨竟日湘漲又增二三尺鈔論語倍書講書如額

廿三日陰午後雨鈔論語四葉日課早畢登樓看水夜講干旄補分周官熊虎旗三種六物以鄉遂分之定烏爲鶉又改鶉爲雕以流火化雕也

凡此皆臆說之最確者與書宋芸巖

廿四日陰晴雨晨未起章副將率巴河哨官楊千總來云有船可坐請明日去因談彭家事鈔論語四葉諸課如額

廿五日晴雨無準午飯後瑁去登舟大雨忽至俄而又霽率帶孫卽行兩兒送之鈔論語作李志諸課如額復移入內齋芍藥盛開

廿六日晴稍煊課如額姚希甫來程生講禮記頗多忽略者未遑勘補

廿七日陰風復涼課如額水時長時退似欲雨久未入城乘夕兼送春棹小舟下湘至城訪雋丞懿從往雋丞風帽重裘小坐恐夜過江南館三十年前舊寓也逆流槳難逗暝僅至夜果雨還始講書

廿八日壬辰立夏雨竟日玫瑰多落課如額夕聽講芄蘭乃知威儀容止者惠公朔也因得北風之說夜改定之

廿九日晨陰朝食後大晴土工先知有好日余不及也常晴生來得翂書非志復爲眼明看申報鈔論語一葉客至而罷程屼樵楊伯琇歐麗生來甎瓦紛紜甚爲熱鬧

四月甲午朔晴熱晨出點名升堂待問初無請業者出題而退鈔論語二葉點計得六十紙初夏覺煩暫減其課懿始溫書一周又自作經解一篇似有進功之意

二日晴熱入城訪晴生舟至太史馬頭嫌遲登岸因入南門至詹有乾問做墨過屼樵買衣被問陳母疾往視之雋丞先在留坐久談雨欲大至出柴步訪晴生不遇呼船上湘寸步難移雨止雲開從岸步行先到程陳俱送食物熱甚稍息乃飯鈔論語三葉講書如課丁送脩金二百元

三日晴熱可絺矣看圖書集成鈔論語二葉說攝齋升堂未妥已之沈子粹送全席初以爲他人所餽彼無處銷而送來若魚人之饋子思也旣乃知其專誠則甚謬矣水師黃將來答

四日晴鈔論語看類書陋本也重複脫漏不可算又加三節不足稱浩博說三臭爲不食雉終不妥當通色斯爲一章比德於雉之說不謬兩兒無薄被買舊絮二鋪並還帳十元得陳芳畹書蕭順孫鈔管子畢

五日晴鈔論語十篇畢看集成夕雨

六日晴左芘生孝廉來言盜劫事余曉以今日小大官誰能辦賊者不必言矣看課卷頃刻而畢段懷堂來

七日晴監院送課案來須獎十六千而不敢署其畏事如此鈔論語閱課文爲陳芳畹書干鹽道並送銀五兩夕泛湘至東岸楊郎出游雨將至入其學堂見胡敬侯及楊二弟月出乃還

八日晨日甚佳頃之陰翳因起早無事便巡四齋南風吹雨不能坐立旋下還臥久之雨止院生攻苦者有七八人附郭者皆出游無課首善之不善往往如此程生來云其太婆已愈署府正接印大風雷雨又死一

人不知何祥也衡守之凶甚矣然曾不能爲損益言災異者何說之詞

九日陰復寒可餘鈔論語三葉海侯來言禮近日學人相望大非十餘年前風氣留飯去鈔論語三葉

十日晴與書孫同知託嶠蕭館鈔論語署守周蝶園楊子杏來妻姻也留飯去而周來得張楚寶唁書

十一日雨汎湘答訪樊周歐劉黃德周劉得入劉甚蕭鶴祥之短姑漫應之夕還始念滋當獨居即以少湖妻伴之方爲妥當自歸料理夜爲楊子作經斠題耑未鈔稿

十二日晴乙巳晨與爲懿兒點畢禮記待飯久之又爲許生塾付火食小舟與蕭揖入承口尋船皆夜行者悔其來早大要索三日火食耳日炙甚熱促發已夕矣月行百里泊老牛倉

十三日晴昨夜未睡五更始安眠晨不覺舟之泊否詢以何時至雷石則

云過矣晝夜不停雞鳴正至下灄稍檥待曙

十四日丁未小滿晨起甚早自漉口至沙彎行經一時許遇一雲湖船與揖子換船同至姜畬送蕭郎四元船錢二千洗手上岸至南柏塘雨作旋止步還山莊則破落不堪坐前已成荒塘大加申飭熱甚不雨殷殷然雷聞劫盜四起秧爛雨稀而余方營宅未宜也作李郭氏墓志成銘乃至佳喚馮甲令送省信夜雨尹婦復生一子待其長成以爲外室

十五日大晴已是溽暑不勝照灼發張信李志與石珊仲三家書作賀寅臣墓表數年逋債一日償畢文思猋發如此

先祖妣忌日鄉中正無肴菜乃真疏食也周蔭雲來將浴待水久之不至客去夕食淸靜無事暫睡遂酣至初更猶未醒夜雨夢覺不眠至曙

十六日陰涼內外傭俱晏起自起呼之凡人習懶最易紳熊皆黎明即起者也而今若此北風淸冷復有從船之思步月憶山及來無月乃知良

賞難并文心相印也時雨生寒空堂斂靜鵲譟鳩呼日長如年彭芳說佩必有環非佩上之環乃旁佩也佩有定制環無定制可佩玦韘觿笠韋蘭纕諸物隨人意故孔子不佩玉環而佩象環王逸說無所不佩謂此佩制非謂正佩也夜久不眠月明虛室

十七日陰晴朝食不飽未午迪子來請書扇揖子及三栽縫致祥來戴彎桂子來人夫紛紜復見喧鬧俱午餐去揖子獨留迪言三月四日大風拔木自寧鄉至六都姜畬一線覆屋涌水壓死九人吉贛尤甚雨雹大者如牛十五日復風亦大雨暴潦云

十八日晴涼復衣縣朝食後待信不至悶甚大睡至午乃興杉塘人夫送牀櫃凡十人猶未盡費腳錢一元亦浪費也損衣縮食而侈於雜用乃余之一敝大要由以人從欲致此蔡天民步至二周亦來蔡喧聒無章詢其來意云君得潤筆甚多宜以見分余許以一年所入全與之但令

代覓生意乃無言而去熊嫗又哭訴其誣詢其子所自來堅不肯對譬曉百方亦卒不能誣我但必不認蓮奸耳天下事非情理可度今日乃逢再擾幾不能安誰謂人不能累我耶馮甲還云功兒病書中旨皆置不答

十九日晴喚夫力陸道還衡朝食後行午尖平山陰余未飯夕宿花石茁早店人頗詰果宿否天陰微雨未瞑而眠道聞蟬聲甚訝其早

廿日晴熱早飯丫口鋪午過杉皮橋詢路所向云當由東湖及將至又云不由東湖望見之耳白杲東湖皆當鋪而白杲市大不似昔年殊寥落貧薄蓋誤記耳自白杲至界牌四十里明日猶有九十不能至復步進欲宿國淸役夫告勞乃宿易渡聲如鴨頭去國淸四里宿亭中大風吹帳蟲乃入巢比醒已被齩矣

廿一日雨意甚濃至國淸雨作強進六里飯於黑坳山徑深微茶樹數萬

幽腴佳土也雨大注舁夫徑睡僅留長壽孤坐令喚土人代舁云必不能至揮之去則又云可至秦錢二千卽如數予之令招二人相助此二人全不能舁恃用賢耳過羅漢寺訪寄禪一茶而出渡熬訪晴生於德豐云已去矣至太子馬頭而夜不辨洲之所在沿湘呼舟僅乃得達張田生已到三日許斗維逃去矣余如釋重負

廿二日陰晴諸生課皆如額懿兒始畢禮記亦竭其才矣且當與講論不必記誦因令日講三葉從內則起鈔論語一葉講衿緦得昏禮證之又通爾疋二條並通青衿之說鈎貫交通亦可樂也令許生說之亦自相合始定嬰爲帔制程與復補講詩禮得陳芸敏謝書並送潤筆

廿三日陰有雨晨寒午煥與書迪子遺鄉工還鈔論語二葉校管子十葉

廿四日晴鈔論語三葉午前未事後乃伏案幾不能畢課秦麗笙次子炳禮子和來云新得鹽局又將求文方出筆單而貪便宜者又至矣近世

以文學爲戲世風習俗不能喻曉也夜校管子十頁

廿五日陰鈔論語三葉偶聽懿讀至庶子不禫杖因攷喪服大夫子從大夫而降皆大疑也其母不可言降妾無所謂降此句當專謂庶子爲妻若在父之室則又非爲後者文與女嫁反同此庶子云其母必與嫡子異母士妾緦子亦不可服期豈士不厭子耶在父之之室庶士以下父子同宅者或者與君子子異若衆子則皆禫無疑杖不卽位則衆子所同校管子十葉

廿六日晴許生說庶子爲庶女極有貫穿說經正軌也乘陰出答秦郎辭不敢見欲自上畏日因止改日再往可也還鈔論語丁生來借上卷去

夏生時濟自江南來校管子

廿七日晴熱始浴秦蓉城來多年老客今又仕而已已而復官未仕矣自云積貲漸空恐壽則困厄有閱歷之談也談半日乃去言劉捕廳事王夔石亦自可人鈔論語校管子

廿八日晴朝食後巡四齋殊無所益盧應故事而已汎湘至鹽丰答子和因渡嶺至南門訪容臣乃正從鴈峰寺旁過十餘年足迹未經似異境也入城看程郎僑丞皆留點心竟日乃還熱不可坐立船頭稍涼復閱比到院汗浹衣矣猶講書畢課乃眠夜思易有九聖人可以九卦配之履配伏羲謙配舜復顏子恆黃帝損文王益神農困箕子井堯巽周公

廿九日雨朝晦房中不辨色解慍得涼始有生氣鈔論語三葉講南鄉答陰殊未思及

卅日晴癸亥芒種猶涼還沈子二十元布店雜帳六元徐僑丞借筆寫對子鈔論語講南鄉已得其義夜臥稍惕聞瑺來欲上岸已黑闇殊不能行明鐙四五照之復眞俱至得蓬海凶問前書未復人命迅速可駭

五月甲子朔晴晨出點名發題王家杞臥未起頃之買於樓往視之方與

皁童對食呵止之移研外齋聞功兒貧病復陳芸敏書並寄二十元與之又還瑺三十元餅之罄矣鈔論語二葉課誦如額

二日晴多與瑺談稀在外齋唯講聽時時一出鈔論語未及三葉瑺明欲還至夜無轎夫遣蓮生往覓辭以不能改遣陳升夜往

三日昧爽起外間皆睡僅有二夫無轎無飯過巳乃行猶吾一人所經營也僕從俱衰家之奴偃蹇無恥然無如何泛湘擋復眞送姊至鐵鑪門上岸船夫亦欲假余力以還故棄船而陸至衣店買衣渡湘步上過小渡船復坐而還程峴樵及卜云齋劉定生來唐哲城叔韶來客去夕食已暮矣夜雨忽至淅淅竟旦

四日陰節事雖不必料理亦頗廢業餽物事者相繼而府官無過問者其不知事如此看課文三篇遂了一日鈔論語一葉

五日晴謝客素食率兒女令粗存喪禮未午而飯諸人皆出獨坐看周官

籩復從兩兒詣鴈峰寺夜還腹痛安之對牀半夜大吐而愈

六日晴兩賀郎來始理功課三日懈弛漸欲荒矣兩女始仞字瑺還書言廖嫗已死從市上覓得一婦云當擕女來又新聞也夜下湘訪卜云哉不遇至程二郎處少坐而還

七日晨陰風凉俄而悶熱沈子趣楊杏生羅陽生來羅衡山人也云在思賢講舍相見左幹青之友也沈言訪禹碑楊言考試並示新詩

八日晴遣答楊生因寄餅飷看課卷半日畢乃巡四齋唯耒陽謝生頗能講論陳玉送一鳩盤荼來兩女無人照料亦令服役

九日晴大加浣濯許生母病告去鈔論語三葉夏半驟凉湘漲數丈

十日晴四川左姓復來攙擾又得雅南書索借甚兇適値小病臥竟日未起瑺家復送紙包人事來皆無聊之極事湍嫗告去吳兒久游不還院中遂半日無人

十一日晴疾小愈猶未理事左生又來送字聯求書扇程商霖來

十二日陰晴大南風俄頃止陰雨遂夕書扇二柄輿兒暴疾程田再請迎醫從之

十三日家忌素食院中起頻晏自起申警之賀子泌三兒來入院肄業輿疾漸愈醫猶未至夜坐無事改爾疋注數條午後雨夕止三更後雨復大作

十四日雨蒸熱不快自督課外一無所作夜月甚佳無地納涼程𠂇逆鮒魚餒矣

十五日晴嘉禾雷生來見比初見時少恂謹叢知余非之呼黃一芰草繭竹

十六日己卯夏至晴正熱胡江亭段海侯來俊臣縱至暢談留飯至夕乃去夜月至丑不寐

十七日晴悶熱尤甚然可緜布衫改諸生課文數首夕擕小女汎舟中流亦無好風院生多以領膏火爲志作諭戒飭之匄婦來上工

十八日晨雨至午不絕大睡向晡乃起巡四齋稍久還內夕食遂暮始聞蜩蟬

十九日雨鈔論語改課藝講少儀緜瑣多須補者文句亦晦蹝儒生書也夜涼

廿日雨午始稍霽晨畢諸生課晡擕兩小女程生入城步至俊臣宅便酌程郎作陪姚胡海侯同集夕散復雨舁登舟已暮泝湘闇行至院已打睡鐘飯半盌卽寢

廿一日雨湘漲五尺新樓將成濕窗吹風甚快田嫗告去輿講七月筋脈殊不屬

廿二日雨陰復女十歲生辰放學一日偶思雪琴建船山書院之意作一

聯不可縣示亦如曾滌生挽聯也海疆歸日啓文揚須知安定傳經南辮萬年扶正統石鼓紫鳳承宋學

願與重寧數狂成均九德協簫韶朝食忽然傷食又洞泄兩次蓋溼寒所搏困臥一日

樊衡陽再遣招飲作書辭之

廿三日雨小愈猶未食秦子和偕寄禪來談半日去飯以淸供但無佳品

廿四日雨復疾困臥得帥錫林求薦書甚愧負之

廿五日雨疾未損求食未得市遠人蠢動形支絀看申報濱江時刦番客猶以天主教爲詞但焚不掠朝廷下詔詞頗侃侃異於昔之怔恇矣許生書來告辭因寄吳少芝課題問弄瓦忽然有疑改爲接子之禮而弄字無所見觀其鋪排必爲大典非抓周之故事也夜凡二起復泄

廿六日雨復因吳題改緇撮分爲貴子造士二等亦頗該括又因輿兒講斧鉞悟良冶學鉥之說直是教兒掐碎故金耳非常械直是則可樂比日改經說均係倩代非正業也

廿七日雨竟日不止正一旬矣余亦一無所事庶幾知時者寫詩四首與許生銘鼎使終身誦之作募化請經疏諸生紛紛應考去因思得考老轉注一義將欲推之

廿八日雨止早課畢秦容臣催客窮老故人當急赴之巡齋悤悤應故事而已諸生乃有欲問者余暇則人忙余忙則人暇亦可笑也汎湘至大馬頭待舁將一時許乃至南門朱家絲線店此間徽商之富者云能辦具亦殊不佳色香尚潔耳同坐者陳子璧兆槐秦子和程峴樵二朱生夕散步至卜允哉處小坐程郎命舁送至舟還尙辨色閱瞿侍學放福建宋生主桂考喜可相見

廿九日陰晴未熱爲允齋書扇便作一詩十日濛濛雨似春伏前涼製夾衣新筍來已賣魚苗鹽鴟老仍撩亂蕪語頻無客儘春苔上坐飄林櫻野竹欺人離龍莫道甘霖還劉北江東蓄創塵復朱雨恬書便寄問鈞仙病狀半月未事矣垂老不能復振作也然此心不忘朱嘉瑞來答拜

六月癸巳朔陰有雨始理譜稿次弟寄禪來催客汎湘至柴步遣迎俊臣同往至則甚早坐久之蔣養吾兒來丁楊秦程繼至寫字五張俊寫四張字較大精神愈於我府縣借寺迎莊心安撫委辦東安者唐掠席轂而人不直席國法人情不並行也

二日甲午小暑晨晴日皎朝食後陰無風頗煩移坐新軒

三日雨作譜傳看瀏陽課卷說閟宮爲郊宔引記將事上帝必先郊宔爲先告后稷故頌姜嫄其所以頌姜嫄則爲致夫人而發也

四日陰湘漲欲平登樓看水督課看卷頗覺竭蹶

五日陰久不鈔書復寫一葉楚狂見頌屈原論語特書接輿蓋其名重非以接車下而名接輿也歌過孔子必孔子坐而後可言過移牀新宔

六日陰唐葆吾來五十三矣云家有五人童試喜萩公之有後且有曾孫能取前列矣

七日陰晨起出湘岸看水還則云呂生來妻死於產已又謀歸鄉試悤悤來覓錢無以應之質曾甥貂裘以爲可三十金晚乃得十金又可笑也留居一夜看瀏陽卷畢

八日陰庚子初伏晴萬事無心悤悤入城尋常晴生借錢不得至程家遣覓之來假得四十元以十二元償瀏陽奬錢以二十六元與呂生遣吳僮送之並迎其妻柩殯山莊兼視熊甂悤悤去余留程飯迎儁丞晴生同坐程郎父子亦還夕乘月還狐嫗苦死求去如湛法遣之

九日陰涼與書羅鎭稍理逋課新軒畢工唯無門出入匠人告去云新穀可刈矣鄉農無食則割熱禾故衡永六月必嘗之乃可割也作譜傳畢

十日晴涼將入城常寧三王來一曰安拜字靜卿優貢舉人其師榮光未問其字攜子來見贈出韵詩一篇云亦識彌之殷殷好名者因隨之出則懿講未畢留聽之精神殊不相貫遂罷登舟步上仙姬灰土二處答訪唐葆吾秦容臣入城欲買衣云在城外乃過俊臣尙早因至程家欲午睡兩丁生入鑄生亦還殊不得愒乃至安記則唐秦已至俊丁琇晴先後來久之乃入席熱甚至戌散登舟昏矣乘月還院中寂無人夜來花香彷彿成都景事也

十一日晴光甚朗始復常課盡移牀几至新軒分四宔以居子女風涼愈適今年初定居也

十二日晴狐嫗復來無人亦任之大有坐皋比梳髮之意貌不遠耳使爲妖冶則衆議沸騰矣於此知人之妒美不妒惡也爲丁生改經解

十三日晴始有熱意昨夜解九旗七旗不瞭今早分而二之乃斷葛藤又攷諸星祠方里未得此等所當仍前典者杜君卿引月令皆我所未見姑依而載之夜雨秦師來設杏酪

十四日風涼鈔論語改彭生經解兩女新仞字久藏不檢已恍惚矣凡數

學必須精神與檢點少有不到便陵節也夜月極明
十五日晴仍涼秦子和來致其兄書求作父墓志書詞甚美前輩不及也對岸有佛寺云是尼姑欲看之夜往則惡僧數輩汎舟而還朦月照窗夜起褱回喬生從鄉莊來云新穀八百一石已登場矣朱彝鄂生來
十六日晴風涼鈔論語一暴十寒居然欲畢計功本不過三月可成今以六月成之猶爲得計較勝不作者也西禪寺僧送蓮蓬且請往議以寺田充叢林爲下院開念佛堂普明辛勤締構徒孫賭博 覬蕩盡亦因緣中一障礙也
十七日晴鈔論語兩葉夜講愚人宜驕識王使之輕出爲汲生增一見識
十八日晴庚戌中伏大暑出巡四齋惟見鐵鎖下諭拘集令還午稍熱可浴湘落二丈秦容臣送紗衫四生告去
十九日晴晨起講讀畢令黃一留永雲二孫弱冠文童不及顧工見識可

歎也午昇渡西岸從鳳峯入城城中新生紛然程生兄弟並出攜銀無所交待其子來賓客又多悤悤交付而出西門尋西禪寺竟迷不得道問人無知者誤至西湖書院海侯赤腳送客攜懿兒入坐頃之云將歸去矣更還大西門乃得寺路子粹既先在又有黃小山從子爲主人坐久之寄禪來陳郎子聲出談酉初散循南崖還呼渡不應得門役船乃濟
廿日晴日烈風涼幸而逃暑晨起鈔論語成以與文育看李竹屋文詩全不成章可嘅也道光不及咸豐嘉慶又不及道光乃知曾滌生真偉人
廿一日午後無風檢譜表刻工來云須再謄正因遣令暫去程生晚來報筠仙喪竟不入相妖言無憑也其品第在余存吾羅愼齋間
廿二日熱檢前齒序稿緐不可理耐心尋之仍自有端緒誰云亂絲不可治也破半日功謄之

廿三日晴思得一作表捷法多分門目乃後合之此算法乘除之法以緐馭簡宋後儒所不知也作挽聯三對
廿四日晴熱改朝課但寫字講誦皆於正午後臥聽之申初大風漂雨入中堂窗簾盡斷乃得驟涼荷花生日有此快雨但兵楫傾危耳灘上飄一船至安穩不動視之若甚樂料其中霑濡不堪坐臥久之乃帆而去
廿五日晨雨午霽竟日涼適作譜表蕭禮卿及其子來新入學謁先生也年十六頗好談無瑟縮之態問鮑詩命逢福世丁溢恩及邢邵五丞接光景余皆忘之夜雨四更月
廿六日晴檢代輩兄弟齒序亦尙番衍曹東寅自桂陽還家特來訪借文二本去兼以三挽聯與之艾刻工復來取譜稿去夕北風飛雨暑已過矣西禪僧及黃船芝來
廿七日晴將出無船大睡半日午後竟可伏案考受葛之節未有明文方

知禮經闕略者多間傳以去麻服葛係既虞之後則斬衰受服宜加葛絰之文少儀曰葛絰而麻帶注亦以爲虞後喪服斬絰帶傳云繩帶齊三年布帶期亦布帶而傳言有緣然則布非葛也五服既葬去麻麻爲在殯之服而喪服直云牡麻絰三年文似疏矣夜雨程郎送瓜殊不能佳
廿八日朝復雨遂涼晨出答訪蕭禮卿大風簸舟攜兩小女皆悶眩睡倒久之不得至至復日出不能陸還仍上船還則已朝食責諸子不我待皆不曉事人也午睡起巡四齋無所謂課矣六百元已到手可謂虛費
廿九日陰竟日遂已成秋看課卷半日哺畢將出王峋雲弟嶼峰來諸生講論未竟已昏暮雨瀟瀟復作登樓賞秋講典故未畢冷不可支紛紛俱下看常寧王榮光著書亦復通達古今無書不覽然不得成爲兔園冊其故可哀也始聞錫侯擢黔撫與書許篤齋

晦日陰不甚涼朝課畢後入城看雋丞頓瘦矣泛談久之至程宅答訪魯峰得楊世兄李幼梅丁重祐書並呂許兩生書功兒書不明白而頗自是他日任其行蹤而事疲也行至大史馬頭船未至立看采茶戲殊不知其何以移俗將諦觀之恐雨附船還甫近洲大風飛雨頃之止兩小兒榜還食訖已暮

七月癸亥朔升堂月課諸生頗思決科因牌諭之天晴日烈風氣已涼近秋節應逃暑心安矣作初秋四詠食瓜復許生書遣信去

二日晴作閒中三復書將復楊世兄念重煩筆札因作賓石家傳不漢不晉隨筆寫去看是如何午後雨涼

三日晴朝食未畢文擅湖南周屏侯程岏樵來午後雨雷震屋壁搖動而聲不烈未知其理豈起於水中耶

四日丙寅寅初立秋晡食甚熱浴罷驟雨忽至夕食將出大雨如注自匡

而返雨後復翩然有扁舟之興昏黑泛棹舁至城中訪文不遇詣周而還周壬午淸泉舉人也習於陳氏諸郎

五日晴涼作楊傳成復書其子乘復李郎書送郭郎脩金移宿前房黃僧來

六日晴大風甚涼爲常寧王榮光華庭題治平略一學究耳不愧學究之目

七日晴看課卷稍有長進無胡說者矣補說碩鼠稍愈於前

八日庚午末伏晨起出內堂設几案待課生來課者本議起於羅伯勳而羅反坐視不至至者十一人出論語題一本經題一未有能兼作者知好事者少每人爲改一起講乃退各散監院袁海平來不至此半年矣請來喫飯者言印卷加穀事楊伯琇及程文周續至已有交卷者尙不得食將夕乃飯外二席內一席共二十一人甚熱夜攜真女汎湘看月放河燈

九日晴熱檢蒐狩通推得三罕之例乃甚明晰後三大蒐不發傳故滋疑耳作說明之並改箋說積疑至此始得說治經之難無師故也夕食後遣輿兒還作中元因遣英子兩兒去無益徒費食耳

十日晴熱几席爲溫風所吹始有伏日意然已秋矣人心安定炎威亦不能侵也寫詩幅四張

十一日晴午後悶甚已而陰雲大風夕起遂成秋矣諸事粗畢兩日因熱遂無所作夕風振籤乂不能事夜早眠

十二日陰雨看課文十二篇無甚傑出者較之張許輩猶爲差勝久欲作卌四七夕詩小兒相惱苦無暇日因揮去之（詩載詩集故未錄）

十三日陰不甚涼了筆罷債序李竹吾遺集懿兒云燒包日必有雨頗有念親之感命傭人皆嘗新

十四日晴熱理草部字似失去一包未知在後否暫不能補遂姑置之父女三人已勞神半日無記性之累也若王仲宣張眞源輩只須一目何但一百十千之隔午後汎湘入鐵鑪門飲程家儋臣周屏侯黃德秦丁繼至縱談將帥等弟頗諷儋臣之闇儋未悟也乃以我爲戲狂人苦不自知言亦不易幸其不出出仍前轍耳景韓移浙薛臬補常卿　朝廷無事雍容太平矣夜過楊伯琇還熱浴

十五日晴看楊郎文有一篇甚深儆雖不佳然非今手所能午熱有風陳郎復心及商霖來未午食甚飢催飯因留共食夜送客看河鐙兒女俱從程生從父去

十六日晴熱改文二篇故書箱久未整治命匠補之分經爲一箱文詞爲一箱

十七日晴熱登樓看礮船云劉營官誘致唐本有來矣衆疑唐將作亂觀

此知其鹵莽北風不涼讀課早畢

十八日晴陰熱寄禪及其徒來談一日早課幸畢字課對客了之僧去已夕矣小惕楊伯琇來夜聞叫聲恐狗搏兔遣視之則大蛇吸蛙滅鐙而寢竟夕酣適

十九日辛巳處暑晴熱改伯琇文畢早課寫字浴畢楊家僱客復小坐待飯後而往諸客畢至矣北風振樹而院落未涼紫薇乖花猶有暑氣夜散還舟漸入雲下以爲當雨俄而晴

廿日陰熱院生告去者八聾袁生（字式南）父來言過丰被盜尚不知有鼇金局欲訴府司真桃源中人也王叟華庭來則又博通世事學究中自有等級要之不足致用爲尹生題船山遺稿寫字數紙夜雨宋生典試桂林遣人來送周官凡例

廿一日雨暑不涼寫扇幅未竟尚無筆法既苦淇子復患日燥心不靜也

書七夕詩無可寄惟黼堂爲故人當以示之

廿二日陰晴暑熱移坐外齋懿兒講禮記畢寄禪遣其徒碧泉來未飯去洲上無物可供客也

廿三日陰暑外齋通北風稍涼而淇子尤多余欲以淇爲蜮小者如沙射人無迹其來令人煩燥亦能作寒熱或當時有死者故傳含沙射影之說不然吳越無此鬼物也左生復來相尋云周署守丁母憂

廿四日陰暑每日有雨而殊不涼枕席久未理蟲蠹窠焉乃綠衣領爲碧泉所見始解枕衣則成行而出令人肉顫大索牀蓐竟無得也懿始講易

廿五日陰暑將夕得震霆或可解溫作秦六生墓志成嫌太長復刪十餘字乃不過七百文亦雅飭

廿六日晴時有大雨猶未解暑聞鼇丰旗竿雷裂一半前雷亦震柱而動屋角昨雷更近而反不震未可測也看圖書集成竟日

廿七日晴午雨湘漲平岸如夏水矣看圖書集成除講課外更無所作

廿八日晴有風孫翼之代知府印來通候艾刻工來取譜稿周鐵園來赴其母喪繼而無子福人也

廿九日晴始有涼意淇子苦人不得伏案鈔譜稿三葉

八月壬辰朔晴日烈氣涼早課畢出訪俊臣昇答孫代府過子粹還至程家小坐步出尋祭幛不得還舟泝湘還日曬頗苦照灼久之始至鈔譜稿

二日晴內齋可坐垂簾督課作周母挽聯鐵園繼母也（拾遺列巖班南海榮萬石四風　魚軒簪富貴湘瀨雁信月湊沽）鈔譜稿

三日晴尚涼午弔周署府先至程安記處寫挽聯即與月樵同去至則吉服滿堂禮不須弔然猶聞哭聲愈於彭氏還出南門待船久之

四日晴熱看集成竟日

五日晴熱晨賀孫代府母生留喫麪熱甚食半碗亟還朝食將浴篤丞來久談去已夕矣補課畢餔食遂夜

六日晴熱今日丁酉白露祭先聖送胙者皆敗矣鈔譜稿三葉嫌太小復輟之

七日晴遣傭至三女家告將去得功兒書報鏡初喪所學未成物論同異可惜也得景韓書唁婁喪天下知音將死亡盡矣二鄧不復如少時同志乃與李少泉無異尚不及張香濤則可怪也朱宗勝送廣味昨大覓不得遠物遣使甫行而此適至信瑞女之命薄也

八日晴熱寫扇二柄劉靜生卜云哉程屺樵來備丞送文詩來看爲作一序如其自道以僻遠失學爲恨正其自負知嗇味也艾刻工來鐫譜式改鈔墓表與之今日食蓮子甚佳鈔文稿

九日晴熱北風將一月矣晴止半月似甚旱者水退才一日也段懷棠來艾刻工纖至紛紜頗久欲留之飯乃云無米與同至城訪秦容臣答段劉不遇過雋丞處喫麪言張朗帥正喫鴨子忽然而死醇王儲以代李者今李存而二人先死信難測也夜步月還熱風吹水氣復似乙亥還石門時中秋未知有風否（得意在甫刑臨難說匿寧叔寶闕微其多神解立身賊仲尼鑿變世無知己空傍餘論）

（傳時人）鏡初自挽聯唯記首二句故仍用之說此已卅年矣

十日晴熱秦容臣來言鹿滋軒顛倒是非殊無人理觀其平時亦矯矯自好臨利害則顛狂失志故知讀書非俗人所能也艾格未至鈔譜稿未妥聊充日課耳

十一日晴寫字三幅資斧告竭只得去之須卅千乃能行借之劉程二處黃一還得瑫女書王瀋臺不來陳一無處安頓託雋丞薦去

十二日晴覓船未得程郎喚一永州船來卽令檢行吳少春檥船來訪名

鼎榮東安令張楚寶之友也頗有書氣不知與鹿滋軒何如久談乃去寄禪又來索書登吳舟答謁甚熱促其開行寫對一副寄禪乃去午飯畢尙早移裝理篋攜二子二女兩僕一傭以行泊柴步待錢雋丞來談二鼓始去旋卽開船檥樟木寺

十三日晴船中雖甚照灼亦不甚熱鬱夜不停夜分稍愒黃石望

十四日晴晨過朱亭午下昭陵灘水石安平初無激浪過淥口已夕風止泊株洲下夜月劇佳

十五日陰北風漸壯朝食後至湘潭城下子女並上岸遣人力還山莊余獨坐久之許生父子來族孫永雲均至詢學政皆不知步至楊總兵處看差單乃知福潤撫東不妄近除東新二撫均出意外訪子雲石山不遇還舟看燒瓦塔二更戴道生許篤齋來談遣問陳伯韺初忘其應試不必空門乃有意味也

十六日陰風猶未息停舟半日陳升從鵠厓往易灣云不過二三里舟中蔬肉並竭錢亦告匱夜半始得行

十七日晴質明過觀音潤廚人具朝食食訖久之乃至朝宗門攜兒女登岸坐未定程郎來遣邀入臥談（自九日以來小泄甚痛未知瘵耶憊懶耶故不健旺）則常寄鴻亦同來家中不能具食久坐不得設各自辭去自後來者紛紛或見或不見皆爲之評文而去鄧壻文最佳酒氣薰薰得意非年少耳陳佩秋夜來求薦

十八日晴登樓設坐稍理功課唯懿兒心放如鷄犬不知求書秦子直蔡子耕來言病狀云必服藥余云砒鴆亦可服但不服時醫方耳郭見安來

十九日晴陳芳畹胡大郎來子儀頗右孝達理安則恕一吾淸濁不從其類亦持論之妙者羅順循甚慍陳伯弢又與功兒惡之之意不同每以

此觀人情亦復可樂滋女次婦同還門庭喧鬧

廿日晴程郭二胡來餘客未見楊兒來正困又當弔之亦辭以疾蓬海自題詩人楊坦園之墓此則亂命不可從也理安云李竹屋孫得吾序以爲僞好代人求文者聞此可以止秦子直擬方來爲服一劑

廿一日壬子秋分晴六十年不服藥再進一甌已費去二千錢矣亦可以止人客來漸多往山莊避之又以三婦請寫其長子庚帖依期一往夕出城無船從王夔帥坊下覓得一賭船臥柁樓不出一語北風頓息行十里止王夔帥已不帥矣民不能忘諒哉譚序帥再攝督亦黔中盛事譚文帥又不文矣

廿二日晴纜行偶帆過午始抵縣城竟日未食至譔家待梁生來寫庚余祖母弟妻之玄孫女父名本榮字向欣兄名喚奎字璧垣彌之高等生也女已廿二矣宜其汲汲寫書成已昏設宴款女使並二媒戴徐及譔

亞壻張子立客去三更

廿三日晏起覓船不得喚夫力來復去再易一夫乃行已過辰矣二楊許生帥錫林子雲來途日甚灼晡過姜畬飯輔迪店中許郎來見待飯一時許乃行夕至山莊正日落矣入門憊甚未暇問事卽臥

廿四日晴晏起朝食後復睡晡時又睡聞外有吹煙筒聲起視則三子張子在堂候見要入坐談夕食已暝夜睡較晚校墓地簿至月出乃寢

廿五日晴始得出戶看後山樹盡爲蟲傷僅存禿幹老桂亦死此殆不祥也栽乃毒於蝗而言災異者罕書蓋北地無樅南災不記耳數千萬株埽地俱盡非常大災也滿耶與佃爭草心欲我助之辤以不能衆皆忿譚團總來校墓簿畢一本無頭緒帳記亦竟我數日鉤攷此好考據之報也痳似稍愈始知食味細驗病證乃精管中生一小癰耳說文云疝病疝蓋精管之名有盥有血自然疼痛不療亦必愈他痳則未聞也字從山林取義蓋得之於積溼若障嵐之氣亦可本皆從水以後起汕淋爲義與魚椮同尾水不通之狀非取瘕癟也

廿六日陰馮甲來喬子始來見與同至戴鑾看開枝後妻小坐還周生來夜有雨

廿七日陰風涼始爽旋縣劉生來送文爲改三篇說思無邪歸重於思言先正其本雖不合駉頌而未駭俗目比日食甚少而事尤簡復有不耐靜寂之意以屋中無一本書不可度日也靜者固不待書而能凝神斯所以壽而李雲舅之不壽則又家運爲之

廿八日陰小疾臥一日佃戶爭柴打樵童頃之三四婦女登其門諠呶余臥强起視閏兒復與桂子鬬嚷石珊及甲總牌頭均夜來震孫專足來求薦張子立

廿九日陰揩子來初以爲爲蕭郎說客後乃知其爲李郎也石珊田周均來

晦日陰微雨揩子去石潭石珊來方留午飡乃云請會酒同往戴鑾爲曙生種會鄉人呼穀助人日種穀余來二五石珊四而桂子三菊女六也五簋既陳告飽而散揩子復來

九月壬戌朔陰雨鈔譜稿紙畢將去之午間盛生員來訴團總見陵之狀鄉人爭閒氣不可理喻與同至團局和解之至則衆皆不至乃坐飯店余託故步出裹回平原族子太明自鐵店出問其兄曰成死狀又遇石珊極言樵童不可赦與同至田店論之田夫妻抗不服云追至礲中太凶惡余語石珊此余過也遂置不問村老四五人論譚盛事余復和之紛然而罷設食亟還至門揩子隨至云招女來矣招女嫁李氏有賢名其壻在桂林欲求薦信恩之不得唯憶一向子振嘗與書託之太明亦至令借帳子買燭代鐙俄頃粗辦鄉中每有此倉卒客甚可怖也

二日晨雨暫留一日招女攜女去忽熱石珊來欲得熊子熊乃不願石珊甚惱余惟匿笑耳天下真有夢蕫事非口舌所能明也家中遣人送衣來

三日晴遣覓夫力云晏不至蓋鄉間已早飯則不作工也竟日無事將夕晉葊來戴鑾諸子招之析產余亦隨往依其意而斷焉至夜然燭還

四日晴
先曾祖忌日熱與晉石伺船下縣待至過午始行舟中極熱夜至蔣家馬頭步上攜被張生從行爲持之又益熱汗透衣矣投宿賓興堂夜風

五日陰李廿二舅子字楚生來訪招孫兒公也猶有李氏家派張蕭來遂與張同過陳伯弢看詳復求才文書還與蕭同上總雅南亦相隨以往至吳園訪桂還爲仁裕合主人所要適逢匡楊挾妓兼招羅小元翁强生龔文生天成亨同飲遂留夜飯未免有餔啜之意非雅游亦非冶游

也夜還寓吳少芝來

六日陰丁卯寒露陳伯弢爲監生所撼物論亦齮齕之欲余解焉請李朱同會俱辭不至又改招市儈武人亦辭不至乃自來相約從朝至夕始得沽酒市脯耳張生亦與坐乃其黨也許生來仁裕請爲子師蕭正皇皇求而不得乃託蕭代通真無可如何之情酒罷還正逢孫蔚林與客俱至陳事其所主者余諷以惜才乃不肯認往復浮談亦無著落余云欲其去易耳仍是不能容雋異士也陳亦披昌不受裁制末世士多如此庸劣所以得意

七日陰從許生處覓二夫以行行甚急速未夕已入城城中無事唯出門無可往耳窊女亦還夜與其母哭聲甚叩已而鬭牌殊不悖禮意

八日陰欲出待飯不果陳芳畹書來叩冥壽淦郎亦來爲四女課方名夕往貢院一看遇一人甚貧薄自云久違了不識之致書向万鏃子振仁兄大人

閣下久未奉問側聞政名隆隆宜民擁上爵其績足繼美鹿張桂陸非遙鄉人成者幸弘領甚問運蜀游十載逢成老羈伏匿山陳久謝人事昨因族孫女來觀詢其家事云其夫李恩生咔食游悟曾讀盼昧去歲璽游湘上求得扶樓四壁既空一身無寄李氏湘潭姓恩生兄弟孝友篤誠訊善惜書亦諸蓋記爽閱運廬曾溜嫌曾未能拔振其才自愧力然每嗟貧病但以粗知名字師是因緣欲令於領外安身或朗樹立然旅食不擺漂母雖逢伏維仁兄洞悉人情素宏獎納鬼獺雖來授館不歸用介一飯專冰鑒愛尚乞賜招至府先借尺階徐益所宜沛之河調月請能得二尚餘以上方可借資奉養略辦衣裝既獲歸仁自然堪事他日再當聞之當道偉逢機緣前湯右蓮過衡時初不知思生在桂失於面託旋間移願知飲啄有方也間運頹蕭淒凶今甘窮處落蜜謹上假館東湘城中故人散亡略盡意氣衰殘無可告晉因事本變知晒疏率敬頌台安不盡爲招孫家干請也三更榜發唯蕭生一人中式卅六名與曾滌侯俞蔭甫名次相同亦性翁衣鉢也

九日陰晴有雨甚熱楊性翁來重宴鹿鳴欲往看之牽率未果胡子夷來午飯與諸女看榜看號舍游浩園還講課

十日陰雨晚晴愈熱性翁來半體偏枯精神猶旺能作字吟詩屬文聰明未秏面亦豐腴然熱懷未冷託以與宴爲榮屬考會典步至龢堂處尋之辭以病嬾循城將還忽悟當至四胡家又循城還至廉福堂四胡皆在從小說鈔得重宴禮節便與性翁小雨廉纖急步而返至家大晴思此事官士必不甚重而性翁一人有毀無援因與書王逸梧以大義勸之好事者亦難其人可歎也夜間王書來果不以爲然秦子質送潤筆復書辭謝鑄乃夜來

十一日晨雨頓涼登樓講課竟日無客

十二日雨竟日曾榮甲士元來新中亞元彌之舊客也看闈墨遂無甚庸濫文而多荒謬字面近今風氣果變非徐桐輩所能挽回也小女字學頓荒亦讀惝怳責之過苦

十三日陰鄒生來呈蓺甫被放而仍應課亦可謂勤進者爲點定二篇解亳字爲商邑之名文從京宅省似爲確當亥夜滋女得男頗爲欣慰

十四日陰看王逸吾荀子集注彭生來呈課文張編修發題問郊禘是一

是二王葦塘類也不知何人始發此義無從駁證

十五日雨滋兒三朝李幼梅王逸梧來云性翁復欲與宴院司以坐次屈抑之使列監試之下向亦聞此說借會典未得不能定其是否梁山舟禮單則坐在東北隅又似不依官班此大禮而任意輕重可怪也陳芳畹告絕糧捜錢四百應之移夜穉與孝達劇談云因行過我請爲供設與同食冬黏飯甚軟美

十六日陰看徐松登科記道笠兩僧來笠僧云南嶽祠僧被逐請余緩頰房嫗告去留之甚切終不顧也蓋匠治屋漏亦不能赴工人力不足如此

十七日大雨竟日唐葆吾來送蓺公遺集請校云其兄子孝蔭使令作小京官以習宦事親爲運貲寄去其家庭雍穆可喜薄俗鮮聞此矣

十八日陰晴看郎潛二筆似曾見之殊不成書多勦襲袁子才而又詆之

尤爲無狀夕過敍吾又訪何棠孫借會典不過笠道僧來約齋集
十九日晴陰始出臨筠仙鏡初蓬海之喪使過黃毋道逢鄧三郎子沅還
過文擅湖頃之子沅來頗以正論裁抑之鄭七耶來子沅留飯鄭云已
食夕訪翰仙夜雨昇還
廿日子後大雨至辰乃稍止猶點滴濛溟真詞料也秋聲曾賦白中年後漸減愁邊連宵到曉何事向孤燈外敲窗搖樹料是紙眠慣聽更添切蛩訴蟲記起飄落紅樓點點聲聲斷腸盡殘花落濕泥沾絮縷餞天涯盡何須補問情已白雞奈爭得管酒醒花憶睡也休休催曉衙門一段寒霧只怕到鬢髮邊宵早又瀟瀟暮右譜雨淋鈴張秉文子虞來談
文武岡新舉人其父爲廣東令黃七郎來逸梧約飲辭以忌月云黎簡
堂云只可避人喫肉此余平生自欺欺人得力之處也午赴笠僧約南
嶽祠住持設謝唯菌筍一盌外有白菜茭瓜俱鮮旨食麪二盌腹果然
矣易涂道楊同坐周鄧生過談旋去夕還輿莪口角乃敢質我其愚不
可誨姑責教之余雖有慈無威未遽疲墮而子女不戢懼由性頑致然

非無家教之過然不能辭責所謂王家息婦不可做者
廿一日雨竟日翰仙來談半日戴道生來取薦函與淮鹽姑依所願應之
李幼梅又來約飲浩園辭之費口筆不若一去了事欣女還唐葆吾來
廿二日陰癸未霜降孺人忌日清居愁慼鄧胡兩壻來檢破篋見草書一
卷乃雨蒼寄來者余刱未閱知開看則妄人所爲也然用力甚勤作僞
亦鉅余初不聞有此付諸胡請考之
廿三日陰與書俊臣薦翰仙四川科餘傳到知者九人中有十餘年院生
雖云儌幸亦沈滯矣有一呂曙文似是覆文而籍貫不符要之覆文亦
必中式分遲早耳朱宇恬送衣裘致詞甚妙有似送子思魚者蓋非假
手所能爲也復書受之商農來
廿四日雨陰始出答訪保吾鄧郎張孝廉楊性翁過文正祠以爲李設宴
在此往問則余誤看也復還至柑園甚早坐頃之雨珊亦至徐仲衡王
楊先後來聞治秋得南齋蓋作詩之力談不甚洽各有意趣也夜還
廿五日陰遣人致外舅練祭明衣其家無一介之使余亦未往不可無此
儀也將還衡而無貲占之得死灰復然與書保吾貸之兒郎來云當還
元卷余云凡辭錢更俗於要錢以其沾沾重之也宜勿更言陳總兵來
招陪翰仙以在練前一日不可往而無所喻之姑爲畫諾
廿六日陰晴保吾來送百元借以開銷始復翩然看雜書連日殊無雅致
彭石如來田生來言訟事喻以無求勝不用錢乃可保家也夜大風不
寐
廿七日大風竟日兩傭婦來上工城中傭力極難久故以多人備其反復
然家中內外傭十一人似肅豫庭兒所言無可省減者矣今日陳改設
於其家乃引禮得辭之夜視滌濯定練禮稍斟酌虞吉而爲之似亦可
行

廿八日晴己丑練祭辰正行事哀敬可觀天色晴寒始有冬意郭彭鄧郎
均來欣女還皆不及事曾知州來常熟人楊師親友也
廿九日晴熱見郎晨來云王灼棠最敬我求一薦之余方謝客見意殷殷
許爲一言午請去年斂賓因約唐葆吾一飯瞿郭胡鄧先集唐後至文
擅南海岸圖席來並入內坐功兒陪之饌餘甚旨惜未豐耳戌散爲彌
之書短屏甚劣
晦日陰煊王藩臺來謝未見海岸來久談云求福嚴寺碑并逐慈航以爲
護法
十月壬辰朔晴南風晨答訪曾琢如因過王藩未晤出城上冢露溼衣履
還王送菜道意以遺黃觀察得楊吉南書
二日晴見郎復來欲干王藩無階以通儒冠之困如此諸子坐食各令謀
生功兒往鄂輿兒往浙諸女還鄉庶幾可振午遣覓船上衡南風仍壯

舟子不發還家朝夕食罷乃復登舟夜有雨

三日晴陰纔行七十里泊暮雲司盡日困臥夜不寐

四日晴纔行至午始抵縣城入賓興堂鬚髮出則六蕭坐待矣未交言趣還舟卽發至夕始至漣口闇行卅里至姜畬扣乾元門索夫力籠鐙山行十七里至山莊入門則男婦縱橫數十人大似淸志所記羣狼者欲暫眠不可得夜凡四五起今夜當齋宿不能齋也

五日烝祭舊例公祀也隨桂堂七耶行禮紅頂無翎武弁所絕無者余與敬安亞三獻外房來者四五人盛二撫孫亦來十三節母並至爲墳山穀事王沐與余接席云前年未上書余亦不復究之待船至午未至頗爲皇惑已而陳升來亟令熊率二子以行鄉莊稍爲蕭淸而胡孫不能不散矣非吾勇敢强有力不能辦此檥南北塘晡食後乃行夕泊漣口又遣人取衣物於城中蕭某所代買也去錢十二元今日及夜並煊似

夏

六日陰稍涼可二禪衣纔行一日泊株洲對岸夜雨仍南風

七日雨晨纔行食時轉風雨亦漸淅天氣驟寒二絲猶瑟縮夕泊淦田夜風甚壯今日戊戌立冬不宜雨也

八日陰涼北風橫雨帆行卅里纔行卅里復帆行廿里泊衡山塔北夜寒霜重

九日晴復暄廿里檥雷石帆行九十里泊站門前夜月

十日晴煊南風纔行十五里至樟寺過已將午矣復纔行廿里至來鴈塔日已將夕令吳僮安置熊嫗於城中余從陸行入北門至金銀巷訪俊臣云宋生今早甫過二程郎俱不遇步還東洲齋夫云宋主考昨夕至此獨坐而去院生還者五人俱入見船未至尋衣被不得借匙開箱乃得絲衣領之人船俱集始得夕食夜月蕭淸梯磴新成登樓臨岸久之乃寢而夢調度兵事指揮蕭曹可笑也

十一日晴晨起不得食屺樵來候云夏生猶在城荒唐窮困又云鑄乃已赴官矣竟日閒坐看端州石室記孫伯淵校文句誤讀可笑記云遺土駟馬猶言脫屣千乘乃以爲杖龍遺土駟馬陵晨何其妄謬夕詣楊伯琇不遇步月還

十二日晴霜晨起無菜昨夜煑肉野狗闖入盡食之惡煩人遂白飯致飽鈔譜稿沈郎曾生熊生來熊老曉之子也久不見矣云來衡兌館告以絕地又欲往鄂干陳右銘求書以往余云辦錢二千不過亟回可矣遣吳僮覓刻工再返始達

十三日晴來三日主人不過問遣催火食亦不至乃知在陳絕糧狂簡小子爲之也寄禪來索寫屏風甚迫程郎偕丞繼至程送鷄鴨卽以款之談半日乃去寄禪食於鄰寺夜復來談初更卽去

十四日陰晨無霜露午乃大風驟寒爲寄僧作羅漢寺壁記文成未書衡山寧洲金蓮寺三僧來出巨紙索書屏風六幅盡費其墨信有緣有定也樊衡陽送蟹乘自來問候隆兵備復來設拜則不知其何因唐葆吾檥船來候正得白元還之自來還帳無如此快艾刻工來送譜稿則尙未得半今年恐不能成

十五日卯初月食已乃復圓俱入地不見也陰風欲雨辰出點名得九人耳朝食頗早午間首事送火食脩金川貲云王藩臺歲加四百元今歲加二百元意外財也受之無愧論教學則今年初不須人實爲靡費非我不敎無人可敎楊伯琇及常郎來少坐卽去丁篤生來沈子粹孫賢之衡淸兩令繼至設酒請屺樵主辦殺饌頗精賓主俱歡戌正乃散子粹贈詩臨帖六紙摹北海而似永興於此見唐初書派歐褚爲別調蘇顏則又異矣徐在其間結體獨奇開柳派者李徐皆是羊豪書故柳不

能用義之筆此消息未經人識蓋鼠兔堅硬不能方也隨書俗吏草句困儒巾頁材

不可枉高志自然中夙昔慕之子遊遠觀聞實遇遣君平里閭總濟沐瀆易游當代豪傑賤辦玉珍吝余實疏率寡子賞殺眞歸與各憶土里

整分攜親復此湘東遊開縣拂清要斷湖與歸水同有蛟舉瀾舉綱輾相憶臨觴忽拔愁來詩何況其霜娟夜回春潮淵金石韻近答山水爭

傷今致傳殊思古才尚珍誰云高誼和信彼總有鄰

十六日晴復煊羅生知扣課復來點卯未幾僑丞來楊伯琇繼至今日夕集而僑當午來久坐待廚人索點心不得桊容臣段懷棠程峐樵畢至已酉初矣設燒豬蟹甕甚佳客散月高夜景甚麗頗有佚思再起看月與書陳右銘桊容臣云作菌油但取生菌陰乾以麻油醬油泡滿五月後取食

十七日晴朝食後熊生石華來詢信云子粹次子字覲生尙未昏託其媒撍女臨石室記一紙筆意殊超託伯琇定油三石還酒席錢已去半百矣

十八日晴晨起寫寄僧屛風作李太和體方揮灑得意閽扣水門以爲僧來則一生闖然知是黃姓而忘其字云明年欲住書院余云極佳與同下湘看小皮衣至程宅請轎謝隆道台步菊山甚佳云其小孩子所種也隆無子蓄以俟如子而稱之山西撫故湘臯遞還京尹王濂得湘臯今日話多得數十句端茶告退復還程宅同商穌步至僑丞處則楊柄斗垣三顧先在矣懷棠伯琇繼至魚翅甚肥麪食亦佳夜還甫暝煮肉烹菌至月出久之乃眠甚熱熊嫗移入院以無人照料得之爲愈

十九日晴院生唐丁來點卯簫生來呈卷熊生復來取字去夜校裁渠遺文亦有佳者看徐海宗詩皆杲臣所成誦者余亦耳熟忽忽四十年矣風寒將雨俄而月出

廿日晴晨糊窗未畢僧秀枝來送橙柑云西禪新接住持明杲將與寄禪偕來頃之俱至促寫對一副丁段催客黃德總兵來余悤悤乘船至楊宅門口約伯琇同往至則僑丞程郎周屛侯俱先在郎席會食酉正散返照如月赤光照岸到院已夜興寧段袁兩生來受業程郎云尙有數人欲來見余俱許之

廿一日壬子小雪晴黃生來見云賀子引之同居八月已來今始通名耳龔麪晨餐飯熟復將食衡陽令催客寫對一幅出乘船至程宅舁謁新守未遇至縣清泉令先至程生劉定生同集設饌云極經營殊未見精腆夕散還舟遇喬生從鄉來又得宋生書云功兒已游武昌去矣詞意悽婉而曲突焦頭未知所指譽庵石壩迪庭弟姓同號得晉會具悉一切查請職之貫士舊辦六部十甲天鶴

賀荒山內界穿心三丈今云王姓郭其岳父王之實則六部王姓乃政家女婿也之貫爾女次適汪德鶴汪德鶴卽王德鶴修譜時迎婿同姓而改耳既係六部王氏葬其岳父則此山必王德鶴管業後實與誰家轉及田家但看老契白明若田家老契無王姓出筆則此壩非田姓柴地突若係王姓出筆則此乃王姓岳父非王姓老墳且係父子並無女墳葬時在道光十二年及此十六年出筆必在十六年後此易明也王姓先既美意近地與我家今反令其輸官事急非媚勤善之道迪庭鶯六部所信與王姓諸名公諸有往來但請公正明人收請一書王德鶴

子孫尙有何人何年供田何年終壞眞假立分於此可息王姓先有遂地之惡田從又有照管之功此次酒席當出自甘業坤及我七房諸家公同預備之和息乃爲舉也若看譜無王德鶴則此山非王氏之山或派諸不備皆借之若則是有遺歎田因而歎我非經官不能斷結似聞王姓有關錢一千串打官司之訟我當曾之鮮太寃從重罰以戒鄰好訟之風猶王姓多則人必不肯輸理又輸之紳也此事紳官一納問曲直自然無須請託但恐官不知此駁上堂時特此信卒太爺可也十月廿一日辭

廿二日晴湘潭信力取回信乃知昨宿我處荒唐胡涂適欲附書因與以二百文遣之長沙金生游學送有詩畫卷以四百文與之熊嫗求衣以六千文與之月費罄矣寫詩卷二軸憶文小坡廣均未畢取五質日寫一葉將以廿日了之自今夜始

廿三日陰朝有寒風鈔韻一葉丁生來言求館事云當往湖北欲余函薦與同船至伯琇門前登岸訪楊未遇又答訪黃營官遇周署守辭行未茶卽出遇程生與同至楊斗垣家僑丞伯琇先在篤生懷棠繼至看花閱還飲至酉散與伯琇同船上湘乘院舫以還斗垣好夜飲而今早散

亦罕事也伯琇請海侯教讀以脩金多少送聘遲延致成參差與書海
侯勸駕
廿四日陰稍寒校譜稿舛互百出伏案細勘卅葉改定發刻已過午矣稍
睡起作字鈔韻一葉已暮楊伯琇不知會典誤以纂本爲全書□□黔陝許蘇奇盛矣濟河建八旗三浙三湘□鼎足四獻人爲占但宜二直浙濟合十旗三湘鼎足未全哀闕江獨對甘黔陝四浙安能比四獻當年六五搜軍功魚鬣蛟龍出自雄今日十三新太保男兒看殺可憐蟲
廿五日陰晴有霜朝食後鈔韻一葉寫字四張下湘訪秦容臣言糟魚片
但以紹酒燒開入魚卽起並湯上盌卽成矣至周屏侯處小坐訪後臣
同至程家道臺遣催已久昇往劉定生張訓導皆至同食席散未昏步
至百搭橋船未來復還至鹽豐呼渡到院初更矣少坐假寐遂睡著醒
已人定解衣遂寢
廿六日陰有風丁生來求書于鄂撫與書託之鈔韻一葉丁生母子開妻

送禮八色配裝頗精緻能人也受半還半至二程郎處少談昇答訪清
泉典史蔣翁未遇至潘茉坡處會食丁篤生孫翼之已先至樊琅圃後
來席散初更至鐵罏門泝湘還借得會典攷重宴鹿鳴初無本末唯載
乾隆卅九年甲午同知孟琇重宴順天卌八年癸卯知縣康定遇重宴
江西五十四年己酉知縣龔璵重宴雲南及河南紀昉五十七年壬子
大學士蔡新知縣石鵬霱衡山譚湘潭昌明等重宴福建湖南六十年
丙辰御史馮浩知縣孫似茗等至嘉慶十二年徐績翁方綱丁卯順天
梁同書浙江始有恩褒十五年趙翼姚鼐庚午兩江浙江周春山西文
水鄭岱鍾山東林培由湖北施弈學江西趙鳴岐皆依本品加一級而
黃叔琳史貽直嵇璜重遇臚傳則無准其之詔
廿七日陰始有寒色馬岱青次兒來看讀通志一過無重宴鹿鳴之文已
費一日功矣通志唯六書略可存餘皆無取夜鈔韻一葉頗餓無可食

者食橙一枚
廿八日陰看通考四函巡四齋小愒黃滋圃總兵來請渡湘步往則儁昇
已轉云早到矣丁程繼至孫翼之最後至酉散黃久從李希菴盛稱其
戰功鈔韻一葉
廿九日晴課卷十八本鈔韻一葉海侯來云明當起學留飯不住小坐遂
去日照窗甚炫灼掩扉小睡夕泛湘赴仙姬巷孫翼之寓會飲沈子粹
黃營官陳郎子聲屼樵皆先在設食頗費二礮散到院則蓮耶陳五耶
專人皆來矣夜看通考二函
十一月辛酉朔晴曉霧出堂點名鈔韻一葉諸生入者七人略談讀書之
意看通考四函無重赴鹿鳴之說夜睡稍遲猶不得眠
二日陰晨雨氣煊多臥少事鈔韻一葉始分芍藥壅牡丹插櫻桃枇杷種
杏作紅龍古其釋以蘼爲拒霜皇文生訓存異說也夜看通考三函雨

竟夜
三日雨陰風寒鈔韻一葉午渡湘步至楊慕李家過海侯少談聞瑺又生
女至慕李處篤生先在懷堂繼至屼樵伯琇均在方伯第釀飲待客未
至夕來會食主人厚我特設而寡言詞客亦無多語酉坐船還陳芳畹
人求盤費去衡陽去八元矣
四日陰晴小覺不適未朝食鈔韻一葉閱課卷卄本秀枝來請客爲出知
單許悝吾教官輔堂來談
五日晴周屏侯早來云有兩魏生來從學出見之亦農之子蔭兆族孫也
一字少殷撫其兄子成立同年入學俱欲肄業留飯去鈔韻一葉秦容
臣來夕去初月滿窗開窗賞之
六日陰煊竟日清閒鈔韻一葉可以賦詩無新景物再鈔韻一葉與書止
瑺入城兼附食物去

七日丁卯大雪節陰午雨甚煊
先孺人忌日素食憶丁大故時近冬至天正寒也駟隙不留喪亡相繼塊然孤獨年過二親亦何聊哉計自卅年來丁口皆廿七亡者八未爲不幸然知心盡矣臣之質死久矣晨鈔韻一葉校譜稿作開之傳又忽忽不樂取海參已失去凡物供用否信有緣也偷錢買補焉余之教下以權如此袁生來取易說去
八日陰與書常晴生借通禮午巡二齋已值夕食還小惕校墓表畢尚有三葉未鈔明當促之無菜不食仍上樓齋僕有三人而無言者下已夕矣鈔韻一葉今日頗勤
九日陰作閑道周屏侯介二魏來坤能胞弟也因憶趙伯璋並與書文小坡寄詩韻去艾工送譜稿盡日內校之補作耆壽表亦手自鈔稿功課擁擠猶患日長乃知惜分陰爲仕宦人說非處士所宜引

十日晴理齒錄校疏漏者劉程來談西禪孽徒來求塘稅賀年姪送壽屐紛紜總至欲留客食未得遂巡夕矣今日凡鈔稿十餘葉而譜事全畢可以去矣
十一日晴煊感寒欬嗽頗甚竟日無爲寫對二幅屏四幅治裝欲行遣熊先去
十二日晴晨起乘霧下湘至程家待飯已過午矣儁丞來談要同至西門不可遂獨步出西門尋舊路已彷彿遇黃生引至寺子粹寄禪先在頃之潘清泉黃水師劉靜生樊衡陽俱至夕月照筵本午集而遂至夜龍鐙傳呵居然盛會還宿程家
十三日晴遣人還書院發行李覓乳媼不得仍令熊攜子以去余坐程家迎儁丞來談竟日樊衡陽送陳漕館來同朝食伯琇來送言石家有道士鏡能見人前生要儁丞同看之則一常鏡遣小鬟看余久之云無所見復令一人看云見光一指許亦無所見儁丞照之婢云一道士樓圍樓拂坐巖上旁有清池與其自夢略同再看余則見一長面老翁著袂衣兩童侍後案有書本而俱白光蓋看者捏怪耳步月下船送陳程還城余至石鼓登舟即發宿章木寺嶽邊幽磯睡禪上牡丹開詩思浮江閣春光待酒傖六年明月在一夢紫雲回燭背圍影繁霜改角哀
十四日晴煊才可一縣行至七里站鄰船膠舟待久之乃發夕泊雷石灘上夜風不寒
十五日陰日下有氣如彗晨下雷石二灘水涌碧堆可名清浪頻過未見此景蓋風激使然鄰船有一傖父似相識來問訊乃知爲常寧張某以無妄被縣令呂封門閉店訴之不直欲往省城尋筠仙之流告之撫藩此事知縣誣陷把總無所爲而爲之但爲人指使報睚眦其義甚古非近今俗吏所能而張受其禍乃其父誣訐唐萩渠之報耳反復捷於影

響唯旁觀知之夜泊朱亭行百卅里張姓來聒談
十六日陰北風行卅五里昭靈灘自此上不過二百里然難計日且須守淺也舟中賓兼偶思兼字未知何聲乃鮮字別體仙想聲轉加乀以別新鮮字耳說文云樂浪魚蓋製始遼東若作兼字無緣讀想也午後時有飛雨阮芸臺老不識字余亦多別字矣
十七日陰昨夜雨至晨忽止北風稍寒行卅里便一日未知何由遲鈍也至泘心換撥船下灘即泊鑿石浦
十八日陰雞鳴即行晨至鼓磉洲未飯午後檥倉門前離岸甚遠不可登見湘勇回者衣裝彙彙婦女華綺江南女悉當配傖虜前作馬卒妻後爲湘鄉婦皆無一豪溫柔者彼俗陵夫專家故有此報若邯鄲才人正自剛强反可奴廝養也夕過昭山望湘水平流如臨池上因作一律昭山南劉鵠巒城淡霧輕煙潭水清橫葉門前衣帶闊楓林霜後布帆輕觀瀾自覺顏無盡歎逝安知聖有情行役徂勞歸又老白頭吟盡暮雲生

泊暮雲司有村女支更收錢甚急戲作一詩小鬟水驛報更籌缺月賽臨映市樓直恐繁霜亂玉手斷無餘火宿香舞散錢莫學河間姹呼櫓曾非遣主舟等是紅顏任漂泊不如漁婦繫扁愁李少荃挽聯分陝況一相之權今古帥臣無與比專閫制四夷以外夙宵憂長有誰知

十九日陰雨朝食時過楓樹望午泊朝宗門登岸則泥深一尺云雨二日矣冬日晴雨百里不同可異也輿兒方從縣回得功兒書云鄂中賓客頗盛

廿日陰爲兒女孫男理字課一日僅畢輿循來談陳孫事妄起風波殊無因由甚爲可笑

廿一日晴陰起稍晏日課殊未畢召匠及蘇四欲作西房欞籬木架亦需五萬錢宜漢文之輟工也

廿二日壬午冬至晴出城看妻墓還遇楊三叔夜片野鷄求酒不得家中無人任事曾不如賁駉鬭牌時忽忽已卅年矣夜寒

廿三日晴晨大霧隔波離視之反較空處分明蓋目爲氣昏氣不盛則光見也彭石如來談半日

廿四日晴煊督課粗畢郭見安來談半日爲嚚海漁寫詩卷子在川上爲歎逝之言乃悼顏淵也

廿五日晴功兒書還尙未渡江可知其懈怠胡堉來說爾疋分糯米二句承食餳乃知平日草草讀過不少夜坐至鷄鳴

廿六日晴說論語明衣爲蒙衣卽蒙彼縐絺之蒙明布則浴布舊云衣布晞身乃著布衣以待身燥非也衣布者以布爲衣卽語所謂蒙布明衣布者有明衣又有明布明衣以蒙親身之衣明布以供浴後之用禮又云明衣裳用功布則又一衣布不可混同

廿七日晨雨旋晴步至北門看季高新祠工作頗盛子雖不才固賢於曾劼剛猶有不忘親之心也惜其不臨水則壓俗使然又詒謀之無雅致耳夜撳牌

廿八日晴族孫燾自縣來看自注楚辭離騷託意幽隱而子蘭知怒蓋其門客爲解說也疑卽屈子所進改節之士故能通文心此意未經人道窳女還郭見郎胡堉並來餪視設餅待之彭石如來借錢本負百千以百元貸之夜雨鬭牌至三更

廿九日微雨坐樓上未出食湯餅殺菜均美蓋吾家習侈久矣見郎胡堉及胡子威均必欲面出見之

晦日陰出謝客唯王李胡黃均入見王處遇張李處遇陳皆必欲醵錢唱戲以余爲囮拒之則不同流許以初二日一集黼堂病甚殆將不起不見已兩年矣日短天暗恖恖還鬭牌

十二月辛卯朔晴稍寒督課甚忙須半日坐功方能粗了由小兒不及前慧吾亦不及前銳也

二日晴公請看戲新入者黃覲處郭子寬譚文兒皆王祭酒所招派也十三主人而五不至可知其局矣又不請客點戲尤爲新奇至戌乃散

三日陰風寒雨將看船又輟計不去特訪黃覲處咫尺三年未往還遇唐蘭生

四日雪纔能白瓦起看已消仞字聽書聊充臘課歸來廢弛頗甚

五日陰龍芝生來神貌均似皐臣而俊爽不及反富貴過之益知人不以僞異爲貴

六日陰鏡初二子來送父書頃之保之來遂辭去保之盛稱香濤禮賢好士致敬盡禮及治越之美政一千金用得著也夜大滿來保之復來談

七日陰大滿言春林母妻開煙館被訪聞求爲解之余在縣了無聲氣與片龔吉生試千之催飯出答保之保之云吾兩人不得爲朋友未有勸善規過之益然則保之蓋可以爲孝達之友而吾誠負之也以其恖恖

將去未欲多論以開紛競當與書講明之又過芝生陶聾來遂出道聞
紬堂喪至張通典君豫處小坐仍折還柑子園臨弔馳還大滿去
八日晴始定南遷家人欲作粥令但熬供粥而已不能更分施也爲胡埇
作經解序兼看鏡初春秋箋記猶婌夾入左傳議論已爲傑作與船山
可抗行
九日晴煊暫箋記畢發行李芝生送錢尋唯花餅尚佳瞿海漁來致書
劉尚書魏姐先生倫書節下事別經年個閱數政每與陳使臣狄息以錄今多邵釟如得明公同志一二人延桂方州其功吏在戡亂之古斛審樹力鋼滿磊梅無遜江介宜游歸仁有日方期之十年後耳閱認燕說近竹居然老宿此邦人士新築江樓倖攜小兒女孫猴同居蘆非休帙之地帳晻其遠敢當復少留白髮生平無少欠缺惟少夏世雖多識英彥寧優時移公卿方以軍功爲虛謬有宿將老兵旣士劍客武及睿澤沮求身殺荒冬訣頌既不見憫分米又無其力近餞海題鹽私寄勢娑獷託銘上添花二紀之聞未皆染指誇達明公大澄斯路遜攸甫長憩已凋照夫究食者既在所鎮則康退者宜褒獎勵統公道章明之日有披雲自豚之途政將塵予矜恤者開皇昼覽伏乞指攜總辦一一量材武安除吏盡須武乃得除吏此亦須學之謂湘州之佳話也也外有二武人一係閩運黨弟曾從武慣公將年晚得從南武定書

將從武信復歸乃撲山之舊部劉武壯之本營官也耳醫宋貴安靜白守長夕耕作不免飢寒其一蘇文孫乃略文忠親兵人甚明白寶慎祖塔齊布今諏叩謁伏謁乘憫審助恤其隨一齊於營周中任散一差傳終溫飽斯皆因子方之所以報文侯非閩運一身之事也疋道久微古風不復左李撫維部此他登復可知非遇因規末由拔寡仰堅與否誠不敢知韓退之所云試一賢鳴號耳又閩運外甥曾紀元略沸多通人甚懶散一矜窮困亦屢爲海上之游如幕府需人似可備數一去年所謂胡子夷均凡案之材也湘中近歲章句草之士實謄往時而植幹之村蓋寡悶運與俊秀諸生講求堅苦均無能信從者此則課才路國運取泣多世極難導斯人諸自困非復綠滯所能挽回而明公居高位握靈權但可推波而逐舟不能反響而示儆此又時局之所由成風合之莫能轉者矣因感慨情伏維鑒照不具名達次子揚飀小名筱昭行四字洞泉辛卯十月三日未時生名顯長子揚清嫡出行一小字孟飢小名嚩明辛卯十月十七日戌時生
十日晴稍寒發行李移家衡州留二子守城居攜次婦諸女四兒孫兒女
以行爲胡埇作經解序
十一日晴復煊遣滋攜兒覲西嫗議留同居來迎兩婦往謀行李畢發余
適登舟熊鄰來尋人令自往迎余復上至黃家西媪云年八十不能約
東孫子致此乖張且欲儘力謀之余許滋留遂還家宿竟夜不寐張慶
來送皮衣西甌
十二日晴北風甚利以待房嫗竟日不能去凡數返乃求陳媼同行夕發
二更至縣泊九總
十三日晴買米炭永孫許蕭登舟過午始發十五里至下瀟
十四日晴煊南風大作纜行卅五里泊白石港懿兒疾不能課讀但教諸
女仞字夜月不甚明
十五日陰
先曾祖忌日素食行七十里至昭靈灘舵挂而止夜雨如春潺潺至曉真
女復疾臥竟日幷字課亦停
十六日雨仍煊曉發復挂舵石間念水寒恐濡沒起視已活纜行十里僅
至淦田遣視曾氏妹因送端罩還竹甥並索論語遺黃一去稍進泊龍
船港夜黑如磐真愈懿未痊黃梅甚香

十七日晨晴朝食後陰有飛雨船發甚早至朱亭甫朏晨雞棧待黃一至
日高乃發纜餓兼行五十里泊三江戍
十八日晴晨發頗遲將至衡山得順風夜泊萱洲午間黃一還曾甥來書
不還論語注送薰雞肉餳餺自至朱亭來候不及而返其實無須相見
也
十九日晴朝食時檥大步久之乃發不至章寺三里泊白石港
廿日晴北風甚微船人亦怠行半日乃至瀟湘門已不欲行矣余本欲泊
衡城以船人不從命不復命之乃竟如意因登岸尋俊臣云往桂陽矣
程郎亦不晤獨行至院埽榻而寢夜雨
廿一日晴煊齋夫具食爲餐因晨出欲至程宅借錢過楊伯琇問段海侯
未歸與一醫生黃姓同坐因留朝食更有一西席出陪忘問其姓食罷
見船至遂還婦彭女芃均至程母處諸小幼先至起行李竟盝一日埽

除外齋未施牀帳而寢懿兒居外間

廿二日陰晴布置粗妥尚無燈盞然燭照兩房始理字課

廿三日晴將入城西禪新僧來言塘稅事並送食物與黃船芝同至辭受其半同船至鐵爐門訪二程遇雋丞云已來訪矣卽還童僕均食城市不歸饑不得食申飭之齋夫送竈頗有節物之感昨忽夢 先祖母病篤猶督祭殺甚怒功兒羞廢祭過期由 國制子主母喪不能吉服時制供靈三年吉凶不相雜今祭已過時又不便再舉夢中 祖母亦頷余言肸蠁有馮令人悲愴

廿四日晴刻工來請價與書雋丞貸之程陳院生俱送節物理字課秀枝僧來

廿五日晴煊命莪往楊家已出弔魏綱喪舟往遇衡守文唯程商霖一人陪客登岸易覺裘步唁樊衡陽至雋丞處喫麪過二秦與陳嫗同還已

暮

廿六日晴煊甚僅可一縣秦容丞來託其假貸不得至暮雋丞貸我百金始得料理已不及寄家用矣

廿七日晴仍煊昨以爲必有風雨午更開朗攜兒僮入城從鐵爐門入直至羅漢寺尋寄僧不遇聽月設齋飽食而還從者分散欲渡無錢往容臣處求之遇沈子粹秦子和少談還遇洲舫便附以歸買雜物仍未齊方知理務不易萱洲僧及寄公坐候至夜乃去五更睡煖起自然燈仍寢

廿八日陰煊楊家送節物復遣僕入城市零碎成家不易但能備辦無遺已爲能也因此知前此內助有人賀儀仲所云眼前只覺闕徽難者非嘲丘嫂之詞吾家則不唯闕徽卽聯芳比美亦無不難夜大雨

廿九日晨雨已晴年光甚美登樓賞之得家書滋女復失所恃要當自往料理檢點食饌遂忘字課至夜乃覺焉正闕牌喧呼亦不更補也懿亦未講詩

除日晴晨祠善化城隍舊典也始設神位以展嚌依楊伯琇來饋歲夕食招在院生五人年飯衡城云饔飯又云取更新義曰更飯詢之常寧無此語桂陽亦無此語也戌散亥初祀門竈禰廟子初待婦女僕婢俱睡去乃寢齋夫守歲終夜紛紜恐其乘盜自起看之內中寂靜乃還安寢